中指控股
CHINA INDEX HOLDINGS

中指控股（China Index Holdings Ltd）历经20余年发展，于2019年6月11日在美国纳斯达克证券交易所成功上市，致力于以大数据和创新技术赋能中国地产行业，拥有近千位优秀的数据研发和专业分析师，分支机构遍布中国近40个主要城市。

基于二十多年来积累的海量房、地、人、企等详实数据，中指控股整合空间、宏观、移动、规划、POI等多维信息，构建扎实的数据底层，搭建中指云平台，为行业提供数据分析、SaaS工具、研究及市场推广、调研咨询等多项专业服务。全方位服务房地产开发商、金融机构、物业公司及上下游服务企业，为合作伙伴提供高效解决方案，赋能行业健康持续发展。

北京中指信息技术研究院
Beijing China Index Academy

北京中指信息技术研究院（Beijing China Index Academy，简称"中指研究院"）是中指控股（China Index Holdings Ltd）历时最长的下属研究机构。

中指研究院建立了庞大的数据库——CREIS中指数据库，涵盖土地、住宅及商用物业、企业、宏观经济等数据。基于长期深厚的数据积累，中指研究院的研究成果已成为房地产及上下游相关行业的重要决策参考，出版的专著填补了多项行业研究空白，对中国房地产行业产生了深远的影响。

中指控股CIH
中指研究院总部
地址：北京市丰台区郭公庄
中街20号院A座
邮编：100070

中指控股CIH
中国房地产指数系统（CREIS）

中国房地产指数系统（China Real Estate Index System，简称CREIS）是一套以价格指数形式来反映全国各主要城市房地产市场运行状况和发展趋势的指标体系和分析方法。它由国务院发展研究中心、中国房地产开发集团等于1994年发起，1995年通过部级评审，2005年再次通过由国务院发展研究中心、建设部、国土资源部、中国银监会、清华大学和北京大学等单位的著名专家学者组成的鉴定委员会的学术鉴定。

中国房地产指数系统（CREIS）目前覆盖全国主要城市，定期发布中国主要城市房地产价格指数，包括新房价格指数（综合指数、住宅指数、写字楼指数、商铺指数）、百城新建住宅价格指数、百城二手住宅价格指数及租赁价格指数等。2010年起，中国房地产指数系统启动"百城价格指数"研究，每月发布100个城市新建住宅价格指数，成为中国覆盖范围广、城市数量多的房屋价格指数系统。2020年7月起，每月发布100个城市二手住宅价格指数；2022年7月起，每月发布50个城市住宅租赁价格指数，进一步丰富"百城价格指数"体系。

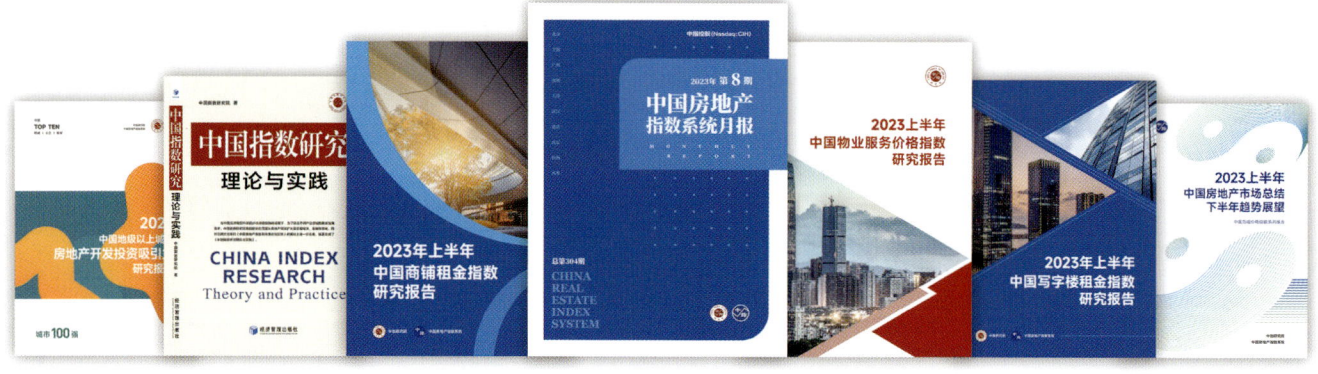

中指控股CIH
中国房地产TOP10研究组

为了促进中国房地产行业健康持续发展，2003年1月，由国务院发展研究中心企业研究所、清华大学房地产研究所和中指研究院三家机构正式发起成立中国房地产TOP10研究组，致力于对中国规模大、效益佳、品牌优的房地产企业群体进行研究。2019年9月，研究组特邀国务院发展研究中心设立的、民政部注册、唯一具备企业评价资质的国家级社团法人组织——中国企业评价协会作为研究主办单位之一，全面升级中国房地产相关研究工作。

研究组本着客观、公正、准确、全面的基本原则，排除主观因素的影响，以客观数据为唯一依据，充分借鉴国外TOP10研究的理论框架和操作实务，结合中国房地产发展特点，开展TOP10系列研究工作。旨在发掘中国房地产优秀企业群体，打造中国房地产品牌，引领房地产业平稳健康发展。中国房地产TOP10研究组办公室设于北京中指信息技术研究院。

系列成果报告

     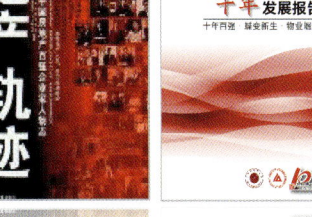 

CREIS中指数据

全行业覆盖　颗粒度细　可追溯期长

中指研究院基于强大的数据基础和技术能力，建立了中国历时长、信息全、覆盖范围广的CREIS中指数据库，被发改委和国家统计局指定为数据第二轨。

中指数据二十年来，持续扩大数据覆盖面，服务了中国95%以上的房地产品牌企业，以及国内外主流金融机构、高校和房地产上下游企业，是企业市场研究和投资决策的重要基础。

20年+	2300城	2800城	50城	200城
数据沉淀	土地覆盖	宏观经济覆盖	地块航拍	新房成交
270万宗	50万	5万	1.2亿	3800万
地块档案	住宅项目	商办项目	企业数据	POI位置信息

通过数据API接口服务，赋能企业数字化升级

助力企业快速搭建自有数据平台

- 海量的数据底层，通过丰富的标准数据API接口服务，实现用户按需调取
- 帮助企业打通数据链路，助力企业科学决策

丰富的数据应用场景拓展

- 提供行业用户典型使用场景的数据结论输出，辅助用户高效获取高价值信息
- 灵活支持在标准产品基础上进行二次开发，可快速部署上线，无须大量开发工作

数据服务

土地	住宅	商办	行业	宏观	POI	信令	潜客
城市规划	项目信息	项目信息	经营动态	宏观经济	教育	居住人口	购房偏好
地块信息	一二手成交	品牌信息	财务状况	开发经营	医疗	工作人口	工作地
出让文件	供应库存	租户数据	新闻舆情	指数研究	交通	迁徙数据	居住地
四至标点	精装部品	大宗交易	招标资讯	政策法规	商业	消费偏好	
地块航拍		租赁交易					

CREIS中指数据库

核心功能

城市版
整合200个城市的房产交易、土地供求、政策规划、宏观经济等数据，同时提供地图检索、BI报表等功能，助力企业投资和营销决策。

土地版
每日更新全国2300城土地推出成交信息，为270万宗土地建立全生命周期"地块档案"，实现地块、项目和企业三级信息互通互查，帮助企业掌握拿地机会。

企业版
包含2000多家标杆房地产企业的最新经营数据、财务数据和资讯信息，帮助用户掌握企业的核心数据、了解企业布局战略与市场重心，紧跟行业最新发展趋势。

宏观版
覆盖全国及300余个城市房地产宏观数据，包含开发经营、指数研究、宏观经济、政策法规、城市规划等六大类，是跟踪宏观形势及房地产市场变化的专业工具。

写字楼
35个重点城市写字楼市场监测，随时查阅写字楼租售情况、租户信息和空置情况动态更新，多样分析工具帮助挖掘市场潜在商机。

家居版
融合了土地、项目楼盘、部品配套等数据，全流程动态监测，打通了地产全产业链，为家居企业精准营销提供策略支持。

物业版
为企业拓展、研究提供及时且全面的数据，涵盖24万+新增项目、40万+合约到期项目、每日5000+招标信息、20万+物业企业。

二手房
整合中国主要城市的二手房交易、中指评估评级系统、租赁和法拍数据等多维信息，加入统计、查询、地图可视化等分析功能，为存量房市场投资和决策提供依据。

招商版
覆盖全国100个城市的商业大数据，全面监测商业项目和连锁品牌经营拓展情况，辅助市场调研和经营决策。

租赁版
租赁版是专业为租赁运营相关企业、政府及金融机构打造的投研决策工具，帮助企业或投资者全面系统地研究房屋租赁的行业现状、了解租赁品牌企业的运行状况、从而有效地挖掘城市区域投资机会，准确把握房屋租赁市场的发展趋势。

服务客户&服务方式

中指数据库拥有全面广泛的客户群体，二十多年来累计服务客户超万家，覆盖中国95%以上的房地产百强企业，以及国内外主流金融机构、高校和房地产上下游企业。中指数据库紧跟行业步伐，以灵活多样的服务方式满足不同场景的数据需求。

手机APP查询
提供移动端数据查询服务
一键掌握全国最新的房产土
地和政策信息

PC帐户下载
提供数据库帐号服务
通过PC端即时查询下载数据
满足日常研究和分析需求

API接口传输
提供标准的API接口和定制化的数据打包
满足企业自建系统的
地产数据需求

咨询热线 400-630-6618

01 开发云
集中国房地产数据与工具之大成

提供的服务

开发云全面整合中指大数据和SaaS分析工具，依托2300城270万+土地信息、50万+住宅项目、6万+商办项目以及人口、潜客、交通、配套等数据，通过构建场景化解决方案，搭建了完整的房地产大数据综合查询和一站式分析平台。通过开发云强大的综合查询、灵活的多维度统计分析等功能，用户可以实现宏观–中观–微观数据的逐层下钻，查看土地–项目–企业联动信息，辅助用户进行更加客观、科学、精细化的决策。

地块研判
- 全国2300城土地推出成交信息实时查询
- 多维度全面分析土地推出、成交等数据情况
- 土地标书、航拍、竞价记录等信息360°扫描
- 全面掌握土地周边配套、区位、竞品情况

项目监测
- 全量查询城市项目信息，支持单套房产交易状态查看
- 交易数据可按户型、面积、价格等维度快捷交叉分析
- 项目周边竞品项目、全市潜在竞品项目数据快速对比
- 实现跨城市项目、土地数据的一张表统计分析与下载

城市选择
提供大批量、快捷的全国及各城市开发经营、指数研究、宏观经济、交易数据的提取与下载功能，全面掌握宏观市场形势及房地产市场变化

企业研究
一键查询目标企业的拿地布局、项目分布情况，掌握标杆房企的经营数据、财务数据、融资信息，快速对比分析企业的货值与房产销售表现

数据中心
包括政策、交通、配套、控规、竞品、人口、产业等11大维度的全面数据

解决的问题

全栈数据赋能企业科学布局、精准拿地、把握营销节奏

科学布局 ｜ 基于4个层面19个指标分析城市吸引力，对目标城市给出定量得分，为用户提出综合城市布局投资策略建议

精准拿地 ｜ 从地块区位、配套、规划、负面要素四个方面评价地块投资价值，可按既定策略标注地块，领先竞争对手做出决策

营销节奏 ｜ 详细展示市场供求、销售去化、产品结构、客户画像等数据，帮助企业动态监测市场、了解市场竞争强度

物业云 02

提供的服务

全面整合行业数据，依托物业企业数据、合约到期项目、新增项目、招标项目等模块，支持物业服务企业拓展业务，提高优质物业覆盖率。为物业企业打通数据通道，提供系统性数据服务，加速物业行业数字化进程。

新增项目

解决的问题： 帮助用户紧抓新增项目拓展机会。
功能： 联动各城市的土地信息，匹配拿地开发商与物业企业信息；根据成交土地价格等信息，推算未来房价，测算未来物业管理费收费情况，预估收入；进行多项目对比分析，联动推进业务。

合约到期项目

解决的问题： 监测存量项目合约到期时间，助力用户快速筛选更具价值标的。
功能： 整理底层数据，监测、测算合约到期时间。根据合约到期时间、城市、物业类型等信息可倒排三个月内合约到期项目，并通过是否成立业委会进行筛选，再根据物业费情况确认拓展目标；通过查看、对比周边项目，进行集中拓展。

招标项目

解决的问题： 为用户提前介入拟招标项目提供精准信息，助力企业外拓。
功能： 监测、筛选、整合、清洗、优化招中标信息并实时更新，多方位、组合筛选招中标项目，并直接链接原始招标网站，便于企业直接参与投标。

物业企业

解决的问题： 了解标杆、学习标杆。
功能： 了解标杆企业项目，与自身项目进行对比，找出差距，自我提升。

报告工具

解决的问题： 结合用户个性化需求，帮助用户更好地应用数据，快速输出定制化报告。
功能： 预生产上千个报告图表素材，提供在线编辑功能，支持实时调取、更换数据、支持修改图表条件及展示形式，通过模块组合，一键生成报告。

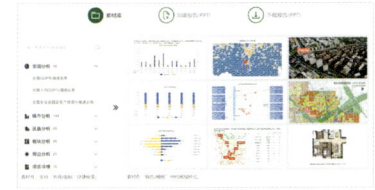

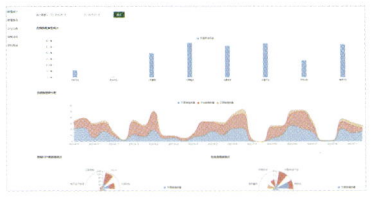

行业资讯

解决的问题： 为用户把握行业动态、研判政策走向提供全方位支持。
功能： 实时更新行业政策法规，动态监测企业信息。

物业云已收录全国大部分物业服务企业基本信息，覆盖600+城市各业态共计40万+在管项目数据，监测55万+新增项目和160万+招中标项目，并收录上市公司所有经营数据、400+收并购信息及7万+舆情信息，已涵盖2000+行业政策法规及300+行业研究报告。

03 中指地产企业研究与推广

中指研究院建立了具有权威性和影响力的企业评价标准体系

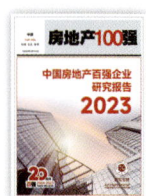

中国房地产百强企业研究（2004年至今）— 企业综合实力与行业地位认证
中指研究院百强企业研究，发掘综合实力强、经营稳健以及具备较强社会责任感的优秀企业，相关研究成果已成为评判房地产企业经营实力及行业地位的重要依据。

中国房地产品牌价值研究（2004年至今）— 量化品牌价值、彰显企业软实力
品牌彰显投资价值、品牌增强发展动力。中指研究院客观量化企业品牌价值，综合评价企业品牌实力，促进企业无形资产的保值增值，助力企业提升品牌建设水平。

中国房地产上市公司研究（2003年至今）— 资本市场的投资参考
中指研究院挖掘成长质量佳、投资价值大的优秀上市企业，为投资者提供科学全面的投资参考依据。相关研究成果成为投资者评判上市公司综合实力、发掘证券市场投资机会的重要标准。

与时俱进，开展相关领域的理论研究与实践探索

● **轻资产代建研究**
中国房地产行业专业化、市场化、精细化趋势日趋明显。房地产代建作为房地产行业轻资产化的重要方向，有更广阔的发展空间。中指研究院在2017年就研究撰写了《中国房地产代建行业发展蓝皮书》，填补了中国房地产代建服务研究的空白，2020年中指院助力绿城管理成为港股代建第一股。

● **产业+地产**
中指研究院已经开展了近10余年产业园区、产业新城领域专项研究，构架相关评价指标体系、调研产业新城、产业园区实践案例，形成了《中国产业新城运营理论与实践》等专著。

● **TOD模式研究**
以轨道站点周边开发为契机，以TOD发展为导向，引导城市房地产业从住宅建设向综合服务转变，是我国城市化提质增效的重要内容。在此背景下，中指研究院与中国城市轨道交通协会、西南交通大学TOD研究中心/西南交通大学公共管理学院，三方共四家单位共同开展"中国城轨TOD指数"研究，并于2020年开始定期发布《中国城轨TOD指数报告》，成为政府部门、轨道公司、城市运营商、房地产开发商等各参与主体进行TOD项目开发建设的重要参考依据。

资本市场–上市行业顾问服务

中指研究院拥有多年房地产、商管、代建、策划代理、物业等研究经验与数据积累，帮助企业实现资本价值，丰富的上市行业顾问经验得到资本市场及企业的广泛认可。先后推动港股代建第一股"绿城管理"、商业运营服务第一股"星盛商业"、物业第一股"彩生活"等成功登陆资本市场。

扫描二维码
获取物业资讯

中指物业研究与推广　04

权威评价物业服务水平及行业地位

物业服务百强企业研究（2008年至今）　——　认证企业综合实力与行业地位

中指研究院自2008年起，开展"物业服务百强企业研究"，科学评价企业综合实力，发掘一批服务水平优、业主满意度高的优秀物业服务企业，相关研究成果已成为评判物业服务企业综合实力及行业地位的重要标准。

物业服务品牌价值研究（2011年至今）　——　沉淀企业"软实力"

作为典型的服务行业，物业服务企业更需要品牌的力量。中指研究院进行深入研究，客观量化企业品牌价值，剖析优秀品牌的成功要素，积极探索品牌可持续发展之路，为企业定位品牌、规划品牌、管理品牌提供科学依据。

物业服务上市公司研究（2015年至今）　——　资本市场的投资参考

中指研究院深入研究物业服务上市公司经营规律，发掘成长质量佳、投资价值大的优秀上市公司，扩大上市公司在机构投资者中的影响力，拓宽融资渠道，同时也为投资者提供科学全面的投资参考依据。

专业解决企业发展痛点难点

中指研究院针对企业痛点、难点，输出定制化顾问咨询服务，为不同规模、类型的物业服务企业发展提供针对性建议，包含对标研究、发展战略规划、品牌战略规划、非住宅业态研究及多种经营研究等。

资本市场一揽子服务

上市行业顾问

基于多年的专业深耕与深厚的数据积累，我们充分发掘了物业服务企业及生态链相关服务商的优势与核心竞争力，并进行充分论证，为企业赴港上市提供了有力支撑。截至2023年7月，港交所主板市场已有60家物业服务上市公司，其中40家是由中指研究院担任行业顾问并提供相关服务，占比近70%。

其他资本市场服务

上市前：上市前顾问服务、企业估值报告、上市辅导课

上市中：行业顾问服务

上市后：ESG报告、分析师报告、市场监测报告、白皮书+走进企业、战略规划/品牌规划、对标研究

05 中指调查

客户调研

三大核心产品

客户满意度调查
以第三方视角量化客户全生命周期产品与服务满意度，挖掘企业在产品和服务方面的优势及需改进因素，为企业持续改进产品和服务质量提供科学依据，培养和持续提升新老顾客的品牌忠诚度。

神秘客暗访调查
以潜在消费者或真实消费者体验为中心，对产品与服务标准的落地情况进行监测，用"顾客"体验推动案场服务与社区物业服务标准有效落地，帮助企业提升客户满意程度。

客户需求调查
以需求调查为核心，通过量访、深访相结合的形式，为企业提供城市客群置业调查、板块客群特征调查、户型需求调查、精装修调查、车位市场调查以及其他定制化调查服务，为企业提供产品及营销建议，助力产品实现快速去化。

服务优势

完善的理论体系
最早将满意度引入中国房地产行业，构建了中国房地产顾客满意度理论体系，并出版专著《中国房地产顾客满意度指数系统理论与实践》。

丰富的行业及企业经验
发起成立"中国房地产客户关系专业委员会"，整合房地产客服领域专家、企业、数据资源构建常态化互动交流平台，促进行业满意度理论及标准的持续优化。

行业普查，建立权威数据库
连续十七年组织全国唯一、公益满意度普查，覆盖全国200多个城市，300多家房企，成功建立了独家数据信息资源库，形成了全国、行业、城市各层面的满意度权威评价标准。

强大的智能平台支持
CREIS中指·云调研系统贯穿于客户满意度调研的全流程：问卷创建–数据采集–实时质控–BI统计–AI报告，为企业提供一站式客户满意度数据采集与服务提升解决方案。

城市调研顾问咨询

城市研究四大模块

都市圈
以都市圈整体为研究对象，针对既定区域进行投资潜力分析
适合：全国性企业或区域深耕类企业

城市
针对既定城市进行价值分析，形成具有指导性的城市投资布局建议
适合：进行全国拓展或区域优化企业

板块
通过对各板块规划、轨交、供求等资源及市场的分析确定优势板块
适合：城市深耕企业

项目
通过概况、城市潜力、定位、测算等进行可研定位，确定开发策略
适合：已经或即将摘地企业

市场研究两大模块

周期性报告：月度型报告、季度型报告、半年度报告、年度报告
一次性报告：专题型报告、培训型报告、交流型报告

城市更新四大模块

标准化定期报告	深度定制服务	影响力服务	平台增值服务
月度、季度、半年度、年度	白皮书、企业/项目测评	企业推介、软文推广	行业交流、项目考察

城市调研服务优势

深刻的行业视角
二十余年专注中国房企研究、房地产市场研究、城市研究，具有深刻的行业视角；持续发布《百城价格指数》、《政策评估报告》、《房地产市场研究报告》、《城市投资吸引力研究》、《百强房企研究报告》系列研究报告。

"全方位"的数据支持
拥有中国领先的房地产专业数据库，可为房地产市场研究提供全方位数据支持。

系统的理论模型
根据6大市场研究模块、20余年历史数据，构建完善的市场需求预测模型；依托市场变化、政府调控规律、城市运行特性，建立各城市市场运行监测体系。

丰富的服务经验
与中海、华润、金茂、万科、中铁建等近百家房企连续多年合作城市研究、市场研究等咨询业务。

2023 中国房地产优秀企业

企业名称		
保利发展控股集团股份有限公司	杭州市城建开发集团有限公司（大家房产）	润达丰控股集团有限公司
中海企业发展集团有限公司	重庆华宇集团有限公司	成都天投地产开发有限公司
华润置地有限公司	金融街控股股份有限公司	浙江祥新科技控股集团有限公司
绿城中国控股有限公司	北京城建房地产开发有限公司	北京泽信控股集团有限公司
龙湖集团控股有限公司	中建信和地产有限公司	济宁城投嘉华房地产开发有限责任公司
金地（集团）股份有限公司	中能建城市投资发展有限公司	绿城房地产建设管理集团有限公司
新城控股集团股份有限公司	东原房地产开发集团有限公司	河南中原建业城市发展有限公司
中国金茂控股集团有限公司	苏州新建元控股集团有限公司	蓝城房产建设管理集团有限公司
珠海华发实业股份有限公司	成都兴城人居地产投资集团股份有限公司	金地集团开发管理公司
杭州滨江房产集团股份有限公司	上海城建置业发展有限公司	绿城置业发展集团有限公司
越秀地产股份有限公司	新世界中国地产	上海世茂建设管理有限公司
中国融通房地产集团有限公司	众安集团有限公司	浙江融创兴元建设管理有限公司
中国铁建房地产集团有限公司	苏州苏高新科技产业发展有限公司	中天美好集团有限公司
北京城建投资发展股份有限公司	北京海开控股（集团）股份有限公司	海南旭辉建设管理有限公司
北京首都开发控股（集团）有限公司	天地源股份有限公司	腾云筑科置业有限责任公司
中交地产股份有限公司	永同昌集团	德信绿建管理集团有限公司
大悦城控股集团股份有限公司	成都城投置地（集团）有限公司	华润城市发展咨询有限公司
中铁置业集团有限公司	浙江建杭置业有限公司	新宏图（山东）城市发展集团有限公司
深圳卓越城市更新集团有限公司	陕西建工房地产开发集团有限公司	众安建设管理有限公司
新希望五新实业集团有限公司	北京建工地产有限责任公司	蓝绿双城科技集团有限公司
联发集团有限公司	银丰地产集团有限公司	中铁二十局集团房地产开发有限公司
上海中建东孚投资发展有限公司	中建七局地产集团有限公司	杭州中兴房地产开发有限公司
中冶置业集团有限公司	河南信友置业集团有限公司	杭州西湖房地产集团有限公司

续表

企业名称		
杭州市房地产开发集团有限公司	北京天恒置业集团有限公司	深业泰富物流集团股份有限公司
重庆两江新区置业发展有限公司	厦门地铁上盖投资发展有限公司	贵州富康实业投资（集团）有限公司
深圳市星河产业投资发展集团有限公司	方远房地产集团有限公司	康佳集团股份有限公司
绿城科技产业服务集团有限公司	荣安地产股份有限公司	嘉里（中国）项目管理有限公司
绿城美好产业发展有限公司	伟星房产	浙江开元商业管理集团股份有限公司
蓝城控股集团有限公司	广西地产集团有限公司	苏州圆融发展集团有限公司
祥源控股集团有限责任公司	青岛君一控股集团有限公司	江苏盛和房地产股份有限公司
中交投资有限公司	和达控股集团有限公司	郑州绿都地产集团股份有限公司
北京中交景通置业有限公司	香港兴业国际集团有限公司	周口市城市运营投资集团有限公司
四川新绿色置业有限公司	领航控股集团有限公司	河南省中成房地产开发集团有限公司
上海中建东孚资产管理有限公司	浙江金帝房地产集团有限公司	河南常绿集团置业有限公司
中铁中产置业有限公司	恒达集团（控股）有限公司	郑州鲁能置业有限公司
国铁投资发展有限公司	重庆海成实业（集团）有限公司	海马（郑州）房地产有限公司
江苏中建国际投资发展有限公司	天正地产集团有限公司	赣州嘉福投资控股集团有限公司
安徽振兴控股集团	上海亿丰企业集团	江西赣电投资集团有限公司
山东省城乡发展集团有限公司	东胜房地产开发集团有限公司	江西江铃房地产股份有限公司
成都轨道城市投资集团有限公司	四川鸿山实业集团	苏宁置业集团有限公司
中节能实业发展有限公司	柏利城资产管理	江苏新睿控股有限公司
南京奥体建设开发有限责任公司	尚龙控股集团	尚都控股有限公司
华远地产股份有限公司	长沙溪尚房地产开发有限公司	浙江金昌房地产集团有限公司
众安商业集团有限公司	湖南保福置业有限公司	企生活集团
华中集团	无锡市安居投资发展有限公司	园动力产业发展集团
重庆康田置业（集团）有限公司	安徽卓瑞地产有限公司	重庆佳欣房地产开发有限公司

2023 中国物业服务优秀企业

企业名称		
碧桂园生活服务集团股份有限公司	广州珠江城市管理服务集团股份有限公司	德信服务集团有限公司
雅生活智慧城市服务股份有限公司	金融街物业股份有限公司	南京朗诗物业管理有限公司
保利物业服务股份有限公司	南京银城物业服务有限公司	深圳市莲花物业管理有限公司
绿城物业服务集团有限公司	东原仁知城市运营服务集团股份有限公司	宝石花物业管理有限公司
中海物业管理有限公司	华发物业服务有限公司	中土物业管理集团有限公司
华润万象生活有限公司	广州敏捷新生活物业管理有限公司	建发物业服务集团有限公司
融创物业服务集团有限公司	天骄智慧服务集团股份有限公司	新希望物业服务集团有限公司
金科智慧服务集团股份有限公司	深业物业运营集团股份有限公司	重庆新鸥鹏物业管理（集团）有限公司
长城物业集团股份有限公司	江苏银河物业管理有限公司	北京中铁慧生活科技服务有限公司
深圳市万科物业控股有限公司	北京宾至嘉宁国际物业管理集团有限公司	北京中铁第一太平物业服务有限公司
龙湖智创生活	弘阳服务集团（南京弘阳物业管理有限公司）	康桥悦生活服务集团有限公司
世茂服务控股有限公司	中铁建物业管理有限公司	阳光恒昌物业服务股份有限公司
新城悦服务集团有限公司	奥园健康生活（广州）集团有限公司	厦门联发（集团）物业服务有限公司
河南建业新生活服务有限公司	北京京城佳业物业股份有限公司	和泓服务集团有限公司
时代邻里控股有限公司	第一服务控股有限公司	海南物管集团股份有限公司
佳兆业美好集团有限公司	广州海伦堡物业管理有限公司	中交物业服务集团有限公司
幸福基业物业服务有限公司	路劲物业服务集团有限公司	正商服务
南都物业服务集团股份有限公司	成都嘉诚新悦物业管理集团有限公司	四川邦泰物业服务有限公司
卓越商企服务集团有限公司	东吴服务产业集团（江苏）有限公司	新日月生活服务集团股份有限公司
远洋服务控股有限公司	合景悠活集团控股有限公司	大悦城控股集团物业服务有限公司
山东明德物业管理集团有限公司	深圳市前海龙光智慧服务控股有限公司	宁波奥克斯物业服务有限公司
越秀服务集团有限公司	融信服务集团股份有限公司	上海复医天健医疗服务产业股份有限公司
杭州滨江物业管理有限公司	华宇优家智慧生活服务集团有限公司	力高健康生活有限公司
高地城市服务产业集团	青岛海尚海生活服务集团有限公司	鲁商生活服务股份有限公司
鲁能物业服务有限公司	世邦泰和（上海）物业管理有限公司	深圳星河智善生活股份有限公司
金茂物业服务发展股份有限公司	成都蜀信物业服务有限公司	上海光明生活服务集团有限公司
彩生活服务集团有限公司	宁波银亿物业管理有限公司	永旺永乐（江苏）物业服务有限公司
鑫苑科技服务集团有限公司	中天城投集团物业管理有限公司	重庆加州物业服务有限公司
荣万家生活服务股份有限公司	厦门合嘉源生活服务集团有限责任公司	华侨城物业（集团）有限公司

续表

企业名称		
潍坊恒信物业管理有限公司	泓盈城市运营服务集团股份有限公司	湘诚现代城市运营服务股份有限公司
深圳第一亚太物业管理有限公司	中冶置业集团物业服务有限公司	厦门地铁恒顺物泰有限公司
大华集团上海物业管理有限公司	绘生活物业服务集团有限公司	上海唐人嘉生活服务有限公司
江苏中住物业服务开发有限公司	浙江大家物业服务集团有限公司	海南珠江格瑞物业管理有限公司
上海中建东孚物业管理有限公司	贵州绿地物业管理有限责任公司	勤好（北京）物业管理有限公司
中电建物业管理有限公司	河南正弘物业管理有限公司	苏州市天翔物业管理有限公司
众安智慧生活服务有限公司	绿都智慧生活服务有限公司	北京北控物业管理有限责任公司
厦门国贸城市服务集团股份有限公司	北京北大资源物业经营管理集团有限公司	无锡地铁科技服务有限公司
北京鸿坤瑞邦物业服务有限公司	昆明银海物业服务有限公司	山东大正物业服务有限公司
浙江永成物业管理有限公司	中湘美好城市运营服务股份有限公司	和信行物业服务集团有限公司
南京新鸿运物业管理股份有限公司	成都嘉善商务服务管理有限公司	云南宇辰物业服务有限公司
深圳历思联行物业管理有限公司	泛海物业管理有限公司	浙江金昌物业服务有限公司
苏新美好生活服务股份有限公司	中信泰富（上海）物业管理有限公司	山西建投城市运营集团有限公司
广州市万盈物业服务有限公司	绿城绿发生活服务集团有限公司	葛洲坝物业管理有限公司
重庆海源怡生活服务集团有限公司	河南亚新物业服务有限公司	中能未来智慧城市服务集团（浙江）有限公司
北京网信物业管理有限公司	青岛天泰爱家物业服务有限公司	上海中建智地物业服务有限公司
云南鸿园电力物业服务有限公司	长春赢时物业服务股份有限公司	江苏雨润物业服务有限公司
重庆两江新区物业管理有限公司	湖南中建物业服务有限公司	浙江鸿城物业股份有限公司
北京瑞赢酒店物业管理有限公司	重庆新速达物业服务集团股份有限公司	云南城投物业服务有限公司
金服物业服务集团有限公司	深圳市华创生活股份有限公司	泽信乐家（北京）物业集团有限公司
融汇悦生活集团有限公司	上海复瑞物业管理有限公司	四川滨江鼎信物业服务有限公司
广州城投物业	伟星物业	广西安信物业服务有限公司
西安经发物业股份有限公司	金鹏祥和物业管理有限公司	广西兴进物业服务集团有限责任公司
北京金泰物业管理有限公司	浙江彩虹物业服务集团有限公司	绿益物业服务集团有限公司
宋都服务集团有限公司	重庆積理物业管理有限责任公司	一爱城市建设服务有限公司
广西华保盛物业服务集团有限公司	宁波荣安物业服务有限公司	上海新金桥物业经营管理有限公司
中铁诺德城市运营有限公司	深圳德诚物业服务有限公司	河北安信联行物业股份有限公司
北京万通鼎安国际物业服务有限公司	苏州市会议中心物业管理股份有限公司	上海科箭物业服务有限公司
上海中企物业管理有限公司	杭州新天地园区运营服务有限公司	山东威高物业服务有限公司

续表

企业名称		
北京长峰新联工程管理有限责任公司	重庆通邑物业管理有限公司	河南华信玖邻好生活服务有限公司
苏州工业园区建屋物业发展有限公司	重庆秦渝物业管理有限公司	云南澜沧江物业服务有限公司
广州长建物业管理有限公司	苏州工业园区综保物业管理有限公司	深圳君瑞国际物业管理有限公司
广西印象物业服务有限责任公司	苏州中锐华田物业管理有限责任公司	上海聚悦资产管理有限公司
贵州富康佳悦物业服务有限公司	贵州深盛佳物业管理有限公司	广东钧明物业服务有限公司
重庆康田智慧生活服务有限公司	南京汇仁恒安物业管理有限公司	河南伟业慧生活服务有限公司
中建四局城市运营服务有限公司	贵阳欣和逸居物业管理有限公司	粤海物业管理有限公司
山西锦地物业管理有限公司	南京亿文物业管理有限责任公司	云南春城财富物业服务有限公司
重庆渝地物业服务有限公司	福建晶洁物业服务有限公司	北京住总北宇物业服务有限责任公司
抱朴物业集团有限公司(深圳市抱朴物业服务有限公司)	杭州尚城智享生活服务有限公司	北京银泰物业管理有限公司
深圳市恒基物业管理有限公司	信豪物业服务（佛山）有限公司	上海外滩科浦工程管理有限公司
四川双林嘉悦物业管理有限公司	无锡风水隆物业管理有限公司	国贸物业酒店管理有限公司
万怡物业服务有限公司	江苏洁霸物业管理有限公司	南宁轨道地产物业服务有限责任公司
兰州瑞岭物业服务有限公司	上海城建物业管理有限公司	广西荣和物业服务集团有限责任公司
深圳市万厦世纪物业管理有限公司	海口市智诚物业集团有限公司	龙祥物业管理有限公司
广西金瑞物业服务有限公司	德州联强物业管理有限公司	融通地产物业管理有限公司
湖南水清木华物业管理有限公司	湖南天臻物业管理有限公司	北京首钢物业管理有限公司
重庆高远物业管理有限公司	浙江蓝城乐居物业服务集团有限公司	北京亦庄城市服务集团有限公司
湖南竹胜园物业服务有限公司	云南城建物业集团有限公司	许昌恒达物业管理有限公司
北京东亚时代物业管理有限公司	青岛诚辉物业管理有限公司	北京澳西物业管理有限公司
深圳市赤湾物业管理有限公司	四川蜀道物业服务集团有限责任公司	深圳市振业城市服务有限公司
浙江浙商物业服务有限公司	杭州西湖乐居物业服务有限公司	重庆渝高物业管理有限责任公司
深圳企生活物业服务有限公司	上海中高后勤服务（集团）有限公司	北京中航大北物业管理有限公司
贵阳产控物业有限公司	贵州尊逸物业服务有限公司	河南鸿宝物业服务有限公司
重庆国强物业服务有限公司	北京兴业源科技服务集团股份有限公司	北京易亨物业管理有限责任公司
中新苏州和乔物业服务有限公司	上海星卓物业管理有限公司	上海古北物业管理有限公司
北京爱情物业服务有限公司	苏州工业园区恒泰第一太平物业管理有限公司	郑州万嘉物业管理有限公司
深圳力合物业管理有限公司	阳光壹佰物业发展有限公司	招商局积余产业运营服务股份有限公司上海公司

续表

2023 中国房地产关联优秀企业

企业名称		
合富辉煌	西部证券	北方国际信托股份有限公司
保利和润房地产投资顾问有限公司	华泰期货有限公司	国民信托有限公司
同策房产咨询股份有限公司	中信期货有限公司	国投泰康信托有限公司
新联康（中国）有限公司	泰康资产管理有限责任公司	兴业国际信托有限公司
深圳世联行集团股份有限公司	国寿投资保险资产管理有限公司	建元信托股份有限公司
广西江山房地产代理有限公司	中国长城资产管理股份有限公司	厦门国际信托
重庆渝地实业发展有限公司	中国华融资产管理股份有限公司福建省分公司	爱建信托
重庆康翔实业集团有限公司	招商财富资产管理有限公司	上海国际信托
重庆渝地远见文化产业有限公司	新华资产管理股份有限公司	华宝信托
百瑞纪集团	平安资管	广东粤财信托有限公司
建信住房服务（江苏）有限责任公司	华泰资产	海尔集团财务有限责任公司
苏州工业园区恒泰租赁住房有限公司	广东粤财资产管理有限公司	中债金融估值中心有限公司
重庆市公共住房开发建设投资有限公司	中国人保资产管理有限公司	中国投融资担保股份有限公司
重庆市渝地辰寓住房租赁有限公司	江苏资产管理有限公司	山东省信用增进投资股份有限公司
重庆两江新区公共租赁房投资管理有限公司	文盛华汇（上海）资产管理有限公司	狮城产业投资咨询（上海）有限公司
深圳市戴德梁行土地房地产评估有限公司	信达投资有限公司	广州普策信用评价有限公司
中国农业银行股份有限公司	广发基金	OCP Asia (Hong Kong) Limited
恒丰银行股份有限公司	华夏基金	兴业经济研究咨询股份有限公司
上海银行股份有限公司	天弘基金管理有限公司	上海新世纪资信评估投资服务有限公司
吉林银行股份有限公司	招商基金	Citi group Global Markets Asia Limited
中信百信银行股份有限公司	申万菱信基金	平安普惠融资担保有限公司
中信银行股份有限公司北京分行	信保（天津）股权投资基金管理有限公司	Jefferies Hong Kong Limited
中国建设银行股份有限公司重庆市分行	平安不动产有限公司	杭州老板电器股份有限公司
中国工商银行股份有限公司重庆市分行	上海中城联盟投资管理股份有限公司	宁波方太厨具有限公司
中国邮政储蓄银行股份有限公司湖南省分行	江苏毅达汇景资产管理有限公司	宁波柏厨集成厨房有限公司
中信证券股份有限公司	深圳市前海中保产业投资基金管理有限公司	宝山钢铁股份有限公司
中信建投证券股份有限公司	海南信保丰盛建设管理有限公司	北京本洁明科技有限责任公司
国泰君安证券股份有限公司	中信保诚资产管理有限责任公司	戎威远保安服务股份有限公司
华泰证券股份有限公司	上海临方股权投资管理有限公司	安利智智能机器人科技（北京）有限公司
招商证券股份有限公司	江苏洛德股权投资基金管理有限公司	奥普瑞特机电科技发展（上海）有限公司
东方证券股份有限公司	山东高速资源基金管理有限公司	北京梯影传媒科技有限公司
兴业证券	广银理财有限责任公司	泰诺风保泰（苏州）隔热材料有限公司
太平洋证券	平安理财有限责任公司	重庆国际物流枢纽园区建设有限责任公司
广发证券	浦银理财	新印山（重庆）科技有限公司

CHINA REAL ESTATE INDUSTRY
STATISTICS YEARBOOK 2023

中国房地产行业统计年鉴 2023

中指研究院 编著

图书在版编目（CIP）数据

中国房地产行业统计年鉴.2023／中指研究院编著.—北京：企业管理出版社，2023.10

ISBN 978-7-5164-2874-0

Ⅰ.①中… Ⅱ.①中… Ⅲ.①房地产业—中国—2023—年鉴 Ⅳ.① F299.233-54

中国国家版本馆CIP数据核字（2023）第150074号

书　　名：	中国房地产行业统计年鉴2023
作　　者：	中指研究院
责任编辑：	郑小希　杨向辉　尚尉
书　　号：	ISBN 978-7-5164-2874-0
出版发行：	企业管理出版社
地　　址：	北京市海淀区紫竹院南路17号　　邮编：100048
网　　址：	http：//www.emph.cn
电　　话：	编辑部（010）68414643　发行部（010）68701816
电子信箱：	qiguan1961@163.com
印　　刷：	三河市东方印刷有限公司
经　　销：	新华书店
规　　格：	210毫米×297毫米　16开本　55（彩插1）印张　1252千字
版　　次：	2023年9月第1版　2023年9月第1次印刷
定　　价：	500.00元

版权所有　翻印必究·印装错误　负责调换

编委会名单

主　编：莫天全　黄　瑜
副主编：赵丽一　谢　璨　牛永勤
编委会成员（按姓氏拼音排名）：

曹鸿玲	蔡占宁	曹舟南	岑　堃	曾　师	陈杭花	陈　静	陈丽红	陈　楠
陈耀忠	戴　卫	邓秋生	傅　勇	高　刚	古　鑫	郭仕刚	郭　莹	韩　芳
韩忠民	衡清达	胡葆森	胡长龙	华学严	黄威林	姜孟军	蒋安绰	蓝兴淑
李大龙	李　军	李旭东	廖传强	刘宏才	刘洪成	卢志瑜	毛良敏	盘国安
彭涵江	戚金兴	任登飞	施斌斌	施冠宇	施海彬	施中安	史书山	宋　堃
宋卫平	孙　杰	谭少群	唐俊杰	汪香澄	王海涛	王　萌	王　玮	王秀龙
韦曙和	吴晶建	吴　旭	夏冠明	夏绍飞	肖武春	谢　炜	徐　超	徐雄翔
徐　勇	许　昕	燕际伟	杨亚峰	杨掌法	叶振华	殷　俊	应红群	应志刚
余新民	俞建午	俞永铭	张贵清	张敬国	张　祺	张伟泽	张小军	张晓华
张亚东	张志民	赵殿华	赵　建	赵建生	赵炎林	周　松	朱宏戈	

编辑部：

黄　瑜	赵丽一	谢　璨	牛永勤	张新琼	高　鑫	牛晓娟	刘　水	曹晶晶
高　静	刘明杰	任　建	张志鹏	李永晴	李文晴	刘雨冠	张　骁	郝　铮
鲍振向	金凡卜	徐跃进	陈文静	姚　卓	孟新增	郑俊彤	郭昕昱	张　曼
徐寅飞	蔡佳良	陈　茜	安普雨	杨　帆	刘　瑜	戚　旺	张　凯	吴建钦
杨红侠	张文静	张化学	汪　勇	丁　晓	薛建行	高院生	程　宇	黄　雪
袁彬彬	梁波涛	杨晓徽	王　彬	师学武	曹雅男			

前 言

中国的房地产市场在 2023 年经历了先扬后抑的过程。为了客观地反映房地产市场状况，中指研究院推出了《中国房地产行业统计年鉴》，提供翔实的房地产行业数据和实用的行业报告。中指研究院从 1999 年便与国家统计局合作编辑出版《中国房地产统计年鉴》。2020 年起，中指研究院深挖已运行二十多年的 CREIS 中指数据库，结合国家统计局等官方数据，以更为丰富全面的数据指标体系，独立编辑出版了《中国房地产行业统计年鉴 2020》《中国房地产行业统计年鉴 2021》《中国房地产行业统计年鉴 2022》和《中国房地产行业统计年鉴 2023》，帮助大家有效、透彻地分析房地产投资、开发、交易等运作过程，给行业内提供一个全面客观研究房地产市场的辅助工具。

《中国房地产行业统计年鉴 2023》是中指研究院在长期对房地产市场跟踪调查的基础上，反复核对、认真编排后推出的，分为土地篇、住宅市场篇、企业篇、政策篇和报告篇五个部分。与以往相比，《中国房地产行业统计年鉴 2023》有两处改进：一方面是在住宅市场篇进一步丰富了全国长租公寓、办公、商业及法拍等数据类别，以更加多元的角度反映市场最新变化。另一方面，鉴于人口数据对房地产市场的先导作用，我们对七普数据做了再加工，从住房、生育、和老年人口等方面，为研究机构判断房地产行业市场趋势提供参考。

（一）土地篇

土地是民生之本，也是房地产企业的生命线。土地市场被称为房地产市场的"晴雨表"。土地篇收录了全国 300 城土地的推出和成交情况统计数据，包括推出和成交的宗数、建设用地面积、规划建筑面积、楼面均价等重要指标，全面反映重点城市的土地市场概况。

（二）住宅市场篇

房地产开发过程中，从立项、规划、建设到销售，积累了大量数据，这些数据背后蕴含着巨大价值。住宅市场篇收录了 2022 年全国、省市和重点城市的开发经营数据，以及新房和二手房住宅市场的年度和月度供求统计数据。在 2022 年引入精装房调研数据和中国房地产指数系统（CREIS）系列指数的基础上，2023 年中指研究院又进一步丰富了数据类型，收录中指数据库监测的全国长租公寓、办公、商业及法拍等数据类型，并加工生成了七普人口数据专题，从更多元的维度展现市场变化。

（三）企业篇

企业篇整理收录了中国标杆房地产企业 2022 年的财务和运营数据，以及 2022 年度企业销售和拿地排行，帮助用户了解品牌地产企业布局战略与市场重心，综合判断上市房地产企业盈利及抗风险能力。物业服务企业是房地产行业最后一个重要环节，本篇也收录了中国目前在香港和 A 股上市的物业服务企业的最新在管面积及财务数据等重要基础信息。

（四）政策篇

房地产政策关乎国民经济增长的大局，又与广大民众安居乐业息息相关，因此从政策的制定到实施均受到社会各方面的关注。中指研究院系统梳理了2022年全国100个主要城市十几类重要政策，包含宏观经济政策、金融财政政策、住房与土地政策、区域发展政策、市场调控监管政策、住房保障政策、公积金政策、土地政策、城市规划政策、人口与人才政策、物业管理行业政策等。

（五）报告篇

报告篇收录了中国房地产TOP10研究组2023年对于房地产企业的研究成果，包括中国房地产百强企业研究、中国房地产上市公司研究和中国物业服务百强企业研究等，帮助读者清晰地了解中国房地产和上下游企业的综合实力和市场表现。

中指研究院是房地产专业研究机构，基于二十多年来积累的海量房、地、人、企等详实数据，整合空间、宏观、移动、规划、POI等多维信息，构建扎实的数据底层，致力于以大数据和创新技术赋能中国房地产市场。中指研究院拥有近千位优秀的数据研发工程师和专业分析师，分支机构遍布中国主要城市。

《中国房地产行业统计年鉴2023》的成功出版，要感谢中指研究院年鉴编辑部的全体成员，他们持续对庞大的房地产统计数据进行搜集、整理、计算、分类，形成了中指数据库比较完备的数据体系和中国房地产指数系统资料库。还要感谢兄弟单位房天下，在我们进行数据采集、整理和分析当中给予了大力支持。鉴于所载内容涉及面广，数据量浩大，如有遗漏和不足，敬请读者及业内人士谅解，并提出宝贵意见，我们会在编写下一年度《中国房地产行业统计年鉴》时予以修正。

中指研究院院长　莫天全
2023年8月

目 录

土 地 篇

第一章 2022年全国300城土地推出情况 · 001
- 1-1 2022年全国300城土地推出统计 · 003
- 1-2 2022年全国300城土地推出宗数统计 · 011
- 1-3 2022年全国300城土地推出建设用地面积统计 · 019
- 1-4 2022年全国300城土地推出规划建筑面积统计 · 027
- 1-5 2022年全国300城土地推出楼面均价统计 · 035
- 1-6 2022年全国300城土地推出土地均价统计 · 043

第二章 2022年全国300城土地成交情况 · 051
- 2-1 2022年全国300城土地成交统计 · 053
- 2-2 2022年全国300城土地成交宗数统计 · 061
- 2-3 2022年全国300城土地成交建设用地面积统计 · 069
- 2-4 2022年全国300城土地成交规划建筑面积统计 · 077
- 2-5 2022年全国300城土地成交楼面均价统计 · 085
- 2-6 2022年全国300城土地成交土地均价统计 · 093
- 2-7 2022年全国300城土地成交溢价率统计 · 101
- 2-8 2022年全国300城土地成交出让金统计 · 109
- 2-9 2022年全国土地成交地块成交总价排行榜 · 117

住宅市场篇

第三章 2022年房地产开发投资情况 · 123
- 3-1 2018—2022年全国房地产开发投资 · 125
- 3-2 2022年全国房地产开发投资 · 126
- 3-3 2018—2022年全国各地区房地产开发投资额 · 128
- 3-4 2022年全国各地区房地产开发投资额 · 129
- 3-5 2018—2022年全国各地区房地产商品房竣工面积 · 130
- 3-6 2022年全国各地区房地产商品房竣工面积 · 131

3-7	2018—2022年全国各地区房地产商品房施工面积	132
3-8	2022年全国各地区房地产商品房施工面积	133
3-9	2018—2022年全国各地区房地产商品房销售额	134
3-10	2022年全国各地区房地产商品房销售额	135
3-11	2018-2022年全国各地区房地产商品房销售价格	136
3-12	2022年全国各地区房地产商品房销售价格	137
3-13	2018—2022年全国各地区房地产商品房销售面积	138
3-14	2022年全国各地区房地产商品房销售面积	139
3-15	2018—2022年全国各地区房地产商品房新开工面积	140
3-16	2022年全国各地区房地产商品房新开工面积	141
3-17	2022年重点城市商品房施工面积	142
3-18	2022年重点城市商品房新开工面积	144
3-19	2022年重点城市商品房竣工面积	146
3-20	2022年重点城市商品房销售面积	148
3-21	2022年重点城市房地产开发投资额	150
3-22	2022年重点城市商品房销售额	152

第四章　第七次全国人口普查数据　155

4-1	各地区按住房间数分的家庭户户数	157
4-2	各地区按人均住房建筑面积分的家庭户户数	159
4-3	各地区按家庭户类别和住房间数分的家庭户户数	161
4-4	全国按户主的受教育程度分的家庭户住房状况	166
4-5	全国按户主受教育程度、人均住房建筑面积分的家庭户户数	167
4-6	各地区按建筑层数分的家庭户户数	168
4-7	各地区按承重类型分的家庭户户数	169
4-8	各地区按住房建成时间分的家庭户住房状况	170
4-9	各地区按住房所在建筑有无电梯分的家庭户户数	175
4-10	各地区按住房来源分的家庭户户数	176
4-11	各地区按月租房费用分的家庭户户数	178
4-12	各地区按住房来源分的同时拥有厨房和厕所的家庭户户数	180
4-13	全国按户主的受教育程度、住房来源分的家庭户户数	182
4-14	全国按户主的受教育程度、月租房费用分的家庭户户数	183
4-15	全国按户主的职业、住房来源分的家庭户户数	184
4-16	全国按户主的职业、月租房费用分的家庭户户数	185
4-17	全国按户主的职业分的家庭户住房状况	186
4-18	全国按户主的职业、人均住房建筑面积分的家庭户户数	187

4-19	各地区按拥有全部家用汽车总价分的家庭户户数	188
4-20	各地区分性别、孩次的出生人口	190
4-21	全国分性别、居住状况、健康状况的60岁及以上老年人口	196
4-22	各地区分性别、居住状况的60岁及以上老年人口	197
4-23	全国分年龄、性别、居住状况的60岁及以上老年人口	205

第五章 2022年全国主要城市新房市场统计　　217

5-1	2022年全国主要城市商品房供求全年汇总统计	219
5-2	2022年全国主要城市商品房成交套数统计	222
5-3	2022年全国主要城市商品房成交面积统计	225
5-4	2022年全国主要城市商品房成交价格统计	228
5-5	2022年全国主要城市商品房成交金额统计	231
5-6	2022年全国主要城市商品房批准上市套数统计	234
5-7	2022年全国主要城市商品房批准上市面积统计	237
5-8	2022年全国主要城市商品房可售套数统计	240
5-9	2022年全国主要城市商品房可售面积统计	243
5-10	2022年全国主要城市商品房销供比统计	246
5-11	2022年全国主要城市商品房出清周期统计	249
5-12	2022年全国主要城市商品住宅成交统计	252
5-13	2022年全国主要城市商品住宅成交套数统计	254
5-14	2022年全国主要城市商品住宅成交面积统计	256
5-15	2022年全国主要城市商品住宅成交价格统计	258
5-16	2022年全国主要城市商品住宅成交金额统计	260
5-17	2022年全国部分城市商品住宅批准上市套数统计	262
5-19	2022年全国部分城市商品住宅可售套数统计	263
5-20	2022年全国部分城市商品住宅可售面积统计	263
5-21	2022年全国部分城市商品住宅销供比统计	263
5-22	2022年全国部分城市商品住宅出清周期统计	264

第六章 2022年全国主要城市存量房市场统计　　265

6-1	2022年全国主要城市二手房供求全年汇总统计	267
6-2	2022年全国主要城市二手房月度供求套数统计	268
6-3	2022年全国主要城市二手房月度供求成交面积统计	269
6-4	2022年全国主要城市二手房月度供求成交参考价统计	270
6-5	2022年全国主要城市二手房月度供求成交金额统计	271
6-6	2022年全国主要城市二手房月度供求套均面积统计	272

6-7	2022年全国主要城市精装修市场统计	273
6-8	2022年全国主要城市精装楼盘推出统计	275
6-9	2022年全国主要城市精装房推出套数统计	277
6-10	2022年全国主要城市精装房装修标准统计	279
6-11	2022年重点城市集中式长租公寓年度统计	281
6-12	2022年重点监控品牌集中式长租公寓门店数量	281
6-13	2022年20城市甲级写字楼平均租金	282
6-14	2022年20城市甲级写字楼平均售价	283
6-15	2022年20城市甲级写字楼空置率	284
6-16	2022年重点城市写字楼大宗交易统计	285
6-17	2022年成交金额TOP10大宗交易榜单	286
6-18	2022年125城市购物中心项目数量及存量面积	287
6-19	2020-2022年全国法拍房市场规模和趋势	291
6-20	2022年全国各地区法拍市场规模	292
6-21	2022年全国重点城市法拍市场规模	293
6-22	2022年全国各物业类型法拍市场规模	295

第七章　2022年中国房地产百城价格指数　297

7-1	2022年百城新建住宅与二手住宅价格指数	299
7-2	2022年百城新建住宅价格指数环比涨跌幅	300
7-3	2022年百城新建住宅价格指数同比涨跌幅	303
7-4	2022年百城新建住宅价格指数样本平均价格	306
7-5	2022年百城新建住宅价格指数样本价格中位数	309
7-6	2022年百城二手住宅价格指数环比涨跌幅	312
7-7	2022年百城二手住宅价格指数同比涨跌幅	315
7-8	2022年百城二手住宅价格指数样本平均价格	318
7-9	2022年百城二手住宅价格指数样本价格中位数	321
7-10	2022年重点城市写字楼租金指数	324
7-11	2022年百街商铺租金指数	327
7-12	2022年百MALL商铺租金指数	329

企　业　篇

第八章　中国主要房地产企业经营情况统计　333

8-1	2022年沪深上市房企流动资产	335
8-2	2022年香港上市房企流动资产	339

8-3	2022年沪深上市房企资产	342
8-4	2022年香港上市房企总资产	346
8-5	2022年沪深上市房企流动负债	349
8-6	2022年香港上市房企流动负债	353
8-7	2022年沪深上市房企负债	356
8-8	2022年香港上市房企总负债	360
8-9	2022年沪深上市房企营业收入	363
8-10	2022年香港上市房企主营业务收入	367
8-11	2022年沪深上市房企利润总额	370
8-12	2022年香港上市房企除税前利润	374
8-13	2022年沪深上市房企净利润	377
8-14	2022年香港上市房企净利润	381
8-15	2022年沪深上市房企经营活动产生的现金流量净额	384
8-16	2022年香港上市房企经营活动产生的现金流量净额	388
8-17	2022年沪深上市房企投资活动产生的现金流量净额	391
8-18	2022年香港上市房企投资活动产生的现金流量净额	395
8-19	2022年沪深上市房企筹资活动产生的现金流量净额	398
8-20	2022年香港上市房企筹资活动产生的现金流量净额	402
8-21	2022年中国房地产企业权益拿地金额TOP100	405
8-22	2022年中国房地产企业权益拿地面积TOP100	408
8-23	2018—2022年中国房地产企业发布销售金额排行榜	411
8-24	2018—2022年中国房地产企业发布销售面积排行榜	413
8-25	2022年中国房地产企业发布销售金额排行榜	415
8-26	2022年中国房地产企业发布销售面积排行榜	417

第九章 中国上市物业服务企业经营情况统计 · 419

9-1	上市物业服务企业2018—2022年合约面积	421
9-2	上市物业服务企业2018—2022年管理面积	423
9-3	上市物业服务企业2018—2022年营业总收入	425
9-4	上市物业服务企业2018—2022年毛利润	427
9-5	上市物业服务企业2018—2022年营业利润	429
9-6	上市物业服务企业2018—2022年净利润	431
9-7	上市物业服务企业2018—2022年营业总收入同比增长率	433
9-8	上市物业服务企业2018—2022年营业利润同比增长率	435
9-9	上市物业服务企业2018—2022年归属母公司股东的净利润同比增长率	437
9-10	上市物业服务企业2018—2022年总资产净利率	439

9-11	上市物业服务企业2018—2022年净资产收益率	441
9-12	上市物业服务企业2018—2022年资产负债率	443
9-13	上市物业服务企业2018—2022年流动比率	445
9-14	上市物业服务企业2018—2022年总资产周转率	447
9-15	上市物业服务企业2018—2022年存货周转率	449
9-16	上市物业服务企业2018—2022年净利润/营业总收入	451
9-17	上市物业服务企业2018—2022年营业总成本/营业总收入	453
9-18	2022年香港上市物业服务企业营业收入	455
9-19	2022年沪深上市物业服务企业营业收入	456
9-20	2022年香港上市物业服务企业毛利润	457
9-21	2022年沪深上市物业服务企业毛利润	458
9-22	2022年香港上市物业服务企业营业利润	459
9-23	2022年沪深上市物业服务企业营业利润	460
9-24	2022年香港上市物业服务企业净利润	461
9-25	2022年沪深上市物业服务企业净利润	462
9-26	2022年香港上市物业服务企业经营活动产生的现金流量净额	463
9-27	2022年沪深上市物业服务企业经营活动产生的现金流量净额	464
9-28	2022年香港上市物业服务企业投资活动产生的现金流量净额	465
9-29	2022年沪深上市物业服务企业投资活动产生的现金流量净额	466
9-30	2022年香港上市物业服务企业筹资活动产生的现金流量净额	467
9-31	2022年沪深上市物业服务企业筹资活动产生的现金流量净额	468
9-32	2022年香港上市物业服务企业流动资产合计	469
9-33	2022年沪深上市物业服务企业流动资产合计	470
9-34	2022年香港上市物业服务企业总资产	471
9-35	2022年沪深上市物业服务企业总资产	472
9-36	2022年香港上市物业服务企业流动负债合计	473
9-37	2022年沪深上市物业服务企业流动负债合计	474
9-38	2022年香港上市物业服务企业总负债	475
9-39	2022年沪深上市物业服务企业总负债	476
9-40	2018-2022年中国物业服务百强企业经营数据	477

政 策 篇

第十章	2022年房地产及相关政策	479
	10-1 2022年宏观经济政策	481

10-2	2022年金融财政政策	488
10-3	2022年住房与土地政策	499
10-4	2022年区域发展政策	511
10-5	2022年市场调控监管政策	514
10-6	2022年住房保障政策	545
10-7	2022年公积金政策	553
10-8	2022年土地政策	568
10-9	2022年城市规划政策	573
10-10	2022年人口与人才政策	578
10-11	2022年物业管理政策	584
10-12	2022年其他重要政策	592

报 告 篇

报告一	2023中国房地产百强企业研究报告	597
报告二	2023中国商业地产百强企业研究报告	616
报告三	2023中国房地产上市公司TOP10研究报告	638
报告四	2023中国产业新城运营商评价研究报告	657
报告五	2023上半年全国300城土地市场研究报告	671
报告六	2023上半年中国房地产市场总结与下半年趋势展望	678
报告七	2023上半年中国房地产政策盘点与趋势展望报告	693
报告八	2023中国地级以上城市房地产开发投资吸引力研究报告	701
报告九	2023年上半年中国房地产代建发展报告	710
报告十	2023中国城市居民居住满意度调查报告	718
报告十一	2023中国物业服务百强企业研究报告	751
报告十二	2023中国物业服务上市公司TOP10研究报告	784
报告十三	2023年上半年中国物业服务价格指数研究报告	812
报告十四	2023中国物业服务满意度研究报告	830

附 录：指标说明

附录一	土地数据指标解释	847
附录二	开发经营数据指标解释	848
附录三	企业运营指标解释	850

土地篇

第一章 2022年全国300城土地推出情况

1-1　2022年全国300城土地推出统计

城市	推出土地宗数（宗）	推出建设用地面积（万 m²）	推出规划建筑面积（万 m²）	推出土地均价（元/m²）	推出楼面均价（元/m²）
一线城市					
北京市	108	548.61	932.42	33747	19811
上海市	329	1476.34	3088.38	21911	10474
广州市	249	1041.69	3477.19	17019	5099
深圳市	98	671.19	1829.53	13337	4920
二线城市					
长春市	140	720.76	634.62	1404	1482
长沙市	147	686.82	1699.24	8319	3362
成都市	433	1901.51	4691.05	8441	3406
重庆市	120	1140.43	1390.80	3465	2826
大连市	283	968.55	1233.40	3055	2442
福州市	101	337.52	733.78	17632	8111
贵阳市	218	1151.39	2877.69	4075	1630
哈尔滨市	68	300.14	428.91	1790	1252
海口市	79	203.59	439.65	7070	3274
杭州市	442	1379.97	3360.46	15416	6330
合肥市	230	1175.74	2190.39	10580	5316
呼和浩特市	25	104.73	168.20	3913	2436
济南市	293	1131.34	1888.03	4184	2492
昆明市	155	395.90	838.66	2727	1275
兰州市	21	54.96	110.15	2869	1426
南昌市	127	618.33	1219.20	5589	2834
南京市	356	1198.25	2531.29	13951	6604
南宁市	177	849.76	2014.43	2850	1173
宁波市	232	765.26	1802.32	10307	4377
青岛市	390	1163.05	2043.54	5125	2909
三亚市	32	168.86	259.16	8273	5395
沈阳市	181	872.55	1070.29	1804	1385
石家庄市	174	582.88	1542.07	4399	1663
苏州市	278	984.88	2331.57	10562	4461
太原市	68	286.72	710.32	4059	1639
天津市	236	1313.23	1892.92	4911	3347
温州市	118	376.17	984.08	9780	3738
乌鲁木齐市	142	581.02	796.49	2211	1613
无锡市	198	913.71	1682.62	9579	5199

1-1 续表1

城市	推出土地宗数（宗）	推出建设用地面积（万 m²）	推出规划建筑面积（万 m²）	推出土地均价（元/m²）	推出楼面均价（元/m²）
武汉市	283	1248.16	2209.84	8598	4848
西安市	417	1745.32	4096.26	8198	3490
西宁市	28	68.73	176.55	6044	2353
厦门市	100	560.82	1671.28	12776	4287
银川市	53	629.29	1229.99	2686	1374
郑州市	159	1223.00	3336.03	4385	1607
三四线城市					
安康市	96	256.74	534.51	2089	1003
安庆市	74	419.32	577.71	2137	1551
安顺市	238	789.30	1135.98	1283	890
安阳市	29	108.75	227.31	2507	1199
鞍山市	18	52.82	92.90	1571	893
百色市	88	320.77	593.69	1018	550
包头市	217	1252.64	968.66	448	580
宝鸡市	123	624.13	930.25	827	555
保定市	207	607.17	1319.26	3244	1493
北海市	29	464.26	843.95	577	317
本溪市	24	79.01	130.24	1586	959
蚌埠市	71	405.90	455.31	1116	959
滨州市	140	561.01	692.36	1242	1006
沧州市	53	172.39	309.43	3744	2089
常德市	146	417.58	714.71	2056	1201
常州市	288	1138.94	2435.32	7089	3315
朝阳市	24	63.93	79.87	1740	1393
潮州市	28	74.18	296.43	1970	493
郴州市	105	457.60	810.51	1659	937
承德市	20	56.03	67.68	1747	1471
池州市	62	238.59	312.31	977	722
崇左市	34	230.80	260.03	383	340
滁州市	152	1075.09	1466.12	1249	916
大庆市	33	236.32	181.19	264	345
丹东市	13	36.60	49.47	1483	1097
德阳市	143	391.66	609.19	1848	1129
德州市	130	450.43	574.04	1754	1376
东莞市	119	521.18	1511.30	10129	3493

1-1 续表2

城市	推出土地宗数（宗）	推出建设用地面积（万 m²）	推出规划建筑面积（万 m²）	推出土地均价（元/m²）	推出楼面均价（元/m²）
东营市	175	1094.32	1094.45	767	765
鄂尔多斯市	28	120.50	147.55	580	467
鄂州市	107	414.22	725.38	2334	1333
佛山市	235	1083.53	3607.07	5237	1573
抚顺市	21	51.34	48.00	1240	1358
阜新市	9	9.89	8.84	377	421
阜阳市	43	298.34	447.61	1892	1205
赣州市	192	896.02	1887.79	1253	595
广元市	90	425.82	654.23	1750	1116
贵港市	407	844.86	1291.40	395	259
桂林市	25	126.47	199.63	1552	983
邯郸市	217	700.14	983.73	1887	1343
河源市	22	84.70	136.63	616	382
菏泽市	260	1007.81	1899.77	2929	1543
鹤壁市	38	263.48	242.32	523	568
鹤岗市	8	30.13	28.88	148	154
衡水市	83	207.40	326.57	1755	1115
葫芦岛市	26	117.33	105.90	1372	982
湖州市	194	654.29	1158.05	3266	1843
怀化市	46	160.33	374.29	2524	1081
淮安市	180	1046.45	1674.07	3425	2141
淮北市	65	395.34	569.98	1095	760
淮南市	79	335.12	447.90	1459	1092
黄石市	47	171.11	315.20	2455	1333
惠州市	169	612.24	1504.86	2087	849
鸡西市	6	33.64	22.46	154	230
吉林市	30	168.54	128.06	574	756
济宁市	167	569.83	813.41	2733	1914
嘉兴市	99	401.69	955.29	4033	1696
江门市	100	404.64	1189.68	2600	884
焦作市	35	143.08	200.51	1157	826
揭阳市	23	124.33	409.27	1826	555
金华市	179	675.31	1460.66	3468	1603
锦州市	39	166.60	173.67	910	873
荆门市	153	819.76	972.98	389	328
荆州市	96	609.39	871.68	605	421

1-1 续表3

城市	推出土地宗数（宗）	推出建设用地面积（万 m²）	推出规划建筑面积（万 m²）	推出土地均价（元/m²）	推出楼面均价（元/m²）
景德镇市	60	367.03	713.70	3763	1935
九江市	97	571.89	827.52	1945	1343
开封市	157	975.96	1242.39	1806	1382
拉萨市	0	0	0	--	--
廊坊市	77	341.67	725.32	3178	1497
乐山市	112	591.07	1106.25	546	292
丽江市	22	83.41	119.47	1010	705
丽水市	65	249.14	468.78	3670	1951
连云港市	111	1589.95	1560.81	1219	1242
聊城市	121	468.05	908.46	3451	1775
临沂市	69	335.23	528.86	3327	2109
柳州市	155	961.13	1851.55	1908	990
六盘水市	176	576.57	989.30	1312	764
龙岩市	65	284.53	628.16	1936	877
泸州市	55	208.12	450.90	1917	885
六安市	126	594.39	744.91	1066	807
洛阳市	122	535.13	894.67	2367	1414
漯河市	97	367.44	576.11	1218	777
马鞍山市	62	268.29	449.27	3295	1968
茂名市	115	437.38	1068.88	1907	777
眉山市	194	1018.13	1407.85	1491	1046
梅州市	20	116.01	157.46	549	404
绵阳市	115	529.73	1349.55	2103	825
牡丹江市	7	25.31	43.95	895	515
南充市	109	539.96	694.29	1016	773
南平市	57	323.42	848.84	1454	554
南通市	265	1286.37	2163.45	4151	2468
南阳市	148	480.77	775.63	1900	1178
内江市	53	300.94	504.83	1790	1067
宁德市	23	68.38	157.43	7439	3231
攀枝花市	54	260.91	307.17	959	815
平顶山市	18	91.13	123.34	1510	1116
萍乡市	72	291.25	714.07	2434	993
莆田市	70	280.01	708.54	2524	998
濮阳市	39	226.45	327.56	2601	1393
普洱市	46	58.14	65.03	1175	1050

1-1 续表4

城市	推出土地宗数（宗）	推出建设用地面积（万 m²）	推出规划建筑面积（万 m²）	推出土地均价（元 /m²）	推出楼面均价（元 /m²）
齐齐哈尔市	16	43.45	45.96	899	849
钦州市	80	756.32	1466.46	852	439
秦皇岛市	174	624.57	872.89	2707	1937
清远市	86	287.07	691.42	1306	542
衢州市	164	821.33	1014.47	1993	1612
曲靖市	166	845.83	896.32	411	387
泉州市	52	332.63	669.67	5285	2625
日照市	150	607.65	676.73	1486	1335
三明市	90	205.71	473.49	999	434
汕头市	60	187.31	623.76	2976	894
汕尾市	22	71.61	209.16	4020	1376
商洛市	43	90.18	141.43	1632	1037
商丘市	65	360.83	598.41	2154	1299
上饶市	268	790.70	1332.68	1744	1035
韶关市	66	259.55	404.46	884	567
绍兴市	180	778.31	1372.46	2955	1676
十堰市	130	462.81	735.23	1345	847
朔州市	55	283.60	260.78	222	240
松原市	21	139.61	124.58	433	486
随州市	93	283.64	362.55	654	512
台州市	93	338.49	776.76	8291	3613
泰安市	73	314.89	504.23	3113	1944
泰州市	97	467.69	811.34	5028	2898
唐山市	333	1733.73	1797.53	898	850
铁岭市	3	2.72	2.45	121	134
通化市	19	92.56	83.64	1347	1490
威海市	330	1371.18	2065.76	2056	1365
潍坊市	235	1204.27	1947.56	1862	1147
乌兰察布市	7	46.01	33.51	374	513
芜湖市	257	1434.71	2006.16	1679	1183
咸阳市	55	270.91	583.69	2979	1388
湘潭市	56	287.30	517.64	2052	1138
襄阳市	125	491.70	778.62	2616	1648
新乡市	50	261.55	557.38	2327	1092
信阳市	46	244.89	500.71	1779	862
宿迁市	142	930.89	1346.57	2389	1652
宿州市	132	660.89	957.14	1080	748

1-1 续表5

城市	推出土地宗数（宗）	推出建设用地面积（万 m²）	推出规划建筑面积（万 m²）	推出土地均价（元/m²）	推出楼面均价（元/m²）
徐州市	257	1082.24	1720.04	3989	2510
宣城市	161	517.58	615.70	827	692
烟台市	133	777.08	873.00	1396	1243
盐城市	134	754.15	1338.19	2331	1314
扬州市	153	767.52	1294.30	4357	2583
阳江市	77	284.66	370.68	1078	828
伊春市	10	28.98	31.85	230	209
宜宾市	116	1170.44	1478.28	1191	962
宜昌市	115	703.50	995.70	2073	1465
宜春市	89	320.05	446.67	1065	763
鹰潭市	62	238.84	460.23	1689	876
营口市	42	282.62	282.93	927	926
玉溪市	39	234.81	256.43	1144	1047
岳阳市	189	583.44	900.15	2133	1383
云浮市	27	89.25	80.45	278	230
湛江市	66	264.07	593.59	2835	1261
张家界市	29	163.70	271.90	3018	1817
漳州市	138	455.23	1208.84	2832	1066
肇庆市	164	463.04	1035.88	1296	579
镇江市	61	235.07	409.57	3315	1903
中山市	74	208.90	724.11	3426	988
舟山市	90	345.84	742.50	1247	581
珠海市	140	779.75	2098.98	3812	1414
株洲市	185	829.47	1448.33	2855	1635
淄博市	200	848.83	1232.03	1811	1248
自贡市	89	399.85	630.89	1504	953
遵义市	215	960.17	1596.03	19479	875
县及县级市					
保亭黎族苗族自治县	57	60.70	72.41	1351	1143
滨海县	85	409.69	467.96	1801	1577
常熟市	79	248.60	408.44	3649	2221
长沙县	82	303.44	601.89	2268	1144
长兴县	197	414.39	779.04	1820	966
崇州市	43	121.34	298.64	2978	1210
淳安县	18	33.90	60.07	2718	1531

1-1 续表6

城市	推出土地宗数（宗）	推出建设用地面积（万 m²）	推出规划建筑面积（万 m²）	推出土地均价（元/m²）	推出楼面均价（元/m²）
慈溪市	72	494.77	1057.98	2241	1048
丹阳市	94	223.13	369.08	3095	1871
当涂县	70	235.06	307.82	928	708
德清县	118	295.84	644.30	3021	1387
东港市	33	84.88	150.60	1244	701
东台市	58	244.77	319.22	1999	1533
都江堰市	23	84.81	211.12	2598	1044
恩施土家族苗族自治州	60	236.65	401.81	1467	864
肥东县	128	682.36	779.68	8046	4740
肥西县	113	607.21	911.89	9704	4817
盖州市	22	55.57	79.22	940	659
高碑店市	100	84.56	119.61	1643	1161
固安县	65	175.99	266.92	2037	1343
海安市	82	210.24	334.98	4181	2624
海宁市	89	324.16	761.54	3612	1537
海盐县	50	143.18	275.23	1779	925
惠安县	28	95.38	262.37	2538	923
惠东县	34	152.00	170.50	1808	1612
嘉善县	75	215.10	456.28	3194	1506
建德市	49	122.99	298.08	862	356
建湖县	39	141.00	203.88	2109	1459
江阴市	40	238.20	379.17	3720	2337
胶州市	119	365.44	561.22	1595	1032
晋江市	75	271.96	652.15	4359	1818
靖江市	41	200.56	266.69	3258	2450
昆山市	64	210.95	412.82	9516	4863
莱西市	42	125.59	183.06	1307	903
莱州市	46	220.52	275.83	905	713
临海市	58	424.33	844.41	2101	1056
陵水黎族自治县	23	48.15	92.51	2749	1431
浏阳市	156	537.11	1151.16	1857	866
龙口市	69	1062.18	780.28	713	970
龙门县	22	36.93	86.47	771	329
闽侯县	43	141.38	345.61	6001	2455
南安市	83	228.71	664.10	1504	518
宁海县	48	211.42	553.24	902	345

1-1 续表 7

城市	推出土地宗数（宗）	推出建设用地面积（万 m²）	推出规划建筑面积（万 m²）	推出土地均价（元/m²）	推出楼面均价（元/m²）
沛县	94	292.99	568.16	2635	1359
彭州市	39	158.41	402.34	2479	976
邳州市	71	402.16	593.85	2595	1757
平度市	43	159.75	201.21	868	689
平湖市	76	200.40	274.22	2515	1838
蒲江县	28	90.90	139.88	872	566
普宁市	25	68.67	131.84	1121	584
启东市	79	435.36	622.75	2537	1773
潜江市	95	500.96	901.83	671	374
荣成市	125	240.75	340.07	2466	1653
如东县	58	277.95	526.07	2742	1449
瑞安市	79	128.69	413.58	5693	1772
嵊州市	69	219.23	510.10	2805	1206
太仓市	85	283.70	583.87	4706	2287
泰兴市	102	328.09	638.29	2962	1522
天门市	125	329.91	621.28	1122	595
桐庐县	37	137.31	286.79	1933	925
桐乡市	99	274.75	845.75	3509	1140
瓦房店市	62	284.19	189.41	449	669
文安县	77	255.11	330.90	853	658
文昌市	29	60.32	97.12	1509	937
仙桃市	178	472.27	660.65	692	495
香河县	39	89.55	112.87	1912	1517
象山县	83	215.41	401.37	2257	1211
新沂市	84	366.23	461.31	813	646
兴化市	44	109.95	196.77	3592	2007
宜兴市	53	193.62	298.06	5018	3259
义乌市	407	591.47	1380.34	5286	2265
永登县	73	362.99	308.20	375	443
余姚市	48	124.20	234.58	6150	3256
张家港市	120	378.29	732.33	3087	1595
诸暨市	122	155.80	305.06	6751	3448
庄河市	14	66.16	82.81	285	338

1-2 2022年全国300城土地推出宗数统计

单位：宗

城市	1月	2月	3月	4月	5月	6月	7月	8月	9月	10月	11月	12月	汇总
一线城市													
北京市	22	2	1	4	23	3	5	9	19	7	6	7	108
上海市	32	11	16	3	48	14	54	17	60	13	26	35	329
广州市	6	11	6	28	9	12	27	13	26	39	22	50	249
深圳市	3	2	2	13	6	9	26	0	10	5	15	7	98
二线城市													
长春市	21	5	5	0	14	6	6	8	26	6	14	29	140
长沙市	3	5	25	7	5	5	24	8	1	5	34	25	147
成都市	15	13	29	47	23	22	76	6	12	73	44	73	433
重庆市	7	8	16	6	4	10	22	3	9	3	12	20	120
大连市	16	17	32	11	15	11	5	9	7	9	9	142	283
福州市	2	0	22	5	20	0	4	4	28	2	2	12	101
贵阳市	5	7	5	7	10	9	10	15	2	4	73	71	218
哈尔滨市	3	1	2	1	0	1	10	14	10	7	7	12	68
海口市	1	2	4	2	7	9	10	3	7	12	9	13	79
杭州市	50	11	13	64	15	83	26	27	57	20	23	53	442
合肥市	10	5	38	7	11	47	12	20	42	11	3	24	230
呼和浩特市	0	0	0	6	0	0	7	8	0	3	1	0	25
济南市	13	6	12	60	5	10	53	14	6	39	40	35	293
昆明市	18	2	6	7	13	8	13	1	21	13	14	39	155
兰州市	1	0	1	1	5	3	3	4	0	2	1	0	21
南昌市	6	1	24	3	26	3	5	3	3	29	16	8	127
南京市	21	1	10	30	20	17	65	34	24	85	3	46	356
南宁市	4	11	23	7	12	22	13	35	16	11	8	15	177
宁波市	53	11	6	55	3	31	10	5	19	0	9	30	232
青岛市	11	25	32	18	34	44	28	38	54	31	15	60	390
三亚市	1	0	3	2	1	3	0	0	0	4	2	16	32
沈阳市	5	11	13	8	9	16	5	17	47	18	11	21	181
石家庄市	14	7	21	9	22	25	1	15	7	15	17	21	174
苏州市	35	16	8	24	16	44	13	16	16	46	16	28	278
太原市	10	5	0	0	0	12	12	8	4	3	8	6	68
天津市	13	5	4	44	18	20	27	15	21	22	15	32	236
温州市	10	3	4	5	5	18	2	16	15	13	12	15	118
乌鲁木齐市	0	0	13	20	8	16	18	49	9	4	2	3	142

1-2 续表1 单位：宗

城市	1月	2月	3月	4月	5月	6月	7月	8月	9月	10月	11月	12月	汇总
无锡市	28	0	5	18	7	3	30	15	22	25	32	13	198
武汉市	9	17	29	11	23	27	17	17	54	15	18	46	283
西安市	6	8	42	20	35	34	18	71	28	62	63	30	417
西宁市	0	0	3	2	7	8	3	0	0	3	2	0	28
厦门市	3	4	13	12	19	7	7	9	1	6	3	16	100
银川市	0	4	10	1	8	7	1	5	0	10	5	2	53
郑州市	2	2	9	2	1	19	2	10	18	25	35	34	159
三四线城市													
安康市	8	2	11	6	1	0	0	20	6	4	15	23	96
安庆市	4	5	4	3	7	6	4	12	7	4	8	10	74
安顺市	17	20	24	6	25	30	14	7	27	7	29	32	238
安阳市	3	0	1	4	2	0	3	0	3	8	1	4	29
鞍山市	5	0	4	1	1	1	1	0	2	0	2	1	18
百色市	6	3	6	2	9	4	4	22	18	1	6	7	88
包头市	3	13	1	17	22	13	15	16	17	16	21	63	217
宝鸡市	41	2	4	0	10	6	14	7	7	0	6	26	123
保定市	16	9	18	8	19	21	9	5	33	10	11	48	207
北海市	2	1	4	3	3	4	5	0	1	3	2	1	29
本溪市	0	2	1	1	0	1	0	0	2	1	13	3	24
蚌埠市	3	0	14	10	3	0	7	6	4	10	1	13	71
滨州市	11	13	5	7	1	21	2	17	6	8	16	33	140
沧州市	1	5	14	2	4	7	1	3	1	2	8	5	53
常德市	3	4	5	8	6	22	7	3	11	7	14	56	146
常州市	16	11	9	24	16	25	13	17	28	21	65	43	288
朝阳市	0	1	4	3	5	4	0	0	0	3	0	4	24
潮州市	0	0	1	2	3	1	4	1	4	6	5	1	28
郴州市	4	1	4	2	6	13	5	5	8	5	26	26	105
承德市	1	1	0	5	0	3	0	0	0	0	0	10	20
池州市	10	0	9	4	9	1	3	6	1	4	6	9	62
崇左市	0	3	2	0	2	0	0	8	3	1	5	10	34
滁州市	15	18	7	16	4	24	1	12	6	5	16	28	152
大庆市	3	0	4	4	2	6	0	1	0	0	0	13	33
丹东市	0	0	2	1	0	0	1	0	0	3	0	6	13
德阳市	2	2	9	13	6	8	1	32	3	1	13	53	143
德州市	4	2	14	2	1	50	2	0	8	29	7	11	130
东莞市	7	4	3	8	4	13	10	18	4	9	17	22	119

1-2 续表2　　　单位：宗

城市	1月	2月	3月	4月	5月	6月	7月	8月	9月	10月	11月	12月	汇总
东营市	8	3	9	8	8	11	18	18	17	25	48	2	175
鄂尔多斯市	2	1	0	6	3	0	1	0	1	0	9	5	28
鄂州市	4	0	11	6	8	10	2	8	8	1	11	38	107
佛山市	19	22	10	8	23	13	35	18	20	12	15	40	235
抚顺市	1	0	2	4	2	0	0	3	3	0	3	3	21
阜新市	0	0	0	0	0	0	0	0	7	1	1	0	9
阜阳市	3	2	3	4	1	6	6	2	2	0	9	5	43
赣州市	8	11	20	8	15	10	32	9	10	15	15	39	192
广元市	0	15	4	4	4	11	7	1	11	12	6	15	90
贵港市	1	9	0	17	48	10	51	44	50	42	69	66	407
桂林市	1	1	0	0	3	0	1	5	2	4	5	3	25
邯郸市	4	16	16	8	4	20	4	28	23	29	26	39	217
河源市	0	0	3	0	0	0	4	1	1	7	6	0	22
菏泽市	53	14	4	18	16	24	12	4	33	50	16	16	260
鹤壁市	0	0	0	0	6	0	0	0	5	10	17	0	38
鹤岗市	0	0	0	0	2	2	1	1	0	0	0	2	8
衡水市	3	1	10	5	2	5	7	3	4	13	17	13	83
葫芦岛市	3	0	0	0	7	4	3	1	4	1	0	3	26
湖州市	6	31	14	7	13	18	12	14	8	27	9	35	194
怀化市	4	1	0	0	9	8	6	5	3	6	3	1	46
淮安市	8	13	6	8	14	14	9	20	7	32	40	9	180
淮北市	5	0	0	5	2	11	1	7	3	7	11	13	65
淮南市	5	0	0	9	7	2	9	8	12	2	5	20	79
黄石市	2	4	2	0	3	3	2	1	3	8	16	3	47
惠州市	17	11	7	5	9	6	11	13	13	26	23	28	169
鸡西市	0	0	4	1	0	0	0	0	0	1	0	0	6
吉林市	0	9	1	0	1	2	1	0	8	5	3	0	30
济宁市	11	4	13	20	10	11	6	21	11	3	24	33	167
嘉兴市	16	3	5	3	13	4	10	13	7	2	17	6	99
江门市	1	4	2	4	9	12	8	9	13	12	15	11	100
焦作市	3	1	0	2	1	1	7	5	0	2	7	6	35
揭阳市	3	0	0	0	0	6	5	2	2	1	1	3	23
金华市	9	11	15	21	8	31	9	12	7	13	26	17	179
锦州市	0	4	6	2	4	6	0	1	4	2	2	8	39
荆门市	15	12	6	7	14	9	11	16	13	9	28	13	153
荆州市	5	3	0	15	12	2	2	8	15	8	1	25	96
景德镇市	3	0	0	4	9	5	1	0	1	10	6	21	60

1-2 续表3　　单位：宗

城市	1月	2月	3月	4月	5月	6月	7月	8月	9月	10月	11月	12月	汇总
九江市	3	5	2	5	9	6	16	1	19	10	6	15	97
开封市	7	13	9	0	34	5	10	14	7	5	9	44	157
拉萨市	0	0	0	0	0	0	0	0	0	0	0	0	0
廊坊市	2	3	12	1	0	27	2	4	4	10	6	6	77
乐山市	0	11	1	8	24	3	1	15	15	9	20	5	112
丽江市	3	2	0	0	0	8	1	3	0	0	3	2	22
丽水市	6	2	6	5	5	6	5	0	1	5	9	15	65
连云港市	0	1	6	20	5	9	10	5	7	9	14	25	111
聊城市	1	10	14	15	9	10	9	9	7	6	9	22	121
临沂市	6	2	0	3	3	9	4	4	3	3	28	4	69
柳州市	3	4	3	8	3	20	5	7	22	24	29	27	155
六盘水市	15	1	8	8	22	0	14	10	21	5	52	20	176
龙岩市	0	1	5	1	5	4	7	3	8	5	19	7	65
泸州市	1	2	0	1	6	0	1	4	18	15	3	4	55
六安市	11	3	25	29	2	8	6	9	6	9	14	4	126
洛阳市	24	2	4	10	4	11	8	13	14	6	13	13	122
漯河市	6	3	0	5	2	12	5	5	20	2	8	29	97
马鞍山市	4	1	3	5	1	5	5	4	7	2	19	6	62
茂名市	12	1	4	1	2	5	25	14	7	22	9	13	115
眉山市	7	11	1	11	18	16	18	24	20	8	24	36	194
梅州市	0	0	0	0	2	0	3	0	3	1	4	7	20
绵阳市	8	5	8	7	9	2	5	11	13	7	13	27	115
牡丹江市	2	0	1	0	1	0	2	0	0	0	1	0	7
南充市	2	7	1	3	2	6	5	10	0	23	31	19	109
南平市	0	2	1	2	4	4	1	1	6	4	18	14	57
南通市	13	3	21	17	10	9	41	10	9	33	32	67	265
南阳市	6	5	10	8	4	10	12	9	9	6	8	61	148
内江市	4	1	0	1	6	2	3	0	2	0	11	23	53
宁德市	3	0	0	2	3	0	5	0	3	0	4	3	23
攀枝花市	0	1	0	0	1	5	7	4	1	4	4	27	54
平顶山市	0	1	0	0	0	3	0	2	0	1	3	8	18
萍乡市	4	1	1	8	4	13	0	0	7	18	6	10	72
莆田市	3	1	2	6	8	11	4	4	6	12	5	8	70
濮阳市	5	2	10	2	2	5	4	1	4	2	2	0	39
普洱市	2	4	0	4	0	10	6	0	12	5	3	0	46
齐齐哈尔市	1	0	2	2	0	2	2	1	2	0	4	0	16
钦州市	8	5	8	6	1	0	8	2	2	17	18	5	80

1-2 续表4 单位：宗

城市	1月	2月	3月	4月	5月	6月	7月	8月	9月	10月	11月	12月	汇总
秦皇岛市	39	7	11	10	9	7	6	10	13	14	8	40	174
清远市	9	6	0	6	7	5	10	5	6	12	6	14	86
衢州市	9	6	15	8	13	10	23	19	9	29	11	12	164
曲靖市	2	3	12	4	39	18	26	16	2	5	21	18	166
泉州市	0	0	0	0	0	9	9	17	4	4	1	8	52
日照市	5	0	3	7	2	12	18	21	13	7	25	37	150
三明市	1	16	3	9	5	2	15	5	11	6	7	10	90
汕头市	3	5	6	4	2	4	9	3	8	9	2	5	60
汕尾市	0	0	6	0	0	0	1	5	0	0	3	7	22
商洛市	0	0	7	1	0	14	1	0	0	0	0	20	43
商丘市	7	0	5	2	16	2	4	3	1	4	4	17	65
上饶市	13	13	16	22	34	9	13	13	25	35	23	52	268
韶关市	2	9	6	3	2	4	0	14	7	6	3	10	66
绍兴市	10	12	12	17	11	15	13	23	11	14	20	22	180
十堰市	17	5	8	4	2	11	4	13	4	21	5	36	130
朔州市	0	0	0	3	1	7	0	8	16	5	15	0	55
松原市	0	3	2	0	2	1	4	3	2	0	4	0	21
随州市	10	7	2	5	7	8	9	11	5	9	8	12	93
台州市	3	7	4	7	1	20	5	0	20	5	4	17	93
泰安市	6	2	4	7	2	1	3	6	6	10	19	7	73
泰州市	6	5	2	4	5	8	9	6	1	10	19	22	97
唐山市	18	11	18	10	9	60	23	20	18	35	89	22	333
铁岭市	0	0	0	0	2	0	0	1	0	0	0	0	3
通化市	6	1	0	1	1	5	0	1	2	0	0	2	19
威海市	30	23	31	13	20	25	39	19	16	34	30	50	330
潍坊市	14	4	4	3	12	24	17	24	25	44	34	30	235
乌兰察布市	0	0	0	0	3	1	2	0	0	0	1	0	7
芜湖市	16	23	27	21	10	29	21	10	23	20	22	35	257
咸阳市	6	0	7	3	1	2	9	0	1	1	21	4	55
湘潭市	7	5	4	4	4	6	3	6	5	6	3	3	56
襄阳市	8	2	4	5	10	20	6	12	10	14	18	16	125
新乡市	0	10	3	5	5	5	5	4	3	5	3	2	50
信阳市	5	4	2	1	3	1	2	2	0	16	1	9	46
宿迁市	22	1	9	2	2	30	3	5	18	13	10	27	142
宿州市	13	11	7	8	18	15	6	10	7	13	11	13	132
徐州市	17	4	41	9	10	6	25	2	34	39	52	18	257
宣城市	10	3	15	29	1	5	24	17	2	25	10	20	161
烟台市	5	8	6	6	11	9	8	0	17	10	23	30	133

1-2 续表5 单位：宗

城市	1月	2月	3月	4月	5月	6月	7月	8月	9月	10月	11月	12月	汇总
盐城市	17	4	8	2	15	3	7	5	7	7	16	43	134
扬州市	5	8	3	2	4	7	24	12	15	8	37	28	153
阳江市	4	0	2	3	14	5	1	12	3	3	28	2	77
伊春市	0	0	2	1	0	2	2	1	0	0	0	2	10
宜宾市	1	0	6	4	14	4	8	12	13	6	28	20	116
宜昌市	3	5	6	22	2	11	15	10	4	9	16	12	115
宜春市	3	2	2	9	5	5	2	5	6	1	41	8	89
鹰潭市	3	1	2	10	4	10	10	7	2	2	4	7	62
营口市	2	15	0	0	2	1	0	9	8	4	1	0	42
玉溪市	0	5	3	1	2	8	3	7	1	3	4	2	39
岳阳市	3	2	5	10	5	9	13	20	3	10	61	48	189
云浮市	0	0	2	0	1	1	0	0	2	5	10	6	27
湛江市	1	0	1	1	6	5	5	4	7	13	12	11	66
张家界市	0	1	0	0	0	0	3	0	2	6	15	2	29
漳州市	14	2	1	21	7	8	20	14	20	6	10	15	138
肇庆市	1	7	39	11	23	17	18	11	1	7	7	22	164
镇江市	0	0	2	4	2	7	2	7	4	10	2	21	61
中山市	3	12	3	5	1	5	9	4	4	9	6	13	74
舟山市	1	4	3	2	4	3	20	15	9	12	3	14	90
珠海市	2	12	4	3	13	11	15	15	11	21	19	14	140
株洲市	11	5	2	4	8	35	9	16	14	11	48	22	185
淄博市	13	10	7	16	24	10	9	22	8	16	16	49	200
自贡市	5	0	4	5	2	8	1	4	1	18	18	23	89
遵义市	16	13	16	16	8	10	12	7	10	54	16	37	215

县及县级市

城市	1月	2月	3月	4月	5月	6月	7月	8月	9月	10月	11月	12月	汇总
保亭黎族苗族自治县	0	5	0	8	3	1	0	0	38	1	1	0	57
滨海县	16	3	3	5	4	5	0	1	4	4	27	13	85
常熟市	10	2	2	3	4	10	1	1	12	11	13	10	79
长沙县	6	5	4	3	4	12	9	5	7	4	10	13	82
长兴县	12	20	17	12	22	6	18	20	6	14	7	43	197
崇州市	6	0	0	0	7	5	6	0	0	5	10	4	43
淳安县	0	2	5	1	2	1	2	0	1	2	1	1	18
慈溪市	3	5	1	1	8	13	4	5	6	13	6	7	72
丹阳市	13	3	0	6	21	12	6	7	1	2	15	8	94
当涂县	3	6	4	5	5	6	11	4	4	3	11	8	70

1-2 续表6 单位：宗

城市	1月	2月	3月	4月	5月	6月	7月	8月	9月	10月	11月	12月	汇总
德清县	9	9	6	13	4	21	9	17	4	10	7	9	118
东港市	4	1	0	1	0	4	0	6	0	5	7	5	33
东台市	1	1	3	1	4	2	5	6	9	6	13	7	58
都江堰市	0	0	0	1	0	1	1	0	0	7	1	12	23
恩施土家族苗族自治州	4	4	5	8	4	5	5	8	6	0	7	4	60
肥东县	0	2	7	9	0	33	9	13	11	17	12	15	128
肥西县	10	7	6	7	12	11	11	17	8	7	9	8	113
盖州市	0	1	0	1	1	0	10	0	6	0	3	0	22
高碑店市	1	0	0	8	0	21	9	29	1	29	1	1	100
固安县	2	0	14	3	5	0	5	14	4	3	4	11	65
海安市	11	1	3	4	7	2	7	7	6	10	8	16	82
海宁市	11	9	7	2	6	14	4	1	4	15	6	10	89
海盐县	1	2	7	2	1	8	1	8	2	3	5	10	50
惠安县	2	1	1	0	0	2	1	1	3	4	4	9	28
惠东县	18	0	0	0	1	0	3	1	1	0	4	6	34
嘉善县	5	5	2	5	6	7	4	5	7	10	6	13	75
建德市	2	4	7	0	4	11	2	5	3	1	4	6	49
建湖县	2	1	1	0	1	3	6	1	1	5	6	12	39
江阴市	2	1	2	0	0	3	4	3	2	2	11	10	40
胶州市	14	11	1	7	10	10	19	7	20	3	1	16	119
晋江市	4	5	0	3	6	10	3	7	10	7	14	6	75
靖江市	1	0	0	0	0	11	1	4	4	4	12	4	41
昆山市	2	0	0	2	4	1	4	3	8	9	22	9	64
莱西市	6	4	0	5	2	1	7	2	13	0	0	2	42
莱州市	2	1	9	4	13	4	1	2	1	3	0	6	46
临海市	2	3	0	2	4	9	4	2	8	10	5	9	58
陵水黎族自治县	2	0	0	0	1	2	0	9	0	4	1	4	23
浏阳市	1	0	4	0	13	47	15	7	0	27	6	36	156
龙口市	8	1	5	7	0	2	7	11	25	3	0	0	69
龙门县	1	1	2	0	0	0	2	3	1	6	1	5	22
闽侯县	1	2	4	4	3	2	0	0	7	7	5	8	43
南安市	8	2	1	2	10	1	7	3	5	3	13	28	83
宁海县	3	5	3	2	1	1	2	0	3	25	2	1	48
沛县	0	0	0	15	1	1	14	2	6	12	30	13	94
彭州市	1	0	0	1	0	4	2	4	2	7	8	10	39
邳州市	1	2	0	8	2	2	1	1	9	14	7	24	71

1-2 续表7 单位：宗

城市	1月	2月	3月	4月	5月	6月	7月	8月	9月	10月	11月	12月	汇总
平度市	0	1	5	1	2	3	7	3	9	7	0	5	43
平湖市	2	0	6	2	10	4	16	12	3	5	6	10	76
蒲江县	0	0	3	0	8	2	0	3	4	0	0	8	28
普宁市	2	3	1	2	1	0	0	3	3	3	6	1	25
启东市	1	3	8	3	3	8	11	4	11	5	1	21	79
潜江市	15	10	6	0	4	7	2	11	1	13	9	17	95
荣成市	2	1	9	6	37	6	6	4	12	5	2	35	125
如东县	4	3	4	0	4	4	14	1	3	7	5	9	58
瑞安市	3	2	15	5	5	4	8	5	5	12	5	10	79
嵊州市	4	1	6	2	2	3	11	19	6	12	2	1	69
太仓市	8	10	0	6	0	17	4	6	7	7	9	11	85
泰兴市	6	1	1	6	1	3	16	4	13	1	18	32	102
天门市	9	3	26	12	2	18	2	14	8	10	13	8	125
桐庐县	4	8	2	2	2	0	5	4	5	1	0	4	37
桐乡市	11	15	7	6	7	17	5	7	9	3	5	7	99
瓦房店市	1	14	0	1	1	5	1	3	25	2	4	5	62
文安县	7	0	25	4	5	8	1	16	3	0	8	0	77
文昌市	0	0	1	0	5	2	5	2	8	2	1	3	29
仙桃市	11	48	14	10	5	4	11	7	9	9	26	24	178
香河县	7	0	9	0	0	6	0	0	5	0	7	5	39
象山县	4	5	13	3	6	3	3	2	13	2	10	19	83
新沂市	10	6	13	8	3	6	7	3	6	11	8	3	84
兴化市	5	0	8	0	0	6	6	0	0	2	6	11	44
宜兴市	1	3	5	3	2	6	1	6	4	8	2	12	53
义乌市	4	1	9	6	51	10	60	6	33	121	67	39	407
永登县	5	4	4	1	4	4	7	9	2	7	10	16	73
余姚市	6	0	0	2	6	5	3	5	2	4	6	9	48
张家港市	12	1	11	10	13	15	10	7	5	2	6	28	120
诸暨市	2	13	0	8	15	10	6	3	25	0	20	20	122
庄河市	1	0	0	1	1	0	0	5	0	3	0	3	14

1-3 2022年全国300城土地推出建设用地面积统计

单位：万㎡

城市	1月	2月	3月	4月	5月	6月	7月	8月	9月	10月	11月	12月	合计
一线城市													
北京市	93.48	8.84	5.42	83.14	136.95	9.72	22.15	17.75	78.84	27.81	14.86	49.65	548.61
上海市	115.30	24.20	68.08	12.90	263.27	53.69	175.80	36.75	458.66	38.74	86.74	142.21	1476.34
广州市	23.06	36.67	25.27	138.19	45.69	35.52	114.14	89.33	151.21	120.98	74.45	187.17	1041.69
深圳市	58.04	2.37	15.27	33.79	24.83	61.66	188.39	0	61.93	12.65	49.88	162.40	671.19
二线城市													
长春市	71.09	12.46	31.99	0	206.76	26.47	19.22	25.69	127.93	42.22	40.06	116.88	720.76
长沙市	9.90	28.55	138.05	17.09	24.34	13.62	171.66	29.12	8.18	9.48	129.02	107.80	686.82
成都市	60.98	45.88	127.69	181.08	95.48	127.79	392.30	29.17	105.36	266.26	247.20	222.33	1901.51
重庆市	145.80	80.41	95.96	37.03	79.73	28.07	177.51	88.43	29.61	32.67	237.74	107.48	1140.43
大连市	75.58	94.67	100.83	51.03	40.19	34.16	27.64	28.28	27.54	33.69	21.59	433.35	968.55
福州市	2.15	0	77.47	14.73	51.77	0	26.77	5.65	110.19	10.42	7.29	31.09	337.52
贵阳市	41.68	68.85	35.52	19.76	73.05	63.35	56.18	105.39	15.00	7.86	313.84	350.91	1151.39
哈尔滨市	46.41	5.87	2.25	8.80	0	2.01	31.64	88.83	33.93	13.63	26.21	40.57	300.14
海口市	0.61	4.83	4.81	1.45	19.90	23.49	25.90	7.33	17.22	32.65	26.43	38.95	203.59
杭州市	132.05	24.61	29.13	278.02	43.73	295.83	59.84	56.84	207.02	75.14	66.43	111.32	1379.97
合肥市	61.16	29.42	195.61	32.08	60.61	232.97	66.17	59.80	285.17	27.07	2.95	122.72	1175.74
呼和浩特市	0	0	0	15.22	0	0	32.73	39.43	0	14.57	2.78	0	104.73
济南市	50.06	16.13	68.80	264.59	15.43	48.13	241.75	56.82	16.05	142.47	104.06	107.06	1131.34
昆明市	42.65	1.38	19.70	35.18	27.12	32.36	40.76	1.67	48.47	24.72	30.43	91.46	395.90
兰州市	2.32	0	0.56	8.15	13.41	8.89	1.60	8.57	0	2.15	9.31	0	54.96
南昌市	40.32	8.40	154.22	10.58	105.94	21.26	29.73	9.87	14.84	134.15	60.47	28.55	618.33
南京市	37.39	1.43	21.40	131.39	52.28	71.00	312.18	95.76	90.90	271.68	15.98	96.87	1198.25
南宁市	15.79	57.82	67.25	108.76	45.01	87.62	65.07	111.53	82.31	119.30	38.04	51.26	849.76
宁波市	161.26	24.42	17.04	197.61	13.13	134.50	31.41	6.89	79.35	0	25.56	74.09	765.26
青岛市	31.53	106.95	87.61	52.68	124.96	165.28	68.70	60.91	174.82	72.66	60.36	156.59	1163.05
三亚市	4.04	0	7.88	2.14	0.66	12.32	0	0	0	41.14	18.78	81.91	168.86
沈阳市	8.80	89.95	49.87	20.38	43.56	72.48	17.66	85.54	219.12	114.50	40.28	110.40	872.55
石家庄市	16.75	13.46	33.34	32.25	62.63	121.11	2.00	65.55	31.86	57.58	56.34	90.00	582.88
苏州市	93.27	64.73	12.08	106.06	64.57	183.16	36.98	46.51	66.55	170.79	61.41	78.77	984.88
太原市	48.86	21.06	0	0	54.84	31.89	35.34	11.91	16.43	14.78	51.63	286.72
天津市	40.98	31.31	16.45	292.83	106.50	40.96	232.45	87.45	99.18	115.49	101.00	148.62	1313.23
温州市	8.39	2.53	18.48	8.09	6.52	70.03	1.89	53.32	107.48	36.55	42.13	20.77	376.17
乌鲁木齐市	0	0	35.18	103.18	52.13	34.90	110.72	126.28	65.06	14.87	5.78	32.91	581.02
无锡市	75.19	0	31.53	90.11	32.52	14.11	183.94	69.45	109.48	109.02	151.85	46.51	913.71

1-3 续表1 单位：万㎡

城市	1月	2月	3月	4月	5月	6月	7月	8月	9月	10月	11月	12月	合计
武汉市	52.48	62.93	163.42	55.93	49.79	97.13	78.75	67.11	258.32	57.36	72.96	231.97	1248.16
西安市	11.27	48.15	139.30	56.98	146.31	176.70	83.66	290.58	136.84	259.51	267.85	128.15	1745.32
西宁市	0	0	4.74	2.70	33.21	10.31	2.43	0	0	8.65	6.70	0	68.73
厦门市	4.39	14.02	41.37	188.73	68.09	86.72	37.25	41.59	2.24	11.81	19.44	45.18	560.82
银川市	0	18.58	378.91	16.30	41.48	52.42	1.53	24.81	0	57.93	31.74	5.60	629.29
郑州市	5.97	10.21	45.64	9.47	7.90	137.69	12.09	289.02	83.70	95.38	167.03	358.88	1223.00
三四线城市													
安康市	45.89	12.69	47.60	5.59	4.55	0	0	44.95	22.08	12.11	21.26	40.04	256.74
安庆市	54.93	45.45	22.05	15.07	45.53	36.30	19.96	48.84	9.46	11.58	55.86	54.28	419.32
安顺市	58.23	65.64	67.64	14.41	90.78	91.73	15.40	22.89	67.54	25.55	80.60	188.88	789.30
安阳市	12.07	0	4.16	20.81	2.72	0	9.28	0	12.58	38.08	1.51	7.55	108.75
鞍山市	17.12	0	13.47	3.24	8.97	1.00	0.66	0	1.53	0	4.27	2.55	52.82
百色市	19.68	13.67	48.70	6.89	31.00	27.60	23.76	25.03	24.47	5.61	31.19	63.17	320.77
包头市	14.53	98.72	4.57	59.19	128.81	177.00	66.33	140.58	112.13	84.89	39.42	326.47	1252.64
宝鸡市	216.97	3.35	17.23	0	19.54	59.76	36.11	47.02	34.85	0	68.35	120.96	624.13
保定市	66.89	21.96	28.81	32.27	50.25	38.51	16.39	32.10	91.59	26.62	29.00	172.78	607.17
北海市	27.87	16.25	114.90	4.36	134.69	56.54	56.22	0	0.34	35.60	8.15	9.34	464.26
本溪市	0	1.90	3.74	1.37	0	0.58	0	0	2.07	0.48	65.47	3.40	79.01
蚌埠市	29.36	0	107.46	56.32	30.66	0	33.02	19.22	18.73	47.80	5.54	57.79	405.90
滨州市	58.78	31.34	10.01	6.90	1.58	56.66	2.22	69.51	122.57	14.07	44.91	142.45	561.01
沧州市	0.98	18.11	61.51	8.67	11.41	22.24	0.59	3.36	0.44	3.46	22.03	19.59	172.39
常德市	16.97	16.30	15.84	39.51	17.84	74.12	14.53	3.56	30.27	25.99	27.13	135.52	417.58
常州市	71.56	52.13	45.94	95.05	46.57	70.63	50.10	41.24	78.90	84.93	269.38	232.51	1138.94
朝阳市	0	4.16	4.96	3.57	26.24	9.73	0	0	0	1.16	0	14.10	63.93
潮州市	0	0	5.26	1.54	5.91	1.14	4.76	0.51	16.96	16.93	15.97	5.20	74.18
郴州市	9.58	10.41	17.89	5.39	40.56	60.89	40.57	33.62	15.30	20.78	100.84	101.78	457.60
承德市	1.62	1.43	0	11.81	0	9.51	0	0	0	0	0	31.67	56.03
池州市	39.08	0	6.36	17.70	14.57	0.25	12.70	51.29	10.32	16.79	19.99	49.55	238.59
崇左市	0	20.81	29.60	0	4.10	0	0	55.24	26.25	0.14	26.85	67.81	230.80
滁州市	91.67	123.73	67.54	98.30	28.04	153.76	2.33	77.26	111.39	32.13	115.18	173.74	1075.09
大庆市	48.47	0	19.25	34.58	40.26	3.34	0	28.66	0	0	0	61.76	236.32
丹东市	0	0	3.38	2.85	0	0	0.80	0	0	2.31	0	27.27	36.60
德阳市	27.22	17.13	20.64	36.09	37.42	22.85	12.40	21.52	2.37	4.33	62.38	127.32	391.66
德州市	9.31	36.63	76.74	19.19	3.52	92.24	12.93	0	26.92	110.29	23.51	39.13	450.43
东莞市	15.00	13.25	7.00	33.29	29.00	65.72	24.79	67.48	19.53	26.17	131.46	88.49	521.18
东营市	40.89	10.34	100.54	54.40	39.33	52.42	34.66	125.60	79.10	108.24	435.78	13.02	1094.32

1-3 续表2　　　　　　　　　　　　　　　　　　　　　　　　　　　　　　　　　　　　　　　单位：万㎡

城市	1月	2月	3月	4月	5月	6月	7月	8月	9月	10月	11月	12月	合计
鄂尔多斯市	32.75	0.08	0	13.33	10.34	0	2.39	0	1.05	0	51.51	9.04	120.50
鄂州市	10.25	0	36.27	30.54	44.27	36.88	11.32	26.83	20.50	3.67	32.19	161.49	414.22
佛山市	69.41	94.23	35.60	45.03	140.80	38.45	194.34	72.10	109.16	28.09	49.31	207.02	1083.53
抚顺市	0.14	0	0.48	4.93	8.59	0	0	4.16	11.24	0	6.27	15.53	51.34
阜新市	0	0	0	0	0	0	0	0	6.55	0.98	2.37	0	9.89
阜阳市	19.97	3.76	13.00	15.53	0.20	21.03	45.55	20.19	13.09	0	83.44	62.58	298.34
赣州市	72.37	36.72	131.45	33.34	44.44	37.56	139.48	29.13	45.70	69.44	84.15	172.24	896.02
广元市	0	81.97	24.46	17.13	12.71	56.31	15.64	0.18	40.38	60.99	34.80	81.26	425.82
贵港市	0.14	33.93	0	17.70	23.43	58.36	76.28	92.01	141.85	104.62	62.98	233.56	844.86
桂林市	1.14	1.46	0	0	3.74	0	3.63	69.19	1.64	8.17	19.34	18.16	126.47
邯郸市	10.23	69.30	89.68	21.68	26.83	102.94	41.68	32.90	30.82	57.12	93.08	123.87	700.14
河源市	0	0	4.72	0	0	0	33.09	0.80	0.03	34.89	11.18	0	84.70
菏泽市	220.30	47.17	13.91	80.46	81.08	63.48	48.77	50.48	95.08	174.22	59.64	73.21	1007.81
鹤壁市	0	0	0	0	61.79	0	0	0	43.89	45.95	111.85	0	263.48
鹤岗市	0	0	0	0	1.23	14.37	12.61	0.30	0	0	0	1.61	30.13
衡水市	5.16	0.76	28.87	18.03	8.72	10.60	13.50	5.94	10.20	39.67	36.33	29.60	207.40
葫芦岛市	13.18	0	0	0	14.43	11.34	10.53	2.51	61.85	0.47	0	3.03	117.33
湖州市	12.76	109.70	17.39	27.07	72.51	78.78	13.43	79.59	26.64	69.26	50.16	97.01	654.29
怀化市	4.34	3.46	0	0	21.38	36.84	31.41	23.38	10.03	17.06	9.90	2.53	160.33
淮安市	83.71	52.77	21.95	50.27	64.21	62.77	39.35	122.33	38.74	262.44	213.31	34.60	1046.45
淮北市	18.89	0	0	32.60	11.38	79.09	1.02	26.77	18.88	57.26	78.53	70.92	395.34
淮南市	5.46	0	0	28.13	33.86	37.67	21.21	18.36	49.71	24.59	43.54	72.59	335.12
黄石市	3.81	5.79	2.81	0	12.04	21.77	13.72	3.38	9.21	22.25	62.42	13.90	171.11
惠州市	83.40	55.46	47.51	28.49	16.88	27.85	30.73	46.48	23.93	61.71	101.87	87.93	612.24
鸡西市	0	0	25.36	4.70	0	0	0	0	0	3.58	0	0	33.64
吉林市	0	77.49	1.38	0	1.38	3.48	1.57	0	38.99	14.78	29.48	0	168.54
济宁市	27.54	13.81	16.76	56.10	39.72	33.57	20.19	39.90	19.14	65.60	63.19	174.30	569.83
嘉兴市	68.40	25.52	16.03	3.54	70.47	6.18	24.88	29.67	39.50	2.12	77.20	38.18	401.69
江门市	1.69	46.62	12.80	15.36	33.87	20.08	44.51	29.12	36.57	57.44	60.41	46.17	404.64
焦作市	3.01	1.00	0	8.82	27.43	2.78	20.33	20.74	0	5.67	31.75	21.56	143.08
揭阳市	20.21	0	0	0	0	18.06	35.18	19.26	4.70	10.09	10.04	6.77	124.33
金华市	30.77	26.27	62.49	96.45	32.94	141.45	58.22	42.74	13.40	77.39	26.72	66.47	675.31
锦州市	0	44.46	19.62	9.42	16.92	24.98	0	4.37	3.20	14.82	1.92	26.89	166.60
荆门市	71.28	77.28	27.23	30.02	77.97	58.64	64.24	47.61	120.11	17.44	113.70	114.25	819.76
荆州市	18.00	12.18	0	75.29	68.56	13.99	15.15	63.50	165.19	40.64	4.21	132.68	609.39
景德镇市	31.62	0	0	29.70	47.78	32.37	16.35	0	10.38	51.53	31.11	116.19	367.03
九江市	11.20	18.79	2.40	47.33	26.67	27.64	76.92	89.13	101.68	78.16	34.78	57.17	571.89

1-3 续表3 单位：万㎡

城市	1月	2月	3月	4月	5月	6月	7月	8月	9月	10月	11月	12月	合计
开封市	20.59	61.53	38.81	0	240.78	36.09	82.89	54.98	37.95	11.07	43.84	347.43	975.96
拉萨市	0	0	0	0	0	0	0	0	0	0	0	0	0
廊坊市	14.15	22.02	56.63	0.58	0	89.40	2.32	14.49	16.79	51.68	29.92	43.68	341.67
乐山市	0	44.87	1.43	7.17	125.20	24.28	20.85	97.34	83.09	92.26	67.05	27.55	591.07
丽江市	17.31	0.66	0	0	0	25.83	27.26	5.23	0	0	5.50	1.61	83.41
丽水市	34.52	0.41	19.30	8.82	20.54	20.42	31.48	0	0.72	20.88	45.23	46.80	249.14
连云港市	0	1.44	16.34	243.46	15.09	636.74	242.62	102.58	30.66	40.99	149.26	110.76	1589.95
聊城市	1.33	37.24	60.51	57.28	40.73	30.67	37.36	62.41	20.19	23.25	32.51	64.58	468.05
临沂市	26.79	15.08	0	14.10	10.49	74.26	16.86	26.48	12.57	15.29	110.73	12.59	335.23
柳州市	13.81	8.99	9.16	61.05	3.26	143.93	9.90	33.43	130.89	116.52	304.00	126.19	961.13
六盘水市	47.86	5.80	24.88	7.28	62.61	0	45.96	8.71	35.98	17.67	220.69	99.13	576.57
龙岩市	0	4.30	13.50	17.20	7.78	17.25	35.43	32.49	29.75	21.01	57.06	48.75	284.53
泸州市	2.01	3.54	0	3.33	33.72	0	32.46	6.88	59.19	50.20	3.86	12.94	208.12
六安市	61.42	11.23	96.10	132.06	14.21	35.87	28.21	53.60	27.54	34.38	69.64	30.11	594.39
洛阳市	123.95	9.11	24.40	36.71	11.37	30.32	6.67	53.27	106.24	35.95	37.81	59.34	535.13
漯河市	13.41	7.58	0	9.76	4.71	31.58	11.30	19.08	116.12	6.01	37.29	110.60	367.44
马鞍山市	37.80	0.93	30.34	22.02	1.99	13.17	18.34	18.78	25.40	10.77	73.85	14.90	268.29
茂名市	14.74	2.06	2.43	9.05	18.44	6.00	69.28	63.19	38.90	117.85	38.10	57.34	437.38
眉山市	35.77	61.26	1.98	53.95	121.67	57.69	211.52	81.01	56.32	56.50	143.05	137.39	1018.13
梅州市	0	0	0	0	57.26	0	8.75	0	11.31	10.00	11.28	17.39	116.01
绵阳市	23.05	13.90	26.66	19.82	76.38	10.23	23.78	34.28	49.87	71.82	45.68	134.26	529.73
牡丹江市	10.35	0	1.12	0	8.28	0	4.44	0	0	0	1.12	0	25.31
南充市	19.53	27.66	1.47	3.52	59.06	13.96	25.72	78.59	0	125.20	120.30	64.95	539.96
南平市	0	4.17	2.29	11.20	22.77	19.30	6.32	2.85	22.90	5.71	101.81	124.10	323.42
南通市	34.87	12.07	72.53	75.88	15.90	30.31	281.79	34.08	28.48	150.94	190.46	359.08	1286.37
南阳市	47.98	5.08	26.38	28.12	3.63	33.87	39.21	46.33	42.83	26.94	41.29	139.09	480.77
内江市	18.26	20.00	0	1.94	29.84	28.16	19.42	0	6.01	0	57.08	120.23	300.94
宁德市	7.64	0	0	8.93	17.88	0	8.63	0	5.76	0	12.41	7.12	68.38
攀枝花市	0	3.60	0	0	1.31	70.03	12.35	1.92	2.77	4.84	9.16	154.93	260.91
平顶山市	0	6.72	0	0	0	22.67	0	4.18	0	7.38	19.64	30.55	91.13
萍乡市	9.93	4.27	3.78	9.92	7.37	38.63	0	0	12.53	25.72	81.14	97.97	291.25
莆田市	6.53	2.40	8.05	10.80	23.19	58.91	15.38	10.49	13.95	69.84	11.51	48.96	280.01
濮阳市	37.42	13.39	37.91	12.73	10.36	31.41	21.67	1.99	33.49	8.70	17.38	0	226.45
普洱市	0.91	19.92	0	8.26	0	11.40	1.70	0	2.43	7.62	5.90	0	58.14
齐齐哈尔市	0.67	0	1.87	9.20	0	0.96	2.45	2.02	13.11	0	13.17	0	43.45
钦州市	62.12	21.58	36.85	44.86	26.14	0	18.85	12.20	1.70	125.11	105.68	301.23	756.32
秦皇岛市	73.78	22.44	51.76	23.63	23.28	26.72	17.39	15.71	43.24	57.38	32.14	237.12	624.57

1-3 续表4　　　单位：万㎡

城市	1月	2月	3月	4月	5月	6月	7月	8月	9月	10月	11月	12月	合计
清远市	38.76	23.11	0	20.53	9.86	14.64	16.83	3.19	25.85	32.32	10.66	91.32	287.07
衢州市	49.70	16.03	27.90	29.49	145.28	38.88	178.34	88.43	43.55	17.67	72.06	114.00	821.33
曲靖市	35.28	4.78	3.39	24.11	93.64	43.17	225.24	136.68	0.95	33.53	211.23	33.84	845.83
泉州市	0	0	0	0	0	101.23	21.43	74.37	76.18	22.46	5.76	31.22	332.63
日照市	16.00	0	18.55	39.22	7.90	32.24	53.17	46.16	40.09	50.78	106.44	197.09	607.65
三明市	3.36	44.47	9.31	15.61	8.24	4.57	14.69	11.57	28.52	18.18	6.65	40.52	205.71
汕头市	5.61	5.12	18.18	11.14	13.36	11.14	17.61	3.83	18.85	39.80	20.52	22.14	187.31
汕尾市	0	0	13.57	0	0	0	4.60	5.13	0	0	8.77	39.53	71.61
商洛市	0	0	7.44	4.05	0	10.50	7.42	0	0	0	0	60.77	90.18
商丘市	31.51	0	13.47	9.59	66.77	28.05	47.36	34.78	2.24	45.30	10.09	71.67	360.83
上饶市	20.44	40.89	81.40	102.52	76.10	42.42	69.86	51.39	56.92	49.79	85.10	113.88	790.70
韶关市	7.38	44.42	11.50	17.07	1.99	18.56	0	58.72	34.78	24.68	13.12	27.31	259.55
绍兴市	31.50	37.06	67.56	145.67	41.62	49.11	43.73	102.47	42.78	36.49	70.32	110.00	778.31
十堰市	22.65	0.62	43.89	20.86	0.47	84.48	25.96	31.16	7.77	73.78	38.58	112.60	462.81
朔州市	0	0	0	3.32	1.23	101.82	0	19.09	72.75	22.43	62.95	0	283.60
松原市	0	53.56	7.73	0	6.77	5.88	15.44	13.16	22.99	0	14.09	0	139.61
随州市	30.24	28.61	0.50	29.00	25.52	19.81	39.79	34.50	6.42	24.71	15.21	29.32	283.64
台州市	20.38	17.85	29.43	40.08	3.33	60.35	7.93	0	80.84	18.86	11.87	47.56	338.49
泰安市	27.68	7.40	8.61	17.61	14.38	2.81	23.00	38.09	29.32	40.88	80.33	24.78	314.89
泰州市	39.00	26.15	8.87	3.12	17.81	53.60	34.71	22.78	1.01	62.79	84.06	113.80	467.69
唐山市	73.93	42.14	116.30	27.90	30.60	313.41	54.87	102.58	66.98	162.45	627.61	114.96	1733.73
铁岭市	0	0	0	0	2.64	0	0	0.08	0	0	0	0	2.72
通化市	31.71	6.14	0	0.57	1.20	13.31	0	4.63	7.64	0	0	27.35	92.56
威海市	110.91	58.46	111.12	58.40	77.47	119.52	226.16	82.08	64.56	146.08	119.40	197.01	1371.18
潍坊市	143.26	17.55	64.46	13.21	33.24	95.25	116.09	147.04	112.25	201.97	135.67	124.27	1204.27
乌兰察布市	0	0	0	0	5.37	9.37	13.89	0	0	0	17.39	0	46.01
芜湖市	47.79	75.06	207.51	206.83	91.35	133.38	103.72	66.22	88.70	124.44	128.19	161.53	1434.71
咸阳市	27.21	0	37.77	35.37	9.02	4.28	43.55	0	9.02	0.10	99.23	5.35	270.91
湘潭市	21.16	13.05	19.81	29.93	18.61	42.88	14.77	14.69	30.98	25.50	42.82	13.12	287.30
襄阳市	19.51	85.59	10.55	14.74	43.21	70.88	19.30	44.42	47.97	32.67	58.68	44.17	491.70
新乡市	0	33.00	14.18	36.61	22.12	24.59	12.57	15.00	17.88	55.63	21.10	8.86	261.55
信阳市	18.64	28.73	10.13	2.50	49.01	9.11	35.58	10.28	0	54.28	2.07	24.55	244.89
宿迁市	218.10	7.19	46.34	7.89	19.65	169.15	11.57	25.64	150.68	69.96	39.10	165.61	930.89
宿州市	29.49	72.02	27.73	64.70	82.15	49.98	16.80	35.29	29.18	147.96	41.82	63.76	660.89
徐州市	66.00	33.39	165.97	68.69	74.23	12.57	84.55	5.72	162.20	151.51	196.28	61.13	1082.24
宣城市	16.67	8.35	49.76	67.12	9.94	16.99	70.52	75.80	15.61	92.52	26.17	68.11	517.58
烟台市	15.77	48.53	48.59	39.25	41.32	24.05	23.05	0	237.45	45.22	98.81	155.03	777.08

1-3 续表5 单位：万㎡

城市	1月	2月	3月	4月	5月	6月	7月	8月	9月	10月	11月	12月	合计
盐城市	55.52	17.47	26.62	3.25	77.13	9.76	16.28	46.48	44.84	23.92	135.31	297.56	754.15
扬州市	51.83	71.42	18.99	1.01	22.69	32.46	65.11	45.63	59.08	46.77	179.45	173.08	767.52
阳江市	5.64	0	2.24	10.06	39.73	8.31	1.53	33.37	0.12	9.56	145.96	28.14	284.66
伊春市	0	0	17.65	0.82	0	1.33	4.78	0.83	0	0	0	3.57	28.98
宜宾市	0.45	0	20.99	37.23	230.00	63.08	85.06	161.30	149.63	85.02	114.64	223.05	1170.44
宜昌市	11.76	37.11	10.74	51.33	11.99	101.13	75.66	93.19	9.50	90.63	112.24	98.22	703.50
宜春市	0.70	1.31	1.50	25.66	16.25	5.91	0.75	59.40	22.52	2.36	162.79	20.89	320.05
鹰潭市	25.79	0.67	11.64	31.75	16.73	37.43	26.52	27.38	7.57	14.81	12.39	26.16	238.84
营口市	12.20	76.71	0	0	0.69	0.82	0	71.08	65.55	52.23	3.33	0	282.62
玉溪市	0	17.24	21.14	32.57	6.06	34.91	12.35	43.66	10.16	2.18	49.27	5.27	234.81
岳阳市	15.16	1.85	3.18	32.80	41.33	46.58	23.30	139.04	19.10	63.00	96.91	101.19	583.44
云浮市	0	0	12.08	0	1.02	14.01	0	0	0.31	2.51	47.23	12.08	89.25
湛江市	2.29	0	1.33	1.82	16.88	12.32	77.51	6.88	27.96	34.83	32.73	49.53	264.07
张家界市	0	0.35	0	0	0	0	32.01	0	1.91	25.52	90.50	13.41	163.70
漳州市	44.13	11.33	5.16	69.83	20.35	25.07	78.94	58.99	47.36	19.90	32.56	41.60	455.23
肇庆市	8.74	11.59	96.11	45.37	46.09	35.25	86.27	27.42	2.00	14.43	14.01	75.77	463.04
镇江市	0	0	9.92	15.44	7.18	16.73	8.17	24.23	15.49	47.55	14.20	76.15	235.07
中山市	12.62	33.18	17.45	13.44	4.22	12.92	24.10	17.16	13.76	26.77	10.31	22.97	208.90
舟山市	0.12	6.50	8.86	1.69	11.30	7.50	63.64	71.20	11.21	64.50	12.70	86.61	345.84
珠海市	8.45	30.23	24.70	9.86	89.24	100.84	122.58	80.49	77.32	64.92	118.23	52.88	779.75
株洲市	44.46	12.19	5.16	18.15	21.90	190.35	29.34	65.26	96.63	54.41	212.56	79.05	829.47
淄博市	58.85	65.49	18.57	98.54	90.69	65.39	52.23	58.15	15.83	46.31	52.63	226.15	848.83
自贡市	21.63	0	22.21	7.23	15.77	25.14	0.60	15.26	8.23	129.51	87.30	66.98	399.85
遵义市	88.82	59.51	82.22	133.83	17.87	30.64	145.16	30.60	47.76	128.86	82.73	112.16	960.17
县及县级市													
保亭黎族苗族自治县	0	1.35	0	4.17	2.19	1.28	0	0	41.77	6.62	3.33	0	60.70
滨海县	129.90	7.24	25.88	13.27	40.24	34.05	0	12.33	28.08	6.75	64.12	47.82	409.69
常熟市	36.98	3.26	2.22	6.99	18.82	37.60	1.59	4.66	46.55	30.78	28.45	30.71	248.60
长沙县	19.71	15.15	22.57	17.13	8.68	61.91	23.63	12.60	44.37	2.98	33.79	40.90	303.44
长兴县	18.03	56.67	37.23	17.03	43.62	23.84	29.07	51.81	20.21	24.59	21.32	70.99	414.39
崇州市	17.90	0	0	0	9.28	5.93	24.73	0	0	23.00	26.26	14.25	121.34
淳安县	0	0.27	20.58	1.08	2.10	2.46	0.41	0	0.78	3.39	0.61	2.23	33.90
慈溪市	22.25	55.40	0.49	0.40	65.90	118.78	30.67	69.31	18.79	61.05	23.40	28.34	494.77
丹阳市	39.05	9.53	0	17.39	45.25	34.67	11.77	15.52	0.25	5.20	26.40	18.09	223.13
当涂县	3.24	16.78	15.25	41.11	4.18	9.26	48.44	8.93	11.80	14.08	29.47	32.52	235.06

1-3 续表6　　　　　　　　　　　　　　　　　　　　　　　　　　　　　　　　　　　　　　　单位：万㎡

城市	1月	2月	3月	4月	5月	6月	7月	8月	9月	10月	11月	12月	合计
德清县	32.14	37.64	8.52	21.06	7.61	50.32	37.22	33.09	10.76	27.92	17.06	12.51	295.84
东港市	13.70	5.98	0	3.25	0	7.89	0	16.15	0	13.89	6.83	17.18	84.88
东台市	5.68	19.88	11.49	3.33	9.43	23.86	28.62	27.36	17.82	26.37	52.69	18.25	244.77
都江堰市	0	0	0	0.39	0	0.90	3.52	0	0	23.18	0.49	56.33	84.81
恩施土家族苗族自治州	20.25	49.46	6.94	8.73	8.07	1.90	19.27	43.34	23.03	0	22.48	33.18	236.65
肥东县	0	18.34	10.39	72.03	0	205.24	86.69	38.41	107.19	55.84	21.82	66.41	682.36
肥西县	57.78	39.38	22.53	30.50	66.95	44.77	55.15	61.26	33.77	107.95	42.59	44.59	607.21
盖州市	0	8.25	0	1.71	1.71	0	21.17	0	18.37	0	4.38	0	55.57
高碑店市	1.15	0	0	11.16	0	13.20	4.37	29.17	2.82	15.64	3.52	3.52	84.56
固安县	1.33	0	64.06	7.66	5.89	0	21.19	27.30	25.80	3.86	13.67	5.23	175.99
海安市	14.48	2.77	23.80	4.35	34.81	4.48	12.54	5.59	7.20	38.66	4.93	56.63	210.24
海宁市	23.94	38.53	24.66	21.09	8.28	43.51	7.03	1.02	8.96	85.97	15.63	45.54	324.16
海盐县	0.46	1.19	12.16	9.39	1.27	23.67	0.74	17.81	6.97	11.70	16.67	41.14	143.18
惠安县	8.00	2.03	6.83	0	0	13.36	2.23	0.19	4.25	18.29	13.22	26.97	95.38
惠东县	65.64	0	0	0	0.40	0	7.33	31.02	30.36	0	1.08	16.17	152.00
嘉善县	10.14	9.36	2.90	3.96	18.83	18.88	9.66	23.82	26.42	33.13	14.14	43.86	215.10
建德市	27.25	15.09	20.05	0	7.06	8.96	3.69	5.12	2.09	3.23	1.44	29.00	122.99
建湖县	4.51	7.03	2.66	0	0.92	8.52	15.26	1.89	1.58	28.14	43.25	27.24	141.00
江阴市	5.95	5.74	17.09	0	0	11.58	32.18	4.85	10.67	9.92	56.69	83.53	238.20
胶州市	58.73	22.88	20.50	36.31	24.72	8.96	46.73	39.47	54.86	2.20	0.28	49.81	365.44
晋江市	9.91	18.04	0	11.79	20.89	24.01	9.25	18.43	40.08	25.27	59.19	35.09	271.96
靖江市	38.34	0	0	0	0	28.52	1.82	26.76	25.80	23.44	43.94	11.94	200.56
昆山市	5.72	0	0	5.61	15.64	2.72	22.11	10.49	23.53	40.18	59.69	25.27	210.95
莱西市	8.14	15.60	0	7.74	7.90	4.41	15.26	15.10	46.66	0	0	4.79	125.59
莱州市	2.50	0.37	15.00	10.61	79.22	25.08	5.90	7.13	0.52	2.74	0	71.47	220.52
临海市	15.20	12.72	0	16.50	16.08	31.93	41.78	5.58	147.67	85.68	13.33	37.85	424.33
陵水黎族自治县	7.33	0	0	0	3.77	5.42	0	16.55	0	9.12	3.18	2.78	48.15
浏阳市	6.67	0	14.36	0	19.66	132.91	28.75	5.12	0	86.92	21.29	221.44	537.11
龙口市	201.80	102.98	358.11	14.15	0	8.01	78.36	78.66	183.04	37.07	0	0	1062.18
龙门县	0.10	0.17	0.15	0	0	0	12.73	4.47	0.33	8.88	2.35	7.76	36.93
闽侯县	1.33	6.23	18.52	15.89	8.33	7.86	0	0	10.88	31.05	13.86	27.43	141.38
南安市	21.20	12.36	10.08	10.62	24.54	5.06	14.57	10.99	6.52	9.85	22.87	80.05	228.71
宁海县	4.92	9.51	42.25	3.58	4.46	6.87	53.56	0	10.38	72.12	0.36	3.40	211.42
沛县	0	0	0	23.53	15.85	1.08	32.91	7.59	17.23	37.29	104.01	53.50	292.99
彭州市	6.44	0	0	0.66	0	21.14	8.14	17.77	8.74	21.28	38.77	35.47	158.41
邳州市	1.99	0.96	0	54.68	4.44	7.97	2.06	8.00	30.75	71.41	79.43	140.47	402.16
平度市	0	1.91	41.01	16.47	5.79	6.41	14.58	8.63	27.49	20.41	0	17.05	159.75

1-3 续表7 单位：万㎡

城市	1月	2月	3月	4月	5月	6月	7月	8月	9月	10月	11月	12月	合计
平湖市	0.17	0	11.24	1.48	22.04	20.22	61.21	28.14	6.14	4.75	14.86	30.14	200.40
蒲江县	0	0	6.37	0	27.95	7.86	0	5.65	14.03	0	0	29.05	90.90
普宁市	4.22	5.67	6.13	0.13	1.32	0	0	8.19	32.48	1.33	7.72	1.47	68.67
启东市	7.98	41.79	44.45	8.52	5.01	40.93	52.82	11.58	41.93	56.95	2.38	121.01	435.36
潜江市	89.34	69.19	28.87	0	14.70	39.18	5.79	60.49	7.90	60.57	52.82	72.12	500.96
荣成市	1.86	5.82	23.20	21.52	54.35	8.33	12.11	12.46	14.39	8.72	1.38	76.60	240.75
如东县	15.98	11.38	8.87	0	38.31	42.04	45.90	0.91	10.32	36.28	11.29	56.67	277.95
瑞安市	1.94	1.42	27.82	11.26	12.29	8.47	10.58	11.55	5.25	14.98	6.74	16.40	128.69
嵊州市	4.69	10.71	23.67	8.15	0.88	24.10	25.66	62.44	22.48	26.12	0.39	9.93	219.23
太仓市	34.51	37.13	0	21.13	0	52.43	6.81	11.08	23.98	21.52	34.31	40.79	283.70
泰兴市	20.15	16.80	5.75	8.68	6.13	8.74	40.09	5.82	30.94	0.25	50.28	134.46	328.09
天门市	24.69	1.95	112.04	22.03	1.85	53.14	2.15	36.25	21.16	27.29	19.48	7.88	329.91
桐庐县	16.71	14.91	3.45	2.17	2.95	0	36.80	20.75	14.84	0.10	0	24.62	137.31
桐乡市	31.60	20.04	25.07	9.41	17.54	48.84	10.38	16.77	25.34	10.21	4.99	54.55	274.75
瓦房店市	1.15	65.71	0	2.95	2.66	23.97	1.49	2.70	123.08	5.46	10.38	44.67	284.19
文安县	1.63	0	63.63	11.29	14.11	38.69	12.69	78.76	10.05	0	24.26	0	255.11
文昌市	0	0	2.47	0	9.95	7.12	10.33	8.68	11.76	1.54	0.65	7.83	60.32
仙桃市	25.45	54.71	44.39	9.21	14.45	60.90	38.84	11.70	49.24	48.82	61.65	52.91	472.27
香河县	11.96	0	19.53	0	0	12.87	0	0	13.80	0	23.89	7.49	89.55
象山县	5.40	14.91	25.03	2.72	10.05	8.40	6.13	1.36	33.53	3.29	33.78	70.81	215.41
新沂市	28.95	47.27	59.20	30.81	4.62	26.08	9.05	7.32	51.97	61.93	37.02	2.01	366.23
兴化市	11.62	0	2.48	0	0	15.73	14.33	0	0	4.80	17.15	43.84	109.95
宜兴市	0.72	17.36	8.56	15.07	0.28	47.95	0.22	21.74	5.02	29.99	4.70	42.02	193.62
义乌市	17.36	0.22	60.63	33.64	23.17	54.55	53.40	25.12	3.75	57.75	98.98	162.92	591.47
永登县	21.83	33.28	33.96	13.33	20.60	3.85	72.28	47.00	6.68	25.10	36.87	48.20	362.99
余姚市	6.59	0	0	2.76	16.06	20.94	10.88	9.46	1.32	8.26	24.80	23.12	124.20
张家港市	22.67	3.07	56.33	35.42	30.11	54.21	30.32	21.39	11.07	5.84	27.11	80.75	378.29
诸暨市	0.28	5.91	0	8.98	20.22	0.83	10.53	12.04	18.20	0	2.38	76.45	155.80
庄河市	20.01	0	0	5.71	1.39	0	0	7.21	0	15.68	0	16.15	66.16

1-4　2022年全国300城土地推出规划建筑面积统计

单位：万㎡

城市	1月	2月	3月	4月	5月	6月	7月	8月	9月	10月	11月	12月	合计
一线城市													
北京市	189.09	13.26	10.84	83.83	231.35	19.64	33.05	34.06	153.54	47.65	31.93	84.18	932.42
上海市	262.73	52.48	153.07	33.84	595.55	104.51	369.10	75.54	819.44	112.01	179.51	330.62	3088.38
广州市	65.49	122.84	96.03	448.53	140.93	137.75	338.95	307.69	457.94	462.18	242.56	656.30	3477.19
深圳市	112.08	14.76	62.54	136.63	85.49	153.28	494.97	0	164.33	53.65	172.74	379.06	1829.53
二线城市													
长春市	59.01	10.80	23.89	0	171.17	18.75	13.68	18.55	142.78	29.55	50.99	95.45	634.62
长沙市	18.36	55.34	356.58	47.52	56.02	39.57	405.20	95.42	13.10	20.13	313.12	278.89	1699.24
成都市	165.92	142.83	343.10	424.74	224.85	333.33	906.88	87.51	163.01	621.68	727.13	550.06	4691.05
重庆市	138.95	114.73	154.92	43.00	62.56	41.72	284.18	68.15	45.77	29.96	220.61	186.23	1390.80
大连市	104.68	96.27	95.50	67.33	52.55	50.77	24.13	44.85	51.78	38.67	43.63	563.24	1233.40
福州市	6.32	0	158.34	31.29	112.23	0	63.80	15.43	232.68	13.95	9.29	90.43	733.78
贵阳市	104.20	185.54	91.30	56.18	199.43	140.89	123.45	196.25	45.00	17.66	751.10	966.68	2877.69
哈尔滨市	82.37	6.46	1.82	14.08	0	1.69	33.56	100.95	69.55	16.54	39.04	62.86	428.91
海口市	1.21	10.89	9.68	2.78	32.27	48.36	50.34	10.66	32.47	89.57	63.33	88.10	439.65
杭州市	365.87	68.40	72.72	638.75	119.88	675.75	169.50	156.08	450.69	182.17	157.75	302.90	3360.46
合肥市	92.19	41.25	381.61	60.08	78.65	463.43	82.02	108.12	588.53	42.28	5.15	247.08	2190.39
呼和浩特市	0	0	0	37.61	0	0	34.49	67.28	0	22.71	6.12	0	168.20
济南市	47.28	36.42	89.74	552.29	28.96	71.39	281.87	90.22	25.76	273.67	146.35	244.10	1888.03
昆明市	96.76	4.33	64.33	39.37	58.30	99.44	123.34	7.52	128.74	61.42	27.75	127.37	838.66
兰州市	6.71	0	0.45	16.30	35.13	17.02	3.60	18.18	0	6.24	6.52	0	110.15
南昌市	62.92	25.19	305.88	12.64	243.32	32.94	52.03	16.22	27.28	282.10	120.92	37.74	1219.20
南京市	79.68	4.28	68.56	280.28	122.02	106.86	671.25	208.62	203.32	560.98	40.77	184.67	2531.29
南宁市	46.33	141.63	168.80	218.75	125.32	221.51	155.22	223.59	224.50	248.16	94.81	145.81	2014.43
宁波市	380.85	46.82	37.38	426.32	28.67	337.99	98.79	16.56	184.57	0	60.49	183.86	1802.32
青岛市	42.08	123.80	178.55	81.75	193.65	321.69	113.07	121.06	349.68	109.02	80.07	329.11	2043.54
三亚市	8.08	0	13.07	6.20	1.98	10.15	0	0	0	54.39	33.31	131.99	259.16
沈阳市	11.56	92.67	50.23	20.76	31.14	87.61	17.16	81.56	403.33	126.14	45.73	102.39	1070.29
石家庄市	42.82	43.39	94.35	91.45	188.61	287.41	5.00	170.38	90.16	155.68	150.36	222.47	1542.07
苏州市	247.54	165.23	50.27	206.82	153.84	393.21	90.15	142.74	158.93	390.42	111.34	221.08	2331.57
太原市	131.61	55.23	0	0	120.21	89.63	85.57	43.05	34.62	37.87	112.54	710.32
天津市	74.32	42.64	20.37	454.61	71.53	70.55	279.31	194.22	151.81	183.99	130.29	219.28	1892.92
温州市	21.08	4.25	46.08	27.61	18.66	187.97	4.69	129.64	251.96	121.66	97.94	72.55	984.08
乌鲁木齐市	0	0	45.13	134.05	58.12	60.78	138.13	182.42	90.99	18.39	20.52	47.97	796.49
无锡市	167.05	0	64.78	163.73	52.95	21.44	301.19	135.31	190.09	208.18	287.96	89.95	1682.62

1-4 续表1　　　　　　　　　　　　　　　　　　　　　　　　　　　　　　　　　　　　单位：万㎡

城市	1月	2月	3月	4月	5月	6月	7月	8月	9月	10月	11月	12月	合计
武汉市	71.43	100.16	297.87	88.65	55.65	191.34	118.21	94.31	568.88	68.90	117.79	436.66	2209.84
西安市	24.78	101.51	294.08	107.24	379.74	407.83	178.31	660.21	358.78	597.91	663.33	322.56	4096.26
西宁市	0	0	9.79	3.97	102.37	14.11	3.23	0	0	23.67	19.42	0	176.55
厦门市	13.15	45.36	128.29	549.02	220.24	260.28	111.75	118.21	6.71	33.51	58.36	126.40	1671.28
银川市	0	24.27	759.82	17.93	77.79	111.51	1.53	54.95	0	120.57	52.07	9.56	1229.99
郑州市	5.97	29.77	118.77	28.40	23.70	306.22	24.18	847.72	235.28	289.83	482.74	943.43	3336.03

三四线城市

城市	1月	2月	3月	4月	5月	6月	7月	8月	9月	10月	11月	12月	合计
安康市	110.80	21.56	104.15	4.81	14.10	0	0	81.25	39.17	34.52	36.51	87.63	534.51
安庆市	54.93	44.02	36.98	16.31	66.26	72.17	42.35	83.58	10.21	19.40	74.84	56.64	577.71
安顺市	73.27	101.89	90.13	35.24	102.01	142.72	27.18	29.14	120.46	20.83	135.84	257.25	1135.98
安阳市	23.87	0	6.66	46.88	3.17	0	16.73	0	30.33	79.94	1.21	18.53	227.31
鞍山市	26.83	0	25.82	7.12	13.46	0.60	1.52	0	1.92	0	10.53	5.11	92.90
百色市	27.58	20.49	93.44	11.48	69.92	34.73	25.43	50.07	54.89	3.37	77.48	124.81	593.69
包头市	28.41	87.62	6.86	40.09	97.67	117.81	72.25	101.96	83.05	66.54	28.78	237.62	968.66
宝鸡市	308.89	3.69	17.23	0	60.79	75.57	74.33	71.39	43.92	0	68.35	206.09	930.25
保定市	147.08	52.47	43.74	32.27	144.54	69.11	48.26	76.02	217.67	38.41	67.51	382.17	1319.26
北海市	33.75	29.25	206.81	7.84	241.80	112.90	104.85	0	0.50	65.15	17.74	23.34	843.95
本溪市	0	0.71	2.62	1.92	0	0.46	0	0	3.00	0.14	118.32	3.06	130.24
蚌埠市	29.36	0	106.38	75.89	24.39	0	46.22	12.76	21.94	62.06	9.97	66.33	455.31
滨州市	59.31	29.42	8.92	11.00	3.17	76.14	3.02	57.38	114.38	11.87	53.89	263.87	692.36
沧州市	0.78	34.67	91.54	21.67	16.31	44.44	1.53	4.70	1.32	6.25	46.59	39.62	309.43
常德市	18.33	26.07	25.38	85.83	26.60	98.76	24.43	4.32	42.84	41.87	42.12	278.16	714.71
常州市	156.97	93.79	117.79	187.33	118.69	158.83	140.21	100.20	187.72	167.10	528.07	478.60	2435.32
朝阳市	0	2.91	7.01	1.90	35.26	13.27	0	0	0	0.52	0	19.00	79.87
潮州市	0	0	23.68	2.85	23.62	4.56	15.21	2.06	70.73	71.13	68.04	14.56	296.43
郴州市	13.69	12.50	25.58	20.23	85.67	176.88	53.89	62.93	19.49	27.90	180.89	130.86	810.51
承德市	3.23	2.86	0	6.50	0	12.38	0	0	0	0	0	42.70	67.68
池州市	45.50	0	6.89	26.42	16.20	0.25	15.29	76.13	4.33	30.42	29.07	61.83	312.31
崇左市	0	37.56	19.84	0	3.34	0	0	70.69	29.05	0.12	35.74	63.70	260.03
滁州市	101.62	151.56	81.05	136.48	54.13	196.22	2.80	102.00	141.48	39.74	168.98	290.07	1466.12
大庆市	45.97	0	14.96	27.58	28.99	0.52	0	17.20	0	0	0	45.98	181.19
丹东市	0	0	5.06	6.27	0	0	1.75	0	0	2.24	0	34.15	49.47
德阳市	29.17	11.42	24.79	36.09	41.13	32.77	33.49	28.26	2.37	3.03	81.23	285.45	609.19
德州市	8.01	36.63	76.74	24.10	3.52	100.89	12.93	0	43.31	154.93	31.47	81.51	574.04
东莞市	44.90	33.95	27.84	113.66	74.13	157.97	87.46	220.69	60.83	80.94	358.99	249.95	1511.30
东营市	58.00	11.86	111.32	46.49	52.33	55.99	43.45	139.25	80.47	107.89	373.82	13.56	1094.45

1-4 续表2　　　　　　　　　　　　　　　　　　　　　　　　　　　　　　　　　　　　　　　单位：万㎡

城市	1月	2月	3月	4月	5月	6月	7月	8月	9月	10月	11月	12月	合计
鄂尔多斯市	39.31	0.50	0	21.14	8.57	0	4.30	0	2.61	0	60.32	10.79	147.55
鄂州市	36.35	0	62.48	72.17	101.21	73.24	12.65	42.46	22.55	4.40	78.30	219.57	725.38
佛山市	235.88	293.14	98.45	145.30	503.65	131.97	665.61	231.62	329.16	84.18	176.64	711.46	3607.07
抚顺市	0.09	0	0.48	3.76	5.50	0	0	7.90	4.04	0	3.08	23.16	48.00
阜新市	0	0	0	0	0	0	0	0	5.19	1.76	1.89	0	8.84
阜阳市	32.12	3.59	15.15	28.27	0.23	33.91	66.47	26.79	20.86	0	132.69	87.52	447.61
赣州市	163.63	78.52	305.32	85.86	88.81	59.85	281.52	58.14	95.05	120.57	169.44	381.08	1887.79
广元市	0	90.67	56.93	22.61	16.58	66.80	18.77	0.32	73.58	113.58	63.68	130.72	654.23
贵港市	0.13	41.58	0	24.84	28.73	63.80	80.24	487.82	126.39	125.34	61.63	250.90	1291.40
桂林市	2.86	3.50	0	0	3.01	0	10.89	100.70	4.17	14.55	32.82	27.12	199.63
邯郸市	18.37	102.64	83.62	31.17	65.75	106.16	51.26	58.60	35.60	82.63	180.60	167.32	983.73
河源市	0	0	13.74	0	0	0	39.76	2.00	0.00	55.32	25.81	0	136.63
菏泽市	525.40	83.92	14.36	184.67	116.50	82.67	97.99	66.53	152.41	339.31	102.19	133.81	1899.77
鹤壁市	0	0	0	0	65.74	0	0	0	50.22	26.32	100.04	0	242.32
鹤岗市	0	0	0	0	0.87	14.30	12.61	0.30	0	0	0	0.80	28.88
衡水市	10.32	0.76	49.33	18.03	8.72	15.31	16.64	7.42	17.86	66.68	61.19	54.30	326.57
葫芦岛市	25.95	0	0	0	11.26	9.07	17.63	2.01	38.33	0.23	0	1.42	105.90
湖州市	21.00	194.26	29.34	41.79	117.56	137.91	23.32	148.64	46.79	114.56	94.91	187.99	1158.05
怀化市	4.64	7.09	0	0	49.78	92.64	74.71	67.45	10.36	39.14	23.42	5.07	374.29
淮安市	127.67	91.42	38.19	59.33	90.89	105.94	44.30	162.15	51.48	482.51	363.09	57.09	1674.07
淮北市	21.18	0	0	44.94	15.08	111.50	2.46	28.11	19.20	109.22	103.02	115.28	569.98
淮南市	6.33	0	0	33.62	34.98	29.73	32.30	21.27	59.04	51.98	74.98	103.65	447.90
黄石市	0.70	7.15	3.38	0	26.14	26.13	20.86	8.44	21.64	56.68	128.75	15.34	315.20
惠州市	210.62	95.42	128.42	81.94	43.37	75.00	73.74	71.39	80.42	138.36	280.79	225.39	1504.86
鸡西市	0	0	16.66	3.29	0	0	0	0	0	2.51	0	0	22.46
吉林市	0	61.92	0.96	0	0.96	3.04	5.48	0	23.68	13.78	18.24	0	128.06
济宁市	51.69	26.03	20.96	75.28	54.15	50.54	41.64	58.10	23.29	68.74	96.24	246.74	813.41
嘉兴市	141.31	74.84	43.06	7.14	176.87	10.72	75.77	64.96	73.06	4.03	166.26	117.27	955.29
江门市	4.23	155.97	38.49	41.90	107.33	56.44	133.58	86.33	89.65	154.97	169.54	151.25	1189.68
焦作市	3.61	1.20	0	14.33	32.92	3.34	25.97	26.34	0	6.80	49.75	36.25	200.51
揭阳市	56.59	0	0	0	0	50.56	140.73	77.06	7.05	40.38	20.08	16.82	409.27
金华市	66.82	55.55	151.80	219.14	58.45	303.91	82.20	112.69	32.08	189.56	63.02	125.45	1460.66
锦州市	0	39.31	25.44	16.25	11.63	35.65	0	12.06	2.92	9.15	4.14	17.12	173.67
荆门市	72.20	76.90	43.20	33.02	75.32	59.91	77.74	56.58	149.51	20.32	138.99	169.30	972.98
荆州市	27.00	18.27	0	112.48	97.00	20.98	15.15	77.32	218.31	57.93	6.32	220.94	871.68
景德镇市	62.70	0	0	59.40	88.77	63.26	32.70	0	20.76	78.90	68.40	238.80	713.70
九江市	12.21	23.27	4.49	58.91	26.67	44.49	124.35	106.96	137.03	133.32	66.97	88.85	827.52

1-4 续表3 单位：万㎡

城市	1月	2月	3月	4月	5月	6月	7月	8月	9月	10月	11月	12月	合计
开封市	28.36	63.94	67.34	0	268.43	28.86	80.86	75.55	56.91	12.69	62.12	497.32	1242.39
拉萨市	0	0	0	0	0	0	0	0	0	0	0	0	0
廊坊市	23.85	55.05	127.27	1.10	0	188.11	8.12	29.32	19.58	106.34	66.26	100.32	725.32
乐山市	0	86.98	2.14	13.71	228.77	46.94	41.70	190.67	103.91	184.74	128.56	78.12	1106.25
丽江市	29.36	0.66	0	0	0	44.66	27.80	4.76	0	0	9.82	2.40	119.47
丽水市	60.83	0.53	28.60	13.37	33.92	45.93	59.52	0	2.38	42.93	100.33	80.43	468.78
连云港市	0	2.31	31.68	257.50	29.51	476.32	201.39	112.96	52.79	37.25	172.02	187.10	1560.81
聊城市	2.00	61.52	120.93	106.25	72.70	61.65	49.82	127.98	36.46	56.81	64.35	148.00	908.46
临沂市	32.17	31.90	0	32.16	23.21	120.04	17.41	40.66	12.27	15.29	190.07	13.67	528.86
柳州市	30.45	17.84	18.32	125.21	6.41	285.99	28.75	77.06	269.84	245.97	485.80	259.91	1851.55
六盘水市	69.50	20.32	39.81	17.36	125.23	0	77.40	16.75	43.64	41.28	359.67	178.33	989.30
龙岩市	0	8.61	34.97	51.60	19.71	34.82	63.83	32.47	78.07	45.08	137.10	121.90	628.16
泸州市	4.41	7.67	0	7.32	74.19	0	71.41	12.27	131.64	108.34	5.18	28.47	450.90
六安市	84.94	12.64	98.58	162.83	17.05	54.71	22.68	91.24	28.02	47.03	90.10	35.08	744.91
洛阳市	195.64	9.11	42.36	70.30	10.74	40.96	23.73	52.20	183.72	68.94	73.68	123.29	894.67
漯河市	26.16	8.34	0	12.26	10.58	45.66	11.88	58.58	129.65	6.01	56.11	210.89	576.11
马鞍山市	45.42	1.67	46.72	39.47	2.39	19.11	29.54	38.64	50.44	20.72	127.82	27.32	449.27
茂名市	35.35	5.14	5.47	27.15	46.04	16.10	174.06	138.54	95.47	269.67	108.91	146.98	1068.88
眉山市	62.51	48.43	1.98	85.75	138.69	78.08	153.51	127.62	103.28	97.56	256.28	254.17	1407.85
梅州市	0	0	0	0	68.71	0	13.13	0	28.87	0.50	21.26	24.99	157.46
绵阳市	63.38	40.78	55.69	48.17	226.87	28.38	48.24	57.85	139.18	209.65	108.90	322.48	1349.55
牡丹江市	15.53	0	5.36	0	12.42	0	5.28	0	0	0	5.36	0	43.95
南充市	31.22	50.47	2.21	6.50	35.44	13.56	25.52	119.91	0	122.93	192.60	93.95	694.29
南平市	0	12.51	6.88	24.65	66.50	52.05	18.95	2.56	57.61	15.45	254.05	337.63	848.84
南通市	59.75	22.70	110.98	134.72	28.18	45.17	541.43	47.21	39.25	261.39	265.34	607.34	2163.45
南阳市	84.81	15.63	50.91	55.22	8.55	59.42	110.35	62.50	63.38	31.63	49.39	183.86	775.63
内江市	37.85	16.00	0	2.33	37.38	28.16	49.45	0	8.09	0	79.45	246.11	504.83
宁德市	20.19	0	0	25.07	36.26	0	20.14	0	11.50	0	30.42	13.85	157.43
攀枝花市	0	5.40	0	0	2.36	59.19	28.70	2.25	1.94	9.74	17.31	180.28	307.17
平顶山市	0	16.80	0	0	0	24.61	0	9.69	0	7.38	24.87	39.99	123.34
萍乡市	40.21	10.24	3.78	10.52	10.29	175.58	0	0	57.96	127.03	106.51	171.94	714.07
莆田市	13.97	4.80	20.84	30.60	52.41	116.28	59.49	30.89	40.90	171.69	29.18	137.49	708.54
濮阳市	66.44	17.81	57.07	12.73	14.68	42.43	32.83	4.98	27.49	10.46	40.65	0	327.56
普洱市	2.52	18.34	0	5.37	0	7.77	2.92	0	3.65	12.91	11.55	0	65.03
齐齐哈尔市	0.34	0	1.52	18.16	0	0.82	2.45	0.40	9.22	0	13.05	0	45.96
钦州市	114.06	64.33	77.30	70.48	39.21	0	40.96	36.60	4.92	345.74	221.02	451.84	1466.46
秦皇岛市	94.89	26.34	98.11	26.30	32.58	45.38	18.48	16.21	73.75	92.27	53.22	295.34	872.89

1-4 续表4 单位：万㎡

城市	1月	2月	3月	4月	5月	6月	7月	8月	9月	10月	11月	12月	合计
清远市	103.71	62.63	0	40.13	22.57	45.15	22.50	8.02	64.88	59.40	25.21	237.23	691.42
衢州市	53.69	15.04	25.04	34.30	161.72	66.25	214.85	105.22	72.91	20.17	79.74	165.53	1014.47
曲靖市	28.67	6.62	3.85	21.02	69.92	56.86	167.46	130.14	0.66	34.98	329.15	46.99	896.32
泉州市	0	0	0	0	0	178.11	64.77	176.30	94.65	41.79	14.39	99.67	669.67
日照市	28.79	0	26.34	50.97	7.17	40.52	62.80	58.59	37.61	39.67	97.04	227.23	676.73
三明市	10.07	123.39	22.22	43.24	21.08	13.72	43.11	28.03	67.66	19.72	11.75	69.50	473.49
汕头市	17.52	19.15	61.38	23.71	60.00	50.41	64.95	13.15	67.30	140.55	34.29	71.37	623.76
汕尾市	0	0	42.30	0	0	0	11.50	12.95	0	0	24.19	118.22	209.16
商洛市	0	0	8.24	4.05	0	13.26	14.25	0	0	0	0	101.63	141.43
商丘市	84.03	0	14.43	21.72	160.73	41.06	47.36	59.38	2.24	48.38	20.77	98.31	598.41
上饶市	31.71	70.94	154.66	151.03	95.40	85.13	140.76	94.29	87.14	65.45	142.67	213.51	1332.68
韶关市	20.13	47.32	17.06	19.97	3.24	37.94	0	89.63	56.94	29.32	35.80	47.09	404.46
绍兴市	40.84	73.51	86.05	202.18	66.77	86.36	83.49	235.10	84.84	55.65	128.00	229.68	1372.46
十堰市	25.84	1.24	65.54	32.17	0.47	104.04	54.25	43.24	10.29	103.67	77.02	217.47	735.23
朔州市	0	0	0	2.90	2.34	110.05	0	12.22	65.01	22.43	45.83	0	260.78
松原市	0	44.18	18.84	0	4.74	2.94	12.55	8.64	22.99	0	9.71	0	124.58
随州市	33.11	30.29	0.63	33.49	25.77	25.51	47.53	39.91	7.84	39.39	25.08	54.01	362.55
台州市	40.64	41.90	58.90	97.35	10.00	153.40	18.27	0	188.51	37.98	23.19	106.61	776.76
泰安市	45.31	14.80	13.27	19.69	29.20	5.61	42.16	64.58	33.68	64.75	131.60	39.59	504.23
泰州市	77.21	46.90	17.73	6.03	24.21	85.74	59.41	40.50	2.53	107.36	152.53	191.17	811.34
唐山市	67.40	63.71	125.16	58.80	45.72	406.93	82.87	105.45	100.89	179.33	415.21	146.04	1797.53
铁岭市	0	0	0	0	2.37	0	0	0.08	0	0	0	0	2.45
通化市	31.38	4.30	0	0.40	3.37	13.19	0	4.63	6.94	0	0	19.43	83.64
威海市	160.21	79.59	185.52	78.08	116.28	168.70	311.57	123.67	79.91	221.34	208.79	332.11	2065.76
潍坊市	171.39	39.97	69.76	28.92	98.38	137.03	122.55	196.78	174.09	358.91	283.77	265.99	1947.56
乌兰察布市	0	0	0	0	5.01	9.37	6.96	0	0	0	12.17	0	33.51
芜湖市	57.83	122.79	275.28	249.75	115.37	183.06	136.17	111.85	182.19	179.39	177.48	214.99	2006.16
咸阳市	79.20	0	62.85	70.74	10.83	8.90	97.79	0	10.83	0.12	236.50	5.93	583.69
湘潭市	46.14	25.34	33.22	65.28	27.53	89.87	25.23	36.81	38.23	53.21	52.29	24.49	517.64
襄阳市	44.44	85.59	9.62	23.48	73.52	107.37	25.15	57.20	90.02	59.28	127.53	75.42	778.62
新乡市	0	80.68	45.56	68.70	45.30	63.56	17.74	37.51	24.80	122.01	34.99	16.51	557.38
信阳市	28.79	30.73	10.13	6.25	101.35	22.78	84.63	11.90	0	143.14	3.59	57.42	500.71
宿迁市	272.69	7.19	36.22	9.46	21.59	254.33	12.00	26.92	190.80	99.12	74.24	342.00	1346.57
宿州市	27.11	196.79	31.72	77.09	131.79	61.26	29.24	48.19	44.55	163.26	47.38	98.76	957.14
徐州市	66.00	35.52	293.41	67.20	74.23	12.82	173.42	7.46	304.57	270.78	309.92	104.71	1720.04
宣城市	16.67	8.35	52.14	81.33	13.92	16.99	81.18	87.63	20.21	105.20	40.42	91.65	615.70
烟台市	22.19	31.85	35.83	32.85	48.17	28.91	28.96	0	158.74	45.66	179.22	260.61	873.00

1-4 续表5　　单位：万㎡

城市	1月	2月	3月	4月	5月	6月	7月	8月	9月	10月	11月	12月	合计
盐城市	96.88	32.06	46.24	5.20	124.09	17.04	39.14	85.21	75.57	48.71	217.39	550.66	1338.19
扬州市	94.88	109.25	37.98	2.02	45.38	49.03	106.90	85.88	90.41	87.32	299.23	286.02	1294.30
阳江市	6.65	0	2.81	16.07	66.47	8.14	2.29	31.17	0.12	21.60	186.15	29.19	370.68
伊春市	0	0	24.04	1.24	0	1.27	2.39	0.83	0	0	0	2.08	31.85
宜宾市	0.67	0	31.31	49.06	283.42	99.36	81.65	170.63	176.80	92.94	213.14	279.29	1478.28
宜昌市	14.16	43.19	18.38	63.81	21.84	142.63	77.26	119.04	10.07	120.58	185.51	179.25	995.70
宜春市	1.11	1.65	2.15	27.12	25.95	5.91	1.17	73.10	36.42	2.36	226.63	43.10	446.67
鹰潭市	46.43	1.21	23.28	52.84	31.71	71.55	56.27	51.72	18.94	31.33	26.04	48.91	460.23
营口市	12.20	97.81	0	0	0.56	0.82	0	63.61	63.48	41.79	2.67	0	282.93
玉溪市	0	10.53	21.18	32.57	6.46	47.15	13.91	53.12	12.19	3.51	49.50	6.33	256.43
岳阳市	37.18	3.20	4.31	39.63	59.26	90.23	54.54	141.29	30.50	82.64	165.18	192.17	900.15
云浮市	0	0	14.14	0	1.02	0.00	0	0	0.31	3.99	50.29	10.69	80.45
湛江市	1.37	0	2.67	1.09	42.40	18.99	104.23	19.56	57.19	101.82	83.44	160.82	593.59
张家界市	0	0.63	0	0	0	0	25.61	0	3.80	48.31	177.74	15.82	271.90
漳州市	124.89	34.00	9.29	184.68	57.16	62.76	221.86	142.58	112.33	58.85	87.63	112.81	1208.84
肇庆市	28.86	24.78	185.35	146.52	88.93	89.84	171.82	54.40	4.00	32.43	22.56	186.38	1035.88
镇江市	0	0	19.83	30.88	14.36	26.77	12.26	38.65	28.42	81.54	28.39	128.47	409.57
中山市	44.16	124.88	51.09	53.58	10.55	35.77	83.21	60.04	59.92	95.61	29.40	75.90	724.11
舟山市	0.07	11.91	18.66	3.10	25.60	14.63	188.16	136.65	23.84	110.98	19.14	189.75	742.50
珠海市	18.77	75.57	39.39	32.66	260.14	293.68	333.18	235.78	182.88	156.03	334.15	136.77	2098.98
株洲市	94.56	17.56	10.33	25.88	38.60	243.84	43.75	123.49	112.24	118.26	449.63	170.21	1448.33
淄博市	95.93	85.69	51.51	116.93	107.29	73.76	77.63	102.90	33.65	70.20	77.69	338.84	1232.03
自贡市	47.98	0	25.69	5.31	22.25	24.10	0.90	11.28	5.76	159.07	173.05	155.51	630.89
遵义市	180.75	77.99	105.59	261.37	23.73	59.91	145.83	62.28	108.90	248.42	134.80	186.44	1596.03
县及县级市													
保亭黎族苗族自治县	0	0.67	0	5.45	3.11	1.91	0	0	43.62	12.31	5.33	0	72.41
滨海县	153.70	14.77	22.83	12.79	38.82	45.18	0	12.33	37.19	2.45	52.33	75.58	467.96
常熟市	50.61	6.45	5.34	10.94	23.88	78.26	5.08	6.99	71.83	50.52	49.86	48.67	408.44
长沙县	38.58	27.87	47.34	29.68	20.73	131.52	44.74	27.24	84.52	3.72	65.97	79.99	601.89
长兴县	32.78	69.43	60.41	34.02	72.42	44.91	61.49	125.70	40.90	58.12	42.02	136.86	779.04
崇州市	42.15	0	0	0	27.83	17.78	73.08	0	0	48.77	63.08	25.96	298.64
淳安县	0	0.35	35.78	1.51	3.09	6.88	0.27	0	1.24	6.75	0.85	3.35	60.07
慈溪市	47.67	123.71	1.09	0.52	180.47	199.32	67.85	161.16	37.34	136.44	42.63	59.79	1057.98
丹阳市	62.33	14.30	0	36.95	77.44	59.00	17.77	18.85	0.28	11.24	44.06	26.85	369.08
当涂县	6.35	22.96	17.77	50.00	4.12	13.59	58.12	14.00	18.79	18.08	44.93	39.12	307.82
德清县	73.70	70.64	23.68	50.85	13.30	134.44	74.58	67.03	31.86	79.30	5.77	19.15	644.30

1-4 续表6 单位：万㎡

城市	1月	2月	3月	4月	5月	6月	7月	8月	9月	10月	11月	12月	合计
东港市	34.25	15.55	0	6.18	0	14.68	0	29.74	0	14.07	12.16	23.97	150.60
东台市	7.39	25.84	14.44	3.66	12.19	33.74	28.46	35.32	24.05	45.05	74.07	15.01	319.22
都江堰市	0	0	0	0.78	0	1.35	10.56	0	0	68.58	0.97	128.88	211.12
恩施土家族苗族自治州	41.41	72.46	7.94	16.09	9.54	1.90	25.85	68.09	43.22	0	45.07	70.26	401.81
肥东县	0	18.34	10.74	100.85	0	236.17	106.17	38.41	109.31	54.01	21.82	83.86	779.68
肥西县	112.94	41.02	24.11	49.03	102.38	52.84	111.83	82.23	75.84	137.30	59.99	62.38	911.89
盖州市	0	6.60	0	3.75	3.75	0	33.81	0	27.12	0	4.18	0	79.22
高碑店市	2.88	0	0	12.26	0	10.38	11.23	44.32	5.65	24.43	4.23	4.23	119.61
固安县	1.78	0	84.35	8.12	13.26	0	27.21	46.53	47.17	7.70	21.39	9.41	266.92
海安市	19.15	4.15	32.77	5.60	57.20	6.27	21.70	7.20	7.04	57.61	3.59	112.69	334.98
海宁市	56.09	86.32	59.09	52.04	20.37	112.79	15.31	2.04	18.96	192.55	32.23	113.75	761.54
海盐县	0.92	2.44	17.78	18.70	3.94	45.68	2.30	36.44	14.51	21.29	38.17	73.06	275.23
惠安县	21.07	6.08	20.50	0	0	38.75	6.68	0.96	10.40	44.21	39.40	74.34	262.37
惠东县	85.75	0	0	0	0.59	0	11.73	15.51	15.18	0	2.82	38.91	170.50
嘉善县	18.58	17.22	4.64	7.55	36.40	38.17	19.12	51.81	56.15	73.13	30.56	102.95	456.28
建德市	33.76	50.39	56.79	0	14.16	24.26	8.91	10.64	5.11	8.08	2.76	83.22	298.08
建湖县	6.77	7.03	1.33	0	1.10	13.65	24.77	2.27	1.89	42.99	48.39	53.69	203.88
江阴市	7.48	12.06	25.63	0	0	17.37	49.92	6.78	20.56	14.68	87.31	137.37	379.17
胶州市	98.62	37.54	10.25	30.58	46.84	12.40	75.48	36.76	123.40	1.88	0.41	87.06	561.22
晋江市	28.71	42.03	0	37.25	49.32	50.48	27.24	45.70	65.12	66.68	151.53	88.07	652.15
靖江市	46.00	0	0	0	0	38.70	2.37	32.11	31.22	36.02	62.55	17.72	266.69
昆山市	8.58	0	0	16.60	43.85	4.66	46.51	17.05	40.46	80.66	108.82	45.64	412.82
莱西市	10.64	20.13	0	6.96	7.11	5.29	22.81	18.12	75.26	0	0	16.75	183.06
莱州市	2.30	0.55	27.09	14.29	58.96	16.73	5.31	5.93	1.19	6.03	0	137.45	275.83
临海市	30.60	29.62	0	25.65	27.23	77.07	85.22	10.10	283.60	168.76	19.06	87.49	844.41
陵水黎族自治县	22.22	0	0	0	4.53	9.20	0	41.33	0	7.96	3.82	3.45	92.51
浏阳市	13.34	0	31.43	0	37.60	299.88	63.69	9.51	0	196.53	37.52	461.67	1151.16
龙口市	139.45	10.30	237.15	17.46	0	8.01	53.15	34.99	251.09	28.68	0	0	780.28
龙门县	0.10	0.51	0.39	0	0	0	25.35	12.64	0.33	17.34	5.88	23.94	86.47
闽侯县	2.93	14.73	41.22	34.96	20.07	16.62	0	0	30.14	82.67	37.75	64.52	345.61
南安市	69.73	37.97	30.24	26.55	75.22	12.64	39.17	29.17	19.55	24.46	65.97	233.43	664.10
宁海县	10.02	14.23	128.71	9.96	6.69	12.68	155.13	0	17.02	191.60	0.39	6.81	553.24
沛县	0	0	0	46.77	28.53	1.08	73.98	19.34	41.48	85.29	157.44	114.25	568.16
彭州市	12.88	0	0	0.73	0	58.84	16.27	52.21	26.22	64.01	91.27	79.91	402.34
邳州市	1.99	0.52	0	47.30	8.55	14.07	2.06	9.60	36.49	118.24	103.06	251.98	593.85
平度市	0	2.29	60.82	9.88	8.63	12.82	14.25	12.95	18.46	29.94	0	31.18	201.21
平湖市	0.25	0	18.81	2.68	35.86	25.09	68.92	46.47	9.95	7.89	17.82	40.47	274.22

1-4 续表7　　　单位：万㎡

城市	1月	2月	3月	4月	5月	6月	7月	8月	9月	10月	11月	12月	合计
蒲江县	0	0	6.37	0	27.95	23.59	0	7.33	19.05	0	0	55.59	139.88
普宁市	10.56	11.32	15.33	0.24	3.29	0	0	15.88	44.76	2.66	21.91	5.87	131.84
启东市	7.98	47.51	46.91	12.51	6.02	72.73	85.35	16.23	55.74	81.87	2.85	187.06	622.75
潜江市	161.49	145.45	38.85	0	26.85	42.62	11.58	113.03	14.22	111.72	101.32	134.70	901.83
荣成市	4.00	5.82	35.08	21.85	82.49	7.61	0	16.56	16.78	16.03	1.27	132.58	340.07
如东县	25.75	23.88	12.55	0	75.31	54.37	71.66	1.10	20.58	90.81	20.79	129.29	526.07
瑞安市	3.95	2.53	82.97	51.27	54.12	21.86	36.15	38.83	14.27	45.99	21.86	39.77	413.58
嵊州市	10.84	11.14	58.38	19.51	1.15	56.52	76.01	164.41	27.13	63.21	0.73	21.06	510.10
太仓市	89.35	71.81	0	45.72	0	113.98	11.94	20.39	42.66	44.47	62.79	80.77	583.87
泰兴市	29.85	33.60	8.05	13.46	12.27	16.45	70.84	11.60	54.18	0.00	90.71	297.29	638.29
天门市	35.46	1.51	290.69	21.10	4.11	99.80	2.15	68.95	21.16	47.10	19.28	9.97	621.28
桐庐县	20.05	25.97	5.88	5.42	6.44	0	88.28	51.80	29.73	0.15	0	53.06	286.79
桐乡市	85.08	62.46	76.65	21.51	53.43	138.81	35.03	55.91	80.49	35.45	14.87	186.06	845.75
瓦房店市	3.05	36.18	0	2.06	1.33	27.51	2.01	4.79	73.18	5.46	6.38	27.46	189.41
文安县	5.72	0	65.89	22.58	27.65	40.94	12.69	78.76	21.17	0	55.50	0	330.90
文昌市	0	0	2.47	0	10.20	16.12	21.36	16.50	21.64	2.05	1.30	5.48	97.12
仙桃市	30.43	76.73	64.12	12.48	32.68	62.96	50.06	14.54	76.78	59.11	96.42	84.35	660.65
香河县	32.72	0	27.31	0	0	7.55	0	0	20.69	0	15.04	9.56	112.87
象山县	10.48	26.40	36.09	4.78	20.44	15.53	12.25	1.62	65.92	5.47	67.60	134.78	401.37
新沂市	31.27	47.27	61.59	31.57	6.02	35.38	9.05	17.23	51.97	99.44	68.51	2.01	461.31
兴化市	21.28	0	3.50	0	0	29.24	20.97	0	0	9.94	31.50	80.35	196.77
宜兴市	0.86	26.85	12.58	22.61	0.30	63.77	0.43	42.03	11.68	43.64	6.77	66.54	298.06
义乌市	45.95	0.13	163.79	82.26	65.43	172.06	136.36	38.18	8.24	114.63	218.73	334.56	1380.34
永登县	21.19	17.99	19.58	6.67	36.66	9.64	42.83	28.39	10.70	20.11	55.59	38.86	308.20
余姚市	11.55	0	0	5.52	38.23	40.94	21.76	18.74	2.02	14.08	41.79	39.96	234.58
张家港市	46.65	7.25	108.18	54.99	67.00	89.47	74.28	35.14	23.40	13.82	55.99	156.16	732.33
诸暨市	0.48	7.09	0	12.56	65.90	0.99	10.75	24.36	30.86	0	2.85	149.20	305.06
庄河市	36.02	0	0	12.72	1.51	0	0	6.73	0	15.37	0	10.45	82.81

1-5　2022年全国300城土地推出楼面均价统计

单位：元/m²

城市	1月	2月	3月	4月	5月	6月	7月	8月	9月	10月	11月	12月	合计
一线城市													
北京市	26685	1570	811	2383	25253	5540	3185	7618	30755	6956	38496	4192	19811
上海市	1493	1876	13011	537	13728	3338	21037	1943	13112	5804	7944	1789	10474
广州市	2457	524	572	8820	616	1769	8869	318	11996	1806	2740	4670	5099
深圳市	559	7634	1104	15176	415	2359	7471	--	7925	454	6513	1042	4920
二线城市													
长春市	711	400	1079	--	2744	496	547	1008	2221	496	1589	771	1482
长沙市	461	393	4649	1075	1007	2303	3957	5173	1203	1105	2768	2958	3362
成都市	432	130	5481	6766	1294	733	4585	102	962	6244	1068	2883	3406
重庆市	481	597	6116	1451	824	1918	4975	664	1220	1717	1396	4184	2826
大连市	357	1264	1417	2154	1259	5829	2108	9339	1136	1228	5910	2178	2442
福州市	2040	--	11575	212	12127	--	587	2868	6778	763	613	11751	8111
贵阳市	206	1965	292	1357	2511	1516	335	758	191	800	1729	2118	1630
哈尔滨市	1890	283	562	760	--	618	272	742	789	681	968	2847	1252
海口市	9000	4173	5605	6965	1964	5782	2429	7091	2422	947	5984	2566	3274
杭州市	3464	627	962	12525	434	8198	1437	1210	10211	504	6296	590	6330
合肥市	941	--	7343	2902	--	6461	309	1886	4906	546	220	5088	5316
呼和浩特市	--	--	--	2036	--	--	2113	3125	--	1389	3041	--	2436
济南市	555	284	401	3492	1751	504	3046	1017	494	2860	823	2902	2492
昆明市	1088	1215	984	4646	455	386	1352	670	1107	2498	427	1278	1275
兰州市	4166	--	873	890	981	1499	3276	1131	--	2993	480	--	1426
南昌市	1163	215	2779	463	4334	772	1603	85	529	3536	2611	752	2834
南京市	302	801	338	9651	1091	416	11408	270	392	9539	376	3376	6604
南宁市	274	159	1490	448	2143	2652	278	431	2347	1862	1680	601	1173
宁波市	6188	798	514	6131	518	4770	393	715	5406	--	547	826	4377
青岛市	956	466	2799	751	462	4170	771	1223	5707	827	667	4453	2909
三亚市	489	--	1378	5342	5724	7445	--	--	--	7744	3419	5292	5395
沈阳市	445	463	452	203	432	2916	355	513	2234	404	693	448	1385
石家庄市	1114	3482	1901	1551	1772	734	300	1629	3660	343	3633	1303	1663
苏州市	512	411	298	11111	421	7598	1000	227	7921	5360	11372	460	4461
太原市	926	2222	--	--	--	3046	1922	1660	2160	589	938	799	1639
天津市	444	405	1817	6051	765	437	3986	368	676	5504	418	4818	3347
温州市	3076	478	4449	4604	1929	5642	1958	6118	1835	2924	3582	2922	3738
乌鲁木齐市	--	--	1403	2161	1385	2490	1112	1707	1097	924	5506	103	1613
无锡市	1034	--	214	6481	398	433	6767	9063	376	8649	7983	379	5199

1-5 续表1 单位：元/m²

城市	1月	2月	3月	4月	5月	6月	7月	8月	9月	10月	11月	12月	合计
武汉市	496	486	4082	276	401	6423	366	999	6577	260	5931	8112	4848
西安市	2484	4058	954	1924	6956	3130	1648	2306	3178	3292	4857	3594	3490
西宁市	--	--	1872	1296	2098	1916	2156	--	--	3503	3103	--	2353
厦门市	195	260	14610	262	9413	147	136	17621	148	193	135	7077	4287
银川市	--	269	155	442	4401	3616	269	3467	--	3825	2706	2028	1374
郑州市	6537	280	679	341	166	3590	2626	119	5436	485	4385	446	1607

三四线城市

城市	1月	2月	3月	4月	5月	6月	7月	8月	9月	10月	11月	12月	合计
安康市	914	245	1032	800	1550	--	--	1099	1204	1238	599	1089	1003
安庆市	298	379	2518	363	443	1993	2260	4511	327	801	1046	368	1551
安顺市	756	951	622	797	644	1038	765	552	1050	417	588	1202	890
安阳市	1025	--	253	929	3107	--	1493	--	1343	1088	5759	1806	1199
鞍山市	839	--	504	1636	958	645	2158	--	274	--	1306	975	893
百色市	982	737	443	116	513	398	200	178	358	446	892	702	550
包头市	2436	483	263	418	431	374	783	422	518	964	456	528	580
宝鸡市	318	474	346	--	594	482	709	845	1029	--	415	733	555
保定市	1581	1197	858	632	1626	921	2025	564	2126	1432	841	1576	1493
北海市	679	140	171	405	222	941	201	--	902	205	221	150	317
本溪市	--	4507	558	521	--	--	--	--	3562	27778	871	315	959
蚌埠市	270	--	644	1284	425	--	1512	364	1184	534	2292	788	959
滨州市	195	177	295	1350	888	974	1266	302	536	776	1638	1537	1006
沧州市	255	2532	2195	2021	1003	1688	428	1024	--	1821	1720	3094	2089
常德市	460	374	943	1475	1679	739	336	458	1767	503	675	1570	1201
常州市	3230	953	878	2243	245	528	2046	512	408	5876	6239	4491	3315
朝阳市	--	567	823	1495	2130	611	--	--	--	678	--	917	1393
潮州市	--	--	218	3762	225	248	299	1463	207	492	909	331	493
郴州市	324	256	344	981	723	1114	597	192	1341	722	901	1609	937
承德市	397	--	--	1160	--	2954	--	--	--	--	--	1170	1471
池州市	280	--	149	942	293	246	855	671	1548	1722	219	433	722
崇左市	--	116	344	--	361	--	--	309	354	993	471	425	340
滁州市	153	589	141	1185	1947	405	143	260	468	177	1916	1572	916
大庆市	171	--	246	289	280	6449	--	317	--	--	--	567	345
丹东市	--	--	135	3300	--	--	3825	--	--	346	--	744	1097
德阳市	170	--	1089	172	1052	1118	1444	406	200	--	507	1525	1129
德州市	418	376	400	904	399	805	382	--	3286	1164	2286	2924	1376
东莞市	610	468	528	15030	436	7443	372	6269	640	350	392	2722	3493
东营市	1148	217	568	1101	1283	1768	1318	780	465	965	417	1803	765

1-5 续表2　　　　　　　　　　　　　　　　　　　　　　　　　　　　　　　　　　　单位：元/m²

城市	1月	2月	3月	4月	5月	6月	7月	8月	9月	10月	11月	12月	合计
鄂尔多斯市	174	1344	--	598	225	--	617	--	2413	--	369	1456	467
鄂州市	1682	--	1383	1595	1870	917	261	407	271	263	1684	1311	1333
佛山市	516	2655	5676	5025	978	700	1988	990	1059	1357	1323	915	1573
抚顺市	480	--	398	1419	480	--	--	452	1830	--	590	1712	1358
阜新市	--	--	--	--	--	--	--	--	358	608	421	--	421
阜阳市	2430	--	--	1662	149	2270	1782	2526	2277	--	719	317	1205
赣州市	58	68	752	763	698	1281	208	1638	1172	609	607	610	595
广元市	--	609	1785	398	921	172	615	1230	1474	1332	1237	1264	1116
贵港市	160	378	--	385	358	442	371	105	191	296	279	442	259
桂林市	270	628	--	--	1155	--	1573	440	1737	1026	2227	1221	983
邯郸市	1667	1450	1080	1028	1758	823	336	1337	823	1083	1522	1956	1343
河源市	--	--	103	--	--	--	385	1052	--	486	249	--	382
菏泽市	1400	1555	334	1509	1865	1311	1450	1240	1710	1599	1092	2366	1543
鹤壁市	--	--	--	--	530	--	--	--	417	465	696	--	568
鹤岗市	--	--	--	--	789	119	118	250	--	--	--	635	154
衡水市	1335	282	953	453	621	1365	715	501	1250	733	1850	1262	1115
葫芦岛市	900	--	--	--	696	303	1481	--	297	2257	--	1824	982
湖州市	281	1898	829	1707	494	2893	540	1565	1451	1266	1705	3123	1843
怀化市	2048	951	--	--	1321	519	1299	1350	474	1706	322	1425	1081
淮安市	193	1107	1180	272	199	236	225	1729	1211	3709	3242	605	2141
淮北市	401	--	--	591	346	918	1094	323	233	1000	651	849	760
淮南市	224	--	--	1203	237	933	1908	832	226	2068	1348	1060	1092
黄石市	3610	831	185	--	1608	186	539	960	1059	1933	1622	220	1333
惠州市	1093	539	361	350	392	4040	431	694	927	900	453	857	849
鸡西市	--	--	213	131	--	--	--	--	--	476	--	--	230
吉林市	--	638	855	--	855	599	1436	--	627	1237	770	--	756
济宁市	4073	1645	685	1864	1130	2323	3387	1357	1095	511	1904	2054	1914
嘉兴市	3345	266	455	1355	2016	325	425	3804	1630	1135	1713	429	1696
江门市	1200	169	236	1674	236	1308	210	1006	1647	1704	1369	551	884
焦作市	226	226	--	2178	187	242	866	295	--	263	959	1283	826
揭阳市	1719	--	--	--	--	1021	193	198	265	292	233	1032	555
金华市	1177	314	198	2298	1056	1842	589	3733	216	1105	367	3044	1603
锦州市	--	529	1002	890	586	1285	--	1709	281	426	1027	500	873
荆门市	255	242	120	169	213	304	283	848	440	636	335	248	328
荆州市	134	559	--	135	471	134	202	251	549	173	134	605	421
景德镇市	103	--	--	222	1650	350	225	--	2595	2586	2941	3042	1935
九江市	91	649	1815	1492	210	460	1633	170	948	2161	2755	1682	1343

1-5 续表3 单位：元/㎡

城市	1月	2月	3月	4月	5月	6月	7月	8月	9月	10月	11月	12月	合计
开封市	659	1659	2833	--	420	1879	538	1196	1999	965	1569	1870	1382
拉萨市	--	--	--	--	--	--	--	--	--	--	--	--	--
廊坊市	1693	415	898	4590	--	3085	2066	2973	1250	731	653	734	1497
乐山市	--	127	863	155	183	91	61	118	339	170	1195	210	292
丽江市	821	1020	--	--	--	723	588	319	--	--	559	1572	705
丽水市	1226	988	2356	206	3960	823	3388	--	2550	2803	1492	1483	1951
连云港市	--	4689	965	638	1228	303	1724	297	4880	281	2231	2776	1242
聊城市	186	1829	1613	1279	2170	3026	234	970	1500	2535	1779	2539	1775
临沂市	2486	1740	--	5613	724	3623	339	2653	533	269	1143	433	2109
柳州市	601	163	126	680	152	167	727	364	511	681	1967	1408	990
六盘水市	473	1198	412	746	809	--	381	673	472	540	989	724	764
龙岩市	--	294	933	47	2311	3948	1974	191	186	1968	265	479	877
泸州市	150	171	--	170	207	--	170	734	1365	1575	732	177	885
六安市	1760	132	444	659	--	1440	192	1183	163	1420	139	--	807
洛阳市	1074	377	344	2729	733	1354	700	612	601	2699	1237	2797	1414
漯河市	1070	341	--	283	1685	933	428	801	439	375	737	950	777
马鞍山市	295	1167	2711	1679	296	248	1378	586	3207	693	2965	1901	1968
茂名市	333	155	2155	1900	74	199	581	319	663	1079	820	1073	777
眉山市	231	351	144	1839	826	733	390	850	1808	1383	1127	1292	1046
梅州市	--	--	--	--	259	--	176	--	215	6622	994	517	404
绵阳市	181	551	1374	302	212	1484	302	1036	1711	268	1249	1249	825
牡丹江市	655	--	334	--	605	--	258	--	--	--	334	--	515
南充市	1554	93	415	1705	200	631	314	209	--	765	1059	1261	773
南平市	--	58	71	2608	95	760	37	128	70	748	753	447	554
南通市	364	187	255	4990	200	207	2330	334	256	3251	2434	2989	2468
南阳市	1949	982	1441	1339	1983	1097	911	1104	988	1046	1183	979	1178
内江市	866	210	--	1425	551	155	818	--	1712	--	875	1424	1067
宁德市	1542	--	--	3328	4730	--	4182	--	1275	--	3712	777	3231
攀枝花市	--	168	--	--	1567	234	895	362	428	1200	1209	953	815
平顶山市	--	414	--	--	--	1074	--	1534	--	450	1248	1376	1116
萍乡市	1144	1329	178	412	782	1261	--	--	1109	1358	449	756	993
莆田市	6552	2810	4059	2935	1669	374	233	449	1087	553	1834	552	998
濮阳市	1480	652	883	--	1282	2091	1400	840	993	1011	1856	--	1393
普洱市	284	1460	--	3958	--	1678	181	--	341	227	157	--	1050
齐齐哈尔市	803	--	381	1459	--	714	260	1136	588	--	352	--	849
钦州市	609	709	781	217	204	--	126	81	174	786	324	206	439
秦皇岛市	1293	2768	2757	2822	1604	2215	291	613	3088	1743	3058	1459	1937

1-5 续表4

单位：元/m²

城市	1月	2月	3月	4月	5月	6月	7月	8月	9月	10月	11月	12月	合计
清远市	1244	211	--	304	229	1850	483	419	280	349	287	301	542
衢州市	232	2279	469	779	1032	3342	503	1190	4609	1479	1037	2903	1612
曲靖市	254	364	323	273	472	346	522	502	340	544	164	1103	387
泉州市	--	--	--	--	--	3040	414	2667	338	6466	417	4126	2625
日照市	889	--	620	1270	398	1541	1493	2554	2335	521	789	1333	1335
三明市	68	92	292	173	1213	69	105	842	647	179	1086	930	434
汕头市	369	253	458	2247	240	308	2097	344	340	873	497	1843	894
汕尾市	--	--	1611	--	--	--	180	1014	--	--	1694	1383	1376
商洛市	--	--	291	585	--	797	731	--	--	--	--	1190	1037
商丘市	1942	--	430	1135	1442	828	317	419	315	485	1600	2239	1299
上饶市	1299	214	573	556	766	426	1171	1009	1575	952	796	2189	1035
韶关市	111	554	1347	659	1972	990	--	600	357	449	142	605	567
绍兴市	509	323	3849	1119	1921	4452	4126	1932	905	904	618	785	1676
十堰市	174	127	192	218	245	780	1392	684	141	1122	1122	955	847
朔州市	--	--	--	245	792	204	--	303	236	193	311	--	240
松原市	--	253	847	--	490	637	844	570	260	--	794	--	486
随州市	308	202	239	179	198	499	517	259	355	674	1565	772	512
台州市	891	4980	3913	4333	218	2143	3550	--	4413	5490	7759	2749	3613
泰安市	1105	191	2443	1761	1300	207	1509	504	4160	2823	2130	3079	1944
泰州市	190	220	181	4167	305	2701	2766	249	158	4602	3813	4229	2898
唐山市	339	939	586	844	992	804	1186	1324	874	590	763	1016	850
铁岭市	--	--	--	--	131	--	--	232	--	--	--	--	134
通化市	723	1022	--	638	1489	3438	--	8514	838	--	--	87	1490
威海市	1318	1459	1747	1311	1328	1199	1179	1341	759	1277	1645	1473	1365
潍坊市	1307	516	969	2242	690	1183	503	1528	1492	692	1292	1449	1147
乌兰察布市	--	--	--	--	901	125	1345	--	--	--	177	--	513
芜湖市	559	1411	1910	345	911	920	369	1044	1834	1854	1137	1388	1183
咸阳市	2821	--	969	196	513	38	1338	--	513	408	1523	565	1388
湘潭市	1794	1379	1315	1417	1095	2074	268	917	334	708	350	378	1138
襄阳市	1104	207	303	1581	2593	1282	2319	2134	1392	3360	1972	1205	1648
新乡市	--	1648	1345	696	1577	1510	339	2036	771	355	958	1266	1092
信阳市	1856	327	326	168	171	168	164	412	--	1654	434	1543	862
宿迁市	1000	630	319	120	131	2108	139	137	1263	482	2551	2667	1652
宿州市	372	928	693	412	1587	585	546	450	803	396	146	790	748
徐州市	195	311	2545	227	233	509	1842	259	2604	3854	2924	4228	2510
宣城市	168	990	181	563	4125	279	194	293	1759	281	680	2414	692
烟台市	2000	412	820	675	1162	296	1287	--	465	926	1110	2145	1243

1-5 续表5 单位：元/㎡

城市	1月	2月	3月	4月	5月	6月	7月	8月	9月	10月	11月	12月	合计
盐城市	164	1866	1535	375	819	2726	1231	802	201	5034	1402	1416	1314
扬州市	154	1041	135	119	141	3774	3168	1622	4579	2080	3980	2636	2583
阳江市	382	---	5084	349	488	1207	300	405	5292	1447	1000	365	828
伊春市	---	---	230	93	---	135	167	67	---	---	187		209
宜宾市	700	---	1654	251	366	719	1362	615	1354	1383	1405	808	962
宜昌市	266	276	247	1234	2567	1283	405	1252	209	1616	2042	2033	1465
宜春市	312	1840	684	436	2279	205	2358	667	1153	224	419	1732	763
鹰潭市	76	63	57	1034	629	262	1150	1066	571	1370	1725	1770	876
营口市	450	1247	---	---	360	210	---	796	769	808	413	---	926
玉溪市	---	583	1245	375	872	860	544	599	2659	6899	1010	5013	1047
岳阳市	759	1140	1454	801	596	1412	1898	1097	1212	1061	1223	2221	1383
云浮市	---	---	237	---	410	---	---	---	284	260	211	280	230
湛江市	875	---	225	876	1376	381	553	2111	1622	1348	1575	1367	1261
张家界市	---	2500	---	---	---	---	362	---	225	354	2537	899	1817
漳州市	2297	125	415	1863	1799	211	604	467	1725	567	175	806	1066
肇庆市	1680	233	467	228	329	432	429	332	289	276	423	1321	579
镇江市	---	---	166	188	352	299	294	3676	692	3834	351	2096	1903
中山市	356	288	2347	356	420	6918	293	270	465	248	2652	1359	988
舟山市	12927	522	2609	408	454	4953	232	493	763	448	2518	331	581
珠海市	163	2715	3006	672	1474	309	167	465	276	3887	2677	3411	1414
株洲市	2123	401	1105	538	946	1320	489	1850	1350	1632	1625	2651	1635
淄博市	1225	412	1302	698	1214	640	983	1785	1250	2292	2265	1238	1248
自贡市	1782	---	395	339	1007	326	4400	239	279	560	1144	1145	953
遵义市	706	595	1054	655	258	1041	425	999	877	800	2020	997	875

县及县级市

城市	1月	2月	3月	4月	5月	6月	7月	8月	9月	10月	11月	12月	合计
保亭黎族苗族自治县	---	2624	---	1230	1526	2002	---	---	1149	911	1047	---	1143
滨海县	1338	2382	259	279	239	2227	---	96	2226	2092	1056	3086	1577
常熟市	332	468	574	3530	328	2180	188	450	5785	2779	1642	522	2221
长沙县	662	474	1492	653	890	1661	419	905	1047	3062	998	1420	1144
长兴县	849	470	964	688	343	3370	1005	996	1078	1065	368	920	966
崇州市	1947	---	---	---	40	40	178	---	---	2552	1318	2191	1210
淳安县	---	705	928	1693	153	5045	1157	---	---	312	161	4869	1531
慈溪市	228	151	3029	3031	162	1043	760	1258	395	675	3557	5429	1048
丹阳市	2942	210	---	2800	2118	1272	304	596	2770	1465	2394	832	1871
当涂县	436	422	168	154	167	1339	708	138	891	1115	1614	602	708

1-5 续表6　　单位：元/㎡

城市	1月	2月	3月	4月	5月	6月	7月	8月	9月	10月	11月	12月	合计
德清县	1147	1165	311	551	3856	993	3874	1679	287	422	4562	1886	1387
东港市	1013	1001	--	947	--	964	--	907	--	243	142	134	701
东台市	198	198	210	5455	2637	182	1496	199	438	3778	2511	345	1533
都江堰市	--	--	--	1200	--	1160	36	--	--	89	1200	1631	1044
恩施土家族苗族自治州	839	352	332	1058	295	5247	1161	551	1371	--	1096	1116	864
肥东县	--	--	--	5739	--	5452	5430	--	1502	1667	--	4571	4740
肥西县	5219	--	--	1137	3654	5184	4803	--	5912	--	4379	--	4817
盖州市	--	299	--	477	477	--	662	--	858	--	245	--	659
高碑店市	1626	--	--	527	--	1194	781	1276	1156	1545	681	681	1161
固安县	878	--	1370	3065	3351	--	1015	879	1102	2135	897	1683	1343
海安市	722	8000	691	218	1806	220	2337	244	835	3391	434	3978	2624
海宁市	595	1847	923	128	510	2145	309	1543	3735	1588	3570	1451	1537
海盐县	825	1078	424	264	1452	1407	1452	656	2662	512	1566	442	925
惠安县	261	104	99	--	--	3130	107	4375	975	923	126	697	923
惠东县	1679	--	--	--	541	--	500	1600	1600	--	2471	1762	1612
嘉善县	3056	1823	3137	481	792	747	2517	1569	2769	775	2183	1116	1506
建德市	272	99	135	--	164	1637	311	172	3481	168	191	215	356
建湖县	879	246	3156	--	171	1253	2138	171	171	1842	297	2255	1459
江阴市	278	857	247	--	--	254	2997	977	327	9602	5923	304	2337
胶州市	338	1106	2506	479	1554	237	515	311	2087	1437	3149	829	1032
晋江市	1766	350	--	163	965	325	4717	1534	449	2181	1265	5506	1818
靖江市	313	--	--	--	--	1788	825	193	1227	6413	3400	4495	2450
昆山市	224	--	--	415	5237	275	10069	10178	501	4941	4015	5919	4863
莱西市	431	546	--	292	312	242	1145	262	1173	--	--	1194	903
莱州市	356	2008	1272	1062	603	637	339	372	2001	1462	--	597	713
临海市	470	1950	--	388	2551	320	1432	6102	588	1468	3709	529	1056
陵水黎族自治县	904	--	--	--	971	1292	--	1598	--	1711	2774	1656	1431
浏阳市	190	--	796	--	515	1377	371	756	--	1065	1634	511	866
龙口市	1080	6563	895	791	--	294	932	1518	724	906	--	--	970
龙门县	4514	1469	1844	--	--	--	242	152	531	810	171	138	329
闽侯县	174	205	8237	174	4275	1533	--	--	1856	2007	3310	640	2455
南安市	140	221	114	2391	153	3006	248	2220	136	1521	310	320	518
宁海县	334	525	110	182	416	3000	147	--	815	433	741	450	345
沛县	--	--	--	638	108	330	893	1847	2143	1804	1819	945	1359
彭州市	3000	--	--	4227	--	857	3150	78	43	150	1362	1379	976
邳州市	300	6245	--	432	2582	962	2250	275	1404	1462	2000	2167	1757
平度市	--	283	192	442	240	1516	754	340	1260	754	--	1267	689

1-5 续表7 单位：元/㎡

城市	1月	2月	3月	4月	5月	6月	7月	8月	9月	10月	11月	12月	合计
平湖市	441	--	396	358	4822	743	774	720	3694	403	5643	1892	1838
蒲江县	--	--	96	--	96	50	--	1259	469	--	--	1018	566
普宁市	394	347	587	5818	360	--	--	260	322	488	1381	1234	584
启东市	204	218	482	8449	216	317	2578	298	221	432	170	3564	1773
潜江市	134	473	1107	--	89	512	1141	576	79	107	429	312	374
荣成市	1706	458	1137	1998	1970	1036	--	1062	1487	1707	2006	1708	1653
如东县	4136	198	5008	--	546	971	1217	225	158	1016	203	2375	1449
瑞安市	1753	5051	3044	240	2266	5644	239	180	2867	2112	347	1025	1772
嵊州市	268	3706	178	287	334	499	2055	995	1561	2504	384	267	1206
太仓市	1198	155	--	2306	--	1819	228	5543	4949	3462	5631	866	2287
泰兴市	485	250	729	732	337	797	2211	3671	3459	684148	3056	842	1522
天门市	1474	248	429	145	796	596	130	571	136	1535	245	720	595
桐庐县	536	1380	5210	166	2254	--	164	192	1151	--	--	2147	925
桐乡市	2242	626	2604	4569	2680	975	369	1216	522	156	592	110	1140
瓦房店市	--	679	--	464	651	803	289	716	660	601	636	594	669
文安县	866	--	493	1350	1241	459	494	452	1471	--	425	--	658
文昌市	--	--	540	--	527	1229	874	954	1067	1192	270	762	937
仙桃市	173	148	135	166	1912	201	161	167	907	549	339	938	495
香河县	611	--	1333	--	--	2232	--	--	2921	--	2110	605	1517
象山县	373	344	310	264	1714	2994	404	1242	964	562	587	1973	1211
新沂市	134	144	251	141	286	838	144	1732	197	1043	1318	145	646
兴化市	4288	--	1051	--	--	2265	434	--	--	1903	3367	1242	2007
宜兴市	978	255	385	833	2580	2958	765	4686	5514	2269	2085	5650	3259
义乌市	776	120932	480	3049	866	551	2050	5115	6615	11810	593	1738	2265
永登县	517	220	326	186	1074	224	425	289	620	478	309	317	443
余姚市	1035	--	--	518	1590	485	1983	628	1260	855	6222	8479	3256
张家港市	277	2657	347	3833	265	455	227	1162	8939	827	1634	2940	1595
诸暨市	523	554	--	505	2920	437	1406	7062	413	--	414	4339	3448
庄河市	--	--	--	--	185	--	--	272	--	283	--	484	338

1-6 2022年全国300城土地推出土地均价统计

单位：元/㎡

城市	1月	2月	3月	4月	5月	6月	7月	8月	9月	10月	11月	12月	合计
一线城市													
北京市	53981	2356	1622	2403	42659	11194	4752	14621	59893	11919	82703	7327	33747
上海市	3402	4068	29251	1409	31054	6498	44168	3993	23426	16780	16442	4159	21911
广州市	6978	1756	2175	28628	1899	6862	26336	1097	36330	6901	8926	16375	17019
深圳市	1080	47645	4522	59982	1429	5864	19630	--	21029	1924	22553	2432	13337
二线城市													
长春市	511	319	815	--	3290	352	391	766	2753	347	2104	636	1404
长沙市	854	762	12007	2988	2317	6689	9341	16950	1926	2346	6718	7654	8319
成都市	1174	404	14728	15871	3074	1912	10600	307	2177	14580	3171	7134	8441
重庆市	458	884	9874	1685	647	2894	7964	512	1957	1949	1307	7249	3465
大连市	389	1285	912	2795	1685	8664	1841	15618	2136	1409	11945	2831	3055
福州市	6005	--	23660	450	26293	--	1400	7831	14313	1022	782	34182	17632
贵阳市	514	5295	751	3857	7276	3372	735	1412	573	1795	4129	5836	4075
哈尔滨市	3355	311	455	1215	--	519	288	843	1618	826	1442	4412	1790
海口市	18000	9402	11294	13300	3184	11903	4720	10316	4566	2597	14335	5804	7070
杭州市	9597	1743	2402	28777	1189	18727	4071	3324	22251	1223	14951	1606	15416
合肥市	1797	--	14864	5435	--	13328	388	8019	10124	853	384	10286	10580
呼和浩特市	--	--	--	5031	--	--	2227	5331	--	2164	6690	--	3913
济南市	524	642	476	7289	3285	747	3692	1615	793	5507	1157	6626	4184
昆明市	2476	4861	3212	5429	995	1187	4090	3015	3033	6222	390	1780	2727
兰州市	12082	--	699	1779	2608	2870	7445	2398	--	8679	336	--	2869
南昌市	1815	645	5512	553	9956	1197	2805	140	973	7436	5222	994	5589
南京市	644	2404	1084	20587	2547	626	24529	589	877	19697	958	6435	13951
南宁市	804	389	3740	906	5941	7454	666	892	6388	4432	4696	1657	2850
宁波市	14615	1531	1127	13227	1132	11988	1236	1719	12574	--	1294	2050	10307
青岛市	1276	544	5704	1166	715	8121	1298	2431	11418	1241	885	9360	5125
三亚市	977	--	2352	15467	17172	6134	--	--	--	10238	6065	8527	8273
沈阳市	585	479	460	162	329	4046	344	593	4321	445	787	412	1804
石家庄市	2848	11221	5378	4398	5336	1742	749	4235	10358	928	9695	3222	4399
苏州市	1360	1050	1241	21666	1003	16312	2438	697	18915	12253	20617	1291	10562
太原市	2495	5827	--	--	--	6677	5403	4019	7809	1241	2404	1742	4059
天津市	805	551	2250	9394	1199	811	4790	818	1034	8768	918	7109	4911
温州市	7730	803	11095	15710	5521	15143	4871	14875	4302	9733	8327	10207	9780
乌鲁木齐市	--	--	1800	2811	1544	4336	1388	2465	1534	1143	19544	150	2211
无锡市	2297	--	459	11776	648	659	11081	17659	689	16516	15138	733	9579

1-6 续表1

单位：元/㎡

城市	1月	2月	3月	4月	5月	6月	7月	8月	9月	10月	11月	12月	合计
武汉市	675	774	7553	437	448	12653	549	1403	14485	313	9576	15270	8598
西安市	5459	8556	2015	3622	18053	7225	3512	5088	8331	7900	12028	9047	8198
西宁市	--	--	3862	1908	6467	2622	2862	--	--	9592	8999	--	6044
厦门市	584	842	45302	762	30450	442	408	50088	442	549	406	19801	12776
银川市	--	352	311	486	8254	7693	269	7679	--	7960	4440	3462	2686
郑州市	6537	817	1766	1022	499	7985	5251	350	15281	1473	12672	1172	4385
三四线城市													
安康市	2206	416	2259	689	4804	--	--	1988	2135	3531	1028	2384	2089
安庆市	298	367	4223	393	645	3961	4796	7718	353	1342	1401	384	2137
安顺市	951	1477	829	1948	728	1615	1351	703	1873	340	990	1637	1283
安阳市	2026	--	405	2093	3614	--	2692	--	3237	2284	4607	4432	2507
鞍山市	1315	--	965	3600	1437	387	4964	--	345	--	3218	1950	1571
百色市	1376	1106	849	193	1158	501	215	357	803	267	2215	1387	1018
包头市	4763	428	394	283	327	249	853	306	384	755	333	384	448
宝鸡市	453	522	346	--	1849	609	1459	1283	1298	--	415	1249	827
保定市	3476	2859	1303	632	4677	1653	5963	1335	5054	2066	1957	3486	3244
北海市	823	252	308	728	398	1880	374	--	1352	375	482	376	577
本溪市	--	1689	390	730	--	--	--	--	5167	8333	1575	284	1586
蚌埠市	270	--	630	1798	255	--	2116	255	1387	1095	4125	882	1116
滨州市	197	166	263	2152	1775	1309	1723	250	500	655	1965	2848	1242
沧州市	204	4848	3267	5053	1433	3373	1112	1432	--	3289	3638	6258	3744
常德市	497	599	1510	3204	2503	985	565	555	2501	811	1048	3224	2056
常州市	7084	1714	2251	4421	626	1188	5726	1243	971	11562	12231	9244	7089
朝阳市	--	397	1164	797	2862	834	--	--	--	301	--	1235	1740
潮州市	--	--	981	6960	900	990	956	5850	862	2067	3873	927	1970
郴州市	464	307	491	3682	1527	3236	793	360	1708	969	1616	2069	1659
承德市	795	--	--	638	--	3848	--	--	--	--	--	1578	1747
池州市	245	--	162	1406	407	246	1029	996	650	3120	318	542	977
崇左市	--	209	230	--	294	--	--	395	392	794	627	400	383
滁州市	169	722	169	1645	3759	517	171	343	595	220	2811	2625	1249
大庆市	162	--	191	230	202	995	--	190	--	--	--	422	264
丹东市	--	--	202	7260	--	--	8416	--	--	337	--	932	1483
德阳市	204	--	1307	172	1156	1603	3900	533	200	--	661	3420	1848
德州市	359	376	400	1135	399	880	382	--	5286	1634	3060	6092	1754
东莞市	1824	1199	2101	51312	1114	17891	1311	20503	1993	1083	1071	7690	10129
东营市	1628	249	629	941	1707	1917	1652	865	473	962	359	1878	767

1-6 续表2　　　　　　　　　　　　　　　　　　　　　　　　　　　　　　　　　　　单位：元/㎡

城市	1月	2月	3月	4月	5月	6月	7月	8月	9月	10月	11月	12月	合计
鄂尔多斯市	208	8062	--	948	186	--	1110	--	6032	--	450	1737	580
鄂州市	5965	--	2383	3768	4274	1820	292	644	298	315	4096	1783	2334
佛山市	1753	8260	15698	16214	3500	2403	6810	3180	3193	4065	4740	3145	5237
抚顺市	288	--	398	1080	288	--	--	708	549	--	290	2553	1240
阜新市	--	--	--	--	--	--	--	284	1095	337	--	377	
阜阳市	3930	--	--	3144	179	3953	2776	4800	3628	--	1144	444	1892
赣州市	130	145	1747	1965	1395	2041	419	3269	2438	1058	1223	1350	1253
广元市	--	690	4153	525	1201	204	738	2214	2686	2480	2264	2033	1750
贵港市	144	463	--	540	439	484	390	555	170	355	273	474	395
桂林市	675	1507	--	--	930	--	4718	641	4412	1827	3779	1823	1552
邯郸市	2994	2147	1007	1479	4308	849	413	2382	950	1567	2953	2642	1887
河源市	--	--	300	--	--	--	463	2630	360	771	575	--	616
菏泽市	3339	3292	345	3464	2681	1708	2913	1634	2740	3114	1871	4324	2929
鹤壁市	--	--	--	--	564	--	--	477	266	623	--	523	
鹤岗市	--	--	--	--	559	118	118	250	--	--	--	316	148
衡水市	2669	282	1628	453	621	1972	882	626	2190	1232	3117	2315	1755
葫芦岛市	1801	--	--	--	1393	242	2479	--	320	1128	--	855	1372
湖州市	463	3360	1398	2635	802	5065	938	2923	2548	2131	3226	6053	3266
怀化市	2192	1949	--	--	3076	1306	3088	3894	490	3913	762	2850	2524
淮安市	295	1918	2054	321	281	398	253	2292	1610	6819	5518	998	3425
淮北市	450	--	--	815	459	1293	2627	339	237	1908	855	1379	1095
淮南市	260	--	--	1438	244	736	2912	964	268	4370	2321	1514	1459
黄石市	661	1025	222	--	3490	223	819	2400	2488	4924	3347	242	2455
惠州市	2761	927	976	1007	1007	10881	1035	1067	3116	2018	1248	2197	2087
鸡西市	--	--	140	92	--	--	--	--	333	--	--	154	
吉林市	--	510	599	--	599	522	5027	--	381	1153	476	--	574
济宁市	7644	3100	857	2502	1541	3498	6985	1977	1332	536	2901	2907	2733
嘉兴市	6910	781	1222	2734	5059	564	1295	8327	3016	2160	3688	1319	4033
江门市	3000	566	710	4566	749	3678	629	2981	4038	4598	3842	1804	2600
焦作市	271	271	--	3540	225	290	1107	375	--	316	1503	2158	1157
揭阳市	4813	--	--	--	--	2859	773	792	398	1167	465	2563	1826
金华市	2556	663	481	5222	1873	3956	831	9844	518	2707	866	5744	3468
锦州市	--	468	1299	1534	403	1834	--	4717	257	263	2218	318	910
荆门市	259	241	190	186	206	311	342	1008	548	746	410	368	389
荆州市	202	839	--	202	667	202	202	305	726	246	202	1007	605
景德镇市	204	--	--	443	3066	684	450	--	5190	3960	6467	6251	3763
九江市	99	804	3397	1857	210	741	2647	204	1278	3686	5304	2615	1945

1-6 续表3 单位：元/㎡

城市	1月	2月	3月	4月	5月	6月	7月	8月	9月	10月	11月	12月	合计
开封市	908	1724	4917	--	469	1503	525	1643	2997	1106	2223	3043	1806
拉萨市	--	--	--	--	--	--	--	--	--	--	--	--	--
廊坊市	2854	1036	2019	8722	--	6492	7230	6016	1457	1504	1445	1685	3178
乐山市	--	247	1295	296	334	175	121	231	424	341	2291	596	546
丽江市	1393	1020	--	--	--	1250	600	290	--	--	998	2342	1010
丽水市	2159	1263	3492	312	6538	1850	6406	--	8416	5764	3310	2549	3670
连云港市	--	7502	1871	675	2400	226	1431	327	8403	255	2572	4689	1219
聊城市	278	3022	3223	2372	3873	6082	370	1990	2709	6194	3521	5819	3451
临沂市	2986	3682	--	12801	1602	5856	350	4074	520	269	1961	470	3327
柳州市	1325	324	251	1394	299	332	2112	839	1054	1438	3143	2901	1908
六盘水市	688	4194	660	1778	1618	--	641	1294	572	1262	1612	1302	1312
龙岩市	--	588	2418	140	5852	7968	3556	191	489	4223	637	1197	1936
泸州市	330	370	--	375	454	--	375	1310	3036	3400	984	389	1917
六安市	3249	148	449	908	--	2196	154	2014	166	1962	180	--	1066
洛阳市	1706	377	597	5224	692	1829	2491	600	1039	5177	2410	5811	2367
漯河市	2086	375	--	355	3787	1349	450	2459	491	375	1109	1812	1218
马鞍山市	354	2100	4175	3010	355	359	2220	1205	6368	1333	5131	3485	3295
茂名市	798	387	4848	5700	184	533	1482	698	1665	2469	2345	2758	1907
眉山市	404	278	144	2923	947	1428	285	1339	3315	2388	2171	2581	1491
梅州市	--	--	--	--	310	--	264	--	550	331	1873	743	549
绵阳市	498	1616	2870	733	630	5936	611	1748	4775	782	2977	3000	2103
牡丹江市	983	--	1602	--	908	--	307	--	--	--	1602	--	895
南充市	3885	169	622	3151	120	613	311	395	--	751	1696	1824	1016
南平市	--	173	212	5739	276	2050	110	115	177	2026	1878	1216	1454
南通市	623	351	390	8860	355	308	4477	463	353	5630	3394	5055	4151
南阳市	3445	3019	2781	2630	4664	1924	2563	1489	1462	1228	1415	1294	1900
内江市	1796	168	--	1710	690	155	2082	--	2301	--	1218	2914	1790
宁德市	4074	--	9340	9590	--	9760	--	2548	--	9097	1512	7439	
攀枝花市	--	252	--	--	2821	198	2080	425	300	2413	2283	1109	959
平顶山市	--	1035	--	--	--	1166	--	3561	--	450	1580	1801	1510
萍乡市	4632	3189	178	437	1092	5732	--	5132	6708	590	1328	2434	
莆田市	14021	5619	10511	8314	3773	738	901	1322	3189	1358	4651	1549	2524
濮阳市	3638	1500	1395	--	2820	3322	2569	2100	1423	1216	4340	--	2601
普洱市	785	1344	--	2574	--	1144	310	--	512	385	307	--	1175
齐齐哈尔市	401	--	309	2879	--	611	260	227	414	--	353	--	899
钦州市	1118	2115	1638	341	306	--	274	244	503	2173	678	309	852
秦皇岛市	1663	3250	5225	3142	2245	3763	309	633	5269	2804	5065	1817	2707

1-6 续表4 单位：元/m²

城市	1月	2月	3月	4月	5月	6月	7月	8月	9月	10月	11月	12月	合计
清远市	3329	571	--	593	525	5707	646	1053	703	642	679	782	1306
衢州市	250	2210	421	906	1149	5694	606	1416	7718	1688	1148	4215	1993
曲靖市	206	504	367	238	353	455	388	478	238	567	256	1531	411
泉州市	--	--	--	--	--	5349	1252	6323	420	12033	1043	13171	5285
日照市	1599	--	881	1650	362	1936	1764	3242	2190	407	719	1536	1486
三明市	205	257	697	480	3100	207	308	2041	1534	194	1919	1596	999
汕头市	1151	947	1547	4781	1079	1396	7732	1180	1214	3083	830	5940	2976
汕尾市	--	--	5022	--	--	--	450	2560	--	--	4671	4137	4020
商洛市	--	--	322	585	--	1055	1404	--	--	--	--	1990	1632
商丘市	5179	--	461	2572	3471	1213	317	716	315	518	3292	3071	2154
上饶市	2015	371	1089	820	961	854	2360	1851	2411	1251	1335	4103	1744
韶关市	303	590	1998	771	3207	2024	--	916	585	534	387	1042	884
绍兴市	660	641	4902	1553	3081	7829	7879	4432	1795	1380	1124	1639	2955
十堰市	198	255	287	336	245	961	2909	949	187	1577	2241	1844	1345
朔州市	--	--	--	213	1505	220	--	208	211	193	227	--	222
松原市	--	209	2064	--	343	318	686	374	260	--	547	--	433
随州市	338	214	303	207	200	642	617	299	433	1074	2580	1422	654
台州市	1776	11692	7831	10523	654	5448	8179	--	10290	11056	15151	6162	8291
泰安市	1809	381	3764	1968	2640	414	2765	854	4777	4472	3489	4919	3113
泰州市	377	395	361	8062	415	4321	4733	443	396	7869	6919	7105	5028
唐山市	296	1419	757	2267	1248	1244	1860	1633	1316	785	480	1495	898
铁岭市	--	--	--	--	118	--	--	232	--	--	--	--	121
通化市	715	715	--	446	4170	3408	--	8514	762	--	--	62	1347
威海市	1904	1986	2917	1753	1994	1693	1624	2020	939	1934	2877	2484	2056
潍坊市	1563	1175	1049	4907	2043	1703	531	2045	2315	1260	2703	3101	1862
乌兰察布市	--	--	--	--	841	125	674	--	--	--	124	--	374
芜湖市	677	2383	2677	416	1151	1287	486	1778	4093	2674	1574	1847	1679
咸阳市	8212	--	1553	391	615	69	3003	--	615	490	3630	626	2979
湘潭市	3914	2678	2206	3091	1621	4348	458	2298	412	1493	427	705	2052
襄阳市	2514	207	276	2517	4411	1972	3021	2748	2613	6097	4286	2057	2616
新乡市	--	4029	4322	1306	3229	3903	479	5090	1070	780	1588	2357	2327
信阳市	2867	349	326	419	353	421	391	412	--	4362	750	3961	1779
宿迁市	1250	630	249	144	144	3169	144	144	1599	683	4845	5507	2389
宿州市	342	2537	806	490	2545	717	877	614	1226	437	165	1223	1080
徐州市	195	331	4500	222	233	519	3778	338	4889	6888	4617	7242	3989
宣城市	168	990	183	682	5775	279	224	338	2278	315	1075	3714	827
烟台市	2814	271	604	565	1354	356	1617	--	311	935	2014	3607	1396

1-6 续表5 单位：元/㎡

城市	1月	2月	3月	4月	5月	6月	7月	8月	9月	10月	11月	12月	合计
盐城市	286	3424	2665	600	1317	4762	2959	1471	338	10250	2253	2620	2331
扬州市	282	1592	270	238	282	5699	5202	3053	7007	3883	6637	4357	4357
阳江市	450	--	6380	557	817	1183	450	379	5504	3268	1276	379	1078
伊春市	--	--	313	139	--	128	83	67	--	--	--	109	230
宜宾市	1050	--	2468	263	381	1091	1873	651	1600	1512	2612	1011	1191
宜昌市	320	321	423	1534	4674	1810	414	1599	222	2149	3374	3710	2073
宜春市	499	2321	979	461	3639	205	3660	821	1865	224	584	3573	1065
鹰潭市	138	113	113	1722	1192	500	2440	2014	1426	2898	3626	3310	1689
营口市	450	1590	--	--	288	210	--	712	744	646	330	--	927
玉溪市	--	356	1247	375	929	1161	612	729	3191	11138	1014	6015	1144
岳阳市	1862	1978	1968	968	855	2736	4444	1114	1936	1392	2084	4217	2133
云浮市	--	--	277	--	410	450	--	--	284	412	225	247	278
湛江市	525	--	450	525	3456	588	743	6005	3318	3942	4016	4438	2835
张家界市	--	4500	--	--	--	--	290	--	447	670	4983	1061	3018
漳州市	6502	375	746	4926	5053	527	1698	1130	4092	1678	471	2186	2832
肇庆市	5544	498	901	736	636	1101	855	659	579	620	681	3250	1296
镇江市	--	--	331	376	705	478	442	5862	1269	6575	701	3536	3315
中山市	1247	1082	6870	1418	1050	19147	1010	944	2025	887	7564	4490	3426
舟山市	7756	958	5493	750	1027	9666	686	946	1623	771	3794	725	1247
珠海市	361	6785	4793	2227	4296	899	454	1363	639	9437	7564	8822	3812
株洲市	4516	578	2210	767	1667	1691	730	3500	1568	3548	3438	5709	2855
淄博市	1996	539	3613	829	1436	722	1462	3158	2657	3474	3343	1855	1811
自贡市	3952	--	457	249	1421	312	6600	177	195	688	2267	2657	1504
遵义市	1437	780	1501	1278	449	2035	427	2033	1999	1545	3292	1658	1479
县及县级市													
保亭黎族苗族自治县	--	1313	--	1595	916	3003	--	--	1200	1695	1676	--	1351
滨海县	1583	4859	228	269	230	2954	--	96	2948	760	862	4877	1801
常熟市	454	927	1378	5527	417	4538	600	675	8927	4561	2877	827	3649
长沙县	1296	872	3128	1131	2126	3529	793	1957	1994	3818	1948	2776	2268
长兴县	1543	575	1564	1375	569	6349	2125	2445	2181	2518	726	1773	1820
崇州市	4584	--	--	--	120	120	526	--	--	5411	3167	3991	2978
淳安县	--	939	1613	2370	225	14126	747	--	--	622	226	7303	2718
慈溪市	488	337	6664	3940	445	1749	1682	2925	785	1509	6481	11454	2241
丹阳市	4695	315	--	5949	3624	2164	459	723	3047	3166	3996	1235	3095
当涂县	854	577	195	187	165	1966	850	216	1418	1432	2461	724	928
德清县	2630	2186	866	1331	6738	2654	7762	3403	851	1198	1544	2888	3021

1-6 续表6

单位：元/㎡

城市	1月	2月	3月	4月	5月	6月	7月	8月	9月	10月	11月	12月	合计
东港市	2532	2603	--	1800	--	1793	--	1671	--	246	252	187	1244
东台市	258	258	264	6000	3409	258	1488	257	591	6453	3531	284	1999
都江堰市	--	--	--	2400	--	1740	108	--	--	262	2400	3732	2598
恩施土家族苗族自治州	1716	516	379	1950	349	5247	1557	866	2573	--	2198	2362	1467
肥东县	--	--	--	10964	--	11186	10401	--	1652	1500	--	9141	8046
肥西县	11087	--	--	3146	6044	12960	10526	--	13364	--	6897	--	9704
盖州市	--	239	--	1050	1050	--	1057	--	1267	--	234	--	940
高碑店市	4065	--	--	580	--	939	2005	1940	2311	2413	817	817	1643
固安县	1173	--	1804	3249	7547	--	1304	1499	2016	4267	1403	3024	2037
海安市	955	12000	951	280	2968	308	4042	314	817	5053	316	7915	4181
海宁市	1393	4139	2212	315	1254	5561	672	3087	7901	3556	7364	3623	3612
海盐县	1650	2205	620	525	4500	2716	4500	1343	5544	931	3584	785	1779
惠安县	687	313	296	--	--	9078	320	21876	2383	2232	376	1921	2538
惠东县	2194	--	--	--	811	--	800	800	800	--	6422	4241	1808
嘉善县	5599	3352	5020	916	1532	1510	4980	3413	5886	1712	4718	2621	3194
建德市	337	331	383	--	329	4434	750	357	8522	421	366	616	862
建湖县	1318	246	1578	--	205	2009	3471	205	205	2813	332	4443	2109
江阴市	350	1800	370	--	--	380	4650	1367	630	14210	9122	500	3720
胶州市	567	1814	1253	403	2946	328	832	286	4695	1224	4723	1449	1595
晋江市	5114	815	--	516	2277	684	13897	3803	729	5755	3239	13817	4359
靖江市	375	--	--	--	--	2426	1072	232	1485	9853	4840	6673	3258
昆山市	336	--	--	1227	14684	470	21184	16547	861	9918	7320	10692	9516
莱西市	564	474	--	263	281	290	1711	314	1892	--	--	4174	1307
莱州市	320	3011	2313	1430	415	425	305	310	4603	3223	--	1149	905
临海市	947	4542	--	603	4321	772	2920	11040	1129	2892	5301	1222	2101
陵水黎族自治县	2741	--	--	--	1165	2194	--	3991	--	1494	3329	2058	2749
浏阳市	379	--	1742	--	984	3107	823	1405	--	2409	2880	1065	1857
龙口市	746	656	593	976	--	294	632	675	993	701	--	--	713
龙门县	4514	4408	4633	--	--	--	481	430	531	1582	427	427	771
闽侯县	382	485	18329	383	10299	3243	--	--	5141	5345	9015	1505	6001
南安市	462	678	342	5978	468	7516	666	5893	407	3779	893	932	1504
宁海县	681	786	335	506	624	5537	427	--	1337	1151	804	900	902
沛县	--	--	--	1268	195	330	2007	4710	5158	4125	2754	2017	2635
彭州市	6000	--	--	4650	--	2384	6300	229	130	450	3207	3107	2479
邳州市	300	3400	--	374	4972	1698	2250	330	1666	2421	2595	3887	2595
平度市	--	340	285	265	359	3031	736	510	846	1106	--	2317	868
平湖市	661	--	663	648	7846	922	871	1188	5982	669	6765	2541	2515

1-6 续表7　　单位：元/㎡

城市	1月	2月	3月	4月	5月	6月	7月	8月	9月	10月	11月	12月	合计
蒲江县	--	--	96	--	96	150	--	1635	637	--	--	1948	872
普宁市	985	693	1467	10473	900	--	--	503	443	976	3918	4938	1121
启东市	204	248	509	12405	259	563	4166	417	293	621	204	5510	2537
潜江市	237	995	1490	--	163	557	2282	1076	143	197	823	582	671
荣成市	3657	458	1719	2029	2990	1904	1941	1412	1735	3137	1833	2956	2466
如东县	6665	415	7087	--	1072	1255	1899	270	316	2544	374	5419	2742
瑞安市	3572	8975	9078	1094	9975	14571	818	605	7794	6485	1125	2487	5693
嵊州市	619	3856	438	687	437	1170	6087	2619	1883	6060	716	567	2805
太仓市	3100	300	--	4990	--	3954	400	10199	8804	7157	10304	1715	4706
泰兴市	719	500	1020	1135	673	1500	3907	7317	6058	6841	5514	1862	2962
天门市	2117	192	1113	149	1773	1119	130	1086	136	2649	242	910	1122
桐庐县	643	2403	8872	414	4916	--	394	480	2305	--	--	4627	1933
桐乡市	6038	1950	7961	10447	8163	2771	1245	4052	1658	540	1765	377	3509
瓦房店市	--	374	--	325	325	922	390	1273	390	601	391	365	449
文安县	3031	--	511	2701	2432	486	494	452	3098	--	972	--	853
文昌市	--	--	540	--	540	2783	1809	1814	1963	1589	540	534	1509
仙桃市	207	207	195	226	4323	207	207	207	1415	665	531	1496	692
香河县	1670	--	1864	--	--	1309	--	--	4381	--	1328	772	1912
象山县	723	609	447	465	3487	5534	808	1485	1896	934	1174	3755	2257
新沂市	144	144	261	144	373	1136	144	4078	197	1674	2440	145	813
兴化市	7852	--	1480	--	--	4208	635	--	--	3943	6185	2276	3592
宜兴市	1174	395	565	1250	2741	3934	1529	9059	12833	3301	3004	8947	5018
义乌市	2053	72559	1297	7456	2445	1739	5234	7776	14555	23442	1311	3568	5286
永登县	501	119	188	93	1912	612	252	174	993	383	466	256	375
余姚市	1812	--	--	1036	3785	949	3967	1245	1939	1457	10482	14653	6150
张家港市	571	6270	666	5951	589	750	555	1909	18892	1958	3376	5685	3087
诸暨市	896	665	--	707	9518	525	1436	14294	699	--	497	8469	6751
庄河市	--	--	--	--	201	--	--	254	--	278	--	313	285

第二章
2022年全国300城土地成交情况

2-1　2022年全国300城土地成交统计

城市	成交土地宗数（宗）	成交建设用地面积（万㎡）	成交规划建筑面积（万㎡）	成交土地均价（元/㎡）	成交楼面均价（元/㎡）	土地出让金（亿元）	平均溢价率（%）
一线城市							
北京市	100	487.92	841.68	36407	21105	1776.35	5.14
上海市	324	1465.68	3059.99	22669	10858	3322.61	2.84
广州市	230	989.41	3286.13	15783	4752	1561.60	1.27
深圳市	88	533.86	1561.24	16525	5651	882.23	7.56
二线城市							
长春市	111	608.84	513.79	889	1053	54.10	0.83
长沙市	134	653.40	1600.02	8462	3455	552.87	1.63
成都市	398	1757.57	4344.94	8468	3405	1488.26	2.83
重庆市	116	1126.31	1365.45	3586	2942	403.86	2.83
大连市	243	838.89	1032.98	2249	1826	188.67	1.79
福州市	86	280.60	609.63	15358	7069	430.94	1.70
贵阳市	178	893.14	2261.00	3201	1264	285.88	1.05
哈尔滨市	51	181.64	199.66	659	599	11.96	0
海口市	75	184.62	395.19	6940	3228	128.13	1.35
杭州市	427	1340.46	3271.88	16438	6734	2203.44	5.72
合肥市	207	1027.85	1848.02	7408	4120	761.40	8.46
呼和浩特市	19	84.04	118.33	3047	2164	25.61	0.02
济南市	255	1050.05	1689.03	3737	2301	392.41	1.52
昆明市	124	325.58	698.47	2328	1074	75.79	0
兰州市	24	66.24	160.87	3736	1538	24.75	4.62
南昌市	89	447.19	847.79	4548	2399	203.40	5.16
南京市	331	1100.22	2337.39	12485	5877	1373.66	2.88
南宁市	143	749.53	1709.04	1815	796	136.03	8.49
宁波市	228	749.47	1770.11	11162	4726	836.55	6.37
青岛市	352	1078.91	1865.17	4917	2839	528.77	1.99
三亚市	24	128.49	183.80	9016	6303	115.85	0.69
沈阳市	147	640.40	759.12	1439	1214	92.16	0.01
石家庄市	145	436.71	1167.55	4283	1602	187.04	3.09
苏州市	265	957.39	2272.16	10609	4470	1015.71	2.64
太原市	52	172.20	431.29	6378	2547	109.83	29.41
天津市	208	1132.46	1591.06	3520	2434	398.67	0.44
温州市	116	371.04	972.88	10154	3873	376.76	3.55
乌鲁木齐市	115	459.16	579.46	1621	1283	74.41	0.44

2-1 续表1

城市	成交土地宗数（宗）	成交建设用地面积（万㎡）	成交规划建筑面积（万㎡）	成交土地均价（元/㎡）	成交楼面均价（元/㎡）	土地出让金（亿元）	平均溢价率（%）
无锡市	195	903.59	1668.94	9717	5258	878.06	0.41
武汉市	256	1177.37	2033.16	7944	4591	935.34	0.67
西安市	394	1610.47	3791.92	7477	3170	1204.19	0.60
西宁市	22	61.17	159.60	5903	2262	36.11	0
厦门市	93	527.49	1567.78	12408	4175	654.49	2.60
银川市	32	500.79	967.11	1417	734	70.98	0
郑州市	135	959.03	2742.80	4168	1457	399.75	0.80
三四线城市							
安康市	67	162.79	327.16	1762	877	28.69	1.48
安庆市	58	342.58	392.32	652	569	22.32	7.92
安顺市	162	561.98	739.83	1181	897	66.37	0.70
安阳市	20	85.34	175.73	2173	1055	18.55	3.06
鞍山市	13	30.08	54.65	1835	1010	5.52	0.07
百色市	38	182.83	311.55	615	361	11.25	2.99
包头市	153	991.65	740.30	395	529	39.17	0.73
宝鸡市	97	483.64	732.31	864	571	41.81	1.84
保定市	164	441.66	1038.70	3756	1597	165.87	0.09
北海市	29	468.35	857.12	591	323	27.69	0.35
本溪市	23	78.53	130.09	1561	943	12.26	0
蚌埠市	70	397.92	435.05	820	750	32.64	7.13
滨州市	110	441.11	567.38	1444	1123	63.72	2.25
沧州市	44	140.00	249.67	3852	2160	53.93	0.99
常德市	97	240.56	375.96	1297	830	31.20	0.46
常州市	282	1135.40	2423.43	7097	3325	805.85	0.88
朝阳市	22	58.05	75.24	1881	1451	10.92	0
潮州市	24	54.42	219.44	1950	484	10.61	0
郴州市	82	346.36	543.86	1353	862	46.85	0
承德市	14	40.13	41.39	1821	1765	7.31	17.08
池州市	51	193.21	245.45	737	580	14.24	8.71
崇左市	29	211.47	219.99	385	370	8.15	8.79
滁州市	131	984.01	1308.68	1056	794	103.93	5.83
大庆市	26	217.26	165.88	269	353	5.85	0
丹东市	7	9.16	11.74	987	771	0.90	0
德阳市	110	300.76	489.05	1990	1212	59.85	0
德州市	116	399.72	486.77	1484	1219	59.33	2.45

2-1 续表 2

城市	成交土地宗数（宗）	成交建设用地面积（万㎡）	成交规划建筑面积（万㎡）	成交土地均价（元/㎡）	成交楼面均价（元/㎡）	土地出让金（亿元）	平均溢价率（%）
东莞市	99	454.14	1299.54	9252	3233	420.17	3.20
东营市	147	977.29	956.18	715	729	69.92	8.20
鄂尔多斯市	17	102.65	127.30	793	632	8.14	66.82
鄂州市	74	261.95	439.19	1880	1121	49.24	0.07
佛山市	218	994.13	3333.37	4238	1264	421.35	0.82
抚顺市	20	46.56	46.56	1274	1274	5.93	0
阜新市	9	8.19	7.28	396	446	0.32	3.81
阜阳市	34	214.21	313.09	1446	990	30.98	6.57
赣州市	169	810.81	1732.72	1084	507	87.93	5.99
广元市	56	290.13	457.92	1884	1194	54.66	0.34
贵港市	228	610.29	1021.48	377	225	22.92	0.86
桂林市	25	129.42	205.62	1238	779	16.03	1.08
邯郸市	160	513.33	746.92	2072	1424	106.34	7.22
河源市	18	76.33	111.58	575	393	4.39	5.71
菏泽市	204	769.56	1467.93	2975	1560	228.96	0
鹤壁市	36	251.48	226.15	491	547	12.36	5.91
鹤岗市	8	30.13	28.88	148	154	0.45	0
衡水市	64	146.32	233.72	1596	999	23.36	4.43
葫芦岛市	11	82.19	62.64	401	526	3.29	0.34
湖州市	178	609.61	1073.54	3394	1925	206.89	0.58
怀化市	32	105.80	217.74	1788	869	18.92	2.44
淮安市	185	1107.15	1779.24	3309	2059	366.39	0.43
淮北市	62	384.88	557.22	1535	1060	59.07	38.34
淮南市	68	278.63	360.09	1419	1097	39.53	2.48
黄石市	41	149.51	270.50	2435	1346	36.41	0
惠州市	154	549.98	1383.58	2138	850	118.40	0.49
鸡西市	5	31.52	20.98	151	227	0.48	0
吉林市	25	153.60	114.20	516	694	7.93	0
济宁市	149	455.28	645.32	2643	1865	120.34	1.31
嘉兴市	94	372.67	885.92	3883	1634	144.72	2.77
江门市	92	385.49	1134.24	2294	780	88.42	0.67
焦作市	26	124.20	167.53	902	668	11.20	1.08
揭阳市	16	73.44	229.98	1511	482	11.09	4.72
金华市	167	650.85	1383.31	3738	1759	243.31	0.69
锦州市	36	139.93	148.13	875	826	12.24	0.97
荆门市	135	741.96	876.50	352	298	26.11	1.19

2-1 续表3

城市	成交土地宗数（宗）	成交建设用地面积（万㎡）	成交规划建筑面积（万㎡）	成交土地均价（元/㎡）	成交楼面均价（元/㎡）	土地出让金（亿元）	平均溢价率（%）
荆州市	86	533.89	728.03	508	372	27.10	6.34
景德镇市	50	315.33	604.16	3617	1888	114.05	0.06
九江市	84	497.31	705.35	1743	1228	86.68	2.67
开封市	133	832.14	1052.52	1629	1288	135.60	0.01
拉萨市	0	0	0	---	---	0	---
廊坊市	64	245.30	511.89	3212	1539	78.80	1.17
乐山市	89	459.84	851.88	626	338	28.76	4.78
丽江市	16	63.92	86.42	859	635	5.49	0.06
丽水市	59	218.61	405.08	3933	2123	85.99	2.88
连云港市	109	1582.42	1555.62	1275	1297	201.79	1.82
聊城市	90	317.88	578.42	3087	1693	98.14	1.12
临沂市	73	330.42	523.42	3369	2127	111.33	0.04
柳州市	132	821.86	1562.06	1772	932	145.61	0
六盘水市	164	527.28	897.21	1358	798	71.61	0.46
龙岩市	49	229.91	481.45	2028	969	46.63	4.21
泸州市	36	132.19	275.07	990	476	13.09	13.45
六安市	113	549.34	688.82	934	745	51.31	6.78
洛阳市	93	441.09	723.81	2176	1326	95.98	0.02
漯河市	87	347.58	536.52	1150	745	39.97	0.10
马鞍山市	57	247.65	413.59	3075	1841	76.15	5.34
茂名市	84	262.93	615.48	1577	671	41.46	1.21
眉山市	181	969.73	1358.57	1530	1091	148.33	7.98
梅州市	19	115.25	156.26	543	400	6.26	0
绵阳市	90	427.86	1106.50	1888	730	80.79	1.50
牡丹江市	4	14.79	20.81	780	555	1.15	0
南充市	95	479.81	629.96	1047	798	50.25	5.62
南平市	45	277.80	753.01	1142	421	31.71	1.95
南通市	256	1247.68	2110.28	4036	2386	503.61	0.25
南阳市	123	338.93	488.30	1491	1035	50.54	1.15
内江市	50	293.29	492.52	1798	1071	52.74	0.69
宁德市	19	59.71	139.37	7843	3360	46.83	2.45
攀枝花市	45	238.03	268.57	936	829	22.28	0.06
平顶山市	16	80.06	109.49	1516	1108	12.14	3.52
萍乡市	62	205.43	592.91	3143	1089	64.57	0.47
莆田市	53	211.86	510.13	2656	1103	56.27	6.84
濮阳市	29	173.62	249.10	1780	1241	30.90	1.53
普洱市	38	48.11	56.08	1015	870	4.88	4.73

2-1 续表4

城市	成交土地宗数（宗）	成交建设用地面积（万㎡）	成交规划建筑面积（万㎡）	成交土地均价（元/㎡）	成交楼面均价（元/㎡）	土地出让金（亿元）	平均溢价率（%）
齐齐哈尔市	13	24.25	17.80	384	520	0.93	0.11
钦州市	72	705.82	1320.06	730	390	51.54	0
秦皇岛市	104	266.93	375.96	2394	1700	63.90	2.69
清远市	65	191.52	436.35	1202	528	23.03	2.15
衢州市	144	663.01	785.18	1753	1480	116.24	1.22
曲靖市	134	769.02	855.73	431	388	33.18	7.68
泉州市	53	309.82	645.36	4699	2256	145.59	2.61
日照市	126	514.57	581.56	1448	1281	74.50	0
三明市	83	180.74	411.10	1067	469	19.28	7.40
汕头市	51	138.84	493.22	3406	959	47.30	2.99
汕尾市	6	6.03	15.73	3288	1261	1.98	4.20
商洛市	40	74.56	114.17	1686	1097	12.57	1.87
商丘市	37	256.99	390.25	1666	1097	42.82	0.01
上饶市	229	641.22	1078.80	2106	1252	135.02	29.33
韶关市	52	204.93	305.49	759	509	15.55	0.23
绍兴市	172	751.28	1321.57	2874	1634	215.90	1.94
十堰市	106	406.68	637.18	1590	1015	64.64	17.58
朔州市	49	253.35	229.75	224	246	5.68	0.78
松原市	17	114.83	92.51	304	378	3.49	0.01
随州市	81	262.20	337.20	674	524	17.66	1.68
台州市	82	308.96	717.17	8278	3566	255.77	9.61
泰安市	72	310.93	507.32	3234	1982	100.57	1.10
泰州市	96	475.69	830.45	4908	2812	233.48	2.89
唐山市	274	1452.16	1460.99	754	734	109.45	1.67
铁岭市	3	2.72	2.45	121	134	0.03	0
通化市	12	44.81	43.99	1542	1571	6.91	0.13
威海市	176	708.70	985.68	1968	1415	139.46	3.03
潍坊市	214	1113.05	1770.82	2185	1373	243.16	17.25
乌兰察布市	6	32.19	26.60	247	299	0.80	1.27
芜湖市	235	1331.55	1853.39	1537	1104	204.69	9.50
咸阳市	40	209.85	458.41	2792	1278	58.58	0.33
湘潭市	50	261.22	465.38	2075	1164	54.20	0.38
襄阳市	83	335.45	464.11	2270	1640	76.14	1.26
新乡市	33	198.21	401.54	1978	976	39.21	2.86
信阳市	38	215.70	438.50	1693	833	36.52	0.14
宿迁市	135	884.12	1252.18	2194	1549	193.96	0.13

2-1 续表5

城市	成交土地宗数（宗）	成交建设用地面积（万㎡）	成交规划建筑面积（万㎡）	成交土地均价（元/㎡）	成交楼面均价（元/㎡）	土地出让金（亿元）	平均溢价率（%）
宿州市	125	627.54	894.14	1087	762	68.20	6.49
徐州市	258	1092.31	1698.20	3790	2437	413.93	0.28
宣城市	143	443.25	519.41	622	531	27.58	3.29
烟台市	131	813.67	924.11	1256	1106	102.20	0
盐城市	138	774.00	1370.72	2359	1332	182.62	0.03
扬州市	151	764.87	1290.32	4518	2678	345.55	3.41
阳江市	69	256.26	331.69	1122	867	28.76	5.56
伊春市	7	10.78	7.53	88	126	0.10	0.53
宜宾市	83	775.88	1019.04	1426	1074	110.63	1.34
宜昌市	107	688.26	931.22	1851	1368	127.40	0.59
宜春市	72	296.08	418.96	1127	797	33.38	1.04
鹰潭市	55	204.39	393.35	1842	957	37.66	11.28
营口市	29	195.70	198.67	895	882	17.52	0.64
玉溪市	34	217.67	234.82	925	857	20.13	0.11
岳阳市	134	496.79	701.83	1962	1389	97.49	2.94
云浮市	16	73.78	65.76	278	216	2.05	0
湛江市	34	162.49	301.42	2016	1087	32.76	3.59
张家界市	27	158.07	263.50	3127	1876	49.43	1.93
漳州市	115	408.66	1098.03	2862	1065	116.94	5.88
肇庆市	147	374.01	824.13	1136	515	42.47	0
镇江市	59	225.57	396.57	3275	1863	73.87	0
中山市	75	218.20	760.10	3111	893	67.88	2.62
舟山市	84	335.21	723.01	1271	589	42.61	1.08
珠海市	134	743.62	1992.16	3760	1404	279.64	0.04
株洲市	152	696.71	1286.77	3284	1778	228.80	8.36
淄博市	169	739.95	1083.24	1796	1227	132.88	3.98
自贡市	71	322.06	499.80	1473	949	47.44	2.97
遵义市	174	770.72	1232.42	1242	776	95.70	0
县及县级市							
保亭黎族苗族自治县	45	42.16	44.68	1362	1285	5.74	6.03
滨海县	77	371.05	410.60	1709	1544	63.40	10.30
常熟市	84	264.57	436.13	3344	2029	88.48	0.90
长沙县	71	250.39	509.59	2082	1023	52.12	1.04
长兴县	168	352.38	669.66	2434	1278	85.76	25.12

2-1 续表6

城市	成交土地宗数（宗）	成交建设用地面积（万㎡）	成交规划建筑面积（万㎡）	成交土地均价（元/㎡）	成交楼面均价（元/㎡）	土地出让金（亿元）	平均溢价率（%）
崇州市	44	116.00	284.54	2757	1124	31.98	0.01
淳安县	17	28.33	53.39	2983	1583	8.45	0.01
慈溪市	71	489.43	1047.30	1980	925	96.91	0.33
丹阳市	91	220.02	364.84	3072	1853	67.59	0.02
当涂县	66	225.29	297.68	1056	799	23.78	10.09
德清县	113	286.42	625.88	3167	1449	90.72	3.74
东港市	31	76.32	129.88	1169	687	8.92	12.63
东台市	62	251.68	327.12	1953	1502	49.15	0.06
都江堰市	20	70.19	178.78	2714	1065	19.05	3.81
恩施土家族苗族自治州	45	197.66	336.25	1475	867	29.15	0.61
肥东县	112	534.89	585.08	1285	1175	68.74	4.96
肥西县	107	568.78	824.19	2677	1847	152.27	1.17
盖州市	16	29.11	31.09	607	569	1.77	0
高碑店市	33	37.33	50.47	1034	765	3.86	0.46
固安县	54	123.82	183.14	1788	1209	22.14	1.74
海安市	87	218.57	340.33	4126	2650	90.19	2.52
海宁市	84	301.50	701.64	3220	1384	97.09	10.26
海盐县	50	143.18	275.23	1784	928	25.54	0.27
惠安县	26	85.51	237.00	1801	650	15.40	8.80
惠东县	34	157.97	162.40	1679	1633	26.52	1.17
嘉善县	70	197.27	416.85	3338	1580	65.86	0.09
建德市	47	115.27	282.65	911	371	10.50	1.83
建湖县	40	138.89	198.35	2444	1712	33.95	20.41
江阴市	38	203.17	326.63	4355	2709	88.47	1.20
胶州市	107	347.09	532.25	1642	1064	55.98	0.33
晋江市	73	272.80	665.03	4051	1662	110.52	4.09
靖江市	33	174.66	237.27	3809	2804	66.53	6.13
昆山市	62	196.82	380.16	9308	4819	183.20	0.09
莱西市	34	82.69	118.59	1309	913	10.83	0
莱州市	36	162.66	228.91	1050	746	17.08	0
临海市	54	413.61	825.67	1767	885	73.07	1.09
陵水黎族自治县	17	39.12	83.79	3112	1453	12.18	18.07
浏阳市	150	507.57	1096.34	1940	898	98.46	0.95
龙口市	67	948.08	664.83	776	1106	73.56	7.29
龙门县	18	33.77	78.56	765	329	2.58	0

2-1 续表7

城市	成交土地宗数（宗）	成交建设用地面积（万㎡）	成交规划建筑面积（万㎡）	成交土地均价（元/㎡）	成交楼面均价（元/㎡）	土地出让金（亿元）	平均溢价率（%）
闽侯县	33	95.91	240.37	4152	1657	39.82	5.80
南安市	69	184.83	536.41	1427	492	26.38	1.60
宁海县	47	191.29	492.83	995	386	19.04	3.28
沛县	86	266.56	513.69	2584	1341	68.88	0.03
彭州市	38	152.92	385.87	2564	1016	39.20	0
邳州市	71	409.67	641.49	2509	1602	102.77	0.04
平度市	39	154.16	193.65	833	663	12.84	0
平湖市	71	185.68	254.03	2416	1766	44.87	10.03
蒲江县	25	80.23	113.48	970	685	7.78	0
普宁市	24	65.51	123.95	1125	595	7.37	0.29
启东市	72	425.02	615.40	2940	2031	124.97	2.96
潜江市	61	317.96	535.04	764	454	24.30	2.15
荣成市	90	156.41	201.17	1922	1371	30.07	0
如东县	41	264.60	480.81	2333	1284	61.72	0.26
瑞安市	61	108.72	356.61	5303	1617	57.65	1.10
嵊州市	67	216.35	503.23	2768	1190	59.88	0.10
太仓市	81	265.95	540.25	4286	2110	113.98	0
泰兴市	100	321.70	629.44	3151	1610	101.36	4.90
天门市	115	299.92	556.56	928	500	27.84	1.47
桐庐县	34	121.09	264.89	1280	585	15.50	0.13
桐乡市	98	277.92	859.92	3524	1139	97.92	2.20
瓦房店市	60	267.30	179.27	461	687	12.31	0
文安县	54	147.39	169.92	761	660	11.22	0.16
文昌市	21	45.10	79.23	1751	997	7.90	0.09
仙桃市	157	423.80	566.59	732	548	31.03	31.79
香河县	37	81.41	100.16	1602	1302	13.04	0.62
象山县	77	192.86	369.51	2381	1243	45.92	0.09
新沂市	79	345.98	441.05	853	669	29.50	0
兴化市	44	109.95	196.77	3594	2008	39.52	0.05
宜兴市	50	184.38	282.63	5108	3333	94.19	2.83
义乌市	303	528.78	1253.90	5715	2410	302.19	1.97
永登县	46	274.18	198.51	238	329	6.52	1.00
余姚市	47	125.31	237.14	6137	3243	76.90	0.45
张家港市	116	361.12	698.66	2653	1371	95.81	0.01
诸暨市	119	145.24	284.13	7188	3674	104.40	0.01
庄河市	12	31.66	32.29	590	578	1.87	0.13

2-2 2022年全国300城土地成交宗数统计

单位：宗

城市	1月	2月	3月	4月	5月	6月	7月	8月	9月	10月	11月	12月	合计
一线城市													
北京市	5	19	3	3	10	13	6	6	21	4	9	1	100
上海市	28	12	17	2	11	50	55	16	57	15	18	43	324
广州市	4	15	2	10	28	11	18	17	6	49	12	58	230
深圳市	2	1	2	14	4	8	3	20	9	3	14	8	88
二线城市													
长春市	28	4	2	0	10	6	7	2	19	11	10	12	111
长沙市	3	3	6	25	8	3	23	4	4	1	33	21	134
成都市	19	8	27	39	22	19	72	14	5	65	27	81	398
重庆市	7	8	15	4	4	9	20	4	10	3	11	21	116
大连市	4	19	24	10	19	6	3	8	3	3	10	134	243
福州市	2	0	15	1	21	0	2	4	23	5	1	12	86
贵阳市	5	5	5	3	5	7	12	10	1	3	20	102	178
哈尔滨市	0	2	0	3	0	1	0	19	5	3	11	7	51
海口市	12	1	3	2	5	9	10	3	1	12	6	11	75
杭州市	6	53	9	63	16	70	21	34	51	26	19	59	427
合肥市	21	6	34	0	17	32	12	18	33	12	6	16	207
呼和浩特市	0	0	0	3	0	0	6	3	5	2	0	0	19
济南市	12	7	4	18	32	9	10	59	7	38	25	34	255
昆明市	13	4	2	7	4	9	12	4	16	12	14	27	124
兰州市	6	0	0	2	3	5	2	1	2	1	2	0	24
南昌市	6	1	17	3	15	3	3	2	2	16	13	8	89
南京市	19	6	6	24	16	13	58	33	31	64	15	46	331
南宁市	5	8	11	16	8	19	9	6	43	5	4	9	143
宁波市	53	9	6	48	8	31	12	5	17	1	8	30	228
青岛市	11	23	31	16	33	42	18	34	46	30	14	54	352
三亚市	1	0	0	2	2	2	0	0	0	2	3	12	24
沈阳市	7	0	18	14	4	18	4	17	18	21	10	16	147
石家庄市	25	1	13	12	10	26	1	8	5	18	6	20	145
苏州市	35	12	8	12	24	47	14	18	10	49	6	30	265
太原市	8	1	0	0	0	7	12	8	4	0	3	9	52
天津市	12	9	5	17	16	21	17	21	9	35	8	38	208
温州市	13	3	3	4	5	14	5	12	16	14	8	19	116
乌鲁木齐市	0	0	13	15	6	13	14	10	38	2	1	3	115
无锡市	28	0	1	13	15	4	24	18	25	24	31	12	195

2-2 续表1 单位：宗

城市	1月	2月	3月	4月	5月	6月	7月	8月	9月	10月	11月	12月	合计
武汉市	8	8	33	9	26	20	12	22	42	17	19	40	256
西安市	22	5	11	49	5	57	13	59	31	34	67	41	394
西宁市	0	0	2	3	3	7	1	2	0	2	2	0	22
厦门市	0	4	14	11	15	5	8	11	1	1	6	17	93
银川市	0	3	1	10	1	4	0	1	1	0	7	4	32
郑州市	4	1	1	9	1	16	3	10	16	3	34	37	135
三四线城市													
安康市	1	9	5	1	4	0	0	12	12	3	10	10	67
安庆市	6	4	2	4	6	3	2	4	9	7	7	4	58
安顺市	3	16	10	10	11	18	21	5	13	15	12	28	162
安阳市	1	0	0	4	1	1	3	0	2	6	2	0	20
鞍山市	3	0	3	1	1	0	1	0	1	1	2	0	13
百色市	5	1	5	1	4	7	0	9	4	1	0	1	38
包头市	2	10	2	7	16	13	12	11	12	15	6	47	153
宝鸡市	30	4	2	0	3	11	7	5	9	0	1	25	97
保定市	9	8	16	7	12	10	10	9	26	14	6	37	164
北海市	3	1	4	0	3	5	1	5	1	3	2	1	29
本溪市	0	1	1	1	0	0	1	0	2	1	13	3	23
蚌埠市	2	3	8	5	12	0	7	6	4	10	0	13	70
滨州市	5	0	11	10	0	3	12	8	8	8	10	35	110
沧州市	1	2	12	3	4	6	1	3	0	2	5	5	44
常德市	5	3	3	2	7	10	11	4	5	5	8	34	97
常州市	22	8	8	10	24	21	19	17	26	22	43	62	282
朝阳市	0	0	4	3	0	6	2	0	0	0	3	4	22
潮州市	1	0	1	1	1	4	4	0	4	2	5	1	24
郴州市	4	1	2	2	2	3	3	5	7	4	8	41	82
承德市	1	0	0	4	0	2	0	0	0	0	0	7	14
池州市	9	1	4	2	6	6	2	5	0	4	1	11	51
崇左市	1	3	1	1	1	0	0	6	0	4	4	8	29
滁州市	8	19	14	9	3	12	12	6	11	5	7	25	131
大庆市	1	0	3	4	2	6	0	1	0	0	0	9	26
丹东市	0	0	2	0	0	0	1	0	0	0	3	1	7
德阳市	3	1	6	13	3	6	1	2	30	1	12	32	110
德州市	4	2	0	15	1	44	5	1	1	28	5	10	116
东莞市	2	6	7	2	4	10	7	19	6	6	13	17	99
东营市	8	3	5	8	7	8	12	8	23	22	42	1	147

2-2 续表2　　　单位：宗

城市	1月	2月	3月	4月	5月	6月	7月	8月	9月	10月	11月	12月	合计
鄂尔多斯市	2	0	0	2	1	1	0	0	1	0	9	1	17
鄂州市	1	1	4	5	4	10	2	6	0	6	5	30	74
佛山市	19	19	9	9	19	14	28	19	23	10	11	38	218
抚顺市	1	0	2	4	1	1	0	2	3	0	0	6	20
阜新市	1	0	0	0	0	0	0	0	0	7	1	0	9
阜阳市	0	3	3	1	1	1	6	4	1	1	4	9	34
赣州市	7	11	19	7	12	10	30	6	8	13	15	31	169
广元市	0	3	0	1	6	8	5	1	5	7	6	14	56
贵港市	1	0	4	10	2	33	31	34	25	28	16	44	228
桂林市	4	1	0	0	1	1	1	4	2	3	4	4	25
邯郸市	2	8	22	6	4	8	1	26	18	25	18	22	160
河源市	0	0	2	1	0	0	1	4	0	2	5	3	18
菏泽市	16	20	3	9	21	11	22	11	31	28	23	9	204
鹤壁市	0	0	0	0	6	0	0	0	5	10	0	15	36
鹤岗市	0	0	0	0	2	0	3	0	1	0	0	2	8
衡水市	3	1	8	3	1	4	6	2	4	11	12	9	64
葫芦岛市	2	0	0	0	2	3	0	0	3	1	0	0	11
湖州市	6	22	13	7	12	17	12	13	8	26	8	34	178
怀化市	4	1	0	0	4	4	3	5	5	3	0	3	32
淮安市	18	12	5	2	22	9	11	14	13	23	46	10	185
淮北市	0	2	0	5	2	8	4	7	3	7	11	13	62
淮南市	1	0	0	8	1	9	0	16	10	1	3	19	68
黄石市	4	1	3	2	0	0	4	0	1	10	2	14	41
惠州市	12	16	7	7	9	3	8	16	7	21	32	16	154
鸡西市	0	0	1	3	0	0	0	0	0	0	1	0	5
吉林市	0	6	2	0	0	2	1	0	8	3	3	0	25
济宁市	7	4	0	26	16	5	12	13	9	11	15	31	149
嘉兴市	11	8	4	4	11	4	8	12	7	3	11	11	94
江门市	5	4	2	2	4	10	12	10	3	9	12	19	92
焦作市	0	1	0	0	1	2	4	4	2	2	0	10	26
揭阳市	0	0	0	0	0	3	3	1	2	3	0	4	16
金华市	13	6	21	21	3	34	6	9	6	8	20	20	167
锦州市	2	1	4	5	1	4	4	1	4	1	2	7	36
荆门市	12	8	10	6	4	18	8	9	18	7	9	26	135
荆州市	7	2	1	8	11	1	3	4	17	2	8	22	86
景德镇市	3	0	0	3	8	1	5	0	0	8	3	19	50
九江市	0	5	3	3	11	6	3	14	2	19	7	11	84

2-2 续表3 单位：宗

城市	1月	2月	3月	4月	5月	6月	7月	8月	9月	10月	11月	12月	合计
开封市	1	9	2	6	27	3	7	14	5	2	13	44	133
拉萨市	0	0	0	0	0	0	0	0	0	0	0	0	0
廊坊市	2	3	2	7	0	23	2	4	3	9	5	4	64
乐山市	0	7	1	1	14	7	1	3	18	13	17	7	89
丽江市	0	1	0	0	0	8	1	3	0	0	1	2	16
丽水市	3	3	6	3	4	8	3	2	1	3	9	14	59
连云港市	1	1	5	18	2	7	16	4	7	9	2	37	109
聊城市	2	6	6	8	13	6	2	14	2	6	6	19	90
临沂市	10	2	2	3	3	8	3	5	2	4	25	6	73
柳州市	2	1	2	4	5	16	8	5	13	22	31	23	132
六盘水市	32	1	7	3	15	3	13	3	9	18	14	46	164
龙岩市	0	1	3	2	4	3	7	2	5	2	6	14	49
泸州市	1	0	1	1	6	0	1	4	8	7	1	6	36
六安市	11	1	16	4	25	9	5	9	8	8	13	4	113
洛阳市	11	1	3	6	3	5	13	7	14	6	13	11	93
漯河市	6	3	0	0	5	1	12	3	23	3	7	24	87
马鞍山市	4	1	1	3	2	4	6	0	9	4	14	9	57
茂名市	2	10	1	2	0	4	14	7	8	24	6	6	84
眉山市	7	7	1	11	18	11	13	28	20	8	24	33	181
梅州市	0	0	0	0	2	0	3	0	3	1	4	6	19
绵阳市	4	5	2	8	2	7	1	9	9	7	5	29	90
牡丹江市	1	0	0	0	1	0	2	0	0	0	0	0	4
南充市	1	6	1	1	1	7	5	4	5	21	8	35	95
南平市	0	1	1	1	4	2	1	1	5	3	13	13	45
南通市	23	4	8	24	14	8	31	16	10	9	28	81	256
南阳市	4	5	8	5	5	7	8	8	7	6	5	55	123
内江市	3	1	0	1	6	2	3	0	1	1	11	21	50
宁德市	1	1	0	0	5	0	4	0	3	0	3	2	19
攀枝花市	0	1	0	0	1	4	4	4	0	4	4	23	45
平顶山市	2	1	0	0	0	2	0	1	1	0	1	8	16
萍乡市	4	1	0	7	4	14	0	0	5	17	1	9	62
莆田市	2	1	2	0	7	10	1	6	6	10	5	3	53
濮阳市	4	2	9	1	0	2	3	0	4	2	2	0	29
普洱市	3	4	0	1	0	7	5	0	12	5	1	0	38
齐齐哈尔市	1	0	2	0	0	2	2	1	0	2	3	0	13
钦州市	6	1	9	5	3	0	8	2	2	15	16	5	72
秦皇岛市	31	4	2	6	5	5	4	6	11	8	6	16	104

2-2 续表4　　单位：宗

城市	1月	2月	3月	4月	5月	6月	7月	8月	9月	10月	11月	12月	合计
清远市	6	7	2	3	3	6	9	8	3	7	9	2	65
衢州市	7	5	12	8	12	9	19	16	8	29	11	8	144
曲靖市	4	0	12	0	29	9	27	12	5	2	19	15	134
泉州市	5	0	0	0	0	6	11	14	5	3	1	8	53
日照市	2	0	3	7	2	12	18	18	8	3	23	30	126
三明市	1	15	4	8	5	2	15	4	7	9	7	6	83
汕头市	4	1	8	3	2	3	3	8	7	4	4	4	51
汕尾市	0	0	0	1	0	0	0	4	0	0	0	1	6
商洛市	0	0	7	1	0	8	7	0	0	0	0	17	40
商丘市	3	0	2	3	4	2	5	1	2	3	2	10	37
上饶市	13	10	9	21	33	7	12	11	22	30	18	43	229
韶关市	0	3	13	3	2	2	0	13	3	8	0	5	52
绍兴市	3	19	8	14	16	14	9	25	10	11	21	22	172
十堰市	9	0	13	3	1	9	3	11	2	23	5	27	106
朔州市	0	0	0	1	3	0	5	4	15	7	13	1	49
松原市	0	1	1	0	2	0	4	1	2	2	3	1	17
随州市	7	6	2	3	8	5	8	11	3	9	1	18	81
台州市	1	7	6	6	0	18	3	0	18	3	3	17	82
泰安市	11	3	2	5	2	0	3	5	4	11	15	11	72
泰州市	7	4	1	6	3	4	10	8	1	8	2	42	96
唐山市	12	12	10	8	12	47	15	13	12	17	82	34	274
铁岭市	0	0	0	0	2	0	0	1	0	0	0	0	3
通化市	4	0	0	1	1	4	0	1	1	0	0	0	12
威海市	31	9	14	9	10	10	19	7	13	17	15	22	176
潍坊市	14	4	5	3	6	18	21	17	30	31	31	34	214
乌兰察布市	0	0	0	0	0	4	0	1	0	0	1	0	6
芜湖市	8	21	14	24	14	34	13	17	9	28	20	33	235
咸阳市	4	0	5	3	1	2	5	0	1	0	17	2	40
湘潭市	10	2	5	2	1	8	2	3	8	4	3	2	50
襄阳市	3	7	2	5	10	13	7	6	9	5	6	10	83
新乡市	0	1	2	4	2	4	4	5	3	3	3	2	33
信阳市	1	5	1	1	2	2	1	3	0	7	8	7	38
宿迁市	14	8	4	5	3	19	11	6	18	5	15	27	135
宿州市	13	0	16	1	17	18	7	0	10	20	4	19	125
徐州市	20	5	32	15	14	2	11	20	14	53	14	58	258
宣城市	6	6	10	7	24	5	21	6	13	23	6	16	143
烟台市	7	7	6	7	9	12	3	5	12	14	10	39	131

2-2 续表5 单位：宗

城市	1月	2月	3月	4月	5月	6月	7月	8月	9月	10月	11月	12月	合计
盐城市	23	2	7	3	14	5	6	4	7	6	18	43	138
扬州市	5	8	1	3	5	7	21	8	7	20	19	47	151
阳江市	4	0	1	0	7	13	2	2	10	3	7	20	69
伊春市	0	0	0	1	0	2	0	3	0	0	0	1	7
宜宾市	1	0	0	4	4	1	4	9	7	8	25	20	83
宜昌市	9	1	10	5	17	7	12	7	6	8	17	8	107
宜春市	0	2	2	8	5	5	2	4	6	1	31	6	72
鹰潭市	4	1	0	7	8	6	1	13	2	2	4	7	55
营口市	3	4	4	0	0	0	1	3	10	3	1	0	29
玉溪市	1	5	2	1	2	8	2	3	3	3	1	3	34
岳阳市	4	3	1	9	2	11	7	7	15	10	8	57	134
云浮市	0	0	1	1	0	1	1	0	2	4	5	1	16
湛江市	0	1	1	0	1	3	4	3	4	3	5	9	34
张家界市	0	1	0	0	0	0	3	0	2	0	20	1	27
漳州市	10	3	2	16	6	0	16	20	16	4	8	14	115
肇庆市	1	6	31	7	23	15	21	7	4	6	7	19	147
镇江市	0	0	2	0	5	7	1	7	5	6	6	20	59
中山市	6	10	6	5	1	4	7	4	4	3	11	14	75
舟山市	1	3	2	2	2	5	11	22	6	13	3	14	84
珠海市	2	3	13	4	5	15	16	10	13	12	22	19	134
株洲市	7	6	1	1	6	19	10	6	24	6	32	34	152
淄博市	10	13	5	9	15	14	8	9	15	15	12	44	169
自贡市	3	0	3	5	2	3	5	3	2	12	13	20	71
遵义市	14	13	5	19	9	5	7	12	0	33	20	37	174
县及县级市													
保亭黎族苗族自治县	0	0	0	5	1	3	0	0	7	28	1	0	45
滨海县	9	6	1	7	2	7	0	1	2	6	4	32	77
常熟市	17	1	2	3	4	0	11	1	10	9	9	17	84
长沙县	8	3	3	4	3	2	7	9	5	3	12	12	71
长兴县	8	6	23	15	15	10	10	13	17	5	12	34	168
崇州市	7	2	0	0	7	0	7	3	0	4	10	4	44
淳安县	0	2	3	2	1	1	3	0	1	2	1	1	17
慈溪市	3	5	1	1	8	13	4	4	6	13	6	7	71
丹阳市	13	0	3	6	18	12	7	7	1	2	14	8	91
当涂县	4	0	9	3	7	3	9	8	2	6	4	11	66
德清县	5	12	5	7	10	15	14	17	4	10	5	9	113

2-2 续表6 单位：宗

城市	1月	2月	3月	4月	5月	6月	7月	8月	9月	10月	11月	12月	合计
东港市	3	0	1	1	0	3	0	6	0	5	7	5	31
东台市	7	1	0	3	2	5	3	7	6	10	8	10	62
都江堰市	0	0	0	0	1	1	0	1	0	2	5	10	20
恩施土家族苗族自治州	3	3	0	5	5	4	5	4	4	4	5	3	45
肥东县	0	2	7	2	4	7	30	13	4	17	13	13	112
肥西县	6	11	6	5	8	14	4	23	3	6	9	12	107
盖州市	0	0	1	0	0	1	0	7	4	0	3	0	16
高碑店市	0	0	0	0	7	3	1	14	1	0	6	1	33
固安县	2	0	9	3	2	0	3	13	4	3	4	11	54
海安市	17	2	1	6	7	1	5	5	10	10	8	15	87
海宁市	5	10	10	4	4	12	4	4	1	8	11	11	84
海盐县	1	2	5	4	1	8	1	8	1	4	5	10	50
惠安县	5	1	0	1	0	1	1	0	3	4	3	7	26
惠东县	19	0	0	0	0	1	1	2	1	1	3	6	34
嘉善县	5	5	2	5	6	7	4	5	7	9	5	10	70
建德市	2	4	6	1	2	10	5	4	4	1	2	6	47
建湖县	7	1	1	0	1	3	4	3	0	4	4	12	40
江阴市	2	0	3	0	0	2	4	3	2	2	11	9	38
胶州市	13	9	1	7	7	9	16	7	20	1	1	16	107
晋江市	6	4	1	3	6	5	5	7	6	10	8	12	73
靖江市	0	1	0	0	0	10	1	2	2	6	6	5	33
昆山市	1	2	0	1	4	1	4	3	8	8	11	19	62
莱西市	5	4	0	5	2	1	6	0	9	0	0	2	34
莱州市	1	1	7	3	8	4	1	1	1	3	0	6	36
临海市	3	1	1	2	3	9	3	1	9	8	5	9	54
陵水黎族自治县	0	2	0	0	1	0	2	6	0	1	1	4	17
浏阳市	0	0	3	1	11	20	40	4	5	5	23	38	150
龙口市	7	1	5	6	1	2	4	13	19	9	0	0	67
龙门县	0	0	1	1	0	0	2	3	1	1	3	6	18
闽侯县	1	2	0	3	3	2	1	0	6	7	3	5	33
南安市	8	1	1	0	8	1	4	5	4	3	10	24	69
宁海县	1	7	0	4	1	1	0	2	1	27	1	2	47
沛县	0	0	0	8	6	1	0	14	3	14	5	35	86
彭州市	1	0	0	0	1	2	4	4	0	8	9	9	38
邳州市	3	2	0	4	5	2	1	1	8	11	4	30	71
平度市	0	1	5	1	2	3	6	3	7	6	0	5	39
平湖市	2	0	5	2	6	9	5	17	6	7	3	9	71

2-2 续表7　　　单位：宗

城市	1月	2月	3月	4月	5月	6月	7月	8月	9月	10月	11月	12月	合计
蒲江县	0	0	3	0	1	6	0	0	5	2	0	8	25
普宁市	0	1	3	1	3	0	0	0	4	2	3	7	24
启东市	2	1	4	4	4	7	11	5	7	6	2	19	72
潜江市	2	6	3	3	3	4	2	7	4	9	5	13	61
荣成市	11	2	7	1	26	9	7	1	14	5	0	7	90
如东县	5	2	5	0	4	1	6	1	2	4	2	9	41
瑞安市	0	2	12	2	7	2	7	4	4	10	3	8	61
嵊州市	4	1	6	2	2	3	8	20	6	12	2	1	67
太仓市	6	10	0	5	0	17	4	6	5	9	5	14	81
泰兴市	6	0	2	3	4	2	15	1	6	11	10	40	100
天门市	5	8	4	27	7	3	15	11	7	6	15	7	115
桐庐县	2	8	1	3	1	1	3	4	3	5	0	3	34
桐乡市	7	18	6	5	12	16	4	6	9	3	3	9	98
瓦房店市	1	3	11	1	1	4	1	4	24	2	4	4	60
文安县	7	0	21	0	0	7	1	12	2	0	4	0	54
文昌市	0	0	0	0	4	2	2	3	1	7	1	1	21
仙桃市	7	46	14	8	5	4	11	7	7	10	14	24	157
香河县	7	0	8	0	0	6	0	0	5	0	6	5	37
象山县	4	5	10	3	5	2	4	2	11	2	10	19	77
新沂市	10	4	5	15	4	1	5	8	3	14	6	4	79
兴化市	3	2	1	7	0	6	4	2	0	1	3	15	44
宜兴市	1	3	4	4	2	2	5	5	3	10	0	11	50
义乌市	4	2	7	8	20	19	35	31	31	64	63	19	303
永登县	4	4	2	1	2	3	5	7	2	5	7	4	46
余姚市	8	0	0	2	2	8	3	4	2	6	6	6	47
张家港市	10	3	4	15	11	16	6	8	5	5	6	27	116
诸暨市	1	14	0	2	18	13	4	5	25	0	12	25	119
庄河市	0	0	0	1	1	0	0	3	2	1	1	3	12

2-3　2022年全国300城土地成交建设用地面积统计

单位：万㎡

城市	1月	2月	3月	4月	5月	6月	7月	8月	9月	10月	11月	12月	合计
一线城市													
北京市	16.05	85.63	14.26	79.83	55.16	65.26	28.14	7.53	82.52	10.64	32.03	10.85	487.92
上海市	110.14	25.98	68.18	11.46	59.36	253.39	178.08	35.32	453.71	41.12	50.31	178.63	1465.68
广州市	16.06	50.15	19.82	15.47	164.34	38.60	79.35	83.58	35.96	228.07	51.33	206.70	989.41
深圳市	2.59	1.69	9.52	40.22	18.98	11.25	7.10	159.40	59.72	3.54	50.43	169.43	533.86
二线城市													
长春市	97.42	8.96	28.11	0	188.96	21.27	21.39	2.74	98.79	78.74	35.63	26.83	608.84
长沙市	15.17	9.10	43.45	119.26	34.79	5.67	162.18	5.89	29.42	0.48	122.38	105.60	653.40
成都市	99.39	33.12	104.83	149.08	75.66	119.27	276.90	163.79	25.26	284.05	150.60	275.63	1757.57
重庆市	145.80	80.41	94.05	28.98	79.73	23.90	152.60	36.07	106.89	32.67	233.07	112.15	1126.31
大连市	34.89	108.53	91.82	39.31	51.42	8.46	14.14	25.75	11.81	14.89	36.01	401.85	838.89
福州市	2.15	0	44.17	6.81	50.34	0	22.72	6.08	80.07	30.49	0.91	36.85	280.60
贵阳市	60.77	16.40	63.24	7.06	42.53	13.44	74.94	36.01	17.73	12.30	79.71	469.01	893.14
哈尔滨市	0	6.11	0	11.04	0	2.01	0	90.96	28.66	9.66	18.19	15.00	181.64
海口市	19.73	3.91	4.11	0.96	18.22	21.89	25.90	7.33	3.36	36.90	6.63	35.67	184.62
杭州市	23.68	128.92	20.04	269.81	44.07	268.24	35.23	85.69	194.36	87.74	44.66	138.02	1340.46
合肥市	122.18	23.54	137.60	0	88.42	176.33	30.80	77.49	217.58	48.18	21.10	84.62	1027.85
呼和浩特市	0	0	0	5.93	0	0	27.63	16.34	23.10	11.05	0	0	84.04
济南市	60.13	30.61	32.40	144.33	90.96	39.21	32.45	268.31	22.10	137.59	92.86	99.11	1050.05
昆明市	39.24	3.41	9.21	29.05	0.82	45.56	42.49	3.61	28.39	27.85	30.43	65.52	325.58
兰州市	18.50	0	0	8.71	7.05	15.25	0.42	3.80	1.04	1.26	10.20	0	66.24
南昌市	40.32	8.40	120.68	10.58	53.06	21.26	23.11	7.66	4.84	78.28	50.45	28.55	447.19
南京市	34.59	7.58	11.40	100.50	43.62	39.02	294.15	123.63	92.27	204.06	55.14	94.27	1100.22
南宁市	17.08	49.57	70.49	113.37	30.33	77.35	48.52	116.01	70.47	103.14	22.87	30.33	749.53
宁波市	161.26	20.31	14.99	181.15	15.98	143.01	35.42	6.89	54.91	16.70	24.25	74.59	749.47
青岛市	31.53	104.60	83.77	43.80	124.57	150.97	59.09	56.58	140.00	71.48	54.30	158.22	1078.91
三亚市	4.04	0	0	1.93	1.38	10.85	0	0	0	34.09	17.34	58.86	128.49
沈阳市	12.34	0	114.08	46.12	18.37	89.00	16.33	65.02	85.41	59.10	55.67	78.98	640.40
石家庄市	21.77	0.60	25.49	34.62	35.20	97.22	2.00	32.93	17.48	62.85	31.56	75.00	436.71
苏州市	93.27	40.24	31.94	26.86	122.58	197.27	33.42	53.40	42.65	181.89	9.12	124.74	957.39
太原市	35.80	2.55	0	0	0	37.14	29.65	35.38	10.08	0	3.50	18.11	172.20
天津市	62.43	24.14	29.82	127.01	100.31	49.48	130.72	110.90	76.23	177.47	41.13	202.83	1132.46
温州市	20.41	2.53	13.26	12.51	3.83	51.46	15.94	31.04	110.82	43.00	30.53	35.70	371.04
乌鲁木齐市	0	0	35.18	63.76	42.03	28.05	78.20	30.46	141.95	4.05	2.57	32.91	459.16
无锡市	75.19	0	0.35	55.18	98.36	14.38	165.49	82.99	114.39	98.51	158.98	39.77	903.59

2-3 续表1　　　单位：万㎡

城市	1月	2月	3月	4月	5月	6月	7月	8月	9月	10月	11月	12月	合计
武汉市	45.09	59.22	173.69	30.63	76.82	63.45	71.07	75.43	194.99	82.55	79.96	224.45	1177.37
西安市	47.14	10.63	52.23	148.88	25.88	268.31	63.49	242.40	147.95	147.36	256.90	199.30	1610.47
西宁市	0	0	1.84	5.60	24.43	14.64	1.39	1.05	0	5.54	6.70	0	61.17
厦门市	0	5.69	51.36	164.86	63.79	72.82	43.13	48.30	2.08	2.24	11.81	61.41	527.49
银川市	0	16.82	1.76	390.10	0.78	18.47	0	8.95	1.67	0	45.98	16.26	500.79
郑州市	11.72	0.35	9.87	51.62	1.00	68.81	12.42	295.75	67.62	8.91	123.92	307.03	959.03
三四线城市													
安康市	0.70	57.88	11.49	1.10	5.05	0	0	5.27	49.99	7.49	11.82	11.98	162.79
安庆市	75.63	44.36	2.16	23.27	45.34	12.41	0.91	14.48	16.17	16.07	32.24	59.53	342.58
安顺市	33.73	56.90	8.80	53.71	14.95	87.05	62.99	6.69	9.96	52.11	38.82	136.27	561.98
安阳市	6.40	0	0	20.81	1.50	1.22	9.28	0	10.85	32.07	3.21	0	85.34
鞍山市	2.74	0	8.66	3.24	8.97	0	0.66	0	1.06	0.47	4.27	0	30.08
百色市	25.32	6.94	48.09	0.61	23.04	3.74	0	33.98	23.75	5.61	0	11.76	182.83
包头市	10.70	84.82	10.57	8.24	97.24	138.12	114.95	117.13	71.56	62.18	15.08	261.05	991.65
宝鸡市	160.45	9.49	5.95	0	3.64	69.33	12.86	31.47	50.40	0	30.24	109.82	483.64
保定市	35.92	20.32	25.21	29.94	40.93	25.54	19.61	10.32	85.25	24.57	12.01	112.04	441.66
北海市	34.92	16.25	114.90	0	4.36	179.51	8.76	56.22	0.34	35.60	8.15	9.34	468.35
本溪市	0	1.42	3.74	1.37	0	0	0.58	0	2.07	0.48	65.47	3.40	78.53
蚌埠市	6.30	29.36	38.40	62.91	84.39	0	33.02	19.22	18.73	47.80	0	57.79	397.92
滨州市	37.66	0	17.15	14.89	0	13.03	31.15	6.53	43.58	108.55	27.04	141.53	441.11
沧州市	0.98	6.32	56.27	9.69	11.41	18.03	0.59	3.36	0	3.46	6.28	23.61	140.00
常德市	5.05	11.08	7.51	8.34	15.97	69.83	14.85	5.40	4.77	17.79	9.98	69.99	240.56
常州市	91.45	40.01	47.22	35.14	98.08	53.10	75.17	41.24	72.82	90.64	160.42	330.12	1135.40
朝阳市	0	0	4.96	3.57	0	26.96	7.30	0	0	0	1.16	14.10	58.05
潮州市	2.00	0	5.26	1.04	0.50	7.05	4.76	0	16.96	2.14	9.44	5.27	54.42
郴州市	16.83	10.41	8.24	5.64	10.05	4.34	38.73	23.62	23.09	9.94	42.54	152.94	346.36
承德市	1.62	0	0	11.63	0	6.61	0	0	0	0	0	20.27	40.13
池州市	33.27	3.35	4.47	3.81	13.48	10.07	0.28	49.76	0	19.32	2.00	53.40	193.21
崇左市	0.82	20.81	21.92	7.68	0.27	0	0	45.17	0	26.39	24.30	64.10	211.47
滁州市	19.55	148.08	122.48	70.44	20.47	72.97	80.79	28.78	153.46	32.13	58.59	176.28	984.01
大庆市	40.00	0	9.14	44.44	40.26	3.34	0	28.66	0	0	0	51.41	217.26
丹东市	0	0	3.38	0	0	0	0.80	0	0	0	2.31	2.68	9.16
德阳市	18.11	17.42	14.53	32.67	10.92	7.88	12.40	3.59	15.58	4.33	50.20	113.12	300.76
德州市	9.31	36.63	0	92.43	3.52	80.84	10.90	6.27	1.27	115.44	21.15	21.98	399.72
东莞市	4.79	11.53	20.25	9.72	29.00	52.53	29.69	59.38	19.40	27.47	66.27	124.11	454.14
东营市	40.89	10.34	52.31	79.78	33.87	30.80	22.59	38.00	148.32	97.32	420.53	2.53	977.29

2-3 续表2　　　　　　　　　　　　　　　　　　　　　　　　　　　　　　　　　　　　　　单位：万㎡

城市	1月	2月	3月	4月	5月	6月	7月	8月	9月	10月	11月	12月	合计
鄂尔多斯市	32.75	0	0	8.03	1.66	7.18	0	0	1.05	0	51.51	0.46	102.65
鄂州市	0.98	2.38	8.99	4.85	26.45	37.54	11.32	17.00	0	13.91	30.28	108.25	261.95
佛山市	65.38	52.53	57.80	30.68	113.56	60.81	142.27	84.19	106.66	40.34	30.63	209.26	994.13
抚顺市	0.14	0	0.48	4.93	5.17	3.42	0	2.94	7.67	0	0	21.80	46.56
阜新市	0.66	0	0	0	0	0	0	0	0	5.16	2.37	0	8.19
阜阳市	0	5.23	13.00	2.86	0.20	2.73	22.49	32.73	6.65	6.44	24.65	97.23	214.21
赣州市	65.39	36.72	129.76	27.52	36.10	37.56	126.38	20.93	40.73	56.01	84.15	149.56	810.81
广元市	0	29.71	0	9.24	20.03	44.95	13.97	0.18	25.63	41.07	30.30	75.05	290.13
贵港市	0.14	0	6.64	13.68	12.64	27.48	85.06	84.26	97.75	86.57	39.78	156.29	610.29
桂林市	15.74	1.46	0	0	1.38	2.00	3.63	22.74	47.44	7.81	7.06	20.16	129.42
邯郸市	5.15	29.53	118.87	14.88	26.83	22.49	2.03	57.52	27.12	33.61	88.65	86.65	513.33
河源市	0	0	3.25	1.47	0	0	1.17	32.72	0	23.45	9.58	4.70	76.33
菏泽市	71.59	74.15	9.93	22.40	102.04	51.27	43.06	82.17	95.21	83.67	79.44	54.63	769.56
鹤壁市	0	0	0	0	61.79	0	0	0	43.89	45.95	0	99.84	251.48
鹤岗市	0	0	0	0	1.23	0	26.98	0	0.30	0	0	1.61	30.13
衡水市	5.16	0.76	24.48	7.67	7.16	5.89	9.02	1.94	11.99	35.55	19.23	17.47	146.32
葫芦岛市	7.98	0	0	0	1.94	9.45	0	0	62.36	0.47	0	0	82.19
湖州市	12.76	97.25	17.16	27.07	71.23	71.88	13.43	76.34	26.64	56.69	47.24	91.93	609.61
怀化市	13.33	3.46	0	0	4.34	16.24	9.02	23.09	18.93	7.50	0	9.90	105.80
淮安市	172.16	41.64	26.68	6.41	114.48	30.94	48.07	95.25	65.82	192.00	253.98	59.74	1107.15
淮北市	0	8.42	0	32.60	11.38	70.72	9.40	26.77	18.88	57.26	78.53	70.92	384.88
淮南市	0.77	0	0	15.80	12.32	71.52	0	38.78	25.64	5.31	15.02	93.46	278.63
黄石市	9.24	2.67	3.12	2.81	0	0	32.12	0	3.38	28.75	4.30	63.12	149.51
惠州市	44.19	69.17	48.64	49.58	20.52	7.63	31.32	52.25	14.35	29.35	114.93	68.04	549.98
鸡西市	0	0	10.88	17.06	0	0	0	0	0	0	3.58	0	31.52
吉林市	0	54.21	14.71	0	0	3.48	1.57	0	38.99	11.17	29.48	0	153.60
济宁市	25.26	9.95	0	49.10	62.45	19.20	34.55	24.68	14.18	25.47	37.85	152.56	455.28
嘉兴市	48.69	45.23	15.70	3.86	57.67	11.11	22.03	30.15	21.68	16.43	57.86	42.24	372.67
江门市	13.15	14.69	40.11	7.84	11.35	35.56	35.20	35.76	7.37	51.28	58.17	75.01	385.49
焦作市	0	1.00	0	0	4.72	30.21	9.73	18.64	6.32	5.67	0	47.91	124.20
揭阳市	0	0	0	0	0	6.00	12.05	4.51	19.26	14.80	0	16.82	73.44
金华市	37.95	18.56	79.90	88.98	11.92	153.15	41.87	44.45	10.90	30.13	63.76	69.28	650.85
锦州市	10.85	27.71	26.30	16.11	1.32	9.21	15.94	4.37	3.20	1.32	1.92	21.68	139.93
荆门市	65.52	58.98	38.64	43.55	6.35	111.96	48.16	30.84	137.26	15.91	15.97	168.81	741.96
荆州市	21.12	11.58	0.60	43.70	56.80	2.00	25.11	29.93	186.43	11.05	38.78	106.78	533.89
景德镇市	31.62	0	0	17.33	39.95	1.86	46.87	0	0	50.46	16.33	110.91	315.33
九江市	0	16.06	13.93	15.24	47.19	27.64	14.03	152.02	10.68	103.63	49.72	47.16	497.31

2-3 续表3 单位：万㎡

城市	1月	2月	3月	4月	5月	6月	7月	8月	9月	10月	11月	12月	合计
开封市	4.83	40.09	3.21	27.60	170.62	28.79	33.12	99.19	25.46	6.78	43.67	348.78	832.14
拉萨市	0	0	0	0	0	0	0	0	0	0	0	0	0
廊坊市	14.15	22.02	0.80	31.70	0	66.29	2.32	14.49	10.20	40.73	8.38	34.22	245.30
乐山市	0	39.14	1.43	0.07	104.76	16.08	20.85	4.40	28.10	152.31	46.42	46.30	459.84
丽江市	0	0.38	0	0	0	25.83	27.26	5.23	0	0	0.99	4.23	63.92
丽水市	27.06	5.39	19.30	4.64	12.77	25.85	21.14	10.35	0.72	5.62	45.23	40.55	218.61
连云港市	3.60	1.44	15.94	219.44	24.02	88.79	802.33	97.85	32.87	39.75	15.37	241.01	1582.42
聊城市	9.32	22.58	18.02	30.63	49.06	13.31	9.10	78.45	6.08	14.32	11.48	55.53	317.88
临沂市	21.68	11.76	15.08	14.10	10.49	68.19	10.79	32.55	9.61	18.24	97.70	20.23	330.42
柳州市	10.37	3.05	1.14	16.40	39.21	124.90	22.25	14.32	103.90	80.06	328.00	78.27	821.86
六盘水市	94.43	5.80	23.14	4.86	48.48	1.63	43.71	5.21	3.04	39.29	49.64	208.04	527.28
龙岩市	0	4.30	5.87	18.54	6.32	16.80	20.37	19.01	46.79	2.57	34.02	55.31	229.91
泸州市	2.01	0	0.22	3.33	33.72	0	32.46	6.88	17.85	18.94	0.93	15.86	132.19
六安市	61.42	8.38	71.03	18.72	104.41	46.63	13.38	67.00	30.22	31.70	66.33	30.11	549.34
洛阳市	56.48	6.31	23.82	29.34	10.98	10.48	22.98	44.19	110.34	21.61	49.36	55.20	441.09
漯河市	12.18	7.58	0	0	13.38	2.79	36.49	3.42	127.29	8.59	35.93	99.93	347.58
马鞍山市	41.52	0.93	18.87	7.68	10.91	10.16	21.34	0	36.57	18.38	47.74	33.56	247.65
茂名市	7.57	7.05	2.06	0.65	0	12.28	29.33	7.42	40.71	121.13	7.41	27.33	262.93
眉山市	35.77	54.59	1.98	53.95	121.67	29.16	188.53	99.33	54.49	56.50	143.05	130.70	969.73
梅州市	0	0	0	0	57.26	0	8.75	0	11.31	10.00	11.28	16.64	115.25
绵阳市	9.05	13.90	19.67	21.17	2.89	75.60	9.18	29.74	37.46	60.31	11.16	137.75	427.86
牡丹江市	2.07	0	0	0	8.28	0	4.44	0	0	0	0	0	14.79
南充市	7.79	30.43	1.47	1.41	1.27	71.79	25.72	18.36	44.74	103.73	46.02	127.09	479.81
南平市	0	1.88	2.29	3.73	22.77	7.73	9.77	6.32	23.03	5.09	51.65	143.54	277.80
南通市	96.58	14.14	21.21	96.07	29.38	23.72	249.28	51.90	28.41	38.31	102.69	495.99	1247.68
南阳市	31.71	5.08	11.94	7.16	19.66	30.33	21.89	43.60	39.31	26.50	23.80	77.96	338.93
内江市	15.71	20.00	0	1.94	29.84	28.16	19.42	0	4.14	1.87	57.08	115.13	293.29
宁德市	4.80	2.44	0	0	26.82	0	7.50	0	5.76	0	9.79	2.62	59.71
攀枝花市	0	3.60	0	0	1.31	68.55	6.62	1.92	0	5.70	9.16	141.17	238.03
平顶山市	10.18	6.72	0	0	0	19.26	0	0.44	3.74	0	7.38	32.34	80.06
萍乡市	9.93	4.27	0	10.94	5.25	38.54	0	0	12.08	21.57	2.01	100.84	205.43
莆田市	4.12	2.40	8.05	0	19.24	55.06	1.36	22.63	13.49	31.63	43.67	10.22	211.86
濮阳市	28.09	13.39	34.31	6.67	0	17.78	13.79	0	33.49	8.70	17.38	0	173.62
普洱市	0.98	19.92	0	0.15	0	11.33	0.96	0	2.43	7.62	4.70	0	48.11
齐齐哈尔市	0.67	0	1.87	0	0	0.96	2.45	2.02	0	13.11	3.17	0	24.25
钦州市	67.49	8.10	39.69	42.51	31.25	0	18.85	12.20	1.70	107.99	74.82	301.23	705.82
秦皇岛市	51.32	5.81	7.68	6.30	16.24	10.80	10.35	11.90	30.22	25.00	15.12	76.21	266.93
清远市	21.98	27.36	8.37	8.05	13.98	7.87	29.19	3.14	16.31	30.65	15.53	9.11	191.52

2-3 续表4　　　　　　　　　　　　　　　　　　　　　　　　　　　　　　　　　　　　　单位：万㎡

城市	1月	2月	3月	4月	5月	6月	7月	8月	9月	10月	11月	12月	合计
衢州市	45.30	13.18	20.76	29.49	84.65	24.94	169.90	80.62	42.63	17.67	72.06	61.81	663.01
曲靖市	48.64	0	3.08	0	82.55	16.02	238.37	83.62	53.87	27.59	195.16	20.14	769.02
泉州市	6.85	0	0	0	0	16.88	95.84	61.86	77.70	13.70	5.76	31.22	309.82
日照市	3.28	0	18.55	39.22	7.90	32.24	53.17	37.47	18.03	31.74	94.32	178.64	514.57
三明市	3.36	43.89	9.89	13.12	8.24	4.57	14.69	9.08	22.30	21.34	6.65	23.59	180.74
汕头市	5.61	2.67	10.89	14.65	11.76	11.38	3.33	17.37	15.45	7.34	16.82	21.58	138.84
汕尾市	0	0	0	1.04	0	0	0	3.88	0	0	0	1.11	6.03
商洛市	0	0	7.44	4.05	0	7.80	10.12	0	0	0	0	45.15	74.56
商丘市	23.40	0	4.87	8.60	22.85	3.06	72.71	2.09	10.44	40.16	5.96	62.86	256.99
上饶市	20.44	40.85	47.57	81.73	73.29	25.96	57.36	40.53	53.80	49.74	58.40	91.54	641.22
韶关市	0	29.74	29.16	17.07	1.99	7.46	0	53.38	21.59	30.93	0	13.61	204.93
绍兴市	3.27	65.29	41.69	52.90	152.28	43.63	25.42	114.82	40.29	23.64	58.59	129.45	751.28
十堰市	11.42	0	44.51	3.92	16.94	67.85	25.37	27.56	5.03	76.51	38.58	88.99	406.68
朔州市	0	0	0	2.13	2.43	0	88.72	11.49	54.90	32.03	58.02	3.62	253.35
松原市	0	40.65	8.72	0	6.77	0	8.46	0.43	12.72	22.99	3.49	10.60	114.83
随州市	6.96	43.80	7.35	4.18	44.82	6.59	36.63	40.61	1.71	26.12	1.97	41.46	262.20
台州市	9.73	23.78	34.15	39.62	0	60.88	5.92	0	57.46	21.81	14.31	41.29	308.96
泰安市	46.79	9.24	5.34	10.18	14.38	0	19.55	36.28	23.11	41.83	66.89	37.34	310.93
泰州市	54.71	11.34	14.81	11.99	12.09	27.58	44.24	35.09	2.18	43.37	20.09	198.20	475.69
唐山市	32.41	43.14	47.48	30.14	45.56	220.12	38.67	83.51	49.98	44.95	694.18	122.02	1452.16
铁岭市	0	0	0	0	2.64	0	0	0.08	0	0	0	0	2.72
通化市	23.29	0	0	0.57	1.20	8.67	0	4.63	6.43	0	0	0	44.81
威海市	102.05	24.98	26.05	31.19	35.85	29.64	107.66	58.21	47.68	85.26	66.42	93.72	708.70
潍坊市	164.45	22.68	68.32	5.00	14.84	46.84	105.12	128.68	148.97	105.82	148.20	154.15	1113.05
乌兰察布市	0	0	0	0	0	14.73	0	0.07	0	0	17.39	0	32.19
芜湖市	22.31	61.50	66.84	187.68	209.61	168.64	53.29	107.56	54.34	93.42	158.09	148.28	1331.55
咸阳市	20.58	0	25.32	9.55	29.25	4.28	23.97	0	9.02	0	71.47	16.41	209.85
湘潭市	29.83	6.26	20.04	10.85	9.04	52.29	15.61	13.17	36.27	21.67	36.80	9.39	261.22
襄阳市	8.88	96.23	8.26	10.61	31.85	42.98	20.07	19.71	41.72	9.31	27.69	18.13	335.45
新乡市	0	2.41	7.44	33.68	11.78	23.92	6.79	20.79	17.88	42.23	22.42	8.86	198.21
信阳市	2.24	36.78	1.43	8.71	34.73	16.78	3.32	42.54	0	25.62	27.57	15.98	215.70
宿迁市	160.16	37.07	10.37	32.29	26.88	119.95	49.21	27.36	151.55	24.32	73.30	171.66	884.12
宿州市	29.49	0	91.90	1.12	110.32	52.56	27.03	0	35.29	177.14	14.25	88.42	627.54
徐州市	68.17	38.58	154.04	53.97	100.57	24.58	30.43	63.71	47.33	248.53	35.81	226.58	1092.31
宣城市	8.02	13.32	41.85	23.29	40.80	16.99	63.73	13.92	77.49	62.59	19.86	61.39	443.25
烟台市	77.12	45.73	18.88	63.20	29.54	45.83	4.07	18.98	22.75	254.42	66.31	166.84	813.67
盐城市	82.36	8.17	28.92	6.99	50.61	35.26	19.20	14.37	69.48	16.75	143.52	298.38	774.00

2-3 续表5　　　单位：万㎡

城市	1月	2月	3月	4月	5月	6月	7月	8月	9月	10月	11月	12月	合计
扬州市	51.83	71.42	3.64	16.12	22.93	32.46	61.26	21.26	27.96	96.16	108.41	251.41	764.87
阳江市	4.80	0	1.46	0	17.26	34.43	2.95	11.95	7.00	9.56	74.86	92.01	256.26
伊春市	0	0	0	0.82	0	1.33	0	5.61	0	0	0	3.01	10.78
宜宾市	0.45	0	0	19.54	32.21	20.52	70.03	153.40	19.35	133.95	104.06	222.37	775.88
宜昌市	63.12	6.66	41.19	11.28	41.04	82.83	61.53	38.91	62.77	87.94	110.28	80.72	688.26
宜春市	0	1.31	1.50	22.33	16.25	5.91	0.75	53.61	22.52	2.36	149.00	20.54	296.08
鹰潭市	29.15	0.67	0	29.27	21.19	25.09	0.84	37.26	7.57	14.81	12.39	26.16	204.39
营口市	22.20	5.46	19.48	0	0	0	0.82	5.92	89.59	48.90	3.33	0	195.70
玉溪市	3.67	17.24	19.80	1.33	34.56	37.82	8.86	35.75	7.19	2.18	1.66	47.61	217.67
岳阳市	11.23	2.57	0.70	29.74	24.62	61.59	8.50	16.73	123.15	54.60	35.09	128.29	496.79
云浮市	0	0	1.80	10.28	0	1.02	14.01	0	0.31	2.09	37.09	7.17	73.78
湛江市	0	2.29	1.33	0	0.26	12.97	5.96	72.71	3.48	22.94	14.25	26.30	162.49
张家界市	0	0.35	0	0	0	0	32.01	0	1.91	0	110.55	13.25	158.07
漳州市	30.71	11.54	11.33	56.72	23.00	0	46.59	96.74	54.96	10.35	28.30	38.41	408.66
肇庆市	8.74	7.97	72.08	18.96	57.72	35.98	57.42	14.21	12.23	13.46	14.01	61.23	374.01
镇江市	0	0	9.92	0	20.62	16.73	5.80	25.98	16.12	45.00	16.74	68.65	225.57
中山市	25.83	34.59	11.71	25.73	2.62	13.49	19.14	16.73	13.11	4.98	26.30	23.97	218.20
舟山市	0.12	6.06	5.54	1.69	7.03	11.77	34.82	95.62	8.31	64.94	12.70	86.61	335.21
珠海市	4.04	13.98	41.88	14.43	68.68	59.45	176.81	26.58	104.87	40.73	98.57	93.61	743.62
株洲市	35.50	20.54	1.06	1.37	25.24	95.37	25.54	34.64	133.99	21.43	117.02	185.03	696.71
淄博市	53.14	65.70	19.23	49.60	94.21	71.57	46.19	46.13	27.65	34.99	51.51	180.02	739.95
自贡市	9.55	0	19.84	7.23	15.77	9.24	16.06	11.92	11.56	94.39	50.35	76.15	322.06
遵义市	68.92	85.61	49.83	135.12	23.14	14.28	124.21	39.09	0	61.34	48.49	120.71	770.72

县及县级市

城市	1月	2月	3月	4月	5月	6月	7月	8月	9月	10月	11月	12月	合计
保亭黎族苗族自治县	0	0	0	1.35	2.00	1.47	0	0	16.45	14.28	6.62	0	42.16
滨海县	22.33	97.75	8.89	30.27	19.69	54.60	0	12.33	21.98	12.86	55.36	35.02	371.05
常熟市	61.21	1.79	2.97	5.59	18.96	0	39.19	4.66	41.96	28.68	18.37	41.19	264.57
长沙县	29.80	7.07	21.08	17.40	8.03	16.86	22.97	14.87	22.47	18.82	34.83	36.17	250.39
长兴县	10.36	22.53	47.68	19.64	21.62	33.06	25.83	25.86	44.35	12.86	30.85	57.76	352.38
崇州市	18.94	2.00	0	0	9.28	0	25.37	3.88	0	16.02	26.26	14.25	116.00
淳安县	0	0.27	14.77	1.32	0.22	1.88	2.87	0	0.78	3.39	0.61	2.23	28.33
慈溪市	22.25	55.40	0.49	0.40	65.90	118.78	30.67	63.97	18.79	61.05	23.40	28.34	489.43
丹阳市	39.05	0	9.53	17.39	42.01	35.62	13.12	15.52	0.25	5.20	23.32	19.01	220.02
当涂县	3.36	0	31.98	18.75	26.54	5.22	34.41	24.48	4.69	23.71	8.61	43.54	225.29
德清县	14.61	54.10	5.84	14.76	14.58	41.82	43.43	31.82	8.48	30.58	13.89	12.51	286.42
东港市	7.72	0	5.98	3.25	0	5.30	0	16.15	0	13.89	6.83	17.18	76.32

2-3 续表6 单位：万㎡

城市	1月	2月	3月	4月	5月	6月	7月	8月	9月	10月	11月	12月	合计
东台市	13.87	19.88	0	11.49	7.22	29.39	12.38	40.59	15.57	31.63	41.57	28.08	251.68
都江堰市	0	0	0	0	0.39	0.90	0	3.52	0	1.12	22.06	42.20	70.19
恩施土家族苗族自治州	17.95	49.22	0	14.00	0.59	1.82	11.58	19.43	30.63	17.07	10.37	25.00	197.66
肥东县	0	18.34	10.39	9.04	46.35	74.36	193.38	38.41	11.25	58.21	27.32	47.87	534.89
肥西县	27.43	61.48	26.84	9.07	57.49	60.96	14.45	95.87	1.99	32.45	118.45	62.30	568.78
盖州市	0	0	8.25	0	0	1.71	0	3.21	11.57	0	4.38	0	29.11
高碑店市	0	0	0	0	10.50	1.46	2.11	16.52	2.82	0	1.88	2.03	37.33
固安县	1.33	0	49.78	7.66	0.82	0	3.48	12.19	25.80	3.86	13.67	5.23	123.82
海安市	22.92	6.14	12.36	15.80	34.81	4.27	4.47	6.73	11.99	38.66	4.93	55.51	218.57
海宁市	18.57	28.17	35.61	25.88	6.85	24.32	16.03	5.55	3.59	14.64	75.57	46.73	301.50
海盐县	0.46	1.19	6.83	14.72	1.27	23.67	0.74	17.81	4.10	14.57	16.67	41.14	143.18
惠安县	15.00	2.03	0	6.83	0	6.70	2.23	0	2.31	18.29	9.29	22.83	85.51
惠东县	72.28	0	0	0	0	0.40	1.61	5.72	31.02	30.36	0.43	16.15	157.97
嘉善县	10.14	9.36	2.90	3.96	18.83	18.88	9.66	23.82	26.42	30.88	12.49	29.93	197.27
建德市	27.25	15.09	16.05	4.00	6.32	6.32	7.07	2.30	4.91	3.23	0.39	22.34	115.27
建湖县	9.39	7.03	2.66	0	0.92	8.52	11.16	5.99	0	21.64	47.14	24.45	138.89
江阴市	5.95	0	22.83	0	0	9.88	32.18	4.85	10.67	9.92	56.69	50.20	203.17
胶州市	58.45	20.10	20.50	36.31	19.13	7.02	40.89	39.47	54.86	0.28	0.28	49.81	347.09
晋江市	20.98	10.74	7.30	11.79	20.89	16.91	7.10	18.43	37.47	26.91	34.47	59.82	272.80
靖江市	0	38.34	0	0	0	22.39	1.82	22.37	4.39	39.29	23.97	22.09	174.66
昆山市	3.23	5.72	0	5.15	5.54	2.72	22.11	10.49	23.53	34.95	34.50	48.90	196.82
莱西市	7.63	15.60	0	7.74	7.90	4.41	8.51	0	26.13	0	0	4.79	82.69
莱州市	2.00	0.37	11.20	8.20	32.87	19.71	6.99	1.22	5.90	2.74	0	71.47	162.66
临海市	16.29	6.89	5.33	16.50	15.74	31.93	39.46	3.45	149.80	77.03	13.33	37.85	413.61
陵水黎族自治县	0	7.33	0	0	3.77	0	5.42	15.46	0	0.46	3.91	2.78	39.12
浏阳市	0	0	8.94	5.42	17.10	51.07	104.45	8.20	3.05	23.00	53.47	232.85	507.57
龙口市	89.21	102.98	358.11	12.87	1.28	8.01	47.68	107.83	141.67	78.43	0	0	948.08
龙门县	0	0	0.17	0.10	0	0	12.73	4.47	0.33	1.66	4.21	10.11	33.77
闽侯县	1.33	6.23	0	6.70	14.53	6.09	4.76	0	9.46	31.05	3.40	12.36	95.91
南安市	21.20	9.39	10.08	0	16.29	5.06	5.52	19.54	6.09	9.85	14.99	66.83	184.83
宁海县	2.37	12.06	0	25.69	4.46	6.87	0	53.56	3.33	79.17	0.05	3.71	191.29
沛县	0	0	0	9.75	20.73	1.08	0	34.00	13.18	39.09	11.58	137.15	266.56
彭州市	6.44	0	0	0	0.66	5.73	23.55	17.77	0	25.45	43.34	29.98	152.92
邳州市	56.71	0.96	0	39.87	18.15	4.86	4.22	2.06	35.21	45.42	22.75	179.47	409.67
平度市	0	1.91	41.01	16.47	5.79	6.41	11.97	8.63	25.96	18.95	0	17.05	154.16
平湖市	0.17	0	9.57	2.00	17.25	26.16	35.29	41.96	9.49	10.30	5.04	28.45	185.68
蒲江县	0	0	6.37	0	12.38	12.75	0	0	13.94	5.73	0	29.05	80.23

2-3 续表7 单位：万㎡

城市	1月	2月	3月	4月	5月	6月	7月	8月	9月	10月	11月	12月	合计
普宁市	0	1.07	5.67	6.13	1.45	0	0	0	8.91	31.76	1.33	9.19	65.51
启东市	14.67	35.19	36.08	9.67	11.20	34.17	59.19	11.97	18.72	66.42	8.13	119.61	425.02
潜江市	18.33	32.60	17.71	11.16	11.39	24.15	4.84	49.63	22.86	46.01	30.02	49.26	317.96
荣成市	11.81	7.16	15.06	1.32	50.25	14.13	12.56	5.07	18.33	8.72	0	12.00	156.41
如东县	38.41	4.39	15.86	0	38.31	24.45	53.48	0.91	4.65	24.55	2.87	56.72	264.60
瑞安市	0	2.03	21.26	4.52	17.04	5.42	10.32	4.28	13.07	12.92	2.39	15.47	108.72
嵊州市	4.69	10.71	23.67	8.15	0.88	24.10	21.39	63.82	22.48	26.12	0.39	9.93	216.35
太仓市	28.88	37.13	0	17.37	0	52.43	6.81	11.08	17.37	28.13	24.73	42.02	265.95
泰兴市	20.15	0	22.55	6.31	8.50	3.55	40.60	0.60	16.03	18.66	22.81	161.93	321.70
天门市	6.51	14.48	20.54	97.02	16.50	16.41	36.74	24.14	14.95	13.36	34.17	5.09	299.92
桐庐县	8.36	14.91	3.35	2.27	0.50	2.45	35.10	21.60	4.19	11.61	0	16.75	121.09
桐乡市	25.95	32.16	14.50	16.98	23.24	47.48	5.54	16.98	25.34	10.21	1.46	58.08	277.92
瓦房店市	1.15	8.57	57.14	2.95	2.66	19.94	4.03	4.19	116.47	5.46	10.38	34.38	267.30
文安县	1.63	0	40.80	0	0	32.92	12.69	43.52	9.36	0	6.46	0	147.39
文昌市	0	0	0	0	9.02	7.12	1.78	13.93	0.53	9.17	0.65	2.89	45.10
仙桃市	21.46	52.15	44.39	7.72	4.03	60.90	38.84	11.70	44.35	51.71	43.82	42.74	423.80
香河县	11.96	0	14.49	0	0	12.87	0	0	13.80	0	20.80	7.49	81.41
象山县	5.40	14.91	11.62	2.72	8.34	5.07	9.46	1.36	26.10	3.29	33.78	70.81	192.86
新沂市	28.95	29.03	28.90	60.73	5.00	1.44	24.64	15.66	1.48	107.47	22.01	20.65	345.98
兴化市	8.48	3.14	0.23	2.25	0	15.73	4.60	9.73	0	0.51	6.01	59.27	109.95
宜兴市	0.72	17.36	8.04	15.60	0.28	23.51	24.66	19.66	3.96	33.13	0	37.47	184.38
义乌市	17.50	4.30	53.57	40.70	22.73	52.36	53.91	16.25	8.04	22.55	74.55	162.31	528.78
永登县	21.41	33.28	26.87	13.33	6.84	1.96	67.49	45.40	2.86	20.24	20.02	14.46	274.18
余姚市	8.77	0	0	2.76	5.94	19.60	19.14	8.62	4.04	9.58	24.80	22.05	125.31
张家港市	22.62	3.13	24.27	59.37	24.58	55.70	26.58	11.66	20.90	5.22	26.44	80.65	361.12
诸暨市	0.18	6.01	0	6.69	18.23	5.11	10.44	12.13	18.20	0	1.90	66.36	145.24
庄河市	0	0	0	5.71	1.39	0	0	3.68	3.54	0.56	0.63	16.15	31.66

2-4　2022年全国300城土地成交规划建筑面积统计

单位：万㎡

城市	1月	2月	3月	4月	5月	6月	7月	8月	9月	10月	11月	12月	合计
一线城市													
北京市	32.45	171.48	24.11	79.86	108.06	107.66	42.03	18.01	157.83	21.55	58.03	20.61	841.68
上海市	253.70	53.25	153.59	29.52	157.76	529.70	374.80	71.25	805.02	121.29	107.38	402.74	3059.99
广州市	55.54	159.50	73.14	62.23	500.22	150.43	228.60	279.18	130.32	763.90	158.44	724.62	3286.13
深圳市	12.28	7.76	47.04	159.13	63.04	66.14	32.23	422.43	153.31	13.18	184.54	400.15	1561.24
二线城市													
长春市	78.17	8.35	19.68	0	138.99	15.12	15.20	2.49	104.43	65.90	43.03	22.44	513.79
长沙市	28.90	16.44	84.85	328.15	83.18	15.70	384.38	9.51	93.01	0.97	301.25	253.68	1600.02
成都市	253.01	96.76	280.57	356.68	197.68	257.57	669.03	420.71	75.79	541.01	479.29	716.86	4344.94
重庆市	138.95	114.73	152.06	30.93	62.56	31.30	266.74	31.50	99.87	29.96	202.28	204.57	1365.45
大连市	39.13	110.17	86.40	56.94	58.69	12.95	18.36	19.79	16.54	28.85	53.15	532.01	1032.98
福州市	6.32	0	90.84	17.03	102.33	0	54.50	16.20	190.47	33.44	1.63	96.85	609.63
贵阳市	151.41	46.46	158.11	16.46	110.36	35.97	161.87	85.51	53.18	36.90	180.98	1223.78	2261.00
哈尔滨市	0	6.66	0	15.90	0	1.69	0	107.25	27.10	8.87	15.55	16.64	199.66
海口市	45.37	8.59	8.98	1.10	28.46	48.74	50.34	10.66	3.36	101.17	14.30	74.12	395.19
杭州市	72.70	354.64	49.53	620.32	120.49	595.37	103.86	241.26	429.11	204.68	101.65	378.26	3271.88
合肥市	142.41	44.74	266.23	0	131.05	358.46	46.38	122.41	458.19	70.73	32.26	175.16	1848.02
呼和浩特市	0	0	0	11.80	0	0	24.30	25.76	41.51	14.96	0	0	118.33
济南市	50.35	28.82	55.70	245.68	208.13	61.02	53.44	327.86	27.40	268.80	115.47	246.38	1689.03
昆明市	91.64	5.26	33.35	28.17	1.24	128.86	134.89	9.70	50.42	92.35	27.75	94.83	698.47
兰州市	63.10	0	0	16.75	14.69	37.46	0.18	15.21	0.73	3.67	9.09	0	160.87
南昌市	62.92	25.19	241.32	12.64	113.98	32.94	35.49	11.80	7.28	168.14	98.34	37.74	847.79
南京市	71.17	18.64	47.37	212.21	119.64	70.81	590.79	273.66	208.93	410.30	129.61	184.27	2337.39
南宁市	48.92	130.79	166.84	230.47	79.14	189.93	114.85	236.75	168.19	203.94	50.69	88.53	1709.04
宁波市	380.85	38.00	29.93	387.65	36.62	357.44	106.80	16.56	122.88	50.09	56.56	186.73	1770.11
青岛市	42.08	122.15	167.03	68.44	194.52	285.60	84.25	112.62	286.09	107.25	70.98	324.15	1865.17
三亚市	8.08	0	0	5.60	3.86	8.68	0	0	0	36.76	38.21	82.62	183.80
沈阳市	14.81	0	117.37	46.29	10.47	94.92	15.16	61.70	149.43	86.18	77.63	85.16	759.12
石家庄市	58.02	1.49	71.73	78.91	114.30	239.13	5.00	89.84	48.34	174.96	93.20	192.63	1167.55
苏州市	247.54	116.25	85.38	54.30	251.58	436.16	85.84	156.00	86.58	439.78	25.19	287.54	2272.16
太原市	96.40	3.49	0	0	0	69.92	80.07	84.05	40.42	0	8.75	48.19	431.29
天津市	107.66	40.72	33.91	172.39	67.58	77.73	112.66	189.86	172.04	278.22	62.39	275.86	1591.06
温州市	54.75	4.25	37.48	34.48	9.95	143.23	36.66	72.80	277.78	96.87	92.99	111.65	972.88
乌鲁木齐市	0	0	45.13	54.60	42.26	45.73	79.25	47.49	205.47	3.87	7.71	47.97	579.46

2-4 续表1
单位：万㎡

城市	1月	2月	3月	4月	5月	6月	7月	8月	9月	10月	11月	12月	合计
无锡市	167.05	0	0.35	106.90	173.94	21.71	270.83	157.06	198.71	192.41	296.29	83.70	1668.94
武汉市	74.57	87.95	289.55	59.30	96.58	137.70	95.65	109.26	462.57	97.11	117.89	405.03	2033.16
西安市	139.30	26.01	111.96	302.76	51.72	662.57	129.49	569.84	311.74	400.46	579.05	507.04	3791.92
西宁市	0	0	2.53	11.23	82.47	25.76	2.63	0.60	0	14.96	19.42	0	159.60
厦门市	0	20.35	147.63	480.32	203.81	222.22	129.50	142.41	6.23	6.71	33.51	175.10	1567.78
银川市	0	20.75	3.52	766.52	1.17	31.67	0	22.37	3.33	0	96.30	21.48	967.11
郑州市	20.35	0.17	29.60	141.19	3.00	209.75	28.73	859.20	190.81	27.37	368.88	863.76	2742.80
三四线城市													
安康市	0.84	131.52	34.32	1.10	4.13	0	0	7.34	85.36	22.52	20.55	19.48	327.16
安庆市	75.63	43.36	3.06	24.51	66.08	12.41	0.46	15.77	16.92	23.89	51.22	59.00	392.32
安顺市	31.01	90.49	7.22	56.94	24.62	102.55	85.78	10.80	12.72	72.29	39.51	205.90	739.83
安阳市	16.00	0	0	46.88	2.56	0.61	16.73	0	22.57	65.95	4.43	0	175.73
鞍山市	3.91	0	16.20	7.12	13.46	0	1.52	0	1.59	0.33	10.53	0	54.65
百色市	42.37	4.85	92.22	1.21	39.90	4.75	0	45.88	53.47	3.37	0	23.52	311.55
包头市	19.61	77.49	7.80	5.68	71.24	90.94	81.31	86.90	52.82	46.19	10.80	189.52	740.30
宝鸡市	222.41	37.43	5.95	0	15.38	98.84	29.55	55.84	59.47	0	30.24	177.20	732.31
保定市	77.58	48.36	38.34	30.84	119.67	50.24	41.61	20.58	224.08	59.22	35.00	293.18	1038.70
北海市	51.36	29.25	206.81	0	7.84	328.36	21.91	104.85	0.50	65.15	17.74	23.34	857.12
本溪市	0	0.57	2.62	1.92	0	0	0.46	0	3.00	0.14	118.32	3.06	130.09
蚌埠市	5.24	29.36	38.42	58.12	94.59	0	46.22	12.76	21.94	62.06	0	66.33	435.05
滨州市	38.49	0	14.34	17.11	0	18.66	45.87	7.24	52.22	86.47	25.29	261.67	567.38
沧州市	0.78	13.62	79.71	24.24	16.31	35.18	1.53	4.70	0	6.25	15.41	51.93	249.67
常德市	13.62	16.30	15.32	10.05	31.96	82.31	24.65	8.43	7.13	29.50	19.00	117.68	375.96
常州市	198.72	75.32	103.85	82.56	202.03	124.14	195.67	100.20	170.74	183.14	302.00	685.07	2423.43
朝阳市	0	0	7.01	1.90	0	35.29	11.52	0	0	0	0.52	19.00	75.24
潮州市	8.00	0	23.68	1.36	1.50	28.18	15.21	0	70.73	9.62	37.46	23.71	219.44
郴州市	36.29	12.50	11.94	10.46	10.45	6.77	59.20	45.72	36.19	15.59	88.63	210.12	543.86
承德市	3.23	0	0	6.39	0	8.04	0	0	0	0	0	23.73	41.39
池州市	39.28	4.02	5.06	4.69	20.13	9.61	0.38	73.84	0	19.18	3.60	65.67	245.45
崇左市	0.82	37.56	17.54	2.30	0.27	0	0	42.26	0	29.16	32.69	57.39	219.99
滁州市	22.66	176.11	144.05	91.96	37.48	100.27	95.95	42.63	184.39	39.74	82.22	291.22	1308.68
大庆市	39.20	0	9.14	33.22	28.99	0.52	0	17.20	0	0	0	37.62	165.88
丹东市	0	0	5.06	0	0	0	1.75	0	0	0	2.24	2.68	11.74
德阳市	17.57	17.42	13.61	32.17	18.45	15.89	33.49	8.42	17.49	3.03	56.88	254.63	489.05
德州市	8.01	36.63	0	92.43	3.52	82.67	17.72	6.27	1.52	172.26	26.48	39.25	486.77

2-4 续表2　　　　　　　　　　　　　　　　　　　　　　　　　　　　　　　　　　　　　　　单位：万㎡

城市	1月	2月	3月	4月	5月	6月	7月	8月	9月	10月	11月	12月	合计
东莞市	15.69	34.48	61.79	32.42	74.13	118.39	97.72	191.53	65.27	87.41	196.39	324.30	1299.54
东营市	58.00	11.86	73.78	55.87	49.05	26.94	27.76	45.22	153.75	94.93	357.00	2.02	956.18
鄂尔多斯市	39.31	0	0	19.88	0.05	5.03	0	0	2.61	0	60.32	0.09	127.30
鄂州市	4.72	5.48	12.64	5.98	63.57	74.96	12.65	28.10	0	14.64	74.74	141.70	439.19
佛山市	212.67	167.13	177.36	89.19	371.34	257.92	469.71	297.57	335.12	121.72	105.36	728.29	3333.37
抚顺市	0.09	0	0.48	3.76	3.10	2.39	0	4.61	5.89	0	0	26.24	46.56
阜新市	0.33	0	0	0	0	0	0	0	0	5.06	1.89	0	7.28
阜阳市	0	5.80	15.15	4.29	0.23	3.27	37.64	41.83	7.98	12.88	51.48	132.52	313.09
赣州市	149.68	78.52	296.00	73.05	72.77	59.85	253.67	41.82	86.68	108.50	169.44	342.75	1732.72
广元市	0	37.92	0	13.86	24.65	53.71	16.77	0.32	56.61	89.96	47.08	117.07	457.92
贵港市	0.13	0	3.72	15.63	14.62	30.56	91.91	474.38	82.65	103.72	39.30	164.85	1021.48
桂林市	27.67	3.50	0	0	1.10	1.80	10.89	35.68	67.50	14.44	13.51	29.52	205.62
邯郸市	9.84	48.28	115.99	21.36	65.75	21.87	2.03	86.49	35.93	54.60	164.84	119.96	746.92
河源市	0	0	7.87	5.87	0	0	4.67	37.09	0	23.42	27.15	5.51	111.58
菏泽市	180.79	171.16	10.38	50.68	205.94	88.41	62.60	127.94	155.51	170.68	160.31	83.54	1467.93
鹤壁市	0	0	0	0	65.74	0	0	0	50.22	26.32	0	83.87	226.15
鹤岗市	0	0	0	0	0.87	0	26.91	0	0.30	0	0	0.80	28.88
衡水市	10.32	0.76	43.28	7.67	7.16	5.89	12.17	3.42	19.65	60.11	33.28	30.02	233.72
葫芦岛市	15.55	0	0	0	1.89	6.94	0	0	38.03	0.23	0	0	62.64
湖州市	21.00	166.19	28.80	41.79	115.64	127.56	23.32	141.49	46.79	89.40	87.63	183.93	1073.54
怀化市	15.35	7.09	0	0	3.36	42.69	15.66	58.18	35.93	16.05	0	23.42	217.74
淮安市	285.61	63.59	49.67	16.36	150.22	46.93	57.08	131.23	82.39	314.55	500.49	81.11	1779.24
淮北市	0	8.42	0	44.94	15.08	101.45	12.50	28.11	19.20	109.22	103.02	115.28	557.22
淮南市	1.16	0	0	21.30	12.32	64.71	0	53.17	30.15	9.56	18.71	149.01	360.09
黄石市	6.13	3.21	3.94	3.38	0	0	38.54	0	8.44	72.89	5.16	128.82	270.50
惠州市	98.14	195.09	94.41	127.86	61.35	11.99	83.67	107.43	41.43	85.36	269.84	207.01	1383.58
鸡西市	0	0	6.53	11.94	0	0	0	0	0	0	2.51	0	20.98
吉林市	0	41.22	13.83	0	0	3.04	5.48	0	23.68	8.71	18.24	0	114.20
济宁市	35.12	18.84	0	52.65	96.21	27.54	64.64	29.58	27.49	32.76	63.69	196.80	645.32
嘉兴市	98.99	117.16	42.47	7.73	151.28	21.51	64.62	67.78	38.79	33.95	117.66	123.99	885.92
江门市	32.88	42.50	140.39	21.89	33.85	105.55	92.05	120.49	18.42	138.37	149.04	238.80	1134.24
焦作市	0	1.20	0	0	6.14	36.26	10.50	23.40	8.00	6.80	0	75.23	167.53
揭阳市	0	0	0	0	0	24.02	26.54	18.02	77.06	47.43	0	36.91	229.98
金华市	72.03	36.29	188.29	199.48	24.41	314.49	41.79	117.92	25.58	83.10	145.29	134.66	1383.31
锦州市	13.68	22.17	19.81	24.70	7.58	14.92	11.62	12.06	2.92	1.05	4.14	13.47	148.13
荆门市	66.44	61.88	35.35	62.52	6.35	113.22	56.65	33.97	168.09	18.22	24.93	228.88	876.50

2-4 续表3　　　单位：万㎡

城市	1月	2月	3月	4月	5月	6月	7月	8月	9月	10月	11月	12月	合计
荆州市	30.12	17.37	0.90	65.55	76.36	3.00	32.10	36.14	226.48	13.53	58.17	168.30	728.03
景德镇市	62.70	0	0	34.65	71.55	2.23	93.73	0	0	77.60	32.61	229.09	604.16
九江市	0	20.42	15.06	23.75	47.19	44.49	19.69	211.61	15.84	154.54	84.91	67.83	705.35
开封市	7.25	44.64	7.06	40.29	190.48	15.73	32.54	111.72	32.44	6.78	60.69	502.90	1052.52
拉萨市	0	0	0	0	0	0	0	0	0	0	0	0	0
廊坊市	23.85	55.05	0.64	73.51	0	139.39	8.12	29.32	12.99	78.96	12.41	77.66	511.89
乐山市	0	77.03	2.14	0.18	209.51	11.79	41.70	11.91	48.50	248.94	93.97	106.21	851.88
丽江市	0	0.38	0	0	0	44.66	27.80	4.76	0	0	0.99	7.83	86.42
丽水市	48.22	9.44	28.60	5.85	23.95	46.46	48.14	11.38	2.38	9.29	100.33	71.05	405.08
连云港市	6.12	2.31	31.48	231.68	25.82	73.29	627.25	103.48	57.21	38.54	26.98	331.46	1555.62
聊城市	11.58	24.32	30.80	46.64	81.30	27.84	0.00	161.29	16.08	30.06	27.90	120.60	578.42
临沂市	19.42	21.08	31.90	32.16	23.21	112.75	10.12	47.95	9.61	17.95	167.77	29.50	523.42
柳州市	20.13	6.10	2.28	32.80	77.94	249.79	45.62	36.87	212.27	183.93	525.71	168.63	1562.06
六盘水市	213.27	20.32	38.07	3.30	97.92	2.38	72.91	9.68	4.57	57.45	40.47	336.86	897.21
龙岩市	0	8.61	12.07	55.61	14.15	33.48	34.17	41.54	74.00	3.91	70.27	133.64	481.45
泸州市	4.41	0	0.35	7.32	74.19	0	71.41	12.27	34.78	36.69	0.75	32.91	275.07
六安市	84.94	10.05	73.61	19.73	122.59	69.70	13.78	98.71	30.70	43.81	86.13	35.08	688.82
洛阳市	84.96	6.31	40.04	48.86	10.55	23.69	38.28	41.53	186.39	53.07	85.01	105.12	723.81
漯河市	24.75	8.34	0	0	20.98	6.97	46.39	3.42	172.33	8.59	54.34	190.41	536.52
马鞍山市	55.38	1.67	22.64	10.79	20.22	13.11	35.55	0	75.38	34.42	86.13	58.30	413.59
茂名市	19.95	16.42	5.14	0.75	0	36.32	61.61	22.59	91.78	261.24	18.98	80.71	615.48
眉山市	62.51	41.40	1.98	85.75	138.69	56.80	130.52	145.94	98.19	97.56	256.28	242.97	1358.57
梅州市	0	0	0	0	68.71	0	13.13	0	28.87	0.50	21.26	23.79	156.26
绵阳市	27.14	40.78	36.66	55.61	6.39	229.21	27.53	53.56	107.89	175.11	24.25	322.37	1106.50
牡丹江市	3.11	0	0	0	12.42	0	5.28	0	0	0	0	0	20.81
南充市	19.48	45.00	2.21	2.53	2.28	47.77	25.52	31.57	75.95	103.95	66.06	207.65	629.96
南平市	0	5.63	6.88	5.97	66.50	19.32	29.30	18.95	52.31	13.35	125.43	409.37	753.01
南通市	174.87	26.83	36.07	164.31	47.39	28.70	489.83	74.28	40.09	55.57	181.44	790.92	2110.28
南阳市	42.15	15.63	16.23	23.44	24.57	43.17	49.66	56.50	58.82	25.65	19.57	112.90	488.30
内江市	35.30	16.00	0	2.33	37.38	28.16	49.45	0	6.21	1.87	79.45	236.36	492.52
宁德市	12.47	7.31	0	0	61.33	0	17.54	0	11.50	0	24.38	4.85	139.37
攀枝花市	0	5.40	0	0	2.36	57.71	12.56	2.25	0	6.90	17.31	164.08	268.57
平顶山市	7.13	16.80	0	0	0	21.20	0	0.35	9.34	0	7.38	47.29	109.49
萍乡市	40.21	10.24	0	11.54	5.25	161.07	0	0	57.57	106.92	10.03	190.08	592.91
莆田市	9.16	4.80	20.84	0	39.36	104.71	3.39	83.27	38.49	89.40	95.43	21.27	510.13
濮阳市	43.12	17.81	49.15	6.67	0	28.81	24.94	0	27.49	10.46	40.65	0	249.10
普洱市	2.58	18.34	0	0.08	0	7.67	1.44	0	3.65	12.91	9.40	0	56.08

2-4 续表4 单位：万㎡

城市	1月	2月	3月	4月	5月	6月	7月	8月	9月	10月	11月	12月	合计
齐齐哈尔市	0.34	0	1.52	0	0	0.82	2.45	0.40	0	9.22	3.05	0	17.80
钦州市	124.33	24.30	92.54	67.38	47.83	0	40.96	36.60	4.92	288.29	141.07	451.84	1320.06
秦皇岛市	53.04	7.78	23.92	7.24	21.15	12.17	8.29	16.05	41.38	38.49	30.27	116.19	375.96
清远市	49.16	76.25	20.92	13.53	29.33	18.60	63.05	6.77	50.69	44.86	41.36	21.83	436.35
衢州市	48.96	15.04	18.75	34.30	88.96	39.60	197.35	84.72	72.09	20.17	79.74	85.48	785.18
曲靖市	68.09	0	5.02	0	61.43	13.58	200.74	69.23	61.13	17.42	330.12	28.97	855.73
泉州市	36.32	0	0	0	0	42.85	177.18	145.35	99.20	30.41	14.39	99.67	645.36
日照市	5.03	0	26.34	50.97	7.17	40.52	62.80	49.03	22.29	31.74	84.92	200.74	581.56
三明市	10.07	122.93	22.68	35.77	21.08	13.72	43.11	20.56	49.01	29.20	11.75	31.21	411.10
汕头市	21.73	9.33	42.16	27.86	53.55	51.35	12.49	64.02	55.14	24.95	60.84	69.80	493.22
汕尾市	0	0	0	3.11	0	0	0	9.84	0	0	0	2.78	15.73
商洛市	0	0	8.24	4.05	0	6.84	20.68	0	0	0	0	74.36	114.17
商丘市	63.77	0	4.87	9.56	45.30	8.28	80.31	2.09	35.04	40.16	10.43	90.43	390.25
上饶市	31.71	70.83	87.00	130.24	90.89	49.17	118.25	73.58	81.89	65.22	108.42	171.58	1078.80
韶关市	0	38.01	36.35	19.97	3.24	10.81	0	81.62	37.42	42.63	0	35.43	305.49
绍兴市	5.94	108.40	60.93	73.94	206.99	72.49	45.19	262.06	80.64	48.53	105.74	250.72	1321.57
十堰市	11.42	0	66.79	6.76	25.41	66.09	53.96	36.54	7.55	106.41	77.02	179.23	637.18
朔州市	0	0	0	1.70	3.53	0	96.96	10.82	42.36	30.64	40.11	3.62	229.75
松原市	0	32.52	8.72	0	4.74	0	5.20	0.78	7.86	22.99	2.29	7.42	92.51
随州市	10.46	45.49	7.35	5.05	48.70	10.57	42.98	45.81	1.78	41.56	2.56	74.91	337.20
台州市	11.34	58.15	71.96	95.73	0	156.07	13.25	0	140.10	49.16	29.06	92.36	717.17
泰安市	86.69	16.64	6.68	14.58	29.20	0	35.25	61.15	27.14	64.94	100.04	65.02	507.32
泰州市	108.63	24.68	22.22	23.77	17.51	40.49	76.61	58.58	4.36	72.66	36.57	344.37	830.45
唐山市	28.90	61.69	53.39	39.24	83.27	307.57	58.38	83.64	70.73	49.93	456.07	168.20	1460.99
铁岭市	0	0	0	0	2.37	0	0	0.08	0	0	0	0	2.45
通化市	22.54	0	0	0.40	3.37	8.55	0	4.63	4.50	0	0	0	43.99
威海市	131.55	33.64	26.53	53.03	42.28	42.45	152.59	66.22	69.73	96.05	110.32	161.28	985.68
潍坊市	194.51	39.60	77.15	7.00	32.29	129.55	137.25	152.20	219.67	198.76	235.20	347.65	1770.82
乌兰察布市	0	0	0	0	0	14.38	0	0.05	0	0	12.17	0	26.60
芜湖市	27.25	89.58	113.18	212.75	256.94	227.03	64.76	170.77	141.44	131.50	212.04	206.17	1853.39
咸阳市	52.59	0	36.60	27.68	58.49	8.90	51.83	0	10.83	0	178.67	32.81	458.41
湘潭市	59.71	9.39	38.72	23.51	21.70	97.05	33.28	32.07	47.28	44.99	38.91	18.77	465.38
襄阳市	20.76	109.27	8.26	9.69	66.54	48.77	27.45	32.50	48.16	14.60	38.92	39.20	464.11
新乡市	0	4.81	18.60	71.50	29.45	53.80	11.96	43.30	24.80	90.85	35.96	16.51	401.54
信阳市	2.24	38.78	1.43	8.71	77.15	30.45	3.99	92.53	0	76.79	65.20	41.25	438.50
宿迁市	175.33	37.48	10.37	21.44	30.26	204.45	49.88	28.48	184.70	48.64	100.59	360.57	1252.18

2-4 续表5　　　单位：万㎡

城市	1月	2月	3月	4月	5月	6月	7月	8月	9月	10月	11月	12月	合计
宿州市	27.11	0	219.66	2.13	152.92	58.78	46.53	0	48.19	207.81	17.27	113.73	894.14
徐州市	66.24	38.58	286.96	48.73	100.97	24.58	38.04	137.42	56.03	485.87	37.82	376.97	1698.20
宣城市	8.02	13.32	43.70	23.81	44.77	16.99	73.04	17.67	90.18	71.28	32.84	83.80	519.41
烟台市	106.92	28.89	16.52	46.26	30.91	55.17	4.07	24.89	23.47	174.34	119.26	293.41	924.11
盐城市	142.96	9.81	57.49	11.00	91.26	46.94	45.23	28.64	118.44	33.04	234.26	551.66	1370.72
扬州市	94.88	109.25	7.28	32.24	45.85	49.03	100.12	34.97	57.29	163.19	175.77	420.44	1290.32
阳江市	5.20	0	2.19	0	31.14	48.14	5.69	7.98	11.16	21.60	54.77	143.82	331.69
伊春市	0	0	0	1.24	0	1.27	0	3.22	0	0	0	1.81	7.53
宜宾市	0.67	0	0	32.53	66.07	30.95	59.56	164.05	20.94	167.63	200.49	276.16	1019.04
宜昌市	65.55	6.66	54.91	17.79	47.25	99.12	63.70	64.51	62.77	117.72	176.27	154.98	931.22
宜春市	0	1.65	2.15	23.78	25.95	5.91	1.17	67.31	36.42	2.36	209.64	42.62	418.96
鹰潭市	51.46	1.21	0	54.81	40.63	46.86	2.94	70.23	18.94	31.33	26.04	48.91	393.35
营口市	22.20	9.13	30.86	0	0	0	0.82	9.15	84.72	39.12	2.67	0	198.67
玉溪市	3.67	10.53	19.84	1.33	34.96	47.62	11.46	38.05	14.33	3.51	0.83	48.67	234.82
岳阳市	10.94	4.28	0.71	35.04	49.23	95.63	17.28	32.89	110.89	64.55	70.75	209.63	701.83
云浮市	0	0	1.80	12.34	0	1.02	0.00	0	0.31	2.09	41.03	7.17	65.76
湛江市	0	1.37	2.67	0	0.26	32.56	6.27	90.50	11.37	54.75	47.29	54.40	301.42
张家界市	0	0.63	0	0	0	0	25.61	0	3.80	0	217.82	15.64	263.50
漳州市	87.26	30.13	34.00	147.45	66.90	0	127.00	249.72	139.21	31.05	74.85	110.47	1098.03
肇庆市	28.86	15.75	130.33	49.34	143.60	91.30	114.12	27.97	24.46	30.48	22.56	145.37	824.13
镇江市	0	0	19.83	0	41.24	26.77	8.70	41.74	28.89	76.45	33.48	119.47	396.57
中山市	90.40	129.80	38.45	82.61	15.73	33.55	65.85	58.54	56.63	19.34	89.80	79.40	760.10
舟山市	0.07	10.70	12.01	3.10	14.92	25.31	140.79	176.08	19.72	111.42	19.14	189.75	723.01
珠海市	12.12	28.32	88.31	40.87	206.52	167.96	494.71	67.93	267.81	96.23	273.36	248.02	1992.16
株洲市	87.49	27.36	2.11	2.74	36.76	161.11	43.79	44.93	190.26	50.34	238.42	401.45	1286.77
淄博市	78.68	84.09	50.20	66.09	109.25	81.40	72.74	84.23	40.68	80.41	57.28	278.19	1083.24
自贡市	22.88	0	23.31	5.31	22.25	12.06	12.51	9.28	7.76	111.33	128.27	144.84	499.80
遵义市	118.76	121.83	53.80	257.71	47.91	23.12	102.31	91.28	0	107.74	97.85	210.11	1232.42
县及县级市													
保亭黎族苗族自治县	0	0	0	0.67	3.00	2.03	0	0	13.81	12.86	12.31	0	44.68
滨海县	52.07	81.91	10.66	24.96	18.27	65.73	0	12.33	26.11	13.54	37.45	67.59	410.60
常熟市	92.57	3.22	6.98	9.13	24.30	0	83.35	6.99	63.56	44.92	33.32	67.79	436.13
长沙县	65.26	12.73	42.16	36.63	19.43	33.72	53.17	32.37	40.02	37.56	66.25	70.30	509.59
长兴县	11.75	34.42	69.35	38.89	28.40	61.41	44.96	61.65	107.66	24.40	70.13	116.63	669.66
崇州市	40.21	5.99	0	0	27.83	0	76.10	10.55	0	34.82	63.08	25.96	284.54

2-4 续表6　　　单位：万㎡

城市	1月	2月	3月	4月	5月	6月	7月	8月	9月	10月	11月	12月	合计
淳安县	0	0.35	28.74	1.87	0.27	2.82	7.15	0	1.24	6.75	0.85	3.35	53.39
慈溪市	47.67	123.71	1.09	0.52	180.47	199.32	67.85	150.48	37.34	136.44	42.63	59.79	1047.30
丹阳市	62.33	0	14.30	36.95	72.22	60.76	19.81	18.85	0.28	11.24	38.83	29.27	364.84
当涂县	6.47	0	40.71	25.17	28.95	7.20	45.99	27.48	9.37	32.53	12.78	61.04	297.68
德清县	28.78	111.46	15.66	26.55	42.62	105.95	92.87	63.56	25.03	89.16	5.08	19.15	625.88
东港市	18.70	0	15.55	6.18	0	9.51	0	29.74	0	14.07	12.16	23.97	129.88
东台市	17.21	25.84	0	14.44	8.33	41.25	20.34	39.53	21.05	51.97	68.43	18.73	327.12
都江堰市	0	0	0	0	0.78	1.35	0	10.56	0	2.40	66.17	97.52	178.78
恩施土家族苗族自治州	39.11	71.98	0	22.06	0.65	1.82	13.88	30.58	46.95	36.28	20.68	52.25	336.25
肥东县	0	18.34	10.74	18.07	52.31	88.72	209.94	38.41	10.98	62.38	27.32	47.87	585.08
肥西县	36.29	97.12	29.71	15.15	78.91	85.83	15.18	156.19	5.57	73.34	149.90	81.00	824.19
盖州市	0	0	6.60	0	0	3.75	0	2.84	13.71	0	4.18	0	31.09
高碑店市	0	0	0	0	10.62	1.26	4.23	24.80	5.65	0	1.88	2.03	50.47
固安县	1.78	0	64.01	8.12	1.30	0	5.95	16.31	47.17	7.70	21.39	9.41	183.14
海安市	22.85	12.08	12.36	26.02	57.20	5.97	6.55	11.80	13.18	57.61	3.59	111.12	340.33
海宁市	48.37	64.92	78.81	61.43	17.04	56.40	37.66	11.10	7.17	35.38	164.86	118.49	701.64
海盐县	0.92	2.44	9.79	26.69	3.94	45.68	2.30	36.44	8.20	27.60	38.17	73.06	275.23
惠安县	40.98	6.08	0	20.50	0	19.43	6.68	0	6.66	44.21	27.59	64.87	237.00
惠东县	78.65	0	0	0	0	0.59	2.57	9.16	15.51	15.18	0.67	40.06	162.40
嘉善县	18.58	17.22	4.64	7.55	36.40	38.17	19.12	51.81	56.15	68.63	27.25	71.33	416.85
建德市	33.76	50.39	44.78	12.01	12.68	15.67	18.98	5.00	10.75	8.08	0.89	69.66	282.65
建湖县	11.65	7.03	1.33	0	1.10	13.65	19.85	7.19	0	29.46	58.61	48.48	198.35
江阴市	7.48	0	37.70	0	0	14.83	49.92	6.78	20.56	14.68	87.31	87.37	326.63
胶州市	98.20	32.81	10.25	30.58	37.40	9.49	65.72	36.76	123.40	0.17	0.41	87.06	532.25
晋江市	71.78	34.73	7.30	37.25	49.32	31.77	18.71	45.70	57.29	71.58	102.92	136.69	665.03
靖江市	0	46.00	0	0	0	31.35	2.37	26.85	5.26	56.15	31.55	37.75	237.27
昆山市	8.07	8.58	0	15.44	14.38	4.66	46.51	17.05	40.46	70.19	68.70	86.13	380.16
莱西市	10.38	20.13	0	6.96	7.11	5.29	10.66	0	41.32	0	0	16.75	118.59
莱州市	1.80	0.55	20.43	15.37	20.34	16.81	4.19	0.61	5.31	6.03	0	137.45	228.91
临海市	33.43	18.79	9.60	25.65	27.06	77.07	79.29	6.91	286.80	154.52	19.06	87.49	825.67
陵水黎族自治县	0	22.22	0	0	4.53	0	9.20	39.01	0	0.69	4.69	3.45	83.79
浏阳市	0	0	17.88	13.54	33.72	115.31	236.00	16.40	5.38	48.40	126.36	483.36	1096.34
龙口市	26.86	10.30	237.15	15.41	2.05	8.01	28.61	56.66	168.36	111.41	0	0	664.83
龙门县	0	0	0.51	0.10	0	0	25.35	12.64	0.33	4.15	5.66	29.82	78.56
闽侯县	2.93	14.73	0	14.74	33.72	14.63	8.56	0	27.58	82.67	8.50	32.29	240.37

2-4 续表7　　　单位：万㎡

城市	1月	2月	3月	4月	5月	6月	7月	8月	9月	10月	11月	12月	合计
南安市	69.73	28.16	30.24	0	48.88	12.64	15.78	51.56	18.28	24.46	44.14	192.55	536.41
宁海县	2.37	21.88	0	78.26	6.69	12.68	0	155.13	5.00	203.62	0.05	7.15	492.83
沛县	0	0	0	19.48	39.34	1.08	0	80.90	27.25	91.28	23.56	230.81	513.69
彭州市	12.88	0	0	0	0.73	12.61	62.50	52.21	0	76.52	104.98	63.44	385.87
邳州市	84.07	0.52	0	30.42	24.22	6.84	8.44	2.06	42.56	68.58	38.97	334.81	641.49
平度市	0	2.29	60.82	9.88	8.63	12.82	10.34	12.95	15.97	28.78	0	31.18	193.65
平湖市	0.25	0	14.65	4.66	29.36	33.78	32.45	61.68	16.03	16.66	7.42	37.09	254.03
蒲江县	0	0	6.37	0	12.38	12.75	0	0	15.63	10.75	0	55.59	113.48
普宁市	0	2.67	11.32	15.33	3.53	0	0	0	16.96	43.68	2.66	27.78	123.95
启东市	18.68	42.23	36.61	11.72	15.61	64.62	92.95	16.74	22.69	92.67	15.52	185.38	615.40
潜江市	36.48	61.67	19.27	19.58	20.88	14.76	8.51	73.90	42.88	83.25	60.29	93.57	535.04
荣成市	21.26	8.92	21.50	1.32	74.49	13.92	0	5.07	20.72	16.03	0	17.94	201.17
如东县	57.28	9.90	26.53	0	75.31	12.22	105.95	1.10	9.24	49.95	3.93	129.40	480.81
瑞安市	0	3.57	66.01	19.55	77.83	12.84	35.64	14.81	38.09	39.00	6.65	42.60	356.61
嵊州市	10.84	11.14	58.38	19.51	1.15	56.52	64.13	169.42	27.13	63.21	0.73	21.06	503.23
太仓市	76.00	71.81	0	36.32	0	113.98	11.94	20.39	32.47	54.67	40.06	82.62	540.25
泰兴市	29.85	0	41.65	8.41	17.31	7.11	70.81	1.20	39.66	25.43	38.06	349.94	629.44
天门市	6.51	14.04	31.90	264.31	15.58	16.41	83.39	43.31	18.66	14.21	44.99	3.26	556.56
桐庐县	10.03	25.97	5.69	5.60	0.80	5.63	84.72	53.32	8.73	23.21	0	41.19	264.89
桐乡市	68.58	103.33	50.74	43.49	66.77	135.40	18.08	56.65	80.49	35.45	2.51	198.42	859.92
瓦房店市	3.05	8.49	27.68	2.06	1.33	18.77	8.74	6.80	69.88	5.46	6.38	20.62	179.27
文安县	5.72	0	43.07	0	0	35.17	12.69	43.52	19.79	0	9.96	0	169.92
文昌市	0	0	0	0	9.55	16.12	2.70	28.57	1.07	17.89	1.30	2.02	79.23
仙桃市	24.44	72.91	64.12	10.27	5.90	62.96	50.06	14.54	70.88	62.00	59.61	68.90	566.59
香河县	32.72	0	19.24	0	0	7.55	0	0	20.69	0	10.40	9.56	100.16
象山县	10.48	26.40	22.69	4.78	16.84	8.87	18.92	1.62	51.06	5.47	67.60	134.78	369.51
新沂市	31.27	29.03	28.90	63.87	6.40	1.44	33.94	25.57	1.48	137.14	39.92	42.09	441.05
兴化市	15.00	6.28	0.69	2.81	0	29.24	5.52	15.45	0	0.51	12.87	108.41	196.77
宜兴市	0.86	26.85	12.06	23.13	0.30	33.33	30.87	38.91	8.22	50.22	0	57.88	282.63
义乌市	50.40	6.25	148.88	97.17	63.39	164.52	138.68	18.10	21.07	52.59	160.11	332.76	1253.90
永登县	19.71	17.99	13.43	6.67	5.01	4.93	39.48	23.97	4.48	13.41	27.64	21.78	198.51
余姚市	15.83	0	0	5.52	15.10	41.12	38.29	17.07	8.09	16.10	41.79	38.24	237.14
张家港市	46.52	7.39	67.13	78.59	53.64	94.09	66.22	18.50	40.98	11.98	57.29	156.35	698.66
诸暨市	0.36	7.21	0	9.82	60.95	8.69	10.64	24.47	30.86	0	2.28	128.84	284.13
庄河市	0	0	0	12.72	1.51	0	0	3.20	3.54	0.56	0.32	10.45	32.29

2-5 2022年全国300城土地成交楼面均价统计

单位：元/㎡

城市	1月	2月	3月	4月	5月	6月	7月	8月	9月	10月	11月	12月	合计
一线城市													
北京市	7521	28365	1229	2439	20406	29116	2864	12842	31748	13388	24043	2191	21105
上海市	1405	1979	13043	507	644	16417	21676	1961	13352	7133	1788	4666	10858
广州市	2703	770	268	3949	7084	1642	10460	404	424	6934	2644	4156	4752
深圳市	1530	964	3573	12566	421	3061	4221	8442	7738	920	5873	1037	5651
二线城市													
长春市	629	395	544	--	786	462	568	1872	1196	2173	1599	512	1053
长沙市	546	374	374	5237	840	1243	3923	1427	5304	419	2621	3401	3455
成都市	386	373	5466	7176	1506	357	6359	322	145	6582	988	2433	3405
重庆市	481	597	6558	1840	824	2621	5280	647	975	1717	1018	4454	2942
大连市	340	1153	924	1734	1683	7480	2248	2142	431	981	1001	2255	1826
福州市	2040	--	9082	137	9957	--	534	3131	6704	827	1591	10978	7069
贵阳市	229	2624	218	1741	483	1092	286	1077	150	191	1010	1806	1264
哈尔滨市	--	294	--	737	--	618	--	664	486	426	480	561	599
海口市	5490	4070	5939	1108	1076	6453	2485	7091	719	1295	5825	2352	3228
杭州市	1140	3390	1255	13352	438	9501	3303	852	11129	485	10389	569	6734
合肥市	284	780	7197	--	1132	6924	259	300	4635	547	251	4412	4120
呼和浩特市	--	--	--	808	--	--	1165	4381	2347	534	--	--	2164
济南市	462	528	373	310	5217	882	371	2908	666	2909	597	3126	2301
昆明市	1115	990	1686	1124	310	332	1143	2382	623	1586	428	1523	1074
兰州市	1797	--	--	895	603	1545	31596	1269	313	5521	769	--	1538
南昌市	1163	215	2405	463	5083	772	1118	96	1378	2956	1912	752	2399
南京市	430	362	389	9154	966	454	12381	418	294	6916	5312	3114	5877
南宁市	270	140	1657	427	1482	1918	522	248	1081	317	1487	361	796
宁波市	6617	1005	898	7067	597	4763	411	715	8628	200	708	805	4726
青岛市	956	476	2526	805	475	3907	312	1291	6021	833	709	4532	2839
三亚市	495	--	--	5688	5333	7838	--	--	--	9075	4790	6263	6303
沈阳市	419	--	407	415	537	1857	389	548	3466	384	419	507	1214
石家庄市	1028	258	2915	330	1262	1318	300	2865	194	1411	3980	1193	1602
苏州市	512	499	260	508	9503	6400	397	587	14844	4319	741	4909	4470
太原市	1366	2808	--	--	--	5919	2297	1815	2854	--	1789	1569	2547
天津市	454	444	472	2984	590	618	631	4443	368	3928	579	3918	2434
温州市	3277	494	5123	4329	921	7382	2010	3318	2855	5684	3133	2044	3873
乌鲁木齐市	--	--	1410	673	1280	2573	777	1539	1509	233	2716	104	1283

2-5 续表1 单位：元/㎡

城市	1月	2月	3月	4月	5月	6月	7月	8月	9月	10月	11月	12月	合计
无锡市	1034	--	1139	282	6130	436	7584	7846	393	8877	8046	492	5258
武汉市	308	470	3305	259	339	8231	606	946	6848	272	4298	8074	4591
西安市	1329	2371	3426	1219	288	4630	1531	2259	1862	3772	3521	4579	3170
西宁市	--	--	355	2010	1680	3031	1974	2958	--	3595	3103	--	2262
厦门市	--	455	10489	333	9911	188	158	12682	173	148	193	5312	4175
银川市	--	304	65	112	501	4190	--	4010	65	--	3850	1082	734
郑州市	2429	35763	159	638	160	5097	791	179	5468	751	1227	1256	1457
三四线城市													
安康市	357	810	743	276	864	--	--	1050	1067	1240	545	657	877
安庆市	298	370	780	366	649	310	15083	327	350	714	1357	373	569
安顺市	366	1003	474	322	307	802	768	344	759	934	324	1411	897
安阳市	987	--	--	929	5221	1783	1493	--	629	863	3516	--	1055
鞍山市	431	--	705	1636	958	--	2158	--	227	506	1306	--	1010
百色市	805	428	452	123	142	581	--	189	293	475	--	3	361
包头市	2767	492	415	404	415	317	487	408	547	462	422	557	529
宝鸡市	417	125	346	--	133	562	245	980	861	--	428	761	571
保定市	952	1272	898	628	1608	1079	2115	1360	1976	1164	1317	1873	1597
北海市	652	140	171	--	529	340	2101	201	902	205	221	150	323
本溪市	--	2126	558	521	--	--	424	--	3562	27778	871	315	943
蚌埠市	575	270	274	620	946	--	1672	386	1193	529	--	576	750
滨州市	225	--	183	863	--	1132	1117	818	1031	253	1044	1646	1123
沧州市	257	2947	2209	2028	1003	1521	428	1024	--	1821	1235	3235	2160
常德市	2139	309	1283	423	603	1109	284	646	298	631	574	843	830
常州市	2637	612	793	279	2111	298	1712	544	466	5397	4574	5957	3325
朝阳市	--	--	823	1495	--	2135	646	--	--	--	678	917	1451
潮州市	247	--	218	7647	242	229	299	--	207	191	698	1460	484
郴州市	452	256	464	188	356	554	642	330	312	1445	974	1241	862
承德市	397	--	--	1168	--	5066	--	--	--	--	--	994	1765
池州市	540	130	125	145	146	177	172	712	--	1558	1389	415	580
崇左市	8359	116	296	709	4344	--	--	269	--	356	469	439	370
滁州市	145	236	512	692	1576	658	142	513	162	178	593	2098	794
大庆市	154	--	305	265	280	6449	--	317	--	--	--	639	353
丹东市	--	--	135	--	--	--	3825	--	--	--	346	330	771
德阳市	210	274	1087	180	1747	2083	1444	991	166	771	653	1568	1212
德州市	418	376	--	397	399	566	2008	374	339	1854	2184	1924	1219

2-5 续表2 单位：元/m²

城市	1月	2月	3月	4月	5月	6月	7月	8月	9月	10月	11月	12月	合计
东莞市	410	784	576	18192	436	10446	404	7354	651	307	476	2044	3233
东营市	1200	217	227	872	1418	1178	2479	197	931	909	421	416	729
鄂尔多斯市	174	--	--	477	5592	243	--	--	2413	--	893	26614	632
鄂州市	2112	1957	318	672	1745	903	261	209	--	276	1734	1004	1121
佛山市	542	2237	2490	1123	1226	446	2550	1058	886	853	2121	652	1264
抚顺市	480	--	398	1419	480	1245	--	452	975	--	--	1581	1274
阜新市	600	--	--	--	--	--	--	--	443	426	--	--	446
阜阳市	--	409	172	470	149	888	2508	732	143	3675	1734	280	990
赣州市	57	111	843	473	101	1281	159	965	981	554	624	473	507
广元市	--	1053	--	567	580	161	253	1230	1878	1645	1219	1363	1194
贵港市	160	--	227	453	73	511	394	79	195	294	231	462	225
桂林市	795	628	--	--	395	300	1573	540	446	860	1266	1325	779
邯郸市	1674	1247	988	699	2230	542	363	1032	572	1124	1354	2531	1424
河源市	--	--	105	100	--	--	1266	311	--	255	521	892	393
菏泽市	1096	1650	363	980	1383	2354	1515	1170	1789	1775	1249	2830	1560
鹤壁市	--	--	--	--	570	--	--	--	503	465	--	580	547
鹤岗市	--	--	--	--	789	--	118	--	250	--	--	635	154
衡水市	1340	283	1023	444	460	393	819	874	1166	716	1941	758	999
葫芦岛市	691	--	--	--	537	476	--	--	455	2427	--	--	526
湖州市	281	2084	838	1707	493	3115	540	1640	1451	1610	1630	3072	1925
怀化市	599	951	--	--	1411	315	1016	1448	1028	648	--	322	869
淮安市	363	129	1946	2534	228	288	252	2129	848	3179	3916	528	2059
淮北市	--	287	--	744	513	1440	601	323	233	1077	988	1393	1060
淮南市	300	--	--	1844	120	560	--	1433	212	2500	651	1337	1097
黄石市	601	185	1356	185	--	--	207	--	960	1752	186	1623	1346
惠州市	1597	542	436	425	387	558	3665	518	376	966	642	745	850
鸡西市	--	--	277	147	--	--	--	--	--	--	476	--	227
吉林市	--	645	630	--	--	599	1436	--	627	616	770	--	694
济宁市	3333	1643	--	629	1986	1082	3542	857	1952	1289	1920	1671	1865
嘉兴市	4918	244	447	1329	1603	317	466	3602	2839	284	1747	433	1634
江门市	345	325	150	322	262	808	252	259	249	1131	2071	890	780
焦作市	--	226	--	--	2672	192	404	277	400	263	--	965	668
揭阳市	--	--	--	--	--	188	1775	188	198	288	--	732	482
金华市	2604	174	224	2577	1202	1871	685	3564	217	379	1354	2840	1759
锦州市	788	432	349	1265	784	1263	572	1709	281	338	1027	473	826
荆门市	225	203	303	112	236	229	289	621	420	654	528	242	298

2-5 续表3 单位：元/㎡

城市	1月	2月	3月	4月	5月	6月	7月	8月	9月	10月	11月	12月	合计
荆州市	142	479	2121	134	133	134	158	177	404	642	165	688	372
景德镇市	103	--	--	219	1395	4265	214	--	--	2605	2906	3056	1888
九江市	--	653	192	1981	207	460	281	1042	2388	1064	2409	2058	1228
开封市	1200	2181	3409	2650	351	2613	475	711	1625	658	1929	1476	1288
拉萨市	--	--	--	--	--	--	--	--	--	--	--	--	--
廊坊市	1715	434	857	558	--	3022	2071	2982	1313	888	1698	617	1539
乐山市	--	142	863	354	68	678	61	212	330	201	1638	258	338
丽江市	--	1515	--	--	--	723	588	322	--	--	1431	350	635
丽水市	1494	191	2433	248	5448	903	4109	350	2592	5859	1624	1650	2123
连云港市	8067	4732	838	686	207	721	756	308	4360	723	159	2795	1297
聊城市	191	1971	1873	2138	1245	3472	--	548	4040	1818	1800	2616	1693
临沂市	385	3568	1740	5613	724	3837	349	2306	560	293	1065	1415	2127
柳州市	253	118	178	170	140	121	301	513	214	712	1804	1457	932
六盘水市	857	1198	417	536	881	1166	398	935	478	548	601	909	798
龙岩市	--	294	2600	47	3044	4104	3716	99	114	5623	105	602	969
泸州市	150	--	188	170	207	--	170	734	602	1709	694	253	476
六安市	981	82	418	1345	421	1208	188	1317	169	1436	139	664	745
洛阳市	549	365	347	2731	498	919	587	584	615	3454	904	2996	1326
漯河市	1123	341	--	--	932	1800	710	465	493	393	755	909	745
马鞍山市	454	1346	295	1242	191	280	1175	--	1788	1867	2789	3867	1841
茂名市	446	176	155	4258	--	1485	441	397	308	765	393	886	671
眉山市	232	223	144	2116	823	736	436	758	1684	1442	1277	1319	1091
梅州市	--	--	--	--	259	--	176	--	215	6622	994	497	400
绵阳市	268	551	1520	549	462	256	137	894	1417	270	898	1106	730
牡丹江市	856	--	--	--	605	--	258	--	--	--	--	--	555
南充市	1584	97	418	1742	875	397	322	116	232	680	1520	1158	798
南平市	--	37	71	3584	95	1558	37	37	74	887	829	335	421
南通市	3030	182	317	3652	264	251	1804	281	286	216	3232	2978	2386
南阳市	1634	1346	865	1741	1309	1377	884	1075	1031	753	501	660	1035
内江市	917	210	--	1425	551	155	818	--	2160	225	875	1437	1071
宁德市	2421	411	--	--	4225	--	4460	--	1275	--	3090	1592	3360
攀枝花市	--	168	--	--	1567	232	1206	362	--	694	1209	994	829
平顶山市	557	414	--	--	--	1279	--	900	1608	--	450	1368	1108
萍乡市	1145	1357	--	628	199	1274	--	--	1113	1357	1196	796	1089
莆田市	8809	2851	4107	--	2525	471	2552	295	157	660	878	2440	1103
濮阳市	1425	506	783	461	--	2091	1276	--	625	1180	1856	--	1241
普洱市	306	1564	--	5376	--	1696	193	--	341	227	155	--	870

2-5 续表4 单位：元/㎡

城市	1月	2月	3月	4月	5月	6月	7月	8月	9月	10月	11月	12月	合计
齐齐哈尔市	803	--	381	--	--	726	260	1136	--	588	424	--	520
钦州市	566	1113	654	227	189	--	126	81	174	730	146	206	390
秦皇岛市	583	289	2385	536	1079	2614	581	162	3051	1257	2095	2107	1700
清远市	409	220	241	331	286	228	1473	306	198	519	289	1421	528
衢州市	209	2279	404	779	1761	1032	553	793	4659	1479	1037	3059	1480
曲靖市	328	--	430	--	480	320	495	706	271	681	234	681	388
泉州市	1509	--	--	--	--	9579	327	2528	346	3736	417	4126	2256
日照市	267	--	620	1270	398	1541	1493	2737	1665	386	843	1238	1281
三明市	68	78	368	204	1705	69	106	1128	866	145	1154	1348	469
汕头市	336	284	514	623	298	311	432	2190	364	1924	783	1873	959
汕尾市	--	--	--	2740	--	--	--	885	--	--	--	941	1261
商洛市	--	--	291	586	--	321	1006	--	--	--	--	1310	1097
商丘市	1980	--	319	487	1018	969	518	432	480	319	1438	1707	1097
上饶市	1305	248	748	949	2745	734	689	877	1410	952	907	2303	1252
韶关市	--	456	556	659	1972	1138	--	615	303	389	--	227	509
绍兴市	915	361	5213	2584	887	4759	5124	1762	868	923	684	785	1634
十堰市	176	--	191	866	125	553	1886	639	125	1275	1393	1211	1015
朔州市	--	--	--	294	608	--	202	236	263	220	328	199	246
松原市	--	255	232	--	490	--	710	1015	526	260	1029	722	378
随州市	457	189	202	174	184	967	615	180	865	648	220	1041	524
台州市	2690	4507	4018	4580	--	2217	5047	--	3411	7476	3323	1979	3566
泰安市	2019	236	389	2228	1300	--	1038	485	4310	2849	2415	2214	1982
泰州市	198	173	285	1230	267	5146	642	1192	456	5247	3303	4174	2812
唐山市	316	825	645	501	548	730	1090	1320	1121	588	577	842	734
铁岭市	--	--	--	--	131	--	--	232	--	--	--	--	134
通化市	689	--	--	638	1516	689	--	8514	632	--	--	--	1571
威海市	1296	1395	400	1901	1153	1395	1551	505	1650	672	1609	2049	1415
潍坊市	1393	615	1072	903	418	1184	585	1742	2094	963	1741	1363	1373
乌兰察布市	--	--	--	--	--	402	--	191	--	--	177	--	299
芜湖市	925	1260	2366	503	532	777	576	898	2116	2055	1066	1137	1104
咸阳市	3098	--	394	1847	1	126	795	--	513	--	1685	254	1278
湘潭市	1439	224	1409	1872	2000	1804	1322	922	383	510	417	307	1164
襄阳市	1848	260	259	499	3256	709	2387	3529	239	2203	2411	3028	1640
新乡市	--	217	1512	877	1409	1284	431	1784	783	139	1508	1266	976
信阳市	411	324	408	313	157	205	348	175	--	1759	1563	1830	833
宿迁市	140	264	150	441	128	2586	152	219	1084	800	1092	2770	1549

2-5 续表5　　单位：元/㎡

城市	1月	2月	3月	4月	5月	6月	7月	8月	9月	10月	11月	12月	合计
宿州市	374	--	933	2218	1277	161	1243	--	453	484	130	655	762
徐州市	213	275	2590	450	231	210	390	1557	180	3654	324	3434	2437
宣城市	171	311	179	174	271	279	194	322	616	258	750	1467	531
烟台市	549	437	414	922	970	686	448	1424	618	569	753	2020	1106
盐城市	634	163	2227	143	1033	1098	1120	1177	383	7233	1329	1411	1332
扬州市	154	1041	135	135	141	3980	3454	3926	147	3165	4568	3115	2678
阳江市	435	--	3663	--	842	465	843	526	484	1494	458	1092	867
伊春市	--	--	--	93	--	135	--	143	--	--	--	113	126
宜宾市	700	--	--	1318	1254	1313	1136	634	330	1407	1499	770	1074
宜昌市	198	288	265	1060	1295	879	493	2060	301	1603	1914	2375	1368
宜春市	--	2058	684	468	2279	205	2358	705	1235	224	416	1748	797
鹰潭市	75	63	--	917	618	519	2246	908	1479	1370	1725	1772	957
营口市	377	1760	1569	--	--	--	210	1387	658	834	413	--	882
玉溪市	617	583	1287	615	466	816	488	673	418	6899	1326	1004	857
岳阳市	1702	1381	2198	1279	455	1373	1854	1657	1042	932	581	2133	1389
云浮市	--	--	420	210	--	410	--	--	284	230	204	204	216
湛江市	--	875	225	--	979	1206	835	383	1940	1618	1111	1531	1087
张家界市	--	2500	--	--	--	--	362	--	225	--	2108	1502	1876
漳州市	3177	135	125	2477	297	--	663	510	1418	102	219	638	1065
肇庆市	1680	272	287	446	213	456	408	385	273	274	423	1089	515
镇江市	--	--	166	--	244	299	284	3406	717	4076	328	1920	1863
中山市	219	310	309	1545	567	7750	276	278	484	284	434	1311	893
舟山市	12927	491	3804	408	564	2990	209	455	883	452	2518	334	589
珠海市	126	5504	1895	594	1667	537	168	203	226	215	3437	3608	1404
株洲市	2189	430	284	282	701	1424	542	708	1662	1370	1738	2423	1778
淄博市	995	416	1340	368	917	685	908	2426	844	1715	3127	1245	1227
自贡市	1980	--	420	347	1047	386	619	231	278	560	1215	1099	949
遵义市	865	316	560	538	1564	615	623	622	--	765	875	1281	776
县及县级市													
保亭黎族苗族自治县	--	--	--	969	1634	1997	--	--	1698	1023	911	--	1285
滨海县	1580	324	200	422	244	2040	--	96	2163	3285	544	3720	1544
常熟市	413	192	554	4324	345	--	2138	450	6025	3668	995	474	2029
长沙县	950	450	390	1896	902	433	1048	833	1035	549	1182	1599	1023
长兴县	978	806	934	717	401	1448	2550	1380	1780	314	1197	1208	1278
崇州市	2094	57	--	--	40	--	40	997	--	2312	1319	2191	1124

2-5 续表6　　单位：元/㎡

城市	1月	2月	3月	4月	5月	6月	7月	8月	9月	10月	11月	12月	合计
淳安县	--	705	869	1399	188	150	4900	--	2110	312	161	4869	1583
慈溪市	228	151	3029	4555	162	1052	760	397	395	678	3559	5429	925
丹阳市	2943	--	210	2800	1979	1569	301	596	2770	1465	2620	396	1853
当涂县	432	--	492	235	158	2426	833	182	609	1244	2336	1109	799
德清县	2475	864	324	864	1366	1334	3249	1760	297	366	4387	1886	1449
东港市	752	--	1644	947	--	876	--	907	--	243	142	134	687
东台市	210	198	--	210	2507	912	1842	288	433	3317	2672	429	1502
都江堰市	--	--	--	--	1200	1160	--	36	--	2093	36	1848	1065
恩施土家族苗族自治州	878	352	--	857	687	6176	1737	1036	176	1584	1124	1079	867
肥东县	--	210	317	7264	1833	1802	1064	212	276	686	209	209	1175
肥西县	2322	2981	211	738	1985	1797	197	1978	137	6063	276	270	1847
盖州市	--	--	299	--	--	477	--	299	879	--	245	--	569
高碑店市	--	--	--	--	478	1147	1159	735	1156	--	575	668	765
固安县	912	--	873	3107	1504	--	1326	1454	1121	2164	911	1708	1209
海安市	288	4336	293	877	1998	221	232	3996	561	3391	434	4031	2650
海宁市	148	549	2220	1013	506	446	6572	556	10539	3008	313	1432	1384
海盐县	825	1078	532	290	1452	1407	1452	661	4500	460	1566	442	928
惠安县	186	104	--	99	--	1527	107	--	1743	923	138	881	650
惠东县	1716	--	--	--	--	541	500	500	1600	1600	502	1864	1633
嘉善县	3064	1827	3144	481	793	748	2519	1571	2770	809	2412	1237	1580
建德市	272	99	137	130	163	2490	217	159	1864	168	163	223	371
建湖县	678	295	6012	--	171	1608	2749	171	--	1811	974	2747	1712
江阴市	278	--	540	--	--	257	2997	977	487	9602	5923	390	2709
胶州市	326	1208	2506	479	1769	260	558	311	2102	535	3149	829	1064
晋江市	866	332	439	169	1003	430	163	1923	494	2277	1088	4131	1662
靖江市	--	313	--	--	--	2585	825	170	312	5157	2127	5433	2804
昆山市	5821	224	--	325	3932	275	10103	10178	501	3944	5548	4627	4819
莱西市	431	534	--	292	312	242	707	--	1453	--	--	1194	913
莱州市	356	2008	1256	1421	593	851	498	664	339	1462	--	597	746
临海市	507	2863	380	388	2355	333	1095	8689	598	788	3709	529	885
陵水黎族自治县	--	1633	--	--	973	--	1385	1506	--	1229	643	1656	1453
浏阳市	--	--	199	1584	738	923	1388	216	1156	245	1554	585	898
龙口市	3111	6563	1106	846	375	294	1094	1180	767	707	--	--	1106
龙门县	--	--	1469	4514	--	--	242	152	531	192	2001	145	329
闽侯县	175	236	--	174	3073	1637	313	--	2000	2079	237	1003	1657

2-5 续表7　　　单位：元/㎡

城市	1月	2月	3月	4月	5月	6月	7月	8月	9月	10月	11月	12月	合计
南安市	140	131	114	--	153	3006	345	1402	133	1521	350	357	492
宁海县	942	438	--	129	416	3000	--	147	1256	467	372	467	386
沛县	--	--	--	852	278	330	--	1034	2245	1694	384	1527	1341
彭州市	3000	--	--	--	4227	3750	870	78	--	125	1195	1727	1016
邳州市	593	6245	--	502	1098	473	1350	2250	1241	1168	947	2221	1602
平度市	--	283	192	442	240	1516	860	340	998	745	--	1267	663
平湖市	441	--	433	285	6002	1688	1085	704	399	2373	1030	2034	1766
蒲江县	--	--	96	--	96	96	--	--	641	757	--	1018	685
普宁市	--	247	347	587	790	--	--	--	270	319	488	1350	595
启东市	6356	170	503	201	6812	335	2382	294	177	405	321	3788	2031
潜江市	66	472	2153	85	92	1257	1411	609	78	119	670	397	454
荣成市	1464	851	1139	473	1789	776	--	473	1289	1707	--	635	1371
如东县	826	287	2501	--	546	3912	806	225	178	321	357	2373	1284
瑞安市	--	1936	2067	253	1642	8607	83	656	1162	2508	277	780	1617
嵊州市	268	3706	178	287	334	499	2185	963	1567	2504	384	267	1190
太仓市	164	155	--	194	--	1819	228	5543	3411	4653	8749	853	2110
泰兴市	485	--	343	774	431	218	2338	225	2867	5361	4881	1051	1610
天门市	140	139	494	418	218	132	707	288	726	301	1148	786	500
桐庐县	536	1380	5338	199	251	2540	160	166	387	1443	--	206	585
桐乡市	2667	454	160	5943	2844	1008	442	1257	526	156	2785	113	1139
瓦房店市	1465	84	862	464	651	618	1200	590	650	601	636	650	687
文安县	875	--	509	--	--	454	494	427	1534	--	1417	--	660
文昌市	--	--	--	--	510	1233	352	984	1350	1219	270	771	997
仙桃市	182	148	135	156	171	201	161	167	1299	1112	152	1314	548
香河县	611	--	591	--	--	2241	--	--	2924	--	1520	610	1302
象山县	373	344	245	265	1172	4965	393	1242	1125	562	587	1973	1243
新沂市	134	144	144	246	278	145	867	1214	146	736	1592	943	669
兴化市	6040	139	552	1173	--	2265	231	506	--	740	1479	1894	2008
宜兴市	1431	297	346	843	2580	3022	3532	5097	1670	3025	--	5780	3333
义乌市	720	3214	505	2666	565	611	2033	2001	8496	7877	6299	1728	2410
永登县	490	224	233	190	457	391	430	239	942	468	206	185	329
余姚市	960	--	--	518	413	1529	435	2561	794	912	6222	8903	3243
张家港市	273	2644	212	628	248	420	246	1928	5071	1202	335	3301	1371
诸暨市	486	556	--	511	1536	11573	1426	7033	413	--	422	4964	3674
庄河市	--	--	--	874	185	--	--	282	263	200	812	485	578

2-6　2022年全国300城土地成交土地均价统计

单位：元/㎡

城市	1月	2月	3月	4月	5月	6月	7月	8月	9月	10月	11月	12月	合计
一线城市													
北京市	15202	56801	2077	2440	39976	48034	4278	30717	60718	27104	43562	4163	36407
上海市	3237	4056	29383	1307	1713	34318	45619	3956	23690	21040	3816	10520	22669
广州市	9349	2449	990	15890	21563	6397	30138	1351	1536	23226	8161	14569	15783
深圳市	7264	4436	17659	49718	1399	17996	19170	22371	19864	3427	21490	2449	16525
二线城市													
长春市	505	368	381	--	578	328	404	1702	1265	1818	1931	428	889
长沙市	1041	675	730	14409	2007	3444	9298	2303	16770	838	6451	8169	8462
成都市	984	1091	14630	17169	3936	793	15364	826	434	12807	3176	6336	8468
重庆市	458	884	10603	1964	647	3485	9229	565	931	1949	896	8124	3586
大连市	382	1171	869	2512	1921	11453	2919	1646	603	1901	1477	2986	2249
福州市	6005	--	18676	344	20241	--	1280	8344	15946	907	2864	28852	15358
贵阳市	569	7435	545	4060	1252	2923	617	2559	450	573	2293	4713	3201
哈尔滨市	--	321	--	1061	--	519	--	782	460	391	410	622	659
海口市	12919	8933	12996	1259	1681	14372	4830	10316	719	3550	12557	4887	6940
杭州市	3501	9327	3102	30698	1196	21089	9740	2399	24571	1131	23646	1560	16438
合肥市	332	1483	13924	--	1678	14076	389	474	9761	803	384	9133	7408
呼和浩特市	--	--	--	1608	--	--	1025	6909	4218	722	--	--	3047
济南市	386	497	642	527	11937	1372	611	3680	826	5696	742	7779	3737
昆明市	2603	1528	6104	1368	465	940	3627	6401	1106	5260	390	2204	2328
兰州市	6128	--	--	1721	1255	3795	13562	5074	219	16011	685	--	3736
南昌市	1815	645	4809	553	10918	1197	1716	147	2073	6350	3727	994	4548
南京市	884	892	1616	19330	2650	824	24868	925	666	13906	12485	6086	12485
南宁市	772	369	3922	868	3867	4709	1237	505	2581	627	3297	1054	1815
宁波市	15628	1880	1792	15124	1368	11904	1240	1719	19306	600	1652	2015	11162
青岛市	1276	559	5036	1259	742	7395	479	2570	12306	1249	926	9284	4917
三亚市	990	--	--	16500	14882	6271	--	--	--	9786	10553	8791	9016
沈阳市	503	--	419	417	306	1980	361	520	6064	561	584	547	1439
石家庄市	2739	646	8202	752	4098	3242	749	7814	538	3928	11756	3063	4283
苏州市	1360	1440	694	1027	19503	14149	1019	1715	30138	10442	2044	11317	10609
太原市	3679	3848	--	--	--	11143	6203	4312	11445	--	4472	4173	6378
天津市	784	749	537	4050	922	1433	544	7606	830	6159	1179	5456	3520
温州市	8790	831	14476	11935	2388	20546	4624	7782	7156	12803	9541	6391	10154
乌鲁木齐市	--	--	1809	583	1287	4195	788	2399	2184	222	8149	152	1621

2-6 续表1 单位：元/㎡

城市	1月	2月	3月	4月	5月	6月	7月	8月	9月	10月	11月	12月	合计
无锡市	2297	--	1139	558	10840	658	12410	14849	716	17338	14995	1036	9717
武汉市	509	698	5616	502	426	17861	816	1371	16244	320	6337	14570	7944
西安市	3927	5799	7345	2479	575	11434	3122	5311	4050	10276	7936	11651	7477
西宁市	--	--	488	4029	5670	5334	3751	1685	--	9719	8999	--	5903
厦门市	--	1629	30147	971	31665	575	475	37394	520	442	549	15147	12408
银川市	--	375	131	221	751	7185	--	10025	130	--	8064	1429	1417
郑州市	4216	17882	478	1745	480	15537	1830	520	15428	2306	3652	3532	4168
三四线城市													
安康市	428	1840	2219	276	708	--	--	1462	1822	3728	947	1067	1762
安庆市	298	362	1106	385	946	310	7542	357	366	1062	2156	369	652
安顺市	337	1595	389	342	506	944	1046	556	969	1296	330	2131	1181
安阳市	2469	--	--	2093	8877	891	2692	--	1309	1775	4855	--	2173
鞍山市	613	--	1318	3600	1437	--	4964	--	341	354	3218	--	1835
百色市	1348	300	867	246	246	738	--	255	661	285	--	5	615
包头市	5070	450	306	279	304	209	345	302	404	343	302	404	395
宝鸡市	578	495	346	--	564	801	563	1740	1017	--	428	1227	864
保定市	2055	3029	1365	647	4701	2122	4488	2713	5194	2806	3839	4901	3756
北海市	959	252	308	--	950	621	5253	374	1352	375	482	376	591
本溪市	--	850	390	730	--	--	339	--	5167	8333	1575	284	1561
蚌埠市	478	270	274	573	1060	--	2341	256	1397	687	--	661	820
滨州市	230	--	153	992	--	1622	1645	907	1235	202	976	3043	1444
沧州市	205	6353	3129	5071	1433	2969	1112	1432	--	3289	3031	7117	3852
常德市	5769	454	2619	511	1206	1308	471	1009	446	1046	1093	1418	1297
常州市	5730	1152	1745	655	4349	697	4456	1321	1092	10906	8610	12362	7097
朝阳市	--	--	1164	797	--	2795	1020	--	--	--	301	1235	1881
潮州市	989	--	981	9941	726	914	956	--	862	861	2771	6570	1950
郴州市	976	307	672	348	370	863	982	638	490	2265	2030	1704	1353
承德市	795	--	--	642	--	6161	--	--	--	--	--	1164	1821
池州市	638	157	141	178	218	169	238	1056	--	1547	2500	510	737
崇左市	8359	209	237	213	4344	--	--	252	--	394	631	393	385
滁州市	168	280	602	903	2885	905	169	760	194	221	832	3466	1056
大庆市	150	--	306	198	202	995	--	190	--	--	--	468	269
丹东市	--	--	202	--	--	--	8416	--	--	--	337	330	987
德阳市	204	274	1424	178	2952	4199	3900	2324	186	540	739	3528	1990
德州市	359	376	--	397	399	579	3264	374	406	2767	2735	3437	1484

2-6 续表2 单位：元/㎡

城市	1月	2月	3月	4月	5月	6月	7月	8月	9月	10月	11月	12月	合计
东莞市	1344	2344	1758	60699	1114	23543	1331	23718	2191	977	1411	5342	9252
东营市	1702	249	320	610	2054	1079	3045	235	965	887	359	332	715
鄂尔多斯市	208	--	--	1181	185	170	--	--	6032	--	1064	5323	793
鄂州市	10200	4500	447	829	4194	1803	292	346	--	290	4281	1314	1880
佛山市	1763	7118	7640	3266	4008	1892	8420	3738	2785	2575	7295	2270	4238
抚顺市	288	--	398	1080	288	872	--	708	749	--	--	1903	1274
阜新市	300	--	--	--	--	--	--	--	--	434	341	--	396
阜阳市	--	454	200	705	179	1065	4197	936	171	7350	3621	382	1446
赣州市	131	237	1924	1255	203	2041	320	1929	2088	1073	1256	1084	1084
广元市	--	1345	--	850	713	192	304	2214	4148	3602	1894	2126	1884
贵港市	144	--	127	518	85	568	426	447	165	352	228	489	377
桂林市	1397	1507	--	--	316	270	4718	847	634	1591	2422	1940	1238
邯郸市	3200	2038	965	1004	5464	527	363	1552	757	1825	2518	3504	2072
河源市	--	--	255	400	--	--	5064	352	--	255	1477	1045	575
菏泽市	2769	3809	380	2218	2792	4060	2202	1822	2923	3622	2520	4328	2975
鹤壁市	--	--	--	--	606	--	--	575	266	--	487	491
鹤岗市	--	--	--	--	559	--	118	--	250	--	--	316	148
衡水市	2678	283	1808	444	460	393	1104	1539	1911	1211	3360	1303	1596
葫芦岛市	1347	--	--	--	522	349	--	--	278	1214	--	--	401
湖州市	463	3562	1406	2635	800	5527	938	3039	2548	2585	3022	6147	3394
怀化市	690	1949	--	--	1091	828	1765	3649	1952	1388	--	762	1788
淮安市	602	198	3623	6470	299	437	299	2934	1062	5208	7716	717	3309
淮北市	--	287	--	1026	680	2065	799	339	237	2053	1296	2265	1535
淮南市	450	--	--	2486	120	506	--	1969	249	4500	811	2131	1419
黄石市	398	222	1713	222	--	--	248	--	2400	4441	223	3313	2435
惠州市	3545	1527	847	1095	1158	876	9792	1065	1086	2809	1507	2267	2138
鸡西市	--	--	166	103	--	--	--	--	--	--	333	--	151
吉林市	--	491	593	--	--	522	5027	--	381	481	476	--	516
济宁市	4635	3110	--	674	3059	1552	6627	1028	3782	1658	3231	2156	2643
嘉兴市	9998	632	1209	2658	4205	613	1367	8099	5079	587	3552	1270	3883
江门市	863	939	525	900	780	2400	660	873	622	3052	5307	2834	2294
焦作市	--	271	--	--	3474	231	436	347	507	316	--	1516	902
揭阳市	--	--	--	--	--	750	3909	750	792	922	--	1607	1511
金华市	4942	341	527	5778	2460	3843	683	9455	509	1045	3086	5520	3738
锦州市	993	346	263	1939	4511	2047	417	4717	257	270	2218	294	875
荆门市	228	213	277	160	236	231	340	684	514	749	825	328	352

2-6 续表3　　　单位：元/㎡

城市	1月	2月	3月	4月	5月	6月	7月	8月	9月	10月	11月	12月	合计
荆州市	202	718	3181	201	179	202	202	213	491	786	248	1085	508
景德镇市	204	--	--	438	2499	5118	427	--	--	4006	5803	6312	3617
九江市	--	830	208	3088	207	741	394	1455	3542	1587	4115	2960	1743
开封市	1800	2429	7500	3868	391	1427	466	801	2071	658	2681	2128	1629
拉萨市	--	--	--	--	--	--	--	--	--	--	--	--	--
廊坊市	2891	1086	685	1294	--	6354	7247	6033	1673	1721	2514	1400	3212
乐山市	--	280	1295	886	136	497	121	572	570	329	3317	593	626
丽江市	--	1515	--	--	--	1250	600	293	--	--	1431	647	859
丽水市	2663	334	3606	312	10217	1624	9359	385	8555	9684	3602	2891	3933
连云港市	13714	7572	1655	724	222	595	591	326	7588	701	279	3843	1275
聊城市	238	2123	3202	3255	2063	7264	240	1127	10679	3816	4376	5682	3087
临沂市	345	6394	3682	12801	1602	6344	328	3396	560	288	1829	2064	3369
柳州市	491	236	355	340	279	241	618	1320	437	1637	2892	3139	1772
六盘水市	1935	4194	687	364	1780	1701	664	1737	719	802	490	1472	1358
龙岩市	--	588	5348	142	6814	8176	6232	217	180	8551	218	1454	2028
泸州市	330	--	300	375	455	--	375	1310	1172	3310	555	524	990
六安市	1357	99	433	1417	494	1806	193	1940	172	1984	180	773	934
洛阳市	826	365	584	4548	478	2079	977	549	1039	8482	1557	5705	2176
漯河市	2282	375	--	--	1462	4500	903	465	668	393	1142	1732	1150
马鞍山市	606	2423	354	1746	355	361	1957	--	3685	3496	5031	6719	3075
茂名市	1174	410	387	4951	--	4392	927	1209	695	1663	1005	2618	1577
眉山市	405	169	144	3364	938	1434	304	1113	3035	2489	2288	2452	1530
梅州市	--	--	--	--	310	--	264	--	550	331	1873	710	543
绵阳市	805	1616	2832	1441	1021	775	410	1610	4083	785	1952	2589	1888
牡丹江市	1283	--	--	--	908	--	307	--	--	--	--	--	780
南充市	3960	144	627	3135	1575	264	320	199	394	682	2182	1891	1047
南平市	--	112	212	5734	277	3895	110	110	167	2323	2014	955	1142
南通市	5486	346	540	6247	425	303	3544	402	403	313	5714	4749	4036
南阳市	2172	4140	1177	5703	1636	1960	2006	1393	1543	729	412	956	1491
内江市	2060	168	--	1710	690	155	2082	--	3240	225	1218	2950	1798
宁德市	6295	1232	--	--	9663	--	10429	--	2548	--	7698	2951	7843
攀枝花市	--	252	--	--	2821	195	2289	425	--	839	2283	1155	936
平顶山市	390	1035	--	--	--	1407	--	720	4020	--	450	2000	1516
萍乡市	4633	3257	--	663	199	5322	--	--	5303	6725	5981	1500	3143
莆田市	19571	5703	10635	--	5167	897	6381	1086	449	1867	1918	5080	2656
濮阳市	2188	673	1122	461	--	3386	2308	--	513	1419	4340	--	1780
普洱市	801	1440	--	2688	--	1149	289	--	512	385	309	--	1015

2-6 续表4 单位：元/㎡

城市	1月	2月	3月	4月	5月	6月	7月	8月	9月	10月	11月	12月	合计
齐齐哈尔市	401	--	309	--	--	622	260	227	--	414	424	--	384
钦州市	1042	3339	1525	360	289	--	275	244	503	1949	275	309	730
秦皇岛市	603	387	7432	617	1404	2946	466	218	4178	1936	4194	3212	2394
清远市	915	612	603	556	600	539	3182	658	617	760	770	3406	1202
衢州市	226	2602	365	906	1851	1638	642	833	7878	1688	1148	4231	1753
曲靖市	459	--	701	--	357	271	417	584	308	430	395	980	431
泉州市	7994	--	--	--	--	24316	605	5940	442	8290	1043	13171	4699
日照市	408	--	881	1650	362	1936	1764	3581	2059	386	759	1391	1448
三明市	205	218	845	557	4358	207	310	2555	1902	199	2039	1783	1067
汕头市	1302	994	1992	1185	1357	1405	1621	8072	1299	6542	2832	6058	3406
汕尾市	--	--	--	8221	--	--	--	2240	--	--	--	2352	3288
商洛市	--	--	322	586	--	345	2055	--	--	--	--	2158	1686
商丘市	5395	--	319	542	2019	2626	573	432	1609	319	2518	2456	1666
上饶市	2025	431	1368	1512	3404	1389	1421	1593	2146	1249	1684	4316	2106
韶关市	--	583	693	771	3207	1650	--	940	525	537	--	592	759
绍兴市	1666	599	7618	3612	1206	7908	9108	4020	1737	1895	1234	1521	2874
十堰市	176	--	286	1492	187	538	4012	847	188	1773	2780	2440	1590
朔州市	--	--	--	235	886	--	221	222	208	211	227	199	224
松原市	--	204	232	--	343	--	436	1828	325	260	677	505	304
随州市	686	197	202	211	200	1551	721	203	904	1032	286	1881	674
台州市	3134	11020	8466	11064	--	5682	11295	--	8317	16847	6749	4427	8278
泰安市	3740	425	487	3191	2640	--	1872	818	5061	4423	3611	3854	3234
泰州市	393	377	428	2440	386	7554	1111	1989	911	8789	6012	7253	4908
唐山市	282	1179	734	652	1001	1020	1645	1348	1586	653	408	1161	754
铁岭市	--	--	--	--	118	--	--	232	--	--	--	--	121
通化市	667	--	--	446	4245	680	--	8514	443	--	--	--	1542
威海市	1671	1878	407	3232	1361	1998	2198	575	2412	758	2673	3527	1968
潍坊市	1647	1073	1210	1265	909	3275	764	2061	3088	1810	2763	3075	2185
乌兰察布市	--	--	--	--	--	393	--	134	--	--	124	--	247
芜湖市	1130	1836	4007	571	652	1046	700	1426	5507	2893	1430	1580	1537
咸阳市	7914	--	569	5350	1	263	1720	--	615	--	4213	509	2792
湘潭市	2880	336	2723	4055	4800	3348	2820	2245	500	1059	452	615	2075
襄阳市	4322	295	259	456	6803	804	3265	5818	276	3453	3388	6545	2270
新乡市	--	435	3780	1861	3522	2888	759	3715	1086	300	2419	2357	1978
信阳市	411	341	408	313	348	372	418	381	--	5273	3696	4721	1693
宿迁市	153	267	150	293	144	4407	154	228	1321	1599	1499	5819	2194

2-6 续表5　　单位：元/㎡

城市	1月	2月	3月	4月	5月	6月	7月	8月	9月	10月	11月	12月	合计
宿州市	344	--	2234	4215	1770	181	2140	--	619	568	157	843	1087
徐州市	207	275	4824	407	232	210	487	3359	214	7144	342	5713	3790
宣城市	171	311	187	178	297	279	224	408	717	294	1240	2002	622
烟台市	761	276	362	675	1015	826	448	1867	637	390	1353	3552	1256
盐城市	1100	195	4426	225	1864	1462	2640	2346	653	14269	2169	2609	2359
扬州市	282	1592	270	269	281	6010	5644	6459	301	5370	7405	5209	4518
阳江市	471	--	5495	--	1520	650	1629	352	771	3373	335	1707	1122
伊春市	--	--	--	139	--	128	--	82	--	--	--	68	88
宜宾市	1050	--	--	2195	2572	1980	1136	677	357	1761	2888	956	1426
宜昌市	206	288	353	1672	1491	1052	511	3415	301	2146	3060	4560	1851
宜春市	--	2596	979	499	3639	205	3660	886	1998	224	585	3628	1127
鹰潭市	133	113	--	1716	1186	970	7862	1712	3697	2898	3626	3314	1842
营口市	377	2943	2486	--	--	--	210	2142	622	668	330	--	895
玉溪市	617	356	1290	615	472	1028	632	717	833	11138	663	1026	925
岳阳市	1657	2303	2209	1507	910	2132	3771	3259	938	1101	1171	3485	1962
云浮市	--	--	420	252	--	410	450	--	284	230	226	204	278
湛江市	--	525	450	--	979	3027	879	476	6331	3860	3687	3166	2016
张家界市	--	4500	--	--	--	--	290	--	447	--	4153	1773	3127
漳州市	9025	353	375	6438	864	--	1807	1316	3591	306	579	1834	2862
肇庆市	5544	538	519	1159	531	1157	811	757	547	622	681	2586	1136
镇江市	--	--	331	--	488	478	426	5472	1284	6924	655	3342	3275
中山市	765	1162	1016	4960	3405	19267	949	972	2092	1102	1482	4342	3111
舟山市	7756	867	8249	750	1196	6430	846	837	2095	775	3794	732	1271
珠海市	379	11150	3996	1683	5014	1518	470	519	578	508	9532	9560	3760
株洲市	5396	573	568	565	1021	2405	929	918	2361	3219	3542	5258	3284
淄博市	1473	533	3498	490	1064	779	1429	4429	1242	3941	3477	1924	1796
自贡市	4745	--	494	255	1477	504	482	180	186	661	3096	2090	1473
遵义市	1490	449	604	1027	3239	995	513	1452	--	1348	1765	2229	1242

县及县级市

城市	1月	2月	3月	4月	5月	6月	7月	8月	9月	10月	11月	12月	合计
保亭黎族苗族自治县	--	--	--	485	2451	2762	--	--	1426	922	1695	--	1362
滨海县	3686	272	240	348	227	2456	--	96	2569	3458	368	7180	1709
常熟市	624	345	1302	7067	442	--	4546	675	9126	5744	1805	780	3344
长沙县	2081	810	781	3992	2184	866	2426	1813	1842	1095	2247	3108	2082
长兴县	1110	1231	1359	1420	527	2691	4440	3291	4355	595	2721	2439	2434
崇州市	4446	170	--	--	120	--	120	2706	--	5024	3168	3991	2757

2-6 续表6　　单位：元/㎡

城市	1月	2月	3月	4月	5月	6月	7月	8月	9月	10月	11月	12月	合计
淳安县	--	939	1691	1984	226	225	12198	--	3376	622	226	7303	2983
慈溪市	488	337	6664	5921	445	1765	1682	934	785	1515	6485	11454	1980
丹阳市	4698	--	315	5949	3402	2676	455	723	3047	3166	4363	610	3072
当涂县	831	--	627	316	172	3345	1113	205	1218	1707	3466	1554	1056
德清县	4875	1780	868	1554	3993	3380	6947	3515	876	1067	1604	2888	3167
东港市	1821	--	4274	1800	--	1571	--	1671	--	246	252	187	1169
东台市	260	258	--	264	2893	1281	3026	280	586	5449	4398	286	1953
都江堰市	--	--	--	--	2400	1740	--	108	--	4480	108	4270	2714
恩施土家族苗族自治州	1913	515	--	1351	755	6176	2083	1631	270	3367	2241	2256	1475
肥东县	--	210	328	14529	2069	2150	1155	212	269	736	209	209	1285
肥西县	3072	4709	233	1232	2724	2531	207	3222	384	13705	349	351	2677
盖州市	--	--	239	--	--	1050	--	264	1041	--	234	--	607
高碑店市	--	--	--	--	483	990	2317	1103	2313	--	575	668	1034
固安县	1218	--	1122	3294	2391	--	2270	1945	2049	4324	1425	3070	1788
海安市	287	8529	293	1445	3284	309	339	7008	616	5053	316	8070	4126
海宁市	387	1265	4913	2405	1258	1035	15436	1113	21078	7268	684	3632	3220
海盐县	1650	2205	763	525	4500	2716	4500	1352	9000	872	3584	785	1784
惠安县	508	313	--	296	--	4429	320	--	5022	2232	410	2502	1801
惠东县	1867	--	--	--	--	811	800	800	800	800	775	4624	1679
嘉善县	5613	3359	5030	917	1533	1513	4985	3416	5886	1798	5264	2949	3338
建德市	337	331	381	390	327	6177	583	346	4083	421	368	697	911
建湖县	841	295	3006	--	205	2578	4890	205	--	2465	1211	5446	2444
江阴市	350	--	892	--	--	385	4650	1367	940	14210	9122	679	4355
胶州市	547	1972	1253	403	3459	351	897	286	4728	321	4723	1449	1642
晋江市	2964	1073	439	533	2368	808	429	4768	755	6058	3249	9440	4051
靖江市	--	375	--	--	--	3619	1072	204	375	7369	2800	9284	3809
昆山市	14553	336	--	974	10204	470	21256	16547	862	7922	11048	8151	9308
莱西市	586	688	--	263	281	290	885	--	2297	--	--	4174	1309
莱州市	320	3011	2292	2665	367	726	299	332	305	3223	--	1149	1050
临海市	1041	7805	684	603	4049	803	2201	17377	1145	1581	5301	1222	1767
陵水黎族自治县	--	4954	--	--	1167	--	2352	3799	--	1843	772	2058	3112
浏阳市	--	--	397	3961	1455	2084	3136	432	2037	515	3673	1214	1940
龙口市	937	656	733	1013	600	294	656	620	911	1004	--	--	776
龙门县	--	--	4408	4514	--	--	481	430	531	480	2692	427	765
闽侯县	384	558	--	383	7130	3935	563	--	5830	5535	593	2622	4152

2-6 续表 7　　　单位：元/㎡

城市	1月	2月	3月	4月	5月	6月	7月	8月	9月	10月	11月	12月	合计
南安市	462	392	342	--	458	7516	987	3699	400	3779	1030	1027	1427
宁海县	942	795	--	393	624	5537	--	427	1884	1202	372	898	995
沛县	--	--	--	1701	528	330	--	2461	4640	3956	781	2569	2584
彭州市	6000	--	--	--	4650	8250	2309	229	--	376	2895	3654	2564
邳州市	879	3400	--	383	1465	667	2700	2250	1500	1764	1622	4144	2509
平度市	--	340	285	265	359	3031	743	510	614	1131	--	2317	833
平湖市	661	--	663	664	10217	2179	998	1035	673	3837	1517	2652	2416
蒲江县	--	--	96	--	96	96	--	--	--	719	1421	1948	970
普宁市	--	618	693	1467	1924	--	--	--	513	439	976	4081	1125
启东市	8094	204	510	244	9491	634	3740	410	214	565	613	5871	2940
潜江市	131	893	2343	149	169	769	2483	907	146	216	1345	755	764
荣成市	2634	1059	1626	473	2652	765	1986	473	1457	3137	--	949	1922
如东县	1232	646	4183	--	1072	1956	1596	270	354	653	490	5414	2333
瑞安市	--	3405	6418	1095	7503	20407	285	2270	3386	7573	771	2148	5303
嵊州市	619	3856	438	687	437	1170	6550	2557	1891	6060	716	567	2768
太仓市	432	300	--	407	--	3954	400	10199	6375	9044	14169	1678	4286
泰兴市	719	--	633	1032	878	436	4078	450	7089	7306	8146	2271	3151
天门市	140	135	767	1140	219	132	1604	517	906	319	1511	504	928
桐庐县	643	2403	9075	490	402	5842	387	411	806	2884	--	505	1280
桐乡市	7048	1458	559	15223	8173	2875	1444	4194	1670	541	4798	385	3524
瓦房店市	3896	83	417	325	325	582	2604	958	390	601	391	390	461
文安县	3064	--	537	--	--	485	494	427	3242	--	2186	--	761
文昌市	--	--	--	--	540	2793	533	2018	2700	2379	540	540	1751
仙桃市	207	207	196	207	249	207	207	207	2076	1334	207	2117	732
香河县	1672	--	785	--	--	1314	--	--	4386	--	760	778	1602
象山县	723	609	478	466	2368	8683	785	1485	2200	934	1174	3756	2381
新沂市	144	144	144	258	355	145	1194	1982	146	939	2887	1922	853
兴化市	10681	278	1657	1462	--	4208	278	804	--	740	3168	3465	3594
宜兴市	1717	459	519	1251	2741	4284	4422	10088	3467	4585	--	8928	5108
义乌市	2072	4673	1403	6363	1575	1919	5231	2229	22271	18365	13528	3543	5715
永登县	451	121	116	95	335	983	251	126	1479	310	284	279	238
余姚市	1732	--	--	1036	1051	3207	870	5069	1589	1533	10482	15441	6137
张家港市	561	6241	586	832	540	710	613	3058	9939	2760	725	6399	2653
诸暨市	972	667	--	750	5135	19702	1454	14190	699	--	507	9638	7188
庄河市	--	--	--	1949	201	--	--	245	263	200	406	314	590

2-7　2022年全国300城土地成交溢价率统计

单位：%

城市	1月	2月	3月	4月	5月	6月	7月	8月	9月	10月	11月	12月	合计
一线城市													
北京市	0	4.41	0	0	0	8.81	0	0	6.05	0	9.68	0	5.14
上海市	0.02	7.66	0	0	0	3.35	4.30	0	2.22	0.48	0	2.94	2.84
广州市	0	0	0	0	1.16	0	5.70	0	0	0.46	0	0.07	1.27
深圳市	0	0	0	14.84	0	0	0	8.84	3.52	0	3.34	0	7.56
二线城市													
长春市	0.24	0	0	--	0	0	0	0	0.72	1.91	0.14	1.08	0.83
长沙市	0	0	0	2.62	0	0	2.24	0	0	0	0	1.39	1.63
成都市	0	0	4.93	4.14	0	0	4.96	0	0	0.51	0	0.92	2.83
重庆市	0	0	5.39	0	0	29.59	0.46	0	5.05	0	0	3.40	2.83
大连市	0	0	0	16.11	0	23.60	0	0	0	0	0	0	1.79
福州市	0	--	4.14	0	1.74	--	0	10.46	0.60	0	0	0.91	1.70
贵阳市	1.73	1.75	1.58	2.56	1.56	0.24	0.15	0	0	0	0	1.13	1.05
哈尔滨市	--	0	--	0	--	0	--	0	0	0	0	0	0
海口市	0.65	0	0	0	8.32	3.29	2.31	0	0	0.19	0.01	0	1.35
杭州市	26.18	5.45	0	6.40	0.94	5.14	1.18	0	5.34	0.40	8.04	6.33	5.72
合肥市	0	0.91	11.16	--	1.79	9.03	--	0.22	6.83	0.04	0	6.97	8.46
呼和浩特市	--	--	0	--	--	0	0.04	0	0	--	--	--	0.02
济南市	0	0	6.86	0	0.80	6.53	0	2.03	0	0.03	0.12	3.48	1.52
昆明市	0	0	0	0	0	0	0	0	0	0.15	0	0	0
兰州市	0.43	--	--	0.68	0.59	0.45	305.04	0.52	0.88	36.36	0.43	--	4.62
南昌市	0	0	5.14	0	7.76	0	0	0	0	3.91	6.27	0	5.16
南京市	0	5.63	0	4.46	0	0	2.86	0	0	2.71	0	4.19	2.88
南宁市	0	0	10.18	0.09	8.41	16.01	0	0	0.83	0	27.74	0.19	8.49
宁波市	6.93	37.21	9.57	5.72	0.09	5.38	0.87	0	8.23	0	28.11	0	6.37
青岛市	0	2.75	5.73	0	3.87	1.77	0	0	1.10	0.01	0	2.58	1.99
三亚市	1.34	--	--	4.48	10.62	6.33	--	--	--	0.06	0.01	0.05	0.69
沈阳市	0.14	--	0	0	0	0	0	0	0	0.33	0	0	0.01
石家庄市	7.06	0	1.26	1.09	0.51	0.44	0	3.13	0	5.87	1.15	10.29	3.09
苏州市	0	0	0	0.07	2.92	3.04	0	2.37	2.97	0.20	0	5.09	2.64
太原市	29.47	0.80	--	--	--	50.20	31.62	7.74	9.54	--	332.38	5.70	29.41
天津市	0.55	0	0	0.41	0.02	0.65	0	0	3.08	0.12	0	1.04	0.44
温州市	7.78	3.45	6.31	0	6.39	5.01	4.82	1.67	2.31	1.83	2.64	5.06	3.55
乌鲁木齐市	--	--	0.51	0.79	0.49	0.33	0.72	0.28	0.37	2.27	0.43	1.11	0.44

2-7 续表1 单位：%

城市	1月	2月	3月	4月	5月	6月	7月	8月	9月	10月	11月	12月	合计
无锡市	0	--	0	0.03	0.08	0	1.38	0	0	0.44	0	0	0.41
武汉市	0	0	1.51	0	0	1.27	0	2.26	0.10	0	0	0.88	0.67
西安市	2.60	0	0	1.22	0	1.31	0	1.10	0	0.22	0.24	0.04	0.60
西宁市	--	--	0	0	0	0	0	0	--	0	0	--	0
厦门市	--	0	6.72	5.33	1.41	0	0	0.17	0	0	0	3.25	2.60
银川市	--	0	0	0	0	0	--	0	0	--	0	0	0
郑州市	6.69	70.27	0	2.27	0	1.90	22.66	0	0.01	0	0	0	0.80
三四线城市													
安康市	2.03	0.26	0.79	2.71	2.88	--	--	35.55	0.21	1.47	0.52	7.75	1.48
安庆市	0	0	0.59	0	46.42	0	67.27	0	0	0	0	0	7.92
安顺市	1.25	2.65	0	1.95	2.13	1.11	0	0	0	0	0	0.25	0.70
安阳市	0	--	--	0	52.57	0	0	--	6.76	0	0	--	3.06
鞍山市	0	--	0.35	0	0	--	0	--	0	0	0	--	0.07
百色市	3.21	1.46	1.21	8.76	4.10	17.03	--	9.72	1.04	6.67	--	17.47	2.99
包头市	0	0	0	0.03	0	0	0	0	0	0	0.06	2.75	0.73
宝鸡市	1.62	6.82	0	--	6.21	3.11	5.26	0	0.87	--	1.57	2.27	1.84
保定市	0	0	0	0	0.64	0	0.06	0.32	0	0.05	0	0.01	0.09
北海市	0	0	0	--	30.54	0	0	0	0	0	0	0	0.35
本溪市	--	0	0	0	--	--	--	--	0	0	0	0	0
蚌埠市	--	0.31	2.39	5.60	0.33	--	10.61	0.18	0.72	52.11	--	4.06	7.13
滨州市	0	--	0	0	--	0	0	0	0	10.39	0	2.85	2.25
沧州市	0.50	0	1.13	0	0	0	0	0	--	0	0	2.00	0.99
常德市	0	0	0	0	0	0	9.03	0	0.19	0	0	0.87	0.46
常州市	1.09	0.11	0.67	0.22	1.22	2.99	0.04	6.24	10.24	0.22	0.38	0.98	0.88
朝阳市	--	--	0	0	--	0	0	--	--	0	0	0	0
潮州市	0	--	0	0	0	0	0	--	0	0	0	0	0
郴州市	0	0	0	0	0	0	0	0	0	0	0	0	0
承德市	0	--	--	0	--	35.45	--	--	--	--	--	0	17.08
池州市	11.61	--	0	0	0	0	0	4.73	--	10.34	85.19	6.37	8.71
崇左市	483.73	0	0	0	364.71	--	--	0	--	0	0	0	8.79
滁州市	0	0.24	1.37	6.56	0.34	0.23	0	45.12	0.20	0.57	39.55	5.38	5.83
大庆市	0	--	0	0	0	0	--	0	--	--	--	0	0
丹东市	--	--	0	--	--	--	0	--	--	--	--	0	0
德阳市	0	0	0	0	0	0	0	0	0	0	--	0	0
德州市	0	0	--	0	0	0	0.28	0	0	4.61	0	0	2.45

2-7 续表2 单位：%

城市	1月	2月	3月	4月	5月	6月	7月	8月	9月	10月	11月	12月	合计
东莞市	0	21.04	16.34	0.77	0	6.86	0	2.66	0	0	0	0	3.20
东营市	4.51	0	0	14.05	4.51	24.77	43.18	0	8.16	3.40	0	0	8.20
鄂尔多斯市	0	--	--	0	0	0	--	0	0	--	136.26	68.23	66.82
鄂州市	0	0	0	0	0	0.51	0	0	--	0	0	0	0.07
佛山市	2.40	0	0	0.91	3.88	7.88	0.39	0.20	0	0	0	0.04	0.82
抚顺市	0	--	0	0	0	--	--	0	0	--	--	0	0
阜新市	2.59	--	--	--	--	--	--	--	--	4.88	1.26	--	3.81
阜阳市	--	--	--	--	0	1.43	2.17	44.69	0	2.08	4.93	9.31	6.57
赣州市	0	63.93	13.32	9.72	3.67	0	0	13.65	0	0.87	2.72	3.49	5.99
广元市	--	0	--	0	0	1.99	0	0	0.05	0	0	1.03	0.34
贵港市	0	--	0	0	0	2.82	1.36	2.46	0	0.26	0	0.08	0.86
桂林市	0	0	--	--	0	0	0	0	0	0	9.62	0	1.08
邯郸市	0	0.91	7.24	0	26.85	0	0	10.73	1.73	1.04	0.04	8.04	7.22
河源市	--	--	0.03	0	--	--	0	0	--	0	10.04	28.18	5.71
菏泽市	0	0	0	0	0	0	0	0	0	0	0	0	0
鹤壁市	--	--	--	--	7.46	--	--	--	20.52	0	--	0	5.91
鹤岗市	--	--	--	--	0	--	0	--	0	--	--	0	0
衡水市	0.33	0.53	7.46	0	0.33	0.12	1.14	0.54	1.10	5.09	6.72	1.12	4.43
葫芦岛市	0	--	--	0	0	0	--	--	--	0	7.55	--	--	0.34
湖州市	0	0	0	0	0	0.46	0	0.79	0	3.72	0	0.53	0.58
怀化市	0	0	--	--	0	0	0	0	0	76.17	--	0	2.44
淮安市	6.97	0	0	0	0	0	0	2.41	0	0	0	5.47	0.43
淮北市	--	0	--	25.88	48.28	46.48	42.50	0	0	7.61	51.60	64.16	38.34
淮南市	0	--	--	0.78	0	0.59	--	2.50	0.02	15.38	4.90	1.75	2.48
黄石市	0.01	0	0	0	--	--	0	--	0	0	0	0	0
惠州市	0	0.45	0	7.21	7.22	0	0	0	0	0	0	0	0.49
鸡西市	--	--	0	0	--	--	--	--	--	--	0	--	0
吉林市	--	0	0	--	--	0	0	--	0	0	0	--	0
济宁市	0	0.02	--	7.38	5.49	0	0.15	0	0	0	0	0.93	1.31
嘉兴市	4.91	0	0	0.03	0	0	0	0	0	0.05	8.58	0	2.77
江门市	0	0	0	0	0	0	0	0	0	3.78	0	0.07	0.67
焦作市	--	0	--	--	7.54	0	0	0	0	0	--	0.07	1.08
揭阳市	--	--	--	--	--	0	0	0	0	0	--	22.70	4.72
金华市	0.28	0	0.52	2.59	0.02	0.03	0	0	0.54	0.20	1.36	0.03	0.69
锦州市	12.05	0	0	0.06	0	0	0	0	0	0	0	0	0.97
荆门市	0	4.23	0	0.14	0	0.19	0	12.30	0	1.62	0	0	1.19

2-7 续表3 单位：%

城市	1月	2月	3月	4月	5月	6月	7月	8月	9月	10月	11月	12月	合计
荆州市	0	0	0	0	0	0	0	0	15.12	0	0	3.58	6.34
景德镇市	0	--	--	0	0.71	0	0	--	--	0	0	0	0.06
九江市	--	0	0	0	0	0	0.18	2.26	0	2.87	6.80	0.01	2.67
开封市	0	0	0	0	0.04	0	0	0	0	0	0	0.01	0.01
拉萨市	--	--	--	--	--	--	--	--	--	--	--	--	--
廊坊市	1.31	4.80	3.77	7.55	--	0.52	0.24	0.29	0.89	0.86	3.57	1.31	1.17
乐山市	--	12.87	0	0	0.41	5.21	0	0.08	8.08	0.32	5.19	9.94	4.78
丽江市	--	0	--	--	--	0	0	0.87	--	--	1.43	0	0.06
丽水市	0	0	3.27	0	0	3.71	0.05	0	1.64	5.22	8.82	3.81	2.88
连云港市	0	0.92	0	0	0	0	0.04	0	3.74	0	0	2.98	1.82
聊城市	0	0.10	2.21	0.61	0	0.16	0	0.34	5.52	2.30	0	1.25	1.12
临沂市	0	0	0	0	0	0	0.02	0	0.27	0	0	0	0.04
柳州市	0	0	0	0	0	0	0	0	0	0	0	0	0
六盘水市	1.19	0	0.06	1.73	0.15	1.09	0.39	0.33	0.69	0.17	0.54	0.20	0.46
龙岩市	--	0	0	0	27.17	0	3.51	0	0.02	24.34	0	1.27	4.21
泸州市	0	--	0	0	0.11	--	0	0	6.91	29.16	0	0	13.45
六安市	0.53	2.48	1.69	15.37	0.71	4.16	0.78	18.77	2.06	1.14	0	--	6.78
洛阳市	0	0	1.73	0	0	0	0	0	0	0	0	0	0.02
漯河市	0	0	--	--	0	0	0	32.77	0	0	0	0.01	0.10
马鞍山市	0	15.38	0	10.74	0	0	0	--	0.22	0	15.09	2.36	5.34
茂名市	0	0	0	120.03	--	0	0	0	0	1.56	0	0.06	1.21
眉山市	0.28	0	0	15.07	0.04	0.43	0	0.19	1.89	4.24	17.35	9.71	7.98
梅州市	--	--	--	--	0	--	0	--	0	0	0	0	0
绵阳市	0	0	0	0	0	0	0	0	0	0	0	3.45	1.50
牡丹江市	0	--	--	--	0	--	0	--	--	--	--	--	0
南充市	1.93	0	0.72	1.46	2.94	23.57	2.70	0	0	1.48	11.96	4.46	5.62
南平市	--	0	0	0.47	0.16	0.67	0	0	0.26	0.85	0.49	3.89	1.95
南通市	0	0	0	1.37	0	0	0.46	0	0	0	0.03	0.01	0.25
南阳市	0	37.15	0.43	0	0	0	0	0	0	0	0	0	1.15
内江市	0	0	--	0	0	0	0	--	0	0	0	1.07	0.69
宁德市	0	509.76	--	--	1.65	--	6.10	--	0	--	0	0	2.45
攀枝花市	--	0	--	--	0	0	0	0	--	0	0	0.09	0.06
平顶山市	0	0	--	--	--	7.01	--	6.67	3.08	--	0	3.00	3.52
萍乡市	0.02	2.13	--	59.37	0	--	0	--	0	0	0	0	0.47
莆田市	3.46	1.48	1.18	--	18.76	10.16	10.90	33.77	0	0.35	5.28	0.78	6.84
濮阳市	4.80	0	0	--	0	0	0	0	0	16.74	0	--	1.53
普洱市	0	7.12	--	258.40	--	0	--	0	--	0	0	--	4.73

2-7 续表4   单位：%

城市	1月	2月	3月	4月	5月	6月	7月	8月	9月	10月	11月	12月	合计
齐齐哈尔市	0	--	0	--	--	1.71	0	0	--	0	0	--	0.11
钦州市	0	0	0	0	0	--	0.19	0	0	0	0	0	0
秦皇岛市	0.18	0	0.33	17.46	0	0	0.12	0.08	2.68	0.17	0.06	5.37	2.69
清远市	1.93	2.63	0	0	0	0	0.11	0	0.10	9.39	2.75	5.44	2.15
衢州市	0	0	8.76	0	0	0	11.22	3.71	0	0	0	0	1.22
曲靖市	0.25	--	9.46	--	0.24	0.02	0.08	0	0	0	43.19	0	7.68
泉州市	12.53	--	--	--	--	8.13	0	0	0	0	0	0	2.61
日照市	0	--	0	0	0	0	0	0	0	0	0	0	0
三明市	0	0.04	0.12	3.69	40.58	0	0.44	0	0.02	0.30	6.27	4.48	7.40
汕头市	3.84	1.92	4.67	9.10	1.01	1.91	24.24	2.96	1.87	1.31	6.98	1.04	2.99
汕尾市	--	--	--	0	--	--	--	10.12	--	--	--	0	4.20
商洛市	--	--	0	0.21	--	0	10.64	--	--	--	--	0.32	1.87
商丘市	0	--	0	0	0	0.50	0	0	0	0	0	0	0.01
上饶市	0.49	17.10	0	50.59	243.58	22.19	5.98	21.11	0.24	0.21	15.66	14.14	29.33
韶关市	--	0	1.51	0	0	0	--	0	0.44	0	--	0	0.23
绍兴市	0	0	0	5.41	0.80	6.34	0	0.52	0	1.84	0	3.14	1.94
十堰市	0.25	--	0.09	52.26	0	0.32	39.42	0.17	0	16.16	24.06	13.60	17.58
朔州市	--	--	--	6.38	2.87	--	0.21	0.75	1.37	0.90	0.53	0.70	0.78
松原市	--	0	0	--	0	--	0	0	0	0	0.18	0	0.01
随州市	8.64	0	0	0	0	9.62	6.64	0	0	0	0	0	1.68
台州市	0	29.60	19.15	6.20	--	8.45	5.72	--	4.25	5.76	0	13.89	9.61
泰安市	6.62	0	0	0	0	--	0	0	0	0.04	0	1.10
泰州市	0.89	4.65	1.60	3.18	4.24	0.26	2.16	9.92	140.27	1.84	0.67	3.40	2.89
唐山市	0	1.29	9.27	2.49	0	0.96	1.50	4.10	0.43	15.04	0.54	0.65	1.67
铁岭市	--	--	--	0	--	--	0	--	--	--	--	--	0
通化市	0	--	--	0	1.80	0	--	0	--	--	--	--	0.13
威海市	0.01	0	0.01	0	0	0	0	0	0	0	14.16	3.03
潍坊市	3.95	0	19.82	0	0	2.81	0	36.94	26.18	1.10	59.44	0	17.25
乌兰察布市	--	--	--	--	--	1.76	--	0	--	--	0	--	1.27
芜湖市	16.54	16.87	23.41	15.63	11.59	10.58	7.92	22.06	1.03	2.85	5.46	3.05	9.50
咸阳市	0	--	1.00	0	3.11	0	0	--	0	--	0.60	0	0.33
湘潭市	0	0	0	0	0	0	0	0	0	0	0	55.32	0.38
襄阳市	0	0	0	0	3.96	0	1.09	0	0	0	0	0.43	1.26
新乡市	--	0	0	1.80	0	0	0	0	1.49	0	21.24	0	2.86
信阳市	123.76	0	0	0	0	0	0	0	0	0	0	0	0.14
宿迁市	0	0	0	0	0	0	2.12	58.53	0	0	0	0	0.13

2-7 续表5 单位：%

城市	1月	2月	3月	4月	5月	6月	7月	8月	9月	10月	11月	12月	合计
宿州市	0.47	--	3.00	0.36	12.99	0	12.82	--	0.82	0.23	0	9.85	6.49
徐州市	0	0	1.18	0.16	0	0	0	0.47	0	0.03	0	0.10	0.28
宣城市	--	0	0	0	0	0	0	0.38	0.02	0	0.37	7.72	3.29
烟台市	0	0	0	0	0	0	0	0	0	0	0	0	0
盐城市	0	0	0.31	0	0.21	0	0	0	0	0	0	0	0.03
扬州市	0	0	0	0	0.15	5.46	2.80	3.27	0.21	1.51	6.98	2.33	3.41
阳江市	6.11	--	0	--	5.51	34.68	7.38	0	50.04	3.20	0	3.12	5.56
伊春市	--	--	--	0	--	0	--	1.10	--	--	--	0	0.53
宜宾市	0	--	--	0	25.00	--	23.48	0.03	2.30	0	0.77	0.84	1.34
宜昌市	0.83	0	0	6.02	0.15	0.38	0.02	0.04	0	0	0	1.60	0.59
宜春市	--	11.86	0	0.46	0	0	0	0.04	7.14	0	0	0	1.04
鹰潭市	0	0	--	14.60	23.01	40.39	0	4.54	159.22	0	0	0.12	11.28
营口市	0	7.44	0	--	--	--	0	0	0	0	0	--	0.64
玉溪市	0	0	0	0	0	0	0	0	3.96	0	0	0	0.11
岳阳市	60.26	1.02	1.31	49.31	1.13	0.34	0.98	0.66	0.57	0.82	0.86	0.70	2.94
云浮市	--	--	0	0	--	0	0	--	0	0	0	0	0
湛江市	--	0	0	--	4.10	0	0	0	68.26	0	3.96	0.48	3.59
张家界市	--	0	--	--	--	--	0	--	0	--	0	66.45	1.93
漳州市	10.02	0.49	0	8.34	0	--	10.35	0.52	0.62	0.70	12.41	0	5.88
肇庆市	0	0	0	0	0	0	0	0	0	0	0	0	0
镇江市	--	--	--	--	0	0	0	0	0	0	0	0	0
中山市	0	0	0	0	0	4.68	0	0	0	0	17.24	0	2.62
舟山市	0	0	0.02	0	0.06	0	7.25	0.34	10.78	0	0	0.95	1.08
珠海市	0	0	0	0.09	0	1.21	0	0	0	0	0	0	0.04
株洲市	0	0	0	0	0	0	0	0.01	0	0	10.84	16.25	8.36
淄博市	0	0	0	0	0.02	0	0	13.15	3.38	0	16.87	0.02	3.98
自贡市	0.68	--	3.02	2.28	3.95	0	10.03	0	0	20.39	0.09	0.48	2.97
遵义市	0	0	0	0	0	0	0	0	0	--	0	0	0
县及县级市													
保亭黎族苗族自治县	--	--	--	24.26	--	1.08	--	--	13.77	0	0	--	6.03
滨海县	0	6.15	0	43.61	0	27.22	--	0	29.95	0	4.98	4.91	10.30
常熟市	0	0	0	1.80	0.06	--	3.85	0	0.11	0.12	0.02	0.02	0.90
长沙县	0	0	0	0	0	0	0	0	0	0	3.85	2.25	1.04
长兴县	27.78	33.76	4.92	0.33	0.02	3.01	28.75	82.62	35.12	0	37.06	16.52	25.12
崇州市	0	0	--	--	0	--	0	0	--	0	0.02	0	0.01

2-7 续表6　　单位：%

城市	1月	2月	3月	4月	5月	6月	7月	8月	9月	10月	11月	12月	合计
淳安县	--	0	0	0.38	0	0	0	--	--	0	0	0	0.01
慈溪市	0	0	0	50.28	0	0.92	0.02	0	0	0.43	0.07	0	0.33
丹阳市	0.05	--	0	0	0.04	0	0	0	0	0	0	0	0.02
当涂县	0	--	59.15	54.97	0	0	0	0	0	27.74	0	5.38	10.09
德清县	7.57	0.06	0	0.52	1.72	12.09	2.54	0	0	11.22	2.57	0	3.74
东港市	0	--	64.23	0	--	0	--	0	--	0	0	0	12.63
东台市	0.18	0	--	0	0	0.73	0	0	0	0	0	0	0.06
都江堰市	--	--	--	--	0	0	--	0	--	36.03	0	3.24	3.81
恩施土家族苗族自治州	0	0	0	0	0	7.77	0	0	0	1.68	0	0	0.61
肥东县	--	--	--	13.95	14.94	0	0	--	0	0	--	--	4.96
肥西县	0.09	0.18	--	5.01	7.13	0.16	--	0.03	--	2.56	--	0	1.17
盖州市	--	--	0	--	--	0	--	0	--	0	--	0	0
高碑店市	--	--	--	--	0.99	1.41	0.10	0.31	0.08	--	2.85	0.74	0.46
固安县	3.83	--	1.88	1.37	3.72	--	2.93	1.91	1.65	1.34	1.56	1.52	1.74
海安市	0	19.50	0	12.76	10.65	0	0	0	0.10	0	0	0	2.52
海宁市	0	0	10.76	16.91	0	0	28.71	0	13.51	0.11	0	0	10.26
海盐县	0	0	10	0	0	0	0	0.68	0.17	0	0	0	0.27
惠安县	0	0	--	0	--	15.00	0	--	7.50	0	0	15.77	8.80
惠东县	2.32	--	--	--	--	0	0	0	0	0	0	0	1.17
嘉善县	0.25	0.20	0.20	0.07	0.09	0.18	0.10	0.09	0.01	0.23	0	0	0.09
建德市	0	0	0	0	0	0.77	3.00	0	6.48	0	0	1.63	1.83
建湖县	13.67	19.95	90.48	--	0	28.35	4.70	0	--	27.79	24.69	20.06	20.41
江阴市	0	--	22.20	--	--	0	0	0	49.07	0	0	11.45	1.20
胶州市	0	0	0	0	0	0	0	0	0.71	0	0	0	0.33
晋江市	11.08	0.17	0	3.29	3.99	2.24	0	25.40	1.98	11.26	0	0	4.09
靖江市	--	0	--	--	--	21.16	0	0	0	9.16	0.01	0	6.13
昆山市	0	0	--	0	0	0	0.34	0	0.02	0	0	0	0.09
莱西市	0	0	--	0	0	0	0	--	0	--	--	0	0
莱州市	0	0	0	0	0	0	0	0	0	0	--	0	0
临海市	8.20	0	0	0	1.20	4.00	2.00	0.33	1.73	0	0	0	1.09
陵水黎族自治县	--	80.75	--	--	0.17	--	7.21	2.72	--	0.05	0.13	0	18.07
浏阳市	--	--	0	0	40.75	0	0	0	0	0	1.08	0	0.95
龙口市	0	0	23.55	0	0	0	0	0	0	0	--	--	7.29
龙门县	--	--	0	0	0	--	--	0	0	0	0	0	0
闽侯县	0.39	15.06	--	0.24	17.50	0.01	0.07	--	0.01	3.56	0.30	0.02	5.80

2-7 续表7 单位：%

城市	1月	2月	3月	4月	5月	6月	7月	8月	9月	10月	11月	12月	合计
南安市	0	0	0	--	0	0	27.04	3.58	0	0	0	0.72	1.60
宁海县	0	11.64	--	4.88	0	0	--	0	253.09	0.08	0	0	3.28
沛县	--	--	--	0	0	0	--	0.24	0	0	0	0	0.03
彭州市	0	--	--	--	0	0	0	0	--	0	0	0	0
邳州市	0	0	--	0	1.61	0.68	0	0	0	0	0	0	0.04
平度市	--	0	0	0	0	0	0	0	0	0	--	0	0
平湖市	0	--	0	0	26.58	7.34	0	0	0.08	0	0	0	10.03
蒲江县	--	--	0	--	0	0	--	--	0	0	--	0	0
普宁市	--	0	0	0	8.14	--	--	--	0	0	0	0	0.29
启东市	0	0	0	0	0	0	0	0	0	0	0	5.39	2.96
潜江市	0	11.24	0.34	0	0	2.54	1.61	2.06	0	0.91	0.47	0.47	2.15
荣成市	0	0	0	0	0	0	0	0	0	0	--	0	0
如东县	0	0	2.47	--	0	0	0	0	0	0	0	0	0.26
瑞安市	--	1.47	4.60	0	0	0	0	0	0.45	0	0	0	1.10
嵊州市	0	0	0	0	0	0	0.21	0.06	0.42	0	0	0	0.10
太仓市	0	0	--	0	--	0	0	0	0	0	0	0	0
泰兴市	0	--	0	0	0	0	0	0	9.54	9.21	0	7.58	4.90
天门市	0	0	0.64	0.67	45.65	0	2.86	0.81	1.12	0.71	0.19	2.19	1.47
桐庐县	0	0	0	0	0	0	0.38	0.34	1.81	0	--	0.64	0.13
桐乡市	0.04	0.08	0	2.30	4.43	4.70	0	0.93	0.71	0.18	0	0	2.20
瓦房店市	--	0	0	0	0	0	0	0	0	0	0	0	0
文安县	1.09	--	0.25	--	--	0.05	0	0.16	0	--	0.21	--	0.16
文昌市	--	--	--	--	0.02	0.36	0	0	0	0.01	0	0	0.09
仙桃市	0	0	0.12	0	0.20	0	0	0	34.07	108.86	0	20.67	31.79
香河县	0.14	--	0.76	--	--	0.40	--	--	0.11	--	3.33	0.81	0.62
象山县	0	0	0	0.08	1.54	0	0	0	0	0	0	0.04	0.09
新沂市	0	0	0	0	0	0	0	0	0	0	0	0	0
兴化市	0.22	0	0	0	--	0	0	0	--	0	0.04	0	0.05
宜兴市	46.32	16.36	0	0	0	26.03	0	1.28	8.71	0	--	0	2.83
义乌市	1.83	0	0	1.86	7.54	5.69	4.67	6.97	0.02	1.47	1.07	2.37	1.97
永登县	0.49	1.58	1.49	2.02	0.89	0.41	0.70	1.65	0.26	3.50	0.02	0.01	1.00
余姚市	1.03	--	--	0	0	0.21	0	0.23	0.94	0.69	0	0.87	0.45
张家港市	0	0	0	0.11	0.03	0	0	0.02	0	0	0	0	0.01
诸暨市	0	0	--	0	0	0	0.86	0	0	--	0	0	0.01
庄河市	--	--	--	--	0	--	--	0	0	0	0	0.20	0.13

2-7 续表7 单位：%

2-8　2022年全国300城土地成交出让金统计

单位：亿元

城市	1月	2月	3月	4月	5月	6月	7月	8月	9月	10月	11月	12月	合计
一线城市													
北京市	24.40	486.41	2.96	19.48	220.51	313.47	12.04	23.13	501.07	28.85	139.51	4.52	1776.35
上海市	35.65	10.54	200.32	1.50	10.17	869.60	812.39	13.97	1074.83	86.52	19.20	187.92	3322.61
广州市	15.01	12.28	1.96	24.58	354.36	24.70	239.13	11.29	5.52	529.75	41.89	301.13	1561.60
深圳市	1.88	0.75	16.81	199.96	2.65	20.25	13.61	356.60	118.64	1.21	108.37	41.50	882.23
二线城市													
长春市	4.92	0.33	1.07	0	10.92	0.70	0.86	0.47	12.49	14.32	6.88	1.15	54.10
长沙市	1.58	0.61	3.17	171.84	6.98	1.95	150.79	1.36	49.33	0.04	78.95	86.27	552.87
成都市	9.78	3.61	153.37	255.96	29.78	9.46	425.44	13.53	1.10	363.77	47.84	174.62	1488.26
重庆市	6.68	7.11	99.72	5.69	5.16	8.33	140.83	2.04	9.95	6.37	20.88	91.11	403.86
大连市	1.33	12.71	7.98	9.87	9.88	9.69	4.13	4.24	0.71	2.83	5.32	119.98	188.67
福州市	1.29	0	82.50	0.23	101.90	0	2.91	5.07	127.68	2.76	0.26	106.33	430.94
贵阳市	3.46	12.19	3.44	2.87	5.33	3.93	4.62	9.21	0.80	0.70	18.28	221.03	285.88
哈尔滨市	0	0.20	0	1.17	0	0.10	0	7.12	1.32	0.38	0.75	0.93	11.96
海口市	25.49	3.50	5.33	0.12	3.06	31.45	12.51	7.56	0.24	13.10	8.33	17.43	128.13
杭州市	8.29	120.24	6.22	828.26	5.27	565.69	34.31	20.56	477.55	9.93	105.60	21.53	2203.44
合肥市	4.05	3.49	191.60	0	14.84	248.20	1.20	3.67	212.39	3.87	0.81	77.29	761.40
呼和浩特市	0	0	0	0.95	0	0	2.83	11.29	9.74	0.80	0	0	25.61
济南市	2.32	1.52	2.08	7.61	108.57	5.38	1.98	98.74	1.83	78.37	6.89	77.10	392.41
昆明市	10.22	0.52	5.62	3.97	0.04	4.28	15.41	2.31	3.14	14.65	1.19	14.44	75.79
兰州市	11.34	0	0	1.50	0.88	5.79	0.56	1.93	0.02	2.02	0.70	0	24.75
南昌市	7.32	0.54	58.04	0.59	57.94	2.54	3.97	0.11	1.00	49.70	18.81	2.84	203.40
南京市	3.06	0.68	1.84	194.27	11.56	3.22	731.48	11.43	6.14	283.77	68.85	57.37	1373.66
南宁市	1.32	1.83	27.65	9.84	11.73	36.42	6.00	5.86	18.19	6.46	7.54	3.20	136.03
宁波市	252.02	3.82	2.69	273.97	2.19	170.24	4.39	1.18	106.02	1.00	4.01	15.03	836.55
青岛市	4.02	5.65	42.19	5.51	9.24	111.65	2.83	14.54	172.29	8.93	5.03	146.89	528.77
三亚市	0.40	0	0	3.18	2.06	6.80	0	0	0	33.36	18.30	51.74	115.85
沈阳市	0.62	0	4.78	1.92	0.56	17.63	0.59	3.38	51.79	3.31	3.25	4.32	92.16
石家庄市	5.96	0.04	20.91	2.60	14.42	31.52	0.15	25.73	0.94	24.69	37.10	22.97	187.04
苏州市	12.69	5.80	2.22	2.76	239.08	279.12	3.41	9.16	128.53	189.93	1.87	141.17	1015.71
太原市	13.17	0.98	0	0	0	41.38	18.39	15.25	11.53	0	1.57	7.56	109.83
天津市	4.89	1.81	1.60	51.44	9.24	7.09	7.11	84.35	6.32	109.30	4.85	110.66	398.67
温州市	17.94	0.21	19.20	14.93	0.92	105.74	7.37	24.16	79.30	55.06	29.13	22.82	376.76
乌鲁木齐市	0	0	6.36	3.72	5.41	11.77	6.16	7.31	31.00	0.09	2.09	0.50	74.41

2-8 续表1　　单位：亿元

城市	1月	2月	3月	4月	5月	6月	7月	8月	9月	10月	11月	12月	合计
无锡市	17.27	0	0.04	3.08	106.62	0.95	205.38	123.23	8.19	170.80	238.39	4.12	878.06
武汉市	2.30	4.13	97.54	1.54	3.27	113.34	5.80	10.34	316.75	2.64	50.67	327.02	935.34
西安市	18.51	6.17	38.36	36.90	1.49	306.79	19.82	128.74	59.92	151.43	203.87	232.20	1204.19
西宁市	0	0	0.09	2.26	13.85	7.81	0.52	0.18	0	5.38	6.03	0	36.11
厦门市	0	0.93	154.84	16.01	202.00	4.18	2.05	180.60	0.11	0.10	0.65	93.02	654.49
银川市	0	0.63	0.02	8.61	0.06	13.27	0	8.97	0.02	0	37.08	2.32	70.98
郑州市	4.94	0.62	0.47	9.01	0.05	106.92	2.27	15.39	104.33	2.05	45.25	108.45	399.75
三四线城市													
安康市	0.03	10.65	2.55	0.03	0.36	0	0	0.77	9.11	2.79	1.12	1.28	28.69
安庆市	2.25	1.61	0.24	0.90	4.29	0.38	0.69	0.52	0.59	1.71	6.95	2.20	22.32
安顺市	1.14	9.07	0.34	1.83	0.76	8.22	6.59	0.37	0.96	6.76	1.28	29.05	66.37
安阳市	1.58	0	0	4.36	1.34	0.11	2.50	0	1.42	5.69	1.56	0	18.55
鞍山市	0.17	0	1.14	1.16	1.29	0	0.33	0	0.04	0.02	1.38	0	5.52
百色市	3.41	0.21	4.17	0.01	0.57	0.28	0	0.87	1.57	0.16	0	0.01	11.25
包头市	5.43	3.82	0.32	0.23	2.96	2.88	3.96	3.54	2.89	2.14	0.46	10.55	39.17
宝鸡市	9.28	0.47	0.21	0	0.21	5.55	0.72	5.48	5.12	0	1.29	13.48	41.81
保定市	7.38	6.15	3.44	1.94	19.24	5.42	8.80	2.80	44.27	6.90	4.61	54.91	165.87
北海市	3.35	0.41	3.53	0	0.41	11.15	4.60	2.10	0.05	1.34	0.39	0.35	27.69
本溪市	0	0.12	0.15	0.10	0	0	0.02	0	1.07	0.40	10.31	0.10	12.26
蚌埠市	0.30	0.79	1.05	3.61	8.95	0	7.73	0.49	2.62	3.28	0	3.82	32.64
滨州市	0.87	0	0.26	1.48	0	2.11	5.12	0.59	5.38	2.19	2.64	43.07	63.72
沧州市	0.02	4.01	17.61	4.92	1.64	5.35	0.07	0.48	0	1.14	1.90	16.80	53.93
常德市	2.91	0.50	1.97	0.43	1.93	9.13	0.70	0.54	0.21	1.86	1.09	9.92	31.20
常州市	52.40	4.61	8.24	2.30	42.65	3.70	33.50	5.45	7.95	98.84	138.12	408.09	805.85
朝阳市	0	0	0.58	0.28	0	7.53	0.74	0	0	0	0.04	1.74	10.92
潮州市	0.20	0	0.52	1.04	0.04	0.64	0.46	0	1.46	0.18	2.62	3.46	10.61
郴州市	1.64	0.32	0.55	0.20	0.37	0.38	3.80	1.51	1.13	2.25	8.64	26.07	46.85
承德市	0.13	0	0	0.75	0	4.07	0	0	0	0	0	2.36	7.31
池州市	2.12	0.05	0.06	0.07	0.29	0.17	0.01	5.25	0	2.99	0.50	2.72	14.24
崇左市	0.68	0.43	0.52	0.16	0.12	0	0	1.14	0	1.04	1.53	2.52	8.15
滁州市	0.33	4.15	7.38	6.36	5.91	6.60	1.36	2.19	2.98	0.71	4.87	61.10	103.93
大庆市	0.60	0	0.28	0.88	0.81	0.33	0	0.54	0	0	0	2.41	5.85
丹东市	0	0	0.07	0	0	0	0.67	0	0	0	0.08	0.09	0.90
德阳市	0.37	0.48	2.07	0.58	3.22	3.31	4.84	0.83	0.29	0.23	3.71	39.91	59.85
德州市	0.33	1.38	0	3.67	0.14	4.68	3.56	0.23	0.05	31.94	5.78	7.55	59.33

2-8 续表2　　单位：亿元

城市	1月	2月	3月	4月	5月	6月	7月	8月	9月	10月	11月	12月	合计
东莞市	0.64	2.70	3.56	58.98	3.23	123.67	3.95	140.84	4.25	2.68	9.35	66.30	420.17
东营市	6.96	0.26	1.68	4.87	6.96	3.32	6.88	0.89	14.31	8.63	15.09	0.08	69.92
鄂尔多斯市	0.68	0	0	0.95	0.03	0.12	0	0	0.63	0	5.48	0.25	8.14
鄂州市	1.00	1.07	0.40	0.40	11.10	6.77	0.33	0.59	0	0.40	12.96	14.22	49.24
佛山市	11.53	37.39	44.16	10.02	45.52	11.50	119.79	31.47	29.71	10.39	22.35	47.51	421.35
抚顺市	0.00	0	0.02	0.53	0.15	0.30	0	0.21	0.57	0	0	4.15	5.93
阜新市	0.02	0	0	0	0	0	0	0	0	0.22	0.08	0	0.32
阜阳市	0	0.24	0.26	0.20	0.00	0.29	9.44	3.06	0.11	4.73	8.93	3.72	30.98
赣州市	0.86	0.87	24.96	3.45	0.73	7.67	4.04	4.04	8.50	6.01	10.57	16.22	87.93
广元市	0	3.99	0	0.79	1.43	0.86	0.42	0.04	10.63	14.79	5.74	15.95	54.66
贵港市	0.00	0	0.08	0.71	0.11	1.56	3.62	3.77	1.61	3.04	0.91	7.50	22.92
桂林市	2.20	0.22	0	0	0.04	0.05	1.71	1.93	3.01	1.24	1.71	3.91	16.03
邯郸市	1.65	6.02	11.46	1.49	14.66	1.19	0.07	8.92	2.05	6.13	22.32	30.36	106.34
河源市	0	0	0.08	0.06	0	0	0.59	1.15	0	0.60	1.41	0.49	4.39
菏泽市	19.82	28.25	0.38	4.97	28.49	20.81	9.48	14.97	27.83	30.30	20.02	23.64	228.96
鹤壁市	0	0	0	0	3.75	0	0	0	2.53	1.22	0	4.86	12.36
鹤岗市	0	0	0	0	0.07	0	0.32	0	0.01	0	0	0.05	0.45
衡水市	1.38	0.02	4.43	0.34	0.33	0.23	1.00	0.30	2.29	4.30	6.46	2.27	23.36
葫芦岛市	1.07	0	0	0	0.10	0.33	0	0	1.73	0.06	0	0	3.29
湖州市	0.59	34.64	2.41	7.13	5.70	39.73	1.26	23.20	6.79	14.65	14.28	56.51	206.89
怀化市	0.92	0.67	0	0	0.47	1.35	1.59	8.43	3.70	1.04	0	0.75	18.92
淮安市	10.37	0.82	9.66	4.14	3.42	1.35	1.44	27.94	6.99	99.99	195.97	4.28	366.39
淮北市	0	0.24	0	3.35	0.77	14.61	0.75	0.91	0.45	11.76	10.17	16.06	59.07
淮南市	0.03	0	0	3.93	0.15	3.62	0	7.64	0.64	2.39	1.22	19.92	39.53
黄石市	0.37	0.06	0.53	0.06	0	0	0.80	0	0.81	12.77	0.10	20.91	36.41
惠州市	15.67	10.74	4.12	5.43	2.38	0.67	30.67	5.56	1.56	8.86	17.32	15.42	118.40
鸡西市	0	0	0.18	0.18	0	0	0	0	0	0	0.12	0	0.48
吉林市	0	2.66	0.87	0	0	0.18	0.79	0	1.48	0.54	1.40	0	7.93
济宁市	11.71	3.10	0	3.31	19.11	2.98	22.90	2.54	5.36	4.22	12.23	32.89	120.34
嘉兴市	48.68	2.86	1.90	1.03	24.25	0.68	3.01	24.41	11.01	0.96	20.55	5.36	144.72
江门市	1.13	1.38	2.11	0.71	0.89	8.53	2.32	3.12	0.46	15.65	30.87	21.26	88.42
焦作市	0	0.03	0	0	1.64	0.70	0.42	0.65	0.32	0.18	0	7.26	11.20
揭阳市	0	0	0	0	0	0	0.45	4.71	0.34	1.53	1.36	0	2.70	11.09
金华市	18.76	0.63	4.21	51.41	2.93	58.85	2.86	42.03	0.56	3.15	19.68	38.24	243.31
锦州市	1.08	0.96	0.69	3.12	0.59	1.88	0.67	2.06	0.08	0.04	0.43	0.64	12.24
荆门市	1.50	1.26	1.07	0.70	0.15	2.59	1.64	2.11	7.05	1.19	1.32	5.53	26.11

2-8 续表3　　　单位：亿元

城市	1月	2月	3月	4月	5月	6月	7月	8月	9月	10月	11月	12月	合计
荆州市	0.43	0.83	0.19	0.88	1.02	0.04	0.51	0.64	9.15	0.87	0.96	11.58	27.10
景德镇市	0.65	0	0	0.76	9.98	0.95	2.00	0	0	20.22	9.48	70.01	114.05
九江市	0	1.33	0.29	4.71	0.98	2.05	0.55	22.12	3.78	16.45	20.46	13.96	86.68
开封市	0.87	9.74	2.41	10.68	6.68	4.11	1.54	7.94	5.27	0.45	11.71	74.21	135.60
拉萨市	0	0	0	0	0	0	0	0	0	0	0	0	0
廊坊市	4.09	2.39	0.06	4.10	0	42.12	1.68	8.74	1.71	7.01	2.11	4.79	78.80
乐山市	0	1.10	0.18	0.01	1.43	0.80	0.25	0.25	1.60	5.00	15.39	2.74	28.76
丽江市	0	0.06	0	0	0	3.23	1.64	0.15	0	0	0.14	0.27	5.49
丽水市	7.21	0.18	6.96	0.14	13.05	4.20	19.78	0.40	0.62	5.44	16.29	11.72	85.99
连云港市	4.94	1.09	2.64	15.89	0.53	5.28	47.44	3.19	24.94	2.79	0.43	92.63	201.79
聊城市	0.22	4.79	5.77	9.97	10.12	9.67	0.22	8.85	6.49	5.46	5.02	31.55	98.14
临沂市	0.75	7.52	5.55	18.05	1.68	43.26	0.35	11.05	0.54	0.53	17.87	4.18	111.33
柳州市	0.51	0.07	0.04	0.56	1.09	3.01	1.38	1.89	4.54	13.10	94.86	24.57	145.61
六盘水市	18.28	2.43	1.59	0.18	8.63	0.28	2.90	0.91	0.22	3.15	2.43	30.62	71.61
龙岩市	0	0.25	3.14	0.26	4.31	13.74	12.70	0.41	0.84	2.20	0.74	8.04	46.63
泸州市	0.07	0	0.01	0.12	1.53	0	1.22	0.90	2.09	6.27	0.05	0.83	13.09
六安市	8.34	0.08	3.08	2.65	5.16	8.42	0.26	13.00	0.52	6.29	1.19	2.33	51.31
洛阳市	4.67	0.23	1.39	13.34	0.53	2.18	2.25	2.43	11.46	18.33	7.69	31.49	95.98
漯河市	2.78	0.28	0	0	1.96	1.26	3.29	0.16	8.50	0.34	4.10	17.30	39.97
马鞍山市	2.51	0.22	0.67	1.34	0.39	0.37	4.18	0	13.48	6.43	24.02	22.55	76.15
茂名市	0.89	0.29	0.08	0.32	0	5.39	2.72	0.90	2.83	20.14	0.75	7.15	41.46
眉山市	1.45	0.92	0.03	18.15	11.42	4.18	5.74	11.06	16.54	14.06	32.74	32.05	148.33
梅州市	0	0	0	0	1.78	0	0.23	0	0.62	0.33	2.11	1.18	6.26
绵阳市	0.73	2.25	5.57	3.05	0.30	5.86	0.38	4.79	15.29	4.74	2.18	35.66	80.79
牡丹江市	0.27	0	0	0	0.75	0	0.14	0	0	0	0	0	1.15
南充市	3.09	0.44	0.09	0.44	0.20	1.89	0.82	0.36	1.76	7.07	10.04	24.03	50.25
南平市	0	0.02	0.05	2.14	0.63	3.01	0.11	0.07	0.39	1.18	10.40	13.71	31.71
南通市	52.98	0.49	1.15	60.01	1.25	0.72	88.34	2.08	1.15	1.20	58.68	235.56	503.61
南阳市	6.89	2.10	1.40	4.08	3.21	5.95	4.39	6.08	6.07	1.93	0.98	7.46	50.54
内江市	3.24	0.34	0	0.33	2.06	0.44	4.04	0	1.34	0.04	6.95	33.96	52.74
宁德市	3.02	0.30	0	0	25.91	0	7.82	0	1.47	0	7.53	0.77	46.83
攀枝花市	0	0.09	0	0	0.37	1.34	1.51	0.08	0	0.48	2.09	16.31	22.28
平顶山市	0.40	0.70	0	0	0	2.71	0	0.03	1.50	0	0.33	6.47	12.14
萍乡市	4.60	1.39	0	0.72	0.10	20.51	0	0	6.41	14.51	1.20	15.13	64.57
莆田市	8.07	1.37	8.56	0	9.94	4.94	0.86	2.46	0.60	5.90	8.38	5.19	56.27
濮阳市	6.15	0.90	3.85	0.31	0	6.02	3.18	0	1.72	1.23	7.54	0	30.90
普洱市	0.08	2.87	0	0.04	0	1.30	0.03	0	0.12	0.29	0.15	0	4.88

2-8 续表4　　单位：亿元

城市	1月	2月	3月	4月	5月	6月	7月	8月	9月	10月	11月	12月	合计
齐齐哈尔市	0.03	0	0.06	0	0	0.06	0.06	0.05	0	0.54	0.13	0	0.93
钦州市	7.04	2.70	6.05	1.53	0.90	0	0.52	0.30	0.09	21.04	2.06	9.31	51.54
秦皇岛市	3.09	0.22	5.71	0.39	2.28	3.18	0.48	0.26	12.62	4.84	6.34	24.48	63.90
清远市	2.01	1.68	0.50	0.45	0.84	0.42	9.29	0.21	1.01	2.33	1.20	3.10	23.03
衢州市	1.03	3.43	0.76	2.67	15.67	4.09	10.91	6.72	33.58	2.98	8.27	26.15	116.24
曲靖市	2.23	0	0.22	0	2.95	0.43	9.93	4.89	1.66	1.19	7.71	1.97	33.18
泉州市	5.48	0	0	0	0	41.05	5.80	36.75	3.44	11.36	0.60	41.12	145.59
日照市	0.13	0	1.63	6.47	0.29	6.24	9.38	13.42	3.71	1.22	7.16	24.84	74.50
三明市	0.07	0.96	0.84	0.73	3.59	0.09	0.45	2.32	4.24	0.42	1.36	4.21	19.28
汕头市	0.73	0.26	2.17	1.74	1.60	1.60	0.54	14.02	2.01	4.80	4.76	13.07	47.30
汕尾市	0	0	0	0.85	0	0	0	0.87	0	0	0	0.26	1.98
商洛市	0	0	0.24	0.24	0	0.27	2.08	0	0	0	0	9.74	12.57
商丘市	12.63	0	0.16	0.47	4.61	0.80	4.16	0.09	1.68	1.28	1.50	15.44	42.82
上饶市	4.14	1.76	6.51	12.35	24.95	3.61	8.15	6.46	11.55	6.21	9.83	39.51	135.02
韶关市	0	1.73	2.02	1.32	0.64	1.23	0	5.02	1.13	1.66	0	0.81	15.55
绍兴市	0.54	3.91	31.76	19.11	18.36	34.50	23.15	46.16	7.00	4.48	7.23	19.69	215.90
十堰市	0.20	0	1.27	0.58	0.32	3.65	10.18	2.33	0.09	13.57	10.72	21.71	64.64
朔州市	0	0	0	0.05	0.21	0	1.96	0.26	1.14	0.67	1.32	0.07	5.68
松原市	0	0.83	0.20	0	0.23	0	0.37	0.08	0.41	0.60	0.24	0.54	3.49
随州市	0.48	0.86	0.15	0.09	0.90	1.02	2.64	0.82	0.15	2.69	0.06	7.80	17.66
台州市	3.05	26.21	28.91	43.84	0	34.60	6.69	0	47.78	36.75	9.66	18.28	255.77
泰安市	17.50	0.39	0.26	3.25	3.80	0	3.66	2.97	11.70	18.50	24.16	14.39	100.57
泰州市	2.15	0.43	0.63	2.92	0.47	20.83	4.91	6.98	0.20	38.12	12.08	143.75	233.48
唐山市	0.91	5.09	3.49	1.97	4.56	22.46	6.36	11.25	7.93	2.94	28.32	14.17	109.45
铁岭市	0	0	0	0	0.03	0	0	0.00	0	0	0	0	0.03
通化市	1.55	0	0	0.03	0.51	0.59	0	3.95	0.28	0	0	0	6.91
威海市	17.05	4.69	1.06	10.08	4.88	5.92	23.66	3.35	11.50	6.46	17.75	33.05	139.46
潍坊市	27.09	2.43	8.27	0.63	1.35	15.34	8.03	26.52	46.00	19.15	40.95	47.39	243.16
乌兰察布市	0	0	0	0	0	0.58	0	0.00	0	0	0.22	0	0.80
芜湖市	2.52	11.29	26.78	10.71	13.67	17.65	3.73	15.34	29.92	27.03	22.61	23.43	204.69
咸阳市	16.29	0	1.44	5.11	0.00	0.11	4.12	0	0.56	0	30.11	0.83	58.58
湘潭市	8.59	0.21	5.46	4.40	4.34	17.50	4.40	2.96	1.81	2.29	1.66	0.58	54.20
襄阳市	3.84	2.84	0.21	0.48	21.67	3.46	6.55	11.47	1.15	3.22	9.38	11.87	76.14
新乡市	0	0.10	2.81	6.27	4.15	6.91	0.52	7.72	1.94	1.27	5.42	2.09	39.21
信阳市	0.09	1.25	0.06	0.27	1.21	0.62	0.14	1.62	0	13.51	10.19	7.55	36.52
宿迁市	2.45	0.99	0.16	0.95	0.39	52.86	0.76	0.62	20.02	3.89	10.98	99.89	193.96

2-8 续表5 单位：亿元

城市	1月	2月	3月	4月	5月	6月	7月	8月	9月	10月	11月	12月	合计
宿州市	1.01	0	20.53	0.47	19.53	0.95	5.79	0	2.18	10.06	0.22	7.45	68.20
徐州市	1.41	1.06	74.31	2.19	2.33	0.52	1.48	21.40	1.01	177.55	1.23	129.44	413.93
宣城市	0.14	0.41	0.78	0.41	1.21	0.47	1.43	0.57	5.56	1.84	2.46	12.29	27.58
烟台市	5.87	1.26	0.68	4.26	3.00	3.79	0.18	3.54	1.45	9.92	8.98	59.27	102.20
盐城市	9.06	0.16	12.80	0.16	9.43	5.15	5.07	3.37	4.54	23.90	31.13	77.86	182.62
扬州市	1.46	11.37	0.10	0.43	0.64	19.51	34.58	13.73	0.84	51.64	80.29	130.95	345.55
阳江市	0.23	0	0.80	0	2.62	2.24	0.48	0.42	0.54	3.23	2.51	15.70	28.76
伊春市	0	0	0	0.01	0	0.02	0	0.05	0	0	0	0.02	0.10
宜宾市	0.05	0	0	4.29	8.29	4.06	7.96	10.39	0.69	23.58	30.05	21.27	110.63
宜昌市	1.30	0.19	1.45	1.89	6.12	8.71	3.14	13.29	1.89	18.87	33.75	36.80	127.40
宜春市	0	0.34	0.15	1.11	5.91	0.12	0.28	4.75	4.50	0.05	8.72	7.45	33.38
鹰潭市	0.39	0.01	0	5.02	2.51	2.43	0.66	6.38	2.80	4.29	4.49	8.67	37.66
营口市	0.84	1.61	4.84	0	0	0	0.02	1.27	5.57	3.26	0.11	0	17.52
玉溪市	0.23	0.61	2.55	0.08	1.63	3.89	0.56	2.56	0.60	2.42	0.11	4.89	20.13
岳阳市	1.86	0.59	0.16	4.48	2.24	13.13	3.20	5.45	11.55	6.01	4.11	44.71	97.49
云浮市	0	0	0.08	0.26	0	0.04	0.63	0	0.01	0.05	0.84	0.15	2.05
湛江市	0	0.12	0.06	0	0.03	3.93	0.52	3.46	2.21	8.86	5.25	8.33	32.76
张家界市	0	0.16	0	0	0	0	0.93	0	0.09	0	45.91	2.35	49.43
漳州市	27.72	0.41	0.43	36.52	1.99	0	8.42	12.73	19.74	0.32	1.64	7.05	116.94
肇庆市	4.85	0.43	3.74	2.20	3.07	4.16	4.66	1.08	0.67	0.84	0.95	15.84	42.47
镇江市	0	0	0.33	0	1.01	0.80	0.25	14.22	2.07	31.16	1.10	22.94	73.87
中山市	1.98	4.02	1.19	12.76	0.89	26.00	1.82	1.63	2.74	0.55	3.90	10.41	67.88
舟山市	0.09	0.52	4.57	0.13	0.84	7.57	2.95	8.01	1.74	5.03	4.82	6.34	42.61
珠海市	0.15	15.59	16.73	2.43	34.43	9.02	8.32	1.38	6.06	2.07	93.96	89.49	279.64
株洲市	19.16	1.18	0.06	0.08	2.58	22.94	2.37	3.18	31.63	6.90	41.45	97.29	228.80
淄博市	7.83	3.50	6.73	2.43	10.02	5.58	6.60	20.43	3.44	13.79	17.91	34.63	132.88
自贡市	4.53	0	0.98	0.18	2.33	0.47	0.77	0.21	0.22	6.24	15.59	15.92	47.44
遵义市	10.27	3.85	3.01	13.87	7.49	1.42	6.37	5.67	0	8.27	8.56	26.91	95.70
县及县级市													
保亭黎族苗族自治县	0	0	0	0.07	0.49	0.40	0	0	2.35	1.32	1.12	0	5.74
滨海县	8.23	2.66	0.21	1.05	0.45	13.41	0	0.12	5.65	4.45	2.04	25.14	63.40
常熟市	3.82	0.06	0.39	3.95	0.84	0	17.82	0.31	38.29	16.48	3.32	3.21	88.48
长沙县	6.20	0.57	1.65	6.95	1.75	1.46	5.57	2.70	4.14	2.06	7.83	11.24	52.12
长兴县	1.15	2.77	6.48	2.79	1.14	8.89	11.47	8.51	19.31	0.77	8.39	14.09	85.76
崇州市	8.42	0.03	0	0	0.11	0	0.30	1.05	0	8.05	8.32	5.69	31.98

2-8 续表6　　　　　　　　　　　　　　　　　　　　　　　　　　　　　　　　　　　　　单位：亿元

城市	1月	2月	3月	4月	5月	6月	7月	8月	9月	10月	11月	12月	合计
淳安县	0	0.02	2.50	0.26	0.00	0.04	3.50	0	0.26	0.21	0.01	1.63	8.45
慈溪市	1.09	1.87	0.33	0.24	2.93	20.97	5.16	5.97	1.47	9.25	15.17	32.46	96.91
丹阳市	18.34	0	0.30	10.35	14.29	9.53	0.60	1.12	0.08	1.65	10.17	1.16	67.59
当涂县	0.28	0	2.00	0.59	0.46	1.75	3.83	0.50	0.57	4.05	2.98	6.77	23.78
德清县	7.12	9.63	0.51	2.29	5.82	14.14	30.17	11.19	0.74	3.26	2.23	3.61	90.72
东港市	1.41	0	2.56	0.59	0	0.83	0	2.70	0	0.34	0.17	0.32	8.92
东台市	0.36	0.51	0	0.30	2.09	3.76	3.75	1.14	0.91	17.24	18.28	0.80	49.15
都江堰市	0	0	0	0	0.09	0.16	0	0.04	0	0.50	0.24	18.02	19.05
恩施土家族苗族自治州	3.43	2.54	0	1.89	0.04	1.12	2.41	3.17	0.83	5.75	2.32	5.64	29.15
肥东县	0	0.39	0.34	13.13	9.59	15.99	22.34	0.81	0.30	4.28	0.57	1.00	68.74
肥西县	8.43	28.96	0.63	1.12	15.66	15.43	0.30	30.89	0.08	44.47	4.14	2.18	152.27
盖州市	0	0	0.20	0	0	0.18	0	0.08	1.20	0	0.10	0	1.77
高碑店市	0	0	0	0	0.51	0.14	0.49	1.82	0.65	0	0.11	0.14	3.86
固安县	0.16	0	5.59	2.52	0.20	0	0.79	2.37	5.29	1.67	1.95	1.61	22.14
海安市	0.66	5.24	0.36	2.28	11.43	0.13	0.15	4.72	0.74	19.53	0.16	44.79	90.19
海宁市	0.72	3.56	17.50	6.22	0.86	2.52	24.75	0.62	7.56	10.64	5.17	16.97	97.09
海盐县	0.08	0.26	0.52	0.77	0.57	6.43	0.33	2.41	3.69	1.27	5.98	3.23	25.54
惠安县	0.76	0.06	0	0.20	0	2.97	0.07	0	1.16	4.08	0.38	5.71	15.40
惠东县	13.49	0	0	0	0	0.03	0.13	0.46	2.48	2.43	0.03	7.47	26.52
嘉善县	5.69	3.15	1.46	0.36	2.89	2.86	4.82	8.14	15.55	5.55	6.57	8.82	65.86
建德市	0.92	0.50	0.61	0.16	0.21	3.90	0.41	0.08	2.00	0.14	0.01	1.56	10.50
建湖县	0.79	0.21	0.80	0	0.02	2.20	5.46	0.12	0	5.33	5.71	13.32	33.95
江阴市	0.21	0	2.04	0	0	0.38	14.96	0.66	1.00	14.10	51.71	3.41	88.47
胶州市	3.20	3.96	2.57	1.47	6.62	0.25	3.67	0.95	25.94	0.01	0.13	7.22	55.98
晋江市	6.22	1.15	0.32	0.63	4.95	1.37	0.30	8.79	2.83	16.30	11.20	56.47	110.52
靖江市	0	1.44	0	0	0	8.10	0.20	0.46	0.16	28.96	6.71	20.51	66.53
昆山市	4.70	0.19	0	0.50	5.65	0.13	46.99	17.35	2.03	27.68	38.12	39.85	183.20
莱西市	0.45	1.07	0	0.20	0.22	0.13	0.75	0	6.00	0	0	2.00	10.83
莱州市	0.06	0.11	2.57	2.18	1.21	1.43	0.21	0.04	0.18	0.88	0	8.21	17.08
临海市	1.70	5.38	0.36	0.99	6.37	2.56	8.68	6.00	17.15	12.18	7.07	4.62	73.07
陵水黎族自治县	0	3.63	0	0	0.44	0	1.27	5.87	0	0.09	0.30	0.57	12.18
浏阳市	0	0	0.36	2.15	2.49	10.64	32.76	0.35	0.62	1.18	19.64	28.27	98.46
龙口市	8.36	6.76	26.23	1.30	0.08	0.24	3.13	6.68	12.91	7.87	0	0	73.56
龙门县	0	0	0.07	0.04	0	0	0.61	0.19	0.02	0.08	1.13	0.43	2.58
闽侯县	0.05	0.35	0	0.26	10.36	2.39	0.27	0	5.52	17.19	0.20	3.24	39.82

2-8 续表 7   单位：亿元

城市	1月	2月	3月	4月	5月	6月	7月	8月	9月	10月	11月	12月	合计
南安市	0.98	0.37	0.35	0	0.75	3.80	0.54	7.23	0.24	3.72	1.54	6.86	26.38
宁海县	0.22	0.96	0	1.01	0.28	3.80	0	2.29	0.63	9.52	0.00	0.33	19.04
沛县	0	0	0	1.66	1.09	0.04	0	8.37	6.12	15.46	0.90	35.24	68.88
彭州市	3.86	0	0	0	0.31	4.73	5.44	0.41	0	0.96	12.55	10.95	39.20
邳州市	4.98	0.33	0	1.53	2.66	0.32	1.14	0.46	5.28	8.01	3.69	74.37	102.77
平度市	0	0.06	1.17	0.44	0.21	1.94	0.89	0.44	1.59	2.14	0	3.95	12.84
平湖市	0.01	0	0.63	0.13	17.62	5.70	3.52	4.34	0.64	3.95	0.76	7.54	44.87
蒲江县	0	0	0.06	0	0.12	0.12	0	0	1.00	0.81	0	5.66	7.78
普宁市	0	0.07	0.39	0.90	0.28	0	0	0	0.46	1.39	0.13	3.75	7.37
启东市	11.87	0.72	1.84	0.24	10.63	2.17	22.14	0.49	0.40	3.75	0.50	70.22	124.97
潜江市	0.24	2.91	4.15	0.17	0.19	1.86	1.20	4.50	0.33	0.99	4.04	3.72	24.30
荣成市	3.11	0.76	2.45	0.06	13.32	1.08	2.49	0.24	2.67	2.74	0	1.14	30.07
如东县	4.73	0.28	6.63	0	4.11	4.78	8.54	0.02	0.16	1.60	0.14	30.71	61.72
瑞安市	0	0.69	13.65	0.49	12.78	11.05	0.29	0.97	4.43	9.78	0.18	3.32	57.65
嵊州市	0.29	4.13	1.04	0.56	0.04	2.82	14.01	16.32	4.25	15.83	0.03	0.56	59.88
太仓市	1.25	1.11	0	0.71	0	20.73	0.27	11.30	11.08	25.44	35.05	7.05	113.98
泰兴市	1.45	0	1.43	0.65	0.75	0.16	16.55	0.03	11.37	13.63	18.58	36.77	101.36
天门市	0.09	0.20	1.58	11.06	0.36	0.22	5.89	1.25	1.36	0.43	5.16	0.26	27.84
桐庐县	0.54	3.58	3.04	0.11	0.02	1.43	1.36	0.89	0.34	3.35	0	0.85	15.50
桐乡市	18.29	4.69	0.81	25.85	18.99	13.65	0.80	7.12	4.23	0.55	0.70	2.24	97.92
瓦房店市	0.45	0.07	2.39	0.10	0.09	1.16	1.05	0.40	4.54	0.33	0.41	1.34	12.31
文安县	0.50	0	2.19	0	0	1.60	0.63	1.86	3.03	0	1.41	0	11.22
文昌市	0	0	0	0	0.49	1.99	0.09	2.81	0.14	2.18	0.04	0.16	7.90
仙桃市	0.45	1.08	0.87	0.16	0.10	1.26	0.81	0.24	9.21	6.90	0.91	9.05	31.03
香河县	2.00	0	1.14	0	0	1.69	0	0	6.05	0	1.58	0.58	13.04
象山县	0.39	0.91	0.55	0.13	1.97	4.40	0.74	0.20	5.74	0.31	3.97	26.60	45.92
新沂市	0.42	0.42	0.42	1.57	0.18	0.02	2.94	3.10	0.02	10.09	6.35	3.97	29.50
兴化市	9.06	0.09	0.04	0.33	0	6.62	0.13	0.78	0	0.04	1.90	20.54	39.52
宜兴市	0.12	0.80	0.42	1.95	0.08	10.07	10.90	19.83	1.37	15.19	0	33.46	94.19
义乌市	3.63	2.01	7.51	25.90	3.58	10.05	28.20	3.62	17.90	41.42	100.86	57.51	302.19
永登县	0.96	0.40	0.31	0.13	0.23	0.19	1.70	0.57	0.42	0.63	0.57	0.40	6.52
余姚市	1.52	0	0	0.29	0.62	6.29	1.67	4.37	0.64	1.47	26.00	34.04	76.90
张家港市	1.27	1.95	1.42	4.94	1.33	3.95	1.63	3.57	20.78	1.44	1.92	51.61	95.81
诸暨市	0.02	0.40	0	0.50	9.36	10.06	1.52	17.21	1.27	0	0.10	63.96	104.40
庄河市	0	0	0	1.11	0.03	0	0	0.09	0.09	0.01	0.03	0.51	1.87

2-9　2022年全国土地成交地块成交总价排行榜

排名	宗地名称	城市	规划用途	成交总价（万元）	规划建筑面积（㎡）	建设用地面积（㎡）	楼面价（元/㎡）	溢价率（%）
1	荔湾区芳村大道南以东地块	广州市	二类居住用地兼容商业用地，商务兼容商业兼容其他交通设施用地，商务（商业）用地	1876041.00	979655.00	130670.00	19150	0
2	黄浦区小东门街道黄浦江沿岸W11、W13、W15单元326-03、326-04、327-01、327-03、327-04地块及多稼路、326-05、327-02、327-05地下空间地块	上海市	商业用地、办公楼	1350388.00	274880.00	66825.00	49126	0
3	静安区中兴社区C070202单元304-03地块	上海市	商业用地，文体用地，居住用地，办公楼	1205984.00	252087.00	43841.00	47840	0
4	天河区AT0507033地块	广州市	二类居住用地（R2）	958066.00	208662.00	71207.00	45915	0.21
5	海珠区赤沙车辆段AH031422、AH031419地块	广州市	城镇住宅用地（0701）、零售商业用地（0501）、餐饮用地（0503）、商务金融用地（0505）、其他商服用地（0507）	945400.00	419462.00	128112.00	22538	0
6	天河区燕塘地块三（AT020883地块）	广州市	二类居住用地（R2）	811933.00	168102.00	46058.00	48300	15.00
7	静安区中兴社区C070202单元321-01、322-09地块	上海市	居住用地，办公楼	803730.00	166999.00	59805.00	48128	0
8	龙华区民治街道	深圳市	商业用地、二类居住用地、绿地、道路用地	796900.00	458380.00	56047.00	17385	0
9	北京市丰台区右安门街道亚林西土地一级开发0501-644、645、646、647等地块R2二类居住用地、B4综合性商业金融服务业用地、A334托幼用地	北京市	R2二类居住用地、B4综合性商业金融服务业用地、A334托幼用地	747000.00	201892.00	59542.00	37000	0
10	宝安区新安街道	深圳市	住宅用地	705100.00	215570.00	74085.00	32709	14.99
11	庆隆小河单元GS0305-R21-01地块、GS0305-G1-27地块	杭州市	普通商品房、配套公建	700038.00	175949.00	83785.00	39787	10.11

2-9 续表1

排名	宗地名称	城市	规划用途	成交总价（万元）	规划建筑面积（㎡）	建设用地面积（㎡）	楼面价（元/㎡）	溢价率（%）
12	松江区广富林街道SJC10004单元2街区03-04、06-02、07-10号地块	上海市	居住用地	681442.00	250427.00	145082.00	27211	0.15
13	江汉区青年路与航空路交汇处以北	武汉市	住宅、商服、文化、防护绿地	668630.00	325348.00	57128.00	20551	0
14	北京市朝阳区太阳宫新区D区0210-029地块R2二类居住用地	北京市	R2二类居住用地	668150.00	75711.00	27040.00	88250	15.00
15	嘉定区嘉定新城E19A-1、E19B-1、E20A-3、E20B-1、E20C-1、E20D-3地块	上海市	居住用地、商业用地、办公楼	643607.00	368618.00	141581.00	17460	0
16	普陀区长风社区W060602单元pt0268-09地块	上海市	办公楼，居住用地	637000.00	224441.00	60660.00	28382	0
17	普陀区中山北社区C060202单元B3-16地块	上海市	居住用地	625000.00	96777.00	36111.00	64582	0
18	佛山市南海区大沥镇桂澜路西侧地段	佛山市	住宅用地、商业用地	621700.00	415045.00	129355.00	14979	0
19	四堡七堡单元JG1405-41、JG1405-42地块	杭州市	普通商品房	619311.00	164752.00	58840.00	37590	10.16
20	之江度假区单元XH1710-17（1）、17（2）、17（3）、17（4）、20（1）、20（2）地块	杭州市	普通商品房、商务金融用地	616739.00	404636.00	147757.00	15242	0
21	之江度假区单元XH1710-16（1）、16（2）、16（3）、16（4）、19（1）、19（5）地块	杭州市	普通商品房、商务金融用地	592598.00	361493.00	117989.00	16393	0
22	同安区同安新城片区西柯南12-15编制单元同集路与美社路交叉口东北侧	厦门市	城镇住宅用地（二类居住用地）、零售商业用地	587000.00	511170.00	168063.00	11483	0
23	北京市丰台区玉泉营街道纪家庙村JJM-007地块R2二类居住用地、JJM-012地块A33基础教育用地	北京市	R2二类居住用地、A33基础教育用地	571200.00	85400.00	33500.00	66885	5.00
24	普陀区桃浦科技智慧城（W06-1401单元）015-01地块	上海市	居住用地	560450.00	117371.00	46948.00	47750	9.46

2-9 续表2

排名	宗地名称	城市	规划用途	成交总价（万元）	规划建筑面积（㎡）	建设用地面积（㎡）	楼面价（元/㎡）	溢价率（%）
25	北京市海淀区西北旺镇HD00-0403街区永丰产业基地（新）F2地块HD00-0403-0015、0016地块R2二类居住用地、A33基础教育用地	北京市	R2二类居住用地、A33基础教育用地	557750.00	104753.00	46314.00	53244	15.00
26	浦东新区外高桥新市镇G08-01地块（"城中村"改造项目-高行镇界路地块）	上海市	居住用地	553797.00	162881.00	90490.00	34000	0
27	闵行区颛桥镇生态间隔带G9颛桥中心村段10-03、19-01、19-05、20-01地块（"城中村"改造项目-中心村）	上海市	居住用地	552183.00	185547.00	105637.00	29760	0
28	北京市顺义区顺义新城第19街区19-85地块二类居住用地、19-86地块托幼用地	北京市	二类居住用地、托幼用地	547000.00	187262.00	157752.00	29210	1.48
29	建邺区沙洲街道牡丹江街以南、云龙山路以东地块	南京市	R2二类居住用地	547000.00	133978.00	48719.00	40828	8.75
30	湖里区06-08五缘湾片区钟宅南路与钟宅中路交叉口东南侧	厦门市	城镇住宅用地（二类居住用地）、零售商业用地	543000.00	120200.00	40061.00	45175	0.18
31	海沧区05-11新市区南片区东屿北路与沧凤路交叉口南侧	厦门市	0701城镇住宅用地（二类居住用地）、0501零售商业用地、0507其他商服用地、0806社会福利用地、0809公用设施用地（开闭所）	542000.00	194300.00	40701.00	27895	0
32	北京市海淀区西北旺镇HD00-0403街区永丰产业基地（新）F2地块HD00-0403-0019、0018地块R2二类居住用地、F3其他类多功能用地	北京市	R2二类居住用地、F3其他类多功能用地	531800.00	123492.00	52463.00	43063	4.48
33	闵行区梅陇镇古美北社区S110502单元112b-02、112b-05地块	上海市	居住用地	520010.00	88325.00	49069.00	58875	8.95

2-9 续表3

排名	宗地名称	城市	规划用途	成交总价（万元）	规划建筑面积（㎡）	建设用地面积（㎡）	楼面价（元/㎡）	溢价率（%）
34	前湾片区九单元06街坊	深圳市	二类居住用地	512900.00	119350.00	24272.00	42974	15.00
35	浦东新区唐镇中心镇区 PDP0-0405 单元 C-05B-02 地块	上海市	居住用地	504980.00	117851.00	47140.00	42849	9.43
36	长安镇沙头社区	东莞市	城镇住宅用地、商服用地（R2二类居住用地）	501280.00	221746.00	58354.00	22606	0
37	北京市丰台区大红门街道大红门一期A区棚户区改造项目 FT00-0516-0004 地块 R2 二类居住用地	北京市	R2二类居住用地	497000.00	94607.00	39419.00	52533	3.54
38	青浦区华新镇新凤南路西侧16-05、16-06、17-02、18-03 地块	上海市	居住用地，商业用地	487584.00	226763.00	117621.00	21502	0
39	北京市大兴区黄村镇 DX00-0202-6007、6014、6011、6002 地块 R2 二类居住用地、F3 其他类多功能用地、A334 托幼用地	北京市	R2二类居住用地、F3其他类多功能用地、A334托幼用地	482000.00	178343.00	78176.00	27027	0
40	杨浦区江浦社区R-05地块（大桥街道115街坊）	上海市	居住用地	477476.00	85264.00	35976.00	56000	0
41	浦东新区川沙新镇城南社区 PDP0-0706 单元 C06-03 地块	上海市	居住用地	476950.00	127351.00	63675.00	37452	9.44
42	嘉定区嘉定新城（马陆镇）马陆南社区 JDC1-2301 单元 23-01、29-01 地块	上海市	居住用地	474290.00	183803.00	73521.00	25804	9.81
43	徐汇区斜土街道 xh128D-06 地块	上海市	居住用地	473330.00	54857.00	21943.00	86285	9.57
44	南城街道石竹路与元美东路交汇处北侧	东莞市	住宅用地、商服用地、文化设施用地	469330.00	226969.00	73216.00	20678	14.47
45	硚口区中山大道以北，利济东街以南，游艺路以西，市一医院以东	武汉市	住宅、商服、公园绿地	460000.00	216700.00	45352.00	21228	0
46	东莞市松山湖玉兰路与兰香路交汇处西南侧	东莞市	住宅用地、商服用地	456258.00	209287.00	59796.00	21801	1.20

2-9 续表4

排名	宗地名称	城市	规划用途	成交总价（万元）	规划建筑面积（㎡）	建设用地面积（㎡）	楼面价（元/㎡）	溢价率（%）
47	秦淮区南部新城校场大道以北、神机营路以西地块	南京市	Rb商住混合用地	454000.00	283250.00	53136.00	16028	0
48	浦东新区杨思社区Z000602单元20C-14地块	上海市	居住用地	453700.00	90301.00	53118.00	50243	0
49	建邺区双闸街道邺城路以北、平良大街以东地块（河西南部4-2-D）	南京市	R2二类居住用地	453000.00	113353.00	40483.00	39964	14.97
50	浦东新区唐镇中心镇区PDP0-0405单元C-01B-09、C-01B-10、C-01B-13地块	上海市	其他商服用地,居住用地	448860.00	110179.00	55090.00	40739	9.36

住宅市场篇

第三章 2022年房地产开发投资情况

3-1　2018—2022年全国房地产开发投资

单位：万平方米、亿元、元/平方米

指标	2018年	2019年	2020年	2021年	2022年
完成投资额	120165	132194	141443	147602	132895
住宅完成投资额	85124	97071	104446	111173	100646
办公楼完成投资额	5997	6163	6494	5974	5291
商业用房完成投资额	14167	13226	13076	12445	10647
其他完成投资额	14876	15735	17427	18010	16311
本年资金来源小计	166407	178609	193115	201132	148979
国内贷款	24132	25229	26676	23296	17388
利用外资	114	176	192	107	78
自筹资金	55755	58158	63377	65428	52940
其他资金来源	86406	95046	102870	112301	78573
本年购置土地面积	29321	25822	25536	21590	10052
施工房屋面积	822300	893821	926759	975387	904999
住宅施工房屋面积	569987	627673	655558	690319	639696
办公楼施工房屋面积	35842	37252	37084	37730	34917
商业用房施工房屋面积	102629	100389	93198	90677	79966
新开工房屋面积	209537	227154	224433	198895	120587
住宅新开工房屋面积	153485	167463	164329	146379	88135
办公楼新开工房屋面积	6102	7084	6604	5224	3180
商业用房新开工房屋面积	19995	18936	18012	14106	8195
竣工房屋面积	94421	95942	91218	101412	86222
住宅竣工房屋面积	66016	68011	65910	73016	62539
办公楼竣工房屋面积	3884	3923	3042	3376	2612
商业用房竣工房屋面积	11259	10814	8621	8718	6800
销售面积	171465	171558	176086	179433	135837
住宅销售面积	147760	150144	154878	156532	114631
办公楼销售面积	4366	3723	3334	3375	3264
商业用房销售面积	11933	10173	9288	9046	8239
商品房屋销售额	149614	159725	173613	181930	133308
住宅销售额	126374	139440	154567	162730	116747
办公楼销售额	6278	5329	5047	4701	4528
商业用房销售额	13010	11141	9889	9692	8127
销售价格	8726	9310	9860	10139	9814
住宅销售价格	8553	9287	9980	10396	10185
办公楼销售价格	14379	14315	15138	13932	13874
商业用房销售价格	10903	10952	10646	10715	9864

数据来源：国家统计局。

3-2 2022年全国房地产开发投资

单位：万平方米、亿元

指标	1~2月	1~3月	1~4月	1~5月	1~6月	1~7月	1~8月	1~9月	1~10月	1~11月	1~12月
商品房施工面积	784459	806259	818588	831525	848812	859194	868649	878919	888894	896857	904999
住宅施工面积	553514	569045	577692	586918	599429	607029	613604	621201	628278	633916	639696
办公楼施工面积	31437	32067	32438	32801	33404	33664	33956	34145	34413	34638	34917
商业用房施工面积	71653	73280	74169	75116	76328	77015	77765	78381	79045	79571	79966
商品房新开工面积	14967	29838	39739	51628	66423	76067	85062	94767	103722	111632	120587
住宅新开工面积	10836	21558	28877	37782	48800	55919	62414	69483	75934	81734	88135
办公楼新开工面积	341	827	1023	1306	1701	1904	2183	2438	2682	2870	3180
商业用房新开工面积	1069	2149	2751	3572	4535	5202	5849	6507	7068	7608	8195
商品房竣工面积	12200	16929	20030	23362	28636	32028	36861	40879	46565	55709	86222
住宅竣工面积	8915	12323	14662	17050	20858	23280	26737	29595	33771	40442	62539
办公楼竣工面积	399	519	589	672	872	952	1102	1271	1419	1711	2612
商业用房竣工面积	995	1450	1742	2015	2369	2674	3055	3374	3796	4544	6800
商品房销售面积	15703	31046	39768	50738	68923	78178	87890	101422	111179	121250	135837
现房销售面积	2598	5094	6567	8486	11904	13433	15109	17371	18962	20551	23509
期房销售面积	13104	25952	33201	42252	57019	64745	72781	84051	92217	100699	112328
住宅销售面积	13462	26305	33722	42903	58057	66087	74403	85758	94129	102727	114631
住宅现房销售面积	1812	3447	4439	5700	8083	9158	10285	11818	12917	14010	15974
住宅期房销售面积	11650	22858	29282	37203	49974	56929	64118	73940	81213	88716	98656
办公楼销售面积	351	718	887	1161	1643	1838	2026	2383	2608	2820	3264
办公楼现房销售面积	125	225	277	367	524	590	653	774	847	905	1086
办公楼期房销售面积	227	494	611	794	1118	1248	1373	1609	1761	1915	2177
商业用房销售面积	851	1860	2389	3078	4210	4750	5299	6107	6626	7234	8239
商业用房现房销售面积	300	650	833	1094	1475	1673	1893	2164	2345	2565	2935
商业用房期房销售面积	550	1210	1557	1984	2735	3076	3406	3944	4281	4668	5305
商品房待售面积	57026	56113	55735	55433	54784	54655	54605	54333	54734	55203	56366
住宅商品房待售面积	28313	27565	27226	26815	26254	26092	26015	25919	26093	26294	26947
办公楼待售面积	3900	3846	3815	3889	3881	3905	3924	3895	3961	4034	4073
商业用房待售面积	12432	12376	12419	12415	12365	12352	12342	12264	12293	12344	12558
土地购置面积	838	1339	1766	2389	3628	4546	5400	6449	7432	8455	10052
土地购置费	3417	7853	11892	16390	21721	25556	29315	33312	36653	39552	41030
房地产开发投资额	14499	27765	39154	52134	68314	79462	90809	103559	113945	123863	132895
住宅开发投资额	10769	20761	29527	39521	51805	60238	68878	78556	86520	94016	100646
90平米以下住宅投资额	2138	3884	5401	7141	9328	10854	12419	14148	15527	16862	18147

3-2 续表1 单位：万平方米、亿元

指标	1~2月	1~3月	1~4月	1~5月	1~6月	1~7月	1~8月	1~9月	1~10月	1~11月	1~12月
140平米以上住宅投资额	1564	3077	4329	5849	7708	8991	10305	11838	13060	14286	15254
办公楼开发投资额	665	1172	1554	2000	2616	3035	3496	4006	4403	4826	5291
商业用房投资额	1242	2347	3259	4270	5528	6408	7268	8276	9079	9845	10647
商品房销售额	15459	29655	37789	48337	66072	75763	85870	99380	108832	118648	133308
现房销售额	2315	4237	5363	6933	9528	10824	12273	14121	15388	16605	18968
期房销售额	13144	25418	32427	41404	56545	64939	73596	85259	93445	102042	114340
住宅销售额	13652	26073	33248	42317	57683	66328	75288	87054	95447	104188	116747
住宅现房销售额	1671	2995	3810	4810	6648	7571	8605	9934	10850	11720	13301
住宅期房销售额	11981	23078	29439	37507	51034	58757	66683	77120	84597	92468	103446
办公楼销售额	475	910	1104	1534	2185	2480	2792	3293	3601	3843	4528
办公楼现房销售额	208	337	410	582	804	920	1040	1190	1293	1359	1622
办公楼期房销售额	267	573	694	953	1380	1560	1751	2103	2308	2484	2906
商业用房销售额	836	1812	2334	3056	4228	4772	5325	6164	6681	7257	8127
商业用房现房销售额	274	578	729	1012	1352	1535	1736	1971	2143	2342	2663
商业用房期房销售额	562	1233	1605	2044	2876	3236	3589	4193	4538	4915	5464
资金来源合计	25143	38159	48522	60404	76847	88770	100817	114298	125480	136313	148979
国内贷款	4105	5525	6837	8045	9806	11030	12280	13661	14786	15823	17388
利用外资	7	10	38	51	55	53	59	61	62	66	78
自筹资金	7757	12395	16271	21061	27224	31495	35771	40568	44856	48994	52940
定金及预收款	8027	12252	15357	19141	24601	28575	32719	37348	41041	44601	49289
个人按揭贷款	4124	6369	8037	9785	12158	14169	16243	18397	20150	21870	23815

数据来源：国家统计局。

3-3 2018—2022年全国各地区房地产开发投资额

单位：亿元

省份	2018年	2019年	2020年	2021年	2022年
北京	3873	3838	3939	4139	4178
上海	4033	4231	4699	5035	4980
天津	2424	2728	2609	2770	2128
重庆	4249	4439	4352	4355	3468
广东	14412	15852	17313	17466	14963
浙江	9945	10683	11414	12389	12940
江西	2175	2239	2378	2529	2209
安徽	5974	6670	7042	7263	6812
黑龙江	944	958	983	936	629
江苏	10982	12009	13171	13477	12407
广西	3004	3814	3846	3734	2307
福建	4940	5673	6027	6196	5515
吉林	1176	1316	1461	1541	1015
内蒙古	883	1042	1176	1234	978
海南	1715	1336	1342	1380	1158
河南	7015	7465	7782	7874	6793
河北	4476	4347	4601	5024	4983
山西	1377	1657	1830	1945	1764
陕西	3535	3904	4404	4441	4255
西藏	93	130	165	142	61
湖南	3946	4445	4880	5428	5180
湖北	4693	5112	4889	6122	6172
四川	5698	6573	7315	7832	7500
山东	7553	8615	9450	9820	9226
辽宁	2599	2834	2979	2901	2362
云南	3247	4151	4505	4310	3152
贵州	2349	2991	3419	3383	2404
甘肃	1116	1258	1356	1526	1482
新疆	1033	1074	1261	1501	1159
青海	352	406	421	443	296
宁夏	450	403	433	467	420

数据来源：国家统计局。

3-4 2022年全国各地区房地产开发投资额

单位：亿元

省份	1~2月	1~3月	1~4月	1~5月	1~6月	1~7月	1~8月	1~9月	1~10月	1~11月	1~12月
北京	424	842	1172	1500	2063	2498	2933	3375	3637	3930	4178
上海	819	1100	1287	1495	1861	2329	2770	3265	3791	4349	4980
天津	237	517	654	915	1196	1345	1551	1800	1897	1996	2128
重庆	422	883	1268	1603	2079	2320	2536	2880	3088	3223	3468
广东	1770	3122	4433	5967	7510	8653	9861	11222	12414	13614	14963
浙江	1527	2653	3697	4850	6363	7460	8610	9900	11006	12119	12940
江西	278	508	728	927	1127	1334	1545	1767	1931	2074	2209
安徽	807	1524	2184	2941	3707	4274	4911	5528	5993	6411	6812
黑龙江	3	32	68	138	268	340	418	490	545	594	629
江苏	1798	3122	4262	5547	6810	7825	8765	9863	10845	11741	12407
广西	314	665	855	1104	1458	1619	1718	1848	1980	2118	2307
福建	767	1507	2021	2528	3148	3590	3976	4480	4864	5244	5515
吉林	21	42	76	245	396	566	723	880	951	989	1015
内蒙古	30	96	156	260	432	551	680	819	890	946	978
海南	144	285	362	467	592	691	756	829	913	1036	1158
河南	609	1393	2122	2934	3713	4212	4751	5376	5850	6306	6793
河北	214	709	1120	1612	2471	2946	3454	3987	4384	4721	4983
山西	87	274	420	551	844	1022	1169	1392	1526	1651	1764
陕西	293	674	1004	1464	2115	2478	2851	3249	3616	3980	4255
西藏	1.2	6	12	23	39	46	47	47	50	57	61
湖南	470	901	1383	1829	2433	2790	3224	3732	4204	4677	5180
湖北	539	1132	1665	2257	3156	3663	4276	4867	5346	5747	6172
四川	987	1751	2380	3051	3775	4423	5075	5743	6393	6980	7500
山东	965	1894	2704	3633	4806	5568	6326	7199	7997	8736	9226
辽宁	150	383	578	831	1247	1451	1678	1980	2142	2274	2362
云南	392	775	1042	1327	1695	1929	2172	2440	2662	2891	3152
贵州	357	679	933	1165	1404	1493	1618	1770	1986	2223	2404
甘肃	43	148	264	427	667	818	987	1176	1305	1418	1482
新疆	17	65	165	325	563	779	897	1030	1083	1125	1159
青海	0.4	29	52	77	159	195	237	281	291	295	296
宁夏	14	54	89	141	218	256	292	341	365	399	420

数据来源：国家统计局。

3-5　2018—2022年全国各地区房地产商品房竣工面积

单位：万平方米

省份	2018年	2019年	2020年	2021年	2022年
北京	1558	1343	1546	1984	1938
上海	3116	2670	2878	2740	1676
天津	2092	1656	1634	1893	1504
重庆	4083	5069	3774	4196	2796
广东	7615	9956	7764	8043	8161
浙江	5190	5739	6693	6387	6130
江西	2032	2231	2239	2517	1463
安徽	4488	5674	5101	7013	5945
黑龙江	1203	1204	1438	968	732
江苏	8536	9369	11151	9141	7892
广西	2193	2038	2129	2433	2345
福建	3739	2882	3804	4042	4063
吉林	1520	1222	965	845	724
内蒙古	1416	951	841	1052	1101
海南	1187	1302	687	475	751
河南	6655	6571	5413	6842	6452
河北	2390	2680	2367	2523	2523
山西	1408	2739	1481	2639	2127
陕西	1525	1782	1746	1770	1976
西藏	50	19	28	88	36
湖南	4161	3975	3964	4604	3436
湖北	2774	2559	2647	3398	3281
四川	5635	4580	4546	4379	4072
山东	10513	10179	9326	11374	6686
辽宁	2274	1818	1848	2339	1946
云南	1447	1844	1638	2541	2565
贵州	1280	955	862	916	967
甘肃	752	674	881	1463	918
新疆	1183	1117	902	1502	1141
青海	320	133	154	160	248
宁夏	1214	1011	772	1144	627

数据来源：国家统计局。

3-6 2022年全国各地区房地产商品房竣工面积

单位：万平方米

省份	1~2月	1~3月	1~4月	1~5月	1~6月	1~7月	1~8月	1~9月	1~10月	1~11月	1~12月
北京	80	158	218	248	427	583	670	835	946	1043	1938
上海	291	342	381	451	548	591	852	908	1011	1175	1676
天津	170	261	352	403	480	601	734	866	969	1151	1504
重庆	431	572	667	784	1084	1309	1466	1652	1833	2016	2796
广东	1444	1826	2143	2511	3009	3220	3630	4120	4708	5297	8161
浙江	617	979	1112	1372	1965	2152	2467	2993	3366	3991	6130
江西	328	396	431	468	599	655	710	770	839	910	1463
安徽	844	1061	1175	1445	1728	1948	2326	2448	3012	3809	5945
黑龙江	1203	33	76	132	227	255	313	330	407	595	732
江苏	1669	2207	2434	2716	3127	3343	3682	4122	4599	5551	7892
广西	440	716	767	838	958	989	1067	1170	1475	1641	2345
福建	782	1027	1107	1207	1370	1551	1890	2000	2262	2474	4063
吉林	155	134	159	175	205	263	341	368	465	555	724
内蒙古	24	55	98	197	254	357	448	493	508	697	1101
海南	95	143	142	157	189	226	240	258	340	391	751
河南	633	925	1222	1405	1740	1943	2176	2294	2614	4066	6452
河北	138	223	311	411	488	527	643	765	872	1148	2523
山西	93	221	259	335	409	457	548	627	667	921	2127
陕西	304	389	497	596	686	765	887	953	1115	1306	1976
西藏	8	2	2	27	30	30	30	30	36	36	36
湖南	810	961	1073	1245	1506	1653	1867	2062	2301	2656	3436
湖北	449	641	845	966	1173	1323	1469	1614	1860	2190	3281
四川	542	1010	1413	1583	1752	2017	2319	2414	2674	2919	4072
山东	961	1421	1682	1859	2310	2572	2935	3263	3685	4242	6686
辽宁	166	272	364	438	623	690	782	927	1078	1249	1946
云南	440	509	591	647	765	839	956	1029	1228	1386	2565
贵州	77	126	133	171	216	260	304	340	384	441	967
甘肃	16	57	97	147	199	217	291	315	348	489	918
新疆	120	192	196	318	382	481	546	574	594	744	1141
青海	16	12	12	13	70	71	70	73	88	127	248
宁夏	55	60	72	95	115	140	202	266	281	492	627

数据来源：国家统计局。

3-7　2018—2022年全国各地区房地产商品房施工面积

单位：万平方米

省份	2018年	2019年	2020年	2021年	2022年
北京	12963	12515	13919	14055	13333
上海	14672	14803	15740	16628	16678
天津	10324	11453	12035	12628	11085
重庆	27227	27987	27368	26893	22699
广东	79935	86825	91642	94248	88663
浙江	44537	49605	56725	58819	55955
江西	20739	23557	23581	25220	22715
安徽	41128	43591	44975	46813	40842
黑龙江	10588	11441	11262	10741	9968
江苏	62673	65687	67889	68480	62512
广西	25399	29807	32184	34176	32203
福建	32826	34140	34557	34667	31735
吉林	12080	12404	12341	13062	11580
内蒙古	15054	15889	15311	16395	15312
海南	9575	9222	8589	8939	9057
河南	54686	57567	58438	62688	57697
河北	28172	29853	31408	35681	33652
山西	16950	19549	21938	24930	25351
陕西	24618	27728	28358	29978	28712
西藏	359	764	945	945	698
湖南	35782	40045	40757	42661	38367
湖北	31316	33825	35419	37741	34933
四川	44066	49114	50756	54249	52211
山东	69063	75767	79792	82772	75799
辽宁	24217	23787	24003	25424	22974
云南	21800	26314	25801	29148	27403
贵州	21953	27775	26923	28750	26256
甘肃	9429	10977	11328	13198	12268
新疆	11575	12970	14268	16454	16076
青海	2549	2922	2944	3399	3349
宁夏	6048	5937	5563	5607	4918

数据来源：国家统计局。

3-8 2022年全国各地区房地产商品房施工面积

单位：万平方米

省份	1~2月	1~3月	1~4月	1~5月	1~6月	1~7月	1~8月	1~9月	1~10月	1~11月	1~12月
北京	11628	11771	11998	12034	12300	12497	12710	12823	12850	12943	13333
上海	12971	12689	13558	14321	14351	14745	15158	15365	15874	16168	16678
天津	10251	10360	10501	10547	10592	10691	10734	10925	10943	10975	11085
重庆	21037	21311	21424	21468	21808	22011	22079	22286	22461	22511	22699
广东	81032	82196	83429	84527	85704	86267	86410	86706	87778	88161	88663
浙江	45848	48338	48109	49279	50916	50903	52171	53298	54304	55272	55955
江西	19683	20189	20643	20967	21348	21577	21758	22012	22221	22413	22715
安徽	34739	35700	36337	37019	37877	38433	38822	39405	40001	40474	40842
黑龙江	8974	9021	9065	9179	9365	9509	9599	9800	9850	9894	9968
江苏	54111	55147	56018	57238	58365	59009	59636	60325	61350	61901	62512
广西	29688	30245	30444	30706	31043	31352	31543	31775	31927	32116	32203
福建	27989	28822	29134	29549	29836	30165	30460	30827	31262	31533	31735
吉林	10093	10752	10828	10997	10915	11246	11329	11410	11529	11571	11580
内蒙古	11865	13720	13893	14106	14385	14780	15128	15264	15347	15433	15312
海南	8076	8297	8351	8461	8577	8650	8696	8744	8849	8960	9057
河南	49609	51190	52126	53021	54323	55075	55598	56118	56610	57133	57697
河北	27038	28630	29078	29680	30482	31196	31748	32561	33075	33356	33652
山西	20081	21291	22186	22577	23184	23578	23834	24240	24583	24820	25351
陕西	24639	25141	25465	26099	26800	27264	27606	27917	28163	28457	28712
西藏	771	611	623	622	668	675	675	676	682	686	698
湖南	33348	33860	34457	34840	35621	36059	36623	37010	37541	37999	38367
湖北	29919	31866	32379	32706	33069	33319	33636	33884	34147	34464	34933
四川	44693	46051	46889	47523	48526	49169	49855	50541	51059	51487	52211
山东	66221	67541	68638	69784	71733	72409	73195	73988	74660	75465	75799
辽宁	20887	21293	21485	21877	22297	22460	22626	22849	22919	22996	22974
云南	24864	25173	25476	25692	25943	26226	26454	26767	26942	27201	27403
贵州	23991	24368	24553	24863	25164	25272	25412	25574	25815	26009	26256
甘肃	9930	10073	10222	10646	11066	11410	11638	11961	12063	12172	12268
新疆	13368	13283	13833	13599	14683	15283	15455	15683	15857	16015	16076
青海	2876	3021	3049	3154	3278	3273	3292	3325	3335	3346	3349
宁夏	4239	4310	4398	4445	4593	4691	4767	4862	4894	4925	4918

数据来源：国家统计局。

3-9　2018—2022年全国各地区房地产商品房销售额

单位：亿元

省份	2018年	2019年	2020年	2021年	2022年
北京	2377	3371	3657	4486	3977
上海	4752	5204	6047	6789	7468
天津	2007	2274	2114	2323	1516
重庆	5273	5129	5071	5391	3102
广东	18742	19748	22573	22320	15870
浙江	14090	14352	17145	19052	12660
江西	4220	4710	5223	5894	4905
安徽	7077	6824	7346	8143	5488
黑龙江	1320	1268	1064	858	569
江苏	14527	16260	19409	21361	14812
广西	3827	4366	4251	3672	2390
福建	6579	6939	7498	8217	6502
吉林	1452	1581	1382	1291	696
内蒙古	1114	1244	1365	1215	868
海南	2083	1276	1232	1559	1098
河南	8055	9010	9364	8658	6725
河北	4035	4139	4950	5053	3702
山西	1611	1632	1886	2171	1515
陕西	3407	3960	4375	4146	3270
西藏	53	97	84	122	51
湖南	5354	5578	5947	6041	4312
湖北	7531	7752	6088	7250	5413
四川	8532	9667	10394	10797	8216
山东	10066	10271	11066	12156	9808
辽宁	2967	3049	3366	3066	1815
云南	3407	3846	3970	2963	1999
贵州	2921	3184	3224	3244	2194
甘肃	922	1019	1293	1345	835
新疆	863	1034	1146	1377	883
青海	290	367	383	294	145
宁夏	518	574	698	675	502

数据来源：国家统计局。

3-10　2022年全国各地区房地产商品房销售额

单位：亿元

省份	1~2月	1~3月	1~4月	1~5月	1~6月	1~7月	1~8月	1~9月	1~10月	1~11月	1~12月
北京	378	736	1005	1296	1844	2098	2421	2842	3174	3412	3977
上海	1133	1648	1734	1932	2750	3614	4424	5111	5686	6266	7468
天津	129	268	390	495	707	821	944	1094	1223	1343	1516
重庆	391	911	1234	1486	1963	2134	2307	2638	2817	2883	3102
广东	1910	3384	4436	5915	7876	9076	10288	12025	13109	14076	15870
浙江	1535	2903	3640	4524	6183	7105	8288	9712	10595	11573	12660
江西	460	1029	1337	1716	2351	2669	2976	3489	3894	4312	4905
安徽	822	1524	1875	2321	3062	3470	3826	4282	4661	5078	5488
黑龙江	39	91	114	158	218	280	342	402	439	487	569
江苏	1628	2964	3754	4939	6824	7915	9056	10823	11895	13152	14812
广西	342	627	795	1075	1478	1590	1688	1898	2047	2177	2390
福建	845	1748	2182	2765	3491	3885	4336	4891	5324	5819	6502
吉林	64	80	91	150	256	356	431	526	582	649	696
内蒙古	64	168	226	314	408	499	618	699	749	787	868
海南	174	286	381	474	583	663	701	753	829	925	1098
河南	612	1372	1846	2424	3485	4009	4482	5119	5554	6016	6725
河北	255	604	806	1095	1663	1931	2315	2725	2991	3271	3702
山西	96	250	355	473	671	811	939	1113	1225	1331	1515
陕西	323	667	816	1036	1460	1660	1954	2316	2583	2902	3270
西藏	2	7	11	20	37	43	44	44	45	46	51
湖南	466	1009	1289	1630	2307	2525	2756	3189	3502	3830	4312
湖北	559	1236	1594	1961	2706	3084	3415	3872	4293	4663	5413
四川	1252	2180	2704	3352	4290	4742	5208	5828	6436	7182	8216
山东	890	1946	2570	3471	4890	5605	6340	7556	8195	8886	9808
辽宁	181	378	467	618	998	1124	1253	1427	1565	1685	1815
云南	269	489	632	785	993	1157	1325	1494	1637	1795	1999
贵州	361	611	774	952	1199	1305	1430	1540	1728	1955	2194
甘肃	96	183	233	323	461	508	570	669	722	763	835
新疆	109	227	327	403	582	693	736	786	793	803	883
青海	18	29	37	54	88	101	114	124	131	132	145
宁夏	55	101	134	179	247	288	343	394	409	450	502

数据来源：国家统计局。

3-11　2018-2022年全国各地区房地产商品房销售价格

单位：元/平方米

省份	2018年	2019年	2020年	2021年	2022年
北京	34143	35905	37665	40526	38240
上海	26890	30677	33798	36102	40302
天津	16055	15380	16172	16182	15572
重庆	8067	8402	8255	8699	6987
广东	13073	14262	15141	15930	14985
浙江	14443	15304	16726	19070	18576
江西	6805	7293	7757	7678	7318
安徽	7050	7393	7705	7784	7345
黑龙江	6901	7529	7121	6365	6152
江苏	10774	11637	12581	12906	12226
广西	6159	6505	6318	5944	5468
福建	10589	10748	11348	11779	10740
吉林	7001	7452	7544	7030	6955
内蒙古	5548	6194	6674	6535	6288
海南	14546	15383	16394	17541	17050
河南	5758	6311	6641	6521	6036
河北	7683	7834	8212	8239	8021
山西	6822	6896	7023	6775	6713
陕西	8273	8998	9828	9733	9884
西藏	7201	7578	9000	8645	8511
湖南	5795	6127	6302	6574	6348
湖北	8495	9012	9241	9130	8478
四川	6988	7448	7840	7885	7946
山东	7481	8070	8338	8517	8393
辽宁	7542	8249	8993	8930	8315
云南	7517	7954	8173	7634	6804
贵州	5637	5980	5807	5807	5702
甘肃	5780	5977	6572	6047	5682
新疆	5944	5999	5835	5740	5827
青海	6472	7643	8160	7623	7093
宁夏	5044	5685	6375	6655	7016

数据来源：国家统计局。

3-12　2022年全国各地区房地产商品房销售价格

单位：元/平方米

省份	1~2月	1~3月	1~4月	1~5月	1~6月	1~7月	1~8月	1~9月	1~10月	1~11月	1~12月
北京	41083	38198	39736	41043	41342	39302	39167	38527	38005	38026	38240
上海	42117	39995	40710	41855	43115	44082	45012	42550	41113	41064	40302
天津	14269	15017	15615	15785	15785	15559	15606	15460	15470	15541	15572
重庆	6924	6988	7176	7009	6954	6905	6857	6960	6994	6976	6987
广东	14256	14158	14173	14584	14891	15026	15031	15329	15084	14964	14985
浙江	18677	17845	18157	18496	18547	18761	18735	18513	18516	18601	18576
江西	7209	7217	7247	7232	7221	7233	7258	7246	7282	7309	7318
安徽	7395	7437	7392	7402	7171	7194	7207	7200	7237	7328	7345
黑龙江	7177	6578	6252	6050	6053	6210	6260	6235	6201	6166	6152
江苏	12582	12177	12368	12590	12570	12642	12633	12667	12530	12474	12226
广西	5636	5482	5432	5502	5477	5522	5519	5502	5510	5520	5468
福建	10860	10993	10875	10818	10643	10672	10589	10516	10542	10540	10740
吉林	6743	6542	6632	6471	6766	7002	6945	6883	6893	6927	6955
内蒙古	5920	6056	6033	6123	6225	6328	6349	6353	6315	6274	6288
海南	17411	16987	17012	17247	17438	17416	17247	17125	17155	17005	17050
河南	6283	6045	6077	6076	6145	6134	6132	6126	6080	6052	6036
河北	7473	7589	7630	7709	8084	8029	8091	8024	8034	8025	8021
山西	6879	6828	6725	6644	6698	6722	6718	6693	6743	6704	6713
陕西	9543	9673	9507	9454	9613	9544	9715	9818	9850	9849	9884
西藏	9844	9206	9163	8020	8951	8917	8890	8873	8856	8850	8511
湖南	6435	6366	6295	6359	6314	6351	6385	6402	6387	6395	6348
湖北	8148	9048	8889	8853	8972	8907	8879	8821	8680	8491	8478
四川	7365	7264	7353	7530	7870	7977	7963	7883	7890	7919	7946
山东	8147	8250	8248	8343	8318	8358	8354	8367	8365	8372	8393
辽宁	8250	8637	8597	8778	8834	8696	8565	8435	8397	8331	8315
云南	7209	7052	7057	6922	6910	6923	6929	6915	6902	6868	6804
贵州	5271	5385	5473	5464	5497	5476	5480	5428	5530	5585	5702
甘肃	6108	5824	5801	5953	5850	5817	5799	5771	5744	5694	5682
新疆	5777	5985	6021	5778	5983	6023	5979	5917	5890	5869	5827
青海	5463	6462	6436	6541	7008	6829	6871	6957	7069	7053	7093
宁夏	6443	6684	6770	6709	6867	6994	7022	6960	6984	6965	7016

数据来源：国家统计局。

3-13 2018—2022年全国各地区房地产商品房销售面积

单位：万平方米

省份	2018年	2019年	2020年	2021年	2022年
北京	696	939	971	1107	1040
上海	1767	1696	1789	1880	1853
天津	1250	1479	1307	1435	974
重庆	6536	6105	6143	6198	4439
广东	14336	13847	14908	14011	10591
浙江	9755	9378	10250	9991	6815
江西	6201	6459	6733	7676	6703
安徽	10038	9229	9534	10461	7471
黑龙江	1913	1685	1494	1348	926
江苏	13484	13973	15427	16552	12115
广西	6213	6712	6729	6178	4371
福建	6213	6456	6607	6976	6054
吉林	2074	2122	1831	1836	1001
内蒙古	2008	2008	2046	1859	1381
海南	1432	829	752	889	644
河南	13991	14278	14101	13277	11141
河北	5252	5283	6028	6133	4616
山西	2361	2366	2685	3204	2257
陕西	4119	4401	4452	4260	3309
西藏	73	128	93	141	60
湖南	9239	9104	9437	9189	6793
湖北	8865	8602	6588	7941	6385
四川	12211	12979	13258	13693	10340
山东	13455	12727	13272	14273	11686
辽宁	3935	3696	3743	3434	2182
云南	4532	4835	4857	3881	2938
贵州	5182	5323	5553	5586	3847
甘肃	1596	1705	1968	2224	1470
新疆	1452	1724	1964	2399	1516
青海	448	481	470	386	204
宁夏	1027	1010	1095	1014	716

数据来源：国家统计局。

3-14　2022年全国各地区房地产商品房销售面积

单位：万平方米

省份	1~2月	1~3月	1~4月	1~5月	1~6月	1~7月	1~8月	1~9月	1~10月	1~11月	1~12月
北京	92	193	253	316	446	534	618	738	835	897	1040
上海	269	412	426	462	638	820	983	1201	1383	1526	1853
天津	91	178	250	314	448	527	605	707	790	864	974
重庆	564	1304	1719	2121	2823	3091	3365	3790	4027	4132	4439
广东	1340	2390	3130	4056	5289	6040	6844	7844	8690	9406	10591
浙江	822	1627	2005	2446	3334	3787	4424	5246	5722	6221	6815
江西	638	1425	1845	2373	3255	3690	4100	4815	5347	5900	6703
安徽	1112	2049	2536	3136	4269	4823	5310	5947	6440	6930	7471
黑龙江	55	138	183	262	360	451	546	644	707	789	926
江苏	1294	2434	3035	3922	5429	6261	7169	8544	9494	10544	12115
广西	607	1144	1464	1953	2699	2880	3058	3449	3714	3944	4371
福建	778	1590	2007	2556	3280	3640	4094	4651	5051	5521	6054
吉林	95	122	138	231	379	508	621	765	845	936	1001
内蒙古	107	277	374	513	656	789	974	1100	1186	1254	1381
海南	100	168	224	275	334	381	407	440	483	544	644
河南	974	2269	3038	3990	5671	6536	7309	8356	9133	9940	11141
河北	341	796	1057	1420	2058	2406	2862	3395	3723	4076	4616
山西	140	366	527	712	1002	1206	1397	1663	1817	1985	2257
陕西	339	689	858	1096	1519	1740	2011	2359	2622	2946	3309
西藏	1.9	7	12	25	41	48	49	50	51	53	60
湖南	724	1585	2047	2563	3654	3976	4316	4982	5483	5989	6793
湖北	686	1366	1793	2215	3017	3463	3846	4390	4946	5492	6385
四川	1699	3001	3678	4451	5450	5945	6540	7393	8157	9070	10340
山东	1092	2359	3116	4161	5878	6707	7589	9031	9797	10613	11686
辽宁	219	438	543	704	1129	1293	1463	1691	1863	2023	2182
云南	373	693	895	1133	1437	1671	1913	2161	2372	2613	2938
贵州	686	1134	1415	1742	2181	2384	2609	2838	3125	3500	3847
甘肃	157	314	401	543	788	873	983	1159	1256	1341	1470
新疆	188	380	543	698	972	1151	1231	1328	1346	1369	1516
青海	32	46	57	83	126	148	167	178	185	188	204
宁夏	85	151	198	267	360	411	488	566	586	645	716

数据来源：国家统计局。

3-15　2018—2022年全国各地区房地产商品房新开工面积

单位：万平方米

省份	2018年	2019年	2020年	2021年	2022年
北京	2321	2073	3007	1896	1774
上海	2687	3063	3441	3846	2940
天津	2479	2545	2162	1885	667
重庆	7386	6725	5948	4873	2224
广东	19144	18437	18408	16097	8535
浙江	12879	12731	15875	12305	7989
江西	5801	5863	5302	5282	3629
安徽	10850	11117	11786	10435	6843
黑龙江	2495	2446	2222	1738	991
江苏	16821	16227	17673	16873	9907
广西	6059	8219	7878	5329	3034
福建	7205	6398	6638	6439	4142
吉林	2478	2947	2662	3121	870
内蒙古	3024	3706	3288	2912	1629
海南	1945	1220	1065	1341	1058
河南	14678	15837	14114	13653	8949
河北	8390	9453	10232	9069	5395
山西	3873	4879	5796	4348	3454
陕西	5452	6431	5797	5970	4413
西藏	193	417	223	222	81
湖南	11128	11933	10916	10168	5523
湖北	8495	8709	8453	7844	4275
四川	14094	15326	13940	11494	8314
山东	18732	22659	20204	16572	10521
辽宁	3962	4143	4404	4598	2379
云南	4738	8019	7538	6462	2923
贵州	5689	7240	5441	4528	2211
甘肃	2443	3307	3534	3370	2105
新疆	2391	3033	4526	4035	2623
青海	514	866	923	791	423
宁夏	995	1186	1039	1397	766

数据来源：国家统计局。

3-16　2022年全国各地区房地产商品房新开工面积

单位：万平方米

省份	1~2月	1~3月	1~4月	1~5月	1~6月	1~7月	1~8月	1~9月	1~10月	1~11月	1~12月
北京	172	251	510	582	803	940	1147	1242	1268	1367	1774
上海	181	375	427	477	635	938	1460	1663	2163	2516	2940
天津	50	170	321	374	439	487	479	555	573	597	667
重庆	351	720	855	1027	1367	1536	1607	1814	1985	2040	2224
广东	1317	2460	3105	4168	5123	5631	6032	6472	7266	7826	8535
浙江	970	1960	2661	3335	3992	4335	5238	6141	6819	7369	7989
江西	756	1164	1610	1934	2302	2543	2723	2995	3197	3387	3629
安徽	1130	2021	2481	3048	3863	4406	4813	5479	6032	6458	6843
黑龙江		80	113	207	366	499	589	787	852	909	991
江苏	1744	3039	3901	5110	6075	6612	7168	7856	8619	9268	9907
广西	494	987	1171	1421	1698	1970	2153	2385	2546	2754	3034
福建	553	1237	1496	1875	2172	2541	2828	3109	3483	3823	4142
吉林	20	73	133	279	370	523	605	686	813	852	870
内蒙古	6.83	75	187	406	708	986	1276	1398	1495	1599	1629
海南	147	367	428	499	611	671	718	769	853	963	1058
河南	1196	2695	3569	4448	5726	6454	6921	7441	7931	8420	8949
河北	271	781	1130	1683	2471	3157	3695	4368	4841	5071	5395
山西	177	628	899	1264	1826	2065	2330	2586	2898	3134	3454
陕西	458	937	1235	1852	2518	2966	3298	3604	3841	4135	4413
西藏	2	11	22	24	52	59	59	60	67	70	81
湖南	651	1090	1518	1962	2652	3187	3654	4074	4612	5083	5523
湖北	776	1239	1764	2077	2423	2667	3001	3243	3515	3826	4275
四川	1131	2434	3195	3875	4805	5435	6024	6708	7225	7790	8314
山东	1408	2591	3426	4548	6258	6901	7670	8431	9066	9855	10521
辽宁	159	434	629	1006	1390	1592	1769	2008	2132	2240	2379
云南	513	883	1113	1310	1551	1808	2013	2283	2453	2645	2923
贵州	282	544	739	987	1234	1325	1398	1533	1745	1922	2211
甘肃	34	231	402	616	981	1273	1496	1800	1926	2034	2105
新疆	0.1	115	327	726	1285	1734	1970	2225	2394	2531	2623
青海		124	157	234	310	338	357	389	400	410	423
宁夏	16	122	218	274	418	488	570	663	712	738	766

数据来源：国家统计局。

3-17　2022年重点城市商品房施工面积

单位：万平方米

地区	1~2月	1~3月	1~4月	1~5月	1~6月	1~7月	1~8月	1~9月	1~10月	1~11月	1~12月
北京	11628	11771	11998	12034	12300	12497	12710	12824	12850	12943	13333
上海	12971	12689	13558	14321	14351	14745	15158	15365	15874	16168	16678
广州	11691	11831	11963	12173	12387	12495	12545	12693	12877	12934	12946
深圳	9497	9616	9716	9828	10060	10148	10161	10234	10458	10721	10950
重庆	21037	21311	21424	21468	21808	22011	22079	22286	22461	22511	22699
贵阳	7192	7190	7216	7268	7306	7309	7325	7325	7398	7425	7527
海口	3086	3216	3254	3271	3298	3313	3341	3366	3431	3511	3542
杭州	9720	10710	10734	11253	12110	11956	12506	12634	12854	13087	13281
合肥	6495	6667	6792	7017	7311	7440	7512	7770	7866	7998	8106
济南	--	7881	7941	7941	--	8536	8585	8706	8762	8880	8605
南京	6838	6956	7056	7168	7293	7363	7436	7526	7652	7752	7845
青岛	10846	10965	11129	11288	11434	11473	11535	11623	11686	11913	12046
三亚	1248	1264	1249	1241	1282	1310	1310	1313	1333	1333	1339
苏州	9991	10049	10154	10316	10545	10687	10684	10744	10787	10781	10808
天津	10251	10360	10501	10547	10592	10691	10734	10925	10943	10975	11085
银川	2962	2960	3003	3025	3120	--	3254	3305	3315	3335	3320
常德	2393	2429	2476	2521	2532	2550	2567	2589	2600	2603	2618
常州	--	3393	--	--	3709	--	--	3812	--	--	4035
滁州	2546	2632	2659	2724	2837	2875	2952	3031	3105	3115	3180
佛山	7734	7865	7990	7965	8013	8081	8117	8032	8236	8261	8280
邯郸	2869	2974	3015	3055	3153	3222	3295	3359	3424	3447	3513
淮北	1273	1293	1295	1312	1324	1333	1335	1387	1410	1435	1460
淮南	1250	1288	1298	1312	1340	1357	1380	1413	1429	1444	1437
黄山	670	674	680	689	697	705	717	711	720	765	777
惠州	7458	7726	7965	8039	8096	8171	8208	8206	8321	8332	8356
济宁	3783	4007	4071	4171	4309	4391	4431	4451	4503	4522	4536
嘉兴	4219	4660	4689	4825	4909	4941	4945	5013	5053	5097	5132
丽水	1786	1953	2086	2078	2075	2167	2198	2281	2228	2241	2272
临沂	5613	--	5844	5892	6043	6072	6210	6326	6379	6426	6480
龙岩	1522	1575	1578	1598	1601	1602	1606	1609	1626	1635	--
六安	2837	2845	2966	3013	3019	3097	3112	3135	3147	3176	3186
南平	1618	1640	1653	1668	1673	1679	1689	1703	1718	1737	1658
宁德	1554	1624	1658	1707	1723	1726	1733	1741	1765	1774	1761
莆田	2068	2171	2169	2191	2211	2205	2213	2249	2274	2277	2280
齐齐哈尔	--	800	809	812	851	853	856	878	880	881	882
清远	--	--	--	--	--	--	--	--	--	--	--

3-17　续表1　　　　　　　　　　　　　　　　　　　　　　　　　　　　　　　　　　　单位：万平方米

地区	1~2月	1~3月	1~4月	1~5月	1~6月	1~7月	1~8月	1~9月	1~10月	1~11月	1~12月
衢州	1036	1055	1113	1048	1063	980	942	1041	1112	1091	1151
泉州	6153	6304	6390	6429	6481	6580	6649	6719	6970	7120	7228
三明	1619	1660	1702	1736	1752	1766	1789	1791	1808	1836	1829
汕头	3095	3097	3109	3220	3223	3230	3243	3251	3262	3264	3285
上饶	--	2085	2116	2135	2201	--	2250	2289	2324	--	2356
绍兴	4112	4214	4323	4390	4427	4474	4479	4644	4716	4812	4819
泰州	1677	1722	1783	1841	1899	1920	1950	2052	2064	2130	2201
唐山	2929	3031	3087	3111	3195	3280	3353	3397	3433	3461	3454
铜陵	953	981	1010	1021	1022	1036	1053	1062	1064	1061	1064
威海	2659	2707	2711	2745	2779	2773	2810	2823	2837	2840	2842
新乡	2259	2307	2421	2501	2587	2617	2647	2662	2691	2715	2717
宣城	1597	1618	1653	1665	1700	1702	1709	1732	1740	1769	1780
岳阳	2451	2468	2482	2526	2563	2578	2597	2631	2671	2689	2732
湛江	3424	3526	3546	3564	3603	3623	3638	3643	3674	3693	3793
漳州	3876	4025	4078	4136	4145	4171	4224	4271	4272	4317	4340
中山	3773	3794	3804	3904	3981	3986	3954	3946	3961	3953	3972
珠海	3645	3640	3647	3676	3729	3769	3598	3602	3679	3569	3526

数据来源：国家统计局。

3-18 2022年重点城市商品房新开工面积

单位：万平方米

地区	1~2月	1~3月	1~4月	1~5月	1~6月	1~7月	1~8月	1~9月	1~10月	1~11月	1~12月
北京	172	251	510	582	803	940	1147	1243	1268	1367	1774
上海	181	375	427	477	635	938	1460	1663	2163	2516	2940
广州	--	--	--	--	--	--	--	--	--	--	1352
深圳	--	--	--	--	--	--	--	--	--	--	--
重庆	351	720	855	1027	1367	1536	1607	1814	1985	2040	2224
贵阳	--	--	--	--	--	--	--	--	--	--	--
海口	27	156	187	204	230	246	273	298	355	434	448
杭州	77	178	438	701	799	924	1318	1545	1770	1931	2048
合肥	191	289	380	528	783	912	984	1244	1354	1427	1534
济南	--	300	336	336	788	846	906	1013	1060	1178	--
南京	249	477	579	690	773	843	917	994	1116	1231	1303
青岛	175	312	444	620	778	828	890	989	1049	1259	1499
三亚	17	24	24	24	64	80	80	83	91	92	108
苏州	207	405	492	710	857	893	934	991	1032	1150	1188
天津	50	170	321	374	439	487	479	555	573	597	667
银川	--	40	--	111	187	--	290	337	--	--	395
常德	--	--	--	--	--	--	--	--	--	--	--
常州	--	173	--	--	467	--	--	596	--	--	762
滁州	91	187	214	265	378	416	492	572	646	655	694
佛山	52	244	370	460	508	573	608	606	727	741	774
邯郸	--	--	--	--	--	--	--	--	--	--	696
淮北	32	45	47	74	86	95	97	149	171	196	216
淮南	--	--	--	--	--	--	--	--	--	--	--
黄山	29	44	49	59	68	76	89	102	112	146	158
惠州	--	--	--	--	--	--	--	--	--	--	--
济宁	--	--	--	--	--	--	--	--	--	--	--
嘉兴	85	240	269	388	461	493	509	577	631	681	742
丽水	24	99	159	170	209	234	265	332	342	351	388
临沂	181	--	330	374	525	554	683	798	840	888	942
龙岩	37	91	94	109	112	114	116	118	133	142	--
六安	78	159	195	242	254	326	340	363	375	405	415
南平	33	43	56	71	76	82	92	106	122	140	106
宁德	47	102	136	185	201	204	211	219	243	252	256
莆田	10	113	114	136	156	183	190	226	251	255	258
齐齐哈尔	--	3	12	15	53	56	59	86	86	87	87
清远	--	--	--	--	--	--	--	--	--	--	--

3-18 续表1　　　　　　　　　　　　　　　　　　　　　　　　　　　　　　　　　　　　　　　单位：万平方米

地区	1~2月	1~3月	1~4月	1~5月	1~6月	1~7月	1~8月	1~9月	1~10月	1~11月	1~12月
衢州	52	81	97	91	98	107	--	166	165	166	174
泉州	--	--	--	--	--	--	--	--	--	--	--
三明	59	85	127	161	177	191	211	212	229	252	253
汕头	38	--	--	--	--	--	--	--	--	--	--
上饶	51	77	107	126	191	208	241	279	314	--	348
绍兴	108	156	245	295	332	372	400	558	617	653	681
泰州	68	91	114	148	181	212	220	287	294	329	390
唐山	--	--	--	--	--	--	--	--	--	--	--
铜陵	57	85	113	125	125	140	159	169	170	178	181
威海	--	--	--	--	--	--	--	--	--	--	--
新乡	130	178	276	356	442	471	502	517	545	572	584
宣城	31	48	83	95	130	136	144	167	176	206	216
岳阳	34	53	67	111	148	163	182	217	256	274	318
湛江	--	--	--	--	--	--	--	--	--	--	--
漳州	--	--	--	--	--	--	--	--	--	--	--
中山	--	--	--	--	--	--	--	--	--	--	--
珠海	--	--	--	--	--	--	--	--	--	--	--

数据来源：国家统计局。

3-19　2022年重点城市商品房竣工面积

单位：万平方米

地区	1~2月	1~3月	1~4月	1~5月	1~6月	1~7月	1~8月	1~9月	1~10月	1~11月	1~12月
北京	80	158	218	248	427	583	670	835	946	1043	1938
上海	291	342	381	451	548	591	852	908	1011	1175	1676
广州	283	305	316	357	446	464	544	615	631	737	1352
深圳	78	86	103	116	161	174	184	285	288	344	741
重庆	431	572	667	784	1084	1309	1466	1652	1833	2016	2796
贵阳	21	31	31	45	53	53	53	80	85	101	336
海口	25	26	26	26	35	35	35	53	64	83	83
杭州	61	119	143	228	381	416	465	502	525	648	1028
合肥	226	278	322	473	561	644	727	768	1137	1604	2334
济南	--	128	130	--	--	--	--	--	--	--	715
南京	121	129	156	165	219	234	264	327	357	400	691
青岛	164	256	312	340	455	495	591	690	813	879	1610
三亚	23	38	30	30	30	60	44	44	104	116	160
苏州	207	293	312	437	594	632	665	714	776	1093	1361
天津	170	261	352	403	480	601	734	866	969	1151	1504
银川	8	8	20	36	--	--	119	--	--	401	--
常德	82	73	78	83	108	128	140	151	164	165	247
常州	--	154	--	--	219	--	--	401	--	--	628
滁州	32	42	42	44	58	64	79	88	138	138	289
佛山	210	166	201	215	255	272	280	293	390	429	636
邯郸	1	24	25	28	30	31	34	36	36	46	143
淮北	16	17	17	17	17	1333	26	30	36	38	116
淮南	9	25	25	25	25	33	48	48	48	95	119
黄山	8	17	21	21	22	25	38	38	59	59	63
惠州	108	125	150	157	238	248	282	300	394	403	442
济宁	68	98	129	167	178	186	193	200	295	352	655
嘉兴	26	26	53	84	171	193	195	212	216	261	437
丽水	54	62	64	64	68	68	77	159	242	264	375
临沂	121	--	201	243	309	313	340	386	426	443	494
龙岩	27	77	93	103	105	106	185	185	185	197	--
六安	30	42	53	57	83	85	110	111	119	119	130
南平	58	66	90	112	115	119	134	137	183	191	227
宁德	66	90	102	116	124	138	153	153	162	173	218
莆田	19	26	28	28	28	28	64	87	112	145	152
齐齐哈尔	--	--	--	1	14	14	17	28	29	52	52
清远	105	120	135	165	234	259	314	337	384	400	482

3-19 续表1   单位：万平方米

地区	1~2月	1~3月	1~4月	1~5月	1~6月	1~7月	1~8月	1~9月	1~10月	1~11月	1~12月
衢州	22	22	23	24	58	8	6	41	68	70	76
泉州	255	276	279	280	348	445	461	476	566	568	881
三明	35	37	37	37	51	51	65	76	76	76	203
汕头	22	41	41	62	75	77	86	91	179	183	199
上饶	--	34	43	45	64	--	79	80	--	--	89
绍兴	--	--	--	--	--	--	--	--	--	--	--
泰州	70	78	108	121	123	115	116	120	142	266	403
唐山	4	19	21	27	31	31	43	54	74	91	169
铜陵	3	8	11	20	20	21	25	27	39	48	106
威海	56	82	89	94	101	102	146	148	148	149	159
新乡	59	79	94	104	131	139	140	144	146	189	314
宣城	39	68	71	74	85	87	95	129	135	163	205
岳阳	54	70	75	100	118	136	159	174	186	191	213
湛江	--	--	--	--	--	--	--	--	--	--	--
漳州	111	181	197	241	290	299	434	412	473	485	559
中山	44	77	129	140	162	141	181	184	185	185	503
珠海	27	12	25	71	97	111	126	133	141	180	260

数据来源：国家统计局。

3-20　2022年重点城市商品房销售面积

单位：万平方米

地区	1~2月	1~3月	1~4月	1~5月	1~6月	1~7月	1~8月	1~9月	1~10月	1~11月	1~12月
北京	92	193	253	316	446	534	618	738	835	897	1040
上海	269	412	426	462	638	820	983	1201	1383	1526	1853
广州	179	339	412	517	708	784	900	1069	1144	1226	1374
深圳	55	88	132	183	281	328	369	454	486	541	694
重庆	564	1304	1719	2121	2823	3091	3365	3790	4027	4132	4439
贵阳	134	219	289	359	488	522	598	632	739	888	1053
海口	51	80	111	133	157	173	187	201	222	239	269
杭州	192	281	373	481	632	742	858	1002	1117	1247	1394
合肥	150	337	433	578	776	880	946	1081	1186	1315	1459
济南	114	223	286	379	510	589	671	919	1020	1120	1242
南京	102	172	238	323	484	549	617	702	758	832	942
青岛	92	273	358	532	840	954	1067	1231	1325	1420	1564
三亚	17	32	42	51	60	70	71	74	80	91	118
苏州	257	465	543	699	--	--	1376	1624	1813	1922	2069
天津	91	178	250	314	448	527	605	707	790	864	974
银川	50	95	126	171	228	254	296	329	341	369	404
常德	46	116	149	188	248	271	287	333	362	392	450
常州	74	136	172	231	--	--	377	439	522	574	658
滁州	111	215	266	332	533	648	725	794	848	895	948
佛山	184	358	502	642	764	872	968	1070	1167	1260	1397
邯郸	63	172	204	260	333	388	434	500	543	583	656
淮北	38	66	77	105	128	141	148	164	174	177	186
淮南	33	77	78	84	118	138	157	171	186	202	208
黄山	15	37	45	55	71	77	82	96	105	116	130
惠州	119	248	326	467	601	683	795	925	1045	1150	1310
济宁	117	253	347	417	543	616	726	893	935	1001	1095
嘉兴	63	167	189	220	326	364	400	459	489	522	542
丽水	24	54	62	70	99	112	138	184	206	223	247
临沂	92	--	274	416	583	654	735	880	976	1091	1225
龙岩	32	92	104	119	160	171	183	208	221	237	264
六安	80	124	153	167	246	290	333	388	429	474	524
南平	37	69	81	129	168	187	216	242	267	306	338
宁德	34	62	74	88	111	129	139	150	168	189	205
莆田	73	155	194	216	245	279	316	355	382	409	433
齐齐哈尔	--	12	18	27	35	41	50	61	69	75	81
清远	68	114	147	191	249	289	341	386	437	465	505

3-20 续表1　　　　　　　　　　　　　　　　　　　　　　　　　　　　　　　　　单位：万平方米

地区	1~2月	1~3月	1~4月	1~5月	1~6月	1~7月	1~8月	1~9月	1~10月	1~11月	1~12月
衢州	13	25	29	34	40	51	66	94	103	124	146
泉州	204	336	409	545	714	806	938	1079	1205	1350	1516
三明	45	96	111	129	175	186	202	219	228	238	248
汕头	48	90	121	152	189	223	248	282	324	358	402
上饶	73	181	245	319	474	533	595	685	751	807	886
绍兴	83	157	228	295	386	446	515	617	660	706	784
泰州	71	117	154	192	263	304	358	422	483	562	701
唐山	30	56	79	108	148	174	216	264	297	326	353
铜陵	35	48	64	78	97	113	118	129	136	146	162
威海	62	92	116	152	215	243	272	304	321	343	382
新乡	79	144	200	264	338	387	433	486	533	589	651
宣城	38	72	95	119	162	182	197	217	234	250	262
岳阳	37	72	90	109	169	190	213	256	291	334	397
湛江	46	73	106	132	174	206	229	257	298	324	365
漳州	100	172	240	312	396	446	497	562	608	657	698
中山	43	81	110	156	264	304	345	385	419	446	507
珠海	52	118	139	161	214	227	246	287	303	318	340

数据来源：国家统计局。

3-21　2022年重点城市房地产开发投资额

单位：亿元

地区	1~2月	1~3月	1~4月	1~5月	1~6月	1~7月	1~8月	1~9月	1~10月	1~11月	1~12月
北京	424	842	1172	1500	2063	2498	2933	3375	3637	3930	4178
上海	819	1100	1287	1495	1861	2329	2770	3265	3791	4349	4980
广州	446	735	1032	1425	1782	2018	2259	2666	2948	3175	3432
深圳	327	529	797	1077	1442	1716	2022	2285	2595	2957	3413
重庆	422	883	1268	1603	2079	2320	2536	2880	3088	3223	3468
贵阳	--	--	--	--	--	--	--	--	--	--	--
海口	47	105	136	164	205	244	279	310	344	398	438
杭州	417	741	1039	1393	1884	2193	2551	2921	3259	3605	3889
合肥	182	302	436	605	764	895	1034	1168	1263	1357	1457
济南	179	368	488	729	945	1062	1198	1403	1564	1716	1831
南京	353	649	978	1309	1566	1780	1977	2202	2410	2631	2759
青岛	127	284	450	665	949	1102	1247	1407	1548	1688	1789
三亚	39	79	92	114	150	174	179	192	211	236	264
苏州	411	764	979	1260	1615	1857	2080	2290	2471	2611	2691
天津	237	517	654	915	1196	1345	1551	1800	1897	1996	2128
银川	11	34	53	90	142	--	191	223	237	258	274
常德	25	49	78	94	124	141	165	190	--	--	255
常州	107	230	360	455	544	597	648	710	779	822	848
滁州	61	122	173	232	294	360	425	484	521	557	587
佛山	166	401	620	839	1022	1193	1366	1516	1672	1822	1957
邯郸	33	108	156	211	299	358	403	462	503	538	567
淮北	23	41	60	82	107	117	135	161	182	194	209
淮南	24	49	61	83	108	128	149	170	187	202	220
黄山	16	34	46	57	72	81	92	105	117	131	143
惠州	129	229	336	445	538	615	711	806	906	988	1087
济宁	53	130	188	253	300	345	397	451	482	493	507
嘉兴	157	227	313	434	563	652	743	850	939	1003	1039
丽水	35	69	102	128	151	187	216	255	283	316	343
临沂	86	153	209	277	355	409	467	520	567	633	704
龙岩	25	60	75	96	116	134	149	166	178	192	204
六安	56	112	150	198	248	286	323	362	393	425	457
南平	19	44	54	68	84	95	107	122	136	155	170
宁德	25	49	65	92	119	141	165	180	195	210	219
莆田	52	114	145	175	203	229	253	272	297	322	341
齐齐哈尔	--	2	7	16	32	36	39	49	51	54	56
清远	49	76	94	122	146	167	185	208	228	245	275

3-21 续表1   单位：亿元

地区	1~2月	1~3月	1~4月	1~5月	1~6月	1~7月	1~8月	1~9月	1~10月	1~11月	1~12月
衢州	31.09	54	78	94	121	139	152	176	207	238	266
泉州	92	172	238	323	424	489	559	661	745	841	922
三明	--	48	61	78	102	115	123	134	142	149	159
汕头	54	107	141	179	219	251	280	312	333	357	378
上饶	--	--	--	--	--	--	--	--	--	--	--
绍兴	119	212	331	402	496	598	703	815	915	1019	1068
泰州	56	83	111	147	182	209	231	261	293	323	353
唐山	--	--	--	--	--	--	--	--	--	--	--
铜陵	16	26	39	52	64	74	82	93	103	113	118
威海	39	64	94	129	167	189	214	232	241	248	256
新乡	33	70	109	148	180	191	214	238	263	287	305
宣城	22	51	76	100	129	148	166	183	197	211	224
岳阳	25	40	56	73	92	106	122	143	162	174	205
湛江	45	77	105	136	171	194	214	241	264	288	333
漳州	89	187	233	292	350	383	412	459	486	513	522
中山	61	99	126	178	222	252	286	317	339	366	399
珠海	142	243	292	367	444	510	574	628	681	717	757

数据来源：国家统计局。

3-22　2022年重点城市商品房销售额

单位：亿元

地区	1~2月	1~3月	1~4月	1~5月	1~6月	1~7月	1~8月	1~9月	1~10月	1~11月	1~12月
北京	378	736	1005	1296	1844	2098	2421	2842	3174	3412	3977
上海	1133	1648	1734	1932	2750	3614	4424	5111	5686	6266	7468
广州	--	--	--	--	--	--	--	--	--	--	--
深圳	--	--	--	--	--	--	--	--	--	--	--
重庆	391	911	1234	1486	1963	2134	2307	2638	2817	2883	3102
贵阳	116	202	270	333	442	472	523	541	644	775	933
海口	80	125	173	205	244	269	292	315	346	372	432
杭州	589	874	1167	1506	2014	2388	2775	3252	3631	4080	4532
合肥	215	462	572	731	940	1072	1164	1330	1461	1647	1812
济南	--	277	351	--	--	--	--	--	--	--	1515
南京	261	444	619	843	1289	1459	1624	1828	1954	2152	2428
青岛	138	391	519	747	1124	1295	1455	1683	1821	1958	2181
三亚	45	77	101	133	160	185	187	196	216	248	315
苏州	--	--	--	--	--	--	--	--	--	--	--
天津	129	268	390	495	707	821	944	1094	1223	1343	1516
银川	38	74	98	132	182	--	245	275	286	310	339
常德	23	61	77	97	127	139	148	170	184	200	228
常州	--	--	--	--	--	--	--	--	--	--	--
滁州	64	120	151	189	290	352	395	432	465	495	524
佛山	--	--	--	--	--	--	--	--	--	--	--
邯郸	45	128	152	195	248	290	320	365	400	429	--
淮北	24	40	48	65	81	92	97	108	114	116	121
淮南	20	44	45	48	69	82	95	104	114	125	129
黄山	10	26	31	38	51	54	58	67	73	81	89
惠州	146	291	381	544	688	779	892	1026	1155	1260	1422
济宁	79	172	235	292	378	427	504	614	641	683	748
嘉兴	97	241	278	331	491	552	608	682	732	785	824
丽水	29	60	72	85	115	130	158	204	232	253	286
临沂	--	--	--	--	--	--	--	--	--	--	--
龙岩	25	67	76	89	116	126	135	149	159	172	190
六安	46	69	84	99	138	164	189	216	239	266	294
南平	26	48	56	85	108	122	144	165	183	207	230
宁德	33	56	69	85	105	124	135	144	161	181	195
莆田	67	144	181	205	234	264	297	333	362	383	451
齐齐哈尔	--	6	10	13	17	20	26	31	35	38	41
清远	43	71	93	116	145	170	199	226	256	272	296

3-22 续表1　　　　　　　　　　　　　　　　　　　　　　　　　　　　　　　　　　　　　单位：亿元

地区	1~2月	1~3月	1~4月	1~5月	1~6月	1~7月	1~8月	1~9月	1~10月	1~11月	1~12月
衢州	21	32	38	47	54	69	95	124	136	164	185
泉州	--	--	--	--	--	--	--	--	--	--	--
三明	32	67	79	91	123	131	141	151	158	165	172
汕头	50	--	--	--	--	--	--	--	--	--	--
上饶	49	122	164	213	323	361	403	463	510	553	608
绍兴	119	227	332	435	582	668	770	924	993	1061	1164
泰州	58	105	141	180	245	282	328	318	440	512	643
唐山	24	44	66	89	130	147	181	223	250	273	297
铜陵	--	--	--	--	--	--	--	--	--	--	--
威海	--	--	--	--	--	--	--	--	--	--	--
新乡	45	81	112	148	188	216	242	272	297	331	363
宣城	24	48	64	80	109	122	132	145	157	169	177
岳阳	20	38	48	59	90	101	111	133	151	176	207
湛江	38	65	92	115	150	180	198	--	--	--	324
漳州	90	149	206	263	336	381	425	479	518	557	591
中山	53	93	125	177	298	343	389	426	460	489	563
珠海	--	--	--	--	--	--	--	--	--	--	--

数据来源：国家统计局。

第四章
第七次全国人口普查数据

4-1　各地区按住房间数分的家庭户户数

单位：户

分类	地区	家庭户户数	一间	二间	三间	四间	五间	六间	七间	八间	九间	十间及以上
	全国	465241711	55759921	127379196	145912661	60207196	28888798	23153478	5793990	8764039	3024611	6357821
	北京	7770769	2088197	3208826	1720182	362299	179205	73013	26527	36346	11251	64923
	天津	4587490	753749	2332101	1021262	258196	112966	55208	16570	17692	5856	13890
	河北	24554501	1258243	7413118	7939169	3646878	2466458	791057	267404	318257	84030	369887
	山西	12064669	1400179	3994245	4005402	1036605	1005595	327840	100779	90852	22587	80585
	内蒙古	8817048	1395454	4739383	2190563	335116	110223	26141	7854	5559	1599	5156
	辽宁	16571689	2122357	9449517	3631083	996505	255621	73778	13706	15704	3010	10408
	吉林	8724943	1045328	5332503	1901213	363725	55478	15674	3407	3114	897	3604
	黑龙江	11685918	1560848	7462813	2282479	285583	59103	20586	3818	4648	1135	4905
	上海	9095041	3256307	3444849	1798690	325888	102403	98293	16362	23649	11514	17086
	江苏	28069197	2675869	7608115	10941007	3255865	1224307	1338035	229819	400062	145250	250868
	浙江	22921213	6410801	5257459	6091241	2472152	925895	958740	183971	296668	150213	174073
	安徽	20750408	1429896	5449878	7804960	2968825	1017611	1301345	186564	282710	150797	157822
	福建	13350262	2406879	2382582	3765958	1854192	879989	882590	278875	400544	163138	335715
	江西	13331484	482679	2264406	4079276	2132526	1117933	1545890	382891	632102	304900	388881
统计范围：全国	山东	33915789	1334917	8386473	12578149	6256177	3382542	1006447	276317	397331	80027	217409
	河南	30557811	1091148	4569448	9989367	5076805	2949824	2907401	820069	1586995	406480	1160274
	湖北	18760549	1059908	4408387	7150944	3102701	1160878	1170187	187814	266289	101872	151569
	湖南	21561143	974469	3867906	7279849	4138622	1768224	1820964	353266	696633	174564	486646
	广东	38953156	12287028	7191383	9838853	4196105	1851140	1707117	458316	647286	297230	478698
	广西	15517021	1453004	2642779	3836301	2618184	1475981	1664991	422095	702477	246484	454725
	海南	2747332	566592	675377	804496	355340	153975	113018	26050	27553	10668	14263
	重庆	11415050	986712	3103645	4479211	1503896	514480	448849	97111	148853	46021	86272
	四川	29098226	2193161	6809963	11411051	4427432	1909199	1255234	323275	398004	119864	251043
	贵州	12004270	696820	2085941	3753185	2056119	1116022	1082377	246432	462442	124379	380553
	云南	14304259	1593102	2648177	4242443	2594949	1180617	1084374	263265	330652	116662	250018
	西藏	793704	121415	158124	142444	110227	88613	59861	32703	26436	12409	41472
	陕西	13350429	1467518	3991686	4679968	1603808	605696	559842	115257	153004	64972	108678
	甘肃	7936539	658281	2303759	2037652	749175	636413	462850	325457	305594	134246	323112
	青海	1791200	193448	582012	557191	187866	108232	66303	30630	25246	8714	31558
	宁夏	2361757	226301	929703	894852	175887	75110	32876	11733	7518	2776	5001
	新疆	7878844	569311	2684838	3064220	759548	399065	202597	85653	53819	21066	38727

4-1 续表1 单位：户

分类	地区	家庭户户数	住房间数								
			一间	二间	三间	四间	五间	六间	七间	八间	九间	十间及以上
	全国	192180772	34509802	71446018	64887169	12587365	3713859	2451468	545271	865702	312790	861328
	北京	6373968	1697972	2888444	1472969	213534	52015	20413	5102	8675	2067	12777
	天津	3637698	725761	2100504	690236	77022	24976	10102	2543	2785	846	2923
	河北	7288313	444421	3288338	2712642	427653	199353	92485	22400	40573	9082	51366
	山西	4406419	402231	1958498	1722727	202513	63132	31585	5533	8406	1784	10010
	内蒙古	3422193	410397	2105687	814795	66749	16231	4663	1640	825	206	1000
	辽宁	10246924	1536054	6636133	1799729	202404	42276	18643	2852	4371	881	3581
	吉林	3888579	551925	2749687	528434	46271	7813	2163	599	505	181	1001
	黑龙江	5441070	707631	3864891	762771	72678	21610	6124	1370	1834	330	1831
	上海	7124375	2406254	2975549	1440973	204509	51808	27547	4578	5574	2344	5239
	江苏	13068320	1316182	4513111	5559457	974823	281154	229865	37449	73652	21092	61535
	浙江	11614658	3807204	2916325	3433709	870032	232761	190448	35499	59616	29149	39915
	安徽	5395240	420879	2106054	2337496	334439	83408	61864	11890	16973	6030	16207
	福建	5567356	1630272	1214978	1823046	499378	139036	107716	31401	45793	21021	54715
	江西	3850395	256668	1224532	1711984	322612	103306	106727	25916	41115	21064	36471
统计范围:城市	山东	12567511	566386	4491287	5803485	1077730	352098	143857	30501	59458	10375	32334
	河南	7839422	450384	2176779	3652022	715463	262913	261404	48947	113512	34083	123915
	湖北	7796665	692815	2680197	3312539	642149	187884	159465	26640	38971	22446	33559
	湖南	5876676	400082	1605332	2637031	764808	207492	139438	28594	43492	13804	36603
	广东	25244435	10280089	5192306	6616911	1935159	583851	327073	81659	99506	41196	86685
	广西	4553520	816240	1148800	1594101	504801	157357	142503	37130	67428	23877	61283
	海南	1073785	323399	264648	326889	84660	31802	22705	5565	6249	2784	5084
	重庆	5492476	645796	2018782	2348879	367031	59472	27528	6393	8399	3396	6800
	四川	10317119	1172692	3579247	4656044	652154	130645	60200	14664	20761	7231	23481
	贵州	3129186	320152	903060	1377436	320804	87303	53406	12852	21468	7188	25517
	云南	4091447	908461	998447	1311209	488169	149503	98357	29976	37300	14906	55119
	西藏	208932	58172	45703	38752	21191	17848	8928	4547	3852	1984	7955
	陕西	5338767	802462	2354969	1783484	232271	58615	45813	8979	15967	6558	29649
	甘肃	2434669	322575	1328001	630966	72943	29681	14657	6688	7936	3067	18155
	青海	716283	86155	336382	236961	27804	11401	5487	1919	2484	849	6841
	宁夏	1030336	83639	480133	421576	31578	8190	2803	978	733	168	538
	新疆	3144035	266452	1299214	1327916	134033	58925	27499	10467	7489	2801	9239

数据来源：国家统计局。

注：表4-1至4-5为全部人口数据，表4-6至4-23为长表数据。

4-2 各地区按人均住房建筑面积分的家庭户户数

单位：户

分类	地区	家庭户户数	人均住房建筑面积（平方米）									
			8及以下	9~12	13~16	17~19	20~29	30~39	40~49	50~59	60~69	70及以上
	全国	465241711	7332819	14369769	23201073	14137552	88710906	78294732	63531175	37877241	37859044	99927400
	北京	7770769	350349	487668	597686	416649	1681398	1176175	938225	570514	440284	1111821
	天津	4587490	45736	120316	254268	208812	1040171	903496	713503	364618	276679	659891
	河北	24554501	139305	479810	1150958	728920	5280426	4737785	3617525	2106409	1941606	4371757
	山西	12064669	220157	465780	756419	371014	2638819	2362153	1577045	979099	861150	1833033
	内蒙古	8817048	84338	237769	466665	299553	2138021	1854517	1449688	685693	531861	1068943
	辽宁	16571689	67065	315471	820395	803786	4002885	3418920	2523624	1337354	1053466	2228723
	吉林	8724943	19351	134234	438362	436145	2249477	1843518	1382581	650043	518251	1052981
	黑龙江	11685918	43537	222856	618758	561091	2978558	2424151	1654694	855699	787491	1539083
	上海	9095041	534227	710023	833924	527561	2062954	1451028	1041380	524145	420653	989146
	江苏	28069197	244531	606777	948457	686257	4556561	4537425	4149070	2398933	2574938	7366248
	浙江	22921213	920876	1518261	1465703	564132	4030976	3024643	2643943	1634581	1695883	5422215
	安徽	20750408	99524	282730	634920	468627	3545042	3575473	3045099	1942655	1905035	5251303
	福建	13350262	463093	621797	872544	398422	2190392	1818012	1433752	974904	1027185	3550161
	江西	13331484	45959	156382	350602	300597	1846734	1770612	1642311	1090859	1366506	4760922
统计范围：全国	山东	33915789	143567	553929	1369343	1051958	7099293	6646706	5056192	2808300	2777655	6408846
	河南	30557811	118765	410979	955783	638303	4863193	5076959	4429590	2732761	3110655	8220823
	湖北	18760549	69524	188091	434872	370688	2895032	3111180	2928117	1748495	1902724	5111826
	湖南	21561143	56860	198260	492189	337884	3115823	3554842	3311787	1978064	2476833	6038601
	广东	38953156	2348833	3651726	4261776	1503579	8341354	5338218	3584591	2184216	1888296	5850567
	广西	15517021	166257	389416	710192	377636	2567101	2259048	1973546	1382174	1371939	4319712
	海南	2747332	94721	162523	232062	113949	625619	434080	314634	180419	165369	423956
	重庆	11415050	36618	151818	419346	386384	2111231	1961157	1649427	973304	995408	2730357
	四川	29098226	161357	439747	965419	766302	4885926	4916236	4125162	2710578	2713816	7413683
	贵州	12004270	113581	256395	475123	249404	2156613	1944475	1682727	1046862	1230090	2849000
	云南	14304259	237615	494673	798323	388643	2655020	2250367	1922640	1186553	1276078	3094347
	西藏	793704	19860	38384	49175	22362	127867	103618	87461	69205	63762	212010
	陕西	13350429	199813	391196	535234	308789	2284863	2204149	1895082	1186424	1241818	3103061
	甘肃	7936539	158252	274909	511420	348971	1796405	1465452	1071705	604784	519121	1185520
	青海	1791200	31016	71833	119971	62902	387962	296003	243518	144952	131488	301555
	宁夏	2361757	21149	51927	99189	94556	532077	461400	378731	212784	155128	354816
	新疆	7878844	76983	284089	561995	343676	2023113	1372934	1063825	611860	437876	1102493

4-2 续表1　　　单位：户

分类	地区	家庭户户数	人均住房建筑面积（平方米）								
			8及以下	9–12	13–16	17–19	20–29	30–39	40–49	50–59	60–69	70及以上
	全国	192180772	4804493	8445718	12088646	8114038	42549127	33730681	25711119	14214328	12179179	30343443
	北京	6373968	289190	386377	478193	360743	1441352	999541	773402	466187	348796	830187
	天津	3637698	41770	103938	208959	180993	835261	702226	573059	294429	199084	497979
	河北	7288313	27792	119167	298068	300052	1592382	1397701	1116771	624596	537814	1273970
	山西	4406419	60748	124737	215414	170599	997975	871240	615159	354440	300337	695770
	内蒙古	3422193	26977	68733	137784	134087	786119	739134	535310	289813	222996	481240
	辽宁	10246924	44618	207543	499207	570934	2479509	2008366	1491155	908655	631697	1405240
	吉林	3888579	7318	56979	185138	217134	1023548	788960	568703	342137	236990	461672
	黑龙江	5441070	22502	106770	276711	269519	1309747	1064928	687139	480248	413003	810503
	上海	7124375	365252	503012	639156	475571	1724118	1238336	839511	427550	301528	610341
	江苏	13068320	119591	309250	518084	444880	2645946	2422555	2099311	996324	1039830	2472549
	浙江	11614658	596985	953721	906796	387752	2492120	1700059	1409982	777766	711437	1678040
	安徽	5395240	24775	80921	200521	205174	1256859	1106102	843656	464028	365784	847420
	福建	5567356	354466	425003	554717	254192	1155169	826409	592559	318912	297834	788095
	江西	3850395	21639	82365	181122	157005	838060	695431	528641	301959	310951	733222
统计范围：城市	山东	12567511	51855	192360	470501	483855	2886394	2533960	1927914	949539	840883	2230250
	河南	7839422	32177	115481	272809	266849	1545668	1408568	1201812	643588	651334	1701136
	湖北	7796665	55326	135243	275154	249114	1548718	1490311	1263872	629544	621189	1528194
	湖南	5876676	25452	86664	190659	152202	1066520	1071930	946002	484973	566732	1285542
	广东	25244435	1938081	2945223	3265814	1095068	5821484	3405834	2039653	1168290	894249	2670739
	广西	4553520	90821	210378	334398	194368	1023437	727062	535138	320856	282755	834307
	海南	1073785	60221	83743	100192	52161	257516	160993	107555	59416	51865	140123
	重庆	5492476	21533	101367	288426	287336	1351646	1066364	771161	418173	333874	852596
	四川	10317119	93841	222739	478929	457073	2342114	1850911	1492940	828291	641753	1908528
	贵州	3129186	62063	127453	185607	112174	692035	555272	402427	251575	228441	512139
	云南	4091447	152455	250709	294121	143153	771566	586632	482875	327004	288182	794750
	西藏	208932	8345	13669	12814	4794	31848	21151	20073	12954	15635	67649
	陕西	5338767	102504	206657	275216	183419	1024181	900609	772775	429659	381638	1062109
	甘肃	2434669	68552	116008	141467	110533	518215	442609	344254	203928	134179	354924
	青海	716283	6674	16885	29826	25248	139738	125351	107821	68660	54266	141814
	宁夏	1030336	4540	13679	29975	37478	225880	210123	177018	94963	73440	163240
	新疆	3144035	26430	78944	142868	130578	724002	612013	443471	275871	200683	509175

数据来源：国家统计局。

4-3　各地区按家庭户类别和住房间数分的家庭户户数

单位：户

分类	地区	全国 一间	全国 二间	全国 三间	全国 四间	全国 五间及以上	城市 一间	城市 二间	城市 三间	城市 四间	城市 五间及以上
	全国	45993399	68608225	59902907	22603875	24424128	28978610	36894182	24808772	4239183	2571774
	北京	1756666	1651252	765686	160947	159715	1398410	1460832	640721	90589	38902
	天津	537598	1215950	469481	112588	88077	514588	1085562	298443	32624	18549
	河北	990374	3873483	3446920	1460414	1388042	334791	1672848	1123633	159846	126796
	山西	1019468	2073336	1700102	415613	649903	296175	959657	694444	78161	41409
	内蒙古	1042248	2508597	1012998	155693	71911	296320	1055290	344908	28766	11498
	辽宁	1580480	5224659	1818743	471282	166835	1153709	3703263	895586	98784	36492
	吉林	770696	2834167	907730	158924	36930	406454	1448971	237700	20015	5909
	黑龙江	1136070	4253566	1115137	131307	46214	527609	2243380	393914	36782	17428
	上海	2677896	1670382	659873	132382	132707	1926450	1390264	477301	63831	33920
	江苏	2298090	4230464	4412343	1277030	1363509	1119909	2329762	2051038	337213	245391
	浙江	5593708	2947909	2439323	961393	1021917	3356664	1535113	1248443	270626	179981
	安徽	1159496	3026681	3203274	1136734	1041464	337872	1054822	854915	114999	62652
	福建	2046608	1137007	1311180	635872	959275	1401587	517844	567351	132045	99311
	江西	384538	1190387	1483523	809316	1370610	206790	599934	567035	97536	84345
一代户	山东	1150481	4465582	5273519	2875475	2143027	462647	2149467	2146378	434869	232785
	河南	918424	2632044	4232509	1890601	3032389	364753	1100502	1366894	245304	229256
	湖北	855964	2357840	2893489	1125974	972212	552322	1349467	1227053	223989	142323
	湖南	820719	2342612	3054514	1506641	1666570	338756	919320	1051067	260485	141457
	广东	10715560	3474158	3365084	1169597	1373564	9185333	2550931	2210745	499471	266050
	广西	1182017	1379041	1474536	871390	1341782	672747	540607	569617	151261	113551
	海南	387824	266729	237268	83577	65549	248780	103520	102752	21534	12803
	重庆	817011	1777359	1956406	656442	564975	523761	1045386	868078	124988	40695
	四川	1887204	4168236	5123600	1755929	1478442	1017983	2044230	1923430	244077	88987
	贵州	565219	1181590	1500125	748756	1056897	262699	472171	504981	96859	48944
	云南	1308511	1361663	1502257	692954	684078	788769	546187	545421	169041	103264
	西藏	94879	77613	54629	29621	52989	52256	31574	25311	11875	21697
	陕西	1134755	2146283	1957396	580451	517746	651374	1243014	761543	90401	51198
	甘肃	470840	1149128	836675	274418	680940	243628	655213	260859	27251	23057
	青海	138267	279255	198609	51466	63838	69137	175268	100563	11088	8535
	宁夏	154953	454693	344233	62436	48961	61388	235897	166922	12233	5162
	新疆	396835	1256559	1151745	208652	183260	204949	673886	581726	52640	39427

4-3 续表1　　单位：户

分类	地区	全国 一间	全国 二间	全国 三间	全国 四间	全国 五间及以上	城市 一间	城市 二间	城市 三间	城市 四间	城市 五间及以上
二代户	全国	8818230	48503073	63712154	24959777	30458098	5021186	28501776	29670936	5493163	3360535
	北京	290640	1207859	679831	130401	122611	261427	1104545	596744	83455	34150
	天津	194304	939286	433408	106638	84848	189808	854918	311201	32769	17251
	河北	245477	2973757	3422426	1526284	1790991	100162	1360859	1227326	174241	160830
	山西	363084	1699595	1906356	443015	626661	100183	878192	852634	90350	45757
	内蒙古	333309	1959343	961608	131370	57551	107463	938254	398113	31190	10507
	辽宁	485930	3536568	1382392	351199	124480	346519	2528304	732174	77268	24604
	吉林	248363	2049339	716384	131697	28315	131913	1098199	223493	18696	4331
	黑龙江	382894	2717697	874375	107512	33946	162592	1393641	297305	27887	12088
	上海	510387	1368705	761412	118819	74050	418786	1221080	643147	86044	31768
	江苏	345302	2687395	4528661	1183459	1236047	179751	1746376	2458066	390542	238835
	浙江	761632	1925586	2674580	946363	924596	423266	1146359	1605035	376296	209479
	安徽	250201	2015575	3441825	1212822	1289896	76991	878914	1124907	148031	78702
	福建	334389	1023548	1775454	778353	1100572	215250	563679	885232	228008	149740
	江西	88617	878280	1908429	873672	1782030	44691	506164	834248	145253	132528
	山东	164436	3281101	5766328	2558943	2231527	92315	1940030	2875454	462352	259866
	河南	156523	1594951	4376551	2180672	4170849	77919	881499	1737781	318988	345611
	湖北	181487	1631309	3054655	1224533	1147013	126593	1065324	1506133	266304	173271
	湖南	137961	1272462	3167952	1763264	2155779	55738	569500	1205924	347188	185150
	广东	1348649	2899405	4670246	1906782	2160445	982446	2106186	3210629	924024	461867
	广西	245478	1051505	1780662	1206923	2166192	132265	501012	755916	238155	204257
	海南	152659	320500	405041	171013	156564	69442	131256	161694	40727	31637
	重庆	149770	1037346	1740292	555261	474194	106645	745505	974700	147431	40018
	四川	275319	2108552	4350989	1680898	1568644	138830	1190494	1799631	243600	84577
	贵州	122883	779261	1728730	925072	1476001	53226	364158	656347	152849	87102
	云南	257911	1054513	1953387	1149817	1303834	112335	380435	574642	212546	151384
	西藏	23407	63235	60541	49566	106394	5447	12376	11097	7200	16916
	陕西	315423	1553897	2014272	645121	609737	142380	937557	789632	97044	61643
	甘肃	175369	952227	875123	299224	829721	73364	563604	287701	32186	31839
	青海	49364	247775	254660	84599	115519	15622	133549	102346	11906	12240
	宁夏	67228	420921	457827	82316	57170	20835	217325	216816	15687	6277
	新疆	159834	1251580	1587757	434169	451921	56982	542482	614868	64946	56310

4-3 续表2　　　单位：户

分类	地区	全国 一间	全国 二间	全国 三间	全国 四间	全国 五间及以上	城市 一间	城市 二间	城市 三间	城市 四间	城市 五间及以上
三代户	全国	933878	10109080	21715143	12097329	19879342	504756	5980589	10193772	2755652	2665745
	北京	40649	346689	269945	68687	103482	37918	320317	231916	38606	26898
	天津	21657	174394	115281	37402	46600	21182	158025	78962	11298	8001
	河北	22047	556251	1037418	629275	1054053	9360	251585	353299	89553	120466
	山西	17409	218161	388925	169802	331554	5815	119414	172579	32845	31502
	内蒙古	19681	267548	210417	46330	25633	6552	111014	70606	6652	2486
	辽宁	55463	678507	420176	168849	77700	35587	400740	169529	25825	11212
	吉林	25992	440609	267724	69656	15922	13440	199858	65780	7343	1941
	黑龙江	41356	483335	283983	44906	13443	17256	224835	70196	7802	3461
	上海	67300	401019	369029	71275	57774	60379	359903	313747	52449	29082
	江苏	31895	678881	1934124	745386	913863	16302	431468	1021897	234293	202783
	浙江	54586	379205	953644	536444	689205	26892	232326	567939	212401	183882
	安徽	19920	401511	1132239	591621	724435	5981	170714	352248	69028	52158
	福建	25597	219626	666585	425058	834747	13334	132530	364494	134972	142212
	江西	9405	193165	673151	433225	1159266	5141	117207	305276	77351	111759
	山东	19758	631222	1505275	794802	941926	11318	397677	768534	175390	130602
	河南	15975	337313	1348825	968892	2497354	7649	192659	537597	146774	258336
	湖北	22101	412267	1174044	717191	864251	13781	262973	570588	146850	145017
	湖南	15544	248499	1030339	833054	1389256	5544	115350	373803	152632	134555
	广东	218140	802911	1768155	1083790	1814587	110785	528569	1176194	497734	470589
	广西	25117	209437	570361	523101	1388135	11141	106249	264769	112740	164327
	海南	25433	86131	157928	96578	116817	5122	29529	61369	21731	28240
	重庆	19702	283543	756917	279438	284413	15225	223822	489873	90728	29507
	四川	30115	522136	1865445	931651	1114454	15685	338173	901577	156191	76637
	贵州	8606	123285	511611	368452	827884	4187	65925	211531	68849	67582
	云南	25979	227047	759924	710669	1136588	7277	71076	187598	102706	121714
	西藏	3049	16808	26256	29645	95627	457	1726	2298	2045	6308
	陕西	17163	287696	689156	361062	453091	8641	172932	228453	43362	50116
	甘肃	11880	199164	314964	166076	628534	5521	107955	80776	13048	24161
	青海	5695	53936	100977	49618	87389	1379	27202	33256	4679	7951
	宁夏	4088	53525	91155	30105	27683	1406	26654	37333	3582	1912
	新疆	12576	175259	321170	115289	163676	4499	82182	129755	16193	20348

4-3 续表3　　单位：户

分类	地区	全国 一间	全国 二间	全国 三间	全国 四间	全国 五间及以上	城市 一间	城市 二间	城市 三间	城市 四间	城市 五间及以上
	全国	14398	158714	582077	545728	1219633	5246	69436	213556	99279	152172
	北京	242	3025	4717	2264	5452	217	2749	3585	884	1098
	天津	189	2471	3090	1568	2654	182	1999	1630	331	374
	河北	345	9621	32389	30888	63954	108	3044	8379	4008	7160
	山西	218	3152	10015	8169	20097	58	1235	3068	1157	1781
	内蒙古	216	3894	5537	1721	1436	62	1129	1168	141	74
	辽宁	484	9780	9771	5175	3210	239	3826	2440	527	295
	吉林	277	8384	9373	3442	1006	118	2658	1461	216	81
	黑龙江	527	8207	8981	1856	592	174	3032	1355	207	122
	上海	724	4738	8368	3404	4765	639	4297	6771	2181	2317
	江苏	581	11369	65831	49943	74796	219	5502	28434	12761	17712
	浙江	874	4755	23683	27936	53766	382	2525	12286	10702	14027
	安徽	279	6107	27605	27634	41012	35	1604	5423	2378	2859
	福建	285	2201	12730	14899	46202	101	925	5964	4351	8404
	江西	119	2571	14163	16297	60632	46	1226	5420	2469	5961
四代户	山东	241	8563	33006	26926	43559	105	4111	13114	5115	5366
	河南	226	5138	31460	36609	130304	63	2119	9746	4393	11552
	湖北	356	6969	28744	34985	55078	119	2433	8763	5004	8344
	湖南	244	4327	27029	35636	88843	44	1161	6235	4500	8255
	广东	4674	14897	35341	35896	91111	1524	6614	19325	13915	21441
	广西	392	2793	10733	16752	70566	87	930	3794	2636	7431
	海南	675	2017	4254	4164	6594	55	343	1074	668	1508
	重庆	228	5396	25581	12748	17982	165	4068	16217	3883	1768
	四川	521	11028	70971	58904	94932	194	6347	31390	8280	6772
	贵州	112	1805	12709	13829	51338	40	806	4572	2245	4098
	云南	701	4951	26853	41435	100862	80	749	3547	3874	8783
	西藏	80	466	1014	1392	6448	12	27	46	71	192
	陕西	177	3809	19131	17162	26860	67	1466	3853	1463	2624
	甘肃	192	3235	10882	9449	48382	62	1228	1629	458	1126
	青海	121	1042	2934	2180	3933	17	363	796	131	254
	宁夏	32	564	1637	1030	1199	10	257	505	76	58
	新疆	66	1439	3545	1435	2068	22	663	1566	254	335

4-3 续表4　　单位：户

分类	地区	全国					城市				
		一间	二间	三间	四间	五间及以上	一间	二间	三间	四间	五间及以上
	全国	16	104	380	487	1536	4	35	133	88	192
	北京	0	1	3	0	5	0	1	3	0	1
	天津	1	0	2	0	3	1	0	0	0	0
	河北	0	6	16	17	53	0	2	5	5	7
	山西	0	1	4	6	23	0	0	2	0	1
	内蒙古	0	1	3	2	1	0	0	0	0	0
	辽宁	0	3	1	0	2	0	0	0	0	1
	吉林	0	4	2	6	1	0	1	0	1	0
	黑龙江	1	8	3	2	0	0	3	1	0	0
	上海	0	5	8	8	11	0	5	7	4	3
	江苏	1	6	48	47	126	1	3	22	14	26
	浙江	1	4	11	16	76	0	2	6	7	19
	安徽	0	4	17	14	42	0	0	3	3	1
	福建	0	0	9	10	55	0	0	5	2	15
	江西	0	3	10	16	59	0	1	5	3	6
五代及以上户	山东	1	5	21	31	34	1	2	5	4	4
	河南	0	2	22	31	147	0	0	4	4	19
	湖北	0	2	12	18	55	0	0	2	2	10
	湖南	1	6	15	27	49	0	1	2	3	6
	广东	5	12	27	40	80	1	6	18	15	23
	广西	0	3	9	18	78	0	2	5	9	12
	海南	1	0	5	8	3	0	0	0	0	1
	重庆	1	1	15	7	22	0	1	11	1	0
	四川	2	11	46	50	147	0	3	16	6	9
	贵州	0	0	10	10	85	0	0	5	2	8
	云南	0	3	22	74	226	0	0	1	2	16
	西藏	0	2	4	3	36	0	0	0	0	1
	陕西	0	1	13	12	15	0	0	3	1	0
	甘肃	0	5	8	8	95	0	1	1	0	1
	青海	1	4	11	3	4	0	0	0	0	1
	宁夏	0	0	0	0	1	0	0	0	0	1
	新疆	0	1	3	3	2	0	1	1	0	0

数据来源：国家统计局。

4-4 全国按户主的受教育程度分的家庭户住房状况

受教育程度	户数（户）全国	户数（户）城市	人数（人）全国	人数（人）城市	平均每户住房间数（间/户）全国	平均每户住房间数（间/户）城市	人均住房建筑面积（平方米/人）全国	人均住房建筑面积（平方米/人）城市	人均住房间数（间/人）全国	人均住房间数（间/人）城市
总计	419809328	180235087	1151776859	463611668	3.14	2.49	39.90	35.73	1.14	0.97
未上过学	12377630	2119650	28405715	4692278	3.09	2.56	43.41	40.86	1.35	1.15
学前教育	637164	157826	1457923	341406	3.15	2.60	46.31	42.91	1.38	1.20
小学	96963202	20565768	267323037	53734867	3.44	2.67	41.87	36.61	1.25	1.02
初中	171835937	61433433	494486747	160927456	3.30	2.46	39.26	33.44	1.15	0.94
高中	67098481	40780269	177757226	103126942	2.84	2.42	38.67	35.04	1.07	0.96
大学专科	36650447	27030452	93787064	68258506	2.61	2.47	38.90	37.35	1.02	0.98
大学本科	30225815	24469634	78017481	62863918	2.61	2.54	39.92	39.21	1.01	0.99
硕士研究生	3527026	3220871	9220585	8437422	2.55	2.53	39.70	39.28	0.98	0.97
博士研究生	493626	457184	1321081	1228873	2.65	2.63	40.08	39.53	0.99	0.98

数据来源：国家统计局。

4-5　全国按户主受教育程度、人均住房建筑面积分的家庭户户数

单位：户

分类	受教育程度	户数	人均住房建筑面积（平方米）							
			8及以下	9~12	13~16	17~19	20~29	30~39	40~49	50~59	60及以上
统计范围：全国	总计	419809328	7185432	13958148	22387154	13695181	84975866	73853586	58607186	34210247	110936528
	未上过学	12377630	142593	343605	576130	265859	1966224	1883635	1649459	1122311	4427814
	学前教育	637164	7388	15588	24887	12365	90993	91667	81903	59150	253223
	小学	96963202	1452995	2961110	4910579	2553634	17211483	15982829	13510602	8541630	29838340
	初中	171835937	3865773	6852172	10264811	5753457	36093943	29996208	22896792	13573556	42539225
	高中	67098481	1199711	2360362	3743171	2514551	14525305	12175837	9299098	5218819	16061627
	大学专科	36650447	353632	871509	1621112	1349113	7955452	7027335	5574232	2885291	9012771
	大学本科	30225815	151797	496140	1095123	1079699	6287520	5932193	4934774	2475146	7773423
	硕士研究生	3527026	9984	49990	131847	145970	744660	673642	578760	292358	899815
	博士研究生	493626	1559	7672	19494	20533	100286	90240	81566	41986	130290
统计范围：城市	总计	180235087	4722992	8223167	11697364	7875199	41075247	32252561	24235334	13094088	37059135
	未上过学	2119650	53421	97253	124646	68223	356783	297137	253776	194994	673417
	学前教育	157826	3695	6628	8559	4615	24725	20230	17330	13390	58654
	小学	20565768	750688	1194233	1481822	821779	4147728	3226277	2516134	1621142	4805965
	初中	61433433	2534485	3929112	4957396	2902737	14738448	10563173	7311210	4043524	10453348
	高中	40780269	939267	1769582	2683852	1864065	9671999	7510684	5504139	2906503	7930178
	大学专科	27030452	297306	730191	1334243	1113121	6135995	5172198	4064561	2044283	6138554
	大学本科	24469634	133187	440774	962581	943448	5215565	4761138	3966355	1964571	6082015
	硕士研究生	3220871	9515	48005	125466	137518	689564	617489	526261	266857	800196
	博士研究生	457184	1428	7389	18799	19693	94440	84235	75568	38824	116808

数据来源：国家统计局。

4-6　各地区按建筑层数分的家庭户户数

单位：户

地区	全国 合计	平房	多层（7层及以下）	高层（8~33层）	超高层（34层及以上）	城市 合计	平房	多层（7层及以下）	高层（8~33层）	超高层（34层及以上）
全国	45791305	12797543	24193815	8506652	293295	19072613	1157608	10866627	6780735	267643
北京	772865	142296	333180	296022	1367	628559	57893	290005	279299	1362
天津	448523	92891	205957	146355	3320	354208	14493	195646	140750	3319
河北	2416146	1400555	632272	374189	9130	717527	104711	353269	251785	7762
山西	1188728	529874	472793	182034	4027	432175	35995	254581	137736	3863
内蒙古	868558	361978	383742	122180	658	336029	25742	217545	92091	651
辽宁	1628448	541100	715048	359558	12742	1011006	65186	604429	328690	12701
吉林	857737	305152	395392	154438	2755	383735	11105	265379	105596	1655
黑龙江	1172755	384904	579388	205497	2966	559548	22370	366663	167778	2737
上海	901732	52401	576163	268385	4783	703263	21147	438953	238387	4776
江苏	2743393	548539	1592572	578487	23795	1280141	79675	731260	447286	21920
浙江	2279907	235593	1676891	361003	6420	1181505	92975	782685	299703	6142
安徽	2005193	478960	1181502	323686	21045	524214	26273	291619	192595	13727
福建	1266971	113292	870304	271630	11745	548807	16840	323379	197721	10867
江西	1340608	154987	1016084	167025	2512	381802	12951	245148	121450	2253
山东	3465782	1791836	1164213	501568	8165	1309033	182014	741498	378180	7341
河南	2975955	1126186	1458169	373794	17806	771058	59742	459208	239594	12514
湖北	1894974	318963	1176249	374448	25314	787315	25892	425755	310747	24921
湖南	2162386	438807	1451980	262011	9588	589972	24385	363287	194270	8030
广东	3752057	429646	2273835	1015231	33345	2506122	111259	1431512	930541	32810
广西	1445879	277141	983530	177298	7910	432679	13561	264643	146894	7581
海南	264959	100832	115408	48580	139	102402	6545	54237	41506	114
重庆	1136063	145221	519498	454043	17301	550087	6849	145647	381743	15848
四川	2947695	718896	1601935	601619	25245	1029606	25352	507810	471772	24672
贵州	1145420	331980	627165	170963	15312	301957	14885	147723	124306	15043
云南	1413050	432022	840873	129142	11013	400877	25132	265352	99515	10878
西藏	76553	32348	41131	3068	6	19563	3630	14082	1846	5
陕西	1275990	453828	532371	281869	7922	512801	32062	245445	227528	7766
甘肃	764771	386102	249332	124909	4428	235019	12922	126823	91126	4148
青海	174934	72584	68718	32083	1549	71065	3419	38971	27168	1507
宁夏	233945	77207	115665	40724	349	101321	3091	68331	29805	94
新疆	769328	321422	342455	104813	638	309217	19512	205742	83327	636

数据来源：国家统计局。

4-7 各地区按承重类型分的家庭户户数

单位：户

地区	全国 合计	钢及钢筋混凝土结构	混合结构	砖木结构	竹草土坯结构	其他结构	城市 合计	钢及钢筋混凝土结构	混合结构	砖木结构	竹草土坯结构	其他结构
全国	45791305	24154579	14683420	6221894	310104	421308	19072613	13677887	4821248	524395	7228	41855
北京	772865	487369	208163	75900	137	1296	628559	429308	164948	33452	20	831
天津	448523	266364	118736	61917	423	1083	354208	246650	97253	9365	60	880
河北	2416146	865199	933688	597984	9947	9328	717527	433188	250178	32946	169	1046
山西	1188728	452760	451303	242744	14784	27137	432175	251492	163322	14803	216	2342
内蒙古	868558	400062	202514	243694	13893	8395	336029	234418	85827	15111	296	377
辽宁	1628448	822419	490710	306655	2010	6654	1011006	661553	314655	32405	185	2208
吉林	857737	447354	180446	221037	6367	2533	383735	288427	87146	7920	103	139
黑龙江	1172755	689813	189100	266707	16626	10509	559548	460517	83732	14537	280	482
上海	901732	538169	301422	61441	26	674	703263	458653	211261	32929	12	408
江苏	2743393	1511107	956665	269063	520	6038	1280141	922644	322688	32949	48	1812
浙江	2279907	1279681	793480	186113	9513	11120	1181505	788699	335702	53483	301	3320
安徽	2005193	1070671	691892	233257	2241	7132	524214	386321	126930	9834	56	1073
福建	1266971	759242	386145	68909	15710	36965	548807	405694	126311	9543	413	6846
江西	1340608	836789	421808	74213	4014	3784	381802	294894	81260	5001	82	565
山东	3465782	1435845	1063765	925642	21127	19403	1309033	870638	346039	88489	1456	2411
河南	2975955	1222880	1425552	315188	2794	9541	771058	449767	309791	10361	95	1044
湖北	1894974	931761	768404	173962	12699	8148	787315	520776	250946	14230	167	1196
湖南	2162386	941986	953214	239447	4576	23163	589972	368003	207166	13712	135	956
广东	3752057	3053160	561669	125547	2060	9621	2506122	2208993	260656	32837	151	3485
广西	1445879	862926	523897	48346	3284	7426	432679	337317	90328	4148	49	837
海南	264959	188421	46331	28638	69	1500	102402	92045	8133	1637	6	581
重庆	1136063	665170	328037	113478	17019	12359	550087	447681	97613	3874	284	635
四川	2947695	1460817	927771	435651	75088	48368	1029606	754607	258007	13978	1011	2003
贵州	1145420	676419	326591	110248	2226	29936	301957	236278	61940	3138	22	579
云南	1413050	734239	357883	230738	31656	58534	400877	291979	95451	10401	1118	1928
西藏	76553	32983	11294	20189	3153	8934	19563	16087	2829	372	28	247
陕西	1275990	642457	520952	74101	13813	24667	512801	350122	157429	4325	54	871
甘肃	764771	350538	168844	209648	19500	16241	235019	163973	64657	5327	255	807
青海	174934	90895	41004	40705	622	1708	71065	55229	14999	693	8	136
宁夏	233945	97625	77994	56622	489	1215	101321	56813	42545	1697	13	253
新疆	769328	339458	254146	164110	3718	7896	309217	195121	101506	10898	135	1557

数据来源：国家统计局。

4-8　各地区按住房建成时间分的家庭户住房状况

单位：户、间、平方米

建成时间	地区	全国 户数	全国 间数	全国 面积	城市 户数	城市 间数	城市 面积
合计	全国	45791305	146151912	5099336367	19072613	47517485	1754140408
	北京	772865	1777895	62759882	628559	1322527	48800530
	天津	448523	1068237	38618247	354208	737994	29384848
	河北	2416146	7978278	257073774	717527	1934711	72621884
	山西	1188728	3486074	110903166	432175	1088462	40846394
	内蒙古	868558	1941829	72984564	336029	734697	29786844
	辽宁	1628448	3734098	131283618	1011006	2115344	78991799
	吉林	857737	1885691	69211044	383735	777914	30191279
	黑龙江	1172755	2512514	90526521	559548	1153238	43272953
	上海	901732	1834289	68267460	703263	1386730	51831955
	江苏	2743393	8511474	340523087	1280141	3482570	138116847
	浙江	2279907	6127358	248475045	1181505	2714007	101669041
	安徽	2005193	6508346	245603565	524214	1388366	52096452
	福建	1266971	4369041	169578698	548807	1399382	50973357
	江西	1340608	5637487	222437041	381802	1136095	44208764
	山东	3465782	11419053	368758009	1309033	3631810	134472103
	河南	2975955	12568010	402126772	771058	2431143	90960129
	湖北	1894974	6339914	242587312	787315	2179998	85923249
	湖南	2162386	8258652	280623494	589972	1769328	65308290
	广东	3752057	10317155	334867164	2506122	5443981	175707457
	广西	1445879	5868731	201126755	432679	1278984	45530404
	海南	264959	766672	28411273	102402	252999	9256045
	重庆	1136063	3499823	118792114	550087	1391498	49542459
	四川	2947695	9573532	327369892	1029606	2653831	96048980
	贵州	1145420	4573670	143999299	301957	868586	30517301
	云南	1413050	5069219	178479451	400877	1136489	40759157
	西藏	76553	311785	12191084	19563	64777	2098358
	陕西	1275990	3886046	144216393	512801	1256631	49351118
	甘肃	764771	2915171	74618703	235019	562005	20704483
	青海	174934	549102	18096590	71065	179752	7135650
	宁夏	233945	620295	22879588	101321	246715	9772336
	新疆	769328	2242471	71946762	309217	796921	28259942

4-8 续表1　　　　　　　　　　　　　　　　　　　　　　　　　　　　　　　　　　单位：户、间、平方米

建成时间	地区	全国 户数	全国 间数	全国 面积	城市 户数	城市 间数	城市 面积
	全国	167148	403990	11767401	53627	96799	2542496
1949年以前	北京	4568	7541	118702	4411	7043	106636
	天津	1286	2162	45622	1101	1639	32490
	河北	4892	14517	343345	520	1366	35503
	山西	11332	28433	674631	590	1363	35315
	内蒙古	561	1106	32514	132	241	7955
	辽宁	3672	9962	244398	1271	2839	70982
	吉林	397	779	25434	131	223	6596
	黑龙江	1049	2026	59845	432	721	20388
	上海	17294	22357	475461	16417	20954	438820
	江苏	5750	12739	419051	3537	7161	207924
	浙江	25188	47360	1699442	6582	10966	346309
	安徽	1781	4847	167968	225	523	18611
	福建	12445	31828	931319	2802	5963	174601
	江西	2684	8305	275144	436	1156	36859
	山东	13113	41421	929484	2523	6849	169087
	河南	2888	10117	293198	445	1397	43089
	湖北	3078	7679	255111	1375	2352	65402
	湖南	4725	13731	415201	435	1153	35447
	广东	16595	37466	1115752	6626	13305	388967
	广西	2677	7223	225394	375	891	30670
	海南	691	1702	58231	138	317	10529
	重庆	4932	14335	472674	281	665	23600
	四川	12313	35155	1180621	1190	3004	91903
	贵州	3744	12043	352826	211	613	19675
	云南	6186	19529	658232	677	2173	70024
	西藏	246	1066	53450	52	168	4962
	陕西	2087	4835	154371	439	968	28863
	甘肃	534	2254	47471	98	282	6577
	青海	162	584	16350	6	20	635
	宁夏	15	46	1428	1	2	58
	新疆	263	842	24731	168	482	14019

4-8 续表2 单位：户、间、平方米

建成时间	地区	全国 户数	全国 间数	全国 面积	城市 户数	城市 间数	城市 面积
	全国	1756303	4889961	143461189	481197	1030091	29635854
	北京	41754	88294	2133970	35833	66672	1585408
	天津	25393	64780	1622660	14748	28068	703770
	河北	132056	398063	10442459	20475	53706	1486787
	山西	77654	210984	4983541	10916	23246	621231
	内蒙古	25898	53375	1533191	5906	10728	310864
	辽宁	95477	244520	6512049	30815	64767	1691375
	吉林	23457	50947	1555920	5433	9845	283600
	黑龙江	53539	108948	3294783	14779	27127	788613
	上海	35386	55091	1507767	27769	40844	1051397
	江苏	86272	224761	8035394	33297	75335	2447624
	浙江	105922	226098	8402467	30215	53856	1718543
	安徽	38919	100875	3246901	10874	23890	721882
	福建	61188	190386	6132550	11905	29480	904166
	江西	32873	103296	3478282	8720	20780	650621
1949~1979年	山东	218045	721734	17477473	35449	100440	2744531
	河南	76987	276985	7705134	17764	49683	1438314
	湖北	60108	160176	5416252	25486	52240	1621645
	湖南	89570	268034	8232284	17913	42021	1288069
	广东	112278	267834	8202447	51517	104007	3140840
	广西	29875	81798	2403455	8951	19753	576894
	海南	7937	18100	613974	1707	3721	114937
	重庆	40052	115820	3722227	7068	14475	403958
	四川	117339	352134	11367231	17291	36902	1125086
	贵州	48478	158940	4561098	7609	17562	494413
	云南	54783	166723	5653947	7609	17336	526585
	西藏	1151	4841	227046	264	725	22963
	陕西	39155	96697	3059260	11752	23169	645771
	甘肃	16573	56820	1241108	5512	11315	274554
	青海	2250	5664	172344	1107	2105	66078
	宁夏	1237	2975	92070	541	1095	32017
	新疆	4697	14268	431905	1972	5198	153318

4-8 续表3 单位：户、间、平方米

建成时间	地区	全国 户数	全国 间数	全国 面积	城市 户数	城市 间数	城市 面积
	全国	37821247	121153065	4242556306	16052419	39969220	1478538782
	北京	646812	1500669	54166785	536316	1148198	43432933
	天津	375644	889503	32456753	298099	615744	24821578
	河北	2047068	6849384	220059418	605138	1640758	61309456
	山西	964589	2874343	91646996	361279	912013	33945433
	内蒙古	705129	1586094	59900502	282792	616641	24807365
	辽宁	1390555	3168304	112361381	880716	1833287	68536636
	吉林	736999	1626241	59361579	332575	672082	25908335
	黑龙江	993849	2143189	77134099	478146	988841	36875465
	上海	774118	1600598	60349968	608800	1223289	46444820
	江苏	2369136	7412210	297288309	1080596	2949166	117725847
	浙江	1857573	5044757	205726677	970980	2227985	83897155
	安徽	1676064	5483078	206637027	426729	1134203	42713611
	福建	1045499	3627492	141690775	469907	1198686	43825899
	江西	1134501	4818892	190691671	316409	947135	37130787
1980~2014年	山东	2848334	9470642	306106413	1077193	2996438	110384092
	河南	2517344	10714061	341197305	642499	2058432	76924175
	湖北	1581994	5378313	207036716	642345	1804202	71745571
	湖南	1793381	6879447	234639759	498320	1503429	55676369
	广东	3216837	8767243	283485864	2195293	4714685	151749780
	广西	1159885	4751879	162877674	352004	1043475	37432683
	海南	205826	585343	21643971	88100	216003	7885912
	重庆	934942	2907558	99365843	456770	1156853	41690115
	四川	2390611	7805506	270227707	850924	2188056	80330769
	贵州	855258	3432930	108531273	237382	683299	24038750
	云南	986371	3466522	122447484	326899	924975	32925930
	西藏	53826	224011	9087620	14842	49570	1609408
	陕西	1065240	3300272	122711821	422156	1038180	40721481
	甘肃	614192	2333656	59630849	195243	464095	16964982
	青海	132780	418268	13672514	57062	145043	5634060
	宁夏	186291	491172	18032957	84279	203224	7946264
	新疆	560599	1601488	52388596	262626	671233	23503121

4-8 续表4　　　　　　　　　　　　　　　　　　　　　　　　　　　　　　　　　　　　　　　单位：户、间、平方米

建成时间	地区	全国 户数	全国 间数	全国 面积	城市 户数	城市 间数	城市 面积
	全国	6046607	19704896	701551471	2485370	6421375	243423276
	北京	79731	181391	6340425	51999	100614	3675553
	天津	46200	111792	4493212	40260	92543	3827010
	河北	232130	716314	26228552	91394	238881	9790138
	山西	135153	372314	13597998	59390	151840	6244415
	内蒙古	136970	301254	11518357	47199	107087	4660660
	辽宁	138744	311312	12165790	98204	214451	8692806
	吉林	96884	207724	8268111	45596	95764	3992748
	黑龙江	124318	258351	10037794	66191	136549	5588487
	上海	74934	156243	5934264	50277	101643	3896918
	江苏	282235	861764	34780333	162711	450908	17735452
2015年以后	浙江	291224	809143	32646459	173728	421200	15707034
	安徽	288429	919546	35551669	86386	229750	8642348
	福建	147839	519335	20824054	64193	165253	6068691
	江西	170550	706994	27991944	56237	167024	6390497
	山东	386290	1185256	44244639	193868	528083	21174393
	河南	378736	1566847	52931135	110350	321631	12554551
	湖北	249794	793746	29879233	118109	321204	12490631
	湖南	274710	1097440	37336250	73304	222725	8308405
	广东	406347	1244612	42063101	252686	611984	20427870
	广西	253442	1027831	35620232	71349	214865	7490157
	海南	50505	161527	6095097	12457	32958	1244667
	重庆	156137	462110	15231370	85968	219505	7424786
	四川	427432	1380737	44594333	160201	425869	14501222
	贵州	237940	969757	30554102	56755	167112	5964463
	云南	365710	1416445	49719788	65692	192005	7236618
	西藏	21330	81867	2822968	4405	14314	461025
	陕西	169508	484242	18290941	78454	194314	7955003
	甘肃	133472	522441	13699275	34166	86313	3458370
	青海	39742	124586	4235382	12890	32584	1434877
	宁夏	46402	126102	4753133	16500	42394	1793997
	新疆	203769	625873	19101530	44451	120008	4589484

数据来源：国家统计局。

4-9　各地区按住房所在建筑有无电梯分的家庭户户数

单位：户

地区	全国 有	全国 无	城市 有	城市 无
全国	9013370	36777935	6993711	12078902
北京	329644	443221	309435	319124
天津	159453	289070	152790	201418
河北	426032	1990114	276091	441436
山西	202071	986657	148463	283712
内蒙古	137915	730643	100647	235382
辽宁	363595	1264853	330290	680716
吉林	166120	691617	111518	272217
黑龙江	186888	985867	144841	414707
上海	294596	607136	260105	443158
江苏	652249	2091144	500556	779585
浙江	429061	1850846	345908	835597
安徽	369571	1635622	214554	309660
福建	284921	982050	203612	345195
江西	177559	1163049	120224	261578
山东	560790	2904992	414686	894347
河南	456448	2519507	273164	497894
湖北	377637	1517337	308628	478687
湖南	292663	1869723	205351	384621
广东	932799	2819258	834247	1671875
广西	192488	1253391	149409	283270
海南	48592	216367	39561	62841
重庆	404028	732035	346350	203737
四川	614268	2333427	484222	545384
贵州	169260	976160	119555	182402
云南	155608	1257442	116359	284518
西藏	6019	70534	3781	15782
陕西	307524	968466	244571	268230
甘肃	117055	647716	80634	154385
青海	34818	140116	29385	41680
宁夏	45431	188514	32734	68587
新疆	118267	651061	92040	217177

数据来源：国家统计局。

4-10 各地区按住房来源分的家庭户户数

单位：户

分类	地区	合计	租赁廉租住房/公租房	租赁其他住房	购买新建商品房	购买二手房	购买原公有住房	购买经济适用房/两限房	自建住房	继承或赠予	其他
统计范围：全国	全国	45791305	1075507	5605091	9554510	3125007	1831655	1179957	21076481	449641	1893456
	北京	772865	39712	234215	128444	81010	90312	45529	84393	7518	61732
	天津	448523	12455	57968	145227	68380	37267	17641	82677	7168	19740
	河北	2416146	25810	112178	499481	107005	84484	27033	1450063	34380	75712
	山西	1188728	17169	92195	266260	54965	89483	44437	532978	27401	63840
	内蒙古	868558	16107	89821	251441	109393	39544	29698	280830	8131	43593
	辽宁	1628448	17945	101463	503107	259007	121344	33026	472821	22271	97464
	吉林	857737	13372	70488	272180	149256	40981	27853	262970	7156	13481
	黑龙江	1172755	15286	75296	372355	212975	72516	68515	302511	13762	39539
	上海	901732	33614	315692	220185	153923	77195	8352	69911	2822	20038
	江苏	2743393	46409	306149	685553	239506	81078	184632	1085126	17576	97364
	浙江	2279907	98751	668355	326908	197866	36859	91174	798177	24098	37719
	安徽	2005193	34276	143302	386009	106445	55228	21026	1126003	12573	120331
	福建	1266971	34555	286603	220750	74516	23390	12734	569702	14440	30281
	江西	1340608	38604	71505	280286	54962	45629	14801	787554	12647	34620
	山东	3465782	30677	188495	800795	184144	133704	59649	1857667	29815	180836
	河南	2975955	38267	122444	527559	100637	105535	54583	1922142	16704	88084
	湖北	1894974	29924	132184	419563	98586	111054	39798	948096	12932	102837
	湖南	2162386	33528	111603	389756	58369	81596	39194	1367514	24774	56052
	广东	3752057	190996	1364487	571492	208868	81585	25167	1174820	37488	97154
	广西	1445879	29285	125807	188834	35107	50524	17807	950038	9242	39235
	海南	264959	6402	41826	24953	7185	15739	8027	146393	2400	12034
	重庆	1136063	43604	97341	352022	110308	26622	42179	409259	10793	43935
	四川	2947695	47677	266369	667699	179058	74034	71731	1444691	30578	165858
	贵州	1145420	18417	99411	179193	30982	25812	35582	690969	13974	51080
	云南	1413050	52823	143969	151986	54975	40082	19498	898006	12598	39113
	西藏	76553	9454	6478	2412	2307	1596	1072	41510	1956	9768
	陕西	1275990	31702	139332	275521	36436	82795	41282	598504	9427	60991
	甘肃	764771	12159	55463	148202	36277	46418	31492	403782	6044	24934
	青海	174934	8322	11767	42324	13999	8136	6422	70583	3028	10353
	宁夏	233945	10254	20268	70812	26090	8460	9559	68686	2003	17813
	新疆	769328	37951	52617	183201	72470	42653	50464	178105	13942	137925

4-10 续表1 单位：户

分类	地区	合计	租赁廉租住房/公租房	租赁其他住房	购买新建商品房	购买二手房	购买原公有住房	购买经济适用房/两限房	自建住房	继承或赠予	其他
	全国	19072613	712666	4164265	6552696	2308368	1492933	776128	1919282	157120	989155
	北京	628559	36233	185766	119343	77552	89291	43752	17248	6711	52663
	天津	354208	11529	53731	138837	65934	36808	16833	8226	5461	16849
	河北	717527	16485	69581	295103	76725	71942	18774	112677	11080	45160
	山西	432175	9807	55582	161140	31702	72968	29341	33598	5521	32516
	内蒙古	336029	8028	49641	144308	61482	28554	16187	9576	2725	15528
	辽宁	1011006	15017	87350	423984	212239	113499	26744	41675	12914	77584
	吉林	383735	9514	45293	173930	90060	31583	16515	6366	3082	7392
	黑龙江	559548	9464	44603	237872	131352	54847	41797	11584	6380	21649
	上海	703263	27928	224430	191973	142136	75624	6813	14108	2468	17783
	江苏	1280141	27568	191379	470630	186934	69096	121091	143112	10712	59619
	浙江	1181505	61777	442725	242142	144212	30050	70095	163455	6096	20953
	安徽	524214	15534	71974	211327	66088	38647	8987	52003	4530	55124
	福建	548807	23245	211642	142877	53766	18410	7656	72435	3152	15624
	江西	381802	22730	43864	155183	34670	33421	8526	61353	3714	18341
统计范围：城市	山东	1309033	21564	140923	566545	141050	102701	39237	179755	12348	104910
	河南	771058	18386	74017	302983	70695	87023	33652	135392	6222	42688
	湖北	787315	19522	103521	303301	71317	88112	27716	109549	5335	58942
	湖南	589972	18213	71491	244054	36912	56479	25848	106291	4775	25909
	广东	2506122	162444	1224585	478614	186680	70645	21230	278588	14073	69263
	广西	432679	19098	99716	139636	27266	39302	12167	77916	2128	15450
	海南	102402	3580	36334	19507	5919	8421	4164	18282	724	5471
	重庆	550087	33915	70344	263561	88039	20799	28765	21758	2868	20038
	四川	1029606	29931	190789	434651	118977	53550	45475	61086	8288	86859
	贵州	301957	9748	64567	113772	18636	19593	19568	37279	2482	16312
	云南	400877	27951	106656	107148	39621	27889	13151	65094	2292	11075
	西藏	19563	4148	4881	1778	1662	1392	691	3146	221	1644
	陕西	512801	20552	103603	186812	24129	69365	19776	46020	3957	38587
	甘肃	235019	7650	34960	83488	25306	38274	20961	11690	2377	10313
	青海	71065	2959	9173	31879	9363	6845	2316	4305	824	3401
	宁夏	101321	5193	12160	44144	17190	6361	5759	1858	925	7731
	新疆	309217	12953	38984	122174	50754	31442	22541	13857	2735	13777

数据来源：国家统计局。

4-11　各地区按月租房费用分的家庭户户数

单位：户

分类	地区	合计	200元以下	200~499元	500~999元	1000~1999元	2000~2999元	3000~3999元	4000~5999元	6000~7999元	8000~9999元	10000元及以上
统计范围：全国	全国	6680598	755791	1929470	1796716	1387591	408728	170166	132723	51840	20423	27150
	北京	273927	26118	23051	44053	52982	31927	28974	35522	18807	6198	6295
	天津	70423	13430	6023	13076	28792	6661	1472	696	134	49	90
	河北	137988	19407	30996	32761	48054	4476	809	565	224	212	484
	山西	109364	28316	32106	23555	19940	2987	870	603	351	222	414
	内蒙古	105928	23169	27720	24600	24986	2732	621	597	442	336	725
	辽宁	119408	25556	24523	32912	29372	4855	993	562	279	111	245
	吉林	83860	15534	13155	28386	22598	2917	595	279	168	109	119
	黑龙江	90582	20783	19140	27202	17019	2160	675	1087	1224	716	576
	上海	349306	24681	38752	66102	82013	46624	36289	34269	10031	4298	6247
	江苏	352558	26143	91375	86924	97878	35091	9107	3951	1029	382	678
	浙江	767106	51219	255147	258239	128756	40965	17627	10309	2380	816	1648
	安徽	177578	26861	41305	48957	49106	7561	1682	893	422	256	535
	福建	321158	25168	119283	87741	52876	23758	7818	3214	756	268	276
	江西	110109	24768	32875	30580	17427	2984	782	389	147	52	105
	山东	219172	19735	42189	60958	75608	14136	3012	1504	624	511	895
	河南	160711	26533	43062	32831	42244	11429	2474	1150	383	201	404
	湖北	162108	23088	40137	41228	38203	13924	3373	1353	411	142	249
	湖南	145131	28552	38398	36081	30701	7763	1773	1011	422	164	266
	广东	1555483	78742	561071	481226	268289	85955	36389	27090	10051	3399	3271
	广西	155092	24401	64530	40567	18806	4510	1228	584	186	81	199
	海南	48228	3167	7515	21305	11131	3437	1047	383	114	49	80
	重庆	140945	19821	41582	40787	30818	5541	1148	572	284	169	223
	四川	314046	45969	86445	81471	74358	16821	4530	2070	1086	559	737
	贵州	117828	19358	39900	30146	20258	4496	1356	983	455	297	579
	云南	196792	33084	84945	43341	24815	6311	1714	1124	536	258	664
	西藏	15932	7653	1386	3077	2177	849	415	199	76	24	76
	陕西	171034	25172	61035	32242	38300	10841	1786	820	288	178	372
	甘肃	67622	11626	25684	12749	13671	2540	556	291	180	82	243
	青海	20089	4973	5401	3994	4636	699	172	94	48	17	55
	宁夏	30522	8731	8171	8210	4525	456	134	164	52	40	39
	新疆	90568	24033	22568	21415	17252	3322	745	395	250	227	361

4-11 续表1 单位：户

分类	地区	合计	200元以下	200-499元	500-999元	1000-1999元	2000-2999元	3000-3999元	4000-5999元	6000-7999元	8000-9999元	10000元及以上
	全国	4876931	408021	1240388	1340820	1168348	361992	152518	120140	46156	17270	21278
	北京	221999	24686	10954	27229	41469	27434	25687	33644	18628	6129	6139
	天津	65260	12628	3981	11647	28030	6597	1442	688	129	45	73
	河北	86066	9071	15285	22062	35396	3349	394	174	77	83	175
	山西	65389	10957	15856	16908	17760	2482	551	314	211	112	238
	内蒙古	57669	8321	12069	14822	19244	1997	321	241	177	152	325
	辽宁	102367	19613	19391	28865	28125	4629	923	459	161	73	128
	吉林	54807	8273	8277	19448	16294	1748	366	175	94	68	64
	黑龙江	54067	9323	10736	16477	13692	1609	410	581	619	331	289
	上海	252358	20345	7534	34030	62360	40222	34281	33377	9823	4237	6149
	江苏	218947	12802	36469	52434	75298	29850	7716	3123	710	213	332
	浙江	504502	24084	133553	175943	105528	35783	16241	9448	2108	662	1152
	安徽	87508	10400	15162	23404	31760	5138	926	344	117	75	182
	福建	234887	13298	80810	65550	42034	21782	7375	2935	672	227	204
	江西	66594	11561	18710	19347	13689	2370	578	215	60	19	45
统计范围：城市	山东	162487	11602	27704	43450	62854	12321	2461	1031	311	270	483
	河南	92403	10672	18926	19524	31058	9369	1843	683	169	60	99
	湖北	123043	14064	25838	31044	34258	13053	3110	1124	287	100	165
	湖南	89704	13495	19436	22807	25232	6592	1297	506	163	71	105
	广东	1387029	59778	469279	439271	257287	82921	35484	26607	9915	3333	3154
	广西	118814	14361	51173	31794	16175	3817	892	371	101	44	86
	海南	39914	1698	4911	19098	9841	3019	894	286	83	29	55
	重庆	104259	9716	27263	31919	28523	5176	917	357	171	97	120
	四川	220720	21707	51664	59081	66190	15572	3822	1362	611	306	405
	贵州	74315	9359	24098	20099	15834	3468	729	346	132	91	159
	云南	134607	15215	56989	33725	21058	5202	1131	603	214	146	324
	西藏	9029	2725	861	2633	1735	579	236	143	50	14	53
	陕西	124155	12493	39572	25231	34338	10090	1457	526	144	101	203
	甘肃	42610	4995	15319	8390	11012	2215	368	136	62	23	90
	青海	12132	1231	2999	3074	4075	563	102	44	15	9	20
	宁夏	17353	3819	4100	5398	3499	316	77	87	21	17	19
	新疆	51937	5729	11469	16116	14700	2729	487	210	121	133	243

数据来源：国家统计局。

4-12　各地区按住房来源分的同时拥有厨房和厕所的家庭户户数

单位：户

分类	地区	合计	租赁廉租住房/公租房	租赁其他住房	购买新建商品房	购买二手房	购买原公有住房	购买经济适用房/两限房	自建住房	继承或赠予	其他
	全国	43160174	985495	4838640	9542702	3068273	1796820	1175315	19570691	394722	1787516
	北京	705793	30558	187870	128187	80678	89823	45522	78785	6255	58115
	天津	427047	11744	52433	145069	67933	36912	17636	69491	6693	19136
	河北	2272909	25413	102053	499157	104203	82509	26976	1328123	31104	73371
	山西	987180	15194	67424	265182	49709	87616	44181	383251	17782	56841
	内蒙古	715243	15041	59665	249954	99911	36714	29231	183992	6074	34661
	辽宁	1483109	17498	93648	502658	250785	119445	32892	352379	19585	94219
	吉林	844551	13300	68028	271996	147789	40334	27795	255253	6944	13112
	黑龙江	1072597	14928	70348	371795	199671	67533	68276	231644	11867	36535
	上海	844369	27989	267126	220077	153716	76953	8349	68820	2660	18679
	江苏	2648270	40177	266413	684830	238550	79407	184304	1043182	16618	94789
	浙江	2062263	76274	510299	326440	196909	36576	91001	773999	19955	30810
	安徽	1912540	33160	129875	385329	105418	53456	20890	1056615	11469	116328
	福建	1200678	30806	244034	220423	74022	23164	12715	556380	12577	26557
	江西	1305458	37989	69013	280079	54659	44848	14769	759600	11126	33375
统计范围：全国	山东	3338559	29355	175608	800224	182920	132110	59547	1752620	28493	177682
	河南	2863136	37150	114611	527015	99937	104189	54487	1824969	15508	85270
	湖北	1840464	29060	124359	419244	97812	109919	39724	908318	12082	99946
	湖南	2104090	32444	107581	389414	58030	80150	39122	1322325	21630	53394
	广东	3564018	172729	1242886	570992	208463	81275	25142	1140826	33911	87794
	广西	1386384	28467	121378	188667	34969	50279	17788	900093	7793	36950
	海南	240039	6109	36429	24908	7116	15324	8000	129482	1958	10713
	重庆	1123988	43390	93173	351823	110021	26176	42127	403918	10302	43058
	四川	2888004	45955	249364	667337	177971	72716	71535	1413785	28762	160579
	贵州	1043222	17394	78707	179074	30464	25256	35468	615651	12295	48913
	云南	1226432	49635	99156	151638	53817	37256	19245	772354	9206	34125
	西藏	51482	8234	4488	2281	1906	1392	1025	25477	1098	5581
	陕西	1191433	29850	99464	275128	35393	82070	41223	561723	8445	58137
	甘肃	712996	10933	32354	147916	35746	45865	31388	379863	5484	23447
	青海	145597	7817	8385	42225	13438	7922	5613	52805	1831	5561
	宁夏	223597	10136	17134	70698	25726	8295	9513	62924	1875	17296
	新疆	734726	36766	45334	182942	70591	41336	49831	162044	13340	132542

4-12 续表1 单位：户

分类	地区	合计	租赁廉租住房/公租房	租赁其他住房	购买新建商品房	购买二手房	购买原公有住房	购买经济适用房/两限房	自建住房	继承或赠予	其他
	全国	18321684	651894	3639510	6546655	2296138	1478064	775158	1831540	149130	953595
	北京	576861	27744	150495	119160	77255	88813	43745	14773	5505	49371
	天津	346315	11093	49731	138682	65718	36469	16829	6224	5205	16364
	河北	703274	16337	65785	294946	76218	70688	18758	105030	10776	44736
	山西	411586	8773	44679	160925	30893	72230	29303	28282	5162	31339
	内蒙古	314363	7614	36690	143668	59833	27764	16145	5418	2538	14693
	辽宁	991717	14787	81591	423667	210431	112497	26719	32774	12583	76668
	吉林	380818	9491	43955	173813	89726	31352	16499	5612	3044	7326
	黑龙江	550178	9382	42711	237681	129587	53768	41736	8119	6129	21065
	上海	669600	23617	197389	191885	141980	75439	6811	13462	2339	16678
	江苏	1246448	24669	170732	470248	186535	68015	120968	136767	10264	58250
	浙江	1055018	47889	337605	241788	143741	29913	69984	160939	5544	17615
	安徽	510039	15097	65202	211105	65877	37922	8964	47538	4311	54023
	福建	510312	20869	179516	142656	53503	18310	7653	71157	2916	13732
	江西	377896	22408	42274	155066	34595	33102	8509	60386	3607	17949
统计范围：城市	山东	1288625	20696	130771	566190	140587	101865	39218	173458	12101	103739
	河南	756717	17874	69486	302674	70399	86120	33639	128647	5965	41913
	湖北	775162	18874	97023	303077	71092	87337	27686	107315	5148	57610
	湖南	583368	17545	68939	243806	36818	55889	25800	104880	4573	25118
	广东	2371543	147161	1116710	478216	186394	70486	21217	275784	13094	62481
	广西	427484	18579	97026	139523	27204	39149	12160	76829	2045	14969
	海南	96240	3425	31539	19480	5888	8402	4161	17581	686	5078
	重庆	546072	33803	67727	263434	87894	20470	28732	21527	2789	19696
	四川	1012256	28920	178653	434469	118664	52885	45348	60070	8008	85239
	贵州	283705	9141	50179	113704	18569	19308	19523	35390	2314	15577
	云南	355718	25895	71795	106921	39315	27326	13075	59337	1990	10064
	西藏	16764	3572	3506	1755	1507	1223	685	2872	190	1454
	陕西	476923	19219	74758	186654	23800	68920	19758	42853	3779	37182
	甘肃	218266	6835	21254	83439	25184	38003	20953	10506	2239	9853
	青海	67265	2760	6699	31836	9332	6787	2310	3870	772	2899
	宁夏	99280	5102	10880	44077	17106	6286	5756	1614	867	7592
	新疆	301871	12723	34210	122110	50493	31326	22514	12526	2647	13322

数据来源：国家统计局。

4-13　全国按户主的受教育程度、住房来源分的家庭户户数

单位：户

分类	受教育程度	合计	租赁廉租住房/公租房	租赁其他住房	购买新建商品房	购买二手房	购买原公有住房	购买经济适用房/两限房	自建住房	继承或赠予	其他
统计范围：全国	总计	43326315	1058145	5522131	9362419	3049617	1761894	1150777	19165212	421356	1834764
	未上过学	1152820	18329	53702	59921	28219	27335	22238	847275	20650	75151
	学前教育	46533	832	2282	3316	1368	1174	872	33773	783	2133
	小学	9798996	154040	701208	750179	315741	213780	188556	6927682	108884	438926
	初中	17747554	439501	2365484	2793092	996332	583887	428395	9221827	180543	738493
	高中	6946757	226528	1118477	2141184	659280	480582	247293	1702389	64326	306698
	大学专科	3907386	112064	674331	1757861	472269	245224	142538	323175	27595	152329
	大学本科	3279013	91240	524079	1658374	482812	185562	107494	105327	16944	107181
	硕士研究生	393129	12969	73418	178046	82425	19208	11090	3378	1373	11222
	博士研究生	54127	2642	9150	20446	11171	5142	2301	386	258	2631
统计范围：城市	总计	18653194	700911	4103360	6427233	2253974	1433013	759892	1852964	152348	969499
	未上过学	202557	10434	30408	33867	13446	20254	12167	57789	3541	20651
	学前教育	9937	503	1472	2080	848	878	450	2755	168	783
	小学	2055204	87757	429624	413750	161977	160727	102178	524486	22915	151790
	初中	6293836	283347	1636755	1677562	648316	460356	258296	884836	57909	386459
	高中	4187395	163772	886904	1510463	518723	404457	179853	275154	36394	211675
	大学专科	2856347	78284	576011	1299290	393912	202083	106728	74313	17836	107890
	大学本科	2640021	63361	464981	1312293	427918	161082	87685	32137	12181	78383
	硕士研究生	357695	11006	68582	159262	78135	18258	10349	1334	1185	9584
	博士研究生	50202	2447	8623	18666	10699	4918	2186	160	219	2284

数据来源：国家统计局。

4-14　全国按户主的受教育程度、月租房费用分的家庭户户数

单位：户

分类	受教育程度	合计	200元以下	200~499元	500~999元	1000~1999元	2000~2999元	3000~3999元	4000~5999元	6000~7999元	8000~9999元	10000元及以上
统计范围：全国	总计	6580276	742766	1909467	1773068	1362990	399566	166251	129488	50382	19859	26439
	未上过学	72031	21593	25354	14410	7634	1561	669	468	163	65	114
	学前教育	3114	745	1193	641	357	99	32	26	12	5	4
	小学	855248	167225	343324	210509	96990	19860	7763	5238	1996	901	1442
	初中	2804985	342732	1023950	836551	435897	90510	34313	23191	8290	3775	5776
	高中	1345005	128508	347176	401311	316837	84000	31520	21675	7345	2813	3820
	大学专科	786395	44082	111425	197155	270568	89209	34196	24565	8567	2916	3712
	大学本科	615319	33996	52656	104317	209716	96427	46275	40982	16888	6379	7683
	硕士研究生	86387	3277	3810	7091	22198	15924	10196	11781	6167	2612	3331
	博士研究生	11792	608	579	1083	2793	1976	1287	1562	954	393	557
统计范围：城市	总计	4804271	399820	1229199	1324704	1148204	353877	149009	117180	44813	16771	20694
	未上过学	40842	9848	13487	9376	5874	1200	499	348	108	44	58
	学前教育	1975	392	695	458	289	78	27	20	9	4	3
	小学	517381	76262	197299	142285	74370	15357	5822	3612	1178	506	690
	初中	1920102	184751	654106	603833	347110	73812	27784	17902	5579	2215	3010
	高中	1050676	83251	246424	316165	270853	74954	28386	19471	6297	2200	2675
	大学专科	654295	24684	78641	160801	239365	81988	31761	23213	8065	2642	3135
	大学本科	528342	17597	35206	84792	187774	89720	43752	39542	16507	6179	7273
	硕士研究生	79588	2488	2864	6016	19995	14932	9742	11542	6122	2591	3296
	博士研究生	11070	547	477	978	2574	1836	1236	1530	948	390	554

数据来源：国家统计局。

4-15　全国按户主的职业、住房来源分的家庭户户数

单位：户

分类	职业大类	合计	租赁廉租住房/公租房	租赁其他住房	购买新建商品房	购买二手房	购买原公有住房	购买经济适用房/两限房	自建住房	继承或赠予	其他
统计范围：全国	总计	28571765	695407	4505643	6301741	2037976	621660	629303	12541484	236712	1001839
	党的机关、国家机关、群众团体和社会组织、企事业单位负责人	808348	14252	116825	361639	95220	20944	19613	150402	4574	24879
	专业技术人员	2670553	84388	456219	1143169	356019	119219	84676	310112	16093	100658
	办事人员和有关人员	2135711	65693	243771	938888	242109	114932	80151	332732	17813	99622
	社会生产服务和生活服务人员	9263655	288935	2118571	2454043	859580	218675	241128	2635490	79250	367983
	农、林、牧、渔业生产及辅助人员	6202823	15125	69784	193247	99908	21819	40681	5558524	56631	147104
	生产制造及有关人员	7434614	225372	1493253	1193948	380998	124410	161216	3534497	61802	259118
	不便分类的其他从业人员	56061	1642	7220	16807	4142	1661	1838	19727	549	2475
统计范围：城市	总计	12024583	448892	3380100	4237152	1514259	463825	395963	1020005	72386	492001
	党的机关、国家机关、群众团体和社会组织、企事业单位负责人	532311	9696	94489	272605	78935	16027	13917	28382	2258	16002
	专业技术人员	1859648	55306	387538	837480	301878	93892	62154	49571	8867	62962
	办事人员和有关人员	1408325	41223	201004	673794	199002	89927	57968	72361	10066	62980
	社会生产服务和生活服务人员	5169257	199048	1659544	1674285	657787	170218	160764	393110	33399	221102
	农、林、牧、渔业生产及辅助人员	276128	3637	20015	59733	19324	3363	6674	151197	2040	10145
	生产制造及有关人员	2751706	138966	1012275	707740	254398	89174	93250	322884	15559	117460
	不便分类的其他从业人员	27208	1016	5235	11515	2935	1224	1236	2500	197	1350

数据来源：国家统计局。

4-16　全国按户主的职业、月租房费用分的家庭户户数

单位：户

分类	职业大类	合计	200元以下	200~499元	500~999元	1000~1999元	2000~2999元	3000~3999元	4000~5999元	6000~7999元	8000~9999元	10000元及以上
统计范围：全国	总计	5201050	441781	1560276	1459444	1101998	323778	134329	103385	39745	15482	20832
	党的机关、国家机关、群众团体和社会组织、企事业单位负责人	131077	4949	16016	28318	41164	17929	8418	7187	2985	1341	2770
	专业技术人员	540607	35161	80305	120651	164899	64531	29988	25982	10823	4000	4267
	办事人员和有关人员	309464	33058	61215	71837	82660	29408	12483	10182	4401	1814	2406
	社会生产服务和生活服务人员	2407506	165685	584649	704101	614191	178056	72695	53206	18719	6858	9346
	农、林、牧、渔业生产及辅助人员	84909	24748	30688	19397	6991	1227	572	446	353	218	269
	生产制造及有关人员	1718625	177119	784766	512857	189994	32162	10043	6288	2416	1231	1749
	不便分类的其他从业人员	8862	1061	2637	2283	2099	465	130	94	48	20	25
统计范围：城市	总计	3828992	218042	1019089	1097602	928856	286640	120377	93653	35535	13138	16060
	党的机关、国家机关、群众团体和社会组织、企事业单位负责人	104185	2386	10748	21263	33763	15576	7495	6571	2762	1226	2395
	专业技术人员	442844	16114	53871	95941	145613	59739	28299	25041	10493	3819	3914
	办事人员和有关人员	242227	16939	41380	56145	71549	26842	11602	9692	4191	1691	2196
	社会生产服务和生活服务人员	1858592	90358	398341	545779	525499	157795	64734	47635	16389	5557	6505
	农、林、牧、渔业生产及辅助人员	23652	3391	7928	7597	3518	584	245	126	112	71	80
	生产制造及有关人员	1151241	88292	505244	369196	147173	25678	7888	4511	1549	759	951
	不便分类的其他从业人员	6251	562	1577	1681	1741	426	114	77	39	15	19

数据来源：国家统计局。

4-17　全国按户主的职业分的家庭户住房状况

分类	职业大类	户数（户）	人数（人）	平均每户住房间数（间/户）	人均住房建筑面积（平方米/人）	人均住房间数（间/人）
统计范围：全国	总计	28571765	84496418	3.18	37.76	1.07
	党的机关、国家机关、群众团体和社会组织、企事业单位负责人	808348	2465413	3.08	40.24	1.01
	专业技术人员	2670553	7209014	2.70	37.77	1.00
	办事人员和有关人员	2135711	6011130	2.86	38.98	1.01
	社会生产服务和生活服务人员	9263655	26441296	2.88	36.14	1.01
	农、林、牧、渔业生产及辅助人员	6202823	19586010	3.90	40.14	1.23
	生产制造及有关人员	7434614	22621833	3.23	36.97	1.06
	不便分类的其他从业人员	56061	161722	3.12	38.85	1.08
统计范围：城市	总计	12024583	32314836	2.45	33.61	0.91
	党的机关、国家机关、群众团体和社会组织、企事业单位负责人	532311	1589235	2.79	38.23	0.93
	专业技术人员	1859648	4916112	2.48	35.93	0.94
	办事人员和有关人员	1408325	3874007	2.62	37.27	0.95
	社会生产服务和生活服务人员	5169257	13653200	2.37	32.45	0.90
	农、林、牧、渔业生产及辅助人员	276128	884737	3.51	41.01	1.09
	生产制造及有关人员	2751706	7325049	2.31	30.35	0.87
	不便分类的其他从业人员	27208	72496	2.60	36.71	0.98

数据来源：国家统计局。

4-18　全国按户主的职业、人均住房建筑面积分的家庭户户数

单位：户

分类	职业大类	合计	人均住房建筑面积（平方米）									
			8及以下	9~12	13~16	17~19	20~29	30~39	40~49	50~59	60~69	70及以上
统计范围：全国	总计	28571765	628468	1153882	1721670	1032245	6402724	5272556	3869302	2111120	1957817	4421981
	党的机关、国家机关、群众团体和社会组织、企事业单位负责人	808348	9760	18331	32542	27948	175121	160908	122449	61623	56637	143029
	专业技术人员	2670553	27527	67812	124422	104475	606066	538086	413737	202039	173236	413153
	办事人员和有关人员	2135711	21778	48599	89792	74761	458822	433713	345565	172495	151444	338742
	社会生产服务和生活服务人员	9263655	242559	438684	621986	381334	2213988	1690428	1168806	625276	550100	1330494
	农、林、牧、渔业生产及辅助人员	6202823	40479	133239	311816	176968	1248547	1145965	920444	539412	551724	1134229
	生产制造及有关人员	7434614	285628	445666	538361	264896	1687763	1292883	890302	505976	470762	1052377
	不便分类的其他从业人员	56061	737	1551	2751	1863	12417	10573	7999	4299	3914	9957
统计范围：城市	总计	12024583	428253	698185	895372	563961	2979908	2197962	1518422	729426	591904	1421190
	党的机关、国家机关、群众团体和社会组织、企事业单位负责人	532311	7523	13551	23341	21312	122233	107722	81358	38514	32640	84117
	专业技术人员	1859648	22146	54009	97243	83579	445230	374770	285676	132042	106724	258229
	办事人员和有关人员	1408325	17034	36071	64495	56679	319210	288916	228103	107669	88974	201174
	社会生产服务和生活服务人员	5169257	183715	313891	413592	260066	1331568	927749	615224	298563	236688	588201
	农、林、牧、渔业生产及辅助人员	276128	3124	6886	13235	9864	60139	50084	37673	22769	21358	50996
	生产制造及有关人员	2751706	194252	272875	282003	131383	695148	443525	266623	128024	103894	233979
	不便分类的其他从业人员	27208	459	902	1463	1078	6380	5196	3765	1845	1626	4494

数据来源：国家统计局。

4-19 各地区按拥有全部家用汽车总价分的家庭户户数

单位：户

分类	地区	合计	不满10万元	10万元以上，不满20万元	20万元以上，不满30万元	30万元以上，不满50万元	50万元以上，不满100万元	100万元及以上	没有汽车
	全国	45791305	7386999	8137273	2042278	990019	401120	124715	26708901
	北京	772865	64678	149345	84622	51470	19809	5567	397374
	天津	448523	94163	87994	23610	10871	3886	1120	226879
	河北	2416146	695884	389708	71870	29138	10239	2785	1216522
	山西	1188728	312003	143923	27257	9600	3226	929	691790
	内蒙古	868558	198771	131110	33372	16074	5789	1391	482051
	辽宁	1628448	276463	202453	49913	21046	7523	2493	1068557
	吉林	857737	162957	94519	21653	9903	3464	974	564267
	黑龙江	1172755	174324	109768	23303	8339	2585	910	853526
	上海	901732	46875	166185	86796	57365	23949	7263	513299
	江苏	2743393	264789	754549	214601	107886	45610	13602	1342356
	浙江	2279907	195663	536189	195754	125924	62902	22486	1140989
	安徽	2005193	259895	416187	76563	34214	12622	3393	1202319
	福建	1266971	126473	240748	71476	35683	15914	5867	770810
	江西	1340608	173468	293568	59011	25501	9170	2545	777345
统计范围：全国	山东	3465782	938837	610350	122659	54166	21221	6077	1712472
	河南	2975955	647865	543362	89877	33802	10963	3286	1646800
	湖北	1894974	219893	399574	84942	32224	11515	3352	1143474
	湖南	2162386	249306	397729	87744	35254	12747	3534	1376072
	广东	3752057	380062	688365	214822	110014	48098	16374	2294322
	广西	1445879	238982	193953	38707	15891	5738	1763	950845
	海南	264959	22872	41769	10685	4466	1665	562	182940
	重庆	1136063	138862	203671	47141	19910	7451	2479	716549
	四川	2947695	431050	504513	111026	51866	19362	6046	1823832
	贵州	1145420	187049	168866	38779	18092	6382	1788	724464
	云南	1413050	263649	207819	49521	24413	10199	3045	854404
	西藏	76553	15287	9372	3669	2559	1251	272	44143
	陕西	1275990	232715	194911	39258	15196	5282	1585	787043
	甘肃	764771	140968	85186	17549	7164	2524	621	510759
	青海	174934	44603	25801	7663	3354	1041	261	92211
	宁夏	233945	47900	36216	9072	4014	1552	386	134805
	新疆	769328	140693	109570	29363	14620	7441	1959	465682

4-19 续表1 单位：户

分类	地区	合计	不满10万元	10万元以上，不满20万元	20万元以上，不满30万元	30万元以上，不满50万元	50万元以上，不满100万元	100万元及以上	没有汽车
	全国	19072613	2584501	4051863	1282319	666860	279158	88616	10119296
	北京	628559	40044	120734	76270	47338	18195	5046	320932
	天津	354208	62087	77725	22001	10225	3659	1034	177477
	河北	717527	172668	164449	36913	14676	5214	1362	322245
	山西	432175	104313	84048	18927	6714	2385	651	215137
	内蒙古	336029	68075	67550	19398	9369	3514	879	167244
	辽宁	1011006	154371	156985	42077	17986	6412	2142	631033
	吉林	383735	64151	53986	13178	5971	2077	548	243824
	黑龙江	559548	75041	68178	15797	5733	1797	584	392418
	上海	703263	28116	121386	74713	50565	21296	6540	400647
	江苏	1280141	109494	381349	130796	70363	30093	9164	548882
	浙江	1181505	88887	275180	117737	81450	42231	15676	560344
	安徽	524214	65592	125292	30474	14921	5745	1593	280597
	福建	548807	44013	110830	39144	21158	10065	3935	319662
	江西	381802	48373	95783	23303	10721	4208	1272	198142
统计范围：城市	山东	1309033	342812	325156	79407	36860	14702	4215	505881
	河南	771058	159750	173714	36527	15080	5334	1525	379128
	湖北	787315	84200	187741	51020	21069	7757	2225	433303
	湖南	589972	67096	145743	42008	18528	7316	2015	307266
	广东	2506122	203198	475368	171165	91824	41050	14326	1509191
	广西	432679	71126	80331	19611	8981	3670	1171	247789
	海南	102402	8948	21687	6401	2781	1153	390	61042
	重庆	550087	65469	117924	34062	15488	5725	1976	309443
	四川	1029606	146852	228921	66148	34435	13468	4163	535619
	贵州	301957	46717	61732	20136	10768	4226	1156	157222
	云南	400877	66035	88531	27032	14339	6324	1954	196662
	西藏	19563	2623	3352	1543	875	443	91	10636
	陕西	512801	78777	100477	25595	10543	3675	1070	292664
	甘肃	235019	30390	37872	10371	4034	1442	397	150513
	青海	71065	11469	14292	5159	2283	742	174	36946
	宁夏	101321	16342	20788	6253	2797	1096	276	53769
	新疆	309217	57472	64759	19153	8985	4144	1066	153638

数据来源：国家统计局。

4-20 各地区分性别、孩次的出生人口

单位：人

孩次	地区	全国 合计	男	女	性别比（女=100）	城市 合计	男	女	性别比（女=100）
	全国	1212321	641238	571083	112.28	520301	275048	245253	112.15
	北京	16828	8817	8011	110.06	13614	7153	6461	110.71
	天津	8226	4278	3948	108.36	6691	3478	3213	108.25
	河北	59712	31087	28625	108.60	19443	10095	9348	107.99
	山西	29775	15103	14672	102.94	11995	6183	5812	106.38
	内蒙古	18428	9465	8963	105.60	8176	4189	3987	105.07
	辽宁	22523	11650	10873	107.15	16011	8335	7676	108.59
	吉林	11821	6028	5793	104.06	5982	3036	2946	103.05
	黑龙江	13274	6815	6459	105.51	7132	3706	3426	108.17
	上海	15333	8001	7332	109.12	12209	6388	5821	109.74
	江苏	57749	30345	27404	110.73	31264	16496	14768	111.70
	浙江	49119	25820	23299	110.82	28238	14761	13477	109.53
	安徽	53913	28784	25129	114.54	15125	7942	7183	110.57
	福建	37967	20717	17250	120.10	17321	9308	8013	116.16
	江西	41633	22941	18692	122.73	12656	6919	5737	120.60
全部	山东	86415	45753	40662	112.52	39450	20886	18564	112.51
	河南	88569	46601	41968	111.04	24135	12674	11461	110.58
	湖北	48772	26117	22655	115.28	20843	11063	9780	113.12
	湖南	57103	30777	26326	116.91	17404	9352	8052	116.15
	广东	138419	74785	63634	117.52	85504	46271	39233	117.94
	广西	51491	27649	23842	115.97	16970	9190	7780	118.12
	海南	10359	5662	4697	120.55	4165	2243	1922	116.70
	重庆	25727	13329	12398	107.51	15207	7853	7354	106.79
	四川	71023	37434	33589	111.45	27894	14824	13070	113.42
	贵州	48984	26050	22934	113.59	13648	7271	6377	114.02
	云南	52858	27353	25505	107.25	13884	7158	6726	106.42
	西藏	5113	2571	2542	101.14	536	288	248	116.13
	陕西	31254	16265	14989	108.51	13710	7096	6614	107.29
	甘肃	25783	13412	12371	108.41	7669	4011	3658	109.65
	青海	6422	3373	3049	110.63	2141	1120	1021	109.70
	宁夏	8708	4474	4234	105.67	3514	1805	1709	105.62
	新疆	19020	9782	9238	105.89	7770	3954	3816	103.62

4-20 续表1 单位：人

孩次	地区	全国 合计	男	女	性别比（女=100）	城市 合计	男	女	性别比（女=100）
	全国	555030	294657	260373	113.17	269565	142438	127127	112.04
	北京	10514	5546	4968	111.63	8717	4603	4114	111.89
	天津	4862	2560	2302	111.21	4149	2171	1978	109.76
	河北	24305	12699	11606	109.42	9394	4905	4489	109.27
	山西	14867	7678	7189	106.80	6396	3323	3073	108.14
	内蒙古	9734	5005	4729	105.84	4774	2462	2312	106.49
	辽宁	14786	7758	7028	110.39	11166	5869	5297	110.80
	吉林	7697	3954	3743	105.64	4210	2153	2057	104.67
	黑龙江	9054	4761	4293	110.90	5260	2761	2499	110.48
	上海	10078	5229	4849	107.84	8270	4329	3941	109.85
	江苏	30521	16131	14390	112.10	17689	9360	8329	112.38
	浙江	24842	13018	11824	110.10	14737	7691	7046	109.15
	安徽	23267	12290	10977	111.96	7591	3963	3628	109.23
	福建	15615	8233	7382	111.53	7712	4007	3705	108.15
	江西	16527	9008	7519	119.80	5445	2923	2522	115.90
第一孩	山东	32652	17119	15533	110.21	17054	8911	8143	109.43
	河南	36039	19383	16656	116.37	11247	5988	5259	113.86
	湖北	23936	12804	11132	115.02	11590	6092	5498	110.80
	湖南	24614	13480	11134	121.07	8084	4364	3720	117.31
	广东	59644	32333	27311	118.39	39412	21426	17986	119.13
	广西	19390	10445	8945	116.77	7518	4074	3444	118.29
	海南	4438	2367	2071	114.29	1915	985	930	105.91
	重庆	13588	7176	6412	111.92	8685	4571	4114	111.11
	四川	36430	19590	16840	116.33	16242	8746	7496	116.68
	贵州	19010	10094	8916	113.21	6088	3184	2904	109.64
	云南	23144	12121	11023	109.96	7008	3613	3395	106.42
	西藏	1735	919	816	112.62	282	155	127	122.05
	陕西	15263	8056	7207	111.78	7412	3843	3569	107.68
	甘肃	11430	6010	5420	110.89	4057	2116	1941	109.02
	青海	2961	1593	1368	116.45	1175	618	557	110.95
	宁夏	3746	1915	1831	104.59	1733	913	820	111.34
	新疆	10341	5382	4959	108.53	4553	2319	2234	103.80

4-20 续表2　　单位：人

孩次	地区	全国 合计	男	女	性别比（女=100）	城市 合计	男	女	性别比（女=100）
	全国	522301	269715	252586	106.78	219120	113936	105184	108.32
	北京	5988	3098	2890	107.20	4641	2411	2230	108.12
	天津	3104	1562	1542	101.30	2369	1207	1162	103.87
	河北	28303	14315	13988	102.34	9041	4601	4440	103.63
	山西	13510	6646	6864	96.82	5202	2629	2573	102.18
	内蒙古	7958	4058	3900	104.05	3193	1621	1572	103.12
	辽宁	7236	3593	3643	98.63	4595	2318	2277	101.80
	吉林	3836	1921	1915	100.31	1659	830	829	100.12
	黑龙江	3978	1923	2055	93.58	1780	899	881	102.04
	上海	4848	2523	2325	108.52	3670	1889	1781	106.06
	江苏	24103	12379	11724	105.59	12502	6493	6009	108.05
	浙江	21525	11190	10335	108.27	12053	6209	5844	106.25
	安徽	25490	13289	12201	108.92	6899	3568	3331	107.11
	福建	17963	9738	8225	118.40	8230	4440	3790	117.15
	江西	18095	9615	8480	113.38	5783	3100	2683	115.54
第二孩	山东	41938	21772	20166	107.96	19582	10254	9328	109.93
	河南	39125	19683	19442	101.24	11133	5634	5499	102.45
	湖北	22035	11541	10494	109.98	8553	4529	4024	112.55
	湖南	26339	13701	12638	108.41	8189	4281	3908	109.54
	广东	56957	30057	26900	111.74	36766	19378	17388	111.44
	广西	21736	11408	10328	110.46	7666	4056	3610	112.35
	海南	4324	2345	1979	118.49	1833	1008	825	122.18
	重庆	10755	5442	5313	102.43	6062	3054	3008	101.53
	四川	29011	14874	14137	105.21	10970	5702	5268	108.24
	贵州	20839	10911	9928	109.90	6100	3244	2856	113.59
	云南	22858	11613	11245	103.27	6049	3111	2938	105.89
	西藏	1650	842	808	104.21	212	110	102	107.84
	陕西	14339	7242	7097	102.04	5846	2993	2853	104.91
	甘肃	11350	5778	5572	103.70	3242	1678	1564	107.29
	青海	2388	1230	1158	106.22	822	429	393	109.16
	宁夏	3471	1738	1733	100.29	1551	771	780	98.85
	新疆	7249	3688	3561	103.57	2927	1489	1438	103.55

4-20 续表3　　单位：人

孩次	地区	全国 合计	男	女	性别比（女=100）	城市 合计	男	女	性别比（女=100）
第三孩	全国	109320	62388	46932	132.93	27253	16248	11005	147.64
	北京	288	157	131	119.85	226	128	98	130.61
	天津	234	140	94	148.94	152	88	64	137.50
	河北	6187	3529	2658	132.77	897	533	364	146.43
	山西	1219	685	534	128.28	352	206	146	141.10
	内蒙古	653	366	287	127.53	184	100	84	119.05
	辽宁	439	265	174	152.30	220	129	91	141.76
	吉林	257	142	115	123.48	99	49	50	98.00
	黑龙江	219	121	98	123.47	83	44	39	112.82
	上海	364	220	144	152.78	239	149	90	165.56
	江苏	2754	1637	1117	146.55	977	601	376	159.84
	浙江	2414	1421	993	143.10	1272	769	503	152.88
	安徽	4469	2788	1681	165.85	567	375	192	195.31
	福建	3888	2418	1470	164.49	1264	781	483	161.70
	江西	5779	3541	2238	158.22	1241	778	463	168.03
	山东	10504	6107	4397	138.89	2546	1579	967	163.29
	河南	11559	6391	5168	123.66	1588	941	647	145.44
	湖北	2494	1595	899	177.42	624	402	222	181.08
	湖南	5200	3040	2160	140.74	986	619	367	168.66
	广东	16669	9449	7220	130.87	7713	4521	3192	141.64
	广西	7591	4221	3370	125.25	1486	886	600	147.67
	海南	1301	768	533	144.09	366	223	143	155.94
	重庆	1170	617	553	111.57	398	206	192	107.29
	四川	3999	2142	1857	115.35	594	335	259	129.34
	贵州	6742	3728	3014	123.69	1159	679	480	141.46
	云南	5301	2791	2510	111.20	707	376	331	113.60
	西藏	894	435	459	94.77	27	15	12	125.00
	陕西	1473	872	601	145.09	407	242	165	146.67
	甘肃	2295	1229	1066	115.29	328	196	132	148.48
	青海	688	350	338	103.55	115	58	57	101.75
	宁夏	1058	578	480	120.42	203	109	94	115.96
	新疆	1218	645	573	112.57	233	131	102	128.43

4-20 续表4 单位：人

孩次	地区	全国 合计	男	女	性别比（女=100）	城市 合计	男	女	性别比（女=100）
	全国	19501	11025	8476	130.07	3644	1980	1664	118.99
	北京	29	14	15	93.33	22	10	12	83.33
	天津	24	15	9	166.67	20	12	8	150.00
	河北	780	459	321	142.99	95	48	47	102.13
	山西	160	83	77	107.79	39	19	20	95.00
	内蒙古	71	27	44	61.36	22	4	18	22.22
	辽宁	54	30	24	125.00	25	16	9	177.78
	吉林	25	9	16	56.25	12	3	9	33.33
	黑龙江	19	9	10	90.00	9	2	7	28.57
	上海	38	26	12	216.67	26	18	8	225.00
	江苏	311	164	147	111.56	83	33	50	66.00
	浙江	274	150	124	120.97	146	77	69	111.59
	安徽	581	359	222	161.71	61	32	29	110.34
	福建	419	281	138	203.62	101	70	31	225.81
	江西	966	618	348	177.59	151	95	56	169.64
第四孩	山东	1096	625	471	132.70	226	115	111	103.60
	河南	1529	949	580	163.62	145	90	55	163.64
	湖北	258	146	112	130.36	60	27	33	81.82
	湖南	787	471	316	149.05	121	77	44	175.00
	广东	3961	2278	1683	135.35	1334	775	559	138.64
	广西	1977	1115	862	129.35	247	137	110	124.55
	海南	226	137	89	153.93	47	25	22	113.64
	重庆	173	75	98	76.53	55	21	34	61.76
	四川	1040	520	520	100.00	82	36	46	78.26
	贵州	1721	952	769	123.80	238	122	116	105.17
	云南	1156	599	557	107.54	99	45	54	83.33
	西藏	430	188	242	77.69	8	2	6	33.33
	陕西	152	83	69	120.29	36	14	22	63.64
	甘肃	514	282	232	121.55	37	18	19	94.74
	青海	237	125	112	111.61	24	12	12	100.00
	宁夏	315	179	136	131.62	21	10	11	90.91
	新疆	178	57	121	47.11	52	15	37	40.54

4-20 续表5　　单位：人

孩次	地区	全国 合计	全国 男	全国 女	全国 性别比（女=100）	城市 合计	城市 男	城市 女	城市 性别比（女=100）
	全国	6169	3453	2716	127.14	719	446	273	163.37
	北京	9	2	7	28.57	8	1	7	14.29
	天津	2	1	1	100.00	1	0	1	0.00
	河北	137	85	52	163.46	16	8	8	100.00
	山西	19	11	8	137.50	6	6	0	0.00
	内蒙古	12	9	3	300.00	3	2	1	200.00
	辽宁	8	4	4	100.00	5	3	2	150.00
	吉林	6	2	4	50.00	2	1	1	100.00
	黑龙江	4	1	3	33.33	0	0	0	0.00
	上海	5	3	2	150.00	4	3	1	300.00
	江苏	60	34	26	130.77	13	9	4	225.00
	浙江	64	41	23	178.26	30	15	15	100.00
	安徽	106	58	48	120.83	7	4	3	133.33
	福建	82	47	35	134.29	14	10	4	250.00
	江西	266	159	107	148.60	36	23	13	176.92
第五孩及以上	山东	225	130	95	136.84	42	27	15	180.00
	河南	317	195	122	159.84	22	21	1	2100.00
	湖北	49	31	18	172.22	16	13	3	433.33
	湖南	163	85	78	108.97	24	11	13	84.62
	广东	1188	668	520	128.46	279	171	108	158.33
	广西	797	460	337	136.50	53	37	16	231.25
	海南	70	45	25	180.00	4	2	2	100.00
	重庆	41	19	22	86.36	7	1	6	16.67
	四川	543	308	235	131.06	6	5	1	500.00
	贵州	672	365	307	118.89	63	42	21	200.00
	云南	399	229	170	134.71	21	13	8	162.50
	西藏	404	187	217	86.18	7	6	1	600.00
	陕西	27	12	15	80.00	9	4	5	80.00
	甘肃	194	113	81	139.51	5	3	2	150.00
	青海	148	75	73	102.74	5	3	2	150.00
	宁夏	118	64	54	118.52	6	2	4	50.00
	新疆	34	10	24	41.67	5	0	5	0.00

数据来源：国家统计局。

注：统计时间为2019年11月1日-2020年10月31日。

4-21　全国分性别、居住状况、健康状况的60岁及以上老年人口

单位：人

健康状况	居住状况	全国 合计	全国 男	全国 女	城市 合计	城市 男	城市 女
60岁及以上人口全体	总计	25523101	12312008	13211093	8584585	4062662	4521923
	与配偶和子女同住	5900248	3219972	2680276	2277265	1241579	1035686
	与配偶同住	11154108	5940542	5213566	3595840	1917938	1677902
	与子女同住	4229595	1209487	3020108	1435897	369587	1066310
	独居（有保姆）	46243	20583	25660	24649	10662	13987
	独居（无保姆）	3011811	1293425	1718386	856996	326313	530683
	养老机构	185511	106605	78906	73884	31719	42165
	其他	995585	521394	474191	320054	164864	155190
健康	总计	13946479	7084568	6861911	5406542	2658736	2747806
	与配偶和子女同住	3792087	2104246	1687841	1629727	895183	734544
	与配偶同住	6420603	3504214	2916389	2330980	1256189	1074791
	与子女同住	1860836	558093	1302743	788546	209244	579302
	独居（有保姆）	13316	6555	6761	6856	3203	3653
	独居（无保姆）	1301183	602421	698762	442318	183253	259065
	养老机构	24207	14699	9508	7673	3219	4454
	其他	534247	294340	239907	200442	108445	91997
基本健康	总计	8322635	3763391	4559244	2459980	1087503	1372477
	与配偶和子女同住	1607527	834281	773246	528318	276746	251572
	与配偶同住	3605757	1829862	1775895	1035747	532874	502873
	与子女同住	1539432	424805	1114627	467004	115299	351705
	独居（有保姆）	14442	6657	7785	7760	3484	4276
	独居（无保姆）	1181721	477293	704428	314549	109350	205199
	养老机构	56939	35885	21054	19040	8547	10493
	其他	316817	154608	162209	87562	41203	46359
不健康，但生活能自理	总计	2655869	1202575	1453294	540745	237495	303250
	与配偶和子女同住	408768	227196	181572	92745	52833	39912
	与配偶同住	950163	506790	443373	184139	101189	82950
	与子女同住	636615	176638	459977	128479	32028	96451
	独居（有保姆）	8607	3787	4820	4388	1946	2442
	独居（无保姆）	489048	199528	289520	90948	30884	60064
	养老机构	54859	33713	21146	19031	8745	10286
	其他	107809	54923	52886	21015	9870	11145
不健康，生活不能自理	总计	598118	261474	336644	177318	78928	98390
	与配偶和子女同住	91866	54249	37617	26475	16817	9658
	与配偶同住	177585	99676	77909	44974	27686	17288
	与子女同住	192712	49951	142761	51868	13016	38852
	独居（有保姆）	9878	3584	6294	5645	2029	3616
	独居（无保姆）	39859	14183	25676	9181	2826	6355
	养老机构	49506	22308	27198	28140	11208	16932
	其他	36712	17523	19189	11035	5346	5689

数据来源：国家统计局。

4-22 各地区分性别、居住状况的60岁及以上老年人口

单位：人

居住状况	地区	全国 合计	全国 男	全国 女	城市 合计	城市 男	城市 女
60岁及以上人口	全国	25523101	12312008	13211093	8584585	4062662	4521923
	北京	428002	201396	226606	344108	160417	183691
	天津	276745	131947	144798	213288	100740	112548
	河北	1441053	690432	750621	356967	167667	189300
	山西	641115	315685	325430	187513	91073	96440
	内蒙古	458505	222262	236243	148513	69693	78820
	辽宁	1053493	502283	551210	571739	266932	304807
	吉林	508469	241775	266694	200049	91300	108749
	黑龙江	676647	321317	355330	292587	134763	157824
	上海	569165	273188	295977	457907	219209	238698
	江苏	1768129	855251	912878	661838	317281	344557
	浙江	1176613	581439	595174	466286	227955	238331
	安徽	1115044	545996	569048	230548	110447	120101
	福建	635334	308421	326913	199623	95393	104230
	江西	761001	369323	391678	181880	87946	93934
	山东	2068666	978025	1090641	618713	288488	330225
	河南	1707479	807575	899904	353467	163787	189680
	湖北	1181529	575416	606113	408224	194031	214193
	湖南	1305917	640531	665386	275222	133004	142218
	广东	1443501	693938	749563	685043	322775	362268
	广西	794598	375621	418977	171786	79832	91954
	海南	136158	64999	71159	38698	18565	20133
	重庆	693072	343078	349994	268156	127347	140809
	四川	1817836	890745	927091	493467	234614	258853
	贵州	575342	274049	301293	114813	53374	61439
	云南	692031	329187	362844	151993	72427	79566
	西藏	28527	12919	15608	5099	2475	2624
	陕西	714762	348700	366062	211563	100940	110623
	甘肃	410723	201303	209420	99219	47309	51910
	青海	69612	33372	36240	26723	12688	14035
	宁夏	96276	47098	49178	36580	17269	19311
	新疆	277757	134737	143020	112973	52921	60052

4-22 续表1　　　　　　　　　　　　　　　　　　　　　　　　　　　　　　　　　　　　　　　单位：人

居住状况	地区	全国 合计	全国 男	全国 女	城市 合计	城市 男	城市 女
	全国	5900248	3219972	2680276	2277265	1241579	1035686
	北京	128572	67534	61038	106870	56216	50654
	天津	57101	30054	27047	44523	23380	21143
	河北	284865	149318	135547	83534	43718	39816
	山西	105071	58145	46926	39974	22101	17873
	内蒙古	54046	29333	24713	20532	11212	9320
	辽宁	175760	93315	82445	96920	51848	45072
	吉林	81977	43382	38595	31006	16456	14550
	黑龙江	104501	55517	48984	50071	26644	23427
	上海	156020	84243	71777	137069	74142	62927
	江苏	418538	225575	192963	181393	98430	82963
	浙江	281365	159788	121577	125313	71010	54303
	安徽	179514	99292	80222	47430	26560	20870
	福建	190497	108316	82181	73940	41690	32250
	江西	205333	116000	89333	58615	33058	25557
与配偶和子女同住	山东	275581	145204	130377	114786	60524	54262
	河南	452152	234334	217818	108648	56730	51918
	湖北	290715	158058	132657	117799	63976	53823
	湖南	323878	182167	141711	76466	43012	33454
	广东	542522	302168	240354	280895	154880	126015
	广西	257009	140654	116355	64561	35792	28769
	海南	50950	28352	22598	16304	9153	7151
	重庆	143298	79196	64102	81398	45035	36363
	四川	385708	211327	174381	135675	74170	61505
	贵州	144003	78830	65173	32461	18135	14326
	云南	232476	128523	103953	45660	25343	20317
	西藏	11195	6091	5104	1572	866	706
	陕西	168046	90877	77169	51170	27550	23620
	甘肃	100652	56045	44607	19946	11227	8719
	青海	21280	12126	9154	5939	3399	2540
	宁夏	14667	8263	6404	5218	2908	2310
	新疆	62956	37945	25011	21577	12414	9163

4-22 续表2 单位：人

居住状况	地区	全国 合计	全国 男	全国 女	城市 合计	城市 男	城市 女
	全国	11154108	5940542	5213566	3595840	1917938	1677902
	北京	173235	90773	82462	135672	71097	64575
	天津	147427	76337	71090	112880	58462	54418
	河北	747003	387603	359400	174945	91130	83815
	山西	346201	187178	159023	96878	52047	44831
	内蒙古	272660	146630	126030	85941	45856	40085
	辽宁	568614	298138	270476	296281	156035	140246
	吉林	270165	142962	127203	103030	54614	48416
	黑龙江	351544	185785	165759	137731	72848	64883
	上海	252742	132755	119987	192087	101097	90990
	江苏	822604	434804	387800	289548	153838	135710
	浙江	539714	293853	245861	204817	110983	93834
	安徽	551768	293397	258371	111179	60063	51116
	福建	226823	125036	101787	59249	32580	26669
	江西	288322	157996	130326	65005	35660	29345
与配偶同住	山东	1197814	618509	579305	328741	170884	157857
	河南	687284	353760	333524	133301	69693	63608
	湖北	486018	260121	225897	160469	85935	74534
	湖南	507007	278007	229000	102942	56537	46405
	广东	370895	203988	166907	155782	85486	70296
	广西	215774	116633	99141	43209	23979	19230
	海南	38503	20922	17581	9530	5249	4281
	重庆	291259	157448	133811	91976	50109	41867
	四川	742439	400102	342337	186683	100845	85838
	贵州	210259	113178	97081	39761	21848	17913
	云南	189778	103900	85878	51444	28153	23291
	西藏	2412	1354	1058	1015	605	410
	陕西	307374	165293	142081	93894	50174	43720
	甘肃	160665	89083	71582	46918	25592	21326
	青海	20416	11351	9065	11272	6194	5078
	宁夏	53582	29392	24190	20733	11242	9491
	新疆	113807	64254	49553	52927	29103	23824

4-22 续表3　　单位：人

居住状况	地区	全国 合计	全国 男	全国 女	城市 合计	城市 男	城市 女
	全国	4229595	1209487	3020108	1435897	369587	1066310
	北京	66966	16895	50071	55248	13590	41658
	天津	31501	8388	23113	23920	5952	17968
	河北	198833	57305	141528	51334	13606	37728
	山西	75872	22422	53450	23494	6514	16980
	内蒙古	56232	14951	41281	18681	4548	14133
	辽宁	132529	36051	96478	72918	17910	55008
	吉林	78956	22180	56776	31575	7359	24216
	黑龙江	95505	26725	68780	44698	11344	33354
	上海	72141	17774	54367	60941	14807	46134
	江苏	257633	71425	186208	103065	26955	76110
	浙江	153453	40774	112679	64069	16124	47945
	安徽	154845	44906	109939	35087	8944	26143
	福建	117303	30139	87164	40401	9630	30771
	江西	140118	38725	101393	33680	8864	24816
与子女同住	山东	232671	61662	171009	82740	20503	62237
	河南	298586	90879	207707	65369	17904	47465
	湖北	198528	58386	140142	70517	18562	51955
	湖南	242701	71084	171617	50700	13979	36721
	广东	319962	84904	235058	159715	40260	119455
	广西	196860	57220	139640	43270	10904	32366
	海南	29064	7327	21737	8583	2096	6487
	重庆	118959	35093	83866	56842	15179	41663
	四川	332904	101836	231068	95653	25660	69993
	贵州	131548	41361	90187	26937	7109	19828
	云南	186534	58666	127868	33367	9378	23989
	西藏	10022	3146	6876	1227	374	853
	陕西	123107	37184	85923	34661	9544	25117
	甘肃	88428	28052	60376	16854	4507	12347
	青海	18744	5859	12885	5456	1489	3967
	宁夏	14125	3946	10179	4846	1172	3674
	新疆	54965	14222	40743	20049	4820	15229

4-22 续表4 单位：人

居住状况	地区	全国 合计	全国 男	全国 女	城市 合计	城市 男	城市 女
	全国	46243	20583	25660	24649	10662	13987
	北京	2632	1182	1450	2359	1050	1309
	天津	474	210	264	403	176	227
	河北	2288	1145	1143	881	452	429
	山西	1255	607	648	526	243	283
	内蒙古	945	406	539	507	199	308
	辽宁	2245	1199	1046	1390	724	666
	吉林	1080	559	521	657	340	317
	黑龙江	1416	627	789	839	370	469
	上海	1845	711	1134	1654	631	1023
	江苏	2360	1020	1340	1302	529	773
	浙江	2920	1210	1710	1491	602	889
	安徽	1386	568	818	462	166	296
	福建	1446	615	831	603	259	344
	江西	1168	488	680	341	136	205
独居（有保姆）	山东	3270	1529	1741	1548	747	801
	河南	2321	1147	1174	852	415	437
	湖北	1884	832	1052	959	411	548
	湖南	2455	1132	1323	787	378	409
	广东	3473	1325	2148	2259	837	1422
	广西	936	388	548	371	149	222
	海南	177	81	96	75	35	40
	重庆	1050	487	563	616	260	356
	四川	2691	1200	1491	1318	557	761
	贵州	665	265	400	320	102	218
	云南	919	368	551	511	198	313
	西藏	20	5	15	12	4	8
	陕西	1302	617	685	667	297	370
	甘肃	410	191	219	235	103	132
	青海	108	42	66	71	28	43
	宁夏	151	65	86	111	48	63
	新疆	951	362	589	522	216	306

4-22 续表5 单位：人

居住状况	地区	全国 合计	全国 男	全国 女	城市 合计	城市 男	城市 女
	全国	3011811	1293425	1718386	856996	326313	530683
	北京	36915	14651	22264	28660	10886	17774
	天津	29106	11376	17730	22306	8261	14045
	河北	164598	70835	93763	33505	12410	21095
	山西	89874	34743	55131	20158	6820	13338
	内蒙古	57643	21540	36103	18013	5563	12450
	辽宁	133924	52883	81041	78096	28130	49966
	吉林	61243	24847	36396	26843	9392	17451
	黑龙江	88979	35986	52993	41727	15624	26103
	上海	55682	22675	33007	41021	16548	24473
	江苏	200513	84658	115855	60286	23584	36702
	浙江	152257	60162	92095	49425	18177	31248
	安徽	172272	77229	95043	27009	9999	17010
	福建	75370	32000	43370	17685	7372	10313
	江西	80868	33582	47286	15394	5887	9507
独居（无保姆）	山东	295383	115408	179975	67786	23748	44038
	河南	183390	81910	101480	30748	12010	18738
	湖北	139345	62755	76590	39061	15377	23684
	湖南	154209	69728	84481	27317	10659	16658
	广东	130524	61369	69155	49250	21784	27466
	广西	85721	41298	44423	13216	5572	7644
	海南	11168	5039	6129	2345	1102	1243
	重庆	92851	46233	46618	22235	9350	12885
	四川	231783	110121	121662	43138	17513	25625
	贵州	60283	26355	33928	10804	3985	6819
	云南	56286	24313	31973	15452	6554	8898
	西藏	1216	541	675	389	180	209
	陕西	81574	36165	45409	22548	9045	13503
	甘肃	43111	18694	24417	12026	4266	7760
	青海	5863	2392	3471	3138	1162	1976
	宁夏	10446	3746	6700	4441	1343	3098
	新疆	29414	10191	19223	12974	4010	8964

4-22　续表6　　单位：人

居住状况	地区	全国 合计	全国 男	全国 女	城市 合计	城市 男	城市 女
养老机构	全国	185511	106605	78906	73884	31719	42165
	北京	3799	1657	2142	2393	996	1397
	天津	1746	837	909	1443	687	756
	河北	7855	4569	3286	2502	1272	1230
	山西	3186	2101	1085	870	454	416
	内蒙古	3591	2132	1459	1137	556	581
	辽宁	7744	4434	3310	4930	2486	2444
	吉林	5610	3072	2538	2736	1335	1401
	黑龙江	6334	3415	2919	2667	1287	1380
	上海	11159	3766	7393	8390	2759	5631
	江苏	12344	6512	5832	6440	2677	3763
	浙江	12545	5405	7140	6478	2497	3981
	安徽	10793	7180	3613	2104	950	1154
	福建	3277	1548	1729	1276	468	808
	江西	5833	3297	2536	1367	560	807
	山东	13129	7966	5163	5380	2635	2745
	河南	12367	8835	3532	2113	1015	1098
	湖北	8994	5641	3353	2967	1260	1707
	湖南	7189	4615	2574	1711	755	956
	广东	7570	3214	4356	5040	1703	3337
	广西	2933	1798	1135	992	408	584
	海南	446	255	191	122	46	76
	重庆	6759	4106	2653	3031	1311	1720
	四川	15858	10774	5084	4407	2015	2392
	贵州	2127	1575	552	409	201	208
	云南	2145	1344	801	806	366	440
	西藏	451	218	233	71	33	38
	陕西	4454	3426	1028	615	324	291
	甘肃	1204	852	352	259	137	122
	青海	399	201	198	113	50	63
	宁夏	523	301	222	238	113	125
	新疆	3147	1559	1588	877	363	514

4-22 续表7　　单位：人

居住状况	地区	全国 合计	全国 男	全国 女	城市 合计	城市 男	城市 女
	全国	995585	521394	474191	320054	164864	155190
	北京	15883	8704	7179	12906	6582	6324
	天津	9390	4745	4645	7813	3822	3991
	河北	35611	19657	15954	10266	5079	5187
	山西	19656	10489	9167	5613	2894	2719
	内蒙古	13388	7270	6118	3702	1759	1943
	辽宁	32677	16263	16414	21204	9799	11405
	吉林	9438	4773	4665	4202	1804	2398
	黑龙江	28368	13262	15106	14854	6646	8208
	上海	19576	11264	8312	16745	9225	7520
	江苏	54137	31257	22880	19804	11268	8536
	浙江	34359	20247	14112	14693	8562	6131
	安徽	44466	23424	21042	7277	3765	3512
	福建	20618	10767	9851	6469	3394	3075
	江西	39359	19235	20124	7478	3781	3697
其他	山东	50818	27747	23071	17732	9447	8285
	河南	71379	36710	34669	12436	6020	6416
	湖北	56045	29623	26422	16452	8510	7942
	湖南	68478	33798	34680	15299	7684	7615
	广东	68555	36970	31585	32102	17825	14277
	广西	35365	17630	17735	6167	3028	3139
	海南	5850	3023	2827	1739	884	855
	重庆	38896	20515	18381	12058	6103	5955
	四川	106453	55385	51068	26593	13854	12739
	贵州	26457	12485	13972	4121	1994	2127
	云南	23893	12073	11820	4753	2435	2318
	西藏	3211	1564	1647	813	413	400
	陕西	28905	15138	13767	8008	4006	4002
	甘肃	16253	8386	7867	2981	1477	1504
	青海	2802	1401	1401	734	366	368
	宁夏	2782	1385	1397	993	443	550
	新疆	12517	6204	6313	4047	1995	2052

数据来源：国家统计局。

4-23　全国分年龄、性别、居住状况的60岁及以上老年人口

单位：人

居住状况	年龄	全国 合计	全国 男	全国 女	城市 合计	城市 男	城市 女
	总计	25523101	12312008	13211093	8584585	4062662	4521923
	60~64岁	7212331	3611534	3600797	2676434	1312078	1364356
	60	1265735	630443	635292	496804	244003	252801
	61	1191490	601597	589893	457353	226321	231032
	62	1519108	765643	753465	567369	280033	287336
	63	1696369	853241	843128	610508	298808	311700
	64	1539629	760610	779019	544400	262913	281487
	65~69岁	7261013	3557071	3703942	2412918	1152613	1260305
	65	1601607	794038	807569	552187	266636	285551
	66	1597292	784337	812955	546437	262024	284413
	67	1436603	701663	734940	472987	224786	248201
60岁及以上人口	68	1425277	695588	729689	455395	216570	238825
	69	1200234	581445	618789	385912	182597	203315
	70~74岁	4813647	2341892	2471755	1495476	709144	786332
	70	1132641	552550	580091	363158	173889	189269
	71	1091505	537267	554238	338471	161266	177205
	72	927034	450625	476409	284091	133779	150312
	73	874817	425034	449783	269219	127412	141807
	74	787650	376416	411234	240537	112798	127739
	75~79岁	2980508	1409194	1571314	910660	416427	494233
	75	690748	328485	362263	207742	96318	111424
	76	652501	312625	339876	194742	89951	104791
	77	574487	271017	303470	174028	79231	94797
	78	537691	252314	285377	169156	76536	92620
	79	525081	244753	280328	164992	74391	90601

4-23 续表1 单位：人

居住状况	年龄	全国 合计	全国 男	全国 女	城市 合计	城市 男	城市 女
60岁及以上人口	80~84岁	1897750	856619	1041131	631454	280897	350557
	80	462344	214196	248148	150750	68106	82644
	81	387427	175529	211898	130465	57594	72871
	82	395095	179490	215605	131082	58352	72730
	83	343475	153187	190288	114534	51225	63309
	84	309409	134217	175192	104623	45620	59003
	85~89岁	973818	398907	574911	329421	140447	188974
	85	264740	111113	153627	90072	38207	51865
	86	227319	93574	133745	77015	32526	44489
	87	204932	84218	120714	69018	29716	39302
	88	154282	61448	92834	52205	22189	30016
	89	122545	48554	73991	41111	17809	23302
	90~94岁	312846	115437	197409	105560	43216	62344
	90	106074	41051	65023	35704	15195	20509
	91	72886	27037	45849	24917	10180	14737
	92	60934	21980	38954	20487	8263	12224
	93	42736	15095	27641	14279	5679	8600
	94	30216	10274	19942	10173	3899	6274
	95~99岁	63626	19576	44050	20495	7225	13270
	95	23449	7523	15926	7614	2779	4835
	96	16489	5063	11426	5460	1915	3545
	97	10967	3306	7661	3496	1210	2286
	98	7293	2148	5145	2284	772	1512
	99	5428	1536	3892	1641	549	1092
	100岁及以上	7562	1778	5784	2167	615	1552

4-23 续表2　　　　　　　　　　　　　　　　　　　　　　　　　　　　　　　　　单位：人

居住状况	年龄	全国 合计	全国 男	全国 女	城市 合计	城市 男	城市 女
与配偶和子女同住	总计	5900248	3219972	2680276	2277265	1241579	1035686
	60~64 岁	2187737	1155928	1031809	885876	469166	416710
	60	400311	209721	190590	167680	88753	78927
	61	372507	197578	174929	154390	82035	72355
	62	466931	248004	218927	189002	100671	88331
	63	505810	268725	237085	200486	106290	94196
	64	442178	231900	210278	174318	91417	82901
	65~69 岁	1890696	1000068	890628	722527	381232	341295
	65	449329	237346	211983	174530	91951	82579
	66	432217	226607	205610	168540	88096	80444
	67	373109	196564	176545	141536	74174	67362
	68	353344	188144	165200	131752	70101	61651
	69	282697	151407	131290	106169	56910	49259
	70~74 岁	1002348	559411	442937	365924	204089	161835
	70	257139	140550	116589	96266	53013	43253
	71	236233	131959	104274	86436	47913	38523
	72	190718	106429	84289	68561	38041	30520
	73	171385	97074	74311	61774	34882	26892
	74	146873	83399	63474	52887	30240	22647
	75~79 岁	483932	287154	196778	171287	101002	70285
	75	122502	70754	51748	43173	25012	18161
	76	110656	65675	44981	38331	22578	15753
	77	92400	54829	37571	32364	18971	13393
	78	82425	49435	32990	30066	17865	12201
	79	75949	46461	29488	27353	16576	10777

4-23 续表3 单位：人

居住状况	年龄	全国 合计	全国 男	全国 女	城市 合计	城市 男	城市 女
与配偶和子女同住	80~84 岁	233868	148800	85068	89916	57067	32849
	80	64180	39699	24481	24196	14895	9301
	81	49683	31287	18396	19130	11899	7231
	82	48319	31028	17291	18439	11738	6701
	83	38976	25443	13533	15069	9920	5149
	84	32710	21343	11367	13082	8615	4467
	85~89 岁	82013	54730	27283	33492	22927	10565
	85	25198	16440	8758	10096	6661	3435
	86	20033	13210	6823	8104	5444	2660
	87	16671	11285	5386	6903	4823	2080
	88	11597	7865	3732	4791	3373	1418
	89	8514	5930	2584	3598	2626	972
	90~94 岁	17329	12269	5060	7317	5422	1895
	90	6735	4745	1990	2818	2072	746
	91	4201	2932	1269	1796	1298	498
	92	3130	2237	893	1341	1017	324
	93	2018	1450	568	844	638	206
	94	1245	905	340	518	397	121
	95~99 岁	2158	1518	640	880	641	239
	95	850	613	237	353	267	86
	96	573	402	171	242	175	67
	97	360	244	116	142	98	44
	98	218	155	63	84	58	26
	99	157	104	53	59	43	16
	100 岁及以上	167	94	73	46	33	13

4-23 续表4 单位：人

居住状况	年龄	全国 合计	全国 男	全国 女	城市 合计	城市 男	城市 女
	总计	11154108	5940542	5213566	3595840	1917938	1677902
	60~64 岁	3343072	1693465	1649607	1133967	579394	554573
	60	578818	290120	288698	206683	104869	101814
	61	545163	277476	267687	190942	97925	93017
	62	696892	354536	342356	238844	122772	116072
	63	791812	403452	388360	260806	133338	127468
	64	730387	367881	362506	236692	120490	116202
	65~69 岁	3527342	1794776	1732566	1088878	554473	534405
	65	768968	389486	379482	243762	123928	119834
	66	771708	390991	380717	244223	124417	119806
	67	698199	354214	343985	213471	108525	104946
	68	697895	356852	341043	207784	105871	101913
与配偶同住	69	590572	303233	287339	179638	91732	87906
	70~74 岁	2268912	1220559	1048353	686951	365340	321611
	70	549832	287910	261922	168552	88058	80494
	71	522852	280108	242744	156061	82159	73902
	72	437115	235410	201705	130397	69045	61352
	73	404674	221810	182864	123493	66866	56627
	74	354439	195321	159118	108448	59212	49236
	75~79 岁	1204896	699367	505529	381005	216373	164632
	75	300720	168241	132479	91569	50474	41095
	76	274019	157701	116318	83612	46875	36737
	77	230695	134115	96580	72745	41278	31467
	78	206894	122662	84232	68421	39541	28880
	79	192568	116648	75920	64658	38205	26453

4-23 续表5   单位：人

居住状况	年龄	全国			城市		
		合计	男	女	合计	男	女
与配偶同住	80~84 岁	576718	369780	206938	212054	135219	76835
	80	160175	99477	60698	56586	34545	22041
	81	124350	78400	45950	45983	28575	17408
	82	118248	76867	41381	43335	27928	15407
	83	95289	62877	32412	35833	23841	11992
	84	78656	52159	26497	30317	20330	9987
	85~89 岁	193957	133246	60711	76571	54133	22438
	85	61524	41105	20419	24029	16271	7758
	86	48037	32626	15411	18874	13153	5721
	87	39001	27275	11726	15341	11112	4229
	88	26357	18519	7838	10637	7773	2864
	89	19038	13721	5317	7690	5824	1866
	90~94 岁	35373	26391	8982	14955	11793	3162
	90	14715	10785	3930	6153	4732	1421
	91	8480	6261	2219	3595	2810	785
	92	6036	4626	1410	2606	2121	485
	93	3794	2914	880	1621	1316	305
	94	2348	1805	543	980	814	166
	95~99 岁	3616	2795	821	1404	1166	238
	95	1542	1183	359	621	507	114
	96	959	746	213	371	305	66
	97	538	431	107	209	183	26
	98	318	240	78	118	98	20
	99	259	195	64	85	73	12
	100 岁及以上	222	163	59	55	47	8

4-23 续表6　　　　　　　　　　　　　　　　　　　　　　　　　　　　　　　　　　　　　　　单位：人

居住状况	年龄	全国 合计	全国 男	全国 女	城市 合计	城市 男	城市 女
与子女同住	总计	4229595	1209487	3020108	1435897	369587	1066310
	60~64 岁	763341	233751	529590	325293	87636	237657
	60	125420	37399	88021	56818	14821	41997
	61	122263	37620	84643	53957	14670	39287
	62	161294	49929	111365	69461	19022	50439
	63	183357	56917	126440	76063	20674	55389
	64	171007	51886	119121	68994	18449	50545
	65~69 岁	873022	264984	608038	319722	86145	233577
	65	179383	55688	123695	70140	19218	50922
	66	184992	57018	127974	70533	19350	51183
	67	173138	52524	120614	62651	16734	45917
	68	178587	53694	124893	62612	16839	45773
	69	156922	46060	110862	53786	14004	39782
	70~74 岁	755438	217810	537628	239301	61178	178123
	70	158246	46579	111667	53095	14011	39084
	71	162214	48013	114201	52348	13679	38669
	72	146676	42343	104333	45992	11758	34234
	73	147044	42052	104992	45206	11290	33916
	74	141258	38823	102435	42660	10440	32220
	75~79 岁	655326	178536	476790	191990	45373	146617
	75	132675	36135	96540	39237	9446	29791
	76	134558	37039	97519	39191	9401	29790
	77	128185	34895	93290	37053	8676	28377
	78	127159	34604	92555	37567	8748	28819
	79	132749	35863	96886	38942	9102	29840

4-23 续表7 单位：人

居住状况	年龄	全国			城市		
		合计	男	女	合计	男	女
	80~84 岁	586417	158043	428374	179003	42242	136761
	80	125187	33631	91556	37910	8851	29059
	81	114069	30475	83594	35506	8140	27366
	82	123485	33687	89798	37636	8973	28663
	83	114519	30893	83626	34599	8292	26307
	84	109157	29357	79800	33352	7986	25366
	85~89 岁	396191	105742	290449	120700	30704	89996
	85	99039	26330	72709	30491	7339	23152
	86	89827	23772	66055	27498	6808	20690
	87	84919	22910	62009	25931	6608	19323
	88	66849	17777	49072	20231	5365	14866
	89	55557	14953	40604	16549	4584	11965
与子女同住	90~94 岁	157910	41031	116879	47677	13139	34538
	90	50263	13375	36888	15136	4234	10902
	91	36359	9490	26869	11147	3054	8093
	92	31750	8133	23617	9439	2581	6858
	93	22905	5859	17046	6877	1910	4967
	94	16633	4174	12459	5078	1360	3718
	95~99 岁	37040	8675	28365	10925	2876	8049
	95	13423	3246	10177	3942	1062	2880
	96	9560	2247	7313	2913	760	2153
	97	6520	1506	5014	1931	512	1419
	98	4348	1002	3346	1243	316	927
	99	3189	674	2515	896	226	670
	100 岁及以上	4910	915	3995	1286	294	992

4-23 续表 8 单位：人

居住状况	年龄	全国 合计	全国 男	全国 女	城市 合计	城市 男	城市 女
独居（有保姆）	总计	46243	20583	25660	24649	10662	13987
	60~64 岁	4597	2520	2077	1918	960	958
	60	783	421	362	332	164	168
	61	726	404	322	321	153	168
	62	924	505	419	403	192	211
	63	1115	614	501	452	234	218
	64	1049	576	473	410	217	193
	65~69 岁	5331	2706	2625	1994	922	1072
	65	1059	566	493	393	184	209
	66	1148	590	558	456	222	234
	67	1013	503	510	370	162	208
	68	1082	542	540	383	181	202
	69	1029	505	524	392	173	219
	70~74 岁	5357	2501	2856	2088	925	1163
	70	1064	505	559	412	179	233
	71	1155	558	597	419	198	221
	72	1048	487	561	391	172	219
	73	1047	456	591	426	181	245
	74	1043	495	548	440	195	245
	75~79 岁	6330	2581	3749	3025	1203	1822
	75	1088	446	642	492	212	280
	76	1171	487	684	541	216	325
	77	1203	493	710	538	217	321
	78	1304	508	796	672	245	427
	79	1564	647	917	782	313	469

4-23 续表9　　　　　　　　　　　　　　　　　　　　　　　　　　　　　　　　　　　　　　单位：人

居住状况	年龄	全国			城市		
		合计	男	女	合计	男	女
	80~84 岁	9324	3772	5552	5482	2160	3322
	80	1562	651	911	856	332	524
	81	1724	697	1027	999	387	612
	82	2002	806	1196	1172	454	718
	83	2009	821	1188	1185	494	691
	84	2027	797	1230	1270	493	777
	85~89 岁	9290	3888	5402	6107	2623	3484
	85	2096	817	1279	1352	540	812
	86	1906	742	1164	1229	492	737
	87	2077	894	1183	1363	598	765
	88	1722	762	960	1154	515	639
	89	1489	673	816	1009	478	531
	90~94 岁	4744	2113	2631	3219	1511	1708
	90	1471	655	816	997	462	535
	91	1106	495	611	748	354	394
	92	960	432	528	647	310	337
	93	666	287	379	457	207	250
	94	541	244	297	370	178	192
	95~99 岁	1097	443	654	715	319	396
	95	410	170	240	274	124	150
	96	274	113	161	181	86	95
	97	188	74	114	124	45	79
	98	129	53	76	77	40	37
	99	96	33	63	59	24	35
	100 岁及以上	173	59	114	101	39	62

4-23 续表10 单位：人

居住状况	年龄	全国 合计	全国 男	全国 女	城市 合计	城市 男	城市 女
	总计	995585	521394	474191	320054	164864	155190
	60~64 岁	328873	195299	133574	127298	73563	53735
	60	63338	37965	25373	27102	15858	11244
	61	56729	34117	22612	22928	13429	9499
	62	70259	42118	28141	27044	15807	11237
	63	74435	44369	30066	27428	15859	11569
	64	64112	36730	27382	22796	12610	10186
	65~69 岁	263715	144948	118767	84203	44459	39744
	65	62274	35716	26558	21272	11665	9607
	66	59890	33345	26545	19763	10669	9094
	67	52172	28634	23538	16393	8612	7781
	68	49447	26481	22966	15000	7613	7387
其他	69	39932	20772	19160	11775	5900	5875
	70~74 岁	157335	79119	78216	42866	20744	22122
	70	37474	19339	18135	10990	5482	5508
	71	35475	18243	17232	9829	4842	4987
	72	29918	15073	14845	7998	3925	4073
	73	28611	14073	14538	7421	3460	3961
	74	25857	12391	13466	6628	3035	3593
	75~79 岁	101817	46710	55107	25494	11045	14449
	75	22766	10745	12021	5743	2577	3166
	76	21852	10199	11653	5341	2332	3009
	77	19742	8933	10809	4810	2085	2725
	78	18808	8531	10277	4797	2004	2793
	79	18649	8302	10347	4803	2047	2756

4-23 续表11　　　　　　　　　　　　　　　　　　　　　　　　　　　　　　　　　　　　　　　单位：人

居住状况	年龄	全国			城市		
		合计	男	女	合计	男	女
其他	80~84 岁	74007	30532	43475	20038	7763	12275
	80	17182	7491	9691	4390	1786	2604
	81	14637	6074	8563	4040	1564	2476
	82	15154	6225	8929	4209	1622	2587
	83	13911	5561	8350	3757	1412	2345
	84	13123	5181	7942	3642	1379	2263
	85~89 岁	45888	16778	29110	13011	4641	8370
	85	11444	4210	7234	3169	1122	2047
	86	10342	3801	6541	2934	1004	1930
	87	9957	3632	6325	2801	1001	1800
	88	7721	2837	4884	2215	822	1393
	89	6424	2298	4126	1892	692	1200
	90~94 岁	18437	6389	12048	5513	2097	3416
	90	5885	2119	3766	1722	664	1058
	91	4140	1394	2746	1299	481	818
	92	3665	1302	2363	1090	429	661
	93	2735	917	1818	787	294	493
	94	2012	657	1355	615	229	386
	95~99 岁	4828	1456	3372	1420	493	927
	95	1654	480	1174	488	160	328
	96	1217	379	838	360	133	227
	97	819	241	578	228	73	155
	98	631	191	440	193	67	126
	99	507	165	342	151	60	91
	100 岁及以上	685	163	522	211	59	152

数据来源：国家统计局。

第五章
2022年全国主要城市新房市场统计

5-1　2022年全国主要城市商品房供求全年汇总统计

城市	销售套数（套）	销售面积（万㎡）	销售价格（元/㎡）	销售额（亿元）	批准上市套数（套）	批准上市面积（万㎡）	可售套数（套）	可售面积（万㎡）	销供比
一线城市									
北京市	126785	1140.19	38719	4414.69	139312	1012.64	398682	2717.46	1.13
上海市	196803	1790.95	42159	7550.48	216424	1862.71	421764	3675.33	0.96
广州市	147700	1145.43	32728	3748.72	116194	1414.47	544558	2819.69	0.81
深圳市	56714	564.92	62145	3510.71	70133	766.75	124334	1242.34	0.74
二线城市									
北海市	10318	83.36	6864	57.22	6537	49.10	130868	815.43	1.70
长春市	49064	537.05	9138	490.75	26350	271.10	154602	1648.19	1.98
长沙市	70739	821.06	14266	1171.31	77343	1042.68	225774	2346.75	0.79
成都市	402795	3019.45	13376	4038.85	390321	2883.53	1834771	10023.24	1.05
大连市	37118	373.85	16008	598.46	34522	434.64	186204	2652.69	0.86
福州市	101175	710.05	15456	1097.49	127744	714.92	541602	2945.48	0.99
贵阳市	54505	635.84	10735	682.59	20181	260.35	260582	2264.30	2.44
杭州市 *	86293	1126.18	34687	3906.37	95335	1269.91	84822	1092.33	0.89
合肥市	98170	794.43	15829	1257.50	114857	921.36	370206	2035.58	0.86
济南市	194841	1481.24	13243	1961.67	202672	1600.10	632911	3509.20	0.93
昆明市	149628	980.44	9342	915.95	86689	594.69	477940	2861.24	1.65
兰州市	31474	357.16	10725	383.07	26734	354.03	233461	3210.89	1.01
南昌市	44335	456.41	12058	550.33	--	--	24220	228.01	--
南京市 *	128696	1054.29	31071	3275.78	168212	946.03	558707	2865.20	1.11
南宁市	104586	893.44	12661	1131.16	79032	580.46	420576	3636.76	1.54
宁波市	147539	1079.12	18793	2028.01	136891	963.51	406208	1853.67	1.12
青岛市	150189	1751.15	15663	2742.84	118898	1422.59	320309	3742.21	1.23
厦门市	51507	469.74	25932	1218.12	51289	455.15	233096	1582.30	1.03
沈阳市	79425	830.04	9706	805.66	28362	352.94	251826	2661.97	2.35
苏州市 *	68395	884.64	23850	2109.88	45911	639.73	118848	1316.22	1.38
天津市	80634	922.09	16675	1537.62	67174	800.08	--	--	1.15
温州市	73322	787.33	13416	1056.31	82576	871.19	124566	1386.63	0.90
无锡市	35135	416.93	21559	898.87	26682	329.94	89577	1078.77	1.26
武汉市	149542	1635.89	14988	2451.87	123529	1437.59	150168	1788.59	1.14
西安市	105244	1035.07	17056	1765.37	146333	1309.23	--	--	0.79
银川市	27047	331.76	9423	312.63	28652	282.00	258808	2314.28	1.18
郑州市	94532	1071.41	11675	1250.93	65708	775.32	586568	6056.61	1.38

5-1 续表1

城市	销售套数（套）	销售面积（万㎡）	销售价格（元/㎡）	销售额（亿元）	批准上市套数（套）	批准上市面积（万㎡）	可售套数（套）	可售面积（万㎡）	销供比
三四线城市									
安庆市	19481	144.01	10831	155.97	12867	86.50	45427	319.55	1.66
沧州市	13835	157.19	10249	161.11	5908	64.22	--	--	2.45
常熟市	11261	136.44	16467	224.68	9228	104.94	29595	344.41	1.30
池州市	6318	53.54	7331	39.25	5854	46.13	23410	150.97	1.16
东莞市	56970	429.05	27340	1173.04	83381	736.44	190834	1048.04	0.58
东营市	21139	186.87	7810	145.94	10797	121.11	41563	433.21	1.54
佛山市	161071	1212.00	15697	1902.50	263548	2309.58	489305	2567.30	0.52
赣州市	115997	1601.80	7301	1169.46	119605	2119.01	346965	3686.88	0.76
海宁市	8914	103.20	17609	181.73	9024	96.98	21686	258.20	1.06
菏泽市	22936	252.37	7303	184.32	25168	226.68	118666	677.69	1.11
淮北市	13774	152.39	7552	115.08	10721	120.43	31819	312.38	1.27
黄石市	9166	103.99	7402	76.97	7429	83.18	18792	220.22	1.25
惠州市	68367	695.51	14036	976.20	71344	737.45	206892	2004.86	0.94
济宁市	26968	327.18	8888	290.78	57007	700.10	50164	590.49	0.47
嘉兴市	13590	162.94	16910	275.53	14617	183.75	30081	263.75	0.89
江阴市	10098	128.18	15689	201.11	5775	69.11	24625	295.11	1.85
金华市	23106	264.61	15936	421.68	16282	223.27	23949	266.09	1.19
昆山市	26898	310.62	20773	645.24	20418	246.87	23446	263.79	1.26
廊坊市	20463	204.75	10018	205.12	5010	54.90	--	--	3.73
丽水市	21550	227.56	12336	280.71	39187	320.63	69364	609.88	0.71
六安市	11799	127.82	8635	110.37	14974	134.17	54121	550.78	0.95
茂名市	17393	190.94	7240	138.24	18906	154.77	115291	646.65	1.23
南平市	3045	28.12	5953	16.74	--	--	11880	110.10	--
南通市	33701	271.80	13041	354.45	29212	216.31	147157	1027.03	1.26
宁德市	10804	117.43	17047	200.18	4726	42.74	--	--	2.75
莆田市	21624	163.30	10923	178.37	28246	182.73	89058	508.48	0.89
启东市	6911	67.88	11264	76.46	6430	73.06	31534	318.90	0.93
清远市	34398	290.36	7229	209.91	25423	170.46	252748	1357.25	1.70
衢州市	7923	91.63	15321	140.38	9053	99.18	12074	123.91	0.92
泉州市	87302	645.63	9843	635.50	101524	754.22	254205	1366.11	0.86
日照市	11351	116.82	12353	144.30	44236	327.42	75147	641.58	0.36
三明市	4835	31.46	8658	27.24	4713	35.67	24966	132.12	0.88
汕头市	32950	317.06	11492	364.37	58978	442.51	232203	1204.98	0.72
上饶市	19523	237.46	8707	206.74	11046	139.12	11578	148.65	1.71

5-1 续表2

城市	销售套数（套）	销售面积（万㎡）	销售价格（元/㎡）	销售额（亿元）	批准上市套数（套）	批准上市面积（万㎡）	可售套数（套）	可售面积（万㎡）	销供比
绍兴市	7474	97.73	24649	240.89	8519	107.95	30664	407.53	0.91
太仓市	19432	190.83	15590	297.51	6074	68.04	31209	231.05	2.80
泰安市	14226	175.50	9256	162.45	14657	188.45	60194	731.60	0.93
泰州市	5832	72.32	15918	115.12	5887	76.70	18083	202.97	0.94
桐乡市	9231	91.05	17933	163.29	5341	70.60	17589	175.23	1.29
铜陵市	8015	67.46	6673	45.02	5521	43.02	59987	509.65	1.57
渭南市	9829	119.51	6274	74.98	6949	91.17	39845	491.67	1.31
芜湖市	11786	163.70	12668	207.38	9496	124.15	29076	421.96	1.32
新乡市	51093	663.38	7779	516.06	35441	433.41	170487	1880.69	1.53
宿迁市	14293	132.64	9907	131.40	6460	68.00	142718	879.11	1.95
徐州市	120040	1260.97	8695	1096.35	89209	940.04	290478	2069.07	1.34
烟台市	21909	252.79	12576	317.90	22347	258.78	107131	1165.28	0.98
盐城市	20676	218.21	10110	220.61	20655	235.99	--	--	0.92
扬州市	11714	139.35	17499	243.84	10035	127.37	90811	581.47	1.09
宜宾市	20037	203.94	7978	162.71	16348	171.39	13034	145.66	1.19
宜兴市	5048	60.12	13689	82.30	5355	72.55	34529	444.76	0.83
岳阳市	13984	158.34	8796	139.28	8461	101.66	35694	356.27	1.56
湛江市	27248	230.41	11241	259.00	29981	276.28	99024	477.77	0.83
张家港市	9908	115.55	14930	172.52	8924	81.15	32702	363.79	1.42
镇江市	43152	496.06	10624	527.02	32753	322.48	105784	1067.97	1.54
中山市	80291	620.22	13821	857.23	72003	741.33	360285	1589.21	0.84
舟山市	10081	106.22	16035	170.32	8085	74.17	25146	251.17	1.43
珠海市	25666	264.12	24508	647.32	27441	316.76	111208	1279.88	0.83
淄博市	46698	578.26	9162	529.81	16581	159.17	89364	945.05	3.63

数据来源：中指数据库监测。

备注：苏州数据包含吴江；杭州数据包含萧山、余杭；南京数据包含溧水、高淳。

5-2 2022年全国主要城市商品房成交套数统计

单位：套

城市	1月	2月	3月	4月	5月	6月	7月	8月	9月	10月	11月	12月	汇总
一线城市													
北京市	11593	6627	9600	11942	8194	12362	8686	11048	13574	13929	9977	9253	126785
上海市	23252	14002	12670	1029	1601	16363	24635	22876	25143	14811	22588	17833	196803
广州市	13190	7721	11052	10987	13659	23835	11738	13059	12633	9299	6654	13873	147700
深圳市	6895	2410	3232	4626	3299	5646	5244	4019	6322	4473	4597	5951	56714
二线城市													
北海市	2018	865	920	732	1014	789	315	537	772	745	603	1008	10318
长春市	3770	1926	1636	17	2612	7040	6574	5899	7276	4343	4027	3944	49064
长沙市	5639	4367	6452	5340	6436	8214	7063	5241	5045	6369	5273	5300	70739
成都市	38179	22560	37498	42253	36958	33215	34325	32722	17833	25460	38343	43449	402795
大连市	2106	2228	2513	3150	4330	3235	3881	4106	1843	2964	3408	3354	37118
福州市	8582	4250	8934	9974	8590	9322	8754	6630	11100	11191	5092	8756	101175
贵阳市	5296	2473	4944	3029	3707	4046	4802	4948	1398	6168	5481	8213	54505
杭州市*	6005	2982	6349	6150	5779	7878	9029	7730	8407	6639	9038	10307	86293
合肥市	13833	5643	8411	6845	8944	7408	8258	6715	7810	7207	8332	8764	98170
济南市	14027	9964	14005	16247	23164	20568	15427	15004	19400	18150	14371	14514	194841
昆明市	11021	5485	22296	11828	10524	12129	10692	9241	9577	20095	12197	14543	149628
兰州市	3284	1764	2821	2727	3641	4272	1018	1740	3025	2744	2526	1912	31474
南昌市	3182	2985	2753	1528	2508	5423	3748	2543	3733	4284	5403	6245	44335
南京市*	15373	9975	11987	10464	10607	11055	10694	9229	11879	8708	10539	8186	128696
南宁市	7030	4267	5214	7175	12014	10446	9657	8565	9911	9178	9160	11969	104586
宁波市	12802	6088	19440	10443	7192	17062	12017	12576	12910	13030	12054	11925	147539
青岛市	9311	6079	14449	9137	13238	37369	10594	9650	12112	7481	9354	11415	150189
厦门市	4574	2555	3506	3330	4326	4341	4064	4376	3850	4732	4516	7337	51507
沈阳市	5779	3831	10079	2116	5409	12080	6428	5947	6461	8741	6244	6310	79425
苏州市*	5200	2794	5325	3614	5211	8252	4835	4950	10720	6391	5099	6004	68395
天津市	4143	4499	7117	6350	5741	8366	7020	7380	6125	7074	6984	9835	80634
温州市	3762	3619	4737	3564	4042	16025	5282	3502	16130	5510	3233	3916	73322
无锡市	2818	1741	2966	2139	4639	4606	2301	2780	2423	2558	3438	2726	35135
武汉市	14193	7252	12878	12649	12769	15832	15410	11772	10321	9101	7424	19941	149542
西安市	3439	7088	13994	9711	7915	10351	10277	10769	8519	7338	8280	7563	105244
银川市	3481	1216	2989	2108	1894	1656	2520	2386	1758	706	3740	2593	27047
郑州市	8858	6918	10380	9436	6059	11418	10920	7224	8759	4009	2586	7965	94532

5-2 续表1　　　单位：套

城市	1月	2月	3月	4月	5月	6月	7月	8月	9月	10月	11月	12月	汇总
三四线城市													
安庆市	1216	1242	1007	2331	1616	2421	3705	1693	1733	977	822	718	19481
沧州市	3050	1000	433	771	1190	1338	956	1226	1254	1830	363	424	13835
常熟市	849	642	1226	634	972	1452	992	1101	688	809	988	908	11261
池州市	737	537	543	450	504	521	584	608	509	557	438	330	6318
东莞市	3897	2199	4883	3727	4107	3355	7022	6301	5558	4744	4954	6223	56970
东营市	2173	429	1034	1020	1162	375	--	4820	3554	1450	3267	1855	21139
佛山市	13677	6914	15216	10050	14630	15005	12864	11178	18406	13160	13944	16027	161071
赣州市	7371	6743	10604	4509	6137	9152	8709	8198	13235	15501	10452	15386	115997
海宁市	547	601	3013	590	212	372	459	272	429	745	914	760	8914
菏泽市	2839	2046	3032	2122	1984	2038	1686	1221	1243	2839	1023	863	22936
淮北市	812	1412	1737	1666	1534	1276	312	895	1010	1261	763	1096	13774
黄石市	411	442	851	449	1039	681	540	885	1687	694	701	786	9166
惠州市	4518	2986	4061	3585	5932	7267	7779	6033	6471	5592	7399	6744	68367
济宁市	688	1519	2189	1479	1910	2656	1726	2668	1773	4338	3609	2413	26968
嘉兴市	912	695	1103	965	596	2936	1228	1241	1161	1010	1016	727	13590
江阴市	739	511	500	622	395	1673	1205	1063	1032	1015	729	614	10098
金华市	1553	901	1551	2533	1756	3323	2417	2010	2417	1256	1391	1998	23106
昆山市	3459	1470	2120	354	1334	2504	2049	2973	4406	2781	2456	992	26898
廊坊市	1764	988	500	1860	1387	3833	1540	1751	1911	1508	1964	1457	20463
丽水市	1357	1464	1722	1539	1116	2600	1194	2275	2882	1792	2122	1487	21550
六安市	813	1345	1237	88	718	1222	1080	1139	1063	1294	836	964	11799
茂名市	1575	1408	1078	908	1324	1675	1026	1785	2004	1903	1112	1595	17393
南平市	318	183	180	311	234	309	250	322	324	174	207	233	3045
南通市	663	7416	1703	576	2620	4350	2165	2874	4498	2588	2542	1706	33701
宁德市	895	483	711	222	543	3158	561	649	466	292	922	1902	10804
莆田市	2220	1819	1286	1137	2062	1719	1992	1929	1842	2592	1764	1262	21624
启东市	871	683	239	528	413	521	603	762	717	258	590	726	6911
清远市	2090	1586	2421	1562	2017	2430	2467	5256	3536	4130	2624	4279	34398
衢州市	271	298	377	329	350	428	551	549	1450	618	1358	1344	7923
泉州市	8218	6404	6337	5731	11931	12204	6847	6805	5139	4991	5634	7061	87302
日照市	1169	721	985	755	612	918	1383	655	865	1216	1144	928	11351
三明市	779	304	361	271	418	301	226	223	587	506	577	282	4835
汕头市	2386	2332	3385	2840	2623	2742	2831	2321	2846	3566	2359	2719	32950
上饶市	1984	1117	714	1303	4004	2183	1860	1244	1095	1439	1371	1209	19523
绍兴市	889	610	759	707	481	664	542	462	879	364	392	725	7474
太仓市	2579	1735	1070	346	1492	2158	1864	1840	2248	1570	1154	1376	19432

5-2 续表2 单位：套

城市	1月	2月	3月	4月	5月	6月	7月	8月	9月	10月	11月	12月	汇总
泰安市	1502	1006	1413	815	1265	1432	1236	1208	820	1084	1008	1437	14226
泰州市	608	556	503	362	552	546	484	473	469	390	376	513	5832
桐乡市	278	266	1288	184	235	3849	181	995	558	305	801	291	9231
铜陵市	536	1009	322	485	617	557	1104	413	416	1091	727	738	8015
渭南市	761	1135	1362	1081	812	912	683	463	800	455	811	554	9829
芜湖市	1640	1181	1441	584	935	1001	1732	680	615	825	560	592	11786
新乡市	7966	3501	3698	3312	3363	4499	3972	5542	6300	2566	3802	2572	51093
宿迁市	932	621	675	593	1189	2099	1876	1850	1529	1402	1006	521	14293
徐州市	11001	8899	9309	7001	6316	9518	10017	7853	13248	7371	9939	19568	120040
烟台市	1758	854	3070	1394	1774	2292	2004	2240	1762	1711	1470	1580	21909
盐城市	982	1726	1382	844	1583	1974	2384	1666	1891	2102	2157	1985	20676
扬州市	744	620	922	1086	670	916	1284	758	1182	1019	1123	1390	11714
宜宾市	1537	1853	2140	1407	1386	1488	2627	1996	973	1139	1902	1589	20037
宜兴市	1031	345	530	151	403	401	401	474	271	404	314	323	5048
岳阳市	849	667	824	951	645	667	1216	1739	1912	1180	1630	1704	13984
湛江市	3134	1261	2509	2095	1493	2338	2804	1846	2263	2891	2082	2532	27248
张家港市	716	494	987	504	823	1276	922	1020	806	810	933	617	9908
镇江市	3156	1912	4934	1715	3577	4838	3294	2753	2922	3260	4591	6200	43152
中山市	4124	2015	9274	5948	5577	10135	7396	6040	7305	8800	6473	7204	80291
舟山市	703	373	854	570	676	1210	1004	1094	683	889	979	1046	10081
珠海市	2461	1598	2620	2765	3248	2986	2854	1851	1591	1590	1234	868	25666
淄博市	3847	2152	2695	4750	3225	3415	3365	4158	6497	4672	4876	3046	46698

数据来源：中指数据库监测。
备注：苏州数据包含吴江；杭州数据包含萧山、余杭；南京数据包含溧水、高淳。

5-3 2022年全国主要城市商品房成交面积统计

单位：万㎡

城市	1月	2月	3月	4月	5月	6月	7月	8月	9月	10月	11月	12月	汇总
一线城市													
北京市	95.47	49.30	89.45	101.33	68.21	120.56	84.75	108.03	120.65	120.26	87.01	95.16	1140.19
上海市	208.70	126.62	109.39	12.31	33.82	154.20	215.84	210.70	221.77	123.42	198.15	176.04	1790.95
广州市	92.42	72.83	100.26	79.91	107.71	162.27	89.09	94.94	112.83	69.85	57.13	106.19	1145.43
深圳市	71.76	23.02	35.10	43.39	30.72	60.51	56.38	41.30	53.45	41.17	44.80	63.34	564.92
二线城市													
北海市	15.96	6.75	7.53	6.10	8.08	7.07	2.70	4.31	6.45	5.88	4.45	8.08	83.36
长春市	42.39	20.25	20.21	0.15	29.83	73.47	74.40	62.94	74.66	48.76	45.21	44.76	537.05
长沙市	62.96	48.37	75.01	58.60	73.83	90.08	75.13	63.38	59.96	81.56	64.13	68.06	821.06
成都市	309.23	189.94	278.29	298.97	250.55	257.34	287.36	246.01	143.40	202.29	265.45	290.64	3019.45
大连市	19.10	19.34	24.90	30.20	42.54	35.32	45.21	40.80	18.57	28.33	35.05	34.48	373.85
福州市	67.89	32.62	65.49	72.10	63.41	60.32	62.36	42.62	71.31	71.02	41.35	59.57	710.05
贵阳市	66.10	28.78	50.29	33.46	39.68	41.86	75.76	58.20	15.17	67.55	62.01	96.98	635.84
杭州市*	85.85	32.03	70.58	80.34	73.73	106.56	114.10	97.93	111.20	88.80	118.79	146.28	1126.18
合肥市	112.14	44.74	57.76	52.03	68.09	61.86	73.14	57.71	67.11	65.25	72.59	62.02	794.43
济南市	112.40	72.08	112.65	105.74	149.19	168.52	117.09	108.26	148.32	157.18	115.26	114.55	1481.24
昆明市	88.04	40.04	145.52	69.24	67.77	77.41	73.28	66.27	70.21	110.81	79.36	92.49	980.44
兰州市	33.83	19.90	28.29	36.32	40.75	47.48	11.18	19.27	42.11	30.59	27.79	19.65	357.16
南昌市	34.28	30.25	27.33	13.94	26.26	62.78	38.62	24.76	38.21	42.37	54.29	63.33	456.41
南京市*	140.52	107.44	89.65	80.54	86.31	103.75	82.97	62.57	91.16	54.91	81.91	72.55	1054.29
南宁市	65.30	36.29	50.73	61.86	108.27	87.69	74.60	79.40	89.35	74.37	72.85	92.74	893.44
宁波市	102.82	40.55	147.86	73.92	57.83	141.96	107.90	84.44	77.37	81.30	80.13	83.04	1079.12
青岛市	103.48	68.62	168.17	105.12	147.43	437.12	123.80	112.16	156.95	87.30	102.11	138.90	1751.15
厦门市	32.95	16.74	25.50	23.70	26.26	32.76	24.81	30.01	29.40	29.91	120.96	76.74	469.74
沈阳市	67.60	41.20	78.28	24.32	59.90	137.03	61.40	62.37	71.62	99.81	65.36	61.16	830.04
苏州市*	62.90	50.72	74.39	45.35	61.17	106.73	61.51	66.23	131.69	75.58	61.62	86.74	884.64
天津市	44.59	52.28	88.90	73.24	66.96	90.72	78.37	81.42	70.29	78.85	84.87	111.61	922.09
温州市	43.49	43.49	61.32	42.48	43.18	147.51	72.81	46.12	155.76	47.48	36.30	47.39	787.33
无锡市	31.66	20.50	36.99	24.80	62.74	51.47	27.45	31.41	26.10	29.71	41.47	32.62	416.93
武汉市	152.84	79.18	132.93	126.21	136.86	190.17	167.05	124.03	116.13	100.45	84.51	225.53	1635.89
西安市	37.91	71.20	132.01	81.70	73.92	108.15	100.63	111.24	89.30	69.09	82.48	77.45	1035.07
银川市	45.25	15.77	39.71	26.05	23.96	21.34	32.09	27.71	21.84	8.67	36.27	33.09	331.76
郑州市	97.32	76.10	125.89	107.16	72.71	144.74	121.23	82.12	102.15	41.53	26.87	73.58	1071.41

5-3 续表1 单位：万㎡

城市	1月	2月	3月	4月	5月	6月	7月	8月	9月	10月	11月	12月	汇总
三四线城市													
安庆市	16.38	13.67	9.50	10.04	12.60	16.84	17.68	11.00	11.16	10.34	7.38	7.41	144.01
沧州市	33.00	10.02	4.85	9.06	13.03	15.90	11.36	14.17	14.87	22.04	4.32	4.57	157.19
常熟市	10.11	7.87	14.17	6.85	11.63	16.55	11.73	16.47	8.24	9.71	12.10	10.99	136.44
池州市	6.01	4.95	4.74	3.53	4.58	5.11	5.36	4.50	4.60	4.59	3.39	2.18	53.54
东莞市	33.84	13.90	34.98	25.07	28.15	24.65	61.45	46.60	44.25	31.37	41.37	43.42	429.05
东营市	12.16	3.81	9.77	9.06	11.14	3.67	--	46.59	38.81	12.23	27.74	11.89	186.87
佛山市	106.13	55.12	106.30	68.22	102.29	115.39	93.92	88.07	140.16	97.69	98.12	140.59	1212.00
赣州市	63.96	66.61	106.47	40.06	57.12	93.47	72.29	141.82	195.06	222.57	219.56	322.81	1601.80
海宁市	11.47	6.34	30.35	6.21	1.90	3.05	4.66	4.71	4.86	8.38	14.51	6.77	103.20
菏泽市	33.25	23.83	32.30	19.61	18.76	21.05	18.64	13.95	14.08	35.83	11.33	9.75	252.37
淮北市	9.11	14.67	19.77	18.84	18.06	14.52	3.62	9.75	10.61	12.15	8.41	12.87	152.39
黄石市	4.93	5.33	9.57	5.46	12.34	8.03	6.68	10.56	17.89	7.98	7.75	7.49	103.99
惠州市	47.06	28.80	43.01	37.88	59.99	74.32	78.52	56.86	62.21	58.33	77.83	70.70	695.51
济宁市	7.34	18.05	25.63	18.20	32.43	31.61	21.35	32.16	22.55	48.22	41.50	28.15	327.18
嘉兴市	10.54	8.37	13.36	11.31	6.76	35.31	13.24	13.84	17.84	11.27	12.35	8.75	162.94
江阴市	9.32	6.40	5.94	7.80	4.93	24.66	16.45	12.72	11.88	12.12	9.57	6.40	128.18
金华市	15.19	9.42	15.64	24.58	32.39	38.53	25.92	21.42	25.24	12.86	14.50	28.92	264.61
昆山市	38.23	16.32	23.67	3.85	14.95	28.17	23.89	36.30	52.21	32.83	29.21	10.99	310.62
廊坊市	20.14	9.87	5.40	10.91	13.33	37.84	16.65	17.69	18.40	16.31	15.46	22.73	204.75
丽水市	15.11	16.17	18.57	15.55	11.37	28.61	12.52	24.79	30.55	18.27	22.51	13.53	227.56
六安市	8.46	14.91	13.43	0.35	7.81	13.48	12.02	12.66	10.95	13.10	9.04	11.62	127.82
茂名市	17.21	16.45	12.40	10.49	15.75	18.95	12.16	20.53	21.80	19.83	10.70	14.67	190.94
南平市	2.65	1.73	1.74	3.08	2.32	2.97	2.34	3.32	3.33	1.43	1.58	1.63	28.12
南通市	5.39	74.23	12.08	3.80	20.05	31.56	16.29	21.85	32.87	20.30	19.69	13.69	271.80
宁德市	10.45	5.77	7.32	2.39	5.38	47.45	9.30	5.26	4.22	3.22	6.23	10.43	117.43
莆田市	16.23	16.55	10.44	9.60	15.66	11.59	12.06	11.87	13.43	19.31	13.92	12.63	163.30
启东市	8.46	7.01	2.52	5.43	4.02	4.91	6.40	7.35	6.87	2.67	5.71	6.52	67.88
清远市	22.89	16.61	24.09	15.91	19.78	24.81	24.08	33.63	33.53	30.95	16.10	27.97	290.36
衢州市	4.49	3.37	3.69	4.05	3.78	4.70	10.34	5.79	14.46	6.84	14.69	15.43	91.63
泉州市	67.76	49.71	47.26	42.28	76.72	90.26	46.92	45.41	37.65	35.87	45.70	60.08	645.63
日照市	10.59	8.10	15.10	8.99	6.92	11.00	10.58	5.43	6.91	14.75	9.84	8.60	116.82
三明市	5.12	2.35	2.94	1.87	2.66	2.17	1.33	1.44	3.76	3.03	3.02	1.78	31.46
汕头市	26.17	24.27	31.17	26.53	26.24	26.95	26.81	21.57	24.50	36.32	21.92	24.60	317.06
上饶市	23.25	13.75	8.93	15.49	51.25	26.24	22.83	14.25	13.41	17.35	16.46	14.25	237.46
绍兴市	11.73	7.29	9.79	8.94	6.00	8.64	7.32	6.48	11.95	4.95	5.17	9.45	97.73

5-3 续表2 单位：万㎡

城市	1月	2月	3月	4月	5月	6月	7月	8月	9月	10月	11月	12月	汇总
太仓市	25.16	16.19	9.96	3.23	15.14	21.15	18.41	18.74	22.98	15.94	11.12	12.82	190.83
泰安市	16.82	11.85	15.69	10.42	15.67	17.82	15.18	14.74	10.36	13.98	13.64	19.33	175.50
泰州市	7.32	6.37	5.35	4.99	6.89	6.85	6.26	6.16	5.89	4.90	5.11	6.24	72.32
桐乡市	3.21	3.08	14.66	2.27	2.88	23.63	2.12	14.80	7.59	3.46	9.78	3.57	91.05
铜陵市	5.31	9.61	3.07	3.71	5.41	5.52	7.21	3.70	3.64	7.18	4.74	8.36	67.46
渭南市	9.48	13.88	16.29	13.20	9.75	11.17	8.29	5.56	9.52	5.39	10.00	6.97	119.51
芜湖市	18.77	13.01	39.71	8.56	11.21	12.24	18.94	9.38	7.28	9.53	7.52	7.54	163.70
新乡市	101.98	44.14	45.45	47.91	42.74	61.73	50.72	69.70	82.30	34.20	49.07	33.43	663.38
宿迁市	9.28	5.95	4.93	5.30	11.22	17.28	16.63	18.56	14.04	14.57	9.37	5.53	132.64
徐州市	106.73	93.98	97.29	66.64	63.64	98.80	102.89	88.54	155.71	83.67	98.21	204.87	1260.97
烟台市	20.35	13.18	34.85	16.34	18.64	27.27	21.46	26.10	20.10	19.29	16.68	18.51	252.79
盐城市	10.64	19.15	19.59	10.10	18.29	20.08	19.46	15.81	20.19	20.12	22.23	22.54	218.21
扬州市	8.00	6.93	10.45	12.95	8.26	10.90	15.05	9.01	13.98	12.64	13.72	17.46	139.35
宜宾市	14.34	18.10	19.60	14.32	13.96	15.46	26.83	20.37	10.53	12.26	19.85	18.32	203.94
宜兴市	10.37	4.46	6.80	1.79	5.15	5.87	3.87	6.64	3.25	4.56	3.53	3.84	60.12
岳阳市	10.19	7.40	9.26	10.87	8.06	7.93	13.18	18.77	19.62	13.58	18.82	20.66	158.34
湛江市	23.65	11.08	19.64	15.35	14.18	24.60	21.86	15.92	20.11	23.07	18.57	22.37	230.41
张家港市	9.01	5.70	11.89	6.51	9.32	14.73	10.81	11.62	8.82	9.47	10.78	6.90	115.55
镇江市	35.70	19.90	49.96	19.55	41.59	53.58	39.08	31.58	30.70	37.03	62.61	74.79	496.06
中山市	31.52	14.57	65.85	41.21	42.24	91.21	53.23	46.79	64.86	71.60	49.02	48.13	620.22
舟山市	8.78	4.11	10.58	8.08	6.89	9.39	10.26	9.96	8.42	10.06	8.90	10.77	106.22
珠海市	24.84	22.03	25.26	25.19	28.92	33.36	29.64	19.75	15.68	16.49	13.94	9.03	264.12
淄博市	44.79	26.45	38.18	59.88	43.25	42.82	44.10	50.85	74.13	54.42	60.11	39.28	578.26

数据来源：中指数据库监测。
备注：苏州数据包含吴江；杭州数据包含萧山、余杭；南京数据包含溧水、高淳。

5-4 2022年全国主要城市商品房成交价格统计

单位：元/㎡

城市	1月	2月	3月	4月	5月	6月	7月	8月	9月	10月	11月	12月	汇总
一线城市													
北京市	36501	36474	36330	36393	38539	43097	45492	34457	36019	40383	39235	41123	38719
上海市	41844	42669	38527	60599	62591	48195	44602	40494	38059	35419	38780	46615	42159
广州市	36189	34995	30439	35191	36466	27236	33656	33901	30225	36810	30514	33120	32728
深圳市	65190	66470	77693	68015	61219	60490	63934	64338	69470	62620	52849	51786	62145
二线城市													
北海市	8184	6147	6719	6414	6407	6337	6635	7288	6651	6629	6746	6508	6864
长春市	8631	9630	9264	6644	9640	9218	9018	8592	9045	9890	8893	9430	9138
长沙市	14880	13698	13821	13961	14266	14185	14184	14149	13753	14358	14714	15080	14266
成都市	14827	14401	12688	11629	11807	14119	15194	13744	13769	13842	12276	12692	13376
大连市	17658	15172	18471	15026	14858	16288	15826	15956	16338	15832	17417	14610	16008
福州市	17406	16634	15041	14175	15048	15630	16245	15280	13651	16449	13677	16373	15456
贵阳市	10346	12410	9719	10519	10396	10249	12660	10920	10716	10368	10203	10439	10735
杭州市 *	31743	27293	32972	32613	33487	41057	37686	36461	33066	33774	35679	36822	34687
合肥市	13524	16938	18164	18896	19328	17936	19941	18832	16699	17978	17497	17612	15829
济南市	12596	12173	13278	11030	12455	13699	13113	13066	14852	13728	13597	14115	13243
昆明市	9651	11295	10107	8319	9580	9552	9894	10730	10798	7082	8439	8362	9342
兰州市	10684	10566	11615	12222	12102	10237	10892	10948	11855	8495	6288	12247	10725
南昌市	11457	11377	11929	13023	12804	11721	12537	11632	12401	12445	12310	11767	12058
南京市 *	34599	37126	30347	29091	30009	30673	32579	27486	28950	25031	28252	31979	31071
南宁市	12698	10421	11652	11682	14952	13680	9956	10778	15093	12721	14717	13474	12661
宁波市	17202	16119	17666	18334	18404	19986	17863	19043	19278	19445	19773	21636	18793
青岛市	14975	15058	14527	15949	14853	15869	15876	15539	16225	16456	16317	16141	15663
厦门市	25316	28509	26529	28020	25496	21636	25834	22397	36712	31086	22789	27004	25932
沈阳市	11101	10668	11045	10854	10333	11760	9517	9949	10430	11754	10215	11447	9706
苏州市 *	24132	21474	21749	25312	22143	24368	25153	22588	23926	23930	22997	30191	23850
天津市	15509	14917	16826	16688	16976	18923	16660	16758	16767	17835	15207	16020	16675
温州市	17993	17042	16897	16471	18692	15602	15490	16092	16422	15529	16597	15644	13416
无锡市	22619	23114	22033	22490	16949	21346	22618	23587	22729	22795	22055	21976	21559
武汉市	13424	13979	14709	15275	15115	18194	14250	14302	15114	14448	14943	14742	14988
西安市	18125	16319	16288	16575	17613	17296	16669	17320	17375	17134	17144	17745	17056
银川市	8912	9272	9857	9030	9073	9532	9387	9433	9606	10170	9245	10073	9423
郑州市	10946	10541	11657	11327	11578	13822	12039	11622	10740	11404	12110	10977	11675

5-4 续表1　　　　　　　　　　　　　　　　　　　　　　　　　　　　　　　　　　　　单位：元/㎡

城市	1月	2月	3月	4月	5月	6月	7月	8月	9月	10月	11月	12月	汇总
三四线城市													
安庆市	9359	8974	10104	30698	9167	10960	7198	9408	9143	9148	9549	12347	10831
沧州市	8109	9912	10371	11190	10620	11731	12583	10421	10278	10806	7696	11541	10249
常熟市	17832	16254	17192	17177	17099	16112	16245	16206	16268	16683	17472	15629	16467
池州市	8262	7290	7112	7156	8028	7948	7569	6458	7177	7018	6322	6469	7331
东莞市	30622	26093	29530	27543	26095	27033	30119	26491	21018	27563	27438	27452	27340
东营市	7188	9105	9364	8870	8817	8549	--	8060	8608	8282	7757	8873	7810
佛山市	13817	15986	15518	15148	15415	17302	17114	18940	15228	14965	14090	15414	15697
赣州市	7503	7430	7016	7188	7509	7722	7719	7906	7635	7625	7033	6580	7301
海宁市	12836	19375	21271	21464	19681	16577	19437	24616	21014	19051	14774	17986	17609
菏泽市	7705	7190	7054	8207	7825	7190	7108	7639	7680	6928	7235	7132	7303
淮北市	8417	7008	6636	4742	7987	7600	8588	7005	7325	9723	11021	9488	7552
黄石市	7461	7785	7124	7829	8081	7686	7455	9095	5762	7544	7350	7093	7402
惠州市	12242	12912	12959	14300	14352	13819	14696	13185	14328	14773	14411	14832	14036
济宁市	9837	9346	8852	9853	8994	9477	9389	9106	8326	7610	8750	9193	8888
嘉兴市	19499	17311	17362	17342	15653	16098	16357	16705	16297	18224	17305	16763	16910
江阴市	16392	15227	15310	17277	15852	15440	15373	15081	15014	15930	17817	14078	15689
金华市	18906	20094	20893	18137	12190	14518	16617	21629	14629	17460	19130	8740	15936
昆山市	19586	21338	20075	16059	19237	20238	19871	21327	21665	22482	22537	20460	20773
廊坊市	11029	11989	14898	7422	9074	10783	10202	9045	8828	9986	10615	8837	10018
丽水市	12709	10468	10489	14096	12792	14529	13625	11886	11614	12517	11390	12234	12336
六安市	8602	8121	8887	10793	8543	8830	8810	8422	8520	8900	8694	8607	8635
茂名市	6925	7024	7434	7231	7085	6881	6906	7940	6757	7501	7686	7664	7240
南平市	5357	6097	6744	5739	6595	6060	6585	5799	5841	6234	5459	5086	5953
南通市	16204	9968	20644	20999	19069	16237	17591	13362	13188	13464	13576	18311	13041
宁德市	12101	12092	11819	17068	14634	24604	9987	12168	13612	12130	9946	11198	17047
莆田市	10916	11236	11545	11930	11240	11708	10589	11460	11124	11946	12104	12070	10923
启东市	10372	11754	12318	14530	14182	11909	12515	11226	10115	8708	9470	9126	11264
清远市	7274	7472	7617	7655	7518	7579	7198	7515	6417	6647	7390	7212	7229
衢州市	13531	18740	16284	21312	17572	19244	22264	18798	11261	16347	15154	9205	15321
泉州市	9067	9755	9204	10591	8910	10580	9510	8730	9028	8577	9810	13245	9843
日照市	10254	9921	10789	10661	10075	18075	25702	9560	9950	12481	9231	12728	12353
三明市	9194	9013	10007	8654	9319	8682	8622	9973	6802	7549	8455	8521	8658
汕头市	9988	10692	12682	11205	10463	11543	12003	11537	12084	11721	11422	12263	11492
上饶市	8353	7171	8398	8940	10215	8379	8096	8511	8154	8202	8269	8709	8707
绍兴市	26174	25993	26633	25143	25440	23137	22857	23759	25627	19726	22297	24706	24649

5-4 续表2 单位：元/㎡

城市	1月	2月	3月	4月	5月	6月	7月	8月	9月	10月	11月	12月	汇总
太仓市	15964	16263	15848	16501	15483	15749	15245	15522	16084	15832	15745	14494	15590
泰安市	8648	9109	9018	9284	8924	8865	10130	9662	9079	7971	9068	10846	9256
泰州市	15325	15261	15554	15325	14834	16789	15025	16799	16213	15728	17233	17132	15918
桐乡市	19784	21275	18479	24187	24192	15575	19811	18372	16446	19004	17336	19349	17933
铜陵市	6656	5516	6927	6783	6992	8097	5833	6864	6499	5784	6020	8570	6673
渭南市	6204	5763	6284	6530	6248	6529	6310	6437	6068	6120	5993	7132	6274
芜湖市	14355	13034	11267	14298	13268	13779	10182	13726	13625	13102	12883	13910	12668
新乡市	7056	7762	8116	9301	7816	8073	7847	7667	7705	8281	6709	8151	7779
宿迁市	10532	9859	9088	11698	9017	9745	9683	9729	9322	10263	10870	10413	9907
徐州市	9609	8668	8998	7672	8302	9736	8650	9095	7795	9644	9788	8147	8695
烟台市	11698	19246	11197	12801	12255	12427	12214	13126	11940	12164	12693	12386	12576
盐城市	12565	12857	12665	12210	9440	10866	10209	9890	9995	10961	9262	11516	10110
扬州市	16659	16522	16996	17766	17077	17871	17778	17297	17353	16767	18324	18204	17499
宜宾市	7938	7526	7827	7862	8107	8044	8025	8127	8172	8230	8089	7922	7978
宜兴市	10967	13860	14811	14180	13494	13957	14778	11841	16853	14842	15893	14505	13689
岳阳市	8583	7681	9936	9814	9651	8380	7275	9276	9561	7829	8643	8664	8796
湛江市	11163	10817	11191	10062	10846	9597	10396	11107	12941	11634	12379	12538	11241
张家港市	16928	15936	15356	15084	15196	16080	15461	15775	14332	14436	14440	15025	14930
镇江市	11267	10446	10433	11952	12641	8895	9844	9937	9347	9974	12688	10077	10624
中山市	13492	13255	12921	12992	14656	13806	14487	12785	14395	13548	14649	14509	13821
舟山市	15666	17619	16421	13402	15993	15604	15683	16395	15786	15952	15746	18398	16035
珠海市	26170	22662	25075	23485	23270	26311	24159	25235	25333	22107	24445	25625	24508
淄博市	8824	8439	8693	9221	9034	9155	10389	8782	9351	8965	9257	9438	9162

数据来源：中指数据库监测。

备注：苏州数据包含吴江；杭州数据包含萧山、余杭；南京数据包含溧水、高淳。

5-5 2022年全国主要城市商品房成交金额统计

单位：亿元

城市	1月	2月	3月	4月	5月	6月	7月	8月	9月	10月	11月	12月	汇总
一线城市													
北京市	348.48	179.83	324.95	368.76	262.87	519.57	385.56	371.74	434.58	485.66	341.38	391.31	4414.69
上海市	873.29	540.29	421.44	74.57	211.66	743.19	962.63	853.20	844.04	437.15	768.42	820.59	7550.48
广州市	333.02	253.24	304.70	281.10	392.49	441.71	299.66	321.76	337.88	257.14	174.31	351.71	3748.72
深圳市	467.78	152.99	272.59	293.63	184.97	365.93	360.45	238.65	369.90	252.15	231.15	320.53	3510.71
二线城市													
北海市	13.06	4.15	5.06	3.91	5.18	4.48	1.79	3.14	4.29	3.90	3.00	5.26	57.22
长春市	36.59	19.50	18.72	0.10	28.75	67.72	67.10	54.08	67.54	48.23	40.21	42.21	490.75
长沙市	93.68	66.26	103.66	81.81	105.33	127.79	106.56	89.67	82.47	117.10	94.36	102.63	1171.31
成都市	458.48	273.53	353.09	347.66	295.81	363.34	436.61	338.12	197.45	280.01	325.88	368.88	4038.85
大连市	33.74	29.35	46.00	45.38	63.20	57.52	71.55	65.10	30.34	44.86	61.05	50.37	598.46
福州市	118.17	54.25	98.50	102.20	95.42	94.27	101.31	65.13	97.35	116.80	56.56	97.53	1097.49
贵阳市	68.39	35.71	48.87	35.20	41.25	42.90	95.92	63.56	16.25	70.03	63.27	101.24	682.59
杭州市 *	240.11	83.78	225.57	261.58	245.34	435.72	429.70	354.78	367.46	299.91	423.82	538.61	3906.37
合肥市	134.93	65.41	84.13	83.12	109.33	94.19	127.55	95.94	109.36	117.30	127.01	109.22	1257.50
济南市	141.58	87.74	149.57	116.63	185.83	230.86	153.55	141.45	220.29	215.78	156.72	161.68	1961.67
昆明市	84.96	45.23	147.07	57.60	64.92	73.95	72.51	71.11	75.81	78.47	66.97	77.34	915.95
兰州市	36.15	21.02	32.86	44.40	49.31	48.61	12.18	21.10	49.92	25.99	17.47	24.07	383.07
南昌市	39.27	34.42	32.60	18.15	33.62	73.59	48.42	28.79	47.38	52.73	66.83	74.53	550.33
南京市 *	486.18	398.88	272.07	234.31	259.01	318.23	270.32	171.98	263.92	137.44	231.42	232.02	3275.78
南宁市	82.43	37.80	59.09	71.68	155.61	119.29	73.92	85.18	133.62	92.40	97.95	122.18	1131.16
宁波市	176.87	65.36	261.22	135.52	106.44	283.71	192.73	160.80	149.15	158.09	158.44	179.67	2028.01
青岛市	154.96	103.33	244.30	167.66	218.98	693.66	196.53	174.28	254.64	143.66	166.61	224.20	2742.84
厦门市	83.41	47.72	67.66	66.42	66.95	70.87	64.10	67.22	107.92	92.97	275.66	207.22	1218.12
沈阳市	57.68	37.19	66.10	19.89	50.21	150.04	48.01	48.93	73.51	117.32	66.77	70.01	805.66
苏州市 *	148.44	107.52	160.06	112.50	132.55	252.79	151.08	147.00	313.50	180.86	141.71	261.87	2109.88
天津市	69.16	77.99	149.57	122.23	113.67	171.66	130.56	136.44	117.85	140.63	129.06	178.80	1537.62
温州市	60.77	59.19	84.85	48.53	60.54	201.05	81.29	55.41	224.44	63.25	52.54	64.43	1056.31
无锡市	71.61	47.38	81.51	55.78	106.34	109.88	62.09	74.10	59.32	67.74	91.45	71.70	898.87
武汉市	205.17	110.69	195.52	192.79	206.86	346.00	238.05	177.39	175.51	145.13	126.28	332.49	2451.87
西安市	68.72	116.20	215.02	135.41	130.18	187.06	167.74	192.67	155.16	118.38	141.40	137.43	1765.37
银川市	40.33	14.62	39.15	23.53	21.74	20.34	30.12	26.14	20.98	8.82	33.53	33.34	312.63
郑州市	106.53	80.22	146.75	121.39	84.18	200.07	145.95	95.44	109.71	47.37	32.55	80.77	1250.93

5-5 续表1　　单位：亿元

城市	1月	2月	3月	4月	5月	6月	7月	8月	9月	10月	11月	12月	汇总
三四线城市													
安庆市	14.60	12.27	9.60	30.71	11.55	18.41	12.72	10.33	10.21	9.46	7.02	9.09	155.97
沧州市	26.76	9.94	5.03	10.13	13.83	18.66	14.29	14.76	15.28	23.82	3.33	5.27	161.11
常熟市	17.63	12.68	23.87	11.43	19.38	26.35	18.86	26.54	13.40	16.20	21.14	17.18	224.68
池州市	4.97	3.61	3.37	2.53	3.68	4.06	4.06	2.90	3.30	3.22	2.14	1.41	39.25
东莞市	103.63	36.27	103.29	69.04	73.45	66.63	185.09	123.45	93.01	86.47	113.50	119.21	1173.04
东营市	8.74	3.47	9.15	6.60	9.82	3.14	--	37.55	26.49	10.13	21.52	9.34	145.94
佛山市	146.63	88.12	164.96	103.34	157.68	199.64	160.74	166.79	213.44	146.19	138.25	216.71	1902.50
赣州市	47.99	49.49	74.70	28.80	42.89	72.18	55.80	112.13	148.93	169.72	154.42	212.42	1169.46
海宁市	14.72	12.15	61.16	12.44	3.21	3.99	8.74	5.96	9.79	15.96	21.44	12.18	181.73
菏泽市	25.62	17.13	22.78	16.09	14.68	15.13	13.25	10.15	10.23	24.33	8.13	6.78	184.32
淮北市	7.66	10.28	13.12	8.93	14.43	11.04	3.11	6.83	7.77	11.55	8.92	11.43	115.08
黄石市	3.67	4.15	6.82	4.27	9.97	6.17	4.98	9.60	10.31	6.02	5.70	5.31	76.97
惠州市	57.61	37.19	55.73	54.16	86.10	102.71	115.40	74.97	89.13	86.18	112.15	104.86	976.20
济宁市	7.22	16.87	22.69	17.93	29.16	29.93	20.04	29.29	18.78	36.70	36.31	25.88	290.78
嘉兴市	20.54	14.48	23.19	19.61	10.57	56.82	21.64	23.12	29.07	20.53	21.36	14.60	275.53
江阴市	15.27	9.75	9.09	13.47	7.82	38.08	25.29	19.18	17.79	19.31	17.05	9.01	201.11
金华市	28.58	18.85	32.58	44.58	39.43	55.94	43.07	46.25	36.92	22.46	27.75	25.27	421.68
昆山市	73.97	34.60	47.11	6.15	28.54	56.61	47.09	76.56	112.47	73.80	65.84	22.50	645.24
廊坊市	22.21	11.83	8.05	8.10	12.10	40.80	16.98	16.00	16.24	16.29	16.41	20.09	205.12
丽水市	19.20	16.93	19.48	21.92	14.55	41.56	17.06	29.46	35.48	22.87	25.64	16.55	280.71
六安市	7.27	12.11	11.94	0.38	6.67	11.90	10.59	10.66	9.33	11.66	7.86	10.00	110.37
茂名市	11.92	11.55	9.22	7.58	11.16	13.04	8.40	16.30	14.73	14.87	8.23	11.24	138.24
南平市	1.42	1.06	1.17	1.77	1.53	1.80	1.54	1.92	1.94	0.89	0.86	0.83	16.74
南通市	6.03	68.88	22.79	6.92	31.75	47.70	25.35	22.90	43.01	27.33	26.73	25.07	354.45
宁德市	12.64	6.98	8.64	4.07	7.87	116.75	9.28	6.40	5.75	3.91	6.20	11.68	200.18
莆田市	17.52	18.04	11.11	11.13	16.46	13.04	12.36	12.73	13.86	21.78	15.71	14.64	178.37
启东市	8.78	8.24	3.10	7.89	5.71	5.84	8.01	8.25	6.95	2.33	5.41	5.95	76.46
清远市	16.65	12.41	18.35	12.18	14.87	18.80	17.34	25.27	21.39	20.57	11.90	20.17	209.91
衢州市	6.07	6.31	5.98	8.60	6.58	9.00	23.03	10.89	16.29	11.17	22.26	14.21	140.38
泉州市	61.44	48.50	43.50	44.78	68.36	95.50	44.62	39.64	33.99	30.77	44.83	79.57	635.50
日照市	10.86	8.03	16.29	9.59	6.97	18.90	23.73	5.19	6.88	18.11	9.09	10.67	144.30
三明市	4.70	2.12	2.94	1.62	2.48	1.89	1.14	1.44	2.56	2.28	2.55	1.51	27.24
汕头市	26.14	25.95	39.53	29.73	27.45	31.11	32.18	24.89	29.61	42.57	25.04	30.16	364.37
上饶市	19.42	9.86	7.48	13.85	52.35	21.99	18.48	12.13	10.93	14.23	13.61	12.41	206.74
绍兴市	30.71	18.94	26.08	22.49	15.27	19.99	16.73	15.41	30.63	9.76	11.53	23.35	240.89

5-5 续表2 单位：亿元

城市	1月	2月	3月	4月	5月	6月	7月	8月	9月	10月	11月	12月	汇总
太仓市	39.89	26.02	15.61	5.15	23.28	32.92	27.67	28.89	36.76	25.24	17.51	18.59	297.51
泰安市	14.54	10.79	14.15	9.67	13.99	15.80	15.38	14.24	9.41	11.14	12.37	20.97	162.45
泰州市	11.21	9.71	8.32	7.64	10.22	11.50	9.41	10.35	9.55	7.71	8.80	10.70	115.12
桐乡市	6.35	6.54	27.06	5.49	6.96	36.80	4.19	27.19	12.49	6.34	16.95	6.92	163.29
铜陵市	3.53	5.30	2.13	2.52	3.79	4.47	4.21	2.54	2.36	4.15	2.85	7.17	45.02
渭南市	5.88	8.00	10.24	8.62	6.09	7.30	5.23	3.58	5.78	3.30	6.00	4.97	74.98
芜湖市	26.94	16.96	44.74	12.25	14.87	16.87	19.29	12.87	9.92	12.49	9.69	10.49	207.38
新乡市	71.96	34.26	36.89	44.57	33.40	49.83	39.80	53.44	63.41	28.32	32.92	27.25	516.06
宿迁市	9.77	5.86	4.48	6.20	10.11	16.84	16.10	18.06	13.09	14.95	10.18	5.75	131.40
徐州市	101.37	79.62	87.38	49.41	52.78	92.79	88.16	79.76	121.33	80.69	96.13	166.91	1096.35
烟台市	23.81	25.37	39.02	20.92	22.84	33.89	26.21	34.26	24.00	23.47	21.18	22.92	317.90
盐城市	11.68	22.21	18.38	11.33	16.44	19.72	17.76	14.47	20.04	22.05	20.59	25.96	220.61
扬州市	13.33	11.46	17.77	23.01	14.10	19.48	26.76	15.59	24.26	21.19	25.14	31.78	243.84
宜宾市	11.39	13.62	15.34	11.26	11.32	12.44	21.53	16.55	8.60	10.09	16.06	14.51	162.71
宜兴市	11.38	6.18	10.07	2.54	6.95	8.19	5.71	7.86	5.48	6.76	5.60	5.58	82.30
岳阳市	8.75	5.69	9.20	10.67	7.77	6.65	9.59	17.41	18.76	10.63	16.27	17.89	139.28
湛江市	26.40	11.98	21.98	15.44	15.38	23.61	22.73	17.69	26.02	26.77	22.94	28.05	259.00
张家港市	14.90	8.68	17.83	9.08	13.60	22.74	15.69	17.93	12.47	13.67	15.56	10.36	172.52
镇江市	40.22	20.79	52.12	23.37	52.57	47.66	38.47	31.38	28.70	36.93	79.44	75.36	527.02
中山市	42.52	19.31	85.09	53.54	61.91	125.92	77.12	59.82	93.37	97.00	71.81	69.83	857.23
舟山市	13.76	7.24	17.37	10.82	11.02	14.66	16.10	16.34	13.29	16.05	13.85	19.81	170.32
珠海市	65.00	49.92	63.35	59.16	67.29	87.77	71.60	49.84	39.73	36.46	34.07	23.13	647.32
淄博市	39.53	22.32	33.19	55.21	39.08	39.20	45.82	44.65	69.32	48.79	55.63	37.07	529.81

数据来源：中指数据库监测。

备注：苏州数据包含吴江；杭州数据包含萧山、余杭；南京数据包含溧水、高淳。

5-6　2022年全国主要城市商品房批准上市套数统计

单位：套

城市	1月	2月	3月	4月	5月	6月	7月	8月	9月	10月	11月	12月	汇总
一线城市													
北京市	5190	4399	10733	24412	6093	13521	11790	12946	16926	8952	7552	16798	139312
上海市	21636	7825	14061	334	--	9194	26959	26025	30332	17072	26965	36021	216424
广州市	4529	1750	4736	16114	8303	12101	10541	11226	20145	7743	7805	11201	116194
深圳市	1796	70	2494	3916	3400	11932	5386	4184	18297	562	12787	5309	70133
二线城市													
北海市	670	916	637	448	207	494	373	271	1257	244	64	956	6537
长春市	2193	589	628	34	3203	4488	1133	3419	6380	1787	1340	1156	26350
长沙市	6084	1985	8120	10568	3887	5618	4009	4602	9341	6765	10436	5928	77343
成都市	34876	12103	34913	42296	39386	40220	31372	24260	20667	26054	37766	46408	390321
大连市	3441	1138	4341	5996	4903	2036	2270	3639	1766	1737	2844	411	34522
福州市	18090	11304	7337	10144	7481	7632	9653	15591	17995	6747	4177	11593	127744
贵阳市	2197	745	1705	2814	1037	1602	1451	268	760	1500	4173	1929	20181
杭州市*	3330	2076	5862	5128	5223	11431	7653	8113	9182	11780	12165	13392	95335
合肥市	13808	1577	7608	6634	6438	9735	8493	10077	15142	10474	15684	9187	114857
济南市	11062	15318	12436	13236	11450	23523	13792	24311	20604	22562	17267	17111	202672
昆明市	9523	904	14579	9077	4051	6797	2645	1988	13438	5051	8218	10418	86689
兰州市	4625	765	3876	4871	1422	4175	364	36	3023	1005	2288	284	26734
南京市*	8555	4465	9964	21282	14395	24831	17748	8929	16634	11463	14608	15338	168212
南宁市	7632	1181	2604	12274	4916	5726	5003	6340	10661	3822	9690	9183	79032
宁波市	8847	3362	19898	14108	9524	12583	8177	8494	18506	13329	7765	12298	136891
青岛市	9715	2639	11290	9664	11667	19699	6601	8578	12313	7274	8875	10583	118898
厦门市	1220	--	5479	323	1976	9802	9394	2739	4283	6238	6548	3287	51289
沈阳市	748	1317	564	2274	3147	6254	3514	4085	3196	1994	897	372	28362
苏州市*	4436	863	3181	2365	5073	5650	2997	4025	7364	2011	2983	4963	45911
天津市	2712	2682	3122	10142	5213	7967	9091	6273	4863	4371	6467	4271	67174
温州市	6468	874	4522	7263	12796	6128	13427	5951	6921	3959	7198	7069	82576
无锡市	715	1236	3299	5183	2272	3122	1918	1723	3670	1286	1289	969	26682
武汉市	6514	3568	14462	12544	9851	12183	11376	8889	17324	5696	9477	11645	123529
西安市	5452	7311	8939	20613	8621	18550	17239	8500	15859	7178	13597	14474	146333
银川市	2308	1539	1443	8165	1368	2139	351	2423	3966	885	2487	1578	28652
郑州市	8466	3413	5002	4698	4011	5733	7306	6633	7413	3851	4055	5127	65708

5-6 续表1　　单位：套

城市	1月	2月	3月	4月	5月	6月	7月	8月	9月	10月	11月	12月	汇总
三四线城市													
安庆市	1974	32	1157	2567	786	810	4421	540	580	--	--	--	12867
沧州市	186	--	--	54	117	498	2026	966	1001	987	73	--	5908
常熟市	192	414	800	826	3497	854	80	334	1224	502	203	302	9228
池州市	1164	136	188	70	452	396	428	215	2133	363	264	45	5854
东莞市	3876	1556	2941	7218	5701	10927	11591	6277	9941	6599	7811	8943	83381
东营市	1543	180	1987	479	577	426	--	671	960	969	2038	967	10797
佛山市	18317	13914	22207	37277	15053	22549	17862	29592	39581	20874	18626	7696	263548
赣州市	12127	6951	8332	5855	9726	7336	9674	11430	12354	11596	9044	15180	119605
海宁市	3206	143	2515	48	--	175	865	736	696	387	192	61	9024
菏泽市	3804	348	2128	664	4715	2601	3873	828	1326	4026	527	328	25168
淮北市	309	237	1561	1009	260	38	1068	415	1456	557	1199	2612	10721
黄石市	835	--	498	1684	411	1440	97	1	1243	673	112	435	7429
惠州市	10695	2140	5261	12601	4107	5690	3373	4954	8493	2781	5916	5333	71344
济宁市	36496	1252	2787	3982	1437	1712	1557	301	2730	2738	472	1543	57007
嘉兴市	1197	--	2353	508	540	2287	1792	1097	2391	923	1529	--	14617
江阴市	242	--	416	577	3136	925	215	176	88	--	--	--	5775
金华市	2533	--	1091	2163	1137	1948	2433	2100	1257	1050	218	352	16282
昆山市	763	520	2014	--	2387	3181	1083	3121	4905	169	928	1347	20418
廊坊市	123	144	448	1059	843	503	434	155	714	399	144	44	5010
丽水市	2834	112	2902	912	2583	2259	6884	6849	9746	1708	545	1853	39187
六安市	2414	1092	1953	178	3553	920	1188	460	847	847	460	1062	14974
茂名市	1098	214	688	237	1879	1109	124	4063	1487	2022	2344	3641	18906
南通市	2535	1226	8020	212	2147	2737	1340	1150	3343	965	5131	406	29212
宁德市	--	--	79	80	554	760	562	315	680	36	1552	108	4726
莆田市	1822	321	4747	3847	2500	3171	1308	2449	4690	2106	1117	168	28246
启东市	358	110	2108	126	85	82	1794	17	408	150	688	504	6430
清远市	2208	751	3591	1664	488	920	1623	2808	4096	2076	3729	1469	25423
衢州市	407	--	157	38	98	1517	--	1532	938	2274	748	1344	9053
泉州市	10396	855	380	8868	8867	13447	6803	2345	18677	2514	10978	17394	101524
日照市	845	206	1731	877	776	1085	29102	4291	1719	833	917	1854	44236
三明市	2107	--	600	759	--	118	422	--	412	--	295	--	4713
汕头市	7292	1805	3857	2572	3037	10057	1692	1915	7103	4335	3579	11734	58978
上饶市	1457	388	496	1112	423	640	745	1758	1056	1112	887	972	11046
绍兴市	786	266	908	1391	1102	706	--	1189	909	192	346	724	8519

5-6 续表2　　　单位：套

城市	1月	2月	3月	4月	5月	6月	7月	8月	9月	10月	11月	12月	汇总
太仓市	852	--	844	132	1647	413	306	654	518	388	90	230	6074
泰安市	717	386	2456	563	975	1457	2169	1113	2596	396	1198	631	14657
泰州市	644	432	812	348	896	468	298	473	702	512	154	148	5887
桐乡市	447	--	1543	464	105	1141	--	287	686	315	6	347	5341
铜陵市	1344	301	--	497	350	91	276	428	483	715	105	931	5521
渭南市	123	181	486	1551	477	--	108	724	1242	533	1252	272	6949
芜湖市	360	168	3085	6	675	493	655	888	2080	297	398	391	9496
新乡市	4811	1044	2427	4482	3801	4422	3372	2170	4151	440	2556	1765	35441
宿迁市	3011	--	728	328	1336	86	--	666	--	--	305	--	6460
徐州市	16668	2510	8015	4461	6045	5056	5536	5082	12841	4361	4937	13697	89209
烟台市	394	902	3823	2899	2594	1983	2138	1667	1914	1600	1062	1371	22347
盐城市	1829	1312	2707	2970	2233	1588	1265	776	2008	809	2016	1142	20655
扬州市	1750	28	710	1370	627	2253	604	679	285	84	868	777	10035
宜宾市	920	323	2192	2006	956	837	1648	927	1404	1040	2043	2052	16348
宜兴市	1487	229	29	126	9	595	342	1118	375	514	400	131	5355
岳阳市	527	108	194	684	914	597	971	192	675	216	1036	2347	8461
湛江市	1406	406	661	4104	136	1244	986	6217	4552	2306	3508	4455	29981
张家港市	1420	--	4065	105	147	1134	242	266	650	112	686	97	8924
镇江市	4306	349	7694	2542	1880	4809	2387	3455	1936	673	1212	1510	32753
中山市	4349	3399	2059	2678	6125	8474	2673	17510	13371	1749	8753	863	72003
舟山市	68	1860	933	1275	193	1358	140	531	--	870	528	329	8085
珠海市	3723	997	2013	3380	3084	3023	1406	1848	3053	1700	2009	1205	27441
淄博市	2363	512	518	1036	2173	250	810	1933	5879	705	274	128	16581

数据来源：中指数据库监测。

备注：苏州数据包含吴江；杭州数据包含萧山、余杭；南京数据包含溧水、高淳。

5-7　2022年全国主要城市商品房批准上市面积统计

单位：万㎡

城市	1月	2月	3月	4月	5月	6月	7月	8月	9月	10月	11月	12月	汇总
一线城市													
北京市	48.91	31.23	78.18	190.98	37.90	84.91	65.31	118.11	115.87	79.00	39.36	122.89	1012.64
上海市	208.19	53.76	131.12	3.26	--	84.38	239.54	203.28	234.11	131.61	238.35	335.10	1862.71
广州市	47.92	22.54	47.09	154.80	93.58	122.46	139.56	145.29	274.84	95.21	112.38	158.79	1414.47
深圳市	20.25	1.89	24.02	40.28	48.45	122.54	56.69	43.99	174.69	6.73	143.30	83.95	766.75
二线城市													
北海市	3.33	5.87	4.01	3.24	2.10	4.45	3.86	3.61	9.35	1.76	0.47	7.04	49.10
长春市	19.64	7.01	8.13	0.30	26.29	41.26	13.02	37.82	67.50	18.98	17.10	14.05	271.10
长沙市	64.52	27.67	98.84	114.37	52.49	77.36	57.39	66.12	141.84	104.10	156.14	81.83	1042.68
成都市	252.33	89.03	239.48	272.31	296.73	296.13	212.85	206.43	157.76	201.21	313.03	346.24	2883.53
大连市	44.51	32.30	37.22	62.50	49.75	20.77	30.05	54.73	27.40	24.47	32.34	18.59	434.64
福州市	101.66	53.84	44.57	64.28	52.74	50.14	53.09	76.83	89.69	46.89	27.54	53.67	714.92
贵阳市	36.92	6.97	19.53	35.00	13.14	23.44	18.22	5.08	9.41	20.40	50.27	21.97	260.35
杭州市*	46.72	41.49	73.14	77.84	70.91	140.37	109.96	102.87	115.68	143.97	158.03	188.94	1269.91
合肥市	84.71	15.79	60.47	69.31	47.52	91.36	72.32	89.59	129.55	77.96	108.20	74.58	921.36
济南市	89.78	111.34	95.04	92.70	98.90	209.56	113.26	176.57	147.12	193.40	142.76	129.68	1600.10
昆明市	72.33	10.24	80.91	56.75	32.67	59.66	21.54	8.47	94.20	31.15	57.71	69.07	594.69
兰州市	66.81	11.80	53.43	67.06	15.08	57.65	4.70	0.48	35.76	11.70	26.14	3.42	354.03
南京市*	58.86	28.31	46.41	149.12	80.83	113.81	81.47	40.17	91.52	71.88	95.73	87.92	946.03
南宁市	52.05	17.35	26.06	80.16	39.37	50.51	42.75	52.47	66.65	33.69	47.98	71.42	580.46
宁波市	85.47	42.52	124.71	91.51	78.73	112.40	73.10	36.67	105.09	77.87	52.08	83.37	963.51
青岛市	111.30	33.80	149.50	104.74	129.46	233.88	68.20	105.39	142.81	89.08	112.31	142.12	1422.59
厦门市	12.37	--	52.56	2.82	11.99	94.89	85.12	22.25	26.91	36.20	59.84	50.18	455.15
沈阳市	14.44	12.56	6.40	27.11	37.26	75.36	42.89	41.27	47.23	19.46	16.62	12.32	352.94
苏州市*	57.54	25.12	56.88	26.57	66.33	77.95	41.26	55.61	79.39	24.49	51.88	76.72	639.73
天津市	42.91	32.58	37.49	106.25	60.90	93.53	89.22	85.35	60.83	50.73	81.23	59.07	800.08
温州市	81.21	9.37	54.50	59.03	146.69	82.07	117.17	53.04	72.07	38.48	86.85	70.71	871.19
无锡市	8.84	15.49	40.50	56.35	30.15	39.72	23.24	20.60	45.88	16.79	18.10	14.29	329.94
武汉市	79.45	45.95	172.13	150.30	136.56	133.49	131.18	114.77	187.12	64.43	101.58	120.63	1437.59
西安市	70.38	61.67	65.01	124.31	94.02	172.65	161.43	88.17	137.95	73.33	130.04	130.25	1309.23
银川市	25.31	15.03	18.73	47.70	16.43	24.89	4.33	25.58	42.35	10.78	30.64	20.23	282.00
郑州市	90.76	34.33	66.02	52.24	53.18	79.67	76.92	74.56	94.17	47.48	35.90	70.08	775.32

5-7 续表1　　　　　　　　　　　　　　　　　　　　　　　　　　　　　　　　　　　　　　单位：万㎡

城市	1月	2月	3月	4月	5月	6月	7月	8月	9月	10月	11月	12月	汇总
三四线城市													
安庆市	19.89	0.42	9.73	15.13	3.64	9.20	16.15	5.79	6.55	--	--	--	86.50
沧州市	2.37	--	--	0.63	1.76	5.52	15.79	11.18	13.11	12.92	0.95	--	64.22
常熟市	1.88	4.28	8.33	9.88	25.19	12.36	1.13	7.50	22.74	5.88	2.86	2.92	104.94
池州市	9.74	1.44	0.59	0.43	5.20	6.00	3.49	2.35	11.02	2.89	2.57	0.42	46.13
东莞市	28.46	14.85	27.83	66.73	46.30	99.29	77.30	72.66	104.66	56.39	59.74	82.24	736.44
东营市	14.94	1.63	19.24	4.44	6.45	7.86	--	8.71	11.52	12.00	21.01	13.31	121.11
佛山市	195.14	97.09	190.46	324.01	143.35	189.94	149.95	269.24	357.85	161.63	151.20	79.71	2309.58
赣州市	108.04	51.89	74.12	56.18	58.31	64.85	86.88	295.26	293.48	297.69	294.98	437.33	2119.01
海宁市	24.78	1.72	29.73	1.11	--	2.59	11.41	9.35	10.22	2.63	2.04	1.40	96.98
菏泽市	35.27	3.09	18.81	6.46	41.26	25.50	34.19	7.89	13.41	32.92	4.96	2.91	226.68
淮北市	7.35	2.78	18.55	14.10	2.68	0.20	12.08	4.20	14.70	2.93	15.19	25.66	120.43
黄石市	9.66	--	5.83	20.43	6.35	15.74	1.36	0.07	10.92	6.61	1.20	5.00	83.18
惠州市	109.94	17.43	56.20	135.52	44.61	56.33	33.17	51.29	93.11	30.88	57.42	51.56	737.45
济宁市	454.36	16.33	34.51	51.71	18.33	23.14	16.02	3.85	29.51	29.32	6.98	16.04	700.10
嘉兴市	14.37	--	26.36	7.54	7.58	27.78	22.99	12.50	29.17	15.01	20.45	--	183.75
江阴市	3.50	--	5.48	6.34	36.21	11.63	2.51	2.05	1.39	--	--	--	69.11
金华市	37.57	--	9.28	22.10	19.25	32.55	38.12	25.74	15.18	14.88	3.39	5.21	223.27
昆山市	7.77	6.63	24.33	--	26.73	36.23	14.96	38.58	56.52	0.85	13.35	20.92	246.87
廊坊市	1.47	1.66	3.74	11.83	9.31	7.17	4.09	1.97	7.28	4.53	1.38	0.48	54.90
丽水市	27.81	1.16	27.02	10.58	14.87	26.20	39.12	55.80	82.08	13.22	4.83	17.96	320.63
六安市	26.33	7.24	8.70	1.21	17.80	15.52	13.51	5.21	10.25	10.72	5.91	11.78	134.17
茂名市	14.29	4.20	7.16	2.99	17.55	14.31	1.51	22.57	16.73	26.27	6.45	20.74	154.77
南通市	22.63	6.18	54.92	2.61	12.46	17.26	10.54	13.52	26.65	6.01	36.52	7.03	216.31
宁德市	--	--	0.91	0.78	6.44	11.52	6.97	2.22	7.34	0.62	4.93	1.01	42.74
莆田市	15.72	2.81	36.52	18.07	7.58	20.68	5.71	18.92	35.39	9.00	10.42	1.90	182.73
启东市	4.99	1.16	24.11	1.35	0.67	2.49	22.55	0.13	3.93	1.70	4.46	5.52	73.06
清远市	21.45	7.94	30.52	18.23	5.01	9.67	6.92	17.06	24.16	13.38	7.33	8.79	170.46
衢州市	3.91	--	1.86	0.36	1.76	17.00	--	14.09	10.54	25.05	8.21	16.40	99.18
泉州市	74.30	8.73	4.63	65.59	71.56	77.86	56.05	25.95	137.44	14.61	85.43	132.06	754.22
日照市	6.67	2.09	25.64	8.83	5.32	12.34	201.07	29.35	10.23	6.88	5.88	13.13	327.42
三明市	14.04	--	5.18	5.44	--	1.13	3.39	--	3.18	--	3.31	--	35.67
汕头市	54.59	11.30	29.06	18.89	23.79	74.46	12.13	15.84	58.98	40.07	24.78	78.61	442.51
上饶市	19.89	4.29	5.88	15.22	4.81	10.48	8.81	20.13	12.03	15.31	10.13	12.12	139.12
绍兴市	9.33	6.30	12.03	18.73	11.85	6.83	--	14.98	12.26	2.59	3.75	9.29	107.95

5-7 续表2 单位：万㎡

城市	1月	2月	3月	4月	5月	6月	7月	8月	9月	10月	11月	12月	汇总
太仓市	8.37	--	8.45	2.22	18.23	4.35	2.97	6.75	6.14	5.28	1.84	3.44	68.04
泰安市	7.63	5.29	29.97	7.96	11.54	18.83	27.62	15.56	32.85	5.40	15.71	10.09	188.45
泰州市	9.00	5.83	9.18	4.69	12.09	5.94	3.96	6.34	9.26	5.99	2.19	2.20	76.70
桐乡市	14.37	--	18.27	4.04	1.07	13.86	--	3.40	8.07	3.99	0.11	3.44	70.60
铜陵市	12.62	1.33	--	4.71	4.40	1.06	1.06	3.61	3.08	4.59	1.28	5.28	43.02
渭南市	2.51	2.58	6.12	15.26	5.59	--	1.27	9.50	16.57	11.12	16.96	3.70	91.17
芜湖市	4.35	2.25	49.87	0.13	7.06	6.10	9.14	9.85	22.20	3.64	4.84	4.71	124.15
新乡市	60.72	12.53	32.99	57.86	48.75	47.79	38.84	29.04	44.56	5.77	31.73	22.84	433.41
宿迁市	30.41	--	8.87	3.23	15.71	1.24	--	4.68	--	--	3.86	--	68.00
徐州市	184.38	27.26	75.05	50.52	69.50	55.90	61.20	58.83	136.82	49.72	45.08	125.77	940.04
烟台市	4.97	9.90	45.54	32.77	27.05	21.26	23.40	20.58	22.11	18.19	13.85	19.15	258.78
盐城市	21.85	16.62	26.64	31.54	27.45	14.36	15.76	10.01	23.82	12.16	22.68	13.09	235.99
扬州市	22.55	0.39	9.09	15.80	7.13	31.17	7.65	7.96	4.18	1.14	10.22	10.11	127.37
宜宾市	9.24	3.09	22.19	22.44	9.16	9.07	19.13	10.69	14.43	11.49	20.55	19.91	171.39
宜兴市	20.84	3.25	1.59	1.20	0.05	5.19	4.44	18.76	3.82	6.45	5.19	1.77	72.55
岳阳市	6.03	1.17	6.67	8.12	10.07	7.01	9.82	2.60	7.34	2.66	14.39	25.77	101.66
湛江市	16.69	4.59	5.94	44.74	1.18	12.14	10.84	38.93	41.72	22.70	31.00	45.80	276.28
张家港市	14.81	--	30.51	1.10	1.34	11.22	2.96	2.68	8.07	1.32	5.93	1.22	81.15
镇江市	23.82	4.58	77.74	18.21	23.52	52.43	25.69	30.31	23.78	9.49	15.03	17.87	322.48
中山市	34.66	31.77	23.16	33.07	64.95	97.87	29.37	182.03	127.67	14.37	94.13	8.26	741.33
舟山市	0.75	10.99	10.38	12.05	2.11	13.45	1.70	5.78	--	8.31	5.23	3.41	74.17
珠海市	41.67	12.00	27.89	43.37	34.18	42.49	11.11	23.58	26.29	19.11	21.83	13.23	316.76
淄博市	21.33	5.91	4.83	11.34	22.69	2.85	7.53	17.07	51.71	9.45	2.75	1.72	159.17

数据来源：中指数据库监测。

备注：苏州数据包含吴江；杭州数据包含萧山、余杭；南京数据包含溧水、高淳。

5-8　2022年全国主要城市商品房可售套数统计

单位：套

城市	1月	2月	3月	4月	5月	6月	7月	8月	9月	10月	11月	12月
一线城市												
北京市	324506	327230	328354	354601	350884	355700	349828	374174	394661	392908	394727	398682
上海市	387721	386515	390800	390166	389395	379704	385597	389783	398877	400647	407006	421764
广州市	153617	152039	148757	147039	155092	154704	547158	545861	546787	550521	538939	544558
深圳市	109263	107173	105287	104397	106023	111551	112651	110689	118720	118246	124490	124334
二线城市												
北海市	79704	79771	79551	79224	78568	78278	78362	131778	132205	131675	131127	130868
长春市	182090	178402	176369	176385	178600	175341	168470	166797	164932	162040	157734	154602
长沙市	227996	225957	227405	229958	228029	224013	218443	219686	222031	223171	225837	225774
成都市	1799304	1791106	1793322	1799132	1809192	1817196	1819583	1814468	1808580	1823591	1832605	1834771
大连市	187034	187348	189556	192777	193682	192735	191307	191144	191288	190141	190247	186204
福州市	553817	553287	555039	549355	547868	544669	542485	545342	542524	541755	544949	541602
贵阳市	271019	269348	267261	263959	262390	258946	249858	267627	266843	265996	261878	260582
杭州市*	69476	69332	70295	68149	67488	72018	71806	72602	73801	75724	80668	84822
合肥市	395896	391967	392154	390676	386417	371205	372716	371056	357622	365937	369819	370206
济南市	693043	689880	692826	694517	681362	635571	629244	637173	638037	634768	633110	632911
昆明市	546952	544255	543603	544019	554210	543255	536444	535085	535567	522487	528967	477940
兰州市	220524	219472	220263	224170	224140	225387	225264	223453	225289	225154	235112	233461
南昌市	21368	21120	20863	24483	26144	25981	25474	24112	24235	24636	24103	24220
南京市*	513706	518240	523110	529397	537965	549145	559599	559656	563241	568219	573113	558707
南宁市	605194	606203	605320	607134	426515	440298	444288	425684	433741	424245	426187	420576
宁波市	432002	402358	404596	409327	410951	409556	403899	398285	408902	409197	406336	406208
青岛市	349382	347763	342772	344956	340221	329931	325285	323598	323715	323974	323064	320309
厦门市	246441	245519	249002	245306	243879	247617	258732	247217	244739	249538	244877	233096
沈阳市	288519	287518	284627	285083	281802	276489	271410	270427	266350	261833	256243	251826
苏州市*	138103	136434	134541	130925	134135	129933	128356	126668	123980	120416	119098	118848
温州市	109664	109021	107852	109284	111732	117258	116146	118952	119326	117639	121064	124566
无锡市	95594	93767	93401	92242	91233	89041	89454	91310	91124	91201	90395	89577
武汉市	--	--	--	--	151957	151856	150786	150222	156160	154684	158258	150168
银川市	--	--	--	245710	253595	253631	248840	254283	254504	256857	258486	258808
郑州市	--	--	--	--	--	--	--	--	--	587106	588766	586568

5-8 续表1 单位：套

城市	1月	2月	3月	4月	5月	6月	7月	8月	9月	10月	11月	12月
三四线城市												
安庆市	41996	40751	42720	41909	48174	48388	49350	48684	47860	46696	46198	45427
常熟市	31527	31373	31043	31279	33858	32595	31708	30798	31307	30634	30202	29595
池州市		22089	21979	20108	20169	21713	22791	22740	24282	23811	23476	23410
东莞市	--	143986	149848	158630	158808	152828	155361	196390	188800	190886	193008	190834
东营市	24596	24745	25243	34840	41025	41106	41106	41408	40656	40234	41356	41563
佛山市	458356	455784	461596	467648	470206	463138	459636	458085	459351	470485	495206	489305
赣州市	364392	365444	363685	366098	369652	368530	369540	334003	343631	343149	345908	346965
海宁市	20331	22277	22192	22198	22110	21831	22536	22958	24017	24520	24204	21686
菏泽市	--	--	--	120170	119420	118815	120591	119829	120023	117748	117905	118666
淮北市	73133	72432	73819	72440	72153	71002	72551	72316	73160	72954	32797	31819
黄石市	19880	19782	19459	19772	20614	21160	21566	20297	18812	19379	18575	18792
惠州市	215315	212883	211242	219421	213122	199335	210497	210567	205191	201022	208976	206892
济宁市	--	--	--	--	48166	49403	49595	48748	49670	49977	49247	50164
嘉兴市	28104	28337	29609	28675	29192	30119	29444	29385	30404	30338	30678	30081
江阴市	26937	27003	26587	26973	30797	29758	29144	28068	26997	26417	25544	24625
金华市	25394	24831	25981	25030	25435	24778	25519	27056	26128	23737	24431	23949
昆山市	27044	26129	25993	25584	27147	26201	26974	25792	25696	23867	22627	23446
丽水市	56615	54671	53688	55262	56871	56458	62023	66416	72844	72511	71067	69364
六安市	53086	52183	53072	53175	56294	56183	56253	55625	54941	54572	53759	54121
茂名市	47031	46454	41119	40979	41162	40679	39905	109555	112811	110803	113005	115291
南平市	14757	14645	14448	14160	14024	13015	12850	12776	12370	12201	12104	11880
南通市	--	--	--	--	151303	150788	151114	149043	144737	144351	148404	147157
莆田市	87495	86951	86653	89496	89347	88770	88770	89626	90642	90262	90452	89058
启东市	21470	22244	24603	24843	24472	24612	26143	26600	26886	28517	31885	31534
清远市	64596	64525	66749	66300	81990	82476	82594	226386	227196	228138	225765	252748
衢州市	10847	10528	10572	10273	10024	11062	11018	9703	9958	12364	11899	12074
泉州市	275351	272555	270313	275723	270650	269757	275924	275832	249480	281622	252950	254205
日照市	27234	27067	26911	27729	27547	68644	74480	74705	74168	74185	74338	75147
三明市	22649	22481	22749	23295	23299	23048	23890	23615	24122	24112	25051	24966
汕头市	209148	209709	210765	212165	212583	215616	215518	223174	227586	229463	230552	232203
上饶市	--	--	13393	14219	14985	13845	13629	13528	13186	12129	11905	11578
绍兴市	30275	28680	30334	30734	--	31298	30795	31929	30987	30721	30580	30664
太仓市	43891	42888	41443	40730	40728	38532	37731	35865	34580	33477	32762	31209
泰安市	55063	54727	56445	56367	56249	56337	57154	57692	59963	59725	60935	60194

5-8 续表2 单位：套

城市	1月	2月	3月	4月	5月	6月	7月	8月	9月	10月	11月	12月
泰州市	17628	17555	17163	17692	17691	17833	17442	18745	19197	18774	18414	18083
桐乡市	16766	17328	17429	17389	17539	17903	17778	17233	17937	18189	17652	17589
铜陵市	56426	55755	60338	60306	59971	60345	59629	59707	60639	60287	59793	59987
渭南市	--	--	--	--	--	34982	35767	38461	39103	38725	40215	39845
芜湖市	29216	28486	30098	29671	29512	28651	27663	28057	27270	29159	29226	29076
新乡市	180158	178454	177640	176698	179864	176339	183166	169355	170389	169128	170689	170487
宿迁市	99124	99182	101590	102730	102030	102468	101533	138340	139020	142040	142272	142718
徐州市	316795	308340	311527	309797	309426	308631	305566	306548	301271	298339	303026	290478
烟台市	107112	106872	106856	108068	109128	109067	109250	108352	108395	108258	107549	107131
扬州市	101144	100992	100915	101866	101618	102318	101841	102035	101211	100433	100653	90811
宜宾市	--	14432	14701	15023	14606	14332	13362	12262	12675	12734	12554	13034
宜兴市	31597	31487	34126	34124	33786	34031	33918	34377	34620	34734	34742	34529
岳阳市	63583	69996	69240	68633	68872	68751	48678	35654	34397	34336	33736	35694
湛江市	51784	53584	60047	63961	65626	102362	101861	104928	99270	97689	99571	99024
张家港市	31625	31135	30427	30061	29383	29247	28497	27874	27848	27024	33548	32702
镇江市	114230	112962	115758	116770	114683	113270	112672	114219	116077	111690	108586	105784
中山市	304410	303920	303683	300627	299242	294080	292298	288186	285902	282890	364901	360285
舟山市	27235	27122	27202	28024	27812	27913	27335	26832	26245	25908	26198	25146
珠海市	109587	109039	109735	110428	111136	111136	107830	107167	110220	110688	111608	111208
淄博市	96778	96011	94844	94042	94832	93229	92915	91861	91118	91360	90331	89364

数据来源：中指数据库监测。

备注：苏州数据包含吴江；杭州数据包含萧山、余杭；南京数据包含溧水、高淳。

5-9 2022年全国主要城市商品房可售面积统计

单位：万㎡

城市	1月	2月	3月	4月	5月	6月	7月	8月	9月	10月	11月	12月
一线城市												
北京市	2345.74	2372.38	2386.55	2585.36	2509.61	2510.78	2472.27	2597.32	2684.01	2686.49	2700.93	2717.46
上海市	3496.18	3462.03	3507.98	3500.24	3491.74	3389.62	3434.20	3435.94	3479.73	3489.59	3542.89	3675.33
广州市	1620.88	1607.25	1571.24	1557.68	1638.78	1629.79	3267.43	3286.44	3337.47	3385.64	2793.28	2819.69
深圳市	1020.31	999.45	985.03	986.78	1014.86	1078.71	1086.56	1073.29	1164.05	1160.65	1229.69	1242.34
二线城市												
北海市	556.57	555.98	552.79	550.35	545.34	542.83	544.32	825.34	827.72	823.47	819.12	815.43
长春市	1963.51	1922.46	1892.61	1892.71	1902.01	1866.95	1792.28	1774.63	1763.33	1731.02	1684.93	1648.19
长沙市	2226.64	2209.07	2232.79	2262.30	2242.40	2226.48	2200.70	2231.99	2270.04	2294.21	2354.68	2346.75
成都市	9887.18	9790.97	9765.89	9770.07	9857.24	9907.45	9872.98	9852.26	9818.88	9912.75	9999.25	10023.24
大连市	2637.34	2649.17	2665.04	2701.05	2711.43	2705.59	2689.33	2710.42	2724.16	2713.21	2726.57	2652.69
福州市	3123.03	3092.13	3101.64	3050.68	3029.07	3028.19	3004.71	3001.74	2978.79	2964.24	2977.94	2945.48
贵阳市	2446.74	2423.13	2390.26	2315.64	2315.83	2297.55	2184.65	2330.18	2320.77	2305.41	2258.56	2264.30
杭州市*	893.97	899.72	927.87	893.48	878.93	938.98	941.14	965.05	969.93	956.34	1039.64	1092.33
合肥市	1967.89	1944.89	1938.85	1943.62	1914.19	1822.24	1834.13	1830.87	1739.52	1799.04	1814.14	2035.58
济南市	3880.94	3859.85	3858.21	3864.50	3816.41	3531.30	3492.20	3544.40	3552.53	3519.94	3521.44	3509.20
昆明市	3369.87	3357.75	3359.32	3361.19	3394.23	3355.45	3309.58	3291.27	3310.26	3247.47	3281.39	2861.24
兰州市	3027.96	3019.86	3038.54	3094.18	3102.97	3125.59	3124.42	3103.29	3116.68	3114.88	3227.91	3210.89
南昌市	214.20	211.15	207.46	218.31	239.58	236.13	231.97	222.42	225.45	234.27	227.74	228.01
南京市*	2435.71	2453.12	2495.77	2525.26	2539.71	2556.76	2572.21	2553.62	2558.26	2589.60	3129.93	2865.20
南宁市	3841.75	3846.26	3841.75	3827.48	2564.53	2732.79	2780.44	3601.35	3714.69	3658.44	3672.09	3636.76
宁波市	2077.04	1889.23	1865.81	1906.22	1908.20	1900.61	1854.24	1824.53	1868.36	1868.87	1857.37	1853.67
青岛市	4000.10	3978.94	3937.10	3971.34	3929.81	3791.44	3738.96	3728.39	3715.99	3724.57	3731.91	3742.21
厦门市	1650.96	1644.62	1676.44	1652.42	1644.65	1667.55	1796.21	1688.92	1671.86	1719.23	1666.98	1582.30
沈阳市	3030.65	3025.45	2977.42	2983.37	2947.94	2892.30	2836.39	2820.90	2791.51	2744.68	2698.50	2661.97
苏州市*	1551.77	1529.47	1517.46	1472.72	1512.27	1466.84	1446.59	1412.94	1358.40	1317.10	1317.79	1316.22
温州市	1245.30	1242.92	1225.87	1231.14	1249.36	1336.15	1321.71	1334.51	1326.33	1315.07	1358.14	1386.63
无锡市	1138.63	1117.68	1111.40	1097.92	1097.44	1076.90	1079.60	1087.90	1088.04	1092.28	1083.42	1078.77
武汉市	--	--	--	--	1824.06	1827.82	1811.29	1805.05	1875.56	1853.20	1888.11	1788.59
银川市	--	--	--	2234.15	2275.16	2286.05	2235.27	2269.65	2274.98	2290.52	2313.79	2314.28
郑州市	--	--	--	--	--	--	--	--	--	6039.89	6052.55	6056.61

5-9 续表1 单位：万㎡

城市	1月	2月	3月	4月	5月	6月	7月	8月	9月	10月	11月	12月
三四线城市												
安庆市	325.88	313.11	319.13	323.60	352.30	350.86	343.74	345.04	343.56	331.11	327.69	319.55
常熟市	374.60	370.64	365.84	370.24	384.51	373.23	362.45	351.15	365.73	357.71	352.41	344.41
池州市	--	145.35	143.08	138.77	139.96	141.61	147.07	146.96	156.74	152.60	151.19	150.97
东莞市	--	748.31	754.08	830.94	831.06	773.83	781.93	1054.53	1003.45	1037.90	1041.68	1048.04
东营市	240.23	243.58	251.94	361.75	427.75	427.93	427.93	437.58	423.70	424.00	431.80	433.21
佛山市	2456.69	2444.53	2433.74	2459.14	2462.22	2405.53	2367.04	2368.17	2385.10	2399.61	2667.30	2567.30
赣州市	2862.86	2855.88	2829.18	2863.86	2873.38	2859.11	2883.12	3136.11	3344.64	3450.22	3560.45	3686.88
海宁市	241.16	252.48	251.50	256.48	255.74	253.71	265.38	269.88	285.07	286.45	279.66	258.20
菏泽市	--	--	--	707.35	699.43	693.89	702.82	693.63	694.90	675.94	673.18	677.69
淮北市	2087.47	2085.65	2095.75	2084.33	2082.54	2069.16	2086.44	2084.89	2101.22	2100.90	324.34	312.38
黄石市	234.02	232.95	229.06	232.51	243.17	249.29	254.05	239.14	222.51	225.44	216.63	220.22
惠州市	2058.12	2036.48	2018.24	2106.03	2047.56	1909.83	2026.34	2038.66	1996.14	1961.91	2034.89	2004.86
济宁市	--	--	--	--	578.49	584.86	586.65	577.52	584.34	587.78	581.94	590.49
嘉兴市	249.68	248.49	262.55	252.41	260.87	256.48	257.92	258.60	269.90	267.78	270.24	263.75
江阴市	344.03	340.79	334.03	333.72	371.06	355.51	346.81	334.13	322.15	315.18	302.51	295.11
金华市	280.96	281.73	305.60	274.56	280.18	276.79	280.83	293.42	284.44	259.37	268.35	266.09
昆山市	292.29	283.01	283.59	279.13	295.62	295.30	295.14	285.36	283.62	261.03	247.36	263.79
丽水市	552.42	533.96	521.16	539.26	544.52	541.32	566.32	597.29	647.01	641.33	625.04	609.88
六安市	568.30	558.44	555.74	556.92	567.49	568.69	567.90	561.02	556.42	554.55	547.33	550.78
茂名市	527.59	522.60	450.25	447.75	448.52	446.29	437.19	632.98	639.11	639.25	639.05	646.65
南平市	138.65	137.64	135.50	132.63	131.02	120.58	118.80	117.48	113.26	111.87	111.62	110.10
南通市	--	--	--	--	1053.08	1048.30	1058.39	1046.62	970.19	1011.87	1033.24	1027.03
莆田市	512.25	502.35	508.33	516.53	507.72	501.29	501.00	514.51	528.67	520.70	517.30	508.48
启东市	221.90	227.01	252.05	249.56	245.90	243.28	261.46	268.38	267.83	292.30	321.58	318.90
清远市	538.58	541.63	557.67	559.70	768.81	777.09	762.74	1228.66	1224.19	1231.39	1211.04	1357.25
衢州市	108.16	104.62	104.56	100.76	98.79	110.45	110.00	96.81	99.51	126.27	121.17	123.91
泉州市	1498.65	1476.45	1469.13	1505.85	1468.72	1462.43	1509.18	1517.53	1367.35	1572.57	1481.32	1366.11
日照市	337.45	335.55	332.41	341.82	341.86	664.87	705.68	646.40	640.69	635.95	639.05	641.58
三明市	123.51	122.10	124.21	128.02	128.05	126.49	129.84	128.32	130.01	129.03	133.19	132.12
汕头市	1152.33	1146.20	1144.66	1146.14	1143.75	1161.95	1154.37	1167.22	1216.95	1196.69	1199.19	1204.98
上饶市	--	--	169.88	180.28	186.23	175.34	171.35	170.32	164.89	157.40	153.72	148.65
绍兴市	403.15	385.08	406.64	413.01	--	413.91	407.20	419.73	409.98	407.53	406.90	407.53
太仓市	335.96	326.98	313.78	315.91	318.64	297.14	289.15	270.20	257.46	246.80	242.80	231.05

5-9 续表2　　单位：万㎡

城市	1月	2月	3月	4月	5月	6月	7月	8月	9月	10月	11月	12月
泰安市	664.52	657.60	679.12	679.12	677.07	675.75	688.89	697.73	726.81	724.35	739.29	731.60
泰州市	203.17	203.23	199.37	204.71	205.01	205.36	201.35	211.61	218.82	212.15	207.03	202.97
桐乡市	174.96	176.92	180.02	179.67	180.25	184.79	183.12	173.73	180.05	183.53	176.78	175.23
铜陵市	509.75	501.91	515.29	517.40	515.20	514.25	508.96	509.82	512.38	510.02	513.19	509.65
渭南市	--	--	--	--	--	431.32	439.86	466.43	474.67	470.33	494.27	491.67
芜湖市	418.76	415.48	435.82	428.84	425.66	418.64	409.54	414.39	396.73	420.42	423.96	421.96
新乡市	1923.59	1899.16	1908.11	1916.23	1946.78	1911.84	2013.59	1857.74	1872.48	1855.68	1876.25	1880.69
宿迁市	796.58	799.80	792.58	808.63	803.58	809.33	801.14	870.95	869.13	874.13	876.32	879.11
徐州市	2370.48	2278.57	2302.70	2292.76	2295.08	2288.37	2274.82	2251.09	2183.86	2149.61	2194.08	2069.07
烟台市	1166.06	1161.81	1164.27	1166.82	1181.95	1180.27	1179.39	1174.25	1174.46	1173.13	1166.15	1165.28
扬州市	631.79	631.71	631.82	643.38	639.37	651.07	646.77	649.20	640.16	630.50	632.28	581.47
宜宾市	--	158.43	157.11	163.58	158.98	157.49	149.93	140.25	143.96	144.65	142.25	145.66
宜兴市	402.12	400.84	432.57	431.74	428.38	428.83	428.71	439.18	443.89	446.25	447.16	444.76
岳阳市	721.56	748.00	738.06	728.84	730.40	729.98	513.04	358.03	346.38	344.58	338.09	356.27
湛江市	406.79	407.81	408.23	439.91	434.78	521.39	513.16	512.79	484.67	474.80	481.44	477.77
张家港市	362.24	356.59	350.05	344.98	337.14	332.78	324.20	317.05	317.30	308.91	371.58	363.79
镇江市	1213.75	1199.22	1225.34	1225.85	1203.90	1188.17	1176.89	1185.17	1181.44	1140.96	1101.78	1067.97
中山市	1522.11	1521.47	1512.78	1496.33	1493.00	1458.40	1457.81	1428.69	1404.38	1387.03	1615.29	1589.21
舟山市	275.38	274.02	277.16	279.05	277.09	279.84	274.72	270.41	263.18	257.53	261.94	251.17
珠海市	1245.97	1236.33	1256.21	1276.99	1288.91	1288.91	1243.54	1238.63	1267.32	1272.71	1283.07	1279.88
淄博市	1042.64	1031.48	1010.29	996.38	1004.70	982.63	979.82	968.31	964.72	974.31	961.31	945.05

数据来源：中指数据库监测。

备注：苏州数据包含吴江；杭州数据包含萧山、余杭；南京数据包含溧水、高淳。

5-10 2022年全国主要城市商品房销供比统计

城市	1月	2月	3月	4月	5月	6月	7月	8月	9月	10月	11月	12月	汇总
一线城市													
北京市	1.95	1.58	1.14	0.53	1.80	1.42	1.30	0.91	1.04	1.52	2.21	0.77	1.13
上海市	1.00	2.36	0.83	3.78	--	1.83	0.90	1.04	0.95	0.94	0.83	0.53	0.96
广州市	1.93	3.23	2.13	0.52	1.15	1.33	0.64	0.65	0.41	0.73	0.51	0.67	0.81
深圳市	3.54	12.21	1.46	1.08	0.63	0.49	0.99	0.94	0.31	6.12	0.31	0.75	0.74
二线城市													
北海市	4.79	1.15	1.88	1.88	3.85	1.59	0.70	1.19	0.69	3.33	9.39	1.15	1.70
长春市	2.16	2.89	2.49	0.50	1.13	1.78	5.71	1.66	1.11	2.57	2.64	3.19	1.98
长沙市	0.98	1.75	0.76	0.51	1.41	1.16	1.31	0.96	0.42	0.78	0.41	0.83	0.79
成都市	1.23	2.13	1.16	1.10	0.84	0.87	1.35	1.19	0.91	1.01	0.85	0.84	1.05
大连市	0.43	0.60	0.67	0.48	0.85	1.70	1.50	0.75	0.68	1.16	1.08	1.85	0.86
福州市	0.67	0.61	1.47	1.12	1.20	1.20	1.17	0.55	0.80	1.51	1.50	1.11	0.99
贵阳市	1.79	4.13	2.57	0.96	3.02	1.79	4.16	11.47	1.61	3.31	1.23	4.41	2.44
杭州市 *	1.84	0.77	0.97	1.03	1.04	0.76	1.04	0.95	0.96	0.62	0.75	0.77	0.89
合肥市	1.32	2.83	0.96	0.75	1.43	0.68	1.01	0.64	0.52	0.84	0.67	0.83	0.86
济南市	1.25	0.65	1.19	1.14	1.51	0.80	1.03	0.61	1.01	0.81	0.81	0.88	0.93
昆明市	1.22	3.91	1.80	1.22	2.07	1.30	3.40	7.83	0.75	3.56	1.38	1.34	1.65
兰州市	0.51	1.69	0.53	0.54	2.70	0.82	2.38	40.22	1.18	2.61	1.06	5.74	1.01
南京市 *	2.39	3.80	1.93	0.54	1.07	0.91	1.02	1.56	1.00	0.76	0.86	0.83	1.11
南宁市	1.25	2.09	1.95	0.77	2.75	1.74	1.75	1.51	1.34	2.21	1.52	1.30	1.54
宁波市	1.20	0.95	1.19	0.81	0.73	1.26	1.48	2.30	0.74	1.04	1.54	1.00	1.12
青岛市	0.93	2.03	1.12	1.00	1.14	1.87	1.82	1.06	1.10	0.98	0.91	0.98	1.23
厦门市	2.66	--	0.49	8.40	2.19	0.35	0.29	1.35	1.09	0.83	2.02	1.53	1.03
沈阳市	4.68	3.28	12.23	0.90	1.61	1.82	1.43	1.51	1.52	5.13	3.93	4.96	2.35
苏州市 *	1.09	2.02	1.31	1.71	0.92	1.37	1.49	1.19	1.66	3.09	1.19	1.13	1.38
天津市	1.04	1.60	2.37	0.69	1.10	0.97	0.88	0.95	1.16	1.55	1.04	1.89	1.15
温州市	0.54	4.64	1.12	0.72	0.29	1.80	0.62	0.87	2.16	1.23	0.42	0.67	0.90
无锡市	3.58	1.32	0.91	0.44	2.08	1.30	1.18	1.53	0.57	1.77	2.29	2.28	1.26
武汉市	1.92	1.72	0.77	0.84	1.00	1.42	1.27	1.08	0.62	1.56	0.83	1.87	1.14
西安市	0.54	1.15	2.03	0.66	0.79	0.63	0.62	1.26	0.65	0.94	0.63	0.59	0.79
银川市	1.79	1.05	2.12	0.55	1.46	0.86	7.40	1.08	0.52	0.80	1.18	1.64	1.18
郑州市	1.07	2.22	1.91	2.05	1.37	1.82	1.58	1.10	1.08	0.87	0.75	1.05	1.38

5-10 续表1

城市	1月	2月	3月	4月	5月	6月	7月	8月	9月	10月	11月	12月	汇总
三四线城市													
安庆市	0.82	32.85	0.98	0.66	3.46	1.83	1.10	1.90	1.70	--	--	--	1.66
沧州市	13.90	--	--	14.34	7.42	2.88	0.72	1.27	1.13	1.71	4.53	--	2.45
常熟市	5.38	1.84	1.70	0.69	0.46	1.34	10.42	2.20	0.36	1.65	4.23	3.76	1.30
池州市	0.62	3.44	8.09	8.26	0.88	0.85	1.54	1.91	0.42	1.59	1.32	5.21	1.16
东莞市	1.19	0.94	1.26	0.38	0.61	0.25	0.79	0.64	0.42	0.56	0.69	0.53	0.58
东营市	0.81	2.34	0.51	2.04	1.73	0.47	--	5.35	3.37	1.02	1.32	0.89	1.54
佛山市	0.54	0.57	0.56	0.21	0.71	0.61	0.63	0.33	0.39	0.60	0.65	1.76	0.52
赣州市	0.59	1.28	1.44	0.71	0.98	1.44	0.83	0.48	0.66	0.75	0.74	0.74	0.76
海宁市	0.46	3.69	1.02	5.61	--	1.18	0.41	0.50	0.48	3.19	7.11	4.84	1.06
菏泽市	0.94	7.71	1.72	3.03	0.45	0.83	0.55	1.77	1.05	1.09	2.28	3.35	1.11
淮北市	1.24	5.28	1.07	1.34	6.75	71.20	0.30	2.32	0.72	4.15	0.55	0.50	1.27
黄石市	0.51	--	1.64	0.27	1.94	0.51	4.89	151.01	1.64	1.21	6.45	1.50	1.25
惠州市	0.43	1.65	0.77	0.28	1.34	1.32	2.37	1.11	0.67	1.89	1.36	1.37	0.94
济宁市	0.02	1.11	0.74	0.35	1.77	1.37	1.33	8.36	0.76	1.64	5.94	1.75	0.47
嘉兴市	0.73	--	0.51	1.50	0.89	1.27	0.58	1.11	0.61	0.75	0.60	--	0.89
江阴市	2.66	--	1.08	1.23	0.14	2.12	6.56	6.20	8.55	--	--	--	1.85
金华市	0.40	--	1.69	1.11	1.68	1.18	0.68	0.83	1.66	0.86	4.27	5.55	1.19
昆山市	4.92	2.46	0.97	--	0.56	0.78	1.60	0.94	0.92	38.77	2.19	0.53	1.26
廊坊市	13.69	5.95	1.44	0.92	1.43	5.28	4.07	9.00	2.53	3.60	11.23	47.02	3.73
丽水市	0.54	13.99	0.69	1.47	0.76	1.09	0.32	0.44	0.37	1.38	4.67	0.75	0.71
六安市	0.32	2.06	1.54	0.29	0.44	0.87	0.89	2.43	1.07	1.22	1.53	0.99	0.95
茂名市	1.20	3.92	1.73	3.50	0.90	1.32	8.07	0.91	1.30	0.75	1.66	0.71	1.23
南通市	0.24	12.02	0.22	1.46	1.61	1.83	1.55	1.62	1.23	3.38	0.54	1.95	1.26
宁德市	--	--	8.04	3.06	0.84	4.12	1.33	2.37	0.58	5.17	1.26	10.35	2.75
莆田市	1.03	5.89	0.29	0.53	2.07	0.56	2.11	0.63	0.38	2.15	1.34	6.65	0.89
启东市	1.69	6.03	0.10	4.04	6.02	1.97	0.28	58.34	1.75	1.57	1.28	1.18	0.93
清远市	1.07	2.09	0.79	0.87	3.94	2.57	3.48	1.97	1.39	2.31	2.20	3.18	1.70
衢州市	1.15	--	1.98	11.40	2.15	0.28	--	0.41	1.37	0.27	1.79	0.94	0.92
泉州市	0.91	5.69	10.21	0.64	1.07	1.16	0.84	1.75	0.27	2.45	0.53	0.45	0.86
日照市	1.59	3.87	0.59	1.02	1.30	0.89	0.05	0.19	0.68	2.14	1.67	0.65	0.36
三明市	0.36	--	0.57	0.34	--	1.92	0.39	--	1.18	--	0.91	--	0.88
汕头市	0.48	2.15	1.07	1.40	1.10	0.36	2.21	1.36	0.42	0.91	0.88	0.31	0.72
上饶市	1.17	3.21	1.52	1.02	10.65	2.50	2.59	0.71	1.11	1.13	1.62	1.18	1.71

5-10 续表2

城市	1月	2月	3月	4月	5月	6月	7月	8月	9月	10月	11月	12月	汇总
绍兴市	1.26	1.16	0.81	0.48	0.51	1.27	--	0.43	0.97	1.91	1.38	1.02	0.91
太仓市	3.01	--	1.18	1.46	0.83	4.87	6.20	2.77	3.74	3.02	6.05	3.73	2.80
泰安市	2.20	2.24	0.52	1.31	1.36	0.95	0.55	0.95	0.32	2.59	0.87	1.92	0.93
泰州市	0.81	1.09	0.58	1.06	0.57	1.15	1.58	0.97	0.64	0.82	2.33	2.83	0.94
桐乡市	0.22	--	0.80	0.56	2.70	1.70	--	4.36	0.94	0.87	89.65	1.04	1.29
铜陵市	0.42	7.23	--	0.79	1.23	5.23	6.79	1.02	1.18	1.56	3.69	1.58	1.57
渭南市	3.78	5.38	2.66	0.87	1.74	--	6.51	0.59	0.57	0.48	0.59	1.88	1.31
芜湖市	4.31	5.78	0.80	65.38	1.59	2.01	2.07	0.95	0.33	2.62	1.56	1.60	1.32
新乡市	1.68	3.52	1.38	0.83	0.88	1.29	1.31	2.40	1.85	5.93	1.55	1.46	1.53
宿迁市	0.31	--	0.56	1.64	0.71	13.96	--	3.97	--	--	2.42	--	1.95
徐州市	0.58	3.45	1.30	1.32	0.92	1.77	1.68	1.50	1.14	1.68	2.18	1.63	1.34
烟台市	4.09	1.33	0.77	0.50	0.69	1.28	0.92	1.27	0.91	1.06	1.20	0.97	0.98
盐城市	0.49	1.15	0.74	0.32	0.67	1.40	1.23	1.58	0.85	1.65	0.98	1.72	0.92
扬州市	0.35	17.69	1.15	0.82	1.16	0.35	1.97	1.13	3.35	11.06	1.34	1.73	1.09
宜宾市	1.55	5.86	0.88	0.64	1.52	1.70	1.40	1.91	0.73	1.07	0.97	0.92	1.19
宜兴市	0.50	1.37	4.27	1.49	110.81	1.13	0.87	0.35	0.85	0.71	0.68	2.17	0.83
岳阳市	1.69	6.32	1.39	1.34	0.80	1.13	1.34	7.21	2.67	5.09	1.31	0.80	1.56
湛江市	1.42	2.41	3.30	0.34	12.00	2.03	2.02	0.41	0.48	1.02	0.60	0.49	0.83
张家港市	0.61	--	0.39	5.89	6.96	1.31	3.65	4.34	1.09	7.19	1.82	5.67	1.42
镇江市	1.50	4.34	0.64	1.07	1.77	1.02	1.52	1.04	1.29	3.90	4.17	4.19	1.54
中山市	0.91	0.46	2.84	1.25	0.65	0.93	1.81	0.26	0.51	4.98	0.52	5.82	0.84
舟山市	11.74	0.37	1.02	0.67	3.26	0.70	6.03	1.72	--	1.21	1.70	3.16	1.43
珠海市	0.60	1.84	0.91	0.58	0.85	0.79	2.67	0.84	0.60	0.86	0.64	0.68	0.83
淄博市	2.10	4.47	7.91	5.28	1.91	15.04	5.86	2.98	1.43	5.76	21.86	22.86	3.63

数据来源：中指数据库监测。
备注：苏州数据包含吴江；杭州数据包含萧山、余杭；南京数据包含溧水、高淳。

5-11　2022年全国主要城市商品房出清周期统计

单位：月

城市	1月	2月	3月	4月	5月	6月	7月	8月	9月	10月	11月	12月
一线城市												
北京市	19.53	21.95	23.20	25.54	27.94	28.73	28.88	27.23	26.68	25.90	25.27	26.47
上海市	24.94	24.78	25.13	28.85	32.75	31.53	31.59	28.00	24.60	21.82	18.91	19.24
广州市	12.56	12.94	12.93	13.48	15.08	15.89	32.03	31.09	30.96	31.91	28.59	31.92
深圳市	16.43	18.92	19.57	20.52	25.04	24.47	26.17	24.08	24.44	24.56	24.79	24.81
二线城市												
北海市	48.72	51.53	51.43	55.28	55.54	63.25	85.41	138.36	143.06	143.23	159.25	153.53
长春市	30.57	34.16	38.62	48.71	57.20	60.13	49.26	40.80	33.54	28.53	26.64	28.19
长沙市	22.23	23.76	25.46	27.35	28.28	32.67	31.36	30.71	32.35	31.01	32.54	34.16
成都市	28.59	30.10	31.33	29.92	30.50	37.52	37.91	36.52	39.71	42.88	42.80	41.90
大连市	74.02	87.36	91.96	97.38	91.22	94.71	81.70	74.27	76.87	77.24	80.47	78.62
福州市	36.22	41.99	44.00	45.05	47.82	50.22	50.60	49.17	48.03	47.93	51.20	50.75
贵阳市	27.69	29.68	30.21	34.99	38.57	52.99	48.58	46.72	52.72	46.38	42.28	36.16
杭州市*	6.39	8.35	9.95	10.51	11.39	12.55	11.83	10.66	9.97	9.69	9.79	9.68
合肥市	17.99	20.93	23.98	25.46	24.18	27.57	30.77	29.64	27.47	27.46	27.37	30.70
济南市	26.94	29.93	32.76	33.96	32.48	29.40	28.89	27.93	26.74	24.89	25.94	27.68
昆明市	41.00	44.71	38.75	39.73	41.75	41.25	41.96	39.53	46.82	41.84	41.25	34.86
兰州市	54.49	63.37	72.75	86.60	84.31	90.79	101.93	101.58	94.87	97.65	108.55	127.93
南昌市	4.52	4.93	5.14	7.34	8.18	7.27	6.99	6.89	6.61	6.03	5.23	5.23
南京市*	25.11	23.88	24.19	24.25	24.65	25.22	28.03	30.29	30.26	32.26	39.35	38.54
南宁市	57.80	64.28	67.20	65.38	40.82	39.98	39.77	46.72	44.47	42.73	46.07	45.15
宁波市	16.15	16.94	16.03	18.16	20.28	20.19	19.52	17.83	20.63	20.36	19.45	21.63
青岛市	30.09	34.04	32.49	33.20	31.73	22.09	21.36	20.45	20.60	20.99	21.96	31.13
厦门市	38.90	46.02	47.70	49.01	52.20	63.36	71.96	62.15	60.09	59.58	37.34	30.45
沈阳市	25.27	26.74	26.27	29.41	31.69	42.50	42.32	39.98	40.20	33.46	32.54	37.87
苏州市*	22.17	23.16	22.92	23.07	24.47	21.93	21.71	20.41	17.24	15.71	15.71	16.34
温州市	16.17	17.25	18.07	20.78	26.64	21.02	19.30	19.37	15.67	15.38	16.11	20.50
无锡市	26.28	29.56	31.26	33.91	30.06	28.32	28.92	27.79	29.15	28.63	31.31	34.29
武汉市	--	--	--	--	11.55	13.40	13.06	12.35	13.08	13.32	14.48	13.12
银川市	--	--	--	81.41	83.70	79.70	84.39	79.70	89.22	101.34	93.86	86.97
郑州市	--	--	--	--	--	--	--	--	--	64.20	70.02	81.21

5-11 续表1 单位：月

城市	1月	2月	3月	4月	5月	6月	7月	8月	9月	10月	11月	12月
三四线城市												
安庆市	15.11	14.01	19.55	24.67	27.43	26.64	25.67	26.66	25.99	24.95	26.42	29.51
常熟市	28.52	29.66	29.24	31.37	33.07	33.33	31.61	27.22	30.70	28.87	28.26	29.84
池州市	--	25.57	26.44	28.28	28.21	29.37	31.21	31.69	33.96	31.85	32.93	36.80
东莞市	--	18.15	19.14	24.74	25.07	28.91	24.93	28.64	26.16	26.33	25.03	23.42
东营市	18.62	21.27	25.40	37.87	47.91	51.75	57.12	27.27	19.39	18.85	16.73	15.78
佛山市	22.58	23.94	23.04	25.15	25.14	26.08	26.24	24.75	23.54	22.58	25.27	23.39
赣州市	32.88	33.49	32.13	35.98	38.34	40.11	39.67	36.81	33.46	26.46	22.61	18.84
海宁市	26.60	30.50	20.45	20.22	21.24	25.66	30.32	31.83	67.39	62.38	41.78	35.30
菏泽市	--	--	--	26.98	28.12	27.98	31.43	33.48	39.30	33.16	35.16	39.26
淮北市	171.48	183.35	168.66	151.23	138.11	130.71	139.88	147.92	167.20	183.44	32.95	32.65
黄石市	24.75	27.94	27.46	31.33	31.78	32.77	32.16	27.27	21.90	21.31	22.07	22.65
惠州市	32.02	37.99	39.91	44.23	44.03	39.37	37.70	34.89	32.39	30.16	29.92	29.74
济宁市	--	--	--	--	28.46	26.33	23.90	21.47	22.15	18.73	17.69	18.27
嘉兴市	14.78	18.54	19.24	17.65	18.94	17.97	17.52	16.54	16.47	16.35	15.61	20.47
江阴市	26.87	26.98	32.98	33.42	44.46	36.13	31.44	27.65	24.64	22.85	20.77	25.61
金华市	15.72	20.73	24.92	19.41	15.19	12.23	11.50	11.11	10.15	9.95	11.63	12.39
昆山市	10.88	11.60	12.57	15.01	16.91	14.15	15.98	13.09	10.68	8.32	7.33	8.54
丽水市	28.67	24.81	27.17	29.15	29.20	30.82	33.06	32.17	31.46	30.51	27.32	29.95
六安市	37.52	40.25	42.20	50.67	59.58	58.39	54.96	56.34	58.30	47.52	46.09	47.63
茂名市	27.54	29.33	25.98	29.80	29.80	29.35	30.43	42.07	38.47	35.18	36.88	38.92
南平市	33.42	34.20	38.29	39.50	46.99	49.88	50.24	44.70	39.15	42.75	44.77	48.52
南通市	--	--	--	--	39.28	42.75	40.19	59.45	46.04	42.48	43.49	49.42
莆田市	27.94	29.44	29.00	31.63	34.35	37.56	39.60	43.34	42.74	37.23	37.76	36.66
启东市	16.69	18.80	25.13	30.10	39.81	45.11	51.79	52.57	45.93	54.42	56.89	53.86
清远市	19.70	20.77	21.34	22.83	32.61	37.57	36.53	51.80	48.40	44.30	44.55	48.98
衢州市	18.92	18.77	19.52	19.83	20.93	27.53	22.05	17.95	13.84	16.50	12.79	11.00
泉州市	19.04	20.96	22.48	25.40	24.15	23.46	25.64	26.10	24.18	28.35	29.45	30.18
日照市	23.01	27.80	28.50	32.04	34.47	65.72	69.76	66.84	77.14	68.64	65.52	68.59
三明市	25.95	28.76	30.07	38.78	41.13	44.36	58.48	62.00	58.91	53.79	54.18	55.23
汕头市	29.75	32.78	33.58	37.36	39.66	43.21	42.76	43.97	47.84	44.21	45.52	46.43
上饶市	--	--	10.51	11.25	8.50	7.57	7.42	7.35	6.90	6.50	8.34	9.05
绍兴市	27.62	26.14	28.88	31.46	--	47.40	50.92	53.38	49.85	53.92	54.84	53.94
太仓市	13.60	14.38	15.95	18.66	20.39	19.63	20.64	18.71	15.50	13.18	13.45	13.86

5-11 续表2　　　　　　　　　　　　　　　　　　　　　　　　　　　　　　　　　　　　　　　单位：月

城市	1月	2月	3月	4月	5月	6月	7月	8月	9月	10月	11月	12月
泰安市	37.10	40.09	43.33	46.41	46.87	45.94	47.71	46.76	51.80	49.52	51.74	50.32
泰州市	20.68	21.35	23.55	28.78	27.81	32.63	32.92	34.79	35.45	34.45	35.32	35.23
桐乡市	24.98	29.37	32.80	31.75	33.89	22.30	22.59	17.27	20.27	20.21	17.28	25.44
铜陵市	57.36	54.82	66.66	86.42	90.65	94.52	88.39	106.83	105.28	93.69	96.28	87.82
渭南市	--	--	--	--	--	35.08	36.36	43.55	49.53	56.79	59.38	64.50
芜湖市	24.57	26.90	22.97	24.01	24.24	24.27	23.70	24.85	35.20	36.78	39.19	42.05
新乡市	19.02	20.16	22.54	24.32	29.36	33.35	41.28	35.02	31.64	32.61	32.38	35.33
宿迁市	49.14	55.26	70.12	76.56	90.16	90.01	78.41	70.70	62.81	56.83	58.13	67.03
徐州市	20.38	19.49	20.72	23.96	26.43	26.05	26.09	26.08	22.74	21.74	20.97	16.92
烟台市	46.89	49.49	46.01	50.75	52.55	54.21	53.71	48.70	54.24	52.98	53.45	57.24
扬州市	47.35	43.79	43.66	49.38	60.72	67.95	60.12	58.47	54.76	54.17	50.38	42.62
宜宾市	--	9.51	9.11	9.76	9.61	9.87	8.31	7.61	8.51	8.73	8.11	8.08
宜兴市	38.54	46.02	54.08	67.79	71.34	74.71	92.10	87.51	100.27	91.29	96.84	103.91
岳阳市	68.56	77.22	78.54	79.54	80.60	81.54	54.28	31.55	26.50	25.48	22.07	20.43
湛江市	23.35	25.04	23.06	24.36	23.62	28.83	28.85	27.58	25.96	23.79	23.27	23.52
张家港市	33.28	35.75	35.46	36.33	36.88	34.93	33.00	29.32	30.80	28.61	33.66	37.38
镇江市	27.99	29.09	28.33	31.36	31.61	32.36	31.57	30.22	32.81	29.31	25.97	23.23
中山市	31.37	35.17	33.89	33.41	34.85	30.53	28.37	25.17	24.82	22.50	25.73	28.58
舟山市	24.76	26.35	25.11	24.62	24.61	35.10	33.43	29.41	29.79	28.10	27.57	25.81
珠海市	29.58	32.33	37.10	42.41	45.50	48.46	45.39	45.84	49.85	53.09	59.74	73.47
淄博市	19.56	21.31	22.56	21.70	23.93	23.09	23.08	20.82	18.37	18.88	17.67	17.56

数据来源：中指数据库监测。

备注：苏州数据包含吴江；杭州数据包含萧山、余杭；南京数据包含溧水、高淳。

5-12　2022年全国主要城市商品住宅成交统计

城市	销售套数（套）	销售面积（万㎡）	销售价格（元/㎡）	销售额（亿元）
重庆市	55217	621.64	14393	894.72
哈尔滨市	16810	173.35	12650	219.28
海口市	26666	319.88	16837	538.58
呼和浩特市	17641	207.19	11266	233.43
三亚市	12220	142.99	29430	420.83
石家庄市	23283	270.05	14535	392.51
西宁市	23004	255.15	10260	261.79
宝鸡市	13870	172.35	6327	109.05
保定市	15663	181.64	11771	213.80
常德市	7154	86.77	6105	52.97
常州市	32793	402.41	14600	587.52
郴州市	9650	115.53	6438	74.38
德阳市	10269	117.85	7310	86.15
固安县	4591	49.52	11743	58.15
邯郸市	50435	607.11	7977	484.28
衡阳市	13711	171.63	6881	118.09
湖州市	30802	358.14	14239	509.94
淮安市	17559	208.90	9459	197.60
淮南市	15451	168.34	6396	107.68
建德市	1825	18.05	17727	31.99
江门市	45817	492.70	8214	404.72
九江市	9935	115.24	8504	98.00
柳州市	26602	296.02	8692	257.31
六盘水市	4185	46.08	5324	24.53
泸州市	23843	250.01	5976	149.42
洛阳市	15243	183.90	9510	174.88
漯河市	13039	154.82	6290	97.39
眉山市	29468	288.87	7413	214.12
梅州市	8017	109.74	6562	72.02
绵阳市	16376	179.56	9029	162.12
南充市	24454	239.59	8241	197.45
南阳市	43999	515.27	4539	233.88
平顶山市	9882	121.24	6309	76.48
韶关市	6806	85.04	6228	52.96
唐山市	45565	529.43	9173	485.64
天水市	4803	53.29	9069	48.33
桐庐县	2401	30.30	19037	57.68

5-12 续表1

城市	销售套数（套）	销售面积（万㎡）	销售价格（元/㎡）	销售额（亿元）
威海市	10529	117.38	11273	132.32
咸宁市	12248	147.34	5133	75.63
香河县	5677	55.76	11971	66.75
襄阳市	11827	140.94	9693	136.61
孝感市	13301	156.58	6746	105.63
宿州市	16485	194.63	7142	139.01
许昌市	9856	127.23	6928	88.15
义乌市	8042	99.03	29482	291.97
运城市	10349	125.34	6121	76.72
漳州市	24724	269.43	10656	287.11
驻马店市	11927	149.20	6650	99.22
遵义市	12490	148.54	5489	81.53

数据来源：中指数据库监测。

5-13　2022年全国主要城市商品住宅成交套数统计

单位：套

城市	1月	2月	3月	4月	5月	6月	7月	8月	9月	10月	11月	12月	汇总
重庆市	4907	3935	5745	4397	6232	7780	4216	3358	4122	4968	1595	3962	55217
哈尔滨市	845	585	902	439	955	1433	2295	1746	1673	853	1069	4015	16810
海口市	3418	2253	1749	3061	2982	1729	1715	1722	1493	2301	2032	2211	26666
呼和浩特市	1826	530	715	961	1382	1928	1498	4022	2321	100	20	2338	17641
三亚市	1323	500	1353	670	1157	1208	1176	253	321	841	1532	1886	12220
石家庄市	1778	1176	1655	2112	2155	2989	3206	1970	1443	2173	1072	1554	23283
西宁市	3483	1111	5840	1564	632	2964	2106	3245	617	634	84	724	23004
宝鸡市	1511	1474	761	991	1381	1103	1482	1522	960	1032	707	946	13870
保定市	1398	819	1336	726	889	2582	621	2435	1191	2096	688	882	15663
常德市	781	583	615	703	781	760	705	691	463	422	304	346	7154
常州市	4372	2076	2393	2008	3062	2705	2480	1738	2861	2722	2049	4327	32793
郴州市	707	1118	887	712	1001	758	1276	923	535	981	419	333	9650
德阳市	500	357	564	450	498	1213	1576	868	572	820	1339	1512	10269
固安县	413	107	193	123	230	509	698	634	568	459	356	301	4591
邯郸市	4865	3169	5535	1800	3286	3728	3724	7833	6630	5309	3372	1184	50435
衡阳市	2022	1298	1358	675	1444	954	985	1001	767	943	1144	1120	13711
湖州市	2420	1982	3730	1752	2347	5359	2498	1897	1601	2673	2217	2326	30802
淮安市	1100	1269	1238	569	709	692	1125	1102	3356	2301	2295	1803	17559
淮南市	1636	1296	1631	916	1081	1777	2140	1059	1032	1187	1251	445	15451
建德市	148	62	303	250	192	99	64	191	239	144	40	93	1825
江门市	3820	3043	3812	3674	3652	4736	3762	3695	4206	4243	3318	3856	45817
九江市	837	731	999	453	896	1041	828	710	786	977	697	980	9935
柳州市	2609	1640	2149	526	1551	2621	3839	2961	2486	1911	1993	2316	26602
六盘水市	299	83	401	315	275	367	339	701	633	141	463	168	4185
泸州市	1693	3035	2073	2043	1959	2325	2729	2167	1026	1385	2053	1355	23843
洛阳市	1430	778	1356	1010	1119	1469	1417	1235	1197	1076	841	2315	15243
漯河市	1295	1503	911	177	2473	1627	1066	814	679	676	649	1169	13039
眉山市	1463	1318	3664	1167	839	1753	6121	2863	4221	1890	2220	1949	29468
梅州市	815	975	891	752	564	726	608	791	580	341	480	494	8017
绵阳市	1404	1535	1570	1047	1291	1709	2173	1746	757	1016	1078	1050	16376
南充市	2540	4380	2871	1777	1899	1548	2200	1756	853	1318	1678	1634	24454
南阳市	1154	1327	1317	3208	7297	12907	2976	4601	3654	2294	1220	2044	43999
平顶山市	872	505	1080	853	442	959	1059	761	898	267	540	1646	9882
韶关市	138	92	586	602	620	707	694	762	582	656	488	879	6806
唐山市	4195	2305	2492	4031	2186	4716	6445	5374	4087	4067	3065	2602	45565
天水市	605	580	541	259	341	439	473	323	420	219	363	240	4803

5-13 续表1 单位：套

城市	1月	2月	3月	4月	5月	6月	7月	8月	9月	10月	11月	12月	汇总
桐庐县	146	56	216	148	83	146	197	196	217	296	352	348	2401
威海市	1101	579	423	678	828	1920	977	1030	801	774	846	572	10529
咸宁市	1966	901	757	1052	897	831	1008	1082	987	1036	1110	621	12248
香河县	341	206	228	164	239	1403	979	659	889	247	214	108	5677
襄阳市	789	559	1331	1306	771	977	1192	1427	720	1195	731	829	11827
孝感市	1274	1489	1246	641	1120	1238	2274	1138	413	681	1047	740	13301
宿州市	1642	3784	1607	758	774	1417	918	1142	1361	1154	1023	905	16485
许昌市	602	916	1794	816	160	1025	1064	942	855	691	346	645	9856
义乌市	1531	461	979	389	633	1135	741	258	459	543	419	494	8042
运城市	1040	1591	1165	850	1029	772	1045	749	875	--	664	569	10349
漳州市	1343	824	1387	1392	1955	2561	2249	2643	2883	2445	3015	2027	24724
驻马店市	1129	1023	1112	665	709	970	876	741	754	1552	1418	978	11927
遵义市	1334	1504	1460	1061	947	981	829	890	880	890	891	823	12490

数据来源：中指数据库监测。

5-14 2022年全国主要城市商品住宅成交面积统计

单位：万㎡

城市	1月	2月	3月	4月	5月	6月	7月	8月	9月	10月	11月	12月	汇总
重庆市	56.31	45.03	64.04	50.32	68.85	88.67	48.28	39.17	45.17	54.26	17.97	43.59	621.64
哈尔滨市	8.97	5.92	9.16	5.05	9.94	14.65	24.07	18.85	18.25	9.28	10.98	38.22	173.35
海口市	39.10	27.64	20.77	35.09	34.73	20.68	21.76	23.60	17.60	26.98	24.02	27.89	319.88
呼和浩特市	20.84	6.80	8.89	11.39	16.90	23.58	18.65	44.95	26.30	1.31	0.28	27.30	207.19
三亚市	15.40	5.53	16.52	8.00	13.65	14.48	13.46	3.20	3.86	9.94	18.20	20.76	142.99
石家庄市	20.03	13.63	19.21	24.49	25.20	35.28	32.08	22.85	18.03	25.84	14.42	18.98	270.05
西宁市	39.44	12.87	63.38	16.18	7.15	34.50	24.58	32.50	7.00	7.77	1.05	8.74	255.15
宝鸡市	18.84	17.74	9.53	12.73	17.33	13.78	18.44	18.89	11.98	13.29	8.77	11.04	172.35
保定市	15.90	9.01	14.70	8.17	10.20	29.84	7.06	28.75	14.04	24.60	8.28	11.08	181.64
常德市	9.54	7.36	7.59	8.67	9.49	9.28	8.72	8.15	5.24	4.88	3.73	4.11	86.77
常州市	52.72	25.81	29.70	25.53	35.48	34.42	31.72	23.00	35.26	34.43	26.74	47.60	402.41
郴州市	8.13	13.37	10.26	8.28	11.98	8.90	15.50	11.24	6.47	12.07	5.08	4.25	115.53
德阳市	5.82	4.09	6.28	5.18	5.92	14.09	19.42	9.85	6.34	9.35	15.01	16.50	117.85
固安县	4.23	1.12	2.01	1.30	2.39	6.54	7.46	6.73	5.99	4.79	3.81	3.14	49.52
邯郸市	56.91	37.32	65.84	22.27	40.51	44.41	44.74	94.23	79.12	65.83	41.27	14.65	607.11
衡阳市	25.52	16.24	16.54	8.14	17.76	12.49	12.70	12.71	9.66	11.94	14.35	13.56	171.63
湖州市	23.96	21.94	42.18	19.73	26.11	58.40	29.57	24.78	19.20	31.47	30.55	30.24	358.14
淮安市	13.39	14.73	14.82	7.00	8.85	8.22	13.82	13.58	39.97	26.21	26.59	21.71	208.90
淮南市	17.41	13.65	17.34	9.82	11.40	19.18	22.89	11.74	11.82	13.34	14.83	4.92	168.34
建德市	1.78	0.67	2.34	2.37	2.09	1.16	0.74	1.94	2.10	1.31	0.42	1.12	18.05
江门市	42.59	33.18	41.48	39.01	40.24	52.09	41.35	38.62	40.22	45.61	36.49	41.82	492.70
九江市	9.40	8.37	11.55	5.37	9.60	12.28	9.51	8.57	9.38	11.20	8.28	11.73	115.24
柳州市	30.78	18.57	23.31	5.88	17.24	29.52	40.87	32.15	28.31	22.43	21.89	25.08	296.02
六盘水市	3.47	0.96	4.50	3.44	3.10	4.17	4.02	7.87	6.37	1.72	4.59	1.86	46.08
泸州市	17.84	31.53	20.58	20.98	20.17	24.94	29.16	23.25	11.33	15.31	20.49	14.40	250.01
洛阳市	16.87	9.12	16.16	11.98	12.89	17.18	17.21	15.04	14.72	12.81	10.68	29.23	183.90
漯河市	15.46	17.87	10.82	2.10	26.12	19.70	13.04	9.92	8.47	8.45	8.19	14.67	154.82
眉山市	14.88	13.04	33.59	11.69	8.33	17.33	59.03	28.72	41.40	18.97	22.23	19.63	288.87
梅州市	11.26	12.97	12.20	10.04	7.72	9.62	7.93	11.39	8.48	4.71	6.49	6.94	109.74
绵阳市	15.35	16.27	16.81	11.70	14.17	18.75	22.94	18.93	8.30	11.79	12.21	12.34	179.56
南充市	24.25	41.94	28.24	17.57	19.19	15.24	21.80	17.24	8.43	13.08	16.65	15.94	239.59
南阳市	14.52	16.37	16.25	37.32	92.84	145.85	30.83	53.79	41.33	25.68	15.35	25.14	515.27
平顶山市	10.24	6.08	13.24	10.31	5.34	11.66	12.69	9.53	11.20	3.38	6.87	20.71	121.24
韶关市	1.76	1.11	8.04	7.06	7.78	8.75	8.62	9.08	7.05	8.26	6.22	11.33	85.04
唐山市	46.43	26.09	27.91	48.30	25.56	55.22	74.20	62.90	47.33	47.75	36.13	31.60	529.43
天水市	6.56	6.48	5.93	2.95	3.87	4.89	5.14	3.50	4.61	2.53	4.11	2.73	53.29

5-14 续表1 单位：万㎡

城市	1月	2月	3月	4月	5月	6月	7月	8月	9月	10月	11月	12月	汇总
桐庐县	1.77	0.64	3.37	1.78	0.99	1.98	2.57	2.55	2.55	3.52	4.42	4.17	30.30
威海市	12.64	6.47	4.59	7.69	9.33	19.68	11.29	11.19	9.22	9.02	9.61	6.65	117.38
咸宁市	21.85	11.18	9.35	12.78	10.95	10.35	12.57	13.25	11.79	12.75	13.13	7.39	147.34
香河县	3.57	2.11	2.27	1.74	2.33	13.69	9.34	6.42	8.62	2.50	2.13	1.04	55.76
襄阳市	9.41	6.87	15.65	14.80	9.39	11.53	14.26	16.92	8.87	14.12	8.82	10.29	140.94
孝感市	14.80	16.94	14.45	7.44	12.24	15.63	26.78	13.50	4.92	8.16	12.97	8.74	156.58
宿州市	19.76	44.76	18.87	8.91	9.48	16.57	10.64	13.50	16.36	13.44	12.00	10.35	194.63
许昌市	7.48	11.44	22.23	10.51	2.01	13.74	13.55	12.22	11.75	8.91	4.30	9.10	127.23
义乌市	18.60	5.32	11.34	4.48	7.75	13.57	9.50	3.49	6.24	6.87	5.09	6.78	99.03
运城市	12.93	19.79	14.36	10.30	12.17	9.34	12.60	8.90	10.25	--	8.50	6.20	125.34
漳州市	13.95	8.53	14.32	14.67	20.94	28.42	24.55	28.76	33.07	26.75	32.36	23.11	269.43
驻马店市	13.55	12.61	13.73	8.24	9.11	12.26	11.08	9.30	9.63	21.02	16.37	12.31	149.20
遵义市	15.96	17.06	17.61	12.40	11.36	11.56	9.80	10.70	10.60	10.63	10.85	10.01	148.54

数据来源：中指数据库监测。

5-15 2022年全国主要城市商品住宅成交价格统计

单位：元/㎡

城市	1月	2月	3月	4月	5月	6月	7月	8月	9月	10月	11月	12月	汇总
重庆市	14633	14716	13361	15164	14180	14139	15217	14290	14923	14036	14019	14455	14393
哈尔滨市	14282	13805	13141	11554	14664	14004	13676	13261	12757	12957	12785	9960	12650
海口市	17651	16219	16458	17118	16243	16711	17293	15989	15467	18436	15875	17583	16837
呼和浩特市	10141	12393	13053	12163	12409	12416	12679	10395	9915	12479	15275	10859	11266
三亚市	29776	32097	27379	31107	30107	31248	26322	31554	35173	35409	30581	24482	29430
石家庄市	13827	15795	15091	12557	13688	14324	13799	14045	15274	15190	17139	16178	14535
西宁市	10123	8177	10097	9532	10867	9555	10338	12175	10799	10795	8607	10719	10260
宝鸡市	6645	5929	6395	6374	6222	6416	6129	6169	6114	6837	6515	6440	6327
保定市	11832	11750	11895	11663	11555	11952	11511	11440	11495	11818	12250	12239	11771
常德市	6149	5912	6106	6372	5989	6107	6163	5784	6100	6288	6391	6095	6105
常州市	12243	15880	16387	14577	16049	16826	16623	17131	12400	13083	14509	12932	14600
郴州市	6582	6525	6581	6093	6407	6500	6360	6240	6486	6558	6423	6587	6438
德阳市	7301	7547	7060	7627	7615	7331	7743	7079	6935	7133	7213	7081	7310
固安县	11314	11434	11063	11526	11240	14525	12365	11221	11062	10926	11502	10023	11743
邯郸市	8183	7991	7849	7618	7677	8354	8212	7841	7995	7922	8160	7738	7977
衡阳市	6767	6584	6640	6859	7024	7013	6746	7122	7092	7002	7058	6899	6881
湖州市	15012	16019	14984	15444	14047	13598	14121	13749	12850	13167	14637	14100	14239
淮安市	10688	10343	10354	10284	11229	11551	10436	10342	7490	8438	8667	10365	9459
淮南市	6283	6150	6477	4530	6265	6323	6104	6979	7078	7480	7232	6781	6396
建德市	20484	18073	15615	14882	16204	18766	21642	16730	18307	20352	16342	20815	17727
江门市	8313	7857	8530	8436	8320	8607	8610	7944	7465	8017	8100	8181	8214
九江市	8609	8295	8494	8813	8040	8511	8408	8588	8625	8491	8449	8776	8504
柳州市	8378	7708	9007	7949	9000	9009	9444	8245	7801	8334	9055	9818	8692
六盘水市	5148	4644	5666	5349	5440	5326	5378	4868	5482	5565	5466	5636	5324
泸州市	6176	6361	5736	6158	6149	5912	5563	5598	5772	6284	5951	6154	5976
洛阳市	10285	9708	9782	9963	9882	9936	9910	9927	9022	8853	9055	8498	9510
漯河市	6395	6318	6294	6544	5712	6351	6281	6424	6486	6565	6615	6522	6290
眉山市	7065	6683	5527	7129	7025	7326	7281	8185	7594	8660	8586	8147	7413
梅州市	6420	6654	6997	6518	6448	6565	6613	6430	6531	6502	6697	6857	6562
绵阳市	9132	8815	8873	9051	8886	8747	8349	9311	9031	9660	9407	9818	9029
南充市	8018	8010	8342	8506	8696	8287	8105	8032	7664	8732	8477	8194	8241
南阳市	7695	7164	6979	5019	4330	3260	3992	4458	4373	4998	6603	6296	4539
平顶山市	6547	6259	6327	6599	6203	6177	5971	6112	6314	6442	6381	6399	6309
韶关市	5621	5508	6202	6424	5945	6141	6395	6341	6178	6357	6197	6286	6228
唐山市	7947	8840	10021	9534	10127	8949	8764	9057	9600	8808	9579	10208	9173
天水市	8724	9198	8927	10092	9931	9361	9545	9068	8975	8842	7580	8774	9069

5-15 续表1 单位：元/㎡

城市	1月	2月	3月	4月	5月	6月	7月	8月	9月	10月	11月	12月	汇总
桐庐县	18058	19185	16657	19357	20920	20477	20630	20073	17815	18937	18836	19523	19037
威海市	11214	12362	11737	11585	11761	10636	11693	10999	11252	11344	11222	11801	11273
咸宁市	6063	4903	5039	4962	5095	5030	5058	4976	4928	4888	4707	5267	5133
香河县	14239	14410	14544	10803	13123	11814	11207	11574	11099	11936	11351	12945	11971
襄阳市	10088	9937	9605	10208	10573	9613	9322	9721	9898	8830	9479	9505	9693
孝感市	6985	6674	6925	6798	6682	6569	6243	7192	6721	6569	7299	6761	6746
宿州市	7543	6771	7137	7528	7612	7514	7578	7033	7108	6721	7073	7182	7142
许昌市	6846	6978	7066	7170	7337	6959	6796	6782	6873	6965	6482	6825	6928
义乌市	29878	26956	27721	25320	28577	29676	33307	31502	30589	33055	28597	29502	29482
运城市	5975	5722	5897	6167	5760	6257	6363	6507	6446	--	6715	6246	6121
漳州市	12728	11557	11691	9981	9812	9744	10352	10574	12382	9995	9742	10748	10656
驻马店市	6521	6577	6484	6461	6636	6437	6537	6556	6602	7113	6958	6413	6650
遵义市	5523	4986	5301	5780	5752	5470	5654	5821	5481	5275	5870	5289	5489

数据来源：中指数据库监测。

5-16 2022年全国主要城市商品住宅成交金额统计

单位：亿元

城市	1月	2月	3月	4月	5月	6月	7月	8月	9月	10月	11月	12月	汇总
重庆市	82.40	66.27	85.56	76.30	97.63	125.37	73.46	55.97	67.40	76.15	25.19	63.01	894.72
哈尔滨市	12.81	8.17	12.03	5.84	14.57	20.51	32.92	25.00	23.29	12.03	14.04	38.07	219.28
海口市	69.02	44.83	34.19	60.07	56.42	34.55	37.62	37.74	27.22	49.74	38.14	49.03	538.58
呼和浩特市	21.13	8.43	11.60	13.85	20.98	29.28	23.65	46.73	26.07	1.63	0.43	29.65	233.43
三亚市	45.85	17.74	45.23	24.88	41.10	45.24	35.44	10.09	13.57	35.19	55.67	50.81	420.83
石家庄市	27.69	21.54	28.99	30.75	34.50	50.54	44.27	32.09	27.54	39.18	24.72	30.71	392.51
西宁市	39.92	10.53	64.00	15.42	7.77	32.97	25.41	39.57	7.56	8.38	0.90	9.37	261.79
宝鸡市	12.52	10.52	6.09	8.11	10.78	8.84	11.30	11.65	7.32	9.09	5.72	7.11	109.05
保定市	18.81	10.59	17.49	9.53	11.79	35.67	8.13	32.89	16.14	29.07	10.14	13.56	213.80
常德市	5.87	4.35	4.63	5.53	5.68	5.67	5.37	4.71	3.20	3.07	2.39	2.50	52.97
常州市	64.55	40.98	48.67	37.22	56.95	57.92	52.73	39.41	43.72	45.04	38.79	61.56	587.52
郴州市	5.35	8.73	6.76	5.05	7.68	5.78	9.86	7.02	4.19	7.91	3.26	2.80	74.38
德阳市	4.25	3.09	4.44	3.95	4.51	10.33	15.04	6.97	4.40	6.67	10.83	11.69	86.15
固安县	4.79	1.28	2.22	1.50	2.69	9.50	9.22	7.55	6.63	5.24	4.38	3.15	58.15
邯郸市	46.57	29.82	51.68	16.97	31.10	37.10	36.74	73.89	63.25	52.15	33.67	11.33	484.28
衡阳市	17.27	10.70	10.98	5.58	12.48	8.76	8.57	9.05	6.85	8.36	10.13	9.36	118.09
湖州市	35.96	35.11	63.20	30.46	36.67	79.26	41.73	34.07	24.67	41.44	44.72	42.64	509.94
淮安市	14.31	15.23	15.35	7.20	9.94	9.49	14.43	14.05	29.94	22.12	23.04	22.50	197.60
淮南市	10.94	8.39	11.23	4.45	7.02	11.07	13.97	8.20	8.37	9.98	10.73	3.34	107.68
建德市	3.65	1.20	3.65	3.52	3.39	2.18	1.61	3.24	3.85	2.67	0.69	2.33	31.99
江门市	35.41	26.07	35.38	32.91	33.48	44.84	35.60	30.68	30.03	36.56	29.56	34.21	404.72
九江市	8.09	6.94	9.81	4.73	7.72	10.45	8.00	7.36	8.09	9.51	7.00	10.30	98.00
柳州市	25.79	14.31	20.99	4.68	15.51	26.59	37.72	26.51	22.08	18.69	19.82	24.62	257.31
六盘水市	1.79	0.45	2.55	1.84	1.69	2.22	2.16	3.83	3.49	0.96	2.51	1.05	24.53
泸州市	11.02	20.06	11.81	12.92	12.40	14.75	16.22	13.01	6.54	9.62	12.20	8.86	149.42
洛阳市	17.36	8.86	15.81	11.94	12.74	17.07	17.05	14.93	13.28	11.34	9.67	24.84	174.88
漯河市	9.89	11.29	6.81	1.37	14.92	12.51	8.19	6.37	5.49	5.55	5.42	9.57	97.39
眉山市	10.51	8.72	18.57	8.34	5.86	12.70	42.98	23.51	31.44	16.43	19.09	16.00	214.12
梅州市	7.23	8.63	8.08	6.51	4.98	6.31	5.24	7.32	5.54	3.06	4.34	4.76	72.02
绵阳市	14.01	14.34	14.92	10.59	12.60	16.40	19.16	17.62	7.50	11.39	11.48	12.11	162.12
南充市	19.44	33.60	23.56	14.94	16.69	12.63	17.67	13.85	6.46	11.43	14.12	13.06	197.45
南阳市	11.17	11.73	11.34	18.73	40.20	47.56	12.31	23.98	18.08	12.84	10.14	15.83	233.88
平顶山市	6.71	3.81	8.38	6.80	3.31	7.20	7.58	5.82	7.07	2.18	4.38	13.25	76.48
韶关市	0.99	0.61	4.99	4.53	4.63	5.37	5.51	5.76	4.35	5.25	3.86	7.12	52.96
唐山市	36.90	23.07	27.97	46.04	25.89	49.41	65.03	56.97	45.44	42.06	34.61	32.26	485.64
天水市	5.72	5.96	5.30	2.97	3.84	4.58	4.91	3.17	4.14	2.23	3.12	2.39	48.33

5-16 续表1 单位：亿元

城市	1月	2月	3月	4月	5月	6月	7月	8月	9月	10月	11月	12月	汇总
桐庐县	3.19	1.23	5.62	3.44	2.07	4.05	5.30	5.12	4.55	6.67	8.32	8.14	57.68
威海市	14.18	8.00	5.38	8.90	10.98	20.94	13.20	12.31	10.00	9.91	10.78	7.75	132.32
咸宁市	13.25	5.48	4.71	6.34	5.58	5.20	6.36	6.60	5.81	6.23	6.18	3.89	75.63
香河县	5.09	3.04	3.29	1.88	3.06	16.18	10.47	7.43	9.57	2.98	2.41	1.35	66.75
襄阳市	9.49	6.82	15.04	15.11	9.93	11.09	13.29	16.45	8.78	12.47	8.36	9.78	136.61
孝感市	10.34	11.31	10.01	5.06	8.18	10.27	16.72	9.71	3.31	5.36	9.47	5.91	105.63
宿州市	14.91	30.30	13.47	6.71	7.17	12.32	8.06	9.49	11.63	9.03	8.49	7.44	139.01
许昌市	5.12	7.98	15.71	7.54	1.47	9.56	9.21	8.28	8.08	6.21	2.79	6.21	88.15
义乌市	55.57	14.35	31.11	11.34	22.14	40.27	31.22	9.63	19.08	22.70	14.56	19.99	291.97
运城市	7.73	11.32	8.47	6.35	7.01	5.85	8.02	5.79	6.60	--	5.71	3.87	76.72
漳州市	17.76	9.86	16.74	14.65	20.55	27.70	25.41	30.41	40.95	26.74	31.52	24.84	287.11
驻马店市	8.83	8.29	8.90	5.32	6.05	7.90	7.24	6.09	6.36	14.95	11.39	7.89	99.22
遵义市	8.81	8.51	9.33	7.17	6.53	6.32	5.54	6.23	5.81	5.61	6.37	5.29	81.53

数据来源：中指数据库监测。

5-17　2022年全国部分城市商品住宅批准上市套数统计

单位：套

城市	1月	2月	3月	4月	5月	6月	7月	8月	9月	10月	11月	12月	汇总
海口市	1655	177	2218	386	575	2712	1350	--	4057	2694	3687	1522	21033
唐山市	5299	96	372	635	730	3369	847	2310	2922	1136	1756	1272	20744
常州市	3417	52	4120	4845	2122	5618	1085	328	2995	3670	2658	4114	35024
江门市	5942	236	2789	3762	1420	3784	2112	1812	4231	1766	2808	1811	32473
洛阳市	1766	44	1175	2117	725	1963	1440	1532	1771	160	488	300	13481
淮安市	--	256	1814	6753	1619	737	1229	2413	9727	3375	3499	2014	33436
义乌市	1322	75	1338	1126	253	1250	810	--	1594	466	1432	483	10149
常德市	440	--	120	1209	--	422	209	90	267	--	--	--	2757
建德市	116	--	16	280	18	205	124	342	--	--	106	41	1248
桐庐县	339	--	448	269	299	304	84	234	294	648	182	428	3529
梅州市	3436	187	850	1536	2539	2595	1114	131	2678	2336	505	328	18235
襄阳市	1997	215	969	1919	911	1198	246	--	1525	211	492	789	10472
许昌市	90	372	--	908	--	614	871	24	36	--	266	48	3229

5-18　2022年全国部分城市商品住宅批准上市面积统计

单位：万平方米

城市	1月	2月	3月	4月	5月	6月	7月	8月	9月	10月	11月	12月	汇总
海口市	20.01	2.51	24.96	6.32	7.21	27.41	16.53	--	43.91	34.10	42.96	18.96	244.89
唐山市	53.92	1.19	4.85	9.11	9.24	38.72	10.95	27.86	32.81	13.35	18.34	14.46	234.79
常州市	43.99	0.66	44.36	68.66	25.13	67.67	11.51	4.00	44.28	41.95	35.09	48.88	436.20
江门市	62.16	2.96	30.45	40.25	16.23	41.63	24.09	20.81	47.11	19.61	30.44	19.62	355.36
洛阳市	21.46	0.47	13.59	24.23	8.34	26.27	18.50	18.11	21.83	1.89	5.96	5.46	166.11
淮安市	--	4.34	22.29	73.96	19.85	8.90	11.85	31.12	99.40	41.28	42.82	23.44	379.26
义乌市	12.83	0.82	14.96	13.13	4.78	14.52	10.64	--	19.24	5.18	17.22	5.66	118.98
常德市	3.07	--	1.50	15.96	--	5.14	2.52	1.09	2.37	--	--	--	31.64
建德市	1.68	--	0.27	3.14	0.26	2.95	1.23	2.71	--	--	1.14	0.40	13.79
桐庐县	3.82	--	5.29	2.74	3.08	4.27	1.42	2.66	3.41	7.03	2.38	5.03	41.13
梅州市	45.28	2.55	11.81	20.45	32.39	34.44	15.38	2.36	37.78	34.96	7.05	4.93	249.38
襄阳市	22.61	3.50	10.86	23.39	10.11	14.09	3.44	--	18.16	2.11	5.01	8.62	121.89
许昌市	1.21	5.30	--	12.89	--	7.25	11.78	0.30	0.48	--	3.80	0.52	43.54

5-19　2022年全国部分城市商品住宅可售套数统计

单位：套

城市	1月	2月	3月	4月	5月	6月	7月	8月	9月	10月	11月	12月
威海市	--	--	--	42166	41966	39765	39716	39755	39816	39545	39117	39000
淮南市	15749	--	13258	16240	16788	16321	15308	11535	11958	--	--	--
襄阳市	--	--	--	--	--	--	55074	55754	56020	55797	57403	58312
许昌市	--	--	--	--	--	17909	18041	17191	16962	16610	16426	15910

5-20　2022年全国部分城市商品住宅可售面积统计

单位：万㎡

城市	1月	2月	3月	4月	5月	6月	7月	8月	9月	10月	11月	12月
威海市	--	--	--	462.36	458.94	436.74	435.71	436.89	438.09	434.03	429.03	427.86
淮南市	170.17	--	145.61	175.23	181.47	176.80	165.47	127.96	133.41	--	--	--
襄阳市	--	--	--	--	--	--	635.91	643.68	646.57	644.00	659.67	671.02
许昌市	--	--	--	--	--	230.64	233.95	223.38	225.25	220.99	218.62	211.99

5-21　2022年全国部分城市商品住宅销供比统计

城市	1月	2月	3月	4月	5月	6月	7月	8月	9月	10月	11月	12月	汇总
海口市	1.95	11.02	0.83	5.55	4.82	0.75	1.32	--	0.40	0.79	0.56	1.47	1.31
唐山市	0.86	21.95	5.76	5.30	2.77	1.43	6.78	2.26	1.44	3.58	1.97	2.18	2.25
常州市	1.20	39.01	0.67	0.37	1.41	0.51	2.76	5.75	0.80	0.82	0.76	0.97	0.92
江门市	0.69	11.20	1.36	0.97	2.48	1.25	1.72	1.86	0.85	2.33	1.20	2.13	1.39
洛阳市	0.79	19.37	1.19	0.49	1.54	0.65	0.93	0.83	0.67	6.79	1.79	5.35	1.11
淮安市	--	3.39	0.66	0.09	0.45	0.92	1.17	0.44	0.40	0.63	0.62	0.93	0.55
义乌市	1.45	6.51	0.76	0.34	1.62	0.93	0.89	--	0.32	1.33	0.30	1.20	0.83
常德市	3.11	--	5.07	0.54	--	1.81	3.46	7.46	2.22	--	--	--	2.74
建德市	1.06	--	8.69	0.75	8.05	0.39	0.60	0.72	--	--	0.37	2.80	1.31
桐庐县	0.46	--	0.64	0.65	0.32	0.46	1.80	0.96	0.75	0.50	1.85	0.83	0.74
梅州市	0.25	5.09	1.03	0.49	0.24	0.28	0.52	4.83	0.22	0.13	0.92	1.41	0.44
襄阳市	0.42	1.96	1.44	0.63	0.93	0.82	4.15	--	0.49	6.70	1.76	1.19	1.16
许昌市	6.18	2.16	--	0.82	--	1.89	1.15	40.97	24.35	--	1.13	17.36	2.92

5-22 2022年全国部分城市商品住宅出清周期统计

单位：月

城市	1月	2月	3月	4月	5月	6月	7月	8月	9月	10月	11月	12月
威海市	--	--	--	44.94	45.31	43.38	44.27	41.10	38.43	37.35	36.77	45.06
淮南市	7.18	--	8.04	10.20	11.35	11.95	10.53	8.31	9.22	--	--	--
襄阳市	--	--	--	--	--	--	52.62	46.78	51.19	51.45	53.11	54.95
许昌市	--	--	--	--	--	20.53	19.10	18.05	21.19	21.32	20.35	21.26

第六章

2022年全国主要城市存量房市场统计

6-1 2022年全国主要城市二手房供求全年汇总统计

城市	成交套数（套）	成交面积（平方米）	参考成交价（元/平方米）	成交金额（万元）	套均面积（平方米/套）
北京市	134168	12182395.12	62261	75849109.72	90.80
上海市	146906	11836318.68	52800	62496308.80	80.57
广州市	78207	7243506.94	33893	24550414.23	92.62
深圳市	21730	1924327.21	63582	12235317.21	88.56
苏州市	45115	4970284.00	27687	13189167.31	110.17
重庆市	106113	10047268.82	13828	13892913.64	94.68
杭州市	39913	3820523.14	37519	14334059.52	95.72
西安市	57743	5894555.50	16198	9547875.72	102.08
武汉市	71672	7216694.73	17843	12876520.81	100.69
南京市	71412	6301549.05	29374	18510352.43	88.24
郑州市	35270	3629054.96	15362	5575075.67	102.89
大连市	34063	2868769.48	17046	4889965.35	84.22
天津市	104233	9045951.00	18036	16315018.73	86.79
合肥市	36388	3440455.02	20139	6928661.56	94.55
南昌市	14811	1653111.28	15613	2581069.34	111.61
东莞市	20154	2129203.33	24688	5256483.30	105.65
南通市	16843	1937503.16	14813	2870084.02	115.03

数据来源：中指数据库监测。

6-2 2022年全国主要城市二手房月度供求套数统计

单位：套

城市	1月	2月	3月	4月	5月	6月	7月	8月	9月	10月	11月	12月	统计
北京市	8917	6269	16217	13601	8192	10463	11697	13985	14407	11011	10782	8627	134168
上海市	14670	12274	12536	140	268	15090	19436	15946	16121	15145	14217	11063	146906
广州市	6155	9077	7456	6421	6354	6955	6614	6898	6253	5794	4885	5345	78207
深圳市	1446	820	1170	2048	2422	2545	2248	1783	1489	1738	1939	2082	21730
苏州市	4266	1608	3422	2650	2931	4741	5283	4672	3881	3228	4660	3773	45115
重庆市	8432	7084	9830	10290	9903	10295	10841	10070	9138	9132	4971	6127	106113
杭州市	2451	1315	3329	2693	2523	4401	3297	3821	3235	3445	4471	4932	39913
西安市	671	4570	4575	4346	5199	5689	5604	5984	5970	4503	4539	6093	57743
武汉市	5470	3790	5422	5763	5898	6585	7349	7021	8990	4657	4523	6204	71672
南京市	5666	3684	5412	5510	5518	7054	7598	7062	6423	5418	6998	5069	71412
郑州市	1945	1601	3054	3411	2896	3042	3306	4851	5257	1575	771	3561	35270
大连市	2729	2181	2959	2484	3362	3862	2752	3227	1893	2830	3398	2386	34063
天津市	4320	5840	8983	10564	9157	10298	10346	10740	8081	7900	9324	8680	104233
合肥市	2830	1992	3300	3657	3620	3838	4077	3007	2586	2261	2498	2722	36388
南昌市	1142	806	987	671	1041	1049	2117	1585	1653	1493	1353	914	14811
东莞市	1009	531	718	1186	1649	1810	1943	2179	2715	2050	2427	1937	20154
南通市	1553	775	886	1001	1678	1785	1537	2271	1447	1472	1275	1163	16843

数据来源：中指数据库监测。

6-3　2022年全国主要城市二手房月度供求成交面积统计

单位：万平方米

城市	1月	2月	3月	4月	5月	6月	7月	8月	9月	10月	11月	12月	统计
北京市	78.54	54.53	143.51	122.96	78.01	98.63	107.99	126.53	130.54	100.10	98.23	78.69	1218.24
上海市	120.32	97.34	101.85	1.36	2.59	125.19	162.21	124.15	125.61	118.83	113.03	91.14	1183.63
广州市	58.36	83.42	68.42	60.78	60.57	68.56	60.95	61.02	55.86	52.73	44.90	48.78	724.35
深圳市	13.29	7.85	10.73	18.22	21.71	25.01	20.06	14.78	13.47	14.12	16.05	17.13	192.43
苏州市	46.67	17.49	35.14	29.42	32.62	52.94	59.38	51.89	43.33	35.64	51.18	41.32	497.03
重庆市	78.15	66.05	90.33	96.00	91.12	94.37	99.55	98.78	90.00	90.46	48.76	61.16	1004.73
杭州市	24.31	12.33	31.54	26.32	24.59	42.95	32.30	35.79	30.47	32.37	42.11	46.96	382.05
西安市	6.87	47.41	44.58	44.92	53.76	58.49	56.76	60.76	61.08	45.44	46.79	62.59	589.46
武汉市	54.28	37.65	54.36	57.70	58.44	66.71	73.41	71.55	89.99	47.73	46.13	63.74	721.67
南京市	51.86	33.16	47.23	49.13	49.01	62.04	66.92	61.61	55.88	47.38	61.20	44.74	630.15
郑州市	20.14	16.08	30.81	34.43	29.89	31.32	33.93	50.15	54.49	16.41	8.17	37.08	362.91
大连市	23.00	18.37	24.94	21.16	27.50	32.30	23.33	26.77	16.01	24.19	28.90	20.41	286.88
天津市	36.73	50.74	78.38	92.63	78.63	90.09	88.57	93.06	71.43	67.83	80.33	76.17	904.60
合肥市	27.46	19.12	30.32	35.26	34.32	35.33	38.22	28.30	24.56	21.58	24.00	25.58	344.05
南昌市	13.15	8.68	10.48	6.79	11.13	11.61	23.99	18.01	18.97	16.81	15.22	10.47	165.31
东莞市	10.57	5.66	7.50	13.12	17.76	19.39	20.47	22.50	28.40	21.83	25.65	20.08	212.92
南通市	17.46	8.62	9.89	11.02	18.53	20.35	17.61	27.03	17.04	17.28	15.09	13.83	193.75

数据来源：中指数据库监测。

6-4 2022年全国主要城市二手房月度供求成交参考价统计

单位：元/平方米

城市	1月	2月	3月	4月	5月	6月	7月	8月	9月	10月	11月	12月	统计
北京市	62496	62911	62081	61026	63218	63453	63749	61836	62342	60994	61918	61941	62261
上海市	51525	50224	52128	65064	42938	49756	51674	52808	53433	54289	55419	58201	52800
广州市	34827	37084	33696	33781	33886	35357	32904	32351	32455	32736	32827	32727	33893
深圳市	66126	68301	63824	65305	62880	64588	64627	61362	61703	60826	60685	64039	63582
苏州市	27522	28595	27937	27896	27334	26855	27544	27585	27919	27751	28303	27701	27687
重庆市	14063	14026	13937	13822	13557	13557	13342	14153	14240	14049	13522	13555	13828
杭州市	40807	41211	39047	37376	37049	36951	38842	37711	37521	36630	35637	35907	37519
西安市	15071	15640	14731	14910	14910	14887	15930	17351	17680	17176	17375	17131	16198
武汉市	19116	18964	18913	18375	18369	17931	17860	17267	17839	16999	16611	16283	17843
南京市	29660	30269	30154	29837	29292	29528	29170	28984	29148	29462	28761	28799	29374
郑州市	15723	15092	15379	15091	15233	14856	14504	15774	16079	15628	15494	15083	15362
大连市	16245	16516	16675	16485	16765	17331	16460	17894	17417	17833	17335	17306	17046
天津市	18283	18259	17607	18466	18170	18094	17676	17945	17354	17925	18524	18231	18036
合肥市	19789	19954	24081	20255	18940	19174	18346	20656	20646	20341	20342	20019	20139
南昌市	16012	15586	14863	11406	14527	15331	15282	16356	16509	16515	16141	15728	15613
东莞市	25161	25681	24948	25719	25599	24908	23917	25534	24849	23539	24027	24069	24688
南通市	13312	13206	12456	11749	12080	12944	13774	17075	17479	17567	16853	16202	14813

数据来源：中指数据库监测。

6-5 2022年全国主要城市二手房月度供求成交金额统计

单位：亿元

城市	1月	2月	3月	4月	5月	6月	7月	8月	9月	10月	11月	12月	统计
北京市	490.83	343.04	890.91	750.37	493.14	625.81	688.40	782.39	813.83	610.56	608.21	487.43	7584.91
上海市	619.96	488.89	530.94	8.83	11.13	622.91	838.19	655.63	671.20	645.14	626.39	530.43	6249.63
广州市	203.26	309.36	230.55	205.32	205.23	242.42	200.54	197.41	181.30	172.61	147.40	159.64	2455.04
深圳市	87.88	53.63	68.48	119.01	136.49	161.55	129.65	90.69	83.12	85.90	97.40	109.71	1223.53
苏州市	123.89	48.97	95.49	77.87	83.01	133.89	156.93	137.09	116.23	95.22	139.93	110.41	1318.92
重庆市	109.90	92.64	125.89	132.69	123.52	127.93	132.83	139.81	128.15	127.09	65.93	82.90	1389.29
杭州市	99.20	50.83	123.17	98.36	91.11	158.69	125.46	134.98	114.33	118.59	150.08	168.60	1433.41
西安市	10.36	74.14	65.67	66.98	80.15	87.07	90.42	105.42	107.99	78.06	81.30	107.23	954.79
武汉市	103.75	71.41	102.81	106.02	107.34	119.61	131.10	123.54	160.53	81.13	76.62	103.79	1287.65
南京市	153.82	100.36	142.40	146.58	143.56	183.19	195.20	178.56	162.89	139.60	176.02	128.85	1851.04
郑州市	31.66	24.27	47.38	51.95	45.54	46.53	49.21	79.11	87.61	25.65	12.66	55.93	557.51
大连市	37.36	30.33	41.59	34.89	46.11	55.97	38.40	47.89	27.89	43.14	50.11	35.31	489.00
天津市	67.15	92.64	138.01	171.05	142.87	163.02	156.55	166.99	123.96	121.59	148.81	138.87	1631.50
合肥市	54.33	38.15	73.01	71.42	65.00	67.75	70.12	58.46	50.71	43.90	48.82	51.20	692.87
南昌市	21.05	13.52	15.58	7.75	16.16	17.81	36.67	29.45	31.31	27.76	24.57	16.46	258.11
东莞市	26.60	14.54	18.71	33.74	45.47	48.29	48.96	57.44	70.57	51.38	61.62	48.32	525.65
南通市	23.24	11.38	12.32	12.95	22.39	26.34	24.26	46.15	29.78	30.35	25.44	22.41	287.01

数据来源：中指数据库监测。

6-6 2022年全国主要城市二手房月度供求套均面积统计

单位：平方米/套

城市	1月	2月	3月	4月	5月	6月	7月	8月	9月	10月	11月	12月	统计
北京市	88.08	86.98	88.49	90.40	95.22	94.26	92.32	90.47	90.61	90.91	91.10	91.22	90.80
上海市	82.02	79.31	81.25	96.89	96.70	82.97	83.46	77.86	77.92	78.46	79.50	82.38	80.57
广州市	94.82	91.90	91.77	94.65	95.32	98.58	92.15	88.46	89.34	91.00	91.92	91.26	92.62
深圳市	91.91	95.76	91.70	88.99	89.62	98.28	89.24	82.89	90.47	81.26	82.78	82.29	88.56
苏州市	109.40	108.79	102.70	111.00	111.29	111.67	112.40	111.06	111.65	110.41	109.83	109.52	110.17
重庆市	92.68	93.24	91.89	93.29	92.01	91.66	91.83	98.10	98.49	99.06	98.09	99.82	94.68
杭州市	99.19	93.79	94.75	97.72	97.47	97.58	97.97	93.68	94.19	93.98	94.20	95.21	95.72
西安市	102.44	103.73	97.44	103.37	103.40	102.81	101.29	101.53	102.31	100.92	103.09	102.73	102.08
武汉市	99.22	99.35	100.26	100.11	99.08	101.30	99.89	101.90	100.10	102.48	101.98	102.74	100.69
南京市	91.53	90.00	87.26	89.16	88.82	87.95	88.07	87.23	87.01	87.46	87.46	88.26	88.24
郑州市	103.53	100.46	100.89	100.93	103.23	102.95	102.64	103.38	103.65	104.20	105.95	104.14	102.89
大连市	84.27	84.21	84.30	85.20	81.80	83.63	84.78	82.94	84.59	85.48	85.06	85.52	84.22
天津市	85.02	86.88	87.26	87.69	85.87	87.49	85.61	86.64	88.39	85.86	86.16	87.75	86.79
合肥市	97.02	95.97	91.87	96.41	94.80	92.06	93.74	94.11	94.99	95.46	96.08	93.96	94.55
南昌市	115.11	107.66	106.21	101.26	106.88	110.72	113.34	113.61	114.75	112.60	112.52	114.51	111.61
东莞市	104.76	106.61	104.47	110.62	107.73	107.11	105.36	103.24	104.61	106.47	105.67	103.64	105.65
南通市	112.42	111.22	111.66	110.07	110.45	113.98	114.58	119.01	117.75	117.38	118.39	118.96	115.03

数据来源：中指数据库监测。

6-7　2022年全国主要城市精装修市场统计

城市	推出精装楼盘数（个）	精装修套数（套）	装修标准（元/平方米）	参考价格（元/平方米）
一线城市				
北京	77	62558	2757	62694
上海	115	96343	2567	55579
广州	108	118725	2500	37005
深圳	55	45087	2722	60418
二线城市				
长春	6	4425	1583	11083
长沙	74	53359	2128	14952
成都	110	71771	2364	21853
重庆	53	37989	2009	17554
大连	17	15134	1929	19835
哈尔滨	7	6903	1800	11529
海口	12	5184	1858	19975
杭州	108	82789	2859	32279
合肥	40	38402	2205	20488
济南	15	15098	1960	16067
昆明	11	9210	2182	15709
南昌	27	24975	1970	13659
南京	77	61273	2758	32337
南宁	25	13496	1720	12484
宁波	46	32290	2979	31684
青岛	52	39156	2290	23040
三亚	6	3964	2700	33833
沈阳	23	15906	1948	15243
石家庄	20	16120	1960	15483
苏州	40	34406	2643	27589
太原	17	13877	2418	13897
天津	47	39327	2255	25417
温州	26	20875	2173	23057
无锡	35	32871	2523	23960
武汉	76	61971	2543	22588
西安	38	27801	2361	19159
厦门	18	16665	2489	38522
郑州	28	22166	2182	18147

6-7 续表1

城市	推出精装楼盘数（个）	精装修套数（套）	装修标准（元/平方米）	参考价格（元/平方米）
三四线城市				
常州	21	15266	2695	24148
东莞	26	20532	2062	27218
佛山	50	57829	2150	20108
惠州	27	28012	1415	13028
嘉兴	12	9509	2500	20045
江门	9	7572	1733	10344
廊坊	10	4271	1610	14770
聊城	5	3837	1640	11180
南通	13	12780	2300	22070
绍兴	12	12423	2658	24175
唐山	8	6320	1788	14113
芜湖	5	4511	2300	20079
徐州	26	18219	1844	16478
烟台	17	12839	1635	12212
盐城	6	6282	2183	20083
扬州	23	18274	2099	17242
湛江	30	15311	1390	10025
中山	13	14768	1777	17292
舟山	11	7073	2009	17724
珠海	21	19761	1900	22157
淄博	5	1972	1800	10420
昆山	9	11096	2033	20508

数据来源：中指数据库监测。

6-8　2022年全国主要城市精装楼盘推出统计

单位：个

城市	1月	2月	3月	4月	5月	6月	7月	8月	9月	10月	11月	12月	汇总
一线城市													
北京	11	2	5	8	3	13	6	2	10	8	4	5	77
上海	10	8	16	0	0	12	14	12	6	5	11	21	115
广州	12	4	9	3	15	8	15	7	12	11	4	8	108
深圳	3	2	3	5	6	9	6	5	6	7	1	2	55
二线城市													
长春	3	1	0	0	0	1	0	0	1	0	0	0	6
长沙	1	6	3	5	12	22	8	1	5	3	5	3	74
成都	9	11	3	4	12	14	9	10	5	6	15	12	110
重庆	6	0	3	8	7	9	8	4	0	2	3	3	53
大连	3	5	2	1	0	1	0	2	0	2	1	0	17
哈尔滨	0	2	0	0	3	1	1	0	0	0	0	0	7
海口	0	0	3	2	0	0	1	0	1	1	2	2	12
杭州	0	1	4	0	9	33	9	6	10	14	6	16	108
合肥	0	2	3	3	0	1	7	1	3	8	6	6	40
济南	2	0	0	3	4	2	2	1	1	0	0	0	15
昆明	1	1	0	1	3	1	0	1	0	2	1	0	11
南昌	2	0	5	4	7	3	3	0	0	1	2	0	27
南京	0	1	11	7	5	15	10	4	7	1	5	11	77
南宁	0	0	1	3	11	3	3	1	2	0	1	0	25
宁波	2	12	3	1	6	8	1	1	0	4	3	5	46
青岛	5	3	2	6	6	7	7	4	4	2	5	1	52
三亚	2	0	1	1	2	0	0	0	0	0	0	0	6
沈阳	0	9	0	2	5	2	2	0	2	0	1	0	23
石家庄	2	0	0	3	3	2	2	3	3	2	0	0	20
苏州	5	9	0	3	7	6	1	1	5	1	0	2	40
太原	1	1	1	0	6	5	1	0	1	0	0	1	17
天津	7	3	3	4	9	11	2	1	1	1	3	2	47
温州	0	1	7	5	1	4	3	1	1	0	3	0	26
无锡	1	4	6	0	11	2	1	5	1	2	1	1	35
武汉	9	3	4	7	11	20	7	6	2	2	3	2	76
西安	0	0	2	2	7	12	5	2	3	2	2	1	38
厦门	2	0	2	0	1	2	3	2	0	2	1	3	18
郑州	0	4	1	4	5	7	3	1	2	0	1	0	28

6-8 续表1

城市	1月	2月	3月	4月	5月	6月	7月	8月	9月	10月	11月	12月	汇总
三四线城市													
常州	4	1	1	1	0	2	1	1	3	5	2	0	21
东莞	0	0	2	2	4	2	5	1	1	2	4	3	26
佛山	2	4	6	4	8	7	3	7	2	2	4	1	50
惠州	0	1	2	1	2	3	4	1	5	1	6	1	27
嘉兴	0	3	3	1	2	2	0	1	0	0	0	0	12
江门	0	0	4	1	3	1	0	0	0	0	0	0	9
廊坊	0	0	0	0	6	0	1	0	0	0	3	0	10
聊城	0	0	0	1	2	0	2	0	0	0	0	0	5
南通	0	0	2	1	2	1	0	2	3	1	0	1	13
绍兴	0	3	0	2	2	2	1	1	1	0	0	0	12
唐山	2	0	0	1	3	1	1	0	0	0	0	0	8
芜湖	0	0	1	0	1	0	0	0	2	0	0	1	5
徐州	3	8	1	1	5	1	2	1	0	0	2	2	26
烟台	2	4	0	2	2	3	1	0	0	1	2	0	17
盐城	1	5	0	0	0	0	0	0	0	0	0	0	6
扬州	3	6	0	4	4	2	1	0	2	0	0	1	23
湛江	2	2	3	6	2	5	3	2	2	2	1	0	30
中山	0	1	1	0	0	1	4	0	0	2	4	0	13
舟山	0	5	3	0	3	0	0	0	0	0	0	0	11
珠海	1	1	3	0	4	1	2	2	2	3	0	2	21
淄博	0	0	0	0	0	1	4	0	0	0	0	0	5
昆山	0	1	0	7	1	0	0	0	0	0	0	0	9

数据来源：中指数据库监测。

6-9 2022年全国主要城市精装房推出套数统计

单位：套

城市	1月	2月	3月	4月	5月	6月	7月	8月	9月	10月	11月	12月	汇总
一线城市													
北京	9593	1115	3395	6792	3112	10321	5913	1587	7606	7449	2678	2997	62558
上海	12096	7771	11528	0	0	10221	12754	10382	3387	3077	8560	16567	96343
广州	17708	4484	10164	3782	11189	8762	17592	6400	15466	10851	4366	7961	118725
深圳	2762	1230	1400	3404	6775	5765	5526	3409	5461	6176	650	2529	45087
二线城市													
长春	1856	1805	0	0	0	264	0	0	500	0	0	0	4425
长沙	485	6755	2286	4365	8518	11968	5300	1361	3576	2225	3867	2653	53359
成都	3549	7780	1892	2365	8277	6532	6868	8102	3360	6391	9342	7313	71771
重庆	4879	0	2126	8364	3348	4937	7618	1918	0	604	2869	1326	37989
大连	1668	7292	1108	1200	0	776	0	692	0	1982	416	0	15134
哈尔滨	0	3005	0	0	2326	572	1000	0	0	0	0	0	6903
海口	0	0	721	664	0	0	216	0	273	595	915	1800	5184
杭州	0	102	4080	0	9173	25272	9102	4808	6600	12187	2891	8574	82789
合肥	0	1666	3399	4215	0	889	4990	811	2531	7489	6153	6259	38402
济南	1674	0	0	3003	4943	2120	1869	509	980	0	0	0	15098
昆明	1226	1858	0	300	2801	644	0	890	0	1341	150	0	9210
南昌	1652	0	5675	5873	6790	1373	1766	0	0	500	1346	0	24975
南京	0	945	8721	5615	4441	13558	8956	4109	5449	442	2975	6062	61273
南宁	0	0	784	2962	6103	662	1160	600	680	0	545	0	13496
宁波	1705	7178	2072	649	4887	6553	88	156	0	3264	3071	2667	32290
青岛	3189	1707	1542	6825	4739	3746	5471	3713	3107	647	3755	715	39156
三亚	1231	0	642	680	1411	0	0	0	0	0	0	0	3964
沈阳	0	6736	0	1556	2216	1826	1534	0	1424	0	614	0	15906
石家庄	2446	0	0	2421	1858	1086	2132	2538	1706	1933	0	0	16120
苏州	4836	8386	0	3329	5118	5204	1200	354	3939	551	0	1489	34406
太原	1568	1757	600	0	5320	2398	783	0	523	0	0	928	13877
天津	5448	3175	2572	5131	8458	7008	1020	1244	1848	290	2556	577	39327
温州	0	1109	6035	4931	146	2050	2371	2572	386	0	1275	0	20875
无锡	604	1300	6860	0	13413	2064	210	5931	400	1570	212	307	32871
武汉	9273	3566	5689	8850	4608	12611	6418	4843	2182	1428	1661	842	61971
西安	0	0	1969	921	5113	9178	2722	1462	2523	2233	1180	500	27801
厦门	3080	0	2495	0	648	1772	1756	1312	0	567	1961	3074	16665
郑州	0	4046	355	3863	2220	6039	2596	800	1803	0	444	0	22166

6-9 续表1

城市	1月	2月	3月	4月	5月	6月	7月	8月	9月	10月	11月	12月	汇总
三四线城市													
常州	2016	1509	148	1142	0	1945	818	522	1874	4339	953	0	15266
东莞	0	0	2508	1798	3259	1681	3317	523	1476	875	3702	1393	20532
佛山	4486	4301	7541	4154	10843	7037	2222	7975	2872	1465	4161	772	57829
惠州	0	1116	3225	1890	1746	3358	2883	823	6652	1430	3563	1326	28012
嘉兴	0	2482	2170	513	2003	1412	0	929	0	0	0	0	9509
江门	0	0	4056	1308	1908	300	0	0	0	0	0	0	7572
廊坊	0	0	0	0	1848	0	1000	0	0	0	1423	0	4271
聊城	0	0	0	1000	1122	0	1715	0	0	0	0	0	3837
南通	0	0	2109	1000	2348	886	0	2026	3273	964	0	174	12780
绍兴	0	3847	0	1070	2208	1766	376	1128	2028	0	0	0	12423
唐山	1570	0	0	1070	2078	1484	118	0	0	0	0	0	6320
芜湖	0	0	648	0	1123	0	0	0	2166	0	0	574	4511
徐州	1814	6585	696	714	4318	1080	1010	356	0	0	402	1244	18219
烟台	2076	3094	0	1598	1120	2863	802	0	0	470	816	0	12839
盐城	265	6017	0	0	0	0	0	0	0	0	0	0	6282
扬州	2590	6310	0	3752	2858	811	198	0	1211	0	0	544	18274
湛江	410	1448	1840	3906	1050	2023	1086	1362	885	529	772	0	15311
中山	0	2336	110	0	0	2256	2946	0	0	2408	4712	0	14768
舟山	0	2732	2290	0	2051	0	0	0	0	0	0	0	7073
珠海	800	1015	1567	0	3963	600	1270	3745	2058	3046	0	1697	19761
淄博	0	0	0	0	0	302	1670	0	0	0	0	0	1972
昆山	0	1152	0	8560	1384	0	0	0	0	0	0	0	11096

数据来源：中指数据库监测。

6-10 2022年全国主要城市精装房装修标准统计

单位：元/平方米

城市	1月	2月	3月	4月	5月	6月	7月	8月	9月	10月	11月	12月	平均
一线城市													
北京	2245	2500	2500	2975	1400	2746	3167	2250	2800	2488	3625	4100	2733
上海	2600	2150	2603	-	-	2583	2836	2550	2333	2400	2182	2810	2505
广州	2175	2750	2233	2500	2167	2375	2340	3314	2250	2864	2375	3438	2565
深圳	2633	2750	4000	3300	2333	2578	2583	2820	2500	2643	2000	2750	2741
二线城市													
长春	1500	1500	-	-	-	1500	-	2000	-	-	-	-	1625
长沙	2000	2600	2733	1800	1792	1773	2750	2500	2360	2000	2380	2667	2280
成都	2389	2346	3553	2500	2042	2171	2044	2190	2600	2750	2333	2696	2468
重庆	2283	-	1833	1875	2286	1800	2125	1650	-	2650	2000	1733	2024
大连	1367	2140	1500	2000	-	2000	-	2500	-	1500	3000	-	2001
哈尔滨	-	2250	-	-	1667	1800	1300	-	-	-	-	-	1754
海口	-	-	2000	2100	-	-	2500	-	2000	2000	1050	1750	1914
杭州	-	3500	2875	-	2522	2736	2611	3083	2800	2700	3000	3438	2927
合肥	-	1750	2333	2233	-	2000	2329	2500	2167	2125	2033	2417	2189
济南	2750	-	-	2000	2125	1750	1000	1500	2400	-	-	-	1932
昆明	3000	6000	-	1500	1400	1500	-	3000	-	1650	1500	-	2444
南昌	1500	-	2200	1875	1886	2333	2300	-	-	1500	1550	-	1893
南京	-	2000	2441	2700	3180	2633	2360	2600	2786	3800	3120	3300	2811
南宁	-	-	3000	1500	1736	1467	2000	1600	1200	-	2000	-	1813
宁波	4700	3263	3000	3000	2450	2713	3500	3000	-	2625	2867	2900	3092
青岛	2220	2233	1500	2583	2183	2043	2614	2375	2600	1800	1820	4500	2373
三亚	2650	-	2400	2000	3250	-	-	-	-	-	-	-	2575
沈阳	-	2356	-	2250	1200	2000	1750	-	2000	-	1600	-	1879
石家庄	1600	-	-	2267	1867	1500	2100	2500	1567	2100	-	-	1938
苏州	2500	2444	-	3000	2886	2750	2500	2500	2500	2000	-	3000	2608
太原	1500	1500	2200	-	1900	3000	3000	-	4000	-	-	2500	2450
天津	2314	2167	3000	1725	2444	1936	2250	1500	2500	4000	2033	2750	2385
温州	-	2000	2714	2300	1050	2000	2400	1500	3000	-	1083	-	2005
无锡	2000	2425	2583	-	2209	2250	4000	2860	3500	2500	3000	2500	2712
武汉	3167	2000	2000	2586	2891	1965	2386	2733	3000	3750	2500	3750	2727
西安	-	-	2000	1650	2443	2392	2340	3750	2300	2250	2000	2000	2312
厦门	1750	-	3000	-	1500	3000	2400	3500	-	2250	2000	2500	2433
郑州	-	2625	2000	2250	1640	2157	2500	1500	2150	-	3000	-	2202

6-10 续表1

城市	1月	2月	3月	4月	5月	6月	7月	8月	9月	10月	11月	12月	平均
三四线城市													
常州	2500	2500	2500	3500	–	2100	3000	2000	3000	2880	2750	–	2673
东莞	–	–	2100	1500	1875	2300	2000	1500	2000	2250	1875	2933	2033
佛山	1500	1875	2133	1875	2225	2214	1933	2229	2500	2750	2250	2500	2165
惠州	–	1500	1750	1000	1500	1000	1550	1600	1440	1500	1367	1500	1428
嘉兴	–	2567	2433	2000	2250	2750	–	3000	–	–	–	–	2500
江门	–	–	1775	3500	1333	1000	–	–	–	–	–	–	1902
廊坊	–	–	–	–	1600	–	1500	–	–	–	1667	–	1589
聊城	–	–	–	1200	1750	–	1750	–	–	–	–	–	1567
南通	–	–	1650	2500	2300	2000	–	2500	2333	3500	–	2000	2348
绍兴	–	2867	–	2750	3500	1900	2000	3000	2000	–	–	–	2574
唐山	1500	–	–	1000	2367	1600	1600	–	–	–	–	–	1613
芜湖	–	–	1500	–	2000	–	–	2000	–	–	–	4000	2375
徐州	1733	2106	1500	1400	1940	2000	1550	2000	–	–	1850	1250	1733
烟台	1450	1925	–	1650	1900	1533	1800	–	–	1000	1350	–	1576
盐城	2200	2180	–	–	–	–	–	–	–	–	–	–	2190
扬州	2067	2513	–	1550	1875	2350	2000	–	1800	–	–	3000	2144
湛江	1000	1100	1233	1333	1500	1460	1833	1700	1550	1250	1000	–	1360
中山	–	1200	2000	–	–	1500	1975	–	–	1750	1750	–	1696
舟山	–	2220	2467	–	1200	–	–	–	–	–	–	–	1962
珠海	1500	2000	1967	–	1600	2000	1600	2600	2000	2000	–	1850	1912
淄博	–	–	–	–	–	2500	1625	–	–	–	–	–	2063
昆山	–	2000	–	2043	2000	–	–	–	–	–	–	–	2014

数据来源：中指数据库监测。

6-11　2022年重点城市集中式长租公寓年度统计

单位：个、元/平方米

城市	门店数量	长租公寓平均租金
北京市	367	141.51
上海市	663	156.38
广州市	449	63.46
深圳市	581	77.35
成都市	186	59.96
重庆市	160	39.36
杭州市	425	87.74
合肥市	39	49.83
南京市	129	85.93
苏州市	50	85.82
天津市	64	60.08
武汉市	74	58.69
西安市	43	58.07

数据来源：中指数据库监测。
注：长租公寓平均租金，指该城市所有监测品牌集中式长租公寓门店的平均单平米租金的简单平均数。

6-12　2022年重点监控品牌集中式长租公寓门店数量

单位：个

品牌	4月	5月	6月	7月	8月	9月	10月	11月	12月
泊寓	266	268	267	267	268	268	271	271	272
冠寓	216	217	217	224	223	226	233	235	235
魔方	267	270	284	282	289	289	287	298	300
旭辉瓴寓	55	55	56	57	59	60	60	60	61
乐乎公寓	-	-	227	227	233	234	227	226	224
华润有巢	28	28	28	28	28	28	27	27	26
朗诗寓	82	82	82	81	81	81	81	81	84
招商伊敦	9	9	9	26	27	27	27	27	28
方隅	-	-	20	20	20	20	19	19	19
乐璟生活社区	-	-	12	11	11	11	11	11	11
保利公寓	26	26	26	26	26	26	26	26	26

数据来源：中指数据库监测。
注：中指数据自2002年4月起对品牌集中式长租公寓进行监测，覆盖13个城市，包括北京、上海、广州、深圳、成都、重庆、杭州、合肥、南京、苏州、天津、武汉、西安。

6-13　2022年20城市甲级写字楼平均租金

单位：元/平方米/天

城市	3月	4月	5月	6月	7月	8月	9月	10月	11月	12月
北京市	9.36	9.52	9.49	9.27	9.21	9.37	9.29	9.27	9.30	9.38
上海市	6.73	6.84	6.83	6.58	6.63	6.75	6.72	6.71	6.75	6.70
广州市	4.73	4.79	4.86	4.72	4.66	4.67	4.68	4.72	4.71	4.70
深圳市	5.28	5.40	5.37	5.18	5.12	5.28	5.27	5.24	5.25	5.18
长沙市	2.13	2.10	2.08	2.13	2.10	2.17	2.09	2.12	2.14	2.11
成都市	2.65	2.61	2.69	2.64	2.57	2.61	2.63	2.63	2.63	2.62
重庆市	1.99	1.96	2.02	1.97	1.94	1.96	1.94	2.02	1.96	1.97
福州市	2.79	2.74	2.85	2.81	2.71	2.81	2.75	2.78	2.80	2.74
杭州市	3.28	3.35	3.32	3.30	3.19	3.28	3.23	3.28	3.29	3.28
合肥市	1.71	1.69	1.67	1.70	1.70	1.70	1.72	1.71	1.69	1.70
济南市	2.61	2.54	2.65	2.58	2.60	2.65	2.67	2.64	2.65	2.67
南昌市	1.56	1.52	1.51	1.54	1.54	1.51	1.56	1.52	1.53	1.51
南京市	2.98	2.91	3.04	2.96	2.96	2.98	3.00	2.99	2.99	2.96
青岛市	2.49	2.47	2.44	2.47	2.47	2.46	2.48	2.48	2.45	2.48
苏州市	2.18	2.15	2.23	2.17	2.20	2.17	2.17	2.20	2.16	2.17
天津市	2.51	2.48	2.54	2.54	2.48	2.50	2.50	2.51	2.52	2.52
武汉市	2.61	2.57	2.66	2.59	2.61	2.60	2.60	2.60	2.58	2.62
西安市	2.43	2.40	2.42	2.40	2.44	2.43	2.42	2.42	2.42	2.41
厦门市	2.62	2.56	2.67	2.59	2.65	2.60	2.62	2.63	2.62	2.63
郑州市	2.07	2.03	2.10	2.08	2.09	2.06	2.07	2.06	2.07	2.06

数据来源：中指数据库监测。
备注：城市租金数据根据固定样本计算。

6-14　2022年20城市甲级写字楼平均售价

单位：元/平方米

城市	3月	4月	5月	6月	7月	8月	9月	10月	11月	12月
北京市	40320.61	40379.51	40363.41	42677.84	39291.21	40469.95	39262.93	39126.19	39968.37	39729.83
上海市	37608.10	37418.05	37192.96	36238.43	33321.41	33676.37	32666.08	32184.08	32182.28	32086.76
广州市	35879.61	35854.04	35857.42	35275.41	33028.46	33346.81	32346.41	31699.81	31469.11	31109.22
深圳市	54150.95	54295.29	54083.64	53739.55	48002.41	49442.48	47959.21	46520.43	45124.82	43771.08
长沙市	13662.37	13697.26	13697.26	13754.30	12159.18	12523.96	12148.24	11881.13	11999.27	11984.13
成都市	13620.64	13457.54	13323.11	13345.70	12738.82	13120.98	12727.35	12585.79	12583.42	12462.76
重庆市	13719.28	13629.56	13543.69	14004.00	13029.77	13420.66	13018.04	12783.38	12869.00	12893.67
福州市	21076.00	21076.00	21076.00	21076.00	19157.20	19731.92	19139.96	18623.17	18732.85	18568.85
杭州市	25848.07	25292.83	25256.43	25034.13	23207.36	23903.58	23186.47	22831.35	22760.01	22531.23
合肥市	12519.68	12598.00	12598.00	12642.93	11238.07	11575.21	11227.95	10267.43	10210.00	9992.09
济南市	13863.24	13583.17	13583.17	13365.85	12648.63	13028.09	12637.25	12406.76	12456.52	12372.97
南昌市	13483.15	13483.15	13483.15	13471.92	13118.57	13305.93	12906.75	12372.00	12350.33	12321.40
南京市	23721.96	23689.70	23689.70	23429.82	20045.05	20646.40	20027.01	19426.20	18843.41	18278.11
青岛市	19017.23	20434.80	20434.80	18542.44	18194.55	18740.39	18648.79	18479.42	18483.76	18475.64
苏州市	19255.00	19227.28	19139.44	18905.58	17960.30	17062.28	16594.83	16594.83	16594.83	16646.35
天津市	18505.88	18664.37	18664.37	18471.82	17993.50	18533.31	17977.31	17437.99	16914.85	16407.40
武汉市	14509.43	14398.04	14415.11	14465.89	13864.84	14168.99	13743.92	13331.60	12931.65	12790.47
西安市	13232.70	13158.55	13138.00	13219.50	13417.97	13438.74	13035.58	12719.09	12907.34	12918.83
厦门市	24674.00	20197.00	20275.50	19954.50	27807.20	26972.98	26163.79	25378.88	24715.19	24870.14
郑州市	12883.70	12896.29	12899.65	12956.87	12141.81	12506.06	12130.88	11766.95	11413.94	11301.89

数据来源：中指数据库监测。

备注：城市售价数据根据固定样本计算。

6-15　2022年20城市甲级写字楼空置率

单位：%

城市	第一季度	第二季度	第三季度	第四季度
北京市	14.30	14.94	14.68	14.35
上海市	12.80	13.46	13.67	13.27
广州市	10.20	11.18	10.97	11.09
深圳市	22.20	23.48	23.95	23.97
长沙市	35.30	36.48	35.72	34.81
成都市	20.80	20.43	19.85	20.06
重庆市	27.60	28.43	27.66	27.92
福州市	--	24.60	25.23	25.00
杭州市	12.00	12.58	12.22	12.26
合肥市	--	--	--	--
济南市	--	23.10	23.30	23.53
南昌市	--	--	--	--
南京市	--	22.35	22.93	22.30
青岛市	31.10	32.41	33.30	33.00
苏州市	14.60	15.66	15.79	16.01
天津市	32.10	29.27	29.94	31.09
武汉市	37.70	34.72	33.75	32.75
西安市	25.60	27.05	27.57	26.96
厦门市	25.20	26.27	27.03	27.83
郑州市	--	19.03	18.57	18.77

数据来源：中指数据库监测。

备注：城市空置率数据根据固定样本计算。

6-16 2022年重点城市写字楼大宗交易统计

单位：平方米、万元

城市	项目数量	成交面积	成交金额
北京市	57	1484563.96	4369705.65
上海市	55	2017961.50	5416243.55
广州市	14	331974.45	1583700.00
深圳市	14	378797.42	2438850.00
长沙市	4	120000.00	54750.00
成都市	10	487589.19	744395.04
重庆市	10	413763.28	291044.20
福州市	1	65958.13	78600.00
杭州市	8	219468.90	708690.24
合肥市	5	202000.00	218700.00
南京市	3	19846.00	203800.00
青岛市	4	119101.00	107642.77
苏州市	6	338895.20	167746.00
天津市	1	--	12000.00
武汉市	6	36038.20	127600.00
西安市	1	2000000.00	69600.00
厦门市	2	--	15374.00

数据来源：中指数据库监测。

备注：本统计数据不包含资产包大宗交易数据。

6-17　2022年成交金额TOP10大宗交易榜单

单位：万元（总价），平方米（面积）

排名	省份	城市	项目名称	物业类型	成交时间	成交总价	成交面积	买家	卖家	交易类型
1	广东省	深圳市	中信城开大厦	写字楼	2022年7月	816700	176844.00	中信城开	佳兆业集团	资产交易
2	广东省	深圳市	深圳市深湾三路与白石四道交汇处东南角	商业	2022年11月	754300	10376.82	深圳市安和一号房地产开发有限公司	中國恒大集團	资产交易
3	上海市	上海市	外滩金融中心50%股权	写字楼	2022年3月	634218	420000.00	復星國際有限公司	中融国际信托有限公司	股权交易
4	四川省	成都市	成都远洋太古里50%股权	酒店	2022年12月	555000	--	太古地產有限公司	远洋控股集团（中国）有限公司	股权交易
5	北京市	北京市	北京远洋锐中心项目	综合体	2022年6月	501500	147400.00	中国平安人寿保险股份有限公司	远洋控股集团（中国）有限公司	股权交易
6	广东省	广州市	琶洲南TOD项目49%股权	商业	2022年5月	501000	304000.00	广州越秀华城房地产开发有限公司	美莱投资有限公司	股权交易
7	上海市	上海市	上海北外滩地块90%股权	写字楼	2022年12月	460800	230568.00	友邦人寿保险有限公司	上海实业控股有限公司	股权交易
8	北京市	北京市	数字科技大厦	写字楼	2022年12月	452000	135500.00	华夏银行	北京首侨创新置业有限公司	资产交易
9	上海市	上海市	上海外滩茂悦大酒店	酒店	2022年1月	450000	109900.00	上海地产（集团）有限公司	世茂集團控股有限公司	资产交易
10	广东省	广州市	复星国际中心～南地块楼宇	写字楼	2022年7月	429000	110000.00	丰树集团	广州市星健星穗房地产有限公司	资产交易

数据来源：中指数据库监测。
备注：本统计数据不包含资产包大宗交易数据。

6-18　2022年125城市购物中心项目数量及存量面积

单位：万平方米

城市	项目总量	存量面积
一线城市		
北京市	269	2170
上海市	537	3658
广州市	292	2067
深圳市	278	2071
二线城市		
长春市	60	658
长沙市	133	1202
成都市	250	2222
重庆市	261	2352
大连市	50	450
福州市	80	649
贵阳市	71	732
哈尔滨市	45	517
海口市	42	341
杭州市	212	1778
合肥市	103	990
呼和浩特市	30	272
济南市	79	730
昆明市	92	950
兰州市	41	405
南昌市	87	680
南京市	209	1685
南宁市	79	593
宁波市	117	998
青岛市	108	991
三亚市	21	196
沈阳市	84	927
石家庄市	56	482
苏州市	240	1818
太原市	44	391
天津市	137	1210
温州市	52	492
无锡市	98	849

6-18 续表1

城市	项目总量	存量面积
武汉市	185	1720
西安市	160	1272
西宁市	18	193
厦门市	80	618
银川市	32	268
郑州市	120	994
三四线城市		
宝鸡市	15	110
保定市	27	217
北海市	8	51
沧州市	17	123
常德市	20	151
常州市	53	571
承德市	8	40
东莞市	104	705
鄂州市	10	73
佛山市	174	1414
赣州市	43	344
桂林市	17	147
邯郸市	22	187
衡水市	6	50
衡阳市	20	138
湖州市	28	194
淮安市	38	329
黄冈市	14	99
黄石市	17	141
惠州市	54	347
吉安市	18	134
吉林市	10	161
济宁市	27	211
嘉兴市	51	361
江门市	37	262
金华市	44	374
荆州市	14	112
九江市	26	263

6-18 续表2

城市	项目总量	存量面积
开封市	9	89
廊坊市	27	215
乐山市	11	81
丽水市	9	66
连云港市	14	161
临沂市	36	330
柳州市	16	118
泸州市	12	91
六安市	11	108
洛阳市	26	218
马鞍山市	11	96
眉山市	15	128
绵阳市	21	152
南充市	20	168
南通市	73	546
南阳市	20	103
莆田市	20	165
秦皇岛市	10	91
清远市	17	140
衢州市	11	81
泉州市	52	419
汕头市	26	158
商丘市	14	116
上饶市	16	115
绍兴市	50	415
台州市	35	307
泰安市	17	152
泰州市	31	286
唐山市	30	323
潍坊市	33	332
芜湖市	25	220
咸阳市	23	176
湘潭市	9	109
襄阳市	28	237
孝感市	11	95
新乡市	17	120

6-18 续表3

城市	项目总量	存量面积
邢台市	16	195
宿迁市	23	245
宿州市	14	131
许昌市	12	78
徐州市	61	479
烟台市	45	399
盐城市	52	404
扬州市	50	415
宜宾市	15	115
宜昌市	26	182
宜春市	18	168
岳阳市	13	102
湛江市	30	226
张家口市	14	94
肇庆市	18	141
镇江市	25	246
中山市	61	445
舟山市	11	86
珠海市	70	438
株洲市	22	174
驻马店市	16	163
淄博市	26	245
遵义市	39	284

数据来源：中指数据库监测。
注：统计口径为已开业和未开业的购物中心，存量面积指项目建筑面积。

6-19 2020-2022年全国法拍房市场规模和趋势

年份	挂拍量（套）	成交量（套）	成交率（%）	成交金额（亿元）	成交折扣率（%）	流拍率（%）
2020	368151	132343	36.0	3,509.29	65.9	51.5
2021	413456	121550	29.4	3,494.75	84.7	59.0
2022	495123	111091	22.4	2,913.17	78.5	68.7

数据来源：中指数据库监测。

注：统计标的物类型包含住宅、工业、商业和土地，不包含车库/车位和其他类型；统计数量时同一项目的多个拍次只计算一次。

6-20　2022年全国各地区法拍市场规模

省份	挂拍量（套）	成交量（套）	成交率（%）	成交金额（亿元）	成交折扣率（%）	流拍率（%）
北京	5239	2568	49.0	277.48	77.7	31.6
上海	2367	1143	48.3	137.12	86.3	40.9
天津	4570	1280	28.0	44.86	64.6	63.1
重庆	19091	5660	29.7	74.44	66.4	65.7
广东	39180	12200	31.1	324.76	86.4	56.9
浙江	17725	9087	51.3	398.29	82.4	43.8
江西	20135	4087	20.3	87.96	71.1	68.0
安徽	23523	3959	16.8	89.02	79.7	74.1
黑龙江	13760	1812	13.2	12.46	78.3	80.7
江苏	32697	10880	33.3	333.02	72.9	56.5
广西	27299	6088	22.3	72.36	77.7	67.4
福建	14410	5521	38.3	172.54	81.0	53.8
吉林	6782	951	14.0	12.23	68.0	81.6
内蒙古	17078	2875	16.8	17.92	82.3	78.0
海南	1434	375	26.2	9.47	81.0	56.7
河南	41177	6247	15.2	139.96	74.9	72.7
河北	15957	3958	24.8	75.00	80.	62.6
山西	5260	557	10.6	8.39	83.6	84.6
陕西	7161	1084	15.1	26.66	86.1	78.2
西藏	85	7	8.2	2.01	77.8	89.4
湖南	22315	4066	18.2	61.20	82.4	72.8
湖北	15681	2535	16.2	91.31	80.9	75.5
四川	35182	8465	24.1	146.21	78.1	67.5
山东	27960	5472	19.6	160.70	78.3	70.5
辽宁	27878	3725	13.4	46.30	63.3	80.9
云南	12840	2320	18.1	46.38	84.5	73.4
贵州	21244	1736	8.2	15.76	79.9	86.3
甘肃	5603	463	8.3	6.30	74.9	84.9
新疆	4510	815	18.1	10.25	76.2	73.2
青海	760	50	6.6	1.78	73.3	87.9
宁夏	6220	1105	17.8	11.02	75.1	77.5

数据来源：中指数据库监测。

注：统计标的物类型包含住宅、工业、商业和土地，不包含车库/车位和其他类型；统计数量时同一项目的多个拍次只计算一次。

6-21 2022年全国重点城市法拍市场规模

城市	挂拍量（套）	成交量（套）	成交率（%）	成交金额（亿元）	成交折扣率（%）	流拍率（%）
一线城市						
北京市	5239	2568	49.0	277.48	77.7	31.6
上海市	2367	1143	48.3	137.12	86.3	40.9
广州市	5564	1615	29.0	55.11	84.7	61.2
深圳市	3846	1396	36.3	110.00	94.2	43.6
二线城市						
长春市	2076	399	19.2	6.36	66.4	74.2
长沙市	7111	2359	33.2	33.62	88.2	58.0
成都市	11443	4372	38.2	98.87	81.2	50.0
重庆市	19091	5660	29.7	74.44	66.4	65.7
大连市	6359	1467	23.1	22.73	61.5	69.9
福州市	3448	1279	37.1	37.44	81.2	58.9
贵阳市	5621	798	14.2	6.97	80.0	79.2
哈尔滨市	3315	478	14.4	6.57	77.2	77.1
海口市	910	280	30.8	5.92	82.1	55.4
杭州市	3672	1977	53.8	88.28	80.1	42.4
合肥市	4984	1191	23.9	22.68	89.5	60.6
呼和浩特市	1720	156	9.1	3.18	76.0	83.7
济南市	2738	600	21.9	13.48	78.2	65.2
昆明市	4900	1255	25.6	25.28	83.8	63.7
兰州市	1299	98	7.5	2.05	66.8	84.9
南昌市	3306	958	29.0	14.75	72.7	56.4
南京市	3044	1266	41.6	39.30	74.5	50.3
南宁市	7628	1795	23.5	20.87	77.3	65.4
宁波市	1837	1133	61.7	40.58	75.8	33.2
青岛市	3914	1082	27.6	47.11	79.0	59.4
三亚市	114	40	35.1	1.88	82.2	57.0
沈阳市	5566	1062	19.1	12.43	59.4	76.2
石家庄市	2753	980	35.6	16.48	77.6	49.8
太原市	860	124	14.4	3.30	83.9	82.0
天津市	4570	1280	28.0	44.86	64.6	63.1
温州市	2978	1422	47.8	34.42	91.8	44.9
乌鲁木齐市	1006	231	23.0	2.96	79.0	67.9
无锡市	3532	1368	38.7	49.85	75.6	48.9
武汉市	5523	1347	24.4	65.22	84.1	65.0
西安市	2715	536	19.7	16.69	82.9	73.2
西宁市	497	44	8.9	1.68	72.4	86.9

6-21 续表 1

城市	挂拍量（套）	成交量（套）	成交率（%）	成交金额（亿元）	成交折扣率（%）	流拍率（%）
厦门市	992	604	60.9	38.62	82.0	33.0
银川市	4315	716	16.6	8.29	75.7	78.3
郑州市	10050	2201	21.9	66.10	72.3	61.6
三四线城市						
安庆市	1143	153	13.4	3.34	75.1	82.6
包头市	1401	103	7.4	1.05	76.7	89.2
北海市	2704	642	23.7	5.73	82.8	68.1
蚌埠市	2252	254	11.3	5.76	75.6	84.6
常德市	1451	77	5.3	2.34	65.3	85.5
大理市	631	79	12.5	1.22	80.6	82.6
丹东市	694	84	12.1	0.80	78.4	82.4
赣州市	3582	877	24.5	12.07	73.0	68.5
桂林市	3754	679	18.1	11.91	60.2	71.1
惠州市	4751	1230	25.9	21.29	70.1	64.7
吉林市	485	63	13.0	0.18	64.9	81.0
济宁市	1920	331	17.2	7.34	72.3	73.6
金华市	1865	1222	65.5	88.43	84.9	29.0
锦州市	626	118	18.9	1.03	70.9	76.0
九江市	2492	305	12.2	12.28	77.2	78.2
泸州市	2702	259	9.6	2.12	79.8	84.1
洛阳市	4330	654	15.1	9.00	81.6	69.9
牡丹江市	1566	54	3.5	0.38	78.5	90.7
南充市	3712	557	15.0	2.95	69.1	81.4
平顶山市	1460	186	12.7	2.03	75.0	69.7
秦皇岛市	779	216	27.7	4.21	88.8	66.4
泉州市	2292	907	39.6	35.94	83.0	52.6
韶关市	1097	237	21.6	2.67	75.0	66.6
唐山市	1568	177	11.3	9.91	72.0	64.6
襄阳市	1287	217	16.9	6.29	71.4	72.3
徐州市	3607	1130	31.3	17.73	70.0	52.9
烟台市	2356	408	17.3	11.87	72.4	77.1
扬州市	1751	518	29.6	13.36	68.6	58.3
宜昌市	1071	193	18.0	2.80	68.0	77.5
岳阳市	799	152	19.0	2.51	76.2	72.7
湛江市	962	288	29.9	6.80	97.1	48.7
遵义市	6654	404	6.1	4.57	89.2	88.0

数据来源：中指数据库监测。

注：统计标的物类型包含住宅、工业、商业和土地，不包含车库/车位和其他类型；统计数量时同一项目的多个拍次只计算一次。

6-22　2022年全国各物业类型法拍市场规模

类型	挂拍量（套）	成交量（套）	成交率（%）	成交金额（亿元）	成交折扣率（%）	流拍率（%）
住宅	285040	81390	28.6	1,317.84	82.4	61.4
商业	189106	23839	12.6	687.02	70.2	79.9
土地	13828	4422	32.0	640.11	79.3	64.9
工业	7149	1440	20.1	268.19	83.3	68.1

数据来源：中指数据库监测。

注：统计标的物类型包含住宅、工业、商业和土地，不包含车库/车位和其他类型；统计数量时同一项目的多个拍次只计算一次。

第七章

2022年中国房地产百城价格指数

7-1　2022年百城新建住宅与二手住宅价格指数

	指标	1月	2月	3月	4月	5月	6月	7月	8月	9月	10月	11月	12月
新建住宅	百城平均价格（元/平方米）	16179	16184	16189	16193	16198	16205	16204	16203	16200	16199	16190	16177
	环比涨跌幅	−0.01%	0.03%	0.03%	0.02%	0.03%	0.04%	−0.01%	−0.01%	−0.02%	−0.01%	−0.06%	−0.08%
	同比涨跌幅	2.06%	1.89%	1.72%	1.51%	1.20%	0.88%	0.52%	0.32%	0.15%	0.06%	0.04%	−0.02%
	百城价格中位数（元/平方米）	10043	10032	10022	10013	9999	9982	10002	10006	10005	10006	9992	9973
二手住宅	百城平均价格（元/平方米）	15987	16009	16027	16032	16030	16026	16012	15991	15970	15945	15911	15876
	环比涨跌幅	−0.08%	0.14%	0.11%	0.03%	−0.01%	−0.02%	−0.09%	−0.13%	−0.13%	−0.16%	−0.21%	−0.22%
	同比涨跌幅	2.86%	2.72%	2.38%	1.91%	1.39%	0.87%	0.35%	−0.12%	−0.39%	−0.51%	−0.64%	−0.77%
	百城价格中位数（元/平方米）	11935	12015	12035	12008	11987	11958	11916	11899	11879	11884	11835	11818

7-2 2022年百城新建住宅价格指数环比涨跌幅

单位：%

城市	1月	2月	3月	4月	5月	6月	7月	8月	9月	10月	11月	12月
一线城市												
北京	0.08	0.02	0	0.13	0.10	0.06	0.27	0.05	0.10	0.06	0.03	−0.04
上海	−0.20	0.23	0.02	0	−0.01	−0.14	−0.50	−0.21	−0.14	−0.05	0	0.01
广州	0.33	0.62	0.22	0.06	0.03	0.02	0.05	0.06	−0.09	0.18	−0.07	−0.11
深圳	0.04	−0.07	0.03	−0.04	0.37	0.16	−0.02	0.23	−0.03	−0.32	−0.18	−0.29
二线城市												
北海	−0.18	−0.15	−0.06	−0.38	0	0.05	−0.05	−0.15	−0.16	0	−0.01	−0.01
长春	0.02	−0.14	−0.34	−0.32	−0.19	−0.23	−0.10	−0.11	−0.31	−0.19	−0.07	−0.13
长沙	0.36	−0.06	0.09	0.19	0.28	0.15	0.03	0.33	0.17	0.25	0.15	0.03
成都	0.05	0.12	0.20	0.23	0.28	0.61	0.04	−0.07	−0.08	0.21	0.10	−0.07
重庆（主城区）	0.11	−0.21	0.08	0.10	−0.07	−0.03	−0.01	−0.04	−0.20	−0.10	−0.05	−0.16
大连	0.06	0.09	0.10	0.08	0.11	−0.04	−0.04	−0.01	−0.02	0	−0.51	−0.20
福州	0	0	−0.02	0	0.02	0.01	−0.03	−0.02	0.01	0.05	−0.01	−0.02
贵阳	−0.08	−0.10	−0.05	0.24	−0.02	−0.08	−0.04	−0.04	−0.25	−0.09	−0.05	0
哈尔滨	−0.24	−0.01	−0.08	−0.26	−0.03	−0.01	−0.53	−0.42	−0.44	−0.20	−1.02	−0.80
海口	0.03	−0.04	−0.09	−0.13	−0.08	−0.02	−0.07	0.05	0.01	−0.29	0.01	−0.01
杭州	0.08	0	0	0.06	0.10	0.15	0.20	0.27	0.18	0.10	0.12	0.06
合肥	0.23	0.16	0.06	0.20	0.03	0.10	0.22	0.32	0.13	0.31	0.01	−0.12
呼和浩特	0	0	−0.03	0.01	0	0.02	0	−0.08	−0.18	−0.01	−0.07	0	−0.03
济南	0.08	0.12	0.14	−0.09	−0.12	−0.04	−0.07	−0.10	−0.03	−0.13	−0.12	−0.25
昆明	−0.16	−0.07	−0.12	0.06	−0.22	−0.04	−0.20	−0.15	−0.04	−0.05	−0.08	−0.08
兰州	−0.03	−0.19	−0.15	−0.19	0.13	0.02	−0.02	−0.10	−0.20	−0.02	−0.18	−0.15
南昌	−0.46	−0.29	−0.21	−0.20	−0.04	−0.12	0.01	−0.14	−0.02	−0.14	−0.07	−0.17
南京	0.16	−0.39	0	0.10	0.27	0.20	0.29	0.30	−0.02	−0.09	−0.06	−0.06
南宁	−0.30	0.02	−0.12	−0.26	0.10	−0.04	−0.05	−0.19	−0.26	−0.04	−0.06	−0.17
宁波	0.18	−0.12	0.34	0.19	−0.02	0.67	0.70	0.40	0.25	0.28	0.18	0.08
青岛	0.01	0.01	−0.04	0.09	0.20	0.15	0.09	−0.07	0.09	−0.03	−0.08	−0.03
三亚	−0.78	−0.12	−0.23	−0.16	−0.02	−0.13	0.15	−0.02	−0.01	−0.06	0	−0.07
厦门	−0.02	0	0.06	−0.04	0.01	−0.02	0.10	0.11	0.02	−0.03	−0.01	0.01
沈阳	0.18	−0.25	−0.14	−0.21	−0.21	−0.24	0.10	0.11	−0.07	−0.03	−0.17	−0.20
石家庄	0.04	0.01	−0.03	−0.10	−0.01	0.08	−0.03	−0.29	−0.20	−0.07	−0.12	−0.13
苏州	0.21	0.01	0.09	0	0.27	0.14	0	0.05	0.03	0.01	0.03	0.01
太原	−0.75	0.02	−0.06	0.03	−0.07	−0.10	0.26	0.02	0.04	0.05	−0.10	−0.19
天津	0.08	−0.28	0.28	0.06	0.02	0.03	−0.18	−0.16	−0.10	−0.08	−0.07	−0.21

7-2 续表1

城市	1月	2月	3月	4月	5月	6月	7月	8月	9月	10月	11月	12月
温州	−0.15	−0.64	0.13	−0.27	−0.41	−0.70	−0.52	−0.40	−0.07	−0.16	−0.16	−0.16
乌鲁木齐	−0.01	0.02	0	−0.04	0.12	0.11	−0.04	0.06	0	−0.05	0	0
无锡	0.25	0.01	−0.09	0.34	0.34	0.10	0.13	0.24	0.20	0.05	−0.10	−0.34
武汉	0.23	−0.03	−0.33	0.18	−0.15	0.04	0.31	−0.01	−0.10	−0.16	−0.15	−0.12
西安	0.09	0.08	0.30	0.25	0.17	0.68	0.40	0.13	0.11	0.08	0.03	−0.03
西宁	0.05	0	0.03	0	0.03	0.03	0.09	0.05	−0.04	0	0	0
银川	0.20	0	0.03	0.03	0.05	0.04	−0.02	−0.07	0.10	0.04	0.02	0
郑州	0.09	−0.08	−0.27	−0.13	−0.01	0.04	−0.04	−0.01	−0.27	−0.01	−0.06	−0.35
三四线城市												
包头	−0.02	−0.34	−0.11	0	−0.08	−0.32	−0.06	−0.22	0	0	−0.05	−0.09
保定	−0.08	0.06	0.08	−0.22	−0.25	−0.11	0.03	−0.24	0.03	0.03	0.01	−0.06
常熟	0.18	0.15	0.11	−0.03	−0.01	−0.08	−0.51	−0.55	−0.13	−0.25	−0.22	0
常州	0.11	0.44	−0.07	−0.06	−0.38	−0.15	0.01	0.09	0.16	0.09	0.01	−0.17
德州	−0.16	0	0.03	0	0	0.03	0	−0.03	−0.09	0	0	0
东莞	−0.01	0.13	0.25	0.21	0.34	0.02	0.05	0.17	−0.06	0.01	−0.50	−0.42
东营	0	0.02	−0.02	−0.02	0	0	−0.03	−0.10	0	0	0	−0.05
佛山	−0.36	−0.01	0.21	−0.17	−0.07	0.03	0.01	0.08	0.06	−0.26	−0.12	−0.18
阜阳	−0.43	−0.11	−0.13	−0.04	0	−0.05	−0.04	−0.13	0	0	−0.12	−0.25
赣州	0.04	0.05	−0.05	0.02	0.07	0	0.10	−0.18	−0.06	0	0	0
桂林	−0.21	−0.68	−0.08	−0.03	−0.32	−0.24	−0.03	−0.14	−0.09	−0.14	−0.08	−0.05
邯郸	−0.14	−0.09	0.09	0	−0.23	−0.13	0.04	0.03	0.01	0.04	0.01	−0.14
菏泽	0	−0.02	−0.05	0.04	−0.11	0.02	−0.05	−0.22	−0.09	−0.06	−0.09	−0.04
衡水	−0.19	−0.19	−0.07	−0.21	−0.02	0	−0.03	−0.24	−0.18	0.02	0.02	−0.50
湖州	−0.04	−0.09	−0.01	0.06	0.15	−0.30	0.19	−0.03	−0.03	0.05	−0.18	−0.18
淮安	0	0	−0.01	0	−0.13	0.10	−0.04	−0.17	0.04	0	0.01	0
惠州	0.03	−0.02	−0.05	0.17	−0.09	−0.26	−0.09	0.10	−0.05	−0.06	−0.06	−0.10
济宁	0.17	−0.02	−0.10	0.16	0	0.12	0.06	−0.17	−0.12	−0.09	0	0
嘉兴	0.20	0.14	−0.02	0.42	0.40	0.22	0.21	−0.12	0.05	0	0	0
江门	−0.12	−0.20	−0.19	−0.18	0.04	−0.04	−0.05	−0.06	−0.37	−0.43	−0.01	−0.16
江阴	−0.17	−0.03	0.08	−0.05	−0.05	−0.02	−0.15	−0.21	−0.04	−0.06	0	−0.02
金华	0.21	0.13	0.05	0.48	0.07	0	0.01	−0.10	0.10	0.08	−0.01	0.01
昆山	−0.11	0.06	0.04	−0.04	0.06	0.13	0	0.01	0.11	0.09	0.04	−0.01
廊坊	−0.03	−0.27	−0.28	−0.26	−0.22	−0.37	−0.03	−0.12	−0.06	0	−0.18	−0.05
连云港	0	0	0.10	0	0	0.10	−0.09	−0.19	0.05	0.10	0.01	0

7-2 续表2

城市	1月	2月	3月	4月	5月	6月	7月	8月	9月	10月	11月	12月
聊城	0.21	−0.07	−0.01	0.16	0.11	0	0.15	−0.30	−0.26	0.08	−0.01	0.01
临沂	−0.66	−0.05	0	0.13	0	0	0	0.02	0	−0.06	0	0
柳州	−0.04	−0.14	−0.09	−0.16	−0.39	−0.02	0.05	−0.07	0	−0.15	0	0
洛阳	0.06	−0.10	−0.17	−0.27	−0.28	−0.12	−0.04	−0.10	−0.10	−0.06	−0.12	−0.12
马鞍山	−0.05	0	0	0	0	0.05	0	−0.15	0.05	0	0.01	−0.01
绵阳	0.03	0	−0.01	0	0	0.04	0.10	0.04	0.10	−0.04	0.01	0
南通	0.04	0.05	−0.11	−0.07	0.02	−0.11	0.10	0	0.05	−0.10	−0.27	−0.26
秦皇岛	0.04	0	0.03	−0.12	0	−0.07	−0.16	0.10	0	−0.07	0	0
泉州	0.02	−0.01	0.02	0	0	0.05	−0.05	−0.06	0	0	−0.02	−0.02
汕头	0.04	−0.08	0.10	0	0.06	−0.03	−0.08	−0.04	−0.05	0	0	−0.03
绍兴	0	0	0	0	−0.06	−0.07	−0.12	−0.12	0.01	0.04	0.03	0.02
宿迁	0	0	0	0.02	0	0	0	0	0	−0.02	0	0
台州	0	0	0	0.08	0.08	0.10	0.13	−0.10	0.02	−0.05	0.03	0.01
泰州	−0.06	0.25	0.12	0	0.07	−0.05	0.10	−0.12	0.01	0	0	0
唐山	−0.12	−0.01	0.01	−0.36	−0.42	0.08	0.07	−0.10	0.03	−0.02	−0.02	−0.08
威海	−0.03	−0.08	−0.37	−0.07	−0.45	0	0	−0.05	−0.01	−0.18	−0.40	0
潍坊	0.06	−0.03	−0.18	0.09	−0.06	0.03	0.06	−0.04	−0.07	−0.15	−0.09	−0.04
芜湖	−0.40	−0.05	0.12	0.13	−0.13	−0.07	−0.04	−0.07	−0.19	−0.26	−0.32	−0.05
湘潭	−0.68	0.04	−0.06	−0.06	0	−0.11	−0.04	−0.19	−0.15	0	−0.20	−0.52
新乡	−0.02	−0.10	−0.17	0	0.10	0	0	−0.07	0	0	0	0
徐州	−0.12	−0.06	0.13	−0.21	−0.18	−0.05	0.18	−0.11	−0.10	−0.08	−0.01	−0.13
烟台	−0.09	−0.23	0.02	−0.13	0.09	0.02	0.14	−0.08	−0.06	−0.04	−0.08	−0.14
盐城	0.11	0.09	0	−0.05	0.15	0	0.05	−0.12	0.02	0	0	−0.02
扬州	−0.22	0.17	−0.14	−0.10	0.09	0.04	0.20	−0.10	−0.04	−0.03	−0.07	−0.15
宜昌	−0.14	0	0.04	−0.09	0.09	0.09	0.13	−0.08	0	−0.13	0.01	0
湛江	−0.49	−1.19	−0.33	0.11	−0.25	0.06	−0.51	−0.32	−0.23	−0.30	−0.41	−0.30
张家港	−0.31	0.05	−0.10	−0.14	0	0.05	0.10	−0.11	−0.01	0	0	0
张家口	0.04	−0.04	−0.02	−0.01	0	0	−0.06	−0.20	0	−0.24	−0.05	−0.01
漳州	−0.04	0	−0.05	−0.08	−0.40	0.11	0.16	0.12	−0.05	−0.22	−0.08	−0.04
肇庆	0.07	−0.18	−0.20	−1.04	0.01	0.01	−0.03	−0.03	−0.31	−0.13	−0.23	−0.13
镇江	−0.05	−0.05	−0.10	−0.12	−0.07	−0.10	0.12	−0.20	−0.10	0	−0.02	−0.05
中山	−0.31	−0.05	−0.14	−0.27	−0.22	0.02	−0.03	−0.21	−0.16	−0.71	−1.45	−0.75
珠海	0.12	−0.04	−0.10	−0.55	−0.12	−0.01	−0.03	0.08	−0.18	−0.14	−0.09	−0.18
株洲	−0.79	−0.05	−0.11	0.03	−0.03	−0.26	−0.13	−0.07	0	−0.03	−0.46	−0.38
淄博	0	0	0.05	−0.09	−0.05	0.05	0.01	0.06	0.03	0.06	0	0

7-3 2022年百城新建住宅价格指数同比涨跌幅

单位：%

城市	1月	2月	3月	4月	5月	6月	7月	8月	9月	10月	11月	12月
一线城市												
北京	1.85	1.74	1.66	1.67	1.42	1.22	1.29	1.19	1.11	0.81	0.87	0.86
上海	1.68	2.05	1.88	1.81	1.35	0.58	−0.80	−1.10	−1.45	−1.31	−1.15	−0.97
广州	5.38	4.15	3.28	2.96	2.76	2.04	1.83	1.74	1.73	1.92	1.80	1.30
深圳	0.04	−0.31	−0.33	−0.56	−0.26	−0.26	−0.02	0.12	0.31	0.26	0.23	−0.12
二线城市												
北海	−1.50	−1.67	−1.71	−1.87	−2.00	−1.81	−1.76	−1.87	−1.86	−1.75	−1.40	−1.10
长春	−0.74	−1.02	−1.33	−1.36	−1.68	−1.89	−2.22	−1.93	−2.26	−2.20	−1.98	−2.07
长沙	3.73	3.23	3.18	2.97	2.71	2.22	1.96	2.03	2.23	2.23	2.46	1.98
成都	4.88	4.69	4.29	3.66	3.30	3.50	3.23	2.49	1.79	1.43	1.63	1.65
重庆（主城区）	4.47	4.00	3.40	3.04	2.28	1.57	1.00	0.67	0.53	−0.14	−0.33	−0.59
大连	1.85	1.86	1.55	1.12	1.07	0.69	0.20	−0.20	−0.08	0.08	−0.35	−0.39
福州	1.33	0.94	0.69	0.61	0.57	0.43	0.36	0.38	0.35	0.42	0.40	−0.02
贵阳	0.65	0.11	0	0.23	0.16	0.20	0.26	0.30	−0.40	−0.75	−0.60	−0.57
哈尔滨	−1.35	−1.14	−1.20	−1.48	−1.32	−1.08	−1.37	−1.77	−2.24	−2.45	−3.32	−3.98
海口	2.14	2.23	1.92	1.68	1.04	0.61	0.20	−0.37	−0.05	−0.48	−0.52	−0.63
杭州	2.31	1.83	1.41	1.45	1.46	0.72	0.85	0.63	0.88	1.07	1.19	1.32
合肥	1.42	1.40	1.33	1.45	1.46	1.45	1.38	1.56	1.35	1.97	1.95	1.66
呼和浩特	1.38	0.94	1.10	0.90	0.55	0.21	−0.36	−0.90	−0.72	−0.21	−0.29	−0.38
济南	3.50	3.47	3.57	3.59	2.95	2.54	1.45	−0.13	−0.17	−0.22	−0.39	−0.62
昆明	0.38	0.17	−0.01	−0.19	−0.26	−0.72	−1.08	−1.58	−1.80	−1.50	−1.32	−1.14
兰州	1.55	1.28	1.02	0.56	0.86	0.46	0.43	0.16	−0.42	−0.86	−0.91	−1.07
南昌	−0.31	−0.88	−1.13	−1.39	−1.46	−1.58	−1.55	−1.97	−1.97	−1.97	−1.91	−1.83
南京	2.14	1.24	1.21	0.98	0.75	0.91	0.97	1.35	0.82	0.74	0.82	0.71
南宁	1.55	1.47	1.27	0.44	−0.09	−0.42	−0.91	−1.47	−2.13	−1.57	−1.52	−1.37
宁波	3.53	3.21	3.54	3.45	2.64	3.22	3.48	3.47	3.22	3.24	3.52	3.19
青岛	2.01	1.92	1.80	2.02	1.89	1.72	1.27	1.06	0.83	0.53	0.37	0.41
三亚	−0.47	−0.79	−1.10	−1.16	−1.57	−1.56	−1.57	−1.80	−1.95	−2.13	−2.06	−1.45
厦门	0.54	0.41	0.40	0.01	0.04	0.20	0.17	0.38	0.37	0.34	0.28	0.21
沈阳	1.83	1.68	1.55	1.19	0.37	−0.26	−0.62	−0.88	−1.11	−1.26	−1.34	−1.13
石家庄	0.27	0.08	0.06	0.16	0.19	0.29	0.09	−0.38	−0.44	−0.69	−0.80	−0.84
苏州	2.64	2.60	2.65	2.20	2.23	1.76	1.59	1.11	1.08	0.98	1.01	0.85
太原	−0.41	−0.49	−0.41	−0.57	−0.69	−1.17	−1.48	−1.35	−1.44	−1.22	−1.35	−0.85
天津	0.68	0.46	0.78	0.74	0.66	0.33	−0.03	−0.19	−0.10	−0.23	−0.35	−0.62

7-3 续表1

城市	1月	2月	3月	4月	5月	6月	7月	8月	9月	10月	11月	12月
温州	0.53	−0.34	−0.29	−0.64	−0.80	−2.22	−3.05	−3.32	−3.01	−3.50	−3.56	−3.47
乌鲁木齐	0.85	0.45	0.44	0.28	0.24	0.22	0.15	0.17	−0.11	0.04	0	0.18
无锡	5.23	5.07	4.11	3.58	3.39	2.47	2.16	2.03	2.21	1.87	1.77	1.15
武汉	1.32	1.30	0.85	0.50	0.28	0.08	0.35	0.54	0.83	0.24	−0.02	−0.29
西安	9.36	8.86	8.90	8.01	7.50	7.59	6.45	4.93	3.76	3.22	2.61	2.31
西宁	2.49	2.21	1.92	1.48	1.12	0.83	0.66	0.56	0.39	0.20	0.07	0.24
银川	4.40	3.78	3.23	2.99	2.41	2.30	1.81	1.38	0.95	0.80	0.72	0.42
郑州	1.43	1.10	0.26	−0.14	−0.24	−0.42	−0.46	−0.55	−0.92	−1.04	−1.06	−1.10
三四线城市												
包头	1.41	1.07	0.98	0.57	−0.03	−0.57	−0.46	−0.74	−0.81	−1.00	−0.97	−1.27
保定	−0.23	0.16	0	−0.27	−0.36	−0.41	−0.55	−0.56	−0.64	−0.64	−0.59	−0.71
常熟	1.64	1.46	1.82	2.01	1.28	1.11	0.34	−0.45	−0.87	−1.30	−1.46	−1.33
常州	5.23	5.10	4.92	3.33	2.56	2.07	1.73	1.04	0.63	0.71	0.25	0.08
德州	0.06	0.42	0.07	0.04	0.18	−0.36	−0.49	−0.58	−0.87	−0.31	−0.27	−0.22
东莞	4.19	3.65	3.30	2.69	2.44	2.06	1.71	1.75	1.69	1.69	1.02	0.18
东营	0.74	0.54	0.20	0.17	0.15	0.07	−0.05	0.08	0.03	−0.07	−0.07	−0.20
佛山	4.01	3.96	3.58	2.34	1.39	0.61	−0.39	−0.33	−0.41	−0.75	−0.85	−0.77
阜阳	0.89	1.23	1.16	0.64	0.24	−0.46	−0.73	−0.90	−1.27	−1.24	−1.36	−1.30
赣州	0.69	0.90	0.71	0.73	0.57	0.40	0.56	0.25	0.07	−0.07	−0.08	−0.01
桂林	0.18	−0.24	−0.53	−0.85	−1.71	−1.70	−1.64	−1.78	−1.95	−2.05	−2.04	−2.07
邯郸	2.25	1.91	1.90	1.80	1.36	0.57	0.14	−0.26	−0.27	−0.67	−0.44	−0.50
菏泽	−0.53	−0.36	−0.44	−0.44	−0.58	−0.56	−0.91	−0.96	−0.44	−0.66	−0.77	−0.68
衡水	0.47	0.68	0.53	−0.16	−0.16	−0.60	−0.91	−1.17	−1.21	−1.47	−1.38	−1.54
湖州	1.63	1.61	1.12	0.56	0.39	0.16	0.22	0.03	−0.62	−0.40	−0.61	−0.39
淮安	1.83	1.83	1.61	1.61	0.99	0.89	0.38	−0.05	0	−0.27	−0.25	−0.21
惠州	2.62	2.22	1.89	1.69	0.99	0.43	0.28	0.18	−0.36	−0.65	−0.70	−0.49
济宁	4.94	4.52	4.16	3.88	3.38	2.96	2.32	1.52	1.07	0.14	0.21	0.01
嘉兴	3.58	3.01	2.94	3.15	2.70	2.23	2.25	2.16	1.87	1.46	1.46	1.51
江门	0.73	0.68	−0.08	−0.79	−0.90	−1.05	−0.75	−1.10	−1.48	−1.52	−1.47	−1.74
江阴	2.09	2.22	2.10	1.83	0.97	0.62	−0.20	−0.60	−0.50	−0.70	−0.61	−0.71
金华	5.34	4.85	3.99	3.96	3.67	2.95	2.32	1.91	1.31	1.24	1.28	1.04
昆山	0.67	0.48	0.49	0.08	0.13	0.16	0.36	0.56	0.74	0.49	0.63	0.39
廊坊	−3.34	−3.17	−3.17	−3.13	−3.15	−3.42	−3.40	−3.42	−3.25	−2.67	−2.57	−1.87
连云港	2.27	2.18	1.77	1.43	1.03	1.13	1.04	0.40	0.41	0.34	0.35	0.09
聊城	3.28	2.92	2.51	2.51	2.23	1.68	1.69	1.01	0.30	0.13	0.12	0.06

7-3 续表2

城市	1月	2月	3月	4月	5月	6月	7月	8月	9月	10月	11月	12月
临沂	1.75	1.22	1.12	1.07	0.81	0.52	0	−0.32	−0.50	−0.75	−0.75	−0.62
柳州	−0.59	−0.20	−0.49	−0.74	−1.20	−0.95	−0.99	−1.02	−1.04	−1.00	−0.96	−1.01
洛阳	0.82	0.87	0.65	0.43	0.40	0.20	−0.21	−0.93	−1.15	−1.29	−1.22	−1.42
马鞍山	1.25	1.25	1.25	1.07	0.91	0.84	0.48	−0.16	−0.16	−0.20	−0.19	−0.09
绵阳	1.42	1.05	0.87	0.68	0.14	0.14	0.35	0.36	0.46	0.27	0.29	0.27
南通	3.72	3.51	3.20	2.40	1.16	0.18	0.02	−0.33	0.09	0.01	−0.30	−0.67
秦皇岛	−0.08	−0.27	−0.29	−0.33	−0.23	−0.24	−0.57	0.04	−0.06	−0.42	−0.35	−0.25
泉州	0.77	0.29	0.45	0.23	0.18	0.23	0.09	0.07	−0.02	−0.02	−0.01	−0.07
汕头	−0.11	−0.18	0.08	−0.16	−0.11	−0.26	−0.30	−0.18	−0.19	−0.11	−0.11	−0.10
绍兴	2.54	2.74	2.62	1.63	0.92	0.32	0.05	−0.06	−0.02	−0.26	−0.26	−0.27
宿迁	2.31	2.31	2.23	1.85	1.32	1.00	0.60	0.44	0.04	−0.23	−0.23	0
台州	1.92	1.88	1.55	1.60	1.05	0.68	0.81	0.46	0.32	0.22	0.25	0.30
泰州	2.54	2.57	2.73	2.65	2.17	1.51	1.73	1.18	0.81	0.30	0.33	0.33
唐山	1.52	1.66	1.44	1.25	0.67	0.09	−0.25	−0.36	−0.29	−0.87	−0.89	−0.93
威海	−0.30	−0.38	−1.13	−1.31	−1.75	−1.43	−1.59	−1.61	−1.70	−1.87	−1.97	−1.62
潍坊	1.27	1.24	1.01	1.15	0.58	0.33	0.12	0.10	0.04	−0.22	−0.41	−0.43
芜湖	1.33	1.01	0.93	0.83	0.54	−0.04	−0.14	−0.33	−0.55	−0.99	−1.38	−1.35
湘潭	−0.77	−0.57	−0.64	−0.68	−0.62	−0.93	−0.95	−1.10	−1.30	−1.50	−1.67	−1.94
新乡	1.97	1.69	1.46	1.48	1.55	0.95	1.06	0.55	0.07	−0.29	−0.27	−0.26
徐州	8.45	7.32	6.75	5.91	4.74	3.45	3.03	1.39	0.46	0.33	0.17	−0.74
烟台	0.28	0.10	0.42	0.27	0.66	0.39	0.39	0.60	−0.02	−0.72	−0.73	−0.57
盐城	3.23	2.89	2.72	2.66	2.81	2.32	2.13	1.15	0.54	0.34	0.34	0.22
扬州	3.21	3.23	2.89	2.62	2.87	2.53	2.09	1.89	1.62	0.63	0.57	−0.33
宜昌	−0.14	−0.21	−0.28	−0.69	−0.59	−0.95	−0.76	−0.70	−0.21	−0.54	−0.46	−0.08
湛江	−0.98	−2.61	−2.91	−2.98	−3.48	−3.02	−3.67	−3.61	−3.82	−3.67	−4.06	−4.08
张家港	−0.24	−0.19	−0.17	−0.62	−0.99	−0.54	−0.37	−0.82	−0.56	−0.77	−0.88	−0.46
张家口	−2.71	−2.31	−2.09	−1.49	−1.13	−0.98	−0.78	−0.76	−0.57	−0.77	−0.69	−0.60
漳州	0.14	0.08	−0.05	−0.08	−0.60	−0.55	−0.25	−0.34	−0.56	−0.71	−0.82	−0.58
肇庆	−1.85	−2.06	−1.97	−2.73	−2.78	−2.62	−2.42	−2.19	−2.28	−2.09	−2.29	−2.15
镇江	0.01	0.02	0.12	0.16	0.04	−0.07	0.11	0.05	−0.35	−0.92	−0.86	−0.74
中山	4.06	2.72	1.09	0.72	−0.19	−0.50	−1.08	−1.45	−1.18	−2.34	−3.78	−4.20
珠海	2.06	1.67	1.68	0.81	0.45	0.13	0.17	−0.12	−0.27	−0.87	−0.93	−1.25
株洲	−0.26	−0.60	−0.62	−0.49	−0.95	−1.12	−1.55	−1.72	−1.69	−1.68	−2.16	−2.26
淄博	0.23	0.40	0.35	0.28	0.14	0.49	0.42	0.37	0.08	0.32	0.35	0.13

7-4 2022年百城新建住宅价格指数样本平均价格

单位：元/平方米

城市	1月	2月	3月	4月	5月	6月	7月	8月	9月	10月	11月	12月
一线城市												
北京	44336	44347	44347	44405	44447	44473	44591	44611	44657	44685	44700	44681
上海	51408	51528	51539	51539	51534	51464	51208	51100	51026	51003	51004	51011
广州	24408	24559	24614	24630	24637	24642	24655	24670	24648	24691	24673	24645
深圳	54191	54153	54171	54151	54350	54437	54428	54555	54537	54364	54266	54107
二线城市												
北海	7968	7956	7951	7921	7921	7925	7921	7909	7896	7896	7895	7894
长春	9220	9207	9176	9147	9130	9109	9100	9090	9062	9045	9039	9027
长沙	9347	9341	9349	9367	9393	9407	9410	9441	9457	9481	9495	9498
成都	12522	12538	12564	12592	12628	12705	12710	12701	12691	12718	12731	12722
重庆（主城区）	11815	11790	11799	11811	11802	11799	11798	11793	11769	11757	11751	11732
大连	13828	13841	13855	13866	13881	13875	13869	13868	13865	13865	13794	13766
福州	17188	17188	17185	17185	17188	17189	17184	17180	17181	17189	17187	17184
贵阳	7009	7002	6999	7016	7014	7008	7005	7002	6984	6978	6975	6975
哈尔滨	9637	9636	9628	9603	9600	9599	9548	9508	9466	9447	9351	9276
海口	15346	15340	15326	15306	15294	15291	15281	15288	15290	15246	15247	15245
杭州	29103	29103	29104	29120	29149	29194	29253	29332	29385	29414	29449	29466
合肥	13749	13771	13779	13807	13811	13825	13855	13900	13918	13961	13963	13946
呼和浩特	8660	8660	8657	8658	8660	8660	8653	8637	8636	8630	8630	8627
济南	12027	12042	12058	12047	12032	12027	12018	12006	12003	11988	11973	11943
昆明	11283	11275	11262	11269	11244	11240	11218	11201	11196	11190	11181	11172
兰州	9180	9163	9149	9132	9144	9146	9144	9135	9117	9115	9099	9085
南昌	12685	12648	12622	12597	12592	12577	12578	12560	12558	12540	12531	12510
南京	24579	24482	24483	24507	24573	24623	24695	24770	24765	24743	24728	24714
南宁	11304	11306	11292	11263	11274	11269	11263	11242	11213	11209	11202	11183
宁波	19271	19247	19313	19350	19347	19477	19614	19693	19743	19799	19834	19849
青岛	13728	13729	13724	13736	13764	13785	13798	13788	13801	13797	13786	13782
三亚	24394	24366	24309	24271	24266	24235	24270	24265	24261	24246	24246	24229
厦门	29171	29171	29189	29177	29180	29174	29205	29238	29245	29237	29234	29237
沈阳	10016	9991	9977	9956	9935	9911	9921	9932	9925	9922	9905	9885
石家庄	11938	11939	11935	11923	11922	11932	11928	11894	11870	11862	11848	11833
苏州	18266	18269	18286	18287	18336	18361	18361	18369	18375	18377	18382	18384
太原	10070	10072	10066	10069	10062	10052	10078	10080	10084	10089	10079	10060
天津	15022	14980	15022	15031	15034	15039	15011	14987	14971	14959	14948	14917

7-4 续表1

城市	1月	2月	3月	4月	5月	6月	7月	8月	9月	10月	11月	12月
温州	19774	19647	19672	19618	19537	19401	19301	19223	19209	19178	19147	19116
乌鲁木齐	8198	8200	8200	8197	8207	8216	8213	8218	8218	8214	8214	8214
无锡	14187	14189	14176	14224	14272	14286	14305	14340	14369	14376	14362	14314
武汉	13307	13302	13258	13283	13263	13268	13309	13308	13294	13272	13252	13237
西安	11893	11902	11938	11968	11988	12069	12117	12133	12146	12156	12160	12156
西宁	7490	7490	7492	7492	7494	7496	7503	7507	7504	7504	7504	7504
银川	6668	6668	6670	6672	6675	6678	6677	6672	6679	6682	6683	6683
郑州	12474	12464	12431	12415	12413	12417	12412	12410	12377	12376	12369	12326
三四线城市												
包头	6524	6502	6495	6495	6490	6469	6465	6451	6451	6451	6448	6442
保定	8923	8928	8935	8915	8893	8883	8886	8865	8868	8871	8872	8867
常熟	15514	15537	15554	15550	15549	15536	15457	15372	15352	15314	15280	15280
常州	13000	13057	13048	13040	12991	12971	12972	12984	13005	13017	13019	12997
德州	6700	6700	6702	6702	6702	6704	6704	6702	6696	6696	6696	6696
东莞	19323	19348	19397	19438	19504	19507	19517	19549	19537	19539	19442	19360
东营	6012	6013	6012	6011	6011	6011	6009	6003	6003	6003	6003	6000
佛山	13935	13934	13963	13939	13929	13934	13935	13946	13955	13919	13902	13878
阜阳	7596	7588	7578	7575	7575	7571	7568	7558	7558	7558	7549	7530
赣州	8270	8274	8270	8272	8278	8278	8286	8271	8266	8266	8266	8266
桂林	6609	6564	6559	6557	6536	6520	6518	6509	6503	6494	6489	6486
邯郸	7032	7026	7032	7032	7016	7007	7010	7012	7013	7016	7017	7007
菏泽	5470	5469	5466	5468	5462	5463	5460	5448	5443	5440	5435	5433
衡水	6697	6688	6683	6669	6668	6668	6666	6650	6638	6639	6640	6607
湖州	11310	11300	11299	11306	11323	11289	11311	11308	11305	11311	11291	11271
淮安	6328	6328	6327	6327	6319	6325	6322	6311	6314	6314	6315	6315
惠州	11278	11276	11270	11289	11279	11249	11239	11250	11245	11238	11231	11220
济宁	8101	8099	8091	8104	8104	8114	8119	8105	8095	8088	8088	8088
嘉兴	13287	13305	13302	13358	13411	13441	13469	13453	13460	13460	13460	13460
江门	8503	8486	8470	8455	8458	8455	8451	8446	8415	8379	8378	8365
江阴	10602	10599	10607	10602	10597	10595	10580	10558	10553	10547	10547	10545
金华	12692	12709	12715	12776	12784	12784	12786	12773	12786	12796	12795	12797
昆山	15839	15848	15855	15849	15858	15878	15878	15880	15898	15912	15919	15918
廊坊	11863	11831	11798	11767	11741	11697	11693	11679	11672	11672	11651	11645
连云港	7750	7750	7758	7758	7758	7766	7759	7744	7748	7756	7757	7757
聊城	6777	6772	6771	6782	6789	6789	6799	6779	6761	6767	6766	6767

7-4 续表2

城市	1月	2月	3月	4月	5月	6月	7月	8月	9月	10月	11月	12月
临沂	9728	9723	9723	9736	9736	9736	9736	9738	9738	9732	9732	9732
柳州	9216	9203	9195	9180	9144	9142	9147	9141	9141	9127	9127	9127
洛阳	8194	8186	8172	8150	8127	8117	8114	8106	8098	8093	8083	8073
马鞍山	7466	7466	7466	7466	7466	7470	7470	7459	7463	7463	7464	7463
绵阳	6927	6927	6926	6926	6926	6929	6936	6939	6946	6943	6944	6944
南通	14755	14762	14746	14736	14739	14723	14737	14737	14744	14729	14689	14651
秦皇岛	9607	9607	9610	9598	9598	9591	9576	9586	9586	9579	9579	9579
泉州	8857	8856	8858	8858	8858	8862	8858	8853	8853	8853	8851	8849
汕头	10794	10785	10796	10796	10803	10800	10791	10787	10782	10782	10782	10779
绍兴	16245	16245	16245	16245	16235	16224	16204	16185	16186	16193	16198	16201
宿迁	5675	5675	5675	5676	5676	5676	5676	5676	5675	5675	5675	5675
台州	13852	13852	13852	13863	13874	13888	13906	13892	13895	13888	13892	13893
泰州	8289	8310	8320	8320	8326	8322	8330	8320	8321	8321	8321	8321
唐山	8673	8672	8673	8642	8606	8613	8619	8610	8613	8611	8609	8602
威海	8957	8950	8917	8911	8871	8871	8871	8867	8866	8850	8815	8815
潍坊	6791	6789	6777	6783	6779	6781	6785	6782	6777	6767	6761	6758
芜湖	8572	8567	8577	8588	8577	8571	8567	8561	8545	8522	8495	8490
湘潭	5414	5416	5413	5410	5410	5404	5402	5392	5384	5384	5373	5345
新乡	5836	5830	5820	5820	5826	5826	5826	5822	5822	5822	5822	5822
徐州	9944	9938	9951	9930	9912	9907	9925	9914	9904	9896	9895	9882
烟台	9305	9284	9286	9274	9282	9284	9297	9290	9284	9280	9273	9260
盐城	8575	8582	8582	8577	8590	8590	8595	8585	8587	8587	8587	8585
扬州	13422	13445	13426	13413	13425	13431	13458	13444	13439	13435	13426	13406
宜昌	7772	7772	7775	7768	7775	7782	7792	7786	7786	7776	7777	7777
湛江	10610	10484	10449	10461	10435	10441	10388	10355	10331	10300	10258	10227
张家港	11009	11015	11004	10989	10989	10995	11006	10994	10993	10993	10993	10993
张家口	8378	8375	8373	8372	8372	8372	8367	8350	8350	8330	8326	8325
漳州	11121	11121	11115	11106	11062	11074	11092	11105	11099	11075	11066	11062
肇庆	7154	7141	7127	7053	7054	7055	7053	7051	7029	7020	7004	6995
镇江	9509	9504	9495	9484	9477	9468	9479	9460	9451	9451	9449	9444
中山	10718	10713	10698	10670	10646	10648	10645	10623	10606	10530	10377	10299
珠海	21923	21914	21891	21771	21744	21741	21734	21751	21713	21683	21663	21624
株洲	6142	6139	6132	6134	6132	6116	6108	6104	6104	6102	6074	6051
淄博	7833	7833	7837	7830	7826	7830	7831	7836	7838	7843	7843	7843

7-5　2022年百城新建住宅价格指数样本价格中位数

单位：元/平方米

城市	1月	2月	3月	4月	5月	6月	7月	8月	9月	10月	11月	12月
一线城市												
北京	50000	50000	50000	50000	50000	50000	50000	50000	50000	50000	50000	50000
上海	42000	42250	42000	41687	42000	42000	40980	39796	38757	38479	37275	38757
广州	25000	25000	25000	25000	25500	26000	26000	26000	25000	25000	25000	25000
深圳	57000	57000	57000	57000	57000	57000	57000	57500	57500	57500	57250	57000
二线城市												
北海	7662	7584	7584	7584	7584	7584	7800	7800	7800	7800	7750	7750
长春	10500	10500	10250	10000	10000	9800	9888	9988	10500	10500	10500	10500
长沙	10500	10500	10400	10300	10500	10800	10500	10800	11000	11000	11000	11000
成都	13000	13000	12650	12800	12502	12800	12704	12708	13025	13025	13600	13500
重庆（主城区）	14035	14000	14035	14228	14300	14500	14500	14500	14632	14703	14700	14823
大连	12500	12500	12500	12500	13500	13000	13000	12995	13000	12500	12500	12500
福州	18018	18018	18018	18018	18600	18259	18000	17750	17229	17000	17229	17229
贵阳	8300	8500	8500	8500	8500	8200	8500	8350	8150	8100	8200	8300
哈尔滨	11000	11000	11000	10800	10790	10650	10500	10500	10500	10000	10200	10200
海口	16500	16500	16500	16500	16500	16500	16500	16500	16500	16500	16900	17000
杭州	28520	28000	28260	28520	28850	28660	27000	29750	29300	29300	27250	28500
合肥	13700	13900	14000	13900	14000	14400	14500	14650	14000	14400	14500	14500
呼和浩特	10400	10436	10436	10450	10450	10725	11150	11300	11300	11000	11420	11420
济南	13500	13950	14000	14000	14000	14000	14000	14000	14000	14000	14150	14328
昆明	13000	12833	12833	12833	12583	12500	13100	13000	13200	13000	13200	13500
兰州	8600	8600	8600	8600	9100	9050	9400	9400	9300	9000	9000	9000
南昌	12500	12500	12500	12200	12500	12000	11500	11500	11500	11500	11500	11500
南京	25600	25600	25600	25700	25600	25550	25600	25500	25600	25600	25600	26082
南宁	11500	11500	11500	11000	11000	11000	11000	11000	11000	11000	11000	11000
宁波	19500	19500	19614	19728	19800	19500	19500	19500	19192	19384	19500	19614
青岛	12500	12500	12500	12500	12500	12500	12000	12000	12423	12250	12000	12000
三亚	25000	25000	25000	25000	24250	25000	25000	24500	24750	24750	22300	22000
厦门	32000	32000	32000	32000	32000	32000	32000	32000	32000	32000	31999	31900
沈阳	11000	11000	11000	11000	11000	11000	11000	11000	11250	11000	11500	11500
石家庄	12950	12950	12900	12800	12800	12900	12800	12500	12750	12750	13000	13000
苏州	24000	24000	23500	23500	23500	23500	23500	23500	24000	23500	23500	23500
太原	10400	10300	10300	10300	10350	10399	10400	10400	10400	10400	10300	10400
天津	15500	15500	15500	15900	15500	15500	15750	16000	16000	16000	16000	16000

7-5 续表1

城市	1月	2月	3月	4月	5月	6月	7月	8月	9月	10月	11月	12月
温州	18960	18880	18263	18306	18306	18167	17859	17619	17588	17397	17200	16997
乌鲁木齐	8600	8600	8600	8600	8625	8500	8600	8600	8600	8500	8600	8600
无锡	20000	20000	20000	20750	21000	20750	19750	21000	21250	21000	21250	22500
武汉	13500	13500	13500	13500	13500	13500	13800	13587	13500	13500	13500	13500
西安	13635	13637	13900	14015	13924	14000	13914	13774	14000	14350	14500	14886
西宁	9750	9700	9700	9600	9600	9600	10000	10000	10500	11000	11000	11000
银川	7480	7480	7480	7490	7480	7500	7860	7860	7860	7820	7810	7900
郑州	13850	13500	13450	13400	13100	13000	13000	13000	13000	13000	13000	13000
三四线城市												
包头	7100	7300	7300	7300	7300	7300	7750	7750	7750	7800	7800	7800
保定	8500	8500	8500	8500	8500	8500	8500	8500	8500	8550	8600	8600
常熟	17500	17500	17000	17050	17050	16600	16000	16000	16000	16000	16000	16000
常州	16500	16500	15500	15500	15500	15500	15500	15500	16500	16500	16500	16500
德州	6750	6800	6750	6750	6600	6700	6850	6850	7300	7300	7400	7400
东莞	23750	23750	23775	25000	25000	25000	25000	25000	25000	25000	25000	25000
东营	6550	6600	6600	6600	6600	6550	6550	6550	6550	6550	6550	6550
佛山	16000	16000	15000	15000	15000	15000	15500	15500	15500	15000	15400	15400
阜阳	7500	7500	7500	7500	7500	7500	7500	7500	7500	7500	7500	7500
赣州	8000	8150	8100	8100	8200	8200	8200	8200	8200	8200	8175	8200
桂林	6000	5800	5900	5900	5800	5800	5800	5650	5700	5600	5600	5600
邯郸	8300	8200	8200	8300	8250	8200	8550	8600	8500	8500	8500	8500
菏泽	5400	5450	5400	5400	5400	5500	5700	5700	5700	5700	5750	5746
衡水	7100	7000	7000	7000	7000	7000	7099	7188	7200	7100	7150	7000
湖州	11500	11500	11500	11500	12000	12000	12500	12500	12500	12500	12500	12500
淮安	7795	7795	7795	7795	7795	7795	7518	7850	7850	7850	7929	7929
惠州	13175	13138	13100	13175	12932	12966	13000	13000	12916	13000	13500	13500
济宁	8500	8500	8550	8500	8500	8600	8600	8600	8500	8500	8500	8500
嘉兴	13500	13500	13000	13000	13000	13000	13500	13500	13500	13500	13500	13500
江门	10000	10000	10200	10000	10000	10000	10000	10300	10000	9900	9900	9900
江阴	10695	10400	10500	10500	10650	10500	10500	10500	10500	10500	11000	10500
金华	18000	17900	17000	17900	16850	17000	17000	17000	17000	17000	17000	16300
昆山	15500	15500	15500	15500	16000	16000	16000	16000	16000	16000	16000	16000
廊坊	12000	12000	12000	12000	11500	11500	11400	11500	11000	11000	11000	11000
连云港	6888	6888	6944	7150	7150	7300	7300	7300	7375	7380	7380	7365
聊城	6500	6500	6500	6500	6500	6500	6550	6550	6600	6500	6600	6600

7-5 续表 2

城市	1月	2月	3月	4月	5月	6月	7月	8月	9月	10月	11月	12月
临沂	9000	9000	9000	9000	9000	9000	9000	9000	9000	9000	9000	9000
柳州	8650	8800	8800	8650	8800	8825	9100	9000	9000	8875	8875	8875
洛阳	8100	8050	8000	8000	7750	7900	7800	7800	7900	7800	7800	7900
马鞍山	8500	8500	8500	8500	8500	8500	8500	8400	8400	8400	8400	8400
绵阳	8550	8500	8500	8500	8500	8500	8555	8555	8555	8555	8555	8555
南通	16890	16800	16800	16800	16650	16800	16650	16650	16800	16650	16650	16650
秦皇岛	10000	10000	10000	10000	10000	10000	10000	10000	10000	10000	10000	10000
泉州	8000	8000	8000	8000	8000	8000	8000	8000	8000	8000	8000	8000
汕头	11000	11000	11000	11000	11000	11000	11000	11000	10500	10500	10600	10850
绍兴	15000	15000	15000	15000	15000	15000	20000	20000	20000	20000	20000	20000
宿迁	9250	9300	9300	9300	9300	9200	9150	9150	9150	9150	9150	9150
台州	13500	13500	13500	13500	13500	14000	14000	14000	14000	14000	14200	14325
泰州	7600	7700	7900	7900	7900	8250	9000	9000	9000	9000	9000	9000
唐山	8400	8450	8375	8400	8400	8500	8500	8500	8500	8500	8500	8500
威海	9300	9300	9000	8990	8850	8800	8850	8680	8500	8300	8300	8500
潍坊	7800	7700	7700	7750	7700	7700	7700	8000	8025	8000	7900	7950
芜湖	11100	11250	10500	11100	9200	9200	9200	9200	9140	9140	10750	10750
湘潭	5650	5550	5550	5494	5344	5388	5500	5500	5450	5400	5388	5400
新乡	5700	5700	5600	5550	5700	7000	7100	7100	7100	7100	7100	7100
徐州	8500	8500	8500	8500	8500	8500	9000	8950	12000	11900	11200	11100
烟台	8715	8811	8900	8730	8856	9000	9000	9000	9175	9075	9000	9075
盐城	7950	8000	8000	8000	8000	8000	8000	8000	8000	8000	8000	8000
扬州	14000	14000	14025	14000	14025	14000	14170	14170	14000	13950	13950	13900
宜昌	7800	7800	7800	7800	7800	7800	7800	7800	8000	8000	8000	8000
湛江	10500	10300	10100	10300	10500	10500	10500	10200	10100	10300	10200	10100
张家港	11500	11500	11500	11500	11300	11000	11500	11250	11250	11250	11250	11250
张家口	7650	7650	7650	7650	7700	7700	7500	7500	7500	7500	7500	7500
漳州	12300	12300	12300	12000	12000	12000	12500	12500	12500	12500	12500	12500
肇庆	6844	6888	6888	6800	6800	6800	6800	6700	6800	6800	6800	6550
镇江	10000	10000	10000	9900	9500	9500	9500	9500	9800	9650	9500	9500
中山	13000	13000	13000	13000	13000	13000	13500	13000	13250	13000	13000	13000
珠海	23500	23500	23500	23000	23000	23000	23000	23000	23000	23250	25000	25000
株洲	6000	6000	6000	6000	6000	6000	6000	6000	5900	5888	5800	5800
淄博	7740	7740	7815	7700	7600	7600	7600	7500	7500	7500	7500	7500

7-6　2022年百城二手住宅价格指数环比涨跌幅

单位：%

城市	1月	2月	3月	4月	5月	6月	7月	8月	9月	10月	11月	12月
一线城市												
北京	0.30	0.24	0.62	0.55	0.36	0.17	0.34	0.28	0.17	0.19	-0.13	-0.08
上海	0.18	0.58	0.20	-0.06	0.03	0.46	0.42	0.51	0.60	0.64	0.20	0.23
广州	0.46	0.79	0.50	0.25	0.29	0.45	0.29	0.11	-0.01	0.05	-0.07	-0.20
深圳	-0.40	-0.24	-0.34	-0.43	-0.31	-0.30	-0.39	-0.42	-0.25	-0.22	-0.37	-0.28
二线城市												
北海	-1.24	-0.05	0.31	-0.55	-0.41	-0.48	-0.28	-0.23	-0.37	-0.15	0.02	-0.08
长春	-0.20	0.08	-0.03	0.28	0.14	-0.09	-0.19	-0.25	-0.13	-0.33	-0.24	-0.16
长沙	0.25	0.15	0.03	-0.11	0.03	0.08	-0.07	-0.07	0.02	-0.09	0.04	-0.09
成都	-0.30	-0.32	-0.19	-0.41	0.43	0.46	0.55	0.04	0.15	-0.05	-0.44	-0.28
重庆（主城区）	-0.13	-0.01	0.64	-0.04	-0.09	-0.44	-0.09	-0.25	-0.32	-0.59	-0.47	-0.53
大连	0.14	0.23	0.21	0.06	-0.10	-0.19	-0.21	-0.31	-0.42	-0.43	-0.47	-0.14
福州	-0.11	0.27	-0.01	-0.07	0.03	-0.05	-0.31	-0.24	-0.17	-0.23	0.14	-0.21
贵阳	-0.20	-0.12	-0.09	-0.43	-0.24	-0.26	-0.21	-0.33	-0.24	-0.24	-0.08	-0.28
哈尔滨	-0.50	-0.30	-0.53	-0.37	-0.41	-0.67	-0.69	-0.68	-0.56	-0.43	-0.46	-0.38
海口	0.57	0.42	0.28	-0.05	-0.01	0.14	-0.19	0.06	0.02	-0.08	-0.14	-0.17
杭州	0.64	0.72	0.73	0.68	0.41	0.44	0.30	-0.04	0.02	-0.13	-0.41	-0.15
合肥	-0.09	0.14	0.75	0.63	0.39	0.38	0.44	0.46	0.35	0.53	0.57	0.46
呼和浩特	-0.30	-0.33	-0.22	-0.58	-0.27	-0.29	-0.27	-0.16	-0.42	-0.33	0.02	-0.11
济南	-0.01	-0.05	-0.04	0	-0.12	-0.18	-0.09	-0.24	-0.42	0.13	0.10	0.02
昆明	-0.63	-0.23	0.04	-0.33	-0.43	-0.17	-0.51	-0.57	-0.55	-0.49	-0.24	-0.46
兰州	-0.19	0.12	0.44	0.06	-0.06	-0.19	-0.06	0.05	-0.27	-0.23	-0.07	-0.09
南昌	-0.40	-0.04	-0.09	-0.01	-0.19	-0.06	-0.02	-0.19	-0.20	-0.26	-0.45	-0.45
南京	0.12	0.25	-0.09	-0.41	-0.31	-0.38	-0.29	-0.41	-0.06	-0.43	-0.72	-0.57
南宁	-0.64	-0.03	-0.17	0.11	0.08	-0.26	-0.51	-0.48	-0.54	-0.98	-0.86	-1.01
宁波	-0.50	0.40	0.35	0.03	-0.04	-0.14	0.03	-0.16	-0.37	-0.41	-0.54	-0.79
青岛	-0.15	-0.05	-0.30	-0.16	-0.16	-0.19	-0.42	-0.47	-0.34	-0.38	-0.52	-0.49
三亚	0.01	0.26	0.02	-0.15	-0.05	0.12	0.20	0.03	0.06	0.23	0.11	-0.03
厦门	0.55	0.38	0.90	0.36	0.33	0.39	0.32	0.21	-0.02	-0.24	-0.05	0.01
沈阳	-0.19	-0.06	-0.48	-0.56	-0.51	-0.64	-0.57	-0.55	-0.68	-0.74	-0.77	-0.57
石家庄	-0.29	-0.15	-0.33	-0.65	-0.56	-0.22	-0.43	-0.35	-0.35	-0.20	-0.23	-0.27
苏州	-0.08	0.43	0.18	-0.13	0.05	0	-0.11	-0.17	-0.25	-0.32	-0.46	-0.43
太原	-0.66	-0.18	-0.32	-0.38	-0.37	-0.13	-0.61	-0.33	-0.30	-0.29	-0.31	-0.33
天津	-0.63	-0.10	0.35	0.18	0.08	-0.49	0.26	-0.02	0.08	-0.08	-0.19	-0.17

7-6 续表1

城市	1月	2月	3月	4月	5月	6月	7月	8月	9月	10月	11月	12月
温州	0.32	0.26	−0.06	0.24	0.08	−0.18	−0.20	−0.15	−0.50	−0.45	−0.30	−0.32
乌鲁木齐	0.14	−0.01	0.19	−0.04	0.03	0.07	−0.27	−0.04	−0.10	−0.02	0	0.07
无锡	0.05	0.09	−0.13	0.11	0.13	0.17	−0.07	−0.26	−0.12	−0.22	−0.25	−0.33
武汉	0.18	0.02	−0.01	−0.10	−0.31	−0.27	−0.52	−0.44	−0.50	−0.47	−0.68	−0.47
西安	−0.13	−0.13	−0.19	−0.53	−0.32	0.15	0.15	−0.01	−0.18	−0.36	−0.40	−0.39
西宁	0.03	0	0	0	0	0	0	0	0	0	0	0
银川	−0.40	−0.03	0.36	−0.05	0.21	0.18	0.25	0.08	−0.03	0.12	0.51	0.21
郑州	−0.10	0.14	0.06	0.13	−0.43	−0.54	−0.42	−0.49	−0.59	−0.54	−0.57	−0.47
三四线城市												
包头	−0.43	−0.34	−0.16	−0.48	−0.26	−0.23	−0.12	−0.13	−0.06	−0.15	−0.15	−0.09
保定	−0.57	−0.21	−0.15	−0.41	−0.19	−0.23	−0.31	−0.38	−0.23	−0.01	−0.28	−0.23
常熟	−0.54	0.36	−0.32	0.04	−0.22	−0.46	−0.48	−0.29	−0.69	−0.54	−0.71	−0.56
常州	−0.19	0.26	0.01	−0.27	−0.17	−0.35	−0.46	−0.49	−0.65	−0.60	−0.76	−0.95
德州	−0.11	−0.38	−0.90	0.25	0.17	−0.22	−0.50	0	−0.34	−0.22	−0.07	0.01
东莞	0.28	0.37	0.32	0.02	0.07	−0.08	−0.20	−0.31	−0.34	−0.46	−0.33	−0.47
东营	0.09	0.33	0.06	0.39	−0.17	−0.03	−0.17	−0.19	−0.02	−0.19	−0.59	−0.40
佛山	−0.03	0.63	0.54	0.08	−0.02	0.37	0.28	0.08	−0.10	0.52	0.16	0.14
阜阳	−0.32	−0.04	−0.05	0.32	0.24	−0.14	0.21	0.14	0.14	0.41	0.18	−0.13
赣州	−0.93	−0.22	−0.25	0.39	0.17	0.33	0.17	0.13	0.12	0.11	−0.03	−0.08
桂林	−0.26	0.03	−0.50	−0.16	−0.32	0.15	−0.30	−0.51	0.03	−0.20	−0.01	−0.12
邯郸	−0.04	−0.01	−0.49	0.54	−0.11	−0.09	−0.04	−0.09	−0.12	0.04	−0.32	−0.16
菏泽	0.16	−0.05	0.24	0.53	0.16	0.14	0.10	0.06	0.13	0.18	−0.02	−0.02
衡水	−0.71	−0.32	−0.26	−0.49	0.19	−0.12	−0.37	−0.30	−0.05	−0.30	−0.73	−0.42
湖州	0.42	−0.34	0.09	0.49	0.20	0.41	0.34	0.10	0.56	0.78	0.42	0.20
淮安	0.21	0.81	0.57	0.46	0.33	0.06	−0.68	−0.65	−0.65	−0.77	−0.75	−0.72
惠州	0.04	−0.04	−0.24	−0.15	−0.14	0	−0.29	−0.28	−0.37	−0.21	−0.08	−0.21
济宁	−0.92	0.34	0.50	0.47	0.23	0.18	0.20	−0.08	0.07	0.05	−0.08	−0.09
嘉兴	0.15	0.01	−0.08	0.49	0.12	0.08	0.06	0.03	0.07	0.13	0.25	0.11
江门	−0.48	−0.02	0.01	−0.45	−0.34	−0.40	−0.59	−0.36	−0.14	−0.58	−0.16	−0.40
江阴	0.35	0.52	0.28	−0.24	−0.03	−0.24	−0.47	−0.41	−0.58	−0.66	−0.86	−0.78
金华	−0.49	0.34	−0.21	0.41	−0.02	0.04	0.24	−0.10	−0.56	−0.16	−0.41	−0.25
昆山	0.60	0.45	0.61	0.73	0.25	0.52	0.15	0.16	0.03	0	−0.10	−0.13
廊坊	−0.47	−0.32	−0.21	−0.20	−0.32	−0.23	−0.23	−0.38	−0.45	−0.03	−0.17	−0.19
连云港	−0.38	0.03	−0.02	0.55	0.28	0.26	0.25	−0.02	0.26	−0.02	0.24	0.22
聊城	−0.02	0.33	0.58	0.26	0.18	0.19	0.04	0.02	0.10	0.27	−0.01	0.10

7-6 续表1

城市	1月	2月	3月	4月	5月	6月	7月	8月	9月	10月	11月	12月
临沂	0.01	−0.03	−0.21	−0.27	−0.15	−0.32	−0.60	−0.36	−0.60	−0.42	−0.12	−0.31
柳州	−0.16	0.02	−0.28	−0.97	−0.44	−0.40	−0.50	−0.48	−0.40	−0.39	−0.31	−0.28
洛阳	−0.66	−0.39	−0.32	−0.40	−0.41	−0.41	−0.84	−0.73	−0.58	−0.24	−0.40	−0.24
马鞍山	0.29	0.23	0.88	0.54	0.24	0.22	0.16	−0.02	0.13	0.12	0.11	0.14
绵阳	−0.12	−0.04	−0.31	−0.39	−0.46	−0.29	−0.25	−0.27	0.01	−0.24	−0.56	−0.30
南通	−0.44	0.24	0.10	−0.01	0.01	0.07	0.04	0.01	−0.32	−0.35	−0.55	−0.35
秦皇岛	−0.88	−0.30	−0.88	0.12	0	−0.25	−0.05	−0.24	0.12	0.02	0.01	−0.31
泉州	0.66	0.64	0.94	0.61	0.34	0.39	0.16	0.18	0.51	0.01	0.09	0.31
汕头	0.21	0.04	−0.07	0.03	−0.26	0.03	−0.10	0.22	−0.02	−0.34	−0.19	0.03
绍兴	−0.05	0.23	0.41	0.61	0.48	0.18	0.15	0.08	0.08	0.07	−0.03	−0.03
宿迁	0.01	0.15	0.06	−0.02	0.06	0.02	−0.02	0	0.06	−0.03	−0.01	0.13
台州	−0.22	0.07	0.32	0.57	0.40	0.38	0.46	−0.01	−0.03	0.47	0.60	0.12
泰州	0.02	0.07	0.36	0	0.05	−0.95	−0.15	−0.25	−0.38	−0.52	−0.35	0.12
唐山	−0.50	−0.39	0.08	−0.36	−0.84	−1.05	−0.41	−0.32	−0.15	−0.64	−0.47	−0.46
威海	−0.19	−0.11	−0.07	0.19	−0.24	−0.33	−0.36	−0.22	−0.29	−0.07	0.03	−0.17
潍坊	−0.67	−0.01	−0.05	0.03	−0.16	−0.23	0	−0.05	−0.16	−0.30	0.01	−0.19
芜湖	−0.39	0.23	0.93	0.79	0.48	0.24	−0.05	−0.15	−0.16	−0.17	−0.01	−0.07
湘潭	0	0.24	0.09	−0.19	−0.02	−0.64	−0.23	0.04	0.04	−1.13	−0.48	−0.50
新乡	−0.30	0.22	−0.05	−0.12	−0.24	0.07	−0.25	−0.03	−0.08	0.07	−0.05	−0.12
徐州	−0.44	−0.03	−0.06	−0.44	−0.24	−0.15	−0.05	−0.14	−0.42	−0.48	−0.32	−0.34
烟台	−0.08	−0.05	−0.23	−0.33	−0.33	−0.34	−0.45	−0.56	−0.44	−0.42	−0.50	−0.64
盐城	−0.19	0.21	0.30	0.15	−0.04	−0.18	−0.53	−0.43	−0.69	−0.73	−0.77	−0.64
扬州	−0.01	0.01	0.14	0	−0.14	−0.18	−0.16	−0.13	−0.14	−0.32	−0.34	−0.39
宜昌	−0.65	−0.59	−0.55	−0.20	−0.06	−0.10	−0.17	−0.48	−0.51	−0.23	−0.09	−0.38
湛江	−0.07	0.35	−0.29	0.29	0.22	−0.27	−0.70	−0.18	−0.33	−0.08	0.37	−0.14
张家港	−0.28	−0.37	−0.46	−0.23	−0.14	0.03	−0.45	−0.17	−0.54	−0.13	−0.65	−0.90
张家口	−0.21	−0.90	−1.02	−1.05	−0.97	−0.84	−0.78	−0.61	−0.25	−0.40	−0.17	−0.26
漳州	−1.00	0.32	0.59	0.17	0.19	0.08	−0.17	−0.13	0.04	−0.24	0.04	0.02
肇庆	0.21	−0.13	−0.20	−0.21	−0.06	−0.36	−0.38	−0.24	−0.07	−0.10	0.11	−0.18
镇江	0.01	−0.19	−0.08	−0.11	−0.09	−0.27	−0.33	−0.42	−0.02	−0.39	−0.05	−0.28
中山	0.10	0.77	0.09	0.15	−0.27	−0.09	−0.22	−0.22	−0.43	−0.41	−0.54	−0.35
珠海	−0.10	0.27	0.08	−0.18	0.04	−0.09	−0.60	−0.42	0.43	−0.51	−0.13	−0.18
株洲	0.02	0.05	−0.27	−0.29	−0.19	0	−0.33	−0.57	−0.54	−0.45	−0.61	−0.30
淄博	−0.62	0.11	−0.10	−0.13	−0.43	0.17	0.08	−0.06	−0.20	0.24	−0.36	−0.24

7-7 2022年百城二手住宅价格指数同比涨跌幅

单位：%

城市	1月	2月	3月	4月	5月	6月	7月	8月	9月	10月	11月	12月
一线城市												
北京	8.67	8.40	8.16	7.56	6.60	5.71	5.01	4.27	3.63	3.50	3.34	3.05
上海	10.91	9.82	8.03	5.54	3.44	1.96	1.70	2.27	3.02	3.73	3.98	4.06
广州	8.57	8.65	8.36	7.19	5.98	4.97	3.98	3.14	3.22	3.45	3.44	2.94
深圳	-1.80	-3.06	-4.07	-4.00	-3.89	-3.65	-3.60	-3.92	-3.91	-3.78	-3.96	-3.87
二线城市												
北海	-7.11	-6.84	-6.06	-5.84	-5.47	-5.88	-5.82	-5.51	-5.27	-4.74	-3.99	-3.46
长春	-2.09	-1.42	-1.28	-0.74	-0.54	-1.04	-1.40	-1.80	-1.53	-1.50	-1.31	-1.12
长沙	3.69	3.89	3.68	3.16	2.64	2.48	1.96	1.27	1.12	1.02	0.96	0.17
成都	4.62	3.50	2.50	1.14	0.25	0.09	0.37	0.18	0.01	0.03	-0.40	-0.36
重庆（主城区）	5.15	4.94	5.49	5.09	4.26	2.52	1.22	-0.31	-0.87	-1.41	-1.79	-2.29
大连	3.88	4.45	3.93	3.34	2.79	2.17	1.33	0.33	-0.26	-0.82	-1.11	-1.63
福州	1.77	2.03	1.72	1.13	0.83	0.40	-0.34	-0.98	-1.04	-1.47	-1.13	-0.96
贵阳	-1.88	-2.06	-2.14	-2.32	-2.42	-2.74	-2.78	-3.05	-2.96	-3.06	-2.80	-2.70
哈尔滨	-3.69	-3.91	-4.12	-4.33	-4.61	-5.20	-5.70	-5.86	-5.90	-6.12	-5.94	-5.83
海口	8.99	9.03	9.18	8.44	7.74	7.28	6.10	4.78	3.62	2.56	1.63	0.85
杭州	9.53	9.78	9.80	9.25	8.81	8.04	7.21	6.13	5.40	4.82	4.00	3.25
合肥	5.86	5.70	6.07	5.90	5.63	5.15	5.07	4.62	4.27	4.36	4.69	5.13
呼和浩特	-1.45	-1.81	-1.84	-1.64	-1.64	-1.89	-2.26	-2.63	-3.02	-3.33	-3.20	-3.20
济南	2.18	2.28	2.00	1.33	0.63	0.03	-0.50	-1.13	-1.71	-1.39	-1.29	-0.90
昆明	-0.19	-0.37	-0.44	-1.06	-1.62	-2.05	-2.49	-3.01	-3.60	-4.04	-4.16	-4.47
兰州	-0.61	-0.23	0.07	0.15	0.04	0.09	-0.21	-0.23	-0.32	-0.51	-0.53	-0.49
南昌	0.38	0.20	0.26	0.11	-0.37	-0.67	-0.93	-1.24	-1.48	-1.73	-2.06	-2.35
南京	4.16	4.24	3.75	2.85	2.01	1.19	0.36	-0.43	-0.82	-1.55	-2.21	-3.24
南宁	-0.75	-0.99	-1.35	-1.69	-1.75	-2.10	-2.74	-3.35	-3.86	-4.51	-4.84	-5.17
宁波	3.72	3.47	2.78	1.63	0.59	-0.34	-0.97	-1.39	-1.74	-1.86	-2.02	-2.13
青岛	1.17	1.14	0.48	0.12	-0.16	-0.84	-1.16	-2.00	-2.61	-3.02	-3.39	-3.57
三亚	0.99	1.01	0.75	0.35	0.45	0.96	1.45	1.32	1.46	1.33	0.84	0.81
厦门	6.14	6.61	6.96	6.72	6.65	6.67	6.15	5.47	4.88	4.10	3.57	3.17
沈阳	-0.43	-0.47	-1.23	-2.08	-2.96	-3.58	-4.17	-4.87	-5.31	-5.75	-6.05	-6.14
石家庄	-3.34	-3.34	-3.44	-3.91	-4.21	-4.32	-4.63	-5.20	-5.04	-4.58	-3.79	-3.95
苏州	1.98	2.65	2.50	2.31	1.86	1.67	1.31	0	-0.23	-0.29	-0.31	-1.27
太原	-3.43	-3.55	-3.65	-3.99	-4.21	-4.35	-4.68	-4.87	-4.79	-4.60	-4.37	-4.14
天津	-1.21	-1.26	-0.94	-0.79	-0.55	-1.08	-0.75	-0.93	-0.78	-0.64	-0.60	-0.73

7-7 续表1

城市	1月	2月	3月	4月	5月	6月	7月	8月	9月	10月	11月	12月
温州	2.58	2.72	2.29	2.17	2.09	1.42	0.74	0.17	−0.67	−1.05	−1.28	−1.25
乌鲁木齐	0.09	−0.09	−0.14	0.04	−0.23	−0.21	−0.50	−0.37	−0.30	−0.13	−0.12	0
无锡	4.50	4.32	3.14	2.33	1.78	1.32	0.53	0.03	−0.65	−0.62	−0.96	−0.85
武汉	2.79	2.67	2.43	2.05	1.45	0.82	−0.30	−1.10	−2.10	−2.55	−3.09	−3.50
西安	7.56	6.65	5.40	3.20	1.16	−0.56	−2.21	−1.63	−1.91	−2.15	−2.43	−2.32
西宁	0.55	0.55	0.55	0.55	0.55	0.55	0.17	0.17	0.17	−0.10	0	0.03
银川	5.92	5.66	5.80	4.86	3.51	2.76	1.95	0.86	0.11	−0.12	0.63	1.42
郑州	1.19	1.31	1.27	1.14	0.28	−0.79	−1.32	−1.82	−2.53	−3.15	−3.58	−3.76
三四线城市												
包头	0.34	0.11	0.03	−0.47	−0.70	−1.49	−1.94	−2.34	−2.52	−2.89	−2.90	−2.58
保定	−1.92	−1.81	−1.90	−2.15	−2.42	−2.77	−3.08	−3.25	−3.45	−3.50	−3.82	−3.16
常熟	−1.80	−1.38	−1.96	−2.15	−2.75	−3.21	−3.53	−3.76	−4.07	−3.81	−4.11	−4.32
常州	5.43	5.33	4.66	3.52	2.44	1.29	0.11	−1.09	−2.28	−2.96	−3.66	−4.54
德州	2.55	2.07	0.28	0.39	0.26	−0.42	−1.34	−1.58	−2.13	−2.57	−2.60	−2.29
东莞	9.27	8.51	7.18	5.19	3.65	2.13	0.87	0.12	−0.13	−0.36	−0.57	−1.13
东营	0.07	0.40	0.46	0.84	0.67	0.64	0.47	0.27	0.25	0.34	−0.37	−0.91
佛山	3.27	3.70	4.25	4.37	3.93	3.70	3.21	2.36	1.78	2.40	2.60	2.68
阜阳	−3.43	−2.78	−2.50	−2.05	−1.05	−1.80	−1.39	−1.09	−0.25	0.47	0.89	0.95
赣州	2.36	2.25	2.02	2.08	2.27	1.77	1.45	0.64	0.74	0.54	0.20	−0.09
桂林	−1.48	−1.10	−1.47	−1.78	−2.17	−2.22	−2.75	−3.49	−3.32	−2.55	−2.50	−2.17
邯郸	−0.83	−0.83	−1.26	−0.79	−0.85	−0.81	−0.29	−0.37	−0.64	−0.64	−0.92	−0.89
菏泽	−2.17	−2.28	−1.23	0.13	−0.08	0.08	0.22	0.81	1.62	1.94	1.90	1.64
衡水	−0.87	−1.01	−1.64	−1.79	−1.54	−1.96	−2.58	−2.85	−3.07	−3.23	−3.68	−3.79
湖州	2.92	1.93	1.21	0.60	0.27	0.82	1.20	1.13	1.75	2.76	3.25	3.73
淮安	8.88	8.03	6.56	5.34	4.55	3.71	2.00	1.54	0.81	0.04	−0.82	−1.79
惠州	2.78	2.62	1.81	0.91	0.28	−0.24	−0.87	−1.35	−1.82	−2.10	−1.86	−1.94
济宁	2.43	2.58	2.31	2.43	2.15	1.85	1.92	1.69	1.71	1.15	0.88	0.87
嘉兴	0.72	0.59	0.41	0.76	1.01	1.06	1.18	1.34	1.47	1.45	1.69	1.41
江门	−0.94	−0.96	−0.94	−1.48	−2.00	−2.46	−3.16	−3.68	−3.85	−4.14	−4.04	−3.83
江阴	2.21	2.64	2.74	2.33	2.00	1.26	0.25	−0.24	−0.81	−1.48	−2.33	−3.09
金华	7.40	7.37	6.11	5.39	4.20	2.85	1.47	0.22	−0.87	−0.93	−1.25	−1.16
昆山	12.85	12.85	12.68	11.84	10.66	9.69	8.19	6.99	5.58	4.96	4.22	3.30
廊坊	−0.62	−1.13	−1.40	−1.52	−1.81	−2.09	−2.77	−3.22	−3.66	−3.45	−3.73	−3.17
连云港	11.55	10.13	8.51	6.77	5.02	3.83	2.67	1.78	1.85	1.39	1.26	1.65
聊城	1.56	1.77	2.25	2.75	2.95	2.75	1.96	1.62	1.54	2.04	1.96	2.07

7-7 续表2

城市	1月	2月	3月	4月	5月	6月	7月	8月	9月	10月	11月	12月
临沂	−0.11	−0.11	−0.36	−0.74	−0.94	−1.31	−1.95	−1.89	−2.47	−2.95	−3.00	−3.33
柳州	−3.39	−3.38	−3.42	−4.26	−4.49	−4.51	−5.24	−5.66	−5.68	−5.37	−4.79	−4.49
洛阳	−2.22	−2.71	−2.99	−3.49	−4.15	−4.81	−5.52	−6.06	−6.30	−6.12	−5.81	−5.49
马鞍山	11.15	10.20	9.84	7.97	6.28	4.70	3.86	3.51	3.29	3.34	3.27	3.08
绵阳	1.29	1.16	0.99	0.82	−0.08	−0.48	−1.00	−1.84	−2.17	−2.59	−3.33	−3.17
南通	−4.05	−4.05	−4.15	−4.45	−4.48	−4.66	−4.38	−3.86	−3.47	−2.78	−2.34	−1.55
秦皇岛	−4.03	−4.50	−4.94	−4.32	−4.12	−4.14	−3.97	−4.12	−4.16	−3.35	−2.99	−2.61
泉州	8.03	8.23	7.78	8.02	7.60	7.36	7.11	7.03	6.64	5.83	5.47	4.94
汕头	2.44	2.21	1.52	1.13	0.58	0.42	0.02	−0.36	−0.44	−0.86	−1.01	−0.41
绍兴	0.10	0.24	0.63	1.28	1.90	2.05	2.13	2.13	2.19	2.21	2.22	2.20
宿迁	0.10	0.25	0.31	0.29	0.35	0.23	0.21	0.21	0.27	0.24	0.24	0.41
台州	5.36	5.14	5.34	5.69	5.17	4.82	4.47	3.45	2.70	2.70	3.32	3.18
泰州	6.09	5.72	5.77	4.64	3.69	2.08	1.28	0.24	−0.78	−1.68	−2.28	−1.98
唐山	−6.72	−6.64	−6.26	−6.09	−6.65	−7.84	−7.95	−7.82	−7.19	−6.48	−5.78	−5.37
威海	−1.60	−1.61	−1.59	−1.27	−1.61	−1.80	−2.22	−2.31	−2.23	−1.98	−1.95	−1.81
潍坊	−1.26	−1.34	−1.48	−1.80	−2.19	−2.48	−2.40	−2.36	−2.22	−2.13	−1.94	−1.79
芜湖	5.82	5.89	6.45	6.38	6.28	5.63	4.33	3.20	2.42	1.78	1.81	1.69
湘潭	0.83	1.43	1.52	0.40	−0.19	−0.51	−1.34	−2.13	−2.27	−3.60	−3.36	−2.74
新乡	−3.24	−3.03	−3.21	−2.96	−3.11	−2.79	−2.49	−2.23	−1.90	−1.09	−1.14	−0.88
徐州	3.65	2.99	2.16	0.47	−0.71	−2.07	−3.10	−3.74	−3.97	−3.54	−2.99	−3.06
烟台	−1.04	−0.98	−1.29	−1.90	−2.15	−2.46	−2.79	−3.48	−3.82	−4.15	−4.29	−4.29
盐城	7.84	6.93	5.56	4.74	3.52	2.07	0.49	−0.27	−1.35	−2.23	−2.96	−3.50
扬州	4.42	4.31	4.11	3.33	2.59	1.95	1.03	0.34	−0.27	−0.82	−1.20	−1.65
宜昌	−2.82	−3.52	−3.38	−3.46	−4.03	−4.77	−5.12	−4.92	−4.66	−4.59	−4.30	−3.94
湛江	1.03	1.18	0.70	0.74	0.51	0.29	−0.61	−1.18	−1.39	−1.29	−1.12	−0.84
张家港	−0.44	−0.73	−1.43	−2.01	−2.07	−2.73	−3.51	−3.68	−3.78	−3.29	−3.64	−4.20
张家口	−2.15	−2.28	−2.89	−3.66	−4.65	−5.42	−6.00	−6.54	−6.62	−6.86	−6.88	−7.22
漳州	0.07	0.04	0.69	0.82	0.76	0.42	−0.50	−0.52	−0.92	−0.68	−0.18	−0.11
肇庆	−2.83	−2.70	−2.80	−2.34	−2.58	−2.92	−2.64	−2.98	−2.61	−1.97	−1.56	−1.59
镇江	2.72	2.53	2.24	1.67	1.17	0.30	−0.73	−1.72	−2.09	−2.57	−2.42	−2.21
中山	0.23	1.04	0.95	0.86	0.25	0.12	0.07	−0.35	−1.05	−0.96	−1.36	−1.43
珠海	5.04	5.09	4.74	3.70	3.05	2.40	1.04	−0.16	−0.18	−0.78	−1.03	−1.37
株洲	0.03	−0.03	−0.49	−0.90	−1.12	−1.49	−1.99	−2.38	−2.58	−2.69	−3.25	−3.43
淄博	−0.90	−0.81	−1.22	−1.15	−1.52	−1.32	−0.89	−1.01	−1.42	−0.99	−1.38	−1.55

7-8 2022年百城二手住宅价格指数样本平均价格

单位：元/平方米

城市	1月	2月	3月	4月	5月	6月	7月	8月	9月	10月	11月	12月
一线城市												
北京	73627	73804	74258	74670	74940	75065	75318	75529	75660	75806	75707	75645
上海	62421	62783	62906	62871	62888	63178	63444	63765	64149	64559	64685	64834
广州	38703	39010	39205	39304	39417	39594	39708	39753	39749	39767	39738	39657
深圳	74887	74705	74454	74137	73907	73685	73401	73094	72913	72753	72487	72283
二线城市												
北海	6128	6125	6144	6110	6085	6056	6039	6025	6003	5994	5995	5990
长春	9739	9747	9744	9771	9785	9776	9757	9733	9720	9688	9665	9650
长沙	11827	11845	11849	11836	11839	11849	11841	11833	11835	11824	11829	11818
成都	18814	18753	18718	18642	18723	18810	18914	18921	18949	18939	18855	18803
重庆（主城区）	13983	13982	14072	14066	14054	13992	13980	13945	13901	13819	13754	13681
大连	16362	16399	16433	16443	16426	16395	16360	16309	16240	16170	16094	16072
福州	28753	28831	28828	28809	28819	28806	28716	28646	28596	28529	28569	28509
贵阳	8826	8815	8807	8769	8748	8725	8707	8678	8657	8636	8629	8605
哈尔滨	10318	10287	10232	10194	10152	10084	10014	9946	9890	9847	9802	9765
海口	15451	15516	15559	15551	15550	15572	15543	15552	15555	15542	15520	15493
杭州	38249	38523	38804	39069	39230	39404	39523	39507	39515	39462	39301	39243
合肥	18043	18069	18205	18320	18392	18461	18542	18628	18694	18793	18900	18986
呼和浩特	10679	10644	10621	10559	10531	10500	10472	10455	10411	10377	10379	10368
济南	18525	18515	18507	18507	18485	18452	18436	18391	18314	18338	18357	18360
昆明	14416	14383	14389	14341	14280	14256	14184	14103	14025	13956	13923	13859
兰州	12285	12300	12354	12362	12354	12330	12323	12329	12296	12268	12260	12249
南昌	13356	13350	13338	13336	13311	13303	13300	13275	13248	13213	13154	13095
南京	36422	36514	36480	36329	36218	36080	35977	35828	35807	35653	35397	35197
南宁	12651	12647	12626	12640	12650	12617	12553	12493	12425	12303	12197	12074
宁波	27795	27906	28004	28013	28003	27963	27970	27924	27822	27707	27558	27341
青岛	23386	23374	23303	23265	23228	23183	23086	22978	22901	22814	22696	22584
三亚	28617	28690	28696	28653	28640	28673	28730	28739	28756	28823	28856	28846
厦门	53028	53227	53704	53899	54076	54287	54462	54576	54565	54435	54406	54412
沈阳	12634	12627	12567	12496	12432	12353	12283	12215	12132	12042	11949	11881
石家庄	14535	14513	14465	14371	14291	14259	14198	14149	14100	14072	14039	14001
苏州	27753	27873	27924	27888	27902	27901	27871	27823	27754	27666	27540	27421
太原	11254	11234	11198	11155	11114	11099	11031	10995	10962	10930	10896	10860
天津	24922	24898	24986	25032	25053	24929	24993	24987	25007	24987	24939	24896

7-8 续表1

城市	1月	2月	3月	4月	5月	6月	7月	8月	9月	10月	11月	12月
温州	24612	24677	24662	24721	24742	24697	24647	24611	24487	24377	24304	24227
乌鲁木齐	9100	9099	9116	9112	9115	9121	9096	9092	9083	9081	9081	9087
无锡	18766	18782	18757	18777	18802	18834	18820	18772	18749	18707	18660	18598
武汉	19110	19114	19112	19092	19033	18981	18883	18800	18706	18619	18493	18407
西安	16532	16511	16479	16391	16339	16364	16388	16387	16357	16298	16232	16169
西宁	9882	9882	9882	9882	9882	9882	9882	9882	9882	9882	9882	9882
银川	7549	7547	7574	7570	7586	7600	7619	7625	7623	7632	7671	7687
郑州	15964	15986	15995	16016	15947	15861	15795	15718	15626	15541	15452	15379
三四线城市												
包头	7909	7882	7869	7831	7811	7793	7784	7774	7769	7757	7745	7738
保定	10392	10370	10354	10312	10292	10268	10236	10197	10174	10173	10145	10122
常熟	14680	14733	14686	14692	14659	14592	14522	14480	14380	14302	14201	14122
常州	17411	17456	17458	17410	17380	17320	17240	17156	17044	16941	16813	16653
德州	8859	8825	8746	8768	8783	8764	8720	8720	8690	8671	8665	8666
东莞	21969	22051	22121	22125	22141	22124	22079	22011	21936	21835	21763	21660
东营	8785	8814	8819	8853	8838	8835	8820	8803	8801	8784	8732	8697
佛山	14232	14321	14399	14410	14407	14460	14501	14512	14498	14574	14597	14617
阜阳	8046	8043	8039	8065	8084	8073	8090	8101	8112	8145	8160	8149
赣州	11795	11769	11740	11786	11806	11845	11865	11880	11894	11907	11904	11895
桂林	7937	7939	7899	7886	7861	7873	7849	7809	7811	7795	7794	7785
邯郸	9189	9188	9143	9192	9182	9174	9170	9162	9151	9155	9126	9111
菏泽	6175	6172	6187	6220	6230	6239	6245	6249	6257	6268	6267	6266
衡水	7861	7836	7816	7778	7793	7784	7755	7732	7728	7705	7649	7617
湖州	9859	9825	9834	9882	9902	9943	9977	9987	10043	10121	10164	10184
淮安	11978	12075	12144	12200	12240	12247	12164	12085	12006	11913	11824	11739
惠州	10848	10844	10818	10802	10787	10787	10756	10726	10686	10664	10656	10634
济宁	9825	9858	9907	9954	9977	9995	10015	10007	10014	10019	10011	10002
嘉兴	11544	11545	11536	11592	11606	11615	11622	11625	11633	11648	11677	11690
江门	8538	8536	8537	8499	8470	8436	8386	8356	8344	8296	8283	8250
江阴	11892	11954	11987	11958	11954	11925	11869	11820	11752	11675	11575	11485
金华	19139	19205	19164	19243	19239	19247	19293	19273	19165	19134	19056	19009
昆山	18635	18718	18833	18971	19019	19117	19145	19175	19180	19180	19160	19135
廊坊	12147	12108	12082	12058	12019	11991	11963	11917	11863	11860	11840	11817
连云港	12416	12420	12417	12485	12520	12552	12583	12580	12613	12611	12641	12669
聊城	10482	10517	10578	10606	10625	10645	10649	10651	10662	10691	10690	10701

7-8 续表2

城市	1月	2月	3月	4月	5月	6月	7月	8月	9月	10月	11月	12月
临沂	11049	11046	11023	10993	10976	10941	10875	10836	10771	10726	10713	10680
柳州	8977	8979	8954	8867	8828	8793	8749	8707	8672	8638	8611	8587
洛阳	9543	9506	9476	9438	9399	9360	9281	9213	9160	9138	9101	9079
马鞍山	9821	9844	9931	9985	10009	10031	10047	10045	10058	10070	10081	10095
绵阳	9003	8999	8971	8936	8895	8869	8847	8823	8824	8803	8754	8728
南通	16133	16171	16187	16185	16186	16198	16204	16206	16154	16098	16009	15953
秦皇岛	9960	9930	9843	9855	9855	9830	9825	9801	9813	9815	9816	9786
泉州	16234	16338	16491	16591	16647	16712	16738	16768	16854	16856	16871	16924
汕头	11859	11864	11856	11860	11829	11833	11821	11847	11845	11805	11782	11785
绍兴	17279	17319	17390	17496	17580	17611	17638	17652	17666	17678	17672	17667
宿迁	10329	10345	10351	10349	10355	10357	10355	10355	10361	10358	10357	10370
台州	16297	16308	16360	16454	16520	16582	16659	16658	16653	16731	16832	16852
泰州	11583	11591	11633	11633	11639	11528	11511	11482	11438	11378	11338	11352
唐山	11195	11151	11160	11120	11027	10911	10866	10831	10815	10746	10696	10647
威海	9100	9090	9084	9101	9079	9049	9016	8996	8970	8964	8967	8952
潍坊	7387	7386	7382	7384	7372	7355	7355	7351	7339	7317	7318	7304
芜湖	12822	12852	12972	13075	13138	13170	13163	13143	13122	13100	13099	13090
湘潭	5322	5335	5340	5330	5329	5295	5283	5285	5287	5227	5202	5176
新乡	7558	7575	7571	7562	7544	7549	7530	7528	7522	7527	7523	7514
徐州	13624	13620	13612	13552	13520	13500	13493	13474	13418	13353	13310	13265
烟台	11762	11756	11729	11690	11651	11611	11559	11494	11444	11396	11339	11266
盐城	13926	13955	13997	14018	14013	13988	13914	13854	13758	13657	13552	13465
扬州	15936	15937	15959	15959	15936	15908	15883	15863	15841	15790	15736	15675
宜昌	8765	8713	8665	8648	8643	8634	8619	8578	8534	8514	8506	8474
湛江	9510	9543	9515	9543	9564	9538	9471	9454	9423	9415	9450	9437
张家港	12668	12621	12563	12534	12516	12520	12464	12443	12376	12360	12280	12170
张家口	8186	8112	8029	7945	7868	7802	7741	7694	7675	7644	7631	7611
漳州	13533	13576	13656	13679	13705	13716	13692	13674	13679	13646	13652	13655
肇庆	7173	7164	7150	7135	7131	7105	7078	7061	7056	7049	7057	7044
镇江	9323	9305	9298	9288	9280	9255	9224	9185	9183	9147	9142	9116
中山	10656	10738	10748	10764	10735	10725	10701	10677	10631	10587	10530	10493
珠海	24137	24202	24222	24178	24188	24167	24023	23921	24024	23902	23870	23828
株洲	5868	5871	5855	5838	5827	5827	5808	5775	5744	5718	5683	5666
淄博	9699	9710	9700	9687	9645	9661	9669	9663	9644	9667	9632	9609

7-9 2022年百城二手住宅价格指数样本价格中位数

单位：元/平方米

城市	1月	2月	3月	4月	5月	6月	7月	8月	9月	10月	11月	12月
一线城市												
北京	67353	67566	68166	68248	68429	68765	68843	68695	68952	68941	69057	69220
上海	59835	60118	60046	60108	60209	60296	60608	60874	61288	61872	62245	62408
广州	34570	35136	35067	35073	34975	35273	35084	35056	35091	35129	35140	35116
深圳	68273	67913	67786	67207	66905	66967	66735	66591	66900	66565	66252	66583
二线城市												
北海	5756	5796	5842	5806	5735	5724	5660	5642	5632	5618	5644	5607
长春	9132	9159	9174	9206	9287	9295	9235	9235	9198	9194	9152	9116
长沙	11103	11075	11062	11038	11041	11045	11001	11016	10972	10952	10963	10987
成都	17440	17439	17381	17281	17453	17564	17698	17737	17722	17733	17602	17521
重庆（主城区）	13353	13376	13464	13450	13392	13347	13302	13249	13218	13140	13072	13044
大连	15122	15206	15258	15211	15126	15055	15059	14997	14987	14930	14818	14797
福州	26103	26000	25702	25647	25511	25609	25535	25601	25516	25533	25467	25485
贵阳	8227	8240	8179	8159	8137	8089	8138	8100	8074	8043	8041	8036
哈尔滨	9343	9287	9212	9184	9199	9113	9054	9027	8930	8886	8799	8767
海口	14907	15009	15069	15109	15067	15024	14891	14929	14934	14915	14874	14867
杭州	35527	35789	35847	36017	36136	36209	36345	36374	36311	36326	36244	36261
合肥	16510	16477	16717	16782	16809	16890	16977	17181	17230	17436	17480	17510
呼和浩特	10474	10447	10402	10258	10222	10144	10078	10053	9977	9955	9952	9935
济南	16959	17015	16949	16916	17004	17095	17005	16957	16723	16697	16765	16714
昆明	13251	13204	13241	13179	13179	13066	12994	12941	12899	12813	12775	12718
兰州	12034	12069	12089	12095	12083	12064	12027	11967	11926	11934	11944	11926
南昌	12364	12281	12180	12179	12143	12142	12106	12083	12047	11955	11953	11849
南京	33047	32977	32977	32743	32663	32735	32576	32521	32536	32446	32200	32032
南宁	11499	11525	11542	11504	11557	11550	11447	11402	11347	11191	11077	10959
宁波	27599	27671	27648	27651	27681	27597	27669	27613	27551	27449	27249	27034
青岛	20210	20244	20225	20109	20083	20037	19823	19731	19628	19578	19502	19376
三亚	27624	27895	27696	27745	27593	27705	27854	27736	27624	27685	27905	27810
厦门	51832	51881	51881	52021	52336	52801	52883	53012	53240	53295	53625	53737
沈阳	11536	11558	11536	11466	11449	11316	11252	11108	11020	10894	10794	10740
石家庄	14411	14410	14289	14192	14083	14074	13952	14032	13888	13801	13762	13772
苏州	24363	24442	24461	24427	24483	24444	24546	24533	24285	24079	23924	23798
太原	10570	10492	10454	10419	10358	10349	10279	10233	10235	10200	10163	10125
天津	20549	20471	20415	20356	20335	20274	20193	20120	20039	19923	19796	19604

7-9 续表1

城市	1月	2月	3月	4月	5月	6月	7月	8月	9月	10月	11月	12月
温州	23951	23951	23938	23938	23840	23629	23409	23406	23291	23332	23332	23089
乌鲁木齐	8148	8098	8163	8197	8265	8272	8209	8197	8197	8209	8197	8158
无锡	17734	17668	17566	17500	17475	17667	17620	17518	17629	17424	17366	17285
武汉	17730	17760	17808	17773	17722	17668	17493	17429	17374	17300	17209	17169
西安	14810	14903	14781	14707	14646	14702	14794	14786	14672	14660	14602	14582
西宁	9761	9761	9761	9761	9761	9761	9761	9761	9761	9761	9761	9761
银川	7120	7020	7055	7125	7121	7135	7185	7222	7152	7199	7203	7218
郑州	13985	13981	14011	14078	14011	13948	13894	13831	13741	13676	13584	13468
三四线城市												
包头	7814	7770	7747	7730	7707	7707	7702	7672	7634	7607	7614	7597
保定	9561	9576	9589	9543	9536	9561	9494	9394	9489	9375	9323	9338
常熟	13710	13884	13778	13864	13864	13908	13864	13725	13723	13617	13617	13433
常州	15839	15847	15908	15989	15882	15864	15791	15682	15562	15477	15421	15276
德州	8641	8498	8352	8403	8426	8426	8261	8261	8261	8261	8228	8228
东莞	19521	19864	19916	19954	19934	20010	19937	20035	19968	19933	19957	19916
东营	8695	8721	8730	8754	8526	8577	8431	8357	8240	8240	8240	8085
佛山	13276	13450	13674	13709	13775	13735	13764	13766	13647	13909	13808	13662
阜阳	8061	8061	8122	8083	8129	8046	8046	8001	8046	8074	8103	8118
赣州	12030	12009	11946	12055	12148	12213	12110	12061	12109	12157	12084	12088
桂林	7154	7173	7170	7148	7084	7072	7081	6889	6976	6937	6901	6941
邯郸	9508	9419	9357	9445	9419	9425	9393	9419	9411	9415	9419	9414
菏泽	5984	5985	5990	6037	6040	6061	6071	6086	6102	6110	6111	6115
衡水	7906	7789	7813	7768	7677	7630	7653	7651	7625	7593	7455	7468
湖州	9445	9381	9381	9391	9263	9339	9381	9360	9333	9437	9381	9445
淮安	10806	10899	10894	10915	10996	10976	10850	10702	10620	10497	10439	10397
惠州	9667	9683	9634	9610	9634	9613	9565	9600	9510	9485	9484	9499
济宁	9576	9757	9819	9894	9901	9931	10000	9991	9956	9915	9901	9864
嘉兴	10832	10832	10845	10847	10847	10953	10968	10877	10872	10872	10965	10968
江门	8597	8580	8511	8620	8662	8695	8660	8564	8553	8412	8438	8344
江阴	11004	11021	11027	10980	10877	10912	10877	10941	10877	10749	10680	10536
金华	18815	18795	18707	18995	19160	19013	19133	19070	19079	19113	18792	18542
昆山	16562	16652	16752	16842	16902	17040	16997	16807	16907	16985	16911	16876
廊坊	11777	11777	11742	11651	11602	11629	11637	11557	11519	11519	11568	11568
连云港	11458	11603	11618	11724	11567	11614	11567	11567	11567	11567	11618	11736
聊城	10344	10378	10433	10505	10540	10536	10540	10552	10533	10501	10542	10525

7-9 续表2

城市	1月	2月	3月	4月	5月	6月	7月	8月	9月	10月	11月	12月
临沂	10091	10009	10229	10094	10151	10151	9997	9981	9981	9946	9946	9946
柳州	8554	8561	8513	8424	8443	8410	8299	8215	8217	8174	8212	8159
洛阳	9007	8979	9065	9005	8928	8874	8709	8633	8581	8538	8518	8535
马鞍山	9413	9363	9458	9514	9541	9541	9601	9640	9899	9899	9899	9981
绵阳	8947	8933	8947	8811	8909	8802	8794	8877	8842	8721	8687	8702
南通	15409	15474	15273	15241	15261	15295	15267	15250	15195	15024	14929	14803
秦皇岛	10242	10101	9937	10000	10005	9991	9825	9825	9951	9951	9825	9769
泉州	15029	15029	14929	14934	15000	15000	15000	15029	15166	15166	15325	15232
汕头	11519	11441	11412	11520	11416	11441	11545	11446	11386	11440	11423	11402
绍兴	17016	17048	17048	17418	17412	17387	17250	17264	17278	17307	17281	17197
宿迁	9794	9802	9802	9802	9812	9812	9812	9812	9812	9812	9812	9812
台州	15126	15134	15233	15436	15743	15825	15881	15881	15881	15957	15929	15943
泰州	11227	11221	11227	11144	11159	11076	11157	11175	11157	11057	11027	10997
唐山	10759	10633	10638	10734	10496	10436	10290	10173	10239	10110	10195	10167
威海	9062	9005	9000	9021	8955	8858	8843	8885	8793	8791	8768	8750
潍坊	7154	7162	7165	7172	7142	7143	7144	7122	7063	7039	7070	7011
芜湖	12836	12878	12925	13060	13190	13286	13287	13267	13318	13410	13495	13495
湘潭	5200	5166	5166	5166	5166	5102	5102	5116	5113	5070	5025	5025
新乡	7558	7558	7558	7538	7525	7534	7558	7558	7560	7558	7528	7528
徐州	13008	13010	13096	13104	13063	13060	13019	12960	12912	12805	12714	12639
烟台	10530	10534	10478	10544	10447	10463	10382	10359	10255	10174	10146	10046
盐城	13098	13116	13159	13026	13056	12968	12956	13003	12869	12794	12658	12417
扬州	14719	14692	14597	14576	14454	14385	14351	14244	14324	14291	14232	14099
宜昌	8365	8242	8175	8159	8226	8263	8137	8172	8138	8082	8109	8120
湛江	9503	9528	9563	9632	9761	9627	9480	9349	9369	9356	9506	9502
张家港	12460	12406	12305	12176	12227	12148	12038	12017	11947	11827	11641	11567
张家口	8318	8243	8122	8050	7860	7755	7696	7691	7680	7596	7615	7624
漳州	12732	12835	12914	12914	12931	12970	12974	13087	12889	12788	12832	12830
肇庆	6981	6951	6939	6923	6923	6923	6854	6923	6923	6835	6923	6835
镇江	8794	8632	8632	8590	8622	8544	8491	8476	8475	8432	8478	8440
中山	10123	10161	10142	10165	10201	10137	10110	10023	10000	9909	9787	9778
珠海	23388	23423	23470	23257	23357	23389	23333	23275	23240	23153	23146	22976
株洲	5794	5836	5823	5777	5761	5777	5746	5699	5624	5602	5546	5531
淄博	9474	9428	9436	9416	9213	9188	9244	9266	9213	9213	9213	9213

7-10 2022年重点城市写字楼租金指数

城市	商圈	样本平均租金（元/平方米/天）				样本租金中位数（元/平方米/天）				平均租金环比涨跌幅（%）			
		一季度	二季度	三季度	四季度	一季度	二季度	三季度	四季度	一季度	二季度	三季度	四季度
	15城主要商圈写字楼平均租金	4.76	4.76	4.75	4.74	/	/	/	/	-0.06	-0.08	-0.17	-0.18
北京	金融街商圈	15.30	15.32	15.31	15.30	15.88	16.67	16.66	16.51	-0.11	0.15	-0.06	-0.07
	CBD商圈	9.11	9.08	9.06	9.05	8.47	8.40	7.87	7.95	-0.07	-0.31	-0.21	-0.20
	燕莎商圈	7.72	7.70	7.67	7.66	7.55	7.73	7.95	7.65	-0.24	-0.24	-0.35	-0.19
	亚运村商圈	7.42	7.41	7.39	7.38	6.82	6.26	6.45	6.48	0.33	-0.09	-0.25	-0.15
	中关村商圈	7.35	7.33	7.33	7.30	6.08	6.11	6.23	6.26	-0.20	-0.22	-0.07	-0.33
	望京商圈	7.31	7.31	7.28	7.23	6.67	6.46	7.23	7.59	-0.39	0.05	-0.45	-0.65
	丽泽商圈	5.77	5.77	5.76	5.75	5.94	5.82	5.73	5.45	1.66	0.10	-0.19	-0.14
	上地商圈	5.38	5.38	5.38	5.36	5.57	5.24	4.51	4.42	-0.40	0.04	-0.11	-0.26
	科技园区商圈	4.54	4.53	4.53	4.52	4.67	4.67	4.67	4.72	0.50	-0.24	-0.06	-0.26
上海	陆家嘴商圈	8.22	8.22	8.20	8.19	7.36	7.26	7.35	7.28	0.19	-0.04	-0.18	-0.16
	南京西路商圈	7.53	7.53	7.52	7.53	6.12	5.90	6.23	6.22	0.32	0.08	-0.12	0.08
	静安寺商圈	6.93	6.93	6.93	6.94	5.84	5.64	6.24	6.25	-0.14	-0.05	0	0.21
	徐家汇商圈	6.27	6.27	6.26	6.26	4.86	5.05	4.83	4.60	0.12	0	-0.25	0.09
	淮海中路商圈	5.88	5.88	5.87	5.86	6.61	6.18	6.57	7.13	0.15	0.04	-0.25	-0.21
	人民广场商圈	5.84	5.85	5.85	5.84	6.73	6.33	6.49	6.01	0.25	0.02	0.12	-0.25
	中山公园商圈	5.66	5.67	5.67	5.64	5.02	5.10	5.36	4.89	0.19	0.07	0.04	-0.56
	虹桥商圈	5.56	5.56	5.56	5.56	5.18	5.24	5.38	5.34	0.17	0.02	-0.07	0.06
	南京东路商圈	5.29	5.28	5.27	5.26	5.70	5.47	4.92	4.85	-0.11	-0.20	-0.07	-0.19
	北外滩商圈	5.19	5.19	5.18	5.16	4.85	4.95	4.77	4.89	0.13	0.07	-0.27	-0.26
	漕河泾商圈	4.40	4.40	4.39	4.40	4.34	4.44	4.35	4.33	-0.14	-0.10	-0.13	0.15
	张江商圈	4.17	4.17	4.17	4.16	3.80	3.95	3.79	3.70	0.15	0.08	-0.18	-0.15
	五角场商圈	3.80	3.80	3.79	3.80	3.86	3.96	4.04	4.03	0.18	0.07	-0.09	0.05
广州	珠江新城商圈	5.12	5.13	5.12	5.11	4.78	4.78	4.62	4.77	-0.30	0.09	-0.26	-0.19
	天河北商圈	4.65	4.65	4.65	4.65	3.99	2.98	3.86	3.95	-0.18	-0.06	-0.05	0.03
	琶洲商圈	3.77	3.77	3.77	3.75	3.45	3.65	3.66	3.61	-0.19	-0.11	-0.11	-0.32
	体育中心商圈	3.71	3.71	3.70	3.68	3.48	3.43	3.96	4.09	-0.17	0.07	-0.33	-0.61
	环市东商圈	3.40	3.39	3.39	3.39	3.47	3.55	3.40	3.32	-0.26	-0.32	0	0.09
	北京路商圈	2.97	2.97	2.96	2.96	2.72	2.53	2.69	2.69	-0.11	-0.29	-0.27	0.13
深圳	福田中心区商圈	6.24	6.23	6.21	6.20	5.57	5.59	5.94	5.79	-0.19	-0.24	-0.25	-0.19
	后海商圈	6.12	6.11	6.14	6.12	6.58	6.32	6.42	6.52	-0.19	-0.09	0.52	-0.32
	地王商圈	5.77	5.77	5.74	5.71	5.52	5.69	5.25	5.62	-0.17	-0.05	-0.38	-0.51
	车公庙商圈	4.63	4.62	4.61	4.60	4.06	4.35	3.68	3.94	-0.12	-0.22	-0.28	-0.30
	前海商圈	4.01	4.00	3.99	3.97	3.28	3.24	3.43	3.18	-0.13	-0.07	-0.34	-0.42
	宝安中心区商圈	3.81	3.81	3.80	3.80	4.15	4.28	3.85	3.76	-0.05	-0.14	-0.06	-0.17
	南山中心区商圈	3.72	3.72	3.70	3.69	3.50	3.44	3.02	3.30	0.02	0.06	-0.45	-0.29
	龙岗中心城商圈	3.66	3.65	3.64	3.63	3.38	3.33	3.53	3.23	-0.10	-0.18	-0.45	-0.10

7-10 续表1

城市	商圈	样本平均租金（元/平方米/天）				样本租金中位数（元/平方米/天）				平均租金环比涨跌幅（%）			
		一季度	二季度	三季度	四季度	一季度	二季度	三季度	四季度	一季度	二季度	三季度	四季度
重庆	江北嘴商圈	2.54	2.53	2.53	2.52	2.44	2.38	2.31	2.47	−0.22	−0.24	−0.19	−0.38
	解放碑商圈	2.23	2.22	2.22	2.22	2.13	2.20	2.00	2.02	−0.28	−0.25	−0.19	0.10
	加州新牌坊商圈	2.22	2.22	2.22	2.22	2.24	2.05	2.27	2.20	0	−0.11	−0.08	−0.07
	观音桥商圈	2.14	2.14	2.13	2.13	2.06	2.12	2.14	2.06	−0.04	0.11	−0.26	−0.14
	杨家坪商圈	2.14	2.13	2.13	2.12	2.19	2.16	2.13	2.05	−0.03	−0.30	−0.17	−0.32
	南坪商圈	1.94	1.93	1.93	1.92	1.71	1.72	1.71	1.75	−0.13	−0.12	−0.28	−0.57
杭州	武林商圈	4.76	4.75	4.75	4.75	3.92	3.97	3.82	4.07	0.24	−0.13	−0.03	0.14
	黄龙商圈	3.74	3.74	3.73	3.72	3.73	3.71	3.63	3.74	0.30	−0.14	−0.10	−0.31
	钱江新城商圈	3.68	3.68	3.67	3.68	3.47	3.85	3.80	3.77	−0.22	−0.22	−0.16	0.18
	西溪商圈	3.26	3.25	3.25	3.23	3.24	3.32	3.09	3.07	−0.10	−0.09	−0.23	−0.34
	申花商圈	3.19	3.19	3.18	3.18	2.84	3.04	3.11	3.13	−0.28	−0.23	−0.17	0.09
	钱江世纪城商圈	2.18	2.18	2.18	2.18	2.15	2.10	2.08	2.01	−0.23	0.03	−0.23	0.10
成都	春熙路商圈	3.56	3.55	3.54	3.53	3.67	3.66	4.08	3.92	−0.19	−0.19	−0.33	−0.27
	东大街商圈	2.94	2.93	2.93	2.93	2.92	2.73	2.78	2.78	−0.04	−0.13	−0.26	0.08
	人民南路商圈	2.67	2.67	2.66	2.66	2.35	2.63	2.49	2.44	0.08	−0.17	−0.32	−0.22
	金融城商圈	2.60	2.61	2.60	2.59	2.51	2.45	2.40	2.44	0.17	0.15	−0.19	−0.37
	大源商圈	2.28	2.28	2.28	2.27	2.19	2.18	2.18	2.20	0.11	0.13	−0.32	−0.14
天津	小白楼街商圈	4.00	3.99	3.99	4.00	4.04	3.92	3.93	3.93	−0.08	−0.12	−0.05	0.15
	劝业场街商圈	2.85	2.84	2.84	2.81	2.56	2.66	2.50	2.59	−0.12	−0.28	−0.19	−0.86
	友谊路商圈	2.43	2.43	2.43	2.43	2.39	2.37	2.34	2.42	−0.22	−0.15	−0.09	0.04
	华苑商圈	1.29	1.29	1.29	1.28	1.66	1.68	1.70	1.14	−0.12	−0.21	−0.14	−0.25
南京	新街口商圈	2.88	2.88	2.89	2.89	2.39	2.35	2.34	2.12	−0.13	0.10	0.28	0.06
	珠江路商圈	2.72	2.71	2.71	2.70	2.23	2.20	2.46	2.40	−0.16	−0.08	−0.20	−0.36
	奥体商圈	2.68	2.69	2.68	2.68	2.55	2.55	2.53	2.55	−0.23	0.16	−0.20	−0.17
武汉	中北路商圈	3.06	3.06	3.07	3.06	2.94	2.94	2.98	3.28	−0.19	0.14	0.07	−0.37
	武昌中心商圈	2.70	2.71	2.70	2.70	2.76	2.58	2.36	2.43	−0.41	0.13	−0.07	−0.23
	武广万松园商圈	2.20	2.21	2.20	2.20	1.92	1.99	1.91	1.88	0.04	0.11	−0.21	−0.05
	光谷商圈	2.14	2.13	2.14	2.13	2.20	2.18	1.97	1.94	−0.19	−0.17	0.09	−0.39
	金融港商圈	1.91	1.91	1.91	1.91	1.19	1.17	1.22	1.22	−0.45	−0.12	0.17	0.15
苏州	湖西商圈	2.50	2.50	2.50	2.49	2.29	2.24	2.16	2.16	−0.07	−0.13	0.10	−0.35
	湖东商圈	2.26	2.26	2.26	2.27	2.21	2.27	2.30	2.32	−0.23	−0.06	0.04	0.12
	狮山商圈	2.19	2.20	2.20	2.20	1.63	1.60	1.63	1.50	−0.24	0.17	0.18	0.08
青岛	五四广场商圈	4.20	4.19	4.18	4.16	3.99	4.02	4.18	4.30	−0.01	−0.12	−0.26	−0.41
	中央商务区商圈	2.92	2.92	2.91	2.91	2.89	2.84	2.80	2.75	−0.18	−0.18	−0.18	−0.19
	崂山区政府商圈	2.47	2.47	2.47	2.47	3.13	3.14	3.25	2.94	−0.09	−0.07	0.20	−0.14
	海尔路商圈	2.44	2.45	2.43	2.42	1.99	2.01	1.98	1.86	−0.13	0.14	−0.51	−0.36

7-10 续表2

城市	商圈	样本平均租金（元/平方米/天）				样本租金中位数（元/平方米/天）				平均租金环比涨跌幅（%）			
		一季度	二季度	三季度	四季度	一季度	二季度	三季度	四季度	一季度	二季度	三季度	四季度
长沙	五一广场商圈	3.92	3.92	3.93	3.92	2.56	2.41	2.90	2.46	−0.10	0	0.06	−0.29
	伍家岭商圈	2.97	2.97	2.97	2.97	2.97	2.97	2.97	2.82	−0.11	−0.19	0.14	−0.11
	芙蓉广场商圈	2.54	2.54	2.53	2.52	2.45	2.29	2.42	2.34	0.12	−0.03	−0.54	−0.22
	南湖路商圈	2.52	2.52	2.51	2.50	2.82	2.78	2.70	2.69	−0.13	−0.17	−0.42	−0.24
南昌	红谷滩中心区商圈	1.75	1.75	1.75	1.74	1.73	1.81	1.77	1.86	−0.33	−0.22	−0.17	−0.16
海口	国兴商圈	3.90	3.89	3.88	3.88	3.86	3.91	3.89	3.81	−0.38	−0.21	−0.18	0.08
	滨海大道商圈	3.10	3.10	3.10	3.09	3.10	3.10	3.10	3.09	0	0	0	−0.34
	国贸商圈	2.25	2.25	2.25	2.25	2.25	2.25	2.25	1.70	0	0.13	0	0

7-11 2022年百街商铺租金指数

城市	商业街道	样本平均租金（元/平方米/天）上半年	样本平均租金（元/平方米/天）下半年	样本租金中位数（元/平方米/天）上半年	样本租金中位数（元/平方米/天）下半年	平均租金环比涨跌幅（%）上半年	平均租金环比涨跌幅（%）下半年
	百大商业街商铺租金指数	24.70	24.53	/	/	-0.46	-0.71
北京	南锣鼓巷	90.23	88.96	89.77	88.51	-0.51	-1.40
	王府井大街	59.68	59.38	59.48	59.18	-0.17	-0.50
	五道口商业街	47.42	46.94	48.84	48.36	-0.12	-1.00
	后海酒吧街	46.67	46.67	45.39	45.39	-0.87	0
	西单商业街	39.36	39.34	34.34	34.32	-0.21	-0.07
	苏州街餐饮一条街	24.39	24.36	24.00	23.97	0.53	-0.11
	亚运村商业街	13.72	13.77	12.93	12.97	0.38	0.34
	新街口商业街	12.95	13.00	14.27	14.32	-1.62	0.38
	簋街	8.79	8.70	8.59	8.51	-0.30	-0.97
	好运街	8.35	8.27	8.97	8.89	0.87	-0.91
上海	城隍庙商业街	98.73	98.73	99.91	99.91	-0.93	0
	南京西路商业街	48.41	48.71	47.82	48.12	1.38	0.62
	南京东路步行街	42.74	42.74	44.50	44.50	0.08	0
	田子坊	35.26	34.47	37.67	36.83	-1.20	-2.23
	天钥桥路休闲餐饮街	34.24	34.42	32.22	32.39	1.05	0.53
	上海老街	32.08	32.08	29.88	29.88	0	0
	淮海中路商业街	31.98	31.96	32.58	32.56	0	-0.06
	新天地	24.23	24.23	26.01	26.01	-1.68	0
	七宝老街	16.87	16.57	16.49	16.20	-1.32	-1.77
	四川北路商业街	16.93	16.67	17.14	16.88	0.97	-1.54
	南翔老街	5.50	5.52	6.34	6.36	0	0.30
广州	天河又一城	55.63	55.73	55.91	56.02	0.64	0.18
	北京路步行街	37.00	36.24	34.89	34.18	-1.00	-2.03
	上下九步行街	33.10	32.33	32.24	31.49	-0.84	-2.33
深圳	东门步行街	89.75	87.78	89.37	87.41	-1.27	-2.20
	深圳湾步行大街	65.58	64.93	66.29	65.63	1.49	-1.00
	华强北步行街	57.89	58.16	58.20	58.47	0.97	0.47
成都	春熙路	21.25	20.92	21.45	21.12	-1.21	-1.55
	建设路	13.24	13.12	12.28	12.17	-0.25	-0.90
	宽窄巷子	8.74	8.61	8.54	8.41	-1.19	-1.46
	一品天下	6.75	6.69	6.65	6.59	-0.16	-0.80
武汉	江汉路步行街	41.35	41.46	43.58	43.70	-1.80	0.27
	楚河汉街	29.73	29.64	29.32	29.23	0.70	-0.31
	光谷步行街	27.68	27.46	28.34	28.11	-0.35	-0.80
	武汉天地商业街	11.50	11.51	12.41	12.43	0.12	0.13
	万松园商业街	5.73	5.66	5.54	5.48	0.18	-1.20
	汉正街	5.05	5.02	5.86	5.82	-1.73	-0.64

7-11 续表1

城市	商业街道	样本平均租金（元/平方米/天）		样本租金中位数（元/平方米/天）		平均租金环比涨跌幅（%）	
		上半年	下半年	上半年	下半年	上半年	下半年
天津	滨江道商业街	47.47	47.34	45.79	45.66	−0.16	−0.29
	古文化街	20.17	19.92	20.53	20.28	−0.92	−1.20
	五大道商业街	13.75	13.56	12.64	12.46	−0.97	−1.40
	南市食品街	13.47	13.03	14.23	13.76	0	−3.30
	小白楼商业街	11.23	11.11	10.66	10.55	−0.13	−1.00
	南京路	7.29	7.25	8.43	8.39	−0.80	−0.52
	和平路金街	6.04	5.97	7.69	7.60	−0.39	−1.16
	鼓楼	4.36	4.25	3.87	3.78	−0.77	−2.40
杭州	武林路	13.86	13.79	13.96	13.89	−0.03	−0.49
	河坊街	13.52	13.56	11.98	12.02	−1.50	0.32
南京	老门东	5.45	5.35	6.05	5.95	0.12	−1.72
苏州	观前街	55.23	55.16	53.56	53.49	−0.24	−0.13
	斜塘老街	12.49	12.53	13.80	13.84	0.59	0.30
	石路步行街	9.79	9.77	9.42	9.40	0	−0.24
	龙湖狮山金街	6.36	6.38	6.99	7.02	−0.33	0.40
青岛	台东步行街	45.27	45.14	42.66	42.54	−0.15	−0.28
	李村商业街	16.63	16.59	14.97	14.93	−2.05	−0.21
	闽江路商业街	4.63	4.58	5.64	5.58	0.15	−1.07
重庆	解放碑商业街	45.93	45.48	45.73	45.28	−0.38	−0.99
	三峡广场商业街	21.57	21.49	23.15	23.06	0.25	−0.38
	南坪商业街	19.17	18.94	18.52	18.30	−1.25	−1.19
	杨家坪商业街	17.41	17.28	18.11	17.97	1.05	−0.74
	观音桥商业街	16.95	16.83	16.86	16.74	0.40	−0.71
长沙	坡子街	20.17	19.85	21.40	21.06	−1.67	−1.58
	黄兴路步行街	11.74	11.50	12.53	12.28	−0.52	−2.02
南昌	胜利路步行街	5.16	5.07	5.85	5.74	−0.87	−1.82
海口	骑楼老街	20.11	20.14	21.16	21.20	0.40	0.15
	中山路	14.73	14.78	15.45	15.49	0.15	0.31
	得胜沙步行街	12.72	12.59	10.87	10.76	0.24	−1.02
	解放西路	6.63	6.66	6.53	6.55	0.05	0.34

7-12　2022年百MALL商铺租金指数

城市	商圈	样本平均租金（元/平方米/天）上半年	样本平均租金（元/平方米/天）下半年	样本租金中位数（元/平方米/天）上半年	样本租金中位数（元/平方米/天）下半年	平均租金环比涨跌幅（%）上半年	平均租金环比涨跌幅（%）下半年
	百大购物中心商铺租金指数	26.96	26.94	/	/	0.14	−0.09
北京	王府井商圈	74.29	74.33	78.14	78.18	1.74	0.05
	朝外大街商圈	51.00	50.83	64.88	64.67	−0.22	−0.32
	远大路商圈	49.80	49.80	50.30	50.30	0	0
	中关村商圈	46.20	46.16	43.66	43.62	−0.03	−0.09
	三里屯商圈	46.81	47.25	45.77	46.20	1.38	0.93
	西单商圈	43.04	43.03	46.83	46.82	−0.05	−0.02
	东直门商圈	41.19	41.08	43.36	43.24	−0.77	−0.28
	崇文门商圈	30.12	30.00	31.40	31.28	0.32	−0.39
	公主坟商圈	29.91	29.69	32.19	31.95	0.04	−0.75
	总部基地商圈	21.36	21.30	21.95	21.88	0	−0.29
	鲁谷商圈	15.07	14.94	14.97	14.84	−0.27	−0.87
	黄村商圈	14.89	14.93	14.69	14.74	−0.50	0.32
上海	淮海路商圈	66.97	66.97	63.41	63.41	0.12	0
	南京西路商圈	66.38	66.82	64.17	64.59	0.69	0.66
	徐家汇商圈	53.57	54.03	60.54	61.06	0	0.86
	静安寺商圈	49.29	49.41	48.43	48.55	−0.70	0.25
	豫园商圈	47.84	47.85	48.42	48.43	0	0.03
	人民广场商圈	44.96	44.95	50.15	50.13	0.54	−0.04
	曹家渡商圈	42.52	42.14	41.33	40.95	−0.42	−0.91
	南方商城商圈	24.78	24.61	23.32	23.16	−0.60	−0.69
	长寿路商圈	24.55	24.34	23.70	23.49	0.78	−0.87
	大宁商圈	24.02	24.02	19.62	19.62	0	0
	不夜城商圈	23.07	23.00	17.60	17.55	−0.16	−0.31
	中山公园商圈	18.05	18.17	16.84	16.96	0	0.70
	五角场商圈	16.83	16.95	17.22	17.34	0.21	0.70
	川沙商圈	16.82	16.87	13.08	13.12	0.32	0.30
	八佰伴商圈	14.84	14.90	14.46	14.51	0.82	0.40
	陆家嘴商圈	13.39	13.29	13.68	13.58	0	−0.70
	天山商圈	12.70	12.74	13.19	13.23	0.16	0.30
	控江路商圈	12.64	12.66	13.44	13.45	0	0.10
	四川北路商圈	12.23	12.17	12.52	12.47	0.10	−0.45
	真如商圈	12.08	12.08	14.61	14.61	0	0
	虹桥商圈	11.50	11.48	11.12	11.10	0	−0.18
	七宝商圈	11.49	11.49	14.99	14.99	0.50	0

7-12 续表1

城市	商圈	样本平均租金（元/平方米/天）		样本租金中位数（元/平方米/天）		平均租金环比涨跌幅（%）	
		上半年	下半年	上半年	下半年	上半年	下半年
广州	天河路商圈	58.67	58.71	58.26	58.30	−0.37	0.06
	北京路商圈	37.12	36.82	35.85	35.57	−0.84	−0.80
	珠江新城商圈	36.99	36.91	37.70	37.62	−0.05	−0.21
	东圃商圈	35.39	35.13	36.50	36.23	−0.24	−0.74
	西关商圈	31.54	31.47	33.25	33.18	0.18	−0.21
	市桥商圈	19.22	19.20	18.63	18.61	0.59	−0.12
深圳	东门商圈	68.75	69.11	66.38	66.74	1.22	0.53
	南山中心区商圈	62.48	62.01	57.49	57.05	2.01	−0.75
	福田中心区商圈	59.61	60.16	63.49	64.08	1.53	0.92
	华强商圈	29.22	29.51	30.35	30.65	1.38	0.99
成都	春熙路商圈	36.92	36.83	38.02	37.93	−0.15	−0.23
	盐市口商圈	27.80	27.96	29.49	29.67	−0.71	0.60
	建设路商圈	26.37	26.40	24.62	24.65	0.55	0.12
	新南天地商圈	17.48	17.29	16.07	15.90	−0.87	−1.08
武汉	徐东商圈	18.45	18.48	17.64	17.66	0.15	0.13
	王家湾商圈	13.20	13.20	11.91	11.91	−0.02	−0.02
	街道口商圈	12.71	12.71	12.30	12.30	0.07	0
	中南/中北路商圈	12.08	12.01	11.98	11.91	1.10	−0.60
	古田商圈	9.84	9.78	10.36	10.28	0.20	−0.70
	后湖商圈	9.78	9.83	9.07	9.11	−0.22	0.45
	钟家村商圈	7.38	7.33	9.85	9.77	−0.17	−0.76
天津	友谊路商圈	54.74	54.55	54.15	53.96	−0.17	−0.35
	南市商圈	36.61	36.31	35.37	35.08	−0.59	−0.83
	劝业场商圈	35.54	35.38	33.25	33.10	0.25	−0.45
	小白楼商圈	33.16	33.07	44.15	44.03	0.21	−0.28
	八里台商圈	18.69	18.63	17.60	17.54	−0.49	−0.35
	中北镇商圈	13.90	13.86	16.18	16.14	−0.17	−0.28
	鼓楼街商圈	12.44	12.35	10.98	10.90	−0.24	−0.70
	梅江商圈	8.91	8.89	9.01	8.99	−0.40	−0.25
杭州	武林商圈	52.67	52.47	54.39	54.18	−0.59	−0.38
	湖滨商圈	25.01	24.99	25.31	25.29	1.41	−0.08
	钱江新城商圈	24.32	24.45	17.30	17.38	0.40	0.52
	申花商圈	21.75	21.70	19.00	18.96	−0.49	−0.22
	吴山商圈	19.46	19.54	18.95	19.03	0.93	0.40
	滨江商圈	13.88	13.88	15.06	15.07	−1.20	0.03
	北干商圈	11.90	11.90	10.91	10.91	−0.43	0.06
	西溪商圈	9.94	9.98	10.76	10.80	0.90	0.32
	新天地运河商圈	8.16	8.17	10.33	10.35	0.67	0.15

7-12 续表2

城市	商圈	样本平均租金（元/平方米/天）		样本租金中位数（元/平方米/天）		平均租金环比涨跌幅（%）	
		上半年	下半年	上半年	下半年	上半年	下半年
南京	新街口商圈	36.47	36.52	36.58	36.63	0.35	0.14
苏州	石路商圈	15.98	15.99	15.88	15.89	0.15	0.04
	湖西商圈	10.67	10.66	16.97	16.95	0.13	−0.12
	狮山路商圈	9.56	9.58	10.17	10.19	0.53	0.21
	观前街商圈	7.60	7.59	15.82	15.80	0.42	−0.11
青岛	新都心商圈	21.65	21.63	22.98	22.96	0.46	−0.08
	香港中路商圈	18.36	18.33	18.77	18.74	−0.47	−0.18
	李村商圈	14.25	14.25	13.86	13.86	0.06	0
	市北CBD商圈	10.13	10.17	7.86	7.90	0.43	0.39
	浮山后商圈	9.12	9.12	9.32	9.32	−0.47	0
重庆	观音桥商圈	33.56	33.23	33.47	33.13	−0.49	−1.00
	解放碑商圈	30.95	30.75	30.75	30.55	−0.81	−0.64
	大坪商圈	22.43	22.33	24.09	23.98	0.12	−0.46
	南坪商圈	20.97	20.82	23.36	23.20	−0.77	−0.68
	三峡广场商圈	18.68	18.55	20.91	20.76	0.38	−0.72
	杨家坪商圈	8.14	8.10	9.90	9.86	0.25	−0.49
长沙	五一广场商圈	43.89	43.72	44.35	44.18	−0.30	−0.38
南昌	红谷滩中心商圈	15.88	15.87	11.84	11.83	0.09	−0.05
	八一商圈	15.27	15.21	18.51	18.44	−0.18	−0.40
海口	滨海国贸商圈	14.13	14.02	16.65	16.52	0	−0.75
	万达广场商圈	11.12	11.12	11.32	11.32	0.50	0
	解放西商圈	10.08	10.03	10.48	10.44	0.60	−0.44
	西海岸商圈	5.39	5.41	5.08	5.10	−0.67	0.39

企业篇

第八章　中国主要房地产企业经营情况统计

8-1　2022年沪深上市房企流动资产

单位：元人民币

企业简称	2022年第一季度	2022年第二季度	2022年第三季度	2022年第四季度
卓朗科技（600225）	3079697952	3287134831	2709348104	3285127892
中洲控股（000042）	34731494667	33084079919	32152912237	30971494471
中原高速（600020）	6529680128	6846127678	6251540392	6178962742
中南建设（000961）	301237440158	277821281842	273447759781	245765438373
中交地产（000736）	139491589073	138684373199	137972431599	128547954401
中华企业（600675）	32640915542	32836764431	35504999147	39997613424
中弘退（退市）（000979）	23167751632	21141319708	21107576889	20724386500
中航高科（600862）	5704724028	6134084906	6405193700	5332349422
中国中冶（601618）	453994652000	475531511000	489002771000	438205660000
中国中铁（601390）	826266774000	904709768000	899555622000	898565843000
中国中车（601766）	311044359826	339700418592	358195236341	331424175698
中国武夷（000797）	20091047932	21616483969	21736733124	21195955420
中国铁建（601186）	986207852000	1014414721000	1049862618000	1010052178000
中国交建（601800）	617104792096	680910943374	701042186356	616263327338
中国建筑（601668）	1809642030000	1894832106000	1912923418000	1874788055000
中国宝安（000009）	26997151762	30219901895	33618818142	34986065479
中迪投资（000609）	2791560429	2449232728	2476530421	2137913755
中储股份（600787）	12251108986	12652058092	11965313587	10730229313
招商蛇口（001979）	668036761843	669963103090	701689348178	655187141273
张江高科（600895）	12203591886	13186685934	14534780690	15859429396
云南城投（600239）	19928116185	12376730375	8300411229	5461517533
粤宏远A（000573）	1309032199	1215922987	1243805143	1235036211
圆通速递（600233）	12721621840	13524196760	13747309229	14136031871
渝开发（000514）	7189275048	7371553699	6870966648	5418841417
阳光股份（000608）	155501847	137902799	128619495	87776202
亚通股份（600692）	1826564675	1813031629	1867922603	2309790369
亚泰集团（600881）	28096249620	27717036636	28075981388	27791994795
雅戈尔（600177）	33009309514	33941027950	31386802702	33685378266
学大教育（000526）	1206595118	1037151365	1155457063	975224257
信达地产（600657）	61072132376	57729682484	61912265984	67270572327
新黄浦（600638）	18296638003	19962588577	20692107196	18240627080
新湖中宝（600208）	73032851726	73979055135	75158404706	70319552607
新光退（退市）（002147）	4090378126	3819047542	3327998423	2642943161
新城控股（601155）	379857746582	364901990379	358546131491	303082776414
小商品城（600415）	9253303011	7594015123	7777078499	5254397033
香江控股（600162）	21914689155	21431138283	20281828185	18167923655
卧龙地产（600173）	6364944291	5867049779	5806315712	5469586247
闻泰科技（600745）	31649453991	28308204437	30334137122	29828890207
万泽股份（000534）	692438933	745210307	611263227	688734740

8-1 续表1　　单位：元人民币

企业简称	2022年第一季度	2022年第二季度	2022年第三季度	2022年第四季度
万业企业（600641）	5836012722	5694679440	5751448639	5449832532
万通发展（600246）	4987738454	4366825774	4003718659	3767900231
万科A（000002）	1608773589576	1537716259462	1482234397742	1415356379959
外高桥（600648）	22258644265	20748330929	21129676600	20859142239
退市中房(退市)(600890)	134991214	133061621	122953779	98611853
退市美都(退市)(600175)	3271489120	3028830251	2617132694	2101108694
退市华业(退市)(600240)	2586605038	2547605400	2539455626	2191432423
天健集团（000090）	55370196166	57297504012	59172883431	60685717385
天房发展（600322）	16776148751	15529596652	14892121648	14686633879
天保基建（000965）	10133195431	10145428570	10485104449	10252767248
太阳纸业（002078）	11513090071	12484500491	12948550553	12587934965
苏州高新（600736）	49514896156	47830386950	47861538366	47134993017
苏宁环球（000718）	12367695389	12377159981	12028517913	11725115192
顺丰控股（002352）	87315864000	92396944000	92640561000	90673493000
顺发恒业（000631）	8483388311	8488892614	8322793626	8281054429
首开股份（600376）	267643252222	260489564282	250795477598	229762334281
市北高新（600604）	10124437101	10359759720	10386006158	11355312380
世荣兆业（002016）	5546084515	5230526730	5190150997	5256712571
深振业A（000006）	19526172259	20454612815	22211258483	22270681629
深物业A（000011）	12567114012	13068547862	12889413508	13719792262
深深房A（000029）	4947150041	4971583797	4879899258	5008091802
深康佳A（000016）	20395515999	20663049736	19395209255	17617066279
上实发展（600748）	34117780753	35439001100	34421811282	34982829582
上海临港（600848）	25750715308	25455975475	27278958638	38149119234
杉杉股份（600884）	16970109603	18457217595	21955462499	18942980784
山子股份（000981）	7250519896	6235210949	6307655420	6534145881
沙河股份（000014）	2134934333	2079843349	2436801970	2673243706
三湘印象（000863）	5586691368	5503218738	5674739774	5407486030
软控股份（002073）	8363045890	9202503138	9499846406	10023605438
荣盛发展（002146）	262979028914	255612147127	248869826950	226792046312
荣丰控股（000668）	2970487770	2966586919	2765974448	1408732927
荣安地产（000517）	74929203900	75160005402	73188899640	69431223951
栖霞建设（600533）	21015690303	21465513542	21106734175	19760372417
浦东金桥（600639）	14816515691	13850691137	17369883376	16646656287
派斯林（600215）	1679363722	1485783351	1553421530	1725626676
南山控股（002314）	44594604680	44020736432	42831968311	37710475950
南京公用（000421）	9190906122	9612433276	9067295851	9185522009
南京高科（600064）	16782428059	17618480115	19573817756	19079070887
纳思达（002180）	19128747711	19451259015	18920108740	19466083671

8-1 续表2 单位：元人民币

企业简称	2022年第一季度	2022年第二季度	2022年第三季度	2022年第四季度
绿景退（退市）（000502）	212837797	199616017	206408281	143127970
绿地控股（600606）	1225921959438	1182246574984	1171363189574	1164776132925
莱茵体育（000558）	246998432	220434288	210981747	282583453
开立医疗（300633）	2073654949	2283371733	2310291735	2514310007
京投发展（600683）	43667724882	41440122187	42416091098	43676383070
京能置业（600791）	21754453787	21184799506	23268960695	19331066594
京东方A（000725）	171105803428	165700943459	152920409377	142231363763
津滨发展（000897）	6912276581	6789424952	7077447872	7161894283
金隅集团（601992）	163621254939	161583382524	167083724713	156824356325
金融街（000402）	106945107075	102971057254	103048625827	102595673254
金科股份（000656）	299907769220	288394351088	277184196551	252253481905
金地集团（600383）	369628863432	365034441517	364855533951	313983914414
建发股份（600153）	633263105928	698027326794	714454556849	599231456342
济南高新（600807）	4031111114	4618987475	5455644707	3070863448
皇庭国际（000056）	1029826972	1334139537	1344702673	1070163608
华远地产（600743）	51483785057	50495650569	48890111291	41198307971
华鑫股份（600621）	36442434338	36641188891	36174253271	32680176190
华夏幸福（600340）	386317104418	377531980941	370134936199	364036828789
华侨城A（000069）	384686620014	372610754231	356377392593	294362044811
华丽家族（600503）	2287671459	2162059513	3711555452	3579534237
华发股份（600325）	324596088447	328528983814	341897380831	350880231236
黑牡丹（600510）	30940306770	31196868340	29216838254	25887925894
合肥城建（002208）	21899543766	24471303301	30065846787	31886088452
海宁皮城（002344）	3449465351	3986270818	4348014476	4128066496
海航控股（600221）	25358248000	19359856000	16400109000	22567222000
广宇集团（002133）	17771764291	17587320468	18591454960	17945144943
广宇发展（000537）	12329020384	12184295703	11365219755	10453496321
光明地产（600708）	68224939093	66080862912	62632881481	62961612928
光大嘉宝（600622）	13479112273	12403809501	11032441984	8707942129
冠城大通（600067）	18294911144	19000038013	18285718727	18045735304
葛洲坝（退市）（600068）	155973627421	169676805236	185841847011	186666278196
格力电器（000651）	243748068072	253883099003	260882126841	255140038972
格力地产（600185）	27397022761	26268855099	26196922042	24115599460
福星股份（000926）	39023384440	34922033925	34488651154	29703703887
福瑞达（600223）	58852596949	58907516177	56872311649	55628747446
凤凰股份（600716）	4807860784	5011093272	5525311300	6007215472
东旭蓝天（000040）	12725878853	13161227873	13467538452	12605150675
东望时代（600052）	1905510877	1842791249	1911318112	1474803124
东湖高新（600133）	18158049803	21004132109	23344997050	24334069054

8-1 续表3　　　　　　　　　　　　　　　　　　　　　　　　　　　　　　　　　　　　单位：元人民币

企业简称	2022年第一季度	2022年第二季度	2022年第三季度	2022年第四季度
东百集团（600693）	3872302598	4548184218	3907591186	3208174196
电子城（600658）	15742766046	16080505911	14769035077	13727035847
迪马股份（600565）	72592368136	73045065158	65005094114	59450705738
大悦城（000031）	155300630064	161832316115	158552885177	157707474864
大名城（600094）	35028488862	32586688992	31837410673	27675600277
大龙地产（600159）	3677092199	3563288038	3605536452	3800803214
大东方（600327）	4102794655	1327469711	1305567947	1109203677
城投控股（600649）	59575195355	61934828054	60412881622	56402611869
城建发展（600266）	119944090994	126754419286	131250590329	121064481753
财信发展（000838）	13175019211	12288817440	11495840703	10054470054
滨江集团（002244）	202561740487	228946796728	245161422938	250346559597
北汽蓝谷（600733）	26275086007	23471902129	20444160784	17322497104
北辰实业（601588）	62511553891	60615356210	56659348323	54450939049
保利发展（600048）	1274591105639	1273740690696	1288164666320	1300400616312
宝鹰股份（002047）	9299911643	8357197143	8557240401	6980076740
安徽建工（600502）	85188789983	89653597441	96482666106	98948382732
爱旭股份（600732）	7619339317	7630849706	9817575890	10238109637
ST粤泰（600393）	11626352574	10969705595	9648036045	9721989505
ST阳光城（000671）	309034098969	290594145393	282950960580	250371441503
ST泰禾（000732）	173895226212	172298107481	171449118766	169659344369
ST美置（000667）	15906576123	15765542171	14249475976	13737937164
*ST中天（000540）	78940973243	84643721994	82230208260	72233545433
*ST新联（000620）	23110484552	22148992863	21809322717	20948689170
*ST宋都（600077）	40969303355	36837282612	35616552325	33306238566
*ST蓝光(退市)（600466）	155274324985	152066505207	132967665822	120226693741
*ST嘉凯（000918）	7250346275	7372724598	7149795180	5960474143
*ST海投（000616）	78022871	59935948	49646821	29971864
*ST泛海（000046）	62075027830	60565231129	60867143352	66151165033

退市华业（退市）（600240）已于2020年2月5日退市，仍对外披露了2022年度财务数据。
葛洲坝（退市）（600068）已于2021年9月13日退市，仍对外披露了2022年度财务数据。
*ST蓝光（退市）（600466）已于2023年6月6日退市，仍对外披露了2022年度财务数据。
退市中房（退市）（600890）已于2022年6月21日退市，仍对外披露了2022年度财务数据。
退市美都（退市）（600175）于2020年8月14日退市，仍对外披露了2022年度财务数据。
新光退（退市）（002147）于2022年6月23日退市，仍对外披露了2022年度财务数据。
绿景退（退市）（000502）于2022年6月27日退市，仍对外披露了2022年度财务数据。
中弘退（退市）（000979）于2018年12月28日退市，仍对外披露了2022年度财务数据。
数据来源：企业公告。

8-2a 2022年香港上市房企流动资产（港币）

单位：元港币

企业简称	2022年第二季度	2022年第四季度
保利置业集团（0119）	206736518000	--
天安（0028）	13570868000	17838191000
恒隆地产（0101）	19564000000	20457000000
新鸿基地产（0016）	244944000000	249650000000
中信股份（0267）	5330386000000	5161835000000
汤臣集团（0258）	10156297000	10058240000
长实集团（1113）	194830000000	209879000000
五矿地产（0230）	63541933000	60142291000
上实城市开发（0563）	33736512000	28599523000
信和置业（0083）	69595828836	71424985187
深圳控股（0604）	112921450000	103146094000
嘉华国际（0173）	31805519000	32069045000
莱蒙国际（3688）	13101002000	11415801000
恒基地产（0012）	133067000000	124766000000
中渝置地（1224）	5705994000	3382576000
路劲（1098）	65747486000	55594538000
华南城（1668）	54824433000	--
上海证大（0755）	8468606000	2143282000
香港兴业国际（0480）	9190800000	--
LET GROUP（1383）	2750609000	1382392000
嘉里建设（0683）	57965822000	57293524000
九龙仓集团（0004）	65374000000	59458000000
合生创展集团（0754）	210958640000	183221601000
新世界发展（0017）	193907100000	193167800000
沿海家园（1124）	6432488000	--
渝太地产（0075）	17088701000	16879184000
百仕达控股（1168）	2741699000	2231918000

数据来源：企业公告。

8-2b 2022年香港上市房企流动资产（人民币）

单位：元人民币

企业简称	2022年第二季度	2022年第四季度
远洋集团（3377）	194950087000	192137644000
华润置地（1109）	668406072000	713284627000
上坤地产（6900）	35856986000	28268156000
天誉置业（0059）	23323695000	21982123000
明发集团（0846）	52738029000	49230596000
恒盛地产（0845）	24243696000	22870844000
港龙中国地产（6968）	50516708000	44459079000
大发地产（6111）	31357921000	--
大唐集团控股（2117）	49764189000	--
复星国际（0656）	378782429000	376224498000
景瑞控股（1862）	48677305000	36905029000
中国新城市（1321）	5806377000	5788792000
美的置业（3990）	250818405000	214283295000
德信中国（2019）	104779917000	97959991000
融信中国（3301）	192735886000	168757099000
银城国际控股（1902）	32034748000	30409174000
时代中国控股（1233）	140864927000	118107705000
旭辉控股集团（0884）	328892601000	307619880000
龙光集团（3380）	232147537000	215252520000
正荣地产（6158）	196804709000	173512253000
中国金茂（0817）	222216791000	191472496000
碧桂园（2007）	1676216000000	1537082000000
SOHO中国（0410）	3503350000	2906414000
北大资源（0618）	16172240000	--
中国海外发展（0688）	671125406000	664399679000
祥生控股集团（2599）	125721449000	--
佳兆业集团（1638）	209870500000	207273135000
力高集团（1622）	77122747000	--
中梁控股（2772）	224924777000	211736450000
瑞安房地产（0272）	32721000000	27906000000
融创中国（1918）	886275745000	839209249000
宝龙地产（1238）	139294020000	133972237000
朗诗绿色管理（0106）	20771069000	15178358000
三巽集团（6611）	15692010000	13780805000
金辉控股（9993）	146881519000	131789119000
绿城中国（3900）	461090119000	462371250000

8-2b 续表1　　　　　　　　　　　　　　　　　　　　　　　　　　　　　　　　　　　　单位：元人民币

企业简称	2022年第二季度	2022年第四季度
众安集团（0672）	46418392000	45640183000
恒达集团控股（3616）	10460921000	9663294000
领地控股（6999）	55503840000	48005628000
中电光谷（0798）	13048014000	12364224000
金轮天地控股（1232）	7856458000	6725633000
合景泰富集团（1813）	121678525000	108753695000
越秀地产（0123）	261046384000	283974066000
龙湖集团（0960）	648913552000	540238053000
富力地产（2777）	261762134000	252006047000
禹洲集团（1628）	137639264000	113328727000
绿地香港（0337）	143026647000	128182985000
中骏集团控股（1966）	131910364000	133183456000
亿达中国（3639）	18219915000	16539035000
小米集团–W（1810）	179659568000	160414795000
上置集团（1207）	5229294000	--
建业地产（0832）	123824416000	118691103000
雅居乐集团（3383）	200207023000	180113283000
弘阳地产（1996）	90228880000	73606517000

数据来源：企业公告。

8-3　2022年沪深上市房企资产

单位：元人民币

企业简称	2022年第一季度	2022年第二季度	2022年第三季度	2022年第四季度
卓朗科技（600225）	6263313192	6439375289	6390091953	6431790605
中洲控股（000042）	40201972877	38643437322	37679140806	36687104318
中原高速（600020）	48007091100	49490978431	49650016298	49709713241
中南建设（000961）	368991768798	342319328124	337286548918	306722295983
中交地产（000736）	150519801413	148282736359	147482010773	137307213181
中华企业（600675）	55362507123	55120508104	57802011541	58710591300
中弘退（退市）（000979）	30803259841	28776378309	28735432256	28789557387
中航高科（600862）	7836548428	8236730616	8549642129	7627226010
中国中冶（601618）	583639494000	610289338000	630247816000	585384390000
中国中铁（601390）	1410512780000	1532715631000	1570716038000	1613165843000
中国中车（601766）	482895742728	513916909430	532423304880	511934755688
中国武夷（000797）	21839013140	23379910873	23498265138	22906439079
中国铁建（601186）	1445211075000	1494211230000	1535573584000	1523951052000
中国平安（601318）	10541097000000	10696148000000	10762211000000	11137168000000
中国交建（601800）	1477485305424	1565683489131	1618452270919	1511350074155
中国建筑（601668）	2502711661000	2596852299000	2644562548000	2652903306000
中国宝安（000009）	40892985827	45216662557	49596205060	52293310406
中迪投资（000609）	2976910257	2630570331	2660913297	2308113906
中储股份（600787）	25500740947	25937872185	25266185517	23969730161
招商蛇口（001979）	874328055811	880378765933	923498089471	886471376242
张江高科（600895）	36446339223	37455659920	39978895408	42727234245
云南城投（600239）	40057649785	31680932811	27324996802	13527573992
粤宏远A（000573）	2456395833	2428216094	2613749192	2560626375
圆通速递（600233）	34674447385	36159308301	37909992624	39257319803
渝开发（000514）	8376054749	8556361276	8040911459	7370089022
阳光股份（000608）	5525693196	5484995021	5413875442	4843554710
亚通股份（600692）	2460671402	2432741328	2484488811	2955707422
亚泰集团（600881）	54412009277	53885169879	54131302307	53690889049
雅戈尔（600177）	76858624092	74901646451	73975901687	77777073651
学大教育（000526）	3456851903	3167323201	3244020744	3181294444
信达地产（600657）	84020040908	84352339253	88222159365	88406095714
新黄浦（600638）	21409097065	23044196978	23779534466	24524145611
新湖中宝（600208）	128721913038	128403787642	128430282747	124497106407
新光退（退市）（002147）	8591116509	8299260420	7761444749	5132452315
新城控股（601155）	527116483218	514882680604	510260522061	457907014950
小商品城（600415）	31390973991	30206562946	31368603104	32111004317
香江控股（600162）	28441168531	27858666447	26768068681	24372283672
卧龙地产（600173）	7396146663	6925815890	6956670226	6487948697
闻泰科技（600745）	74733473358	73089915439	76569613649	76689799077

8-3 续表1　　　　　　　　　　　　　　　　　　　　　　　　　　　　　　　　　　　　　　　单位：元人民币

企业简称	2022年第一季度	2022年第二季度	2022年第三季度	2022年第四季度
万泽股份（000534）	2294402329	2369267046	2307440965	2434804891
万业企业（600641）	9646084581	9652595645	9757327291	9762173592
万通发展（600246）	10609095968	9897543916	9694995087	9519063247
万科A（000002）	1947369375454	1879202244259	1832624105914	1757124444203
外高桥（600648）	42998857501	41156896813	40448479643	41690258672
退市中房（退市）（600890）	245527231	243101074	232227824	207967700
退市美都（退市）（600175）	4297566497	4133047472	3677576427	3247128596
退市华业（退市）（600240）	4497510011	4447359168	4435981342	4085804110
天健集团（000090）	63687443020	65435969054	67179809614	69205706635
天房发展（600322）	18758666849	17494053785	16926800410	16556183566
天保基建（000965）	12748131743	12754025674	13083893188	12818217319
太阳纸业（002078）	44484216871	46173769701	47640727013	48013962336
苏州高新（600736）	64420190369	63003769218	62957139122	64909101187
苏宁环球（000718）	15973555308	16033267084	15687373978	15392539895
顺丰控股（002352）	203259176000	212467377000	217411281000	216842707000
顺发恒业（000631）	9485284180	9455214726	9261388849	9190920396
首开股份（600376）	319901536407	311316846345	300823172723	278295598181
市北高新（600604）	20785972679	20915359344	20882825666	22061784671
世荣兆业（002016）	6617766771	6361232629	6377206747	6577167291
深振业A（000006）	23509203623	24466914400	26319762217	26399055779
深物业A（000011）	14548051290	15166310791	14989808984	15800287610
深深房A（000029）	5725419099	5753479368	5650584107	5689769802
深康佳A（000016）	40541409206	39312730373	39223352282	38016368073
上实发展（600748）	39971899981	41275545379	42718984046	45345197108
上海临港（600848）	51314948090	51238272255	53413444513	66313776081
杉杉股份（600884）	39885454463	42302444684	46892114964	44925491219
山子股份（000981）	18543139729	17771325234	17757507425	17881888701
厦门银行（601187）	343812312000	351712301126	363701835000	371208018622
沙河股份（000014）	2444831194	2389635121	2727303619	2990660493
三湘印象（000863）	7175351789	7065542283	7213264890	6919386670
软控股份（002073）	11280694862	12583886739	13022209517	13725145227
荣盛发展（002146）	290846809343	282164281571	274807420302	249566123153
荣丰控股（000668）	3612818577	3603823896	3498026812	2327735448
荣安地产（000517）	81698957516	81993461858	79072887351	73336805491
栖霞建设（600533）	24114823242	24515576479	24120754071	22752687984
浦东金桥（600639）	32894745250	32101172595	35068751812	34547678961
派斯林（600215）	3423269121	3278296975	3406330430	3585780134
南山控股（002314）	73450173263	73545547595	73005122718	69339367367
南京公用（000421）	14306280880	15462759331	15236859241	15462118974

8-3 续表2　　　　　　　　　　　　　　　　　　　　　　　　　　　　　　　　　　　　　单位：元人民币

企业简称	2022年第一季度	2022年第二季度	2022年第三季度	2022年第四季度
南京高科（600064）	33918249089	35181644640	37724138378	37403687924
纳思达（002180）	43498057893	45264774655	45512316784	46028639915
绿景退（退市）（000502）	362583550	345358611	348478254	306434413
绿地控股（600606）	1404629895262	1359774546821	1349847440915	1365321059373
莱茵体育（000558）	1918429035	1885707297	1826628278	1833102854
开立医疗（300633）	2983099447	3224665488	3296591279	3544216146
京投发展（600683）	54538783470	52185686184	53283729963	54813074893
京能置业（600791）	22706208777	22110989697	24203067226	20154943363
京东方A（000725）	457064241891	446291365552	430996506952	420567865936
津滨发展（000897）	7269593947	7679829919	7964099302	8242043603
金隅集团（601992）	282574616083	283932219019	289570884493	281520054328
金融街（000402）	156527187087	153710111271	154180587385	153043878284
金科股份（000656）	351218772031	339222606449	327490510416	299535783788
金地集团（600383）	468415613830	465355711627	465648196555	419383217621
交通银行（601328）	12323654000000	12580576000000	12693203000000	12992419000000
建发股份（600153）	688519978030	757395421828	775408660485	664754428987
济南高新（600807）	6789343959	7297879299	7547917088	3999911483
皇庭国际（000056）	10625018630	10984398323	10981358547	10132551071
华远地产（600743）	54966010694	53883226915	52247740580	44466396285
华鑫股份（600621）	38092367748	38255269566	37817102968	35035478697
华夏幸福（600340）	433267980605	423906969822	417292605476	408602667889
华侨城A（000069）	478554408320	473372740372	465906234535	392917825795
华丽家族（600503）	5128784606	5048445687	5014856684	4876568561
华发股份（600325）	366841857234	372753436003	391817650036	402691072097
黑牡丹（600510）	36522275953	36841702503	35976481668	31493971786
合肥城建（002208）	23425804925	26054829292	31647408035	33448916776
海宁皮城（002344）	12824881414	13397998094	13875321154	13797374203
海航控股（600221）	136599075000	132628979000	126896831000	138114275000
广宇集团（002133）	19426798471	18928790943	19695486640	20059389882
广宇发展（000537）	38425095875	38012287084	37359086644	37540550376
光明地产（600708）	72463946672	70261255209	66805440395	67497657094
光大嘉宝（600622）	35403748134	34202946062	32801312695	30301472032
冠城大通（600067）	23787106795	24304925749	23579897483	23381179649
葛洲坝（退市）（600068）	291436890614	310601818675	334847494888	356745046071
格力电器（000651）	333688998480	356723062260	354794419587	355024758879
格力地产（600185）	34078159230	32936973785	33234764373	30258727936
福星股份（000926）	48321535218	44009204603	43565606816	38275030779
福瑞达（600223）	61638844812	61730980489	59610838522	58473809904
凤凰股份（600716）	6998316043	7208724540	7592241722	8138867730

8-3 续表3　　　　　　　　　　　　　　　　　　　　　　　　　　　　　　　　　　　　　单位：元人民币

企业简称	2022年第一季度	2022年第二季度	2022年第三季度	2022年第四季度
东旭蓝天（000040）	25998155576	26325868225	26580790211	25473554501
东望时代（600052）	3581692529	3515712896	3533027551	3537775487
东湖高新（600133）	28497129653	31613024822	34249845246	34970157438
东百集团（600693）	14730823217	15023774897	14520071295	14497443579
电子城（600658）	21392295205	21705673597	20270565423	21086834563
迪马股份（600565）	85838990789	85528785827	77453330124	70370785334
大悦城（000031）	210493999291	218030298155	215103626382	214432267769
大名城（600094）	41323080791	38877560899	38217744251	34628645886
大龙地产（600159）	4064916715	3956822652	3997406466	4162373733
大东方（600327）	8357139375	5772150611	5806299764	5492937354
城投控股（600649）	70876842234	73739196150	72341401454	71329154314
城建发展（600266）	137111634848	144097610141	148655765205	138765933032
财信发展（000838）	13693898571	12994299594	12144575248	10695055091
滨江集团（002244）	224696217558	252343448684	273981128897	276176043010
北汽蓝谷（600733）	40330546938	37901744250	35051575562	31354411911
北辰实业（601588）	76824317101	74536878407	70143998327	67280220550
保利发展（600048）	1429792170959	1432582122443	1448060443420	1470464408452
宝鹰股份（002047）	10284970321	10538298682	10734969650	9129293200
安徽建工（600502）	127648256617	133524336060	143279073158	149062014840
爱旭股份（600732）	18243238565	19665900417	23010019061	24689731513
ST 粤泰（600393）	13917086704	13251715551	10798094109	10840929781
ST 阳光城（000671）	358555246307	340276828173	331472530470	299692701429
ST 泰禾（000732）	221344699321	218268060793	216898814075	214597822755
ST 美置（000667）	22306289931	21992356605	19639651952	19079674778
*ST 中天（000540）	157480653531	158224362163	158303524002	146099563367
*ST 新联（000620）	42818465625	41671956375	41211424828	39315305079
*ST 宋都（600077）	45089589446	41217448403	39931376658	37613207487
*ST 蓝光（退市）（600466）	167460327721	164269870483	148017284593	132326627464
*ST 嘉凯（000918）	12482725522	12533387204	12168991454	10442348008
*ST 海投（000616）	5506718380	5726391374	5957495196	5399231747
*ST 泛海（000046）	109883881913	108070380110	108670459661	105190416544

退市华业（退市）（600240）已于2020年2月5日退市，仍对外披露了2022年度财务数据。
葛洲坝（退市）（600068）已于2021年9月13日退市，仍对外披露了2022年度财务数据。
*ST 蓝光（退市）（600466）已于2023年6月6日退市，仍对外披露了2022年度财务数据。
退市中房（退市）（600890）已于2022年6月21日退市，仍对外披露了2022年度财务数据。
退市美都（退市）（600175）于2020年8月14日退市，仍对外披露了2022年度财务数据。
新光退（退市）（002147）于2022年6月23日退市，仍对外披露了2022年度财务数据。
绿景退（退市）（000502）于2022年6月27日退市，仍对外披露了2022年度财务数据。
中弘退（退市）（000979）于2018年12月28日退市，仍对外披露了2022年度财务数据。
数据来源：企业公告。

8-4a 2022年香港上市房企总资产（港币）

单位：元港币

企业简称	2022年第二季度	2022年第四季度
保利置业集团（0119）	233471109000	——
天安（0028）	45231342000	49248247000
恒隆地产（0101）	215731000000	212688000000
新鸿基地产（0016）	808307000000	807567000000
中信股份（0267）	12084138000000	11794199000000
汤臣集团（0258）	19399753000	18795314000
长实集团（1113）	497686000000	514821000000
五矿地产（0230）	71192012000	67387025000
上实城市开发（0563）	60748009000	57446787000
信和置业（0083）	178678363246	178983875791
深圳控股（0604）	174330276000	163467589000
嘉华国际（0173）	72437380000	76635909000
莱蒙国际（3688）	24647018000	21832640000
恒基地产（0012）	544928000000	529790000000
中渝置地（1224）	29092219000	26197029000
路劲（1098）	102254781000	90002373000
华南城（1668）	112444568000	——
九龙仓集团（0004）	242629000000	221745000000
新世界发展（0017）	639684800000	635883900000
嘉里建设（0683）	215190821000	201474759000
上海证大（0755）	13114214000	6526021000
百仕达控股（1168）	12027444000	11204602000
香港兴业国际（0480）	41726300000	——
沿海家园（1124）	7020065000	——
LET GROUP（1383）	7880845000	6788266000
渝太地产（0075）	18484079000	18331165000
合生创展集团（0754）	328898600000	298714401000
廖创兴企业（0194）	16135224000	15832646000

数据来源：企业公告。

8-4b 2022年香港上市房企总资产（人民币）

单位：元人民币

企业简称	2022年第二季度	2022年第四季度
远洋集团（3377）	264000917000	246072333000
华润置地（1109）	1010979106000	1081331901000
上坤地产（6900）	41522470000	33108735000
天誉置业（0059）	27827505000	25965211000
明发集团（0846）	73224287000	71186822000
恒盛地产（0845）	49993901000	48494101000
港龙中国地产（6968）	52890224000	46513298000
大发地产（6111）	38210325000	--
大唐集团控股（2117）	57359304000	--
复星国际（0656）	849685331000	823146064000
景瑞控股（1862）	59417971000	47109844000
中国新城市（1321）	15407927000	15179776000
美的置业（3990）	286167430000	251938754000
德信中国（2019）	116736467000	110048384000
融信中国（3301）	218641824000	189232352000
银城国际控股（1902）	41277501000	38881558000
时代中国控股（1233）	183884501000	149927346000
旭辉控股集团（0884）	410014500000	386132847000
龙光集团（3380）	294142191000	278321567000
正荣地产（6158）	220817458000	194466292000
中国金茂（0817）	431842563000	421895639000
碧桂园（2007）	1891479000000	1744467000000
SOHO中国（0410）	69193190000	68847109000
北大资源（0618）	16923617000	--
中国海外发展（0688）	903635072000	913254132000
祥生控股集团（2599）	131854279000	--
佳兆业集团（1638）	278745740000	264343854000
力高集团（1622）	83010002000	--
中梁控股（2772）	253463832000	237818879000
瑞安房地产（0272）	109940000000	104878000000
融创中国（1918）	1143128932000	1090167471000
金轮天地控股（1232）	13630003000	12310538000
领地控股（6999）	62267460000	54023987000
金辉控股（9993）	175330062000	161675553000
亿达中国（3639）	41378745000	39684064000
绿地香港（0337）	164345668000	149650517000

8-4b 续表1　　　　　　　　　　　　　　　　　　　　　　　　　　　　　　　　单位：元人民币

企业简称	2022年第二季度	2022年第四季度
龙湖集团（0960）	889027597000	786774416000
宝龙地产（1238）	238619834000	233750678000
弘阳地产（1996）	119874928000	101732964000
建业地产（0832）	145782649000	138956968000
富力地产（2777）	382552483000	368920936000
三巽集团（6611）	16201090000	14178554000
小米集团-W（1810）	293082489000	273507211000
上置集团（1207）	14154420000	--
禹洲集团（1628）	170384349000	143453772000
中电光谷（0798）	22560564000	22379532000
越秀地产（0123）	320949551000	346351976000
绿城中国（3900）	528032785000	535076992000
朗诗绿色管理（0106）	26233844000	19986792000
中骏集团控股（1966）	193732655000	193964068000
众安集团（0672）	60019674000	59096852000
合景泰富集团（1813）	225795602000	199884083000
恒达集团控股（3616）	10839244000	10029496000
雅居乐集团（3383）	299811169000	273382215000

数据来源：企业公告。

8-5　2022年沪深上市房企流动负债

单位：元人民币

企业简称	2022年第一季度	2022年第二季度	2022年第三季度	2022年第四季度
卓朗科技（600225）	3879605313	3964179084	3696641537	3009529704
中洲控股（000042）	18068225801	15979159916	17557758839	17966824070
中原高速（600020）	9028491056	10057390765	9059724882	9543578536
中南建设（000961）	285933930919	267642831703	264841711646	248784043216
中交地产（000736）	78484507489	88846193625	90389736533	73132894491
中华企业（600675）	17941043502	18180396484	21698846631	22076910134
中弘退（退市）（000979）	32339197500	31486738720	31810011975	32220740062
中航高科（600862）	2385264272	2778773099	2720187293	1702418460
中国中冶（601618）	391931487000	416207368000	428414853000	385844649000
中国中铁（601390）	795246024000	854337647000	855848464000	873372788000
中国中车（601766）	229242293476	254827330226	268854856334	238185585508
中国武夷（000797）	12413489243	13946183742	14027444811	13491706273
中国铁建（601186）	888997122000	924458289000	948564279000	934637547000
中国交建（601800）	647905213905	707927341891	732139377698	661352913503
中国建筑（601668）	1328551688000	1393354110000	1417244521000	1429302558000
中国宝安（000009）	18390089019	20979161719	23203746689	24191924564
中迪投资（000609）	2019989684	1654855407	1740939450	1249143318
中储股份（600787）	8178614119	8126571448	8646933135	7440110729
招商蛇口（001979）	434017670680	426432145144	467512071841	423909694761
张江高科（600895）	7766609135	9317030239	10624026790	14090373560
云南城投（600239）	27119988675	18548615679	15160167533	5572885504
粤宏远A（000573）	712138965	657729133	782000150	693412909
圆通速递（600233）	9702212529	10651771490	10621882170	11268260520
渝开发（000514）	3349958129	3536478494	2983848002	2414804801
阳光股份（000608）	829895583	844005422	784062596	750443592
亚通股份（600692）	1151139395	1093965521	1139041650	1345136904
亚泰集团（600881）	34313314956	33986745569	35700604584	38416781692
雅戈尔（600177）	31956162930	30938682235	28860393776	31364367416
学大教育（000526）	2665598850	2389534935	2544299594	2475499324
信达地产（600657）	32909870082	34845691027	35313159991	37081089510
新黄浦（600638）	13105248065	14338471398	13711056259	14917109196
新湖中宝（600208）	60686275713	58590317049	62134637863	61321530257
新光退（退市）（002147）	5801786116	5804384957	5875366622	5469458642
新城控股（601155）	353769549718	349852775934	352217919569	314466696615
小商品城（600415）	13975007866	12578256150	11133534557	12412122221
香江控股（600162）	16441186793	16684594398	15257668911	13447495431
卧龙地产（600173）	3821034812	3252226297	3186680843	2779301435
闻泰科技（600745）	25388089226	23632036724	26342840465	26673747248
万泽股份（000534）	648121637	678765341	572157721	595992771

8-5 续表1 单位：元人民币

企业简称	2022年第一季度	2022年第二季度	2022年第三季度	2022年第四季度
万业企业（600641）	1509940134	1349398435	1371446816	828466074
万通发展（600246）	1277692535	1414096525	1404450905	1370895060
万科A（000002）	1303928123457	1243438045874	1168326002698	1077801572018
外高桥（600648）	20399748793	20164815133	19278163243	20980100761
退市中房（退市）（600890）	30696120	30524862	30378512	32937708
退市美都（退市）（600175）	2684783657	2765833007	2609840511	2421348254
退市华业（退市）（600240）	7336138221	7365667951	7430904927	7460553664
天健集团（000090）	37288354864	41325160482	43699818593	43092670753
天房发展（600322）	14244015148	11553856553	12470227138	13389329449
天保基建（000965）	5864014746	5824918840	5836393073	6117036936
太阳纸业（002078）	18254029111	18311835536	17941809523	17447987169
苏州高新（600736）	22935812312	19818102983	20957671482	20078091499
苏宁环球（000718）	5478284129	5364079661	5275746354	4842820737
顺丰控股（002352）	65013309000	73679753000	77322000000	77676909000
顺发恒业（000631）	2928679134	2972805146	2939679846	2897006518
首开股份（600376）	130682104718	122183056273	112787951637	105834904254
市北高新（600604）	5191711673	5491531405	6823193269	7887411327
世荣兆业（002016）	1870990348	1589951875	1763614153	1935438170
深振业A（000006）	8890952770	8599836713	10089379079	10997562974
深物业A（000011）	6182005629	7008995192	6620972727	7505713402
深深房A（000029）	1331426345	1464436696	1359921268	1345816791
深康佳A（000016）	21378635255	17661612210	15783255455	14908216945
上实发展（600748）	17743553102	18510873311	19987819573	25101405784
上海临港（600848）	15007382683	15459224476	16860381013	24288140146
杉杉股份（600884）	12239680746	13144596403	13834156731	12899442740
山子股份（000981）	10915816452	8229901074	8263968816	9690046486
沙河股份（000014）	1243181040	1131598787	1296328142	1750222731
三湘印象（000863）	2375540764	2628168713	2840080145	2209039072
软控股份（002073）	5425196613	6632360105	6896305550	7511839991
荣盛发展（002146）	218114969298	219105076942	211502865119	204379689062
荣丰控股（000668）	1741552264	1652411025	1561268169	1014361054
荣安地产（000517）	53618105442	56891229559	55923509279	54863477357
栖霞建设（600533）	13465345685	12475116646	11535878675	10764207715
浦东金桥（600639）	14135919276	13855298983	14112163906	12314393201
派斯林（600215）	1256799993	1176472314	1266168516	1654085099
南山控股（002314）	33866527393	34019043060	32753837891	30861128574
南京公用（000421）	7908241051	8305730440	8288007845	8336713356
南京高科（600064）	15577263639	16711165424	18456164402	17722907389
纳思达（002180）	12485815509	14211178485	11776931745	12708863135

8-5　续表2　　单位：元人民币

企业简称	2022年第一季度	2022年第二季度	2022年第三季度	2022年第四季度
绿景退（退市）（000502）	94016651	87264801	94587077	72614390
绿地控股（600606）	1091230729595	1057616620025	1059169418531	1076915088880
莱茵体育（000558）	332867079	328337183	281764493	330644467
开立医疗（300633）	505346513	652733036	626281207	749417628
京投发展（600683）	21992532804	20408554345	20866851857	19334208253
京能置业（600791）	13744514952	13201361343	13774190743	7497362491
京东方A（000725）	105022103533	94663274104	95121991354	85670323339
津滨发展（000897）	5147257215	5565040480	5881174078	6004307960
金隅集团（601992）	111187466261	115136747637	127311919415	118844662093
金融街（000402）	42713320722	40286256427	44743564871	41958874227
金科股份（000656）	228179466087	231783497366	228383715812	235230954963
金地集团（600383）	261469006633	256489376480	261519907050	221182894395
建发股份（600153）	429860914959	489206565780	497310029551	391999413026
济南高新（600807）	4690728679	5189918207	5510680115	2730179152
皇庭国际（000056）	5060913639	5548147292	5707053168	6185355452
华远地产（600743）	33210041515	31889594264	30767056086	27234567846
华鑫股份（600621）	26054336899	26257024730	25571402326	22746531276
华夏幸福（600340）	290882088033	279357732034	268680700247	237082375949
华侨城A（000069）	237539695105	232029483395	232115391183	181177014349
华丽家族（600503）	1264697739	1244563024	1242544496	1171745607
华发股份（600325）	162773584537	159808618833	176232314273	173763097588
黑牡丹（600510）	19182084919	20030398465	19667166963	14941889293
合肥城建（002208）	11485087542	13487186933	15813730199	16631688962
海宁皮城（002344）	2835512864	3644477054	4127338814	3683416951
海航控股（600221）	21529734000	25853962000	27109548000	30842306000
广宇集团（002133）	10974113255	11339205984	11806065780	12288170089
广宇发展（000537）	3594618702	3682718028	3053348952	3085771267
光明地产（600708）	39829509466	29936525233	26757071249	28759620296
光大嘉宝（600622）	10946773332	9819725814	8395871236	7645014872
冠城大通（600067）	13050824094	14001409935	13340905066	13547582570
葛洲坝（退市）（600068）	128341041510	137294913054	155245467354	156901012852
格力电器（000651）	217740981025	232018415259	222132972409	216371936816
格力地产（600185）	11116597558	12661280167	13724684982	16638169239
福星股份（000926）	27326600281	23491770315	23359689353	19556073019
福瑞达（600223）	50747646651	52363773312	50414845721	50606143022
凤凰股份（600716）	673694118	502523265	1195164553	2132036939
东旭蓝天（000040）	10902922197	10742865602	10944399349	8983261387
东望时代（600052）	92198049	94089957	127114228	262836864
东湖高新（600133）	10823208153	15308681565	15419635276	16581884707

8-5 续表3 单位：元人民币

企业简称	2022年第一季度	2022年第二季度	2022年第三季度	2022年第四季度
东百集团（600693）	5418174918	5876340911	5188256681	5576793424
电子城（600658）	10660960284	9849035608	10237484127	10499834498
迪马股份（600565）	58252056422	57171438070	49241313255	51760339486
大悦城（000031）	95720381273	108055251720	105145512704	103617746130
大名城（600094）	20568935947	19975189726	20385311236	18905171838
大龙地产（600159）	1449674503	1383341601	1465383106	1830306423
大东方（600327）	3792788423	1475440494	1606930815	1571582653
城投控股（600649）	25638450813	22174162112	20333817791	13986154856
城建发展（600266）	55583110188	62384165539	64652762544	59397684917
财信发展（000838）	10761282433	10479419155	9770051865	8468517685
滨江集团（002244）	146170141301	171675451193	191554382549	183721370246
北汽蓝谷（600733）	21282918140	21375043427	18973819317	19127251885
北辰实业（601588）	34381771603	35156263297	32027410615	31356820728
保利发展（600048）	820422654870	816622239025	824699986128	842280432161
宝鹰股份（002047）	6953638822	7201409835	7454666738	7878296358
安徽建工（600502）	73617831709	78872002490	85648919810	89488029939
爱旭股份（600732）	9518708409	10721422259	11784609259	10869600658
ST粤泰（600393）	9093547745	8554937699	6566511133	5033540806
ST阳光城（000671）	279924059532	274799378999	271193851663	253044756551
ST泰禾（000732）	147678611740	164008527211	167419708701	184699778192
ST美置（000667）	15019889389	16280371002	15511472578	16164983964
*ST中天（000540）	66212777242	72813064515	66040600690	67408303267
*ST新联（000620）	29301752701	29849038245	30039812954	32650168632
*ST宋都（600077）	35854115563	31478847337	31043612785	29948503082
*ST蓝光(退市)（600466）	150369797752	154535296380	146471142517	142606430778
*ST嘉凯（000918）	9278563904	9716040551	10009730728	8845060421
*ST海投（000616）	145862302	142953161	153333253	159497811
*ST泛海（000046）	81843075357	84559430606	86450043277	89797055086

退市华业(退市)（600240）已于2020年2月5日退市，仍对外披露了2022年度财务数据。
葛洲坝(退市)（600068）已于2021年9月13日退市，仍对外披露了2022年度财务数据。
*ST蓝光(退市)（600466）已于2023年6月6日退市，仍对外披露了2022年度财务数据。
退市中房(退市)（600890）已于2022年6月21日退市，仍对外披露了2022年度财务数据。
退市美都(退市)（600175）于2020年8月14日退市，仍对外披露了2022年度财务数据。
新光退(退市)（002147）于2022年6月23日退市，仍对外披露了2022年度财务数据。
绿景退(退市)（000502）于2022年6月27日退市，仍对外披露了2022年度财务数据。
中弘退(退市)（000979）于2018年12月28日退市，仍对外披露了2022年度财务数据。
数据来源：企业公告。

8-6a 2022年香港上市房企流动负债（港币）

单位：元港币

企业简称	2022年第二季度	2022年第四季度
保利置业集团（0119）	112295386000	--
天安（0028）	10217463000	13935306000
恒隆地产（0101）	13689000000	14823000000
新鸿基地产（0016）	73448000000	62376000000
中信股份（0267）	9083132000000	8857409000000
汤臣集团（0258）	4774005000	4745348000
长实集团（1113）	45334000000	54980000000
五矿地产（0230）	35145110000	32821827000
上实城市开发（0563）	27286196000	25994672000
信和置业（0083）	13231768876	15104618660
深圳控股（0604）	80837106000	77024860000
嘉华国际（0173）	15407789000	15064574000
莱蒙国际（3688）	8824384000	6143984000
恒基地产（0012）	63302000000	60474000000
路劲（1098）	40546752000	33885879000
华南城（1668）	41153526000	--
上海证大（0755）	14580834000	4785765000
中渝置地（1224）	2537480000	745208000
沿海家园（1124）	2787768000	--
百仕达控股（1168）	2269423000	2352581000
嘉里建设（0683）	20068482000	19497198000
渝太地产（0075）	13632678000	15152324000
九龙仓集团（0004）	38822000000	33418000000
LET GROUP（1383）	2268388000	1317758000
合生创展集团（0754）	124895957000	111659132000
香港兴业国际（0480）	3874300000	--
新世界发展（0017）	175133300000	172812800000

数据来源：企业公告。

8-6b 2022年香港上市房企流动负债（人民币）

单位：元人民币

企业简称	2022年第二季度	2022年第四季度
远洋集团（3377）	113793159000	137392075000
华润置地（1109）	492640357000	527256053000
上坤地产（6900）	30282906000	26432427000
天誉置业（0059）	18635555000	19009098000
明发集团（0846）	47174341000	45296900000
恒盛地产（0845）	48444193000	45566665000
港龙中国地产（6968）	34788028000	31068078000
大发地产（6111）	26623874000	--
大唐集团控股（2117）	41453108000	--
复星国际（0656）	375395210000	372380560000
景瑞控股（1862）	39190603000	34430681000
中国新城市（1321）	6616793000	6228366000
美的置业（3990）	195168730000	166263702000
德信中国（2019）	80329519000	77597343000
融信中国（3301）	145173339000	134686816000
银城国际控股（1902）	28789062000	30175829000
时代中国控股（1233）	104165691000	112634117000
旭辉控股集团（0884）	203670843000	258658122000
龙湖集团（0960）	442198881000	335875334000
中国海外发展（0688）	276595438000	281151465000
建业地产（0832）	123376136000	123252510000
禹洲集团（1628）	120352974000	109623375000
中骏集团控股（1966）	112802119000	123650889000
恒达集团控股（3616）	8735604000	7849183000
SOHO中国（0410）	6623916000	18583179000
融创中国（1918）	975838068000	935278272000
祥生控股集团（2599）	104542591000	--
金辉控股（9993）	106750188000	97930751000
雅居乐集团（3383）	151597427000	152255225000
绿城中国（3900）	302400228000	304754486000
正荣地产（6158）	153258619000	170352195000
合景泰富集团（1813）	109032109000	103264012000
上置集团（1207）	4547825000	--
中电光谷（0798）	9142812000	8680753000
亿达中国（3639）	26320771000	25477484000
三巽集团（6611）	13480442000	11225278000

8-6b 续表1 单位：元人民币

企业简称	2022年第二季度	2022年第四季度
龙光集团（3380）	172580049000	181018463000
宝龙地产（1238）	113123323000	117181435000
中国金茂（0817）	212401481000	188458816000
领地控股（6999）	43845159000	43490538000
佳兆业集团（1638）	210243871000	201719459000
中梁控股（2772）	199811858000	196990137000
富力地产（2777）	243007603000	207218724000
金轮天地控股（1232）	6590956000	9022872000
弘阳地产（1996）	71254704000	66603529000
小米集团-W（1810）	107332230000	89627533000
绿地香港（0337）	131895070000	119088138000
北大资源（0618）	11998963000	--
众安集团（0672）	33833045000	36497689000
朗诗绿色管理（0106）	15583407000	10832892000
越秀地产（0123）	175536068000	178509592000
力高集团（1622）	55422293000	--
碧桂园（2007）	1339059000000	1231209000000
瑞安房地产（0272）	31709000000	27524000000

数据来源：企业公告。

8-7　2022年沪深上市房企负债

单位：元人民币

企业简称	2022年第一季度	2022年第二季度	2022年第三季度	2022年第四季度
卓朗科技（600225）	4363753468	4403509421	4176814873	3544667988
中洲控股（000042）	31914862265	30180071257	29211161638	28471028191
中原高速（600020）	35531795510	36794807375	35945335458	37085925073
中南建设（000961）	326830587375	301415282772	296860900648	275469330707
中交地产（000736）	132552112806	130064604655	129379760288	118265967840
中华企业（600675）	38447827982	38737030674	41555277208	42260976084
中弘退（退市）（000979）	33102124410	32249665631	32572938885	32983666972
中航高科（600862）	2671261675	3054003454	3009653625	1987991484
中国中冶（601618）	429146864000	454418134000	473000376000	423475265000
中国中铁（601390）	1038938435000	1135539084000	1159767795000	1190106941000
中国中车（601766）	292041191880	322878764917	337884969739	310932930093
中国武夷（000797）	16224050683	17781220610	17863135854	17207221268
中国铁建（601186）	1091660255000	1130015248000	1166126495000	1137935189000
中国平安（601318）	9444019000000	9578885000000	9650517000000	9961870000000
中国交建（601800）	1074948441590	1149489416586	1184902434601	1085173993821
中国建筑（601668）	1845048778000	1936845689000	1965448535000	1972516396000
中国宝安（000009）	24679292484	28536071149	31574038909	33450764548
中迪投资（000609）	2152715606	1830581329	1893863513	1736316408
中储股份（600787）	11482250062	11782943039	11436233426	9924031209
招商蛇口（001979）	595334757132	609932582267	651162971925	602030899073
张江高科（600895）	22182504991	23034961364	24732456867	27436719221
云南城投（600239）	37996287046	29460721120	25439409453	10979061951
粤宏远A（000573）	789743037	804245256	961653536	915837168
圆通速递（600233）	10722154013	11762706539	11878424752	12063573705
渝开发（000514）	4370710701	4586546409	4066708418	3212625089
阳光股份（000608）	1895889089	1887926908	1813116177	1658733206
亚通股份（600692）	1477553245	1450996315	1516647652	1966996955
亚泰集团（600881）	38662343348	38368656069	39117208210	41870030656
雅戈尔（600177）	39936777034	39077372912	37214785048	39666572895
学大教育（000526）	3040566102	2701933290	2812394681	2758032298
信达地产（600657）	59259479110	59324576666	63244216668	63309252538
新黄浦（600638）	16891876346	18431498716	19183455385	19937716940
新湖中宝（600208）	87593084396	86763751170	86371252758	82527436633
新光退（退市）（002147）	8310902941	8238405611	7730266049	7179371826
新城控股（601155）	431517714251	418235093119	415155755132	368446103880
小商品城（600415）	16157746142	14805226917	15586050209	16829907935
香江控股（600162）	20791883219	20375083595	19196736142	17611327315
卧龙地产（600173）	3837794075	3264565490	3196110123	2787558536
闻泰科技（600745）	39684908340	37515814765	40045143557	40075873891

8-7 续表1　　　单位：元人民币

企业简称	2022年第一季度	2022年第二季度	2022年第三季度	2022年第四季度
万泽股份（000534）	1158595181	1196187406	1084532062	1194624260
万业企业（600641）	1951233073	1797884592	1843343597	1377443448
万通发展（600246）	3400669989	3321185191	3275009540	3130445232
万科A（000002）	1554059665757	1487493682257	1426655627129	1352132937797
外高桥（600648）	30206653298	29429861910	28593744335	29394480618
退市中房(退市)（600890）	32291481	31883562	31532155	33867147
退市美都(退市)（600175）	2862893723	2944875047	2789389878	2449407016
退市华业(退市)（600240）	15277521451	15432027414	15623613988	15846251048
天健集团（000090）	49926914424	51917760629	53594985905	55117485284
天房发展（600322）	17907943540	16793235534	15845285006	15809489712
天保基建（000965）	7281012338	7269203263	7586755357	7360004818
太阳纸业（002078）	24997489172	25178199345	25773310837	24840267953
苏州高新（600736）	48551013285	46451294014	47314143626	48212729837
苏宁环球（000718）	6760834546	6621470206	6075597449	5613104334
顺丰控股（002352）	105647141000	118069551000	120385255000	118556658000
顺发恒业（000631）	3138894821	3152455907	3106808533	2984019589
首开股份（600376）	252821761862	243932051822	232453271501	211263747294
市北高新（600604）	12253961446	12469647038	12450300065	13552935043
世荣兆业（002016）	1878824634	1597757736	1771495968	1948507944
深振业A（000006）	15279762247	16205491087	18083096567	17929595582
深物业A（000011）	9994705958	10989764284	10611613722	11331476540
深深房A（000029）	1338095618	1471067341	1399969931	1403228025
深康佳A（000016）	30104230702	28928908999	28903785509	29554995111
上实发展（600748）	28868351467	30436317498	32202265355	34334947980
上海临港（600848）	30927314965	31083029259	32737762533	38896522590
杉杉股份（600884）	19661173810	20933792965	22909063851	20795376675
山子股份（000981）	12483798346	11211191202	11243675010	12409112065
厦门银行（601187）	320028775000	327999431417	339364729000	346464169117
沙河股份（000014）	1435703590	1362784440	1559360455	1771307265
三湘印象（000863）	3002284263	3075482928	3276768113	2800562154
软控股份（002073）	6522278370	7764145685	8054350732	8631575401
荣盛发展（002146）	247684017508	240474003936	234480363182	224518652595
荣丰控股（000668）	1764149376	1674223237	1584940357	1014684981
荣安地产（000517）	66158427700	67681256251	65937219827	62548895412
栖霞建设（600533）	19447038058	19908407124	19430107252	18114195784
浦东金桥（600639）	19848921196	19603101362	20483198396	19290535354
派斯林（600215）	2004605476	1812252546	1908266249	1962218845
南山控股（002314）	55971398557	56162515272	55712811478	51113856730
南京公用（000421）	10263444091	11497982231	11379528635	11448139358

8-7 续表2　　　单位：元人民币

企业简称	2022年第一季度	2022年第二季度	2022年第三季度	2022年第四季度
南京高科（600064）	17316393493	18574613365	20535219894	19747560583
纳思达（002180）	25326123288	26219024090	27027163826	27281550473
绿景退（退市）（000502）	99364073	92271557	99247430	77459929
绿地控股（600606）	1237010037846	1190406890525	1179580090377	1201051176997
莱茵体育（000558）	812152606	790608906	731764493	755824467
开立医疗（300633）	572137769	716621059	694065907	804413526
京投发展（600683）	43422431639	41196432894	42329319659	43937920546
京能置业（600791）	16659008946	16496842025	18626756120	14419527043
京东方A（000725）	234143299919	231214151231	228209098571	218527298911
津滨发展（000897）	5255745959	5659316528	5887024739	6010158620
金隅集团（601992）	184103874940	185808289333	188610227739	186624115820
金融街（000402）	113051600860	110124804635	110449445950	110623026348
金科股份（000656）	276880813524	267314909902	260278783756	260649478469
金地集团（600383）	356538018647	353684460136	350309660384	303126453148
交通银行（601328）	11326932000000	11591640000000	11680766000000	11956679000000
建发股份（600153）	548332737858	603696694923	611940300078	499410506826
济南高新（600807）	6039541381	6733018543	6926649021	3165836970
皇庭国际（000056）	7357563377	7847897472	7997270756	8033251381
华远地产（600743）	44062051493	43216455747	41609124476	38182714684
华鑫股份（600621）	30654246395	30855833975	30364348711	27500659134
华夏幸福（600340）	407707508771	404322117174	400801915139	384266267116
华侨城A（000069）	354080723690	351512195969	346881411374	292288026330
华丽家族（600503）	1378571736	1268936714	1265652770	1192594288
华发股份（600325）	268554226113	271226159701	286402515126	293241718511
黑牡丹（600510）	25641261215	26397899851	25626061552	20592851767
合肥城建（002208）	15129002726	17597875748	23117878711	24042684261
海宁皮城（002344）	4467779285	5021205274	5486554624	5326011667
海航控股（600221）	129639440000	135161085000	138138009000	137655426000
广宇集团（002133）	14589910418	14380658667	15082086484	15527032695
广宇发展（000537）	21129976306	20597912739	19709966331	19858686235
光明地产（600708）	59232414574	57038227937	54097802602	55745645611
光大嘉宝（600622）	26008967397	24931147862	23566029671	21193511874
冠城大通（600067）	15518337550	15969041492	15280348070	15034687242
葛洲坝（退市）（600068）	205480833775	224126660862	246863933890	271033820503
格力电器（000651）	232700886341	255370864859	253678550763	253148710865
格力地产（600185）	24905564992	23986637514	24076567538	23925112485
福星股份（000926）	35857961774	31604178700	31228227783	25911498404
福瑞达（600223）	55090016431	55335956001	53684907522	52906919274
凤凰股份（600716）	1383673824	1566211401	2079545401	3019874226

8-7 续表3 单位：元人民币

企业简称	2022年第一季度	2022年第二季度	2022年第三季度	2022年第四季度
东旭蓝天（000040）	14471125606	14918705474	15165984564	14211837218
东望时代（600052）	209662690	201572148	236186153	579560639
东湖高新（600133）	20209241894	23053842823	25058216055	25009271946
东百集团（600693）	10666060336	10876016664	10357559563	10370312423
电子城（600658）	14231968948	14314853291	12998158436	13216097412
迪马股份（600565）	68476995360	66962841186	58652270980	57929931390
大悦城（000031）	157378899766	166117075998	163733083960	166927949940
大名城（600094）	28519316205	26167801884	25605644293	21918178647
大龙地产（600159）	1449674503	1383341601	1465383106	1830306423
大东方（600327）	4365136358	2089743436	2196985619	2091401736
城投控股（600649）	48068856830	51271233072	51123725589	49747697526
城建发展（600266）	109533845636	116079854389	120975938542	111286928484
财信发展（000838）	11786447052	11310352315	10548333058	9283775421
滨江集团（002244）	184250406040	210345409214	227768094278	223459311820
北汽蓝谷（600733）	29589512249	28375036160	26823424552	25049324501
北辰实业（601588）	57476067059	57394806014	53308319340	51320516040
保利发展（600048）	1117907813535	1110754701856	1128237717785	1148272900661
宝鹰股份（002047）	7072877079	7319038666	7564474746	8046138090
安徽建工（600502）	106872624492	112773412691	121549734685	126079728317
爱旭股份（600732）	12433680412	13484219786	16031602737	15630785006
ST粤泰（600393）	9822345369	9698883718	7297655195	8051267766
ST阳光城（000671）	320244673668	304090198111	298480080288	274636847385
ST泰禾（000732）	206973583682	205651755150	205726687193	206181770904
ST美置（000667）	18920280436	18947504784	17455131734	17481341700
*ST中天（000540）	147714794470	150397565486	153367934228	155464298271
*ST新联（000620）	38919201836	38330225744	38366044435	38470781302
*ST宋都（600077）	39632527509	35566065331	34431610573	35635308347
*ST蓝光（退市）（600466）	160788207848	162558290965	154350770837	152728782220
*ST嘉凯（000918）	11643551339	11987174554	11859274313	10509809591
*ST海投（000616）	536717825	523027853	536588325	917349517
*ST泛海（000046）	97081663300	96200564811	96902998973	104296042411

退市华业（退市）（600240）已于2020年2月5日退市，仍对外披露了2022年度财务数据。
葛洲坝（退市）（600068）已于2021年9月13日退市，仍对外披露了2022年度财务数据。
*ST蓝光（退市）（600466）已于2023年6月6日退市，仍对外披露了2022年度财务数据。
退市中房（退市）（600890）已于2022年6月21日退市，仍对外披露了2022年度财务数据。
退市美都（退市）（600175）于2020年8月14日退市，仍对外披露了2022年度财务数据。
新光退（退市）（002147）于2022年6月23日退市，仍对外披露了2022年度财务数据。
绿景退（退市）（000502）于2022年6月27日退市，仍对外披露了2022年度财务数据。
中弘退（退市）（000979）于2018年12月28日退市，仍对外披露了2022年度财务数据。
数据来源：企业公告。

8-8a 2022年香港上市房企总负债（港币）

单位：元港币

企业简称	2022年第二季度	2022年第四季度
天安（0028）	17793485000	21744019000
恒隆地产（0101）	68685000000	69542000000
新鸿基地产（0016）	202760000000	200823000000
汤臣集团（0258）	6195422000	6088732000
长实集团（1113）	106891000000	121114000000
上实城市开发（0563）	39308919000	36615513000
信和置业（0083）	20269551893	20755360324
深圳控股（0604）	121356637000	113910616000
恒基地产（0012）	197824000000	184638000000
中渝置地（1224）	11887475000	11305505000
路劲（1098）	67370483000	57241890000
新世界发展（0017）	339034000000	347785100000
廖创兴企业（0194）	3144439000	3172657000
合生创展集团（0754）	215523874000	200336235000
香港兴业国际（0480）	15536000000	--
嘉里建设（0683）	87091013000	78992598000
嘉华国际（0173）	26536828000	29993038000
上海证大（0755）	15277807000	5336755000
LET GROUP（1383）	3504471000	2478033000
五矿地产（0230）	51653410000	50574927000
沿海家园（1124）	3975500000	--
九龙仓集团（0004）	80679000000	66038000000
百仕达控股（1168）	3225519000	3184214000
保利置业集团（0119）	185092003000	--
中信股份（0267）	10681513000000	10414131000000
渝太地产（0075）	16995653000	17452514000
华南城（1668）	70029603000	--
莱蒙国际（3688）	14878514000	12550634000

数据来源：企业公告。

8-8b 2022年香港上市房企总负债（人民币）

单位：元人民币

企业简称	2022年第二季度	2022年第四季度
远洋集团（3377）	192254063000	198186347000
华润置地（1109）	703305139000	739624851000
上坤地产（6900）	34803276000	29087212000
天誉置业（0059）	24095050000	24258100000
明发集团（0846）	53497191000	51571020000
恒盛地产（0845）	50549669000	48366926000
港龙中国地产（6968）	41878267000	35385752000
大发地产（6111）	31275417000	--
大唐集团控股（2117）	47484239000	--
复星国际（0656）	651156587000	623516249000
景瑞控股（1862）	49627872000	40711147000
中国新城市（1321）	9922834000	9871867000
美的置业（3990）	235730459000	201624905000
德信中国（2019）	93972755000	89926175000
融信中国（3301）	176950811000	158597833000
银城国际控股（1902）	35558025000	34751416000
时代中国控股（1233）	142156229000	130020891000
旭辉控股集团（0884）	304356152000	299952445000
龙光集团（3380）	230627470000	226451917000
正荣地产（6158）	187167212000	176986635000
中国金茂（0817）	320448775000	309208899000
雅居乐集团（3383）	208131574000	197655352000
禹洲集团（1628）	129742658000	118378415000
恒达集团控股（3616）	9059205000	8156029000
祥生控股集团（2599）	117600111000	--
合景泰富集团（1813）	167118404000	159684788000
融创中国（1918）	1037097065000	1003764634000
碧桂园（2007）	1588463000000	1434894000000
领地控股（6999）	51374420000	48582247000
金辉控股（9993）	139561030000	126092515000
中骏集团控股（1966）	153770532000	157338827000
富力地产（2777）	306460992000	301979915000
中梁控股（2772）	216721244000	206444741000
亿达中国（3639）	29166812000	28278387000
力高集团（1622）	67299547000	--
宝龙地产（1238）	175981964000	171149084000

8-8b 续表1　　　　　　　　　　　　　　　　　　　　　　　　　　　　　　　　　　　　单位：元人民币

企业简称	2022年第二季度	2022年第四季度
瑞安房地产（0272）	64867000000	60477000000
中国海外发展（0688）	532713760000	540156307000
龙湖集团（0960）	663280910000	553595326000
北大资源（0618）	13969930000	——
佳兆业集团（1638）	238458893000	229098890000
越秀地产（0123）	244692622000	261559235000
上置集团（1207）	9752858000	——
中电光谷（0798）	14151254000	13502768000
绿地香港（0337）	141609789000	126438130000
朗诗绿色管理（0106）	21484750000	17293434000
弘阳地产（1996）	89387550000	77934497000
绿城中国（3900）	420871373000	423664074000
金轮天地控股（1232）	11066244000	10384085000
众安集团（0672）	47833267000	46763688000
小米集团-W（1810）	152266144000	129584151000
三巽集团（6611）	13770227000	11662536000
SOHO中国（0410）	31869471000	31478588000
建业地产（0832）	139672708000	135628918000

数据来源：企业公告。

8-9　2022年沪深上市房企营业收入

单位：元人民币

企业简称	2022年第一季度	2022年第二季度	2022年第三季度	2022年第四季度
卓朗科技（600225）	39398406	214842947	636103408	905536960
中洲控股（000042）	1159739522	4675363788	6060490580	7083041154
中原高速（600020）	942417161	4118217111	6391424597	7410507951
中南建设（000961）	7749266430	24134565396	34350697126	59036308076
中交地产（000736）	3948055288	12442076787	15250265907	38467048797
中华企业（600675）	686581652	1300948320	1891207322	2601349489
中弘退（退市）（000979）	6178296	13469126	25201755	51830991
中航高科（600862）	1155421241	2299110916	3363759415	4446112680
中国中冶（601618）	118026827000	289201742000	397043921000	592669072000
中国中铁（601390）	266537038000	559404514000	848184880000	1151501114000
中国中车（601766）	32539709175	85037854742	141471288901	233397970125
中国武夷（000797）	884240948	1668017407	3804855926	7315195597
中国铁建（601186）	264477801000	540496534000	798421540000	1096312867000
中国平安（601318）	305940000000	612102000000	870202000000	1110568000000
中国交建（601800）	172095326154	363923800270	541979037323	720274539115
中国建筑（601668）	485438959000	1060771087000	1535273749000	2055052070000
中国宝安（000009）	5683423573	13511408090	22479591306	31998720907
中迪投资（000609）	28349937	406128932	418220885	427803110
中储股份（600787）	15816235848	38756126568	58508506575	76774744324
招商蛇口（001979）	18800930984	57562502713	89484281330	183002659096
张江高科（600895）	1172994249	1341293070	1630421375	1906719420
云南城投（600239）	807871720	1431598691	1999364749	2568386291
粤宏远A（000573）	125771187	350448563	759864320	947381778
圆通速递（600233）	11827645109	25066307246	38824655548	53539313975
渝开发（000514）	45168011	78602780	119641234	895557810
阳光股份（000608）	83425491	138562702	305405202	381194622
亚通股份（600692）	262643834	397277861	538784406	1225328518
亚泰集团（600881）	2747348713	7103781218	10696517684	12967716645
雅戈尔（600177）	7425879342	9549446319	12826057646	14821202773
学大教育（000526）	496580248	1056772014	1466968544	1797614433
信达地产（600657）	4044153220	7828424049	11890157809	18248095457
新黄浦（600638）	1297120338	1421956598	2419767243	4317280153
新湖中宝（600208）	2108680026	5063852305	6682868958	12899010379
新光退（退市）（002147）	202510726	428115962	716701482	1037717270
新城控股（601155）	18677766959	42803046798	61754056011	115456683070
小商品城（600415）	1597965862	4207027616	6320457542	7619693743
香江控股（600162）	1072258908	1558326275	2817782623	6054746302
卧龙地产（600173）	441920266	1719707281	3464045384	5238021608
闻泰科技（600745）	14802578993	28496021811	42085107550	58078698403

8-9 续表1　　　　　　　　　　　　　　　　　　　　　　　　　　　　　　　　　　　　　　　单位：元人民币

企业简称	2022年第一季度	2022年第二季度	2022年第三季度	2022年第四季度
万泽股份（000534）	136369239	374632086	581328333	793843032
万业企业（600641）	97427617	166110201	250165080	1157576096
万通发展（600246）	66038082	136803925	258371481	422149265
万科A（000002）	62667074774	206916289450	337673241645	503838367359
外高桥（600648）	3963322186	4958476483	6757751292	9058284597
退市中房（退市）（600890）	3007527	7878951	10973381	16709867
退市美都（退市）（600175）	203833170	401295513	520125955	633280947
退市华业（退市）（600240）	14149385	25647706	30745562	78330719
天健集团（000090）	3860631812	8278518846	12887822553	26463994191
天房发展（600322）	182306822	2146522836	2998254739	3360228079
天保基建（000965）	495568208	856506642	1025972661	2464898372
太阳纸业（002078）	9667374678	19854990443	29640475533	39766925753
苏州高新（600736）	920377282	5261203682	6418946545	10724174641
苏宁环球（000718）	476659221	1132129657	1810268778	2239152700
顺丰控股（002352）	62984185000	130064133000	199147351000	267490414000
顺发恒业（000631）	69169127	123955809	208476909	307198714
首开股份（600376）	2346561136	7103555176	19385089953	47920858544
市北高新（600604）	458669371	663969636	943152114	1262962536
世荣兆业（002016）	223625634	348319288	566629538	831300823
深振业A（000006）	351392171	1354279106	1488893111	3699813551
深物业A（000011）	1255811600	1988299840	3140295995	3708669047
深深房A（000029）	272594952	366184499	526354062	634384561
深康佳A（000016）	8320135786	16895470277	24596016642	29607854255
上实发展（600748）	984857147	1381907811	2022265438	5247943729
上海临港（600848）	1883752921	3352765111	4916918168	5999409399
杉杉股份（600884）	5029500865	10771934205	15840567383	21701617268
山子股份（000981）	1330693339	1788857001	2755111051	3738379335
厦门银行（601187）	1367115000	2854758974	4449756000	5895085507
沙河股份（000014）	142687070	362290482	370864513	763601802
三湘印象（000863）	145450833	222049137	337539989	1348525625
软控股份（002073）	1237406042	2919193045	4009684421	5735914958
荣盛发展（002146）	3814649126	14501968104	23924641942	31793496190
荣丰控股（000668）	142238620	312499587	502023382	638630183
荣安地产（000517）	3826368002	6268869691	10233785139	14157163968
栖霞建设（600533）	685960594	2371030616	3600217694	6913588072
浦东金桥（600639）	2549374759	3009261822	3482336322	5053493603
派斯林（600215）	354336908	482231989	660125406	1118618541
南山控股（002314）	1041831049	2169635520	4921035083	12150412792
南京公用（000421）	1416786463	2563400394	3426542108	7112573231

8-9 续表2 单位：元人民币

企业简称	2022年第一季度	2022年第二季度	2022年第三季度	2022年第四季度
南京高科（600064）	435374172	1485556402	1951880481	4482207249
纳思达（002180）	5834038649	12296461669	18976170827	25855355245
绿景退（退市）（000502）	44506268	60958008	79824605	136202251
绿地控股（600606）	95948970920	204550358388	305777341179	435519652369
莱茵体育（000558）	23605474	41571750	58626557	119221973
开立医疗（300633）	370629245	835528795	1251288640	1762648982
京投发展（600683）	235437001	1207670953	2403351064	5552378114
京能置业（600791）	794309741	949664511	1131974365	6178890301
京东方A（000725）	50475809458	91610241869	132744386975	178413731179
津滨发展（000897）	134815140	239912115	442851499	1420138855
金隅集团（601992）	23084249338	55033121531	79575999015	102822162097
金融街（000402）	4699890846	10604086004	15510254982	20505780101
金科股份（000656）	12671761859	31322184135	43414599810	54861882201
金地集团（600383）	13313684067	28031851187	52951751105	120035398014
交通银行（601328）	73608000000	143386000000	210076000000	272978000000
建发股份（600153）	150598593070	365781615115	564575576246	832812007856
济南高新（600807）	320779407	720758019	1192291710	1716705393
皇庭国际（000056）	180625215	340565193	499971936	663174655
华远地产（600743）	929900006	3934642942	5390783661	10924336378
华鑫股份（600621）	27797469	50030067	79929071	105669681
华夏幸福（600340）	4182363343	14364249528	21980439901	31941735559
华侨城A（000069）	7472741910	16395566959	29281458540	76767105131
华丽家族（600503）	6798182	135095735	144163524	211459286
华发股份（600325）	8088067157	25004888962	32807994797	59189810192
黑牡丹（600510）	968241365	1634294664	5083066344	11545414065
合肥城建（002208）	682194632	1313310165	1604974825	4025884819
海宁皮城（002344）	332843860	560770786	819842057	1310657088
海航控股（600221）	6371300000	11076011000	18727940000	22864193000
广宇集团（002133）	2276937637	4211996085	5257946106	6020194885
广宇发展（000537）	791751689	1772708759	2638684515	3429807904
光明地产（600708）	5185176817	7344012718	12680955785	16541061050
光大嘉宝（600622）	674716988	3209314505	4542371188	5569843148
冠城大通（600067）	2578157350	7052867519	9040494095	11139799920
葛洲坝(退市)（600068）	30838549426	57730802019	87607755363	133424015419
格力电器（000651）	35259628917	95222326022	147488959199	188988382707
格力地产（600185）	1343141537	2154787272	2754540503	4046625527
福星股份（000926）	1655726418	8136448394	9188958370	15142322203
福瑞达（600223）	1482210649	4835189748	8529128819	12951443199
凤凰股份（600716）	485669517	494896717	565397621	607557578

8-9 续表3 单位：元人民币

企业简称	2022年第一季度	2022年第二季度	2022年第三季度	2022年第四季度
东旭蓝天（000040）	678980331	1724645076	2735953368	3036207795
东望时代（600052）	25641168	79623280	99247896	219777389
东湖高新（600133）	2729905949	6709526756	10557499361	13986106197
东百集团（600693）	507184452	908539357	1307739911	1671387877
电子城（600658）	283766287	1875232928	2138321485	5149674468
迪马股份（600565）	2237406965	10218550114	19308274677	22789188048
大悦城（000031）	8181059587	15001302359	24857978648	39578691796
大名城（600094）	821276382	2053203748	3594710287	7361399640
大龙地产（600159）	180515800	301408587	609344384	867749215
大东方（600327）	858261987	1548317187	2336713856	3129578603
城投控股（600649）	1190694721	2327453689	3852657642	8468142356
城建发展（600266）	3112187213	8396516863	9746535952	24561879581
财信发展（000838）	1313499494	2137304125	2792196708	4195648831
滨江集团（002244）	6182743209	10689841970	19867974406	41502316428
北汽蓝谷（600733）	1730552522	3479050209	5706771006	9514270369
北辰实业（601588）	2326609629	6840510844	8766238117	12988939722
保利发展（600048）	33536633835	110723030329	156375983036	281016698162
宝鹰股份（002047）	695131631	1813455201	2773842874	3727104748
安徽建工（600502）	14530189489	33689408150	53914200910	80119529050
爱旭股份（600732）	7826910883	15985395320	25828498539	35074957100
ST粤泰（600393）	175017122	1085557001	1281666644	1452499761
ST阳光城（000671）	1856728074	9255057287	18749032202	39918575305
ST泰禾（000732）	245855777	3202403126	5263811618	8802848102
ST美置（000667）	2464211608	2615075219	4333609964	5291723784
*ST中天（000540）	1084422480	2480120282	3275885025	3812602517
*ST新联（000620）	608843903	2120724644	3117998898	5253081386
*ST宋都（600077）	1733199675	5383010455	6813436139	7992459182
*ST蓝光(退市)（600466）	7082810873	8627272486	14856834153	19304079732
*ST嘉凯（000918）	266210098	408528222	884673264	1451064679
*ST海投（000616）	14070516	28417278	38026519	64213096
*ST泛海（000046）	989443680	1307750928	5093885767	7140924391

退市华业(退市)（600240）已于2020年2月5日退市，仍对外披露了2022年度财务数据。
葛洲坝(退市)（600068）已于2021年9月13日退市，仍对外披露了2022年度财务数据。
*ST蓝光(退市)（600466）已于2023年6月6日退市，仍对外披露了2022年度财务数据。
退市中房(退市)（600890）已于2022年6月21日退市，仍对外披露了2022年度财务数据。
退市美都(退市)（600175）于2020年8月14日退市，仍对外披露了2022年度财务数据。
新光退(退市)（002147）于2022年6月23日退市，仍对外披露了2022年度财务数据。
绿景退(退市)（000502）于2022年6月27日退市，仍对外披露了2022年度财务数据。
中弘退(退市)（000979）于2018年12月28日退市，仍对外披露了2022年度财务数据。
数据来源：企业公告。

8-10a 2022年香港上市房企主营业务收入（港币）

单位：元港币

企业简称	2022年第二季度	2022年第四季度
保利置业集团（0119）	22258191000	--
天安（0028）	912475000	5087025000
恒隆地产（0101）	5302000000	10347000000
新鸿基地产（0016）	40153000000	77747000000
中信股份（0267）	237870000000	466823000000
汤臣集团（0258）	301780000	460049000
长实集团（1113）	35715000000	56341000000
五矿地产（0230）	6283210000	10064529000
上实城市开发（0563）	6808613000	11022496000
信和置业（0083）	10892121664	15554174570
深圳控股（0604）	15534377000	31540226000
嘉华国际（0173）	5391730000	8793712000
莱蒙国际（3688）	2883680000	3667163000
恒基地产（0012）	9506000000	25551000000
中渝置地（1224）	264639000	498368000
路劲（1098）	4972900000	17155976000
华南城（1668）	3259630000	--
九龙仓集团（0004）	8209000000	18064000000
新世界发展（0017）	35572800000	68212700000
LET GROUP（1383）	190445000	394340000
沿海家园（1124）	2452000	--
上海证大（0755）	195177000	396621000
香港兴业国际（0480）	796300000	--
嘉里建设（0683）	4641295000	14590475000
合生创展集团（0754）	13170426000	27252008000
百仕达控股（1168）	185309000	380381000
渝太地产（0075）	509664000	2706963000

数据来源：企业公告。

8-10b 2022年香港上市房企主营业务收入（人民币）

单位：元人民币

企业简称	2022年第二季度	2022年第四季度
远洋集团（3377）	23412414000	46126585000
华润置地（1109）	72894014000	207061119000
上坤地产（6900）	245520000	3034126000
天誉置业（0059）	799135000	2069989000
明发集团（0846）	5957673000	10568374000
恒盛地产（0845）	457950000	6385035000
港龙中国地产（6968）	5478713000	11892348000
大发地产（6111）	397526000	——
大唐集团控股（2117）	2338712000	——
复星国际（0656）	82891645000	175393419000
景瑞控股（1862）	2471167000	7907906000
中国新城市（1321）	257104000	591783000
美的置业（3990）	31662904000	73630848000
德信中国（2019）	10246497000	22145481000
融信中国（3301）	14251647000	30059292000
银城国际控股（1902）	4580358000	8694766000
时代中国控股（1233）	6498111000	24423705000
旭辉控股集团（0884）	29720321000	47440141000
龙光集团（3380）	12629410000	41622653000
正荣地产（6158）	12868194000	25895478000
中国金茂（0817）	28744993000	82991372000
碧桂园（2007）	162363000000	430371000000
SOHO中国（0410）	896040000	1775090000
北大资源（0618）	3846310000	——
中国海外发展（0688）	103789157000	180321569000
祥生控股集团（2599）	8461663000	——
佳兆业集团（1638）	13431394000	25390022000
力高集团（1622）	9969286000	——
中梁控股（2772）	22343341000	39329414000
瑞安房地产（0272）	4415000000	15565000000
融创中国（1918）	48544008000	96751764000
金轮天地控股（1232）	1457139000	2659946000
领地控股（6999）	6442153000	13978807000
富力地产（2777）	17782073000	35192599000
绿城中国（3900）	64730853000	127153071000
亿达中国（3639）	3260050000	4532923000

8-10b 续表1　　　　　　　　　　　　　　　　　　　　　　　　　　　　　　　　　　　　单位：元人民币

企业简称	2022 年第二季度	2022 年第四季度
越秀地产（0123）	31292681000	72415643000
三巽集团（6611）	1806697000	4487643000
合景泰富集团（1813）	8469502000	13452639000
众安集团（0672）	5077587000	9250499000
中电光谷（0798）	1607557000	5523204000
中骏集团控股（1966）	15385385000	26705112000
上置集团（1207）	106105000	--
弘阳地产（1996）	12609317000	20013430000
建业地产（0832）	7300552000	24082521000
绿地香港（0337）	5023101000	26614317000
金辉控股（9993）	18216292000	35318003000
小米集团–W（1810）	143522379000	280044016000
恒达集团控股（3616）	473261000	2861771000
雅居乐集团（3383）	31644691000	54034327000
龙湖集团（0960）	94804581000	250565107000
宝龙地产（1238）	16897225000	31377857000
禹洲集团（1628）	12393085000	26737240000
朗诗绿色管理（0106）	5751373000	14018521000

数据来源：企业公告。

8-11 2022年沪深上市房企利润总额

单位：元人民币

企业简称	2022年第一季度	2022年第二季度	2022年第三季度	2022年第四季度
卓朗科技（600225）	-99178660	-82307499	42372738	414868257
中洲控股（000042）	122779727	580788609	631386286	492158149
中原高速（600020）	183069138	402794404	511043235	178708786
中南建设（000961）	-448658728	-1250000764	-1755536252	-9271571123
中交地产（000736）	122295017	644576152	499151751	2182552148
中华企业（600675）	-66302142	-248053847	-343763783	318898000
中弘退（退市）（000979）	-364710068	-1567674447	-1964907754	-2259962211
中航高科（600862）	345459473	558974954	789413823	893586357
中国中冶（601618）	4793017000	8648431000	10916434000	15392116000
中国中铁（601390）	10361974000	21023367000	30588005000	42583495000
中国中车（601766）	853009162	4474015735	8646214598	16196555144
中国武夷（000797）	8741997	28453902	60881153	391915430
中国铁建（601186）	7746890000	19497399000	26937540000	37824462000
中国平安（601318）	28621000000	78085000000	100764000000	105815000000
中国交建（601800）	8044724018	17121756310	24715085396	30967689249
中国建筑（601668）	21385102000	52020085000	72652121000	88835435000
中国宝安（000009）	534419629	1221445389	1858685920	2869309701
中迪投资（000609）	-38863155	-64784964	-98535881	-282881653
中储股份（600787）	442735798	590845788	633700567	872573772
招商蛇口（001979）	1561116869	5501735932	8872728245	15817099007
张江高科（600895）	-307519292	33927022	994199997	933262562
云南城投（600239）	-350549048	-354785392	-667231366	-1110518457
粤宏远A（000573）	-7403306	14312394	43108875	36008876
圆通速递（600233）	1158078719	2364893782	3615494577	5052981368
渝开发（000514）	-15481908	-46529575	-43294752	201879623
阳光股份（000608）	6685080	-14866273	40651548	-458699880
亚通股份（600692）	6817586	8122187	-8206091	15860320
亚泰集团（600881）	-468807809	-757633145	-1298977207	-4343209513
雅戈尔（600177）	2675489646	3908210377	5099830647	5966767256
学大教育（000526）	7608354	69245401	30227565	53721813
信达地产（600657）	231080207	686003745	1053603852	1471019071
新黄浦（600638）	13982210	82970028	123265871	136118897
新湖中宝（600208）	575567454	1412858233	1914120672	2144296956
新光退（退市）（002147）	-146312123	-193811910	-219614142	-2198842329
新城控股（601155）	836384741	4536255609	5141849695	3115370410
小商品城（600415）	777057970	1364805534	1826449438	1149806833
香江控股（600162）	98974625	110956383	229501716	400799267
卧龙地产（600173）	68481806	336553862	460970057	437166503
闻泰科技（600745）	698410219	1614155513	2584774583	2107223090

8-11 续表1 单位：元人民币

企业简称	2022年第一季度	2022年第二季度	2022年第三季度	2022年第四季度
万泽股份（000534）	39949787	94348971	126658554	134028057
万业企业（600641）	32122208	30259612	51331298	513802510
万通发展（600246）	−31774852	−181426129	−306876271	−395920644
万科A（000002）	4081141674	24359200032	37731123134	52386185417
外高桥（600648）	856009625	1010184931	1084557416	1663853319
退市中房（退市）（600890）	−7059709	−16828622	−27350465	−38649426
退市美都（退市）（600175）	−3905520	56408545	86633314	−13704891
退市华业（退市）（600240）	−496695822	−701313465	−904172969	−1481360535
天健集团（000090）	1248879699	1834781062	2086602521	2813798928
天房发展（600322）	−196897505	−337467796	77521905	−249548597
天保基建（000965）	51053593	65644634	82846833	51048212
太阳纸业（002078）	740247328	1851187206	2486510837	3067935826
苏州高新（600736）	57812594	476262640	489192620	764038400
苏宁环球（000718）	167198642	460152825	634231230	399202068
顺丰控股（002352）	2144605000	5081641000	8203405000	10966778000
顺发恒业（000631）	58575472	116229305	155811407	226114125
首开股份（600376）	−300652748	−1293407869	499167938	1822954929
市北高新（600604）	127676318	52876253	58396313	153033329
世荣兆业（002016）	76324483	90092997	142744067	207182474
深振业A（000006）	56778902	316452498	280600245	732666201
深物业A（000011）	281722541	333956232	609223892	750732419
深深房A（000029）	223440550	201997231	184405102	215603328
深康佳A（000016）	−47044417	−30855657	−58706323	−2067519855
上实发展（600748）	12021344	−73730540	−60353516	275736265
上海临港（600848）	544106113	1041139302	1459072892	1816666621
杉杉股份（600884）	983351610	2044457445	2765401903	3395078158
山子股份（000981）	451101254	366352598	112286158	−1184770817
厦门银行（601187）	689638000	1302450021	1841753000	2474591652
沙河股份（000014）	20901158	58097101	246416326	335008842
三湘印象（000863）	−52647987	−103528440	−153882054	100832056
软控股份（002073）	16968192	73496893	149662405	220590261
荣盛发展（002146）	−1265731446	−2186638717	−2834593251	−17814738272
荣丰控股（000668）	5520245	17761642	5339096	−17661555
荣安地产（000517）	683969186	855358091	1517195499	1259063820
栖霞建设（600533）	164203961	283951897	304237038	312889568
浦东金桥（600639）	1223786932	1274965774	1411471406	2087577929
派斯林（600215）	14000883	36863093	30451065	166023776
南山控股（002314）	−101412880	−86056215	−47091837	1156763021
南京公用（000421）	−21853170	−529709	−9690350	147876470

8-11 续表2　　　　　　　　　　　　　　　　　　　　　　　　　　　　　　　　　　　　单位：元人民币

企业简称	2022年第一季度	2022年第二季度	2022年第三季度	2022年第四季度
南京高科（600064）	731771479	1550674581	2042608536	2651634653
纳思达（002180）	623090041	1375190045	2080126291	2382558591
绿景退（退市）（000502）	−4144407	−6854994	−10398315	−36502037
绿地控股（600606）	4099212004	9099351744	13394476834	8800626129
莱茵体育（000558）	−8010032	−19028473	−19098915	−35537061
开立医疗（300633）	56154107	184308377	265436673	381942402
京投发展（600683）	57080882	202740184	328326077	335905994
京能置业（600791）	6780556	4738944	−45058963	259855334
京东方A（000725）	4267737305	4894241167	434733525	51218939
津滨发展（000897）	54160065	63252912	136788712	361315885
金隅集团（601992）	316646164	3374480865	4450894116	3325022311
金融街（000402）	1280390593	1592020315	1852979441	1087008551
金科股份（000656）	−261475608	−1760151844	−5148225580	−24497491332
金地集团（600383）	992289574	4108803449	6604153267	13079517357
交通银行（601328）	25167000000	45617000000	70953000000	98215000000
建发股份（600153）	1731708907	5421837965	6853127889	16174149539
济南高新（600807）	−126254817	−274174835	−217371311	211449763
皇庭国际（000056）	−111576961	−238219997	−381146818	−1430174672
华远地产（600743）	−57853366	−305727464	−560880609	−4742325173
华鑫股份（600621）	103237084	248033965	315606462	413285501
华夏幸福（600340）	4086754384	215305441	−1491869268	3780517964
华侨城A（000069）	653518915	1065386945	1474727704	−9884675714
华丽家族（600503）	63814346	97889402	72002783	73498752
华发股份（600325）	951742791	3091763617	3661715726	6283002100
黑牡丹（600510）	37862178	94453425	331564731	1204175969
合肥城建（002208）	69245280	218705971	241981692	536497762
海宁皮城（002344）	181987113	260754648	323053084	410397263
海航控股（600221）	−3907071000	−13649117000	−22014627000	−27826878000
广宇集团（002133）	114535696	170437947	249685771	158434783
广宇发展（000537）	187882090	496203368	754632166	817510443
光明地产（600708）	132253303	262610514	395688668	572411143
光大嘉宝（600622）	53410640	302422395	381533911	309560994
冠城大通（600067）	107677533	312751359	265572175	318544140
葛洲坝（退市）（600068）	1585928409	2869031968	4255617892	7889071566
格力电器（000651）	4189374563	12657410975	20395096233	27217384843
格力地产（600185）	171985903	133265170	143725324	−2520307052
福星股份（000926）	81942353	112571783	89139961	619136299
福瑞达（600223）	100990467	292081340	355226580	261058108
凤凰股份（600716）	91101081	102758950	53805923	−365587660

8-11 续表3 单位：元人民币

企业简称	2022年第一季度	2022年第二季度	2022年第三季度	2022年第四季度
东旭蓝天（000040）	-53317074	-167523050	-150092628	-282110473
东望时代（600052）	-31044054	-11533441	36416282	-188754177
东湖高新（600133）	68803646	282890783	473653260	923602804
东百集团（600693）	63250968	231724128	243113965	173821946
电子城（600658）	-111825110	218711832	127516412	709866049
迪马股份（600565）	-25832828	1413602860	2106010001	-1689399721
大悦城（000031）	1487090850	2084467147	2428050024	-431462555
大名城（600094）	-90873009	62780889	99105723	333156021
大龙地产（600159）	20545738	24811865	21515194	-154898554
大东方（600327）	91493981	218684978	239702880	246789740
城投控股（600649）	681974187	656375839	581494640	1517268628
城建发展（600266）	-987231769	-107208416	-658403567	-740528883
财信发展（000838）	114830612	-134563927	-153463961	-332742921
滨江集团（002244）	528264913	1969082413	2833019554	5310513249
北汽蓝谷（600733）	-944290843	-2123118500	-3449608086	-5424578594
北辰实业（601588）	68062636	-440083091	-722937269	-1438307225
保利发展（600048）	5135288757	19304221471	24491867938	35300602883
宝鹰股份（002047）	-48277495	-53458424	-134914186	-2506706304
安徽建工（600502）	503333175	1039285780	1579797505	2303032802
爱旭股份（600732）	230038548	607925106	1489067570	2472718899
ST粤泰（600393）	-81988569	-621276536	-697412940	-1341529429
ST阳光城（000671）	-1441291391	-3023675942	-4922978187	-12018663627
ST泰禾（000732）	-449041870	-2231766529	-3244656183	-5580715183
ST美置（000667）	-156347537	-512818177	-1376243759	-1922147308
*ST中天（000540）	-1771255009	-3897529930	-7407489508	-18612055402
*ST新联（000620）	-436827872	-878834654	-1333307350	-3152728543
*ST宋都（600077）	5919250	258964288	182940846	-3289201162
*ST蓝光(退市)（600466）	-225945419	-5461070391	-12273929630	-24505089927
*ST嘉凯（000918）	-183996505	-466371156	-686995661	-1048008848
*ST海投（000616）	-5090982	63064447	118207070	-740356563
*ST泛海（000046）	-1050685783	-2439087849	-2591320642	-14509594262

退市华业（退市）（600240）已于2020年2月5日退市，仍对外披露了2022年度财务数据。
葛洲坝（退市）（600068）已于2021年9月13日退市，仍对外披露了2022年度财务数据。
*ST蓝光（退市）（600466）已于2023年6月6日退市，仍对外披露了2022年度财务数据。
退市中房（退市）（600890）已于2022年6月21日退市，仍对外披露了2022年度财务数据。
退市美都（退市）（600175）于2020年8月14日退市，仍对外披露了2022年度财务数据。
新光退（退市）（002147）于2022年6月23日退市，仍对外披露了2022年度财务数据。
绿景退（退市）（000502）于2022年6月27日退市，仍对外披露了2022年度财务数据。
中弘退（退市）（000979）于2018年12月28日退市，仍对外披露了2022年度财务数据。
数据来源：企业公告。

8-12a 2022年香港上市房企除税前利润（港币）

单位：元港币

企业简称	2022年第二季度	2022年第四季度
保利置业集团（0119）	3841927000	--
天安（0028）	507003000	2284877000
恒隆地产（0101）	2980000000	5850000000
新鸿基地产（0016）	18982000000	31786000000
中信股份（0267）	87777000000	147839000000
汤臣集团（0258）	107710000	126561000
长实集团（1113）	13236000000	22683000000
五矿地产（0230）	270937000	−1022757000
上实城市开发（0563）	469638000	1153599000
信和置业（0083）	5326885878	7313816816
深圳控股（0604）	5798979000	7367039000
嘉华国际（0173）	1428642000	2068046000
莱蒙国际（3688）	152122000	−73026000
恒基地产（0012）	5516000000	10780000000
中渝置地（1224）	256024000	−1905729000
路劲（1098）	805313000	1098173000
华南城（1668）	107066000	--
百仕达控股（1168）	121024000	−80691000
渝太地产（0075）	−106802000	−789566000
廖创兴企业（0194）	128974000	188005000
九龙仓集团（0004）	1194000000	226000000
嘉里建设（0683）	3459692000	5168069000
LET GROUP（1383）	−181624000	−361458000
香港兴业国际（0480）	85300000	--
上海证大（0755）	−495500000	2793560000
新世界发展（0017）	7395500000	9214500000
合生创展集团（0754）	8683085000	13067517000
沿海家园（1124）	−45112000	--

数据来源：企业公告。

8-12b　2022年香港上市房企除税前利润（人民币）

单位：元人民币

企业简称	2022年第二季度	2022年第四季度
远洋集团（3377）	1752927000	−13024456000
华润置地（1109）	19805124000	55509355000
上坤地产（6900）	−780912000	−2032465000
天誉置业（0059）	−1849176000	−3844379000
明发集团（0846）	735010000	977751000
恒盛地产（0845）	−988719000	1281200000
港龙中国地产（6968）	698912000	1075388000
大发地产（6111）	−1304941000	－－
大唐集团控股（2117）	196532000	－－
复星国际（0656）	6091476000	12535625000
景瑞控股（1862）	−1515336000	−4091441000
中国新城市（1321）	−251159000	−477514000
美的置业（3990）	4026267000	6888005000
德信中国（2019）	1127848000	1161909000
融信中国（3301）	−4210928000	−11912118000
银城国际控股（1902）	907032000	908400000
时代中国控股（1233）	73539000	−8634583000
旭辉控股集团（0884）	2675085000	−12932360000
龙光集团（3380）	−421921000	−7687906000
正荣地产（6158）	−1888392000	−12841509000
中国金茂（0817）	6139674000	9757180000
碧桂园（2007）	5358000000	5361000000
SOHO中国（0410）	312877000	507821000
北大资源（0618）	214963000	－－
中国海外发展（0688）	25161842000	36006929000
祥生控股集团（2599）	−193433000	－－
佳兆业集团（1638）	−7774878000	−12911990000
力高集团（1622）	401192000	－－
中梁控股（2772）	1821652000	−234760000
瑞安房地产（0272）	1027000000	3407000000
融创中国（1918）	−21794116000	−31303603000
金轮天地控股（1232）	−288969000	−918282000
领地控股（6999）	169338000	−4498149000
朗诗绿色管理（0106）	−284801000	−1746424000
龙湖集团（0960）	15927325000	45822201000
禹洲集团（1628）	729726000	−13157507000

8-12b 续表1　　　　　　　　　　　　　　　　　　　　　　　　　　　　　　　　　　　　单位：元人民币

企业简称	2022年第二季度	2022年第四季度
中电光谷（0798）	178555000	990938000
绿城中国（3900）	7721145000	13256317000
合景泰富集团（1813）	749076000	-10697269000
雅居乐集团（3383）	6046315000	-10371929000
上置集团（1207）	-146994000	--
众安集团（0672）	1086995000	1318384000
富力地产（2777）	-6999836000	-14134829000
越秀地产（0123）	5092829000	10829634000
中骏集团控股（1966）	2191578000	819428000
宝龙地产（1238）	2551168000	4171115000
小米集团-W（1810）	1320909000	3933956000
绿地香港（0337）	384620000	2269875000
恒达集团控股（3616）	-22000	154418000
亿达中国（3639）	315557000	-310580000
建业地产（0832）	-5696919000	-7042321000
金辉控股（9993）	2384276000	3706435000
三巽集团（6611）	91186000	311476000
弘阳地产（1996）	80822000	-3335627000

数据来源：企业公告。

8-13 2022年沪深上市房企净利润

单位：元人民币

企业简称	2022年第一季度	2022年第二季度	2022年第三季度	2022年第四季度
卓朗科技（600225）	-99239884	-88015785	16949028	397525511
中洲控股（000042）	58682858	256295730	260908832	9005792
中原高速（600020）	141157438	333189728	403242524	139559846
中南建设（000961）	-645737900	-1409803974	-1951268401	-9629890538
中交地产（000736）	24445642	332106087	125860059	1022328321
中华企业（600675）	-104373708	-313018760	-449773344	147137539
中弘退（退市）（000979）	-364710068	-1567667320	-1964900627	-2259955084
中航高科（600862）	290966385	474564831	668904541	767498478
中国中冶（601618）	3793525000	7354729000	8943380000	12927472000
中国中铁（601390）	8306582000	16825219000	25053239000	34972131000
中国中车（601766）	531729469	3631558236	7207811369	14143303333
中国武夷（000797）	9810531	7217203	9203942	147937752
中国铁建（601186）	6441060000	15903834000	22242393000	31752778000
中国平安（601318）	27250000000	71676000000	95115000000	107432000000
中国交建（601800）	6327567178	13501393915	19723901100	24745304587
中国建筑（601668）	16698674000	41172074000	57185816000	69211763000
中国宝安（000009）	450961686	1017712779	1558784901	2468012094
中迪投资（000609）	-38730568	-63316573	-96852618	-292817402
中储股份（600787）	330709829	462851688	483373829	702638420
招商蛇口（001979）	1079538778	4007402691	6346847332	9098477245
张江高科（600895）	-223253717	22192345	728907143	787644850
云南城投（600239）	-430507880	-400003483	-734475497	-1251632648
粤宏远A（000573）	-7571500	13520253	41473071	34268621
圆通速递（600233）	892744728	1812430473	2810875405	3964127627
渝开发（000514）	-11949465	-30945087	-26558553	156702339
阳光股份（000608）	-1137879	-24926187	12037792	-382427282
亚通股份（600692）	2868338	1495194	-12408661	7722541
亚泰集团（600881）	-481012476	-705492562	-1204708474	-4419945782
雅戈尔（600177）	2120367549	3157032766	4209316694	5065517348
学大教育（000526）	1314810	46336640	6247852	8310337
信达地产（600657）	58078507	328212302	479325849	575039948
新黄浦（600638）	5100543	62044834	79095492	64984312
新湖中宝（600208）	485144132	1087872128	1568685223	1777468367
新光退（退市）（002147）	-149292554	-196322904	-225999014	-2304097224
新城控股（601155）	562963283	3250570642	3669312729	1585452714
小商品城（600415）	670276635	1222526064	1619135878	1103601132
香江控股（600162）	44884493	9919559	97669246	84403416
卧龙地产（600173）	53439941	262218658	361528361	301189632

8-13 续表1　　　　　　　　　　　　　　　　　　　　　　　　　　　　　　　　　　　　　　单位：元人民币

企业简称	2022年第一季度	2022年第二季度	2022年第三季度	2022年第四季度
闻泰科技（600745）	491007148	1171021706	1933896027	1360096269
万泽股份（000534）	31528569	75575993	98557830	105561352
万业企业（600641）	23052137	24547518	42599195	386713830
万通发展（600246）	−37362367	−166899441	−269739312	−342842253
万科A（000002）	2786996480	18102741280	27244596166	37550909305
外高桥（600648）	815062665	706221967	821694868	1254544237
退市中房（退市）（600890）	−7059709	−16828622	−27350465	−45434715
退市美都（退市）（600175）	−12364969	58536070	110788829	−102809463
退市华业（退市）（600240）	−417029634	−621686440	−824650840	−1395824520
天健集团（000090）	906283538	1284503796	1414849086	1970665377
天房发展（600322）	−202449137	−352354194	62708116	−272113435
天保基建（000965）	32330507	50033512	62348933	23423603
太阳纸业（002078）	675972234	1660638811	2271548800	2817131011
苏州高新（600736）	17379266	266158651	277228426	508964265
苏宁环球（000718）	130789912	325965225	488064985	362226591
顺丰控股（002352）	1463288000	3296775000	5511883000	7003620000
顺发恒业（000631）	43979647	89753164	118420201	170740691
首开股份（600376）	−334858100	−1299664528	87981173	918985560
市北高新（600604）	83970305	14121377	22297807	98621834
世荣兆业（002016）	62296466	86829222	121793797	144742365
深振业A（000006）	45065519	240396825	215737586	448042133
深物业A（000011）	215765297	241301028	443964374	529340608
深深房A（000029）	161619421	142960263	121685710	149576871
深康佳A（000016）	31705206	58003207	13323095	−1770163290
上实发展（600748）	−19492903	−123336565	−156690442	62447070
上海临港（600848）	394458132	764814103	1047753087	1346578053
杉杉股份（600884）	836471027	1728246256	2313335986	2825400900
山子股份（000981）	462946014	359957740	118771751	−1118208567
厦门银行（601187）	642926000	1261721899	1844671000	2571721309
沙河股份（000014）	15528367	43336705	184429187	248045894
三湘印象（000863）	−57287296	−122477701	−176222057	6131483
软控股份（002073）	17150729	57953848	132243840	232462583
荣盛发展（002146）	−1130183060	−2160624734	−2829941349	−18436491288
荣丰控股（000668）	989594	4665724	−11848480	−38169214
荣安地产（000517）	489770823	677787819	1131953361	821230520
栖霞建设（600533）	122131812	211675706	211893359	201205964
浦东金桥（600639）	894567589	938743985	1030935589	1552277268
派斯林（600215）	22217171	35450581	37700135	142543089
南山控股（002314）	−123179705	−129500761	−164753433	781484267

8-13 续表2 单位：元人民币

企业简称	2022年第一季度	2022年第二季度	2022年第三季度	2022年第四季度
南京公用（000421）	-19809493	-14150847	-28332294	86984544
南京高科（600064）	679229764	1439818028	1932288678	2479895487
纳思达（002180）	508715677	1286356535	1779209936	2054008963
绿景退（退市）（000502）	-4658397	-7795944	-11652175	-31651087
绿地控股（600606）	3165243569	6303260842	9815947213	4596802115
莱茵体育（000558）	-8315355	-19493393	-19728000	-37313397
开立医疗（300633）	51076948	174835885	245400443	369811714
京投发展（600683）	64850914	165990937	227641349	177285529
京能置业（600791）	-5572675	-11678414	-61631144	130499000
京东方A（000725）	3225086681	3212916923	-1334793311	-1737175168
津滨发展（000897）	43865569	50530972	107092144	261902564
金隅集团（601992）	163826441	2419497674	3094094456	1739887076
金融街（000402）	934505749	1124494383	1292960145	647477136
金科股份（000656）	-260487931	-1264603355	-4526218233	-23694884576
金地集团（600383）	657960700	3385853318	5330674143	9166435471
交通银行（601328）	23338000000	44132000000	68020000000	92030000000
建发股份（600153）	1340332874	4086252468	5271043555	11266761991
济南高新（600807）	-129309431	-279103198	-225078518	80695350
皇庭国际（000056）	-117079218	-248033620	-400446679	-1200498388
华远地产（600743）	-67109257	-372718402	-615696088	-5048490533
华鑫股份（600621）	80885164	195069059	245419494	353324384
华夏幸福（600340）	2787655431	-565027652	-1635756514	1064972888
华侨城A（000069）	450233158	750268244	884551607	-12767140436
华丽家族（600503）	63789861	92546300	66912011	69890605
华发股份（600325）	734137854	2272577409	2692673614	4726119619
黑牡丹（600510）	21534322	52960743	209835064	846246353
合肥城建（002208）	46543447	162225822	177132401	403335592
海宁皮城（002344）	148034156	201203272	245394904	306421714
海航控股（600221）	-3907155000	-13645508000	-21998527000	-21409815000
广宇集团（002133）	87261085	133595400	201623281	115801891
广宇发展（000537）	170113662	463947495	698693463	729555407
光明地产（600708）	82496562	119202566	158056834	172711578
光大嘉宝（600622）	16717108	158603216	186951855	70306213
冠城大通（600067）	57836688	133944634	80108147	152011745
葛洲坝（退市）（600068）	1307826257	2149899321	3140843256	5847350062
格力电器（000651）	3583536065	10826791123	17443170837	23011344353
格力地产（600185）	128990502	94504989	152434428	-2689921261
福星股份（000926）	54484097	32675787	10228159	141379748
福瑞达（600223）	66403453	206074640	185848065	65098400

8-13 续表3 单位：元人民币

企业简称	2022年第一季度	2022年第二季度	2022年第三季度	2022年第四季度
凤凰股份（600716）	66387878	78574255	37736084	-391356525
东旭蓝天（000040）	-57807584	-175479324	-167688831	-308620298
东望时代（600052）	-25372255	-9812979	28369058	-200122873
东湖高新（600133）	48476222	210110272	364223450	702041302
东百集团（600693）	46376685	129559301	144312800	67168731
电子城（600658）	-83984301	163177532	54309114	598008112
迪马股份（600565）	-36539689	922741198	1361409471	-2628552449
大悦城（000031）	791502058	1058091149	1137558740	-2222645436
大名城（600094）	-79101403	37729949	51671937	191966649
大龙地产（600159）	13769405	13508405	7138715	-192817335
大东方（600327）	69320743	179016662	194677945	190206151
城投控股（600649）	474617909	414612785	320789427	783377055
城建发展（600266）	-992679991	-296225766	-776353761	-884026890
财信发展（000838）	42786352	-182967257	-229272346	-360234866
滨江集团（002244）	372465512	1605455413	2310987487	3903580368
北汽蓝谷（600733）	-945877716	-2175562304	-3475161503	-5395827381
北辰实业（601588）	37952020	-464637669	-771031075	-1652843552
保利发展（600048）	3865179221	14923738723	18889161040	27011095332
宝鹰股份（002047）	-46982247	-54091613	-127555619	-2194967790
安徽建工（600502）	400079967	829100373	1249120117	1832486733
爱旭股份（600732）	227561899	596369348	1390582779	2328573681
ST粤泰（600393）	-81215621	-645090488	-707795478	-1442670199
ST阳光城（000671）	-1633728831	-3622881848	-5971937789	-12642364029
ST泰禾（000732）	-431013663	-2067780867	-3146973700	-5570061164
ST美置（000667）	-178513592	-522638807	-1385969731	-1969917715
*ST中天（000540）	-1335891477	-3012560465	-5709014396	-19671957615
*ST新联（000620）	-448670403	-990734353	-1473702558	-3400922280
*ST宋都（600077）	-11866305	153962460	36275164	-3497561624
*ST蓝光（退市）（600466）	-299593424	-5248416339	-11975303105	-26160155547
*ST嘉凯（000918）	-183069331	-466142973	-682753411	-1024651491
*ST海投（000616）	-5090982	63064447	118207070	-740356563
*ST泛海（000046）	-952716775	-2412367934	-2659649343	-13291490760

退市华业（退市）（600240）已于2020年2月5日退市，仍对外披露了2022年度财务数据。
葛洲坝（退市）（600068）已于2021年9月13日退市，仍对外披露了2022年度财务数据。
*ST蓝光（退市）（600466）已于2023年6月6日退市，仍对外披露了2022年度财务数据。
退市中房（退市）（600890）已于2022年6月21日退市，仍对外披露了2022年度财务数据。
退市美都（退市）（600175）于2020年8月14日退市，仍对外披露了2022年度财务数据。
新光退（退市）（002147）于2022年6月23日退市，仍对外披露了2022年度财务数据。
绿景退（退市）（000502）于2022年6月27日退市，仍对外披露了2022年度财务数据。
中弘退（退市）（000979）于2018年12月28日退市，仍对外披露了2022年度财务数据。
数据来源：企业公告。

8-14a 2022年香港上市房企净利润（港币）

单元：港币

企业简称	2022年第二季度	2022年第四季度
保利置业集团（0119）	1510223000	--
天安（0028）	420245000	1528558000
恒隆地产（0101）	1948000000	3836000000
新鸿基地产（0016）	15186000000	25560000000
中信股份（0267）	50051000000	75481000000
汤臣集团（0258）	31346000	17168000
长实集团（1113）	12936000000	21683000000
五矿地产（0230）	90293000	−1362468000
上实城市开发（0563）	126448000	406823000
信和置业（0083）	4225517118	5735396549
深圳控股（0604）	2360778000	2085418000
嘉华国际（0173）	1081087000	1372387000
莱蒙国际（3688）	6307000	−185099000
香港兴业国际（0480）	17600000	--
九龙仓集团（0004）	57000000	−1705000000
华南城（1668）	256821000	--
廖创兴企业（0194）	119497000	86148000
恒基地产（0012）	4781000000	9239000000
中渝置地（1224）	240935000	−1940341000
渝太地产（0075）	−73901000	−475968000
百仕达控股（1168）	85109000	−143388000
沿海家园（1124）	−43992000	--
合生创展集团（0754）	6389859000	8762461000
上海证大（0755）	−469246000	2883611000
路劲（1098）	85431000	−495378000
LET GROUP（1383）	−252965000	−138362000
嘉里建设（0683）	2746670000	2754780000
新世界发展（0017）	1430400000	1249200000

数据来源：企业公告。

8-14b 2022年香港上市房企净利润（人民币）

单位：元人民币

企业简称	2022年第二季度	2022年第四季度
远洋集团（3377）	-1087353000	-15930209000
华润置地（1109）	10602873000	28091865000
上坤地产（6900）	-563691000	-1937003000
天誉置业（0059）	-1622300000	-3491272000
明发集团（0846）	316809000	47961000
恒盛地产（0845）	-973569000	-297355000
港龙中国地产（6968）	180421000	121886000
大发地产（6111）	-1260066000	--
大唐集团控股（2117）	51027000	--
复星国际（0656）	2697048000	538715000
景瑞控股（1862）	-1462085000	-4269792000
中国新城市（1321）	-223724000	-432523000
美的置业（3990）	1538081000	1726363000
德信中国（2019）	740455000	373716000
融信中国（3301）	-4429232000	-11234836000
银城国际控股（1902）	66606000	-999885000
时代中国控股（1233）	23752000	-9936286000
朗诗绿色管理（0106）	-507316000	-2588642000
龙光集团（3380）	-540565000	-8524081000
弘阳地产（1996）	-691025000	-3881520000
龙湖集团（0960）	7480032000	24362046000
中梁控股（2772）	438335000	-1346384000
禹洲集团（1628）	59085000	-12014860000
金轮天地控股（1232）	-412667000	-1053851000
祥生控股集团（2599）	-661577000	--
建业地产（0832）	-5605323000	-7561017000
越秀地产（0123）	1707123000	3953352000
碧桂园（2007）	612000000	-6052000000
众安集团（0672）	137659000	186734000
三巽集团（6611）	-34360000	-86124000
融创中国（1918）	-18760457000	-27669007000
中电光谷（0798）	119448000	536091000
中国海外发展（0688）	16742941000	23264747000
雅居乐集团（3383）	2401137000	-14981154000
亿达中国（3639）	18365000	-736773000
绿地香港（0337）	105864000	480904000

8-14b 续表1   单位：元人民币

企业简称	2022年第二季度	2022年第四季度
领地控股（6999）	3899000	-4149888000
SOHO中国（0410）	190568000	61208000
瑞安房地产（0272）	450000000	906000000
金辉控股（9993）	1238508000	1705026000
小米集团-W（1810）	798800000	2474030000
中骏集团控股（1966）	1274185000	24544000
富力地产（2777）	-6919602000	-15736650000
恒达集团控股（3616）	-18686000	84812000
力高集团（1622）	3370000	--
旭辉控股集团（0884）	730825000	-13049088000
合景泰富集团（1813）	435000000	-9240619000
北大资源（0618）	86202000	--
正荣地产（6158）	-2611071000	-12877046000
中国金茂（0817）	2570866000	1984083000
绿城中国（3900）	1800943000	2756100000
宝龙地产（1238）	698066000	407749000
上置集团（1207）	-147020000	--
佳兆业集团（1638）	-7672565000	-13064558000

数据来源：企业公告。

8-15　2022年沪深上市房企经营活动产生的现金流量净额

单位：元人民币

企业简称	2022年第一季度	2022年第二季度	2022年第三季度	2022年第四季度
卓朗科技（600225）	-305428617	-127739632	-687931163	164439684
中洲控股（000042）	-1210418725	-610300704	484649819	978788919
中原高速（600020）	-56791858	829898939	1699338102	1982582773
中南建设（000961）	3661845368	4808971027	4583359212	6253316303
中交地产（000736）	1706336489	2812776191	3770849543	2934839946
中华企业（600675）	675827521	765868884	3353856140	-1456241244
中弘退(退市)（000979）	-5926046	-4790229	-3937433	-115584
中航高科（600862）	-6214146	238660209	158604199	419761991
中国中冶（601618）	-14542276000	167708000	-1569564000	18153061000
中国中铁（601390）	-49399086000	-37715787000	-28790139000	43551945000
中国中车（601766）	-8949499173	-6369265467	788729716	13965316458
中国武夷（000797）	32527270	797911934	599561143	641355272
中国铁建（601186）	-41097977000	-19604382000	-1167520000	56134952000
中国平安（601318）	246716000000	318100000000	345812000000	485905000000
中国交建（601800）	-33363409598	-45724544630	-42624436167	442291569
中国建筑（601668）	-122480702000	-68872020000	-52493265000	3828927000
中国宝安（000009）	-474078023	-218056954	-228054074	290476147
中迪投资（000609）	46212484	86219895	103739538	112751305
中储股份（600787）	-703200734	289929936	1111647459	1707257450
招商蛇口（001979）	-3319756593	3600278108	8115976609	22173990098
张江高科（600895）	-442163140	-950845744	-1297121380	-455738529
云南城投（600239）	-62693531	4966562785	7711377423	15823149926
粤宏远A（000573）	-45358631	-161153331	-114658919	-60005127
圆通速递（600233）	980489951	3352332367	4978322722	7390519994
渝开发（000514）	-240676834	-279582877	573807786	1331825485
阳光股份（000608）	1672996	50825954	157234134	159464348
亚通股份（600692）	30843605	15799097	-24821344	-153936146
亚泰集团（600881）	1029547325	-347011662	-1016904175	-742197168
雅戈尔（600177）	-1530407975	-2316136795	-3004300280	-1935452879
学大教育（000526）	139014287	5804546	282757824	216428944
信达地产（600657）	-1078495450	1344184754	-809270067	1840131586
新黄浦（600638）	-914524029	-56234416	1451183971	3229074428
新湖中宝（600208）	793569933	475238983	3895462310	3394907699
新光退(退市)（002147）	-23420694	38153708	99772258	80333806
新城控股（601155）	2017588003	11502760841	16650909522	14534774255
小商品城（600415）	-658351560	-666587334	-337282548	1400090714
香江控股（600162）	-363497436	-98874240	145865180	341150662
卧龙地产（600173）	-325335640	-762819016	-996912387	-1131695664
闻泰科技（600745）	1143943434	1078360207	1492005579	1663984013

8-15 续表1　　　单位：元人民币

企业简称	2022年第一季度	2022年第二季度	2022年第三季度	2022年第四季度
万泽股份（000534）	-86498491	-22416226	21593345	194886262
万业企业（600641）	31684117	-320621482	-451623384	-670573639
万通发展（600246）	-33360120	320068236	388101478	419721073
万科A（000002）	-13259189892	8288020493	-4175709128	2750449478
外高桥（600648）	-104482584	-138040813	856275026	-1709799339
退市中房（退市）（600890）	-17512737	-26470002	-36469761	-33994417
退市美都（退市）（600175）	154533	-25972126	-24589482	-18110218
退市华业（退市）（600240）	10957644	28951458	22530145	22322283
天健集团（000090）	-2466986644	-5482865148	-3730404009	-1454597307
天房发展（600322）	-14689031	-54289391	125799999	428295841
天保基建（000965）	269456062	347413791	469590770	844983870
太阳纸业（002078）	1034839918	2752510129	3199387628	3823563342
苏州高新（600736）	-4572712685	-4802710756	-3698764964	-4679571956
苏宁环球（000718）	158851768	327890949	612224608	793683522
顺丰控股（002352）	4807300000	16712814000	24376690000	32702947000
顺发恒业（000631）	352986186	391809450	397104145	452234348
首开股份（600376）	-3356598465	2489104587	4243336728	4418636790
市北高新（600604）	-154492658	-218949438	-151080411	1789036541
世荣兆业（002016）	-427533692	-555601139	-356180441	-271551200
深振业A（000006）	-122293478	242449244	1267714029	2315465555
深物业A（000011）	-762389017	-395994231	-40194271	105233104
深深房A（000029）	-461062517	-548115143	-610612990	-675775999
深康佳A（000016）	-630928799	-421259507	-67596351	-528303042
上实发展（600748）	-810663636	-836981058	908172384	2103100374
上海临港（600848）	-1557996691	-1290744668	-934324671	630029381
杉杉股份（600884）	107359328	1560449276	1793538732	506497695
山子股份（000981）	-828529166	-521024637	-628195865	-526073251
厦门银行（601187）	9288105000	17479122542	14349757000	26295655863
沙河股份（000014）	2207223	-60350151	51625015	352480092
三湘印象（000863）	92830650	73133874	9568411	119715865
软控股份（002073）	-32704971	100506040	147507718	382734653
荣盛发展（002146）	2269970300	3999699246	2307798555	2244836499
荣丰控股（000668）	-47564819	-77170580	-90988569	-86637343
荣安地产（000517）	2623184799	6302352697	9427557632	10476996116
栖霞建设（600533）	-682380748	-16355007	-2184346920	-904630232
浦东金桥（600639）	-1300782297	-1176446372	-4262697292	-2531546279
派斯林（600215）	-21495153	102665671	151351172	108689827
南山控股（002314）	-1541903675	-1186435610	-3352425510	-2256885586
南京公用（000421）	-583676666	81787464	-752170944	-584132111

8-15 续表2 单位：元人民币

企业简称	2022年第一季度	2022年第二季度	2022年第三季度	2022年第四季度
南京高科（600064）	136822535	−1686623	−1033184486	−1868718104
纳思达（002180）	−285051795	72694951	−91235045	1129113811
绿景退（退市）（000502）	−43552830	−30877765	−18269125	37639182
绿地控股（600606）	2624938931	13070727823	19980447663	27421138740
莱茵体育（000558）	17796710	44917639	48252417	100722412
开立医疗（300633）	52021509	149971363	236843234	473255553
京投发展（600683）	−3868190536	−5848835261	−7934929953	−8353843415
京能置业（600791）	−1499995765	−1945001202	−2094097812	−1848046001
京东方A（000725）	14755368710	28112000665	31030436301	43021967305
津滨发展（000897）	90730355	327577943	596447838	892834962
金隅集团（601992）	203160765	3751692844	13094544107	13965042670
金融街（000402）	−2391584618	−1966406626	1446709003	5611194184
金科股份（000656）	2483576767	8729743856	6939246263	5247185812
金地集团（600383）	−182725163	6129517404	11968087206	19907248730
交通银行（601328）	101621000000	89109000000	89302000000	368221000000
建发股份（600153）	−33285157323	−44575628892	−21760907247	15489353855
济南高新（600807）	−48062892	−168370583	−330149582	−521487792
皇庭国际（000056）	65358871	197332161	274415122	385287928
华远地产（600743）	−18495614	1414980289	1896984911	1806242628
华鑫股份（600621）	164296424	1832757646	1570876212	1600527990
华夏幸福（600340）	311911925	1326639838	1676035034	137195001
华侨城A（000069）	−11382637460	−6202005477	−2267833640	−574644519
华丽家族（600503）	−21105567	12730699	−115142728	−165281044
华发股份（600325）	5925963505	13278141114	21597797812	38344229234
黑牡丹（600510）	−2085752226	−1977239021	−1259439032	−1307839677
合肥城建（002208）	−172237386	−1837814356	−3798693567	−1885413430
海宁皮城（002344）	−106875014	20015064	36088825	10935947
海航控股（600221）	−3633234000	−2626521000	−1690350000	−2193922000
广宇集团（002133）	−356942562	17699116	−587746753	−522873587
广宇发展（000537）	−11142486900	−10455942742	−9851821394	−8207485149
光明地产（600708）	−461153245	239200716	1626652921	3757712774
光大嘉宝（600622）	−112168908	45178795	−33887077	57776366
冠城大通（600067）	699370875	587715235	866251957	1379979460
葛洲坝(退市)（600068）	−4911033086	−12711959005	−19266877065	−587575072
格力电器（000651）	3394256789	13144260368	22458621192	28668435921
格力地产（600185）	188889336	345049878	360905580	1659923210
福星股份（000926）	−1326407403	1022089190	1769786863	2211029850
福瑞达（600223）	−349836201	888423792	1228224844	998095209
凤凰股份（600716）	−162997753	−169451276	−1282522672	−2538149579

8-15 续表3　　单位：元人民币

企业简称	2022年第一季度	2022年第二季度	2022年第三季度	2022年第四季度
东旭蓝天（000040）	-27911279	221697523	363890905	881120271
东望时代（600052）	44228008	79047306	67807435	129292903
东湖高新（600133）	-543798336	-712306213	-247669206	1422552224
东百集团（600693）	-21988334	366582880	171082180	214058627
电子城（600658）	-435252420	-179241177	-922316889	-713342966
迪马股份（600565）	275404066	1336708825	1429917653	1929834839
大悦城（000031）	-336311162	-360212496	2583759238	2710451072
大名城（600094）	-798317707	116109902	495553008	864132533
大龙地产（600159）	-156243806	-232613131	-248390787	68407532
大东方（600327）	-26218840	-61386433	-96497866	-140234049
城投控股（600649）	-1744026053	-3982995518	-6453070622	-8179987360
城建发展（600266）	-152608967	9379020078	15663971243	8337011823
财信发展（000838）	-174751472	-13245873	-182529453	-209341507
滨江集团（002244）	-11498633843	480873346	3025018929	5213654322
北汽蓝谷（600733）	124334937	2050544747	2646662960	3521672416
北辰实业（601588）	1021030933	1886127183	3284863750	4003550986
保利发展（600048）	-39886876415	-22460005831	-29856897072	7422377090
宝鹰股份（002047）	-163492370	-292116138	-293389047	-259610566
安徽建工（600502）	-4078055336	-3286008734	-1116520629	-782754973
爱旭股份（600732）	327283300	2327370537	3201553001	5229136739
ST粤泰（600393）	105570940	133595440	90874069	103700775
ST阳光城（000671）	-107491648	-699196019	-2213664937	-3093203589
ST泰禾（000732）	237166305	206711377	115378610	-222207834
ST美置（000667）	-107449486	-235922534	-524252676	-538692675
*ST中天（000540）	3615076883	3743778121	4012228258	3745639831
*ST新联（000620）	-12350089	-10482830	172728044	665683389
*ST宋都（600077）	1257424762	1790353080	1300335934	1605988128
*ST蓝光（退市）（600466）	-110905734	263973576	-87659640	-1001344109
*ST嘉凯（000918）	137815059	187797087	439580036	562200718
*ST海投（000616）	1890820	-9731696	-7377862	-5144236
*ST泛海（000046）	-12520688	6522859	-66183858	574847178

退市华业（退市）（600240）已于2020年2月5日退市，仍对外披露了2022年度财务数据。
葛洲坝（退市）（600068）已于2021年9月13日退市，仍对外披露了2022年度财务数据。
*ST蓝光（退市）（600466）已于2023年6月6日退市，仍对外披露了2022年度财务数据。
退市中房（退市）（600890）已于2022年6月21日退市，仍对外披露了2022年度财务数据。
退市美都（退市）（600175）于2020年8月14日退市，仍对外披露了2022年度财务数据。
新光退（退市）（002147）于2022年6月23日退市，仍对外披露了2022年度财务数据。
绿景退（退市）（000502）于2022年6月27日退市，仍对外披露了2022年度财务数据。
中弘退（退市）（000979）于2018年12月28日退市，仍对外披露了2022年度财务数据。
数据来源：企业公告。

8-16a 2022年香港上市房企经营活动产生的现金流量净额（港币）

单位：元港币

企业简称	2022年第二季度	2022年第四季度
保利置业集团（0119）	-10664726000	--
天安（0028）	283971000	4251911000
恒隆地产（0101）	1863000000	4139000000
新鸿基地产（0016）	4016000000	15392000000
中信股份（0267）	15369000000	194019000000
汤臣集团（0258）	-48167000	114847000
长实集团（1113）	8123000000	6574000000
五矿地产（0230）	-1978869000	-3065442000
上实城市开发（0563）	-3330193000	-5050631000
信和置业（0083）	4205482124	6465726932
深圳控股（0604）	-19404371000	-13239772000
嘉华国际（0173）	773550000	4556661000
莱蒙国际（3688）	-252392000	244427000
恒基地产（0012）	3150000000	11131000000
中渝置地（1224）	-60535000	-226878000
路劲（1098）	-1460614000	2107898000
华南城（1668）	550717000	--
九龙仓集团（0004）	5407000000	6183000000
新世界发展（0017）	-529600000	7451600000
廖创兴企业（0194）	-54059000	-227752000
合生创展集团（0754）	6252047000	18111110000
LET GROUP（1383）	-65752000	-37046000
百仕达控股（1168）	-129191000	-11368000
香港兴业国际（0480）	-346900000	--
上海证大（0755）	-334182000	-278817000
嘉里建设（0683）	-149845000	-359956000
渝太地产（0075）	877982000	1637871000
沿海家园（1124）	-14652000	--

数据来源：企业公告。

8-16b 2022年香港上市房企经营活动产生的现金流量净额（人民币）

单位：元人民币

企业简称	2022年第二季度	2022年第四季度
远洋集团（3377）	-6274650000	-15529431000
华润置地（1109）	1608671000	1229790000
上坤地产（6900）	782676000	385818000
天誉置业（0059）	-1432705000	-2469316000
明发集团（0846）	-314617000	69962000
恒盛地产（0845）	28054000	742433000
港龙中国地产（6968）	1078059000	2023105000
大发地产（6111）	946112000	--
大唐集团控股（2117）	1690862000	--
复星国际（0656）	7979225000	1763714000
景瑞控股（1862）	270029000	358516000
中国新城市（1321）	-460167000	-214659000
美的置业（3990）	-1750418000	3044363000
德信中国（2019）	2887830000	3509619000
融信中国（3301）	13756760000	11124496000
银城国际控股（1902）	1588086000	2121135000
时代中国控股（1233）	-3693804000	-510642000
旭辉控股集团（0884）	5680888000	--
龙光集团（3380）	-5628482000	-11863029000
正荣地产（6158）	3271065000	849195000
中国金茂（0817）	-3401625000	1780441000
碧桂园（2007）	5253000000	35621000000
SOHO中国（0410）	-334433000	-135192000
北大资源（0618）	-136641000	--
中国海外发展（0688）	-21103335000	-10518405000
祥生控股集团（2599）	1745529000	--
佳兆业集团（1638）	-5972067000	-6259878000
力高集团（1622）	-705732000	--
中梁控股（2772）	7704452000	10948551000
瑞安房地产（0272）	-2096000000	4046000000
融创中国（1918）	20269389000	20737947000
金轮天地控股（1232）	-87253000	-193616000
领地控股（6999）	2747655000	2848814000
三巽集团（6611）	653633000	401512000
富力地产（2777）	-3109567000	-1256435000
中骏集团控股（1966）	9240477000	16429204000

8-16b 续表1 单位：元人民币

企业简称	2022年第二季度	2022年第四季度
上置集团（1207）	−25848000	−−
金辉控股（9993）	5143557000	8346816000
绿城中国（3900）	−8340937000	14593082000
雅居乐集团（3383）	4308855000	12413809000
越秀地产（0123）	−1619102000	3719374000
中电光谷（0798）	−638054000	194790000
龙湖集团（0960）	4223346000	9961313000
合景泰富集团（1813）	3807253000	11228570000
恒达集团控股（3616）	−81577000	−4322000
亿达中国（3639）	319832000	590532000
众安集团（0672）	90220000	546297000
禹洲集团（1628）	−1066348000	−9057068000
朗诗绿色管理（0106）	−798539000	−484915000
宝龙地产（1238）	6889094000	4440586000
弘阳地产（1996）	265727000	1631363000
建业地产（0832）	−2564494000	−1355166000
绿地香港（0337）	−149604000	−367711000
小米集团−W（1810）	−7031424000	−4389730000

数据来源：企业公告。

8-17 2022年沪深上市房企投资活动产生的现金流量净额

单位：元人民币

企业简称	2022年第一季度	2022年第二季度	2022年第三季度	2022年第四季度
卓朗科技（600225）	76060248	228758542	353839083	−19298833
中洲控股（000042）	1232161	21389303	45776847	−71283920
中原高速（600020）	−1003529291	−2278010042	−3392599788	−3634539988
中南建设（000961）	423083754	2298232323	3098994723	1439129096
中交地产（000736）	−2031424774	−2495991777	−2662942830	−2425625015
中华企业（600675）	493675099	497586690	−160486192	3877623964
中航高科（600862）	59242870	48624823	252285251	144004489
中国中冶（601618）	−2159254000	−1594881000	−3473279000	−6559348000
中国中铁（601390）	−19487275000	−31601160000	−46479881000	−84388392000
中国中车（601766）	−6831705781	−6939921248	−8540527098	−7856161580
中国武夷（000797）	17279089	5660116	−3505312	34297182
中国铁建（601186）	−19200397000	−38426563000	−45593062000	−55645696000
中国平安（601318）	−153069000000	−256151000000	−259396000000	−224049000000
中国交建（601800）	−19955860948	−22343960089	−35472580845	−46679420083
中国建筑（601668）	−10692829000	−7709881000	−19057335000	−11477252000
中国宝安（000009）	−1619628525	−2098779904	−3649689361	−4057165188
中迪投资（000609）	2760	196813	196814	36051063
中储股份（600787）	−194130711	−259336711	−343882848	−475419218
招商蛇口（001979）	−445155245	−6775326799	−13113256570	−10014336964
张江高科（600895）	−790174695	−99527848	−1402443918	−1264235352
云南城投（600239）	111703131	155567488	298569173	2846876877
粤宏远A（000573）	−432400	19089979	−23090351	−62556051
圆通速递（600233）	−1303384170	−2890307464	−4798348681	−5747439173
渝开发（000514）	−472151	6937790	−31235895	−846322607
阳光股份（000608）	−183441	−382191	−422579	13045109
亚通股份（600692）	−18511927	−14961252	−24854004	−40108130
亚泰集团（600881）	−34981892	4396463	−19217655	−16571072
雅戈尔（600177）	3195080025	6764784446	5840523985	6041236306
学大教育（000526）	−24861703	−31927273	−56467126	−94555478
信达地产（600657）	−326011601	−1037092815	−2212563974	−1472243738
新黄浦（600638）	10732686	229457314	112088333	61949998
新湖中宝（600208）	−694726712	−802634333	2160240601	2855374638
新光退(退市)（002147）	−6672610	172022705	202038733	193395283
新城控股（601155）	−1352902404	112849989	−1778311551	−720660222
小商品城（600415）	−476031377	−472262133	−1273848581	−2362698918
香江控股（600162）	4532542	1105487150	1218520453	1368360408
卧龙地产（600173）	−96518791	−122126218	−196369038	−265126549
闻泰科技（600745）	−2099729716	−3564214447	−5197061006	−7148612181
万泽股份（000534）	−123667036	−144593110	−293521368	−386145790

8-17 续表1 单位：元人民币

企业简称	2022年第一季度	2022年第二季度	2022年第三季度	2022年第四季度
万业企业（600641）	115034336	-288386497	-195932285	356398760
万通发展（600246）	2761190	-16997541	-231283990	-222423513
万科A（000002）	1378411852	-4852502193	-11153809142	-13030271197
外高桥（600648）	-1000102289	133721738	326238103	2157940768
退市中房(退市)（600890）	-22372417	-23686052	-21912567	-25531458
退市美都(退市)（600175）	-1150764	20769595	20248718	20194343
天健集团（000090）	-218200604	-432090085	-706039298	-916300153
天房发展（600322）	-4415	-408093	272257934	540644396
天保基建（000965）	-600459924	-586690490	-587014162	-556688852
太阳纸业（002078）	-2738384091	-3431044256	-5040884153	-6120949014
苏州高新（600736）	-583248004	535118479	838503788	-955921204
苏宁环球（000718）	-290289953	-289855139	-192222759	-17109706
顺丰控股（002352）	-10640474000	-6824871000	-22044469000	-12091458000
顺发恒业（000631）	12193035	-1373489460	-1378139438	-1362450823
首开股份（600376）	-440981402	149262261	19595578	374292313
市北高新（600604）	-339835695	-334751341	-421380108	-438776653
世荣兆业（002016）	278184832	581179676	435272729	254956991
深振业A（000006）	-2407634	-5112247	-238507332	-215312351
深物业A（000011）	-241934054	-248809261	-282571107	152375779
深深房A（000029）	156591307	255526904	282750669	282053129
深康佳A（000016）	-587891466	114321239	-685794442	326234810
上实发展（600748）	92752898	283168333	-2241336486	-2241878751
上海临港（600848）	-832728293	-644227283	-1220006509	-3746288170
杉杉股份（600884）	-2511728814	-3858715569	-5108866826	-4949147970
山子股份（000981）	-439062296	-948550113	-826328856	-1194584265
厦门银行（601187）	-8466497000	-8561217710	-9378490000	-9788779120
沙河股份（000014）	-121800	-314375	-352923	-18709408
三湘印象（000863）	2973705	1959492	295913	37227503
软控股份（002073）	-758048923	-743014272	-1240764556	-752158668
荣盛发展（002146）	-85501453	2279984156	3509784774	2804503666
荣丰控股（000668）	-116162104	-54653417	-55438591	-201858477
荣安地产（000517）	161235851	351629244	228643160	3312915964
栖霞建设（600533）	104464936	243688566	295515896	491669066
浦东金桥（600639）	3119770956	-201467182	3513348455	2347417285
派斯林（600215）	-14059147	-56616170	-58406958	129245751
南山控股（002314）	-1073470403	-1258603830	-1370356196	-2520040013
南京公用（000421）	114594	76082045	-269476047	-538588742
南京高科（600064）	-180145306	342507352	500507503	678513992
纳思达（002180）	190803052	317238318	182708645	-633198409

8-17 续表2 单位：元人民币

企业简称	2022年第一季度	2022年第二季度	2022年第三季度	2022年第四季度
绿景退（退市）（000502）	20610277	14632111	14574151	-4663106
绿地控股（600606）	-2468401234	-1026009361	-2799565474	314450666
莱茵体育（000558）	23061413	22948768	22518354	26807033
开立医疗（300633）	-273094738	-425142452	-411200739	-434057600
京投发展（600683）	215621159	532235063	613837552	683819588
京能置业（600791）	-1141854	-121614751	-121843380	-121890748
京东方A（000725）	-7313349865	-22841690510	-26839053791	-35972798874
津滨发展（000897）	347452863	-737238582	-646682642	-474658039
金隅集团（601992）	-2173093504	-2751694336	-4626539754	-6732462407
金融街（000402）	-707399416	-1227379614	-1251672141	1271903320
金科股份（000656）	602167582	-1009810777	-1473215343	-4121667510
金地集团（600383）	-1145077624	-2005198193	-752139085	-2407213571
交通银行（601328）	-73861000000	-108278000000	-40422000000	-284897000000
建发股份（600153）	-5539751372	-7084139146	-14112547159	-8606785013
济南高新（600807）	-222930114	-332091637	28353559	695538834
皇庭国际（000056）	-20338488	-30287488	-57945067	-41657773
华远地产（600743）	7811764	5751897	29308059	31219649
华鑫股份（600621）	62110973	76754213	111152551	141976373
华夏幸福（600340）	570611929	755410946	834144733	2310803885
华侨城A（000069）	-2038568685	-1140372176	-1516151191	-6070371440
华丽家族（600503）	55531607	61678921	1610689889	1573110709
华发股份（600325）	-5473562564	-16473508499	-31090636936	-46529863888
黑牡丹（600510）	-4724303	60621266	-813389858	-380460724
合肥城建（002208）	6484868	59770232	51248239	27078432
海宁皮城（002344）	-300777302	-501660741	-775713735	-1258438195
海航控股（600221）	2512333000	2587094000	2566984000	2672758000
广宇集团（002133）	12495720	158612535	221691381	239809477
广宇发展（000537）	15865612049	13823937586	12834326774	11697436758
光明地产（600708）	36333498	-2523641	4340034	-56716907
光大嘉宝（600622）	-104832351	-193152139	-770416094	-228671212
冠城大通（600067）	-79136058	-137375229	-139404151	-192606590
葛洲坝（退市）（600068）	-2351045184	-7700810466	-12095434591	-25500373986
格力电器（000651）	-3296840900	-13476487784	-15795126556	-37056832791
格力地产（600185）	512342373	509800525	505454825	498391445
福星股份（000926）	577539294	610284016	637132143	654817922
福瑞达（600223）	-82416623	-113089798	-91654502	1236295
凤凰股份（600716）	-62392	-74359	17285344	17227562
东旭蓝天（000040）	-28417921	-128184230	-176320823	-211453542
东望时代（600052）	-12508161	-16033653	34329753	-405039811

8-17 续表3   单位：元人民币

企业简称	2022年第一季度	2022年第二季度	2022年第三季度	2022年第四季度
东湖高新（600133）	-48165097	-380308655	-772480777	-237312015
东百集团（600693）	-188393328	249966126	104232204	-72981310
电子城（600658）	-11562971	-38367374	-87670965	-119877589
迪马股份（600565）	335535637	691783847	503642185	286249703
大悦城（000031）	-484447048	-58289061	-861862734	-260772640
大名城（600094）	-15650143	-14081450	-1388065	-25742906
大东方（600327）	-156026126	-402842576	-494186008	-546108707
城投控股（600649）	1373771457	1337250480	1354249062	3333353443
城建发展（600266）	12457271	147166521	131895852	105639452
财信发展（000838）	-7743358	8102982	8178765	-1864231
滨江集团（002244）	-3561451557	-13336176657	-25560875263	-24213948143
北汽蓝谷（600733）	-419291768	-952993426	-1110076064	-1532573629
北辰实业（601588）	-19992179	-155224195	-74619208	-225976108
保利发展（600048）	-2494633537	-2296223511	-7656066016	637320534
宝鹰股份（002047）	-20656011	-21633717	-8557271	-74252443
安徽建工（600502）	-354439684	-187389242	-2047129106	-2812688231
爱旭股份（600732）	-403668220	-1475930892	-2983485578	-4597324487
ST粤泰（600393）	2001565	-50328	121062663	61631008
ST阳光城（000671）	-185533244	-602209387	-414974990	-437750609
ST泰禾（000732）	29676037	322289868	386158478	455653781
ST美置（000667）	210469242	145685681	311471412	238998768
*ST中天（000540）	1148778516	1245468479	-2342904974	-3010317501
*ST新联（000620）	-5005273	-10288244	-31107251	-285199501
*ST宋都（600077）	291727229	280634654	318976979	148299563
*ST蓝光(退市)（600466）	14990693	-4367387	-51193351	-177001620
*ST嘉凯（000918）	-3849708	-7213294	-10940745	-15119851
*ST海投（000616）	-3027812	-328	-3933389	2065048
*ST泛海（000046）	-154299559	-325105243	-176886352	215286268

退市华业(退市)（600240）已于2020年2月5日退市，仍对外披露了2022年度财务数据。
葛洲坝(退市)（600068）已于2021年9月13日退市，仍对外披露了2022年度财务数据。
*ST蓝光(退市)（600466）已于2023年6月6日退市，仍对外披露了2022年度财务数据。
退市中房(退市)（600890）已于2022年6月21日退市，仍对外披露了2022年度财务数据。
退市美都(退市)（600175）于2020年8月14日退市，仍对外披露了2022年度财务数据。
新光退(退市)（002147）于2022年6月23日退市，仍对外披露了2022年度财务数据。
绿景退(退市)（000502）2022年6月27日退市，仍对外披露了2022年度财务数据。
中弘退(退市)（000979）于2018年12月28日退市，仍对外披露了2022年度财务数据。
数据来源：企业公告。

8-18a 2022年香港上市房企投资活动产生的现金流量净额（港币）

单位：元港币

企业简称	2022年第二季度	2022年第四季度
保利置业集团（0119）	619436000	--
天安（0028）	152280000	-586721000
恒隆地产（0101）	-1317000000	-2556000000
新鸿基地产（0016）	-2324000000	-9492000000
中信股份（0267）	207982000000	55917000000
汤臣集团（0258）	-209651000	-89252000
长实集团（1113）	44382000000	47467000000
五矿地产（0230）	-27440000	-481954000
上实城市开发（0563）	-104675000	-613163000
信和置业（0083）	-5655956961	-11196912964
深圳控股（0604）	-272022000	308953000
嘉华国际（0173）	2136876000	-2384935000
莱蒙国际（3688）	65239000	1270906000
恒基地产（0012）	6319000000	12146000000
中渝置地（1224）	-701585000	-913358000
沿海家园（1124）	105189000	--
渝太地产（0075）	-164270000	-195980000
LET GROUP（1383）	-173409000	-562460000
合生创展集团（0754）	3268387000	1984123000
九龙仓集团（0004）	-1979000000	4312000000
华南城（1668）	228440000	--
百仕达控股（1168）	-149171000	-686586000
上海证大（0755）	-5708000	-29407000
香港兴业国际（0480）	-362800000	--
路劲（1098）	3060042000	1501847000
嘉里建设（0683）	-18696067000	-17137896000
新世界发展（0017）	-581300000	-3260700000
廖创兴企业（0194）	-241036000	-128292000

数据来源：企业公告。

8-18b 2022年香港上市房企投资活动产生的现金流量净额（人民币）

单位：元人民币

企业简称	2022年第二季度	2022年第四季度
远洋集团（3377）	2427654000	6471216000
华润置地（1109）	-13414317000	-39336809000
上坤地产（6900）	-1155515000	-1140715000
天誉置业（0059）	115734000	281027000
明发集团（0846）	-43198000	228812000
恒盛地产（0845）	-45927000	-346120000
港龙中国地产（6968）	-413396000	357311000
大发地产（6111）	139705000	--
大唐集团控股（2117）	-950856000	--
复星国际（0656）	6617051000	35575061000
景瑞控股（1862）	-104741000	729639000
中国新城市（1321）	292244000	261898000
美的置业（3990）	6236648000	5382329000
德信中国（2019）	-3474515000	-7236552000
融信中国（3301）	-2652985000	4855660000
银城国际控股（1902）	497867000	444149000
时代中国控股（1233）	-1148669000	1574730000
旭辉控股集团（0884）	1906298000	--
龙光集团（3380）	4482176000	29048810000
正荣地产（6158）	400155000	2498272000
禹洲集团（1628）	4286827000	8621017000
佳兆业集团（1638）	-2451748000	2019928000
三巽集团（6611）	29467000	-60852000
中电光谷（0798）	32454000	-19426000
力高集团（1622）	-25168000	--
SOHO中国（0410）	1330704000	1656856000
弘阳地产（1996）	1206955000	1615674000
越秀地产（0123）	-6023252000	-7057941000
中骏集团控股（1966）	-5077155000	-2604642000
建业地产（0832）	177286000	644220000
中国海外发展（0688）	-898187000	-8139819000
金辉控股（9993）	698565000	1963122000
宝龙地产（1238）	-2859526000	-1645884000
小米集团-W（1810）	7627358000	15548773000
领地控股（6999）	-485546000	144026000
北大资源（0618）	100093000	--

8-18b 续表1　　　　　　　　　　　　　　　　　　　　　　　　　　　　　　　单位：元人民币

企业简称	2022年第二季度	2022年第四季度
融创中国（1918）	4906100000	5565448000
金轮天地控股（1232）	520902000	587032000
瑞安房地产（0272）	-295000000	-2966000000
祥生控股集团（2599）	526761000	--
碧桂园（2007）	3871000000	4406000000
众安集团（0672）	-1844944000	-919975000
龙湖集团（0960）	-19001645000	-12412095000
富力地产（2777）	374308000	629259000
亿达中国（3639）	105886000	138114000
绿城中国（3900）	-16787895000	-20871936000
朗诗绿色管理（0106）	-1253862000	-1080608000
恒达集团控股（3616）	-14155000	-1286000
上置集团（1207）	51820000	--
合景泰富集团（1813）	678787000	-2813472000
中国金茂（0817）	3325387000	3855539000
中梁控股（2772）	-469069000	1240996000
雅居乐集团（3383）	7811933000	3655218000
绿地香港（0337）	3595993000	3039817000

数据来源：企业公告。

8-19 2022年沪深上市房企筹资活动产生的现金流量净额

单位：元人民币

企业简称	2022年第一季度	2022年第二季度	2022年第三季度	2022年第四季度
卓朗科技（600225）	8908062	1533754	-37654527	-385865700
中洲控股（000042）	342776383	-198781279	-1416137106	-2453235304
中原高速（600020）	746221449	1580985092	1212970501	1452334185
中南建设（000961）	-6393292670	-9665667154	-11728263248	-14732476081
中交地产（000736）	5138651900	-2336840637	-5671932591	-2589069906
中华企业（600675）	-11941431	-479301254	-1706911333	-1445788517
中航高科（600862）	-1000000	-180058230	-10408776	-158384664
中国中冶（601618）	30200770000	22233423000	18976210000	-9670175000
中国中铁（601390）	39729796000	76022003000	98168876000	96364924000
中国中车（601766）	5307350313	20758704738	19083254935	-970066909
中国武夷（000797）	-68075215	11512759	-336498222	-681723071
中国铁建（601186）	71964303000	84242244000	79103471000	33894223000
中国平安（601318）	-5132000000	-76006000000	-116589000000	-230659000000
中国交建（601800）	72371654171	109454000000	116534368710	52860000000
中国建筑（601668）	75185118000	97767139000	64191195000	16520628000
中国宝安（000009）	1480420170	2448774331	4166008996	5415146269
中迪投资（000609）	-68591119	-138240214	-165904072	-202875525
中储股份（600787）	339785820	1037976456	403687165	162747877
招商蛇口（001979）	2138696635	1255772987	2430695267	-5874450543
张江高科（600895）	511586738	1641115559	2533366361	2706310095
云南城投（600239）	-117227274	-5240169393	-8081652077	-18617770396
粤宏远A（000573）	-12437134	-80722136	-34270930	4700625
圆通速递（600233）	258740626	233026793	160224460	-442500253
渝开发（000514）	103259429	124381723	-478693923	-836865199
阳光股份（000608）	-19422677	-86452385	-196261765	-238358824
亚通股份（600692）	-43060733	-58415287	-36705240	411421048
亚泰集团（600881）	-1101463954	180444570	877335823	851984153
雅戈尔（600177）	-1553001302	-4083846814	-3257477502	-3447071375
学大教育（000526）	-37306827	-64045739	-193575395	-230564305
信达地产（600657）	-1455856892	-823571375	2953703899	1254588738
新黄浦（600638）	225502696	-333323269	-458255121	-1410050526
新湖中宝（600208）	-3142517745	-4874385790	-10212120107	-12056383594
新光退（退市）（002147）	7047196	-67764314	-6545936	-179908354
新城控股（601155）	-9891123564	-19764756922	-30199232278	-38495411104
小商品城（600415）	1120708869	603770561	40490110	-1057216958
香江控股（600162）	-233827667	-645149277	-1075687051	-1590037237
卧龙地产（600173）	32687436	-150100522	-128754904	-152074912
闻泰科技（600745）	84004215	263048466	921987492	2008389127
万泽股份（000534）	172929883	155884224	114130554	162235441

8-19 续表1
单位：元人民币

企业简称	2022年第一季度	2022年第二季度	2022年第三季度	2022年第四季度
万业企业（600641）	194610609	215350652	173989096	246540575
万通发展（600246）	-191151688	-784383892	-876395705	-1052810335
万科A（000002）	8366567341	-6738123284	-10463739069	3438918860
外高桥（600648）	1982695746	-662377042	-1607223591	-1030817605
退市美都(退市)（600175）	-727641	-112621	-171074	-171074
退市华业(退市)（600240）	-10383275	-29571404	-34135672	-37262294
天健集团（000090）	5915950499	5145713956	5222469969	3657122437
天房发展（600322）	-159717192	-290358069	-816282555	-1368423127
天保基建（000965）	125793577	-52601759	27592628	-131831121
太阳纸业（002078）	1367080796	926227848	1294551270	1802705172
苏州高新（600736）	2892988517	3040996653	1272051079	2250300787
苏宁环球（000718）	269466534	15903918	-208717948	-248489685
顺丰控股（002352）	-4058798000	-6665207000	-9787028000	-16016950000
顺发恒业（000631）	-15197722	-157547989	-348375469	-429905274
首开股份（600376）	3643440232	-8203746931	-12733166244	-15181195160
市北高新（600604）	-300932309	-130506043	-213818344	-704978072
世荣兆业（002016）	-3894920	-289233465	-480962043	-483542246
深振业A（000006）	121086708	765012462	470480134	-237014167
深物业A（000011）	36943224	151572890	-273052032	-660447959
深康佳A（000016）	796443470	212673170	45280066	-332287938
上实发展（600748）	594102255	1467534032	804089471	3731392030
上海临港（600848）	2985798066	2749959397	3504925753	5722525806
杉杉股份（600884）	-1647805927	-1708344210	2312651213	-328949318
山子股份（000981）	949972311	612365515	937718899	979620679
厦门银行（601187）	1237266000	-4287193136	3010876000	531516672
沙河股份（000014）	56821536	82121954	58020165	29316731
三湘印象（000863）	159364918	7912094	-14753078	-177327702
软控股份（002073）	207313635	765880880	659960400	747844841
荣盛发展（002146）	-5385775322	-10573443522	-13521497315	-14497864792
荣丰控股（000668）	46171909	-14709567	-114953360	-8776264
荣安地产（000517）	-3841442122	-6544938959	-10043446566	-15314069987
栖霞建设（600533）	-157057984	567224417	528029807	89449766
浦东金桥（600639）	658187147	-388597347	3129675598	649037437
派斯林（600215）	47449012	-56105601	-120948855	-243982089
南山控股（002314）	1734386185	604744655	1239080166	733072397
南京公用（000421）	31952146	201888485	-11105278	567867596
南京高科（600064）	52347047	822868463	723945958	1304782437
纳思达（002180）	-412756090	-1275066734	-2414954976	-2745445468
绿地控股（600606）	-12241863440	-26427353334	-33994437039	-46375041961

8-19 续表2　　　　　　　　　　　　　　　　　　　　　　　　　　　　　　　　　　　　　单位：元人民币

企业简称	2022年第一季度	2022年第二季度	2022年第三季度	2022年第四季度
莱茵体育（000558）	-10721217	-40118961	-97601259	-94410288
开立医疗（300633）	-55852291	25904572	-28649526	3780640
京投发展（600683）	4068297146	3302098355	4335852830	6741991360
京能置业（600791）	1443177489	675414771	1513750075	1089671073
京东方A（000725）	1733422337	-3178244904	-10235331115	-21173251862
津滨发展（000897）	-25285698	149674240	117975374	-61029179
金隅集团（601992）	-690403835	-2767568592	-8687460620	-12665336553
金融街（000402）	-2407863818	-2303167573	-3082594229	-7818430532
金科股份（000656）	-9906791711	-15429732017	-17713532944	-18671538170
金地集团（600383）	-1836750027	-5276043685	-20270825937	-27743572730
交通银行（601328）	14619000000	2109000000	-23403000000	-32975000000
建发股份（600153）	32098930091	39406201249	30360900555	-3101672621
济南高新（600807）	366071823	722665341	624089489	223164475
皇庭国际（000056）	-57787891	-139737931	-226067348	-319884609
华远地产（600743）	-1916868449	-3124375637	-4390825228	-4701348381
华鑫股份（600621）	1349770971	-434853883	-1010104504	-660337656
华夏幸福（600340）	-663318906	-2847135828	-3393522951	-3906799997
华侨城A（000069）	-1098134535	-10113435260	-16798495397	-19335815393
华丽家族（600503）	-21338462	-31253085	-62319845	-69323772
华发股份（600325）	4366565556	5313029017	-297727222	11001471013
黑牡丹（600510）	1250020078	1785734849	1491868835	1810303912
合肥城建（002208）	619893719	1614369198	4537064254	3575452561
海宁皮城（002344）	349480724	609526573	846382201	977614308
海航控股（600221）	3499376000	-155106000	-2391715000	6685048000
广宇集团（002133）	-287638732	-628883991	126770221	-235618751
广宇发展（000537）	-5367432756	-6014136789	-7121066691	-7070968652
光明地产（600708）	-1112361774	-2099162411	-2951374708	-3098097621
光大嘉宝（600622）	-143069410	805396059	498028684	-1603007706
冠城大通（600067）	-712221405	-596015446	-1289267398	-1520884733
葛洲坝(退市)（600068）	7477397857	23979618015	34595067192	34486063303
格力电器（000651）	9287596919	7965863809	10090458636	9922792313
格力地产（600185）	563761596	-728812629	-720158866	-1666335703
福星股份（000926）	-397686440	-1604038826	-3521910687	-4482895608
福瑞达（600223）	375034443	-528024243	-1530630188	-1617762754
凤凰股份（600716）	9710317	203023481	684068734	1650114043
东旭蓝天（000040）	-59310214	-124189569	-192238784	-371022232
东望时代（600052）	54832698	268736557	24414756	101333984
东湖高新（600133）	529967796	1151186729	2149262274	683696406
东百集团（600693）	104768739	-104226886	-468844090	-410826808

8-19 续表3 单位：元人民币

企业简称	2022年第一季度	2022年第二季度	2022年第三季度	2022年第四季度
电子城（600658）	-45702194	872028464	-424809158	73569164
迪马股份（600565）	-954994561	-2466902422	-3564980517	-4257117730
大悦城（000031）	-317185794	1293897181	-1149069501	9138916541
大名城（600094）	763646494	-1858865677	-3170071774	-4248888249
大东方（600327）	-220968597	-407151532	-434158881	-406239403
城投控股（600649）	3067516628	6137033177	5481192071	4710770524
城建发展（600266）	-2424285062	-4444309464	-9487924031	-8620067712
财信发展（000838）	-143402699	-219810120	-418806859	-505166468
滨江集团（002244）	10766267474	11471510744	23306422255	22149805109
北汽蓝谷（600733）	2645222642	1392666842	-3067509595	-5167221360
北辰实业（601588）	-3410457173	-3706310145	-8785962680	-8350376056
保利发展（600048）	10631412773	10086889855	-4070565890	-3015407451
宝鹰股份（002047）	440155123	311837285	271989642	332138080
安徽建工（600502）	3061666819	3586887098	4951254334	6352483948
爱旭股份（600732）	32153304	-458368334	613327848	1591829574
ST粤泰（600393）	-153823539	-186902354	-308276131	-296794165
ST阳光城（000671）	-1307196771	-2468120501	-3250925008	-4523326203
ST泰禾（000732）	-248584169	-627860616	-874869931	-763830639
ST美置（000667）	-261267448	-589916274	-716949153	-637448285
*ST中天（000540）	-511711471	-557208145	-617774918	-556218923
*ST新联（000620）	-167189181	-296874008	-545797014	-747477854
*ST宋都（600077）	-1981095470	-3442908828	-3787735909	-4337978311
*ST蓝光(退市)(600466)	-50646677	-659356890	-974413022	-1070040679
*ST嘉凯（000918）	-162441561	-179389792	-401846208	-522131768
*ST海投（000616）	-5395987	-13379337	-16304937	-24974889
*ST泛海（000046）	-108452751	-218747073	-361489410	-1455556377

退市华业（退市）（600240）已于2020年2月5日退市，仍对外披露了2022年度财务数据。
葛洲坝（退市）（600068）已于2021年9月13日退市，仍对外披露了2022年度财务数据。
*ST蓝光（退市）（600466）已于2023年6月6日退市，仍对外披露了2022年度财务数据。
退市中房（退市）（600890）已于2022年6月21日退市，仍对外披露了2022年度财务数据。
退市美都（退市）（600175）于2020年8月14日退市，仍对外披露了2022年度财务数据。
新光退（退市）（002147）于2022年6月23日退市，仍对外披露了2022年度财务数据。
绿景退（退市）（000502）于2022年6月27日退市，仍对外披露了2022年度财务数据。
中弘退（退市）（000979）于2018年12月28日退市，仍对外披露了2022年度财务数据。
数据来源：企业公告。

8-20a 2022年香港上市房企筹资活动产生的现金流量净额（港币）

单位：元港币

企业简称	2022年第二季度	2022年第四季度
保利置业集团（0119）	15816037000	--
天安（0028）	-1200584000	-1807876000
恒隆地产（0101）	-4169000000	-4568000000
新鸿基地产（0016）	-5800000000	-8909000000
中信股份（0267）	-71265000000	-109189000000
汤臣集团（0258）	-124659000	-161841000
长实集团（1113）	-56087000000	-58465000000
五矿地产（0230）	37805000	1198702000
上实城市开发（0563）	-1198249000	-3105441000
信和置业（0083）	-4868160516	-6169817337
深圳控股（0604）	19700445000	7587667000
嘉华国际（0173）	-4023960000	-2994703000
莱蒙国际（3688）	70728000	-1990397000
恒基地产（0012）	-8722000000	-21305000000
中渝置地（1224）	-852760000	-1451541000
渝太地产（0075）	-1400296000	-1807497000
新世界发展（0017）	-10340300000	-5722100000
华南城（1668）	-1506895000	--
百仕达控股（1168）	85588000	101241000
合生创展集团（0754）	-14433584000	-34078228000
九龙仓集团（0004）	-7620000000	-17552000000
沿海家园（1124）	-154191000	--
LET GROUP（1383）	-7463000	-30856000
香港兴业国际（0480）	65800000	--
路劲（1098）	-3040051000	-7082587000
嘉里建设（0683）	19133385000	13545279000
廖创兴企业（0194）	167516000	125358000
上海证大（0755）	187137000	166180000

数据来源：企业公告。

8-20b 2022年香港上市房企筹资活动产生的现金流量净额（人民币）

单位：元人民币

企业简称	2022年第二季度	2022年第四季度
远洋集团（3377）	−2957841000	−7978658000
华润置地（1109）	19204892000	26135508000
上坤地产（6900）	−1378193000	−1970749000
天誉置业（0059）	343812000	979930000
明发集团（0846）	−12006000	−869793000
恒盛地产（0845）	8745000	−297139000
港龙中国地产（6968）	−1363673000	−3513144000
大发地产（6111）	−1697624000	--
大唐集团控股（2117）	−2201933000	--
复星国际（0656）	7344242000	−38123070000
景瑞控股（1862）	−1305879000	−2627539000
中国新城市（1321）	−330159000	−706571000
美的置业（3990）	−7574523000	−12947545000
德信中国（2019）	−4934361000	−5034926000
融信中国（3301）	−14677462000	−22898837000
银城国际控股（1902）	−2886986000	−3662109000
时代中国控股（1233）	−4292108000	−13045246000
旭辉控股集团（0884）	−22838669000	--
龙光集团（3380）	−13752286000	−30736948000
正荣地产（6158）	−15284582000	−14849646000
佳兆业集团（1638）	8575728000	3167888000
SOHO中国（0410）	−1290842000	−1933574000
瑞安房地产（0272）	−4122000000	−7314000000
中骏集团控股（1966）	−6840238000	−21253827000
金轮天地控股（1232）	−529274000	−549144000
越秀地产（0123）	919496000	−7713713000
宝龙地产（1238）	−8727216000	−12552424000
恒达集团控股（3616）	43878000	−54822000
力高集团（1622）	−4030786000	--
小米集团-W（1810）	3633776000	−7854799000
三巽集团（6611）	−876365000	−672221000
北大资源（0618）	201672000	--
朗诗绿色管理（0106）	−717055000	−1388505000
雅居乐集团（3383）	−22019233000	−30299587000
碧桂园（2007）	−32606000000	−58688000000
融创中国（1918）	−26293057000	−29111730000

8-20b 续表1 单位：元人民币

企业简称	2022年第二季度	2022年第四季度
弘阳地产（1996）	−8762014000	−14704672000
绿城中国（3900）	15017360000	4176584000
龙湖集团（0960）	13668034000	−13558064000
富力地产（2777）	−1527132000	−3514077000
中电光谷（0798）	936701000	−77338000
建业地产（0832）	106396000	−3303553000
祥生控股集团（2599）	−3731224000	——
禹洲集团（1628）	−11759729000	−8428443000
领地控股（6999）	−2897306000	−4694856000
金辉控股（9993）	−8862111000	−17139393000
上置集团（1207）	−24254000	——
众安集团（0672）	480287000	−1879527000
中国金茂（0817）	1887758000	352247000
中国海外发展（0688）	16144630000	−2072528000
中梁控股（2772）	−11624813000	−17879890000
合景泰富集团（1813）	−7106495000	−12832576000
绿地香港（0337）	−5530842000	−7089893000
亿达中国（3639）	−647436000	−1044327000

数据来源：企业公告。

8-21　2022年中国房地产企业权益拿地金额TOP100

单位：亿元

排名	企业全称	权益拿地金额
1	华润置地有限公司	892.61
2	中国海外发展有限公司	750.87
3	保利发展控股集团股份有限公司	741.30
4	建发房地产集团有限公司	561.26
5	招商局蛇口工业区控股股份有限公司	525.36
6	杭州滨江房产集团股份有限公司	512.62
7	绿城中国控股有限公司	465.63
8	中国铁建股份有限公司	370.50
9	越秀地产股份有限公司	345.55
10	珠海华发实业股份有限公司	298.55
11	武汉城市建设集团有限公司	278.60
12	龙湖集团控股有限公司	272.86
13	万科企业股份有限公司	240.98
14	厦门国贸地产集团有限公司	228.95
15	安徽伟星置业有限公司	217.56
16	广州地铁集团有限公司	174.16
17	上海地产（集团）有限公司	173.69
18	中国中铁股份有限公司	173.32
19	南京颐居建设有限公司	148.25
20	中国金茂控股集团有限公司	140.44
21	深圳市地铁集团有限公司	137.82
22	中国建筑第二工程局有限公司	131.18
23	厦门轨道建设发展集团有限公司	125.84
24	保利置业集团有限公司	125.71
25	无锡市太湖新城发展集团有限公司	124.32
26	湖北联投集团有限公司	115.49
27	中能建城市投资发展有限公司	111.61
28	成都兴城人居地产投资集团股份有限公司	107.80
29	象屿地产集团有限公司	107.36
30	中国交通建设集团有限公司	100.68
31	大华（集团）有限公司	95.33
32	中国船舶工业集团有限公司	93.80
33	中信泰富有限公司	93.80
34	北京城建投资发展股份有限公司	89.26
35	上海中建东孚投资发展有限公司	88.55
36	北京首都开发股份有限公司	78.30

8-21 续表1　　　单位：亿元

排名	企业全称	权益拿地金额
37	中华企业股份有限公司	77.66
38	徐州市新盛投资控股集团有限公司	75.77
39	无锡市新发集团有限公司	75.04
40	中国建筑第三工程局有限公司	74.98
41	成都城投置地（集团）有限公司	74.40
42	宿迁市城市建设投资（集团）有限公司	73.58
43	中交地产股份有限公司	72.30
44	义乌市建设投资集团有限公司	71.73
45	金地（集团）股份有限公司	71.24
46	中天美好集团有限公司	70.37
47	中国建筑第八工程局有限公司	68.98
48	大悦城控股集团股份有限公司	68.57
49	深圳控股有限公司	68.11
50	联发集团有限公司	67.94
51	上海宝华企业集团有限公司	67.77
52	徐州市产城发展集团有限公司	66.87
53	株洲市城市建设发展集团有限公司	66.00
54	深圳市天健（集团）股份有限公司	65.43
55	安徽省高速地产集团有限公司	63.72
56	福州新区开发投资集团有限公司	63.45
57	中交城市投资控股有限公司	63.33
58	溧阳市城市建设发展集团有限公司	61.31
59	中国建筑第五工程局有限公司	61.16
60	北京兴创投资有限公司	60.32
61	江苏金坛建设发展有限公司	59.77
62	保亿置业集团有限公司	59.09
63	深圳市人才安居集团有限公司	58.11
64	无锡市安居投资发展有限公司	57.85
65	苏州新区高新技术产业股份有限公司	57.53
66	陕西西咸新区发展集团有限公司	57.49
67	西安沣东控股有限公司	57.39
68	上海港城开发（集团）有限公司	56.89
69	安徽省交通控股集团有限公司	56.88
70	广州市城市建设投资集团有限公司	55.55
71	上海陆家嘴（集团）有限公司	55.16
72	常州市晋陵投资集团有限公司	54.85

8-21 续表2　　　　　　　　　　　　　　　　　　　　　　　　　　　　　　　　　　　　　单位：亿元

排名	企业全称	权益拿地金额
73	合肥城建发展股份有限公司	54.64
74	东阳市城市建设投资集团有限公司	54.06
75	济南城市投资集团有限公司	53.40
76	苏州市轨道交通集团有限公司	51.97
77	北京金隅集团股份有限公司	51.79
78	广州南投房地产开发有限公司	51.47
79	中国建筑一局（集团）有限公司	51.04
80	苏州新建元控股集团有限公司	50.98
81	杭州市地铁集团有限责任公司	50.84
82	南京栖霞建设股份有限公司	50.70
83	北京建工集团有限责任公司	50.64
84	诸暨市城乡投资集团有限公司	49.18
85	苏皖合作示范区建设发展集团有限公司	49.08
86	浙江祥新科技控股集团有限公司	48.69
87	浙江中国小商品城集团股份有限公司	47.86
88	上海陆家嘴金融贸易区开发股份有限公司	47.70
89	上海奉贤发展（集团）有限公司	47.53
90	武汉长江新区集团有限公司	47.26
91	上海中环投资开发（集团）有限公司	46.80
92	昆山国创投资集团有限公司	46.78
93	上海浦东发展（集团）有限公司	46.76
94	杭州市城建开发集团有限公司	46.75
95	启东城投集团有限公司	46.67
96	成都天府新区投资集团有限公司	46.60
97	广州高新区投资集团有限公司	46.58
98	陕西交通控股集团有限公司	46.52
99	知识城（广州）投资集团有限公司	46.34
100	安徽置地投资有限公司	45.93

数据来源：中指数据库。

企业范围：重点监测企业。

8-22 2022年中国房地产企业权益拿地面积TOP100

单位：万平方米

排名	企业全称	权益拿地面积
1	华润置地有限公司	575.46
2	保利发展控股集团股份有限公司	540.84
3	中国铁建股份有限公司	512.70
4	中国海外发展有限公司	359.87
5	贵安新区开发投资有限公司	320.00
6	中国中铁股份有限公司	319.86
7	招商局蛇口工业区控股股份有限公司	295.52
8	丰县城市投资发展集团有限公司	277.90
9	龙湖集团控股有限公司	273.02
10	中国交通建设集团有限公司	244.32
11	建发房地产集团有限公司	234.75
12	杭州滨江房产集团股份有限公司	229.48
13	绿城中国控股有限公司	226.67
14	株洲市城市建设发展集团有限公司	205.25
15	成武县启明国有资产运营有限责任公司	203.79
16	越秀地产股份有限公司	201.80
17	安徽伟星置业有限公司	198.76
18	湖南天易集团有限公司	195.03
19	武汉城市建设集团有限公司	191.88
20	厦门国贸地产集团有限公司	185.30
21	衡阳市城市建设投资有限公司	183.09
22	万科企业股份有限公司	180.43
23	广西柳州市东城投资开发集团有限公司	170.34
24	宿迁市城市建设投资（集团）有限公司	167.88
25	湘潭九华投资控股集团有限公司	164.65
26	贵阳产业发展控股集团有限公司	159.81
27	浏阳市城市建设集团有限公司	157.72
28	江苏金灌投资发展集团有限公司	155.71
29	湖北联投集团有限公司	154.26
30	深圳市地铁集团有限公司	151.53
31	十堰城市运营集团有限公司	151.33
32	成都兴城人居地产投资集团股份有限公司	151.11
33	宜昌城市发展投资集团有限公司	150.90
34	漳州九龙江古雷发展集团有限公司	140.93
35	溧阳市城市建设发展集团有限公司	131.80
36	徐州市产城发展集团有限公司	129.80

8-22 续表1 单位：万平方米

排名	企业全称	权益拿地面积
37	眉山城市新中心投资运营有限公司	128.80
38	陕西建工房地产开发集团有限公司	127.91
39	珠海华发实业股份有限公司	127.83
40	资阳发展投资集团有限公司	127.57
41	宜宾市科教产业投资集团有限公司	127.03
42	景德镇市城市建设投资集团有限责任公司	124.60
43	宁乡市文化旅游投资有限公司	122.48
44	义乌市建设投资集团有限公司	122.15
45	山西建设投资集团有限公司	121.30
46	彭山发展控股有限责任公司	120.44
47	达州市投资有限公司	118.54
48	厦门轨道建设发展集团有限公司	118.35
49	眉山市东坡发展投资集团有限公司	117.65
50	浙江中国小商品城集团股份有限公司	117.24
51	江苏容翔房地产开发有限公司	115.82
52	大华（集团）有限公司	115.58
53	萍乡市昌盛控股集团有限责任公司	114.75
54	成都东部集团有限公司	114.27
55	无锡市太湖新城发展集团有限公司	113.89
56	广州市城市建设投资集团有限公司	111.23
57	山东方诚建设开发有限公司	111.01
58	孝感市高创投资有限公司	109.08
59	长沙市望城区城市建设投资集团有限公司	108.42
60	宁夏中房实业集团有限公司	108.26
61	重庆市涪陵区新城区开发（集团）有限公司	107.64
62	中国葛洲坝集团股份有限公司	106.74
63	长沙市望城区水利投资发展集团有限公司	105.98
64	潍坊滨海投资发展有限公司	105.19
65	合肥滨湖投资控股集团有限公司	102.96
66	陕西西咸新区发展集团有限公司	102.36
67	太原市龙城发展投资集团有限公司	100.83
68	菏泽正邦控股集团有限公司	100.33
69	菏泽城投控股集团有限公司	100.08
70	广东顺控城投置业有限公司	98.46
71	西安沣东控股有限公司	98.40
72	上海中建东孚投资发展有限公司	96.72

8-22 续表2　　　　　　　　　　　　　　　　　　　　　　　　　　　　　　　　　　　单位：万平方米

排名	企业全称	权益拿地面积
73	威海市文登区蓝海投资开发有限公司	96.67
74	郑州地产集团有限公司	94.94
75	河北临空集团有限公司	94.56
76	萍乡市赣湘产业园区发展有限公司	92.60
77	福州新区开发投资集团有限公司	92.53
78	北京城建投资发展股份有限公司	91.37
79	广州地铁集团有限公司	90.93
80	滁州市城市投资控股集团有限公司	90.13
81	宁乡经济技术开发区建设投资有限公司	89.95
82	盐城市大丰区城市建设集团有限公司	88.83
83	保利置业集团有限公司	88.15
84	诸暨市城乡投资集团有限公司	87.93
85	湖北新铜都城市投资发展集团有限公司	86.46
86	中能建城市投资发展有限公司	85.78
87	宜宾发展控股集团有限公司	85.54
88	中国绿发投资集团有限公司	85.53
89	宁波吉利家园置业有限公司	85.39
90	中国建筑第五工程局有限公司	85.39
91	金华市婺城区城乡建设投资集团有限公司	83.59
92	钦州市滨海新城投资集团有限公司	83.53
93	青岛西海岸新区海洋控股集团有限公司	83.52
94	菏泽菏发城市建设有限公司	83.50
95	淮北市建投控股集团有限公司	82.20
96	徐州市新盛投资控股集团有限公司	81.87
97	中国金茂控股集团有限公司	81.72
98	嵊州市城市建设投资发展集团有限公司	81.19
99	徐州高新技术产业开发区国有资产经营有限公司	80.82
100	江苏方洋集团有限公司	80.75

数据来源：中指数据库。

企业范围：重点监测企业。

8-23 2018—2022年中国房地产企业发布销售金额排行榜

单位：亿元

排名	企业全称	2018年	2019年	2020年	2021年	2022年
1	保利发展控股集团股份有限公司	4048.17	4618.48	5028.48	5349.29	4573.01
2	万科企业股份有限公司	6069.50	6308.40	7041.50	6277.80	4169.70
3	中国建筑股份有限公司	2986.00	3826.00	4287.00	4221.00	4016.00
4	碧桂园控股有限公司	5018.80	5522.00	5706.60	5580.00	3574.70
5	绿城中国控股有限公司	1012.00	1354.00	2147.00	3509.00	3003.00
6	中国海外发展有限公司	2643.98	3382.07	3607.20	3771.73	2948.12
7	招商局蛇口工业区控股股份有限公司	1705.84	2204.74	2776.08	3268.34	2926.02
8	金地（集团）股份有限公司	1623.30	2106.00	2426.80	2867.10	2218.00
9	龙湖集团控股有限公司	2006.40	2425.00	2706.10	2900.90	2015.90
10	融创中国控股有限公司	4608.30	5562.10	5752.60	5973.60	1693.30
11	中国金茂控股集团有限公司	1280.00	1608.07	2311.00	2356.00	1550.00
12	杭州滨江房产集团股份有限公司	850.10	1120.60	1363.60	1691.00	1539.00
13	绿地控股集团股份有限公司	3875.00	3880.00	3584.00	2902.00	1323.00
14	中国铁建股份有限公司	934.55	1254.18	1265.00	1432.25	1295.63
15	越秀地产股份有限公司	577.83	721.14	957.63	1151.50	1250.30
16	珠海华发实业股份有限公司	582.00	922.73	1205.00	1218.90	1202.41
17	新城控股集团股份有限公司	2210.98	2708.01	2509.63	2337.75	1160.49
18	远洋集团控股有限公司	1095.10	1300.30	1310.40	1362.60	1002.90
19	北京首都开发股份有限公司	1007.27	1013.44	1074.55	1140.00	870.00
20	美的置业控股有限公司	790.00	1012.30	1261.60	1371.40	792.40
21	中国中铁股份有限公司	530.30	696.80	685.60	580.30	751.90
22	金科地产集团股份有限公司	1188.00	1860.00	2233.00	1840.00	681.00
23	中梁控股集团有限公司	--	1525.00	1688.00	1718.00	660.50
24	江苏中南建设集团股份有限公司	1466.10	1960.50	2238.30	1973.70	649.20
25	中骏集团控股有限公司	513.58	805.01	1015.37	1045.31	590.23
26	融信中国控股有限公司	1218.80	1413.17	1551.73	1555.00	579.00
27	大悦城控股集团股份有限公司	398.64	710.82	694.00	727.00	568.00
28	深圳华侨城股份有限公司	--	863.00	1052.00	824.65	553.00
29	合景泰富集团控股有限公司	655.00	861.00	1036.00	1038.00	508.60
30	保利置业集团有限公司	408.00	432.00	521.00	566.00	502.00
31	招商局置地有限公司	344.32	376.33	499.00	551.96	478.60
32	龙光集团有限公司	718.00	960.22	1206.90	1402.00	441.10
33	路劲基建有限公司	345.03	427.65	427.12	515.57	417.10
34	宝龙地产控股有限公司	410.36	603.50	815.51	1012.27	409.50
35	中国海外宏洋集团有限公司	410.67	537.33	647.10	712.04	403.16
36	时代中国控股有限公司	605.95	783.60	1003.81	955.90	397.91

8-23 续表1　　单位：亿元

排名	企业全称	2018年	2019年	2020年	2021年	2022年
37	中交地产股份有限公司	148.77	293.87	533.00	560.00	384.67
38	广州富力地产股份有限公司	1310.60	1381.90	1387.90	1202.00	384.30
39	阳光城集团股份有限公司	1628.56	2110.31	2180.11	1838.10	377.29
40	德信中国控股有限公司	396.00	450.77	635.30	739.80	361.00
41	禹洲集团控股有限公司	560.06	751.15	1049.67	1050.21	356.08
42	弘阳地产集团有限公司	473.38	651.50	865.00	872.20	352.02
43	金辉控股（集团）有限公司	--	--	972.00	947.20	349.07
44	正荣地产集团有限公司	1080.00	1307.08	1419.01	1456.00	334.56
45	北京金隅集团股份有限公司	--	--	--	372.97	325.33
46	金融街控股股份有限公司	307.00	319.13	402.00	339.00	315.20
47	合生创展集团有限公司	149.75	212.58	358.34	402.73	305.32
48	北京城建投资发展股份有限公司	--	164.32	138.91	257.11	303.42
49	荣盛房地产发展股份有限公司	1015.63	1153.56	1270.97	1345.58	288.79
50	瑞安房地产有限公司	222.79	125.01	211.84	302.70	272.00

数据来源：企业公告。

企业范围：重点监测企业。

8-24 2018—2022 年中国房地产企业发布销售面积排行榜

单位：万平方米

排名	企业全称	2018 年	2019 年	2020 年	2021 年	2022 年
1	碧桂园控股有限公司	5416.00	6237.00	6733.00	6641.00	4450.00
2	保利发展控股集团股份有限公司	2766.11	3123.12	3409.19	3333.02	2747.95
3	万科企业股份有限公司	4037.70	4112.20	4667.50	3807.80	2630.00
4	中国建筑股份有限公司	2051.00	2173.00	2370.00	2143.00	1722.00
5	中国海外发展有限公司	1593.45	1794.42	1917.31	1890.40	1387.00
6	绿城中国控股有限公司	398.00	522.00	825.00	1557.00	1380.00
7	龙湖集团控股有限公司	1236.30	1423.80	1616.20	1708.90	1304.70
8	绿地控股集团股份有限公司	3664.00	3257.00	--	2327.00	1280.00
9	招商局蛇口工业区控股股份有限公司	827.35	1169.44	1243.53	1464.67	1193.65
10	新城控股集团股份有限公司	1812.06	2432.00	2348.85	2354.73	1191.52
11	金科地产集团股份有限公司	1342.00	1905.00	2240.00	1966.00	1028.00
12	中国铁建股份有限公司	664.10	860.00	865.50	990.58	834.10
13	美的置业控股有限公司	790.70	1002.30	1111.40	1176.40	631.60
14	中梁控股集团有限公司	--	1485.10	1350.60	1427.70	627.10
15	远洋集团控股有限公司	516.87	634.66	706.35	767.35	615.40
16	江苏中南建设集团股份有限公司	1144.40	1540.70	1685.30	1468.70	543.20
17	中国中铁股份有限公司	432.00	503.00	525.40	403.02	541.00
18	中骏集团控股有限公司	414.89	632.47	736.78	747.00	491.00
19	越秀地产股份有限公司	276.89	349.05	379.31	418.00	414.00
20	珠海华发实业股份有限公司	194.87	395.91	504.00	468.80	400.90
21	建业地产股份有限公司	743.33	1434.55	--	816.60	355.00
22	北京首都开发股份有限公司	377.56	411.50	381.55	393.00	318.00
23	阳光城集团股份有限公司	1266.38	1713.27	1528.52	1147.76	313.99
24	广州富力地产股份有限公司	1018.01	1254.76	1153.09	941.00	285.10
25	龙光集团有限公司	440.10	691.50	745.20	797.36	275.10
26	宝龙地产控股有限公司	282.16	376.75	532.73	641.05	272.42
27	深圳华侨城股份有限公司	206.18	252.00	465.00	398.79	267.00
28	弘阳地产集团有限公司	352.85	490.50	591.56	516.50	259.84
29	金辉控股（集团）有限公司	--	--	692.00	579.00	258.59
30	合景泰富集团控股有限公司	396.60	492.00	--	--	256.70
31	融信中国控股有限公司	562.41	654.77	725.09	734.00	251.00
32	时代中国控股有限公司	373.30	534.70	673.10	514.20	247.10
33	保利置业集团有限公司	224.20	236.00	283.00	313.80	239.90
34	大悦城控股集团股份有限公司	128.86	290.00	312.00	287.00	227.00
35	正荣地产集团有限公司	644.30	843.95	889.75	880.26	210.00
36	禹洲集团控股有限公司	370.27	497.12	626.46	529.40	201.63

8-24 续表1　　　　　　　　　　　　　　　　　　　　　　　　　　　　　　　　　　　　单位：万平方米

排名	企业全称	2018年	2019年	2020年	2021年	2022年
37	德信中国控股有限公司	234.00	246.20	311.40	349.20	197.30
38	中交地产股份有限公司	123.38	188.52	242.00	228.51	195.78
39	领地控股集团有限公司	--	--	270.00	270.00	190.00
40	上海新黄浦实业集团股份有限公司	--	7.86	14.49	27.17	163.20
41	金融街控股股份有限公司	107.96	118.05	172.78	175.00	138.90
42	重庆市迪马实业股份有限公司	--	158.54	183.05	290.67	127.04
43	佳兆业集团控股有限公司	383.66	464.21	616.46	566.07	112.24
44	光明房地产集团股份有限公司	206.22	207.15	241.55	229.85	112.23
45	明发集团（国际）有限公司	178.62	144.89	129.48	136.48	108.77
46	港龙中国地产集团有限公司	--	--	242.70	250.40	99.42
47	北京金隅集团股份有限公司	111.40	117.47	194.51	147.84	91.63
48	信达地产股份有限公司	149.07	146.59	120.20	133.09	89.20
49	深圳控股有限公司	57.14	48.80	43.20	67.00	82.00
50	众安集团有限公司	38.48	39.76	55.27	117.54	75.07

数据来源：企业公告。

企业范围：重点监测企业。

8-25　2022年中国房地产企业发布销售金额排行榜

单位：亿元

排名	企业全称	1月	2月	3月	4月	5月	6月	7月	8月	9月	10月	11月	12月
1	保利发展控股集团股份有限公司	283	240	384	305	380	510	330	385	384	430	370	572
2	万科企业股份有限公司	356	294	415	308	308	472	337	310	347	321	304	398
3	碧桂园控股有限公司	364	328	301	226	287	345	301	289	320	333	260	220
4	华润置地有限公司	153	98	209	151	203	370	281	223	307	275	222	496
5	中国海外发展有限公司	148	108	226	204	264	435	175	225	228	313	241	381
6	招商局蛇口工业区控股股份有限公司	151	101	221	141	161	413	239	238	350	249	235	426
7	金地（集团）股份有限公司	150	96	209	125	142	284	186	212	227	203	180	204
8	绿城中国控股有限公司	146	115	151	98	119	256	230	198	157	225	227	241
9	融创中国控股有限公司	279	224	221	136	129	140	110	108	87	98	80	82
10	龙湖集团控股有限公司	70	61	110	74	91	160	119	223	192	202	175	184
11	中国金茂控股集团有限公司	100	70	147	102	90	190	111	165	131	132	143	175
12	越秀地产股份有限公司	50	28	60	125	83	143	60	81	167	114	118	221
13	新城控股集团股份有限公司	79	112	120	90	111	140	109	95	83	91	65	66
14	旭辉控股（集团）有限公司	84	83	120	101	108	135	161	151	--	--	42	64
15	远洋集团控股有限公司	45	37	69	68	74	137	90	91	81	95	109	108
16	北京首都开发股份有限公司	--	122	79	78	62	94	79	61	73	87	38	97
17	世茂房地产控股有限公司	75	73	73	60	61	95	68	62	80	82	65	70
18	中梁控股集团有限公司	84	64	68	41	60	70	47	42	45	55	44	40
19	雅居乐集团控股有限公司	74	67	70	39	61	83	50	51	35	48	36	39
20	江苏中南建设集团股份有限公司	46	56	61	49	50	68	49	50	48	51	44	77
21	中骏集团控股有限公司	50	42	80	45	48	61	50	35	45	46	42	46
22	美的置业控股有限公司	--	69	58	46	73	81	75	60	60	--	--	60
23	融信中国控股有限公司	65	83	54	43	51	91	76	27	41	25	12	11
24	深圳华侨城股份有限公司	32	21	29	23	49	119	42	53	62	42	15	50
25	合景泰富集团控股有限公司	42	44	45	44	41	47	48	39	42	42	39	38
26	保利置业集团有限公司	24	14	22	18	28	58	26	47	64	68	81	52
27	宝龙地产控股有限公司	47	31	43	31	38	42	32	27	24	31	32	30
28	时代中国控股有限公司	71	25	46	36	45	52	28	23	21	21	16	16
29	广州富力地产股份有限公司	46	45	44	43	41	47	19	25	23	21	12	20
30	合生创展集团有限公司	29	18	28	26	26	85	20	21	23	30	19	44
31	龙光集团有限公司	90	42	39	32	35	37	27	30	28	--	--	--
32	德信中国控股有限公司	28	25	40	30	26	44	28	29	24	30	31	25
33	金辉控股（集团）有限公司	43	31	32	37	39	63	41	36	33	--	--	--
34	弘阳地产集团有限公司	40	31	27	26	31	41	28	26	34	37	18	12
35	中国海外宏洋集团有限公司	--	--	33	29	37	51	26	27	34	33	33	42
36	正荣地产集团有限公司	79	35	26	23	26	27	21	17	19	22	17	26

8-25 续表1　　单位：亿元

排名	企业全称	1月	2月	3月	4月	5月	6月	7月	8月	9月	10月	11月	12月
37	禹洲集团控股有限公司	45	--	--	26	29	40	30	26	23	28	22	18
38	力高地产集团有限公司	26	18	10	19	20	29	25	31	31	25	20	20
39	仁恒置地集团有限公司	--	--	--	--	--	--	54	79	93	41	--	--
40	建业地产股份有限公司	20	12	31	26	22	30	21	17	15	13	11	23
41	祥生控股（集团）有限公司	37	27	25	23	22	20	22	19	13	11	9	8
42	深圳控股有限公司	10	--	--	4	3	29	4	10	7	28	11	82
43	银城国际控股有限公司	6	7	13	16	9	15	11	11	8	15	6	9
44	大唐集团控股有限公司	--	--	--	--	--	12	12	12	13	11	15	
45	景瑞控股有限公司	6	6	10	9	7	7	4	5	4	5	3	5
46	大发地产集团有限公司	10	10	6	3	3	5	4	3	4	6	3	3
47	上坤地产集团有限公司	--	--	--	--	13	7	4	6	3	3	4	
48	新力控股（集团）有限公司	3	3	3	5	2	3	3	4	2	4	--	--
49	三巽控股集团有限公司	3	4	2	1	2	3	2	2	1	1	1	1
50	亿达中国控股有限公司	1	1	2	2	--	1	2	2	1	2	1	2

数据来源：企业公告。

企业范围：重点监测企业。

8-26　2022年中国房地产企业发布销售面积排行榜

单位：万平方米

排名	企业全称	1月	2月	3月	4月	5月	6月	7月	8月	9月	10月	11月	12月
1	碧桂园控股有限公司	462	448	387	274	357	421	344	346	392	416	322	282
2	保利发展控股集团股份有限公司	186	150	218	218	244	292	207	179	227	261	226	340
3	万科企业股份有限公司	211	185	237	161	188	310	217	203	227	199	207	287
4	华润置地有限公司	107	61	78	74	95	172	101	110	125	122	110	270
5	中国海外发展有限公司	83	59	109	90	102	184	78	94	124	146	121	197
6	融创中国控股有限公司	214	165	154	105	102	112	88	81	65	72	61	66
7	招商局蛇口工业区控股股份有限公司	71	48	83	58	72	156	85	85	95	83	122	235
8	新城控股集团股份有限公司	80	118	117	96	114	132	108	93	94	93	72	75
9	龙湖集团控股有限公司	42	37	56	48	56	102	78	129	125	138	108	168
10	金地（集团）股份有限公司	56	47	80	47	66	123	74	102	111	107	90	117
11	中国金茂控股集团有限公司	58	38	65	61	39	108	59	74	52	59	51	115
12	绿城中国控股有限公司	70	46	58	36	46	97	75	58	57	76	84	76
13	旭辉控股（集团）有限公司	55	58	71	86	65	80	114	101	--	--	29	48
14	中梁控股集团有限公司	80	66	68	43	53	65	50	45	38	51	36	33
15	远洋集团控股有限公司	25	24	45	44	42	76	55	59	54	63	64	65
16	江苏中南建设集团股份有限公司	38	46	46	40	42	57	46	46	42	47	38	58
17	世茂房地产控股有限公司	46	45	45	37	38	59	42	39	50	51	41	45
18	雅居乐集团控股有限公司	54	51	55	32	49	66	41	42	29	39	30	31
19	中骏集团控股有限公司	40	40	49	36	40	54	37	31	42	41	35	47
20	美的置业控股有限公司	--	53	47	39	58	61	47	47	51	--	--	48
21	越秀地产股份有限公司	20	12	26	30	36	54	22	29	50	39	33	64
22	建业地产股份有限公司	25	16	38	37	31	44	32	27	23	21	15	35
23	中国海外宏洋集团有限公司	--	--	32	30	38	46	23	25	33	30	26	36
24	北京首都开发股份有限公司	--	38	26	21	24	36	33	23	34	31	18	36
25	力高地产集团有限公司	30	9	12	21	22	35	30	38	38	28	24	25
26	广州富力地产股份有限公司	42	43	34	26	30	28	15	15	14	13	10	15
27	深圳华侨城股份有限公司	17	14	14	12	19	52	20	25	29	22	30	28
28	宝龙地产控股有限公司	30	20	27	21	26	29	22	18	16	21	22	20
29	弘阳地产集团有限公司	28	21	20	17	24	31	22	20	27	27	13	9
30	合景泰富集团控股有限公司	23	27	24	21	20	20	22	19	22	21	19	20
31	融信中国控股有限公司	32	42	27	21	24	27	22	16	17	9	7	7
32	时代中国控股有限公司	43	15	28	21	26	32	17	17	13	16	10	10
33	保利置业集团有限公司	13	8	12	14	28	15	25	30	34	27	24	
34	金辉控股（集团）有限公司	28	22	19	26	30	42	27	23	23	--	--	--
35	龙光集团有限公司	51	28	26	23	25	21	19	17	17	--	--	--
36	正荣地产集团有限公司	49	24	15	14	15	14	13	10	12	17	11	20

8-26 续表1   单位：万平方米

排名	企业全称	1月	2月	3月	4月	5月	6月	7月	8月	9月	10月	11月	12月
37	德信中国控股有限公司	14	17	12	17	16	37	17	17	15	19	13	12
38	祥生控股（集团）有限公司	27	20	18	17	16	14	18	14	11	8	7	6
39	禹洲集团控股有限公司	25	--	--	14	16	20	20	14	13	17	12	10
40	合生创展集团有限公司	17	9	14	12	9	10	4	8	8	11	10	25
41	深圳控股有限公司	3	--	--	2	1	13	2	3	3	7	4	43
42	大唐集团控股有限公司	--	--	--	--	--	--	12	12	12	12	11	15
43	银城国际控股有限公司	3	4	6	7	4	8	6	6	4	7	3	4
44	仁恒置地集团有限公司	--	--	--	--	--	--	7	13	18	12	--	--
45	景瑞控股有限公司	4	4	7	5	5	4	3	3	2	3	2	2
46	大发地产集团有限公司	6	7	3	2	2	3	2	2	3	3	2	2
47	三巽控股集团有限公司	4	5	2	1	3	4	3	2	2	2	1	1
48	新力控股（集团）有限公司	2	2	3	5	2	3	3	4	2	2	--	--
49	上坤地产集团有限公司	--	--	--	--	10	5	3	2	2	2	2	2
50	亿达中国控股有限公司	1	1	1	2	--	1	1	2	1	1	1	3

数据来源：企业公告。

企业范围：重点监测企业。

第九章
中国上市物业服务企业经营情况统计

9-1　上市物业服务企业 2018—2022 年合约面积

单位：百万平方米

公司名称	2018 年	2019 年	2020 年	2021 年	2022 年
彩生活（01778）	542.30	550.10	551.66	–	–
中海物业（02669）	–	–	–	–	–
中奥到家（01538）	70.45	71.97	72.00	72.28	70.00
绿城服务（02869）	362.50	445.60	534.80	651.80	763.10
祈福生活服务（03686）	9.62	9.66	9.71	9.65	9.86
浦江中国（01417）	–	–	–	–	–
雅生活服务（03319）	229.80	356.24	522.60	663.07	731.50
碧桂园服务（06098）	505.00	684.70	905.70	1437.90	1601.90
新城悦服务（01755）	112.20	152.77	203.10	278.85	312.74
佳兆业美好（02168）	32.19	53.80	77.30	126.89	132.75
旭辉永升服务（01995）	65.55	110.56	181.20	270.80	303.44
奥园健康（03662）	–	–	–	–	80.40
滨江服务（03316）	20.78	26.81	35.50	49.78	69.06
和泓服务（06093）	8.16	8.20	22.50	46.10	62.40
鑫苑服务（01895）	26.33	37.03	53.00	63.04	–
银城生活服务（01922）	22.30	30.76	42.80	61.94	68.53
保利物业（06049）	361.54	498.12	567.20	656.26	771.64
时代邻里（09928）	27.71	49.29	81.70	132.02	134.14
华发物业服务（00982）	–	24.50	27.60	38.60	51.82
宝龙商业（09909）	21.71	28.40	34.60	44.01	45.90
兴业物联（09916）	–	4.10	4.80	10.60	11.80
烨星集团（01941）	6.84	7.26	11.00	14.18	14.95
建业新生活（09983）	70.35	114.70	186.60	236.80	271.50
金融街物业（01502）	17.47	21.37	28.10	36.20	37.72
弘阳服务（01971）	15.79	27.58	39.90	52.60	54.83
正荣服务（06958）	24.87	37.00	87.40	104.06	109.10
卓越商企服务（06989）	20.10	33.20	44.70	56.80	70.00
第一服务控股（02107）	17.84	25.72	37.30	74.02	71.02
世茂服务（00873）	60.39	100.87	201.10	308.00	341.30
合景悠活（03913）	21.20	29.60	53.40	277.90	287.00
金科服务（09666）	189.77	248.56	277.20	359.80	359.82
融创服务（01516）	96.90	157.71	264.00	358.00	393.00
恒大物业（06666）	422.54	505.12	565.00	–	–
佳源服务（01153）	32.87	38.80	49.70	62.70	–
华润万象生活（01209）	97.25	118.09	142.92	210.82	365.91
远洋服务（06677）	50.43	59.40	71.10	105.86	149.84

9-1 续表1　　单位：百万平方米

公司名称	2018年	2019年	2020年	2021年	2022年
建发物业（02156）	28.40	34.69	47.20	73.90	90.60
荣万家（02146）	63.43	77.44	90.20	–	97.52
宋都服务（09608）	–	10.01	11.30	12.10	11.40
新希望服务（03658）	9.72	11.93	15.32	26.38	36.15
越秀服务（06626）	30.00	36.40	49.90	58.38	70.60
中骏商管（00606）	17.90	22.50	36.60	46.08	48.10
朗诗绿色生活（01965）	14.36	21.76	23.66	31.97	37.09
领悦服务集团（02165）	14.24	27.93	36.24	37.10	37.83
德信服务集团（02215）	28.28	31.11	38.03	46.36	48.70
融信服务（02207）	20.79	27.56	38.20	44.57	45.80
康桥悦生活（02205）	20.95	29.60	39.03	53.10	–
星盛商业（06668）	2.07	2.97	3.28	3.90	3.70
京城佳业（02210）	28.71	31.33	30.96	34.08	39.20
力高健康生活（02370）	9.92	13.39	20.09	24.50	–
方圆生活服务（09978）	–	–	–	16.10	19.20
金茂服务（00816）	21.86	30.79	40.53	57.60	80.80
东原仁知服务（02352）	11.20	19.80	35.50	42.90	65.70
德商产投服务（02270）	–	–	–	9.53	11.52
万物云 (02602)	–	614.11	733.95	1013.87	–
润华服务 (02455)	–	–	–	–	–
苏新服务 (02152)	–	6.52	7.49	7.94	9.10
鲁商服务 (02376)	–	12.26	18.42	26.18	26.10
南都物业（603506）	55.43	60.61	70.02	75.92	84.91
新大正（002968）	62.72	70.00	80.00	–	–
招商积余（001914）	–	–	–	–	–
特发服务（300917）	20.88	23.17	–	–	–
中天服务（002188）	–	–	–	–	–

数据来源：中指数据库监测。

9-2　上市物业服务企业2018—2022年管理面积

单位：百万平方米

公司名称	2018年	2019年	2020年	2021年	2022年
彩生活（01778）	363.20	359.70	361.10	-	-
中海物业（02669）	140.90	151.40	182.30	260.00	320.30
中奥到家（01538）	56.91	65.35	65.60	66.14	64.41
绿城服务（02869）	170.40	212.40	250.50	304.10	384.10
祈福生活服务（03686）	-	-	-	-	-
浦江中国（01417）	5.45	6.59	-	-	-
雅生活服务（03319）	138.12	233.99	374.80	488.88	545.80
碧桂园服务（06098）	181.51	276.10	377.00	765.74	869.10
新城悦服务（01755）	42.89	60.15	101.00	153.53	198.27
佳兆业美好（02168）	26.87	46.21	57.50	90.27	94.52
旭辉永升服务（01995）	40.24	65.15	102.00	171.04	209.95
奥园健康（03662）	10.43	15.08	42.20	48.80	47.14
滨江服务（03316）	11.63	14.37	20.00	29.95	41.97
和泓服务（06093）	6.35	6.64	17.90	33.98	51.39
鑫苑服务（01895）	15.66	20.06	34.67	37.41	-
银城生活服务（01922）	15.46	26.08	39.14	58.76	65.33
保利物业（06049）	190.52	286.95	380.10	465.31	576.08
时代邻里（09928）	18.80	38.43	68.80	105.51	118.71
华发物业服务（00982）	-	13.20	16.70	20.30	24.37
宝龙商业（09909）	16.58	18.49	23.00	27.66	29.98
兴业物联（09916）	1.61	2.40	3.10	6.60	7.20
烨星集团（01941）	4.58	4.92	7.60	11.82	12.42
建业新生活（09983）	25.69	56.98	100.00	135.88	156.72
金融街物业（01502）	16.41	19.86	24.70	33.50	34.96
弘阳服务（01971）	9.90	15.75	27.00	36.39	44.86
正荣服务（06958）	12.60	22.94	41.30	70.98	80.13
卓越商企服务（06989）	14.55	23.53	32.00	41.20	53.76
第一服务控股（02107）	10.56	13.69	19.10	52.06	51.36
世茂服务（00873）	44.95	68.17	146.10	240.50	261.60
合景悠活（03913）	11.77	18.35	41.60	206.12	215.48
金科服务（09666）	89.74	120.53	156.20	237.86	254.54
融创服务（01516）	28.56	52.96	135.10	214.74	243.59
恒大物业（06666）	185.41	237.86	300.00	-	500.00
佳源服务（01153）	19.21	26.14	31.50	41.90	-
华润万象生活（01209）	77.73	92.09	106.60	164.05	301.21
远洋服务（06677）	37.30	40.53	45.50	73.48	100.77

9-2 续表1 单位：百万平方米

公司名称	2018年	2019年	2020年	2021年	2022年
建发物业（02156）	18.76	20.67	25.60	33.04	46.20
荣万家（02146）	41.58	50.31	59.70	–	73.29
宋都服务（09608）	3.82	5.95	8.20	9.17	9.59
新希望服务（03658）	5.02	6.54	10.20	16.21	28.83
越秀服务（06626）	19.77	21.93	32.65	38.90	51.70
中骏商管（00606）	10.60	11.80	16.20	22.41	25.71
朗诗绿色生活（01965）	9.07	15.03	17.35	23.45	29.18
领悦服务集团（02165）	8.01	14.18	20.22	20.80	23.59
德信服务集团（02215）	18.82	20.65	24.91	31.11	34.54
融信服务（02207）	10.57	15.88	19.93	28.88	33.70
康桥悦生活（02205）	8.73	12.25	15.72	23.50	–
星盛商业（06668）	–	–	–	–	–
京城佳业（02210）	25.78	28.72	29.08	31.64	36.88
力高健康生活（02370）	5.95	7.41	13.48	15.80	–
方圆生活服务（09978）	–	–	–	10.90	13.80
金茂服务（00816）	10.22	12.66	17.65	36.40	56.90
东原仁知服务（02352）	7.53	11.87	21.05	28.20	50.57
德商产投服务（02270）	0.53	0.79	3.83	4.87	8.22
万物云（02602）	–	479.36	576.86	784.98	–
润华服务（02455）	–	–	–	–	–
苏新服务（02152）	–	6.42	7.05	6.72	7.00
鲁商服务（02376）	–	10.74	15.45	22.87	22.15
南都物业（603506）	–	–	–	–	–
新大正（002968）	–	–	–	–	130.00
招商积余（001914）	122.21	152.66	190.90	281.03	311.44
特发服务（300917）	20.52	22.74	25.29	–	–
中天服务（002188）	–	–	–	7.05	8.49

数据来源：中指数据库监测。

9-3　上市物业服务企业 2018—2022 年营业总收入

单位：亿元人民币

公司名称	2018 年	2019 年	2020 年	2021 年	2022 年
彩生活（01778）	36.14	38.45	35.96	—	—
中海物业（02669）	41.55	54.66	65.45	76.79	113.35
中奥到家（01538）	10.23	15.19	17.52	18.74	17.24
绿城服务（02869）	67.10	85.82	101.06	125.66	148.68
祈福生活服务（03686）	3.42	3.97	4.21	4.31	3.84
浦江中国（01417）	3.92	4.82	7.64	8.86	9.20
雅生活服务（03319）	33.77	51.27	100.26	140.80	153.84
碧桂园服务（06098）	46.75	96.45	156.00	288.43	414.16
新城悦服务（01755）	11.50	20.24	28.66	43.51	51.87
佳兆业美好（02168）	8.96	12.62	17.30	26.66	17.85
旭辉永升服务（01995）	10.76	18.78	31.20	47.03	64.52
奥园健康（03662）	6.19	9.01	14.08	—	16.32
滨江服务（03316）	5.09	7.02	9.60	13.99	19.86
和泓服务（06093）	2.24	2.48	4.16	7.67	10.43
鑫苑服务（01895）	3.93	5.34	6.54	7.70	—
银城生活服务（01922）	4.68	6.96	9.62	13.51	17.14
保利物业（06049）	42.29	59.67	80.37	107.83	136.87
时代邻里（09928）	6.96	10.81	17.58	27.20	26.09
华发物业服务（00982）	2.47	5.27	10.86	12.60	16.00
宝龙商业（09909）	12.00	16.20	19.21	24.64	25.57
兴业物联（09916）	1.31	1.84	2.13	2.82	3.21
烨星集团（01941）	2.51	2.74	2.61	3.37	3.43
建业新生活（09983）	6.94	17.54	26.54	35.99	31.48
金融街物业（01502）	8.75	9.97	11.31	13.20	13.88
弘阳服务（01971）	3.49	5.03	7.68	11.30	11.05
正荣服务（06958）	4.56	7.16	11.03	13.36	11.51
卓越商企服务（06989）	12.23	18.36	25.25	34.67	35.28
第一服务控股（02107）	4.96	6.25	7.72	11.20	11.22
世茂服务（00873）	13.29	24.89	50.26	84.26	86.48
合景悠活（03913）	6.59	11.25	15.17	32.55	40.34
金科服务（09666）	15.24	23.28	33.59	59.68	50.05
融创服务（01516）	18.42	28.27	46.23	79.04	71.26
恒大物业（06666）	59.03	73.33	105.09	—	118.30
佳源服务（01153）	3.31	4.55	6.15	8.21	—
华润万象生活（01209）	44.32	58.68	67.79	88.75	120.37
远洋服务（06677）	16.10	18.30	20.23	29.66	32.72

9-3 续表1 单位：亿元人民币

公司名称	2018年	2019年	2020年	2021年	2022年
建发物业（02156）	6.09	8.01	10.29	15.57	22.93
荣万家（02146）	8.79	12.51	18.07	24.75	19.28
宋都服务（09608）	1.33	2.22	2.57	3.16	2.73
新希望服务（03658）	2.58	3.81	5.88	9.25	11.47
越秀服务（06626）	7.63	8.96	11.68	19.18	24.87
中骏商管（00606）	3.97	5.75	8.05	12.30	11.84
朗诗绿色生活（01965）	3.10	4.33	6.01	7.37	8.90
领悦服务集团（02165）	1.69	2.80	4.28	5.41	5.78
德信服务集团（02215）	3.98	5.13	6.92	8.70	9.59
融信服务（02207）	4.14	5.18	7.50	9.91	8.78
康桥悦生活（02205）	2.29	3.63	5.76	7.84	—
星盛商业（06668）	3.29	3.87	4.42	5.72	5.61
京城佳业（02210）	9.18	10.45	10.91	12.25	15.68
力高健康生活（02370）	1.24	1.81	2.22	3.54	—
方圆生活服务（09978）	2.29	2.56	2.77	5.71	5.13
金茂服务（00816）	5.75	7.88	9.44	15.16	24.37
东原仁知服务（02352）	3.87	5.59	7.67	11.93	13.42
德商产投服务（02270）	0.64	0.69	1.28	2.53	2.68
万物云(02602)	—	139.27	181.45	237.05	301.07
润华服务(02455)	3.41	3.97	4.86	6.01	6.92
苏新服务(02152)	3.88	4.36	4.38	4.63	5.24
鲁商服务(02376)	2.82	3.21	4.03	5.83	6.28
南都物业（603506）	10.59	12.44	14.13	15.93	18.47
新大正（002968）	8.86	10.55	13.18	20.88	25.98
招商积余（001914）	66.56	60.78	86.35	105.91	130.24
特发服务（300917）	6.99	8.91	11.09	16.91	20.06
中天服务（002188）	1.44	1.44	0.13	2.74	3.06

数据来源：中指数据库监测。

9-4　上市物业服务企业 2018—2022 年毛利润

单位：亿元人民币

公司名称	2018 年	2019 年	2020 年	2021 年	2022 年
彩生活（01778）	12.82	13.55	12.08	—	—
中海物业（02669）	8.49	10.90	11.95	13.35	17.98
中奥到家（01538）	2.82	4.03	4.42	4.33	3.57
绿城服务（02869）	11.98	15.47	19.23	23.31	24.02
祈福生活服务（03686）	1.66	1.76	1.84	1.95	1.78
浦江中国（01417）	0.67	0.74	1.17	1.27	1.30
雅生活服务（03319）	12.90	18.83	29.73	38.69	33.84
碧桂园服务（06098）	17.62	30.52	53.00	88.64	102.57
新城悦服务（01755）	3.39	6.00	8.81	13.42	13.38
佳兆业美好（02168）	2.77	3.78	5.28	7.89	4.71
旭辉永升服务（01995）	3.09	5.55	9.80	13.00	12.93
奥园健康（03662）	2.09	3.37	4.81	—	3.97
滨江服务（03316）	1.35	1.97	2.97	4.50	5.92
和泓服务（06093）	0.80	0.84	1.49	2.64	2.95
鑫苑服务（01895）	1.34	2.02	2.64	2.66	—
银城生活服务（01922）	0.68	1.12	1.62	2.19	2.59
保利物业（06049）	8.51	12.11	14.99	20.15	25.74
时代邻里（09928）	1.90	3.05	5.31	7.42	5.56
华发物业服务（00982）	1.13	2.29	3.03	3.41	3.96
宝龙商业（09909）	3.26	4.28	5.95	8.22	8.34
兴业物联（09916）	0.62	0.79	0.87	0.94	1.00
烨星集团（01941）	0.82	0.94	0.63	0.90	0.67
建业新生活（09983）	1.61	5.76	8.61	11.83	10.43
金融街物业（01502）	1.62	1.91	2.44	2.63	2.49
弘阳服务（01971）	0.70	1.27	2.14	3.20	2.56
正荣服务（06958）	1.21	2.44	3.83	4.28	2.53
卓越商企服务（06989）	2.94	4.33	6.64	9.60	8.44
第一服务控股（02107）	1.65	2.18	2.67	3.35	2.61
世茂服务（00873）	3.90	8.38	15.78	24.70	19.43
合景悠活（03913）	1.83	4.20	6.39	12.26	12.41
金科服务（09666）	3.91	6.36	9.97	18.46	9.43
融创服务（01516）	4.24	7.20	12.75	24.91	16.04
恒大物业（06666）	7.23	17.55	40.06	—	—
佳源服务（01153）	0.79	1.09	1.87	2.58	—
华润万象生活（01209）	6.65	9.42	18.27	27.59	36.11
远洋服务（06677）	3.23	3.77	5.11	8.25	7.69

9-4 续表1 单位：亿元人民币

公司名称	2018年	2019年	2020年	2021年	2022年
建发物业（02156）	1.41	1.83	2.52	3.89	5.37
荣万家（02146）	1.51	2.29	5.08	8.37	6.21
宋都服务（09608）	0.38	0.65	0.78	1.15	0.58
新希望服务（03658）	1.10	1.60	2.47	3.77	4.31
越秀服务（06626）	1.98	2.43	4.03	6.71	6.79
中骏商管（00606）	1.37	2.12	3.57	5.81	4.30
朗诗绿色生活（01965）	0.83	1.01	1.61	1.86	1.98
领悦服务集团（02165）	0.45	0.86	1.45	1.55	1.67
德信服务集团（02215）	0.95	1.45	2.36	2.99	2.71
融信服务（02207）	1.14	1.67	2.16	2.78	1.73
康桥悦生活（02205）	0.54	1.11	1.77	2.04	-
星盛商业（06668）	1.70	2.01	2.49	3.30	3.13
京城佳业（02210）	1.91	2.07	2.26	2.73	3.47
力高健康生活（02370）	0.26	0.56	0.77	1.16	-
方圆生活服务（09978）	-	-	-	1.39	1.02
金茂服务（00816）	1.15	1.52	2.35	4.70	7.34
东原仁知服务（02352）	0.89	1.33	2.16	3.09	2.76
德商产投服务（02270）	0.38	0.36	0.63	1.03	0.95
万物云(02602)	-	24.68	33.65	40.20	42.31
润华服务(02455)	0.42	0.67	1.03	1.14	1.22
苏新服务(02152)	0.71	0.88	0.92	1.06	1.21
鲁商服务(02376)	0.46	0.56	0.80	1.48	1.45
南都物业（603506）	2.34	2.79	3.08	3.63	3.60
新大正（002968）	1.88	2.23	2.82	3.90	4.19
招商积余（001914）	13.07	11.10	11.75	14.58	15.41
特发服务（300917）	1.47	1.66	2.30	2.83	2.67
中天服务（002188）	-0.78	0.01	0.01	0.92	0.88

数据来源：中指数据库监测。

9-5　上市物业服务企业2018—2022年营业利润

单位：亿元人民币

公司名称	2018年	2019年	2020年	2021年	2022年
彩生活（01778）	10.63	10.77	10.85	-	-
中海物业（02669）	5.72	5.23	5.75	9.25	11.96
中奥到家（01538）	1.53	2.48	2.64	1.62	1.11
绿城服务（02869）	4.85	5.67	7.41	9.60	7.26
祈福生活服务（03686）	0.99	1.20	1.19	1.27	1.05
浦江中国（01417）	0.14	0.10	-	-	0.25
雅生活服务（03319）	9.43	15.47	23.51	29.52	24.44
碧桂园服务（06098）	9.77	17.85	33.44	54.48	55.99
新城悦服务（01755）	1.88	3.47	5.79	8.53	6.24
佳兆业美好（02168）	1.15	2.09	3.24	-	1.11
旭辉永升服务（01995）	1.18	2.83	6.32	9.57	9.02
奥园健康（03662）	1.24	2.11	3.34	-0.10	1.92
滨江服务（03316）	0.91	1.36	-	-	5.03
和泓服务（06093）	0.41	0.32	0.66	-	1.04
鑫苑服务（01895）	1.03	1.33	1.88	1.94	-
银城生活服务（01922）	0.34	0.53	0.99	1.40	1.60
保利物业（06049）	4.41	6.24	6.87	9.68	13.13
时代邻里（09928）	0.88	1.40	3.03	4.06	-1.79
华发物业服务（00982）	-0.02	0.19	1.47	2.26	2.93
宝龙商业（09909）	2.13	2.64	4.25	5.54	5.74
兴业物联（09916）	0.44	0.46	0.51	0.56	0.62
烨星集团（01941）	0.47	0.57	-	0.41	-0.61
建业新生活（09983）	0.61	2.99	5.59	7.95	6.95
金融街物业（01502）	1.13	1.35	1.84	1.78	1.62
弘阳服务（01971）	0.45	0.76	0.89	1.76	1.16
正荣服务（06958）	0.50	1.58	-	2.66	-2.52
卓越商企服务（06989）	2.05	3.23	-	7.27	6.04
第一服务控股（02107）	0.55	0.74	0.99	0.18	0.34
世茂服务（00873）	1.83	5.16	9.33	-	-4.20
合景悠活（03913）	1.04	2.49	4.33	8.70	0.68
金科服务（09666）	2.05	4.02	7.20	12.93	-17.89
融创服务（01516）	1.25	3.17	8.18	14.72	-7.87
恒大物业（06666）	3.24	12.44	33.80	26.98	19.63
佳源服务（01153）	0.50	0.70	1.07	1.28	-
华润万象生活（01209）	2.80	4.43	10.30	18.73	23.90
远洋服务（06677）	1.60	2.15	4.86	4.97	5.28

9-5 续表1 单位：亿元人民币

公司名称	2018年	2019年	2020年	2021年	2022年
建发物业（02156）	0.51	0.69	1.14	1.73	2.40
荣万家（02146）	0.68	1.11	–	5.17	4.52
宋都服务（09608）	0.28	0.45	0.39	0.73	0.32
新希望服务（03658）	0.56	0.78	1.29	2.06	2.63
越秀服务（06626）	–	–	2.63	5.13	4.69
中骏商管（00606）	–	–	2.25	3.82	2.35
朗诗绿色生活（01965）	–	–	0.85	0.76	0.75
领悦服务集团（02165）	0.18	0.41	0.80	0.84	0.86
德信服务集团（02215）	0.29	0.63	1.27	1.42	1.11
融信服务（02207）	0.46	0.98	1.30	1.60	0.19
康桥悦生活（02205）	0.28	0.80	1.30	–	–
星盛商业（06668）	1.03	1.27	1.83	2.77	2.12
京城佳业（02210）	0.43	0.46	0.70	–	1.18
力高健康生活（02370）	0.15	0.39	0.55	0.57	–
方圆生活服务（09978）	0.34	0.35	0.30	0.26	0.21
金茂服务（00816）	0.27	0.31	0.99	2.42	4.27
东原仁知服务（02352）	0.29	0.15	0.86	1.38	0.75
德商产投服务（02270）	0.34	0.31	0.45	–	0.19
万物云(02602)	–	11.16	16.96	18.79	14.72
润华服务(02455)	–	–	–	–	–
苏新服务(02152)	0.39	0.54	0.54	0.75	0.86
鲁商服务(02376)	0.30	0.34	0.53	0.92	0.89
南都物业（603506）	1.33	1.75	1.96	2.35	1.97
新大正（002968）	1.04	1.24	1.55	1.99	2.22
招商积余（001914）	12.20	4.02	5.99	7.45	8.25
特发服务（300917）	0.75	0.89	1.43	1.56	1.62
中天服务（002188）	-3.68	-0.49	-0.29	0.40	0.48

数据来源：中指数据库监测。

9-6 上市物业服务企业 2018—2022 年净利润

单位：亿元人民币

公司名称	2018年	2019年	2020年	2021年	2022年
彩生活（01778）	4.85	4.99	5.02	–	–
中海物业（02669）	4.07	4.58	5.95	8.31	11.44
中奥到家（01538）	0.96	1.09	1.32	1.06	0.77
绿城服务（02869）	4.83	4.77	7.10	8.46	5.48
祈福生活服务（03686）	0.73	0.96	1.29	0.81	0.95
浦江中国（01417）	0.25	0.18	0.26	0.39	0.13
雅生活服务（03319）	8.01	12.31	17.54	23.08	18.40
碧桂园服务（06098）	9.23	16.71	26.86	40.33	19.43
新城悦服务（01755）	1.50	2.82	4.52	5.25	4.23
佳兆业美好（02168）	0.54	1.64	2.22	0.57	0.93
旭辉永升服务（01995）	1.01	2.24	3.90	6.17	4.80
奥园健康（03662）	0.78	1.62	2.50	–	1.60
滨江服务（03316）	0.70	1.15	2.20	3.22	4.12
和泓服务（06093）	0.17	0.14	0.56	0.86	0.69
鑫苑服务（01895）	0.76	0.81	1.31	1.23	–
银城生活服务（01922）	0.27	0.33	0.67	0.89	1.07
保利物业（06049）	3.28	4.91	6.74	8.46	11.13
时代邻里（09928）	0.64	0.96	2.33	3.08	-2.14
华发物业服务（00982）	–	0.03	0.25	1.25	1.93
宝龙商业（09909）	1.33	1.79	3.05	4.38	4.43
兴业物联（09916）	0.34	0.35	0.44	0.55	0.47
烨星集团（01941）	0.37	0.26	0.21	0.31	-0.52
建业新生活（09983）	0.19	2.34	4.27	6.20	5.62
金融街物业（01502）	0.87	1.05	1.04	1.38	1.21
弘阳服务（01971）	0.33	0.59	0.70	1.28	0.92
正荣服务（06958）	0.40	1.05	1.72	1.75	-2.81
卓越商企服务（06989）	1.26	1.79	3.25	5.10	4.03
第一服务控股（02107）	0.51	0.77	0.95	0.35	0.41
世茂服务（00873）	1.46	3.85	6.93	11.30	-9.27
合景悠活（03913）	0.80	1.85	3.23	6.75	0.03
金科服务（09666）	1.62	3.74	6.18	10.57	-18.19
融创服务（01516）	0.98	2.70	6.26	12.76	-4.82
恒大物业（06666）	2.39	9.30	26.48	–	–
佳源服务（01153）	0.36	0.50	0.65	1.00	–
华润万象生活（01209）	4.23	3.65	8.18	17.25	22.13
远洋服务（06677）	1.37	2.07	2.58	4.39	0.75

9-6　续表1　　　　　　　　　　　　　　　　　　　　　　　　　　　　　　　　　　　　　　　单位：亿元人民币

公司名称	2018年	2019年	2020年	2021年	2022年
建发物业（02156）	0.48	0.68	1.06	1.59	2.47
荣万家（02146）	0.75	1.10	2.64	–	2.36
宋都服务（09608）	0.21	0.35	0.33	0.55	0.33
新希望服务（03658）	0.41	0.64	1.10	1.66	2.03
越秀服务（06626）	0.45	0.91	1.99	3.60	4.16
中骏商管（00606）	0.27	0.70	1.56	2.81	2.08
朗诗绿色生活（01965）	0.25	0.34	0.66	0.58	0.28
领悦服务集团（02165）	0.12	0.32	0.65	0.71	0.77
德信服务集团（02215）	0.22	0.49	0.97	0.98	1.22
融信服务（02207）	0.34	0.72	0.85	1.12	0.16
康桥悦生活（02205）	0.22	0.60	0.88	0.84	–
星盛商业（06668）	0.66	0.85	1.27	1.85	1.54
京城佳业（02210）	0.37	0.38	0.58	0.83	1.14
力高健康生活（02370）	0.11	0.28	0.40	0.32	–
方圆生活服务（09978）	0.30	0.22	0.11	0.20	0.18
金茂服务（00816）	0.17	0.23	0.77	1.78	3.36
东原仁知服务（02352）	0.29	0.26	0.85	1.29	0.91
德商产投服务（02270）	0.31	0.31	0.43	0.33	0.34
万物云 (02602)	–	10.20	14.64	16.68	15.10
润华服务 (02455)	–	–	–	–	–
苏新服务 (02152)	0.35	0.43	0.47	0.55	0.65
鲁商服务 (02376)	0.24	0.29	0.45	0.76	0.77
南都物业（603506）	0.96	1.20	1.45	1.63	1.55
新大正（002968）	0.89	1.05	1.32	1.66	1.86
招商积余（001914）	8.24	2.70	4.09	5.13	5.69
特发服务（300917）	0.55	0.68	1.08	1.12	1.22
中天服务（002188）	−6.41	5.16	−1.14	1.49	0.62

数据来源：中指数据库监测。

9-7 上市物业服务企业 2018—2022 年营业总收入同比增长率

单位：%

公司名称	2018 年	2019 年	2020 年	2021 年	2022 年
彩生活（01778）	121.87	6.40	−6.46	—	—
中海物业（02669）	23.73	30.83	19.75	44.27	34.39
中奥到家（01538）	4.65	48.53	15.32	6.92	−8.90
绿城服务（02869）	30.54	27.90	17.75	24.35	18.23
祈福生活服务（03686）	−6.50	16.08	6.15	2.35	−11.01
浦江中国（01417）	7.97	22.76	58.62	15.94	3.65
雅生活服务（03319）	91.78	51.84	95.54	40.43	9.20
碧桂园服务（06098）	49.76	106.30	61.75	84.89	43.59
新城悦服务（01755）	32.73	72.49	41.62	51.78	19.01
佳兆业美好（02168）	33.86	40.87	37.11	54.12	−33.07
旭辉永升服务（01995）	48.33	74.55	66.13	50.75	37.09
奥园健康（03662）	41.94	45.56	56.32	—	−16.15
滨江服务（03316）	45.87	37.77	36.81	45.69	41.89
和泓服务（06093）	14.50	10.61	67.50	84.38	35.78
鑫苑服务（01895）	32.56	35.75	22.43	17.82	—
银城生活服务（01922）	52.88	48.77	38.27	40.47	26.84
保利物业（06049）	30.52	41.08	34.70	34.16	26.92
时代邻里（09928）	34.06	55.42	62.62	54.67	−4.16
华发物业服务（00982）	29.28	4.44	14.08	42.45	24.62
宝龙商业（09909）	23.37	34.99	18.56	28.25	3.61
兴业物联（09916）	72.27	40.50	15.79	32.12	13.99
烨星集团（01941）	31.12	8.92	−4.45	28.85	1.98
建业新生活（09983）	50.69	152.80	51.31	35.58	−12.52
金融街物业（01502）	15.66	13.92	13.43	11.85	5.12
弘阳服务（01971）	35.72	44.13	52.66	47.16	−2.25
正荣服务（06958）	67.23	56.96	53.97	21.13	−14.34
卓越商企服务（06989）	29.13	50.10	37.53	37.30	1.75
第一服务控股（02107）	30.67	26.06	23.55	44.43	0.20
世茂服务（00873）	27.51	87.24	101.91	67.65	3.65
合景悠活（03913）	42.24	70.66	34.88	114.57	23.76
金科服务（09666）	45.54	52.74	44.31	77.01	−16.14
融创服务（01516）	65.68	53.53	63.49	70.88	−9.84
恒大物业（06666）	34.18	24.22	43.31	—	—
佳源服务（01153）	57.89	37.32	35.22	33.40	—
华润万象生活（01209）	41.61	32.41	15.52	30.93	35.43
远洋服务（06677）	32.75	13.62	10.59	46.57	10.31

9-7 续表1　　单位：%

公司名称	2018年	2019年	2020年	2021年	2022年
建发物业（02156）	36.14	31.66	28.36	51.34	47.24
荣万家（02146）	20.07	38.66	40.96	36.69	-25.03
宋都服务（09608）	58.35	67.34	15.39	23.19	-13.92
新希望服务（03658）	-	47.52	54.59	57.24	23.29
越秀服务（06626）	-	17.51	30.31	64.24	29.63
中骏商管（00606）	-	44.89	40.17	52.75	-3.84
朗诗绿色生活（01965）	-	39.55	38.85	22.68	20.71
领悦服务集团（02165）	-	65.65	52.94	26.39	6.71
德信服务集团（02215）	-	28.91	34.99	25.73	10.01
融信服务（02207）	56.59	25.33	44.75	32.05	-11.56
康桥悦生活（02205）	-	58.48	58.63	36.13	-
星盛商业（06668）	18.21	17.83	14.11	29.47	0.89
京城佳业（02210）	-	13.90	4.32	12.29	28.01
力高健康生活（02370）	-	45.49	22.59	59.89	-
方圆生活服务（09978）	37.60	11.96	7.98	106.49	-10.27
金茂服务（00816）	-	37.22	19.77	60.51	60.75
东原仁知服务（02352）	-	44.55	37.14	55.64	12.49
德商产投服务（02270）	-	8.05	85.08	98.01	5.23
万物云(02602)	-	-	30.29	30.64	26.98
润华服务(02455)	-	16.50	22.48	23.67	15.09
苏新服务(02152)	-	12.36	0.46	5.63	13.15
鲁商服务(02376)	-	13.87	25.44	44.67	7.83
南都物业（603506）	29.18	17.55	13.58	12.70	15.92
新大正（002968）	15.41	19.05	25.01	58.40	24.42
招商积余（001914）	12.94	-8.68	42.07	22.42	23.22
特发服务（300917）	37.71	27.50	24.40	52.54	18.76
中天服务（002188）	-75.39	-86.01	-38.29	63.22	12.13

数据来源：中指数据库监测。

9-8　上市物业服务企业2018—2022年营业利润同比增长率

单位：%

公司名称	2018年	2019年	2020年	2021年	2022年
彩生活（01778）	102.84	2.56	-12.92	—	—
中海物业（02669）	31.14	37.16	21.29	43.39	27.23
中奥到家（01538）	-21.97	48.82	-1.89	-8.91	-31.39
绿城服务（02869）	3.80	16.85	30.78	29.59	-24.39
祈福生活服务（03686）	21.17	21.13	-0.73	6.80	-17.01
浦江中国（01417）	-28.46	-32.38	249.75	24.93	-40.19
雅生活服务（03319）	142.90	64.13	51.93	25.57	-17.18
碧桂园服务（06098）	70.79	81.78	80.61	62.86	6.66
新城悦服务（01755）	62.65	94.68	68.99	45.30	-19.95
佳兆业美好（02168）	21.05	81.30	55.20	3.91	-66.94
旭辉永升服务（01995）	24.60	136.98	116.56	26.46	16.27
奥园健康（03662）	14.32	70.75	50.76	-103.28	30.57
滨江服务（03316）	22.49	49.70	80.13	55.98	32.60
和泓服务（06093）	40.12	-21.14	106.77	89.36	-16.70
鑫苑服务（01895）	43.23	28.69	45.38	-10.78	—
银城生活服务（01922）	51.45	54.91	89.02	40.35	14.87
保利物业（06049）	59.33	44.94	10.20	40.83	35.62
时代邻里（09928）	82.17	63.33	116.12	33.95	-141.12
华发物业服务（00982）	6.68	-61.71	28.46	60.13	27.63
宝龙商业（09909）	52.22	23.81	52.35	37.58	-0.47
兴业物联（09916）	70.68	4.53	14.34	9.61	10.28
烨星集团（01941）	6.34	20.20	-49.75	42.19	-250.34
建业新生活（09983）	70.43	389.59	73.65	53.09	-12.66
金融街物业（01502）	6.76	20.08	34.87	-3.57	-8.64
弘阳服务（01971）	15.33	70.12	19.29	97.73	-34.30
正荣服务（06958）	83.93	215.20	60.34	14.25	-194.54
卓越商企服务（06989）	15.24	57.72	38.11	62.78	-16.94
第一服务控股（02107）	36.42	32.97	34.58	-81.79	90.85
世茂服务（00873）	31.83	181.47	73.99	40.72	-133.44
合景悠活（03913）	81.61	138.32	77.30	100.86	-75.58
金科服务（09666）	54.69	95.83	90.08	72.43	-238.37
融创服务（01516）	258.03	153.70	130.34	103.97	-153.32
恒大物业（06666）	82.93	283.68	171.75	—	—
佳源服务（01153）	90.28	39.42	41.27	31.46	—
华润万象生活（01209）	58.22	58.25	132.28	81.84	27.59
远洋服务（06677）	25.73	34.61	4.60	75.86	2.19

9-8 续表1　　单位：%

公司名称	2018 年	2019 年	2020 年	2021 年	2022 年
建发物业（02156）	29.04	36.17	65.03	52.42	38.92
荣万家（02146）	21.80	63.13	201.01	46.79	-41.08
宋都服务（09608）	55.98	61.96	-13.01	86.33	-56.44
新希望服务（03658）	-	39.39	66.26	59.80	29.47
越秀服务（06626）	-	45.86	101.82	95.10	-7.90
中骏商管（00606）	-	109.44	119.99	70.06	-34.78
朗诗绿色生活（01965）	-	-28.48	154.86	-11.50	-0.28
领悦服务集团（02165）	-	122.81	96.94	3.78	2.89
德信服务集团（02215）	-	116.41	100.53	9.24	-20.21
融信服务（02207）	333.30	114.26	33.09	39.78	-88.22
康桥悦生活（02205）	-	182.31	62.28	-2.86	-
星盛商业（06668）	70.64	22.75	44.36	28.39	-10.09
京城佳业（02210）	-	6.25	54.38	30.13	32.02
力高健康生活（02370）	-	158.08	43.26	4.12	-
方圆生活服务（09978）	88.39	1.31	-15.30	30.38	-16.88
金茂服务（00816）	-	16.33	215.32	145.12	77.39
东原仁知服务（02352）	-	-47.96	470.49	60.68	-45.56
德商产投服务（02270）	-	-10.26	46.62	-21.02	-45.38
万物云 (02602)	-	-	52.06	10.79	-22.87
润华服务 (02455)	-	119.26	55.06	-0.94	-12.71
苏新服务 (02152)	-	40.26	0.22	37.11	15.11
鲁商服务 (02376)	-	14.45	53.66	74.93	-6.33
南都物业（603506）	7.94	43.09	22.09	3.17	-0.21
新大正（002968）	20.78	19.33	11.67	35.48	10.25
招商积余（001914）	405.06	170.87	8.36	-15.25	1.45
特发服务（300917）	48.52	7.32	55.20	0.16	-14.74
中天服务（002188）	-231.01	86.60	43.34	346.04	20.14

数据来源：中指数据库监测。

9-9 上市物业服务企业2018—2022年归属母公司股东的净利润同比增长率

单位：%

公司名称	2018年	2019年	2020年	2021年	2022年
彩生活（01778）	51.26	2.79	0.63	—	—
中海物业（02669）	31.07	33.40	30.15	40.55	29.40
中奥到家（01538）	6.12	12.99	21.13	-19.18	-27.64
绿城服务（02869）	24.73	-1.22	48.81	19.12	-35.30
祈福生活服务（03686）	29.04	31.82	34.37	-36.99	17.28
浦江中国（01417）	-29.27	-29.93	47.23	47.24	-67.54
雅生活服务（03319）	176.48	53.64	42.55	31.58	-20.31
碧桂园服务（06098）	129.79	80.97	60.78	50.16	-51.82
新城悦服务（01755）	104.88	85.35	60.41	16.15	-19.41
佳兆业美好（02168）	-25.10	203.20	35.42	-74.41	64.39
旭辉永升服务（01995）	31.50	122.68	74.39	58.06	-22.19
奥园健康（03662）	12.03	107.92	54.10	-176.04	184.01
滨江服务（03316）	22.75	63.42	91.44	46.55	28.05
和泓服务（06093）	-22.79	-18.32	308.59	52.94	-20.28
鑫苑服务（01895）	9.61	6.86	61.28	-6.54	—
银城生活服务（01922）	32.73	21.18	103.15	31.82	20.34
保利物业（06049）	49.68	49.34	37.31	25.56	31.60
时代邻里（09928）	87.96	51.62	141.51	32.41	-169.36
华发物业服务（00982）	-89.53	-87.54	-61.28	410.95	24.06
宝龙商业（09909）	69.66	33.95	70.80	43.62	1.13
兴业物联（09916）	77.50	2.78	23.68	25.34	-13.48
烨星集团（01941）	2.93	-29.95	-19.99	48.38	-268.96
建业新生活（09983）	-16.83	1101.55	82.34	45.24	-9.25
金融街物业（01502）	9.61	20.87	-0.74	31.28	-12.10
弘阳服务（01971）	14.90	79.02	18.10	83.45	-28.11
正荣服务（06958）	95.16	165.98	62.92	1.71	-261.15
卓越商企服务（06989）	15.31	41.93	82.06	56.96	-20.90
第一服务控股（02107）	28.31	51.94	22.69	-61.69	16.56
世茂服务（00873）	34.39	163.02	80.21	63.08	-183.49
合景悠活（03913）	80.49	132.03	74.75	108.88	-99.49
金科服务（09666）	44.36	131.42	68.53	71.45	-272.02
融创服务（01516）	128.84	174.55	131.83	113.86	-137.76
恒大物业（06666）	124.35	289.10	184.66	—	—
佳源服务（01153）	94.98	40.36	30.29	53.58	—
华润万象生活（01209）	8.90	-13.71	124.07	110.95	27.90

9-9 续表1 单位：%

公司名称	2018 年	2019 年	2020 年	2021 年	2022 年
远洋服务（06677）	31.67	50.56	24.76	70.40	-82.82
建发物业（02156）	55.56	42.53	55.64	50.19	55.11
荣万家（02146）	88.28	56.68	132.93	52.01	-40.95
宋都服务（09608）	49.58	68.23	-7.07	67.27	-39.77
新希望服务（03658）	-	55.58	71.70	51.13	22.39
越秀服务（06626）	-	100.90	118.04	80.55	15.73
中骏商管（00606）	-	155.59	122.31	80.19	-25.85
朗诗绿色生活（01965）	-	34.59	92.80	-11.03	-51.28
领悦服务集团（02165）	-	168.85	103.23	8.28	9.05
德信服务集团（02215）	-	120.90	96.76	1.06	24.23
融信服务（02207）	501.19	92.55	17.81	36.22	-86.19
康桥悦生活（02205）	-	175.89	46.87	-5.09	-
星盛商业（06668）	61.91	27.75	49.87	45.79	-16.57
京城佳业（02210）	-	2.89	51.60	43.91	38.00
力高健康生活（02370）	-	163.58	41.96	-18.86	-
方圆生活服务（09978）	553.23	-26.40	-50.76	85.06	-10.07
金茂服务（00816）	-	29.38	240.89	130.77	88.79
东原仁知服务（02352）	-	-11.57	230.05	51.95	-29.52
德商产投服务（02270）	-	-1.12	38.29	-22.10	0.47
万物云(02602)	-	-	43.55	13.91	-9.42
润华服务(02455)	-	96.19	79.56	-8.99	-9.33
苏新服务(02152)	-	20.14	11.33	17.17	16.76
鲁商服务(02376)	-	18.26	56.57	67.34	1.23
南都物业（603506）	22.69	24.09	21.01	18.06	-10.70
新大正（002968）	24.66	18.60	25.61	26.57	11.80
招商积余（001914）	468.85	-66.59	52.03	17.25	15.72
特发服务（300917）	48.93	26.12	52.01	13.14	1.46
中天服务（002188）	68.48	180.49	-122.07	234.20	-58.75

数据来源：中指数据库监测。

9-10　上市物业服务企业 2018—2022 年总资产净利率

单位：%

公司名称	2018年	2019年	2020年	2021年	2022年
彩生活（01778）	6.59	5.13	5.10	—	—
中海物业（02669）	11.30	13.70	13.35	13.56	13.81
中奥到家（01538）	7.46	6.71	6.63	4.99	3.71
绿城服务（02869）	10.19	6.89	6.58	6.17	3.51
祈福生活服务（03686）	18.21	19.01	20.43	11.13	11.84
浦江中国（01417）	6.72	4.21	4.70	4.80	1.27
雅生活服务（03319）	16.34	14.75	15.02	13.52	8.58
碧桂园服务（06098）	20.52	18.78	12.36	8.23	2.84
新城悦服务（01755）	12.71	15.03	16.41	12.05	7.33
佳兆业美好（02168）	4.81	13.96	13.58	2.71	4.18
旭辉永升服务（01995）	9.16	11.27	10.93	10.34	6.27
奥园健康（03662）	14.55	17.20	12.72	-7.89	7.11
滨江服务（03316）	14.92	13.07	16.23	20.19	17.61
和泓服务（06093）	6.84	4.87	12.25	9.64	4.90
鑫苑服务（01895）	14.55	10.77	12.17	8.94	—
银城生活服务（01922）	7.95	6.12	8.03	8.38	8.97
保利物业（06049）	14.41	9.69	7.92	8.22	9.18
时代邻里（09928）	2.81	3.74	11.21	10.41	-6.89
华发物业服务（00982）	0.01	0.88	4.41	18.05	20.05
宝龙商业（09909）	6.79	6.78	8.02	9.13	8.62
兴业物联（09916）	21.17	17.24	13.46	11.33	8.40
烨星集团（01941）	15.58	10.19	6.13	6.85	-11.72
建业新生活（09983）	1.46	16.79	14.93	13.34	10.84
金融街物业（01502）	11.75	12.13	7.72	7.64	6.24
弘阳服务（01971）	16.46	14.70	8.47	10.44	6.29
正荣服务（06958）	5.02	15.27	13.71	7.77	-12.50
卓越商企服务（06989）	10.57	9.08	8.69	10.20	8.00
第一服务控股（02107）	8.37	11.06	9.82	2.76	3.03
世茂服务（00873）	5.50	11.36	9.57	7.64	-5.66
合景悠活（03913）	6.60	11.63	10.44	14.62	0.06
金科服务（09666）	4.89	8.92	9.77	11.13	-19.35
融创服务（01516）	5.29	13.79	7.89	9.66	-3.71
恒大物业（06666）	5.01	13.99	21.60	—	—
佳源服务（01153）	8.64	6.69	7.31	9.27	—
华润万象生活（01209）	8.79	5.68	6.25	8.48	9.30
远洋服务（06677）	4.90	4.86	7.11	12.69	1.91

9-10 续表1　　　　　　　　　　　　　　　　　　　　　　　　　　　　　　　　　　　　　　单位：%

公司名称	2018年	2019年	2020年	2021年	2022年
建发物业（02156）	3.15	4.56	8.01	8.59	8.35
荣万家（02146）	3.35	5.59	14.34	14.37	6.14
宋都服务（09608）	15.29	18.19	13.15	14.20	6.46
新希望服务（03658）	-	6.74	11.50	15.93	12.26
越秀服务（06626）	-	3.22	7.41	9.53	7.51
中骏商管（00606）	-	5.75	14.05	13.44	6.66
朗诗绿色生活（01965）	-	3.38	8.20	7.97	2.98
领悦服务集团（02165）	-	15.23	23.72	16.06	11.93
德信服务集团（02215）	-	12.99	21.85	11.67	9.56
融信服务（02207）	18.83	22.91	20.50	14.25	1.32
康桥悦生活（02205）	-	17.62	13.25	8.24	-
星盛商业（06668）	16.44	22.48	34.44	19.74	8.63
京城佳业（02210）	-	2.52	3.65	4.85	5.69
力高健康生活（02370）	-	21.07	15.16	8.57	-
方圆生活服务（09978）	19.44	11.39	5.07	5.99	3.53
金茂服务（00816）	-	1.15	3.74	10.19	15.40
东原仁知服务（02352）	-	2.74	10.97	14.72	8.15
德商产投服务（02270）	-	44.30	35.49	12.25	8.16
万物云(02602)	-	-	8.34	6.99	4.60
润华服务(02455)	-	10.52	11.29	8.87	7.98
苏新服务(02152)	-	2.43	2.88	4.40	4.71
鲁商服务(02376)	-	9.28	7.52	10.13	10.29
南都物业（603506）	8.53	7.72	8.19	8.41	6.59
新大正（002968）	19.95	13.99	11.78	12.36	11.89
招商积余（001914）	5.30	1.93	2.65	3.10	3.43
特发服务（300917）	15.98	15.37	12.54	9.13	7.87
中天服务（002188）	-143.16	358.94	-135.37	85.63	22.76

数据来源：中指数据库监测。

9-11　上市物业服务企业2018—2022年净资产收益率

单位：%

公司名称	2018年	2019年	2020年	2021年	2022年
彩生活（01778）	14.85	14.23	12.21	—	—
中海物业（02669）	40.70	40.76	38.22	38.22	38.51
中奥到家（01538）	18.23	17.51	17.62	12.40	8.47
绿城服务（02869）	22.76	18.79	14.84	12.23	7.74
祈福生活服务（03686）	25.14	26.59	28.53	15.21	15.84
浦江中国（01417）	11.51	7.75	11.00	14.50	4.42
雅生活服务（03319）	23.24	21.20	25.90	24.89	15.55
碧桂园服务（06098）	50.14	43.77	26.94	15.89	5.28
新城悦服务（01755）	30.11	31.88	41.02	29.47	17.38
佳兆业美好（02168）	13.18	27.99	23.17	4.57	7.27
旭辉永升服务（01995）	17.58	21.87	19.32	16.82	10.62
奥园健康（03662）	66.18	33.48	26.61	−21.41	19.11
滨江服务（03316）	48.09	25.39	28.09	36.09	37.66
和泓服务（06093）	20.51	11.28	23.90	20.75	12.07
鑫苑服务（01895）	36.06	20.05	19.32	14.36	—
银城生活服务（01922）	43.94	34.05	45.51	42.62	37.62
保利物业（06049）	64.89	17.19	12.00	13.05	15.38
时代邻里（09928）	88.68	19.28	17.78	17.38	−12.59
华发物业服务（00982）	0.02	2.27	—	—	—
宝龙商业（09909）	81.73	19.66	16.31	19.01	17.09
兴业物联（09916）	32.87	29.91	20.22	15.88	12.03
烨星集团（01941）	53.30	31.62	13.39	12.36	−21.80
建业新生活（09983）	17.23	96.26	27.87	21.95	19.07
金融街物业（01502）	37.73	33.86	14.36	12.50	10.43
弘阳服务（01971）	97.96	45.75	15.53	17.40	11.13
正荣服务（06958）	115.48	127.24	23.27	12.40	−21.52
卓越商企服务（06989）	56.27	53.04	18.18	15.39	11.63
第一服务控股（02107）	18.15	27.56	21.15	5.49	6.53
世茂服务（00873）	17.73	51.92	20.74	14.83	−11.52
合景悠活（03913）	49.81	63.27	19.34	21.01	0.10
金科服务（09666）	57.18	91.83	16.05	14.22	−28.01
融创服务（01516）	−400.41	137.75	11.96	14.04	−5.98
恒大物业（06666）	35.33	72.72	45.32	—	—
佳源服务（01153）	73.86	39.84	20.06	18.14	
华润万象生活（01209）	86.21	42.98	12.12	13.09	15.66
远洋服务（06677）	31.68	44.95	21.06	19.82	3.27

9-11 续表1 单位：%

公司名称	2018年	2019年	2020年	2021年	2022年
建发物业（02156）	90.20	57.93	36.58	22.52	21.90
荣万家（02146）	63.70	40.87	52.03	30.73	11.65
宋都服务（09608）	124.07	77.04	32.77	25.74	10.11
新希望服务（03658）	11.13	16.14	38.62	30.21	19.80
越秀服务（06626）	26.59	42.49	45.59	20.28	13.52
中骏商管（00606）	9.76	22.53	36.11	19.00	8.31
朗诗绿色生活（01965）	19.31	35.13	68.60	23.82	7.55
领悦服务集团（02165）	31.30	46.36	66.17	31.15	19.50
德信服务集团（02215）	22.68	39.61	85.75	21.55	15.25
融信服务（02207）	149.97	91.96	98.90	30.21	2.23
康桥悦生活（02205）	69.46	135.26	86.84	20.61	-
星盛商业（06668）	42.69	76.51	131.67	28.87	13.56
京城佳业（02210）	9.34	9.18	13.96	15.43	15.93
力高健康生活（02370）	39.43	68.43	52.95	28.60	-
方圆生活服务（09978）	32.45	18.92	8.12	13.48	10.94
金茂服务（00816）	21.95	24.13	98.27	145.57	43.68
东原仁知服务（02352）	43.15	26.64	59.60	63.09	25.41
德商产投服务（02270）	66.27	73.02	72.61	20.29	12.31
万物云(02602)	-	-	24.93	20.65	11.46
润华服务(02455)	-	33.48	47.51	33.06	22.40
苏新服务(02152)	-	12.42	11.04	10.62	9.92
鲁商服务(02376)	-	28.49	24.18	27.24	19.21
南都物业（603506）	19.91	16.75	17.82	18.36	14.72
新大正（002968）	36.06	20.45	16.36	18.21	17.76
招商积余（001914）	18.99	4.46	5.34	6.05	6.66
特发服务（300917）	33.61	29.91	19.08	13.64	12.64
中天服务（002188）	-	-167.05	-	-484.74	74.85

数据来源：中指数据库监测。

9-12 上市物业服务企业 2018—2022 年资产负债率

单位：%

公司名称	2018年	2019年	2020年	2021年	2022年
彩生活（01778）	67.65	56.78	55.77	—	—
中海物业（02669）	68.26	64.27	64.74	63.31	63.81
中奥到家（01538）	54.82	61.05	56.93	55.06	49.57
绿城服务（02869）	55.00	65.33	45.62	48.73	53.27
祈福生活服务（03686）	27.15	29.62	27.40	26.34	24.26
浦江中国（01417）	38.11	47.76	49.15	62.15	63.66
雅生活服务（03319）	24.48	30.70	38.05	36.03	37.78
碧桂园服务（06098）	57.81	53.71	48.21	42.57	43.05
新城悦服务（01755）	44.14	56.04	57.47	53.33	52.71
佳兆业美好（02168）	51.99	46.75	35.04	42.04	37.88
旭辉永升服务（01995）	39.54	50.45	35.35	35.43	39.92
奥园健康（03662）	74.89	38.95	58.42	65.29	55.32
滨江服务（03316）	66.48	39.64	42.88	42.21	57.04
和泓服务（06093）	69.22	46.37	46.64	49.92	56.44
鑫苑服务（01895）	58.66	37.73	36.21	38.71	—
银城生活服务（01922）	81.10	82.47	80.07	75.96	70.68
保利物业（06049）	72.84	32.34	33.86	38.15	40.16
时代邻里（09928）	97.05	40.09	33.49	40.85	42.30
华发物业服务（00982）	37.31	69.65	135.04	114.68	99.39
宝龙商业（09909）	89.44	48.65	52.09	51.29	47.52
兴业物联（09916）	36.84	47.22	26.48	30.39	30.07
烨星集团（01941）	66.35	69.26	45.45	43.66	48.88
建业新生活（09983）	92.65	73.92	36.06	39.32	42.66
金融街物业（01502）	69.01	59.20	37.25	38.06	39.19
弘阳服务（01971）	81.00	59.72	34.96	39.51	43.66
正荣服务（06958）	93.65	75.80	29.97	41.50	40.99
卓越商企服务（06989）	73.73	82.14	33.95	31.66	28.39
第一服务控股（02107）	49.25	61.58	44.36	50.40	50.75
世茂服务（00873）	60.95	93.46	38.19	49.19	42.69
合景悠活（03913）	83.57	79.75	29.21	29.71	50.63
金科服务（09666）	92.10	87.66	15.20	25.95	35.38
融创服务（01516）	98.50	78.08	24.87	35.60	37.82
恒大物业（06666）	86.36	76.20	41.78	—	—
佳源服务（01153）	84.53	81.01	44.93	48.87	—
华润万象生活（01209）	88.39	85.47	34.67	35.67	44.56
远洋服务（06677）	87.79	89.41	33.67	36.42	44.75

9-12 续表1　　　单位：%

公司名称	2018年	2019年	2020年	2021年	2022年
建发物业（02156）	95.90	88.58	62.20	60.53	61.51
荣万家（02146）	90.96	79.17	65.88	46.88	47.63
宋都服务（09608）	95.38	61.08	58.29	36.48	34.34
新希望服务（03658）	36.42	67.88	75.42	35.99	35.50
越秀服务（06626）	93.20	90.96	68.45	39.77	42.98
中骏商管（00606）	78.85	68.14	51.89	20.15	18.74
朗诗绿色生活（01965）	86.13	93.61	79.16	56.88	62.39
领悦服务集团（02165）	70.68	55.30	61.38	36.09	35.55
德信服务集团（02215）	67.66	66.49	80.13	30.55	40.59
融信服务（02207）	83.94	71.68	86.90	39.77	41.43
康桥悦生活（02205）	87.41	85.29	81.47	38.20	-
星盛商业（06668）	52.22	87.92	63.00	20.50	44.87
京城佳业（02210）	69.19	68.79	73.83	61.54	64.10
力高健康生活（02370）	71.11	62.70	66.75	58.33	-
方圆生活服务（09978）	40.60	38.88	35.40	54.85	58.61
金茂服务（00816）	95.90	94.57	97.70	84.99	54.71
东原仁知服务（02352）	93.97	83.45	78.92	73.23	61.48
德商产投服务（02270）	33.55	45.33	53.43	33.16	33.65
万物云(02602)	-	64.84	65.46	64.10	53.94
润华服务(02455)	63.92	71.18	79.35	66.08	62.84
苏新服务(02152)	77.18	82.49	58.59	57.93	46.83
鲁商服务(02376)	69.33	65.88	70.09	52.64	41.25
南都物业（603506）	51.86	54.45	52.17	54.48	54.16
新大正（002968）	45.96	24.15	30.77	32.08	32.28
招商积余（001914）	63.09	51.51	49.09	48.85	47.73
特发服务（300917）	47.79	44.83	26.50	35.45	37.09
中天服务（002188）	454.29	88.61	293.18	81.88	55.28

数据来源：中指数据库监测。

9-13 上市物业服务企业 2018—2022 年流动比率

公司名称	2018年	2019年	2020年	2021年	2022年
彩生活（01778）	1.26	1.34	1.24	—	—
中海物业（02669）	1.36	1.47	1.45	1.48	1.50
中奥到家（01538）	1.26	1.12	1.09	1.28	1.35
绿城服务（02869）	1.31	1.25	1.84	1.60	1.47
祈福生活服务（03686）	3.63	3.47	3.20	3.93	5.00
浦江中国（01417）	2.18	1.42	1.25	1.27	1.27
雅生活服务（03319）	3.47	2.55	1.87	1.98	1.87
碧桂园服务（06098）	1.49	1.59	1.64	1.26	1.39
新城悦服务（01755）	2.20	1.69	1.61	1.62	1.56
佳兆业美好（02168）	1.97	1.99	2.78	1.51	1.65
旭辉永升服务（01995）	2.41	1.52	2.48	2.19	1.60
奥园健康（03662）	1.26	1.97	1.42	1.20	1.40
滨江服务（03316）	1.46	2.28	2.13	2.08	1.57
和泓服务（06093）	1.25	1.76	1.72	1.22	1.07
鑫苑服务（01895）	1.39	2.36	2.56	2.01	—
银城生活服务（01922）	1.07	1.12	1.13	1.14	1.20
保利物业（06049）	1.25	3.01	2.84	2.42	2.34
时代邻里（09928）	1.66	2.15	2.24	1.94	1.80
华发物业服务（00982）	2.05	1.21	0.65	0.79	0.94
宝龙商业（09909）	0.91	2.15	2.20	2.26	2.72
兴业物联（09916）	2.70	2.11	3.91	3.38	3.37
烨星集团（01941）	1.48	1.39	2.08	1.89	1.58
建业新生活（09983）	1.66	1.34	2.74	2.51	2.27
金融街物业（01502）	1.35	1.63	2.68	2.60	2.52
弘阳服务（01971）	1.18	1.57	2.70	1.96	2.07
正荣服务（06958）	2.75	1.08	3.26	1.64	1.63
卓越商企服务（06989）	1.26	1.05	3.49	3.06	3.32
第一服务控股（02107）	1.66	1.51	2.16	1.67	1.60
世茂服务（00873）	1.82	0.94	2.09	1.78	1.67
合景悠活（03913）	1.17	1.11	3.15	1.89	1.48
金科服务（09666）	1.14	1.19	6.56	3.76	2.30
融创服务（01516）	0.97	1.21	3.73	2.25	2.03
恒大物业（06666）	1.13	1.29	2.37	—	—
佳源服务（01153）	1.15	1.14	2.07	1.85	—
华润万象生活（01209）	0.91	1.00	3.23	2.64	1.97
远洋服务（06677）	0.73	0.67	2.69	2.57	1.73

9-13 续表1

公司名称	2018年	2019年	2020年	2021年	2022年
建发物业（02156）	3.94	3.18	1.56	1.60	1.57
荣万家（02146）	1.10	1.21	1.46	2.00	1.95
宋都服务（09608）	0.85	1.44	1.54	2.59	2.56
新希望服务（03658）	2.76	3.39	1.23	2.88	2.54
越秀服务（06626）	1.73	1.60	1.21	3.01	2.68
中骏商管（00606）	1.25	1.44	1.88	4.93	4.14
朗诗绿色生活（01965）	2.68	1.76	1.22	1.68	1.38
领悦服务集团（02165）	1.24	1.49	1.36	2.56	2.62
德信服务集团（02215）	1.20	1.35	1.19	3.20	1.83
融信服务（02207）	1.15	1.37	1.12	2.50	2.36
康桥悦生活（02205）	1.11	1.13	1.69	2.41	–
星盛商业（06668）	2.15	1.17	1.77	5.73	4.52
京城佳业（02210）	1.22	1.19	1.24	1.52	1.45
力高健康生活（02370）	1.37	1.56	1.23	1.28	–
方圆生活服务（09978）	2.48	2.71	3.05	1.62	1.50
金茂服务（00816）	1.09	1.09	1.11	1.11	1.59
东原仁知服务（02352）	1.12	1.18	1.00	1.13	1.18
德商产投服务（02270）	2.92	2.18	1.71	2.89	2.80
万物云 (02602)	–	1.02	1.06	0.84	1.23
润华服务 (02455)	1.30	0.67	1.02	1.21	1.27
苏新服务 (02152)	1.29	1.22	1.15	1.09	1.56
鲁商服务 (02376)	1.41	1.42	1.39	1.71	2.25
南都物业（603506）	1.58	1.41	1.33	1.69	1.47
新大正（002968）	1.81	3.56	2.64	2.62	2.44
招商积余（001914）	1.51	1.43	0.97	1.27	1.45
特发服务（300917）	1.69	1.91	3.58	2.72	2.59
中天服务（002188）	1.26	19.13	0.39	1.50	1.63

数据来源：中指数据库监测。

9-14 上市物业服务企业2018—2022年总资产周转率

公司名称	2018年	2019年	2020年	2021年	2022年
彩生活（01778）	0.49	0.40	0.37	—	—
中海物业（02669）	1.17	1.39	1.25	1.30	1.38
中奥到家（01538）	0.79	0.94	0.89	0.89	0.83
绿城服务（02869）	1.42	1.24	0.94	0.92	0.95
祈福生活服务（03686）	0.86	0.79	0.67	0.59	0.48
浦江中国（01417）	1.04	1.15	1.37	1.10	0.94
雅生活服务（03319）	0.69	0.61	0.86	0.82	0.72
碧桂园服务（06098）	1.04	1.09	0.72	0.59	0.61
新城悦服务（01755）	0.97	1.08	1.04	1.00	0.90
佳兆业美好（02168）	0.80	1.08	1.06	1.27	0.80
旭辉永升服务（01995）	0.98	0.95	0.87	0.79	0.84
奥园健康（03662）	1.15	0.96	0.72	0.80	0.72
滨江服务（03316）	1.08	0.80	0.71	0.88	0.85
和泓服务（06093）	0.91	0.88	0.91	0.86	0.74
鑫苑服务（01895）	0.75	0.71	0.61	0.56	—
银城生活服务（01922）	1.36	1.29	1.15	1.28	1.44
保利物业（06049）	1.81	1.18	0.94	1.05	1.13
时代邻里（09928）	0.31	0.42	0.85	0.92	0.84
华发物业服务（00982）	0.78	1.09	1.30	1.49	1.66
宝龙商业（09909）	0.61	0.62	0.51	0.51	0.50
兴业物联（09916）	0.81	0.91	0.66	0.59	0.57
烨星集团（01941）	1.06	1.08	0.78	0.75	0.78
建业新生活（09983）	0.52	1.26	0.93	0.78	0.61
金融街物业（01502）	1.18	1.15	0.84	0.73	0.72
弘阳服务（01971）	1.74	1.25	0.93	0.92	0.76
正荣服务（06958）	0.58	1.04	0.88	0.60	0.51
卓越商企服务（06989）	1.03	0.93	0.68	0.69	0.70
第一服务控股（02107）	0.82	0.89	0.80	0.87	0.82
世茂服务（00873）	0.50	0.74	0.70	0.57	0.53
合景悠活（03913）	0.55	0.71	0.49	0.71	0.68
金科服务（09666）	0.46	0.57	0.53	0.63	0.53
融创服务（01516）	0.99	1.45	0.61	0.60	0.55
恒大物业（06666）	1.24	1.10	0.86	—	—
佳源服务（01153）	0.81	0.61	0.69	0.76	
华润万象生活（01209）	0.92	0.92	0.52	0.44	0.51
远洋服务（06677）	0.58	0.43	0.61	0.86	0.83

9-14 续表1

公司名称	2018年	2019年	2020年	2021年	2022年
建发物业（02156）	0.40	0.54	0.78	0.84	0.77
荣万家（02146）	0.42	0.63	0.98	0.89	0.50
宋都服务（09608）	0.97	1.16	1.04	0.82	0.54
新希望服务（03658）	0.89	0.40	0.62	0.89	0.69
越秀服务（06626）	0.56	0.32	0.43	0.51	0.45
中骏商管（00606）	0.59	0.47	0.73	0.59	0.38
朗诗绿色生活（01965）	0.60	0.43	0.75	1.01	0.93
领悦服务集团（02165）	2.08	1.33	1.56	1.23	0.90
德信服务集团（02215）	2.52	1.35	1.56	1.04	0.75
融信服务（02207）	2.14	1.70	1.86	1.26	0.75
康桥悦生活（02205）	1.83	1.06	0.86	0.77	—
星盛商业（06668）	0.82	1.04	1.20	0.61	0.32
京城佳业（02210）	—	0.69	0.69	0.72	0.78
力高健康生活（02370）	—	1.37	0.85	0.95	—
方圆生活服务（09978）	1.48	1.32	1.29	1.70	1.00
金茂服务（00816）	—	0.40	0.46	0.87	1.12
东原仁知服务（02352）	—	0.60	0.99	1.36	1.21
德商产投服务（02270）	—	0.99	1.07	0.93	0.65
万物云 (02602)	—	—	1.03	0.99	0.92
润华服务 (02455)	—	1.54	1.13	1.20	1.37
苏新服务 (02152)	—	0.25	0.27	0.37	0.38
鲁商服务 (02376)	—	1.03	0.67	0.78	0.84
南都物业（603506）	0.98	0.84	0.84	0.82	0.83
新大正（002968）	2.01	1.40	1.18	1.55	1.65
招商积余（001914）	0.41	0.41	0.52	0.64	0.75
特发服务（300917）	2.16	2.10	1.40	1.37	1.38
中天服务（002188）	0.32	0.14	0.15	1.56	1.13

数据来源：中指数据库监测。

9-15　上市物业服务企业2018—2022年存货周转率

单位：%

公司名称	2018年	2019年	2020年	2021年	2022年
彩生活（01778）	389.76	597.66	645.59	—	—
中海物业（02669）	141.26	19.21	10.44	10.00	11.19
中奥到家（01538）	663.60	614.39	186.65	121.89	48.17
绿城服务（02869）	26.31	22.37	23.96	26.26	24.80
祈福生活服务（03686）	15.49	25.18	20.07	14.29	11.56
浦江中国（01417）	1705.38	1802.47	3307.22	4312.23	7465.24
雅生活服务（03319）	128.08	235.50	451.92	541.72	280.57
碧桂园服务（06098）	399.60	588.56	136.56	115.01	129.28
新城悦服务（01755）	131.21	148.22	141.05	131.30	105.92
佳兆业美好（02168）	—	—	—	—	—
旭辉永升服务（01995）	2871.92	—	—	958.85	1525.31
奥园健康（03662）	4824.49	1544.51	1410.52	710.68	194.25
滨江服务（03316）	923.59	29.82	15.52	12.01	12.28
和泓服务（06093）	3129.52	1886.69	1880.04	2823.58	676.87
鑫苑服务（01895）	—	—	—	—	—
银城生活服务（01922）	533.70	776.96	278.81	230.90	206.11
保利物业（06049）	100.07	84.74	134.94	173.29	244.33
时代邻里（09928）	281.17	294.23	412.08	1089.94	853.16
华发物业服务（00982）	—	611.42	523.09	133.20	111.09
宝龙商业（09909）	—	—	—	—	—
兴业物联（09916）	554.48	850.56	—	—	—
烨星集团（01941）	—	—	—	—	—
建业新生活（09983）	—	227.48	254.89	182.61	131.49
金融街物业（01502）	—	—	—	—	—
弘阳服务（01971）	12139.52	13909.11	19086.69	168.98	103.37
正荣服务（06958）	—	—	—	—	—
卓越商企服务（06989）	—	—	805.75	513.19	92.84
第一服务控股（02107）	230.45	247.44	577.18	986.80	1059.51
世茂服务（00873）	—	5.97	12.68	22.29	32.48
合景悠活（03913）	—	—	—	—	—
金科服务（09666）	292.97	316.35	213.90	210.73	153.80
融创服务（01516）	38.85	32.69	54.32	109.46	97.47
恒大物业（06666）	—	—	—	—	—
佳源服务（01153）	1660.26	676.17	619.80	1088.86	—
华润万象生活（01209）	52.70	46.53	32.81	36.61	58.78
远洋服务（06677）	13.29	11.03	11.73	14.31	11.75

9-15 续表1　　　　　　　　　　　　　　　　　　　　　　　　　　　　　　　　　　　　　　单位：%

公司名称	2018年	2019年	2020年	2021年	2022年
建发物业（02156）	409.75	250.02	279.76	162.13	67.62
荣万家（02146）	41.70	63.52	57.50	47.39	30.38
宋都服务（09608）	3532.37	1013.54	735.99	755.42	652.78
新希望服务（03658）	1783.55	3508.56	1993.51	1937.39	2246.84
越秀服务（06626）	978.01	1033.09	964.99	1302.24	493.79
中骏商管（00606）	–	–	–	–	–
朗诗绿色生活（01965）	422.00	287.55	244.07	359.40	607.16
领悦服务集团（02165）	–	–	131.50	179.16	281.91
德信服务集团（02215）	50.79	27.18	31.75	71.44	84.33
融信服务（02207）	–	–	–	–	408.79
康桥悦生活（02205）	–	–	–	–	–
星盛商业（06668）	–	–	–	–	–
京城佳业（02210）	–	945.58	217.08	151.47	212.35
力高健康生活（02370）	–	–	–	–	–
方圆生活服务（09978）	–	–	–	–	–
金茂服务（00816）	–	107.09	132.70	215.08	381.91
东原仁知服务（02352）	–	6.61	9.87	16.79	23.23
德商产投服务（02270）	–	–	–	–	19.63
万物云(02602)	–	–	41.71	66.95	156.23
润华服务(02455)	–	166.54	284.94	2925.86	4614.16
苏新服务(02152)	–	1306.23	1727.83	2136.67	2782.07
鲁商服务(02376)	–	1102.38	12.72	9.37	11.32
南都物业（603506）	1184.04	140.91	92.61	108.40	115.09
新大正（002968）	1516.01	1617.22	697.27	373.07	430.08
招商积余（001914）	1.55	2.89	4.62	6.16	8.99
特发服务（300917）	236.93	269.75	266.72	363.75	386.60
中天服务（002188）	7.41	1.53	5.38	280.59	828.38

数据来源：中指数据库监测。

9-16　上市物业服务企业 2018—2022 年净利润/营业总收入

单位：%

公司名称	2018 年	2019 年	2020 年	2021 年	2022 年
彩生活（01778）	14.33	13.93	15.06	—	—
中海物业（02669）	9.78	9.95	10.79	10.45	10.09
中奥到家（01538）	10.45	8.77	8.58	6.98	5.16
绿城服务（02869）	6.94	5.50	7.32	7.08	4.25
祈福生活服务（03686）	21.26	24.15	30.54	18.80	24.78
浦江中国（01417）	6.67	4.23	4.84	5.97	2.69
雅生活服务（03319）	24.01	25.18	19.67	18.21	12.58
碧桂园服务（06098）	19.97	17.80	17.82	15.08	5.46
新城悦服务（01755）	14.19	14.90	17.02	12.82	9.15
佳兆业美好（02168）	5.97	13.24	13.26	2.55	5.97
旭辉永升服务（01995）	9.31	13.25	14.17	14.72	8.93
奥园健康（03662）	12.63	17.99	17.91	-10.14	10.00
滨江服务（03316）	13.81	16.35	22.89	23.18	21.10
和泓服务（06093）	7.52	5.55	14.40	14.14	9.93
鑫苑服务（01895）	19.30	15.31	20.12	16.07	—
银城生活服务（01922）	5.79	4.77	7.27	7.01	6.57
保利物业（06049）	7.94	8.43	8.66	8.08	8.28
时代邻里（09928）	9.22	8.81	13.46	12.27	-7.65
华发物业服务（00982）	0.91	1.15	3.38	12.17	12.15
宝龙商业（09909）	11.09	11.00	15.99	17.77	17.17
兴业物联（09916）	26.11	19.04	20.41	19.36	14.70
烨星集团（01941）	14.81	9.45	7.91	9.27	-15.10
建业新生活（09983）	2.90	13.38	16.60	18.15	18.14
金融街物业（01502）	10.46	11.38	10.23	11.42	9.78
弘阳服务（01971）	9.45	11.34	9.54	12.24	8.49
正荣服务（06958）	8.66	15.18	15.82	13.22	-24.39
卓越商企服务（06989）	12.79	12.72	14.09	15.79	12.09
第一服务控股（02107）	10.68	13.42	13.18	3.00	4.50
世茂服务（00873）	10.99	15.41	14.38	14.58	-10.14
合景悠活（03913）	12.08	16.44	21.33	20.99	1.48
金科服务（09666）	10.75	16.08	18.84	18.04	-36.76
融创服务（01516）	5.34	9.54	13.53	17.19	-6.49
恒大物业（06666）	4.05	12.68	25.18	-2.94	12.50
佳源服务（01153）	10.72	11.00	11.36	12.69	—
华润万象生活（01209）	9.53	6.21	12.05	19.42	18.39
远洋服务（06677）	8.94	11.21	11.95	14.88	2.41

9-16 续表1　　单位：%

公司名称	2018年	2019年	2020年	2021年	2022年
建发物业（02156）	7.94	8.50	10.38	10.33	10.96
荣万家（02146）	8.02	8.83	14.58	16.05	12.25
宋都服务（09608）	15.70	15.79	12.75	17.31	12.38
新希望服务（03658）	15.79	16.67	18.53	17.82	19.37
越秀服务（06626）	6.20	10.39	17.44	19.27	17.07
中骏商管（00606）	8.77	13.44	20.16	23.25	17.96
朗诗绿色生活（01965）	9.98	7.92	10.91	7.91	3.29
领悦服务集团（02165）	8.33	12.62	16.40	13.88	13.89
德信服务集团（02215）	5.64	9.86	15.28	12.63	13.05
融信服务（02207）	8.17	13.76	11.34	12.04	2.10
康桥悦生活（02205）	9.47	16.57	15.94	11.30	−
星盛商业（06668）	23.71	24.37	28.81	32.14	25.79
京城佳业（02210）	4.51	4.89	6.30	6.87	7.35
力高健康生活（02370）	8.90	16.46	19.83	11.32	−
方圆生活服务（09978）	13.16	8.73	4.21	5.12	6.18
金茂服务（00816）	3.04	2.87	8.16	11.81	14.01
东原仁知服务（02352）	7.51	4.58	11.02	10.93	7.01
德商产投服务（02270）	48.72	44.56	33.20	12.93	12.52
万物云 (02602)	−	7.47	8.37	7.23	5.27
润华服务 (02455)	4.05	6.83	10.01	7.39	5.83
苏新服务 (02152)	9.32	9.99	10.98	12.21	12.55
鲁商服务 (02376)	8.67	9.01	11.26	13.21	12.46
南都物业（603506）	9.10	9.71	10.32	10.68	8.42
新大正（002968）	10.06	10.03	10.08	8.02	7.20
招商积余（001914）	12.84	4.45	4.77	4.31	4.40
特发服务（300917）	7.96	7.64	9.82	6.97	6.08
中天服务（002188）	−449.55	2585.90	−924.76	54.55	19.65

数据来源：中指数据库监测。

9-17　上市物业服务企业 2018—2022 年营业总成本/营业总收入

单位：%

公司名称	2018 年	2019 年	2020 年	2021 年	2022 年
彩生活（01778）	64.51	64.75	66.42	—	—
中海物业（02669）	79.57	80.05	81.73	82.61	88.26
中奥到家（01538）	72.42	73.45	74.80	76.90	93.71
绿城服务（02869）	82.15	81.97	80.97	81.45	95.69
祈福生活服务（03686）	51.35	55.56	56.35	54.83	73.23
浦江中国（01417）	82.82	84.60	84.65	85.70	98.77
雅生活服务（03319）	61.80	63.28	70.35	72.52	84.19
碧桂园服务（06098）	62.32	68.35	66.03	69.27	87.00
新城悦服务（01755）	70.52	70.36	69.27	69.17	87.99
佳兆业美好（02168）	69.07	70.01	69.50	70.41	93.81
旭辉永升服务（01995）	71.28	70.42	68.60	72.36	86.08
奥园健康（03662）	66.27	62.58	65.81	—	89.17
滨江服务（03316）	73.51	71.93	69.04	67.86	74.79
和泓服务（06093）	64.14	66.11	64.19	65.55	90.03
鑫苑服务（01895）	66.04	62.21	60.58	65.44	—
银城生活服务（01922）	85.47	83.92	83.12	83.78	91.07
保利物业（06049）	79.87	79.71	81.35	81.32	90.44
时代邻里（09928）	72.62	71.77	69.80	72.72	106.91
华发物业服务（00982）	54.40	56.61	72.10	72.90	82.51
宝龙商业（09909）	72.85	73.56	69.05	66.65	79.82
兴业物联（09916）	52.46	57.28	59.31	66.69	80.67
烨星集团（01941）	67.46	65.47	75.72	73.39	117.85
建业新生活（09983）	76.85	67.15	67.58	67.12	78.27
金融街物业（01502）	81.53	80.80	78.42	80.10	88.56
弘阳服务（01971）	80.01	74.66	72.09	71.65	89.77
正荣服务（06958）	73.49	65.86	65.24	67.95	122.87
卓越商企服务（06989）	75.94	76.39	73.71	72.32	83.14
第一服务控股（02107）	66.71	65.18	65.36	70.05	97.09
世茂服务（00873）	70.64	66.33	68.61	70.69	107.36
合景悠活（03913）	72.24	62.68	57.91	62.34	95.30
金科服务（09666）	74.35	72.69	70.31	69.06	135.90
融创服务（01516）	76.98	74.52	72.41	68.48	111.12
恒大物业（06666）	87.75	76.07	61.88	—	83.89
佳源服务（01153）	76.18	76.11	69.58	68.54	
华润万象生活（01209）	84.98	83.94	73.05	68.92	80.87
远洋服务（06677）	79.94	79.41	74.73	72.19	83.93

9-17 续表1　　　　　　　　　　　　　　　　　　　　　　　　　　　　　　　　　　　　　　单位：%

公司名称	2018年	2019年	2020年	2021年	2022年
建发物业（02156）	76.85	77.11	75.53	74.99	89.55
荣万家（02146）	83.33	81.76	71.92	—	84.27
宋都服务（09608）	71.73	70.84	69.67	63.78	88.38
新希望服务（03658）	57.39	58.09	57.95	59.28	77.41
越秀服务（06626）	74.11	72.84	65.47	65.03	81.26
中骏商管（00606）	65.45	63.05	55.72	52.78	80.15
朗诗绿色生活（01965）	73.35	76.64	73.25	74.76	91.54
领悦服务集团（02165）	73.08	69.20	66.18	71.35	85.13
德信服务集团（02215）	76.09	71.74	65.95	65.64	88.68
融信服务（02207）	72.52	67.74	71.17	71.90	97.88
康桥悦生活（02205）	76.42	69.40	69.33	73.98	—
星盛商业（06668）	0.00	0.00	0.00	—	67.24
京城佳业（02210）	48.29	48.21	43.74	42.25	92.64
力高健康生活（02370）	79.16	80.18	79.23	77.74	—
方圆生活服务（09978）	78.99	69.08	65.34	67.33	96.08
金茂服务（00816）	0.00	0.00	0.00	75.74	82.54
东原仁知服务（02352）	79.98	80.78	75.13	68.99	94.43
德商产投服务（02270）	77.09	76.27	71.83	74.11	92.81
万物云(02602)	40.35	48.12	51.01	59.17	95.15
润华服务(02455)	95.48	91.93	90.76	92.72	94.29
苏新服务(02152)	93.80	92.89	93.09	84.74	85.79
鲁商服务(02376)	89.38	89.33	87.15	84.66	85.88
南都物业（603506）	77.90	77.56	78.24	77.23	91.67
新大正（002968）	78.75	78.86	78.58	81.33	92.43
招商积余（001914）	80.36	81.74	86.39	86.24	94.21
特发服务（300917）	78.95	81.35	79.24	83.25	93.85
中天服务（002188）	360.51	362.05	357.65	86.49	84.67

数据来源：中指数据库监测。

9-18 2022年香港上市物业服务企业营业收入

单位：亿元人民币

公司名称	2022年中	2022年末
彩生活（01778）	–	–
中海物业（02669）	49.55	113.35
中奥到家（01538）	8.46	17.24
绿城服务（02869）	68.33	148.68
祈福生活服务（03686）	2.01	3.84
浦江中国（01417）	4.46	9.20
雅生活服务（03319）	76.22	153.84
碧桂园服务（06098）	200.61	414.16
新城悦服务（01755）	24.72	51.87
佳兆业美好（02168）	8.97	17.85
旭辉永升服务（01995）	31.65	64.52
奥园健康（03662）	8.47	16.32
滨江服务（03316）	8.32	19.86
和泓服务（06093）	4.64	10.43
鑫苑服务（01895）	3.59	–
银城生活服务（01922）	8.14	17.14
保利物业（06049）	64.50	136.87
时代邻里（09928）	13.22	26.09
华发物业服务（00982）	9.08	16.00
宝龙商业（09909）	12.69	25.57
兴业物联（09916）	1.56	3.21
烨星集团（01941）	1.73	3.43
建业新生活（09983）	15.66	31.48
金融街物业（01502）	6.70	13.88
弘阳服务（01971）	5.60	11.05
正荣服务（06958）	6.12	11.51
卓越商企服务（06989）	18.64	35.28
第一服务控股（02107）	5.53	11.22
世茂服务（00873）	42.68	86.48
合景悠活（03913）	20.70	40.34
金科服务（09666）	25.65	50.05
融创服务（01516）	39.89	71.26
恒大物业（06666）	57.95	118.30
佳源服务（01153）	4.60	–
华润万象生活（01209）	52.87	120.37
远洋服务（06677）	16.01	32.72

9-18 续表1　　　　　　　　　　　　　　　　　　　　　　　　　　　　　　　　　　　　单位：亿元人民币

公司名称	2022年中	2022年末
建发物业（02156）	10.03	22.93
荣万家（02146）	10.64	19.28
宋都服务（09608）	1.32	2.73
新希望服务（03658）	5.14	11.47
越秀服务（06626）	10.90	24.87
中骏商管（00606）	6.05	11.84
朗诗绿色生活（01965）	4.19	8.90
领悦服务集团（02165）	2.86	5.78
德信服务集团（02215）	4.86	9.59
融信服务（02207）	4.34	8.78
康桥悦生活（02205）	3.73	–
星盛商业（06668）	2.70	5.61
京城佳业（02210）	6.67	15.68
力高健康生活（02370）	2.08	–
方圆生活服务（09978）	2.78	5.13
金茂服务（00816）	10.98	24.37
东原仁知服务（02352）	6.15	13.42
德商产投服务（02270）	1.26	2.68
万物云 (02602)	142.43	301.07
润华服务 (02455)	3.22	6.92
苏新服务 (02152)	2.44	5.24
鲁商服务 (02376)	3.26	6.28

数据来源：中指数据库监测。

9-19　2022年沪深上市物业服务企业营业收入

单位：亿元人民币

企业名称	2022第一季度	2022第二季度	2022第三季度	2022第四季度
南都物业（603506）	4.15	8.97	13.78	18.47
新大正（002968）	6.11	12.50	19.14	25.98
招商积余（001914）	25.37	56.46	91.77	130.24
特发服务（300917）	4.53	9.35	14.61	20.06
中天服务（002188）	0.65	1.37	2.11	3.06

数据来源：中指数据库监测。

9-20　2022年香港上市物业服务企业毛利润

单位：亿元人民币

公司名称	2022年中	2022年末
彩生活（01778）	-	-
中海物业（02669）	7.24	17.98
中奥到家（01538）	1.95	3.57
绿城服务（02869）	13.12	24.02
祈福生活服务（03686）	0.94	1.78
浦江中国（01417）	0.71	1.30
雅生活服务（03319）	20.53	33.84
碧桂园服务（06098）	53.87	102.57
新城悦服务（01755）	7.16	13.38
佳兆业美好（02168）	2.24	4.71
旭辉永升服务（01995）	8.13	12.93
奥园健康（03662）	2.43	3.97
滨江服务（03316）	2.62	5.92
和泓服务（06093）	1.51	2.95
鑫苑服务（01895）	1.36	-
银城生活服务（01922）	1.24	2.59
保利物业（06049）	13.05	25.74
时代邻里（09928）	2.98	5.56
华发物业服务（00982）	2.37	3.96
宝龙商业（09909）	4.30	8.34
兴业物联（09916）	0.51	1.00
烨星集团（01941）	0.49	0.67
建业新生活（09983）	4.98	10.43
金融街物业（01502）	1.31	2.49
弘阳服务（01971）	1.51	2.56
正荣服务（06958）	1.93	2.53
卓越商企服务（06989）	5.30	8.44
第一服务控股（02107）	1.39	2.61
世茂服务（00873）	11.14	19.43
合景悠活（03913）	6.22	12.41
金科服务（09666）	6.79	9.43
融创服务（01516）	11.27	16.04
恒大物业（06666）	12.84	27.19
佳源服务（01153）	1.45	-
华润万象生活（01209）	16.72	36.11
远洋服务（06677）	4.29	7.69

9-20 续表　　　　　　　　　　　　　　　　　　　　　　　　　　　　　　　　　　单位：亿元人民币

公司名称	2022年中	2022年末
建发物业（02156）	2.56	5.37
荣万家（02146）	3.20	6.21
宋都服务（09608）	0.40	0.58
新希望服务（03658）	2.09	4.31
越秀服务（06626）	3.45	6.79
中骏商管（00606）	2.52	4.30
朗诗绿色生活（01965）	1.05	1.98
领悦服务集团（02165）	0.85	1.67
德信服务集团（02215）	1.54	2.71
融信服务（02207）	0.92	1.73
康桥悦生活（02205）	1.06	—
星盛商业（06668）	1.50	3.13
京城佳业（02210）	1.57	3.47
力高健康生活（02370）	0.68	—
方圆生活服务（09978）	0.62	1.02
金茂服务（00816）	3.56	7.34
东原仁知服务（02352）	1.45	2.76
德商产投服务（02270）	0.44	0.95
万物云 (02602)	21.27	42.31
润华服务 (02455)	0.67	1.22
苏新服务 (02152)	0.56	1.21
鲁商服务 (02376)	0.76	1.45

数据来源：中指数据库监测。

9-21　2022年沪深上市物业服务企业毛利润

单位：亿元人民币

企业名称	2022第一季度	2022第二季度	2022第三季度	2022第四季度
南都物业（603506）	1.03	2.04	3.02	3.60
新大正（002968）	1.05	2.08	3.15	4.19
招商积余（001914）	3.15	6.81	10.38	15.41
特发服务（300917）	0.62	1.25	1.9	2.67
中天服务（002188）	0.18	0.39	0.58	0.88

数据来源：中指数据库监测。

9-22 2022年香港上市物业服务企业营业利润

单位：亿元人民币

公司名称	2022年中	2022年末
彩生活（01778）	-	-
中海物业（02669）	5.58	11.96
中奥到家（01538）	0.93	1.11
绿城服务（02869）	4.17	7.26
祈福生活服务（03686）	0.62	1.05
浦江中国（01417）	0.16	0.25
雅生活服务（03319）	16.27	24.44
碧桂园服务（06098）	32.92	55.99
新城悦服务（01755）	4.82	6.24
佳兆业美好（02168）	0.59	1.11
旭辉永升服务（01995）	4.95	9.02
奥园健康（03662）	1.38	1.92
滨江服务（03316）	2.34	5.03
和泓服务（06093）	0.77	1.04
鑫苑服务（01895）	0.83	-
银城生活服务（01922）	0.84	1.60
保利物业（06049）	7.57	13.13
时代邻里（09928）	0.67	-1.79
华发物业服务（00982）	1.99	2.93
宝龙商业（09909）	3.26	5.74
兴业物联（09916）	0.36	0.62
烨星集团（01941）	0.09	-0.61
建业新生活（09983）	3.76	6.95
金融街物业（01502）	0.90	1.62
弘阳服务（01971）	0.95	1.16
正荣服务（06958）	0.33	-2.52
卓越商企服务（06989）	4.19	6.04
第一服务控股（02107）	0.23	0.34
世茂服务（00873）	1.58	-4.20
合景悠活（03913）	3.84	0.68
金科服务（09666）	4.44	-17.89
融创服务（01516）	6.99	-7.87
恒大物业（06666）	8.76	19.63
佳源服务（01153）	1.00	-
华润万象生活（01209）	11.62	23.90
远洋服务（06677）	3.43	5.28

9-22 续表1 单位：亿元人民币

公司名称	2022年中	2022年末
建发物业（02156）	1.45	2.40
荣万家（02146）	1.99	4.52
宋都服务（09608）	0.19	0.32
新希望服务（03658）	1.30	2.63
越秀服务（06626）	2.45	4.69
中骏商管（00606）	1.74	2.35
朗诗绿色生活（01965）	0.51	0.75
领悦服务集团（02165）	0.59	0.86
德信服务集团（02215）	0.84	1.11
融信服务（02207）	0.51	0.19
康桥悦生活（02205）	0.78	–
星盛商业（06668）	1.25	2.12
京城佳业（02210）	0.54	1.18
力高健康生活（02370）	0.28	–
方圆生活服务（09978）	0.15	0.21
金茂服务（00816）	2.15	4.27
东原仁知服务（02352）	0.71	0.75
德商产投服务（02270）	0.21	0.19
万物云(02602)	7.73	14.72
润华服务(02455)	0.25	–
苏新服务(02152)	0.43	0.86
鲁商服务(02376)	0.55	0.89

数据来源：中指数据库监测。

9-23　2022年沪深上市物业服务企业营业利润

单位：亿元人民币

企业名称	2022第一季度	2022第二季度	2022第三季度	2022第四季度
南都物业（603506）	0.54	1.33	1.92	1.97
新大正（002968）	0.52	1.12	1.76	2.22
招商积余（001914）	2.00	4.63	6.58	8.25
特发服务（300917）	0.43	0.81	1.17	1.62
中天服务（002188）	0.10	0.22	0.28	0.48

数据来源：中指数据库监测。

9-24　2022年香港上市物业服务企业净利润

单位：亿元人民币

公司名称	2022年中	2022年末
彩生活（01778）	-	-
中海物业（02669）	3.37	11.44
中奥到家（01538）	0.61	0.77
绿城服务（02869）	3.41	5.48
祈福生活服务（03686）	0.55	0.95
浦江中国（01417）	0.12	0.13
雅生活服务（03319）	10.58	18.40
碧桂园服务（06098）	25.76	19.43
新城悦服务（01755）	2.26	4.23
佳兆业美好（02168）	0.49	0.93
旭辉永升服务（01995）	3.77	4.80
奥园健康（03662）	0.49	1.60
滨江服务（03316）	1.90	4.12
和泓服务（06093）	0.44	0.69
鑫苑服务（01895）	0.65	-
银城生活服务（01922）	0.51	1.07
保利物业（06049）	6.28	11.13
时代邻里（09928）	0.31	−2.14
华发物业服务（00982）	1.21	1.93
宝龙商业（09909）	2.40	4.43
兴业物联（09916）	0.32	0.47
烨星集团（01941）	0.09	−0.52
建业新生活（09983）	2.90	5.62
金融街物业（01502）	0.62	1.21
弘阳服务（01971）	0.69	0.92
正荣服务（06958）	0.08	−2.81
卓越商企服务（06989）	3.11	4.03
第一服务控股（02107）	0.21	0.41
世茂服务（00873）	1.40	−9.27
合景悠活（03913）	3.14	0.03
金科服务（09666）	3.57	−18.19
融创服务（01516）	−7.51	−4.82
恒大物业（06666）	5.46	14.23
佳源服务（01153）	0.66	-
华润万象生活（01209）	10.28	22.13
远洋服务（06677）	2.67	0.75

9-24　续表1　　　　　　　　　　　　　　　　　　　　　　　　　　　　　　　　　　　　　　　单位：亿元人民币

公司名称	2022年中	2022年末
建发物业（02156）	1.30	2.47
荣万家（02146）	1.81	2.36
宋都服务（09608）	0.19	0.33
新希望服务（03658）	1.00	2.03
越秀服务（06626）	2.11	4.16
中骏商管（00606）	1.34	2.08
朗诗绿色生活（01965）	0.23	0.28
领悦服务集团（02165）	0.46	0.77
德信服务集团（02215）	0.85	1.22
融信服务（02207）	0.32	0.16
康桥悦生活（02205）	0.49	–
星盛商业（06668）	0.96	1.54
京城佳业（02210）	0.52	1.14
力高健康生活（02370）	0.12	–
方圆生活服务（09978）	0.10	0.18
金茂服务（00816）	1.69	3.36
东原仁知服务（02352）	0.55	0.91
德商产投服务（02270）	0.26	0.34
万物云（02602）	8.73	15.10
润华服务（02455）	0.20	0.40
苏新服务（02152）	0.29	0.65
鲁商服务（02376）	0.40	0.77

数据来源：中指数据库监测。

9-25　2022年沪深上市物业服务企业净利润

单位：亿元人民币

企业名称	2022第一季度	2022第二季度	2022第三季度	2022第四季度
南都物业（603506）	0.40	0.95	1.50	1.55
新大正（002968）	0.44	0.94	1.49	1.86
招商积余（001914）	1.44	3.32	4.69	5.69
特发服务（300917）	0.33	0.62	0.89	1.22
中天服务（002188）	0.34	0.43	0.48	0.62

数据来源：中指数据库监测。

9-26 2022年香港上市物业服务企业经营活动产生的现金流量净额

单位：亿元人民币

公司名称	2022年中	2022年末
彩生活（01778）	-	-
中海物业（02669）	−8.30	10.32
中奥到家（01538）	−0.38	0.84
绿城服务（02869）	−5.16	6.95
祈福生活服务（03686）	0.84	1.56
浦江中国（01417）	−0.92	0.03
雅生活服务（03319）	−14.32	−9.34
碧桂园服务（06098）	23.46	33.21
新城悦服务（01755）	−3.82	0.64
佳兆业美好（02168）	−1.30	−0.71
旭辉永升服务（01995）	1.34	-
奥园健康（03662）	−1.35	−1.06
滨江服务（03316）	4.71	11.23
和泓服务（06093）	−1.22	−0.23
鑫苑服务（01895）	−0.14	-
银城生活服务（01922）	−1.59	0.39
保利物业（06049）	−23.47	14.74
时代邻里（09928）	−1.38	0.73
华发物业服务（00982）	−1.05	1.99
宝龙商业（09909）	−1.35	2.87
兴业物联（09916）	0.11	0.29
烨星集团（01941）	−0.03	−0.24
建业新生活（09983）	−0.09	3.09
金融街物业（01502）	−0.53	2.17
弘阳服务（01971）	−0.28	−1.86
正荣服务（06958）	−0.09	0.03
卓越商企服务（06989）	1.55	1.92
第一服务控股（02107）	−0.61	−0.12
世茂服务（00873）	−24.04	−15.12
合景悠活（03913）	1.59	2.34
金科服务（09666）	−3.07	3.93
融创服务（01516）	−10.09	−3.95
恒大物业（06666）	-	-
佳源服务（01153）	−2.00	-
华润万象生活（01209）	6.33	18.91
远洋服务（06677）	0.76	−0.44

9-26 续表1　　　　　　　　　　　　　　　　　　　　　　　　　　　　　　　　　鲁商服务（02376）

公司名称	2022年中	2022年末
建发物业（02156）	-3.12	4.96
荣万家（02146）	-5.68	-5.88
宋都服务（09608）	-1.60	-0.45
新希望服务（03658）	0.16	1.79
越秀服务（06626）	3.82	7.50
中骏商管（00606）	0.55	1.09
朗诗绿色生活（01965）	-1.22	0.54
领悦服务集团（02165）	0.31	0.94
德信服务集团（02215）	-0.41	-2.24
融信服务（02207）	-1.33	-0.15
康桥悦生活（02205）	0.08	-
星盛商业（06668）	0.40	1.62
京城佳业（02210）	-0.35	1.16
力高健康生活（02370）	-0.30	-
方圆生活服务（09978）	-0.38	0.17
金茂服务（00816）	1.17	1.54
东原仁知服务（02352）	-0.77	0.31
德商产投服务（02270）	-0.14	-0.22
万物云（02602）	-18.46	27.56
润华服务（02455）	-0.30	-0.16
苏新服务（02152）	0.20	0.09
鲁商服务（02376）	0.42	-0.04

数据来源：中指数据库监测。

9-27　2022年沪深上市物业服务企业经营活动产生的现金流量净额

单位：亿元人民币

企业名称	2022第一季度	2022第二季度	2022第三季度	2022第四季度
南都物业（603506）	-0.43	0.73	0.37	1.56
新大正（002968）	-1.85	-1.15	-1.39	0.90
招商积余（001914）	-8.58	-4.99	-4.54	9.95
特发服务（300917）	0.74	0.84	1.10	1.31
中天服务（002188）	-0.65	-0.51	-0.61	-0.28

数据来源：中指数据库监测。

9-28 2022年香港上市物业服务企业投资活动产生的现金流量净额

单位：亿元人民币

公司名称	2022年中	2022年末
彩生活（01778）	-	-
中海物业（02669）	1.30	-10.23
中奥到家（01538）	-0.23	-0.68
绿城服务（02869）	2.37	-1.41
祈福生活服务（03686）	-0.34	0.95
浦江中国（01417）	0.02	-0.23
雅生活服务（03319）	11.62	11.85
碧桂园服务（06098）	-12.70	7.55
新城悦服务（01755）	-2.95	-4.67
佳兆业美好（02168）	-0.27	-0.33
旭辉永升服务（01995）	-0.18	-
奥园健康（03662）	0.04	-0.51
滨江服务（03316）	-1.03	0.32
和泓服务（06093）	-0.27	-0.92
鑫苑服务（01895）	0.03	-
银城生活服务（01922）	-0.42	-1.74
保利物业（06049）	-0.94	-0.98
时代邻里（09928）	-0.22	-0.19
华发物业服务（00982）	-0.01	-0.18
宝龙商业（09909）	9.14	14.93
兴业物联（09916）	0.50	0.47
烨星集团（01941）	0.04	-0.09
建业新生活（09983）	1.22	1.27
金融街物业（01502）	0.08	-0.59
弘阳服务（01971）	-0.10	-0.21
正荣服务（06958）	-0.01	-0.08
卓越商企服务（06989）	3.35	-1.65
第一服务控股（02107）	0.88	-0.18
世茂服务（00873）	-4.16	-29.32
合景悠活（03913）	-3.47	6.55
金科服务（09666）	-2.35	-17.55
融创服务（01516）	0.88	-5.19
恒大物业（06666）	-	-
佳源服务（01153）	2.76	-
华润万象生活（01209）	-11.31	-10.64
远洋服务（06677）	-0.02	-17.08

9-28 续表1　　　　　　　　　　　　　　　　　　　　　　　　　　　　　　　　　单位：亿元人民币

公司名称	2022年中	2022年末
建发物业（02156）	0.09	0.06
荣万家（02146）	6.17	5.61
宋都服务（09608）	−0.11	−1.64
新希望服务（03658）	−1.56	−1.70
越秀服务（06626）	−0.10	−0.22
中骏商管（00606）	−16.03	−26.23
朗诗绿色生活（01965）	−0.79	−1.35
领悦服务集团（02165）	0.01	−0.03
德信服务集团（02215）	3.56	0.86
融信服务（02207）	−0.04	−0.18
康桥悦生活（02205）	−0.33	−
星盛商业（06668）	1.36	−0.04
京城佳业（02210）	−0.16	−0.38
力高健康生活（02370）	−0.03	−
方圆生活服务（09978）	−0.17	−0.20
金茂服务（00816）	−2.97	−3.60
东原仁知服务（02352）	−0.59	−1.55
德商产投服务（02270）	−0.01	−0.13
万物云(02602)	−3.86	−0.36
润华服务(02455)	−0.29	−0.31
苏新服务(02152)	−0.34	−0.57
鲁商服务(02376)	0.03	0.02

数据来源：中指数据库监测。

9-29　2022年沪深上市物业服务企业投资活动产生的现金流量净额

单位：亿元人民币

企业名称	2022第一季度	2022第二季度	2022第三季度	2022第四季度
南都物业（603506）	−2.56	−3.09	−4.02	−3.11
新大正（002968）	−0.04	−0.23	−0.62	−0.81
招商积余（001914）	0.84	7.97	11.65	6.24
特发服务（300917）	0.35	0.84	−0.04	1.50
中天服务（002188）	−	0.03	−	−0.03

数据来源：中指数据库监测。

9-30　2022年香港上市物业服务企业筹资活动产生的现金流量净额

单位：亿元人民币

公司名称	2022年中	2022年末
彩生活（01778）	-	-
中海物业（02669）	3.68	-3.25
中奥到家（01538）	0.36	-0.05
绿城服务（02869）	-1.44	-7.20
祈福生活服务（03686）	-0.08	-0.36
浦江中国（01417）	0.11	0.12
雅生活服务（03319）	-1.28	-8.38
碧桂园服务（06098）	-37.48	-44.11
新城悦服务（01755）	-0.09	-1.44
佳兆业美好（02168）	-0.05	-0.07
旭辉永升服务（01995）	-2.48	-
奥园健康（03662）	-1.91	-2.72
滨江服务（03316）	-1.12	-1.11
和泓服务（06093）	-0.09	-0.22
鑫苑服务（01895）	-0.68	-
银城生活服务（01922）	-0.56	-1.11
保利物业（06049）	-0.39	-1.38
时代邻里（09928）	-0.07	-0.59
华发物业服务（00982）	-2.13	-1.83
宝龙商业（09909）	-0.45	-3.22
兴业物联（09916）	-	-0.08
烨星集团（01941）	0.00	-0.01
建业新生活（09983）	-4.17	-6.76
金融街物业（01502）	-0.19	-1.12
弘阳服务（01971）	0.61	0.54
正荣服务（06958）	-0.57	-0.46
卓越商企服务（06989）	-0.89	-4.47
第一服务控股（02107）	-0.23	-0.85
世茂服务（00873）	-1.02	-30.91
合景悠活（03913）	4.74	-2.76
金科服务（09666）	-4.71	-5.18
融创服务（01516）	-4.72	-5.20
恒大物业（06666）	-	-
佳源服务（01153）	-0.08	-
华润万象生活（01209）	-3.62	-19.36
远洋服务（06677）	-1.21	-2.92

9-30 续表1　　　　　　　　　　　　　　　　　　　　　　　　　　　　　　　　　　　单位：亿元人民币

公司名称	2022年中	2022年末
建发物业（02156）	−0.01	−0.60
荣万家（02146）	0.00	−0.94
宋都服务（09608）	0.00	0.00
新希望服务（03658）	−0.01	−0.74
越秀服务（06626）	−0.36	−1.84
中骏商管（00606）	−0.36	−1.40
朗诗绿色生活（01965）	−0.02	−0.05
领悦服务集团（02165）	0.00	−0.05
德信服务集团（02215）	0.12	−1.52
融信服务（02207）	−0.02	−0.05
康桥悦生活（02205）	−0.03	−
星盛商业（06668）	0.08	−1.18
京城佳业（02210）	−0.17	−0.30
力高健康生活（02370）	1.30	−
方圆生活服务（09978）	0.38	0.31
金茂服务（00816）	6.70	6.65
东原仁知服务（02352）	1.03	0.96
德商产投服务（02270）	0.12	0.19
万物云(02602)	−13.88	41.83
润华服务(02455)	−0.14	−0.10
苏新服务(02152)	−0.65	0.91
鲁商服务(02376)	−0.08	1.46

数据来源：中指数据库监测。

9-31　2022年沪深上市物业服务企业筹资活动产生的现金流量净额

单位：亿元人民币

企业名称	2022第一季度	2022第二季度	2022第三季度	2022第四季度
南都物业（603506）	−0.08	−0.79	−0.83	−0.90
新大正（002968）	−	−0.72	−0.75	−0.78
招商积余（001914）	0.19	2.70	2.35	−5.19
特发服务（300917）	−0.01	−0.36	−0.39	−0.44
中天服务（002188）	0.00	−0.05	−0.47	−0.47

数据来源：中指数据库监测。

9-32　2022年香港上市物业服务企业流动资产合计

单位：亿元人民币

公司名称	2022年中	2022年末
彩生活（01778）	-	-
中海物业（02669）	71.43	81.25
中奥到家（01538）	12.94	12.70
绿城服务（02869）	106.62	108.41
祈福生活服务（03686）	6.92	7.18
浦江中国（01417）	5.50	5.82
雅生活服务（03319）	143.20	153.01
碧桂园服务（06098）	315.71	346.56
新城悦服务（01755）	44.60	46.99
佳兆业美好（02168）	12.84	13.40
旭辉永升服务（01995）	57.94	48.80
奥园健康（03662）	16.16	16.67
滨江服务（03316）	19.30	26.40
和泓服务（06093）	7.99	9.29
鑫苑服务（01895）	10.56	-
银城生活服务（01922）	8.83	10.25
保利物业（06049）	112.95	121.33
时代邻里（09928）	22.70	19.31
华发物业服务（00982）	8.17	8.98
宝龙商业（09909）	42.25	42.84
兴业物联（09916）	5.37	5.84
烨星集团（01941）	4.13	3.15
建业新生活（09983）	45.61	48.29
金融街物业（01502）	17.94	18.31
弘阳服务（01971）	11.49	12.95
正荣服务（06958）	13.15	12.48
卓越商企服务（06989）	49.71	40.70
第一服务控股（02107）	10.66	10.70
世茂服务（00873）	124.99	92.86
合景悠活（03913）	48.43	43.84
金科服务（09666）	88.51	63.50
融创服务（01516）	82.49	91.17
恒大物业（06666）	37.83	48.95
佳源服务（01153）	10.15	-
华润万象生活（01209）	162.26	158.39
远洋服务（06677）	38.31	30.03

9-32 续表1   单位：亿元人民币

公司名称	2022年中	2022年末
建发物业（02156）	29.29	31.57
荣万家（02146）	35.33	36.60
宋都服务（09608）	4.88	4.62
新希望服务（03658）	13.38	14.44
越秀服务（06626）	50.95	54.18
中骏商管（00606）	30.78	24.67
朗诗绿色生活（01965）	8.03	8.97
领悦服务集团（02165）	6.22	6.49
德信服务集团（02215）	13.60	9.74
融信服务（02207）	11.52	11.64
康桥悦生活（02205）	10.25	—
星盛商业（06668）	13.79	13.23
京城佳业（02210）	16.33	18.80
力高健康生活（02370）	4.17	—
方圆生活服务（09978）	4.53	4.77
金茂服务（00816）	21.63	24.42
东原仁知服务（02352）	8.18	8.92
德商产投服务（02270）	3.92	4.05
万物云（02602）	129.77	217.89
润华服务（02455）	2.39	2.67
苏新服务（02152）	4.14	5.80
鲁商服务（02376）	6.48	7.91

数据来源：中指数据库监测。

9-33 2022年沪深上市物业服务企业流动资产合计

单位：亿元人民币

企业名称	2022第一季度	2022第二季度	2022第三季度	2022第四季度
南都物业（603506）	16.54	18.15	17.89	17.20
新大正（002968）	11.35	11.45	11.47	12.36
招商积余（001914）	59.62	76.17	86.46	78.48
特发服务（300917）	13.03	13.19	13.75	14.27
中天服务（002188）	2.39	2.34	1.99	2.24

数据来源：中指数据库监测。

9-34　2022年香港上市物业服务企业总资产

单位：亿元人民币

公司名称	2022年中	2022年末
彩生活（01778）	-	-
中海物业（02669）	76.83	86.32
中奥到家（01538）	19.91	19.57
绿城服务（02869）	158.40	168.54
祈福生活服务（03686）	8.12	8.43
浦江中国（01417）	9.86	10.17
雅生活服务（03319）	216.82	227.02
碧桂园服务（06098）	679.18	700.77
新城悦服务（01755）	55.90	61.51
佳兆业美好（02168）	21.86	22.49
旭辉永升服务（01995）	78.57	80.43
奥园健康（03662）	21.77	22.21
滨江服务（03316）	22.17	29.94
和泓服务（06093）	13.08	16.33
鑫苑服务（01895）	14.34	-
银城生活服务（01922）	10.78	12.45
保利物业（06049）	124.20	131.10
时代邻里（09928）	32.94	29.29
华发物业服务（00982）	9.23	9.90
宝龙商业（09909）	51.92	52.13
兴业物联（09916）	5.41	5.91
烨星集团（01941）	5.09	4.16
建业新生活（09983）	50.43	53.35
金融街物业（01502）	19.24	20.01
弘阳服务（01971）	15.12	15.80
正荣服务（06958）	23.48	19.82
卓越商企服务（06989）	55.86	50.12
第一服务控股（02107）	13.61	13.69
世茂服务（00873）	184.57	146.00
合景悠活（03913）	75.25	69.45
金科服务（09666）	104.10	83.57
融创服务（01516）	119.26	124.93
恒大物业（06666）	62.56	71.48
佳源服务（01153）	12.37	-
华润万象生活（01209）	252.82	258.38
远洋服务（06677）	42.19	40.86

9-34 续表1　　　　　　　　　　　　　　　　　　　　　　　　　　　　　　　　　　　单位：亿元人民币

公司名称	2022年中	2022年末
建发物业（02156）	30.66	33.07
荣万家（02146）	37.88	39.54
宋都服务（09608）	5.26	5.30
新希望服务（03658）	16.96	18.20
越秀服务（06626）	55.97	59.48
中骏商管（00606）	31.32	31.85
朗诗绿色生活（01965）	9.64	10.61
领悦服务集团（02165）	6.74	7.03
德信服务集团（02215）	13.92	13.15
融信服务（02207）	11.75	11.98
康桥悦生活（02205）	11.80	—
星盛商业（06668）	21.10	21.42
京城佳业（02210）	19.37	21.79
力高健康生活（02370）	5.30	—
方圆生活服务（09978）	5.47	5.74
金茂服务（00816）	26.06	30.04
东原仁知服务（02352）	11.64	12.61
德商产投服务（02270）	4.12	4.50
万物云(02602)	280.89	369.10
润华服务(02455)	5.07	5.40
苏新服务(02152)	12.89	14.36
鲁商服务(02376)	7.16	8.57

数据来源：中指数据库监测。

9-35　2022年沪深上市物业服务企业总资产

单位：亿元人民币

企业名称	2022第一季度	2022第二季度	2022第三季度	2022第四季度
南都物业（603506）	22.15	23.67	23.30	22.94
新大正（002968）	14.57	14.78	15.33	16.70
招商积余（001914）	167.80	169.33	185.32	178.15
特发服务（300917）	14.06	14.24	14.84	15.38
中天服务（002188）	2.57	2.55	2.24	2.51

数据来源：中指数据库监测。

9-36 2022年香港上市物业服务企业流动负债合计

单位：亿元人民币

公司名称	2022年中	2022年末
彩生活（01778）	-	-
中海物业（02669）	48.23	54.22
中奥到家（01538）	9.94	9.40
绿城服务（02869）	69.58	73.87
祈福生活服务（03686）	1.54	1.44
浦江中国（01417）	4.18	4.60
雅生活服务（03319）	77.59	81.88
碧桂园服务（06098）	237.56	249.94
新城悦服务（01755）	27.54	30.09
佳兆业美好（02168）	7.97	8.11
旭辉永升服务（01995）	28.46	30.44
奥园健康（03662）	12.80	11.91
滨江服务（03316）	11.45	16.81
和泓服务（06093）	6.12	8.68
鑫苑服务（01895）	5.10	-
银城生活服务（01922）	7.49	8.55
保利物业（06049）	50.02	51.85
时代邻里（09928）	11.70	10.74
华发物业服务（00982）	9.73	9.53
宝龙商业（09909）	17.13	15.74
兴业物联（09916）	1.46	1.73
烨星集团（01941）	2.32	2.00
建业新生活（09983）	18.59	21.23
金融街物业（01502）	7.39	7.28
弘阳服务（01971）	5.52	6.24
正荣服务（06958）	7.76	7.64
卓越商企服务（06989）	17.53	12.25
第一服务控股（02107）	6.68	6.67
世茂服务（00873）	81.62	55.53
合景悠活（03913）	30.73	29.60
金科服务（09666）	25.02	27.64
融创服务（01516）	42.19	44.84
恒大物业（06666）	82.39	82.17
佳源服务（01153）	4.96	-
华润万象生活（01209）	82.90	80.40
远洋服务（06677）	15.57	17.36

9-36 续表1　　　　　　　　　　　　　　　　　　　　　　　　　　　　　　　　　　　　单位：亿元人民币

公司名称	2022年中	2022年末
建发物业（02156）	19.21	20.05
荣万家（02146）	16.17	18.73
宋都服务（09608）	1.92	1.81
新希望服务（03658）	5.61	5.69
越秀服务（06626）	18.46	20.21
中骏商管（00606）	6.25	5.96
朗诗绿色生活（01965）	5.57	6.51
领悦服务集团（02165）	2.46	2.48
德信服务集团（02215）	4.75	5.33
融信服务（02207）	4.41	4.93
康桥悦生活（02205）	4.16	—
星盛商业（06668）	2.79	2.93
京城佳业（02210）	10.93	12.93
力高健康生活（02370）	1.75	—
方圆生活服务（09978）	2.97	3.19
金茂服务（00816）	13.98	15.33
东原仁知服务（02352）	6.89	7.54
德商产投服务（02270）	1.22	1.45
万物云(02602)	150.66	177.14
润华服务(02455)	1.78	2.11
苏新服务(02152)	3.98	3.72
鲁商服务(02376)	3.72	3.52

数据来源：中指数据库监测。

9-37　2022年沪深上市物业服务企业流动负债合计

单位：亿元人民币

企业名称	2022第一季度	2022第二季度	2022第三季度	2022第四季度
南都物业（603506）	10.42	12.28	11.42	11.69
新大正（002968）	3.86	4.30	4.22	5.06
招商积余（001914）	45.55	40.64	52.76	54.15
特发服务（300917）	4.77	5.00	5.28	5.51
中天服务（002188）	1.70	1.59	1.21	1.37

数据来源：中指数据库监测。

9-38　2022年香港上市物业服务企业总负债

单位：亿元人民币

公司名称	2022年中	2022年末
彩生活（01778）	-	-
中海物业（02669）	49.26	55.08
中奥到家（01538）	10.23	9.70
绿城服务（02869）	82.52	89.78
祈福生活服务（03686）	2.13	2.05
浦江中国（01417）	6.09	6.47
雅生活服务（03319）	82.64	85.77
碧桂园服务（06098）	276.78	301.68
新城悦服务（01755）	29.47	32.42
佳兆业美好（02168）	8.38	8.52
旭辉永升服务（01995）	29.79	32.10
奥园健康（03662）	13.23	12.29
滨江服务（03316）	11.58	17.08
和泓服务（06093）	6.41	9.22
鑫苑服务（01895）	5.21	-
银城生活服务（01922）	7.71	8.80
保利物业（06049）	50.87	52.65
时代邻里（09928）	13.54	12.39
华发物业服务（00982）	9.90	9.84
宝龙商业（09909）	26.15	24.77
兴业物联（09916）	1.51	1.78
烨星集团（01941）	2.35	2.03
建业新生活（09983）	20.34	22.76
金融街物业（01502）	7.74	7.84
弘阳服务（01971）	6.33	6.90
正荣服务（06958）	8.89	8.12
卓越商企服务（06989）	19.27	14.23
第一服务控股（02107）	7.11	6.95
世茂服务（00873）	90.13	62.32
合景悠活（03913）	37.47	35.16
金科服务（09666）	27.88	29.56
融创服务（01516）	44.31	47.24
恒大物业（06666）	87.85	86.61
佳源服务（01153）	5.42	-
华润万象生活（01209）	110.02	115.12
远洋服务（06677）	16.12	18.28

9-38 续表1
单位：亿元人民币

公司名称	2022年中	2022年末
建发物业（02156）	19.38	20.34
荣万家（02146）	16.27	18.83
宋都服务（09608）	1.93	1.82
新希望服务（03658）	6.40	6.46
越秀服务（06626）	24.19	25.57
中骏商管（00606）	6.28	5.97
朗诗绿色生活（01965）	5.69	6.62
领悦服务集团（02165）	2.49	2.50
德信服务集团（02215）	4.76	5.34
融信服务（02207）	4.44	4.96
康桥悦生活（02205）	4.37	—
星盛商业（06668）	9.50	9.61
京城佳业（02210）	11.96	13.97
力高健康生活（02370）	1.87	—
方圆生活服务（09978）	3.20	3.36
金茂服务（00816）	14.45	16.43
东原仁知服务（02352）	7.12	7.76
德商产投服务（02270）	1.24	1.51
万物云（02602）	172.36	199.09
润华服务（02455）	3.28	3.40
苏新服务（02152）	7.07	6.73
鲁商服务（02376）	3.76	3.53

数据来源：中指数据库监测。

9-39 2022年沪深上市物业服务企业总负债

单位：亿元人民币

企业名称	2022第一季度	2022第二季度	2022第三季度	2022第四季度
南都物业（603506）	12.10	13.71	12.77	12.42
新大正（002968）	4.18	4.63	4.52	5.39
招商积余（001914）	80.57	81.28	93.08	85.04
特发服务（300917）	4.95	5.16	5.49	5.70
中天服务（002188）	1.71	1.60	1.24	1.39

数据来源：中指数据库监测。

9-40 2018-2022年中国物业服务百强企业经营数据

		2018	2019	2020	2021	2022	
管理规模	管理面积均值	3718.13	4278.83	4878.72	5692.98	6400.62	万平方米
	在管项目数量均值	192.00	212.00	244.00	256.00	267.00	个
	单个项目管理面积均值	19.37	20.18	19.99	22.24	23.93	万平方米
	百强企业市场份额	38.85	43.61	49.71	52.31	--	%
	TOP10 企业市场份额	11.35	9.22	10.56	12.84	--	%
	TOP10 管理面积均值	23918.48	22077.68	--	--	--	万平方米
	TOP11~30 管理面积均值	6363.54	8021.24	--	--	--	万平方米
	TOP31~50 管理面积均值	2324.44	2638.24	--	--	--	万平方米
	TOP51~100 管理面积均值	1260.51	1355.68	--	--	--	万平方米
	进入城市数量均值	29.00	31.00	34.00	35.00	36.00	个
	单位城市项目均数	6.64	6.84	7.18	7.31	7.43	个
	单个城市管理面积均值	128.21	138.27	143.49	162.66	177.79	万平方米
	单体超过100万平方米的项目数量	382.00	486.00	--	--	--	个
	单体在50~100万平方米的项目数量	2046.00	2288.00	--	--	--	个
经营绩效	营业收入均值	88617.59	104015.43	117339.37	134013.29	148245.51	万元
	基础物业服务收入	71326.86	81704.92	91442.57	102157.64	117231.75	万元
	多种经营服务收入	17290.65	22310.13	25896.80	31855.65	31013.75	万元
	基础物业服务收入占比	80.49	78.55	77.93	76.23	79.08	%
	多种经营服务收入占比	19.51	21.45	22.07	23.77	20.92	%
	TOP10 营业收入	48.83	56.76	71.77	107.78	131.01	亿元
	TOP11~30 营业收入	16.73	21.42	--	--	--	亿元
	TOP31~50 营业收入	5.57	6.41	--	--	--	亿元
	TOP51~100 营业收入	2.99	3.25	--	--	--	亿元
	净利润均值	7221.40	9112.36	10454.94	12166.52	9441.22	万元
	基础物业服务净利润均值	4022.68	4904.45	5405.40	6000.54	--	万元
	多种经营净利润均值	3198.72	4207.92	5049.54	6165.99	--	万元
	净利润率	8.15	8.76	8.91	9.08	6.37	%
	基础物业服务净利润占比	55.70	53.82	51.70	49.32	--	%
	多种经营净利润占比	44.30	46.18	48.30	50.68	--	%
	TOP10 净利润	44199.88	66071.47	105852.48	141403.00	--	万元
	TOP11~30 净利润	13758.77	18449.13	--	--	--	万元
	TOP31~50 净利润	4275.78	5090.74	--	--	--	万元
	TOP51~100 净利润	2087.79	2338.74	--	--	--	万元
	营业成本均值	67743.08	79029.08	88567.76	100358.97	116189.77	万元
	营业成本率	76.44	75.98	75.48	74.89	78.38	%
	毛利润	20874.43	24985.96	28771.61	33654.32	32055.74	万元
	毛利率	23.56	24.02	24.52	25.11	21.62	%
	单盘收入均值	461.55	490.64	480.90	523.49	554.15	万元

9-40 续表1

		2018	2019	2020	2021	2022	
经营绩效	单位面积收入均值	23.83	24.31	24.05	23.54	23.16	元/平方米
	人均指标情况＞在管面积	6990.94	--	--	--	--	平方米
	人均指标情况＞产值	15.15	--	--	--	--	万元
	人均指标情况＞净利润	1.23	--	--	--	--	万元
	人员成本	57.84	59.09	58.32	58.39	57.42	%
	物业共用部分共用设施设备日常运行和维护成本	9.80	9.70	9.75	9.74	9.77	%
	清洁卫生成本	7.74	7.48	8.53	8.46	8.93	%
	秩序维护成本	4.66	4.55	4.01	4.21	4.38	%
	办公成本	3.09	2.89	2.99	2.82	2.96	%
	绿化养护成本	2.16	2.06	2.06	2.26	2.21	%
	物业共用部分共用设施设备及公众责任保险成本	0.91	0.88	0.85	0.93	0.94	%
	其他成本	13.80	13.35	13.49	13.19	13.39	%
服务质量	收缴率	93.75	93.06	93.57	93.77	93.51	%
	续约率	98.26	98.35	98.39	98.44	98.33	%
	绿化外包项目比例	43.34	43.49	--	--	--	%
	秩序维护外包项目比例	24.90	24.92	--	--	--	%
	清洁外包项目比例	60.38	60.50	--	--	--	%
	设备维修保养外包项目比例	37.01	36.88	--	--	--	%
	本科及以上人员占比	10.46	10.98	11.23	11.82	12.12	%
	大专人员占比	19.76	21.42	22.77	22.86	23.01	%
	中专人员占比	22.53	22.85	22.68	22.08	22.14	%
	高中及以下人员占比	47.25	44.75	43.32	43.24	42.73	%
发展潜力	合同储备项目个数均值	70.00	95.00	105.00	112.00	117.00	个
	合同储备项目面积均值	1029.07	1685.07	1830.51	1990.65	2094.36	万平方米
	TOP10储备面积	10105.62	20300.61	17091.33	24238.86	--	万平方米
	TOP11~30储备面积	1103.46	2200.78	2764.41	3206.40	--	万平方米
	TOP31~50储备面积	494.36	775.25	968.69	1079.54	--	万平方米
	TOP51~100储备面积	304.54	330.06	361.01	387.35	--	万平方米
	TOP10储备项目个数	634.37	1044.00	1082.00	1105.00	--	个
	TOP11~30储备项目个数	74.95	121.00	127.00	134.00	--	个
	TOP31~50储备项目个数	34.48	49.00	52.00	56.00	--	个
	TOP51~100储备项目个数	25.71	26.00	27.00	29.00	--	个
社会责任	百强企业员工数	117.01	127.60	148.32	150.06	--	万人
	外包岗位数	51.76	55.15	59.02	64.23	--	万人
	员工工资	6.04	6.45	--	--	--	万元/年
	保障房项目数量	797.00	894.00	--	--	--	个
	保障房在管物业总面积	15776.56	17519.87	--	--	--	万平方米

数据来源：中指研究院。

政策篇

第十章 2022年房地产及相关政策

10-1　2022年宏观经济政策

时间	地区	政策内容	政策来源
1月6日	全国	坚决维护社会主义市场经济秩序，加强反垄断、反暴利、反天价、反恶意炒作、反不正当竞争，支持和引导资本规范健康发展；配合做好金融安全、房地产调控等工作，防止各类风险跨地区跨领域跨市场传导，坚决守住不发生系统性风险的底线。	国家发改委党组书记、主任何立峰日前撰文《从百年党史中汲取力量全力做好发展改革工作》
1月17日	全国	初步核算，2021年全年国内生产总值1143670亿元，按不变价格计算，比上年增长8.1%，两年平均增长5.1%。全年全国固定资产投资（不含农户）544547亿元，比上年增长4.9%；两年平均增长3.9%。分领域看，房地产开发投资增长4.4%。全国商品房销售面积179433万平方米，增长1.9%；商品房销售额181930亿元，增长4.8%。	国家统计局公布数据2021年全年国内生产总值
1月25日	全国	全年社会消费品零售总额44.1万亿元，增长12.5%。最终消费支出对经济增长贡献率达65.4%，消费重新成为经济增长第一拉动力。四是新型消费快速发展。实物商品网上零售额10.8万亿元，增长12%，占社零总额比重达24.5%，"网上年货节""双品网购节"带动网上零售额1.6万亿元。海南离岛免税品销售额增长83.1%。	国新办召开2021年商务运行情况新闻发布会
2月16日	全国	会议提出2021年，新型城镇化和城乡融合发展工作取得新成效，年末常住人口城镇化率达到64.72%。会议强调，2022年，要深入推进以人为核心的新型城镇化战略，更充分地体现推动城镇化高质量发展这一主题。一是提高新型城镇化建设质量，加快促进农业转移人口市民化，持续优化城镇化空间布局和形态，加快推进新型城市建设，提升城市治理水平。	发改委召开城镇化工作暨城乡融合发展工作部际联席会议第四次会议
3月5日	全国	今年发展主要预期目标是：国内生产总值增长5.5%左右；城镇新增就业1100万人以上，城镇调查失业率全年控制在5.5%以内；居民消费价格涨幅3%左右。	两会政府工作报告
3月8日	全国	国家发展改革委将认真贯彻落实党中央、国务院决策部署，坚持稳字当头、稳中求进，着力稳定宏观经济大盘，保持经济运行在合理区间，保持社会大局稳定，以实际行动迎接党的二十大胜利召开。	国务院新闻办公室召开"坚持稳字当头、稳中求进，推动高质量发展取得新进展"新闻发布会
3月9日	全国	按照中央经济工作会议精神和政府工作报告的部署，为增强可用财力，今年人民银行依法向中央财政上缴结存利润，总额超过1万亿元，主要用于留抵退税和增加对地方转移支付，支持助企纾困、稳就业保民生。	央行向中央财政上缴结存利润，着力稳定宏观经济大盘
3月13日	全国	关于宏观经济运行，一定要落实党中央决策部署，切实振作一季度经济，货币政策要主动应对，新增贷款要保持适度增长。	国务院金融稳定发展委员会召开专题会议
4月7日	全国	会议强调各地区各部门贯彻党中央、国务院部署，积极应对困难挑战，经济运行总体在合理区间。市场主体是稳定经济基本盘的重要基础。当前一些市场主体特别是中小微企业、个体工商户困难多、压力大，必须着力帮扶他们渡过难关。	国务院召开经济形势专家和企业家座谈会
4月18日	全国	GDP：一季度，国内生产总值27.02万亿元，按不变价格计算，同比增长4.8%。房地产：1~3月，全国商品房销售面积3.1亿平米，同比降13.8%，其中，住宅销售面积2.6亿平米，同比降18.6%；商品房销售额3.0万亿元，同比降22.7%，其中，住宅销售额2.6万亿元，同比降25.6%。房屋新开工面积3.0亿㎡，同比降17.5%；房屋竣工面积1.7亿㎡，同比降11.5%。	国家统计局发布一季度经济数据
4月19日	全国	当前形势下坚持稳字当头，一系列政策举措要靠前发力、适时加力。对特困行业实行阶段性缓缴养老保险费、综合施策保物流畅通和产业链供应链稳定、23条金融举措出台加大支持实体经济力度……一段时间以来，助企纾困再出实招。这是对眼下受到疫情影响行业企业的"雪中送炭"，迫切需要加大力度落细落实，让政策更快直达市场主体。	新华社发文"受新一轮疫情影响，我国经济运行压力进一步加大"
4月19日	全国	①疫情对国内需求的影响是阶段性的，长期向好的基本面没有改变；②下一步将着力扩消费、促投资，加大助企纾困力度，重点落实就业优先政策，确保房租减免、防疫消杀补贴等政策有效传导至市场主体；③将密切跟踪研判国内外形势发展变化，针对可能遇到的各种不确定性，加强政策储备，及时出台有力措施，确保经济运行在合理区间。	国家发展改革委举行4月份新闻发布会

10-1 续表1

时间	地区	政策内容	政策来源
5月4日	全国	①全力做好中小企业融资服务工作，支持中小企业疫后生产经营恢复。②支持房企正常融资活动，允许优质房企进一步拓宽债券募集资金用途。③此外，支持市场主体增持回购。鼓励有条件的上市公司回购公司股票。	深交所发布《关于支持实体经济若干措施的通知》
5月5日	全国	①已确定的政策举措落实到位，确保6月30日前退还中小企业增值税存量留抵税额。②加大政策扶持特别是金融扶持。引导银行加强主动服务，各地安排中小微企业纾困专项资金。③通过手段帮助外资企业克服困难。	国务院总理李克强主持召开国务院常务会议
5月11日	全国	①受新一轮疫情、国际局势变化的超预期影响，4月份经济新的下行压力加大；②要求财政货币政策以就业优先为导向，稳住经济大盘；③要求通过发行不动产投资信托基金等方式，盘活基础设施等存量资产，以拓宽社会投资渠道和扩大有效投资、降低政府债务风险。	国务院总理李克强主持召开国务院常务会议
5月18日	全国	①不搞大水漫灌，应对新挑战仍有政策空间。②已出台政策要尽快落到位，已确定的政策上半年基本实施完毕，确保上半年和全年经济运行在合理区间。③稳地价稳房价，支持居民合理住房需求，保持房地产市场平稳健康发展。	国务院总理李克强主持召开稳增长稳市场主体保就业座谈会
5月18日	全国	①对生产经营出现暂时困难的中小微企业和个体工商户，在房屋租金、水电费、担保费、防疫支出、贷款贴息和社保补贴等方面，给予专项资金支持。②扩增量、稳存量、强保障，缓解困难企业的贷款周转难题。	国务院新闻办公室举行国务院政策例行吹风会
5月23日	全国	①将在更多行业实施存量和增量全额留抵退税，增加退税1400多亿元，全年退减税2.64万亿元；②将中小微企业、个体工商户和5个特困行业缓缴养老等三项社保费政策延至年底，并扩围至其他特困行业，预计今年缓缴3200亿元。③国家融资担保基金再担保合作业务新增1万亿元以上。④将因城施策支持刚性和改善性住房需求。	国务院总理李克强主持召开国务院常务会议
5月31日	全国	①对受疫情严重影响人群，金融机构对其存续的个人住房、消费等贷款，灵活采取合理延后还款时间、延长贷款期限、延期还本等方式调整还款计划。②持续释放贷款市场报价利率（LPR）形成机制改革效能，引导金融机构将存款利率下降效果传导至贷款端，继续推动实际贷款利率稳中有降。③为重点领域企业提供融资支持，进一步释放支持民营企业的信号。④受疫情影响的缴存人，不能正常偿还住房公积金贷款的，不作逾期处理，不纳入征信记录。各地区可根据本地实际情况，提高住房公积金租房提取额度，更好满足实际需要。⑤依据国土空间规划和上一年度进城落户人口数量，合理安排各类城镇年度新增建设用地规模。	国务院发布《关于印发扎实稳住经济一揽子政策措施的通知》
6月1日	全国	①对政策再作全面筛查、细化实化，让市场主体和人民群众应知尽知、应享尽享。②要坚持用改革举措、市场化办法解难题，深化"放管服"改革。③要强化政策落实督促。国务院派到12个省的督查组要在实地督查基础上尽快形成报告，对政策落实中的突出问题予以通报。	国务院总理李克强主持召开国务院常务会议
6月8日	全国	经济下行压力依然突出，需要进一步释放政策效应，确保二季度经济合理增长。地方要结合实际抓落实。聚焦保市场主体、稳岗保就业强化政策支持。进一步细化实化政策举措。对稳经济一揽子措施，地方尚未出台配套政策的、部门尚未出台实施细则的，要尽快推出。	国务院总理李克强主持召开国务院常务会议
6月9日	全国	①对2021年落实打好三大攻坚战、深化"放管服"改革优化营商环境、推动创新驱动发展、扩大内需、实施乡村振兴战略、保障和改善民生等有关重大政策措施真抓实干、取得明显成效的199个地方予以督查激励，相应采取30项激励支持措施。②河北省石家庄市，浙江省杭州市，江西省赣州市，山东省济南市，湖北省武汉市，广东省深圳市，重庆市渝中区，四川省成都市，陕西省西安市，在城镇老旧小区改造、棚户区改造、发展保障性租赁住房成效明显。	国务院办公厅印发《国务院办公厅关于对2021年落实有关重大政策措施真抓实干成效明显地方予以督查激励的通报》

10-1 续表2

时间	地区	政策内容	政策来源
6月15日	全国	①抓住时间窗口，注重区间调控，既果断加大力度、稳经济政策应出尽出，不超发货币、不透支未来，着力保市场主体保就业稳物价，稳住宏观经济大盘。②在"十四五"规划102项重大工程和国家明确的重点建设领域，选择一批示范项目吸引民间资本参与。③深化"放管服"改革。提高民间投资手续办理效率，将大项目纳入地方重点项目库并加强用地等保障。各地要保护民间投资合法权益，严格履行政策承诺。支持平台经济健康发展，支持民间资本发展创业投资。④鼓励金融机构采用续贷、展期等支持民间投资。对符合条件的项目提供政府性融资担保。抓紧推出面向民间投资的不动产投资信托基金项目。鼓励民营企业市场化债转股。	国务院总理李克强主持召开国务院常务会议
6月15日	全国	①我国经济逐步克服疫情的不利影响，呈现恢复势头。但国际环境依然复杂严峻，外部不确定性增大。下阶段，要高效统筹疫情防控和经济社会发展，加大宏观政策调节力度，推动稳增长一揽子政策措施落地见效，着力稳定宏观经济大盘，着力保障和改善民生，推动经济持续恢复。②随着房地产市场长效机制不断完善，坚持房住不炒，持续稳房价、稳地价、稳预期，因城施策，积极推进保障房和长租房建设，有利于房地产市场的健康发展。同时，近期各地也在加大稳定房地产市场政策措施的实施力度，采取多种措施有效满足居民合理住房需求，加之中长期贷款利率下调，居民购房负担降低，这些都有利于房地产市场趋稳。	统计局发布新闻发布会对2022年5月份国民经济运行情况进行解答
6月16日	全国	发挥重大项目牵引和政府投资撬动作用，推动民间投资项目加快实施。鼓励民间投资积极参与盘活存量资产，发行基础设施领域不动产投资信托基金（REITs），鼓励民间资本通过PPP等方式参与盘活国有存量资产，提高参与基础设施项目的便利程度。支持民营企业通过产权交易、并购重组等方式盘活自身资产，鼓励回收资金用于新的项目建设。加强民间投资融资支持，支持民营企业规范发展，持续优化民间投资环境。	国家发展改革委召开6月份线上新闻发布会
6月24日	全国	①支持基础设施公募REITs加快发行上市。支持保障性租赁住房、能源、水利等行业企业发行基础设施公募REITs。支持上市REITs通过扩募、购买资产等方式做优做强。②支持优质房地产企业盘活存量资产。允许优质房地产企业进一步拓宽债券募集资金用途，鼓励优质房地产企业发行公司债券兼并收购出险房地产企业项目，促进房地产行业平稳健康发展。③加强并购重组信息披露监管弹性。受疫情影响严重地区和行业的上市公司，并购重组项目不能按期更新财务资料或发出股东大会通知的，可以在充分披露具体影响后，依规申请延期1个月，最多可以申请3次。④鼓励证券公司对客户违约柔性处理。引导支持证券公司与受疫情影响股权质押到期还款困难的客户，协商展期3至6个月。对因疫情防控实施隔离或接受救治的融资融券违约客户，鼓励证券公司采取延长追加担保物期限、调整最低维持担保比例等方式柔性处理，暂缓违约处置。	深交所发布《关于进一步支持企业发展服务实体经济的通知》
7月12日	全国	①全面贯彻新发展理念，高效统筹疫情防控和经济社会发展，抓住经济恢复重要窗口期，坚持发展是解决我国一切问题的基础和关键，稳市场主体稳就业稳物价，推进改革开放，齐心协力在三季度巩固经济恢复向好基础，推动经济运行尽快回归正常轨道。②保持经济运行在合理区间，要应对好两难多难问题，既稳增长，又防通胀、注意防输入性通胀。要保持宏观政策连续性，既要有力，尤其要加大稳经济一揽子政策等实施力度，又要合理适度，不预支未来。	中共中央政治局常委、国务院总理李克强主持召开专家和企业家座谈会
7月15日	全国	①上半年GDP 562642亿元，同比增长2.5%。一产增加值29137亿元，同比增长5.0%；二产增加值228636亿元，增长3.2%；三产增加值304868亿元，增长1.8%。②下阶段，高效统筹疫情防控和经济社会发展，抓住经济恢复关键期，狠抓稳经济一揽子政策落地见效，继续做好"六稳""六保"工作，持续增效力激活力添动力，不断巩固经济稳定恢复的基础，确保经济运行在合理区间。	国务院新闻办就2022年上半年国民经济运行情况举行发布会

10-1 续表3

时间	地区	政策内容	政策来源
7月16日	全国	中国通胀较低，预期保持稳定，受疫情和外部冲击的影响，中国经济面临一定下行压力，人民银行将加大稳健货币政策的实施力度，为实体经济提供更有力支持。人民银行将继续牵头做好制定转型金融政策框架等工作，与各方共同推进落实《G20可持续金融路线图》，发挥好金融在支持碳达峰碳中和上的重要作用。	中国人民银行行长易纲线上出席二十国集团财长和央行行长会议
7月20日	全国	①将保持宏观政策连续性针对性，继续着力帮扶市场主体纾解困难，留住经济发展的"青山"。②宏观政策既精准有力又合理适度，不会为过高增长目标而出台超大规模刺激措施、超发货币、预支未来。要坚持实事求是、尽力而为，争取全年经济发展达到较好水平。	国务院总理李克强19日晚在人民大会堂出席世界经济论坛全球企业家视频特别对话会
7月21日	全国	①今年上半年，人民币贷款同比多增9192亿元，银行保险机构新增债券投资6.6万亿元，同比多增3.3万亿元。6月末普惠型小微贷款同比增长22.6%，综合融资成本继续下降。②坚持"房住不炒"定位，因城施策实施差别化住房信贷政策，支持刚性和改善性住房需求，稳妥化解房地产领域风险。③支持地方更加有力推动"保交楼、保民生、保稳定"工作。在地方党委政府"保交楼"工作安排的总体框架下，指导银行积极参与相关工作机制，配合压实企业、股东等相关各方责任，遵循市场化、法治化原则，主动参与合理解决资金硬缺口方案研究，做好具备条件的信贷投放，协助推进项目快复工、早复工、早交付。	国新办举行新闻发布会介绍上半年银行业保险业运行发展情况
7月23日	全国	①建立推进有效投资重要项目协调机制，国家相关部门联合办公、并联审批，连续高效运转。②依法合规投放政策性开发性金融工具资金，不搞地方切块，成熟项目越多的地方得到的支持越大。③各地按质量要求加快项目进度，创造条件确保工地不停工、相关产业链供应链不间断。④因城施策促进房地产市场平稳健康发展，保障住房刚性需求，合理支持改善性需求。	国务院总理李克强主持召开国务院常务会议
7月28日	全国	①做好下半年经济工作，要坚持稳中求进工作总基调，全面落实疫情要防住、经济要稳住、发展要安全的要求，巩固经济回升向好趋势，着力稳就业稳物价，保持经济运行在合理区间，力争实现最好结果。②宏观政策要在扩大需求上积极作为。财政货币政策要有效弥补社会需求不足。用好地方政府专项债券资金，支持地方政府用足用好专项债务限额。货币政策要保持流动性合理充裕，加大对企业的信贷支持，用好政策性银行新增信贷和基础设施建设投资基金。要提高产业链供应链稳定性和国际竞争力，畅通交通物流，优化国内产业链布局，支持中西部地区改善基础设施和营商环境。③要稳定房地产市场，坚持房子是用来住的、不是用来炒的定位，因城施策用足用好政策工具箱，支持刚性和改善性住房需求，压实地方政府责任，保交楼、稳民生。④要充分调动各方面积极性。经济大省要勇挑大梁，有条件的省份要力争完成经济社会发展预期目标。要发挥企业和企业家能动性，营造好的政策和制度环境，让国企敢干、民企敢闯、外企敢投。	中共中央政治局召开会议，分析研究当前经济形势，部署下半年经济工作。中共中央总书记习近平主持会议
8月1日	全国	①推动稳增长政策效应加快释放，发挥投资关键作用及协调机制作用，加快政策性开发性金融工具资金投放。②促进重点领域消费加快恢复，保障能源供应、粮食安全及产业链供应链安全稳定。③深化改革扩大开放，扎实推进区域协调发展、新型城镇化建设及经济社会发展绿色转型。④保持经济社会大局稳定，经济运行在合理区间，争取全年经济发展达到较好水平。	国家发展改革委召开上半年发展改革形势通报会
8月15日	全国	①优化促进经济持续恢复发展的政策环境。宏观政策要在扩大需求上积极作为，既要有力，又要合理适度，不预支未来。加快推进实施已出台的各项政策，做到落实快、协调快、见效快。强化政策预研储备，视情及时出台实施。②综合施策扩大有效需求。加快地方政府专项债券资金使用和政策性银行新增信贷投放。支持刚性和改善性住房需求。落实好稳外贸政策措施，促进外贸稳定增长。③精准补齐短板弱项，防止大拆大建和炒作房地产。严格控制撤县建市设区。	国家发展改革委举行8月份新闻发布会

10-1 续表 4

时间	地区	政策内容	政策来源
8月18日	全国	养老托育服务业与群众生活息息相关。这两个行业受疫情影响大、普遍经营困难，要实施一系列帮扶措施。主要包括：对养老托育中小微企业和个体工商户，一律免除国有房屋租金至年底，增值税留抵税额一次性退存量、按月退增量，各地今年内顶格减免地方"六税两费"。	李克强主持召开国务院常务会议
8月24日	全国	①在3000亿元政策性开发性金融工具已落到项目的基础上，再增加3000亿元以上额度。持续释放贷款市场报价利率改革和传导效应，降低企业融资和个人消费信贷成本。②出台措施支持民营企业发展和投资，促进平台经济健康持续发展。允许地方"一城一策"灵活运用信贷等政策，合理支持刚性和改善性住房需求。③国务院即时派出稳住经济大盘督导和服务工作组，由国务院组成部门主要负责同志带队，赴若干经济大省联合办公，用"放管服"改革等办法提高审批效率，压实地方责任，加快政策举措落实。④中央推动、地方负责抓落实。各部门要迅即出台政策细则，各地要出台配套政策。压实地方责任，加快政策举措落实。	国务院总理李克强主持召开国务院常务会议，部署稳经济一揽子政策的接续政策措施
9月5日	全国	①从出台的时机看，当前我国经济正处于企稳回升的重要窗口，三季度出台政策至关重要。争分夺秒抓好落实，推动相关实施细则早出快出、应出尽出。②推动降低企业融资成本，继续对小微企业和个体工商户、货车司机贷款及受疫情影响的个人住房与消费贷款等实施延期还本付息。保障房地产合理融资需求，合理支持刚性和改善性住房需求。③督促已经获得金融工具支持的项目加快开工准备和要素保障，按照施工进度，有序支付使用资金，确保尽快开工建设。	国务院新闻办公室举行国务院政策例行吹风会
9月8日	全国	①坚持发展是解决我国一切问题的基础和关键，上下联动抓落实，加大政策实施力度，多措并举稳增长稳就业稳物价，稳住经济大盘，保持经济运行在合理区间，实现回稳向上。②要加快重点项目建设，政策性开发性金融工具根据地方实际需求增加额度。③支持刚性和改善性住房需求，因城施策运用政策工具箱中多项工具。④要继续出台增消费扩投资等阶段性政策举措，能用尽用、快出快落地。各地各部门都要出实策。	中共中央政治局常委、国务院总理李克强主持召开国务院专题会议，听取稳住经济大盘赴地方督导和服务工作汇报，研究下一步工作
9月16日	全国	当前我国面临的外部环境更趋复杂严峻，国内经济恢复基础尚需稳固。从国际看，全球经济放缓、通胀高位运行、地缘政治风险持续，主要发达经济体加快收紧货币政策，给全球带来的溢出影响明显加大。从国内看，我国经济延续恢复态势，但仍有小幅波动，正处于经济回稳最吃劲的节点。我国经济长期向好的基本面没有改变，经济保持较强韧性，我国货币政策政策空间充足，政策工具丰富，促进经济保持在合理区间具备诸多有利条件。 下一步，人民银行将继续以习近平新时代中国特色社会主义思想为指导，按照党中央、国务院部署，实施好稳健的货币政策，坚持以我为主、稳中求进，兼顾稳就业和稳物价、内部均衡和外部均衡，加力巩固经济恢复发展基础，不搞大水漫灌、不透支未来，以实际行动迎接党的二十大胜利召开。	央行货币政策司发布文章《创新和完善货币政策调控 促进经济运行在合理区间》
9月28日	全国	①四季度经济在全年份量最重，不少政策将在四季度发挥更大效能，要增强信心，抓住时间窗口和时间节点，稳定市场预期，推动政策举措全面落地、充分显效，确保经济运行在合理区间。②要抓好重点工作，针对需求偏弱的突出矛盾，想方设法扩大有效投资和促进消费，调动市场主体和社会资本积极性，继续实施好稳经济一揽子政策和接续政策，注重用好近期出台的两项重要政策工具。③因城施策运用政策工具箱中的工具，支持刚性和改善性住房需求，实施好保交楼政策。	中共中央政治局常委、国务院总理李克强主持召开会议，对稳经济大盘四季度工作再部署、推进再落实

10-1 续表5

时间	地区	政策内容	政策来源
10月16日	全国	①坚持房子是用来住的、不是用来炒的定位，加快建立多主体供给、多渠道保障、租购并举的住房制度。②着力推进城乡融合和区域协调发展，推动经济实现质的有效提升和量的合理增长。促进区域协调发展，深入实施区域协调发展战略、区域重大战略、主体功能区战略、新型城镇化战略，优化重大生产力布局，构建优势互补、高质量发展的区域经济布局和国土空间体系。③到2035年，我国发展的总体目标是：经济实力、科技实力、综合国力大幅跃升，人均国内生产总值迈上新的大台阶，达到中等发达国家水平。④坚持中国特色社会主义道路。坚持以经济建设为中心。⑤高质量发展是全面建设社会主义现代化国家的首要任务。发展是党执政兴国的第一要务。⑥中国共产党的中心任务就是团结带领全国各族人民全面建成社会主义现代化强国、实现第二个百年奋斗目标，以中国式现代化全面推进中华民族伟大复兴	中国共产党第二十次全国代表大会在北京人民大会堂开幕，习近平总书记代表十九届中央委员会向大会作报告
10月25日	全国	①要深刻领会党中央关于国内外形势的分析研判，深刻把握我国发展面临的机遇和挑战，增强忧患意识、强化底线思维，做好应对各种复杂局面的思想准备和工作准备。②全面落实党的二十大关于坚持和加强党中央集中统一领导的各项要求，深刻领悟"两个确立"的决定性意义，增强"四个意识"、坚定"四个自信"、做到"两个维护"	中共中央政治局召开会议研究部署学习宣传贯彻党的二十大精神
10月25日	全国	①坚持社会主义市场经济改革方向，毫不动摇巩固和发展公有制经济，毫不动摇鼓励、支持、引导非公有制经济发展。②要发挥中央和地方两个积极性，紧抓时间窗口推动经济进一步回稳向上。深入落实稳经济一揽子政策措施，着力稳就业稳物价。	国务院党组召开会议深入学习贯彻党的二十大精神
10月27日	全国	①继续狠抓稳经济一揽子政策和接续措施落地。深入落实退税缓税降费、稳岗补贴等政策。②更大激发市场活力和社会创造力，坚持改革开放，深化"放管服"改革，优化营商环境。③财政金融政策工具支持重大项目建设、设备更新改造，要在四季度形成更多实物工作量。④因城施策支持刚性和改善性住房需求。	李克强主持召开国务院常务会议，部署持续落实好稳经济一揽子政策和接续措施推动经济进一步回稳向上等
11月24日	全国	①当前是巩固经济回稳向上基础的关键时间点，必须紧抓不放保持经济持续恢复态势。要深入落实稳经济一揽子政策措施，稳就业稳物价，保持经济运行在合理区间，力争实现较好结果。②落实因城施策支持刚性和改善性住房需求的政策，指导地方加强政策宣传解读。推进保交楼专项借款尽快全面落到项目，激励商业银行新发放保交楼贷款，加快项目建设和交付。努力改善房地产行业资产负债状况，促进房地产市场健康发展。③适时适度运用降准等货币政策工具，保持流动性合理充裕。	国务院总理李克强主持召开国务院常务会议，部署抓实抓好稳经济一揽子政策和接续措施全面落地见效等
12月6日	全国	①坚持稳中求进工作总基调，完整、准确、全面贯彻新发展理念，加快构建新发展格局，着力推动高质量发展，更好统筹疫情防控和经济社会发展，更好统筹发展和安全，全面深化改革开放，大力提振市场信心，把实施扩大内需战略同深化供给侧结构性改革有机结合起来，突出做好稳增长、稳就业、稳物价工作，有效防范化解重大风险，推动经济运行整体好转，实现质的有效提升和量的合理增长，为全面建设社会主义现代化国家开好局起好步。②明年要坚持稳字当头、稳中求进，继续实施积极的财政政策和稳健的货币政策，加强各类政策协调配合，优化疫情防控措施，形成共促高质量发展的合力。③要有效防范化解重大经济金融风险，守住不发生系统性风险的底线。	中共中央政治局召开会议，分析研究2023年经济工作
12月14日	全国	坚持"房子是用来住的、不是用来炒的"定位，加强房地产市场预期引导，探索新的发展模式，加快建立多主体供给、多渠道保障、租购并举的住房制度，稳妥实施房地产市场平稳健康发展长效机制，支持居民合理自住需求，遏制投资投机性需求，稳地价、稳房价、稳预期。完善住房保障基础性制度和支持政策，以人口净流入的大城市为重点，扩大保障性租赁住房供给。因地制宜发展共有产权住房。完善长租房政策，逐步使租购住房在享受公共服务上具有同等权利。健全住房公积金制度。推进无障碍设施建设，促进家庭装修消费，增加智能家电消费，推动数字家庭发展。	中共中央、国务院印发《扩大内需战略规划纲要（2022-2035年）》

10-1 续表6

时间	地区	政策内容	政策来源
12月15日	全国	①明年要坚持稳字当头、稳中求进，继续实施积极的财政政策和稳健的货币政策，加大宏观政策调控力度，加强各类政策协调配合，形成共促高质量发展合力。积极的财政政策要加力提效。保持必要的财政支出强度，稳健的货币政策要精准有力。要保持流动性合理充裕，保持人民币汇率在合理均衡水平上的基本稳定，强化金融稳定保障体系。②着力扩大国内需求。要把恢复和扩大消费摆在优先位置。增强消费能力，改善消费条件，创新消费场景。多渠道增加城乡居民收入，支持住房改善、新能源汽车、养老服务等消费。③有效防范化解重大经济金融风险。要确保房地产市场平稳发展，扎实做好保交楼、保民生、保稳定各项工作，满足行业合理融资需求，推动行业重组并购，有效防范化解优质头部房企风险，改善资产负债状况，同时要坚决依法打击违法犯罪行为。要因城施策，支持刚性和改善性住房需求，解决好新市民、青年人等住房问题，探索长租房市场建设。要坚持房子是用来住的、不是用来炒的定位，推动房地产业向新发展模式平稳过渡。要防范化解金融风险，压实各方责任，防止形成区域性、系统性金融风险。加强党中央对金融工作集中统一领导。要防范化解地方政府债务风险，坚决遏制增量、化解存量。	中央经济工作会议在北京举行，总结2022年经济工作，分析当前经济形势，部署2023年经济工作：要确保房地产市场平稳发展
12月20日	全国	①要落实中央经济工作会议精神，贯彻党中央、国务院部署，更好统筹疫情防控和经济社会发展，着力做好稳增长、稳就业、稳物价工作，保持经济运行在合理区间，促进经济进一步回稳向好、实现明年好的开局。②落实稳经济一揽子政策措施，抓好填平补齐，确保全面落地。落实支持刚性和改善性住房需求、保交楼和房企融资等16条金融政策。	国务院总理李克强主持召开国务院常务会议：落实支持刚性和改善性住房需求、保交楼和房企融资等16条金融政策

10-2　2022年金融财政政策

时间	地区	政策内容	政策来源
1月18日	全国	央行副行长刘国强指出，当前经济面临三重压力，"稳"本身就是最大的"进"。在经济下行压力根本缓解之前，进要服务于稳，不利于稳的政策不出台，有利于稳的政策多出台，做到以进促稳。 刘国强表示，当前的重点目标是'稳'，政策的要求是发力。将从三个方面发力：一是充足发力，把货币政策工具箱开得再大一些，保持总量稳定，避免信贷塌方；二是精准发力，要致广大而尽精微，金融部门不但要迎客上门，还要主动出击，按照新发展理念的要求，主动找好项目，做有效的加法，优化经济结构；三是靠前发力，前瞻操作，走在市场曲线的前面，及时回应市场的普遍关切，不能拖。	2021年金融统计数据新闻发布会
1月25日	全国	财政部副部长许宏才介绍，2021年，全国一般公共预算收入20.25万亿元，2021年收入比上年增长10.7%，与2019年相比增长6.4%，完成收入预算。其中，中央一般公共预算收入9.15万亿元，比上年增长10.5%；地方一般公共预算本级收入11.1万亿元，比上年增长10.9%。中央和地方均有一定超收，主要是经济恢复性增长，再加上工业生产者出厂价格指数涨幅较高等因素拉动。	国新办召开2021年全年财政收支情况新闻发布会
2月17日	全国	央行行长易纲介绍了中国经济金融形势，表示中国通胀总体温和，货币政策灵活精准、合理适度，服务实体经济的质量和效率不断提升，人民银行将保持稳健的货币政策灵活适度，加大跨周期调节力度，推动经济高质量发展。	2022年首次G20财长和央行行长会议召开
2月18日	全国	会议指出，2021年证监会债券条线坚持市场化、法治化方向，扎实推进债券市场基础制度建设、风险防范化解、公募REITs试点、债券市场统一执法等工作，交易所债券市场总体保持稳定健康发展。	中国证监会召开2022年债券监管工作会议
3月2日	全国	由省、自治区、直辖市人民政府根据本地区实际情况，以及宏观调控需要确定，对增值税小规模纳税人、小型微利企业和个体工商户可以在50%的税额幅度内减征资源税、城市维护建设税、房产税、城镇土地使用税、印花税（不含证券交易印花税）、耕地占用税和教育费附加、地方教育附加。	财政部发布关于进一步实施小微企业"六税两费"减免政策的公告
3月5日	全国	积极的财政政策要提升效能，更加注重精准、可持续；稳健的货币政策要灵活适度，保持流动性合理充裕；加大稳健的货币政策实施力度。发挥货币政策工具的总量和结构双重功能，为实体经济提供更有力支持；扩大新增贷款规模，保持货币供应量和社会融资规模增速与名义经济增速基本匹配，保持宏观杠杆率基本稳定；进一步疏通货币政策传导机制，引导资金更多流向重点领域和薄弱环节，扩大普惠金融覆盖面。推动金融机构降低实际贷款利率、减少收费。	两会政府工作报告
3月6日	全国	其中关于房地产方面，强调优化住房金融服务，满足新市民安居需求。助力增加保障性住房供给；支持住房租赁市场健康发展；满足新市民合理购房信贷需求；提升新市民住房公积金服务水平；优化新市民安居金融服务。	银保监会、央行发布关于加强新市民金融服务工作的通知
3月11日	全国	将实施新的组合式税费支持政策，减税与退税并举，突出支持实体经济，重点向制造业和小微企业倾斜；加强减税降费力度，显著加大增值税留抵退税力度，预计全年退税减税约2.5万亿元，其中留抵退税约1.5万亿元。	国新办举行解读《政府工作报告》修改情况吹风会
3月12日	全国	房地产税改革试点依照全国人大常委会的授权进行，一些城市开展了调查摸底和初步研究，但综合考虑各方面的情况，今年内不具备扩大房地产税改革试点城市的条件。	财政部有关负责人就房地产税改革试点问题答记者问
3月22日	全国	深入推进公募REITs试点，进一步促进投融资良性循环：正研究制定基础设施REITs扩募规则，抓紧推动保障性租赁住房公募REITs试点项目落地。	证监会表示深入推进公募REITs试点，进一步促进投融资良性循环

10-2 续表1

时间	地区	政策内容	政策来源
3月23日	全国	专项资金不得用于建设政府性楼堂馆所，不得用于建设各类形象工程、政绩工程，不得用于土地储备和棚户区改造新开工项目等支出。	财政部发布关于进一步加大增值税期末留抵退税政策实施力度的公告
3月23日	广东	在监管部门的正确领导和大力支持下，近期持续优化新市民金融服务，有效满足新市民合理购房信贷需求，持续加大租赁住房等保障性住房的金融支持力度，强化就业创业信贷支持和风险保障，大力推动城市定制型医疗保险等商业健康保险、商业养老保险以及养老理财产品发展，不断提升基础金融服务便利性，满足新市民多样化的金融服务需求。	广东召开新市民金融服务情况调研座谈会
3月24日	全国	保持信贷和社融适度增长防止和纠正出台不利于市场预期的政策。一是加大稳健货币政策对实体经济的支持力度，坚持不搞"大水漫灌"，同时及时运用多种货币政策工具，保持流动性合理充裕，保持信贷和社会融资适度增长。二是保持政策稳定性，近年来稳定经济运行、激发市场活力的政策要尽可能延续实施，同时开展政策取向一致性评估，防止和纠正出台不利于市场预期的政策。	李克强主持召开国务院常务会议
3月25日	广东	2022年扩大"六税两费"适用范围落实好LPR下行。2022年对符合房产税、城镇土地使用税困难减免税情形，纳税确有困难的纳税人按规定给予合理困难减免。	广东发布关于印发广东省促进工业经济平稳增长行动方案的通知
4月1日	全国	会议强调，防范化解风险是金融工作永恒的主题。要清醒认识当前金融稳定工作面临的形势与挑战，防控金融风险不能有丝毫懈怠。要进一步加强党对金融工作的全面领导，继承发扬伟大建党精神，巩固拓展党史学习教育成果，不断提高政治判断力、政治领悟力、政治执行力。要将落实中央巡视整改要求与防范化解金融风险、深化金融改革开放紧密结合起来，推动金融稳定工作取得新成效。	央行召开2022年金融稳定工作电视会议
4月1日	上海	引导金融机构重点落实好助企纾困措施，进一步优化信贷结构，切实增强金融服务实体经济能力。	上海发布《2022年上海信贷政策指引》
4月6日	全国	要适时灵活运用再贷款等多种货币政策工具，更好发挥总量和结构双重功能，加大对实体经济的支持。加大稳健的货币政策实施力度，保持流动性合理充裕。研究采取金融支持消费和有效投资的举措，提升对新市民的金融服务水平，优化保障性住房金融服务，保障重点项目建设融资需求，推动制造业中长期贷款较快增长。	国务院召开常务会议
4月7日	重庆	商业银行应切实贯彻差别化住房信贷政策，合理确定符合购房条件的新市民首套住房按揭贷款标准，建立科学审慎的信用评估体系，对符合购房政策要求且具备购房能力、收入相对稳定的新市民，提升借款和还款便利度。	重庆发布《金融支持新市民安居乐业实施细则》
4月8日	全国	加大信用贷款投放力度，力争普惠型小微企业贷款余额中信用贷款占比持续提高。要强化对重点领域和薄弱环节小微企业的金融支持，助力畅通国民经济循环。	银保监会发布关于2022年进一步强化金融支持小微企业发展工作的通知
4月13日	全国	会议部署促进消费的政策举措，决定进一步加大出口退税等政策支持力度，确定加大金融支持实体经济的措施，引导降低市场主体融资成本。	国务院总理李克强主持召开国务院常务会议
4月13日	苏州	自2022年1月1日至2024年12月31日，对增值税小规模纳税人、小型微利企业和个体工商户按照税额的50%减征资源税、城市维护建设税、房产税、城镇土地使用税、印花税（不含证券交易印花税）、耕地占用税和教育费附加、地方教育附加。	苏州市政府印发关于支持服务业相关领域纾困和恢复发展政策意见的通知
4月14日	郑州	各级金融机构要用好货币政策工具，在保持信贷总量稳定增长的同时，推动综合融资成本稳中有降。要加大对制造业、房地产业、基础设施、普惠金融、有机更新等重点领域的信贷支持。要加强工作统筹，市直有关部门要不断完善企业融资需求发布机制，建立企业（项目）融资需求库，及时更新并向金融机构发布。	郑州召开金融机构座谈会，要加大对房地产业等重点领域的信贷支持

10-2　续表2

时间	地区	政策内容	政策来源
4月15日	全国	针对当前疫情散发影响的情况，银保监会将进一步抓实抓细政策落实，丰富办理渠道，通过灵活调整按揭贷款还款安排、合理延后还款期限等方式缓解受疫情影响客户还款的压力，切实将政策落实好、落到位，充分发挥金融机构在抗击疫情工作中的积极作用。 下一步，银保监会将加强指导，协同地方政府联合发力，按照市场化原则，因地制宜、先易后难，引导银行保险机构满足新市民在创业、就业、住房、教育、医疗、养老等领域的金融需求。	银保监会召开一季度银行业保险业运行发展情况发布会
4月16日	全国	今年实施好积极的财政政策，要坚持稳字当头、稳中求进，财政政策发力适当靠前，用好政策工具箱、打足提前量，早出台政策，早下拨资金，早落地见效，着力稳定宏观经济大盘。	财政部部长刘昆在《求是》杂志撰文指出，财政政策发力适当靠前着力稳定宏观经济大盘
4月18日	全国	要加快推进财税体制改革，为贯彻新发展理念、推动高质量发展提供有力支撑；要更好发挥财政政策调控作用，积极为稳定宏观经济出力；要实施更大力度减税降费，加强对市场主体支持，激活市场主体活力；要保持适当财政支出强度，提高支出精准度，为经济社会发展提供坚实财力保障	财政部深入学习习近平新时代中国特色社会主义经济思想，深刻领会习近平总书记在2021年中央经济工作会议上的重要讲话精神，结合实际开展研讨交流
4月20日	全国	行长易纲在G20财长和央行行长会议中表示：①中国稳健的货币政策灵活适度，政策发力适当靠前，支持实体经济发展，央行将灵活运用多种货币政策工具，发挥好货币政策工具总量和结构双重功能，加大对实体经济的支持；②当前形势下，G20应聚焦经济金融政策协调，共同推动全球经济复苏。	二十国集团（G20）主席国印度尼西亚以线上线下相结合的方式，在华盛顿主持召开今年第二次G20财长与央行行长会议
4月21日	杭州市余杭区	扩大"六税两费"减征范围。按照50%税额幅度减征资源税、城市维护建设税、房产税、城镇土地使用税、印花税（不含证券交易印花税）、耕地占用税和教育费附加、地方教育附加，适用主体由增值税小规模纳税人扩展至小型微利企业和个体工商户。	杭州余杭区发布实施《关于促进受疫情影响困难行业恢复发展的政策意见》
4月22日	全国	①提升新市民金融服务水平，有效满足新市民创业就业、购房安居等方面需求；②配合做好地方政府专项债发行及配套融资工作，支持加快重大项目工程建设；③优化对消费重点领域的金融支持，更有针对性地促进扩大消费；④持续完善"稳地价、稳房价、稳预期"房地产长效机制，支持改善和刚性住房需求，促进房地产业良性循环和健康发展等。	银保监会党委召开会议，深入学习贯彻党中央指示精神，落实国务院金融委专题会议要求
4月22日	全国	①我国经济开局总体良好，但是当前经济增长面临的不确定性进一步增加，经济金融保持着良好的韧性和活力，长期向好的基本面不会改变；②执行好稳健的货币政策，保持流动性合理充裕，推动降低综合融资成本；③发挥好货币政策总量和结构双重功能，落实好稳企业保就业各项金融政策措施；④要在认真落实已出台政策的基础上，进一步加大对实体经济的支持力度。	央行召开党委会，学习传达党中央、国务院重要会议和指示精神，落实国务院金融委工作部署
4月22日	全国	表示要进一步深化外汇领域改革开放，以中小企业为重点优化外汇服务，落实好已出台的外汇支持政策；并加强经济金融形势分析研判和预期引导。	国家外汇管理局党组书记、局长潘功胜主持召开党组（扩大）会议
4月22日	全国	会议分析了当前市场关注的重点敏感问题，研究了应对措施和政策储备，对近期国务院金融委有关安排进行再落实、再推动。会议强调，要及时回应市场关切，引导市场预期，激发市场活力、潜力，进一步提升市场韧性，促进资本市场平稳健康运行。	证监会党委书记、主席易会满主持召开党委（扩大）会议
5月4日	全国	①信贷：利用各类金融资源，增加和改善金融供给，鼓励银行有序降低拨备覆盖率，释放更多信贷资源。②房地产：因城施策落实好差别化住房信贷政策，支持首套和改善性住房需求，灵活调整受疫情影响人群个人住房贷款还款计划，做好重点房地产企业风险处置项目并购的金融服务。③投资：支持发挥有效投资的关键作用，支持适度超前开展基础设施投资。	银保监会传达中央政治局会议精神

10-2 续表3

时间	地区	政策内容	政策来源
5月4日	全国	房企端：支持债券融资，适时出台更多支持实体企业发展的政策措施。市场端：狠抓资本市场风险防控，加强跨境跨市场风险预研预判。	证监会传达中央政治局会议精神强调
5月5日	全国	①房企融资：服务好民营房地产企业的合理融资需求，推动扩大基础设施REITs试点范围，合理把握IPO和再融资常态化。②上市公司：研究推动上市公司回购、增持等稳市行为便利化。③业绩披露：积极推动召开业绩说明会和媒体解读，提高上市公司透明度。	上交所会议传达中央政治局会议精神
5月5日	全国	深化外汇领域改革开放，推进跨境贸易投资便利化，以中小企业为重点优化外汇服务，落实好已出台的外汇支持政策。深化跨境投融资便利化改革，便利更多国际资本在我国投资兴业，支持和鼓励我国资本和企业走向世界。	外汇局传达中央政治局会议精神
5月9日	全国	①保持货币供应量和社会融资规模增速同名义经济增速基本匹配，进一步提高操作的前瞻性、灵活性和有效性。②坚持"房住不炒"，支持各地从当地实际出发完善房地产政策，加大住房租赁金融支持力度；③构建防范化解金融风险长效机制。	央行发布2022年第一季度中国货币政策执行报告
5月9日	深圳	加大流动性贷款等支持力度，保持建筑企业融资连续稳定。优化住房金融服务，支持刚性和改善性居民购房信贷需求，加大对保障性租赁住房的金融支持力度，助力增加保障性住房供给。保持房地产开发贷款平稳有序投放，不盲目抽贷、断贷、压贷。	深圳人民银行、深圳外汇局制定出台《关于统筹做好金融支持疫情防控和经济社会发展有关工作的通知》
5月9日	深圳	加大流动性贷款等支持力度，保持建筑企业融资连续稳定。优化住房金融服务，支持刚性和改善性居民购房信贷需求，加大对保障性租赁住房的金融支持力度，助力增加保障性住房供给。保持房地产开发贷款平稳有序投放，不盲目抽贷、断贷、压贷。	深圳人民银行、深圳外汇局制定出台《关于统筹做好金融支持疫情防控和经济社会发展有关工作的通知》
5月12日	全国	中国人民银行副行长陈雨露：保持流动性的合理充裕，引导贷款市场利率进一步下降，新出台多项结构性货币政策工具。中财办副主任韩文秀：加快落实已经确定的政策，抓紧谋划和推出增量政策工具，进一步加强相机调控。	中共中央宣传部举行"中国这十年"系列主题新闻发布会
5月13日	全国	①探索房地产发展新模式，坚持租购并举，加快发展长租房市场，推进保障性住房建设，支持商品房市场更好满足购房者的合理住房需求。②坚持"房住不炒"定位，稳地价、稳房价、稳预期，因城施策促进房地产业良性循环和健康发展。③鼓励银行机构在依法合规、风险可控前提下，积极发展能效信贷、零售类绿色信贷资产证券化，投资绿色债券，妥善开展环境权益抵质押融资。	银保监会发布关于银行业保险业支持城市建设和治理的指导意见
5月15日	全国	①普通自住房首套住房商业性个人住房贷款利率下限调整为不低于相应期限贷款市场报价利率减20个基点，二套住房商业性个人住房贷款利率政策下限按现行规定执行。②人民银行、银保监会各派出机构按照"因城施策"的原则，指导各省级市场利率定价自律机制，根据辖区内各城市房地产市场形势变化及城市政府调控要求，自主确定辖区内各城市首套和二套住房商业性个人住房贷款利率加点下限。	中国人民银行发布降低个人住房贷款利率下限的通知
5月16日	全国	①做好大型企业债务违约监测预警，提前制定接续融资和债务重组预案，妥善应对不良资产反弹；②坚持"房住不炒"，支持各地从当地实际出发完善房地产政策，支持刚性和改善性住房需求，支持城投公司合理融资。③落实房地产长效机制，合理满足房地产市场融资需求。	银保监会党委在《求是》发表题为《持之以恒防范化解重大金融风险》的文章
5月16日	全国	①加大宏观政策调节力度，全力扩大国内需求，精准发力扩大有效投资。②降低显性成本与降低隐性成本相结合。推动企业税费、融资、用工、用地、物流等显性成本下降。③严格控制撤县建市设区，不能以县城建设为名炒作房地产	国家发展改革委举办5月份新闻发布会
5月23日	全国	①加大实体经济支持力度，全力以赴稳住经济基本盘。②保持房地产信贷平稳增长，支持中小微企业、个体工商户、货车司机贷款和受疫情影响严重的个人住房、消费贷款等实施延期还本付息。	央行、银保监会召开主要金融机构货币信贷形势分析会

10-2 续表 4

时间	地区	政策内容	政策来源
5月23日	全国	①近期经济新的下行压力进一步加大,各主要金融机构要切实承担主体责任,调动行内各方面力量,高效对接有效信贷需求,强化政策传导。②保持房地产信贷平稳增长,支持中小微企业、个体工商户、货车司机贷款和受疫情影响严重的个人住房、消费贷款等实施延期还本付息。	央行、银保监会召开主要金融机构货币信贷形势分析会
5月24日	全国	①受新冠肺炎疫情影响的企业,可按规定申请缓缴住房公积金,到期后进行补缴。在此期间,缴存职工正常提取和申请住房公积金贷款,不受缓缴影响。②受新冠肺炎疫情影响的缴存人,不能正常偿还住房公积金贷款的,不作逾期处理,不作为逾期记录报送征信部门。③各地根据当地房租水平和合理租住面积,可提高住房公积金租房提取额度,支持缴存人按需提取,更好地满足缴存人支付房租的实际需要。	住房和城乡建设部、财政部、中国人民银行发布《关于实施住房公积金阶段性支持政策的通知》
5月25日	全国	①重点盘活存量规模较大、当前收益较好或增长潜力较大的基础设施项目资产,统筹盘活存量和改扩建有机结合的项目资产,有序盘活长期闲置但具有较大开发利用价值的项目资产。②推动基础设施领域不动产投资信托基金（REITs）健康发展,鼓励更多符合条件的基础设施REITs项目发行上市。③支持银行、信托、保险、金融资产管理、股权投资基金等机构,充分发挥各自优势,按照市场化原则积极参与盘活存量资产。	国务院办公厅发布《关于进一步盘活存量资产扩大有效投资的意见》
5月27日	全国	①保障性租赁住房发行基础设施REITs要坚持房子是用来住的、不是用来炒的定位,发起人（原始权益人）应当为开展保障性租赁住房业务的独立法人主体,不得开展商品住宅和商业地产开发业务。②发起人（原始权益人）发行保障性租赁住房基础设施REITs的净回收资金,应当优先用于保障性租赁住房项目建设,如确无可投资的保障性租赁住房项目也可用于其他基础设施补短板重点领域项目建设。	证监会、发改委下发《关于规范做好保障性租赁住房试点发行基础设施领域不动产投资信托基金（REITs）有关工作的通知》
6月2日	全国	①对受疫情严重影响的人群的个人住房贷款,灵活采取合理延后还款时间、延长贷款期限、延期还本等方式调整还款计划,不单独因疫情因素下调贷款风险分类,不影响征信记录,并免收罚息。②对2022年减免3—6个月服务业小微企业和个体工商户承租人房屋租金的国有房屋出租人,鼓励国有银行给予优惠利率质押贷款等支持。③鼓励银行机构在受疫情影响的特定时间内适当提高住宿、餐饮、零售、文化、旅游、交通运输等行业的不良贷款容忍度,幅度不超过3个百分点。④保障疫情严重区域基础金融服务不间断,简化业务流程和申请材料,鼓励加大对因疫情暂时遇困行业企业金融服务收费的优惠减免力度。	中国银保监会发布《关于进一步做好受疫情影响困难行业企业等金融服务的通知》
6月2日	全国	①将靠前发力、适当加力,继续加大稳健货币政策实施力度,推动一揽子金融政策尽快落地。②增强信贷总量增长的稳定性,加大流动性的投放力度,保持流动性总量的合理充裕。③突出金融支持重点领域,从二季度起央行通过普惠小微贷款支持工具提供的激励资金比例由1%提高到2%；带动商业银行和社会资金支持基础设施的建设融资；对中小微企业和个体工商户贷款及暂时遇到困难的个人房贷消费贷,支持银行年内延期还本付息。④推动降低企业融资成本,深化LPR改革,发挥好LPR的指导性作用,落实存款利率市场化的调整机制,带动企业贷款利率的稳中有降。	央行、外汇局举行新闻发布会
6月22日	全国	①各地要按照既定的租金减免工作机制,结合自身实际,统筹各类资金,拿出务实管用措施推动减免市场主体房屋租金,确保各项政策措施落地生效。②被列为疫情中高风险地区所在的县级行政区域内的服务业小微企业和个体工商户承租国有房屋的,2022年减免6个月租金,其他地区减免3个月租金。对出租人减免租金的,税务部门根据地方政府有关规定减免当年房产税、城镇土地使用税；鼓励国有银行对减免租金的出租人视需要给予优惠利率质押贷款等支持。非国有房屋出租人对服务业小微企业和个体工商户减免租金的,除同等享受上述政策优惠外,鼓励各地给予更大力度的政策优惠。	住房和城乡建设部等8部门印发《关于推动阶段性减免市场主体房屋租金工作的通知》

10-2 续表5

时间	地区	政策内容	政策来源
6月24日	全国	①2021年,全国住房公积金各项业务运行平稳,住房公积金缴存额29156.87亿元,6611.21万人提取住房公积金20316.13亿元,发放个人住房贷款310.33万笔、13964.22亿元。截至2021年底,个人住房贷款率84.18%。全年新开户单位79.46万个,新开户职工2220.51万人。②从提取人数来看,租赁住房和老旧小区改造20.5%,购买、建造、翻建、大修自住住房和偿还购房贷款本息65.85%。离退休等提取13.67%。③从提取金额来看,租赁住房和老旧小区改造6.22%,购买、建造、翻建、大修自住住房和偿还购房贷款本息75.45%。离退休等提取18.34%。	住房和城乡建设部、财政部、中国人民银行联合发布《全国住房公积金2021年年度报告》
6月28日	全国	①在区间调控基础上加强定向调控、相机调控、精准调控,不搞"大水漫灌"式的强刺激。②宏观政策保持连续性稳定性,实施大规模减税降费,创新结构性货币政策工具,改革贷款市场报价利率形成机制。	中共中央宣传部在北京举行"中国这十年"系列主题新闻发布会
7月1日	全国	①对具备相关条件的基础设施存量项目,可采取基础设施REITs、政府和社会资本合作(PPP)等方式盘活。②对长期闲置但具有较大开发利用价值的老旧厂房、文化体育场馆和闲置土地等资产,可采取资产升级改造与定位转型、加强专业化运营管理等。③对具备盘活存量和改扩建有机结合条件的项目,鼓励推广污水处理厂下沉、地铁上盖物业、交通枢纽地上地下空间综合开发等模式,拓宽收入来源,提高资产综合利用价值。④对城市老旧资产资源特别是老旧小区改造等项目,可通过精准定位、提升品质、完善用途等丰富资产功能,吸引社会资本参与。⑤此外,可通过产权规范交易、并购重组、不良资产收购处置、混合所有制改革、市场化债转股等方式盘活存量资产,加强存量资产优化整合。	国家发展改革委办公厅发布关于做好盘活存量资产扩大有效投资有关工作的通知;灵活采取多种方式有效盘活不同类型存量资产
7月6日	全国	确保退税减税降费、缓缴社保费、稳岗、普惠金融等政策落实到位,对骗取退税等行为要依法严厉打击。确保养老、医疗、教育、基本住房、社会救助等民生资金规范安全使用,决不允许截留挪用、贪污侵占。	李克强主持召开国务院常务会议
7月14日	全国	①经济情况:经济运行在3月下旬到5月中旬出现波动,6月份经济实现较快企稳回升。稳经济各项政策进一步落地见效,下半年经济有望继续保持回升势头。②投资、出口带动作用明显:前5个月新开工项目数同比增长26.1%,新开工项目计划总投资增长23.3%。近期又新增政策性银行信贷额度8000亿元,创设政策性、开发性金融工具3000亿元,项目建设保障力度加大,投资关键支撑作用进一步凸显。	国家发展改革委举行上半年经济形势媒体吹风会
7月15日	全国	①该指引适用于保障性租赁住房基础设施基金在本所的上市申请、保障性租赁住房基础设施资产支持证券在本所的挂牌条件确认申请以及相关存续期管理等事宜。②原始权益人应当为开展保障性租赁住房业务的独立法人,不得开展商品住宅和商业地产开发业务。鼓励专业化、规模化的住房租赁企业开展保障性租赁住房基础设施基金试点。原始权益人不得以租赁住房等名义,为非租赁住房等房地产开发项目变相融资,或者变相规避房地产调控要求。③原始权益人控股股东或者其关联方业务范围涉及商品住宅和商业地产开发的,原始权益人应当在资产、业务、财务、人员和机构等方面与商品住宅和商业地产开发业务有效隔离,保持相对独立。④基础设施项目运营时间原则上不低于三年。对于出租率较高、已能够实现长期稳定收益的项目,在满足基础设施基金上市要求、符合市场预期、确保风险可控等前提下,可适当降低运营时间要求。	深圳证券交易所发布《关于发布〈深圳证券交易所公开募集基础设施证券投资基金业务指引第4号——保障性租赁住房(试行)〉的通知》

10-2 续表6

时间	地区	政策内容	政策来源
8月1日	全国	①上半年稳健的货币政策实施力度进一步加大，降低存款准备金率0.25个百分点。②支持多省地方政府和监管部门处置化解个别企业、个别机构风险事件。牵头设立金融稳定保障基金。维护房地产市场融资平稳有序，引导个人住房按揭贷款利率下行，支持刚性和改善性住房需求。大型平台企业在金融领域无序扩张得到有效遏制，整改工作取得显著成效。③因城施策实施好差别化住房信贷政策。保持房地产信贷、债券等融资渠道稳定，加快探索房地产新发展模式。督促平台企业全面完成整改，实施规范、透明、可预期的常态化监管，发挥好平台经济创造就业和促进消费的作用。	央行召开2022年下半年工作会议
8月10日	全国	预计今年下半年我国CPI运行中枢较上半年1.7%的水平将有所抬升，一些月份涨幅可能阶段性突破3%，结构性通胀压力加大。下一阶段，货币政策将坚持稳健取向，坚持不搞"大水漫灌"、不超发货币，兼顾把握好稳增长、稳就业、稳物价的平衡。一方面，不断夯实国内粮食稳产增产、能源市场平稳运行的有利条件，密切关注国内外通胀形势变化，做好妥善应对；另一方面，继续保持流动性合理充裕，加大对实体经济的支持力度，保持货币供应量和社会融资规模合理增长，力争全年经济运行实现最好结果。	央行发布《2022年第二季度中国货币政策执行报告》
8月12日	全国	①积极支持更加有力地推进"保交楼、稳民生"工作，银保监会积极指导银行在配合地方政府压实各方责任的有序安排下，积极主动参与合理解决资金硬缺口的方案研究，做好具备条件的信贷投放，千方百计推动"保交楼、稳民生"。同时指导银行稳妥实施房地产金融审慎管理制度，坚持风险可控。②下一步，银保监会将继续坚持房子是用来住的、不是用来炒的定位，进一步落实好房地产金融审慎管理制度，有效满足房地产企业合理融资需求，大力支持租赁住房建设，支持项目并购重组，以新市民和城镇年轻人为重点，更好满足刚性和改善性住房需求。加强与各方工作协同，配合积极推进"保交楼、稳民生"工作，依法依规做好相关金融服务，促进房地产业良性循环和健康发展。	银保监会举行新闻通气会
8月15日	全国	为维护银行体系流动性合理充裕，2022年8月15日人民银行开展4000亿元中期借贷便利（MLF）操作（含对8月16日MLF到期的续做）和20亿元公开市场逆回购操作，充分满足了金融机构需求。中期借贷便利（MLF）操作和公开市场逆回购操作的中标利率均下降10个基点。	央行发布公开市场业务交易公告
8月19日	全国	①严格限定用于已售、逾期、难交付的住宅项目建设交付，实行封闭运行、专款专用。通过专项借款撬动、银行贷款跟进，支持已售逾期难交付住宅项目建设交付，维护购房人合法权益，维护社会稳定大局。②"保交楼、稳民生"压实企业自救主体责任，落实地方政府属地责任，切实维护购房人合法权益。对逾期难交付背后存在的违法违规问题，依法依规严肃查处，对项目原有预售资金被挪用的，追究有关机构和人员责任。③稳妥实施房地产长效机制，抓紧完善相关制度和政策工具箱，探索新的发展模式，持续整顿规范房地产市场秩序，营造守法诚信、风清气正的市场环境，因城施策促进房地产业良性循环和健康发展。	住房和城乡建设部、财政部、中国人民银行等有关部门近日出台措施，完善政策工具箱，通过政策性银行专项借款方式支持已售逾期难交付住宅项目建设交付
8月22日	全国	①金融系统要进一步提高政治站位，增强责任感，全面落实疫情要防住、经济要稳住、发展要安全的要求，将党中央、国务院各项决策部署落实落细，保持经济运行在合理区间。②保持贷款总量增长的稳定性，增加对实体经济贷款投放，要保障房地产合理融资需求。	央行召开部分金融机构货币信贷形势分析座谈会
9月2日	全国	央行：将持续完善结构性货币政策工具体系，继续丰富和完善结构性货币政策工具箱。银保监会：保障房地产融资平稳有序，支持地方保交楼稳民生，促进房地产市场平稳健康发展。强化金融立法和制度建设。证监会：证监会将继续稳步推进市场、机构、产品全方位制度型开放，推动境外上市新规立法程序，做好改革实施后的配套规则、系统建设等准备工作。	2022中国国际金融年度论坛上，一行两会等部门有关负责人发表演讲，涉及完善货币政策工具箱、防范化解金融风险、推动资本市场对外开放等重要内容

10-2 续表7

时间	地区	政策内容	政策来源
9月9日	全国	①坚持"房住不炒"定位，支持首套和改善性住房需求，合理满足房地产和建筑业贷款需求。②加大保障性租赁住房信贷支持力度，明确保障性租赁住房项目贷款不纳入房地产贷款集中度管理。③指导有序开展并购贷款，支持优质房企兼并收购困难房企优质项目，指导资产管理公司参与受困房企风险化解，促进房地产市场平稳健康发展。④坚持不懈防范化解金融风险。有序推进高风险金融机构处置。支持地方做好"保交楼"工作，促进房地产市场平稳健康发展。	银保监会发布《中共中国银保监会委员会关于十九届中央第八轮巡视整改进展情况的通报》
9月20日	全国	人民银行将继续深入推进利率市场化改革，持续释放LPR改革效能，加强存款利率监管，充分发挥存款利率市场化调整机制重要作用，推动提升利率市场化程度，健全市场化利率形成和传导机制，优化央行政策利率体系，发挥好利率杠杆的调节作用，促进金融资源优化配置，为经济高质量发展营造良好环境，以实际行动迎接党的二十大胜利召开。	央行货币政策司发布文章《深入推进利率市场化改革》
9月21日	全国	①管好总量闸门，营造适宜的货币金融环境，保持货币信贷总量合理稳定增长。稳中求进开展跨周期调节。②设计市场化机制，提升金融服务实体经济质效，发挥利率市场化的资源配置作用。完善金融市场机制，丰富金融产品和工具。③当前，我国正处于经济恢复紧要关口，必须以时不我待的紧迫感，巩固实体经济恢复基础，增强发展后劲。人民银行将坚持以习近平经济思想为引领，继续深化金融供给侧结构性改革，发挥货币政策总量和结构双重功能，强化信贷政策引导作用，持续完善金融有效支持实体经济的体制机制。	央行金融市场司发布文章《回归本源全面提升金融服务实体经济效率和水平》
9月22日	全国	下一阶段，人民银行将坚持以习近平新时代中国特色社会主义思想为指导，认真履行宏观审慎管理牵头职责，牢牢守住不发生系统性金融风险的底线。①持续完善宏观审慎政策框架，强化系统性金融风险监测、评估和预警，开展宏观审慎压力测试，进一步丰富和优化宏观审慎政策工具箱，逐步扩大宏观审慎管理覆盖领域，防范金融体系的顺周期波动和风险的跨市场、跨部门传染。②严格落实附加监管规定，加强对系统重要性银行的监测分析和风险评估，推动其持续满足附加资本和杠杆率要求，通过恢复处置计划提高风险管理和内控水平。继续研究推动建立系统重要性保险公司、系统重要性证券业机构评估与监管规则，进一步完善监管制度框架。③把好市场准入关，建立风险预警和监管评级体系，加强监管协作，推动金控公司稳健经营。	央行宏观审慎管理局发布文章《完善中国特色宏观审慎政策框架筑牢系统性金融风险防线》
9月23日	全国	①稳字当头、稳中求进，强化跨周期和逆周期调节，加大稳健货币政策实施力度，发挥好货币政策工具的总量和结构双重功能，进一步疏通货币政策传导机制，保持流动性合理充裕，增强信贷总量增长的稳定性，保持货币供应量和社会融资规模增速同名义经济增速基本匹配。②因城施策用足用好政策工具箱，支持刚性和改善性住房需求，推动"保交楼"专项借款加快落地使用并视需要适当加大力度，引导商业银行提供配套融资支持，维护住房消费者合法权益，促进房地产市场平稳健康发展。	中国人民银行货币政策委员会2022年第三季度（总第98次）例会
9月24日	全国	①该负责人指出，已投放政策性开发性金融工具的投资带动作用明显，前期已经落实到项目的政策性开发性金融工具投放金额3000亿元，支持投资项目900多个，项目计划总投资超过3万亿元。②当前房地产金融化泡沫化势头已得到实质性扭转。银保监会坚持"房住不炒"定位，围绕"稳地价、稳房价、稳预期"目标，持续完善房地产金融管理长效机制。合理满足房地产市场融资需求，稳妥处置恒大等部分头部房企风险。	银保监会有关部门负责人近日接受媒体采访时指出

10-2 续表 8

时间	地区	政策内容	政策来源
9月29日	全国	①对于2022年6~8月份新建商品住宅销售价格环比、同比均连续下降的城市，在2022年底前，阶段性放宽首套住房商业性个人住房贷款利率下限。二套住房商业性个人住房贷款利率政策下限按现行规定执行。②按照"因城施策"原则，符合上述条件的城市政府可根据当地房地产市场形势变化及调控要求，自主决定阶段性维持、下调或取消当地首套住房商业性个人住房贷款利率下限，人民银行、银保监会派出机构指导省级市场利率定价自律机制配合实施。	央行、银保监会发布《关于阶段性调整差别化住房信贷政策的通知》
10月8日	全国	严禁通过举债储备土地，不得通过国企购地等方式虚增土地出让收入，不得巧立名目虚增财政收入，弥补财政收入缺口。进一步规范地方事业单位债务管控，建立严格的举债审批制度，禁止新增各类隐性债务，切实防范事业单位债务风险。	财政部印发《关于加强"三公"经费管理严控一般性支出的通知》（财预〔2022〕126号）
10月13日	全国	人民银行将加大稳健货币政策实施力度，为实体经济提供更有力支持，重点发力支持基础设施建设，支持金融机构发放制造业等重点领域设备更新改造贷款，同时推动"保交楼"专项借款加快落地使用，促进房地产市场平稳健康发展。	中国人民银行行长易纲线上出席二十国集团财长和央行行长会议
10月25日	全国	要持之以恒防范化解重大金融风险，统筹发展和安全，有序推进中小金融机构改革化险，强化金融稳定保障体系，牢牢守住不发生系统性金融风险底线。要坚持以推动高质量发展为主题，支持建设现代化产业体系，健全农村金融服务体系，有力促进区域协调发展，推动加快构建新发展格局。要大力发展普惠金融，加强"新市民"金融服务，规范发展第三支柱养老保险，积极促进共同富裕。要深化金融体制改革，加快完善金融机构公司治理，持续推进金融数字化转型，坚定不移推进银行业保险业高水平对外开放。要加强和完善现代金融监管，健全金融法治，依法将各类金融活动全部纳入监管，切实提高金融治理体系和治理能力现代化水平。	银保监会召开党委（扩大）会议，深入学习贯彻党的二十大精神
10月25日	全国	①落实落细金融服务小微企业、民营企业敢贷愿贷能贷会贷长效机制，增强微观主体活力。加强部门协作，维护股市、债市、楼市健康发展。②强化对重点领域、薄弱环节和受疫情影响行业、群体的支持，抓好已出台政策落地见效，研究出台新的政策举措。更好满足居民的刚性和改善性住房需求，加大力度助推"保交楼、稳民生"工作。	央行党委、外汇局党组召开扩大会议，认真传达学习党的二十大精神
11月2日	全国	房地产行业关联很多上下游行业。房地产市场区域特征明显且差异很大，各城市政府在稳定当地房地产市场中发挥着重要作用。人民银行积极支持房地产行业健康发展，降低了个人住房贷款利率和首付比例，鼓励银行通过"保交楼"专项借款支持已售住房建设交付，支持刚性和改善性住房需求。近期，房地产销售和贷款投放已有边际改善。随着中国城镇化进程不断推进，我们相信房地产市场能保持平稳健康发展。	央行行长易纲在香港金融管理局"国际金融领袖投资峰会"上的访谈实录
11月8日	全国	为落实稳经济一揽子政策措施，坚持"两个毫不动摇"，支持民营企业健康发展，在人民银行的支持和指导下，交易商协会继续推进并扩大民营企业债券融资支持工具（"第二支箭"），支持包括房地产企业在内的民营企业发债融资。"第二支箭"由人民银行再贷款提供资金支持，委托专业机构按照市场化、法治化原则，通过担保增信、创设信用风险缓释凭证、直接购买债券等方式，支持民营企业发债融资。预计可支持约2500亿元民营企业债券融资，后续可视情况进一步扩容。	中国银行间市场交易商协会官网发布消息，交易商协会继续推进并扩大"第二支箭"

10-2 续表9

时间	地区	政策内容	政策来源
11月11日	全国	①坚持对国有、民营等各类房地产企业一视同仁，满足房地产项目合理融资要求，保持建筑企业融资连续稳定。②支持各地因城施策实施差别化住房信贷政策，合理确定当地个人贷款首付比例和贷款利率下限。③支持开发贷、信托贷合理展期。未来半年内到期的，可以允许超出原规定多展期1年，可不调整贷款分类。④支持优质房地产企业发行债券融资。推动各方提供支持。⑤保持信托等资管产品融资稳定，鼓励信托等资管产品支持房地产合理融资需求。⑥积极做好"保交楼"金融服务，支持开发性政策性银行提供"保交楼"专项借款。鼓励金融机构提供配套融资支持。⑦做好房地产项目并购金融支持。鼓励银行、优质房企、资管公司提供支持。⑧已进入司法重整的项目，探索市场化支持方式。⑨鼓励消费者依法自主协商延期还本付息，并保护个人征信权益。⑩延长房地产贷款集中度管理政策过渡期安排。阶段性优化房地产项目并购融资政策。⑪优化住房租赁信贷服务。拓宽住房租赁市场多元化融资渠道。	央行与银保监会联合发布"金融16条"
11月16日	全国	①将坚持稳字当头、稳中求进，发挥有效投资的关键作用。加大稳健货币政策实施力度，兼顾短期和长期、经济增长和物价稳定、内部均衡和外部均衡，坚持不搞"大水漫灌"。②用好用足政策性开发性金融工具额度和8000亿元新增信贷额度，引导商业银行扩大中长期贷款投放。③牢牢坚持房子是用来住的、不是用来炒的定位，坚持不将房地产作为短期刺激经济的手段，坚持稳地价、稳房价、稳预期，稳妥实施房地产金融审慎管理制度，因城施策用足用好政策工具箱，支持刚性和改善性住房需求，推动保交楼专项借款加快落地使用并视需要适当加大力度，引导商业银行提供配套融资支持，维护住房消费者合法权益，促进房地产市场平稳健康发展。	央行发布2022年第三季度中国货币政策执行报告
11月18日	全国	强化对科技创新、绿色低碳、乡村振兴等重点领域债券品种创新的支持，配合做好防范化解地方政府隐性债务风险工作，支持房地产企业合理债券融资需求，提升民营企业债券融资的可得性和便利性。	证监会研究制定了《关于深化公司债券注册制改革的指导意见（征求意见稿）》
11月21日	全国	要全面落实房地产长效机制，因城施策实施好差别化住房信贷政策，支持刚性和改善性住房需求。保持房地产融资平稳有序，稳定房地产企业开发贷款、建筑企业贷款投放，支持个人住房贷款合理需求，支持开发贷款、信托贷款等存量融资在保证债权安全的前提下合理展期。用好民营企业债券融资支持工具（"第二支箭"）支持民营房企发债融资。完善保交楼专项借款新增配套融资的法律保障、监管政策支持等，推动"保交楼"工作加快落实，维护住房消费者合法权益，促进房地产市场平稳健康发展。据媒体报道，副行长潘功胜透露，人民银行将面向6家商业银行推出2000亿元"保交楼"贷款支持计划，为其提供零息资金，以鼓励其支持"保交楼"工作。	央行、银保监会联合召开全国性商业银行信贷工作座谈会，研究部署金融支持稳经济大盘政策措施落实工作。
11月21日	全国	央行行长易纲：房地产业关联很多上下游行业，其良性循环对经济健康发展具有重要意义。下一步，人民银行将继续以习近平新时代中国特色社会主义思想为指导，贯彻落实党的二十大精神，建设现代中央银行制度，实施好稳健的货币政策，服务实体经济，防控金融风险，深化金融改革。继续支持金融街建设和发展，支持金融街进一步发挥国家金融管理中心的作用，为中国式现代化贡献力量。副行长宣昌：牢牢守住不发生系统性金融风险的底线，切实维护金融稳定，已是我国金融监管的重中之重。健全宏观审慎管理体系，避免金融风险跨机构、跨市场传染，加强对系统重要性金融机构的统筹监管，逐步将主要金融活动、金融市场、金融机构和金融基础设施纳入宏观审慎管理。进一步推动我国TLAC达标。副行长潘功胜：从历史长周期看，全球宏观环境可能由"大缓和"走向"高波动"。中国外汇市场展现新特征，韧性不断增强。人民币资产避险属性日益凸显。向前看，中国外汇市场将保持稳健运行。我们将坚持中央关于房地产市场发展的方针政策，坚持市场化、法治化原则，远近结合，标本兼治，推动中国房地产市场健康、可持续发展。	以"踔厉奋发，共向未来——变局下的经济发展与金融合作"为主题的2022金融街论坛年会在京开幕

10-2 续表10

时间	地区	政策内容	政策来源
11月28日	全国	①恢复涉房上市公司并购重组及配套融资。允许符合条件的房地产企业实施重组上市，允许房地产行业上市公司发行股份或支付现金购买涉房资产，发行股份购买资产时，可以募集配套资金；募集资金用于存量涉房项目和支付交易对价、补充流动资金、偿还债务等，不能用于拿地拍地、开发新楼盘等。②允许上市房企非公开方式再融资，允许其他涉房上市公司再融资，要求再融资募集资金投向主业。③调整完善房地产企业境外市场上市政策。与境内A股政策保持一致，恢复以房地产为主业的H股上市公司再融资；恢复主业非房地产业务的其他涉房H股上市公司再融资。④推动保障性租赁住房REITs常态化发行，努力打造REITs市场的"保租房板块"，鼓励优质房地产企业依托符合条件的仓储物流、产业园区等资产发行基础设施REITs，或作为已上市基础设施REITs的扩募资产。⑤开展不动产私募投资基金试点，允许符合条件的私募股权基金管理人设立不动产私募投资基金，引入机构资金，投资存量住宅地产、商业地产、基础设施，促进房地产企业盘活经营性不动产并探索新的发展模式。	证监会新闻发言人就资本市场支持房地产市场平稳健康发展答记者问，"第三支箭"落地

10-3　2022年住房与土地政策

时间	地区	政策内容	政策来源
1月6日	全国	《方案》提出了八个方面试点任务，包括：进一步提高土地要素配置效率，推动劳动力要素合理畅通有序流动，推动资本要素服务实体经济发展，大力促进技术要素向现实生产力转化，探索建立数据要素流通规则，加强资源环境市场制度建设，健全要素市场治理，进一步发挥要素协同配置效应。	国务院发布《要素市场化配置综合改革试点总体方案》
3月1日	广州	广州年度商品住宅用地公开出让配建政策性住房的比例根据年度政策性住房需求情况，结合年度建设用地供应计划中具备配建条件的地块综合确定，原则上配建政策性住房的总建筑面积不少于年度住用地公开出让项目规划住宅总建筑面积的10%。同时，轨道交通站点周边、重点功能片区、产业集聚区等交通便利、人口密集的适合配建区域应提高配建比例。	广州发布《广州市商品住宅用地公开出让配建政策性住房管理办法的通知》
3月3日	全国	《意见》表示，严控影视基地建设和管理运营主体在基地周边捆绑开发建设住宅、办公楼等房地产项目，不得通过调整规划为影视基地项目配套房地产开发用地。对拟新增立项的影视基地项目要严格把关，防范"假影视基地真地产"现象。	国家电影局出台《关于促进影视基地规范健康发展的意见》
3月11日	南宁	对国有土地上房屋征收项目实施货币补偿（纯货币补偿）且在市本级购买商品房安置的被征收人，在原有奖励政策基础上再增加3万元奖励。	南宁发布关于征求《南宁市人民政府关于对被征收人货币补偿购买商品房增加3万元奖励（征求公众意见稿）》意见的函
4月18日	全国	尽管当前房地产销售还在下降，随着多地适度放开限购限售、降低公积金使用门槛等，部分地区房地产销售降幅在收窄；随着房地产长效机制的完善，积极满足房地产住房需求，全国房地产销售下行态势会得到缓解；受益于各地保交付政策，土地购置费增长，房地产销售额总额支撑以及建筑材料、工程建设价格上涨，房地产投资仍保持一定增长。	国家统计局新闻发言人就2022年一季度国民经济运行情况答记者问
4月26日	南昌	《通知》明确，南昌市对企业选择全装修住宅的项目调整装修销售价格限高标准：具备地暖系统和中央空调的新建商品住房，装修销售价格控制在2500元/平方米以内；具备地暖系统或中央空调的新建商品住房，装修销售价格控制在2000元/平方米以内；不具备地暖系统和中央空调的新建商品住房，装修销售价格控制在1500元/平方米以内。具体由企业按3个档次标准自行确定后报备公示。	南昌发布《关于调整土地出让住房全装修条件的通知》
4月29日	全国	①基调：加大宏观政策调节力度，扎实稳住经济，努力实现全年经济社会发展预期目标，保持经济运行在合理区间；抓紧谋划增量政策工具，加大相机调控力度，把握好目标导向下政策的提前量和冗余度；②扩大内需：全力扩大国内需求，发挥有效投资的关键作用，强化土地、用能、环评等保障，全面加强基础设施建设；发挥消费对经济循环的牵引带动作用；③财税、货币政策：加快落实已经确定的政策，实施好退税减税降费等政策，用好各类货币政策工具；④地产政策：坚持"房住不炒"，支持各地从当地实际出发完善房地产政策，支持刚性和改善性住房需求，优化商品房预售资金监管，促进房地产市场平稳健康发展。	中共中央政治局召开会议
5月1日	岳阳	包括契税优惠、购房补贴、土地出让金分期、支持人才购房需求、贷款政策放松	岳阳市人民政府办公室印发《关于进一步促进岳阳市城区房地产市场平稳健康发展的若干措施（试行）》的通知
5月1日	徐州	决议包括土地保证金降至50%，可按栋支取重点监管资金，简化公积金贷款流程，灵活就业人员可享受公积金贷款利率，新购商品住宅144平方米以上的不限制转让。	徐州召开房地产行业复工复产及纾困解难工作会议

10-3 续表1

时间	地区	政策内容	政策来源
5月6日	武汉	容积率：主城区居住用地强度分区为五个等级。一区二区最高容积率3.0，三区四区最高容积率2.5，五区最高容积率2.0。其中，新（副）城容积率不得大于2.5，新市镇容积率不得大于1.6。 建筑高度：实现建筑高度的分区管控。主城区住宅限高100米，新（副）城住宅限高80米，新市镇住宅限高36米。	武汉出台居住用地"新规"：建筑高度、容积率分区管控
5月9日	吉林	①降低公积金首付比例②放宽住房公积金贷款缴存条件；③提高住房公积金贷款额度；④放宽土地出让合同监管条件；⑤降低项目资本金监管比例；⑥放宽商品房预售许可条件；⑦降低商品房预售资金监管比例；⑧提前释放预售监管资金；⑨放宽购房补贴范围；⑩盘活工抵房、地下室、地下车位。	吉林发布《疫情期间促进房地产业恢复发展若干政策措施》
5月10日	钦州	①土拍保证金下调，土地款可缓交。②城市基础设施配套费、首期物业专项维修资金可延期缴纳。③商用土地可改住宅地，未售商业办公可改造为商品住房或企业自持租赁住房。④形象进度放宽为投入资金达到25%以上，并达到正负零。⑤积金限额提高，首付降为20%。⑥购房补贴契税。⑦对三级信用企业优化资金监管。	钦州住建局发布《钦州市促进房地产业平稳健康发展的若干措施》
5月15日	东莞	①由5年缩短至2年。②取证满3年缩短至2年。③二、三孩家庭可多购1套商品住房。④多证合一实质作为一套住房使用的"双（多）证房"按一套算证。⑤购买绿色建筑商品住宅贷款额度上浮20%。⑥企业缴纳不低于50%土地出让金后，即可办理规划报建等手续（此前需交齐全款）。	东莞市发布《关于促进房地产市场平稳健康发展的通知》
5月16日	成都	①允许企业在符合土地出让合同约定的开竣工时限前提下，按栋办理预售许可证进行销售。②支持各区（市）县落实属地监管责任，根据实际情况合理确定项目预售资金监管额度。③近郊区住房不纳入中心城区购房套数计算。④无自有产权住房且2年内无住房转让记录的，认定为无房居民家庭。	成都市发布《房地产市场平稳健康发展领导小组办公室关于支持刚性和改善性住房需求的通知》
5月17日	泰州	①对2022年5月至12月购房者，给予50%的契税补贴。②单缴职工公积金限额由25万上调至30万，双职工由40万上调至50万。③土地款可在合同签订后1个月内缴纳成交价50%，3个月内缴至75%，6个月内全部缴清。④受疫情影响可在约定开竣工日期届满前30日内提出延期申请，延长期限不超过2年。⑤商品住房限售年限由备案2年缩短至1年。⑥监管额度按照备案75%执行，将预售资金监管账户的首付款交纳调整为不低于20%。	泰州市发布《关于有效应对疫情影响促进市区房地产业健康发展的通知》
5月17日	宿州	①延长土地出让金缴纳时间20%保证金，一个月50%，剩余1年内缴清。②基础设施配套费可延迟6个月缴纳。③交房期限适当顺延最多三个月。④落实首付最低降至20%。⑤公积金6个月即可申请贷款，首次20%首付，二次30%。⑥埇桥区购房可入学。⑦优化项目开工手续、竣工验收质效、预售资金监管、价格备案等流程。	宿州市发布《关于促进房地产市场平稳健康发展的若干措施》
5月17日	高安	①上调公积金贷款额度，单缴职工上调至60万，双缴职工上调至80万。②首次使用住房公积金购买首套住房的，首付比例调整为20%。③人才购房补贴最高200元/平方米。④延长土地出让金缴纳时间20%保证金，一个月50%，剩余3月内缴清。⑤根据实际情况，监管资金留存比例调整为6%，竣工备案验收后3%，项目交房验收后2%。	江西省宜春市高安市政府印发《关于进一步促进五大领域高质量跨越式发展48条政策措施的通知》
5月20日	银川	①购房数量和购房主体不受户籍限制；商品房买卖合同转让期限不做限制。②个人商贷公积金贷首付最低20%，二套房最低30%；二套已结清购房贷款的家庭，执行首套房贷款政策。③单职工公积金贷款最高额度由50万元提高至60万元。④允许外地人在银川市购房申请公积金贷款。⑤将土地竞拍保证金最低比例下调至挂牌起始价的50%。⑥调整了预售资金拨付条件。⑦采用装配式建造方式开发建设的房地产项目装配率由50%下调至35%。	银川印发《关于促进银川市房地产业良性循环和健康发展的实施意见》

10-3 续表2

时间	地区	政策内容	政策来源
5月20日	六安	①提高最高公积金贷款额度双职工60万元，单职工40万元，允许提取住房公积金支付首付款。对企业进行公积金补贴。②调整土地竞拍保证金及支付比例。③放宽商品房预售条件。申请预售许可时，可享受一次降低形象进度的政策，预售形象进度调整为正负零。受疫情影响的可放宽交付时间。④商品房实际成交价格不得高于备案价，原则上不低于备案价格的90%。⑤取消两年限售的规定。	六安市印发《六安市应对疫情纾困暖企促进房地产市场平稳健康发展的若干政策》
5月23日	湘潭	①认贷不认房，结清贷款即按首套贷款政策。②职工公积金贷款额度最高60万，三孩及高层次人才最高80万。③新购住宅、非住宅、车位给予50%税费补贴。④拓宽人次补贴范围。⑤开展商改住。⑥土地款一个月50%，一年内缴清。⑦预售资金监管放松。	湘潭发布《湘潭市进一步促进房地产市场平稳健康发展的若干措施（试行）》
5月24日	太原	①限贷放松，首套首付比例由30%降至20%。拥有一套住房且贷款已结清，购买二套执行首套贷款政策。高层次人才最高贷款额度上调至100万。②限购放松外地人购买首套房无需社保（原需6个月）。多孩及养老家庭原有住房处于在途交易可购1套。③购房补贴大专及以上购房者可享受2万~20万元购房补贴。全民最高契税补贴可达100%。④新出让土地按起始价20%缴纳保证金，1个月50%，一年内缴清。⑤宅地商业比例按照3%到10%实施。⑥放宽车位配建比例，住宅按1泊/户或1泊/100㎡进行配建。	太原市发布《关于促进房地产业良性循环和健康发展的若干意见的通知》，
5月24日	驻马店	①结清贷款第二套执行首套贷款政策（首套最低首付比例20%）。②此外在中心城区购房可享受1万~5万元购房补贴。受益财政承担60%，房地产开发企业承担40%。③提高保障性住房货币化安置比例。④新出让土地最低20%保证金，1个月50%，一年内缴清。	河南驻马店市发布《驻马店市促进房地产业良性循环和平稳健康发展的若干措施（试行）》
5月25日	遵义	①对于非成品房、成品房，个人公积金最高贷款额度，分别提高至45万元、50万元，双人55万元、60万元，A类人才70万元。②住宅建筑层高上限由3米调整为3.6米。取消停车位分区配置要求，住宅统一按每100平方米配建1个停车位。③车库按照补缴地下一层土地出让金，出让年限与地上建设用地使用权主要用途的剩余年限一致。④鼓励20%首付，认贷不认房。	遵义市出台《遵义市支持房地产市场平稳健康发展十条措施（试行）》
5月29日	上海	①受疫情影响的企业和个人可缓交缓缴公积金。②对承租国有房屋从事生产经营活动的小微企业和个体工商户，免予提交受疫情影响证明材料，2022年免除6个月房屋租金。③因受疫情影响，缴纳房产税、城镇土地使用税确有困难的纳税人，可申请减免部分房产税、城镇土地使用税。④新开工建设的住宅项目城市基础设施配套费可顺延3个月缴纳。完善房地产政策，支持刚性和改善性住房需求。⑤进一步发挥基础设施不动产投资信托基金（REITs）作用。⑥允许受让人申请延期缴付或分期缴付土地出让价款。优化土地出让条件，合理确定住宅用地起始价，降低商业办公用房自持比例。⑦全面落实各类人才计划和政策，优化人才直接落户、居转户、购房等条件，加大海外人才引进、服务和支持力度。	上海公布《上海市加快经济恢复和重整行动方案》
6月1日	宜春	①实行购房财政补贴，首次购房300元/㎡，改善200元/㎡，二孩三孩分别300元/㎡，500元/㎡，非住宅100元/㎡。②二手商品住宅契税50%给予补贴。③奖励商品房销售中介成交1000元/套。④土地保证金降至30%，6个月缴清，交清后可进行3宗/次以内的分割。⑤商业比例在5%至10%的地块，允许下调商业比例至5%以下，商业比例10%以上的一事一议研究确定。⑥首套房首付比例下调至20%，二套房最低可按30%执行。⑦公积金首付比例下调至为20%，双人公积金最高80万。⑧拆迁前属于可以自由上市交易的房屋，其拆迁后安置的房屋不受交易时间限制，可以自由上市交易。⑨进一步完善城市商品房预售资金监管实施办法，合理确定商品房预售资金监管额度。	宜春市发布《关于促进中心城区房地产业良性循环和健康发展若干措施的通知》

10-3 续表3

时间	地区	政策内容	政策来源
6月2日	佛山	①缩小限购范围：将限购街道缩减至祖庙、桂城及大良街道。②满足改善性需求：明确限购区内满5年的商品住房，不计入限购套数。③证照办理：缴纳50%土地款后，可申请办理开发报建手续，缴纳剩余50%后可办理预售证等。	佛山市住建局等4部门联合发文《佛山市住房和城乡建设局等部门关于因城施策进一步完善房地产调控政策的通知》
6月2日	蚌埠	①土地保证金最低20%，1年内缴清。缴纳50%可办理建设用地规划许可证。②商品房预售管理优化。③首套住房首付比例最低降至20%，贷款利率最低降至LPR-20基点。④已婚家庭租房由提高至18000元。单人额度提高至30万元，双方额度提高至50万元，二次首付比例40%。⑤加大对企业信贷支持。⑥购房可落户及入学。⑦发放购房补贴：博士、正高级职务20万元，硕士、（副）高级职务8万元，本科、技师、中级职务5万元。	蚌埠市住房和城乡建设局下发《关于促进房地产市场平稳健康发展的若干措施》
6月3日	秦皇岛	①金融机构对其存续的个人住房、消费等贷款，合理延后还款时间、延长贷款期限、延期还本等方式调整。②持续释放贷款市场报价利率（LPR）形成机制改革效能，推动实际贷款利率稳中有降。③资金达到工程建设总投资的25%以上，即可批准预售。装配式最低26%，被动式超低能耗建筑给予9%计容奖励，装配式3%计容奖励，A级标准的装配式建筑4%计容奖励。④商贷首付首套20%、二套30%。首套商利率LPR减20基点。⑤公积金贷款额度：单缴职工上限60万元，双缴职工上限80万元，购买绿建二星上浮10%，二次贷款首付不低于30%，提高租房公积金额度最高12000/年。夫妻双方父母可以申请提取住房公积金支持子女购房。⑥土地保证金最低20%，一个月50%，最晚一年缴清。	秦皇岛发布《关于稳定全市经济运行的若干政策措施》
6月3日	九江	①暂时取消购房的行政性限制措施。②中心城区范围内购房给予补贴：首次300/㎡、改善200元/㎡，二孩三孩分别300/㎡、500/㎡。③给予交易契税补贴。在中心城区购买新房和二手房给予50%契税财政补贴。④公积金二套房首付降低至30%。二套房公积金贷款认贷不认房。提高购房公积金贷款的最高额度，中心城区：双人80万元/户，单人40万元/户，本市县（市）购房：双人50万元/户，单人30万元/户。推进灵活就业人员参加住房公积金制度试点工作。⑤鼓励银行首套降至LPR减20基点，鼓励银行及时调整按揭贷款利率。⑥保证金降至20%，土地款一个月50%，12个月缴清。	九江市人民政府办公室近日印发《促进房地产业健康发展和良性循环若干措施的通知》
6月4日	北京	①受疫情影响的企业等用人单位，可按规定申请缓缴住房公积金，职工可按房租提取住房公积金，不受缴存人月缴存额限制。②国有承租对服务业小微企业和个体工商户减免3个月房屋租金，朝阳、海淀、丰台、房山、通州、大兴等被列为疫情中高风险地区国有承租减免6个月房屋租金，承租非国有房屋的科技型孵化器减免租金总额的50%给予补贴。③鼓励金融机构，对及受疫情影响的个人住房延期还本付息，不影响征信记录，并免收罚息。④要求出台存量国有建设用地盘活利用、功能混合等规划土地激励政策。出台危旧房改建政策，危旧楼房成套化改造项目增加规模须符合建筑规模管控要求。⑤推动企业将存量商办用房转换为配套重点功能区和产业园区的人才租赁房、保障性租赁住房。	北京市人民政府关于印发《北京市统筹疫情防控和稳定经济增长的实施方案》
6月7日	新疆	①首套商业性个人住房贷款利率下限调整为不低于LPR-20个基点。②二手房交易纳税人依法自行按交易价格1%或交易价差额20%申报个人所得税。③土地款可在1年内分期缴纳。④二手房住房公积金贷款首付款比例降低至20%。⑤支持各地实施差别化预售资金监管，可适当降低监管资金比例。	新疆维吾尔自治区人民政府官网发布关于印发《自治区贯彻落实国发〔2022〕12号文件精神推进经济稳增长一揽子政策措施》的通知

10-3 续表4

时间	地区	政策内容	政策来源
6月7日	商丘	①上市公司等有符合规划的住宅及人才公寓用地需求的，土地出让起始价可按土地评估结果和政府产业政策综合确定。②推行货币化安置。③全面实行同城待遇，外来人员购房可享有与城镇居民子女同等待遇。④商住地块保证金调整至30%，60日缴纳土地款50%，6个月缴清。⑤无违规、无投诉的优秀房地产企业重点监管资金比例可降低20%。⑥建设单位确因资金困难可延缓缴纳城市基础设施配套费和社保费。⑦公建设施无偿移交政府相关部门的，不计入容积率计算范围。⑧发放购房津贴，博士生5万元、硕士生3万元、本专科毕业生2万元。⑨公积金最高贷款额度调整：单人50万元夫妻双方70万元，提取余额时限延长至3年，贷款期限延长至2年。⑩无购房贷款家庭最低首付比例为20%，利率下限LPR-20基点。⑪小微房地产企业一次性退还存量留抵税额，并按月退还增量留抵税额，其他房地产企业退还60%新增留抵税额。	商丘市住房和城乡建设局发布《关于加快新型城镇化进程促进房地产市场持续平稳健康发展的若干措施的通知》
6月11日	盐城	①大专及以上或2016年后生育二孩家庭，购房给予契税50%补贴（最高3万），2021年后三孩家庭购房给予契税100%补贴（最高6万）。②就业创业缴纳社保满1个月以上的，购房给予合同总价1.5%补贴（最高3万）。③售旧购新的，按二者契税金额高者给予契税补贴（最高3万）。④土地款时限延长，一个月50%，12个月内缴清。⑤对受疫情影响的地产项目，城市基础设施配套费可延期缴纳，不超过6个月。⑥开发企业可根据市场需求对规划建设方案申请优化调整。⑦支持分步解除建设用地使用权抵押。⑧预售重点监管资金第一个节点放宽要求，满足预售许可一个月即可申请使用。对于信用A类的地产企业可在预售进度条件、预售资金监管使用方面享受优惠政策。	盐城市多部门联合出台《关于有效应对疫情影响促进区房地产市场健康发展的八项政策》
6月14日	濮阳	①制定房地产开发企业信用等级评价办法。②A级房地产开发企业适当放宽预售许可证发放工程进度标准，各级企业差别形象进度调整。③D级房地产开发企业，不得参与我市新出让地块竞买开发。④分期缴纳土地出让金，各级企业差别调整。⑤A级、B级房地产开发企业推行"容缺办理"各级许可证。⑥认房不认贷，降低首付比例和商业贷款利率首套20%，执行全省首套住房、二套住房最低商业贷款利率。⑦提高住房公积金贷款额度，市区70万，县级50万。高层次人才增加10万元。二套首套住房相同。⑧公积金贷首套自住首次申请最低首付20%，二套30%。⑨至2022年9月30日期间购房，按契税地方留成20%给予奖励。	濮阳市人民政府办公室发布《关于促进房地产业良性循环和健康发展的通知》
6月16日	鄂州	①实行购房补贴。②多孩家庭购房给予一次性购房补贴。③人才给予一次性购房补贴。④引导在鄂州的商业银行降低个人购房首付比例，实行认贷不认房。⑤提高公积金贷款额度。首套双人最高贷款额度提升至60万元。人才申请公积金贷款提升至正常额度的1.3倍。⑥土地竞买保证金最低比例下调至20%。⑦延长土地出让金缴纳时间。土地成交后一个月内50%，剩余最长不超过一年。⑧高信用房企允许保函形式替换重点监管资金的50%。⑨试行房票安置办法，选择房票购房的给予购房奖励。	湖北鄂州市人民政府办公室发布了关于印发进一步促进房地产市场平稳健康发展政策措施的通知
6月28日	永州	①在购买中心城区新房契税80%补贴。②本科、研究生（副高级职称）、博士（高级职称）购房分别补贴2万元、3万元、5万元。③先进模范人物和高层次人才公积金额度提高至100万元，二孩、三孩家庭公积金额度上浮10万元和20万元。④停止新建安置房和自建安置房。采用以货币化为主的安置方式。⑤下调二手房评税价格最高40%。⑥信用良好企业适当放宽预售资金解控比例。⑦土地中标后缴纳50%土地出让金，余款分次交清。交易服务费下浮40%。延缓基础设施配套费至预售许可证后3个月。⑧实行"商改住"加快非住宅库存去化。	永州市住房和城乡建设局发布《关于印发〈永州市中心城区进一步促进房地产市场平稳发展的若干措施〉》

10-3 续表5

时间	地区	政策内容	政策来源
7月6日	信阳	①对于新建的经营性房地产项目，公建设施无偿移交政府相关部门的，不计入项目容积率计算范围，不收取土地出让金。②对已出让土地，相关部门要尽快完善配套设施；未出让土地出让前，要基本建成路网、水电等基本公共服务设施。③实施分阶段办理施工许可证；抵押权人书面同意，可以办理商品房预售许可审批手续。④增加商品房预售资金拨付频次，从"五个拨付节点"调整为"八个拨付节点"，允许担保函担保使用监管资金。⑤顺延房地产项目交付期限不超过3个月，合理调整竣工验收备案程序。⑥土拍保证金最低20%，1个月50%，1年内缴清。⑦市区内购买新建住宅契税50%补贴，非住宅/已购购买的住宅契税20%补贴。⑧首套首付最低20%，认贷不认房，二套首付最低30%。⑨单人公积金贷款额度提高至60万元，双人80万，若购买装配式商品住房加5万。⑩2012年至2016年房地产开发企业出资配建10%的保障房进行回购。	河南省信阳市人民政府办公室发布《关于印发信阳市促进房地产市场平稳健康发展的若干措施（试行）的通知》
7月8日	长春	①对开发投资总额未达到25%的房地产用地，经属地政府同意，可申请办理不动产转移预告登记，待开发总额达到法定转让要求时，再依法办理不动产转移登记。②地下空间价格按照《长春市人民政府关于公布实施长春市区基准地价等土地价格的通知》不再评估收取。③允许以有偿方式取得的建设用地使用权等财产进行抵押融资。④首套刚需住房贷款首付调至20%，二套改善性住房调至30%，首套房贷下调为LPR-20BP。⑤新房：单笔最高额度多人90万元、单人60万元。存量房：单笔最高额度多人70万元、单人50万元。⑥支持已拿地未开工及在建的商业、商务用地项目，经主管部门批准将商业、办公用房改建为租赁性住房。⑦对于居住用地商业兼容比例，可在办理建设工程规划许可证审批阶段依申请按最低限进行调整。⑧支持集中批量购买商品房。支持机关单位、国有企事业单位、大专院校、科研院所和社会群体与房地产开发企业接洽，组织商品房集中批量购买活动。	吉林省长春市政府办公厅发布《进一步促进房地产市场平稳发展若干措施的通知》
7月8日	广元	①土地款可分期缴纳，最长期限一年。②2022年新供应的房地产开发项目，50%土地款后可先行预交地。③施工许可证划分为"基坑支护和土方开挖施工"和"工程整体"两个阶段发放，④符合条件的开发项目可分期缴纳基础设施配套费。⑤实现新建商品住房交房即交证达到首批次集中交付50%以上的，可用保函替代监管资金。⑥单职工公积金贷款限额提高到60万元，双职工80万元。⑦公积金贷款首套首付最低20%，二套最低30%。公积金贷二套认贷不认房。可适当放宽贷款期限至退休后5年。异地公积金享本地待遇。租房提取额度提高到12000元/年。⑧受疫情影响企业和个人可缓交缓还公积金。	广元市发布《广元市促进房地产市场平稳健康发展工作措施》
7月11日	忻州	①土地保证金最低20%，闲置一年收取土地闲置费，闲置两年依法收回土地使用权。地下空间不再收取。②已批未建项目可根据市场需求，就商住比例、户型结构、房屋套数等提出调整申请。③公租房报市政府同意后，配建面积80%可自行销售，其余20%无偿交付政府。④方案设计时，地上建设规模余量转用至地下建设规模。⑤主动采用装配式建筑，项目预制构件、绿色建筑技术可不计入建筑面积。⑥重点监管账户实际入账金额和剩余货值总和能够覆盖后续工程建设的，可根据新增工程进度申请拨付资金。⑦商贷首付最低20%，已结清贷款二套按照利率定价自律机制执行。⑧按面积进行契税补贴和购房补助，最高80%契税补贴和3万元购房补助。⑨公积金：职工购房一套二套均20%首付，最高额度80万，高层次人才6个月社保后最高额度80万。⑩资金周转困难的房地产开发企业，当期税款可延期1~3个月缴纳，为符合条件的房地产开发企业办理留抵退税，出租住房的，减按4%的税率征收房产税。⑪人才最高50万安家费。	山西省忻州市人民政府发布《忻州市促进房地产业良性循环和健康发展三十六条措施》

10-3 续表 6

时间	地区	政策内容	政策来源
7月12日	楚雄	①完善地下车库不动产登记办理流程，推进地下车库登记交易工作。②楚雄市购买新建商品房和二手房，市财政给予购房款总价1%的补贴。③单职工和双职工分别调整为42万元和72万元，高层次人才、二孩和三孩家庭分别再上浮50%、10%和20%。降低首套住房公积金贷款首付比例为20%。④楚雄州行政辖区外连续缴存住房公积金6个月（含）以上的，可申请住房公积金贷款。⑤除提取本人及配偶的住房公积金外，还可申请提取双方父母住房公积金。⑥分期建设的住宅小区，可按经批准的分期范围和内容分期组织验收。⑦2022年土地款可申请延期60日缴纳。⑧符合条件的房地产企业、物业服务企业可享受增值税留抵退税优惠政策。⑨房地产开发企业可以用见索即付保函替代需缴纳的代建学校、道路等公共设施的保证金或零星用地整合履约保证金、农民工工资保证金。	楚雄市出台15条暖企纾困措施
7月26日	兰溪	①提高住房公积金贷款额度，首套贷款最高限额提高10万元，夫妻2人合计最高可贷80万元。②公积金贷款首套房首付比例降至30%，利率为3.25%。③允许分期缴纳土地出让金，土地保证金20%，首次50%，剩余6个月内缴清，房地产开发企业项目资本金最低比例20%。④首套利率LPR-20BP，二套利率LPR+60BP。首套首付最低20%，二套30%。	浙江兰溪市出台促进房地产健康平稳发展十大举措
8月4日	岳阳	①土地款最低20%，一个月50%，一年内缴清。②可容缺办理工程规划许可。③放宽预售许可形象进度条件。④适当控制商业地产规模，部分地块可办理商改住。⑤已建未售的非住宅用房可申请变更为住宅、企业自持租赁住房或保障性租赁住房。	岳阳市住房和城乡建设局等7部门印发《进一步促进岳阳市城区房地产市场平稳健康发展的若干措施（试行）实施细则》
8月5日	玉溪	①土拍保证金最低20%，土地款一个月50%，一年内缴清。②扩大住房公积金覆盖面：国家机关及事业单位编外人员和公益性岗位人员，非公企业职工。③商业银行不得擅自划扣预售监管资金。设立子公司的房地产开发企业，集团公司不得抽调项目预售监管资金。建立健全商品房预售资金保全、执行的"府院联动"机制。	玉溪市住建局发布《玉溪市关于促进房地产市场平稳健康发展的意见》
8月11日	长春	对进城农民和具备大专及以上学历高校毕业生、中级及以上专业技术职称人员、高级工及以上执业技能等级人员等来（留）长人才购买符合条件的新建商品住房给予200元/平方米购房补贴。需同时满足以下条件：购房时间。申请人与房地产开发企业签订的正式商品房买卖合同网签备案时间在2022年8月1日起至10月8日之间。购房区域。所购房屋需坐落在长春市主城区及开发区国有土地上，不含双阳区、九台区及各县（市）。购房面积。房屋建筑面积在90平方米以下。房屋性质。仅限新建商品住房，不包括商业、办公等非住宅类房屋、别墅、保障性住房以及二手住房。购房套数。所购房屋需为申请人个人首套唯一住房。	长春市住房保障和房屋管理局发布《关于进一步给予进城农民和来（留）长人才购房补贴政策支持的通知》
8月15日	吴忠	①购置吴忠市区新建商品房及存量商品房（不含二手房、别墅、商铺、车位、储藏间、工业厂房等）给予50%契税补贴。②公积金放开异地贷款宁夏区域限制，允许子女及双方父母均可作为购房、还贷共同人，支持申请住房公积金职工贷款先提后贷。③下调土地竞拍保证金比例至最低20%。	吴忠市发布《吴忠市关于促进房地产业平稳健康发展的若干措施》
8月16日	宿州	①延长土地出让金缴纳时间，1个月50%，1年内缴清。②可缓缴城市基础设施配套费。③因疫情等不可抗力因素影响施工建设进度，最长可延期交付三个月。④强化金融政策支持，保持房地产贷款平稳增长。⑤单方最高贷款额度为30万元，夫妻双方最高贷款额度为50万元。⑥商品房预售后至主体结构封顶前，一层为一个节点，开发企业按层按比例申请使用70%重点监管资金，对企业进行信用分级资金监管。	宿州房管局发布关于贯彻执行《关于促进房地产市场平稳健康发展的若干措施》的实施细则

10-3 续表7

时间	地区	政策内容	政策来源
8月23日	昭通	①受疫情影响的项目，可适当延期交付。②闲置土地盘活利用实行"一宗一策"。③推进城市更新改造项目货币化安置。④鼓励政府购买收储户型合适的存量商品住房。⑤采用鼓励返乡置业、组团宣传等方式，精准推介优秀项目、优质房源，有效促进销售。⑥取消《昭通市人民政府关于进一步加强房地产市场管理工作的实施意见》（昭政发〔2014〕48号）中关于商品房预售项目"施工形象进度"的相关要求。⑦落实首套利率下限LPR-20BP。	云南省昭通市人民政府近期发布《关于促进房地产业平稳健康发展的意见》
8月29日	福安	①自该措施发布之日起受疫情影响的房地产开发项目，按一级响应时间顺延开竣工期限。②投入开发建设的资金达到工程建设总投资的25%以上、建设形象进度达到地面一层以上，予以办理商品房预售许可。③1个月内缴纳50%，6个月内缴纳100%；土地竞买保证金按20%缴纳。④信用AA及以上的房企可凭银行担保函担保不高于重点监管资金的30%。⑤多孩家庭公积金最高额度双人80万元，单人45万元，第二次公积金购房首付降至30%。	福安官微发布《关于优化房地产政策促进房地产市场平稳健康发展的若干措施》
9月7日	娄底	①土地保证金最低20%，1个月50%，1年内缴清。②公积金贷款最高额度调整至60万元。二套公积金首付最低30%，引进的全日制本科及以上毕业生以及三孩家庭，贷款额度上限1.5倍。③尚未动工的建设项目用地可以改变土地用途，同时可以适当降低商住配比。④适时举办"房交会"。	娄底市住建局发布《关于进一步促进房地产市场良性循环和健康发展的意见》
9月9日	六盘水	①鼓励金融机构实行首套房贷款首付20%政策，并适当下调住房贷款利率。②首套公积金贷款首付最低20%，认贷不认房。③支持公积金贴息贷款。④对农民工购买商品住房的，其土地承包经营权、宅基地使用权和集体经济分配权保留不变。⑤已出让尚未建设的非住宅商品房用地可适当放宽"商改住"或降低商住配比。⑥允许保函替代预售资金监管额度的60%，剩余监管资金应满足后续1年内项目建设资金需求。	六盘水市人民政府办公室印发六盘水市促进房地产业良性循环和健康发展若干措施（试行）的通知
9月9日	太原	依据相关法规规定，经我局调查核实，发现有部分土地未按合同约定进行开工建设。2022年6月份，我局按照工作流程向太原恒御信置业有限公司等41家涉及未按期开工项目的企业签发了《督促开发通知书》，对其共计56宗未按期开工的土地进行了督促，要求其尽快开工建设。56宗未按期开工的土地所属房企包括恒大、富力、融创、华侨城等，共计41家房企	太原自规局向太原恒御信置业有限公司等41家公司签发《督促开工通知书》
9月10日	泰州	①首次、第二次申请住房公积金贷款首付比例分别调整为20%、30%。②双职工首次、第二次公积金贷款最高额度分别为100万元、80万元。单职工首次、第二次公积金贷款最高额度分别为50万元、40万元；多孩家庭双职工、单职工住房分别调整为100万元、50万元。③二孩、三孩家庭购房予以购房补贴，鼓励对现役军人给予购房优惠。④个人转让住宅补贴缴纳土地增值税金额的半额。⑤开发企业可申请使用不超过监管账户余额1/3的资金，专项用于支付本项目农民工工资以及水、电、气等配套工程用款。可申请延期缴纳城市基础设施配套费、建筑装潢垃圾处理费，可用保函代缴住宅专项维修资金等。⑥采取试行房屋征收补偿"房票"安置方式。	据泰州官微消息，市住建局等七部门联合印发《关于进一步释放消费潜力持续推进市区房地产市场健康发展的通知》
9月10日	浏阳	①2023年2月28日前购房补贴契税100%。②企业专业英才最高购房补贴100万元。在编博士给予10万元购房补贴，高层次人才和紧缺急需人才给予2万~10万元购房补贴。③湘赣边区域等域外人员来浏购买新建商品住房的可享受住房公积金异地互认互贷。④购买商业用房的按实际缴纳契税金额50%发放商铺创业补贴。⑤土拍保证金30%，土地款1个月50%，12个月缴清。⑥基础设施配套费可申请缓至首次办理预售许可前缴纳。⑦将新建商品房预售资金监管重点资金比例要求从10%提高至15%。	据浏阳住建局官微消息，浏阳市住房和城乡建设局、浏阳市自然资源局、浏阳市财政局联合印发《浏阳市促进房地产市场平稳健康发展若干措施》

10-3 续表 8

时间	地区	政策内容	政策来源
9月16日	天津	①非本地户籍居民连续6个月社保可购一套房。滨海新区仍执行原购房套数政策。②60岁以上家庭及多孩家庭可多购一套。③自有住房租做保障性租赁住房5年以上的可多购一套。④限购区域内住房出租的可多购一套，但家庭总套数不得超过2套。⑤无房首套首付最低30%，二套首付最低40%，认贷不认房。⑥利率首套实行LPR-20BP，二套实行LPR+60BP。⑦土地款一个月50%，一年内缴清。⑧开发项目属于经济适用房、限价房和危改房的，计税毛利率按3%确定；其他开发项目按15%执行。	天津市住房城乡建设委等7部门联合发布《关于进一步完善房地产调控政策促进房地产业健康发展的通知》：二套房首付款比例最低40%，老年家庭多孩家庭可多购一套
9月20日	临海	①土地保证金最低20%，1个月50%，1年内缴清。②分期办理商品房预售许可的最低规模调整为不得小于2万平方米，全部4层以下的最低规模不得小于1万平方米。③形象进度调整为四层以下封顶，四层以上有地下室的正负零，无地下室的到地面四层。④购买新房和存量房，≤144平的分别按房屋价格的1%和0.5%给予购房补贴，>144平的按房屋价格的0.5%和0.3%给予购房补贴。⑤积极引导被征收人选择"房票"安置方式。⑥企业和个人受疫情影响可缓交缓还公积金，住房公积金租房提取额度提高50%，取消第二次住房公积金贷款间隔期限，提高住房公积金贷款额度至单人50万元，双人100万元。	浙江省临海市发布《临海市人民政府办公室关于促进房地产市场平稳健康发展的若干意见（试行）》
9月24日	阿勒泰地区	①鼓励国有企业收购市场房源用于保障性住房，鼓励房地产开发企业将库存商品房投入保障性租赁住房市场。②土拍保证金最低20%，土地款1个月50%，一年缴清。③信用等级为AAA、AA级的开发企业申请使用商品房预售资金时，对应项目建设进度节点的资金使用额度可上浮10%、5%。④首套商贷首付比例调整为20%，利率下限LPR-20BP。⑤公积金首套首付最低20%，二套利率不超过首套1.1倍，三孩家庭最高贷款额度60万元，实行认贷不认房。	新疆维吾尔自治区伊犁哈萨克自治州阿勒泰地区行政公署发布《阿勒泰地区促进房地产市场平稳健康发展十五条具体措施》
10月10日	贵州	①年底前，继续对生产经营困难的部分主体暂免征收房产税、城镇土地使用税。②严格落实"一楼一策"处置方案，全力争取国家房地产专项借款支持，推进已售、逾期、难交付的住宅项目加快建设交付。③实施更大力度的住房公积金阶段性支持政策，鼓励机关、企事业单位职工开展商品房团购，团购优惠价格不计入商品房备案价格跌幅比例范围。	贵州省人民政府办公厅印发《贵州省推动复工复产复市促进经济恢复提振行动方案》
10月25日	恩施	①出售自有住房并在现住房出售后1年内重新购买商品住房的纳税人，对其出售现住房已缴纳的个人所得税予以退税优惠。②落实"带押过户"优惠政策。③下调首套个人住房公积金贷款利率允许湖北省、湖南省、重庆市、成都市积金缴存职工在州内购房向州公积金中心申请住房公积金贷款。④可采用团购商品房、新出让土地配建等方式筹集安置房源。支持国有企业通过团购新建商品住房作为保障性租赁住房房源。⑤引导和鼓励农村居民进城购房。⑥鼓励对二孩及多孩家庭、各类人才购买商品住房给予购房补贴。⑦团购商品房优惠价格不计入备案价格跌幅比例范围。	恩施州住建局印发关于征求《关于推动房地产业平稳健康发展的若干措施（征求意见稿）》意见的公告
10月26日	自贡	①特定人群购房给予200元/平方米购房补贴，购房的省外和市外群体额外补贴2万元和1万元。②对拥有一套房已结清再次购房者，执行首套房贷款政策。③公积金购首套房首付最低20%，最高贷款额度按照75万元核定。恢复"商转公"贷款。④购房、建房、租赁以及在新农村集中居住的可为本人及共同生活亲属办理城镇居民户口。⑤确保土地供应基本平衡，保持土地价格基本稳定，严格土地招拍挂条件，支持已批未建项目指标调整。⑥鼓励货币化安置。⑦车位比例配比可按0.6个/户执行。⑧信用良好企业在监管楼栋封顶以后可申请提前拨付剩余留存重点监管资金的80%。⑨应缴纳的欠税及滞纳金，可先行缴纳欠税，再依法缴纳滞纳金。	自贡市五部门发布《关于促进房地产业良性循环和健康发展若干措施》
10月28日	广东	①同意设立广州琶洲经济开发区，实行现行省级经济开发区的政策。广州琶洲经济开发区规划面积702.1672公顷，分为三个片区。②广州琶洲经济开发区必须严格实施国土空间规划，按规定程序履行具体用地报批手续；必须依法供地，以产业用地为主，合理、集约、高效利用土地资源，严禁商业房地产开发。	广东省人民政府发布关于设立广州琶洲经济开发区的批复：严禁商业房地产开发

10-3 续表9

时间	地区	政策内容	政策来源
11月8日	涿州	①以具有合法稳定住所为基本落户条件，在城镇地区具有合法稳定住所的人员，本人可以办理当地常住户口。②土地保证金最低20%，土地款1个月50%，1年内结清。③预售资金监管按照《关于印发〈〈保定市主城区商品房预售资金监管办法（试行）〉的通知》的有关规定执行。④首套商贷首付最低20%，二套最低30%。⑤个人所得税住房贷款利息每月按1000元标准扣除，住房租金每月按1100元标准扣。⑥生育二孩及以上的居民家庭购买二套房可享受首套政策。⑦对特定社会群体实行购房优惠政策。⑧销售价格浮动不超过±10%进行销售、⑨不得由用户承担建筑区划红线外发生的任何费用。	河北省涿州市发布《关于进一步促进房地产业良性循环和健康发展的十五条政策措施》
11月11日	烟台	①自2022年11月1日起至2023年6月30日前在烟台市购买新建商品住宅和二手住宅补贴契税50%。②推行二手房"带押过户"登记模式。③深入开展"手拉手"精准营销活动。④新出让土地，要在房地产开发项目建设条件意见书中明确绿色建筑、装配式建筑、健康建筑、超低能耗建筑、智慧社区、海绵城市等高品质住宅建设条件。⑤建立优质房企、项目及相关建筑业企业"白名单"，在房贷、开发贷等方面给予充分支持。	烟台市区房地产开发领导小组坚持"房住不炒"定位，着力"稳地价、稳房价、稳预期"，牵头出台了一批政策措施
11月11日	深圳	①除法律法规或市政府批准的其他情形外，非商品性质的土地未建成前土地使用权不得转让。②非商品性质厂房、研发用房、仓储（堆场）、物流建筑等房地产建成满10年后，可按规定补缴地价后进入市场，限整体转让。受让对象应符合我市工业楼宇转让和工业区块线管理的有关规定，并取得产业主管部门同意意见。③非商品性质的商业、办公、旅馆业建筑、商务公寓、游乐设施等房地产，可按规定补缴地价后进入市场进行转让，其中游乐设施、旅馆业建筑、肉菜市场、会议中心等房地产限整体转让。④非商品性质的公共管理与服务设施、交通设施、公用设施等用途的房地产中，营利性的房地产可按规定补缴地价后进入市场，限整体转让。	深圳市发布《非商品性质房地产转让办法（征求意见稿）》
11月14日	全国	①保函仅可用于置换依法合规设立的预售资金监管账户的监管额度内资金，置换金额不得超过监管账户中确保项目竣工交付所需的资金额度的30%，置换后的监管资金不得低于监管账户中确保项目竣工交付所需的资金额度的70%。在保函有效期内，如监管账户内剩余资金不足以支付项目工程款，出函银行应立即履约垫付，在保函额度内支付扣除账户内剩余资金后的差额部分。②评级低或资产规模小的银行不得开展业务，不得给有关联的房地产企业出具保函，商业银行要通过保证金、房地产企业反担保以及其他增信措施，防范保函业务风险。③明确商业银行在出具保函置换预售监管资金时，要参照开发贷款授信标准，充分评估房地产企业信用风险、财务状况、声誉风险、项目销售前景和剩余货值等，与经营稳健、财务状况良好的优质房地产企业开展保函置换预售监管资金业务。④房地产企业要按规定使用保函置换的预售监管资金，优先用于项目工程建设、偿还项目到期债务等，不得用于购置土地、新增其他投资、偿还股东借款等。	银保监会、住建部、央行联合发布《关于商业银行出具保函置换预售监管资金有关工作的通知》
11月18日	钦州	①土地保证金最低20%，3个月50%，1年内缴清。②首次购房商贷首付比例降至20%，首套商贷未结清首付不低于30%，一套已结清执行首套贷款政策。③尚未建设的商业用地适当放宽"商改住"或降低住配比。登记2年后仍未能出售非住宅用房可改造为商品住房或企业自持租赁住房。④信用二级以上且1年内去化率达30%企业，正负零可办理预售许可。⑤公积金贷款额度上限双人40万元，单人33万元。⑥信用三级以上且主体结构封顶或信用二级以上且形象进度2/3，提供保函或资产担保的，可提前一个节点申请重点监管资金。	广西钦州市自然资源局网站发布钦州市支持房地产业平稳健康发展的若干措施

10-3　续表10

时间	地区	政策内容	政策来源
11月23日	南阳市邓州市	①调整工程形象进度为6层以下的商品房项目，完成主体1层结构封顶工程；7至12层小高层建筑完成主体2层结构封顶工程；13层以上高层建筑完成主体4层结构封顶工程，即可申请商品房预售许可。②重点监管资金额度与房地产开发企业信用综合评价结果挂钩，按照信用评价等级实施差异化管理。③不能正确计算房屋原值和应纳税额的，可按住房转让收入的1%核定征收个人所得税。④公积金贷款额度上限双人60万元，单人50万元。⑤符合条件的人才3个月社保、新市民购首套房享缴契50%补贴，鼓励开发企业优惠5000~10000元。⑥土地保证金最低20%，首次50%，1年内缴清。⑦推行货币化安置。	河南省南阳市邓州市发布《关于印发邓州市促进中心城区房地产市场平稳健康发展的若干措施（试行）的通知》
12月13日	兰州	①阶段性减免房产税、城镇土地使用税，免税期限最长不超过6个月。②延长住房公积金缓缴期限，缓缴期限延至2023年6月30日。③5年期以上首套住房商业性个人住房贷款利率下限由4.3%下调至4.0%。④取消现行限售政策，个人住房贷款不再纳入房地产贷款集中度管理。⑤推行"拿地即开工"，协调金融机构为房地产企业开展保函置换预售监管资金业务。积极探索推行"房票"制度。	甘肃省兰州市人民政府办公室关于印发《兰州市助企纾困激发市场主体活力若干措施》的通知
12月14日	山西	①适度增加供地，保障改善性住房和租赁住房用地需求，长治、晋城、临汾等住房供求关系紧张的城市要增加供地规模、加快供地节奏。②用好政策性银行专项借款，引导商业银行跟进提供配套融资，做好"保交楼、稳民生"。支持房地产企业合理融资需求。探索政府主导盘活闲置商品房。③可适度下调商品房预售资金重点监管额度不超过5%，新开工项目原则上24个月内建成交付。因企业原因造成土地闲置的，依法收取闲置费或收回土地。	山西省政府新闻办举行新闻发布会，对《关于进一步促进民间投资的实施意见》进行深入解读
12月18日	全国	①关于房地产业风险。去年下半年以来，我国房地产市场明显走弱，近几个月来出现加速下滑，成为影响经济运行中一个重大风险因素。下一步要立足我国巨大需求空间支撑，持续优化需求侧管理，加大对刚需和改善性住房需求的金融支持力度。中期要研究促进房地产业健康发展的治本之策，改革完善房地产相关土地、财税、金融等基础性制度，多渠道增加市场化长租房和保障性租赁住房供给，推动房地产企业转型发展，有序构建房地产健康发展新模式。②要充分认识到房地产行业的重要性。确保房地产市场平稳发展。在前期已出台多项政策基础上，会议从供给端、预期和需求端，以及促行业新模式转型等方面作出部署。③供给端方面。各地区和有关部门要扛起责任，扎实做好保交楼、保民生、保稳定各项工作；继续给行业提供足够的流动性，满足行业合理融资需求；推动行业并购重组；完善相关房地产调控政策及制度。2022年已出台的政策要持续抓好，2023年还将出台新举措，侧重研究解决改善房企资产负债状况等。④预期和需求端方面。要着力改善预期，扩大有效需求，支持刚性和改善性住房需求，比如，在住房消费等领域还存在一些妨碍消费需求释放的限制性政策，这些消费潜力要予以释放；结合落实生育政策和人才政策，解决好新老市民、青年人等住房问题；鼓励加大保障性租赁住房供给，发展长租房市场；合理增加消费信贷，支持住房改善等消费。⑤要抓紧研究中长期治本之策。要深入研判房地产市场供求关系、人口变化、城镇化格局，包括城市群都市圈、城市更新、再城市化等，研究推动房地产业向新发展模式平稳过渡，摆脱多年来"高负债、高杠杆、高周转"模式。	中央财办有关负责同志就中央经济工作会议精神和当前经济热点问题作深入解读：要高度重视当前房地产行业的问题和风险挑战

10-3 续表 11

时间	地区	政策内容	政策来源
12月19日	内蒙古	①严格房地产开发土地供应管理，商品住宅等经营性房地产开发用地应当以招标、拍卖、挂牌方式出让。②从事房地产开发经营活动的企业必须取得房地产开发资质。③建立房地产开发项目手续公开、公示制度。④新建商品住宅小区必须严格按照自治区住房城乡建设厅等8部门联合印发的《内蒙古自治区新建商品住宅小区交付使用标准》进行建设。⑤严格实行商品房预售许可审批制度和预售许可公示制度。⑥预售资金监管首次拨付节点不得早于地下结构完成，最后拨付节点为房屋所有权首次登记。⑦住宅小区建筑容积率在1.0以上、建筑面积在144平方米以下（含144平方米）的单套住房为普通商品住房。	内蒙古自治区人民政府办公厅发布关于加强房地产市场监管规范房地产开发与经营活动的通知

10-4　2022年区域发展政策

时间	地区	政策内容	政策来源
2月15日	长江中游城市群	《方案》明确了长江中游城市群"十四五"发展目标。其中基础设施互联互通方面，到2025年，综合立体交通网进一步完善，铁路总里程达到1.4万公里，基本实现城市群内主要城市间2小时通达，新型基础设施水平明显提高，能源保障能力进一步增强。	国家发展改革委关于印发长江中游城市群发展"十四五"实施方案的通知
3月22日	湖南	发展目标为，到2025年，长株潭都市圈竞争实力、辐射带动能力显著增强，高水平基础设施、现代公共服务、社会保障等领域同城化取得重大进展，融城融合发展格局基本形成，成为全省高质量发展、高水平治理、高品质生活的标杆。经济人口承载力更强。都市圈内部分工更加协调，城市品质进一步提升，周边城镇发展水平和承载能力明显提升，区域经济活力持续增强，常住人口城镇化率达到82%左右。基础设施更加完善。建成一批交通、水利、能源、信息、市政领域重大工程，长沙机场保障能力和服务水平显著提升，区域基础设施互联互通基本实现，"一小时通勤圈"全面形成。	关于印发《长株潭都市圈发展规划》的通知
3月25日	北部湾城市群	《方案》明确发展目标，到2025年，北部湾城市群进一步发展壮大，常住人口城镇化率提高5个百分点以上，一体化发展水平持续提升，生态环境优美、经济充满活力、生活品质优良的蓝色海湾城市群初步建成。南宁与周边城市同城化水平显著提升，海口、湛江城市功能和辐射带动作用明显增强，大中小城市发展更加协调。向海经济加快发展，现代化绿色临港产业基地基本建成，与东盟产业链供应链协作持续深化。	国家发展改革委关于印发北部湾城市群建设"十四五"实施方案的通知
4月18日	北京	工作要点安排部署12大类70项重点任务，扎实开展"疏解整治促提升"专项行动，推动"两翼"联动发展，推进京津冀三地产业对接协作，加强生态环境协同治理，实现京唐（京滨）城际铁路建成通车等目标	《北京市推进京津冀协同发展2022年工作要点》
5月15日	宜昌	提出了在推进农业转移人口全面融入城市，加快区域性中心城市建设，提升城市功能品质，提高城市治理现代化水平，推进以县城为重要载体的城镇化，推进城乡融合发展等方面的相关措施。	关于印发宜昌市"十四五"推进新型城镇化建设实施方案的通知
5月23日	京津冀	工信部会同国家发展改革委、科技部等有关部门以及京津冀三地政府共同编制《京津冀产业协同发展实施方案》，明确到2025年，京津冀产业分工定位更加清晰，产业链创新链深度融合，综合实力迈上新台阶，协同创新实现新突破，转型升级取得新成效，现代化产业体系不断完善，培育形成一批竞争力强的先进制造业集群和优势产业链，协同机制更加健全，产业协同发展水平显著提升，对京津冀高质量发展的支撑作用更加凸显。	《京津冀产业协同发展实施方案》
6月13日	上海	到2025年，南北地区基本成为产城融合发展、新兴产业集聚、生态宜居宜业的现代化转型样本，服务国家战略和全市大局的能力进一步增强，竞争力和影响力显著提升，地区生产总值力争达到4000亿元，新增规上工业总产值占全市增量比重达到20%以上。	印发《关于加快推进南北转型发展的实施意见》的通知
6月17日	四川	《规划》提出，将重点实施畅通多向进出川运输通道、完善双核辐射综合交通网、建设高水平国际枢纽集群、打造高品质出行服务体系、构建高效率货运物流体系、打造全国智能交通新高地、提升交通绿色安全发展水平、创建一体化协同治理样板等8项重点任务。	关于印发《四川省加强成渝地区双城经济圈交通基础设施建设规划》的通知
7月20日	六安	行动方案中明确了9项重点任务，一是保主体，持续开展外贸企业大走访工作。二是拓市场，指导企业参加各类线上线下的综合性和单品类展会。三是壮产业，推动我市传统产业童车童床、农产品等产业发展，提高出口产品规模和附加值。四是助创新，到2025年全市跨境电商主体、交易额、增幅都有较大规模提升；支持六安外贸企业租用、建设海外仓，探索开展市场采购贸易。五是建平台，加快舒城保税物流中心（B型）和金寨保税仓库建设。六是强招引，强化对外向型项目的招引，将进出口额过千万美元潜力的招引项目纳入市重点项目库。七是调结构，促进外贸进出口均衡发展，提高生活消费品进口比例。八是促回转，加快市外进出口业绩的回流。九是优服务，发挥部门合力，在出口退税、通关便利化、金融信贷等方面给予外贸企业更多便利和实惠。	关于印发《六安市推进外贸高质量发展行动方案（2022-2024）》的通知

10-4 续表1

时间	地区	政策内容	政策来源
7月26日	广州	广州市粤港澳大湾区（南沙）改革创新研究院会、广州大学广州发展研究院、广东省区域发展蓝皮书研究会与社会科学文献出版社联合发布了《粤港澳大湾区蓝皮书：中国粤港澳大湾区改革创新报告（2022）》。报告在内容结构上分为总报告、体制融合篇、联动发展篇、产业协同篇、数字湾区篇、科技创新篇和金融专题篇七个部分。汇集了粤港澳大湾区研究领域高端专家研创团队的最新研究成果，是关于粤港澳大湾区经济社会运行情况和相关专题分析与预期的重要参考资料。	《粤港澳大湾区蓝皮书：中国粤港澳大湾区改革创新报告（2022）》
8月1日	广州 佛山	加快推进广佛全域同城化，提升粤港澳大湾区广佛极点发展能级，助力构建"一核一带一区"区域发展格局。一是坚持打造广佛极点目标导向。二是坚持广佛两市进行整体规划。立足于两市全域，提出打造"一区、三轴、一环"的空间格局。三是坚持市场主导的广佛全域同城化发展路径。	关于印发广佛全域同城化"十四五"发展规划的通知
8月12日	上海 江苏 浙江	两省一市对示范区第二批支持政策共17条，从跨省域政策协同所涉及的领域来看，可以把这17条政策内容归纳为十个方面：一是科技创新赋能。二是存量资产盘活。三是碳普惠联建试点。四是国土空间利用。五是营商环境优化。六是教育协同发展。七是人才合理流动。八是执法司法协同。九是警务服务通办。十是探索共富路径。	上海市人民政府、江苏省人民政府、浙江省人民政府印发《关于进一步支持长三角生态绿色一体化发展示范区高质量发展的若干政策措施》的通知
8月16日	上海市浦东新区	集聚优质产业创新资源。鼓励企业加大投资力度。支持产业规模跃升。支持创新成果产业化。鼓励产业链协同联动。支持首次示范推广应用。支持产业数字化转型。提升存量空间绩效。支持特色产业园区建设。对获得上海市级专项资金立项资助的项目，给予一定配套支持。对明确配套要求的，按市级部门立项时明确的区级配套资金足额给予配套支持。	《浦东新区促进重点优势产业高质量发展若干政策措施》
8月23日	成渝地区	通知就加大财税支持力度、强化金融服务支撑、提升政务服务效能、大力优化市场监管、营造良好法治环境提出了一揽子政策措施，以便充分激发川渝两省市各类市场主体活力，促进市场主体健康发展。	《支持成渝地区双城经济圈市场主体健康发展的若干政策措施》
8月26日	上海市临港新片区	支持核心技术攻关。突破长寿命、高可靠性、大功率燃料电池系统核心技术，突破高可靠性质子交换膜（PEM）、高耐蚀碳纸、低铂催化剂等基础材料制备技术，高功率密度石墨板电堆、长寿命金属板电堆、高速无油带透平空压机等零部件研发制造技术。支持氢燃料电池汽车产业链重点企业和项目在临港新片区布局，支持临港新片区开展氢能替代工艺装备研发制造、制氢装备制造、IV型储氢瓶技术研发和生产制造，加快培育一批氢能"独角兽""专精特新""单项冠军"企业。	《关于支持中国（上海）自由贸易试验区临港新片区氢能产业高质量发展的若干政策》
10月22日	河南	完善污水收集处理及资源化利用设施。建设分类投放、收集、运输、处理的生活垃圾处理系统。持续推进固体废物处置设施建设。提升危险废物、医疗废物处置能力。推动环境基础设施体系筹规划。发挥环境基础设施协同处置功能，打破跨领域协同处置机制障碍。健全城镇污水处理收费定期评估和动态调整机制，到2025年，污水处理收费标准达到覆盖污水处理设施运营和污泥处置成本水平。	关于印发河南省加快推进城镇环境基础设施建设实施方案的通知
11月3日	昆明	围绕主动服务和融入国家、云南省发展战略，紧扣建设区域性国际物流枢纽城市的发展目标，根据全市产业体系和综合交通体系布局，综合考虑资源分布、区位条件及商品物资流向，以枢纽为物流支点，以战略交通线为物流通道，优化整合现有货运场站和物流节点设施资源，形成"枢纽+集聚区+中心+通道"的"652011"现代物流空间布局体系。	关于印发昆明市"十四五"现代物流业发展规划的通知

10-4 续表2

时间	地区	政策内容	政策来源
11月4日	上海市徐汇区	意见的适用对象为登记注册在本区的企事业单位或民办非企业单位，或主要创新活动在徐汇区的相关单位，以及其他经区政府批准的支持对象；上述主体需经营状态正常、信用记录良好、符合政策申报条件。促进产业集群发展。支持企业做大做强。营造良好生态环境。加强创新产品研发转化。	《关于进一步推动徐汇区生命健康产业高质量发展的扶持意见》
11月8日	全国	《行动方案》指出，到2025年，长三角区域资源要素有序自由流动，行政壁垒逐步消除，统一开放的市场体系基本建立。与国际高标准市场规则体系全面对接，协同开放达到更高水平。《行动方案》要求，充分发挥上海、南京、苏州、杭州、宁波、合肥等城市示范带动作用，鼓励无锡、常州、南通、温州、衢州、舟山、芜湖等城市探索创新，着力破解体制机制难题。	国家发改委印发《长三角国际一流营商环境建设三年行动方案》
11月10日	天津	总体目标为全面落实RCEP经贸规则和标准，推动区域间合作机制更加健全，市场融合更加深入，营商环境更加良好。推进天津自贸试验区投资、贸易、金融、运输、人员等要素流动更加自由，促进数据在区域间安全有序流动，实现资源配置更加灵活高效，打造面向世界的高水平自由贸易园区。	关于印发《中国（天津）自由贸易试验区高质量落实〈区域全面经济伙伴关系协定〉（RCEP）行动方案》的通知
11月15日	昆明	聚焦电子信息、生物医药、新材料、先进装备制造等新兴产业领域，拓展优质增量，重点培育和引入创新型领军企业，加快重大项目落地，建设千亿级新兴产业集群，形成一批具有全国乃至国际影响力的产业品牌，为昆明工业发展注入新动力，有力支撑全市工业高质量跨越式发展。推动化工、冶金、非烟轻工、烟草及配套产业四个传统优势产业改造升级。围绕以工业和信息化为主的开发区、产业园区（以下简称为"园区"）加快完善全市工业产业空间布局，聚焦重点领域和环节，充分挖掘、发挥各个园区资源优势和特色。	关于印发昆明市"十四五"工业高质量发展规划的通知
12月22日	广州	广东省商务厅副厅长赵青在上午的粤港澳大湾区投资政策宣讲会介绍，广东将推出"2+1"政策招商。两个招商重点方向：分别是制造业招商和总部企业招商。一套组合政策：囊括了财政奖励、税收、科技创新、金融、用地、用能、用工、环保等方方面面支持政策。	2022粤港澳大湾区全球招商大会
12月29日	河北	加大园区建设用地储备。建立用地指标激励机制。强化发展规划统领作用，推进国土空间规划编制，完成市政工程、地下空间、生态环境保护等各类专项规划，形成"一张蓝图"。加强前期服务指导，强化项目可行性研究论证，建立重点项目储备库，实行滚动管理机制。指导市、县对园区内各类评估评价应评尽评，并及时对外公布区域评估成果，明确适用情形。规范审批关联事项。简化重点环节审批手续。支持园区按需扩区。在不突破国家现行产业准入政策的前提下，园区根据自身功能定位，自主制定产业准入标准和目录。充分赋予园区管理机构建设项目相关的审批权限，已赋予园区的管理权限，各地各部门不得变相截留或收回。	关于支持园区项目建设促进实体经济发展若干措施的通知

10-5　2022年市场调控监管政策

时间	地区	政策内容	政策来源
1月4日	全国	明确对企业新开展违规融资担保行为进行严肃追责，要求企业对存量违规融资担保业务限期整改，力争两年内整改50%，原则上三年内全部完成整改。	《关于加强中央企业融资担保管理工作的通知》
1月4日	武汉	《办法》增加了18项信用信息记分标准，其中包括取得商品房预售许可证后收取预定款、定金、房价款等，未就款项性质、金额、违约责任与买受人进行书面约定的；未按规定在销售现场公示商品房价目表、车位（库）规划配建情况、室内外交付标准以及用地规划范围内对居民生活、房屋使用有重大影响的事项的；商品房交付前，未按规定制定交付方案或未按要求公示交付方案、竣工验收文件、测绘成果证明等资料的等。	武汉发布了《武汉市房地产开发企业信用监管办法》
1月5日	南平	为贯彻落实中央、福建省和南平市经济工作会议精神，探索房地产新的发展模式，加强市场预期引导，支持商品房市场更好满足购房者的合理住房需求，因城施策促进房地产业良性循环和健康发展，实现稳地价、稳房价、稳预期的工作目标，结合前期市场调研和当前我市房地产业发展实际，经市政府同意，制定十项工作措施。	福建南平发布了《关于印发促进我市房地产市场平稳健康发展十条措施的通知》
1月5日	安徽	安徽省住建厅发布消息，为进一步规范住房城乡建设行政执法行为，优化营商环境，决定在全省住房城乡建设领域推行轻微违法行为免予行政处罚清单和告知承诺制。免罚清单包括建筑市场监管、工程质量安全监管、建设工程消防设计审查验收等六大类共37种情形。	安徽省住房城乡建设发布轻微违法行为免予行政处罚清单
1月5日	西宁	约谈过程中，西宁市市场监督管理局通报了西宁市房地产市场存在的乱象问题及近期专项监督检查情况，与上述企业签订了约谈责任书，并对下一步工作提出了要求：一要全面落实经营主体责任，经营负责人要履行好经营责任，认真学习好相关法律法规，合法经营、按规办事，将主体责任的各项要求落到实处；二要树立正确的经营理念，开展各类经营必须在法律的框架内进行，加强行业自律，履行主体责任，增强法律意识和责任意识，做到对社会负责，对广大消费者、老百姓负责。	青海省西宁市市场监督管理局对房地产企业进行行政约谈
1月5日	合肥	《规划》则明确提出：（一）加大财政政策支持力度，对新落户人才、重点产业人才进行住房补贴的基础上，实施技术工人租赁住房安居工程计划；（二）落实差别化信贷政策，加大对无房户购买首套自主性住房的支持力度，坚决遏制利用信贷杠杆投机炒房行为	合肥发布了《合肥市"十四五"住房发展规划》，落实差别化信贷政策，加大对无房户购买首套自主性住房的支持力度
1月6日	泰州	泰州市房地产业协会向各房地产开发企业发出倡议，包括要求各房地产企业加强行业自律，规范经营行为；树立大局意识，合理定价销售；努力提升产品质量和服务水平等。	泰州发布了《泰州市房地产业协会关于自觉维护房地产市场平稳健康发展的倡议书》
1月7日	内蒙古	内蒙古自治区持续开展房地产市场乱象整治工作，加大房地产市场秩序整治力度，切实维护人民群众合法权益。坚持整顿规范与制度建设并重、专项整治与日常监督并重，聚焦监督管理的薄弱点和易出问题的风险点，对房地产开发、预（销）售、查封抵押、预售资金监管、网签备案、交付使用、房屋租赁等方面提出明确要求，规范商品房开发经营行为，防范交易风险。逐步构建以信用为基础的房地产新型监管机制，对违法违规行为实施联动查处、联合惩戒，营造诚实守信、依法经营的房地产市场环境，促进全区房地产市场平稳健康发展。	内蒙古《关于转发〈住房和城乡建设部等8部门关于持续整治规范房地产市场秩序的通知〉的通知》
1月10日	厦门	会议研究了厦门市商品房预售管理规定，强调要理顺商品房预售监管职责，着力加强预售合同管理、预售资金监管等工作，完善预售信息公开制度，进一步规范商品房预售管理工作，保障商品房交易双方的合法权益，促进房地产市场持续健康发展。	厦门发布了新一届市政府第一次常务会议

10-5 续表1

时间	地区	政策内容	政策来源
1月13日	全国	通知第14条明确，对商品房预售资金监管账户内资金依法审慎采取保全、执行措施，支持保障相关部门防范应对房地产项目逾期交付风险，维护购房者合法权益。冻结商品房预售资金监管账户的，应当及时通知当地住房和城乡建设主管部门；除当事人申请执行因建设该商品房项目而产生的工程建设进度款、材料款、设备款等债权案件外，在商品房项目完成房屋所有权首次登记前，对于监管账户中监管额度内的款项，不得采取扣划措施，不得影响账户内资金依法依规使用。	最高人民法院发布《关于充分发挥司法职能作用助力中小微企业发展的指导意见》
1月17日	全国	国家统计局局长宁吉喆表示，房地产一系列数据表明，2021年我国房地产市场还是总体稳定的，坚持"房住不炒"的定位，积极稳妥实施房地产长效机制，不把房地产作为短期刺激经济的工具和手段，着力稳地价、稳房价、稳预期，积极防范潜在风险。另外，房地产市场供给在逐步优化。随着房地产调控政策的稳步推进，房地产开发企业发展更加稳健，房地产行业正在向着集约、高效、长期、健康、稳定的方向发展和转变。随着房地产长效机制不断完善，因城施策效果不断显现，2022年我国房地产市场有望保持总体平稳运行。	《全国房地产开发投资和销售情况》发布，统计局局长宁吉喆在会上答记者问
1月18日	全国	国家发展改革委政策研究室主任金贤东在回答"2021年中资企业境外发债有关情况"的提问时表示，去年个别高杠杆房地产企业因自身经营问题发生境外违约事件，导致中资境外债市场房地产板块出现短暂恐慌情绪，这属于市场的自我调节，不会影响中资境外债市场的整体功能。	国家发展改革委召开1月新闻发布会
1月18日	烟台	通知明确，对守信企业落实相应激励措施。对信用等级为AAA级开发企业，商品房预售监管资金留存比例降低5个百分点（工程单体施工结束的不予减免）；对信用等级为AA级开发企业，商品房预售监管资金留存比例降低3个百分点（工程单体施工结束的不予减免）。上述3%~5%的预售资金监管解除后，须优先用于农民工工资支付。	山东烟台发布了《关于对烟台市2020年度守信房地产开发企业实施激励措施的通知》
1月19日	全国	要求，准确把握和执行好房地产金融审慎管理制度。坚持"房子是用来住的，不是用来炒的"定位，加强预期引导，支持房地产企业合理融资需求，更好满足购房人合理住房需求，加大住房租赁金融支持，促进房地产业良性循环和健康发展。	中国人民银行营业管理部召开2022年北京地区货币信贷工作会议
1月19日	佛山	若干举措推出8个方面27项举措，涉及房地产行业的有3大举措，其中提到要合理降低房地产开发投资资金压力，优化预售资金审批流程，加快审批放款等。对于房地产板块，佛山市希望确保房价、地价在合理区间内运行，既要防止大涨也要防止大跌，稳定房地产市场预期。	佛山发布了《佛山市促进2022年经济一季度开好局为全年稳中求进夯实基础的若干举措》
1月19日	福州	强化预售资金入账监管为着力点，推动全流程各要素监管，规定同一本预售许可证内的商品房只能设立一个监管账户，购房定金、一次性付款等全部纳入监管账户，实行"专户管理、封闭运行"。明确预售资金监管额度为切入点，严控资金拨付节点及比例，新建商品房项目的监管额度原则上不少于项目工程总造价的1.2倍，并按工程建设进度节点拨付使用监管额度内的商品房预售资金。实施差别化监管为发力点，不断加大监管力度，对于信用不良或存在违规行为的房地产企业进行重点监管或全额监管。	福州市城乡建设局公布2021年预售资金监管协议及监管资金数据，并强调将"三点发力"强化商品房项目预售资金监管
1月20日	全国	会议指出，2022年要着力在"增信心、防风险、稳增长、促改革、强队伍"上下功夫，要重点要抓好"加强房地产市场调控；推进住房供给侧结构性改革；实施城市更新行动；实施乡村建设行动；落实碳达峰碳中和目标任务；推动建筑业转型升级；推动改革创新和法治建设；加强党的建设"等八个方面工作。 会议要求，要毫不动摇坚持房子是用来住的、不是用来炒的定位，不把房地产作为短期刺激经济的工具和手段，保持调控政策连续性稳定性，增强调控政策协调性精准性，继续稳妥实施房地产长效机制，坚决有力处置个别头部房地产企业房地产项目逾期交付风险，持续整治规范房地产市场秩序。	全国住房和城乡建设工作会议召开，住建部部长王蒙徽作工作报告

10-5 续表2

时间	地区	政策内容	政策来源
1月21日	大连	《方案》指出，严厉打击房地产市场领域违法违规突出问题，进一步加强房地产市场监管，积极营造诚实守信的市场环境，保障人民群众合法权益，确保房地产市场平稳发展。2022年，重点围绕房地产开发领域、房屋买卖领域、住房租赁领域、物业服务领域整治任务目标开展检查，企业检查数量占企业总数量的三分之一以上，集中查处存在严重违法违规行为的企业和个人，实现房地产市场秩序明显好转。	大连发布了《大连市持续整治规范房地产市场秩序实施方案》
1月24日	全国	会议要求，要坚持不懈防范化解金融风险。继续按照"稳定大局、统筹协调、分类施策、精准拆弹"的基本方针，稳妥处置金融领域风险，坚决守住不发生系统性金融风险的底线。压实各方责任，有序推进高风险金融机构处置。妥善应对不良资产反弹。坚持房子是用来住的、不是用来炒的定位，持续完善"稳地价、稳房价、稳预期"房地产长效机制，因城施策促进房地产业良性循环和健康发展。持续拆解高风险影子银行，全面落实资管新规。严厉打击违法违规金融活动，严肃整治"代理退保"乱象。加快非法集资存案处置，严防风险反弹。	2022年银保监会工作会议召开
1月26日	厦门	预售商品房应当符合条件：入开发建设的资金已达到该项目工程建设总投资的25%以上。其中，申请预售商品房项目工程形象进度应达到的标准为：7层以下（含7层）的，已完成主体建筑封顶工程；8层以上（含8层）的，已完成主体结构工程的二分之一以上，且不得少于7层。 进一步加强预售资金监管，修改为"先留后用"的监管模式。全部购房款均为预售资金，应当全部存入预售资金监管专用账户纳入监管，预售资金应当优先支付项目建设所必要的费用。	厦门市人民政府发布商品房预售管理规定
1月26日	北京	会议要求，坚持不懈防范化解金融风险，牢牢守住首都金融安全防线。要妥善应对不良资产反弹，有序推进高风险金融机构处置，严防风险外溢。要坚持"房住不炒"定位，持续完善"稳地价、稳房价、稳预期"房地产长效机制，稳步化解房地产"灰犀牛"风险。要严厉打击违法违规活动，持续拆解高风险影子银行，切实防范重大案件风险。要坚决防止资本在金融领域无序扩张，强化金融反垄断和反不正当竞争，坚决取缔非法金融机构。	北京银保监局召开2022年工作会议
1月26日	全国	在房地产层面，会议指出，要继续稳妥实施房地产金融审慎管理。要坚持"房子是用来住的、不是用来炒的"定位，加强预期引导，各商业银行要进一步优化信贷结构，提升服务实体经济的能力，更好满足购房者合理住房需求，促进房地产业良性循环和健康发展。	人民银行上海总部召开2022年货币信贷工作会议
1月27日	安徽	《通知》，明确鼓励购房领域降低首付。通知显示推进春季大宗商品消费，以满足外出务工春节返乡人员消费需求为重点，开展智能家电、绿色建材等下乡活动，鼓励有条件的地区给予适当购置补贴。引导房产、汽车、家电销售企业在春节消费旺季，通过分期免手续费、赠送抵扣券、降低首付比例、补贴置换等方式，扩大大宗商品消费。	安徽省发布关于印发进一步做好近期促进消费工作若干措施的通知
2月8日	宁波	取得不动产权证书满10年的共有产权住房可以上市转让。购房家庭既可以通过购买政府产权份额，获得全部产权后上市转让，也可以与代持机构按照各自产权份额上市转让，分配总房款相应部分。	宁波发布了《宁波市共有产权住房管理办法（试行）》
2月15日	郑州	郑州市召开的十二届二次全体会议暨市委经济工作会中，郑州市代市长何雄对郑州市房地产业做出分析判断，认为郑州房地产市场现在遇到一些小困难，将来不会有大问题，市场需求平稳可期，供给侧也在优化调整。同时表示从各方面举措稳定市场预期。如：①降低二手房交易个人所得税；②提升楼盘周边配套设施和环境改善；③大力推进安置房货币化安置；④扩大郑州都市圈范围；⑤计划出台政策每年吸引大学生20万人；⑥计划出台支持政策鼓励外来务工人员在郑州买房。	郑州市召开十二届二次全体会议暨市委经济工作会，对郑州市房地产业做出分析判断

10-5 续表3

时间	地区	政策内容	政策来源
2月15日	海南	今年海南省将持续加强房地产市场调控，全力推进安居房建设，列入2022年度计划的安居房项目将在8月底前按时开工，确保完成51728套安居房建设任务。继续加强房地产市场调控，促进房地产业良性循环和健康发展。海南省将牢牢坚持"房住不炒"的定位，促进房地产市场平稳运行。保持调控政策的连续性稳定性。不断完善商品房预售资金监管、商品房网签备案全过程监管、房地价联动等房地产市场调控长效机制。进一步规范和发展住房租赁市场，推动空置住房资源盘活利用。	海南省召开2022年全省住房城乡建设工作会议
2月17日	菏泽	菏泽四大行下调首付比例，无房无贷购房者首付比例从最低3成降至2成，但需根据个人资质、还款能力等进一步确定。	菏泽四大银行下调商贷首付比例
2月21日	重庆	春节以来，重庆地区部分银行陆续下调首套住房贷款首付比例，目前最低可至20%。	重庆部分银行下调首套房贷首付比例
2月21日	赣州	赣州首套房贷首付比例已降到20%，目前国有大行、中信银行、广发银行、招商银行均执行此房贷政策。	赣州部分银行下调首套房贷首付比例
2月21日	佛山	非限购区部分项目首付比例降低至2成。	佛山商业银行下调非限购区域部分楼盘首付比例
2月21日	广州	市场消息指出，工商银行、农业银行、中国银行、建设银行、交通银行、邮储银行六大家银行下调了广州地区房贷利率。其中，首套利率从此前的LPR+100BP（5.6%）下调至LPR+80BP（5.4%），二套利率由LPR+120BP（5.8%）下调至LPR+100BP（5.6%）。	工商银行、农业银行、中国银行、建设银行、交通银行、邮储银行六大家银行下调了广州地区房贷利率
2月22日	武汉	将《市住房保障房管局关于规范新建商品房合同网签备案工作的通知》（武房规{2020}3号）部分内容予以修订，修订具体内容包括规范新建商品房认购行为、提升合同网签备案效率、加强备案合同信息异动管理、提高合同备案信息应用效能、优化合同网签备案服务等内容。	武汉发布了《市住房保障房管局关于规范新建商品房合同网签备案工作的通知》
2月22日	天津	根据《指导意见》，拥有闲置住宅的农户，在有其他合法住所且自愿退出该闲置宅基地情况下，可与村集体经济组织协商，由村集体经济组织回购闲置宅基地和闲置住宅归村集体经济组织所有，用于统一盘活利用。	天津发布《天津市关于加快推进农村闲置宅基地和闲置住宅盘活利用的指导意见》
2月24日	全国	住房和城乡建设部部长王蒙徽表示，2022年要重点抓好加强房地产市场调控、推进住房供给侧结构性改革、实施城市更新行动、实施乡村建设行动、落实碳达峰碳中和目标任务等工作。同时指出，我国城市发展已经进入了城市更新的重要时期，由过去大规模的增量建设，我们说的就是新的建设，向存量的提质改造和增量的结构调整并重转变，也就是说，从"有没有"向"好不好"转变，内需潜力巨大。	国新办举行推动住房和城乡建设高质量发展发布会
2月24日	海口	进一步加强预售资金的监管，规范开发企业、监管银行的行为，保障购房者的合法权益，防范房地产市场风险，保持当地房地产市场长期健康稳定发展。通知共10条，其中8条主要针对开发企业、中介机构、监管银行等行政相对人的权利义务进行强调及细化，让商品房预售资金监管更具有操作性。	海口发布《关于进一步加强商品房预售资金监管工作的通知》
3月1日	郑州	从支持合理住房需求、加大信贷融资支持等五个方面出台具体措施。其中，针对改善型购房需求明确取消"认房又认贷"，对拥有一套住房并已结清相应购房贷款的家庭，为改善居住条件再次申请贷款购买普通商品住房，银行业金融机构执行首套房贷款政策。居民因家庭人口增加、收入条件改善等原因卖小买大、卖旧买新的，在家庭限购套数内可提供个人按揭、网签备案和不动产登记手续办理等方面便利。	郑州发布关于促进房地产业良性循环和健康发展的通知
3月4日	福州	严格贯彻落实房地产市场管理政策：坚持"房住不炒"定位，强化与房管、发改等部门的协同，增强工作合力，全面落实稳地价、稳房价、稳预期的长效管理机制；加大商品房促开盘、促销售力度：高效开展预售许可审批，加快企业推盘力度，促进住房消费健康发展；着力防范房地产市场风险：加强部门协同，强化在售楼盘和预售资金监管有关工作。	福州市不动产登记和交易中心发布2022年主要工作任务

10-5 续表4

时间	地区	政策内容	政策来源
3月5日	全国	继续保障好群众住房需求。坚持房子是用来住的、不是用来炒的定位，探索新的发展模式，坚持租购并举，加快发展长租房市场，推进保障性住房建设，支持商品房市场更好满足购房者的合理住房需求，稳地价、稳房价、稳预期，因城施策促进房地产业良性循环和健康发展。加快发展保障性租赁住房。有序推进城市更新，加强市政设施和防灾减灾能力建设，开展老旧建筑和设施安全隐患排查整治，再开工改造一批城镇老旧小区，推进无障碍环境建设和适老化改造。	两会政府工作报告
3月5日	苏州	因疫情影响开发建设进度的商品房项目，在加强预售资金监管的前提下，经综合研判后，可申请预售时间节点提前30日。因疫情影响，未交付的在建在售商品房项目，交付期限可顺延30日。	苏州印发关于进一步帮助市场主体纾困解难着力稳定经济增长若干政策措施的通知
3月8日	郑州	通过实施货币化安置，满足动迁群众多元安置需求，缩短群众安置周期，提高安置效率，减少过渡安置费用，集约建设用地，消化存量房源，促进房地产市场健康持续发展。结合安置房建设三年攻坚行动，集中利用3年时间，大力推进货币化安置，确保2024年群众回迁安置全部完成。	郑州发布关于积极推进大棚户区改造项目货币化安置工作的实施意见
3月11日	河南	对重点监管资金，在商品房项目完成房屋所有权首次登记前，商业银行不得擅自扣划；设立子公司的房地产开发企业，集团公司不得抽调。	河南省住房和城乡建设厅、中国人民银行郑州中心支行、中国银行保险监督管理委员会河南监管局《关于进一步规范商品房预售资金监管工作的意见》
3月13日	全国	关于房地产企业，要及时研究和提出有力有效的防范化解风险应对方案，提出向新发展模式转型的配套措施。	国务院金融稳定发展委员会召开专题会议
3月14日	全国	要坚持房子是用来住的、不是用来炒的定位，持续完善"稳地价、稳房价、稳预期"房地产长效机制，积极推动房地产行业转变发展方式，鼓励机构稳妥有序开展并购贷款，重点支持优质房企兼并收购困难房企优质项目，促进房地产业良性循环和健康发展。	银保监会召开专题会议传达学习贯彻国务院金融委会议精神
3月15日	全国	坚持稳中求进，防范化解房地产市场风险，稳妥推进并尽快完成大型平台公司整改工作，促进平台经济健康平稳发展，提高国际竞争力。	央行传达学习国务院金融委专题会议精神
3月15日	沈阳	和平区、沈河区、铁西区、皇姑区、大东区、浑南区、于洪区、沈北新区和苏家屯区等区域的普通住房认定标准调整为：容积率1.0以上、单套建筑面积144平方米以下、单套总价不超过300万元。辽中区、新民市、法库县和康平县自行确定普通住房认定标准。	沈阳发布关于调整我市普通住房认定标准的通告
3月16日	全国	继续支持实体经济合理融资，积极配合相关部门有力有效化解房地产企业风险，促进平台经济规范健康发展、提高国际竞争力。	证监会坚决贯彻国务院金融委专题会议精神
3月17日	全国	配合有关部门促进房地产市场、平台经济健康稳定发展。及时回应市场关注的热点问题，稳定市场预期，共同维护资本市场平稳运行。	国家外汇局传达学习国务院金融委专题会议精神
3月17日	海南	在全省集中开展房地产领域违规宣传广告专项治理工作，时间3个月，立行立改立见成效，之后转入常态化监管。	海南发布关于房地产领域违规宣传广告专项治理新闻通气会
3月17日	长沙	明确所有新建商品房预售资金，含定金、首付款、按揭款、分期付款、公积金贷款等，须全额存入预售资金监管专用账户，以保障项目竣工交付。	长沙发布《关于长沙市商品房预售资金监管系统上线运行有关工作的通知》
3月19日	广西	南宁市区已拥有一套住房的，再次购买普通商品住房的商贷最低首付比例由40%调整为30%，北海、防城港首次购买普通商品住房的商贷最低首付款比例由25%调整为20%。	广西市场利率定价自律机制召开会议

10-5 续表5

时间	地区	政策内容	政策来源
3月21日	北京	买方取得不动产权证未满5年的，不允许转让房屋产权份额；买方取得不动产权证满5年的，可按市场价格转让所购房屋产权份额；买方出租已购共有产权住房的，应在市级代持机构指定的统一网络服务平台发布房屋租赁信息；买方应当按照本市房屋管理有关规定和房屋销售合同约定使用房屋等。	北京发布关于《北京市共有产权住房预售合同（试行）》《北京市共有产权住房现房买卖合同（试行）》向社会公开征求意见的公告
3月22日	南宁	城区（不含武鸣区）房地产开发项目依法配建的防空地下室中的人防车位（以下简称"人防车位"），在取得商品房预售许可或现售备案后，可按照规定进行销售和不动产登记。	南宁发布公开征求《关于开展房地产开发项目配建人防车位销售和不动产登记的通知（征求意见稿）》意见的函
3月23日	哈尔滨	鉴于《哈尔滨市人民政府办公厅关于进一步加强房地产市场调控工作的通知》（以下简称"通知"）已完成其阶段性调控使命，拟予以废止。原限售政策：在主城区6区（道里区、南岗区、道外区、香坊区、平房区和松北区）区域范围内，取消建设单位网签合同备案信息注销权限，凡新购买商品住房的，自商品房网签合同签订之日起满3年方可上市交易。	哈尔滨发布关于拟废止《哈尔滨市人民政府办公厅关于进一步加强房地产市场调控工作的通知》
3月24日	东莞	自2022年4月1日起，对房地产开发企业取得商品房预售许可证的房地产项目，在完成不动产首次登记（确权）且东莞市房产交易平台可获取到不动产实测权籍数据后，开发企业在东莞市房地产交易平台进行合同签约的需使用《商品房买卖合同（现售）示范文本》。	东莞发布《关于调整商品房预售转现售合同文本有关事宜的通知》
4月1日	衢州	非本市户籍家庭、个体工商户及由自然人投资或控股的企业，均视为本市户籍家庭，执行相关购房政策；尚未网签的144平方米及以上新房不限售；商品住宅预售每期建筑面积不少于2万平方米（其中纯排屋预售不少于1万平方米）。	衢州发布《关于促进市区房地产业良性循环和健康发展的通知》
4月2日	东莞	就该市疫情防控期间住房限购政策购房资格认定问题通知如下：对2021年12月以来，因受疫情防控影响无法按时缴纳社会养老保险费的非本市户籍居民家庭和新入户本市户籍居民家庭，在核定购房资格时对其在疫情防控期间未缴社保视为"连续缴纳"。	东莞市住房和城乡建设局、东莞市不动产登记中心、东莞市人力资源和社会保障局联合发布《关于明确疫情防控期间购房资格认定问题的通知》
4月5日	兰州	兰州市个人通过商业银行和公积金贷款购买首套住房最低首付款比例不低于20%，二套住房最低首付款比例不低于30%。对拥有一套住房并已结清购房贷款的家庭，执行首套房贷款政策；取得不动产权证的商品住房，网签备案满三年即可上市交易。同时，要减轻个人住房消费负担。加大个人住房按揭贷款发放力度，引导金融机构按照监管规定实施贷款利率优惠政策。对拥有一套住房并已结清购房贷款的家庭，为改善居住条件再次申请贷款购买住房的，金融机构执行首套房贷款政策。要加大住房公积金支持。个人通过公积金贷款购买住房，公积金贷款最高额度单身职工为60万元，双职工为70万元。	兰州发布四大"硬措施"优化营商环境——我市加快落实强省会战略支持企业健康平稳发展
4月6日	西安	在创新行政审批制度、缓解房企资金压力、保障购房人及刚需购房者权益等方面提出十条措施，鼓励西安房地产业发展。	西安发布《支持房地产业发展十条措施》
4月7日	厦门	放宽预售条件，对2021年1月后新出让商住用地在2022年12月31日前申请预售证的项目，工程形象进度要求调整为：①7层及以下完成主体工程2层以上（原为主体建筑封顶）；②8~20层在原基础上减5层，21层以上完成主体工程的1/4（原为主体结构工程的1/2以上，且不得少于7层）。	厦门发布《厦门市商品房预售管理规定》
4月7日	苏州	自2022年5月1日起，苏州市范围内新开工商品房项目预售按照通知执行。	苏州发布《关于加强商品房项目工期管理保障建筑工程质量安全的通知》

10-5 续表6

时间	地区	政策内容	政策来源
4月8日	哈尔滨	旨在贯彻落实《哈尔滨市人民政府关于印发哈尔滨市应对疫情影响支持中小微企业纾困政策措施的通知》要求，为承租市直行政事业单位和财政监管国有企业房产的中小微企业和个体工商户再减免2022年3个月房租或再免费延长3个月租期。	哈尔滨发布关于有效应对疫情影响助企纾困稳经济促增长若干政策措施实施细则（有效）
4月13日	上海市临港新片区	在认定文件上，《通知》将原《购房资格确认函》调整为《临港新片区人才住房政策认定函》，有效期由原6个月调整为12个月。在重点支持单位上，根据临港新片区的产业发展导向及城市功能发展需求，经综合评定，形成了《2022年临港新片区人才住房政策重点支持单位清单》，《2022年重点支持单位清单》将按需组织更新并公示。	上海发布关于优化调整临港新区人才住房政策经营口径的通知
4月13日	湖南	关于对三孩家庭购买首套住房的家庭给予购房补贴的建议，湖南省住建厅表示，将结合湖南省各市州实际情况，配合财政部门进行政策研究，既保障合理住房需求，又严格要求，防止炒房。	湖南省住房和城乡建设厅发函回复聂晓辉、周铖军代表提出的《关于提高全省育龄夫妻生育意愿的建议》
4月14日	南京	《通知》称，房地产开发企业可凭银行出具的保函，等额替换新建商品房预售资金监管账户中的监管资金，但对房企有要求：申请前的两年内无违规使用商品房预售监管资金受到行政处罚，无司法冻结、违规资金划扣、拖欠工程款和拖欠农民工工资等情况。	南京发布《关于商品房预售资金监管试点使用银行保函的通知》
4月14日	宜昌	内容涉及加大金融和住房公积金支持力度下调商品房预售条件限制等9条措施。该《通知》称，住房公积金贷款在执行"认房认贷"标准时，只认定住房公积金贷款记录；职工可通过自主缴存方式，提高住房公积金贷款额度。《通知》引导金融机构加大个人住房按揭贷款投放力度，首套房贷款首付款比例不低于20%、利率原则上在央行基础利率（LPR）的基础上上浮不超过60个基点；二套房贷款首付款比例不低于30%、利率原则上在央行基础利率（LPR）的基础上上浮不超过80个基点。	宜昌发布《关于进一步促进房地产市场良性循环和健康发展的通知》
4月15日	全国	扎实做好项目前期工作。指导督促地方加快履行项目各项审批手续。同时，依法依规履行项目建设程序，防止"未批先建""边建边批"。	发改委召开新闻发布会
4月15日	郑州	该方案涵盖就业岗位、创业扶持、安居住房、生活补贴、金融保障、公共服务等多个方面，将为青年人才提供安身、安心、安业的全方位高质量综合服务保障。会上提到，在持续为青年人才发放生活补贴和购房补贴的基础上，郑州扩大首次购房补贴发放范围，由博士、硕士、"双一流"本科，扩展到所有本科毕业生和技工院校预备技师（技师）及专科生，让更多、更大范围的青年人才受重视、被尊重、得实惠。	郑州召开郑州市青年创新创业行动新闻发布会，相关负责人介绍了《关于实施青年创新创业行动的工作方案》
4月15日	东莞	①将明确新建商品住宅项目最低品质要求，根据可售楼面价对目前全市新建商品住宅项目分为2万元/㎡以上、1万~2万元/㎡、1万元/㎡以下三档。②对提升品质指标相应内容增加的建造成本，在指导价（限价）的基础上予以适当增加。	东莞发布关于公开征求《关于进一步提升商品住宅项目建设品质的通知（征求意见稿）》意见的通知
4月15日	东莞	意见稿规定了三限房的审核配售（包括申购对象、分配方式、申购流程）、产权登记、供后管理（产权转让、完全获得产权）、物业管理、监督管理相关标准。	东莞发布《东莞市三限房运营管理实施细则（征求意见稿）》
4月16日	昆明	《意见》共有八条25款，分别从加快商业商务用房去化，合理使用商业商务用地，纾解疫情期间房地产开发企业困难，鼓励多种方式回迁安置，优化营商服务，优化住房金融服务，有效防范化解房地产市场风险，持续整治规范房地产市场秩序，做好房地产市场舆情引导等8个方面制定相关政策。	昆明市人民政府办公室发布关于促进房地产市场稳地价稳房价稳预期工作的意见
4月18日	全国	金融机构要及时优化信贷政策，灵活采取合理延后还款时间、延长贷款期限、延迟还本等方式调整还款计划予以支持；完善住房领域金融服务，合理确定辖区内商业性个人住房贷款的最低首付款比例、最低贷款利率要求；金融机构要区分项目风险与企业集团风险，加大对优质项目的支持力度，不盲目抽贷、断贷、压贷，不搞"一刀切"，保持房地产开发贷款平稳有序投放。	央行、国家外汇局印发《关于做好疫情防控和经济社会发展金融服务的通知》

10-5 续表7

时间	地区	政策内容	政策来源
4月18日	宁夏	将加大优秀人才奖励力度，将自治区政府特贴标准由1.8万元提高至5万元，"塞上英才"奖金一次性发放，并免征个人所得税。	宁夏召开"才聚宁夏1134行动"新闻发布会
4月18日	张家口	首套房最低首付款比例降为20%，二套房最低首付款比例降为30%。	张家口市区部分商业银行开始降低购房首付款比例
4月19日	全国	金融机构要坚持房子是用来住的、不是用来炒的定位，因城施策落实好差别化住房信贷政策，更好满足购房者合理住房需求。要执行好房地产金融宏观审慎管理制度，区分项目风险与企业集团风险，不盲目抽贷、断贷、压贷，保持房地产融资平稳有序。要按照市场化、法治化原则，做好重点房地产企业风险处置项目并购的金融服务。要及时优化信贷政策，灵活调整受疫情影响人群个人住房贷款还款计划。	央行、银保监会联合召开金融支持实体经济座谈会
4月19日	无锡	经无锡市委人才办分类认定的人才，在认定有效期内，可在无锡市区范围购买首套商品住房，生育二孩及以上家庭可放宽至二套房，并可按照相关规定和标准申请购房补贴。	江苏无锡市委人才办出台《关于加大力度助企惠才的若干举措》
4月20日	海南	高压严打违规推送虚假房地产宣传信息等行为。	海南省网信办发布海南省开展涉房地产服务领域移动应用程序违法违规收集使用个人信息专项治理工作情况的通报
4月20日	秦皇岛	自2022年4月2日起，购买存量房（二手房）的购房人申请购房资格核验时只提供本人有效身份证件。这意味着，目前外地购房者无需提供当地纳税、社保缴纳相关证明。	秦皇岛市房产交易服务中心官微宣布，秦皇岛已调整购房资格核验要求
4月21日	常德	《措施》共包含十五条政策，通过实施购房契税财政补贴政策、加大大专以上学历及各类技术人员购房补贴力度、提高公积金贷款额度、调整项目资本金和预售资金监管模式等促进市中心城区房地产市场平稳健康发展。	常德发布关于印发《常德市进一步促进市中心城区房地产市场平稳健康发展的若干政策措施（试行）》的通知
4月21日	长沙	适当降低非住宅商品房交易成本，对购买非住宅商品房的业主给予补贴。其中购买一手房的按契税计税依据的1%给予补贴；新购买非住宅商品房且持有1年（含）以上对外转让的，对购买方按契税计税依据的4%给予补贴。	长沙市住建局、市发改委、市资规局、市财政局、市金融办联合印发《关于落实〈关于推进非住宅商品房去库存的若干意见〉的通知》
4月24日	兰州	①取消住房公积金贷款结清满一年方可再次申请贷款的限制；②二套"认房不认贷"，有一次公积金贷款记录且有一套非公积金贷款所购房产的，出售公积金贷款所购房屋后，再购房可按二套房申请贷款（原不受理）。	兰州发布消息称
4月24日	浙江	①加快推进减税降费，稳好房地产，强化要素保障，加大帮扶力度；②挖掘有效需求"增长点"，全力扩大有效投资，全力稳外贸稳外资，全力提振消费；③扎实推进共同富裕探路，切实保障改善民生，加快打造一批标志性成果。	浙江省委常委会召开扩大会议，分析一季度经济社会形势
4月24日	郑州	①取消因新冠疫情期间允许房地产企业"正负零"办理预售的相关政策；②鼓励有条件有实力的开发企业现房销售。	郑州发布《关于做好商品房预售有关工作的通知》
4月25日	无锡	明确生育二个孩子及以上的无锡本市户籍居民家庭，可在限购区域新增购买一套商品住房。	无锡市卫生健康委员会发布《关于积极推动改善生育二个孩子及以上家庭居住条件的通知》
4月26日	佛山	对最近一次契税缴纳时间或不动产登记满五年的商品住房不纳入限购，此前，佛山限购区内本地人限购2套，外地人缴纳一年社保限购1套，新房、二手房均进入限购套数。	佛山发布消息称
4月26日	沈阳	调整个人住房转让增值税免征年限，由5年调整为2年。	沈阳房产局发布消息称

10-5 续表 8

时间	地区	政策内容	政策来源
4月27日	南阳	主要涉及：①降低预售资金门槛；②实行公积金组合贷，贷款额度提升；③加大个人住房贷款投放，首套房贷款结清者，二套房还按首套利率执行；④鼓励货币化安置；⑤发放购房补贴	南阳市人民政府办公室印发《南阳市促进中心城区房地产市场平稳健康发展的若干措施（试行）》
4月28日	中山	凡持有大专以上（含大专）学历证书、专业技术资格、职业资格或职业技能等级证书的非中山户籍人才，允许在本市范围内购买1套新建商品住房，房屋自网签之日起2年内不得上市交易。房贷政策按国家有关规定执行。本通知自印发之日起实施。	中山市人力资源和社会保障局发布关于进一步优化我市人才安居保障措施的通知
4月28日	长沙	①35岁以下博士首次购房，购房补贴由6万提高到10万；②人才政策覆盖由民营经济领域拓展至事业单位引进高层次专业人才，租房和生活补贴、购房补贴适用范围拓展至市、区县（市）属学校、医院编制内新引进博士	中共长沙市委人才工作会议上，长沙发布《长沙市争创国家吸引集聚人才平台若干政策（试行）》"人才新政45条"
4月28日	天津	自2022年7月1日起，全市停止受理限价商品住房资格申请；自2022年10月1日起，全市停止限价商品住房销售	天津市住建委拟定《市住房城乡建设委关于限价商品住房申请和销售有关事项的通知》
5月1日	无锡	调整个人住房转让增值税免征年限，由5年调整为2年。	无锡住建局发布《关于调整个人住房转让增值税免征年限的通知》
5月4日	无锡	①限购区域调整，以下原限购区域调整为非限购区域梁溪区广益、黄巷、山北、瞻江街道新吴区硕放街道锡山区锡山开发区（厚桥、云林街道）。②限购区域购房资质调整限购区域社保（个税）调整为累计缴满6个月，获得购房资格。	无锡官方媒体报道，限购政策已经调整
5月5日	长春	①职工首次申请公积金个人住房贷款的，最低首付款比例不低于20%，第二次30%。②明确认贷不认房首贷已结清，二次贷款购房可执行首套政策。③向应届毕业生、人才、进城农民工提供购房补贴，拟将购房补贴转为分期贷款补助。④地下室及人防车位可以依据相关条件办理产权登记。⑤受疫情影响人员，可以缓存、缓缴住房贷。	长春发布《促进房地产市场平稳发展和良性循环若干措施的通知》
5月7日	成都	成都市市域内，方案实施之日起取得《商品房预售许可证》的新建商品房项目，即可申请"交房即交证"服务，有效期两年。	成都印发《成都市推行新建商品房"交房即交证"改革试点工作实施方案》
5月8日	上海	针对受疫情影响、个人房贷还款困难等急难愁盼问题，指导金融机构迅速回应市场关切，鼓励应延尽延，推出延期还款、调整还款计划等措施，缓解客户还款压力。我们也鼓励金融机构加大支持出租车司机、网店店主、货车司机等灵活就业人员的信贷支持。	上海举行市政府新闻发布会，央行上海总部表示
5月9日	扬州	①限购放松在扬来扬大专及以上人才和生育二孩及以上家庭在市区购房的，购房不限套数（此前限3套）。②限售放松本地二套以上、非市区范围内第一套住房及以上的，自网签备案之日起满3年可上市交易。③拆迁户支持购房积极支持城市更新中的征收（拆迁）户在市区购买改善性住房，其现有住房自取得不动产权证后可上市交易。④预售资金结合开发企业信用等级情况，按节点适度提前释放配套费用和不可预见费用。⑤契税补贴在扬来扬大专及以上人才在市区购买首套商品住房（含二手），给予契税50%的购房补贴。	扬州发布《关于积极支持在扬来扬人才和生育二孩及以上家庭改善居住条件的通知》
5月10日	沈阳	为支持刚需和改善性住房需求，结合沈阳房地产市场实际，现将居民家庭购买第二套住房贷款最低首付比例由50%调整为40%，具体由银行机构按照市场化、法制化原则与客户平等协商确定。	沈阳房产局发布《关于调整房贷最低首付比例的通知》
5月10日	中山	明确了中山限购区贷款政策和此前一样，而非限购区贷款政策全面放松，首套房2成首付，二套房3成首付，原则上不接受三套房贷。	中山四大行确认贷款政策

10-5 续表9

时间	地区	政策内容	政策来源
5月10日	德州	①在全市范围内取消新购住房限制转让措施;②住房公积金贷款最高额度提高10万元;公积金购房贷款首付降低,首套20%,第二套30%。	德州市召开新闻发布会
5月10日	九江市永修县	①减免"房土两税";②降低公积金贷款担保保证金比例,开发企业降至5%,其中资质二级以上降至3%;③放宽商品房预售资金监管比例。主体结构过半80%,封顶可申请95%。	九江市永修县政府发布《永修县人民政府关于印发永修县有效应对疫情帮助各行各业纾困解难若干政策措施的通知》
5月11日	中山	中山不动产登记中心明确中山市楼梯房和20年以上的自建房,不纳入家庭住房套数认定。	中山不动产登记中心表示:中山楼梯房、楼龄超20年自建房不限购
5月11日	长沙	准备将存量房盘活供作租赁住房,运营年限时间不低于10年。实施范围为长沙市芙蓉区、天心区、岳麓区、开福区、雨花区、望城区、长沙县。盘活一套或多套住房用作租赁的,暂按"一户核减一套"的原则核减家庭住房总套数。	长沙市发布《关于推进长沙市租赁住房多主体供给多渠道保障盘活存量房的试点实施方案》
5月12日	无锡市经开区	①对符合条件的高端人才,可以不受限购限制多购一套,购房后给予购房补贴;②对重点企业购房用于人才居住的,最高给予总房款2%的购房补贴;③大学及以上学历人才在经开区工作即可落户,直接享受购房资格;④双职工新购房最高可享2%补贴,多孩双职工家庭可多购买一套房。	无锡经济开发区发布《支持刚性和改善性住房需求的若干意见(试行)》
5月13日	山西	对于未按规定将预售资金存入监管账户的,不得办理商品房预售合同网签备案。	山西省住房和城乡建设厅发布《山西省商品房预售资金监管办法》
5月13日	常州	限售放松取证后4年调整为2年可上市交易。	常州住建部发布《关于调整商品住房交易限制政策的通知》
5月13日	天津	①放宽外来人口在滨海新区落户限制。②允许持有滨海新区有效居住证的居民在滨海新区有条件购房。③对于技能型人才,按照技能等级给予购房优惠或一定的租房补贴。	天津印发《关于支持"滨城"建设的若干政策措施》
5月14日	天津	实行存量房屋交易资金监管银行托管模式,将原先的政府部门作为监管主体的全程全额资金监管模式,调整为政府部门作为监管主体、商业银行作为托管主体的资金托管模式。	天津市住建委发出《市住房城乡建设委关于我市存量房屋交易资金监管实行银行托管模式的通知》
5月16日	海口	①人才引进人才落户之日享受本地居民同等待遇,未落户12个月可购房。②未结清房贷购二套房首付最低50%,公积金最低30%。③购房合同备案满5年并可转让。④土拍保证金最低60%。⑤预售资金监管可用保函替换,高信用企业降低比例。	海口住建局发布《关于促进房地产市场平稳健康发展的通知》
5月17日	杭州	①优化二手住房交易政策在本市限购范围内购买二手住房,落户本市的无社保缴纳要求。非本市户籍家庭连续缴纳城镇社保或个人所得税满12个月。②进一步完善税收调节限购范围内,个人转让家庭唯一住房,增值税征免年限由5年调整到2年。③更好满足三孩家庭购房需求符合条件的三孩家庭,在本市限购范围内限购的住房套数增加1套。	杭州住房保障局发布《关于进一步促进房地产市场平稳健康发展的通知》
5月17日	无锡	无锡限购政策再次调整。本市户籍居民家庭在非限购区域内购买的房屋,不计入家庭限购总套数内。	无锡市房屋管理服务中心发布通知
5月17日	连云港	对市区(不含赣榆区)居民购买新建的家庭唯一住房和第二套改善性住房予以补贴。	连云港市住建局发布《连云港市市区支持居民刚性和改善性住房消费实施细则》
5月18日	上海	从2022年第二批次集中供地开始,拟将土拍监管资金比例从起拍价的110%降至90%。	上海自规局召开线下会议,多家与会房企得到回应

10-5 续表10

时间	地区	政策内容	政策来源
5月19日	常州	对常州市区范围内，已拥有一套住房且相应购房贷款未结清的居民家庭，再次申请商业性个人住房贷款购买商品住房的，最低首付比例调整为不低于30%。	常州发布《关于调整常州市商业性个人住房贷款最低首付比例的通知》
5月20日	南通	①商业贷款首次购房首付比例最低执行20%，二套房首付比例最低执行30%。②公积金贷款首付最低30%，首套第二套单人40万，每户80万，硕士/高级职称单人80万，每户160万。③主城区购房按照0.75%给予奖补。④支持优质房地产企业提质增效并提出多条具体举措。⑤竞买保证金比例由出让起挂总价的30%降为20%。⑥商品房每期申请预售面积由不低于3万平方米调整为不低于1万平方米。	南通市印发《关于促进房地产市场平稳健康发展的通知》
5月20日	安徽	满足群众购房合理信贷需求。支持房地产开发企业合理融资需求。保障融资平台建设资金需求。	安徽省出台《关于金融助企纾困发展的若干措施》
5月21日	镇江	三年内，个人在市区（丹徒区、京口区、润州区、镇江新区、镇江高新区）范围购买首套商品住房（含二手商品住房），给予契税缴纳份额80%的一次性购房契税补贴。此项补贴与其他同类型补贴不得同时享受或重复享受。	镇江住建局印发《镇江市区商品住房购房契税补贴操作细则》
5月22日	大连	①本地户籍与非本地户籍，均可限购区限购两套，无需提供12个月社保。②限购区房产总面积小于144㎡，可另购一套。③本市成年子女家庭可与外地父母家庭作为整体共同申请购房资格。④二手房不受限购套数限制。⑤高层次人才、紧缺人才，可按家庭需求在限制区域内购买住房。⑥特殊情况急用钱可解除对其限售住房的限制。⑦提议完善信贷、一房一价等。	大连市发布《关于促进我市房地产业健康发展和良性循环的通知》
5月23日	德州	①在德城区、经济技术开发区、运河经济开发区新购房按比例给予房屋成交价1%的补贴。②为缓解开发企业资金困难，办理商品房预售许可的企业，可申请缓交城市基础设施配套费中的综合配套费。③新办理商品房预售许可证的项目（楼栋）在签订资金监管协议时，资金监管标准暂调整。	德州市发布《关于促进德州市房地产业平稳健康发展的若干措施》
5月23日	济南	①本地家庭限购区域内限购2套住房，二套房商贷首付由60%调整至40%。②优化非本市户籍家庭购房条件。非户籍限购区域内限购1套住房，缴纳个人所得税或社保"近2年内连续1年"。大学本科及以上调整为"3个月以上"。③多孩、投奔家庭可多购一套房。	济南市住房和城乡建设局披露适度调整楼市调控政策三项新举措
5月24日	黄山	对购买中心城区（含高新区）新建商品住房、新建非住宅类商品房且足额缴纳契税的，由受益财政分别按应税价格的1%、2%给予购房补贴。	黄山市印发《黄山市中心城区2022年购房补贴政策操作细则》
5月24日	哈尔滨	即日起，购房人完成不动产权属登记，取得不动产权证即可上市交易。	哈尔滨市关于废止《哈尔滨市人民政府办公厅关于进一步加强房地产市场调控工作的通知》
5月24日	镇江	①降低普通住房商业贷款首付比例，首次购房商贷，最低首付比例为25%。各地可向下浮动5个百分点。将首次购房商贷最低首付款比例确定为20%。②认贷不认房，结清首套贷款第二套执行首套贷款政策。	镇江住建局发布《促进房地产健康发展帮助困难群众纾困解难》
5月24日	唐山	①取消了路南区、路北区、高新区范围内的商品住房限购、限售政策。②首套房贷利率降至4.25%，二套房贷利率降至5.05%，路南区、路北区、高新区首套房首付比例为20%，二套房为30%，第三套认贷不认房。③公积金贷款最高额度提高至80万元，购买二星及以上绿色建筑贷款额度上浮至96万元，凤凰英才人员最高贷款额度为100万元，高端创新人才贷款额度为120万元。全市公积金贷款二套房首付比例降至30%。④对"凤凰英才"人员实行购房补贴政策。	河北省发布《关于调整完善唐山市差别化住房信贷政策的通知》

10-5 续表11

时间	地区	政策内容	政策来源
5月26日	张家口	①解除限购：原本市户籍限购2套，非本地户籍限购1套；②解除限售：原新购住房3年后方可上市交易（以契税缴纳或不动产取得时间为准）；③降低首付比例：目前银行端执行首套首付3成、二套4成（原首套3~4成、二套4~5成）。	张家口发布《张家口市人民政府关于废止关于加快住房保障和供应体系建设促进房地产市场平稳健康发展的意见的通知》：解除限购限售
5月30日	无锡	①支持改善性住房需求，对购买144平方米（含）以上商品住房适当放宽限购。②鼓励购买预（销）售商办用房，自本通知下发一年内签订商品房销售合同并网签备案的，由开发项目所在地予以已缴纳契税50%的购房补贴。③进一步探索商办用房改租赁住宅的实施路径，鼓励各市（县）、区采用成本价回购存量商办项目用于改建租赁住房。	无锡住建局发布《关于支持改善性住房需求和加快去库存的通知》：对非普宅放松限购，一年内网办项目给予契税补贴
5月30日	厦门	①全市：放松省级以上表彰或认定的先进模范人物、高技能人才、本科及以上往届毕业生落户条件，取消人才家属随迁的年限要求，放宽投靠落户的准入条件。②岛外：降低专科、技工院校毕业生等各类人员落户的学历、年龄和社保缴交时限条件。	厦门市政府发布《厦门市人民政府关于深化户籍制度改革完善户口迁移政策的通知》
6月2日	武汉	对在我市已有2套住房的本市户籍居民家庭或在我市已有1套住房的非本市户籍居民家庭，可在武汉经开区和黄陂、江夏、东西湖区的限购区域新购买1套住房。	武汉市住房保障和房管局回复限购问题
6月2日	西宁	①竞买保证金降为20%，一个月缴纳50%，一年内缴清。②首套商业及公积金贷款首付比例最低20%，第二套30%，首套利率LPR减20基点。双缴职工最高额度升至70万。③对支持我市重点项目建设、新取得国有建设用地且在6个月内开工建设的项目，预售许可申请形象进度条件调整为±0。④取消新房和二手房限售。⑤加大人才住房保障，落实"租购并举"等。	西宁市15部门印发《西宁市关于支持刚性和改善性住房需求的若干措施》
6月2日	呼和浩特	呼和浩特市购买首套住房商业性个人住房贷款利率加点下限执行LPR-20BP，调整后首套房个人中长期住房贷款最低利率水平为4.25%；二套住房商业性个人住房贷款利率由现行LPR+70BP调降为LPR+60BP，二套住房商业性个人住房贷款首付比例由现行40%调降为30%。	呼和浩特住建局发布通知
6月3日	青岛	①调整住房限购区域范围。住房限购区域由市南区、市北区、李沧区、崂山区、黄岛区、城阳区（含高新区）调整为市南区、市北区、李沧区、崂山区除王哥庄街道以外区域（以下简称"中心城区"），将黄岛区、城阳区（含高新区）、崂山区王哥庄街道调出限购区域。②优化非籍限购条件：非本地籍中心城区购房条件由连续缴纳12个月调整为累计缴纳12个月社保或个税。③支持改善性住房需求：在中心城区范围内，出售已有住房1套或多套后的居民家庭，可以在2年内再购买1套住房。	青岛市住建局发布《我市适度调整优化房地产政策促进房地产市场平稳健康发展》
6月5日	河南	①推动符合条件的新基建、保障性租赁住房、新能源项目"入池"，尽快落地重点REITs项目。②因城实施差别化住房信贷政策，原则上最低首付款比例为25%，各地可向下浮动5个百分点。③支持各地从当地实际出发"一城一策"研究。各地采取补贴等方式，支持人才购房落户和城乡居民合理住房需求。支持疫情个人企业纾困，缓交缓还公积金，提高租房公积金提取额度。支持优质房地产企业兼并收购重组。去化周期18个月以上城市立足存量商品房。合理顺延商品房竣工交付、首次登记等。④按套分摊预售监管资金额度，超出额度部分由房地产企业使用，允许通过保函替代。	河南省人民政府印发《河南省贯彻落实稳住经济一揽子政策措施实施方案的通知》

10-5 续表 12

时间	地区	政策内容	政策来源
6月6日	沈阳	①对个人购买本次"房交会"参展楼盘新建商品住房的，给予全额契税补贴。②如各区、县（市）出台本地区购房优惠政策，购房人同时享受。	沈阳市召开房地产展示交易会新闻发布会
6月6日	贵州	积极采取货币化安置+奖励的方式推进棚户区改造，落实降低首付比例政策，创新使用公积金对商业贷款进行贴息，取消两次住房公积金贷款须间隔12个月及以上的限制。	贵州省政府办公厅近日印发《贵州省进一步加快重大项目建设扩大有效投资的若干措施》
6月6日	太原	①生活补助：博士研究生、硕士研究生、本科生每月分别为5000元、3000元和1500元。②租房补贴：硕士研究生、本科生每月分别为1200元和1000元，高技能人才每月为1000元。补贴时间为2年。③学费补贴：3万元，分两次发放，来并工作当年发18000元，工作满3年发12000元。④购房补贴：博士研究生、硕士研究生、本科生分别为20万元、10万元和5万元，一次性发放。	太原市人力资源和社会保障局发布最新《高校毕业生和高技能人才来并工作补助（贴）发放实施办法》
6月7日	阜阳	①购买新房提供契税应税价格1%~3%的补助。②若首套已还清，第二次公积金贷款首付比例由50%下调至30%。③将多部门联动，优化商品房销售价格备案机制和流程，鼓励引导各金融机构执行最新最低住房信贷利率政策。④个人贷款最高额度由30万元调整为40万元、夫妻双方贷款最高额度由40万元调整为50万元。	阜阳市出台多项政策促进房地产业平稳健康发展
6月8日	安庆	①未交付的可顺延交付30日。②允许新出让商业地块建筑容量总体平衡。③二次申请商品住房预售许可，对符合以下条件的，可调整为完成正负零以下施工。④适当调整监管资金拨付使用的灵活性和适应性。⑤对受疫情影响的企业和个人，可缓还贷款。⑥提高公积金贷款，双方提高至50万，单方提高至40万元。⑦首次公积金贷款首付最低为20%（二手房最低30%），二次公积金贷款最低为30%（二手房最低为40%），利率按基准利率1.1倍，提高租房公积金提取至1200元/月。⑧房屋征收安置调整为以货币化（房票）安置为主。	安庆市出台《关于应对疫情影响促进房地产业良性循环和健康发展的若干措施》
6月10日	德阳	①提高公积金最高贷款额度。将双职工最高贷款额度从50万元提高至60万元。②首套房按首付两成执行，二套房按首付三成执行。③将有商业性住房贷款记录但无公积金贷款记录的认定为二套房。④取消二套房公积金贷款时间限制。取消首套住房贷款非正常结清需满6个月才能再次申请公积金贷款的时间限制。	德阳市住房和城乡建设局出台《促进房地产业良性循环和健康发展若干措施》
6月11日	汕尾	①对居民家庭购买普通住房的商业性个人住房贷款进行调整，首套房贷款首付不低于25%，贷款未结清二套房首付贷款不低于30%。②公积金首付首套20%，二套30%，允许提取公积金支付首付。③公积金购买装配式建筑贷款额度最高可上浮20%。④竞拍保证金最低20%，一个月50%，一年内缴清。⑤凭"汕尾英才卡"可享受公积金租房、首付、购房提取，同时贷款额度提高，最高160万。	汕尾市印发《关于促进房地产市场平稳健康发展若干措施的通知》
6月11日	重庆	①首套住宅利率最低为LPR，居民购买首套住宅利率最低为LPR-20BP，二套最低为LPR+60BP。②公积金贷款购买首套住房，首付最低20%，二套最低40%，贷款利率1.1倍。支持首套商贷转公积金贷款，双人公积金贷款额度最高80万元。③家庭已无住房或仅有1套住房，且已结清住房贷款或仅有一笔未结清商业性住房贷款的，再次购买住房时，可按购买第二套申请住房公积金贷款。④优化资金监管，可分楼栋申请使用。新项目可申请分批次存入，首次存入60%，剩余的40%可给予4个月的缓存期。⑤车位限制销售数量，6个月后多余车位可对外销售。⑥基础设施配套费可缓缴最长不超过6个月。	重庆市政府发布《关于印发重庆市促进房地产业良性循环和健康发展若干措施的通知》

10-5 续表 13

时间	地区	政策内容	政策来源
6月11日	郑州	①房票安置补偿权益金额8%的奖励，作为房票安置政策性奖励，列入房票票面金额，同时以现金方式奖励被征收人3个月的过渡费。②被征收人可使用房票在所有参与房票安置工作的房地产开发企业所提供的商品房中自行选择，不限定于房票核发机构所在行政区域。③被征收人使用房票所购买的商品住房，不计入家庭限购套数。④被征收人使用房票购买商品住房的，可凭商品房买卖合同，在新购房屋所在学区办理子女入学手续。	郑州市人民政府办公厅关于印发《郑州市大棚户区改造项目房票安置实施办法（暂行）》的通知
6月13日	乌鲁木齐	乌鲁木齐市住房公积金最高贷款额度由70万元调整为80万元，同时将住房公积金借款人贷款额度计算倍数由住房公积金账户余额10倍调整为15倍，支持居民改善性需求；二手房住房公积金贷款首付款比例降低至20%。	乌鲁木齐出台9方面57项措施
6月13日	福建	①二次使用公积金购房，首付比例降低至30%。多孩家庭公积金额度提高。②推行保函（保险）替代现金缴纳投标、履约、工程质量等保证金。	福建省住房和城乡建设厅印发《关于稳住住建行业经济运行若干措施》
6月13日	雄安新区	①鼓励企业拓展住房租赁业务，引导社会机构参与住房租赁市场，有效增加市场供给主体。②鼓励地产企业将持有的租赁房源向社会出租。支持地产企业与租赁企业合作，建立开发与租赁一体化的运作模式；支持国有住房租赁企业拓展租赁业务。支持北京专业化、机构化住房租赁企业疏解到新区发展。③鼓励个人住房委托住房租赁企业统一管理运营。支持住房租赁企业以长租、受托管理等方式筹集房源；鼓励住房租赁活动中推广应用智能家居。④鼓励金融机构为住房租赁企业提供金融支持，开展住房租赁资产证券化业务；承租人可提取公积金用于支付租金。住房公积金提取额再提高30%，提取总额不得超过实际房租支出。	河北雄安新区管委会印发《关于雄安新区住房租赁市场健康发展和规范管理的指导意见（试行）》
6月14日	佛山	差别化住房信贷政策尚未有调整，即本次调整为非限购区（即禅城张槎、石湾、南庄；南海大沥、里水；顺德乐从、陈村、北滘8个镇街）的地方仍执行原差别化信贷政策（限购区差别化信贷政策）。	佛山央行支行发布通知
6月15日	郑州	①承租国有资产类经营用房的免收3个月房租、减半收取12个月房租。②提高住房公积金提取额度，家庭月提取额由2000元提高至3000元。③推动驻郑各商业银行全面落实首套房贷款利率执行4.25%的下限标准，促进二套房首付比例降至40%。④结清相应购房贷款的，二套执行首套房贷款政策。⑤开展全市商品房促销月活动，充分利用大学生毕业季、人才购房补贴扩面的有利时机鼓励开发商购房优惠。⑥鼓励金融机构延期还本付息，加快专项债券发行使用适度扩大支持范围。	郑州市政府发布《郑州市稳经济促增长政策措施》，提出八个方面45项措施
6月16日	鄂州	①在本市购买新建商品住房的补贴标准：≤90平每套补贴1万元，>90平每套补贴2万元。②二孩家庭一次性补贴5000元，三孩家庭一次性补贴1万元。③全日制博士、正高级职称一次性补贴10万元；全日制硕士、副高级职称、高级技师一次性补贴6万元；全日制本科、中级职称、技师一次性补贴4万元；全日制大专、高级工一次性补贴2万元。	湖北鄂州市人民政府办公室发布《鄂州市购房补贴实施办法（试行）》
6月17日	合肥	①疫情企业纾困。②推动阶段性减免市场主体房屋租金。③提高公积贷款额度，首套首贷刚需自住房单人55万，双人65万，租房提取上限单身1.2万元/年，双人2.4万元/年。④新建住宅按不低于总车位数30%的比例配建充电设施，其他建筑按不低于总车位数35%的比例配建，2022年新建各类充电桩8000个。2022年筹集保障性租赁住房2.3万套（间），基本建成棚户区改造16个、13650套，为400个单元加装电梯，改造提升老旧小区173个。年内开工建设智慧住宅3万平方米以上。	合肥市人民政府发布关于印发稳住经济一揽子政策措施的通知

10-5 续表14

时间	地区	政策内容	政策来源
6月17日	温州	①提高公积金相关额度。无房员工租房提取额度由最高1200元提高至1400元，首套公积金贷款最高贷款额度单人提高15万元，双人提高30万元。额度计算办法中缴存时限倍数提高至5倍作为基数，最高倍数增至11倍。首套住房公积金贷款最低首付款比例由30%调降至20%。第二套自住住房，贷款最低首付款比例由50%降至40%。②在本市拥有1套住房但无住房贷款记录的，或名下在本市拥有1套住房但住房贷款已结清的，购买普通住房执行首套首贷优惠政策。③商贷首套购买执行最低首付比例20%，二套最低30%。④个人首次购买市区（含鹿城区、龙湾区、瓯海区、洞头区、海经区、经开区）新建普通商品住房、存量住房，给予购房款0.6%的消费补助，并可前3年内还息不还本。⑤生育三孩的缴存职工家庭申请个人住房公积金贷款的，最高贷款额度上浮50%。⑥利用房票加速拆迁安置等住房政策落地，全面停止安置房新建，推进房屋征收房票政策全覆盖。	据温州住建官微消息，温州住建局发布《温州市支持合理住房需求的阶段性政策》
6月17日	廊坊	①首套商贷利率降为LPR-20BP。②公积金首次或已结清贷款，首付最低20%，二套未结清30%。③加大人才引进、提高房地产交易服务水平、打通安置房、保障性租赁住房筹集与存量商品房的通道。	河北省廊坊市政府发布《关于支持房地产业良性循环和健康发展的六条政策措施》
6月18日	漳州市长泰区	①个人购买新建商品住房补贴150元/㎡、企业及个人新购商业用房补贴200元/㎡。②对于大专至硕士及以上的各类青年人才购房的给予1万~2万元购房补贴，中级职称至正高级职称购房的给予1万~3万元购房补贴，二者不可同享。③2022年1月1日至7月15日期间购买70㎡及以上新建住房，凭相关材料直系子女可当年落户就学。	漳州市长泰区发布关于促进房地产市场平稳健康发展若干措施
6月18日	衢州	①在市区范围内，个人住房转让增值税免征年限由5年调整为2年。②在市区购买住房<90平，补助契税80%；购买90~144平住宅，补助契税64%。单套补助最高均不超过3万元。	据衢州官微消息，《关于进一步促进市区房地产市场平稳健康发展的通知》发布
6月20日	淮安	①顶尖人才，高层次人才补贴购房总价的50%，最高不超过200万。②对来淮安创业的人才，按照企业的营收规模给予30万~50万的补贴。③对学历从本科到博士研究生的高学历人才，给予5万~30万的购房补贴。	江苏省淮安市人民政府发布《关于加强淮安市人才安居保障工作的实施意见》
6月20日	武汉	6月20日后，无论限购区还是非限购区，在武汉买房都要先申请房票（购房资格认定和意向登记）。而在6月20日前，非限购区买房无需提交资格核查认定申请。	武汉住房保障和房屋管理局消息显示
6月21日	成都	①支持刚性和改善性住房需求。进一步完善促进房地产平稳健康发展的政策措施，对引进人才、二孩及以上家庭等购买商品住房（含二手房）按照相关规定给予适当支持。对保障性租赁住房有关贷款不纳入房地产贷款集中度管理，支持房地产开发企业和建筑企业合理融资需求，鼓励将老旧小区改造中收储的老旧住房和符合条件的居民自有住房纳入保障性租赁住房。②落实住房公积金阶段性支持政策。对受新冠疫情影响的企业和个人可缓交缓还公积金，提高住房公积金租房提取额度。	成都发布《增强发展韧性稳住经济增长若干政策措施》
6月24日	莆田	①鼓励房地产开发企业视所购商品房类型等情况予以每平方米不低于100元的优惠。②对信用评级高的企业，可使用商业银行等保函替代账户中重点预售监管资金余额不高于80%。③预售证办理条件：总投资25%，形象进度15%，对优秀企业降至±0。④二次住房公积金贷款，首付款比例由40%调整为30%，与首次结清间隔6个月。⑤公积金双缴员工贷款额度提升至60万元，多孩家庭双缴存职工70万，单缴存职工55万，租房额度提升至7200元。	莆田市房协官微发布近期政策
6月24日	昆明	①阶段性减免房屋租金，对服务业小微企业和个体工商户减免3个月租金，中高风险区的减免6个月租金。②购买首套新建普通商品住房（<144㎡），给予所缴契税额50%的补贴。创业就业的博士、硕士首次购房给予8万元、5万元补贴。鼓励银行业金融机构加大二手房贷款投放额度。	昆明市人民政府办公室发布《关于印发扎实稳住经济增长实施方案的通知》

10-5　续表 15

时间	地区	政策内容	政策来源
6月27日	浙江	①在公租房，共产权住房，保障性租赁方面，对三孩家庭予以适当照顾。②三孩家庭购买首套自住房，公积金首贷额度可上浮20%，租房提取可上浮50%。	浙江省住房和城乡建设厅发布《关于支持推进"浙有善育"工作的若干意见》
6月27日	宁波	全装修住宅预售项目装修标准按照不高于该项目住宅销售备案（毛坯）均价的15%确定，且按房屋建筑面积计不低于1500元/平方米、不高于6000元/平方米。现房销售项目、"定品质"项目、大面积改善型等住宅房源可根据实际情况，按照"一事一议"原则确定装修价格。	宁波市住建局于发布《调整新建住宅全装修标准及销售管理等有关事项的通知》
6月28日	深圳	①在"保交楼"前提下，优化预售监管资金提取条件，加大对优质项目的支持力度，做好重点房地产企业风险处置项目并购金融服务。加大流动性贷款等支持力度，保持建筑企业融资连续稳定。②优化住房金融服务，合理满足刚性和改善性居民购房信贷需求，支持向保障性租赁住房自持主体提供长期贷款等。	深圳金融监管局印发《关于进一步加大金融服务支持疫情防控促经济保民生稳发展的实施方案》
7月4日	东莞	①限购区域调整为莞城街道、东城街道、南城街道、万江街道、松山湖高新技术产业开发区。②本地户籍限购区域内拥有2套及以上住房的，暂停向其销售限购区域新建住房。非本地户籍限购区域内拥有2套及以上住房的，暂停向其销售限购区域新建住房及二手房。③居民家庭购买非限购区域内的商品住房，无需进行购房资格核验。	东莞市住房和城乡建设局发布《关于加强分类指导优化住房限购政策的通知》
7月4日	中山	①每一套商品住房申报价格需介于各镇街最低、最高申报价格范围内。②价格申报后，每次调整的间隔时间不少于3个月，如需调低申报价格的，每次调降幅度不得超过上次销售价格的5%。③新建商品住房销售价格实施之日起，可进行一次销售价格申报调整，调整后需在3个月后方可再次调整。销售价格上下浮动幅度不得超过申报价格的15%。	广东中山市发展和改革局发布《关于进一步优化新建商品住房销售价格申报工作的通知》
7月5日	温州	温州市辖鹿城区、龙湾区、瓯海区、洞头区、海经区、经开区行政区域范围内。购144平方米（含）以下住房，按购房合同载明的总房价0.6%给予补贴。	浙江省温州市住建局与温州市财政局联合印发《关于明确个人首次购买普通住房实行财政补贴操作流程的通知》
7月6日	成都	居民自愿将自有住房用于保障性租赁住房，住房纳入保障性租赁住房房源库后，居民即可申请在出租住房所在限购区域取得新增购买一套住房资格。《操作指南》对房源条件、认定程序、租赁对象、租金标准等一系列操作规范进行了明确。居民将住房纳入保障性租赁住房管理后，5年内不得上市交易，与此同时，居民即可申请在出租住房所在限购区域取得新增购买一套住房资格。	成都住建局官方微信号发布《关于居民自愿将自有住房用于保障性租赁住房操作指南》
7月7日	衡阳	①贷款放款周期缩至三个月。②有困难的企业和个人可缓交缓还公积金。③购买新建商品住房、二手住房和地下车位（库），按契税分别予以50%、50%和80%补贴。④加大货币化安置力度。⑤预售资金监管可保函替代，开发企业申请使用商品房预售资金额度可在原规定基础上提高5个百分点。	湖南省衡阳市人民政府发布《关于进一步促进我市房地产良性健康发展的若干政策措施（试行）的通知》
7月8日	宜昌	购买新建商品住房且取得不动产所有权证的，按每套2万元的标准给予房屋所有权人购房补贴。	湖北省宜昌市政府常务会议审议通过在宜购房奖补政策，发布《宜昌市人民政府办公室关于开展个人购房补贴工作的通知》
7月8日	樟树	①首次购房给予300元/平方米补贴，非首次购房200元/平方米补贴。二孩/三孩家庭购房分别给予300元/平方米、500元/平方米补贴。②购买二手房按其所缴契税额的50%对购房人予以消费补贴。③备案中介成交每套房给予1000元奖励。④允许下调商业比例，调整户型结构。⑤原则上住宅小区需每800户建设一所规模不低于6个班的幼儿园。⑥住宅地块按1~1.2个车位/户的标准建设机动车位。⑦首套商贷首付降至20%，二套30%，认贷不认房。⑧公积金贷款首付比例降至20%，认贷不认房	江西省樟树市印发《关于促进樟树市房地产业良性循环和健康发展若干措施》

10-5 续表 16

时间	地区	政策内容	政策来源
7月12日	石家庄	①合理确定商业性个人住房贷款最低首付比例，落实利率LPR-20BP。②推动阶段性免除市场主体房屋租金。③受疫情影响的企业和个人可缓交缓还公积金。④绿卡B卡条件人才可享房租补助1000~3000元/月。首套购房可享10万~30万一次性购房补贴。	石家庄官微发表《石家庄市人民政府关于印发石家庄市稳定经济运行的若干措施及配套政策的通知》
7月12日	大连	①灵活就业人员公积金缴存基数可在国家规定上下限范围内自主确定。满5年且未办理过住房公积金贷款的，可自由退出。②建立个人住房公积金贷款最高额度动态调整机制，随资金运用率调整贷款额度。③紧缺人才及毕业5年内本科及以上人才，当期最高贷款额度基础上提高20万元。高层次人才放宽到当期最高贷款额度的2至5倍。④市本级最高额度提高至单人45万元，双人80万元；其他区域调整为单人40万元，双人67万元。	大连市政府新闻办公室举行新闻发布会
7月13日	滁州	①公积金存缴6个月即可申请公积金贷款。②取消离异一年不得提取公积金的限制。③公积金首套首付最低20%。④购房余额不足的可提取父母、子女公积金。⑤外地可在本地公积金贷款。⑥购买商品房补贴契税50%。⑦对企业贷款予以支持。⑧首套商贷首付最低20%，利率最低LPR-20BP，二套认贷不认房。	安徽省滁州市住房和城乡建设局发布《关于进一步促进房地产业良性循环和健康发展的若干举措》
7月14日	西安	①开发企业申请商品房预售许可，地上7层及以下的多层建筑，形象进度主体结构工程封顶；7层以上的，形象进度须达到层数的1/3，且不得少于7层。②商品房预售资金应全部直接存入专用监管账户进行监管。③拨付标准：主体结构验收前，使用重点监管资金不得超过50%；竣工验收前不得超过95%，竣工验收备案前不得超过99%，不动产首次登记后可以提取剩余1%。7层以上的建筑，总层数达到1/3、2/3前，使用不超过总额的20%和35%。④商业银行违反预售资金监管协议，擅自拨付监管资金的，应当负责追回资金；无法追回的依法承担相应赔偿责任。	西安发布《关于防范商品房延期交房增量问题的工作措施》
7月16日	海南	①保障性租赁住房以建筑面积不超过70平方米的小户型为主，可结合人才引进和三孩生育政策实施，适当筹集、建设少量三居室、四居室房源，满足多元化住房租赁需求。集中新建的项目，建筑面积应不少于2000平方米或30套（间），且项目中70平方米以下的小户型要占到70%以上。②主要面向当地一定区域范围内无房或家庭人均住房建筑面积低于当地城镇人均住房建筑面积50%以下的新市民、青年人供应。③海南省发展保障性租赁住房首批重点市县名单：海口市、三亚市、儋州市（洋浦经济开发区）、文昌市（文昌国际航天城）、琼海市（博鳌乐城国际医疗旅游先行区）、东方市（东方临港产业园）、澄迈县（海南生态软件园）、临高县（临高金牌港开发区）、陵水黎族自治县（陵水黎安国际教育创新试验区）。	海南省住房和城乡建设厅等九部门联合发布《关于加快发展保障性租赁住房的实施意见》
7月17日	全国	①在地方党委政府领导下，银行保险机构应积极参与相关工作机制，配合压实企业、股东等相关各方责任，银行要积极履行自己的职责，既要遵循市场化、法治化原则，又要主动承担社会责任，千方百计推动"保交楼"。②指导银行在地方党委政府"保交楼"工作安排的总体框架下，坚持摸清情况、实事求是、科学分类、精准施策，主动参与合理解决资金硬缺口的方案研究，做好具备条件的信贷投放，协助推进项目快复工、早复工、早交付。③做好客户服务工作，加强与客户沟通，个性化地满足居民客户的不同需求，信守合同，践行承诺，依法保障金融消费者合法权益。④有效满足房地产企业合理融资需求，大力支持租赁住房建设，支持项目并购重组，以新市民和城镇年轻人为重点，更好满足刚需和改善型客户住房需求，努力保持房地产市场运行平稳有序。处理好当前面临的问题，也是实现房地产模式新旧转换的重要契机。	银保监会有关部门负责人就近期重点工作进展接受媒体采访
7月18日	徐州	购买新建普通商品住宅（144㎡以下）的，按商品住房合同价款（不含车库、车位、储藏室、阁楼等附属设施）的1%补贴。	徐州财政局、住建局发布《徐州市区购房补贴实施办法（暂行）》

10-5 续表 17

时间	地区	政策内容	政策来源
7月18日	青岛	在本市范围内，新建商品住房满5年方可上市交易，上市交易时限可以自合同网签备案时起算，二手住房取得《不动产权证书》满2年方可上市交易。	山东省青岛住建局回复市民提问
7月18日	合肥	在原高新技术产业开发区试点的基础上，将合肥经济技术开发区（不含新桥科技创新示范区）纳入职住平衡试点范围。上述试点范围内的新建商品住宅项目登记摇号销售时，在提供房源优先用于刚需人群和重点领域高层次人才购房后，提供不低于总房源50%比例的房源用于职住平衡试点工作。	合肥市房管局发布《关于调整职住平衡试点范围和房源比例的通知》
7月19日	咸阳	咸阳市住建局组织召开部分房地产开发企业集体约谈会，会议建立了一对一帮扶政策，即一个科室帮扶一家企业。	据咸阳住建官微消息，建立了一对一帮扶政策
7月19日	南通	在主城区范围内（崇川区、开发区、苏锡通园区，下同）以个人名义购买家庭首套或二套商品住房（含二手住房，下同），且购房合同网签备案时间在2022年5月20日后（含），按购买住房（住宅部分）契税计税金额（以契税缴纳票据为准）的0.75%给予奖补。	南通印发《主城区刚性和改善性商品住房购房奖补实施细则》的通知
7月21日	哈尔滨	①二孩三孩家庭分别给予1.5万元、2万元的一次性购房补贴。②区内购买新建商品住房，按实际缴纳契税额的100%补贴。9区内购买二手住宅，按实际缴纳契税额的50%补贴。③高层次人才购买家庭首套住宅，6个月公积金可申请公积金贷款，最高额度按照住房公积金账户余额的40倍计算。④公积金贷款最高额度调整，单职工60万元，双职工80万元。	哈尔滨政府发布《关于促进哈尔滨市房地产业良性循环和健康发展的若干措施》
7月21日	遵义	①二套房最低首付款比例降低至20%。②公积金贷款给予利息补贴。③无论是否户籍，均可公积金贷款。④阶段性支持公积金"又提又贷"。⑤鼓励金融机构降低贷款保证金缴纳比例，贷款保证金缴纳比例不超过2%。⑥年内购房补贴50%契税。⑦大专以上就业创业可购共有产权住房。购房的可给予补贴。	贵州省遵义市住房和城乡建设局等14部门研究制定《遵义市促进房地产业良性循环和健康发展的工作措施》
7月25日	全国	①要稳步推进银行业保险业改革化险工作。支持地方政府发行专项债补充中小银行资本。深入推进农信社改革。推动中小银行不良贷款处置支持政策措施落地实施。②支持地方做好"保交楼"工作，促进房地产市场平稳健康发展。配合防范化解地方政府隐性债务风险。③把稳定宏观经济大盘放在更加突出的位置，更好发挥金融逆周期调节作用，全力落实稳住经济一揽子政策措施。	银保监会召开全系统2022年年中工作座谈会暨纪检监察工作（电视电话）座谈会
7月25日	承德	针对此次房展会，推出购房优惠政策：①商贷普通住宅首套房首付20%，二套房30%。②公积金认贷不认房。普通住宅首套房首付20%，二套房30%，单方缴存职工最高可贷60万，双方缴存职工最高可贷80万，购绿色建筑额度上浮20%。③购买自住型公寓享住宅同等水、气、暖价格。④首套房贷款利率最低降至4.25%。⑤买1万元城市房产团购券可抵3万元购房款。	据承德官微消息，河北省承德市召开房地产展示交易会新闻发布会
7月27日	郑州	①"棚改统贷统还"模式由政府平台公司接收，后期政府主导。②资产大于负债的，可选择"收并购"模式，由政府组织国央企、金融机构对接，解决企业现金流问题。③资不抵债的，可采用"破产重组"模式，由政府组织破产重组，以保证项目交付。④销售不畅、建设资金困难的，可选择"保障性租赁住房"模式，由政府组织专项建设贷款。	郑州相关部门召集8家房企举行在郑项目情况汇报会
8月2日	嘉兴	①对于非本市户籍居民家庭，凭借嘉兴市范围内的劳动合同或营业执照、在长三角地区缴纳过社保的记录证明等资料享受本市户籍居民家庭购房政策；其他非本市户籍居民家庭，按原购房政策执行，在全市范围内限购一套商品住房。②≤144平普通商品住房，产权登记即可出售，>144平的按原政策执行。③二孩、三孩居民家庭，分别给予每平方米300元（单套不超过5万元）、每平方米500元（单套不超过10万元）的购房补贴。	嘉兴市房地产市场平稳健康发展领导小组发布《嘉兴市进一步完善房地产市场平稳健康发展的实施意见》

10-5 续表 18

时间	地区	政策内容	政策来源
8月2日	东莞	①预售资金监管系统将自动检测房屋的预售资金是否已足额缴存，首期款未足额缴存的房屋，将无法办理商品房买卖合同备案。②建设资金监管额度：监管额度＝项目建筑面积×本市房屋建筑工程造价单价×120%。③诚信联盟企业对其商品房预售资金使用实行"扶优"政策。	东莞市住房和城乡建设局草拟了《关于进一步规范商品房预售款收存管理和使用管理的通知（征求意见稿）》
8月3日	长沙	①设专户对预收资金进行全程监测，对工程建设款重点监管，确保"留在项目"，建立解控台账，加强资金流向流量监控。②重点监管资金额度为预售资金总额的20%；主体验收后，重点监管额度不得低于预售资金总额的10%；房屋竣工验收备案后，方可解除全部预售资金的监管。③开发商可凭银行保函等额替代重点监管资金。④所有预售资金，监管银行不得擅自扣划，房企不得挪作他用。⑤预售许可证1个月后，已售房价款未能达到预售资金总额的40%，在确保已售房价款留足20%后，可将其余预售资金用于本项目的工程建设。	据长沙官微消息，长沙市政府办公厅日前出台《关于进一步加强商品房预售资金监管的通知》
8月4日	北京	已选取昌平区平西府、顺义区福环、顺义区薛大人庄等三宗地进行试点。对中心城区老年家庭（60周岁及以上）购买上述试点项目，并把户口迁至试点项目所在地的，给予一定的支持政策：老年家庭名下无住房且无在途贷款的，购买试点项目普通住房执行首付比例35%、非普通住房执行首付比例40%，以及相应的贷款优惠利率；购买试点项目140平方米以下住房的，按首套房首付比例35%、二套房首付比例60%执行；其子女可作为共同借款人申请贷款。	北京住建委发布《多措并举提升老年家庭居住品质 营造全龄友好型社区》
8月4日	天津	稳定住房消费。坚持房子是用来住的，不是用来炒的定位，支持分区施策促进房地产市场平稳健康发展，优化个人购房信贷政策，引导金融机构下调住房贷款利率，降低住房商业贷款首付比例，保障住房刚性需求，合理支持改善型需求。	天津市发展和改革委员会发布《天津市关于促进消费恢复提振的若干措施》公开征求意见的公告
8月4日	武汉	①住房租赁企业应当在其开设归集资金专门账户，单次收取承租人租金超过3个月（不含3个月）及单次收取承租人押金超过1个月（不含1个月）对应合同的全部资金将纳入监管范围。②自资金监管生效次月起将监管账户上合同对应的租金及相关盈余部分按月划转至租赁企业归集资金的专门账户。住房租赁合同期满后，资金监管自动解除。	武汉市房管局印发《武汉市住房租赁资金监管实施细则（试行）》
8月5日	河南	①建立服务项目清单通报制度。及时通报"交房即交证"服务项目清单。②完善信用监管机制。将房地产开发企业违法违规行为、合同义务履行等，统一记入省信用信息共享平台；建立不诚信房地产开发企业的限制清单。③在完成工程竣工验收备案后60个工作日内，组织交房，交房前20个工作日内完成首次登记，不动产登记机构依申请在1个工作日内为购房人办理转移登记。	河南省自然资源厅、省发展改革委等13个部门联合印发《关于全面推行新建商品房"交房即交证"的实施意见》
8月8日	廊坊	早在2022年6月17日，该政策文件曾在廊坊市政府官网上公布过，本次对之前的政策进行了补充完善。补充内容如下：取消户籍、社保（个税）等方面不适应当前房地产市场形势的限制性购房资格条件。对招才引智高端人才、招商引资企业高管、北京非首都功能疏解随迁人员购买首套时，按照本地户籍对待。对"北三县"和环雄安新区周边县（市）等重点区域，取消非本地户籍居民家庭的住房限售年限要求。	河北省廊坊市官方补充《关于支持房地产业良性循环和健康发展的六条政策措施》
8月9日	济南	①符合条件的博士和硕士，在济南首次购买且唯一住房的，分别给予15万元、10万元购房补贴。②在济南无房的专科及以上毕业生，可以申请最长3年的租赁补贴，给予500~1500元/月的租房补贴；或通过济南泉城安居平台选租保障性租赁住房，可享受市场租金40%的租金减免。	济南市委、市政府召开《济南市支持高校毕业生就业创业政策（40条）》新闻发布会

10-5 续表 19

时间	地区	政策内容	政策来源
8月9日	湛江	①商贷首套首付比例最低20%，二套30%，二手房贷款年限最长30年，受疫情影响个人可缓还贷款。②支持金融机构积极对接和满足保障性租赁住房开发建设、购买、装修改造、运营管理、交易结算等金融服务需求。③督促涉险房地产企业积极自救化险，鼓励优质房地产企业发行公司信用类债券，募集资金用于风险处置项目的兼并收购。	广东省湛江市发布《湛江市人民政府办公室关于印发湛江市金融支持受疫情影响企业纾困和经济稳增长若干措施的通知》
8月9日	连云港	①公积金贷款最高额度提高至单人50万元，双人100万元。父母或子女可作为共同借款人申请住房公积金贷款。②第二套贷款认贷不认房。③延迟城市基础设施配套费缴纳时限。④调整商品房预售政策。市区对新出让商住用地，对工程形象进度的要求视同信用考评A类企业。⑤采用担保方式释放部分商品房预售监管资金，上限30%。⑥人才公积金贷款额度最高120万元。⑦集中批量团购由开发企业给予一定的优惠。⑧停工项目落实"一盘一策"机制限期及时协调处置。	江苏省连云港市住房和城乡建设局发布《关于进一步促进连云港市房地产市场健康稳定发展的通知》
8月12日	长春	①商品房预售资金监管账户的初始监管比例为21%；商品房预售许可证项下楼栋达到规划设计总层数一半的，监管比例下调至15%；达到主体结构封顶的，监管比例下调至6%；完成建设工程竣工验收备案的，监管比例下调至3%；完成不动产首次登记后，解除预售资金监管。使用银行保函替代商品房预售监管资金的政策不变。②预售商品房建设资金紧张的，房地产开发企业可申请提前使用预售资金监管账户内监管资金。③商业银行与购房人签订的贷款合同中，应当约定贷款直接发放至商品房预售资金监管账户。公积金受委托银行也应将公积金贷款直接发放至商品房预售资金监管账户。贷款资金未直接发放至预售资金监管账户的，贷款银行和公积金受委托银行负责追回资金。	长春市住房保障和房屋管理局发布《关于加强商品房预售资金监管的通知》
8月13日	合肥	必须强化商品房预售资金监管，守住不发生系统性风险底线。积极开展成品房销售试点。要全面推行房地产开发企业、施工企业和监理单位"信用管理"制度，审计部门要进一步加强对房地产管理部门审计监督。建立由常务副市长担任组长的市房地产问题协调处理机制，下设六个工作专班，畅通房地产开发企业和购房者双方反映问题渠道，发现问题及时处理，确保全市房地产领域存量问题逐步得到解决，坚决遏制住增量问题发生。	省委常委、市委书记虞爱华主持召开全市房地产问题治理专题会议
8月15日	惠州	自2022年8月15日0时起，惠州居民家庭首次购买普通住房的商业性个人住房贷款，最低首付款比例调整为20%。对惠州居民家庭首次购买非普通住房的商业性个人住房贷款，最低首付款比例按原政策执行，即不低于30%。	广东市场利率定价自律机制发布《关于调整惠州市商业性个人住房贷款最低首付款比例的决议》
8月15日	湖州	①降低预售申请条件，中心城市范围内，单次申领预售建筑面积调整为不少于1万平方米。②鼓励收购滞销房。对困难房地产企业的滞销房，鼓励国有企业收购。③对本地区同一个出险房地产开发企业的项目，适当放宽资金使用限制。	湖州市住建局发布《关于持续促进我市房地产平稳健康发展的通知》
8月16日	福州	①"在本市五城区有一套商品住房，但无尚未结清个人住房贷款"条件下，申请个人住房贷款首付比例由原规定的50%调整为40%。②"非福州市五城区户籍人口购买五城区首套商品住房，且无尚未结清个人住房贷款"条件下，申请个人住房贷款首付比例由原规定的40%下调为30%。	福建省市场利率定价自律机制全体会议表决通过《福州市限购区域调整差别化住房信贷政策实施细则》
8月16日	海宁	①非海宁户籍居民家庭在海宁购买住房的享有海宁户籍居民家庭同等的购房政策。②在限售政策期间购房，已办理不动产证，且予以限售的，依然执行原限售政策。而在限售政策期间购房，仍未办理不动产证的，可以参照新政，没有限售期限。③进一步优化人才购房补贴政策，适当加大补贴范围和力度，探索推行人才房票。	海宁市城乡住房工作协调委员会办公室发布《关于进一步促进房地产市场平稳健康发展的意见》

10-5 续表 20

时间	地区	政策内容	政策来源
8月17日	合肥	①依法依规办。对查实存在有明显质量问题、违规销售、抽挪资金、虚假宣传、超容减绿、故意"躺平"等行为的，严格依法依规处置。②提级督导办。对重要问题、共性问题要全面梳理分类、提级统筹研究，部分重难点项目可由市级层面直查直办，推动问题尽早尽快妥善处置。③属地具体办。市里将大的原则和政策、路径和方法确定后，问题项目所在县（市、区）政府和市四大开发区管委会，要真正负起责任，牵头抓好落实和过程把控，确保问题不放过、办理不拖沓、过程不跑偏。④形成合力办。房产、金融、建设、自规、公安、税务、人防、市场监管等部门都要担起责任，综合施策盘活烂尾项目，推进逾期项目，对存在风险的项目要提前介入指导，努力防患未然。⑤创新举措办。用足用好现有政策，积极借鉴外地好做法，大胆探索新政策，创造性解决问题。市房地产问题协调处理机制要抓紧研究出台有针对性、务实管用举措。	合肥市召开化解房地产问题专题调度会
8月17日	萍乡	①以"保交楼"为首要目标，明确楼盘"复工期""竣工期""交房期"，紧盯不放、紧抓不松，全力解决复工交楼问题。②要摸清底数、专题研究，力争"一揽子"解决楼盘配套服务问题。③促进监管模式由"结果监管"向"过程监管"转变。	萍乡市于召开稳定房地产市场工作联席会议第一次会议
8月17日	济南	对于存在抵押的房产要上市交易的，无须提前还贷或垫付资金，即不用先归还原来的房贷，就可以完成过户、重新抵押并发放新的住房贷款。	济南市委、市政府上午召开新闻发布会，围绕济南在全国首次创新推出二手房"带押过户"登记新模式展开介绍
8月19日	西安	①住房被纳入保障性租赁住房管理并正式签订租赁合同后，出租人家庭可在限购区域获得新增购买一套住房的资格；存量住房用于保障性租赁住房的，将纳入"服务平台"统一管理，5年内不得上市交易。②居民家庭一次或多次，将一套或多套住房用于保障性租赁住房的，均只能获得一次性购买一套住房的资格。居民将家庭名下唯一住房用于保障性租赁住房的，不认定为无房家庭。	陕西省西安市住房和城乡建设局网站显示，西安市住房保障工作领导小组办公室发布《西安市居民存量住房用于保障性租赁住房操作指南》
8月19日	北京	①商品房可按栋申请办理预售许可，最低规模不得小于栋。②开发企业已承诺商品住房销售价格的，申请预售许可应填报"一房一价"；未承诺价格的，同一施工许可证批准范围内的楼栋，后期申报预售价格不得超过价格。③预售许可确需延期的，延期期限每次不超过6个月。	北京住建委发布《北京市住房和城乡建设委员会关于进一步优化商品住房销售管理的通知》
8月20日	上海	①打造具有示范效应的低碳城市，提高绿色建筑执行标准，推行智慧交通低碳生活，支持聚焦南汇新城内重点区域打造绿色低碳试点区。②优化人才购房条件，在临港新片区工作的非本市户籍个人缴纳个税或社保满1年及以上，在临港新片区限购1套住房，所购住房自合同网签备案满7年后可转让。③引导各类主体承接盘活临港新片区存量资产，支持临港新片区建设。支持临港新片区符合条件的项目优先申报发行基础设施REITs。	上海市人民政府印发《关于支持中国（上海）自由贸易试验区临港新片区加快建设独立综合性节点滨海城市的若干政策措施》
8月22日	威海	①所有预售资金应全部存入监管账户。②建成层数达到地上规划总层数一半，监管资金留存70%；主体结构封顶，留存35%；装修启动，留存25%；单体竣工验收合格，留存15%；完成商品房首次登记，监管终止。	威海市住建局等部门印发《威海市商品房预售资金监管办法》
8月24日	常州	自2022年9月1日起，常州市二手房全面取消限售。新建商品住房再次上市交易时间维持现有政策不变。	据常州日报消息，9月1日起二手房全面取消限售
8月24日	长沙	长沙市民购买二套房面积≤90平方米契税税率为1%，＞90平方米按2%执行。同时2022年6月9日（含6月9日）~8月23日之间缴纳新房、二手房契税的，即刻可以办理退税手续。	据湖南日报消息，长沙二套房契税优惠政策已开始执行
8月26日	济南	非本市户籍家庭在限购区域内购房的，需满足在本市累计缴纳6个月个人所得税或社会保险的条件；大专（高职）及以上学历购房者，需累计缴纳社保满3个月，自8月29日起执行。	据济南日报消息，济南对非户籍家庭放松限购

10–5 续表 21

时间	地区	政策内容	政策来源
8月29日	新疆	按照相关政策规定，对因感染新冠肺炎住院治疗或隔离、受疫情影响隔离观察或失去收入来源的人群，金融机构对其存续的个人住房、消费等贷款，灵活采取合理延后还款时间、延长贷款期限、延期还本等方式调整还款计划。	新疆维吾尔自治区人民政府新闻办公室召开疫情防控新闻发布会
9月1日	海南	①用好用实用足"政策性开发性金融工具""金融助企纾困政策"等特殊时期金融政策，帮助受疫情持续影响行业企业渡过难关，支持经济尽快恢复发展。②保持房地产信贷稳定供给，支持海南构建新型住房保障体系。③加强对受疫情影响个人、新市民群体等的金融服务。	中国人民银行海口中心支行联合国家外汇管理局海南省分局印发《关于统筹做好金融支持海南省疫情防控和经济社会发展有关工作的通知》
9月1日	六安	①2023年8月31日前，六安市主城区购买"购房补贴"项目库内新建住宅及公寓的，享受400元/平补贴，每套最高不超过4万元。②推行期房享有现房同等学位权。③购买新建住宅，首付最低比例调整为20%，异地缴存职工不再要求提供贷款担保人。	安徽省六安市住房和城乡建设局发布《关于促进返乡就业创业的若干措施》
9月1日	张家口	目前，"带押过户"登记业务在建设银行张家港分行试点，下一步，市资规局将深入总结试点经验，完善机制，在更大范围内推广应用。	张家港市首笔二手房"带抵押过户"登记业务成功办结
9月1日	芜湖	符合条件的毕业生给予购房款20%最高20万元最长期限10年的乐业周转金借款。借前五年免息，剩余年限按同期住房公积金借款利率计算利息。正常缴存住房公积金的，同时享受住房公积金贷款。借款人按照《湾沚区关于促进人才安居乐业推进航空新城建设的意见》申请的购房奖励，须优先抵扣周转金。偿还全部乐业周转金前，房屋不得交易。	芜湖政府发布，满足条件的普通高校毕业生，可在购房时申请最高20万元乐业周转金借款
9月3日	济南	①济南城市发展集团所属济南城市发展集团资产运营管理有限公司发布招标公告，在济南市区（历下区、市中区、槐荫区、天桥区、历城区、高新区）范围内收购存量房源用于租赁储备住房。②收购规模为3000套商品房，分批实施，不接受联合体参与。对项目要求贴近中心城区，以支持产业、便于就业为前提；须为整栋未售的商品住宅或公寓，可实现封闭管理，整院优先；须四证齐全，优先收购知名房企的高质量项目。	据济南城市发展集团官微消息，集团将在全市收购3000套商品房，用于租赁储备住房
9月7日	丽水	①加快启动危旧房、历史街区、棚户区改造，加大教育、医疗、卫生等公共资源的配置力度。②取消原政策中"房票"票面金额在单套住宅成交价的占比不得超过50%的限制。③享受"人才购房补贴"政策的人才市区购房可申请"人才购房补贴"前置发放，用于购房首付。④首套公积金贷款最高额度单人40万元，双人80万元，二次公积金贷款单人30万元，双人60万元。取消间隔限制。	浙江省丽水市房地产平稳健康发展领导小组发布《丽水市区促进房地产市场平稳健康发展接续政策》
9月9日	聊城	①青年购房给予5万元的青年购房消费券。②按照企业自愿原则，房地产开发企业给予青年购房人5万元的房企配套消费券。③单缴存职工最高贷款额度27万元，双缴存职工最高贷款额度45万元。支持一人购房全家帮。④符合落户条件的青年人，在我市登记户口后，均可享受首套住房优惠政策。⑤首套利率最低LPR–20BP，首付最低20%。	山东省聊城市人民政府召开发布会，解读《关于加快推动青年发展友好型城市建设支持青年首套住房需求的若干措施（试行）》
9月9日	福州	"带押过户"新模式可适用多种交易主体的需求，具体办理做法中，存在抵押的房产要上市交易并选择"带押过户"模式的，既无须垫付资金也无须先行解押，与银行沟通好后买方把房款打到特设的监管账户中，买卖双方正常办理房屋交易登记后，再将提存的房款打给卖方，卖方可在收到房款后用以还清贷款并解押。	福州市不动产登记和交易中心发布消息，介绍福州房产"带押过户"新政执行最新进展
9月10日	兰溪	①予以购房契税补贴，≤110平契税补贴100%，>110平契税补贴80%，最高3万元。②预计购房消费补贴，≤110平部分400元/平，>110平部分300元/平，单套最高5万元。③购买首套<110平住宅予以1万元/套补助，≥110平住宅予以2万元/套补助。④教育、卫健系统在职在编人员购买首套房、二套房分别奖励900元/平（最高9万元）、500元/平（最高5万元）。	据兰溪官微消息，兰溪市发布《兰溪市实施购房补助政策促进房地产业良性循环和健康发展》

10-5 续表 22

时间	地区	政策内容	政策来源
9月13日	郑州	截至9月12日，郑州专项借款申报项目共计95个，拟对使用保交楼专项借款项目开展全面审计。郑州要求市问题楼盘专班、地产集团抓紧与住建部、国开行对接，首批50亿元专项借款尽快发放，金融机构配套融资同步跟进，加强资金监管，新老划断、封闭运行、审计跟进，确保专款专用，快速复工。	郑州市安置房建设和问题楼盘攻坚化解工作领导小组办公室印发《关于对拟使用保交楼专项借款项目开展全面审计的通知》
9月13日	武汉	①监管银行通过政府招标选出，并严格监督，定期检查。②监管账户累计进账超过监管额度的资金可由房地产开发企业自主提取使用。③房地产开发企业提交预售方案前，应选择一个监管银行开立监管账户。④首次拨付节点不得早于地下结构完成，最后拨付节点为不动产首次登记。具体拨付节点由监管部门确定。项目竣工验收之前，毛坯项目余额不得低于5%，全装修项目余额不得低于10%。⑤工程进度未达拨付节点，但确需提前支取监管额度内资金支付本项目工程款、农民工工资的，区政府审核后可予以支持。⑥房地产开发企业可用商业银行等金融机构出具的保函等额替换监管额度内资金。	武汉市房管局发布关于征求《武汉市新建商品房预售资金监管办法（征求意见稿）》意见的公告
9月13日	郑州	郑州紧抓货币化棚改机遇，已与国开行签订了3000亿元协议，其中1600亿元用于棚改贷款，未来将变安开比安置模式为政府主导模式，通过收购现有安置房、房票等机制来缓解开发商流动性，促进全市安置房全面复工，形成更多实物投资量。目前大部分银行表示最长可延期6个月。对受新冠疫情影响的缴存人，不能正常偿还住房公积金贷款的，不作逾期处理。	郑州市金融工作局官网发布《关于加大对房地产企业金融支持的建议的答复》
9月14日	洛阳	2014年1月1日至2022年12月31日，在洛阳城市区范围（不含孟津区、偃师区）购买新建商品房，在房管部门取得网签合同，但尚未缴纳契税的购房者。且在2022年9月20日至12月31日期间缴纳契税，可认定为本次符合申领范围的对象。对符合申领范围的对象，经审核无误，按照缴纳契税总额20%的比例给予补贴。	据洛阳官微消息，河南省洛阳市出台商品房契税缴纳政府补贴办法
9月14日	全国	房地产一头连着民生，一头连着发展。我们将会同有关部门，继续扎实做好促进房地产市场平稳健康发展各项工作。一是坚持一个定位，也就是房子是用来住的、不是用来炒的。这是做好房地产工作的根本遵循。二是健全两个体系，一个是住房市场体系，一个是住房保障体系，这两者缺一不可。三是努力实现稳地价、稳房价、稳预期的目标。四是完善人房地钱四个要素联动机制，以人定房、以房定地、以房定钱。	中共中央宣传部举行"中国这十年"系列主题新闻发布会
9月15日	齐齐哈尔	我省第一簿在公积金抵押状态下，完成交易更名过户的不动产权证书在市不动产登记中心窗口制发。这也是我省首例二手房"带押过户"，标志着我市探索二手房转移登记与抵押登记之间零时差办理取得新突破，全面实现了二手房转移登记和抵押登记一站式办理新模式。	齐齐哈尔市完成省内首份二手房"带押过户"不动产合并登记办理
9月15日	青岛	①继续在市南区、市北区（原四方区域除外）实行限购政策。②继续明确限购房源。对限购区域内新建商品住房，本地居民限购2套，二孩、三孩家庭可增购1套，外地居民居住满半年限购1套。	山东省青岛市住房和城乡建设局发布《青岛动态完善房地产政策》
9月15日	广州	人民银行各中心支行要在因城施策框架下，积极向地方政府提出推广二手房"带押过户"的建议，配合相关部门做好制度制定和政策宣传工作，在推广二手房"带押过户"过程中，要及时总结做法，形成可复制可推广的经验。	人民银行广州分行下发《关于鼓励推广二手房"带押过户"模式有关事宜的通知》
9月16日	全国	①全国商品房销售面积降幅比1~7月份收窄了0.1个百分点，商品房销售额降幅收窄0.9个百分点。②地产续建项目投资保持增长。地方保交楼稳步推进，效果逐步显现。③房地产企业到位资金降幅比1~7月份收窄0.4个百分点。④房地产市场仍然还在下行，房地产开发投资同比降幅比上月扩大，从销售方面改善传导到房地产投资生产方面，仍然需要一个过程。推动房地产市场平稳健康发展，仍然要继续付出努力。	国家统计局新闻发言人就2022年8月份国民经济运行情况答记者问

10-5 续表 23

时间	地区	政策内容	政策来源
9月16日	南京	南京市深化落实"带押过户"有关要求，通过优化业务流程、强化技术支撑、细化工作指导，全面推行二手房"带押过户"模式。截至目前，南京市不动产登记机构通过与中国建设银行、南京银行等50余家银行共同合作，全市已完成158套房屋"带押过户"登记工作，交易价值超5亿。	南京不动产管理中心消息，南京全面推行二手房"带押过户"模式
9月17日	海南	①确保今年计划开工的5万套安居房9月底前全面开工，加快已建成安居房配售。②第二套住房最低首付款比例调减为不低于40%。③探索对未设立住房公积金贷款抵押的二手房开展"带押过户"登记试点。④适当新增住房建设用地指标。⑤研究合理调整城市更新商办类项目可产权分割最小单位建筑面积。	海南省人民政府办公厅印发了《海南省统筹疫情防控和经济恢复提振行动方案》
9月17日	贵阳	①商品房预售资金监管期限为，自核发商品房预售许可证开始至预售许可证范围内商品房全部建设完成并取得现房销售备案后止。②重点监管额度按照工程建设进度予以拨付。首次拨付节点不得早于地下结构完成，房开企业通过自有资金已支付的工程款项，可通过报账方式予以拨付。	贵阳市住房和城乡建设局印发《贵阳市商品房预售资金监督管理操作规程》（暂行）
9月17日	贵阳	每个预售证对应仅允许开立一次保函，以保函替代释放的重点监管资金不超过项目预售资金监管额度的60%且剩余监管资金应满足项目后续1年内建设资金需求。保函所替代释放的重点监管资金拨付给房企账户，优先保证用于支付项目施工单位的各类工程款项；同时房企应把保函所替代释放的重点监管资金使用情况、工程进展情况定期报备监管银行。	贵阳市住房和城乡建设局印发《银行保函替代新建商品房重点监管资金的操作规程》
9月20日	无锡	无锡在全省率先推出标准化普适性"带押过户"模式，该业务已从企业推广至市民群众、并将在所有银行全面铺开。	无锡市住房和城乡建设局、市自然资源和规划局联合对外宣布，无锡市区二手房可以"带押过户"
9月20日	湘潭	对满足条件的人才购房给予补贴：①ABCD类高层次人才最高补贴100万元。不购房的发放最高10000元/月租房补贴。②新引进到我市优势主导产业和战略性新兴产业相关企业工作的职称人员及硕博研究生，最高补贴10万元。	湘潭市住房和城乡建设局披《关于申报湘潭市人才购房和租房补贴的通知》
9月21日	合肥	合肥今日办理一笔二手房"带押过户"，建行贷款没有结清的二手可以不用还尾款带押过户。有望大规模施行，二手房交易无须提前还贷或垫付资金。	合肥二手房"带押过户"第一笔单子顺利试行通过
9月21日	北京	①购房家庭先出售名下住房，再次购买住房，将原需按顺序先后办理的房屋卖出、买入业务调整为并行办理，以提高房屋交易效率、降低购房成本。②试行期间，申请"连环单"业务的购房家庭应符合以下条件：有同时出售名下住房、购买本市存量住房需求；出售原住房后，具有本市商品住房购房资格。	北京市住房和城乡建设委员会北京市规划和自然资源委员会发布关于试行存量房交易"连环单"业务并行办理的通知
9月22日	东港	2022年9月23日—2022年10月10日期间，在东港市范围内购买商品住房的给予购房补贴：购买首套商品住房的，<90平方米补贴契税100%，90~144平方米补贴契税80%，≥144平方米补贴契税60%；购买非首套商品住房的补贴契税50%。	东港市发布《东港市人民政府办公室关于东港市2022年商品住房购房优惠政策的通知》
9月22日	开封	自2022年7月22日起至2022年10月31日期间缴纳商品住房契税且符合补贴范围并在2022年11月10日前申报补贴的纳税人，按照契税总额的15%给予补贴。契税补贴采取"先征后补"的方式，每套住房只能享受一次补贴。	据开封官微消息，河南省开封市财政局、市税务局、市自然资源和规划局、市住房和城乡建设局发布《关于开封市区商品住房契税缴纳补贴的通告》
9月22日	广州	人民银行广州分行近日向辖内各中心支行及银行机构发布关于鼓励推广二手房"带押过户"模式有关事宜的通知，旨在贯彻落实中央政治局会议精神，进一步探索因城施策用足用好政策工具箱，支持刚性和改善型住房需求。	据广州日报，广州拟推二手房"带押过户"

10-5 续表24

时间	地区	政策内容	政策来源
9月22日	金华	金华市二手房交易资金监管全程网办实现"带押过户"。市建设局会同金融机构，打破传统业务流程，推动贷款审批前置，在市区创新推出带抵押过户业务，避免后续房款迟迟不能兑付情况的出现。同时，市资规部门重构业务流程，推出二手房买卖转移登记、抵押注销登记、抵押再次登记等多业务组合办理新模式。	金华市在市区创新推出带抵押过户业务，推动多业务组合办理新模式
9月23日	庆阳	①首套首付最低20%，二套贷款未结清的最低30%。②公积金贷款最高额度提高，单人50万元，双人60万元。③房地产开发项目单体楼栋主体结构达到25%，即可申请办理商品房预售许可。④购买唯一住宅：≤90平的减按1.5%的税率征收契税，>90平的减按1.5%的税率征收契税。二套住宅：≤90平的减按1%的税率征收契税，>90平的减按2%的税率征收契税。	甘肃省庆阳市人民政府办公室印发《关于培育健康房地产市场扩大住房消费的实施意见》的通知
9月23日	呼和浩特	①于10月1日至5日房产展销月集中展示期执行。届时现场发放《消费券》。②凡购买呼和浩特市行政区域范围内，缴纳契税后，给予所纳契税100%的财政补贴。③市内非公企业就业或自主创业，毕业5年内首次在市域内购房的全日制普通高校本科及以上学历的毕业生享受购房专项补贴。	呼和浩特市召开新闻通气会通报，制定多项购房惠民补贴政策
9月25日	梧州	①新房补贴契税50%。②在指定名录中购房的，住宅专项维修金由企业承担。③组织团购活动，团购5套优惠幅度最多备案价格30%，购买20套以上过户到企业职工名下的，补贴50%交易税费。④备案价格重新申报的，上下幅度不超过10%。⑤城市基础设施配套费调整至首次提取重点预售监管资金前缴纳。⑥落实差异化信贷政策，落实首套LPR-20BP。	广西梧州市人民政府办公室于印发了《梧州市促进房地产业健康发展的十项措施的通知》
9月26日	吉林	"吉林市2022年秋季房展会"定于9月27日开幕。给予300万元财政资金消费券补贴支持。对在展会期间成功购房的业主，每套发放1万元消费券补贴，十足抵现，发放名额总计300套，先购先得、发完为止。展会期间成交的商品住房，免收不动产登记费。三是政府协调农业银行提供相关支持，开展购房抽奖活动。	吉林市人民政府主办，市住房和城乡建设局、市房地产开发协会共同承办2022年秋季房展会
9月26日	丹东	活动定于9月26日开始，10月31日闭幕。凡个人，在购房月活动期间，在市辖区范围内（不含东港市、凤城市和宽甸满族自治县），购买由开发企业新建的已经取得预售许可证的预售或者可以网签商品房买卖合同的现售商品住宅，均可以申请享受所购房屋建筑面积每平方米100元的购房补贴。	丹东市住房和城乡建设局与各区政府（管委会）共同承办丹东市2022年"秋季购房月"活动
9月26日	安阳	对建业多伦世悦府、中深印象墅、东方明珠、多伦大都汇、海悦光明城、建源绣江南、御湖宸院、建业花园里、嘉州纯墅枫景等9个新建商品住房项目实施购房补贴。补贴标准为，农村户口每套补贴5万元，城镇户口每套补贴3万元。	安阳市房地产开发协会发布公告称，将组织"惠民纾困，助推房地产市场平稳健康发展"活动
9月27日	吉林	①"吉林市2022年秋季房展会"定于9月27日上午10点28分开幕。举办时间自2022年9月27日至10月5日。②对在展会期间成功购房的业主，每套发放1万元消费券补贴，十足抵现，发放名额总计300套，先购先得、发完为止。③展会期间成交的商品住房，免收不动产登记费。三是政府协调农业银行提供相关支持，开展购房抽奖活动。	吉林市人民政府主办，市住房和城乡建设局、市房地产开发协会共同承办2022年秋季房展会。
9月28日	南宁	此次活动推出首批住宅约2000套。①团购房源可在现有优惠基础上享受1~10个百分点的专属优惠；②统一给予40%的购房契税补贴；③可自主选择利率较低的按揭贷款银行，并给予一定幅度的贷款利率优惠。	据广西壮族自治区南宁市住房和城乡建设局，南宁举行"支持刚性和改善性住房需求"金秋住房团购活动
10月9日	四川	支持有条件的用人单位为职工提供福利性托育服务；新建居住区按照每千人口不少于10个托位、老城区和已建成居住区每千人口不少于8个托位的标准规划建设；鼓励银行机构为符合条件的夫妻提供消费贷款，按生育孩次给予不同程度降息优惠；对生育二孩、三孩的家庭放宽购房资格条件等。	四川省政府印发《关于优化生育政策促进人口长期均衡发展的实施方案》

10-5 续表 25

时间	地区	政策内容	政策来源
10月10日	开封	自2022年10月10日起至2022年12月20日期间缴纳契税且符合补贴范围的纳税人，按照契税总额的15%给予补贴。契税补贴采取"先征后补"的方式，每套房只能享受一次补贴。	开封市发布《关于开封市区非住宅类新建商品房契税缴纳补贴的通告》
10月11日	重庆	目前，二手房双预告"带押过户"业务，全程只需要三个步骤。第一步，买卖双方线上办理转移预告和抵押预告；第二步，买卖双方现场办理转移登记（过户同时，系统自动将抵押预告登记转为抵押登记）；第三步，抵押登记登簿后登记机构推送信息至金融机构，实现购房款结算。实现群众在不归还原房贷的前提下，完成过户、抵押、新贷款的发放，进一步提升了二手房交易安全性。	据重庆政府网站消息，重庆办理首个二手房双预告"带押过户"
10月12日	宁波	宁波市不动产登记中心试点二手房"带押过户"新模式。新模式下，如符合条件，无需卖方筹款还贷，也无需买方将首付款支付给卖方，只要买卖双方与银行达成一致并签订相关协议，就可申请办理不动产过户"三合一"登记手续，买方贷款资金将直接打给原抵押银行和卖方，充分保障各交易主体的合法权益。	据宁波政府网站消息，宁波市不动产登记中心试点二手房"带押过户"新模式
10月14日	宁波	①实行"70年产权房即可落户"，取消原先"缴纳社保"要求；②将B类人才落户学历从本科扩大至专科，并取消毕业15年的年限要求；③租赁落户缴纳社保年限从2年放宽至1年等。	宁波市人民政府办公厅关于印发宁波市区户口迁移实施细则的通知
10月14日	阜阳	10月14日，建行执行了首套商业性个人住房贷款利率3.95%，农行、工行等多家商业银行已上报省行待批，其他各商业银行将陆续落地执行新的下调商贷利率。	阜阳房管局发布通知，首套房房贷利率最低由4.1%降至3.95%
10月15日	随州	企业间存量房转移登记实现"带押过户"。通过整合优化存量房转移登记与抵押登记相关联记事项的办理流程，买卖双方还清原贷款、申请新贷款、解除原抵押、存量房过户和设立新抵押一站式办结，完成"带押过户"。	据随州政府网站消息，随州企业间存量房转移登记实现"带押过户"
10月17日	韶关	①给予农业转移人口购买新建商品住房专项财政补贴，对缴纳的契税给予全额财政补贴。②农业转移人口公积金缴纳3月可租房提取，每人每月不超过500元。③农业转移人口缴纳公积金6个月，可申请住房公积金贷款。单人最高额度30万元，双人50万元。④符合条件的农业转移人口纳入公共租赁住房、直管公房等住房保障范围。	韶关市发布《韶关市人民政府办公室关于印发韶关市农业转移人口住房支持实施细则的通知》
10月19日	哈尔滨	对被征收人计划安置的房屋，安置补偿权益货币量化后，被征收人购置商品房的政策，被征收人持有的原房屋征收补偿协议作为换购商品房的结算依据。换购商品房时，被征收人可根据原协议中单套房屋的面积签署补充协议进行换购商品房，也可根据实际需求按多套安置房屋面积进行组合换购商品房。	哈尔滨发布《哈尔滨新区（江北一体发展区）房屋征收项目补偿协议安置房屋换购商品房暂行办法》
10月24日	安庆	自2022年10月19日起，安庆市阶段性取消新发放的首套住房商业性个人住房贷款利率下限，本政策执行至2022年12月31日。在本政策范围内，银行和客户可按市场化原则确定具体的新发放首套住房贷款利率水平。据市场消息，目前安庆市首套商贷利率低至3.95%。	安庆市发布关于阶段性取消新发放的首套住房商业性个人住房贷款利率下限的公告
10月26日	瑞安	目前瑞安四大行已全面下调首套房贷利率至3.8%。建行工作人员称，他们从10月25日收到上级通知当日并下调首套房贷利率。	据瑞安市融媒体中心发布消息，瑞安首套房商贷利率下降至3.8%
10月27日	上海	①满足条件的非本市户籍人才，按规定在沪缴纳职工社会保险或个人所得税满1年及以上、且在本市无住房的，在新片区限购1套住房，同时购房资格由居民家庭调整为个人。②适用定向优化人才购房政策的非本市户籍人才，在沪缴纳职工社会保险或个人所得税已满1年的，所购新建商品住房自合同网签备案满7年后可转让；满2年的，6年后可转让；满3年未满5年的，5年后可转让。	上海进一步优化人才购房条件：满足条件的非户籍人才社保满一年即可购一套房

10-5 续表 26

时间	地区	政策内容	政策来源
10月27日	成都	①四川将鼓励各地按照国家有关部门最新政策出台措施，坚持"房住不炒"，积极支持刚性和改善性住房需求，拓展省内人口集中度较高的县城及周边省市的购房需求。②会议鼓励各地积极回应刚性和改善性住房需求。各地住建部门要在降低首付比例和贷款利率方面加强与人民银行、各商业银行对接，同时要充分用好优化生育等政策，逐步放宽二孩、三孩家庭等群体的购房资格条件。③会议特别强调，在房地产市场发展中，各地要特别注重配套完善和城市品质提升，提高宜居水平。	成都举行的全省稳定房地产市场工作会议
10月28日	全国	从好房子到好小区，从好小区到好社区，进而把城市规划好、建设好、治理好，打造宜居、韧性、智慧城市，建设宜居宜业和美乡村，同时强化建筑业对经济社会发展的支撑，强化科技引领、改革创新，奋力开创新时代新征程住房和城乡建设高质量发展新局面。	住房和城乡建设部召开党组会议、党组理论学习中心组学习（扩大）会议深入学习贯彻党的二十大精神
11月1日	海口	房产中介机构不得发布安居房销售、诱导居民可以买卖安居房准购资格、更改排序入围选房等虚假广告信息；不得为私下转让购房指标、买卖安居房等违法行为提供居间服务。	海南省海口市住房和城乡建设局发布《关于严禁房地产经纪机构违规销售安居房相关事项的通知》：严禁房地产经纪机构违规销售安居房
11月1日	义乌	①购买首套商品住房，补贴契税100%；购买二套及以上商品住房，补贴契税80%，延长至12月31日。②允许人才购房补助款用于人才申购房产的首付。③鼓励房企开展"团购"优惠活动，最高价格下浮5%以内。④使用货币化凭证购买，再给予一定的让利。	义乌对房地产相关政策进行了优化。
11月1日	孝感	①新购新建商品房补贴契税100%。<144㎡给予200元/㎡补贴（最高2万元）。②新引进人才最高补贴10万元。多孩家庭多补贴1万元。③一套已结清执行首套房贷政策。认贷不认房，首套最低首付20%，二套30%。⑤取消公积金贷款户籍地限制，下调公积金贷款利率至2.6%和3.1%。首套贷款额度60万元，其他50万元。首套公积金首付20%，二套30%。⑥团购备案价下限再下浮3%。	孝感市住建局、教育局、财政局等八部门印发《关于促进孝感中心城区房地产市场平稳健康发展若干措施》
11月7日	宁波	①补贴申领增加了"资格认定"环节，申请人在与开发商签订住房购买合同并完成备案后即可提出"资格认定"。②补贴条件由过去的"家庭首次购买唯一住房"调整为"家庭唯一住房"。且新政策不再限制申请人持有的最低产权比例。③本次政策对享受购房补贴房产的限售政策均统一按照宁波市有关限售政策执行。	宁波市人力资源和社会保障局11月7日发布该市新一轮人才购房补贴政策实施办法
11月8日	北京	划归北京经济技术开发区管理的通州区台湖、马驹桥地区（约78平方公里）商品住房（包括新建商品住房和二手住房）执行北京经济技术开发区商品住房政策有关规定。	北京住建委发布《北京市住房和城乡建设委员会北京经济技术开发区管理委员会北京市通州区人民政府关于加强亦庄新城台马地区商品住房管理的通知》
11月9日	全国	为贯彻落实党中央、国务院决策部署，大力发展智能建造，以科技创新推动建筑业转型发展，经城市自愿申报、省级住房和城乡建设主管部门审核推荐和专家评审，我部决定将北京市等24个城市列为智能建造试点城市（名单见附件），试点自公布之日开始，为期3年。	住建部发布关于公布智能建造试点城市的通知
11月9日	东莞	①项目累计申请办理预（现）售批次的首次申报平均价格不得高于经备案的同类型住宅申报均价（含），且不低于该申报均价的90%（含）。②网签销售价格不得高于房屋申报价格，且比申报价格下浮不超过15%（含）。③已办理预（现）售但未售出的新建商品住房需调整销售价格的，自取得预售许可证（或现售备案证书）之日起满360天方可上浮调整，上浮幅度不超过5%（含），满180天方可下浮调整，下浮幅度不限。	广东省东莞市住房和城乡建设局发布《关于优化新建商品住房销售价格申报管理的通知》

10-5 续表27

时间	地区	政策内容	政策来源
11月9日	成都	①引进的高层次人才经过认定后，其购房可不受户籍、社保缴纳时间的限制，具备相应住房限购区域购房资格。符合要求的购买商品住房时视为无房居民家庭参与商品住房申购。②龙头企业等重点企业副总级及以上高级管理人才，认定后，其购房可不受户籍、社保缴纳时间和住房限购区域的限制。③符合《成都市人才安居资格认定办法》条件的A、B类人才，可不受户籍、社保缴纳时间和住房限购区域的限制购房，购买商品住房时可提前预留意向购买项目房源。	成都市住房和城乡建设局出台《成都市高层次人才购买商品住房实施细则》
11月9日	深圳	暂时停止适用《深圳经济特区房地产转让条例》第三十四条第一款第四项、第三十六条、第三十七条的规定。暂时停止适用上述有关规定的期限为三年。暂时停止适用期间，商品房预售资金监管按照市人民政府有关规定执行。实践证明可行的，应当修改完善法规有关规定；实践证明不宜停止的，恢复施行法规有关规定。	深圳市政府组织起草了《关于暂时停止适用〈深圳经济特区房地产转让条例〉有关规定的决定（草案）》，并公开征求意见和建议
11月9日	珠海	①各区住房和城乡建设主管部门将对辖区内的开发企业依据信用情况实施差别化监管、信用约束等。②A级企业同等条件下列为优先选择对象或者予以重点支持，在信用门户网站或相关媒体上进行宣传推介，向银行等金融机构及社会公众优先推荐。B级企业实行常规监管。C级企业列为重点监管对象。D级企业列为重点监管对象，重点实行严格的工程监管、预售监管等各项监管。	珠海市起草了《珠海市房地产开发企业信用信息管理办法》（征求意见稿）向社会广泛征求意见
11月10日	杭州	在杭州市无住房且无未结清住房贷款记录的家庭最低首付比例为30%，为改善居住条件贷款购买第二套住房的家庭最低首付比例为40%，首套房贷款利率不低于相应期限贷款市场报价利率减20个基点，二套房贷款利率不低于相应期限贷款市场报价利率加60个基点。	杭州个人住房按揭贷款政策调整
11月12日	荆门	①配租公租房时，根据未成年子女数量，在户型选择等方面给予适当照顾。②对父母至少一方拥有户籍，在东宝区、荆门高新区·掇刀区、漳河新区购房的多孩家庭发放购房补贴，二孩家庭2万元，三孩家庭4万元。③多孩家庭购买首套或改善型住房时，住房公积金购房贷款额度最高可达到规定限额的1.2倍。	荆门政府出台《关于优化生育政策促进人口长期均衡发展的实施方案》
11月15日	浙江	常态化提供"带押过户"登记服务，积极回应银行机构、企业群众"带押过户"需求，加快信贷流程改造，稳妥推进"带押过户"贷款业务增量扩面，鼓励运用预告登记，引入第三方机构进行资金监管等制度保障安全，深化"总对总"多跨协同机制，加快实现"带押过户"全流程线上办。	浙江省自然资源厅发布通知，其联合浙江省银保监局等多部门起草了《关于深化"总对总"多跨协同推进二手房"带押过户"登记服务新模式的通知（征求意见稿）》
11月15日	遵义	凡5个及5个以上有购房需求的市民一起购房，均属团购，活动期间按团购价购房，享受市场价折扣5%~20%优惠价格。	遵义市开展集中团购活动，凡5个及5个以上有购房需求的市民一起购房可享受市场价折扣5%~20%优惠价格
11月17日	成都	①天府新区成都直管区、成都高新区西部园区、锦江区、青羊区、金牛区、武侯区、成华区、龙泉驿区、新都区、温江区、双流区、郫都区统一为一个住房限购区域，具备该区域内任一区购房资格的居民家庭以及具备成都高新区南部园区购房资格的居民家庭，均可在该限购区域内购买住房。该区域购房套数、户籍社保年限等住房限购要求保持不变。②在成都东部新区、青白江区、新津区、简阳市、都江堰市、彭州市、邛崃市、崇州市、金堂县、大邑县、蒲江县区域内生活工作且无自有产权住房的非成都市户籍居民家庭，可在该区域内购买一套住房用于自住。	成都住建局发布通知，进一步优化区域限购措施

10-5 续表 28

时间	地区	政策内容	政策来源
11月19日	西安	①迁入本市在限购区无房家庭，落户或持有本市《居住证》缴纳6个月社保，可购1套二手房。②各类人才住房限购区域购买住房时无须提供社会保险或个人所得税相关证明材料。③二孩及以上家庭，限购套数的基础上可新购1套住房。购第三套房列为"普通家庭"类别。④临潼区，西咸新区沣东新城上林街道，沣西新城高桥街道、马王街道，高新区托管的非限购区域不再列入我市住房限购限售范围。	西安住建局发布《关于支持刚性和改善性住房需求有关问题的通知》
11月21日	杭州	城西科创大走廊内的所有镇街，新建商品住房项目，应提供不少于准售房源总套数50%的房源，定向供应给在实施范围内稳定就业或落户满一定年限的购房家庭。	杭州市住房保障和房产管理局发布关于城西科创大走廊实施差异化购房的通知
11月28日	银川	即日起我市开展为期半个月的购房促销活动，40余家房地产开发企业100余个楼盘，推出了特价房、优惠车位、分期贷款补贴等措施。活动期间成交的客户还能参与抽奖等活动。	宁夏回族自治区银川市人民政府网站发布消息，即日起银川市开展为期半个月的购房促销活动
12月5日	北京	①进一步加大助企纾困力度，为市场主体增信心、稳预期。②支持房地产市场平稳健康发展。用好"保交楼"专项借款和民营企业债券融资支持工具等各项政策，加大对房地产企业和建筑企业的贷款投放力度，积极支持个人住房贷款合理需求，持续优化住房租赁信贷服务。	央行营业管理部以现场与视频结合形式召开北京地区中资银行货币信贷和金融服务通报会
12月5日	厦门	在厦门市实际工作和生活的非本市户籍无住房家庭和个人可在岛外限购1套住房（原需提供半年稳定就业证明）。岛内限购政策保持不变。	据"厦门市房地产业协会"官方微信公众号消息，辟谣岛外放开限购
12月8日	全国	证监会：①进一步扩大REITs试点范围，尽快覆盖到新能源、水利、新基建等基础设施领域。加快打造REITs市场的保障性租赁住房板块，研究推动试点范围拓展到市场化的长租房及商业不动产等领域。②进一步明确REITs税收征管细则。推动社保基金、养老金、企业年金等配置型长期机构投资者参与投资，积极培育专业化REITs投资者群体。上交所：应鼓励优质房地产企业依托符合条件的仓储物流、产业园区等资产发行基础设施REITs。进一步拓宽REITs试点覆盖的资产类型，鼓励新能源、新基建等基础设施项目开展REITs试点。	在首届长三角REITs论坛暨中国REITs论坛2022年会上，证监会副主席李超、上交所理事长邱勇和上交所总经理蔡建春均对REITs改革与发展的最新动向发声
12月9日	合肥	合肥搭建线上服务平台，实行"二手房互换"模式，即两所房屋的所有权人将房屋等价或差价交换的双向交易。只要是合肥市区范围内已取得不动产权证书（含房屋所有权证书）并可上市交易的存量住房，都可以进行产权互换。	合肥二手房互换模式线上线下均可办理
12月9日	深圳	包括了工商银行、农业银行、中国银行、交通银行、兴业银行、民生银行、平安银行等多家银行在深圳地区的分行，对受疫情影响的个人房贷推出延期还贷服务。延期时间（宽限期）按实际情况灵活处理，最短的3个月，多数在3到6个月之间，有的可达12至18个月。	深圳多家银行近期推出房贷延期的还款服务，允许贷款人在一定期限内无需偿还个人住房按揭贷款，以缓解个人流动性压力
12月9日	黄冈	①2022年5月30日至2023年6月30日期间，在黄州城区购买商品房，二孩家庭享受5000元、三孩家庭享受10000元的一次性购房补贴。②夫妻双方均已建缴住房公积金，可以先提取本人及配偶的住房公积金。申请公积金贷款，其贷款限额首套房由50万元提高到60万元，二套房由40万元提高到50万元。③2023年6月30日前，对拥有一套住房并已结清购房贷款的家庭，二套公积金贷按首套房政策执行。	湖北黄冈市政府印发《黄冈市优化生育政策促进人口长期均衡发展若干措施》
12月9日	佛山	2022年12月10日起，佛山市禅城区祖庙街道、南海区桂城街道、顺德区大良街道购买的新建商品住房，须自商品房买卖合同网签备案之日起满3年方可上市交易。上述区域暂停实施住房限购政策。据悉，本政策实施前，已在佛山市智慧房产综合平台完成商品房买卖合同网签或签订商品房认购书的新建商品住房，不受本政策影响。	佛山市住建局发布《关于进一步优化房地产调控政策的通知》

10-5 续表29

时间	地区	政策内容	政策来源
12月13日	广州	①生育二孩以上的家庭购买家庭首套自住住房申请住房公积金贷款，且符合住房公积金贷款条件的，贷款最高额度可以适当调整提高。②在实施公租房保障时，可以根据未成年子女数量在户型选择等方面给予适当照顾，对有未成年子女的三孩家庭按规定给予优先保障。	据广州官微消息，16届24次市政府常务会议审议通过了《广州市人口与计划生育服务规定》
12月15日	全国	房地产是国民经济的支柱产业，针对当前出现的下行风险，我们已出台一些政策，正在考虑新的举措，努力改善行业的资产负债状况，引导市场预期和信心回暖。未来一个时期，中国城镇化仍处于较快发展阶段，有足够需求空间为房地产业稳定发展提供支撑。	国务院副总理刘鹤在第五轮中国—欧盟工商领袖和前高官对话上发表书面致辞
12月20日	全国	推动金融平稳健康运行。坚持房子是用来住的、不是用来炒的定位，因城施策实施好差别化住房信贷政策，满足行业合理融资需求，支持刚性和改善性住房需求。引导金融机构支持房地产行业重组并购，推动防范化解优质头部房企风险，改善头部房企资产负债状况。推动长租房地产市场建设，按照租购并举方向加快探索房地产新发展模式。	中国人民银行行长易纲主持召开会议，传达学习中央经济工作会议精神，研究部署贯彻落实工作
12月21日	全国	大力支持房地产市场平稳发展。加大力度、加快速度抓好资本市场各项支持政策措施落地见效，助力房地产发展模式转型。全面落实改善优质房企资产负债表计划，继续实施民企债券融资专项支持计划和支持工具，更好推进央地合作增信共同支持民营房企发债。落实好已出台的房企股权融资政策，允许符合条件的房企"借壳"已上市房企，允许房地产和建筑等密切相关行业上市公司实施涉房重组。加快打造保障性租赁住房REITs板块。	中国证监会党委书记、主席易会满主持召开党委会议，传达学习习近平总书记在中央经济工作会议上的重要讲话、李克强总理的讲话和李强同志的总结讲话，研究部署贯彻落实措施：允许房企"借壳"已上市房企
12月21日	南京	①对玄武区红山新城等城市外围人才集聚板块可在现行购房政策基础上增购1套。②对有60岁及以上成员的本市户籍家庭可增购1套住房。③对长期工作在南京人员，提供半年及以上居住证明可在宁购买1套住房。	南京发布官方公众号提出了对一系列购房政策的调整
12月26日	东莞	2022年12月10日起，在本市禅城区祖庙街道、南海区桂城街道、顺德区大良街道购买的新建商品住房，须自商品房买卖合同网签备案之日起满3年方可上市交易。上述区域暂停实施住房限购政策。	广东省东莞市住房和城乡建设局发布《关于进一步优化房地产调控政策的通知》
12月27日	全国	会议要求北京、上海、安徽、广东等4省市要深入学习贯彻党的二十大精神，落实好中央经济工作会议和国务院常务会议的部署，加大工作力度，抓住时间窗口，扎实推动政策性开发性金融工具项目形成更多实物工作量，同时，狠抓任务落实，统筹推进保交楼、稳就业、保供保价等稳经济一揽子政策措施落地见效，全力以赴做好岁末年初各项工作，促进经济进一步回稳向好、实现明年好的开局。	国家发展改革委召开北京、上海、安徽、广东等4省市稳住经济大盘督导服务视频连线工作会议
12月27日	全国	促进金融与房地产正常循环，做好"保交楼、保民生、保稳定"工作，满足房地产市场合理融资需求，改善优质房企资产负债表。坚持"房住不炒"定位，"因城施策"实施差别化住房信贷政策，满足刚性和改善性住房需求，支持长租房市场建设，推动房地产业向新发展模式平稳过渡。	据银保监会网站27日消息，近日银保监会党委书记、主席郭树清主持召开党委（扩大）会议
12月28日	全国	扎实做好保交楼、保民生、保稳定各项工作，满足行业合理融资需求，推动行业重组并购，改善优质头部房企资产负债状况，因城施策支持刚性和改善性住房需求，做好新市民、青年人等住房金融服务，维护住房消费者合法权益，确保房地产市场平稳发展。引导平台企业金融业务规范健康发展，提升平台企业金融活动常态化监管水平。推进金融高水平双向开放，提高开放条件下经济金融管理能力和防控风险能力。	中国人民银行货币政策委员会2022年第四季度例会于召开

10-5 续表 30

时间	地区	政策内容	政策来源
12月28日	重庆	①加大金融支持力度，支持房地产企业融资，支持开发贷款、信托贷款等存量融资合理展期，加大对存量资产融资的支持力度，稳定建筑业企业信贷投放，支持租赁企业和经纪机构合理信贷需求。②中心城区以外区县购房，仅将所在区县的住房纳入套数核查范围。③在渝生活、工作的非本地户籍居民购首套房，享受与本地同等贷款政策。四川广安市籍居民，在重庆都市圈购买住房的，享受同城待遇。④加大货币化安置力度。⑤支持"先买新再卖旧"，对拟出售家庭唯一住房的，房地产企业可延长认购期，对已出售唯一住房的，不纳入套数核查。⑥已出让地块交款期限可顺延3个月。⑦基础设施配套费申请后延期最长6个月，多次办理预售证的可在第二次办理前缴清，11.1~12.1到期的不计滞纳金。⑧预售资金监管可分楼栋申请使用，新办理存入手续可分批存入，首次40%，剩余的60%可6个月缓存期。	重庆市5部门印发关于进一步促进房地产市场平稳健康发展的通知
12月30日	全国	①推动监管服务与稳增长、扩内需等政策取向相协同，股债并举提高直接融资水平，大力发挥基础设施REITs盘活存量扩大投资作用。②加强风险监测分析，强化重点领域风险防控，全面提升风险防控能力。推动相关政策措施落地实施，积极支持房地产市场平稳发展。强化技术运维，不断提高系统运行安全性、稳定性和连续性，坚决维护市场安全平稳运行，守住不发生系统性风险底线。	深交所发布2023新年致辞

10-6 2022年住房保障政策

时间	地区	政策内容	政策来源
1月5日	山东	《意见》提到探索创新以户籍迁入时间等要素进行积分排序、阳光分班、统一管理等做法，切实保障符合条件的租房者子女享受平等接受义务教育权利。	山东省住房和城乡建设厅、山东省教育厅等机构联合发布《关于促进和规范长租房市场发展切实保障租房者基本权益的指导意见》
1月6日	全国	银保监会有关部门负责人表示，银保监会坚决落实防住不炒政策，截至2021年11月末，房地产贷款同比增长8.4%，整体保持稳定。负责人表示，购房者的合理住房需求进一步满足，个人住房贷款中的90%以上用于支持首贷款；对于长租房、市场保障性住房建设的金融支持力度加大，投向住房租赁市场的贷款增速接近各项贷款平均增速的5倍。	银保监会例行新闻发布会召开
1月6日	北京	陈吉宁于会议中称，坚持"房住不炒"，保持房地产调控政策连续性稳定性，做好住房供地保障，筹集建设保障性租赁住房15万套，竣工各类保障房8万套。研究适应多子女家庭的公租房政策，调整建设标准和配租办法。加强住房租赁市场管理，促进房地产业良性循环和健康发展。	北京市第十五届人民代表大会第五次会议召开
1月10日	北京	通知要求各区人民政府确定一家代表政府集中持有本区共有产权住房政府产权份额的保障性住房专业运营管理企业，共有产权住房政府产权份额单独核算管理，该企业未经批准不得参与商业性房地产开发经营业务。	北京发布《关于印发〈北京市共有产权住房管理暂行办法〉的通知》
1月10日	湖南	《通知》强调，银行业金融机构要加大对保障性租赁住房建设运营的信贷支持力度，支持符合条件的保障性租赁住房项目申报基础设施领域不动产投资信托基金试点。	湖南省发布关于加快发展保障性租赁住房的通知
1月11日	全国	住房和城乡建设部住房保障司负责人潘伟在国新办新闻发布会上表示，住建部下一步将重点抓好三方面工作：一是加快完善以公租房、保障性租赁住房和共有产权住房为主体的住房保障体系。二是以人口净流入的大城市为重点，加快发展保障性租赁住房，切实落实城市政府主体责任，细化落实支持政策、建立健全工作机制、加快项目落地实施、加强监督管理；省级政府负总责，加强组织领导和监测评价。三是进一步完善政策制度，逐步使租购住房在享受公共服务上具有同等权利。	《"十四五"公共服务规划》新闻发布会
1月12日	全国	住房和城乡建设部最新数据显示，截至目前，全国已有近30个省区市出台了加快发展保障性租赁住房的实施意见，40个重点城市提出了"十四五"保障性租赁住房的发展目标。今年，这40个城市计划筹集建设保障性租赁住房190万套（间），相比上年的93.6万套（间），任务量翻了一番。按照住房和城乡建设部要求，下一步，各地要继续加快推进保障性租赁住房建设，加大金融、土地、公共服务等政策支持力度，大力发展保障性租赁住房，因地制宜发展共有产权住房，加快发展长租房市场。按计划，"十四五"期间，40个重点城市计划新增保障性租赁住房650万套（间），预计可解决1300万人的住房困难。	"十四五"40个重点城市计划新增保障性租赁住房650万套
1月12日	福州	福州市人民政府办公厅发布关于加快发展保障性租赁住房的实施意见，"十四五"期间全市计划筹集建设保障性租赁住房15万套（间）。	福州发布加快发展保障性租赁住房的实施意见
1月12日	南京	到"十四五"末，南京市将筹建保障性租赁住房15万套（间），发放租赁补贴25万人，惠及不少于50万户家庭和个人	南京发布《南京市发展保障性租赁住房实施办法》
1月12日	北京	北京将老旧小区综合整治纳入住房公积金提取范围，加大住房公积金对老旧小区综合整治的支持力度。	北京发布《关于住房公积金支持北京老旧小区综合整治的通知》
1月14日	青岛	青岛市作为"完善住房保障体系"国家级试点城市，目前在政策制定、房源筹集、金融支持等方面均取得了积极进展。2022年青岛将持续加大工作力度，加快出台《关于加快发展保障性租赁住房的实施意见》和《青岛市"十四五"城镇保障性租赁住房发展规划》，全年计划建设和筹集房源不少于4.5万套。	青岛发布2022年筹建保障性租赁住房计划

10-6 续表1

时间	地区	政策内容	政策来源
1月16日	全国	《通知》提出10个方面的工作举措，关于促进住房消费健康发展方面，指出支持商品房市场更好满足购房者的合理住房需求，因城施策促进房地产业良性循环和健康发展。加强预期引导，探索新的发展模式，坚持租购并举，加快发展长租房市场，逐步使租购住房在享受公共服务上具有同等权利。推进保障性住房建设，以人口流入多、房价高的城市为重点，扩大保障性租赁住房供给。	发改委发布《关于做好近期促进消费工作的通知》
1月18日	上海	管理办法指出，保障性租赁住房的供应对象是在本市合法就业且住房困难的在职人员及其配偶、子女。住房困难面积标准原则上按照家庭在本市一定区域范围内人均住房建筑面积低于15平方米确定。三人以下家庭和单身人士可以入住二居室及以下户型，二孩、三孩家庭可以入住三居室及以下户型。	上海发布《上海市保障性租赁住房租赁管理办法（试行）》
1月18日	上海	其中明确，上海将通过加快重大项目建设等5个方面、24条政策措施，积极扩大有效投资，营造更好投资环境，为稳定经济发展基本盘提供有力支撑。	上海发布《2022年上海市扩大有效投资稳定经济发展的若干政策措施》
1月19日	无锡	"十四五"期间，无锡市将筹集、建设保障性租赁住房总量不少于8万套（间）。主要利用存量土地和房屋建设，适当利用新供应国有建设用地、集体经营性建设用地、产业园区配套用地建设。以一室户、二室户小户型为主，单套建筑面积原则上控制在45~70平方米，考虑到二孩、三孩人口政策，可少量建设90平方米左右小三房户型。同时，支持银行等金融机构发行住房租赁专项金融债券、募集资金。支持保障性租赁住房建设、改造、运营企业发行不动产投资信托基金（REITS）融资。	无锡发布《市政府办公室关于加快发展保障性租赁住房的实施意见》
1月20日	全国	王蒙徽说，要大力增加保障性租赁住房供给，以人口净流入的大城市为重点，全年建设筹集保障性租赁住房240万套（间）。完善城镇住房保障体系，指导各地合理确定本地区住房保障制度安排。加快发展长租房市场。健全住房公积金缴存、使用、管理和运行机制。	全国住房和城乡建设工作会议召开，2022年建设筹集保障性租赁住房240万套
1月20日	上海	项目认定是保障性租赁住房管理的基本抓手，是相关项目实施以及享受保障性租赁住房各项支持政策的基本依据。《办法》共四章十二条，主要包括既有项目认定为保障性租赁住房和新实施项目认定为保障性租赁住房。《办法》明确，既有租赁住房项目指《办法》实施前经过合规审批已经建成或在建（含正在办理建设工程手续）的租赁住房项目。《办法》还对新实施保障性租赁住房项目的户型标准进行了明确，规定70平方米以下户型住房建筑面积占项目住房建筑面积的比例，应不低于70%。	《上海市人民政府办公厅印发〈关于加快发展本市保障性租赁住房的实施意见〉的通知》
1月20日	东莞	在财政资金支持上，将老旧小区改造纳入城镇保障性安居工程，对列入全市老旧小区改造计划的项目给予资金支持。对供水、供电、供气、排水、弱电、消防、安防、生活垃圾分类、道路改造、建筑外立面涉及社会公共利益的改造内容按改造实施费用80%的标准（连同上级补助资金）进行补助。对其他类改造内容按改造实施费用50%的标准（连同上级补助资金）进行补助。以上补助财政按照平均每户不超过2万元的标准给予补助。	东莞发布《东莞市老旧小区改造工作实施方案》
1月24日	全国	2021年我国加快发展保障性租赁住房，全国40个城市新筹集保障性租赁住房94.2万套，新开工公租房8.8万套，各类棚户区改造开工165万套。全面推进城镇老旧小区改造，全国新开工改造城镇老旧小区5.56万个，惠及居民965万户。	住建部城市建设司发布"2021年全国城镇老旧小区改造情况"
1月25日	全国	《规划》明确七大主要任务，包括：加快智能建造与新型建筑工业化协同发展；健全建筑市场运行机制；完善工程建设组织模式；培育建筑产业工人队伍；完善工程质量安全保障体系；稳步提升工程抗震防灾能力；加快建筑业"走出去"步伐。	住建部印发《"十四五"建筑业发展规划》

10-6 续表2

时间	地区	政策内容	政策来源
1月26日	西安	西安市将支持房地产企业将已建成普通商品住房的自持部分用于住房租赁经营。对此，西安市将对该市房地产企业出租自持普通商品住房的，按自持租赁住房建筑面积，每年100元/平方米的标准进行经营奖励。同时，西安市将对租赁合同网签备案的企业予以奖励。住房租赁企业、房地产经纪机构通过住房租赁交易服务平台进行房源信息发布和网签合同备案的，备案有效期6个月（含）以上的合同，每套（间）房每年度只可申请1次租赁合同备案奖励。《办法》显示，将对接受租赁资金监管的企业予以奖励。租赁企业按要求接受西安市住房租赁资金监管的，按照接受租赁资金监管的有效网签备案合同数，按100元/宗给予奖补。每个企业每年资金监管奖补最高不超过100万元。	西安发布《西安市支持住房租赁市场发展财政资金补助和奖励办法（修订）》
1月27日	深圳	提出要结合公共利益，试点在城市更新项目中引入"个别征收""商业和办公用房改建保障性租赁住房"等机制。针对涉产权争议的更新单位，研究制定并完善"个别征收、产权注销"或"预告登记、产权注销"等特别城市更新办法。探索城市更新与城市历史遗留问题、违法建筑处置和土地整备制度融合机制。	《关于深圳建设中国特色社会主义先行示范区放宽市场准入若干特别措施的意见》
2月7日	成都	2022年，成都计划供应人才公寓2万套，计划筹集建设保障性租赁住房6万套（间），还将发放公租房租赁补贴7000户。	2022年成都将加快发展保障性租赁住房，有序推进人才公寓建设和供给
2月7日	贵州	提出扎实推动城镇四改，新开工棚户区改造2万户、完成12万户，新开工老旧小区改造21.32万户，完成背街小巷改造2304条，新增城市地下管网2100公里。	贵州省发布《2022年政府工作报告》
2月7日	吉林	吉林省要坚持房子是用来住的、不是用来炒的定位。开工改造城镇老旧小区1100个，改造各类棚户区1.9万套以上。	吉林省发布《2022年政府工作报告》
2月8日	东莞	《意见稿》表示，到"十四五"期末，全市保障性租赁住房总量不少于10万套，力争达到15万套。其中2021年筹集房源不少于3000套；2022年筹集房源不少于30000套；2023年筹集房源不少于30000套；2024年筹集房源不少于20000套；2025年筹集房源不少于17000套。	东莞发布《东莞市发展保障性租赁住房实施意见（征求意见稿）》
2月8日	黑龙江	其中工作报告提出，推动消费扩容提质升级。培育建设哈尔滨国际消费中心城市，加大政府消费券支持力度，持续开展家装建材、特色餐饮、年货大集等促消费活动，稳定增加汽车、家电等大宗消费，激发县乡消费积极性。更好满足购房者合理住房需求，促进房地产业健康发展。此外，有效防范重点领域风险。防范化解经济安全领域风险，加大地方法人银行机构风险防范，维护金融市场秩序稳定；坚决遏制新增政府隐性债务，稳妥化解隐性债务存量，降低高风险市县债务率。防范化解社会稳定领域风险，完善地产项目风险处置机制，妥善解决房地产领域突出问题。	黑龙江省发布发布2022年黑龙江省政府工作报告
2月9日	北京	《方案》明确，未成年子女数量较多的家庭申请公共租赁住房的，可以纳入优先配租范围，并在户型选择等方面予以适当照顾。另外《方案》提到，对符合条件的住房困难家庭，纳入公共租赁住房优先配租范围。	北京发布《关于优化生育政策促进人口长期均衡发展的实施方案》
2月9日	北京	按照"企业自愿参与、政府适度支持"的原则，引导物业服务企业发挥常驻社区、贴近居民、响应快速等优势，根据不同区域人口结构、老年人服务需求，有针对性地提供多元化、个性化的社区居家养老服务。试点内容包括提供居家养老上门服务、推进品牌连锁运营、组建专业化养老服务队伍、发展智慧居家养老服务、整合闲置资源举办养老服务设施、推进社区适老化改造等。	北京发布《关于开展"物业服务+养老服务"试点工作的通知》
2月9日	江门	江门市住建局、市民政局联合发布江门市区2022年度公共租赁住房保障范围公告，重新明确了今年市区（蓬江区、江海区、新会区）公共租赁住房保障范围，其中城市中等偏下收入住房困难家庭、外来务工人员申请公租房的月人均可支配收入门槛由"2895元以下"放宽至"2994元以下"，其他保持不变。	江门市区2022年度公共租赁住房保障范围公告

10-6 续表3

时间	地区	政策内容	政策来源
2月11日	全国	2月8日，中国人民银行、中国银行保险监督管理委员会发布关于保障性租赁住房有关贷款不纳入房地产贷款集中度管理的通知。银行业金融机构向持有保障性租赁住房项目认定书的保障性租赁住房项目发放的有关贷款不纳入房地产贷款集中度管理。	央行、银保监会发布《关于保障性租赁住房有关贷款不纳入房地产贷款集中度管理的通知》
2月11日	太原	《意见》提出：①支持产业园区利用自有用地建设保障性租赁住房；②新建普通商品住房项目，在土地出让合同中约定按照住宅总建筑面积配建不低于4%的保障性租赁住房和不低于1%的公租房。	太原发布《关于加快发展保障性租赁住房的实施意见》（征求意见稿）
2月14日	杭州	《规划》重点明确了"十四五"期间杭州要努力实现居民住房条件持续改善、市场发展更加平稳健康、住房保障体系更加健全、高质量发展更加强劲、空间区域更加融合和制度更加健全等主要目标。全市"十四五"期间规划商品住房年开发量不低于1600万平方米，五年开发总规模不少于8000万平方米；其中市区年开发量不低于1440万平方米，五年建设总规模不少于7200万平方米。	杭州市住房保障和房地产发展"十四五"规划
2月14日	河北	会议对棚户区改造、保障性租赁建设、公租房管理服务等方面进行工作部署，推进保障性安居工程建设。棚户区改造方面，河北省今年全省棚改目标任务是开工11.7万套、建成10.5万套，计划投资436亿元。各地要提前启动棚改项目建设，2022年新开工项目10月底前要全部开工，三年建成并交付，确保2019年及以前开工的安置住房项目于2022年年底建成交付。 保障性租赁住房方面，河北省今年保障性租赁住房目标任务是筹集4.5万套，计划投资76亿元。	河北省召开全省保障性安居工程工作动员部署会
2月16日	重庆	重庆发文加快保障性租赁住房建设：①引导多方参与，并给予土地、财税、金融等政策支持；②新增保障性租赁住房以盘活存量为主、适当新建为辅；③提高中心城区住宅用地中保障性租赁住房用地供应比例，开展保障性租赁住房基础设施REITs试点；④推进承租人实现租购同权。	重庆市人民政府办公厅关于加快发展保障性租赁住房的实施意见
2月17日	杭州	杭州市住保房管部门日前完成全市首批48个保障性租赁住房项目集中认定工作，涉及房源5.9万套（间）。	杭州完成首批保障性租赁住房认定
2月17日	四川	2022年，四川省保障性租赁住房发展将实施扩面增量，将支持攀枝花、德阳、广元、广安、巴中等产业工人较多、住房租赁需求较大的城市稳步发展保障性租赁住房。四川全省今年力争筹集保障性租赁住房7.8万套（间），新增发放保障性租赁住房租赁补贴7770人。"十四五"期间，四川全省力争筹集保障性租赁住房34万套（间），其中成都市筹集30万套（间）。同时提出，提出在保障对象上优先保障新市民中从事基本公共服务的住房困难群众。并响应国家"三孩"生育政策，提出保障性租赁住房适当配置三居室、四居室房源，满足多子女家庭租赁需求。	四川省发布《关于加快发展保障性租赁住房的实施意见》
2月18日	广州	意见稿提出，保障性租赁住房项目以建筑面积不超过70平方米的小户型为主。其租金要低于同地段同品质市场租赁住房租金，具体由市场主体按照"企业可持续、市民可负担"的原则，结合享受的优惠政策，以及企业的运营成本综合评估确定。保障性租赁住房租金每年涨幅不高于同地段同品质市场租赁住房租金同期涨幅，且不超过5%。	广州发布《广州市保障性租赁住房项目认定办法（征求意见稿）》
2月27日	全国	《指导意见》提出，要以人民为中心、以市场化为导向、以风险可控为前提、以多方协同为保障，构建多层次、广覆盖、风险可控、业务可持续的保障性租赁住房金融服务体系。要求各类银行保险机构发挥机构优势，把握保障性租赁住房融资需求特点，提供针对性金融产品和服务。要求各地尽快明确保障性租赁住房项目标准，加强保障性租赁住房项目监督管理，为银行保险机构开展业务提供支持。同时，强调各方面加强项目风险管理，坚守风险底线。下一步，银保监会、住房和城乡建设部将联合推动相关措施落地实施，形成支持保障性租赁住房发展的合力，促进房地产业良性循环和健康发展。	银保监会、住建部发布《关于银行保险机构支持保障性租赁住房发展的指导意见》

10-6 续表4

时间	地区	政策内容	政策来源
3月1日	北京	通知明确，北京共有产权住房购房人因家庭成员就业、子女就学等原因确需出租住房的，应按照国家及本市住房租赁管理、共有产权住房管理相关规定执行。共有产权住房租赁活动纳入北京住房租赁监督管理范围。	北京发布《关于规范共有产权住房出租管理工作的通知（试行）》
3月9日	南京	租赁企业应明码标价，不得拖欠租金、擅自提高租金等；不得以欺诈、胁迫或租金优惠、分期付款等方式要求诱导承租人使用住房租金贷款。	南京发布《南京市房屋租赁管理办法》
3月18日	北京	"十四五"期间，争取建设筹集保障性租赁住房40万套（间），占新增住房供应总量的比例达到40%。	北京印发《北京市关于加快发展保障性租赁住房的实施方案》的通知
3月19日	全国	补助资金支持范围包括租赁住房保障、城镇老旧小区改造、城市棚户区改造，严禁将保障性安居工程补助资金用于偿还债务等	财政部、住建部发布《中央财政城镇保障性安居工程补助资金管理办法》
3月23日	北京	本市行政区内纳入全市保障性租赁住房年度建设筹集计划的项目，由市住房城乡建设委发放《保障性租赁住房项目认定书》。取得《保障性租赁住房项目认定书》的项目，享受国家及本市对保障性租赁住房相关支持政策。	北京市住房和城乡建设委员会关于加强保障性租赁住房项目认定书服务管理有关工作的通知
4月19日	山西	《实施意见》确立工作目标和重点任务，"十四五"时期，全省计划筹集保障性租赁住房5.5万套（间）帮助新市民、青年人等群体缓解住房困难。太原市、大同市重点发展保障性租赁住房，其他城市根据自身需求发展保障性租赁住房。保障性租赁住房建设需符合相关规范要求，市政公用设施要配套齐全，并完成简约、环保的基本装修，具备基本入住条件。租金则按照"租户收入可负担、租赁经营可持续"的原则定价，低于同地段同品质市场租赁住房租金。	关于加快发展保障性租赁住房的实施意见
4月27日	宁夏	《实施意见》明确，保障性租赁住房重点解决符合条件的新市民、青年人住房困难，并对符合条件的多子、多代共同居住的家庭，在户型选择等方面给予优先照顾。保障性租赁住房以建筑面积不超过70平方米的小户型为主，租金低于同地段同品质市场租赁住房租金。	关于加快发展保障性租赁住房的实施意见
5月1日	全国	对全国房屋市政工程安全生产工作再督促、再落实，切实防范和遏制安全生产重大事故发生。	住房和城乡建设部部署全国自建房安全专项整治
5月13日	天津	本市户籍在租住区无自有住房和非本市户籍在津正式就业且在租住区无自有住房的均可申请。符合本市租房提取住房公积金政策规定的保障性租赁住房承租人，可以提取住房公积金支付房租。保障性租赁住房承租人申领本市居住证后，享受子女义务教育、就业、社会保险、公共卫生、计划生育、证照办理等基本公共服务，并享受积分落户政策。	关于印发天津市加快发展保障性租赁住房实施方案的通知
5月13日	东莞	意见目标明确，到"十四五"期末，全市保障性租赁住房总量不少于10万套，力争达到15万套。鼓励盘活存量住房，闲置的公租房、拆迁安置房等房源可用作保障性租赁住房。在满足安全要求的前提下，可对各类闲置住房及其周边环境进行适当改造并加以规范管理，转为保障性租赁住房，主要包括：租赁住房和公寓，政府公房和机关企事业单位宿舍，老旧小区和城中村存量住房等。	东莞市人民政府办公室关于印发《东莞市发展保障性租赁住房实施意见》的通知
5月23日	广州	①利用规划节余优先配置政策性住房：政策性住房以70㎡以下小户型为主，其中30㎡以下集体宿舍、单间宿舍配置比例不少于30%。②明确复建安置区中小户型住房配置：复建安置区住宅建面的25%需用于建设租赁住房，以70㎡以下的集体宿舍、单间宿舍、小户型住宅为主。	广州市住房和城乡建设局、广州市规划和自然资源局印发《关于城市更新项目配置政策性住房和中小户型租赁住房的意见》
6月17日	厦门	规定了申请购买保障性商品房和不能申请的相关条件。保障性商品房实行批次轮候配售制度。保障性商品房销售价格按批次房源的市场评估价的45%确定。销售价格纳入每批次轮候配售方案。购买保障性商品房可按规定提取个人住房公积金和办理住房公积金贷款。保障性商品房自销售合同约定交付时间起未满5年，不得上市交易。	关于印发保障性商品房管理办法的通知

10-6 续表5

时间	地区	政策内容	政策来源
6月17日	青岛	①保障对象：本市无房的新市民、青年人。②租金标准：不高于同地段同品质住房市场租金的90%。③户型面积：以建筑面积≤70㎡小户型为主。④建设目标：到"十四五"末，全市保障性租赁住房数量拟达21万套（间），占新增住房供应总量的30%。	青岛市发布《关于加快发展保障性租赁住房的实施意见》
7月22日	杭州	大力发展保障性租赁住房，制定保障性租赁住房"1+X"配套政策，筹措保障性租赁住房10万套（间）以上。落实共有产权保障住房制度，制定配套政策。加大住房保障供应。新增公租房货币补贴保障家庭3万户，新开工保障性住房100万平方米。	杭州市住房保障和房产管理局2022年工作思路
8月15日	福州	新建保障性租赁住房项目，可以套或间进行规划设计，房屋及土地只能整体确权，不得办理分户产权，不得上市销售或变相销售，不动产权证应附记保障性租赁住房项目，明确不得分割登记、分割转让或分割抵押；房屋及土地可整体转让，转让后不改变保障性租赁住房性质、土地用途和土地取得方式；利用工业（产业）园区配套建设用地建设的保障性租赁住房不得单独转让。符合公租房保障对象标准的两类家庭可以申请中心城区公租房保障。	关于印发《进一步加强中心城区公共租赁住房配租和管理工作的方案》《加快发展保障性租赁住房的实施细则》《"好年华聚福州"人才住房保障办法》的通知
8月16日	全国	①加快完善住房保障体系。加快发展保障性租赁住房，促进解决新市民、青年人等群体住房困难。进一步完善公租房保障对促进积极生育的支持措施。②精准实施购房租房倾斜政策。住房政策向多子女家庭倾斜，在缴存城市无自有住房且租赁住房的多子女家庭，可按照实际房租支出提取住房公积金；对购买首套自住住房的多子女家庭，有条件的城市可给予适当提高住房公积金贷款额度等相关支持政策。	国家卫生健康委、国家发展改革委等17部门发布《关于进一步完善和落实积极生育支持措施的指导意见》：解决新市民、青年人等群体住房困难，住房政策向多子女家庭倾斜
8月17日	全国	①通过实物保障与租赁补贴并举，不断加大对城镇住房收入困难家庭的保障力度。下一步将加大对多子女家庭公租房精准保障的力度。②"十四五"期间计划建设筹集保障性租赁住房870万套（间），拟改善2600多万新市民、青年人居住条件。	国家卫生健康委员会召开新闻发布会
8月23日	广州	①运营标准：新供应国有建设用地新建项目的房源，自持年限内按照保障性租赁住房运营管理；企事业单位自有存量土地新建、产业园区工业项目配套用地新建和集体经营性建设用地新建项目的房源，运营期限不少于10年；非居住存量房屋改建项目运营期限不少于8年；城中村住房等存量房屋依法整租运营、城市更新项目配置和其他途径筹集项目运营期限不少于5年。②优惠政策：建设保障性租赁住房的集体经营性建设用地使用权可以办理抵押贷款；企事业单位自有存量土地新建的，允许变更土地用途，不缴纳土地价款，原划拨的土地可继续保留划拨方式；非居住存量房屋改建的，允许不变更土地使用性质，不补缴土地价款；新供应国有建设用地新建的，以出让或租赁方式供应，将保障性租赁住房租赁价格及调整方式作为出让或租赁的前置条件，允许出让价款分期收取。同时享受中央、省、市资金支持、税费支持、免收基础设施配套费等。	广州市住房和城乡建设局挂网发布《关于印发广州市保障性租赁住房项目认定办法的通知》
9月6日	全国	指导督促各地加快完善以公租房、保障性租赁住房和共有产权住房为主体的住房保障体系，着力解决好教师队伍的住房困难问题。	教育部举行"教育这十年""1+1"系列发布会，介绍党的十八大以来教师队伍建设改革发展成效
10月11日	淮安	对新市民、青年人等群体不设收入线门槛，只要符合相关条件，就可申请保障性租赁住房。保障性租赁住房筹集坚持"谁投资，谁所有"，充分发挥市场机制作用，通过存量房屋改造、存量土地建设、产业园区配套用地建设等方式，引导多方参与投资和运营保障性租赁住房。同时，通过加大用地支持、简化审批流程、给予资金补助、实施税费减免、执行民用价格、加大金融支持等方式给予政策保障，加快发展我市保障性租赁住房。	淮安市住房保障工作领导小组印发《淮安市加快发展保障性租赁住房实施方案》

10-6 续表6

时间	地区	政策内容	政策来源
10月13日	泉州	①保障性租赁住房租金不高于同地段同品质90%。②申请人及共同居住人需未享受公租房政策、未享受过经济适用住房（含已上市的经济适用住房和已退回经济适用住房补贴款）等政策、未享受共有产权住房政策。	泉州市住建局等5部门联合出台《泉州市保障性租赁住房建设与管理规定》
10月15日	深圳市宝安区	①到"十四五"期末，按照上级要求，全面完成2000年底以前建成的城镇老旧小区基础类改造。②实施路径：企业投资改造运营、"拆、改、建"混合改造、统筹"三旧"联动改造、政府主导投资建设。③政府资金筹措：鼓励原产权单位和管理单位共同出资或管理单位单独出资参与改造、积极申请中央财政补助资金、中央预算内投资、省级资金补助、依政策申领市财政返还补贴及保证区财政补贴。④其他资金筹措包括专营单位出资、市场主体改造经营投资、居民出资。	深圳市宝安区住房和建设局发布《宝安区城镇老旧小区综合改造工作实施方案（征求意见稿）》（公开征求意见）
10月18日	岳阳	①利用集体经营性建设用地、企事业单位自有闲置土地、产业园区配套用地、存量闲置房屋、利用新供应国有建设用地建设。②可将产业园区中工业项目配套建设行政办公及生活服务设施的用地面积占比上限由7%提高到15%，建面占比上限相应提高至25%，提高部分主要用于建设宿舍型保障性租赁住房，严禁建设成套商品住宅。	岳阳市住房保障服务中心发布关于公开征求《关于加快发展保障性租赁住房的实施意见》（征求意见稿）
10月19日	常州	①起居室（厅）分割出租的只能分隔出一间房间用于居住，并保留不少于十平方米使用面积的公共空间。②住房按间出租的人均使用面积不得低于六平方米。③住房按间出租的，每间房间内居住人数不得超过两人，但具有法定赡养、扶养、抚养关系以及医疗护理等特殊情况的除外。	常州发布《常州市租赁住房安全管理条例》
10月20日	广州	①支持专业化规模化住房租赁企业参与"城中村"房源整租运营。一是支持村集体经济组织、村民自主成立专业化规模化住房租赁企业运营租赁房源；二是支持村集体经济组织、村民以入股的形式与专业化规模化住房租赁企业合作运营租赁房源；三是支持引导村集体经济组织、村民将租赁房源委托专业化规模化住房租赁企业运营。②认定为保障性租赁住房的项目，享受长期低息贷款。取得项目认定书水电气按居民标准执行，符合条件的享受税收优惠、免征城市基础设施配套费。	广州市住房和城乡建设局发布关于印发《支持专业化规模化住房租赁企业提升"城中村"租赁住房品质指导意见》的通知
11月14日	邢台	保障性租赁住房以建筑面积不超过70平方米的小户型为主，房源主要通过新建、非居住存量房屋改建和存量盘活三种方式筹集。在土地、资金、运营、税费、金融等方面进行政策支持。	关于印发邢台市发展保障性租赁住房实施办法的通知
12月5日	杭州	《通知》内容共十条，主要包括：租金标准、租金评估、租金备案、租金调整及涨幅控制、疑议及违规处理等方面。明确了租金标准、租金确定方式、租金备案、备案租金调整要求、租金疑议处理方式等。	关于做好保障性租赁住房租金管理工作的通知
12月9日	深圳	既有非居住房屋改建保障性租赁住房应当同时符合以下条件：（一）具有不动产权属证书，且房屋用途为商业、办公、旅馆（酒店）、厂房、研发用房、仓储或者科研教育等。（二）不存在查封登记、异议登记等情形；存在抵押登记等他项权益的，应当取得所有他项权益人同意。（三）未被纳入城市更新单元计划、棚户区改造计划、土地整备计划和房屋征收计划。（四）商业、办公、旅馆（酒店）、科研教育、研发用房应当以栋、座或者相对独立的整层为单位进行改建，厂房、仓储用房应当以栋或者座为单位进行改建。单个项目改建总建筑面积不低于1000平方米。（五）改建项目所在宗地存在两个以上共有人的，应当经全体共同共有人或者占份额三分之二以上的按份共有人同意，但共有人之间另有约定的除外；建筑物区分所有权的，应当由宗地内专有部分面积占比三分之二以上的业主且人数占比三分之二以上的业主参与表决，并取得参与表决专有部分面积四分之三以上的业主且参与表决人数四分之三以上的业主同意改建。（六）法律、法规和规章规定的其他条件。	关于印发《关于既有非居住房屋改建保障性租赁住房的通知（试行）》的通知

10-6 续表7

时间	地区	政策内容	政策来源
12月13日	成都	《办法》共7章33条，主要包括总则、房源管理、配租管理、费用管理、后期管理、监督管理和附则。《办法》明确，保障性租赁住房的租金价格调整以一个周期年为单位，且年租金涨幅不得超过5%。租金可以按月或按季度收缴，但不得一次性收缴超过3个月的租金。保障性租赁住房配租分为定向和非定向两种配租方式。	关于印发成都市保障性租赁住房运营管理暂行办法的通知
12月15日	资阳	采取实物保障与发放保障性租赁住房货币补贴相结合的方式，多点就近解决职住平衡，由保障对象结合自身需求自主选择保障方式。原则上租金不高于同地段同品质市场租赁住房租金水平的90%，并保持相对稳定。由政府给予土地、财政、金融等政策支持，落实相关税收政策，加强宣传指导，充分发挥市场机制作用，坚持"谁投资、谁所有"，采取新建、改建、改造、租赁补贴和将政府的闲置住房用作保障性租赁住房等多种方式筹集。确保工程质量及配套完善。	关于印发《资阳市加快发展保障性租赁住房实施方案》的通知

10-7　2022年公积金政策

时间	地区	政策内容	政策来源
1月4日	宁波	按照国家生育政策生育二孩或三孩的家庭，连续缴存住房公积金满2年，首次申请公积金贷款购买首套自住住房的，住房公积金最高贷款额度由60万元/户提高至80万元/户。	宁波发布《关于调整宁波市住房公积金贷款政策的通知》
1月4日	青岛	青岛优化调整胶东四市住房公积金缴存职工转移接续，简化申请条件，缩短办理时限，并优化异地贷款相关政策，增加贷款最高次数，优化四市公积金数据共享。	青岛发布《关于优化调整胶东经济圈住房公积金转移接续及异地贷款政策的通知》
1月6日	济南	《通知》指出，经济南市住房公积金管理委员会四届六次会议审议通过，对异地住房公积金贷款（在其他城市缴存公积金，在济南购房申请住房公积金贷款）的，在审批贷款资料时，取消户籍限制，自2022年1月1日起执行。	济南发布《关于取消住房公积金异地贷款户籍限制的通知》
1月17日	北海	《通知》显示，缴存职工家庭购买第二套住房或申请第二次住房公积金贷款的，最低首付款比例由60%下调至40%。	广西北海市住房公积金管理中心印发《关于调整住房公积金贷款政策的通知》
2月18日	南宁	《个人贷款实施细则》指出：①住房公积金二套首付比例降至3成（原4成）；②取消高收入借款人的最低月还款额的限制要求；③放宽再交易住房和商转公贷款的房龄要求至30年等。	南宁发布《南宁住房公积金个人住房贷款管理实施细则》
3月3日	贵阳	持有"贵阳人才服务绿卡"的缴存职工，在贵阳市、贵安新区购房的，申请住房公积金贷款时，可提取本人及配偶住房公积金账户余额用于首付。在贵阳、贵安行政区域无房且租住住房的，提取额度可在现行额度基础上上浮0.5倍（20100元/年）。	贵阳市住房公积金管理中心关于出台支持在贵阳贵安购（租）房的人才使用住房公积金有关政策公开征求意见的公告
3月4日	唐山	职工购买第二套自住住房的，最低首付款比例由原来的不低于60%调整为不低于30%。本次调整自2022年3月15日起执行。	唐山市住房公积金管理中心发布通知
3月4日	南昌	将南昌市现行住房公积金贷款最高额度（市城区双缴存职工60万元、单缴存职工50万元，南昌县双缴存职工50万元、单缴存职工40万元，进贤县、安义县双缴存职工40万元、单缴存职工30万元）统一调增至双缴存职工80万元、单缴存职工70万元。执行时间自2022年3月7日起。	南昌发布《关于优化住房公积金使用政策的通知》
3月15日	广西	职工个人及家庭购买第二套住房或第二次申请住房公积金贷款的，最低首付比例下调为30%。	广西发布关于下调住房公积金第二套个人住房贷款最低首付比例的通知
3月16日	九江	江西九江住房公积金政策调整，最高可贷60万元/户，此外，未来将恢复二套房贷款利率上浮政策。恢复九江市住房公积金二套房贷款利率上浮10%。	九江印发《关于调整和规范住房公积金使用政策的通知》
4月1日	福州	从4月1日起，省直公积金缴存职工可办理"购买新建商品住房提取住房公积金支付首付款"。	福州发布《关于进一步优化购买新建商品住房职工提取住房公积金支付首付款的指导意见》
4月6日	丽水	首次申请住房公积金贷款双缴存职工最高限额由50万元调整为70万元，单缴存职工最高限额由25万元调整为35万元。职工首次申请住房公积金购买自住住房的最低首付款比例降为20%；住房公积金贷款期限由"最长不超过20年"调整为"最长不超过30年"。	丽水发布关于调整丽水市住房公积金政策的通知
4月12日	天津	按照该文件，职工在天津市购买首套住房和保障性住房的，除职工本人及配偶外，职工及配偶的双方父母也可申请提取住房公积金。	天津发布《关于购买首套住房和保障性住房提取住房公积金有关问题的通知》
4月12日	湖州	对于引进人才和新就业大学生首次使用住房公积金购买首套自住住房，贷款额度可上浮30%，上浮后双职工缴存家庭最高可贷70万元，单职工缴存家庭最高可贷55万元。《通知》自2022年4月15日起执行。	湖州市住房公积金管理委员会发布关于调整住房公积金使用有关政策的通知

10-7　续表1

时间	地区	政策内容	政策来源
4月14日	荆门	新政的出台可概括为"四取消""两提高""两全面",对过去从紧的住房公积金使用政策逐步放松。"四取消"包括取消企业缴存登记证明、取消购(建)房提取限制、取消"取贷二选一"限制、取消异地职工贷款办理限制。"两提高"包括提高人才贷款额度、提高租房提取额度。"两全面"包括全面推行业务通办、全面推行"商转公"直转。	荆门调整优化住房公积金缴存使用政策
4月18日	盐城	提高最高可贷额度：单职工由20万元增至30万元，双职工由40万元增至60万元；首次公积金贷款结清可二次使用公贷(此前不可二次使用),利率按基准利率的1.1倍执行(3.575%);调高保底贷款额度：单职工保底贷款额度由8万元增至10万元,双职工由15万元增至20万元。	江苏盐城公积金中心发布调整住房公积金贷款政策
4月18日	上海	为尽可能减少疫情对租赁提取职工的影响,对4月份因本人住房公积金账户余额不足导致租赁提取支付失败的职工,上海市公积金中心将在5月底对上述职工增加安排一次租赁提取支付(职工申请终止业务的除外)。	上海发布关于应对疫情实施住房公积金提取和维权服务措施的通知
4月20日	银川	①已结清公积金贷款再申请的,首付比例从40%调整至30%。②夫妻只有一方缴存公积金或异地贷款的,贷款最高额度从50万元提高至70万元。	"银川发布"微信公众号发布消息,银川市住房公积金管理中心即日起对住房公积金政策进行调整,鼓励职工使用公积金,降低购房负担
4月21日	福州	福州第二次申请纯住房公积金贷款首付款比例调整为40%。	福州住房公积金中心发布一季度该中心各项业务开展情况
4月21日	宜春	双缴存职工家庭(夫妻双方均连续缴存住房公积金满6个月)由最高贷款额度60万元调整为最高贷款额度80万元；单缴存职工家庭(夫妻中有一方连续缴存住房公积金满6个月)最高贷款额度为60万元。于2022年4月26日起执行。	宜春市住房公积金管理中心发布关于调整住房公积金最高贷款额度政策的通知
4月24日	烟台	硕士研究生连续足额缴存公积金6个月以上,购买首套自住住房时,公积金贷款最高额度为80万且不受账户余额限制。	烟台发布高层次人才公积金优惠政策
4月25日	株洲	株洲"商贷转公积金贷款"实施细则公布,将于5月1日起执行：①实施对象和条件：正常缴存住房公积金6个月(含)以上,已在株购买自住房(新房和二手)并办理商贷的在职职工；②最高可贷额度：不超过原商贷结清时的贷款本金余额。	株洲印发《株洲市个人住房商业贷款转住房公积金贷款实施细则》
4月28日	泸州	公积金贷款的住房套数认定标准为"认贷不认房",即仅看职工家庭是否有公积金贷款记录和未结清的商业性住房贷款,不再查询职工家庭名下住房。	泸州市住房公积金管理中心发布公积金新政
5月3日	嘉兴	2022年5月1日起,首次使用住房公积金贷款,单人最高贷款额度由30万元上浮至40万元,双人及以上最高贷款额度由60万元上浮至80万元。	嘉兴发布《关于调整住房公积金有关使用政策的通知》
5月4日	镇江	降低公积金贷款首付比例,对已结清首次公积金贷款的缴存职工家庭,第二次申请公积金贷款的首付比例调整为40%。本通知执行时间以购房合同签订日期为准	镇江市发布《关于调整住房公积金有关政策的通知》
5月7日	扬州	①在扬来扬人才、生育二孩及以上家庭,公积金贷款最低首付比例由30%调整至20%。②在扬来扬人才,单人最高贷款额度可达单职工最高贷款限额的4倍,二孩、二孩以上家庭最高贷款额度可分别上浮10万元和20万元。	扬州发布《关于住房公积金支持在扬来扬人才和生育二孩及以上家庭改善居住条件的通知》
5月10日	江门	提高硕士研究生以上学历人才的住房公积金贴息贷款额度,研究生上浮15%(最高额度为42万元),博士生上浮25%(最高额度为45万元)。	江门市住建局发布《关于阶段性提高高学历人才住房公积金贴息贷款额度的通知》

10-7 续表2

时间	地区	政策内容	政策来源
5月10日	泉州	①在泉州市行政区域内购买新建商品住房可提取住房公积金支付购房首付款。②提高住房公积金贷款最高额度。双方最高贷款额度由60万元调整为80万元，单方最高贷款额度由40万元调整为50万元。	泉州市发布《泉州市住房公积金管理委员会关于调整住房公积金使用政策的通知》
5月10日	安阳	夫妻双方一方或单身人员最高贷款额度上浮至50万元，夫妻双方最高贷款额度上浮至60万元。经我市认定的"洹泉涌流"人才最高可贷70万元。放宽贷款条件，缴存人提取住房公积金账户资金后，符合住房公积金贷款条件的，可同时申请住房公积金个人住房贷款。	安阳公积金管理局发布《我市住房公积金最高贷款额度提高到60万元》
5月13日	安庆	①上调公积金贷款额度，单缴职工由35万上调至40万，双缴职工由45万上调至50万。②首次公积金购买首付比例最低为20%（二手房最低为30%），贷款已还清，第二次公积金购买首付比例最低为30%（二手房最低为40%），利率按住房公积金贷款基准利率1.1倍执行。	安庆市发布《关于调整住房公积金贷款有关政策的意见》
5月16日	海南	购买二手房申请公积金贷款，首次申请或贷款已结清最低首付比例由40%降至30%，且贷款年限最长从20年调整为30年。	海南省发布《关于调整我省住房公积金个人住房贷款支持购买二手房有关政策的通知》
5月17日	长春	①申请公积金贷款所需缴存时间由12个月缩短为6个月。②首次申领最低首付比降至20%，二次由40%降至30%。③第2次申请住房公积金个人住房贷款，贷款利率执行同期首次利率，两次贷款间隔取消。④受疫情影响严重单位职工可申请缓缴或降低缴存比例。⑤本地户籍外地缴纳的公积金可贷款。⑥开发企业留存贷款保证金按未变现贷款额1%留存。⑦开展商贷+公积金组合贷款。	长春市发布《关于调整疫情期间住房公积金相关政策的通知》
5月17日	烟台	①商贷已结清，公积金贷款时不纳入住房套数认定。②异地缴存职工来烟购房，与本地缴存职工享受同等贷款权益。	烟台发布《关于调整住房公积金贷款有关受理标准的通知》
5月17日	惠州	要大力支持职工购买预售商品房提取住房公积金支付首付款，房地产企业落实企业主体责任，商业银行积极主动配合职能部门做好相关工作。	惠州住建局发布《关于提取住房公积金支付购房首付款有关事项的通知（试行）》
5月18日	泰安	购买首套房的，公积金贷款最低首付款比例由30%降至20%。购买第二套房的，公积金贷款最低首付款比例由40%降至30%。	泰安住房公积金中心发布《泰安市住房公积金中心发布关于调整个人住房公积金贷款首付比例的通知》
5月19日	贵港	①购买第二套住房时可以申请住房公积金贷款，首付比例按最低30%执行。②优化组合贷款政策。③将住房公积金贷款从受理到审批的办结时限从15个工作日降至4个工作日。	贵港发布《住房公积金5项举措推动群众"住有所居"促进经济社会平稳健康发展》
5月20日	南京	首次使用住房公积金贷款购买第二套住房公积金最高可贷额度调整至50万元/人、夫妻双方100万元/户。	南京住房公积金管理中心网站发布《关于调整首次使用住房公积金购买第二套住房公积金贷款额度的通知》
5月20日	池州	①首次或第二次公积金贷款，夫妻双方最高贷款额度均上调至50万元；单方上调至40万元。②第二次公积金贷款时，家庭成员余额可提取，提取总额和贷款额度之和不得超过房价80%。③恢复省内异地贷款业务。	安徽省池州市住房公积金管理委员会发布了《关于调整住房公积金贷款有关政策的通知》
5月20日	贵州	①住房公积金贷款额度计算公式调整，缴存余额不足3万元的，按3万元计算。住房公积金贷款最高额度为单职工50万元，双职工60万元。②申请第二次住房公积金贷款需结清满十二个月以上，最低首付款比例不低于30%，贷款利率按公积金个人住房贷款利率的1.1倍执行。	贵州省发布《贵州省住房资金管理中心关于解除住房公积金流动性风险三级响应的通知》

10-7 续表3

时间	地区	政策内容	政策来源
5月20日	天津	①支持保障性租房申请提取住房公积金，合计不超过2400元。②首套公积金贷款购房最高限额80万元。③首套贷款限额后续将跟随公积金资金运用率进行调整，连续3个月超过90%的，于次月1日起将首套住房贷款最高限额下调至60万元。连续3个月低于85%的于次月1日起将首套住房贷款最高限额上调至80万元。	天津市发布《关于调整住房公积金有关政策的通知》
5月22日	韶关	在最高贷款限额内，住房公积金贷款额度与公积金余额倍数的规定按借款人和共同借款人住房公积金账户余额之和10倍执行。	韶关市发布《关于调整住房公积金贷款额度与公积金账户余额倍数的通知》
5月22日	济南	在济南市行政区域内购买首套普通自住住房申请住房公积金贷款，一人缴存住房公积金的职工家庭最高可贷款额度由30万元提高至35万元，两人及以上缴存住房公积金的职工家庭最高可贷款额度由60万元提高至70万元。	济南市发布《济南住房公积金中心关于调整住房公积金贷款额度的通知》
5月23日	青岛	①申请标准调整为连续正常足额缴存住房公积金6个月。②二手房申请住房公积金贷款的，贷款期限与房龄之和由最长不超过50年。取消房龄与首付款比例挂钩的规定。③多渠道支持租购并举。	青岛市发布《关于进一步强化租购并举支持力度优化我市住房公积金政策举措的通知》
5月23日	湛江	①公积金调整，第一次申请双职工额度从50万提高至60万，第二次申请单职工从20万提高至25万，双职工从40万提高至50万。②允许异地贷款且额度与本地相同。	湛江市发布《关于调整住房公积金个人住房贷款政策有关问题的通知》
5月24日	宣城	职工最高贷款额度调整为50万元。符合人才引进上限60万元。符合购买绿色建筑政策的上浮20%。同时，取消二次贷款时间间隔限制。	宣城市发布《关于调整住房公积金贷款政策的通知》
5月24日	济南	①首套房认定标准由本市户籍职工家庭在本市无住房且无住房贷款（含公积金贷款、商业贷款）记录的，调整为本市户籍家庭在本市无住房的。②非本市户籍家庭首套房贷款首付比例由60%调整为30%。	济南市发布《关于进一步明确住房公积金贷款有关政策的通知》
5月30日	济南	受新冠疫情影响的缴存人，不能正常偿还住房公积金贷款的，不作逾期处理，不作为逾期记录报送征信部门。已做逾期处理的，借款人向公积金中心提出申请并提供相关证明，偿还所欠住房公积金贷款本息后，公积金中心调整其逾期和征信记录，返还罚息。	济南住房公积金中心发布《关于疫情期间逾期贷款政策调整的通知》；受疫情影响的个人可缓还公积金
5月30日	合肥	①是落实"所申请贷款额度不应高于借款人（含共同申请人）公积金账户缴存余额的一定倍数"。②是体现公积金的差别化信贷政策的需要，在贷款额度按缴存余额一定倍数计算的同时，按缴存年限设定相应倍数。③合肥市倍数拟定为按缴存时间分为10、15、20倍三档。同时兼顾低收入、低龄群体的住房公积金贷款保障需求，对职工缴存余额不足1万元的，按1万元计算。	合肥政府网站回复关于公积金贷款额度问题：公积金贷款倍数拟定为按缴存时间分为10、15、20倍三档
5月30日	温州	①单人公积金最高贷款额度65万元，夫妻公积金最高贷款额度100万元；②公积金贷款基数提升至5倍，最高倍数增至11倍，首套首付最低20%，二套最低40%，租房提取每月最高1400元；③商贷首套首付最低20%，二套最低30%；④认贷不认房。	温州官方媒体发布新政：公积金最高额度提高，个人首付降至20%
5月30日	福州	①职工家庭首次申请纯住房公积金贷款购买自住住房，产权面积在90平方米（含）以下的，首付最低20%。②职工家庭第二次申请纯住房公积金贷款购房的，首付款比例调整为不低于30%。③多孩家庭，首次申请住房公积金贷款，其住房公积金贷款额度另加10万元，且最高可贷额度调整为双职工100万元、单职工70万元。	福州公积金中心发布《关于支持职工合理住房需求及提高二孩以上家庭住房公积金贷款额度的通知》
6月1日	珠海	①单缴职工贷款审批上限由30万提高到50万，双缴职工申请贷款审批上限由50万提高到80万。②申请人一人为高层次人才购买首套自住住房的可贷最高额度为150万，申请人两人为高层次人才可贷最高额度为250万。③本地职工可提取公积金余额的90%帮助其直系亲属（配偶、父母、子女）购房支付首付款，也可逐月提取帮助其直系亲属偿还购房贷款。④本地公积金存缴职工享受同等的公积金贷款和提取政策，外地存缴职工享受同等公积金贷款政策。	珠海公积金中心发布《珠海市住房公积金管理中心支持服务"产业第一"若干措施》

10-7 续表4

时间	地区	政策内容	政策来源
6月1日	东营	①公积金贷款额度，单人调整至40万元，双人调整至60万元。②贷款额度计算公式由月缴存额×剩余工作月数的1.5倍调整为2倍。③职工和配偶合计提取租房额度由1300元/月调整为1500元/月。	东营市公积金管理分中心发布《关于调整住房公积金使用政策的通知》
6月1日	沧州	①公积金贷款额度，单人最高和保底调整至60万元、30万元，双人调整至80万、40万元。②首套住房公积金首付款最低20%，二次住房公积金贷款首付最低30%。③还款能力计算系数由月收入的50%提高至60%。④允许父母提取公积金支持未婚子女新购首套住房和保障性住房。⑤购买绿色建筑且为超低能耗建筑，贷款额度可上浮20%，最高可达到96万元。	沧州市住房公积金管理委员会印发《关于调整住房公积金政策的通知》
6月1日	清远	公积金贷款额度，单人调整至50万元，双人调整至60万元，2023年1月1日起恢复单人40万元，双人50万元。	清远市住房公积金管理委员会印发《清远市住房公积金管理中心关于对住房公积金贷款政策阶段性调整的通知》
6月1日	滁州	①受新冠疫情影响的企业和个人，可缓交缓还公积金。②自2022年6月份起，已婚家庭租赁商品住房提取住房公积金最高提取额度，提高至每年每家庭18000元。	滁州公积金中心发布《关于实施住房公积金阶段性支持政策的通知》
6月2日	滨州	①公积金贷款额度，首套：单人调整至40万元，双人调整至60万元。二套：单人40万，双人50万。②首套住房公积金首付款最低20%，二套住房公积金贷款首付最低30%。③公积金可贷额度对二孩家庭提高5万元，对三孩家庭提高10万元。	滨州市公积金管理分中心发布《关于调整住房公积金有关政策的通知》
6月2日	清远	①对于受新冠疫情影响的企业和个人，可按规定申请缓缴住房公积金。②2022年6月至2022年12月期间，提高住房公积金租房提取限额。高新区、清城区、清新区的提高到2300元/月；英德市、连州市、连南县、连山县、佛冈县及阳山县提高到1300元/月。	清远市公积金管理分中心发布《清远市住房公积金管理中心关于实施住房公积金阶段性支持政策的通知》
6月2日	义乌	①受新冠疫情影响的企业和个人，可缓交缓还公积金。②职工本人及配偶租房提取额度调整至24000元/年。	义乌市在近期发布了《关于在疫情防控期间实施住房公积金阶段性支持政策的通知》
6月4日	长春	①受新冠疫情影响的企业和个人，缓缴缓还公积金期限延长至2022年12月31日。②提高家庭租房提取住房公积金额度至1.8万元。	长春省直住房公积金管理分中心发布《关于调整补充疫情期间住房公积金阶段性扶持政策的通知》
6月5日	中山	购买本市一手新建商品住房，本人及配偶可提取住房公积金账户余额用于支付首付款，提取总额不超过《商品房买卖合同》约定的首付款金额。	中山公积金媒体发布《关于实施职工购买新建商品住房提取住房公积金支付首付款政策的通知》
6月5日	徐州	①公积金贷款新建商品住房首付比例由30%调整为20%，二手房首付比例由40%调整为30%。②高层住宅工程进度由施工进度达到三分之二，调整为取得预售许可证后即可申请公积金贷款。③开办逐月提取住房公积金偿还商业银行个人住房贷款业务。	徐州公积金中心发布《关于实施住房公积金阶段性政策的通知》
6月5日	南京	①受新冠疫情影响的企业和个人，可缓缴缓还公积金。②单身职工提取住房公积金支付房租由每月1200元提高至每月1500元，已婚职工夫妻双方由每月2400元提高至每月3000元。	南京住房公积金管理中心发布了《关于实施住房公积金阶段性支持政策的通知》
6月6日	徐州	①受新冠疫情影响的企业和个人，可缓交缓还公积金。②自2022年6月份起，夫妻双方租房每月最高提取金额由800元提高至1200元。	徐州公积金中心发布《关于疫情期间住房公积金缴存使用有关支持政策的通知》

10-7 续表5

时间	地区	政策内容	政策来源
6月6日	秦皇岛	①公积金单职工最高额度提高至60万元，双职工提高至80万元。购买绿建二星以上超低能耗建筑额度上浮10%。②公积金贷款时，还清首次进行二次贷款时，最低首付款比例调整为30%。③二手房申请住房公积金贷款最长房龄限制调整为不超过30年，房龄与贷款之和不超过45年。④全款购买新建自住住房的，夫妻双方父母可提取公积金支持子女购房。⑤受新冠疫情影响的企业和个人，可缓交缓还公积金。⑥提高无房家庭租房提取最高额度，主城区12000元/年，其他区县9000元/年。	秦皇岛市住房公积金管理中心发布关于落实市政府《关于稳定全市经济运行的若干政策措施》的实施细则
6月6日	漳州	①取消住房公积金贷款次数和房屋套数限制。②公积金购房二套、或贷款已结清的以上首付比例不低于40%（部分区县30%）。	漳州市住房公积金中心官网发布《关于调整住房公积金业务相关政策的通知》
6月6日	商丘	①受新冠疫情影响的企业和个人，可缓缴缓还公积金。②提高住房公积金租房提取额度：在市直、梁园区、睢阳区和城乡一体化示范区管理部开户的缴存人，每户提取最高额度由15000元提高至18000元；在其他县管理部和神火分中心开户的缴存人，每户提取最高额度由10000元提高至12000元。	商丘市公积金中心发布《商丘市住房公积金管理中心关于实施住房公积金阶段性支持政策的通知》
6月7日	上海	自2022年6月6日起，本市购买第二套改善型住房申请公积金贷款的家庭，现持有住房人均住房建筑面积调整为不高于37.4平方米。	上海市公积金管理中心发布《关于公积金贷款购买第二套改善型住房人均住房建筑面积调整的通知》
6月7日	潮州	①购买新房，本人及其直系亲属（配偶、父母、子女）可提取住房公积金用于支付首付或房款。②取消公积金借款人户籍地限制。③公积金贷款最高限额由存储总额的15倍提高至20倍。④首次公积金贷款购房，首付比例最低为20%。	潮州市住房公积金管理中心发布《关于住房公积金提取和贷款政策阶段性调整的通知》
6月7日	南充	①受新冠疫情影响的企业和个人，可缓交缓还公积金。②提高租房提取额度，无房家庭最高1.5万元/年。③提高公积金最高贷款额度，单方提高至50万元，双方提高至60万元。④支持本人及配偶提取住房公积金支付购房首付款。	南充市住房公积金管理中心发布《关于落实住房公积金阶段性支持政策的公告》
6月7日	南昌	公积金贷款首套首付由30%调整为20%，二套40%调整为30%，利率上浮10%不变。	南昌住房公积金管理中心发布《关于调整我市住房公积金贷款首付比例的通知》
6月7日	邵阳	①三孩家庭最高可贷款额度调整至80万元。②职工家庭最高额度调整至60万元，高层次人才80万元。③第2套住房的，首付最低降至20%。④贷款利率按央行规定的住房公积金贷款基准利率，第二天1.1倍。⑤绿箭二星或超能耗房，公积金可贷款额度上浮20%。⑥支持父母提取住房公积金为子女购房。	邵阳发布关于《调整住房公积金部分使用政策的通知》
6月8日	杭州	①受新冠疫情影响的企业和个人，可缓缴缓还公积金。②缴存人可按月提取住房公积金账户余额，提取限额按现有标准上浮25%确定。具体为：杭州市区（含萧山区、余杭区、临平区、富阳区、临安区）为1500元/月，桐庐县为1050元/月，淳安县为750元/月，建德市为600元/月。	杭州公积金中心发布《关于实施住房公积金阶段性支持政策的通知》
6月8日	成都	①受新冠疫情影响的企业和个人，可缓缴缓还公积金。②提高租房提取额度，房屋中心城区和城市新区的，月提取限额由1340元提高到1800元；房屋在郊区新城的，月提取限额由800元提高到1200元。未备案的租赁住房，全市范围内月提取限额由700元提高到1000元。	成都住建局媒体发布住房公积金阶段性支持政策措施
6月8日	南京	①受新冠疫情影响的企业和个人，可缓缴缓还公积金。②单身职工提取住房公积金支付房租由每月1200元提高至每月1500元，夫妻双方由每月2400元提高至每月3000元。	南京公积金中心发布《关于实施住房公积金阶段性支持政策的通知》
6月9日	陕西	①受新冠疫情影响的企业和个人，可缓缴缓还公积金。企业可申请调低住房公积金缴存比例。②等受疫情影响超过提取5年时限的可延期提取，符合条件的可补充提取公积金。	陕西省公积金管理中心发布《关于实施住房公积金阶段性支持政策的通知》

10-7 续表6

时间	地区	政策内容	政策来源
6月9日	南平	①租房公积金提取提高到7200元/年。②首次公积金贷款首付最低20%，二次最低30%。③二孩三孩家庭公积金贷款额度另加10万元。④公积金贷款额度单方提高至50万元，双方提高至80万元。	南平市公积金管理中心发布《关于支持职工合理住房需求及阶段性提高贷款额度的通知》
6月9日	武汉	①受新冠疫情影响的企业和个人，可缓交缓还公积金。②单身职工每年租房提取住房公积金额度提高到18000元，已婚职工及配偶提高到36000元。	武汉住房公积金管理中心发布武汉实施住房公积金阶段性支持政策
6月11日	合肥	①受新冠疫情影响的企业和个人，可缓交缓还公积金。②单方最高可贷款额度由45万元提高到55万元，夫妻由55万元提高到65万元。③公积金购买二手房，房龄不超过20年，贷款最长期限为30年，贷款期限加房龄调整到不超过40年。	合肥住房公积金管理中心发布关于进一步完善住房公积金贷款政策的通知
6月14日	重庆	①企业可根据自身经营情况，在5%至12%范围内自行确定缴存比例。②生产困难的企业可缓交公积金，降低缴存比例。③职工以自有资金一次性付清购房价款购买自住住房的职工及其配偶、父母、子女均可在满半年后申请提取一次住房公积金。	重庆公积金中心发布《关于调整住房公积金贷款最高额度的通知》
6月14日	佛山	①受新冠疫情影响企业个人缓交缓还公积金。②提高租房提取上限7900元/年。	佛山公积金中心发布关于实施住房公积金阶段性支持政策的通知
6月15日	青岛	在青岛市行政区域内购买家庭首套自住住房的，借款申请人及配偶均符合申贷条件的，公积金贷款最高额度调整为80万元；借款申请人仅本人符合申贷条件的，公积金贷款最高额度调整为50万元。购买家庭第二套自住住房的公积金贷款最高额度政策保持不变。	青岛公积金中心发布《关于调整住房公积金贷款最高额度的通知》
6月15日	杭州	职工家庭名下无房，且无住房贷款记录，在首次购买普通自住住房时申请住房公积金贷款的，家庭最高贷款限额标准上浮20%。其中杭州市区职工单人缴存住房公积金的最高额度从50万元提高到60万元，夫妻双方缴存住房公积金的最高额度从100万元提高到120万元，桐庐县、淳安县、建德市根据当地最高贷款限额标准调整。	杭州公积金中心发布《关于提高无房职工家庭住房公积金贷款额度的通知》
6月17日	南昌	全款购房的职工，在与中心签订购房委托提取协议后，可每年提取一次住房公积金，累计提取金额不得超过实际购房总额。	南昌公积金中心发布关于调整住房公积金提取政策的通知
6月17日	宁德	①多孩家庭公积金贷款额度提高，单人提高至45万，双人80万。②公积金二套首付50%降至30%。③提高租房公积金提取额度，每个月600元提高至800元。	宁德公积金中心发布《关于调整部分住房公积金使用政策的通知》
6月17日	成都	①将"认房套数"范围调整为缴存职工在购房所在地的住房。②首套公积金贷款的，最低首付款比例从30%调整为20%；购买第二套公积金贷款的，最低首付款比例从40%调整为30%。	成都住房公积金管理中心印发《成都住房公积金管理中心同城化公积金贷款实施细则（试行）》的通知
6月17日	福建	①首套纯公积金贷款的，最低首付款比例从30%调整为20%；二套纯公积金贷款的，最低首付款比例从40%调整为30%。②多孩家庭最高可贷额度在现行政策基础上另加5万元。	福建省三明市住房公积金管理中心发布关于实施住房公积金阶段性支持政策的通知
6月22日	泉州	①职工家庭首次公积金购买首套住房的，首付不低于20%；二次贷款购买二套住房的，首付不低于30%。②多孩家庭公积金贷款额度在最高贷款额度基础上另加10万元。③租房提取额度由每月600元提高至800元。	福建泉州市住房公积金管理委员会发布关于实施住房公积金阶段性支持政策的通知
6月24日	郑州开封	①落实住房公积金贷款，提取郑开同城化待遇。②方便两地缴存职工办理住房公积金业务。建立联席会议制度。	郑州、开封住房公积金管理中心签署了住房公积金同城化管理合作协议

10-7 续表7

时间	地区	政策内容	政策来源
6月28日	海南	①未取得不动产权证的商品房公积金贷款保证金留存比例由5%调低至2%。②对按《海南省商品房预售资金监管办法》执行监管账户管理的商品房项目，保证金留存比例调低至1%。③未取得不动产权证的保障性住房公积金贷款保证金留存比例由3%调低至1%。④房地产开发企业选择以银行保函方式作为公积金贷款保证金担保。	据海南省住房公积金管理局发布消息，海南将降低保证金留存比例
7月1日	揭阳	①公积金贷款购买首套普通自住住房的，单人最高贷款额度40万元，双人及以上最高额度60万元。②公积金再次购买普通自住住房且符合我市贷款相关规定的，单人最高可贷30万元，双人及以上共同申请贷款最高可贷45万元。	揭阳市住房公积金管理中心发布《关于调整住房公积金个人住房贷款政策的通知》
7月1日	哈尔滨	符合条件的公积金借款申请人，单人贷款最高额度由50万元提高至60万元，双人贷款最高额度由70万元提高至80万元。	据黑龙江省哈尔滨市住房公积金管理中心消息，哈尔滨市召开住房公积金管委会2022年第三次会议
7月4日	德州	①一方缴纳最高申请贷款额为40万元，夫妻双方缴纳最高申请贷款额为50万元，贷款额低于10万元的，可按10万元贷款额申请放贷。②增加"按月冲抵"模式在原有"按年冲抵"模式的基础上，增加"按月冲抵"模式偿还月还款额，个人依照承受能力自愿选择。	德州市住房公积金管理中心发布《关于进一步调整住房公积金使用政策的通知》
7月5日	唐山	凡是在我市区域内，单身职工贷款购房，其父母可作为共同还款人提供还贷帮助；已婚职工贷款购房，双方父母可作为共同还款人提供还贷帮助。父母贷款购房子女或已婚子女夫妻双方可作为共同还款人提供还贷帮助。对于还贷能力不足的，作为共同还款人允许参与还贷能力计算提高贷款额度。以上人员必须同时为我市住房公积金缴存职工。	唐山公积金推出"一人购房全家帮"
7月5日	贵州	①已经结清全部购房贷款的，再次申请住房公积金贷款按首套房贷款确定首付款比例，最低不低于20%。②有一套未结清的住房贷款，申请住房公积金贷款确定首付款比例最低不低于30%。③有两套以上（含）住房贷款未结清的，不能再申请住房公积金个人住房贷款。④缴存职工家庭有1笔（含）以上已结清的公积金贷款，再次申请公积金贷款时，贷款利率按同期1.1倍执行。⑤取消两次住房公积金个人住房贷款必须间隔12个月及以上的限制。	贵州省住建厅发布《贵州省住房资金管理中心关于调整住房公积金相关政策的通知》
7月6日	深圳	①在异地就业且缴存住房公积金的本市户籍职工，其本人或配偶在本市购买首套自住住房的，按照本规定要求向本市公积金中心申请公积金贷款。②申请人的配偶、父母、子女可以作为共同申请人。申请人的配偶、父母、子女是购房人的，应当作为共同申请人。	深圳住建局发布《深圳市住房公积金贷款管理规定（征求意见稿）》
7月7日	保定	①公积金贷款，首套首付最低20%，二套最低30%。②单缴公积金贷款最低30万，最高60万；双缴公积金贷款最低40万，最高90万。燕赵英才卡及三孩家庭，公积金贷款最高额度130万元。二孩家庭单缴最高额度80万元，双缴最高100万元。	河北省保定市住房公积金管理中心发布《关于调整住房公积金贷款相关政策的通知》
7月11日	佛山	①提取：高层次人才可间隔6个月提取一次。租住商品住房提取住房公积金的可提取额度最高为3倍。②贷款：优粤佛山卡A卡持卡人，住房公积金贷款额度提高到个人最高100万元。优粤佛山卡B卡持卡人，最高80万元。具有博士学位或副高专业技术职称的优粤佛山卡持卡人最高60万元。	广东省佛山市住房公积金管理中心发布关于征求《佛山市高层次人才住房公积金支持政策管理办法（暂行）（征求意见稿）》
7月13日	长春	①新建商品房贷款，有共同借款人的，单笔最高额度提高至90万元；无共同借款人的，单笔最高额度提高至60万元。存量房贷款，有共同借款人的，单笔最高额度提高至70万元；无共同借款人的，单笔最高额度提高至50万元。②第二次申请住房公积金个人贷款，在不超过单笔贷款最高额度前提下，可申请额度提高至借款人和共同借款人住房公积金账户余额之和20倍。	长春省直住房公积金管理分中心发布关于调整住房公积金个人住房贷款有关政策的通知

10-7 续表8

时间	地区	政策内容	政策来源
7月14日	荆州	荆州市职工夫妻中仅一方正常缴存公积金的家庭，贷款最高额度从现行40万元调整为50万元；职工夫妻双方均正常缴存公积金的家庭，贷款最高额度从现行45万元调整为70万元。	荆州住房公积金中心调整公积金贷款额度
7月15日	淮安	首套首次公积金贷款，单方最高贷款额度48万元，双方最高贷款额度72万元。二套，或者第二次公积金贷款，单方最高贷款额度44万元，双方最高贷款额度66万元。	淮安近日发布《关于调整住房公积金贷款最高额度的公告》
7月21日	台州	①认房范围，由原来台州行政区域调整为县（市、区）级行政区域。②公积金贷款最高额度单方50万元，双方100万元。③公积金首次首付比例降至20%。④三孩家庭首次二次公积金贷款上浮20%。⑤购建翻修住房不申请住房公积金贷款的可以提取职工本人、配偶、父母、子女住房公积金缴存余额，申请贷款的，须留存月缴存额6倍的缴存余额。⑥父母、子女可以提取住房公积金偿还个人住房贷款。	浙江省台州市住房公积金管理中心发布《关于进一步调整住房公积金支持政策的通知》
7月21日	衡水	①租房提取全市统一提高至每月900元。②全款购房每年可提取一次公积金余额。③公积金贷款最高贷款额度提高至单人50万元，双人70万元，湖城英才上上浮10万元，二孩三孩家庭上浮10万元。	衡水市发布《关于调整部分住房公积金政策的通知》的通知
7月21日	泸州	①公积金贷款购首套房，新房首付20%，二手房首付30%。②公积金贷款购二套房，新房首付30%，二手房首付40%。	泸州公积金官微发布通知，公积金贷款首付款比例下调
7月21日	肇庆	申请公积金贷款所购房屋为家庭首套自住住房且首次使用公积金贷款的，个人最高贷款额度提高2万元，家庭（含二人以上）最高贷款额度提高4万元。	广东省肇庆市住房公积金管理中心发布《肇庆市住房公积金管理委员会关于调整我市首套住房公积金最高贷款额度的通知》
7月22日	长沙	①公积金最高额度70万元，三孩家庭80万元。②购买二套房首付40%。③购首套房可申请购房提取，同时可申请公积金贷，提取后留存12个月还贷基金。④住房认定套数以行政范围内自有产权住房为限。⑤二套公积金贷款取消"首套面积不得超于144㎡"的规定。⑥取消公积金贷款结清6个月后再申请公积金贷款。⑦租房公积金提取额度由一年汇缴额50%提高至100%。	长沙市发布了《关于优化住房公积金业务政策和流程的通知》
7月22日	韶关	①连续正常足额缴存住房公积金满6个月的住房公积金缴存人，可进行公积金贷款。②购买首套住房或第二套改善型住房，最低首付款比例均为20%。	广东省韶关市住房公积金管理中心官微发布消息
7月25日	丽水	①三孩家庭首次购房公积金贷款额度上浮20%。②三孩家庭申请住房公积金贷款优先发放。③三孩家庭租房，公积金提取额度上浮50%。	浙江省丽水市住房公积金管理委员会办公室印发《丽水市住房公积金管理中心关于落实"浙有善育"住房公积金支持政策的通知》
7月25日	湖南	①省直中心住房公积金最高贷款额度提高至70万元，三孩家庭提高至80万元。②购二套住房，公积金首付比例降至40%。③购首套房，公积金可提可贷。④套数认定以长沙行政范围内自有产权住房为准。⑤购二套房公积金贷，取消首套不得超144㎡规定。⑥再次公积金贷款取消"需结清满6个月"的规定。⑦提高提取公积金租房额度至近1年的实际汇缴额。	湖南省机关事务管理局发布《湖南省机关事务管理局关于调整省直单位住房公积金部分政策和流程的通知》
7月28日	安庆	①公积金最高贷款额度单方45万元，家庭55万元。②支持异地缴存职工来我市购买住房，缴存互通互认，连续缴存满6个月，可在我市申请住房公积金贷款。	安庆市《安庆市住房公积金管理委员会关于调整住房公积金贷款有关政策的意见》
7月29日	宜昌	上调住房公积金贷款最高额度。全市公积金贷款最高额度统一从50万元上调至60万元。每自然年租房提取住房公积金上限城区（含夷陵区）从12000元提高至14400元，县市从6000元提高至7200元。提取频次从每自然年提取1次调整为每月可提取1次。	宜昌住房公积金贷款额度上调，最高可贷60万

10-7 续表9

时间	地区	政策内容	政策来源
8月1日	杭州	①我市三孩家庭购买首套普通自住住房且首次申请住房公积金贷款的，贷款额度上浮20%。②我市三孩家庭无房租赁住房提取住房公积金的，提取限额上浮50%。	杭州住房公积金管理委员会发布《关于实施三孩家庭住房公积金优惠政策的通知》
8月1日	吉林	通知要求，从即日起吉林市住房公积金管理中心在办理吉林市区内职工个人二手房贷款业务时，要针对职工在住建部门备案的网签合同价款和管理中心确认的房产评估价进行比较，使用二者的最低值核定贷款额度。	据吉林市住房公积金管理中心官微消息，吉林市发布《关于规范住房公积金二手房贷款房屋价格认定标准的通知》
8月1日	湖州	①三孩家庭购买首套普通自住住房且首次申请住房公积金贷款的，贷款额度可按家庭当期最高贷款限额上浮20%确定。②我市三孩家庭无房租赁住房提取住房公积金的，提取限额按规定额度标准上浮50%确定。	浙江省湖州市住房公积金管理中心发布《关于实施三孩家庭住房公积金优惠政策的通知》
8月10日	新余	①提高公积金贷款最高额度至80万。②公积金首套首付下调至20%，二套下调至30%。	新余市公积金管理中心发布《新余市住房公积金贷款政策调整》
8月12日	济南	在济南市行政区域内购买第二套普通自住住房申请住房公积金贷款，最低首付款比例由60%调整至40%。政策的实施以房屋网签时间为准，自2022年8月15日起施行。	济南公积金管理中心发布关于调整部分住房公积金贷款政策的通知
8月15日	湖州	①提高公积金贷款最高额度至70万，累积贷款额度调整至100万。②取消再次申请住房公积金贷款与前次公积金贷款还清后间隔6个月时间间隔要求。③购首套房、建造、翻修、大修、加装电梯可提取直系亲属（父母、子女）公积金。④在按年提取冲还商贷的基础上，增加按月提取冲还商贷方式。⑤物业服务费提取标准调整为按房屋实际建筑面积每平方米2元/月标准提取。	湖州市住房公积金管理委员会发布关于调整住房公积金使用有关政策的通知
8月17日	惠州	符合条件的购房职工（含共有产权人）及配偶可先向惠州市住房公积金管理中心申请预提住房公积金账户内的金额用于支付购房首付款。	惠州市住房和城乡建设局、惠州市住房公积金管理中心于近日联合发布《关于实施预提住房公积金支付购房首付款的通知》
8月25日	威海	①借款申请人和配偶均符合申贷条件的，最高贷款额度由60万元提高到80万元；借款申请人本人符合申贷条件的，最高贷款额度由40万元提高到50万元。②调整可贷额度。可贷额度由借款申请人和配偶双方住房公积金账户余额的20倍提高到30倍。	威海公积金管理中心发布通知，提高公积金贷款最高额度
8月26日	赣州	依法生育三孩家庭，最高贷款额度提高20万：中心城区双方最高80万元，单方最高70万；其他县（市）双方最高70万元，单方最高60万。	赣州住房公积金管理中心发布《关于提高依法生育三孩的缴存职工家庭公积金最高贷款额度的通知》：提高三孩家庭公积金贷款最高额度
8月30日	贵阳	①公积金贷款二套已结清首付最低20%，利率按照首套1.1倍计算。②取消两次住房公积金个人住房贷款须间隔12个月以上的限制。③未结清公积金贷或两笔未结清商贷，不予发放公积金贷款。④取消省内异地个人住房贷款户籍地限制。⑤对同一套住房，职工可在提取住房公积金追加首付后，申请住房公积金个人住房贷款。	贵阳市印发《贵阳贵安住房公积金促进房地产业良性循环和健康发展若干措施》
9月1日	郑州	①郑州、开封、洛阳、平顶山、许昌、漯河、新乡、焦作、济源"1+8郑州都市圈"各服务大厅设立"跨域通办"服务专门窗口，方便都市圈其他城市缴存职工跨市办理住房公积金异地贷款等业务。②都市圈住房公积金实行互认互贷。在郑州市行政区域购房的都市圈其他城市住房公积金缴存职工，可申请住房公积金贷款。③郑州外家庭在郑州已有住房套数，按在还贷记录认定。④都市圈其他城市购房的郑州公积金存缴职工，办理住房公积金提取业务，不再要求出具购房地的户籍证明。	郑州住房公积金管理中心日前发布《关于"1+8郑州都市圈"住房公积金一体化协同发展有关事项的通知》

10-7　续表10

时间	地区	政策内容	政策来源
9月2日	重庆	①职工家庭购买第二套住房申请住房公积金个人住房贷款的,最低首付款比例由40%降低为30%;多子女缴存职工家庭购买第二套住房申请住房公积金个人住房贷款的,最低首付款比例降低为25%。②公积金贷款额度提高,单人50万元,双人100万元,多孩家庭单人60万元,双人120万元。③优化住房认定标准,中心城区以外住房不纳入审核。申请公积金贷款只将公积金贷款记录纳入考察范围。	重庆市住房公积金管理中心发布关于调整住房公积金个人住房贷款有关政策的通知
9月6日	石家庄	①支持公积金一人购房全家帮,其父母可以申请作为共同还款人参与还款;职工配偶为房产共有人的,配偶父母也可以申请作为共同还款人参与还款。共同还款人最多为2人。②符合我市租住商品住房提取住房公积金条件的,职工及其配偶可申请提取住房公积金账户余额,每人每年提取一次,提取金额不超过12000元。③缴存职工在桥西区、长安区、新华区、裕华区、高新区,公积金贷款购买首套或二套的,首付最低30%。其他区域最低20%。	石家庄公积金管理中心发布关于进一步拓展住房公积金阶段性支持政策的通知
9月6日	常德	①公积金贷款最高额度提高至单人50万元,双人60万元。父母或子女可作为共同借款人申请住房公积金贷款。②适当放宽借款申请人家庭还贷能力测算标准。③取消贷款额度与公积金缴存余额挂钩的限制。	常德市公积金管理中心发布通知,对住房公积金贷款政策进行了适当调整
9月7日	德州	①购房提取住房公积金无房屋套数限制。购买德州市行政区域内自住住房提取公积金时,提取人及配偶名下不受房屋套数限制。②再次申请住房公积金贷款无间隔时间。③京津冀、山东省缴存人在德州申请公积金贷款无户籍限制。	山东省德州市公积金管理中心发布关于调整公积金使用政策的通知
9月9日	汕尾	①提高贷款额度。购房节期间,单职工个人住房贷款最高额度提高到30万元,双职工提高到50万元。②推行"一人购房全家帮"新政。购房节期间,支持本人及其直系亲属(配偶、父母、子女)提取公积金用于支付购房首付款。③购房节期间受理异地购房贷款。支持异地缴交公积金职工在汕尾使用公积金购买一手商品房。	汕尾市住房公积金管理中心发布《关于购房节期间住房公积金个人贷款及提取有关政策调整的通知》
9月9日	潍坊	①取消"按缴存比例、贷款次数、职工单方或双方缴存公积金确定贷款额度上限"的规定。②申请贷款缴存公积金时限调整为6个月。③贷款额度上限计算调整为20倍。④贷款期限5年以上的,月应还款额不得超过夫妻双方月收入总额的50%。	山东省潍坊市出台《关于优化调整住房公积金贷款政策的通知》
9月12日	福州	由于住房公积金流动性紧张,2016年中心根据榕公积金管委〔2016〕2号文件精神,暂停办理了商转公贷款业务。近期全力做好恢复该业务的各项准备工作,目前测试完成一切就绪。申请商转公贷款业务,仅适用于福州住房公积金中心缴存职工,且职工家庭从未申请过住房公积金贷款。各位有需求的缴存职工。	福州公积金管理中心通知恢复商转公贷款业务
9月13日	徐州	①徐州市区(含铜山区)公积金贷款最高额调整为单人60万元,夫妻100万元;各市、县(含贾汪区)公积金贷款最高额度调整为单人50万元,夫妻70万元。市区提取加贷款最高额度不超过120万元。②凡符合我市公积金贷款办理条件的职工,均可申请组合贷款。③高层次人才公积金贷款最高额度提高20万元。④三孩家庭公积金贷款最高额度提高10万元。	江苏省徐州市住房公积金管理中心发布《关于阶段性调整住房公积金贷款政策的通知》
9月19日	银川	①公积金贷款最高额度提高至单人60万元,双人80万元。②支持一人购房全家帮,可提取直系亲属住房公积金用于支付购房款及偿还贷款本息。③住房公积金贷款的可贷额度由不高于缴存职工住房公积金账户余额的20倍提高到25倍。④二手房公积金贷款房屋使用年限要求从20年延长到不得超过25年。⑤支持全国公积金到银川购房。	经银川市住房公积金管理委员会第27次会议审议通过,银川公积金迎来新调整并试行
9月20日	烟台	①多孩家庭公积金个人住房贷款最高额度70万元。②多孩家庭公积金租房提取年度最高24000元。③多孩贷款政策适用于存量房贷款、增量房贷款、异地贷款等业务。	烟台公积金管理中心印发《住房公积金支持促进人口发展政策实施细则》

10-7 续表 11

时间	地区	政策内容	政策来源
9月20日	烟台	①住房公积金个人住房贷款最高额度调整为60万元。②购买新建全装修住宅、装配式住宅、被动式超低能耗自主住宅最高额度为70万元。③住房公积金个人住房贷款购房首付款比例统一调整为不得低于30%。④公积金贷款门槛、商转公门槛调整为连续缴纳公积金6个月。⑤公积金认房又认贷调整为认房不认贷。	烟台公积金管理中心印发《关于调整住房公积金相关政策和规范贷款业务相关事项认定标准的通知》
9月20日	天津	①符合条件的多孩家庭可按实际房租支出提取住房公积金，公积金贷款最高额度上浮20%。②公积金贷款购买二套房最低首付40%。	天津市住房公积金管理中心发布《关于调整租房提取住房公积金和个人住房公积金贷款有关政策的通知（征求意见稿）》
9月20日	绍兴	①缴存职工用征收补偿款（或房票）购买自住住房，可申请办理公积金贷款。②缴存职工用征收补偿款（或房票）购买自住住房，可提取住房公积金账户余额，支持一人购房全家帮。③缴存职工家庭唯一自住住房被征收的，提取限额按现无房租赁政策执行。	绍兴市住房公积金管理中心发布关于公开征求《关于住房公积金支持房屋征收的若干政策意见（征求意见稿）》
9月21日	湖南	①家庭名下唯一1套住房已用于长租，再次购买自住住房时申请公积金贷款的，按首套住房公积金贷款政策执行。②家庭名下有2套住房，且已有1套用于长租，再次购买自住住房时申请公积金贷款的，按第二套住房公积金贷款政策执行。	湖南省直单位住房公积金管理中心印发了《关于配合推进租赁住房多主体供给多渠道保障盘活存量房试点工作的实施细则》
9月21日	洛阳	①商贷转公积金贷款采取先还后贷的方式予以办理。②商贷转公积金贷款期限按洛阳市现行公积金贷款政策执行，且商贷已还款期限与商贷转公积金贷款期限之和，商品房不得超过30年，二手房不得超过20年。③商转公贷款额度按我市现行公积金贷款额度计算方式计算且申请额度不得超出商贷剩余本金。	河南省洛阳市住房公积金管理中心发布《关于公开征求〈洛阳市商业性个人住房贷款转住房公积金个人住房贷款管理办法（征求意见稿）〉意见的公告》
9月21日	南宁	①二孩家庭、三孩家庭公积金贷款最高额度上浮10万元、20万元。②二孩家庭、三孩家庭无房租赁公积金提取额度上浮200元、400元。	广西壮族自治区南宁公积金管理中心发布关于征求《南宁住房公积金管理委员会关于实施多子女家庭使用住房公积金支持政策的通知（代拟稿）》
9月23日	江门	①2022年9月24日至12月31日期间，提高本科及以上学历人才的住房公积金贴息贷款额度。②购买全装修新建商品房，单人公积金贷款最高额度提高5万元，双人提高10万元。③经我市认定、评定和举荐的高层次人才可享公积金优惠政策：退休年纪未退休的可继续存缴公积金，连续存缴3个月以上可提取作为房租，提高高层次人才公积金贷款最高额度。	江门市住房公积金管理中心同时出台3项优惠政策，阶段性提高本科及以上学历人才住房公积金贴息贷款额度。
9月29日	沈阳	支持家庭互助提取住房公积金，一人购房全家帮。	辽宁省沈阳市人民政府新闻办公室召开"沈阳市阶段性支持职工家庭互助提取公积金政策发布会"
10月9日	湛江	公积金贷款最高额度调整，首次单方40万元，双方70万元。二次单方30万元，双方60万元。	广东省湛江市住房公积金管理中心发布《关于公开征求对〈湛江市住房公积金管理委员会关于住房公积金个人住房贷款有关问题的通知（征求意见稿）〉意见的通知》

10-7 续表12

时间	地区	政策内容	政策来源
10月14日	宜宾	①提高住房公积金贷款额度。单职工家庭38万元，双职工家庭48万元。②首次公积金贷款最低首付款比例为20%；已结清首次住房公积金贷款的，可以申请第二次，最低首付款比例为30%。	宜宾市发布关于进一步加大住房公积金保障支持力度的通知
10月19日	孝感	①提高公积金贷款额度，首次公积金贷款最高额度可为60万元，其他情形最高额度为50万元。②无房首套贷款首付比例最低20%，二套商贷或公积金首付最低30%。③扩大了商转公办理范围，将"原商贷主借人必须为本人"扩大到"原商贷主借人为本人或配偶"。	湖北省孝感住房公积金中心发布关于调整住房公积金使用政策的说明
10月22日	梅州	①梅州市缴存职工及其配偶在本市行政区域内购买商品住房（或二手房），并与房地产企业签订购房合同的，可提取公积金作首付款。②未申请个人住房公积金贷款的前提下，可一次性提取购房人本人及配偶的住房公积金账户余额（保留十元以上）用于支付购房首付款。	梅州市住房公积金管理中心公布《职工提取住房公积金作购房首付款实施细则》
10月28日	东莞	年满16周岁未达法定退休年龄，以个体经营、非全日制、新业态等方式灵活就业的完全民事行为能力人可参加住房公积金制度。以自愿为原则，无需进行劳动从业身份资格审查。由个人向市住房公积金管理中心诚信申报，签订自愿缴存协议，约定双方权利义务。	广东省东莞市住房公积金管理中心发布《关于试行灵活就业人员参加住房公积金制度的通知》
10月28日	厦门	进一步优化提取住房公积金支付购买新建商品住房首付款业务，住房公积金直接转入开发企业预售资金监管专用账户，免去以往购房职工提取住房公积金后再转账支付购房首付款的中间环节，实行购买新建商品住房提取住房公积金"预付制"。直接划转至开发企业预售资金监管专用账户，受预售主管部门监管，有效保障资金安全。	厦门公积金中心发布通知，提取住房公积金可支付首付款
10月28日	厦门	①多子女家庭在我市无自有住房租房可按照实际租金提取住房公积金。②多子女家庭在我市购买首套自住住房、首次申请住房公积金贷款的最高贷款额度提高10万元。	厦门公积金中心发布通知，出台多子女家庭购房租房住房公积金支持政策
11月1日	南宁	①灵活就业人员或配偶购买首套或二套房，可使用一次公积金贷款。②现售商品房合同备案后即可申请住房公积金贷款。③同一自然年度内发生购买、建造、翻建、大修自住住房、偿还购建自住住房贷款本息、租房、既有住宅加装电梯等住房消费情形，可分别申请提取住房公积金。	广西壮族自治区南宁住房公积金管理委员会发布《关于进一步优化住房公积金使用政策的通知》
11月3日	鄂尔多斯	①新工作、基数或比例上调、以及符合条件的存缴员工可补缴公积金。②取消商住房、公寓、重大伤病等提取条件限制。③三孩家庭租房提取额度由22500元提高到30000元。④公积金最高贷款额度双人提至80万元，单人提至50万元。三孩额度上浮10%。⑤房屋套数认定以住房公积金业务系统记录的贷款次数为准，购买保障性住房（含经济适用房、廉租房）可申请贷款。	鄂尔多斯市住房公积金管理委员会发布《关于调整部分住房公积金政策的通知》
11月3日	抚州	①公积金最高贷款额度由60万元/户提高至70万元/户。②公积金首套首付最低20%，二套最低30%。③异地个人住房公积金贷款范围扩大至全国。④公积金组合贷也可适用于再交易房、尾房。⑤取消个人住房公积金贷款结清后第二套房准贷时限的限制。⑥异地住房公积金缴存人购首套房并已结清商贷的，可办理商转公贷款。⑦房地产开发企业贷款保证金按贷款发放额的3%交存。	抚州公积金管理中心发布《关于阶段性调整住房公积金的几项管理规定》
11月9日	宜宾	①房票购房备案之日起12个月内可申请办理购房提取住房公积金。②房票购房公积金最高贷款额度单缴存职工50万元，双缴存职工70万元，二孩家庭单缴存职工55万元，双缴存职工75万元，三孩家庭单缴存职工60万元，双缴存职工80万元。③提取住房公积金申请公积金贷款时间由12个月缩短为6个月。	据宜宾官微消息，宜宾住房公积金部分使用政策进行调整
11月21日	淮安	淮安市住房公积金缴存人在本市行政区域内购买自住住房并已办理商业性个人住房贷款且尚未结清，在购房地所在行政区域内拥有不超过二套住房，符合我市住房公积金贷款条件的，可申请商转公贷款。	淮安市住房公积金管理中心发布公告称，决定启动商业性个人住房贷款转住房公积金贷款业务

10-7 续表 13

时间	地区	政策内容	政策来源
11月21日	成都攀枝花	成攀住房公积金缴存职工在两市区域内异地购房，可向缴存地中心申请住房公积金贷款。其房屋套数认定标准、房屋抵押担保方式等执行缴存地住房公积金中心贷款管理政策，房屋抵押登记在房屋所在地不动产登记机构办理，最高贷款额度不超过房屋所在地限额标准。成攀住房公积金缴存职工异地购房申请提取住房公积金，无需提供职工本人或配偶户籍所在地或工作所在地证明。	成都住房公积金管理委员会、攀枝花市住房公积金管理委员会发布关于成攀住房公积金一体化发展有关政策措施的通知
11月21日	商丘	购买首套商品住房或建造、翻建、大修首套自住住房，贷款额度不大于房屋总价款的80%，购买第二套自住住房或二手住房，贷款额度不大于房屋总价款的70%。	河南省商丘市住房公积金管理委员会发布《关于修订〈商丘市住房公积金个人住房贷款管理办法〉的通知》
12月1日	安庆	①多子女家庭可按照家庭实际租房支出提取住房公积金，最高每月不超过1800元。②多子女家庭首次申请住房公积金贷款购买自住住房，最高贷款额度增加10万元。	安徽省安庆市公积金管理中心发布《安庆市住房公积金管理委员会关于支持多子女家庭租购住房使用住房公积金的意见》
12月1日	镇江	本市各类企业中在职人员、事业单位中在职人员（不含公务员及参照公务员管理的人员），符合《关于实施人才"镇兴"行动建设人才集聚福地的若干意见》（镇发〔2021〕13号）A-D类人才，单位可以为其办理补充住房公积金，补充住房公积金补充比例为4%，缴存基数和缴存住房公积金基数一致。	镇江市发布《关于对优秀拔尖人才实行补充住房公积金的实施方案》
12月2日	青岛	①多孩家庭购首套房。公积金可贷额度上浮20%。②无自有住房且租赁住房的多子女家庭，按照实际房租支出提取住房公积金。	山东省青岛市住房公积金管理中心发布《关于实施我市多子女家庭住房公积金支持政策有关事项的通知》
12月5日	芜湖	①多孩家庭首次住房公积金贷款购买普通自住住房的，可在原享受贷款额度基础上浮。二孩家庭最高上浮10%、三孩及以上家庭最高上浮20%。②三孩及以上家庭在我市无房租房的，可按实际支付租金申请提取住房公积金。	芜湖公积金管理中心发布关于支持多子女家庭使用住房公积金的通知
12月6日	南通	对在南通本市行政区域内申请住房公积金贷款的缴存职工，以职工家庭（包括本人及配偶）住房公积金贷款次数作为住房套数的认定标准。	据南通市住房公积金管理中心官网，江苏南通出台《关于调整住房公积金贷款住房套数认定的通知》
12月9日	宣城	多孩家庭公积金最高贷款额度可上浮10万元，上限60万元；符合人才引进政策的最高贷款额度70万元；符合购买绿色建筑政策的，最高贷款额度再上浮20%。	安徽省宣城市近日发布《关于实施多子女家庭公积金贷款支持政策的通知》
12月12日	马鞍山	①在我市行政区域内无自有住房且租赁住房的多子女家庭，可按照家庭实际租房支出提取住房公积金。②首套房首次公积金贷款的多子女家庭：单方缴存住房公积金的最高贷款额度增加5万元；夫妻双方最高贷款额度增加10万元。	安徽省马鞍山市住房公积金管理委员会发布《关于支持多子女家庭使用住房公积金的通知》
12月13日	杭州	①职工家庭名下无住房，无住房贷款记录或有商业性住房贷款记录且相应贷款已结清，为改善居住条件申请住房公积金贷款购买普通自住住房的，执行首套房政策，贷款首付款比例不低于30%。②职工家庭名下拥有1套住房，或无住房但有住房公积金贷款记录且相应贷款已结清，再次申请住房公积金贷款购买普通自住住房的，执行二套房政策，贷款首付款比例不低于40%。③职工家庭名下拥有两套及以上住房或未结清住房公积金贷款的，不得申请住房公积金贷款。	杭州住房公积金管理委员会发布关于调整住房公积金贷款政策的通知

10-7 续表 14

时间	地区	政策内容	政策来源
12月17日	东营	①全日制博士研究生、硕士研究生，在申请住房公积金贷款时，单方缴存的，最高贷款额度由30万元提高至50万元；双方缴存的，最高贷款额度由50万元提高至100万元。②多子女家庭首套首次贷款额度调整为个人最高可贷40万元、家庭最高可贷60万元，购买首套自住住房且未使用过公积金贷款个人最高可贷50万元、家庭最高可贷80万元。③定额租房提取额度由15000元/年上调至18000元/年，同时把每年一取调整为每月一取。	东营强化住房公积金政策支持助力房地产市场平稳运行
12月21日	天津	①天津市缴存职工申请公积金贷款购买家庭第二套住房的最低首付比例由60%调整为40%。②多子女家庭符合租房提取住房公积金条件的，可按照实际房租支出提取住房公积金；申请个人住房公积金贷款购买家庭首套住房的，贷款最高限额以本市统一贷款限额为基础上浮20%。	天津市住房公积金管理中心发布《关于调整租房提取住房公积金和个人住房公积金贷款有关政策的通知》
12月26日	潍坊	①公积金贷款额度上限提高10万元，最高贷款额度提高到60万元。②取消面积、年限区分，执行统一标准，首套房首付比例不得低于20%，二套房首付比例不得低于30%。③取消冻结职工账户余额的规定。④公积金可提取用于偿还商业住房贷款、既有多层住宅加装电梯。⑤支持一人购房全家帮。	山东潍坊发布官微公开了关于优化调整住房公积金管理政策的通知
12月27日	长治	对拥有1套住房并已结清相应购房贷款的居民家庭，为改善居住条件再次申请住房公积金贷款的，最低首付款比例由50%降低至20%。	山西省长治市住房公积金管理中心官网发布《关于调整二套房住房公积金贷款购房最低首付款比例的通知》
12月27日	广州	本市存量房住房公积金贷款不再试行购房交易资金监管。本通知施行前已办理住房公积金贷款购房交易资金监管且尚未将监管资金划付至卖方账户的，买卖双方可选择继续监管至完成不动产登记手续时，或协商一致后向原住房公积金贷款受理网点申请撤回监管。	广州住房公积金管理中心发布《广州住房公积金管理中心关于调整存量房住房公积金贷款购房交易资金监管的通知》

10-8 2022年土地政策

时间	地区	政策内容	政策来源
1月29日	廊坊	一是着力强化国土空间规划引领，明确了国土空间规划衔接的重要性、过渡期规划要求、规划衔接项目范围及现行规划新增建设用地规模的使用。二是全面推进工业项目进园入区，明确了工业项目进园入区的原则与要求。三是精准配置用地计划指标，明确了指标优先保障项目类型、各部门对于上报项目的审查程序以及遵循原则。四是统筹落实耕地占补平衡，明确了耕地占补平衡的保障机制和保证耕地进出平衡的有效举措。五是主动做好项目前期服务，明确了如何开展重点项目建设前期工作和征地前期工作。六是持续提升建设用地审批效能，明确了建设用地审批权限和时限以及提升审批效率的措施。七是加快推行工业用地"标准地"出让，明确了出让工作的有关要求和"多测合一"的应用。八是着力盘活存量建设用地，明确了征地"双承诺"制度的具体要求和闲置土地出让、处置方面的具体新规定。九是层层压实各级责任，明确了市县两级责任部门的职责划分。十是建立健全用地保障协调机制，明确了重点项目用地保障联席会议制度成员组成和分工。	关于廊坊市精准配置土地要素保障重点项目建设十条措施的通知
3月18日	北京	北京市更新国有建设用地使用权基准地价制定差别化地价。本版基准地价以2021年1月1日为更新基准期日，按住宅、商业、办公、工业、公共服务五种用途，将全市土地分别划分为12个级别，并在级别内划分片区，确定地价水平。	北京市人民政府关于更新出让国有建设用地使用权基准地价的通知
4月2日	濮阳	市行政区域内的国有建设用地使用权转让、出租、抵押二级市场（以下简称土地二级市场）交易行为。交易对象是国有建设用地使用权，重点针对土地交易以及土地连同地上建筑物、其他附着物等整宗地一并交易的情况。规定了土地二级市场交易方式和条件以及不能交易的情形，并规定了建设用地使用权转让，建设用地使用权出租，建设用地使用权抵押的多种类型用地方面的相关具体事项。	关于印发濮阳市建设用地使用权转让、出租、抵押二级市场交易管理实施细则（试行）的通知
4月29日	深圳	规定了转让的工业用地使用权应符合的条件。未完成开发投资总额25%的工业用地，按照"先投入后转让"的原则，允许转让双方签订工业用地使用权转让合同后，依法办理预告登记，待开发投资达到转让条件时，再办理不动产转移登记手续。工业用地使用权转让涉及的相关税费按照税费政策规定征收。工业用地使用权转让时，转让人应分别向市规划和自然资源部门派出机构和区产业主管部门申请审核。	关于印发深圳市工业用地使用权转让暂行办法的通知
5月6日	武汉	《意见》通过科学规范居住用地容积率、建筑高度等指标，降低人口密度，降低居住用地建设强度促进居住环境和住房品质提升。通过分区、分级、分类的差别化管控方式，塑造差异化城市风貌，形成主城、副城（新城组群）、新市镇居住用地建设强度和建筑高度梯度递减的空间格局，进一步彰显武汉城市建设特色。	《关于进一步加强武汉市居住用地建设强度管理的意见》
5月6日	海南	因生态环境保护、基础设施和公共服务项目建设、军事管制等公共利益需要导致土地无法继续开发利用造成土地闲置，采取有偿收回方式处置的，收回闲置土地补偿适用本标准。补偿价格由土地取得成本和土地增值收益补偿两部分构成。	关于印发《海南省因公共利益收回闲置土地补偿标准（试行）》的通知
5月16日	厦门	调整政府储备用地划拨使用成本。具体调整如下：对经批准划拨使用政府储备用地的非营利性医疗、教育、养老、托幼、体育等民生补短板项目和市政道路项目，政府储备用地使用成本按照办理划拨手续时点和对应区段办公用地楼面基准地价的1.2倍结算。	关于调整政府储备用地划拨使用成本的通知
5月16日	海南	①拓展土地来源渠道。②制定年度土地储备计划。③按计划实施土地储备。④搭建"土地超市"平台。⑤完成批而未供土地建账上图入库。⑥深化标准地供应。⑦实现"土地超市"与多平台互联互通。⑧推动快捷化交地建设。⑨实施土地批后常态化监管。	关于建立"土地超市"制度的实施意见

10-8 续表1

时间	地区	政策内容	政策来源
5月23日	云南	规定了建设用地使用权不得转让的情形，以出让方式取得的建设用地使用权转让，属于房屋建设工程未完成开发投资总额25%的，允许交易双方先行签订建设用地使用权转让合同，依法办理预告登记，并约定土地进行开发投资建设达到有关法律法规和本办法规定转让条件的时限和责任。出让建设用地使用权转让的，建设用地使用年限为原出让合同规定的使用年限减去原土地使用者已使用年限后的剩余年限；划拨建设用地使用权转让依法办理出让的，建设用地使用年限不得超过出让法定最高年限。	关于印发《云南省建设用地使用权转让、出租、抵押二级市场管理办法（试行）》的通知
5月24日	全国	①对纳入重点保障的项目用地，在批准用地时直接配置计划指标。②对未纳入重点保障的项目用地，计划指标的配置与处置存量土地挂钩。③支持巩固拓展脱贫攻坚成果和乡村振兴发展。④明确过渡期国土空间规划管控要求。	关于2022年土地利用计划管理的通知
6月2日	漳州	规定了"标准地"的使用范围，"标准地"出让全流程的出让前准备、按标出让、审批服务、按标施建、对标验收、监督管理等六个主要环节的具体事项。	关于印发漳州市工业项目"标准地"出让改革试点工作方案的通知
7月11日	中山	通知包含以下内容：一是补充明确动工开发认定的情形。二是补充细化可认定为政府原因造成土地闲置的情形。三是明确因政策调整导致土地闲置的处理方式。四是允许因政府原因导致的闲置土地办理抵押。五是明确公益公建用地动工开发的处理方式。六是明确司法拍卖用地动工开发的处理方式。	关于进一步细化闲置土地处置操作指引的通知
7月28日	包头	以"先租后让""租让结合"方式供应工业用地的，承租人在租赁合同约定的使用期限内可以建造永久建（构）筑物。"先租后让""租让结合"的土地，在办理工业项目核准、规划许可、建设许可、贷款抵押（转让）等手续时，土地租赁合同参照土地出让合同适用，承租人转让租赁土地及地上建筑物时，应交清欠缴的租赁费用；债权人实现抵押权的，抵押人欠缴的土地租赁费，出租人对地上建筑物享有优先受偿权。	关于印发包头市工业用地先租后让、租让结合暂行办法的通知
7月28日	全国	通知主要包含以下几方面。①组织开展黑土耕地调查。②强化国土空间规划对黑土耕地的特殊管控。③从严控制建设项目占用黑土耕地。④严格落实黑土耕地占补平衡。⑤加强黑土耕地保护监督执法。⑥严格落实黑土耕地保护责任。	关于进一步加强黑土耕地保护的通知
7月28日	南京	办法明确了征地补偿安置费用计算方式、征地补偿安置方案内容、补偿程序要求细则等。	关于印发南京市集体土地征收补偿安置办法的通知
8月3日	汕头	《实施方案》包括六个部分，分别对"标准地"供应的基本原则、工作目标、基本概念和适用范围、供应流程和要求、职责分工、保障措施进行明确。	关于印发《汕头市关于推进工业产业"标准地"供应的实施方案》的通知
8月5日	广州	广州将遴选村镇工业集聚区更新改造试点项目，以点带面推进广州市村镇工业集聚区更新改造、提质增效。纳入试点项目需同时满足多项要求；落实省市重点项目由市级保障新增建设用地指标；分割转让最小单元建筑面积应不低于300平方米。若干措施的适用对象为经市人民政府同意，纳入广州市村镇工业集聚区（村级工业园）"工改工"（含普通工业用地、新型产业用地）更新改造试点项目。	广州市支持村镇工业集聚区更新改造试点项目的土地规划管理若干措施（试行）
8月5日	福建	推进农村一二三产业融合发展，保障合理用地需求。①明确用地范围。②引导统筹布局。③规范使用途径。④大力盘活存量。⑤保障设施用地。⑥优化审批流程。⑦强化用地监管。	印发《保障和规范农村一二三产业融合发展用地实施细则》通知
8月21日	厦门	引导和鼓励多元主体参与低效工业用地集中连片再开发，主要围绕政府委托市场主体整备开发、土地权利人自行改造、开发企业收购改造三种模式来推进低效工业用地集中连片再开发。	关于印发低效工业用地再开发试点工作方案的通知

10-8 续表2

时间	地区	政策内容	政策来源
8月31日	福建	纳入"标准地"的工业用地须符合"净地"出让相关规定。将"标准地"控制性指标和监管要求纳入土地出让公告,并在土地出让公告中明确逾期或拒绝签订履约监管协议的,取消竞得人资格,并不予退还竞买保证金。省级以上开发区工业用地"标准地"所需新增建设用地指标、用林指标由所在市、县(区)优先解决,不足部分由省级帮助异地调剂安排。工业用地"标准地"按照"2+X"要求确定控制性指标,具体由各市、县(区)人民政府和平潭综合实验区管委会在不低于国家和省相关规定的基础上,结合本地区实际制定。	关于推行工业用地"标准地"改革的指导意见
9月1日	全国	加强补充耕地项目选址论证,严格补充耕地项目实施和验收,规范补充耕地项目报备,强化补充耕地项目后期管护。	关于进一步加强补充耕地项目管理严格新增耕地核实认定的通知
9月13日	全国	各级自然资源、农业农村部门要按照机构编制管理部门明确的职责分工,推进不动产登记职责整合。要建立信息共享机制,实现登记信息与承包合同信息互通共享,保障不动产登记与土地承包合同管理有序衔接。第二轮土地承包到期后再延长30年试点地区自然资源、农业农村部门要按照中央关于延包试点工作节奏和要求,共同部署、一体推进有关工作,共同做好延包合同签订和不动产登记工作。	关于做好不动产统一登记与土地承包合同管理工作有序衔接的通知
9月14日	合肥	在原有以土地竞买保证金缴纳作为参加土地竞买履约保证的基础上,增加银行保函作为参加土地竞买的履约保证方式。	合肥发布土拍新规:参与土地竞买可用银行保函代替竞买保证金
9月15日	广元	东至大石青岩绕城高速,南至南山山脊、京昆高速,西至宝轮镇石羊村,北至嘉陵街道工农村。包含利州区嘉陵、东坝、万缘、雪峰、上西、河西、南河共7个街道和宝轮镇、大石镇两个建制镇以及广元经济技术开发区下西坝街道、袁家坝街道、石龙街道和盘龙镇管辖范围,统一执行广元市城区土地级别与基准地价。覆盖范围共计22869公顷。	关于公布实施广元市城区土地定级与基准地价更新成果的通知
9月19日	全国	承诺项目用地符合"三区三线"等国土空间规划管控要求,将项目用地布局及规模(含空间矢量信息)统筹纳入国土空间规划"一张图"实施监管。承诺动工前将征地补偿安置费用发放到相关村组和群众。承诺按照批准先行用地的范围和时间使用土地,并在先行用地批准后1年内提出农用地转用和土地征收手续申请。确有困难的,可申请延长1年,但申请延期时项目竣工时间少于1年的,应在项目竣工前提出农用地转用和土地征收手续申请。	关于用地要素保障接续政策的通知
9月22日	北京	在符合分区规划确定的规模总量、布局结构、管控边界的基础上,各区在统筹盘活利用时,结合控制性详细规划,鼓励在本区范围内或企业权属范围内对建筑规模指标进行转移和集中使用。涉及跨区项目,可实施跨区统筹。对存量国有建设用地盘活利用中涉及的划拨用地、出让用地,根据盘活利用的不同形式和具体情况,可采取协议出让、先租后让、租赁、作价出资(入股)或保留划拨方式使用土地(再利用为商品住宅的除外)。以弹性年期方式使用土地的,出让年限不得超过20年。	关于存量国有建设用地盘活利用的指导意见(试行)
9月27日	全国	《国土资源部关于开展土地估价机构备案工作的通知》(国土资规〔2017〕6号)于2022年9月到期。自然资源部对文件部分表述修改后印发:①修改文件中涉及自然资源部门名称的表述。将"国土资源部"修改为"自然资源部";将"国土资源主管部门"修改为"自然资源主管部门"。②删除衔接《资产评估法》和国土资规6号文实施关于"2017年9月30日前、2016年12月1日前"存量土地估价机构备案时限有关表述。③在第一部分"备案信息填报"后增加"(原土地估价师上传的电子扫描件格式不变)"的表述。	关于土地估价机构备案工作的通知
9月28日	潍坊	合理界定养老服务设施用地。合理确定用途年期和供应价格。明确用地规划和开发利用条件。多方式供应养老服务设施用地。支持利用存量资源建设养老服务设施。严格限制养老服务设施用地改变用途。加强养老服务设施用地供后监管。	关于进一步规范养老服务设施用地供应和监管的意见

10-8 续表3

时间	地区	政策内容	政策来源
10月12日	广东	《工作指引》分为正文和附件两个部分：正文主要分为4个部分，包括"标准地"概念界定、工作目标、工作流程、强化服务和监督管理等。附件主要包含4项内容，分别为广东省工业用地"标准地"供应工作流程图、广东省新供工业用地"标准地"控制指标、广东省"标准地"控制指标区域修正系数和"十四五"时期广东省制造业总体空间布局图。	关于印发广东省工业用地"标准地"供应工作指引（试行）的通知
10月18日	全国	《通知》要求加快完成各级国土空间总体规划编制。并强调各级自然资源主管部门要坚决落实"多规合一"改革要求，研究制定深化改革具体措施。明确国土空间规划管理要更加注重资源资产关系，将国土调查、地籍调查、不动产登记等作为规划编制和实施的工作基础。	关于进一步加强国土空间规划编制和实施管理的通知
10月18日	西宁	完善了以划拨方式，以出让方式和以作价出资或入股方式取得的建设用地使用权转让机制。土地分割、合并应符合规划要求，权属和产权关系清晰，分割、合并后的地块应具备独立分宗条件，符合《出让合同》和招拍挂出让规划条件。以出让方式取得土地使用权，转让房地产或工业用地时，属于房屋建设工程已投资额未达到总投资额25%、工业用地未达到"三通一平"的，可按照"先投入后转让"原则，经市、县自然资源部门审核，受让人可办理转让预告登记。从征缴标准、征缴方式、出租收益年度申报、监管、举报和查处等方面完善建设用地使用权出租机制。完善建设用地使用权抵押机制。	关于印发《西宁市完善建设用地使用权转让、出租、抵押二级市场的实施办法》的通知
11月8日	全国	规范开展土地承包经营权和土地经营权登记颁证工作。土地经营权登记需要颁发证书的，使用统一的《不动产权证书》样式。	关于印发《土地承包经营权和土地经营权登记操作规范（试行）》等文件的通知
11月8日	山西	国有建设用地使用权出让一律实行"净地"出让。商服、商品住宅两类经营性用地出让必须实施网上交易。构建覆盖全省、主体明确、规则统一、便捷高效的国有建设用地网上交易平台。逐步实现工业用地全部"标准地"出让。	印发《关于进一步规范国有建设用地使用权交易的实施方案》的通知
11月11日	天津	办法从五个方面作出规定，进一步规范临时用地管理工作。一是明确临时用地使用范围。二是明确选址要求和使用期限。三是规范临时用地审批。四是落实临时用地恢复责任。五是严格临时用地监管。	关于印发《天津市临时用地管理办法》的通知
11月14日	双鸭山	《双鸭山市建设占用耕地耕作层土壤剥离利用工作实施方案（试行）》共分总体要求、工作原则、实施范围和主体、实施步骤、其他事项五个部分。第一部分，总体要求，对制定建设占用耕地耕作层土壤剥离利用工作实施方案的目的、重要性进行说明。第二部分，工作原则，分四点对全市土壤剥离利用的总体原则进行了明确。第三部分，实施范围和主体，对全市范围内进行土壤剥离利用工作进行了规定。第四部分，实施步骤，通过方案的编制、工程实施、储存区管护、工程验收、剥离土壤利用进行了说明。第五部分，其他事项，土壤剥离工作对各县区政府提出了要求。	关于印发双鸭山市建设占用耕地耕作层土壤剥离利用工作实施方案（试行）的通知
11月16日	全国	健全工业用地长期租赁、先租后让、弹性年期出让等供应体系，支持工业企业选择适宜的用地方式。在确保土地市场公平公正公开的前提下，推进工业用地带条件招标拍卖挂牌出让（租赁），各地可将产业类型、生产技术、节能环保等产业准入要求纳入供地条件。明晰土地使用权权能。在不同供应方式折算到最高年期土地价格基本均衡的前提下，明确价格（租金）标底。工业用地的价格（租金）不得低于工业用地的成本价（租）。工业用地的成本价（租）可以采取片区内不同用途土地面积或土地价格占比分摊计算。在国土空间规划中划定工业用地控制线，明晰工业用地用途转换负面清单，稳定工业用地总量。	关于完善工业用地供应政策支持实体经济发展的通知

10-8 续表4

时间	地区	政策内容	政策来源
11月30日	沈阳	规定了以出让方式取得的建设用地使用权转让应当符合的条件。对于房屋建设工程已投资额未达到总投资额25%的，可以实行土地预告登记转让制度，按照"先投入后转让"的原则，交易双方先行签订国有建设用地使用权转让合同，办理不动产预告登记，并在预告登记证明文件附记栏备注转让情况，待达到转让条件后，再依法办理不动产转移登记。对于涉嫌闲置地块，在完成闲置土地调查、认定并确定处置方案后，可进入土地二级市场进行交易。转让工业用地的，受让方拟建设项目应当符合国家产业政策以及投资强度、环保、安全、税收等要求。规定了建设用地使用权出租，抵押的管理办法。	关于印发《沈阳市完善国有建设用地使用权转让、出租、抵押二级市场实施细则》的通知
12月2日	绍兴	《管理办法》共9个方面48条，包括总体要求征收管理征收启动前期、征地前期准备征地报批、批后实施、补偿安置、监督管理和其他。	关于印发《绍兴市征收集体所有土地管理办法》的通知
12月8日	广州	本轮标定地价更新，公示面积为780.13平方公里，比上一轮增加了12%；公示标定区域655个，比上一轮增加3%。从价格方面看，商办住混合用地平均地价为22026元/平方米，为各种类型用地中最高。本次标定地价更新成果为市辖十一区的城镇国有建设用地标定区域内标准宗地在现状开发利用条件下的完整权利价格。	关于公布广州市2022年城镇国有建设用地标定地价更新项目成果的通告
12月8日	湖南	增减挂钩节余指标包括增减挂钩节余建设用地指标和增减挂钩节余耕地指标。省自然资源厅可根据增减挂钩节余指标交易市场运行情况制定交易限价并适时调整。受让的增减挂钩节余指标只能用于受让人本辖区内建设用地报批，不得再度进行转让。	关于印发《湖南省城乡建设用地增减挂钩节余指标交易管理办法》的通知
12月8日	天津	各级土地储备机构及土地整理单位开展拟供应地块的现状普查，取得规划条件，并按照项目前期策划生成时有关单位提出的项目评估评价要求，开展地块的地质灾害危险性评估、水土保持方案、水资源论证（特殊情况除外）、地震安全性评价、压覆重要矿产资源、土壤污染状况调查及修复、考古调查、勘探发掘、气候可行性评估、防洪影响评价、人防工程建设等工作。	关于印发《天津市对标国务院营商环境创新试点工作持续优化营商环境完善"用地清单制"实施细则》的通知
12月9日	六安	规定了闲置空地管控范围，管控对象，管控标准和实施步骤。①管控范围。以目前城市建成区为主，原则上东至皋陶大道、迎宾大道，南至金裕大道，西至淠河总干渠、宁西铁路、济广高速、六安高新区平桥园区、寿春西路、淠河北路，北至合六叶高速。②管控对象。管控范围内车辆通达区域（重点为道路两侧）的相关闲置空地，包括但不限于：已供应但预计短期内不能开发建设的土地、已收储尚未供应的土地、征迁后尚未供应的存量土地、长期闲置的零星边角地等。③管控标准。对符合管控对象的土地，原则上以生态自然、简约节约整治为主。其中：对地面进行适当清理平整，地块临路侧种植适当高度、宽度的绿植，并定期进行维护。	关于印发六安市城区闲置空地管控工作方案的通知
12月17日	广东	建立健全城乡统一的建设用地市场。深化产业用地市场化配置改革。鼓励盘活存量建设用地。完善土地管理体制。完善土地价格体系和市场运行机制。	关于印发广东省土地要素市场化配置改革行动方案的通知

10-9 2022年城市规划政策

时间	地区	政策内容	政策来源
1月4日	海南	《方案》提出到2025年，基本建成统一开放、竞争有序、制度完备、治理完善的高标准市场体系，为海南加快完善社会主义市场经济体制、推动经济高质量发展、建设中国特色自由贸易港打下坚实基础。同时，推动劳动力要素有序流动，实行以公民身份证号码为唯一标识、全岛统一的居住证制度。放开放宽落户限制，开展全岛同城化户口登记通办试点。	海南发改委印发《海南省建设高标准市场体系实施方案》
1月6日	安徽	通知指出，进一步建立和完善房地产长效机制，累计新建商品住宅供应360万套（约41800万平方米），累计新建商品住宅用地供应2万公顷，保持住房市场供求基本平衡、产品结构基本合理，实现稳地价、稳房价、稳预期。	《安徽省"十四五"城市住房发展规划》发布
1月6日	安徽	《规划》由4个章节构成。第一章"现状与形势"，主要阐述"十三五"时期取得的阶段性成效和存在的问题、分析背景形势。第二章"总体要求"，明确"十四五"时期信息化建设的指导思想、基本原则和建设目标。第三章"主要任务"，主要围绕织密全省自然资源"一张网"、构建安徽省自然资源新"一张图"以及打造"智慧资源"一体化服务体系等三个领域，安排"十四五"时期全省自然资源信息化建设的主要任务及重点工作。第四章"保障措施"，从加强组织领导、明确责任分工、完善制度建设、强化人才支撑、保障经费投入和引入社会服务等六个方面予以强化。	关于印发《安徽省自然资源信息化"十四五"规划》的通知
1月7日	江门	主要目标是近三年，加大住房保障供给力度，完善住房保障建设和管理体制机制，逐步改善各类人群的住房困难问题，为江门市建设成为粤港澳大湾区重要节点城市提供有力支持。我市被列为广东省发展保障性租赁住房十大试点城市之一。"十四五"期间，全市要筹集建设公共租赁住房500套，保障性租赁住房10000套，租赁补贴发放新增1000户。其中，至2023年：筹集保障性租赁住房4000套，租赁补贴发放新增400户；至2025年：筹集公共租赁住房500套。	关于印发《江门市"十四五"住房保障规划三年行动计划（2021-2023年）》的通知
1月19日	中山	2022年中山重点建设项目为215个，年度计划投资额度为655.66亿元。重点建设项目中，包括基础设施工程49项、产业工程151项、民生保障工程15项。	中山发布《中山市2022年市重点建设项目计划表》
2月18日	北京	规划明确要牢牢守住首都城市战略定位，加强"四个中心"功能建设与服务保障，坚持人口规模、建设规模双控。根据规划，到2025年北京市常住人口控制在2300万以内，城乡建设用地规模控制在2790平方公里左右。鼓励盘活存量和低效建设用地，存量用地供应比例提高到60%以上。聚焦老旧小区、低效产业园区等类型开展城市更新行动，深入推动城市发展转型。	北京发布《北京市国土空间近期规划（2021年—2025年）》
2月22日	厦门	2022年，厦门市住宅用地计划供应265.95公顷，其中产权住宅用地82.72公顷，租赁住宅用地28.06公顷，其中包括保障性租赁住宅用地21.69公顷，市场化租赁住宅用地6.37公顷，其他住宅用地155.17公顷。2022年，厦门计划供应商品住宅用地24宗，总土地面积82.72公顷，建筑面积246.40万平方米。其中，思明区3宗、湖里区3宗、海沧区3宗、集美区8宗、同安区4宗、翔安区3宗。也就是说，岛内今年计划供应的商住地块有6宗。	厦门市自然资源和规划局披露厦门市2022年住宅用地供应计划
3月3日	北京	会上介绍，重点围绕城市交通、水资源保障、绿色生态、能源及安全韧性等方面明确了未来5年的建设任务。城市交通体系方面，加快推进以轨道交通为主的公共交通建设，促进"四网融合"，全面提升地面公交服务水平，进一步完善城市道路层级结构。	《北京市"十四五"时期重大基础设施发展规划》新闻发布会
3月10日	全国	到2025年，城镇新建建筑全面建成绿色建筑，建筑能源利用效率稳步提升，建筑用能结构逐步优化，建筑能耗和碳排放增长趋势得到有效控制。	住建部发布《"十四五"住房和城乡建设科技发展规划》和《"十四五"建筑节能与绿色建筑发展规划》

10-9 续表1

时间	地区	政策内容	政策来源
3月11日	天津	方案提出，到2025年，全市新增停车位不少于110万个，其中随各类地块开发新建建筑配建停车位不少于90万个，新建公共停车场（楼）停车位不少于9万个，老旧小区挖潜停车位5万个，新增临时停车位6万个，严格控制路内停车位。方案明确了有序推进停车设施规划建设、加大停车秩序综合治理、提高停车设施智能化水平、加大用地和资金保障、完善管理体系五方面重点任务、16项具体举措。	关于转发市发展改革委等四部门拟定的天津市推动城市停车设施发展实施方案的通知
3月20日	全国	持续深化户籍制度改革，城区常住人口300万以下城市落实全面取消落户限制政策；有序推进城市更新，加快改造城镇老旧小区，力争改善840万户居民基本居住条件；加强住房供应保障，以人口净流入的大城市为重点，扩大保障性租赁住房供给，着力解决符合条件的新市民、青年人等群体住房困难问题；稳妥扩大第二轮土地承包到期后再延长30年试点范围，积极探索实施农村集体经营性建设用地入市制度。	发改委发布《2022年新型城镇化和城乡融合发展重点任务》
3月21日	安徽	规划明确，促进合肥芜湖联动发展，支持合肥争创国家中心城市，芜湖建设省域副中心城市。实施现代化中小城市分类培育工程，将肥西、肥东、长丰等培育成与中心城市一体化发展的卫星城市。支持合肥等人口增加较快城市增加住宅用地供应量，探索推动镇区常住人口20万以上的非县级政府驻地特大镇设市。	安徽省新型城镇化规划（2021—2035年）
4月10日	北京	街道乡镇养老服务联合体（以下简称联合体）是在街道党工委（乡镇党委）的领导下，聚焦辖区内老年人服务需求，建立健全议事协商、涉老信息整合等机制，统筹辖区内养老服务机构、社区卫生服务中心（站）及各类服务商等资源，为辖区内全体老年人提供就近精准养老服务的区域养老模式。	印发《关于推进街道乡镇养老服务联合体建设的指导意见》的通知
4月15日	重庆	《规划》成果主要包括发展环境、总体思路、空间布局、重点任务、保障措施等五个章节，系统阐述"十四五"期间我市住房发展的目标任务，是"十四五"期间我市住房发展的综合性和指导性文件。主要内容可以概括总结为"一个定位、两个体系、三个着力、四大目标、七大任务"。	重庆市人民政府办公厅关于印发重庆市城镇住房发展"十四五"规划（2021—2025年）的通知
4月28日	长沙	从全球招揽顶尖英才、创新树培产业帅才、广泛集聚青年俊才、培育壮大技能匠才、加强创新创业支持、推进体制机制创新、优化人才服务保障等7个方面，提出45条具体措施。	《长沙市争创国家吸引集聚人才平台若干政策（试行）》
5月6日	全国	将选择一批条件好的县城作为示范地区重点发展，引导支持各类市场主体参与县城建设，以县域为基本单元推进城乡融合发展，提高县城辐射带动乡村能力，促进县乡村功能衔接互补，强化县城与邻近城市发展的衔接配合。严格控制撤县建市设区，防范地方政府债务风险。	中共中央办公厅、国务院办公厅印发《关于推进以县城为重要载体的城镇化建设的意见》
5月18日	北京	①北京城市更新坚持"留改拆"并举。规划明确，城市更新应坚持"留改拆"并举、以保留利用提升为主。②要全面推进老旧小区更新改造。③将老旧楼宇纳入城市更新范围。④要塑造"两轴"沿线公共空间。	北京市政府印发《北京市城市更新专项规划（北京市"十四五"时期城市更新规划）》
6月7日	全国	①深入推进以人为核心的新型城镇化战略，持续促进农业转移人口市民化，完善以城市群为主体形态、大中小城市和小城镇协调发展的城镇化格局，推动城市健康宜居安全发展，推进城市治理体系和治理能力现代化，促进城乡融合发展。②各地区要加强组织领导，明确责任分工，完善工作机制，细化任务举措，确保将各项目标任务和政策措施落到实处。③各有关部门要根据职责分工，加强协调配合，加大指导支持力度，形成推动新型城镇化的政策合力。	国务院批复同意《"十四五"新型城镇化实施方案》

10-9 续表2

时间	地区	政策内容	政策来源
6月7日	北京	①危旧楼改建方面，可适当增加建筑面积作为共有产权住房或保障性租赁住房。②老旧小区改造可通过改扩建用于补充小区便民服务设施、增加停车位，实施老旧住宅楼房加装电梯等政策。③城市更新项目符合更新规划以及国家和本市支持的产业业态，可在5年内实行按原用途、原权利类型使用土地。④为满足相关标准而增设必要的消防楼梯、连廊、室外开敞性公共空间等附属设施，增加的建筑规模可不计入总建筑规模。⑤鼓励各类存量建筑转换为公共服务设施、城乡基础设施、公共安全设施。	北京住建委发布关于对《北京市城市更新条例》意见稿
6月15日	广州市白云区	①倡导减量规划，促进土地集约节约利用和可持续发展，原则上城市更新单元（片区）或项目内拆建比不应大于2。②融资地块预售前，复建安置已建成计容建面占当期复建安置总建面的比例不应低于融资地块已建成计容建面占当期融资总建面的比例。	广州市规划和自然资源局白云区分局印发广州市白云区关于在城市更新行动中防止大拆大建的通知
7月7日	深圳	①构建多主体供给、多渠道保障、租购并举的住房供应和保障体系，坚持稳地价、稳房价、稳预期，有效防范化解房地产市场风险，促进房地产市场平稳健康发展。②加大公共住房建设筹集力度，健全公共住房分配管理、封闭流转和定价机制，完善公共住房供后监管制度。③计划建设筹集公共住房不少于12万套（间），供应公共住房不少于6.5万套（间）；计划新开工商品住房约7万套，供应商品住房约6万套。④推进新建住宅小区与公共配套设施同步规划、同步建设、同步验收、同步交付。⑤推动租房居民在基本公共服务方面与购房居民享有同等待遇。	深圳公布《深圳经济特区社会建设条例》
7月13日	全国	①主要目标：2030年前，城乡建设领域碳排放达到峰值，力争到2060年前，城乡建设方式全面实现绿色低碳转型。②城市更新单元（片区）或项目内拆除建筑面积原则上不应大于现状总建筑面积的20%。盘活存量房屋，减少各类空置房。③到2025年，城镇新建建筑全面执行绿色建筑标准，星级绿色建筑占比达到30%以上，新建政府投资公益性公共建筑和大型公共建筑全部达到一星级以上。2030年前严寒、寒冷地区新建居住建筑本体达到83%节能要求，夏热冬冷、夏热冬暖、温和地区新建居住建筑本体达到75%节能要求，新建公共建筑本体达到78%节能要求。④位于生态功能区、农产品主产区的县城建筑总面积与建设用地比值控制在0.6~0.8，新建住宅以6层为主，最高不超过18层，6层及以下住宅建筑面积占比应不低于70%。	住房和城乡建设部、国家发展改革委发布关于印发城乡建设领域碳达峰实施方案的通知
7月22日	杭州	①2022年，筹措保障性租赁住房10万套（间）以上。新增公租房货币补贴保障家庭3万户，新开工保障性住房100万平方米。督促各区2022年筹建公租房125万平方米。②持续强化房地产风险防控，摸排跟踪风险隐患项目，妥善处置烂尾风险，持续加强预售资金监管，推进预售资金监管系统的升级改造，优化预售资金监管模式，有效提升风险预警能力。③继续推进加装电梯。确保明年全市新增住宅加装电梯1000台以上。	杭州政府发布《杭州市住房保障和房产管理局2022年工作思路》
7月29日	全国	规划目标：到2025年，城市建设方式和生产生活方式绿色转型成效显著，基础设施体系化水平、运行效率和防风险能力显著提升，超大特大城市"城市病"得到有效缓解，基础设施运行更加高效，大中城市基础设施质量明显提升，中小城市基础设施短板加快补齐。到2035年，全面建成系统完备、高效实用、智能绿色、安全可靠的现代化城市基础设施体系，建设方式基本实现绿色转型，设施整体质量、运行效率和服务管理水平达到国际先进水平。 重点工作：①推进城市基础设施体系化建设，增强城市安全韧性能力。②推动城市基础设施共建共享，促进形成区域与城乡协调发展新格局。③完善城市生态基础设施体系，推动城市绿色低碳发展。④加快新型城市基础设施建设，推进城市智慧化转型发展。	住建部发布《十四五全国城市基础设施建设规划》

10-9 续表3

时间	地区	政策内容	政策来源
8月5日	广州	会议通过《广州市绿色建筑发展专项规划（2021-2035年）》，明确发展目标，提出加快绿色建筑高星级发展、推进绿色生态（低碳）城区建设、有序推动既有公共建筑节能绿色化改造等19项重点任务，并明确保障措施。会议强调，要深入学习贯彻习近平生态文明思想，全面落实绿色、低碳、节能、高效的发展理念，着力提升既有建筑能效水平，大力推广新型绿色建造方式，促进建筑领域碳达峰、碳中和。要推动创建一批具有岭南特色的超低能耗、近零能耗建筑示范项目，大力推动居住建筑绿色化改造和公共建筑节能改造，不断提升能源利用效率。	广州市市长郭永航主持召开市政府常务会议，通过《广州市绿色建筑发展专项规划（2021-2035年）》
8月8日	重庆	构建重点城市功能片区体系，落实好重庆作为国家重要先进制造业中心、具有全国影响力的创新中心、西部金融中心、中西部国际交往中心、国际消费中心和国际性综合交通枢纽的城市职能，加快培育新功能、构建新形态、塑造新场景。在公共服务配套优化方面，将优化布局旧城和新区的优质教育、医疗等公共服务设施，加快推进实施新区公共服务，统筹保障重大公共服务设施和城乡基本公共服务设施空间用地。	重庆市人民政府关于印发重庆市城市更新提升"十四五"行动计划的通知
8月9日	全国	各省级住房和城乡建设（园林绿化）主管部门要研究制定本地区《2022年"口袋公园"建设实施方案》，主要包括建设计划（含数量、位置、占地面积以及落实建设资金等情况）、推动工作的具体举措以及保障措施等，每个省（自治区、直辖市）力争2022年内建成不少于40个"口袋公园"，新疆、西藏等地可结合实际确定建设计划。	住房和城乡建设部发布《住房和城乡建设部办公厅关于推动"口袋公园"建设的通知》，将推动全国于2022年建设不少于1000个城市"口袋公园"
9月2日	北京	规划了进一步完善以公租房、保障性租赁住房、共有产权住房和安置房为主体的首都住房保障体系需要开展的重点任务。增存并举，切实加大高品质房源供应的相关举措。《规划》拟定，"十四五"时期，全市力争建设筹集保障性租赁住房40万套（间），公租房、共有产权住房各6万套，新增保障性租赁住房、公租房、共有产权住房供地占住房用地比重分别不低于15%、10%、15%。	关于印发《北京市"十四五"时期住房保障规划》的通知
9月21日	西安	鼓励利用符合条件的企事业单位自有土地建设保障性住房，农用地转用计划指标优先保证保障性住房用地需求。完善财税支持政策。可按照不低于3%的土地出让成交价款筹集保障性住房建设资金。政府债券优先用于保障性安居工程。住房公积金增值收益扣除贷款风险准备金和管理费用后全部用于公共租赁住房建设。支持符合条件的企业发行债券融资，促进保障性安居工程建设。鼓励开发性、政策性金融机构加大对棚户区改造项目的信贷支持力度。鼓励商业银行开发适合住房租赁业务发展需要的信贷产品。	陕西省西安市政府印发《西安市"十四五"公共服务体系建设规划》
10月20日	重庆	扎实做好前期论证、优化设计文件、合理选择建造方式、推广新技术应用。施工单位应优化施工组织设计，强化各专业、各部门的协同配合，优化施工资源配置，按照流水作业组织施工，在保障质量安全前提下，将"串联式"作业优化为"并联式"作业。强化建设与运营有序衔接、强化场地内文明施工管理，着力减少对周边环境影响，规范设置工地围挡。	关于进一步加强市政工程建设管理工作的通知
10月28日	湖南	重点实施能源绿色低碳转型、节能减污协同降碳、工业领域碳达峰、城乡建设碳达峰、交通运输绿色低碳、资源循环利用助力降碳、绿色低碳科技创新、碳汇能力巩固提升、绿色低碳全民行动、绿色金融支撑等"碳达峰十大行动"。	关于印发《湖南省碳达峰实施方案》的通知
12月26日	长沙	《实施方案》分为指导思想、基本原则、创建范围、工作目标、创建内容、实施步骤、保障措施七个部分。目标是保障居民在一刻钟步行范围内满足"幼有所育、学有所教、病有所医、老有所养、住有所居"等居住生活基本需求。建立"绿色完整"居住社区标准和评价体系，全面开展242个城市居住社区"生活圈"自体检工作，力争2026年底前121个城市居住社区"生活圈"达到"绿色完整"居住社区的标准（AA型121个，从中优选评定AAA型49个）。	关于印发《长沙市"绿色完整"居住社区创建实施方案（2022—2026年）》的通知

10-9 续表4

时间	地区	政策内容	政策来源
12月27日	广州	办法旨在加强广州市工业遗产的保护与利用，传承工业文化。明确了对工业遗产的定义，建立了管理架构。确定了认定标准和认定流程。对工业遗产的保护管理作出了具体指导。鼓励通过产业融合等手段，创新广州市工业遗产活化利用模式。	关于印发广州市工业遗产管理办法的通知
12月27日	郑州	以中心城区为主统筹全市，立足郑州大都市区一体化发展，优化项目布局，构建百里宜居宜业廊道。坚持"房子是用来住的、不是用来炒的"定位，坚定"稳地价、稳房价、稳预期"目标，强化政策协同、市场监测监管、消费和舆情引导、风险预警和管控，稳妥实施房地产长效机制方案，促进信用体系建设，保持市场平稳健康发展。构建完善以公共租赁住房、保障性租赁住房和共有产权住房为主体的住房保障体系。提升公共租赁住房运转能效和保障能力，发展保障性租赁住房，探索共有产权住房制度。	关于印发《郑州市住房发展"十四五"规划》的通知

10-10　2022年人口与人才政策

时间	地区	政策内容	政策来源
1月1日	保定	保定出台相关政策，主要针对在保定市落户的非保定籍高校毕业生，其中提出，在中心城区购买家庭首套住房（含新建商品住房及二手住房），享受博士15万元、硕士6万元、本科2万元购房补贴。	保定针对保定市落户高校毕业生提供首套购房补贴
1月4日	福州	有关人才限价商品住房销售和管理办法进行的优化调整，明确人才限价商品住房缩短上市交易限制期限，同时取消人才限价商品住房保障家庭购买普通商品住房的约束机制。在售后管理方面，《通知》明确，缩短上市交易限制期限。现在调整为自取得房屋权属登记证书之日起5年内不得上市交易。同时，取消人才家庭购买普通商品住房的约束机制。现在调整为人才家庭购买人才限价商品住房后，在符合我市商品住房限购政策的前提下，允许为改善居住条件购买普通商品住房。	福州发布《福州市人民政府印发关于进一步完善福州市中心城区住房保障体系实施方案（试行）的通知》
1月4日	昆明	《意见》提出支持高校毕业生来昆留昆就业创业，鼓励来昆落户；鼓励来昆就业，给予租房补贴。毕业年度高校毕业生来昆留昆就业创业的，与用人单位（不含党政机关、事业单位和国有企业）签订2年以上劳动合同并依法缴纳社会保险的，分别给予博士研究生、硕士研究生、双一流高校本科生、普通高校本科生每人8000元、5000元、3000元、2000元的一次性租房补贴。昆明市建设区域性国际经济贸易中心、科技创新中心、金融服务中心、人文交流中心涉及的紧缺专业毕业生，在此基础上按照每人增加2000元标准给予支持。所需资金由市县两级财政按比例分担。	昆明发布《关于进一步做好当前和今后一个时期就业创业工作的实施意见》
1月5日	玉林	措施包括，财政发放新市民购房补贴。购买90平方米（含）以下首套新建商品住房，每套补贴6000元；购买90平方米以上首套新建商品住房，每套补贴1万元。新市民购房补贴按照先购后补的原则发放。财政补贴50%契税。按购房所缴纳的契税为基数给予50%的补贴，契税补贴按照先缴后补的原则发放。	广西玉林发布《玉林市关于加快人口进城若干政策措施的通知》
1月5日	淄博	《实施意见》以户籍制度改革为主线，统筹相关经济社会领域改革，有效促进城乡融合区域协调发展。主要包括：总体要求，全面放开城镇落户限制，畅通入乡返乡落户渠道，保障进城落户农村人口合法权益一推进城镇基本公共服务均等化，完善人口数据共享机制，组织保障七部分内容，涉及公安局、自然资源和规划局、农业农村局等11个政府部门。	淄博发布《关于进一步深化户籍管理制度改革促进城乡融合区域协调发展的实施意见》
1月6日	嘉兴	进一步放开落户条件。调整城区（城镇）有合法稳定住所的落户对象。对在城区（城镇）范围内有合法稳定住所的人员，落户对象从本人及其共同居住生活的配偶、未成年子女、父母调整为本人及其共同居住生活的配偶、子女、父母。放宽租赁落户条件。对租赁嘉兴城区（城镇）商品住房申请落户的人员，落户条件中居住时间、范围从在市本级或同一县（市）范围内已连续居住3年及以上调整为在本市范围内已连续居住1年及以上，且在现租赁的商品住房连续居住满6个月及以上。实行户籍准入年限同城化累计互认。对落户中涉及《浙江省居住证》或居住登记凭证条件的，我市各县（市、区）公安机关登记的居住时间在全市范围累计互认，签发的有效《浙江省居住证》在全市范围互认。	嘉兴发布《嘉兴市人民政府办公室关于进一步加快推进全市户籍制度改革的通知》
1月7日	中山	《规定》进一步放宽、优化合法稳定居住就业入户，其中指出，在中山市最近连续参保满1年且有自有住房，或没有自有住房但有合法稳定住所（含租赁）并在中山市最近连续参保满3年的人员，本人及其共同居住生活的配偶、未成年子女（含已成年但在校就读未婚的学生）、父母，可申请落户中山。	中山发布《中山市户口迁入暂行规定》
1月9日	珠海市高新区	珠海高新区发布人才计划，推出最高600万元住房补贴。	《珠海高新区建设未来科技城·人才友好青年友好行动计划（2022-2024年）》
1月10日	湖州市南浔区	南浔区符合条件的各类人才分别最高享受10万~315万元的人才房票奖励	湖州市南浔区人民政府办公室关于印发南浔区人才购房房票奖励实施

10-10 续表1

时间	地区	政策内容	政策来源
1月11日	泸州	通知明确，2021年8月24日至2023年8月23日期间，符合条件的人才，在泸州市中心城区建设用地范围购买首套新建商品住房，可享受最高200万元/人的人才安居补助。	泸州发布《泸州市"酒城创新人才聚集行动"人才住房保障实施细则（试行）》
1月13日	亳州	谯城区增加购房补助八类人才在该区购房的，高层次人才给予5万元、急需紧缺人才给予3万元住房购置补贴。	亳州购房补贴放松
1月24日	天津	新修订的政策放宽申请条件，将原来需"连续缴纳社会保险费满1年"方可申请积分，修改为"连续正常缴纳社会保险费满1年或者自2014年1月1日本市实施居住证管理制度以来累计正常缴纳社会保险费满3年"，推进在天津市长期居住、稳定就业的非天津市户籍人员有序实现市民化。删除了每年公布年度积分落户人口指标总量的条款，取消年度落户数量限制；删除违反计划生育政策"一票否决"条款，进一步扩大政策覆盖面。此外，提速窗口经办，继续优化审核流程，加快审核进度，缩短审核时限，将审核打分时限压缩至20日内，将公布积分分值的时间提速了近1个月。	《天津市居住证管理办法》《天津市居住证积分指标及分值表》《天津市居住证积分管理实施细则》等政策正式施行后首次开办
1月28日	内江市资中县	针对2022年1月25日至5月31日购房者进行"两奖一补"政策。同一对夫妇按照国家生育政策生育二孩或三孩购买商品住房的购房者，购买房屋面积90平方米（不含）以下奖励8000或10000元/套；购买房屋面积90~140平方米奖励10000或12000元/套；购买房屋面积140平方米（不含）以上奖励12000或14000元/套。对合理住房需求购房者补贴政策：普通家庭购买商品住房的购房者，购买房屋面积90平方米（不含）以下补贴6000元/套；购买房屋面积90~140平方米补贴8000元/套；购买房屋面积140平方米以上补贴10000元/套。	四川省资中县人民政府办公室发布《资中县对符合国家二孩、三孩生育政策和合理住房需求者购买商品房的"两奖一补"实施方案》
2月11日	惠州	①对大亚湾工作的大专学历以上人才按每个家庭一次性给予购房补贴，首套房补贴100~250元/m²不等；②鼓励企业和房地产开展团购活动，团购价8折起；③首次购买新建商办用房的给予所交契税30%的财政补贴等。	惠州发布《促进住房消费健康发展若干措施意见稿》
2月14日	绍兴	在高层次人才方面，绍兴对引进的A~E类人才，给予9万~100万元安家补贴、35万~500万元房票补贴，为期10年每年1.5万~10万元的租房补贴。高层次人才在绍购买首套房的，可享受全额公积金贷款政策。对引进的教育、卫生等社会事业领域C类以上高层次人才，还可分别享受为期10年每年8万元、5万元的工作津贴，特别优秀的紧缺高端人才实行"一人一策"。在高校毕业生方面，可"零门槛"落户，先落户后就业。同时，积极推进人才租赁住房建设五年行动计划，到2024年市区将建成投用2.2万套以上人才公寓，为各类人才提供过渡住房。	2022年绍兴招才引智"人才专列"活动暨全市教育系统"千名硕博"全球引才新闻发布会
2月16日	云南	《关于加强和改进新时代云南人才工作的实施意见》《云南省"兴滇英才支持计划"实施办法》《关于人才服务现代产业发展的十条措施》三个政策文件，为深入实施新时代人才强省战略提供政策支撑。"兴滇英才支持计划"拟用5年左右时间培养、引进一批新能源、新材料、先进制造、高原特色现代农业、生物医药、数字经济等领域急需紧缺人才，个人最高可获500万元奖励。	云南省发布《关于加强和改进新时代云南人才工作的实施意见》《云南省"兴滇英才支持计划"实施办法》《关于人才服务现代产业发展的十条措施》
2月17日	浙江	浙江省人力资源和社会保障厅副厅长陈中在发布会上表示，除了杭州市区，全面放开专科以上学历毕业生的落户限制，杭州的落户条件为本科以上学历。根据会议内容，高校毕业生到浙江工作，可以享受2万到40万不等的生活补贴或购房租房补贴。大学生想创业，可贷款10万到50万，如果创业失败，贷款10万以下的由政府代偿，贷款10万以上的部分，由政府代偿80%。大学生从事家政、养老和现代农业创业，政府给予10万元的创业补贴，大学生到这些领域工作，政府给予每人每年1万的就业补贴，连续补贴3年。大学生到浙江实习的，各地提供生活补贴。对家庭困难的毕业生，发放每人3000元的求职创业补贴。	浙江省全面放开杭州市区外专科以上学历毕业生的落户限制

10-10 续表2

时间	地区	政策内容	政策来源
2月21日	上海市黄浦区	《黄浦区关于加强和改进新时代人才工作的意见》制订了"门楣之光·黄浦人才20条"，围绕核心引领区建设目标，加快集聚海内外高尖端优秀人才，打造柔性引才机制，对于具有一定影响力的专家团队，鼓励用人单位采用"候鸟专家""双休人才"等柔性引才方式。此外，每年黄浦区人才发展资金规模由往年不超过5000万元提高至不低于1亿元，并将根据使用情况不定期增加。	上海黄浦区召开人才工作会议并发布《黄浦区关于加强和改进新时代人才工作的意见》《黄浦区重点产业领域紧缺人才开发目录》和《黄浦区人才发展资金管理办法》
2月21日	湖州	通知，明确对来南浔创业或就业的各类人才在南浔区范围内首次购买新建商品住宅的，对符合要求的各类人才给予7万元至315万元的房票奖励。按照要求，南浔此次奖励的人才须与用人单位签订1年及以上劳动（聘用）合同，连续缴纳社会保险6个月及以上。同时，在南浔区范围内首次购买新建商品住宅，且本人、配偶及未成年子女在南浔区范围名下无其他住宅类房产。在湖州市本级范围内未享受过人才购房补贴及相关住房优惠政策，相关住房优惠政策包括房改房、一次性住房补贴、经济适用住房、公共租赁住房。	湖州发布《"梦泊新江南才聚新家园"南浔区人才购房房票奖励实施办法》
2月23日	上海市金山区	根据新政规定，只要人才积分达到60分，即可申请入住人才公寓，65分以上可申请租房补贴，只要满足积分条件，即可享受人才安居政策的红利。租房补贴由原来的1个档次增加到7个档次，最高可享全额租金补贴；购房补贴由原来的1个档次增加为3个档次，最高可享200万元补贴。	上海市金山区正式发布"上海湾区"人才计划
3月1日	中山	在中山市无房产且在中山市工作并连续缴存住房公积金满三个月或以上（状态为正常）的全日制本科及以上毕业生，自毕业之日起两年内可申请每月全额提取其月缴存额用于租房支出，每次提取后账户内须保留至少100元的余额，自申请之日起两年内可享受本提取政策。	中山发布《关于进一步加大住房公积金对人才安居保障支持力度的通知》
3月15日	大连	对区域经济发展贡献突出的重点项目，其企业高管在甘井子区购置住房，按照房屋实际成交总额的10%给予安家补贴，每人最高不超过25万元，并对其子女就学、家属就业和就医给予优先帮助。	大连市印发《甘井子区招商引资若干扶持政策》
3月24日	佛山	佛山降低人才卡申领门槛全日制大专即可申领。"具有全日制大专学历证书"修改为"具有全日制或非全日制大专、或非全日制本科学历"，其他内容不变。	佛山发布关于新冠肺炎疫情期间明确优粤佛山卡T卡申领对象的补充通知
4月2日	大连	符合下列条件之一的人员，本人、配偶和子女可在大连市落户。一是具有中等职业学校（技工学校）及以上学历的人员、经认定的职称专业技术人员、取得国家职业资格证书的人员。二是在大连市普通高校（高职院校）、中等职业学校（技工学校）就读的在校学生。三是与用人单位依法签订劳动合同并在本市缴纳社会保险的人员。四是在大连市灵活就业并缴纳养老保险和医疗保险的人员。五是经大连市各区（市、县）人民政府（管委会）批准成建制迁入单位中，在大连市缴纳社会保险的职工。六是在大连市投资创业取得《营业执照》的经营者（含个体工商户）。七是在大连市城镇拥有合法产权房屋的人员。 同时，具有大连市户籍的人员，其父母、配偶、子女均可在大连市投靠落户。	大连发布《关于全面放开落户条件的通知（征求意见稿）》
4月19日	湖南	放宽人才落户限制，具有大专及以上学历在长沙就业人员可即时申报落户，享受在长沙购房资格，推动高层次人才在长株潭三市自由落户。	湖南省委实施"强省会"战略暨长株潭都市圈建设推进会在长沙召开。省委、省政府印发《关于实施强省会战略支持长沙市高质量发展的若干意见》
5月24日	大连	①满足以下条件之一即可落户：中等职业学校及以上毕业生，普通高校及以上在读生，在大连工作并缴社保，缴纳养老保险和医疗保险，成建制迁入单位中缴社保，取得《营业执照》，拥有合法产权房屋。②户籍人员其父母、配偶、子女均可在本市投靠落户。	大连市人民政府办公室发布《关于全面放开落户条件的通知》

10-10 续表3

时间	地区	政策内容	政策来源
6月1日	上海	①用人单位因受疫情影响未按期缴纳2022年4月至11月社会保险费的,补缴后在办理人才引进相关业务时不受影响。②2022年7月~2023年6月,本市人才引进相关政策中涉及"平均工资"的事项,仍维持现有基数标准作为参考水平。③毕业于世界排名前50名院校的,取消社保要求,全职来本市工作后即可直接申办落户;世界排名51~100名的,全职缴纳社会保险费满6个月后可申办落户。	上海发布《关于助力复工复产实施人才特殊支持举措的通知》
6月8日	广州	市来穗人员服务管理局牵头统计了原指标体系下积分为"90~110"区间的申请人当前得分情况,测算新指标体系下入户申请条件分值设置在157分左右较为合理。为进一步扩大积分制入户受益范围,在此基础上适当降低门槛,设置积分制入户的申请条件分值为总积分150分。	《广州市积分制入户管理办法(公开征求意见稿)》(下称《征求意见稿》)于6月9日至18日公开征求意见
6月27日	杭州	①本科及研究生(本科<45岁,硕士<50岁)在杭落实工作单位并由用人单位正常缴纳社保的可以落户杭州市区;②毕业2年内全日制本科生/硕士生、2017年后录取的非全日制研究生可享受"先落户后就业政策"(此前需1个月社保)。	杭州更新全日制本科和硕士学历人才落户政策
6月27日	上海	①直接落户范围扩大,上海各研究所、任何高校应届硕士及双一流本科生(在五个新城就业和南北转型地区就业满足基本条件)可直接落户;②落户分放松,用人单位基础分增加2分等。	上海发布《关于做好2022年非上海生源应届普通高校毕业生进沪就业工作的通知》
6月27日	济南	《济南市人才服务支持政策(30条)》分为四大部分。第一部分是人才分类目录。第二部分是人才待遇保障。第三部分是人才重点工程。第四部分是人才政策落实。《济南市人才发展环境政策(30条)》分为三大部分。第一部分是加强人才平台载体建设。第二部分是推动校(院)地合作融合发展。第三部分是优化人才发展生态。	济南人才政策"双30条"发布
6月29日	合肥	①A类人才按"一事一议"、"一人一策"予以支持。②B~D类人才:免费租住人才公寓3年;购买人才公寓、首套自住房可享受20%~30%优惠或补贴、公积金贷款额度最高至当期限额2倍。③专业领域急需紧缺人才:免费租住人才公寓3年;购买人才公寓、首套自住房可享受20优惠或补贴、公积金贷款额度最高至当期限额2倍。④高级技师、技师、高级工:可直接购房,免费租住国有租赁公司房源3年。⑤高校毕业生,按学历提供最高人才公寓、首套自住房可享受10%优惠或补贴,最高公积金贷款额度提升至当期限额2倍。⑥博士后、海外引才、获奖人才另行奖励。	合肥发布《合肥市服务人才发展若干政策(试行)》
7月5日	徐州	①购买首套自住商品房给予实际购房金额最高100万元的一次性购房补贴,其中对企业全职引进的高校应届博士毕业生给予一次性购房补贴30万元。②徐州将全面放宽人才落户条件,中专(含技工院校、职业院校毕业学历)及以上学历的毕业生,具有初级及以上专业技术职称或职业资格技能等级人员,取消住房、就业、社保等条件限制,可先落户后就业。③市区新建商品住宅项目每批次预售应预留不少于10%的房源用于人才优先购买;对符合相应条件来徐就业创业人才,购买首套自住商品房给予实际购房金额最高100万元的一次性购房补贴。	江苏省徐州市发布一系列人才新政
7月6日	南京	①根据意向者参加本市城镇职工社会保险缴费情况按月赋分。②在长三角区域三省一市缴纳城镇职工社会保险的,累计纳入我市缴纳年限计算并赋分。③根据意向者在本市居住情况按月赋分。④在居住年限互认地居住的年限,予以累计互认并赋分。	南京市人民政府官网发布关于修订印发《南京市积分落户实施办法》的通知

10-10 续表4

时间	地区	政策内容	政策来源
7月11日	苏州	①大力实施顶尖人才（团队）"一人一策"，量身定制上不封顶的特殊支持。布局一批宜居宜业人才社区，三年内10万套人才公寓、最高800万元购房补贴、最高100万元引才奖励；对引进的重大创新团队、创新创业领军人才分别给予最高5000万元和1000万元的项目经费；推动创新资本集聚，直投规模超20亿元的姑苏人才基金、最高5000万元（企业）和500万元（个人）无抵押信用贷款，努力构建人才创新创业新天堂。②同时，在支持青年人才成长，最高500万元科技项目资助、总计100万元唐小虎面试券、最高5万元生活补贴、留学人员引才奖励5万元/人、1000套人才公寓免费住、10万张"人才文化体验券"。	苏州国际精英创业周开幕活动上，发布一系列人才政策
7月14日	广州	①办理在职人才引进入户广州的符合条件的申请人员可以实现全程网上办理手续。②申请人不需要现场审核的，以人社部门在线审核通过的时间为受理时间；人力资源和社会保障部门未在5个工作日内进行审核的，第6个工作日自动确定为受理时间。③社会保险缴费记录如存在补缴情形的，在办理引进人才入户业务中不视为连续缴纳社会保险费。	广州市人社局印发出台《广州市引进人才入户管理办法实施细则》
7月22日	上海市杨浦区	①试点实施"人才贷"，根据人才及其企业经营状况评估，给予相应无抵押信用贷款，用于人才企业恢复生产经营。②尚在扶持期内的本区海外高层次人才创业企业创业引导资金申请期限延长6个月，办公用房补贴扶持周期在原协议期限基础上最长延长6个月。③筹措5000套保障性租赁住房，进一步降低疫情期间人才安居成本。④对在疫情防控期间做出突出贡献的医护人员、社会工作者等社会民生事业领域的非本市户籍人才，符合相关条件的，给予落户优先办理。	杨浦区人才工作领导小组办公室印发《杨浦区关于提振信心助力人才企业纾困推动人才发展的十项举措》
8月10日	济南	符合条件的全日制博士、硕士研究生可分别享受15万元、10万元的一次性购房补贴。符合条件的全日制博士、硕士研究生可分别享受每月1500元、1000元的生活和租房补贴，最长3年。符合条件的全日制本科、专科毕业生，可分别享受每月700元、500元租赁住房补贴，最长3年。"十四五"期间，筹集不低于20.5万套（间）保障性租赁住房，符合条件的在济就业高校毕业生可按低于市场价租赁。	济南发布支持高校毕业生创就业"40条"
8月22日	九江	申报对象为：对非公经济组织和社会组织全职新引进（2022年7月5日及以后）的在九江工作一年及以上的地市级储备及以上人才、专科生和中专生。2022年7月5日及以后将社保关系迁出再迁入的人才，不享受人才安家费。	九江市人才安家费发放办法（试行）
9月14日	郑州	①符合户口迁入条件，有合法稳定住所的，应当将户口迁至合法稳定住所处落户；②落实直系亲属投靠入户、人才引进入户政策、落实购房入户政策、落实工作调动入户政策、落实投资纳税入户政策、落实迁入城镇的农村籍退役转业军人入户政策、落实成建制迁移人员入户政策、落实高校招生入户政策、落实县（市）、上街区落户中心城区与市外迁入中心城区一致的入户政策。	郑州市公安局发布《关于进一步深化户籍制度改革的实施意见（征求意见稿）》
9月22日	海宁	符合条件的人才可申请人才房票，房票金额为：A类人才一事一议；B类人才150万元；C类人才120万元；D人才80万元；E类人才60万元，其中出站后全职留用的博士后75万元；F类人才30万元；G类人才10万元，其中购房时35周岁以下的全日制普通高校本科毕业生15万元；H类人才5万元。人才房票使用金额不超过购房总价款的50%。若夫妻双方同时符合条件，可一并享受，人才房票使用金额不超过购房总价款的50%。	关于印发《海宁市人才房票实施办法（试行）》的通知
9月26日	宁波	新政策主要有三方面调整，一是实行"70年产权房即可落户"取消原先"缴纳社保"的要求；二是租赁落户从城镇地区同一街道（镇）的成套住宅连续租住登记和社保缴纳均满2年放宽至均满1年；三是在奉化城镇地区同一街道（镇）的成套住宅连续租住登记满1年或社保缴纳满1年即可落户。	宁波市人民政府办公厅关于印发宁波市区户口迁移实施细则的通知

10-10 续表 5

时间	地区	政策内容	政策来源
10月9日	开封	《办法》坚持高端优先、统筹兼顾、分类施策、逐步解决的原则，多渠道筹集人才住房，采用租购并举的方式满足各层次人才安居需求。高端人才住房可采取一事一议方式解决。	关于印发《开封市人才住房管理办法》的通知
11月8日	成都	符合《成都市人才安居资格认定办法》条件的A、B类人才，可不受户籍、社保缴纳时间和住房限购区域的限制购房，购买商品住房时可提前预留意向购买项目房源。如人才意向购买商品住房项目还未开盘销售，由市住建局在项目取得预售（现售）备案后，直接提前预留人才意向购买住房。如人才意向购买商品住房项目正在对外公开登记报名或已完成公开销售进入房源顺销环节，则由市住建局根据人才意向会同项目开发企业，在项目剩余房源中直接购房。	成都市住房和城乡建设局关于印发《成都市高层次人才购买商品住房实施细则》的通知

10-11　2022年物业管理政策

时间	地区	政策内容	政策来源
1月7日	廊坊	廊坊市人民政府决定对《廊坊市物业管理办法》作如下修改：一、将第一条中的"《中华人民共和国物权法》"修改为"《中华人民共和国民法典》"。二、删去第十八条第二款。	廊坊市人民政府关于修改《廊坊市物业管理办法》的决定
1月10日	上海	根据《上海市住宅物业管理规定》和国家发改委、建设部《物业服务收费管理办法》《物业服务收费明码标价规定》等有关规定，现就本市住宅物业管理区域实行酬金制物业服务计费方式的有关事项通知：一、关于酬金制物业服务计费方式；二、关于物业服务合同的相关约定；三、关于物业服务资金的构成；四、关于物业服务资金的收支管理；五、关于物业服务资金的账目公布；六、关于物业服务资金的审计情况；七、其他。	上海市房屋管理局关于住宅物业项目物业服务收费实行酬金制物业服务计费方式有关事项的通知
1月11日	湖南	《办法》明确，物业费根据不同物业的性质和特点，实行政府指导价和市场调节价。业主大会成立之前，普通商品住宅实行政府指导价。同时，鼓励物业对未入住或未使用的空置房业主，实行适当费用优惠。	关于对《湖南省物业服务收费管理办法》（征求意见稿）公开征求意见的公告
1月14日	北京	推动和支持物业服务企业探索"物业服务＋养老服务"模式，切实增加居家社区养老服务有效供给，更好满足广大老年人日益多样化多层次的养老服务需求，着力破解失能、失智、失独、重度残疾等基本养老服务对象和高龄、独居等老年人生活照料和长期照护难题，结合实际，现就支持开展"物业服务＋养老服务"试点工作有关事项通知，内容包括：一、试点单位及范围；二、试点期限；三、试点内容；四、支持措施；五、监管措施；六、工作要求。	关于支持开展"物业服务＋养老服务"试点工作的通知
1月20日	佛山	《住宅物业服务品质分级规范》是物业服务的统一规范，通过考量各住宅小区物业服务包含的保安、保洁、保绿、保设施等四大方面，准确分级、综合评价，使项目可以抛开千差万别的物业服务合同，得到横向比较的结果。同时结合佛山市智慧物业平台上线的契机收集各项目的收费情况，通过大数据，计算、分析各区、各类、各级物业服务的市场平均收费水平和收费区间，并定期向全社会公布，为业主、企业调整物业收费提供科学、客观、权威、准确的参考，从而切实解决物业收费水平与社会平均收入水平不匹配，质价不相符，物业服务市场调节机制严重失灵的问题。	广东佛山发布住宅物业服务品质分级规范
1月21日	菏泽	将第一条修改为："为了规范物业管理活动，维护业主、物业使用人、物业服务人的合法权益，改善人民群众的居住和工作环境，促进和谐宜居社区建设，构建共建共治共享的社会治理格局，根据《中华人民共和国民法典》、国务院《物业管理条例》和《山东省物业管理条例》等有关法律、法规，结合本市实际，制定本条例。"除本条外，其他条文中的"物业服务企业"均修改为"物业服务人"。将第三条修改为："物业管理应当遵循业主自治、专业服务与社区管理相结合的原则。"将第四条修改为："市人民政府住房城乡建设主管部门负责全市物业管理活动的政策指导、行业发展规划和监督管理工作。县（区）人民政府住房城乡建设主管部门或者县（区）人民政府确定的物业主管部门（以下统称物业主管部门），负责本行政区域内物业管理活动的监督管理工作。"	菏泽市人民代表大会常务委员会关于修改《菏泽市物业管理条例》的决定
1月21日	潍坊	主要内容包含总则、配套设施与前期物业、业主及业主组织、物业服务、物业的使用和维护、法律责任、附则，共七章七十九条。针对当前群众关注的焦点、痛点，明确了解决路径和措施。针对信息不透明问题，明确了物业服务人和业委会公开事项清单。针对业委会成立难问题，创新建立物业管理委员会制度，代行业委会职责。针对供水供电供暖等专业经营单位强制物业服务人代收费问题，要求双方应当签订委托代收合同，物业服务人可以根据约定向专业经营单位收取报酬，但不得向业主收取手续费等额外费用等。	潍坊市物业管理条例

10-11 续表1

时间	地区	政策内容	政策来源
1月26日	天津	市内六区、环城四区入住一年以上且实施物业管理的定向销售经济适用住房项目和经市政府批准纳入物业管理服务市级财政补贴范围的定向安置经济适用住房项目以及市级筹集的公共租赁住房项目。市级补贴资金标准为0.4元/月·平方米，由基础补贴资金、考核补贴资金两部分组成。其中：基础补贴资金占40%，考核补贴资金占60%。具体补贴标准由市住房城乡建设委和市财政局根据实际情况适时调整。	关于印发天津市保障性住房物业管理服务市级财政补贴资金管理办法的通知
2月11日	杭州	《实施办法》由总则、组建情形和人员构成、组建程序、工作职责、运行制度、监督管理、附则等七部分内容组成，贯穿了物业管理委员会的组建、运行、监管全过程。	杭州市人民政府办公厅关于印发杭州市物业管理委员会组建运行实施办法（试行）的通知
2月15日	珠海	为加大对珠海市物业管理招标投标活动的监管力度，营造公开、公平、公正的物业管理招标投标市场竞争环境，根据《中华人民共和国招标投标法》《珠海经济特区物业管理条例》《珠海市物业管理招标投标管理办法》等文件精神，现就加强我市物业管理招标投标工作通知如下：一、规范物业管理招标投标工作；二、住宅小区物业管理招标投标场所要求；三、违规情况处理要求；四、加强物业管理招投标的监督管理。	关于加强珠海市物业管理招标投标工作的通知
3月1日	宜昌	为了维护业主、物业服务人和其他当事人的合法权益，规范住宅小区物业管理活动，营造良好的居住环境，根据《中华人民共和国民法典》《物业管理条例》《湖北省物业服务和管理条例》等法律、法规，结合本市实际，制定本条例。主要内容包括：第一章总则；第二章业主、业主大会和业委会；第三章前期物业管理；第四章物业服务与管理；第五章物业的使用与维护；第六章法律责任；第七章附则。	《宜昌市住宅小区物业管理条例》
3月10日	北京	为落实《北京市接诉即办条例》，持续推进"每月一题"之房屋漏雨问题解决，提高本市住宅物业服务企业对房屋漏雨接报修效率，提升居民满意度，本着科学、规范、及时的原则，制定本工作指引。	北京市住房和城乡建设委员会关于印发《北京市住宅物业服务项目房屋漏雨维修工作指引（试行）》的通知
3月10日	厦门	规定了在不改变工业用途的前提下，申请分割转让的工业物业，应当具备的条件。工业物业分割的转让价格，不高于转让时点该物业工业用地基准地价修正值与建筑物的重置成本价之和。工业物业申请分割转让，工业企业可自行转让也可由区政府协助招商转让。区政府协助招商转让的，转让所得完税后全部归原土地房屋权属人。工业项目配建的行政办公及生活服务设施不得独立分割转让。用地性质为划拨或者限制性出让的工业用地，申请分割转让部分应按规定办理完全出让手续并补缴土地出让金后，方可办理分割转让。分割转让的工业物业土地使用年限为原工业用地的剩余使用年限，自完成分割转让登记之日起10年内不得再次分割转让。分割转让需由转让双方共同申请。	关于印发《厦门市工业物业分割转让暂行办法》的通知
3月14日	深圳	2022年1月1日，《深圳市物业服务评价管理办法》（以下简称《评价管理办法》）开始施行。根据《评价管理办法》有关规定，市住房和建设部门根据实际情况对其附件《深圳市物业服务企业和物业管理项目负责人物业服务信息计分标准》（以下简称《计分标准》）适时调整补充。鉴于我市当前疫情防控形势严峻，为进一步加强对物业服务市场的监管，结合物业服务行业实际情况，我局对《计分标准》的内容进行了部分修订。	深圳市住房和建设局关于调整《深圳市物业服务企业和物业管理项目负责人物业服务信息计分标准》的通知
3月17日	北京	总体要求包括提高监管效能和居民满意度，建立风险评估和信用评估为基础的综合监管机制，推进物业管理行业健康有序发展。基本原则包括部门联动、科学精准和行业自律。方案建立了六项基本制度，包括风险监管、信用评估、分类分级监管、联合监管、项目备案及信息采集、共治监管制度。同时试点物业服务企业场景监管，推行一业一册、一业一单、一业一查、一业一评制度。保障措施包括加强组织领导、严格落实责任、加强培训宣传和强化信息报送。	北京市住房和城乡建设委员会关于印发《北京市住宅项目物业服务综合监管实施方案（试行）》的通知

10-11 续表 2

时间	地区	政策内容	政策来源
3月17日	驻马店	《意见》中明确规定了物业管理职责、规范住宅小区管理、强化物业服务企业监管、提高物业管理水平等方面的内容。	驻马店市出台意见加强和改进全市住宅小区物业管理
3月22日	合肥	《管理办法》适用于合肥市行政区域内从事物业服务的企业和项目负责人的信用信息采集、审核、记录、评价、发布、应用及监督管理。物业服务企业和项目负责人信用信息由基础信息、良好信息和不良信息组成。根据上述信息分值确定企业信用等级，其中，参评企业得分排名在前5%（含）的为AAA级，得分排名在后5%（含）的为E级，对A级以上、D级以下的企业分别给予激励和惩戒措施，该信用信息等级评价每年更新一次。	关于印发《合肥市物业服务企业及项目负责人信用信息暂行管理办法》的通知
3月23日	南宁	调整的主要内容包括定价范围、收费项目、停车收费等，旨在加强我市住宅物业服务收费管理，规范物业服务收费行为。根据征求意见稿拟规定，住宅物业服务费政府指导价实行基准价和浮动幅度管理，浮动幅度不超过10%。前期物业服务共分为五个等级定价，一级基准价最高，为2.30元/平方米·月；五级基准价最低，为0.7元/平方米·月。	南宁市发展和改革委员会关于公开征求南宁市住宅前期物业服务收费方案意见的公告
3月24日	河南	物业服务企业监督检查坚持依法监管、公正高效、公开透明，按照"双随机一公开"监督检查工作要求以及监督检查事项清单、年度检查计划、抽查覆盖比例开展。监督检查严格按照清单内容实施，不得擅自扩大监督检查内容和范围。	河南省住房和城乡建设厅关于印发《河南省物业服务企业"双随机一公开"监督检查管理办法》的通知
3月24日	河南	通过建立我省物业服务企业信用档案，逐步实现"河南省物业服务企业综合监管平台"信用信息公示系统与"河南省企业信用信息公示系统"和"河南省公共信用信息系统平台"数据交换，建立协同监管和联合惩戒机制，实现违法违规企业"一处违法、处处受限"，提高行业诚信度和服务水平。信用档案适用范围包含我省物业服务企业以及在我省备案的外来物业服务企业均纳入信用档案建立范围之内。	河南省住房和城乡建设厅关于建立河南省物业服务企业信用档案的通知
3月24日	河南	主要内容包括：一、备案事项；二、备案方式；三、备案时间要求；四、现有有关事项的数据补录；五、平台用户管理；六、有关要求。	河南省住房和城乡建设厅关于做好物业管理备案事项有关工作的通知
3月30日	深圳	一、市本级行政事业单位若存在对外出租政府物业，用于制造业小微企业、服务业小微企业和个体工商户生产经营的，应积极主动与承租方联系，按我市有关纾困政策免除3个月租金、再减半收取3个月租金。二、市本级行政事业单位若存在对外出租政府物业，用于民办幼儿园办学的，应积极主动与承租方联系，按我市有关纾困政策免除3个月租金。	关于做好政府物业租金减免应对新冠疫情帮助市场主体纾困解难的通知
4月5日	湖南	《办法》共有31条，包括实施新建住宅物业承接查验的条件、依据、查验范围和方法以及监督管理等内容，体现了诚实信用、客观公正、权责分明以及保护业主共有财产的原则。	关于印发《湖南省住宅物业承接查验办法》的通知
4月11日	济宁	明确物业服务企业信用信息主要包括企业基础信用信息（甲类）、项目绩效信用信息（乙类）和企业不良信用信息（丙类）三类。企业基础信用信息（甲类）主要包括企业员工信息、企业优良信用信息等反映物业服务企业基本状况及物业服务水平的信息；项目绩效信用信息（乙类）主要包括物业服务企业在物业服务项目管理工作中接受各级考评检查，处理群众信访投诉，配合物业主管部门、街道（乡镇）、社区监督及日常工作的信息；企业不良信用信息（丙类）主要包括物业服务企业在从事物业服务活动中拒不配合物业主管部门和街道（乡镇）、社区监管，违反法律法规政策规定，破坏市场秩序等对其信用状况构成负面影响的信息。	关于公开征求《济宁市物业服务企业信用信息管理办法（试行）》意见的公告

10-11 续表3

时间	地区	政策内容	政策来源
4月20日	武汉	《管理办法》强化了区房管部门在物业管理招投标活动中的监管职责；完善了招标办理方式，推崇使用电子招标投标系统；规范了招标文件编制内容，包括行业党建和物业服务质量考评等；简化了招标备案程序，由区房管部门直接向物业服务企业发布招标公告；调整了评标专家成员组成，新增了经济、技术和法律方面的专家；优化了评标专家抽取方式，招标人可通过邮递或电子邮件向招投标平台申请抽取专家；完善了中标后的公示和通知流程；规范了备案资料的归档管理工作，要求区房管部门按要求对备案资料进行归档。	关于印发《武汉市前期物业管理招标投标管理办法》的通知
4月21日	济南	《济南市物业管理条例》的主要内容包括：解决了物业管理中存在的问题，如业委会成立困难和新旧物业交替难；规范了物业管理区域的划分、物业服务用房配置、业主共有部分的界定和物业承接查验；要求街道办事处和镇人民政府承担组织和指导的职责，提供业主名册；推动业主大会召开，提供示范文本和详细规定业主的界定、投票权、表决规则等；引入应急物业服务人制度，解决新旧物业交接问题；规定了物业服务人的行为准则，包括不得违反合同减少服务事项、限制业主出入、非法收集个人信息等。同时，鼓励物业服务人使用信息化和智能化技术，但不得将生物识别技术作为唯一服务手段。	《济南市物业管理条例》5月1日起正式施行
4月22日	西藏	《办法》制定了物业管理服务的星级划分、收费建议和评定标准。星级从低到高分为一星级至五星级，表示物业服务的水平和标准。收费建议根据不同星级划分了不同的费用范围。评定范围包括西藏自治区行政区域内建筑面积在1万平方米以上的住宅小区。评定过程由物业服务企业自愿申请，经过自评、意见征求、资料提交、现场评价等步骤进行，评定结果由自治区房地产业协会公示并颁发星级服务铭牌。评定结果可作为信用评价、招标和评先评优的依据，用于提高物业服务水平和行业自律。	《西藏自治区住宅小区物业服务星级评定办法（试行）》
5月5日	滨州	修订后《条例》共六十四条，主要修订内容以下几个方面：一是与《山东省物业管理条例》相关专业术语一致。二是依照《山东省物业管理条例》删除了住宅小区内专业经营设施设备建设、维护、管理等相关规定。三是对物业管理概念进一步明确，将住宅物业管理分为物业服务管理和社会秩序管理。四是对市、县（市、区）物业主管部门、各相关部门、街道、社区等物业管理职责进一步明确，对业主大会、业主委员会、物业服务人、业主等权责进一步明确，突出业主主体地位。五是进一步突出党建引领推动物业管理融入基层社会治理。	滨州市发布《滨州市住宅物业管理条例（征求意见稿）》
5月7日	湖南	《湖南省物业服务收费管理办法》旨在规范湖南省内物业服务收费行为，保护业主、物业使用人和物业服务人的合法权益。该办法适用于湖南省内的物业服务收费及其监督管理。办法规定了政府指导价和市场调节价两种收费模式，根据物业的性质和特点进行分类管理。政府指导价由相关部门制定，市场调节价由业主大会确定。物业服务费应按照建筑面积按月计收，交纳义务由建设单位或业主承担。办法还规定了收费标准、支付方式、监督管理等具体内容，以确保物业服务收费的公平合理。	关于印发《湖南省物业服务收费管理办法》的通知
5月19日	福建	明确了整治目标，即解决物业服务企业侵占住宅小区业主公共收益的问题，并制定了相应的整治内容和措施。责任分工涉及住建部门、发改部门、公安机关和市场监管部门，各部门负责推进整治工作、查处违规行为和加强监管。文章还提出了进度安排和工作要求，强调加强政治责任、部门协作和及时报送情况。	福建省住房和城乡建设厅等4部门印发《关于深化"整治物业服务企业侵占业主公共收益收入及分配不公开等问题切实维护业主利益"工作方案》的通知
5月23日	西藏	新规定对收费进行了明确规范，并将物业费用分为五个部分，包括基础部分、物业共用部分、公共秩序维护部分、保洁部分和绿化养护部分。住宅小区的物业服务企业需要申请评定星级，并在有效期满后重新评定。居民可以投诉物业服务问题，如果问题持续存在，物业企业可能会被降级或取消星级，并降低收费标准。	西藏发布住宅小区物业服务星级评定标准

10–11 续表 4

时间	地区	政策内容	政策来源
5月23日	烟台	一是进行信用评级。对物业服务企业信用信息实行严格的量化打分。物业服务企业信用等级根据信用得分情况，由市物业信用系统实时生成，分为AAA级、AA级、A级、B级、C级和诚信"黑名单"六个等级。《办法》明确了9种信用等级直接确定为C级，6种直接纳入物业领域诚信"黑名单"的具体情形。二是奖惩措施。对信用等级A级以上的物业服务企业，采取7项激励措施；对信用等级为C级的物业服务企业、纳入诚信"黑名单"的物业服务企业实施10多项惩戒措施。	关于征求《烟台市物业服务企业信用信息管理办法》意见建议的公告
5月23日	襄阳	整治未在物业区域内显著位置公示物业服务合同约定的服务内容、服务标准、收费项目、收费标准、收费方式等信息的问题；整治擅自允许他人利用共用部位、共用设施设备进行广告、宣传、经营等活动。受托作为公共收益管理人，不按要求定期公示物业共用部位、共用设施设备经营所得收益、支出情况，违规擅自使用公共收益的问题；整治受委托代收水电气暖等费用时，违法加价或违规向业主收取手续费等费用。不按要求公示公共水电分摊费用情况的问题；整治擅自提高物业服务收费标准，违规收取不合理费用的问题。	关于印发《襄阳市专业化物业服务收费信息不透明问题专项整治工作实施方案》的通知
5月30日	合肥	草案要求将物业管理纳入社区建设和治理体系，对未召开业主大会的小区要及时召开并选举业主委员会。党员应在业委会成员中占一定比例，规定了业主委员会的权限和限制。乡镇政府和街道办事处要指导和监督业委员会的换届工作，并开展专项审计以解决业主反映强烈的问题。对于暂不具备召开业主大会条件的小区，可暂时成立物业管理委员会代行职责。物业服务企业应遵守法律、合同约定，不得违规提高收费、停止供应水电等方式催缴物业费。草案还规定了其他相关细则，包括车辆停放服务费等。	关于《合肥市住宅小区物业管理规定（草案征求意见稿）》征求意见的公告
5月31日	深圳	对附表所示商业物业的承租人进行租金减免，具体为：一、免收2022年1~3月（共计3个月）的租金。二、2022年4~6月（共计3个月）的租金，按照现租金标准减免50%。	深圳市住房和建设局关于新冠疫情期间政府物业租金减免的公告
6月1日	马鞍山	办法突出党建引领和业主自治，保障业主自治权益，提供物业自治和委托管理的自主权。还规定了物业服务质量、物业服务合同、物业服务收费等方面的相关规定。办法还重视解决物业管理中存在的问题，如保障业主权益、规范业主委员会运作等。业主委员会的成立和监督得到明确规定。此外，办法还涉及维修资金、电梯安装、停车位管理等方面的规定，旨在提高物业管理水平，促进社区治理和居民共享发展。	关于公开征求《马鞍山市住宅小区物业管理实施办法》（草案征求意见稿）意见的公告
6月8日	苏州	政策支持清单从融入社区治理、探索交叉任职、强化链接指导、升级志愿服务、深化智慧养老、鼓励自主创新、加大人才培育、支持参与项目、实施奖补激励等9个方面对物业服务企业进行全方位赋能、支持和保障，最大限度营造宽松有序的政策环境。	苏州市民政局苏州市住房和城乡建设局印发《关于进一步支持"社区+物业+养老"服务发展的九项措施》的通知
6月9日	合肥市高新区	通报了近期高新区住宅小区物业整治提升工作开展情况、存在的问题以及下一步工作安排，各社区服务中心和相关责任单位就物业整治中的方法和经验深入交流。	合肥市高新区召开住宅小区物业服务企业整治提升专题调度会
6月10日	烟台	市住房城乡建设局、市发展改革委联合印发了《烟台市普通住宅物业服务等级标准和评分标准》（烟建住房〔2022〕16号），为全市普通住宅物业服务项目确定物业服务等级提供了标准和依据。《标准》将物业服务质量分为六个等级。《标准》对确定物业服务等级分两种类型进行了规定。	烟台发布《烟台市普通住宅物业服务等级标准和评分标准》
6月22日	上海	通知要求上海市物业服务企业加强疫情防控工作。要求物业服务企业承担主体责任，加强员工管理，落实防疫措施，包括规范出入口管理、预防性消毒和垃圾收运，以及强化应急处置。同时，要加强督导检查，确保防控措施的有效实施。该通知旨在保护员工和社区居民的健康安全，促进疫情防控与经济社会发展的协调进行。	上海市房屋管理局关于加强物业服务企业疫情防控工作要求的通知

10-11 续表 5

时间	地区	政策内容	政策来源
6月22日	南宁	规范物业管理专家的认定、入库和管理工作。专家需满足一定条件，并参与物业管理相关活动。市住建局负责组建和管理物业管理专家库，进行培训和考核，并记录评标活动情况。规定了专家回避情形和违规行为的处理措施。专家库成员由随机抽取方式确定，并保证评标活动的公正性。	南宁市住房和城乡建设局关于印发《南宁市物业管理专家和专家库管理规定》的通知—南住建规〔2022〕1号
6月28日	青岛	意见鼓励物业企业开展居家养老服务，包括点单式服务和上门服务。物业企业可以提供家政、设施维修、定期探视等基本养老服务，并支持物业人员参加养老护理员培训，逐步建立专业化的物业养老服务团队。此外，意见还提到了支持智慧养老、适老化改造和资金扶持等方面的措施。通过规范物业企业从事居家养老服务，旨在创新居家社区养老服务，为老年人提供便利和安全。	关于支持物业企业开展居家养老服务有关意见
6月28日	潍坊	《关于继续执行潍坊市城区普通住宅前期物业公共服务费及机动车停放费基准价格的通知》、《关于调整普通住宅机动车电动立体车位停车服务费标准的复函》有效期延长至2023年6月30日，现予整合后重新登记、编号、公布，自2022年7月1日起执行。主要内容包括城区普通住宅前期物业公共服务费、城区普通住宅机动车停放费收费标准及执行范围。	关于继续执行城区普通住宅物业服务收费政府指导价标准的通知
7月8日	成都	《意见》明确通过建立完善以晒服务、晒收支为主要内容的"双晒"机制，实现依法应当公示公开的物业管理相关事项"应晒尽晒"，公示公开的形式和载体丰富多元、规范高效；物业管理相关主体对物业服务关键信息的了解掌握充分对称；业主的知情权、参与权、监督权得到充分保障，对物业服务的监督实现有序、有形、有效，不断增强业主的获得感、幸福感、安全感。	关于建立完善物业服务双晒机制营造阳光互信市场环境的实施意见
7月8日	杭州	总体要求包括坚持党对物业管理工作的全面领导，全面贯彻《杭州市物业管理条例》，协调推进物业管理和监督管理工作，提升物业管理水平，增强群众满意度。主要任务包括加强监督管理责任，夯实物业管理基础，推进业主自我管理，优化物业管理服务，构建和谐物管关系等。同时，还提出了保障措施，包括加强组织领导、加强学习宣传和加强跟踪问效。	杭州市人民政府办公厅关于贯彻落实《杭州市物业管理条例》的实施意见
7月13日	北京	示范文本主要明确了开发建设单位或业主大会与物业服务人之间权利义务关系；各区住房城乡建设委、房管局要做好宣传培训工作，引导开发建设单位或业主大会与物业服务人使用示范文本签订服务合同，并按相关规定做好公示工作。	关于推行新版《北京市前期物业服务合同》和《北京市物业服务合同》示范文本的通知
8月2日	武汉	物业管理协会拟决定成立行业法律政策专业委员会，现面向全市会员单位及社会各相关单位吸纳法律政策专委会成员。主要内容包括：一、推荐方法；二、专委会工作职责；三、委员自荐或推荐基本条件。	关于武汉市物业管理协会法律政策专业委员会委员自荐和推荐工作的通知
8月4日	承德	《条例》共七章五十三条，明确了物业服务企业、业主相应的权利义务和政府各有关部门的管理职责，规定了业主大会和业主委员会成立运行、物业服务、物业管理等内容。	《承德市城镇住宅物业管理条例》
8月9日	长春	通知明确了政府指导价的实行和收费标准的等级划分。普通住宅前期物业服务收费标准按照五个等级进行划分，具体的基准价以及浮动幅度也在通知中详细说明。通知要求新建的普通住宅在招投标选聘物业服务人时，要按照政府指导价和质价相符的原则确定具体的收费标准，并在合同中明确。通知还规定了公示和备案等要求，并指明了责任部门。	关于长春市普通住宅前期物业服务收费标准实行政府指导价的通知
8月10日	山东	为规范山东省物业管理协会团体标准管理工作，根据《中华人民共和国标准化法》《山东省标准化条例》《团体标准管理规定》和标准化有关规定，制定本办法。办法主要包括标准制定、标准实施与监督、标准复审、修订和废止等内容。	关于发布《山东省物业管理协会团体标准管理办法（试行）》的通知

10-11　续表6

时间	地区	政策内容	政策来源
8月26日	江门	方案明确了工作目标，包括推进物业小区联合执法、管理服务标准化、居民自治规范化，提升物业服务水平，解决突出问题，维护人民群众权益。方案列举了物业服务企业、建设单位和业主委员会等各方的违规行为，并提出相应整治措施和工作安排。同时，方案要求加强组织领导、加大查处力度、建立长效机制，并强调宣传引导和及时报送工作情况。	关于印发《2022年江门市物业管理专项整治工作方案》的通知
9月16日	全国	文件规定了物业费用公示的指导原则、基本要求、基本内容。本文件适用于实行物业管理的住宅小区。	团体标准《住宅物业服务收费信息公示规范》(T/CPMI013—2022)发布
9月19日	宁波	办法目的是加强住宅物业保修金的管理，保障物业在保修期内的正常使用和维修，维护业主的合法权益。办法明确了保修金的定义和管理机构的职责，要求建设单位在竣工验收前按照规定交存保修金，并明确了保修责任主体和保修范围的规定。此外，还介绍了保修请求的程序以及使用、补存和退还保修金的规定。对于保修金的储存期限、管理机构的责任和违规行为的处理也进行了规定。	宁波市人民政府关于印发宁波市住宅物业保修金管理办法的通知
9月22日	山东	《老旧小区物业服务规范》与老旧小区改造工作相衔接，明确物业服务企业根据业主大会、业主委员会（社区居民委员会）的委托，协助有关部门做好改造设计、施工、验收过程中的相关工作；在承接查验过程中重点做好老旧小区改造内容查验和资料接收。	山东省《老旧小区物业服务规范》地方标准2022年10月15日起施行
9月22日	山西	办法规定了物业管理委员会的临时代行职责，组织业主决定物业管理事项，并推动成立业主大会和选举业主委员会。办法明确了物业管理委员会的组成、成员的资格条件、选举程序以及职责和权力范围。会议的召开和决策程序也有具体规定。办法对成员资格终止、补充和解散进行了规定，并强调物业管理委员会应当依法履行职责。	山西省住房和城乡建设厅关于印发《物业管理委员会组建运行办法（试行）》的通知
9月26日	成都	明确物业服务企业的职责。物业服务企业要按照《成都市电动汽车充电设施建设管理中物业服务企业职责及负面行为清单》积极配合居民个人、供电企业等开展充电设施建设管理活动。推广应用智能有序充电。物业服务企业应按经信等部门要求，积极配合业主（业委会）引入具备电力调配能力的第三方专业机构，通过"统建统管"模式开展充电设施建设管理活动，并督促第三方专业机构履行安全生产主体责任。	关于进一步明确物业服务企业职责加快推进既有居民小区电动汽车充电设施建设的通知
9月28日	黑龙江	物业服务企业应当依据《条例》《办法》等相关约定，切实履行对业主或者物业使用人装饰装修活动的管理职责。物业服务企业不得以任何形式收取装修管理保证金。严格落实事前告知职责。物业服务企业应当加强装修现场的日常巡查并做好记录，重点对进入小区的施工人员、建筑材料堆放、运输；业主或者物业使用人及装修施工单位存在损坏房屋承重结构、破坏房屋外貌、违法搭建建筑物、构筑物等违规装修行为加强检查与管理。	关于加强住宅物业装饰装修管理工作的通知
9月30日	福建	《实施细则》明确要求将小区公共收益、车位管理、水电公摊等物业服务信息在小区主要人行出入口公示，并接受业主监督。明确应当在物业服务企业服务期内持续公示的内容范围，包括物业服务企业的营业执照彩色影印件；物业小区项目经理或者负责人的姓名、照片、联系方式等基本信息；公共停车位配建数量和具体分布图、小区停车管理制度等信息。	关于印发《福建省住宅小区物业服务事项公开公示管理实施细则（试行）》的通知
10月26日	吉林	《吉林省物业纠纷调解规定》共19条，主要内容：一是明确部门职责。明确物业、公安、司法、自然资源、市场监管、业主委员会、物业企业、行业协会等部门和单位职责。二是明确调解方式。民事纠纷邀请单元长、楼栋长、网格长、当事人亲属、邻里、同事等参与调解；对欠缴物业费、物业服务人交接等纠纷，由业主委员会组织业主或者物业服务人协商解决；物业纠纷涉及多个部门、情况复杂的，通过街道（乡镇）组织召开联席会议进行协调解决。三是明确维权途径。物业纠纷调解不成或拒绝调解的，可以依法通过仲裁、行政、司法等途径维护权利。四是明确法律效力。经调解达成的调解协议，具有法律约束力，当事人应当按照约定履行。	关于印发《吉林省物业纠纷调解规定》的通知

10-11 续表7

时间	地区	政策内容	政策来源
12月30日	岳阳	物业服务收费实行统一政策、分级管理，遵循服务质量、服务内容与收费标准相对应的原则。物业服务收费根据不同物业的性质和特点，分别实行政府指导价和市场调节价。实行政府指导价的物业服务收费采取包干制形式。物业服务费根据住宅的法定产权建筑面积按月计收，物业服务合同对计收时间另有约定的除外。物业管理区域内的水、电、气等价格按照价格主管部门有关规定执行。物业服务收费实行明码标价。	关于进一步规范岳阳市城区物业服务收费管理的通知

10-12　2022年其他重要政策

时间	地区	政策内容	政策来源
2月9日	全国	到2025年，城镇环境基础设施供给能力和水平显著提升，加快补齐重点地区、重点领域短板弱项，构建集污水、垃圾、固体废物、危险废物、医疗废物处理处置设施和监测监管能力于一体的环境基础设施体系。到2030年，基本建立系统完备、高效实用、智能绿色、安全可靠的现代化环境基础设施体系。	国务院办公厅转发国家发展改革委等部门关于加快推进城镇环境基础设施建设指导意见的通知
2月22日	全国	财政部部长刘昆表示，从去年第四季度到今年1月份，已经陆陆续续有一些减税降费方面的政策出台。重点要做好六方面工作：一是实施更大力度减税降费，在去年1.1万亿元基础上，今年将实施更大规模减税降；二是保持适当支出强度，重点支持科技攻关、生态环保、基本民生、区域重大战略、现代农业和国家"十四五"规划重大项目；三是合理安排地方政府专项债券；四是加大中央对地方转移支付；五是坚持党政机关过紧日子；六是严肃财经纪律，加强和改进地方财经秩序。	国新办举行财政改革与发展工作新闻发布会
2月23日	全国	主要内容包括：一、提升团体标准组织标准化工作能力；二、建立以需求为导向的团体标准制定模式；三、拓宽团体标准推广应用渠道；四、开展团体标准化良好行为评价；五、实施团体标准培优计划；六、促进团体标准化开放合作；七、完善团体标准发展激励政策；八、增强团体标准组织合规性意识；九、加强社会监督和政府监管；十、完善保障措施。	国家标准化管理委员会等十七部门联合印发《关于促进团体标准规范优质发展的意见》
2月23日	全国	国家乡村振兴局局长刘焕鑫表示，乡村建设一个基本的目标，就是改善农村生产生活条件，努力让农民就地逐步过上现代文明生活。在目标和标准上调门不要定得太高，水平、标准、档次可以因地而宜、高低有别，重点是保证基本功能，解决突出问题。加强农村道路、供水、用电、网络、住房安全等重点领域基础设施建设，持续整治提升农村人居环境。	国新办举行2022年全面推进乡村振兴重点工作发布会
3月23日	全国	调查对象为各级城镇老旧小区改造工作主管部门，统计范围是经各省级人民政府确认，并上报住房和城乡建设部、国家发展改革委、财政部等三部门的城镇老旧小区改造计划项目。调查制度包括城镇老旧小区改造年度计划、改造进展情况、改造效果情况和改造项目基本情况等方面的内容。	住房和城乡建设部印发《全国城镇老旧小区改造统计调查制度》
4月8日	全国	补助资金用于农村低收入群体等重点对象农村危房改造、7度及以上抗震设防地区农房抗震改造以及其他符合政策规定的农村困难群众基本住房安全保障支出。补助资金采用因素法分配。财政部会同住房城乡建设部在全国人民代表大会批准预算后规定时间内下达补助资金，并同步下达区域绩效目标；按规定时间提前下达下一年度补助资金预算。农村危房改造补助资金按照直达资金管理。	关于印发《中央财政农村危房改造补助资金管理暂行办法》的通知
4月18日	北京	通知指出，房地产开发企业按照企业条件分为一、二两个资质等级。一级资质的房地产开发企业承担房地产项目的建筑规模不受限制，二级资质的房地产开发企业可以承担建筑面积25万平方米以下的开发建设项目。房地产开发企业资质有效期3年。	北京市住建委网站发布关于进一步做好房地产开发企业资质管理有关工作的通知
5月6日	全国	《指导意见》指出，支持保险机构发展安全生产、食药安全、校园安全、医疗纠纷、建筑质量等与公众利益密切相关的保险业务，推动构建城市安全防护网。鼓励保险机构发展安全生产责任保险，因地制宜开展城市巨灾保险，支持保险机构在重特大自然灾害、突发公共安全事故、突发公共卫生事件等领域充分发挥保险保障作用。	银保监会发布《关于银行业保险业支持城市建设和治理的指导意见》
5月16日	全国	涉及政府或国有资产监督管理机构主导推动的国有资本布局优化和结构调整，以及专业化重组等重大事项，企业产权在不同的国家出资企业及其控股企业之间转让，且对受让方有特殊要求的，可以采取协议方式进行。主业处于关系国家安全、国民经济命脉的重要行业和关键领域，主要承担重大专项任务的子企业，不得因产权转让、企业增资失去国有资本控股地位。	关于企业国有资产交易流转有关事项的通知

10-12 续表1

时间	地区	政策内容	政策来源
6月7日	全国	通知包括以下内容：一、总体要求；二、重点任务：加强社区工作者队伍建设招录一批；发展城乡社区服务业吸纳一批；开发就业见习岗位募集一批；创新工作联动机制带动一批；加强高校毕业生教育引导储备一批；三、工作要求：强化组织保障、明确部门职责、加强宣传引导、推动工作落实。	关于做好2022年普通高校毕业生到城乡社区就业工作的通知
6月14日	全国	政府机关、事业单位、国有企业建设工程进度款支付应不低于已完成工程价款的80%；同时，在确保不超出工程总概（预）算以及工程决（结）算工作顺利开展的前提下，除按合同约定保留不超过工程价款总额3%的质量保证金外，进度款支付比例可由发承包双方根据项目实际情况自行确定。	关于完善建设工程价款结算有关办法的通知
7月22日	全国	指导意见从发展居家社区医养结合服务、推动机构深入开展医养结合服务等6方面提出15条具体措施，明确提出支持医疗资源丰富地区的二级及以下医疗卫生机构转型，开展康复、护理以及医养结合服务，推动养老机构改造增加护理型床位和设施，完善价格政策，加大保险支持，盘活土地资源，落实财税优惠，引导医务人员从事医养结合服务，壮大失能照护服务队伍等，不断满足老年人健康和养老服务需求。	关于进一步推进医养结合发展的指导意见
8月9日	东莞	①不得将既有农民安居房改造为经营性用途，新建、重建、改（扩）建的农民安居房，不得用于生产经营或出租。②进一步明确农民安居房层高规定。农民安居房结构层高在2.2米及以上的楼层或局部楼层（夹层），计入自然层数，并计算全面积。不得擅自增设夹层。	广东省东莞市住房和城乡建设局发布《关于进一步加强农民安居房设计及质量安全监管的通知》
9月1日	全国	《通知》要求，加强补充耕地项目选址论证，严格补充耕地项目实施和验收，规范补充耕地项目报备，强化补充耕地项目后期管护。	关于进一步加强补充耕地项目管理严格新增耕地核实认定的通知
9月13日	全国	各级自然资源、农业农村部门要按照机构编制管理部门明确的职责分工，推进不动产登记职责整合。要建立信息共享机制，实现登记信息与承包合同信息互通共享，保障不动产登记与土地承包合同管理有序衔接。第二轮土地承包到期后再延长30年试点地区自然资源、农业农村部门要按照中央关于延包试点工作节奏和要求，共同部署、一体推进有关工作，共同做好延包合同签订和不动产登记工作。	关于做好不动产统一登记与土地承包合同管理工作有序衔接的通知
9月30日	全国	自2022年10月1日至2023年12月31日，对出售自有住房并在现住房出售后1年内在市场重新购买住房的纳税人，对其出售现住房已缴纳的个人所得税予以退税优惠。其中，新购住房金额大于或等于现住房转让金额的，全部退还已缴纳的个人所得税；新购住房金额小于现住房转让金额的，按新购住房金额占现住房转让金额的比例退还出售现住房已缴纳的个人所得税。	关于支持居民换购住房有关个人所得税政策的公告
10月18日	全国	明确要落实好《全国国土空间规划纲要（2021-2035年）》要求，巩固和深化"多规合一"改革成果，加快地方各级国土空间规划编制报批，强化国土空间规划实施的监督管理，切实维护国土空间规划的权威性和严肃性。	关于进一步加强国土空间规划编制和实施管理的通知
11月7日	全国	为贯彻落实党的二十大精神、进一步完善政策环境、加大力度支持民间投资发展，经国务院同意，现提出以下意见：一、发挥重大项目牵引和政府投资撬动作用；二、推动民间投资项目加快实施；三、引导民间投资高质量发展；四、鼓励民间投资以多种方式盘活存量资产；五、加强民间投资融资支持；六、促进民间投资健康发展。	关于进一步完善政策环境加大力度支持民间投资发展的意见
11月9日	北京	建设老旧小区信息大数据平台。持"先治理、后改造"，明确老旧小区内违法建设、地桩地锁、开墙打洞、群租房及地下空间违规使用等综合治理标准。全面开展老旧小区体检，深入做好群众工作，力争在2022年底前将需改造的老旧小区全部纳入改造项目储备库。	关于印发《北京市老旧小区改造工作改革方案》的通知

10-12 续表2

时间	地区	政策内容	政策来源
12月22日	全国	继续实施农村危房改造。深入推进农村房屋安全隐患排查整治。完善农房建设管理法规制度。建立农村房屋建设管理长效机制。提高农房建设品质。加强乡村建设工匠培育和管理。推进农房建设管理信息化建设。	关于印发农房质量安全提升工程专项推进方案的通知
12月27日	全国	一、总体要求；二、聚焦全面创新需求，激发高质量发展动能；三、构建服务新体系，优化高质量服务供给；四、深化"放管服"改革，优化高质量发展环境；五、强化发展要素支撑，夯实高质量发展基础；六、组织保障。	关于加快推动知识产权服务业高质量发展的意见
12月30日	全国	一、全面实现银行函证业务规范化；二、加快推进银行函证业务集约化；三、积极探索银行函证业务数字化。	关于加快推进银行函证规范化、集约化、数字化建设的通知

报告篇

报告一 2023中国房地产百强企业研究报告

一、研究背景与目的

中国房地产 TOP10 研究组开展的中国房地产百强企业研究，自 2004 年以来，已连续进行了二十年。研究组把握行业发展脉搏，深入揭示房地产企业经营规律，为促进房地产行业健康发展发挥了重要作用。

2023 年 3 月 5 日，政府工作报告指出，有效防范化解优质头部房企风险，改善资产负债状况，支持刚性和改善性住房需求。当前宏观经济好转预期增强，房地产市场信心加快恢复。为此，研究组举办"2023 中国房地产百强企业研究"，以"奋楫笃行，涅槃重生"为主题，倡导企业把握新一轮的发展机遇，稳健经营，为促进行业健康发展做出贡献。

在分析总结历年研究经验及房地产企业发展现状的基础上，研究组进一步完善了研究方法和评价指标体系，继续从规模性、盈利性、成长性、稳健性、融资能力、运营效率和社会责任等七个方面全面、客观地评价企业的综合实力，引导企业不断优化发展模式，推动行业健康、良性运行。

中国房地产百强企业研究目的如下。

①通过对企业规模性、盈利性、成长性、稳健性、融资能力、运营效率和社会责任等指标的量化研究，发掘综合实力强、经营稳健以及具备较强社会责任感的优秀企业群体。

②通过系统研究，打造"中国房地产百强企业"品牌，提升企业知名度和影响力，发挥百强企业的行业示范效应，推动房地产企业实现高质量发展。

③通过企业评价，鼓励企业为社会多做贡献，以营造行业重视社会责任的氛围，发挥房地产业作为国民经济重要支柱产业和重要民生行业的作用。

二、研究方法体系

（一）标准和门槛值

中国房地产百强企业研究坚持以数据为依据，坚持客观、公正、准确、全面的研究原则。TOP10 研究组依照国际惯例，对中国房地产百强企业设立如下筛选标准和门槛值：

①以依法设立并登记注册的房地产开发经营企业作为研究对象。

②按照惯例，对进入研究范围的企业给予一个门槛指标。研究组根据近 5 年百强企业实际状况，确定

近三年房地产业务销售额均值达到 30 亿元或销售面积均值达到 30 万平方米为入选门槛值。

③为了引导房地产开发企业做强做好做大，研究组鼓励以集团的名义参与。

④符合上述 1～3 条，但是有严重拖欠工程款或重大偷漏税等违规行为问题的企业，取消评审资格。

（二）评价指标体系

评价指标体系设立原则

2023 中国房地产百强企业研究以 2020-2022 年度为研究时间段，涵盖规模性、盈利性、成长性、稳健性、融资能力、运营效率、社会责任等 7 个二级指标 35 个三级指标，全面考量企业的综合实力。

评价指标体系的设计主要把握以下几个基本原则。

①企业规模与运营效率相结合。规模与效率是企业发展的双驱动力，房地产行业具有资金密集型特性，因此，企业只有不断提高经营管理的运转效率，更好地实现资本的良性增值循环，才能稳健扩张规模；在市场波动明显的情况下，维持较高的周转率对于企业的稳健经营更是具有重要意义。研究组采用净资产、房地产业务收入、总资产周转率、存货周转率等指标，综合反映企业规模化发展情况与运营效率。

②成长潜力与经营稳健相结合。房地产是资金密集型行业，也是一个容易受政策影响的行业。企业的高杠杆运营，在市场调整期往往带来资金链断裂的巨大压力；而一旦市场向好，又容易诱发提高房价、盲目囤地的行为，进一步推高了行业的不确定性风险，增加了企业的经营难度。此次研究继续强调企业成长潜力的培育必须以稳健经营为前提，企业要注重短期财务风险的控制，处理好稳健经营与快速成长之间的关系，以维护整个行业的平稳健康发展。

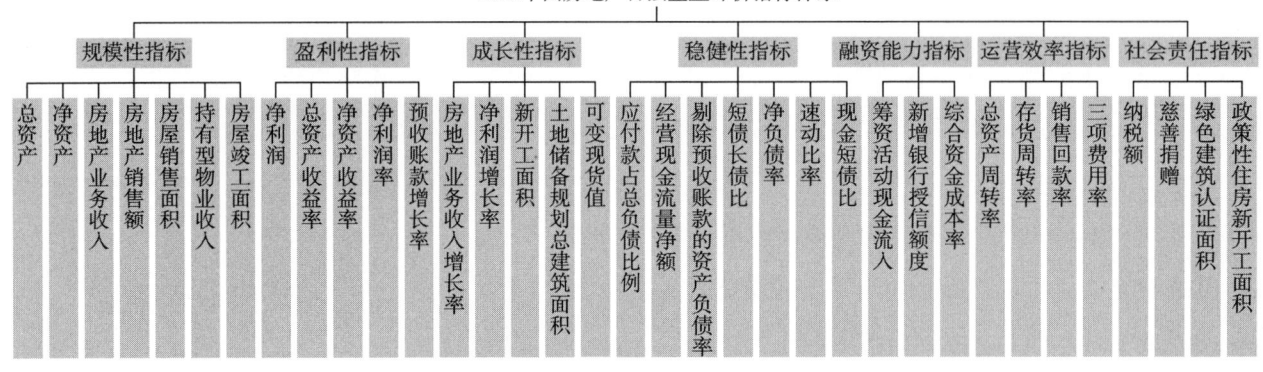

图1-1 房地产百强企业评价指标体系

③盈利能力与社会责任相结合。企业必须稳步盈利才能实现永续经营，研究组对房地产企业盈利能力的评价，将从净利润、净资产收益率、净利润率等角度来开展，更全面地衡量企业在不同市场形势下的盈利状况及成本控制水平。同时从纳税、政策性住房新开工面积、慈善捐赠等层面引导企业重视社会责任，积极构建和谐社会，并将其作为企业综合实力评价的重要内容。

④融资能力与综合实力相结合。融资能力对于房地产企业有着极其重要的意义，项目的获取、运营等环节都离不开强大的融资能力支持。本次研究通过筹资活动现金流入、本年新增银行授信额度及综合资金成本率三个指标来分析企业的融资实力，表现突出的企业其综合实力指数相应提高。

评价指标调整

当前房企在确保财务安全与经营稳健的基础上，需通过经营管理的优化及业务转型升级，使得发展更为稳健、更为长久。为此，研究组在规模性评价中将"经营性物业持有面积"调整为"持有型物业收入"；增设"预收账款增长率"，用来衡量企业潜在的营业收入。

（三）数据来源和复核

数据来源

①房地产开发企业填报数据。
②中房指数系统（CREIS）数据库。
③房地产企业对外公布的信息（包括公司年报、企业网站公布的信息和对外派发的宣传资料）。
④有关政府部门（包括建委、房管局和统计局等）的公开数据。
⑤2020、2021、2022中国房地产百强企业研究收集企业数据资料。
⑥2020、2021、2022中国房地产上市公司研究收集企业数据资料。
⑦2020、2021、2022中国房地产品牌价值研究收集企业数据资料。

数据复核

企业填报数据须如实客观，研究组会对填报数据进行复核。
①通过会计师事务所出具的报表复核企业财务数据。
②通过税单复核企业经营收入及利润。
③对收集的数据坚持交叉复核：通过各地房地产交易中心公开的项目交易情况复核企业提供的销售数据；通过统计局的企业直报数据进行交叉复核；对有疑问的数据，研究组可要求进行现场复核。
填报数据经过复核存在疑义或未提供数据的企业未纳入本次研究范围。

（四）计量评价方法

采用因子分析（Factor Analysis）的研究方法，以确保严谨。因子分析是一种从变量方差—协方差结构入手，在尽可能多地保留原始信息的基础上，用少数新变量解释原始变量方差的多元统计分析方法。它将原始变量分解为公共因子和特殊因子之和，并通过因子旋转，得到符合现实意义的公共因子，然后用这些公共因子去解释原始变量的方差。计算中国房地产百强综合实力时，主要是计算各构成要素的相关矩阵，通过相关矩阵得到特征值、累计特征值及因子载荷。根据最初几个特征值在全部特征值的累计百分率大于或等于某百分比的原则，确定公共因子的具体个数，再根据因子载荷矩阵确定各个因子的现实意义并重新命名，最后根据不同企业各个因子的得分及载荷矩阵，通过加权累加构成2023中国房地产百强综合实力指数。

企业按评价指标体系排序相同时，依照慈善捐赠数据确定排序；当上述累加计算又基本相同时，按西部、中部、东部排序确定。

三、主要研究成果

表1-1　　　　　　　　　　　　　　　"2023中国房地产百强企业"名单

保利发展控股集团	中冶置业集团有限公司	武汉市城市建设投资开发集团有限公司
万科企业股份有限公司	美的置业集团有限公司	中建玖合发展集团有限公司
中海地产（中国海外发展）	金辉集团股份有限公司	中国通用新兴地产有限公司
华润置地有限公司	杭州市城建开发集团有限公司（大家房产）	天地源股份有限公司
碧桂园控股有限公司	重庆华宇集团有限公司	永同昌集团
招商局蛇口工业区控股股份有限公司	金融街控股股份有限公司	深圳市南山房地产开发有限公司
绿城中国控股有限公司	北京城建投资发展股份有限公司	中华企业股份有限公司
龙湖集团控股有限公司	中建壹品投资公司	厦门轨道建设发展集团有限公司
金地（集团）股份有限公司	北京金隅集团股份有限公司	成都城投置地（集团）有限公司
新城控股集团股份有限公司	北京首创城市发展集团有限公司	浙江建杭置业有限公司
中国金茂控股集团有限公司	湖北联投集团有限公司	五矿地产控股有限公司
珠海华发实业股份有限公司	中建信和地产有限公司	陕西建工房地产开发集团有限公司
杭州滨江房产集团股份有限公司	中能建城市投资发展有限公司	北京建工集团有限公司
越秀地产股份有限公司	厦门国贸地产集团有限公司	银丰地产集团有限公司
建发房地产集团有限公司	福星惠誉控股有限公司	中新集团有限公司
中国融通资产管理集团有限公司	东原房地产开发集团有限公司	中建七局地产集团
远洋集团控股有限公司	信达地产股份有限公司	广东粤海置地集团有限公司
中国铁建房地产集团有限公司	深业集团有限公司	山东中建城市发展有限公司
北京首都开发控股（集团）有限公司	重庆市地产集团有限公司	河南信友置业集团有限公司
中交地产股份有限公司	北京北辰实业股份有限公司	润达丰控股集团有限公司
大悦城控股集团股份有限公司	深圳地铁置业	深圳市天健地产集团有限公司
中国电建地产集团有限公司	苏州新区高新技术产业股份有限公司	成都天投地产开发有限公司
中铁置业集团有限公司	上海陆家嘴（集团）有限公司	上海大名城企业股份有限公司
华侨城集团有限公司	成都兴城人居地产投资集团股份有限公司	京基集团有限公司
卓越置业集团有限公司	象屿地产集团有限公司	上海实业城市开发集团有限公司
武汉城市建设集团有限公司	上海城建置业发展有限公司	京投发展股份有限公司
新希望五新实业集团有限公司	长沙房产（集团）有限公司	浙江祥新科技控股集团有限公司
联发集团有限公司	中建智地置业有限公司	中信泰富地产
上海中建东孚投资发展有限公司	新世界中国	鸿荣源集团
大华（集团）有限公司	众安集团有限公司	上海城投控股股份有限公司
路劲地产集团有限公司	苏州新建元控股集团有限公司	苏州轨道交通资产经营有限公司
保利置业集团有限公司	上海建工房产有限公司	郑州地产集团有限公司
仁恒置地集团有限公司	北京海开控股（集团）股份有限公司	
中国港中旅集团有限公司	广州城投地产	

2022年，房地产市场成交保持低迷态势。在行业内整体信心不足的情况下，百强企业整体销售额也出现了负增长。百强企业投资继续聚焦核心热点城市，择机拓展优质土地储备，为未来业绩储备资源。

1. 销售额同比下降30.3%，部分优质房企逆势增长

2022年，房地产政策不断优化，但政策效果尚不明显，房地产市场供需两端均未明显恢复。全国商品房销售额为13.3万亿元，同比下降26.7%；销售面积为13.6亿平方米，同比下降24.3%。具体来看，上半年继续延续调整态势，5~6月疫情影响逐步弱化叠加热点城市优化政策效果显现，市场表现边际修复；三季度受季节性和部分城市"断供"项目增加等因素影响，市场成交活跃度再次下行；年底房地产市场销售也并未出现明显好转。

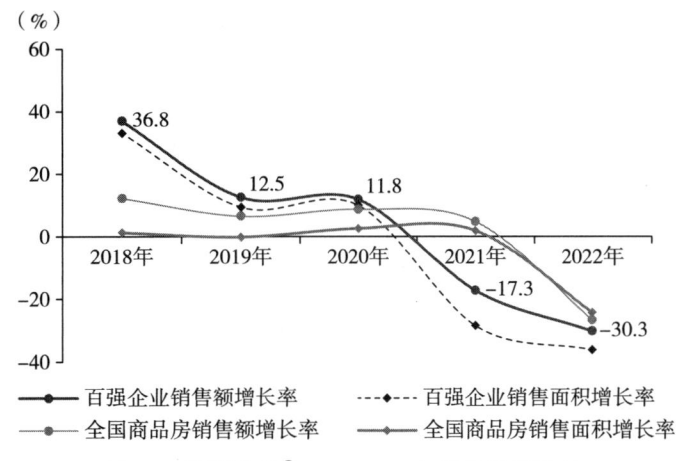

图1-2 百强企业①2018—2022年销售增长情况

随着房地产市场下行压力持续，百强企业虽积极推进保交付工作，集中资源挖掘高能级城市潜力，加大线上营销力度，但也难抵销售规模出现下滑态势。2022年，百强企业销售总额、销售面积分别达63301亿元、36313万平方米，同比下降30.3%和36.2%。

2. 加大高潜力城市深耕力度，核心城市销售贡献提升

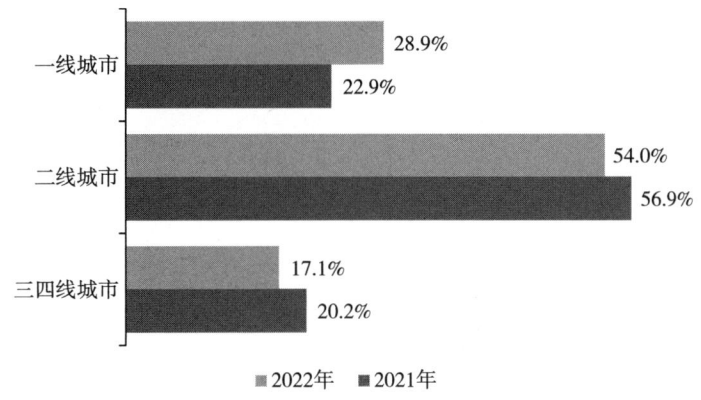

图1-3 百强代表企业2021、2022年各等级城市销售额分布

2022年，百强企业继续深耕重点城市，一线城市销售贡献占比提升，二线城市仍是主要销售来源。从50家百强代表企业重点项目销售情况来看，一线城市市场韧性强，销售额占比上升6.0个百分点至28.9%；二线城市占比下降2.9个百分点至54.0%，但仍是主要销售来源；三四线城市销售额占比持续下降至17.1%。

---

① 如无特别说明，本报告中的"百强企业"均指"2023中国房地产百强企业"；数据为"2023中国房地产百强企业"的历年数据。

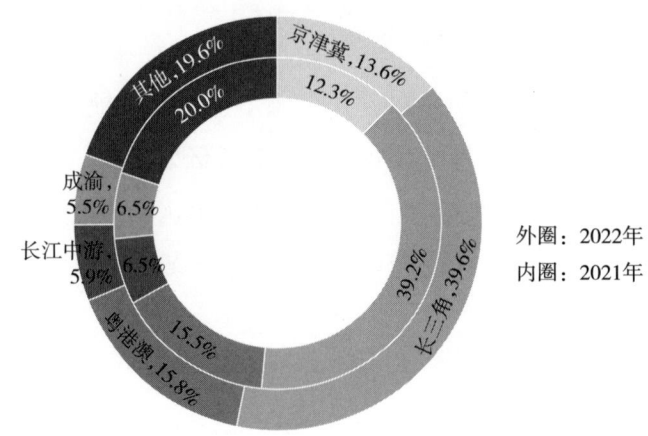

图1-4 百强代表企业2021、2022年城市群销售额分布

2022年，百强企业聚焦核心城市群，长三角、粤港澳、京津冀三大城市群销售贡献突出，合计占比近七成。百强代表企业销售结构中，五个主要城市群销售占比合计达80.5%，同比微增0.6个百分点。其中，长三角、粤港澳大湾区与京津冀销售占比均实现增长，合计占比达69.0%。

3. 盈利水平降至近年低位，结转少毛利降导致利润下行

2022年百强企业营业收入同比下降，净利润下降显著，部分企业由盈转亏。竣工和结转增速不利导致营业收入和净利润均走低，百强企业营业收入均值为371.6亿元，净利润均值为21.9亿元，分别同比下降25.2%、54.4%，增速较上年减少13.3、24.9个百分点。2019-2020年，百强企业营业收入保持正增长，2021年、2022年百强企业营业收入转而出现下滑，而净利润均值增速连续五年均不及营业收入均值增速，且两者的差距持续扩大，部分房企净利润为负，亏损额达到过去两年净利润总额。

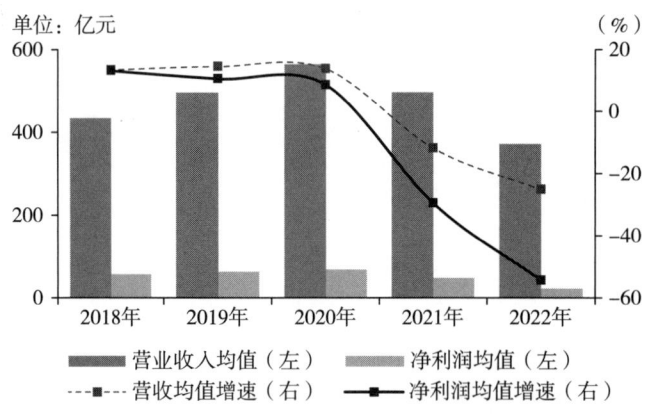

图1-5 百强企业2018-2022年营业收入与净利润均值变化情况

2022年，百强企业净利润率、净资产收益率均值分别为6.4%、4.5%，盈利能力继续下降，降至近五年来最低点。百强企业净利润率均值、净资产收益率均值较上年分别下降3.1、3.4个百分点。近年来受新冠疫情、市场下行、土地等各类成本居高不下等多重因素影响，百强企业净利率持续下降，趋势未有缓解。行业下行带来了"需求收缩、预期转弱"的风险，中央及地方优化调控政策，促进房地产市场健康发展，但政策显效仍需时间，销售市场仍处在"强预期、弱复苏"进程中，房企的盈利水平经历连续五年下滑后，利润修复仍需政策和市场的进程配合，不过，考虑到近两年土地市场转冷后地方政府对房企的让利行为，部分房企受益于优质地块毛利空间打开，仍有可能率先修复利润表。

4. 杠杆率保持合规水平，短期偿债能力恶化

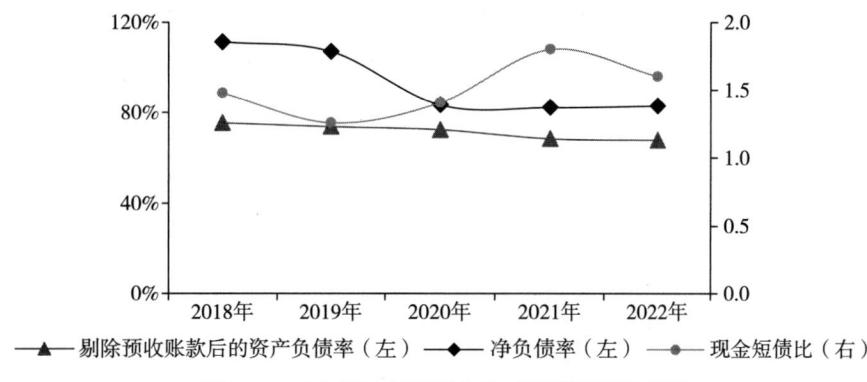

图1-6　2018-2022年百强企业"三道红线"情况

百强企业严格遵守"三道红线"要求，指标均值均已合规，但现金短债比有所下滑。2022年，百强企业严控杠杆率，"三道红线"明显优于合规值。百强企业剔除预收账款的资产负债率均值为67.8%，较上年下降0.6个百分点，净负债率均值为82.9%，较上年上升0.7个百分点；现金短债均值比为1.6，较上年下降0.2。受流动性紧张及一年内到期债务持续增加影响，净负债率和现金短债比指标表现有所减弱。受过去"高杠杆、高负债、高周转"模式影响，百强企业亦积累了较高的杠杆率和偏紧的流动性，在市场调整下财务基本面显露恶化苗头，因此强化经营安全性仍是房企经营重中之重。

5. 融资规模大幅下滑，政策支持有望缓解偿债压力

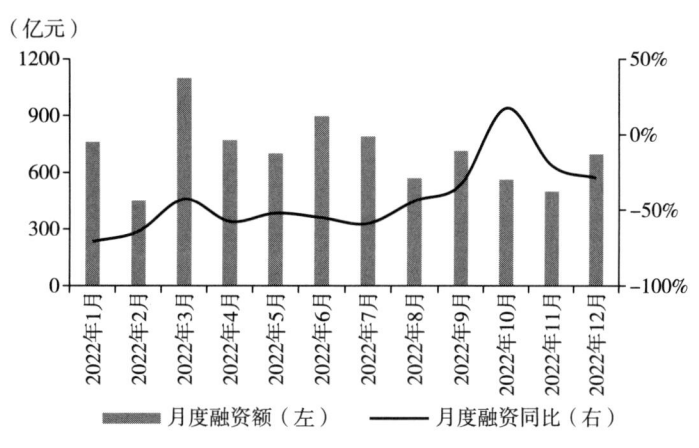

图1-7　2022年月度融资额及增速

行业融资规模同比大幅下滑，信用债、ABS成为主力。2022年，房地产行业共实现非银类融资8457.4亿元，同比下降50.7%。其中信用债融资4654.6亿元，海外债发行仅176.1亿元，信托融资972.1亿元，ABS融资2654.6亿元。各渠道同比均出现下降，其中海外债、信托降幅超八成，信用债成为融资主力。

2022年底政策利好释放，翘尾有所延续。从单月情况来看，3月为年度融资高峰，超过千亿。下半年融资情况不及上半年，主要原因为上半年多家房企连续出现违约事件后，项目停工一度成为焦点问题，市场信心快速消退，融资进程大幅放缓。到了下半年，8月、11月均有融资利好政策释放，且快速落地，因此随后出现了融资小幅回升；特别是12月，多维度的支持政策为行业融资打下了发展基调，年末融资有所翘尾。

6. 尽职尽责保交付，稳预期强信用

百强企业坚定不移地保证交付，彰显责任担当。碧桂园2022年交付近70万套房屋，其中在贵州区域如期交付41个批次、15776套房屋，在云南区域共计交付22个项目、38批次21135套房屋，在湖南按时按质交付97个项目，超5.6万套房屋；在广西14个地市、78个项目共交付4.3万套房屋，其中"交房即交证"超6000套。

7. 积极依法纳税，多方回馈社会

2022年，百强企业积极依法纳税。百强企业纳税额均值为39.1亿元，其中税金及附加均值为33.6亿元，所得税均值为5.5亿元。百强企业秉承绿色理念，注重绿色优先，选取绿色供应链产品及服务，企业积极践行"双碳"战略，推动节能减排绿色建筑。百强企业发挥龙头企业优势，热心公益，关注特殊群体，主动履行社会责任，重塑行业责任发展新形象。

四、2023中国房地产百强企业TOP10研究

表1-2　　2022中国房地产百强企业"综合实力TOP10"

排名	公司名称
1	保利发展控股集团
2	万科企业股份有限公司
3	中海地产（中国海外发展）
4	华润置地有限公司
5	碧桂园控股有限公司
6	招商局蛇口工业区控股股份有限公司
7	绿城中国控股有限公司
8	龙湖集团控股有限公司
9	金地（集团）股份有限公司
10	新城控股集团股份有限公司

2022年，综合实力TOP10企业销售额均值达3067亿元，市场份额同比上升0.4个百分点；10家企业的全年营业收入均值同比增长4.9%，净利润均值同比下降24.8%，超出百强企业均值30.1和29.6个百分点，企业综合实力彰显。

表1-3　　2022中国房地产百强企业"规模性TOP10"

排名	公司名称
1	碧桂园控股有限公司
2	万科企业股份有限公司
3	保利发展控股集团
4	中海地产（中国海外发展）
5	绿城中国控股有限公司
6	招商局蛇口工业区控股股份有限公司
7	华润置地有限公司
8	龙湖集团控股有限公司
9	金地（集团）股份有限公司
10	建发房地产集团有限公司

2022年，规模性TOP10企业的资产和销售规模持续扩大，总资产均值10285亿元，同比下降6.7%，销售额及营业收入均值分别为3121.0亿元和2582.9亿元，规模效应凸显。

表1-4　　　　　　　　　　2023中国房地产百强企业"盈利性TOP10"

排名	公司名称
1	中海地产（中国海外发展）
2	万科企业股份有限公司
3	保利发展控股集团
4	招商局蛇口工业区控股股份有限公司
5	华润置地有限公司
6	中冶置业集团有限公司
7	龙湖集团控股有限公司
8	杭州滨江房产集团股份有限公司
9	金地（集团）股份有限公司
10	中国金茂控股集团有限公司

2022年，盈利性TOP10企业的净利润小幅下降，净利润均值同比下降9.6%至207.9亿元，是同期百强企业净利润均值的9.6倍，降幅小于百强企业44.8个百分点。同时，盈利性TOP10企业拥有较好盈利质量，净利率均值为11.8%，高出百强企业均值5.4个百分点。

表1-5　　　　　　　　　　2023中国房地产百强企业"成长性TOP10"

排名	公司名称
1	绿城中国控股有限公司
2	中交地产股份有限公司
3	华润置地有限公司
4	中国铁建房地产集团有限公司
5	招商局蛇口工业区控股股份有限公司
6	金地（集团）股份有限公司
7	杭州滨江房产集团股份有限公司
8	珠海华发实业股份有限公司
9	保利置业集团有限公司
10	河南信友置业集团有限公司

2022年，成长性TOP10企业销售额均值同比下降13.2%，营业收入均值同比下降5.6%，降幅分别低于同期百强企业均值17.1、19.6个百分点，在市场下行周期降幅好于行业均值。成长性TOP10企业抓住市场低点择优获取优质土储，畅通融资渠道，为未来发展注入强劲动力。

表1-6　　　　　　　　　　2023中国房地产百强企业"稳健性TOP10"

排名	公司名称
1	中海地产（中国海外发展）
2	上海中建东孚投资发展有限公司
3	中冶置业集团有限公司
4	绿城中国控股有限公司
5	重庆华宇集团有限公司
6	大悦城控股集团股份有限公司
7	上海城建置业发展有限公司
8	天地源股份有限公司
9	上海陆家嘴（集团）有限公司
10	京投发展股份有限公司

2022年，稳健性TOP10企业净负债率均值为76.5%，低于同期百强企业均值6.4个百分点，杠杆率低于行业平均水平；稳健性TOP10企业在2022年的现金短债比均值为1.6，显著高于同期百强企业平均水平，短期偿债能力较强。

表1-7　　　　　　　　　　2023中国房地产百强企业"融资能力TOP10"

排名	公司名称
1	保利发展控股集团
2	华润置地有限公司
3	中海地产（中国海外发展）
4	招商局蛇口工业区控股股份有限公司
5	绿城中国控股有限公司
6	金地（集团）股份有限公司
7	大悦城控股集团股份有限公司
8	龙湖集团控股有限公司
9	新城控股集团股份有限公司
10	越秀地产股份有限公司

融资能力TOP10企业在发行利率、发行能力方面均体现出较强优势。2022年，融资能力TOP10企业通过债券融资超千亿，平均融资成本3.1%，低于行业均值0.3个百分点；其中，信用债融资约1396.2亿元，平均融资成本3.1%，低于行业均值0.3个百分点，具有明显的融资成本优势。龙湖全年发行6只信用债，新城发行3只信用债，在民营房企中均名列前茅。

表1-8　　　　　　　　　　2023中国房地产百强企业"运营效率TOP10"

排名	公司名称
1	万科企业股份有限公司
2	金地（集团）股份有限公司
3	华润置地有限公司
4	中国金茂控股集团有限公司
5	中国铁建房地产集团有限公司
6	联发集团有限公司
7	珠海华发实业股份有限公司
8	越秀地产股份有限公司
9	中建信和地产有限公司
10	众安集团有限公司

2022年，运营效率TOP10企业充分利用线上平台加快去化；以其较高的安全经营边际和信用评级，做好保交付工作，提高竣工结转效率。

表1-9　　　　　　　　　　2023中国房地产年度社会责任感企业

排名	公司名称
1	保利发展控股集团
2	绿城中国控股有限公司
3	中海地产（中国海外发展）
4	大悦城控股集团股份有限公司
5	中冶置业集团有限公司
6	上海中建东孚投资发展有限公司

续表

排名	公司名称
7	珠海华发实业股份有限公司
8	广州城投地产
9	天地源股份有限公司
10	上海陆家嘴（集团）有限公司

2022年，年度社会责任感企业履行纳税义务，积极投身长租房市场，参与保障房建设，在公益捐款和乡村振兴等多领域开展公益活动，同时探索绿色发展道路，全方位践行企业公民责任。

表1-10　　　　　　　　　　　　　2023中国房地产百强之星

公司名称
保利发展控股集团
绿城中国控股有限公司
中海地产（中国海外发展）
大悦城控股集团股份有限公司
中冶置业集团有限公司

2022年，中国房地产百强企业研究中涌现出一批进阶明显的企业。在行业调整期，这些企业顺应市场发展形势，深耕核心城市，业绩上升强劲，成为百强企业新势力。

表1-11　　　　　　　　　　　　2023中国房地产部分省份TOP10

河南省 TOP10	湖北省 TOP10	山东省 TOP10
建业集团	武汉城建集团	万科
碧桂园	中建壹品投资	融创中国
正商集团	湖北联投	龙湖集团
华润置地	福星惠誉	瑞马集团
信友集团	武汉城投	济宁城投嘉华
保利发展	湖北交投	中海地产
绿城中国	湖北文旅建发	绿城中国
中建七局地产集团	恺德集团	中国金茂
星联集团	襄投置业	保利发展
招商蛇口	民发集团	兴业房产

副报告一　百强企业研究二十年总结
——中国房地产百强企业发展路径

二十年来，百强企业研究见证了房企发展变迁，研究组详细梳理了百强企业20年经营变化特征。房地产行业发展跌宕起伏，先后经历了制度红利、城镇化加速、货币宽松、结构性机遇、高质量发展等阶段。百强企业的经营，紧随行业阶段特征适时调整，企业从本地起步，然后开展全国化扩张、规模竞赛，再到分化发展，现在进入转型升级阶段。百强企业市场份额从2003年的14.0%提高至2022年的47.5%，二十年提升33.5个百分点，市场集中度明显提升。百强企业二十年留存率仅两成，经营稳健的企业更能穿越周期。优秀企业善于把握行业周期特点，适时调整发展策略，城市布局从城市深耕到全国化扩张再到区域聚焦，产品打造经历了产品思维、客户思维、用户思维、绿色思维等变迁，业务策略由专注开发向轻重并举转变。

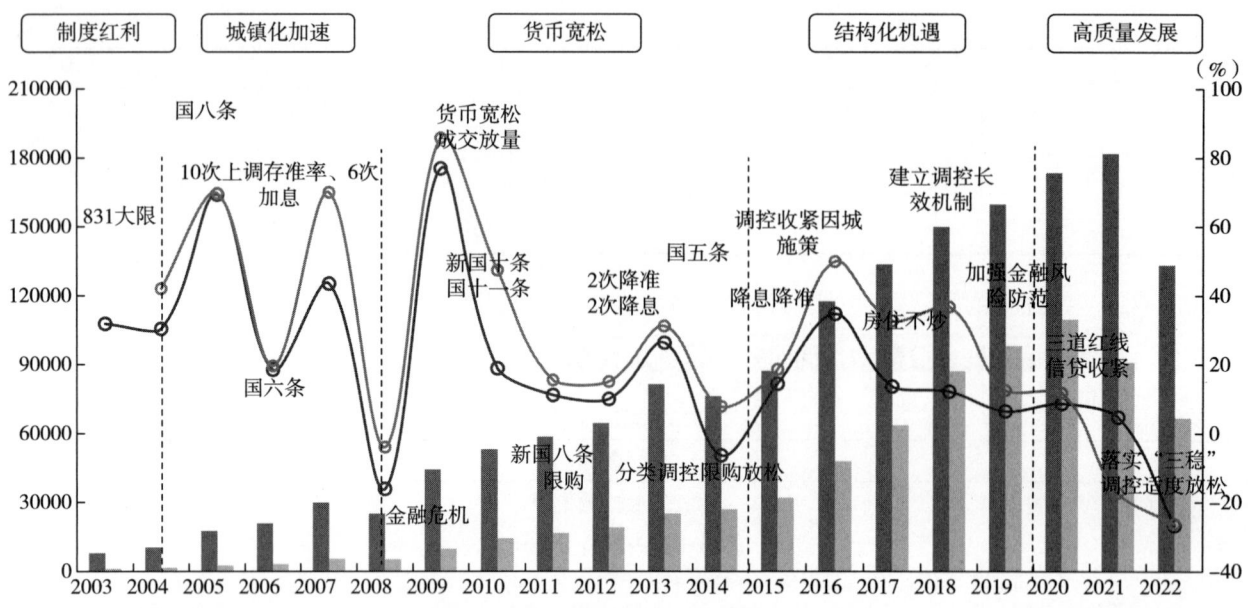

图1-8 中国房地产百强企业发展路径

（一）百强企业二十年总结：把握行业环境，调整发展战略

1. 发展特征演变：本地起步，全国扩张，规模竞赛，分化发展，转型升级

本地起步阶段：1998-2003年，抓住制度红利的房企，成为行业先行者。

全国扩张阶段：2004-2008年，百强企业把握快速城镇化、人口红利带来的巨大机遇，开启全国化布局。规模竞赛阶段：2009-2014年，宽松的货币政策带来资本红利期，刺激了房地产市场高歌猛进，房企经营规模迅速提升。

分化发展阶段：2015-2019年，把握结构性机遇顺势而为的房企，在白热化竞争中脱颖而出甚至弯道超车。
转型升级阶段：2020年至今，房地产金融监管加强，企业发展转型升级，实现高质量发展。

2. 竞争格局变化：百强企业市场份额明显提升，二十年留存率仅两成

百强企业销售额年均提升23.7%，市场份额二十年提升33.5个百分点，市场集中度明显提升。从2003年至2022年，百强企业销售额从1113亿元增长56倍至63301亿元，年复合增长率达23.7%。二十年中，只有2008年因世界金融危机与2022年受新冠疫情等多方面综合影响，百强企业销售额出现下滑。

3. 经营策略变化：布局聚焦深耕，产品持续升级，管理数字化

百强企业把握我国房地产市场所处发展阶段，适时调整发展目标。在此基础上，随着百强企业规模的不断扩张，不同规模阶段中企业结合自身资源禀赋、管理半径、业务专业化程度不断调整企业战略发展规划，重视从布局、产品、业务等方面进行相应的策略调整。

（二）发展策略展望：注重经营安全，提升协同发展

1. 经营安全：严守安全底线，追求有质量增长

房地产行业已经进入深度调整阶段，商品房销售规模下降，房企销售受到冲击。同时，房地产作为支

柱行业，行业规模仍然存在，居民对于美好生活的需求也未得到完全满足。

表1-12	经营安全性优秀企业
	企业名称
	中海地产（中国海外发展）
	保利发展控股集团
	华润置地有限公司
	绿城中国控股有限公司
	杭州滨江房产集团股份有限公司
	杭州市城建开发集团有限公司（大家房产）
	联发集团有限公司
	众安集团有限公司
	河南信友置业集团有限公司
	浙江祥新科技控股集团有限公司

房企一方面应注重经营安全，在严守安全底线的基础上聚焦布局高潜力城市，持续打磨优质产品，抓住增量市场结构性机遇，追求有质量增长；另一方面可以发挥自身优势，发展轻资产商业管理、代建、长租等业务，探索新发展模式。

表1-13	交付力优秀企业
	企业名称
	保利发展控股集团
	绿城中国控股有限公司
	龙湖集团控股有限公司
	珠海华发实业股份有限公司
	中交地产股份有限公司
	联发集团有限公司
	金辉集团股份有限公司
	上海中建东孚投资发展有限公司
	新希望五新实业集团有限公司
	天地源股份有限公司

房企的交付力既是社会责任的担当，亦是其产品力、竞争力更深层次的表达，更是立足长期主义、穿越长周期的关键。

表1-14	产品力优秀企业
	企业名称
	绿城中国控股有限公司
	万科企业股份有限公司
	仁恒置地集团有限公司
	中冶置业集团有限公司
	上海中建东孚投资发展有限公司
	杭州市城建开发集团有限公司（大家房产）
	新城控股集团股份有限公司
	新希望五新实业集团有限公司
	北京泽信控股集团有限公司
	浙江祥新科技控股集团有限公司

面临市场下行压力，产品力优秀企业始终坚持产品研发与创新，满足购房者多元需求。

2. 房地产代建：积极拓展代建，开拓业务蓝海

表1-15　　　　　　　　　　　　　　代建运营优秀企业

企业名称	企业名称
绿城房地产建设管理集团有限公司	河南中原建业城市发展有限公司
蓝城房产建设管理集团有限公司	金地（集团）股份有限公司
绿城置业发展集团有限公司	上海世茂建设管理有限公司
华润置地有限公司	蓝绿双城科技集团有限公司
浙江融创兴元建设管理有限公司	中天美好集团有限公司
海南旭辉建设管理有限公司	腾云筑科置业有限责任公司
新宏图（山东）城市发展集团有限公司	新城控股集团股份有限公司
德信绿建管理集团有限公司	杭州市城建开发集团有限公司（大家房产）
众安建设管理有限公司	光大安石（北京）资产管理有限公司
仁恒置地集团有限公司	朗基资本管理有限公司

对比一般房地产开发模式，代建模式实现了"各司其职、资源最优化配置"的目标。当前，房地产行业面临转型，开发商单纯依靠土地红利和资金快速周转获取高额利润的时代已渐行渐远。消费者开始关注产品品质和售后服务，追求房产品"性价比"，对开发商"专业化"程度的要求也日益提高。合作可以发挥出委托方和代建方各自的特长，整合优势资源，将项目收益提升至最大或是将风险带来损失降到最低。

表1-16　　　　　　　　　　　　　　政府代建运营优秀企业

企业名称	企业名称
蓝城房产建设管理集团有限公司	绿城房地产建设管理集团有限公司
金地（集团）股份有限公司	蓝绿双城科技集团有限公司
绿城置业发展集团有限公司	中天美好集团有限公司
海南旭辉建设管理有限公司	蓝城控股集团有限公司
德信绿建管理集团有限公司	中铁二十局集团房地产开发有限公司
杭州宋都房地产集团有限公司	杭州中兴房地产开发有限公司
杭州西湖房地产集团有限公司	杭州市房地产开发集团有限公司

房企积极参与保障房项目、城市更新、未来社区等政府代建业务。

表1-17　　　　　　　　　　　　　2023中国房地产共建领先企业

企业名称
蓝绿双城科技集团有限公司

3. 综合运营：提升能力，协同发展

在房地产增量空间触顶的背景下，房企在提升开发业务发展质量的同时，也应积极拓展关联存量业务，发挥业务协同效应，提高企业发展韧性。目前，房企主要通过布局商业、产业、长租等相关业务与主业协同发展，发挥自身优势进行品牌和产品力输出，形成多轮驱动的发展模式。

表1-18	产业园区运营优秀企业
	企业名称
	北京联东投资（集团）有限公司
	中新苏州工业园区开发集团股份有限公司
	上海张江高科技园区开发股份有限公司
	上海临港经济发展（集团）有限公司
	重庆两江新区开发投资集团有限公司
	武汉银湖科技发展有限公司
	深圳市星河产业投资发展集团有限公司
	广东中天产城集团有限公司
	重庆西永微电子产业园区开发有限公司
	上海金桥出口加工区开发股份有限公司

优秀产业园运营企业拓展加大布局力度，利用数字化手段提升运营效率。

表1-19	中国产业综合运营优秀企业
	企业名称
	绿城美好产业发展有限公司
	中国金茂控股集团有限公司
	华润置地有限公司
	华侨城集团有限公司
	复星蜂巢控股

房企立足本地资源导入特色产业，加大运营投入，引导产业可持续发展。

表1-20	城市更新优秀企业
	企业名称
	保利发展控股集团
	深圳卓越城市更新集团有限公司
	绿城置业发展集团有限公司
	华润置地有限公司
	蓝绿双城科技集团有限公司
	杭州市城建开发集团有限公司（大家房产）
	蓝城控股集团有限公司
	上海中建东孚投资发展有限公司
	联发集团有限公司
	中冶置业集团有限公司

优秀房企紧抓政策利好，深化城市更新布局力度，凭借自身开发能力与经验获取旧改项目，激发城市发展活力。

表1-21	文旅地产运营优秀企业
	企业名称
	华侨城集团有限公司
	中国金茂控股集团有限公司
	万达文旅集团
	祥源控股集团有限责任公司
	海南省旅游投资发展有限公司

续表

企业名称
福建省旅游发展集团有限公司
四川蜀南文化旅游健康产业投资集团有限公司
港中旅房地产开发有限公司
甘肃文旅产业集团有限公司
贵州旅游投资控股（集团）有限责任公司

随着全域旅游、乡村振兴等国家战略实施持续推进，文旅融合发展进一步增强，文旅产业迎来新发展机遇。

表1-22　　住房租赁运营优秀企业

企业名称
深圳招商伊敦酒店及公寓管理有限公司
有巢住房租赁（深圳）有限公司
深圳市星河产业投资发展集团有限公司
湖北省住房保障建设管理有限公司
重庆市渝地辰寓住房租赁有限公司

积极投入长租房市场，在融资创新、品牌建设、业务拓展等方面新动作不断。

4. 房地产企业"专精小巨人"：业务因"专"而"精"，打造标杆产品

为继续发掘优质企业，从本次研究结果的101~200强企业中优选出中国房地产企业"专精小巨人"，分析其经营特征。这类企业主要为深耕一二线城市的房地产企业，以住宅开发为基础，依托产业布局，提升抗风险能力，减轻了房地产市场波动造成的影响，在市场波动中展现出了强韧性。

表1-23　　房地产企业"专精小巨人"

企业名称
中电光谷联合控股有限公司
四川省景茂置业集团有限公司
北京泽信控股集团有限公司
南京高科股份有限公司
武汉恺德控股集团有限公司
四川中瑞天悦实业有限公司（新绿色置业）
中国国际贸易中心股份有限公司
深圳市中洲投资控股股份有限公司
知识城（广州）投资集团有限公司
深圳湾科技发展有限公司

副报告二　2023中国房地产服务优秀企业研究报告

2022年中央多次强调房地产政策坚持"房住不炒"基调，10月，党的二十大报告中，针对房地产的相关表述为"坚持房子是用来住的、不是用来炒的定位，加快建立多主体供给、多渠道保障、租购并举的住房制度"，各地区各部门坚持房住不炒，积极推进因城施策，支持刚性和改善性合理住房需求，加大保交楼力度,促进房地产市场稳定发展,效果逐步显现。房地产市场出现了一定积极变化,下阶段还是要坚持房住不炒的定位,积极推进购租并举,支持刚性和改善性住房需求,推动房地产市场逐步企稳,保持平稳健康发展。在新竞争格局下,房地产服务行业亦迎来新的机遇和挑战。一方面,房地产市场仍处于筑底阶段,开发企业风险有待出清,为房地产服务企业的发展带来巨大挑战;另一方面,房地产存量市场的持续扩大也为房地产服务业务拓展带来了新的发展机遇。房地产服务企业要顺应时代发展需求,积极响应政策号召探索租售新模式,创新改革适应市场新变化,加强渠道合作以及大数据数字化技术应用,持续提升综合竞争力,稳健穿越周期。

在此背景下,房地产服务行业加快转型升级,涌现出一批紧跟时代发展、创新向前的优秀房地产服务企业,他们顺应时代发展需求,创新服务模式,深化服务能力,成为行业的先锋。其中,策划代理企业优化服务渠道,更新服务理念,扩大服务覆盖范围,提升了综合实力。

1. 策划代理企业:深耕重点城市,调整发展战略,升级运营模式

2022年以来,房地产百强企业聚焦在保民生、提品质上,强化经营管理能力,实现企业高质量发展。行业的竞争格局正在发生剧变,行业高质量发展的趋势愈发强烈。优秀策划代理企业以客户需求为导向,聚焦一二线城市,并积极探索多元化发展的新模式,寻求长远可持续的创新服务模式;积极尝试数字化转型,不断挖掘市场发展潜力,在新的竞争格局中推出特色服务,建立竞争壁垒。

表1-24　　　　　　　　　　　2023中国房地产策划代理TOP10优秀企业

企业名称
合富辉煌
保利和润房地产投资顾问有限公司
同策房产咨询股份有限公司
新联康(中国)有限公司
深圳世联行地产顾问股份有限公司
江苏新景祥网络科技股份有限公司
成都正合地产顾问股份有限公司
广州市中地行房产代理有限公司
北京亚豪房地产经纪有限公司
上海策源置业顾问股份有限公司

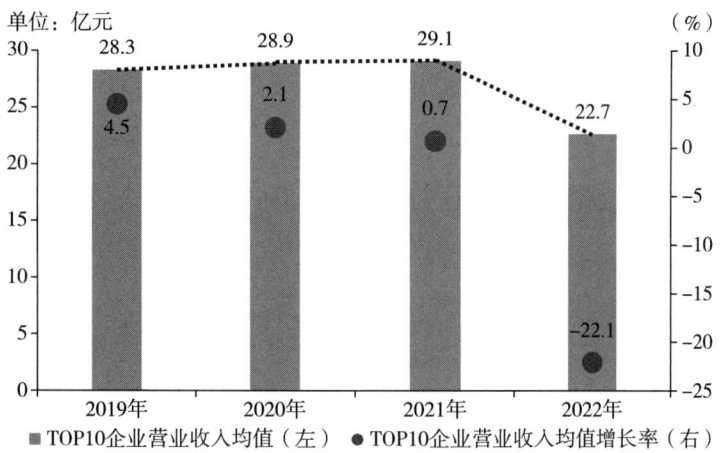

图1-9　2019-2022年房地产策划代理TOP10企业营业收入均值及增长率

2022年，虽然房地产调控政策整体有所放松，但新冠疫情对策划代理企业营业收入影响较大。2022年，全国商品房销售规模下降26.7%。房地产市场经历了深度调整，市场观望情绪浓厚，销售去化速度放缓，行业面临换锚下调和严峻挑战。从策划代理TOP10企业来看，2022年营业收入均值为22.7亿元，下降22.1%。策划代理企业应积极发展多业务品牌驱动、多元化发展的新模式，构筑核心竞争力，加快新智能技术应用，深化营销渠道功能，巩固与开发商间合作关系。

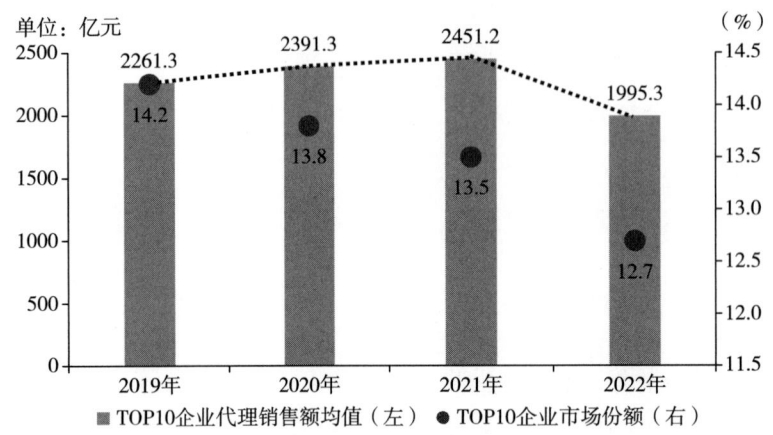

图1-10　2019-2022年房地产策划代理TOP10企业代理销售额均值及市场份额

2022年策划代理TOP10企业代理销售额均值为1995.3亿元，同比下降18.6%。在市场销售压力增大、城市分化格局延续的背景下，策划代理TOP10企业积极巩固原有市场份额，敏锐洞察高能级城市市场韧性，聚焦重点城市，保障销售韧性。

2. 地产基金：稳健经营，拓宽投资渠道

2022年，全国房地产市场深度调整，房地产金融监管政策持续优化和完善，一方面给予租赁住房更大的金融支持，另一方面加大对优质房企的资金支持力度，四季度"金融16条"出台，支持企业融资的"三支箭"先后落地，监管部门要求积极发挥私募股权投资基金作用，促进房地产企业盘活经营性不动产并探索新的发展模式，满足不动产领域合理融资需求。在市场调整、企业资金压力不减、"保交楼"等背景下，房地产基金企业在深耕重点区域、严格风险管控的同时，也在主动寻找投资标的，拓宽投资渠道，城市更新、产业园区、优质商业项目、长租公寓等标的成为不少企业的关注点。另外，房地产企业的项目收并购机会也在增加。

表1-25　　　　　　　　　　　　中国房地产基金综合能力优秀企业

企业简称	企业简称
光大安石	信保基金
国寿资本	中城投资
毅达汇景	中保产业基金
保利资本	合凡资产
临方投资	洛德基金
华金资管	首金资本

房地产基金企业深耕优势地区，严格管控风险，保障稳健经营。2022年房地产市场持续调整，销售端恢复不及预期的情况下，企业资金面承压，债务违约事件频现，房地产基金企业提升自身管理能力，严控经营风险，保障企业稳健发展。

结　语

2022年，房地产政策不断优化，效果正在显现。行业整体处于深度调整阶段，房企的销售规模和盈利能力都遇到了挑战，未来在保证交付的背景下，房企仍应将现金流安全和有利润的增长作为重中之重，致力于追求高质量的增长。

报告二　2023中国商业地产百强企业研究报告

一、研究背景与目的

2022年，我国宏观经济增速放缓，新冠疫情扰动导致线下消费表现疲软，商业地产市场运行承压，叠加存量时代到来，短期冲击与长期矛盾交织，企业经营面临挑战。为了推动经济高质量发展，党的二十大报告提出要"把实施扩大内需战略同深化供给侧结构性改革有机结合起来，增强国内大循环内生动力和可靠性"。2023年政府工作报告中提出"把恢复和扩大消费摆在优先位置。……稳定大宗消费，推动生活服务消费恢复"。扩大内需、恢复消费已成为我国经济工作的首要任务，随着疫情影响消退，今年线下消费也将逐步恢复，优质头部商业地产企业有望迎来业绩修复。企业应紧抓消费市场和服务业复苏机遇，提升经营能力和运营水平，在巩固基本盘的同时实现高质量增长。

中指研究院、中国房地产指数系统持续深耕商业地产行业的数据分析与研究，已连续多年对商业地产优秀企业进行分析与评价，并分别于2018年和2019年开始发布中国商铺租金指数和中国写字楼租金指数。2023年，中指研究院结合在商业地产领域多年的研究积累与数据基础，启动"2023中国商业地产百强企业"研究，发掘行业中综合实力强、成长潜力大、经营稳健、社会责任感强的优秀商业地产企业群体，鼓励企业在客观认识商业地产发展现状及行业变化趋势的基础上，不断提高企业管理运营水平，促进行业平稳健康发展。

在分析总结历年研究经验及商业地产企业发展现状的基础上，中指研究院继续从规模性、成长性、稳健性、运营能力和融资能力等五个方面全面、客观地评价企业的综合实力，引导企业不断优化发展模式，推动行业健康、良性运行。

本研究的目的如下。

①通过对企业的经营规模和商业地产业务的运营表现等指标进行量化研究，发掘商业地产业务实力强、成长性好以及经营稳健的优秀企业群体。

②通过系统研究，打造"中国商业地产百强企业"品牌，提升企业知名度和影响力，发挥企业的行业示范效应，推动企业不断优化业务结构，实现健康发展。

二、研究方法体系

（一）标准和门槛值

中国商业地产百强企业研究坚持以数据为依据，坚持客观、公正、准确、全面的研究原则。依照相关惯例，我们对中国商业地产百强企业设立如下筛选标准和门槛值。

①以依法设立并登记注册的以商业地产（含商业零售物业经营、写字楼经营等）为重要经营业务的企业作为研究对象。

②按照惯例，对进入研究范围的企业给予一个门槛指标。中指研究院根据近3年商业地产企业实际经营状况，确定为企业近3年商业地产相关业务收入均值超1亿元，或持有、运营经营性物业面积超10万平方米。

③为了鼓励中国内地商业地产企业做强做优，同时鉴于境外背景商业地产企业涉及数据拆分问题，本次研究聚焦于内地背景的商业地产企业。

④符合上述1~3条，但是严重拖欠工程款或有重大偷漏税等违规行为问题的企业，取消评审资格。

（二）评价指标体系

1. 评价指标体系设立原则

2023中国商业地产百强企业研究以2020-2022年度为研究时间段，涵盖规模性、成长性、稳健性、运营能力、融资能力等指标，全面考量企业的综合实力与业务发展能力。

评价指标体系的设计主要把握以下几个基本原则。

①企业规模和运营能力相结合。企业规模和运营能力是企业发展的驱动力，尤其是在房地产行业整体降速后，商业地产企业的运营能力将成为其未来规模拓展的决定性要素。

②成长潜力与经营稳健并重。商业地产行业受宏观经济运行影响较大，也面临周期性波动及外部环境冲击，此次研究强调企业成长潜力的培育必须建立在稳健经营的前提下，鼓励企业更好地平衡稳健经营与成长之间的关系，以维护整个行业的平稳健康发展。

③融资能力与综合实力相结合。融资能力是商业地产企业发展的重要因素，目前以优质商业项目为底层资产的资产证券化仍是企业融资的重要方式之一，同时随着不动产金融的发展与完善，商业不动产融资渠道正在不断拓宽，综合实力和运营能力突出的企业将获得更多的融资支持。

2. 评价指标体系

在2023中国商业地产百强企业研究中，根据企业规模和运营能力相结合、成长潜力与经营稳健并重、融资能力与综合实力相结合的原则，全面客观地评价企业的综合实力。

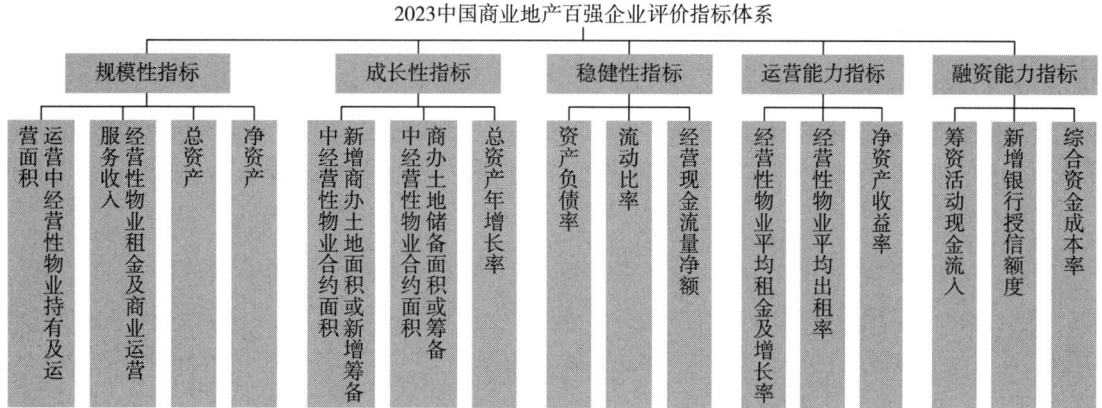

图2-1　2023中国商业地产百强企业评价指标体系

（三）数据来源和复核

1. 数据来源

①企业填报数据。
②中指数据 CREIS、中国房地产指数系统中国商铺租金指数及写字楼租金指数。
③企业对外公布的信息（包括公司年报、企业网站公布的信息和对外派发的宣传资料）。
④有关政府部门（包括建委、房管局和统计局等）的公开数据。
⑤2020、2021、2022 中国商业地产企业研究收集的数据资料。

2. 数据复核

企业填报的数据须如实客观，同时中指研究院对填报数据进行复核。
①通过会计师事务所出具的报表复核企业财务数据。
②通过税单复核企业经营收入及利润。
③对收集的数据坚持交叉复核：通过各地房地产交易中心公开的项目交易情况复核企业提供的销售数据；结合中国房地产指数系统中国商铺/写字楼租金指数样本复核相关租金数据。对有疑问的数据，研究组可要求进行现场复核。

（四）计量评价方法

采用因子分析（Factor Analysis）研究方法，以确保严谨。因子分析是一种从变量方差—协方差结构入手，在尽可能多地保留原始信息的基础上，用少数新变量解释原始变量方差的多元统计分析方法。它将原始变量分解为公共因子和特殊因子之和，并通过因子旋转，得到符合现实意义的公共因子，然后用这些公共因子去解释原始变量的方差。计算中国商业地产百强企业综合实力时，主要是计算各构成要素的相关矩阵，通过相关矩阵得到特征值、累计特征值及因子载荷。根据最初几个特征值在全部特征值的累计百分率大于或等于某百分比的原则，确定公共因子的具体个数，再根据因子载荷矩阵确定各个因子的现实意义并重新命名，最后根据不同企业各个因子的得分及载荷矩阵，通过加权累加构成 2023 中国商业地产百强企业综合实力指数。

三、主要研究成果

（一）2023 中国商业地产百强企业

在 2023 中国商业地产百强企业研究中，中指研究院根据近 3 年企业实际经营状况，依据企业规模和运营能力相结合、成长潜力与经营稳健并重、融资能力与综合实力相结合的原则，运用因子分析法及相关数学模型，深入分析研究全国重点商业地产相关企业（集团）的规模性、成长性、稳健性、运营能力、融资能力等方面的指标和数据信息，科学全面地计算出商业地产企业的综合实力指数。

要特别说明的是：当前，商业地产企业分化显著，有少部分专注于商业开发运营的企业运营规模突出、经营水平高，但仍有不少商业地产企业依托有住宅开发背景的母公司，服务于其开发的大型商业项目或住宅社区的商业配套，发展水平有限，经营数据亦未完全拆分。因此，考虑到行业示范效应和数据研究的严谨性原则，本次"2023中国商业地产百强企业"研究仅列示50家重点代表性企业，整体分析也以这50家代表企业为重点样本，供行业参考。

表2-1　　　　　　　　　　　2023中国商业地产百强企业（代表企业）

珠海万达商业管理集团股份有限公司	浙江开元商业管理集团股份有限公司
华润万象生活有限公司	上海陆家嘴金融贸易区开发股份有限公司
印力商用置业有限公司	首创钜大有限公司
新城控股集团股份有限公司	上海中建东孚资产管理有限公司
龙湖集团控股有限公司	广州越秀商业地产经营管理有限公司
大悦城控股集团股份有限公司	上海旭美商业投资管理有限公司
宝龙商业管理控股有限公司	远洋集团控股有限公司
中海商业发展（深圳）有限公司	中国国贸
世纪金源商业管理有限责任公司	北京金隅集团股份有限公司
王府井集团股份有限公司	环球港商业集团
深圳招商商置投资有限公司	广州华发商业经营管理有限公司
弘阳商业集团	深圳市益田旅游商业集团股份有限公司
星盛商业管理股份有限公司	金地商置集团有限公司
保利商业地产投资管理有限公司	广东粤海天河城（集团）股份有限公司
合生商业集团	北京兆泰集团股份有限公司
中国金茂控股集团有限公司	瑞安房地产
北京北辰实业股份有限公司	茂业国际控股有限公司
金融街控股股份有限公司	武商集团股份有限公司
银泰置地（集团）有限公司	深圳市京基百纳商业管理有限公司
天虹数科商业股份有限公司	复星国际有限公司
金鹰国际商贸集团（中国）有限公司	深圳市地铁商业管理有限公司
上海亿丰企业集团投资有限公司	苏州圆融发展集团有限公司
中骏商管智慧服务控股有限公司	南国置业股份有限公司
鸿荣源壹方商用置业有限公司	德基集团有限公司
上海百联集团股份有限公司	深圳市海岸商业管理有限公司

（二）商业地产百强企业发展特点

2022年，多重超预期因素冲击下，我国经济增速放缓，尤其是新冠疫情出现多轮反复，拖累消费市场和服务业经济恢复，商业地产市场运行承压。2022年，我国GDP同比仅增长3.0%，经济低速运行；二季度及四季度疫情反复，波及面较大，消费市场尤其是接触型、聚集型消费受到严重冲击，全年社会消费品零售总额同比下降0.2%；服务业经济活力下降，下半年服务业商务活动指数持续下滑，9~12月位于收缩区间。

从商业地产市场表现来看，供需两端均走弱。供应端，2022年，全国300城商办用地供需均缩量，推出及成交规划建筑面积同比分别下降23.2%、17.6%；商业营业用房及办公楼投资开工规模下滑，全年全国商业营业用房及办公楼开发投资额同比分别下降14.4%、11.4%，新开工面积同比分别下降41.9%、39.1%。需求端，2022年，全国商业营业用房及办公楼销售面积同比分别下降8.9%、3.3%；商铺及写字楼租赁需求疲软，租金下行。

面对行业寒冬,商业地产百强代表企业在过去一年直面挑战,在逆境中固本拓新,夯实经营能力。一方面,加大轻资产拓展力度,审慎收并购,保持适度规模增长。另一方面,加大数字化转型力度,多措并举实现降本增效;同时以创新内容、会员服务赋能消费者与租户,保障项目稳健运营。

2023年以来,我国宏观经济和消费市场已呈现复苏态势,恢复和扩大内需也是今年经济工作的首要任务,机构对2023年社会消费品零售总额预期增速普遍在7%以上。伴随着消费市场的稳步复苏,2023年我国商业地产市场也有望恢复活力,商业地产百强代表企业应全力以赴抓机会、稳增长,引领行业加速修复,实现高质量发展。

1. 规模表现

(1) 2022年百强代表企业经营性物业持有及运营面积同比增速降至9.6%,近五年来首次低于10%

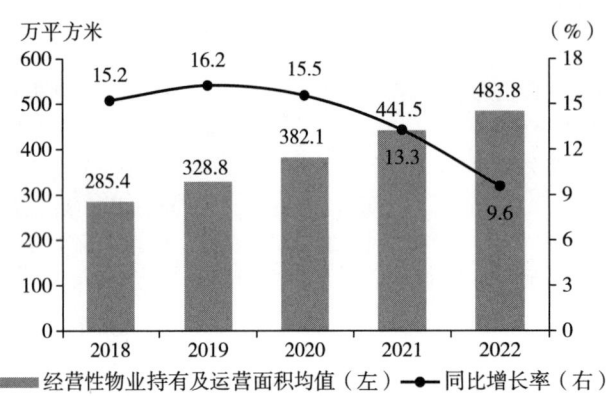

图2-2 商业地产百强代表企业经营性物业持有及运营面积均值及同比增速

受宏观经济下行、新冠疫情冲击及消费市场疲软等因素影响,商办市场供需两端均走弱,百强代表企业经营性物业持有及运营规模增速明显放缓。2022年,商业地产百强代表企业经营性物业持有及运营面积均值为483.8万平方米,同比增长9.6%,近五年来首次降至10%以下,增幅较2021年收窄3.7个百分点。

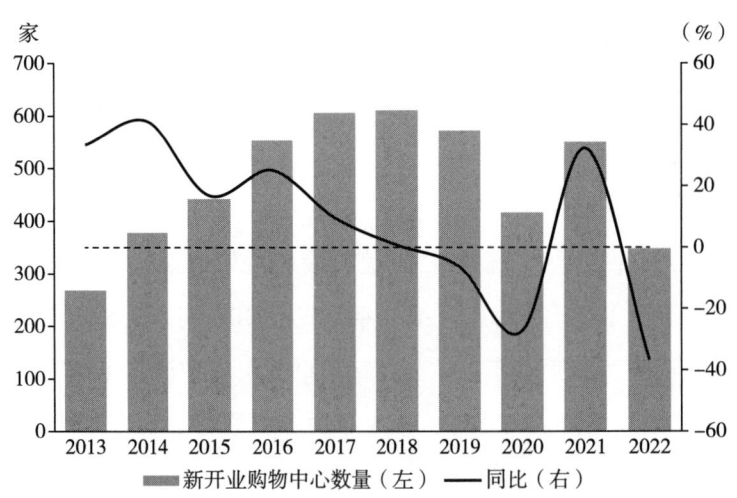

图2-3 2013-2022年中国新开业购物中心数量及同比变化

从行业规模扩张速度来看,2022年全国购物中心开业节奏亦明显放缓。根据中指数据,2022年,全国3万平方米及以上新开业购物中心[①]数量约350个(总建筑面积约3100万方),同比降幅超三成,回落

---

① 本文所述购物中心存量、增量数据,统计口径均为3万平方米及以上项目。

到2014年的水平。

（2）百强代表企业经营性物业租金及运营服务收入同比增速降至6.3%，收入增速低于面积增速，坪效下降

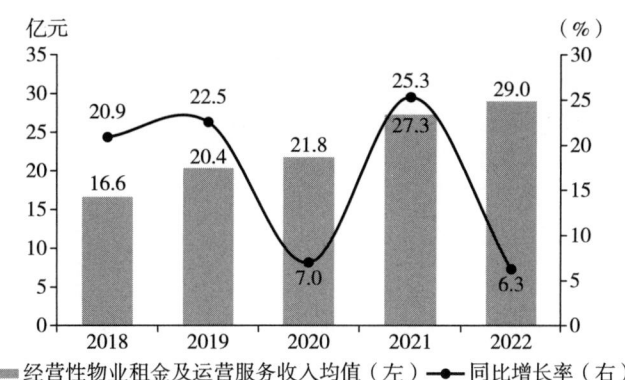

图2-4　商业地产百强代表企业经营性物业租金及运营服务收入均值及同比增速

受疫情影响，实体商业客流下降，商业项目营业额普遍下滑，商业地产企业收入承压，叠加央国企积极落实国家政策，为商户减免租金，多重因素影响下，百强代表企业租金收入增速回落。2022年，百强代表企业经营性物业租金及运营服务收入均值为29.0亿元，同比增长6.3%，增幅较2021年收窄19.0个百分点。百强代表企业租金及运营服务收入同比增速低于持有及运营面积增速，表明2022年商办物业单位面积贡献的收入有所下降，经营压力突出。

（3）布局策略：战略聚焦核心一二线，战术拓展优质三四线城市

从存量购物中心的分布来看，根据中指数据，截至2022年末，全国3万平方米及以上已开业购物中心总建筑面积约5亿平方米（项目数近5700个），其中五大城市群占比约六成，长三角、珠三角核心一二线及强三线城市商业氛围浓厚，购物中心密集。

具体来看，长三角城市群购物中心存量规模超1.2亿平方米（项目数量近1400个），远高于其他城市群，存量规模约占全国四分之一。其中，上海购物中心存量规模约2600万平方米（项目数量近340个），居全国之首；苏州、杭州存量规模在1000万~1500万平方米之间，南京存量规模近1000万平方米（三城项目数量均超100个）；宁波、合肥、无锡存量规模在500万~800万平方米之间，南通、温州、常州、扬州、盐城购物中心存量规模在300万~500万平方米之间。

珠三角城市群购物中心存量规模约5400万平方米（项目数量近700个）。其中，深圳、广州存量规模在1300万~1500万平方米之间，佛山存量规模近1000万平方米（三城项目数量均超100个）；东莞、中山购物中心存量规模在300万~600万平方米之间。

其他区域中，重庆、成都、北京、武汉购物中心存量规模在1100万~1700万平方米之间，西安、天津、长沙、沈阳、青岛、郑州、昆明、福州存量规模在500万~900万平方米之间，哈尔滨、济南、南昌等11个城市购物中心存量规模在300万~500万平方米之间。

商业地产百强代表企业的布局策略，也是主要聚焦于经济发达、消费市场活力强、消费需求旺的核心城市群高能级城市，在稳固区域领先地位的基础上，适度向周边的强三线城市拓展。

值得注意的是，随着一二线城市商业地产市场进入存量时代，部分企业也逐渐关注三四线下沉市场机会以实现规模增长。在新型城镇化战略下，城市群内部的大中小城市联动性增强，尤其是长三角、珠三角

区域的三四线城市，人口吸引力增强，居民收入不断提升，消费需求升级，商业地产市场存在增量发展空间，部分企业抓住三四线城市发展机遇，进行全国化布局。

2. 成长性

商业地产企业的拓展方式逐渐从以重资产为主向"轻重并举"转变。重资产拓展方面，2022年，商业地产百强代表企业普遍持相对谨慎的态度，一方面普遍暂缓获取纯商办用地，另一方面，在收并购市场大多表现出"积极看机会，谨慎做决定"的态度。与此形成对比的是，在轻资产拓展方面，2022年，商业地产百强代表企业普遍表现出更加积极的态度。

（1）增量开发放缓，300城商办用地供需均缩量，百强代表企业普遍暂缓获取纯商办用地

2022年，受经济下行及新冠疫情反复影响，消费市场和企业经营承压，商业地产市场需求疲软，企业拿地更趋谨慎。

300城商办用地推出及成交规模同比均下降。2022年，全国300城商办用地推出及成交规划建筑面积分别为2.01亿平方米、1.77亿平方米，同比分别下降23.2%、17.6%。

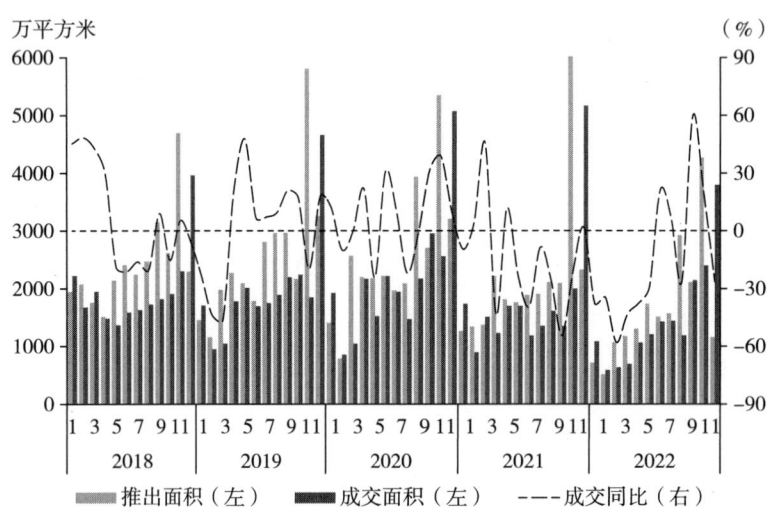

图2-5　2018-2022年300城商办用地推出、成交规划建筑面积及同比变化

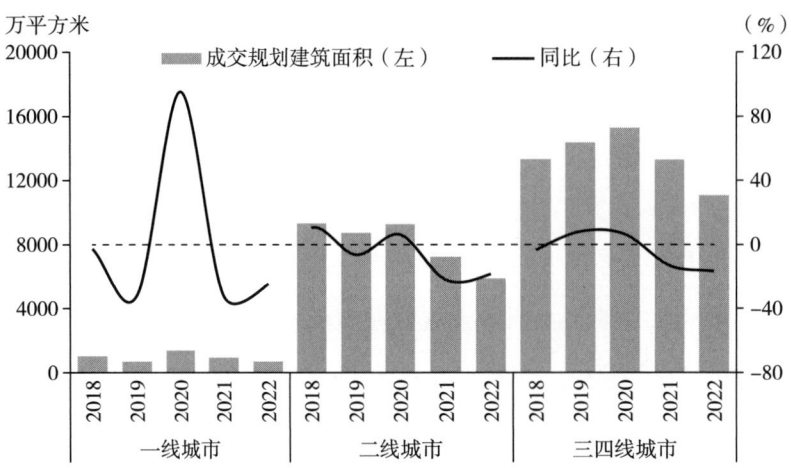

图2-6　2018-2022年各线城市商办用地成交规划建筑面积及同比变化

各梯队城市商办用地成交面积同比均下降。具体来看，2022年，一线城市商办用地成交规划建筑面积为705万平方米，同比下降24.6%；二线城市为5899万平方米，同比下降18.4%；三四线城市为11064

平方米，同比下降16.7%。

受企业资金承压、商业地产市场需求走弱等因素影响，商业地产百强代表企业拿地意愿显著下降。2022年，百强代表企业普遍暂缓获取纯商办用地，少量成交的地块均位于商业氛围浓厚、交通便捷、配套成熟的优质商圈。

（2）宏观经济承压背景下，存量市场大宗交易活跃度下降，但仍存优质资产收并购机会

2022年，受经济下行、新冠疫情多发等因素影响，国内大宗交易市场活跃度下降，买方投资偏谨慎，投资规模回落。根据中指数据，2022年，20个重点城市共监测到大宗交易141宗，较2021年减少78宗。分城市来看，一线城市共监测到大宗交易87宗，占比62%，上海仍是大宗交易最活跃的城市，共监测到47宗；二线城市共监测到大宗交易54宗，活跃度显著低于一线城市，其中成都、杭州、重庆、苏州、武汉交易相对活跃。

写字楼标的最受投资者青睐。分物业类型来看，以写字楼为标的的交易占40%；其次为商业，占比13%；综合体、商务园区、工业厂房占比均在10%左右；其他资产类型合计占比18%。

商办类资产的卖家多以资金承压的房企为主，为了缓解资金压力，部分房企选择快速出售资产以回笼资金，大宗交易市场中优质商办类标的增多。在此情况下，部分商业地产百强代表企业把握窗口期，收购高性价比商办类资产实现规模拓展。

（3）百强代表企业加大轻资产拓展力度，"轻重并举"成为行业共识

与重资产拓展的谨慎态度相比，在商办物业进入存量阶段且外部环境承压的情况下，百强代表企业普遍选择在轻资产拓展方面发力，以实现运营管理规模增长。

从轻资产拓展的策略来看，百强代表企业积极尝试拓展不同类型项目，包括TOD项目、城市更新项目、文旅项目等，不断提升运营能力，完善服务体系。同时，部分企业加强与国资平台的合作，多渠道进行轻资产拓展。

整体来看，商业地产企业积极采取"轻重并举"的策略拓展规模。重资产方面，增量开发空间相对有限，收购并改造优质存量资产仍是头部企业扩充资产规模的有效方式之一；轻资产方面，百强代表企业近年来持续发力，不断提升运营能力，实现多渠道拓展。

3. 经营质量

（1）商业项目经营承压，出租率普遍下滑，百强企业重点项目平均出租率亦降至90%以下，市场形势严峻

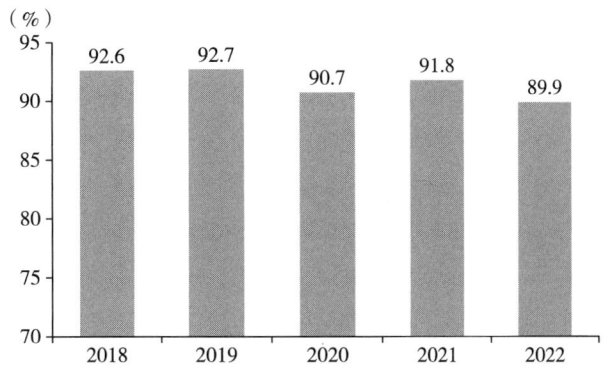

图2-7　商业地产百强代表企业重点项目平均出租率

2022年二季度起，新冠疫情时有反复且波及面扩大，部分商户和企业经营不善，选择退租，百强代表企业重点项目经营压力加大，平均出租率有所下降。2022年，商业地产百强代表企业重点项目平均出租率为89.9%，较2021年下降1.9个百分点。百强企业重点项目尚属商业地产市场中相对优质的项目，据此推测，商业地产整体市场的出租率下滑恐更为明显，市场形势更加严峻。

表2-2　　　　　　　　　　　　　　2023中国商业地产典型项目

项目名称	城市	企业名称
深圳万象天地	深圳	华润万象生活有限公司
南京建邺吾悦广场	南京	新城控股集团股份有限公司
深圳光明万达广场	深圳	珠海万达商业管理集团股份有限公司
武汉大悦城	武汉	大悦城控股集团股份有限公司
中建广场	上海	上海中建东孚资产管理有限公司

在宏观经济下行压力增加、消费市场恢复不及预期的情况下，商业地产百强代表企业通过精细化的内容打造、会员服务、商户帮扶等措施保障项目稳定运营，展示出优秀的运营能力。

（2）商业经营：降本增效成行业主题，数字化建设助力企业效率提升，内容打造+会员服务+商户帮扶保障项目稳定运营

2022年，在多重因素影响下，消费市场疲软，实体商业客流下滑，经营承压，商铺租赁需求收缩，商业街和购物中心租金水平均有所下行。

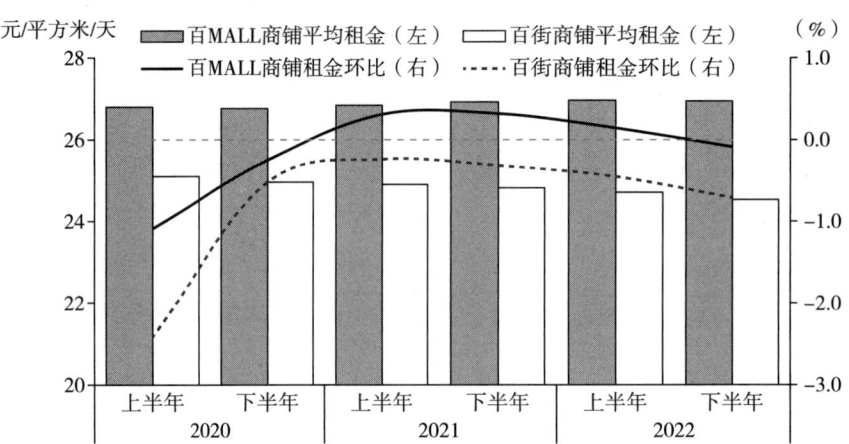

图2-8　2020-2022年全国重点城市主要商圈和商业街平均租金及环比变化

根据中指研究院发布的中国商铺租金指数，2022年，全国重点城市主要商圈（购物中心）租金由涨转跌，主要商业街租金持续下跌。

此外，新冠疫情三年以来，人们的消费理念、消费行为都逐渐产生变化，对消费空间、消费内容的要求不断提高，部分存量较多的区域项目竞争日趋激烈，项目经营情况分化加剧。严峻的市场形势推动商业地产企业不断提升创新能力，保持组织活力，强化运营能力，提高服务水平。

表2-3　　　　　　　　　　　　　　2023中国商业地产运营十强企业

企业名称
珠海万达商业管理集团股份有限公司
大悦城控股集团股份有限公司
新城控股集团股份有限公司

续表

企业名称
华润万象生活有限公司
龙湖集团控股有限公司
合生商业集团
深圳招商商置投资有限公司
恒太商业管理集团有限公司
众安商业集团有限公司
广州越秀商业地产经营管理有限公司

面对市场下行压力，商业地产百强代表企业主要采取稳中求进的经营策略。企业经营层面，推进数字化建设，降本增效；项目运营层面则加强精细化运营，通过引入首店、举办特色营销活动、增强会员体系功能等方式保持消费者黏性，并对商户进行帮扶，稳定客流和销售额，进而稳定项目出租率。

①企业经营层面，商业地产百强代表企业继续推进数字化建设，促进降本增效。通过搭建数字化平台，企业可以打通各部门和业务线条的流程及数据，提升协同性，减少沟通成本，提高运营效率；同时，对各类运营数据的智能分析，可助力企业科学决策。

②项目运营层面，商业地产百强代表企业着重提升消费者体验，为商户创造价值。消费者体验方面，主要通过优质内容打造和会员服务提升消费者黏性；针对商户，则主要通过帮扶为商户持续创造价值。

（3）写字楼经营：租赁需求疲软，百强代表企业加强产品打磨，以精细化服务吸引优质租户

近年来，写字楼租赁市场进入新一轮调整期，从需求端来看，新冠疫情时有反复，制约服务业经济发展，写字楼租赁需求释放动力不足，此外双减政策、TMT行业调整等因素也对写字楼租赁需求释放造成一定影响。同时，部分城市写字楼供应持续增加，长期处于供大于求的态势，导致空置率高企。

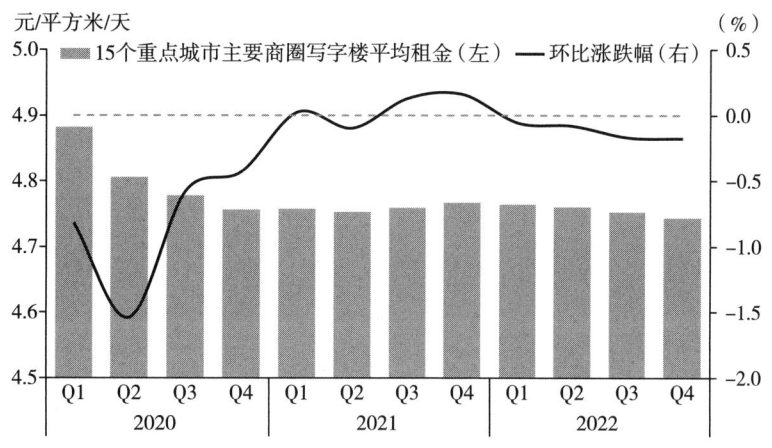

图2-9　2020-2022年全国重点城市主要商圈写字楼平均租金及环比变化

根据中指研究院发布的中国写字楼租金指数，2022年，全国重点城市主要商圈写字楼平均租金连续四个季度下跌，且跌幅持续扩大。

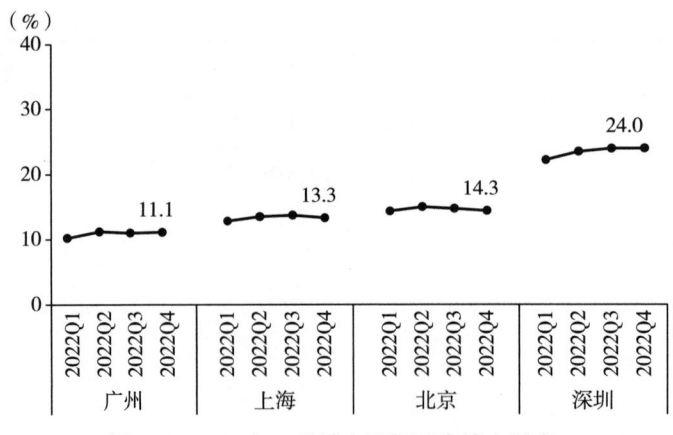

图2-10　2022年一线城市甲级写字楼空置率

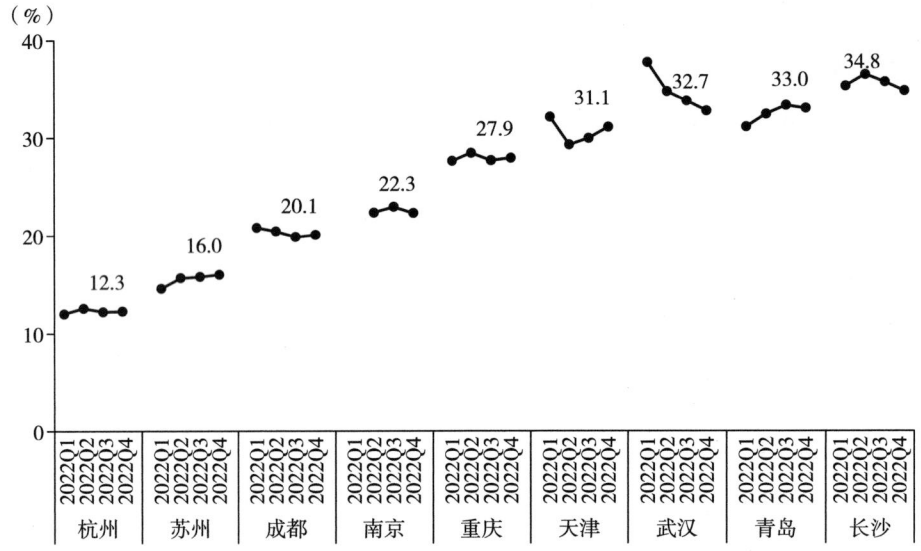

图2-11　2022年二线代表城市甲级写字楼空置率

2022年，部分二线代表城市写字楼租赁需求疲弱，短期内空置压力上升。根据中指数据，2022年四季度，一线城市中北上广甲级写字楼空置率相对较低，其中广州最低，为11.1%，深圳空置率在一线城市中最高，为24%；二线代表城市中，杭州甲级写字楼空置率为12.3%，市场供求相对平衡，重庆、天津、武汉、青岛、长沙等城市甲级写字楼空置率则在27%以上，空置压力相对较大。

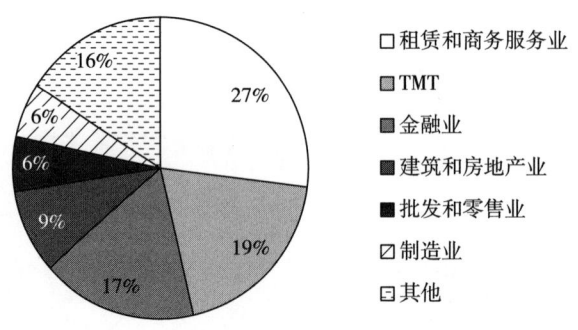

图2-12　2022年代表城市大宗租赁案例租户行业占比

2022年，租赁和商务服务业、TMT、金融业企业写字楼租赁需求相对旺盛。根据中指对北京、上海、成都、重庆等16个代表城市写字楼大宗租赁案例的统计数据，2022年，租赁和商务服务业、TMT、金融业大宗租赁案例占样本比重合计近65%，是写字楼租赁市场需求主力。

2022年，写字楼租赁市场整体呈下行趋势，部分城市空置率高企，楼宇间竞争激烈，面临市场寒冬。部分商业地产百强代表企业加强对产品与服务的打磨，以精细化服务、数字化运营为重要抓手，促进项目稳定运营。

2022年，宏观经济下行，消费市场疲软，商业地产行业经营承压，百强代表企业同样面临较大挑战，但整体上仍通过企业经营端降本增效，项目运营方面深挖客户需求、提供创新内容与服务等方式保持了稳定经营。同时，消费者和租户企业也对商业地产项目的软硬件、内容和服务提出了更高要求。未来，商业地产开发企业需要在智能化、低碳化建造方面继续发力；购物中心运营企业需要通过主题空间打造、首店引入、IP展演等方式做好线上线下融合发展；写字楼运营企业则需要在升级租户管理系统、客户服务系统的基础上，提供更优质的共享功能空间以及各类配套服务，以提升对租户的吸引力。

4. 稳健性

（1）百强代表企业资产负债率均值为69.5%，继续小幅下降，偿债能力保持平稳

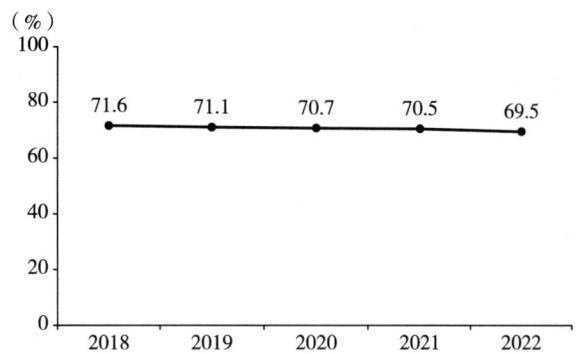

图2-13　2018-2022年商业地产百强代表企业资产负债率均值

商业地产百强代表企业资产负债率小幅下降，位于合理区间。2022年，商业地产百强代表企业资产负债率均值为69.5%，较2021年小幅下降1.0个百分点。总体来看，2022年，商业地产百强代表企业在降负债方面取得一定成效，顺应周期调整资本结构，并抓住窗口期及时补充融资资金，借助政策工具优化资产负债表。

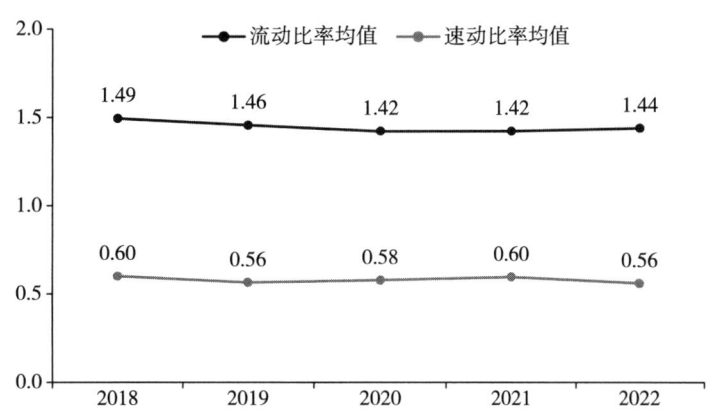

图2-14　2018-2022年商业地产百强代表企业流动比率与速动比率均值

从短期偿债能力来看，2022年，商业地产百强代表企业的流动比率和速动比率分别为1.44和0.56，较上年分别上升0.02、下降0.04，整体保持平稳。但值得注意的是，2022年，消费市场疲软，服务业经济

恢复不及预期，多重因素导致部分商业地产企业面临收入增速下滑甚至收入负增长的困境，一定程度上影响了企业的流动性。

从长期来看，我国超大规模市场优势没有改变。目前消费市场和服务业经济已显现出明显的回暖信号，随着各项稳经济、促消费、助企纾困政策进一步落地显效，商业地产市场发展的外部环境有望改善。商业地产企业应把握2023年经济复苏机遇，提升在管项目经营绩效，积极拓展多元化融资渠道，保障现金流安全，实现高质量发展。

（2）CMBS/CMBN和类REITs发行量有所提升，底层资产中商办类物业合计占比超六成

2022年，房地产行业融资受限，尤其海外债发行量大幅下降。随着四季度政策端持续发力，多个融资渠道得到修复及开放，2023年行业融资压力有望得到缓解。

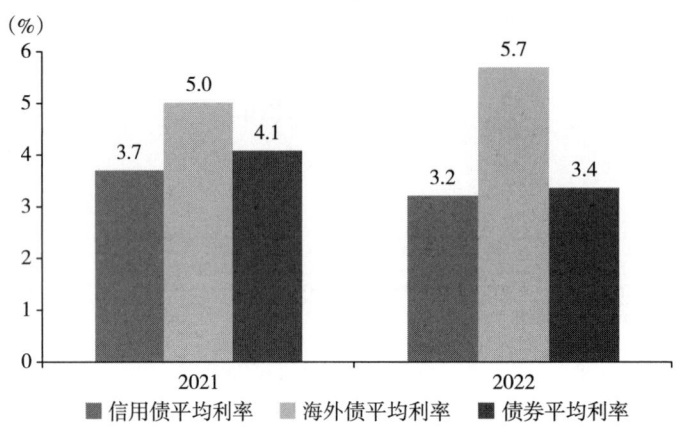

图2-15　2021-2022年商业地产百强代表企业发债利率均值

债券融资成本整体有所降低。2022年，商业地产百强代表企业债券平均利率为3.4%，较2021年下降0.7个百分点；其中信用债平均利率为3.2%，较上年下降0.5个百分点，海外债平均利率为5.7%，较上年上升0.7个百分点。由于部分头部企业信用债利率下降，加之高成本海外债规模下滑等因素，商业地产百强代表企业发债利率整体有所下降。

商业地产项目依托企业的良好运营可以产生稳定的现金流，因此近年来，发行以商业地产项目为底层资产的资产证券化产品成为企业融资的重要途径之一。

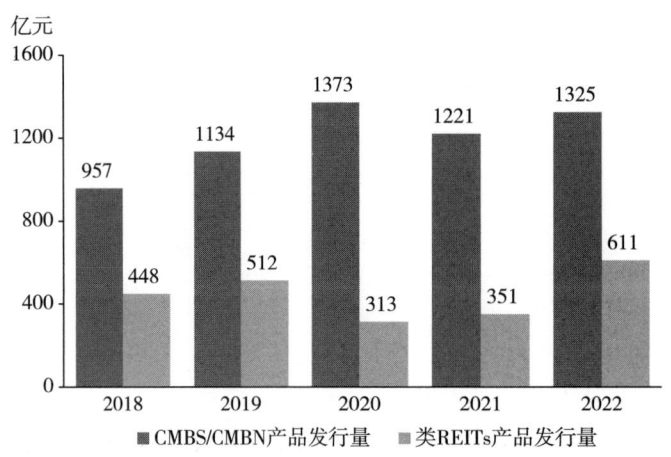

图2-16　2018-2022年CMBS/CMBN和类REITs产品发行量

注：①数据不包含为发行公募REITs而设立的资产支持计划。②包含所有企业口径。

2022年，CMBS/CMBN和类REITs产品发行金额共计1936亿元，同比增长23.2%。分产品类型来看，

CMBS/CMBN 发行金额为 1325 亿元,同比小幅增长 8.5%;类 REITs 发行金额为 611 亿元,以基础设施为底层资产的类 REITs 产品发行量增长较快,带动类 REITs 产品发行量同比增长 74.4%。

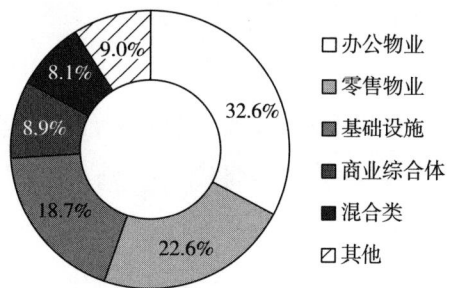

图2-17 2022年CMBS/CMBN和类REITs产品按底层资产细分发行量占比

注:其他类包含酒店、租赁住房、产业园区、物流仓储。

分底层资产来看,以办公物业为底层资产的 CMBS/CMBN 和类 REITs 产品发行量最多,约 630 亿元,占比约 33%,较 2021 年有所提升;其次为零售物业,发行量近 440 亿元,占比约 23%;以基础设施为底层资产的 CMBS/CMBN 和类 REITs 产品发行量约 360 亿元,占比约 19%;底层资产为商办综合体、混合类资产的 CMBS/CMBN 和类 REITs 产品发行量占比在 8%~9% 之间;以酒店、租赁住房、产业园区、物流仓储为底层资产的 CMBS/CMBN 和类 REITs 产品发行量相对较少,合计占比不足 10%。总体来看,以商办类物业(办公物业、零售物业、商业综合体)为底层资产的 CMBS/CMBN 和类 REITs 产品发行量占比约 64%。

值得注意的是,在碳达峰、碳中和战略目标的引领下,我国绿色金融顶层设计持续优化,包含绿色贷款、绿色债券、绿色保险、绿色基金、绿色信托以及碳金融产品等多层次的绿色金融产品和市场体系已逐渐形成。在 2022 年发行的 CMBS/CMBN 和类 REITs 产品中,有多笔发行规模相对较大的绿色产品。未来,绿色低碳建筑或成为商业地产领域新常态,发行相关金融产品或将成为头部商业地产企业融资新渠道。

此外,目前不动产私募基金试点已正式落地,未来若公募 REITs 得以拓展至商业地产领域,将对优质商业地产企业盘活存量资产、拓宽融资渠道、改善资产负债结构等形成利好,同时也能推动商业地产企业实现从开发运营模式到资产管理模式的转型。

四、商业地产发展趋势与展望

经过三年新冠疫情洗礼,2023 年将是我国全力推动经济修复的一年,消费将进一步发挥经济增长主引擎的作用。近期中央已多次表态要扩内需、促消费,地方政府亦积极跟进,多地两会政府工作报告将恢复和扩大消费摆在优先位置。目前,消费复苏的势头已有所显现,春节消费获得"开门红",尤其是休闲消费、旅游消费恢复加快,消费的复苏将为商业地产市场的恢复奠定良好基础,也为优质头部商业地产企业规模拓展和业绩修复提供契机。此外,年初不动产私募基金试点正式落地,公募 REITs 试点也有望拓展到商业不动产领域,为商业地产企业盘活存量资产、拓宽融资渠道提供了支撑。2023 年,如何紧抓消费及经济恢复机遇,以优质空间及服务供给实现经营绩效的增长,成为商业地产企业需要思考的问题。

中指研究院持续深化商业地产市场研究,总结市场发展规律,以期帮助市场各类参与者更好地把握市场趋势,抓住市场机遇,实现稳健增长。

(一) 2023开启"消费提振年",优质头部商业地产企业业绩修复可期

1. 消费复苏进程加快,市场活力不断显现

随着新冠疫情防控进入新的阶段,2023年开年以来,新冠疫情影响逐渐减弱,我国消费市场显现出复苏态势,市场活力不断显现。今年春节期间,商务大数据平台监测显示,全国36个大中城市重点商圈客流量较上年农历同期增长27.8%,全国重点零售和餐饮企业销售额较上年同期增长6.8%。根据文旅部数据,2023年春节假期全国国内旅游出游3.08亿人次,同比增长23.1%,恢复至2019年同期的88.6%;实现国内旅游收入3758.43亿元,同比增长30%,恢复至2019年同期的73.1%。

2. 政策助力促消费、增信心

中央和各地政府都把扩内需、促消费作为政府工作的首要任务,商务部更是将今年定为"消费提振年"。

表2-4　　　　　　　　　　　　　重点省市政府工作报告中促消费相关表述

省市	政府工作报告中促消费表述
北京	把恢复和扩大消费摆在优先位置。加紧推进国际消费中心城市建设,深化商圈改造提升行动……
上海	增强消费对经济发展的基础性作用。把恢复和扩大消费摆在优先位置,深化国际消费中心城市建设。
广东	把恢复和扩大消费摆在优先位置,增强消费信心、优化消费环境。支持住房改善、新能源汽车、绿色智能家电等大宗消费,加大餐饮、文旅、养老、育幼等服务消费促进力度,加快培育新型消费,发展免税经济、首店经济、共享经济、低空经济。
江苏	大力提振消费市场。把恢复和扩大消费摆在优先位置……着力推动住宿餐饮、商业零售等消费回暖,支持新能源汽车、家电等大宗消费,培育养老托育、家政服务、医疗健康、健身休闲等消费新热点。
山东	大力推动恢复和扩大消费。政策和活动协同发力,实施"山东消费提振年"行动……
浙江	把激活和扩大消费摆在优先位置,进一步提升传统消费、培育新型消费。
河南	全面促进消费增长。把恢复和扩大消费摆在优先位置,调整妨碍消费限制性措施,改善消费条件,创新消费场景。
四川	大力促进消费复元活血。调整制约消费过时政策……支持成都创建国际消费中心城市、市内免税店试点城市。实施消费新场景五年培育计划。开展县域商业建设行动。

中央层面,近期已多次表态要扩内需、促消费。2022年12月,中共中央国务院印发《扩大内需战略规划纲要(2022—2035年)》,提出"全面促进消费,加快消费提质升级"战略;2023年2月,商务部提出把2023年确认为"消费提振年";政府工作报告明确提出:"着力扩大国内需求。把恢复和扩大消费摆在优先位置……稳定大宗消费,推动生活服务消费恢复。"

地方层面,各地两会政府工作报告中,对促消费也作出相关部署。多地政府将恢复和扩大消费摆在优先位置,着力扩大内需,促进经济增长,主要举措包括促进大宗消费、推进旅游复苏、发放消费券等。根据中指监测,今年已有超20个省市发布了社会消费品零售总额增速目标,多数在6%~10%,平均值在7.8%左右。

3. 看好中国经济复苏,国际机构上调中国GDP增速预期

新冠疫情防控政策优化后,城市商圈客流量增多,热门景点游客量大增,吃住行游购娱等需求集中释放,我国消费市场与宏观经济复苏势头显现。近期,国际机构普遍上调对中国GDP增速的预期。世界银行表示,随着消费者信心的改善和新冠疫情期间压抑需求的释放,中国私人消费或在2023年下半年迎来复苏。摩根士丹利表示,2023年中国GDP的加速补偿式恢复将主要靠消费。国际货币基金组织(IMF)

将2023年中国经济增速预期由4.4%上调至5.2%,并表示主要拉动力为新冠疫情影响消退后的消费修复。

表2-5　　　　　　　　　部分国际机构对2023年我国GDP增速预测

机构	时间	预测增速	时间	预测增速
IMF	2022.10	4.4%	2023.01	5.2%
惠普	2022.12	4.1%	2023.02	5.0%
标普	2022.11	4.8%	2023.01	4.8%
野村	2022.12	4.8%	2023.02	5.3%
摩根士丹利	2022.11	5.0%	2023.01	5.7%
汇丰银行	2023.01	5.0%	2023.02	5.6%

此外,国内机构也对2023年中国消费市场复苏持乐观态度,部分机构对2023年社零总额增速给出了7%以上的预测值。中金公司认为,超额储蓄释放、消费倾向回升、可支配收入改善等三方面因素将支撑消费复苏;东兴证券认为,2023年全年消费将以出行链→场景消费链→地产链,必选商品链→可选商品链的顺序复苏。

表2-6　　　　　　　部分机构对2023年我国社会消费品零售总额增速预测

机构	社零总额增速预测值
中国银行研究院	预计可实现两位数增长
国联证券	9.3%左右
东吴证券	8.8%~13.2%左右
东兴证券	乐观8.31%,悲观4.48%
中金公司	7.7%
兴业证券	商品特性口径7.54%,消费主体口径7.70%

(二)存量时代商业地产竞争加剧,企业需顺应居民消费特征趋势,强化空间改造与品牌调改能力,激发项目新活力

经过多年发展,我国商业地产市场已逐渐进入存量时代,竞争日趋激烈。同时,居民消费需求不断升级,更加注重消费体验和消费氛围,尤其是以Z世代为主的年轻消费者,更青睐与绿色、健康、人文、艺术等理念相融合,能够契合其兴趣爱好与生活方式,带来精神共鸣的实体商业。在此背景下,商业地产的空间打造和品牌调性都将与以往有所不同,因此,商业地产项目需要针对性地进行空间改造和品牌调改,以重新激发商业项目的活力。

1.空间改造:强化项目定位,丰富消费体验

存量商业的空间改造主要包括实体空间改造和虚拟空间打造两个方面。实体空间改造的常用方式包括屋顶空间利用、在购物中心内部增设大型文体娱乐设施、设置特色主题街区/主题空间等。虚拟空间的打造则较多借鉴元宇宙概念,采用AI、VR、区块链等技术为消费者提供与线下实体商业交互的线上零售及游乐体验。本文以屋顶空间和元宇宙为例,展示部分项目对商业空间进行利用或改造的尝试与探索。

(1)屋顶空间:向上生长的商业空间

近年来,屋顶经济大行其道,相比室内空间,屋顶空间具备开放式、无限高的特点,能够给消费者带来无拘束、亲近自然的多元消费体验,成为实体商业的引流利器。此外,高效利用的屋顶空间还可以增加实体商业的可租面积,提升营业额和租金收入。目前,在实体商业中应用较多的屋顶空间业态主要包括以绿色生态为主题的空中花园、屋顶农场,具备运动功能的空中跑道、屋顶篮球场,以休闲娱乐为主的屋顶

电影院、屋顶夜市、屋顶咖啡馆等，此外还有部分商业项目采用设置艺术装置、举办特色展览等方式利用屋顶空间。

（2）元宇宙：线上虚拟世界与线下实体商业交互

自科幻小说《雪崩》中提出 Metaverse（元宇宙）的概念至今，元宇宙概念已产生 30 余年，直至 2020 年新冠疫情发生后，人们出行受限，对互联网的依赖增强，促进了"宅经济""元宇宙"等理念的进一步发展。同时，"十四五"时期，建设数字中国成为国家战略，加速了数字技术创新应用和数字产业化的进程，5G、云计算、AI、VR、区块链、数字货币、人机交互等技术日渐发展成熟。多重因素推动下，运用数字技术构建的、由现实世界映射或超越现实世界，可与现实世界交互的虚拟世界"元宇宙"热度提高，目前已有 10 余个省市和 20 余个区县出台了支持元宇宙产业发展的政策。"元宇宙"概念的流行和政策的加持推动商业地产企业借鉴元宇宙相关概念，寻找实体商业场景创新的破局之道。除搭建线上元宇宙平台、开设虚拟展厅外，实体商业中与元宇宙相关的场景或内容通常还包括沉浸式艺术展、发布数字藏品、推出虚拟偶像等。

2. 品牌调改：引入首店首发内容和体验式业态，增强购物中心吸引力

除空间改造外，品牌调改是存量购物中心实现差异化竞争、增强可持续发展能力的另一种重要方式。通过品牌调改，购物中心可以扩大优势品牌的经营面积，淘汰经营情况欠佳的品牌，同时持续引进首店、旗舰店、体验式业态等新潮消费内容，提升购物中心对消费者的吸引力，提高客流量，实现营业额增长。

（1）首店首发资源为消费者持续提供新潮消费内容

培育建设国际消费中心城市背景下，部分核心一二线城市首店经济持续发展。例如，据北京市商务局数据，2022 年北京共落地 812 家品牌首店，包含 714 个中国品牌以及来自 20 个国家和地区的 98 个国外品牌。在此情况下，部分头部企业亦持续发力首店经济，不断引入国内外首店首发内容，对购物中心进行调改升级，为消费者提供新潮消费内容，增强项目对消费者的吸引力。

（2）体验业态增强购物中心娱乐、社交属性

随着购物中心的体验、社交属性不断增强，打造集休闲娱乐、社交等功能于一体的体验空间也成为部分购物中心业态调改的重要方向之一，所引进的内容不仅包含影院、电玩城等相对传统的体验业态，还包括沉浸式主题街区、室内游乐园、室内运动主题空间等大型体验业态。

（三）不动产私募投资基金试点启动，商业地产公募 REITs 蓄势待发，优质头部企业迎来发展新机遇

2022 年 12 月，证监会副主席李超在首届长三角 REITs 论坛暨中国 REITs 论坛 2022 年会上表示，"进一步扩大 REITs 试点范围……加快打造 REITs 市场的保障性租赁住房板块，研究推动试点范围拓展到市场化的长租房及商业不动产等领域"。

2023 年 2 月，中国证券投资基金业协会发布《不动产私募投资基金试点备案指引（试行）》，正式启动不动产私募投资基金试点工作。

随着不动产领域金融制度的不断建设与发展，由"不动产私募投资基金＋公募 REITs"组成的不动产金融链条逐渐形成，有利于推动房地产行业平稳健康发展。若公募 REITs 试点拓展到商业不动产领域，将

有助于推动商业存量资产盘活,也将真正地检验商业地产企业运营实力,推动行业回归商业经营本质。

1. 我国公募REITs起步发展,未来商业地产REITs发展空间广阔

(1)我国公募REITs仍处起步阶段,未来市场潜力巨大

国际上公募REITs发展多年,目前市场已颇具规模。REITs在国际资本市场已有60多年的发展历史,20世纪60年代美国率先推出REITs产品,目前40多个国家(地区)已经建立了REITs制度。据ERPA(欧洲上市房地产协会)统计数据显示,截至2022年末,美国REITs市场规模约1.2万亿美元,在全球中占六成左右。亚洲地区日本、新加坡、中国香港等地REITs起步较早,市场规模领先,截至2022年底,日本REITs市值约1212亿美元,新加坡694亿美元,中国香港222亿美元。全球REITs市场规模前十国家/地区的REITs市值与GDP的平均比值为4.1%。

表2-7　2022年全球REITs市场规模前十国家/地区情况

国家	GDP(亿美元)	REITs市值(亿美元)	REITs市值/GDP
美国	250352	12261	4.9%
日本	43006	1212	2.8%
澳大利亚	17248	903	5.2%
新加坡	4236	694	16.4%
英国	31985	659	2.1%
加拿大	22004	574	2.6%
法国	27781	413	1.5%
西班牙	13899	237	1.7%
中国香港	3684	222	6.0%
墨西哥	14245	190	1.3%
平均	42844	1736	4.1%

我国公募REITs市场潜在发展空间巨大。截至2023年2月,我国共上市公募REITs产品25支,总发行规模约800亿元,总市值约880亿元,REITs市值与2022年GDP的比值仅为0.07%。若按境外成熟市场的比值估算,我国公募REITs的市值规模将达近5万亿元,潜在市场空间庞大。

表2-8　截至2023年2月我国已发行公募REITs概览(单位:亿元)

证券简称	资产类型	发行规模	市值
博时蛇口产园REIT	园区基础设施	20.8	27.0
平安广州广河REIT	交通基础设施	91.1	80.0
红土创新盐田港REIT	仓储物流	18.4	25.0
中航首钢绿能REIT	生态环保	13.4	15.3
华安张江光大REIT	园区基础设施	15.0	20.3
浙商沪杭甬REIT	交通基础设施	43.6	44.2
富国首创水务REIT	生态环保	18.5	23.4
东吴苏园产业REIT	园区基础设施	34.9	43.0
中金普洛斯REIT	仓储物流	58.4	76.7
华夏越秀高速REIT	交通基础设施	21.3	23.4
建信中关村REIT	园区基础设施	28.8	37.4
华夏中国交建REIT	交通基础设施	94.0	84.9
国金中国铁建REIT	交通基础设施	47.9	49.6

续表

证券简称	资产类型	发行规模	市值
鹏华深圳能源REIT	能源基础设施	35.4	49.0
红土创新深圳安居REIT	保租房	12.4	14.4
中金厦门安居REIT	保租房	13.0	14.9
华夏北京保障房REIT	保租房	12.6	14.7
华夏合肥高新REIT	园区基础设施	15.3	17.8
国泰君安临港创新产业园REIT	园区基础设施	8.2	11.0
国泰君安东久新经济REIT	园区基础设施	15.2	19.5
华泰江苏交控REIT	交通基础设施	30.5	31.0
中金安徽交控REIT	交通基础设施	108.8	104.5
华夏基金华润有巢REIT	保租房	12.1	13.2
华夏和达高科REIT	园区基础设施	14.0	15.7
嘉实京东仓储基础设施REIT	仓储物流	17.6	20.6
合计	-	801.2	876.7

（2）公募REITs将拓展至商业不动产领域，未来我国商业地产REITs发展空间广阔

从底层资产来看，境外成熟市场REITs普遍从商业地产领域起步发展，商业不动产REITs份额突出。美国REITs萌芽于地产行业，1961年以社区购物中心作为底层资产发行了首批REITs。从Nareit公布数据看，截至2023年1月，美国REITs市场147个产品中，33个底层资产为零售商业，明显多于其他类别；市值规模占比为14.7%，仅次于基础设施。另外，写字楼及酒店度假村类产品分别为19支、14支，与零售商业REITs合计的市值占比达23.2%。从新加坡的数据来看，截至2023年1月，REITs市场目前正常交易的40支产品中，8支为零售商业，6支为办公类，5支为酒店度假村类，市值规模合计占比为24.3%。

表2-9　　　　　　　　　　　　　　　2023年1月美国REITs底层资产结构分布

序号	类别	数量（个）	市值（亿美元）	市值占比
1	基础设施	4	2016	15.1%
2	零售商业	33	1958	14.7%
3	住宅	20	1925	14.5%
4	工业	12	1726	13.0%
5	医疗	15	1095	8.2%
6	自助仓储	5	977	7.3%
7	数据中心	2	1013	7.6%
8	其他	9	817	6.1%
9	写字楼	19	738	5.5%
10	酒店度假村	14	388	2.9%
11	林场	3	346	2.6%
12	多元投资	11	320	2.4%
合计	-	147	13320	100%

我国公募REITs试点率先从基础设施领域发起，未来有望拓展至商业不动产领域。目前，我国已发行的公募REITs底层资产主要涵盖园区、交通、能源等基础设施及仓储物流、生态环保、保租房等类型。证监会副主席李超表示，未来我国将进一步扩大REITs试点范围，尽快覆盖到新能源、水利、新基建等基础设施领域，加快打造REITs市场的保障性租赁住房板块，研究推动试点范围拓展到市场化的长租房及商业不动产等领域。我国存量商业规模庞大，若按美国、新加坡等地商业REITs（含零售商业、办公、酒店度

假村）市值占比估算，未来我国商业地产公募REITs的规模或超万亿元，市场空间巨大。

目前我国公募REITs刚刚起步，相关制度设计与配套政策仍需持续完善，未来发展潜力巨大，商业地产领域也必将随着公募REITs的发展而获得极大裨益。但需要注意的是，目前我国公募REITs的发行对底层资产要求较为严格，比如：近3年内总体保持盈利或经营性净现金流为正；预计未来3年净现金流分派率原则上不低于4%。目前，我国商业项目发展良莠不齐，未来只有优质项目才能获得公募REITs的支持。

2. 不动产私募投资基金试点启动，不动产金融链条逐渐形成

（1）不动产私募投资基金试点启动，商业不动产项目股权融资渠道获得拓展

2023年2月20日，中国证券投资基金业协会发布了《不动产私募投资基金试点备案指引（试行）》（以下简称《备案指引》），对不动产私募投资基金投资范围、管理人要求、适格投资者等方面做出了详细规定。实际上，此前已经存在投资于房地产和基础设施的私募基金，根据基金业协会公布的数据，截至2022年末，协会存续私募股权房地产基金838只，存续规模4043亿元，存续私募股权基础设施基金1424只，存续规模1.21万亿元，主要投向商业地产、交通基础设施、物流仓储、市政工程开发与建设等领域。但之前针对一般私募股权投资基金的相关规定，并不完全适用于不动产私募投资，在一定程度上限制了其作用的发挥。本次《备案指引》针对不动产私募投资的特点进行了相关规定。

不动产私募投资基金的设立，有利于激发不动产金融的活力，为商业不动产项目增加了新的股权融资渠道。《备案指引》放松了不动产私募基金股债比、扩募、杠杆等方面的限制。从投资者的角度来看，政策为不动产私募基金的运作增加了灵活性，进一步畅通了资本向不动产领域的投资渠道，有利于激发不动产金融的活力。从商业地产资产所有者的角度来看，政策为商业地产项目增加了新的股权融资渠道，进一步提升了商业地产项目的资产属性，有助于盘活市场存量商业地产，推动商业地产探索新的发展模式。

表2-10　　　　　　　　　　　不动产私募投资基金试点备案指引的相关规定

类别	相关规定
投资范围	特定居住用房（包括存量商品住宅、保障性住房、市场化租赁住房）、商业经营用房、基础设施项目等。
管理人要求	实缴资本不低于2000万元人民币； 在管不动产投资本金不低于50亿元人民币，或自管理人登记以来累计管理不动产投资本金不低于100亿元人民币（若基金投资者均为机构投资者，则门槛分别降为30亿元、60亿元）； 具有3个以上的不动产私募投资项目成功退出经验。
投资者要求	首轮实缴出资不低于1000万元，自然人投资者合计出资金额不得超过基金实缴金额的20%（管理人及其从业人员投资于所管理的不动产私募投资基金的，不受此限制）。
股债比要求	有自然人投资者的，不动产私募投资基金向被投企业的股权出资金额不得低于被投企业总出资金额的三分之一； 全部为机构投资者的，可由基金合同约定。
基金扩募	在符合相关要求的情况下，不动产私募投资基金在备案完成后可以开放认购、申购（认缴）。
杠杆限制	不动产私募投资基金总资产不得超过净资产的200%； 不动产私募投资基金可以基于商业合理性，将基金财产对外提供质押，通过申请经营性物业贷款、并购贷款等方式，扩充投资资金来源。

（2）"不动产私募投资基金+公募REITs"的金融链条逐渐形成

随着不动产私募投资基金推出、公募REITs试点范围逐步扩大，我国不动产金融链条正在逐渐形成。不动产私募基金与公募REITs相互配合，为不动产项目开发运营的全周期提供金融支持。目前，不动产私募投资基金的投资范围已经明确覆盖商业经营用房，公募REITs的试点范围未来也有望拓展至商业不动产领域。

不动产私募投资基金主要在不动产项目的开发和培育阶段提供股权资金支持，解决商业地产、基础设施等不动产经营项目前期资金压力大的难题。随着不动产项目的经营逐渐成熟，各项指标足以符合公募REITs的门槛，私募基金可以将资产出售给公募REITs，从而实现私募投资人的退出。公募REITs获取成熟的项目后，通过专业的经营管理，利用分红/派息等方式为公众投资人实现长期稳定的投资收益。

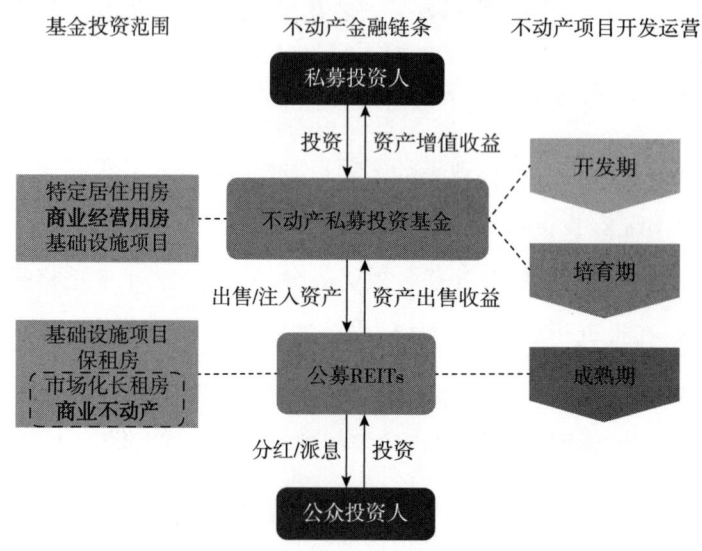

图2-18　"私募+公募"的不动产金融链条

3. 商业地产投资运营企业应内外兼修，紧抓不动产金融所带来的机遇

随着"私募+公募"不动产金融链条的形成，预计不动产金融的活跃程度也将提升，优秀的商业地产企业也将获得更多的发展机遇。但需要注意的是，市场化金融的取向往往是"锦上添花"而非"雪中送炭"，优质企业和优质项目才能获取更多的金融支持机会。所以，商业地产企业需要内外兼修，回归运营本质，强化自身实力，这样才能抓住不动产金融所带来的机遇，实现企业跨越式发展。

投资方面，企业应聚焦核心一二线城市，遴选优质项目。从商业地产百强企业的发展特点来看，核心一二线城市仍然是头部企业投资布局的重点区域，这些城市经济基础好，人口吸引力强，消费需求旺盛，适合商业地产的运营与发展。同时，核心一二线城市稳健的经济发展前景，也更容易获得资本市场的青睐。

运营方面，企业应强化商业地产运营管理能力，提升商业地产项目的盈利能力。我国商业地产项目众多，但盈利表现好坏不一；商业地产运营企业也众多，但运营能力良莠不齐。商业地产运营企业需要不断强化内功，提升自身的运营管理能力，一方面，作为运营企业，要依靠专业的运营能力更好地获得商业市场和资本市场的认可；另一方面，作为商业地产项目，要依靠良好的盈利表现来为项目资产估值提供支撑。

品牌方面，商业地产投资运营企业应加强品牌建设，赢取良好的口碑。良好的市场声誉和强大的品牌影响力，将成为企业的实力背书，也为企业未来的发展潜力提供了更多的想象空间，从而帮助企业和项目在资本市场中的运作获得支持。

整体来看，不动产金融的发展将对商业地产的开发运营产生巨大的革新影响，推动商业地产领域形成新的发展模式，为优质的商业地产投资运营企业带来巨大的发展机遇。商业地产企业需做好精准投资，加强专业化运营能力，促进商业地产项目资产增值，充分利用不动产金融的助力，最终实现企业的高质量发展。

结 语

2022年，多重超预期因素冲击下，我国经济增速放缓，尤其新冠疫情出现多轮反复，拖累消费市场和服务业经济恢复，商业地产市场运行承压。叠加存量时代到来，短期冲击与长期矛盾交织，企业经营面临挑战。面对行业寒冬，商业地产百强代表企业在过去一年直面挑战，在逆境中固本拓新，夯实经营能力。

从规模表现看，伴随着商办市场供需两端持续走弱，市场形势严峻，百强代表企业经营性物业持有及运营面积增速降至近五年低位，租金及运营服务收入增速同样大幅回落。部分企业践行社会责任，为中小商户减免租金，一定程度上影响了租金及运营服务收入的增长。

从成长性看，"轻重并举"成为行业共识。2022年300城商办用地供需均缩量，百强代表企业普遍暂缓获取纯商办用地。存量收并购交易活跃度下降，部分企业"积极看机会，谨慎做决定"。与此同时，2022年商业地产百强代表企业在轻资产方面持续发力，不断提升运营能力，实现多渠道拓展。

从经营质量看，百强企业重点项目平均出租率下滑，经营压力加大。零售商业方面，百强代表企业采取稳中求进的经营策略：企业层面加强数字化建设，降本增效；项目层面发力提升消费者黏性，并通过帮扶为商户创造价值。办公物业方面，租赁需求疲弱，百强代表企业加强产品打磨，以精细化服务促进项目稳定运营。

从稳健性看，百强代表企业资产负债率小幅下降，但受新冠疫情影响收入增速下滑，流动性受到一定影响。资产证券化仍是商业地产企业融资的重要途径之一，底层资产中商办类物业合计占比超六成。

展望未来，经过三年新冠疫情洗礼，2023年将是我国全力推动经济修复的一年，消费将进一步发挥经济增长主引擎的作用。商业地产是国内消费和服务升级的重要载体，消费的复苏将为商业地产市场的恢复奠定良好基础，也为优质的商业地产企业规模拓展和业绩修复提供契机。

2023开启消费提振年，优质头部商业地产企业业绩修复可期。2023年开年以来，新冠疫情防控政策优化的效果显现，居民消费场景正逐步修复，我国消费市场显现出复苏态势。中央和各地方政府都把扩内需、促消费作为2023年政府工作的首要任务。随着消费的逐渐复苏，2023年商业地产市场亦有望迎来修复。

存量时代商业地产竞争加剧，企业需顺应居民消费特征趋势，强化空间改造与品牌调改能力，激发项目新活力。近年来，居民消费需求呈现出差异化、多元化的特征，更加注重消费体验和消费氛围。随着居民消费特征的改变，商业地产的空间打造和品牌调性都将与以往有所不同，存量商业需要针对性地进行改造与调改，以重新激发商业项目的活力。

不动产私募投资基金试点启动，商业地产公募REITs蓄势待发，优质头部企业迎来发展新机遇。2023年，不动产私募投资基金试点正式启动，未来公募REITs试点范围也有望拓展至商业不动产领域，由"私募+公募"构成的不动产金融链条正在逐渐形成。不动产金融的发展将推动商业地产领域形成新的发展模式，为优质商业地产企业带来巨大的发展机遇。

2023年是全面贯彻党的二十大精神的开局之年。短期来看，我国社会经济有望在消费市场的带动下迎来复苏，商业地产行业在这一年也有望恢复活力。长期来看，我国经济长期向好的基本面没有改变，人民消费升级趋势没有改变，但商业地产市场供过于求的形势较为严峻，存量时代的"零和博弈"恐将来临，只有优质企业的优质项目才能获得持续健康的发展。商业地产企业应紧抓短期内消费市场和服务业经济恢复机遇期，提升企业经营和项目运营水平，在巩固基本盘的同时实现高质量增长，为未来的"大浪淘沙"赢得先机。

报告三　2023中国房地产上市公司TOP10研究报告

一、研究背景与方法体系

（一）研究背景与目的

中国房地产TOP10研究组自2003年开展中国房地产上市公司TOP10研究以来，已连续进行了二十一年，其研究成果引起了社会各界特别是机构投资者的广泛关注，中国房地产上市公司TOP10研究的相关成果已成为投资者评判上市公司综合实力、发掘证券市场投资机会的重要标准。

2023年，资本市场改革持续深化，全面实行股票发行注册制改革正式启动，大力推进公募REITs常态化发行，在促进房地产平稳健康发展等重点领域推出更多务实举措。有关部门起草了《改善优质房企资产负债表计划行动方案》，通过"资产激活""负债接续""权益补充""预期提升"四项行动，综合施策改善优质房企经营性和融资性现金流，引导优质房企资产负债表回归安全区间。当前宏观经济好转预期增强，房地产市场信心加快恢复。同时，证监会2023年系统工作会议强调深入实施新一轮推动提高上市公司质量三年行动方案。房地产上市公司顺应政策及行业趋势，以稳中求进为基本工作原则，积极探索新的发展模式，推动公司实现高质量发展。

在2023中国房地产上市公司研究中，中国房地产TOP10研究组在总结历年研究经验的基础上，进一步完善了研究方法和指标体系，本着"客观、公正、准确、全面"的原则，发掘成长质量佳、投资价值大的优秀房地产上市公司，探索不同市场环境下房地产上市公司的价值增长方式，为投资者提供科学全面的投资参考依据。中国房地产上市公司TOP10研究的目的是：

①客观反映中国房地产上市公司的整体发展水平和最新动态，促进房地产上市公司做大做强做优。

②发掘综合实力强、最具财富创造能力及投资价值、财务稳健等表现优异的房地产上市公司；扩大企业在机构投资者当中的影响力，拓展企业融资渠道，帮助企业更快更好地发展。

③通过系统研究和客观评价，打造"中国房地产上市公司TOP10"品牌，引领房地产行业投资良性循环和健康发展。

（二）研究方法体系

1. 研究对象

（1）依法设立且公司股份于2023年3月31日前在上海证券交易所、深圳证券交易所及香港联交所等境内外证券交易所公开上市的房地产企业（业务收入主要来自中国大陆，且收入构成需满足下款条件）。

由于在不同交易所上市的企业采用的会计准则存在一定差异，研究组将根据上市地点分别对在内地、香港上市的房地产企业进行研究。

（2）主营业务收入构成满足以下条件之一：①房地产相关业务收入（包括房地产开发与销售、园区开发与管理，下同）所占比重不低于50%或所占比重虽低于50%但比其他业务收入比重均高出30%（源自《上市公司分类与代码》，中国证监会2005年3月颁布）；②如果公司收入来自两个行业，房地产相关业务收入占其总收入60%以上或其收入和利润均占整体比重超过50%，或按历史和未来趋势来看，房地产业务为企业提供最主要的收入和利润。如果公司业务收入来自三个或以上行业，房地产相关业务收入或者利润占整体比重超过50%（源自全球行业分类标准，Global Industry Classification Standard，摩根斯坦利公司和标准普尔公司联合发布，简称GICS）。

2. 评价指标体系

在2023中国房地产上市公司TOP10研究中，中国房地产TOP10研究组从经营规模、财富创造能力（EVA）、投资价值、财务稳健性四个方面对企业进行评价，对同一家企业在四个指标体系中的得分按一定的权重值（权重来自对四项得分的"方差—协方差分析"）进行加总，最终得到企业的综合实力得分，评价得出"2023中国房地产上市公司综合实力TOP10"。

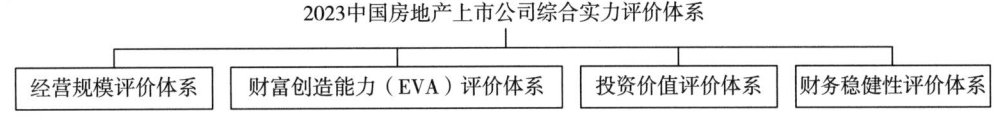

（1）经营规模评价体系

TOP10研究组以总资产、营业收入、利润总额和总市值作为经营规模的评价指标，指标体系如下：

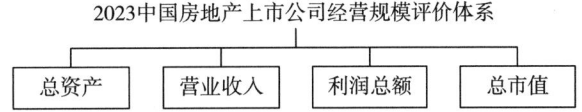

（2）财富创造能力（EVA）评价体系

TOP10研究组沿用了2003-2022年连续使用的财富创造能力EVA（Economic Value Added）评价理论和方法，再次对房地产上市公司的经营绩效进行EVA评价：

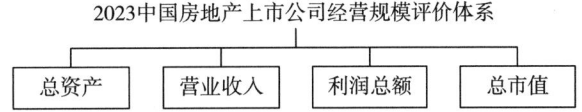

（3）投资价值评价体系

本次研究中，研究组从盈利能力、成长能力、运营效率等公司基本面的深入分析出发，系统分析企业在资本市场的表现，结合企业的业绩预测，全面评价企业的投资价值。指标体系如下：

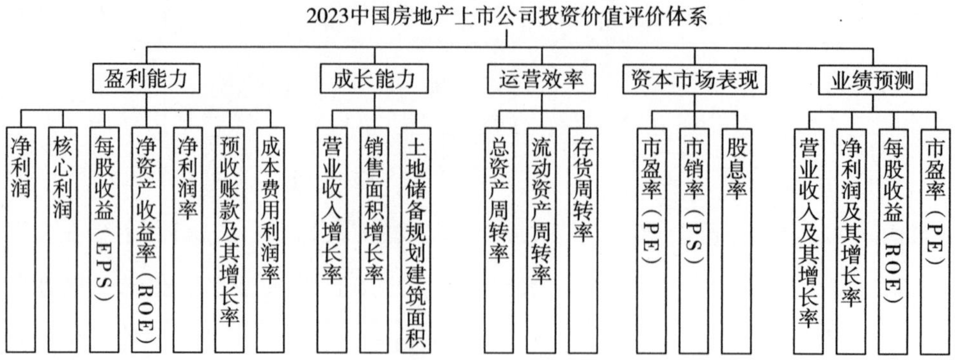

（4）财务稳健性评价体系

流动性风险（liquidity risk）是中国房地产上市公司面临的主要风险。因此，研究组将从企业的现金流风险出发，兼顾企业的中长期偿债能力指标资产负债率和净负债率，综合分析企业的财务稳健性。指标体系如下：

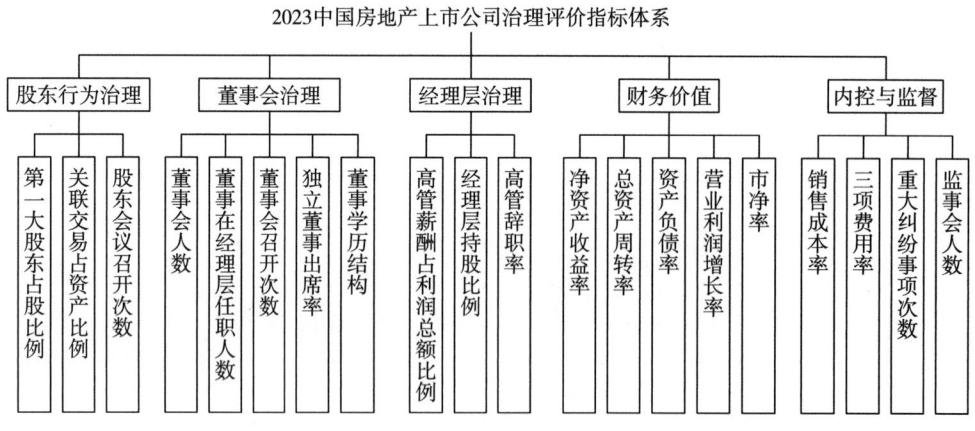

（5）公司治理评价体系

研究组在充分借鉴国内外专家学者以及相关公司治理绩效评价研究的基础上，结合我国现实性的公司治理研究环境，实施量化指标分析评估，全面客观的评价上市公司的治理水平。指标体系如下：

3. 数据来源

①中国房地产指数系统（CREIS）数据库；②房地产上市公司对外公布信息（包括公司年报、公告、公司网站公布信息和对外派发资料）；③政府部门（包括建委、房管局和统计局等）公开数据；④2020、2021、2022中国房地产上市公司研究收集企业数据资料；⑤2020、2021、2022、2023中国房地产百强企业研究收集企业数据资料。

4. 计量评价方法

研究方法上，为增加研究的严谨性，采用因子分析（Factor Analysis）方法进行。因子分析是一种从变量方差—协方差结构入手，在尽可能多地保留原始信息的基础上，用少数新变量解释原始变量方差的多元统计分析方法。它将原始变量分解为公共因子和特殊因子之和，并通过因子旋转，得到符合现实意义的公共因子，然后用这些公共因子去解释原始变量的方差。

设 x_1，x_2，$\cdots$，x_p 是初始变量，F_1，F_2，$\cdots$，F_m 表示因子变量。使用统计软件 SPSS 可以计算出每个研究对象的各个因子的得分，然后计算出因子综合得分：

$$A = (\alpha_1 F_1 + \cdots + \alpha_m F_m) / \sum \alpha_i, \ i=1,\cdots,m$$

其中，α 表示各个因子变量的方差贡献率。

二、2023 中国房地产上市公司 TOP10 研究结果

（一）综合实力 TOP10

2022 年，在新冠疫情和市场下行的大背景下，综合实力 TOP10 企业顺应市场变化，把握市场需求节奏，充分发挥在市场布局、土地和资金资源、管控模式等方面的优势，业绩保持稳定，展现出很强的经营稳定性，行业地位稳固。

表3-1　　　　　　　　　2023沪深上市房地产公司财富创造能力TOP10

2023 排名	股票代码	股票简称
1	600048.SH	保利发展
2	000002.SZ	万科 A
3	001979.SZ	招商蛇口
4	600383.SH	金地集团
5	600325.SH	华发股份
6	600376.SH	首开股份
7	000031.SZ	大悦城
8	601992.SH	金隅集团
9	002244.SZ	滨江集团
10	000402.SZ	金融街

表3-2　　　　　　　　　2023中国大陆在港上市房地产公司综合实力TOP10

2023 排名	股票代码	股票简称
1	0688.HK	中国海外发展
2	1109.HK	华润置地
3	2007.HK	碧桂园
4	3900.HK	绿城中国
5	0960.HK	龙湖集团
6	0817.HK	中国金茂
7	1030.HK	新城发展
8	0123.HK	越秀地产
9	1908.HK	建发国际集团
10	3990.HK	美的置业

（二）财富创造能力 TOP10

表3-3　　2023沪深上市房地产公司财富创造能力TOP10

2023 排名	股票代码	股票简称
1	000002.SZ	万科 A
2	600048.SH	保利发展
3	001979.SZ	招商蛇口
4	600383.SH	金地集团
5	600325.SH	华发股份
6	002244.SZ	滨江集团
7	000402.SZ	金融街
8	600663.SH	陆家嘴
9	600007.SH	中国国贸
10	600657.SH	信达地产

表3-4　　2023中国大陆在港上市房地产公司财富创造能力TOP10

2023 排名	股票代码	股票简称
1	1109.HK	华润置地
2	0688.HK	中国海外发展
3	0960.HK	龙湖集团
4	1908.HK	建发国际集团
5	0123.HK	越秀地产
6	3900.HK	绿城中国
7	0817.HK	中国金茂
8	3990.HK	美的置业
9	0119.HK	保利置业集团
10	1030.HK	新城发展

（三）财务稳健性 TOP10

表3-5　　2023沪深上市房地产公司财务稳健性TOP10

2023 排名	股票代码	股票简称
1	600048.SH	保利发展
2	000002.SZ	万科 A
3	001979.SZ	招商蛇口
4	002244.SZ	滨江集团
5	601992.SH	金隅集团
6	000031.SZ	大悦城
7	000402.SZ	金融街
8	600383.SH	金地集团
9	600007.SH	中国国贸
10	600663.SH	陆家嘴

表3-6　　2023中国大陆在港上市房地产公司财务稳健性TOP10

2023 排名	股票代码	股票简称
1	0688.HK	中国海外发展
2	1109.HK	华润置地
3	3900.HK	绿城中国
4	0960.HK	龙湖集团
5	0817.HK	中国金茂

续表

2023 排名	股票代码	股票简称
6	0672.HK	众安集团
7	2007.HK	碧桂园
8	0119.HK	保利置业集团
9	0123.HK	越秀地产
10	1908.HK	建发国际集团

（四）投资价值 TOP10

表3-7　　2023沪深上市房地产公司投资价值TOP10

2023 排名	股票代码	股票简称
1	600048.SH	保利发展
2	001979.SZ	招商蛇口
3	002244.SZ	滨江集团
4	600325.SH	华发股份
5	000031.SZ	大悦城
6	601992.SH	金隅集团
7	600383.SH	金地集团
8	601588.SH	北辰实业
9	600376.SH	首开股份
10	600007.SH	中国国贸

表3-8　　2023中国大陆在港上市房地产公司投资价值TOP10

2023 排名	股票代码	股票简称
1	0688.HK	中国海外发展
2	1109.HK	华润置地
3	0960.HK	龙湖集团
4	0817.HK	中国金茂
5	1908.HK	建发国际集团
6	3900.HK	绿城中国
7	0123.HK	越秀地产
8	3990.HK	美的置业
9	0672.HK	众安集团
10	0119.HK	保利置业集团

表3-9　　2023中国上市公司商业地产运营TOP10

2023 排名	股票代码	股票简称
1	1109.HK	华润置地
2	0960.HK	龙湖集团
3	0207.HK	大悦城地产
4	000002.SZ	万科 A
5	601155.SH	新城控股
6	0535.HK	金地商置
7	0817.HK	中国金茂
8	6668.HK	星盛商业
9	000402.SZ	金融街
10	1966.HK	中骏集团控股

表3-10	2023中国房地产上市公司代建运营优秀企业	
2023 排名	股票代码	股票简称
1	9979.HK	绿城管理控股
2	1109.HK	华润置地
3	600383.SH	金地集团
4	9982.HK	中原建业
5	1908.HK	建发国际集团
6	000002.SZ	万科 A
7	001979.SZ	招商蛇口
8	601155.SH	新城控股
9	600048.SH	保利发展
10	0123.HK	越秀地产

（五）公司治理 TOP10

表3-11	2023中国房地产上市公司治理TOP10	
2023 排名	股票代码	股票简称
1	000002.SZ	万科 A
2	0688.HK	中国海外发展
3	600048.SH	保利发展
4	1109.HK	华润置地
5	001979.SZ	招商蛇口
6	600376.SH	首开股份
7	2007.HK	碧桂园
8	000402.SZ	金融街
9	0119.HK	保利置业集团
10	600383.SH	金地集团

表3-12	2023中国房地产上市公司十大金牌CEO	
股票代码	股票简称	CEO
000002.SZ	万科 A	祝九胜
600048.SH	保利发展	周东利
0688.HK	中国海外发展	张智超
1109.HK	华润置地	吴秉琪
001979.SZ	招商蛇口	蒋铁峰
600383.SH	金地集团	黄俊灿
600325.SH	华发股份	陈茵
002244.SZ	滨江集团	朱慧明
601512.SH	中新集团	赵志松
600736.SH	苏州高新	沈明

表3-13	2023中国房地产上市公司十大金牌CFO	
股票代码	股票简称	CFO
000002.SZ	万科 A	韩慧华
0688.HK	中国海外发展	吕世杰
1109.HK	华润置地	郭世清
001979.SZ	招商蛇口	黄均隆
0960.HK	龙湖集团	赵铁
2007.HK	碧桂园	伍碧君
600383.SH	金地集团	韦传军

续表

股票代码	股票简称	CFO
002244.SZ	滨江集团	沈伟东
0123.HK	越秀地产	陈静
601512.SH	中新集团	龚菊平

表3-14　　　　　　　　　　　2023中国房地产上市公司十大金牌董秘

股票代码	股票简称	CFO
000002.SZ	万科A	朱旭
600048.SH	保利发展	黄海
0688.HK	中国海外发展	庄惠生
0817.HK	中国金茂	廖继勤
600383.SH	金地集团	徐家俊
0960.HK	龙湖集团	张蕾
600325.SH	华发股份	侯贵明
0123.HK	越秀地产	余达峰
600376.SH	首开股份	王怡
000031.SZ	大悦城	宋冰心

表3-15　　　　　　　　　　　2023中国房地产上市公司十大金牌分析师

机构名称	分析师
中金公司	张宇
中信建投证券	竺劲
中信证券	陈聪
兴业证券	阎常铭
招商证券	赵可
天风证券	刘清海
华泰证券	陈慎
国金证券	杜昊旻
中泰证券	由子沛
东方证券	赵旭翔

三、中国房地产上市公司整体发展状况分析

（一）经营规模：行业缩表，地方国企逆势扩张

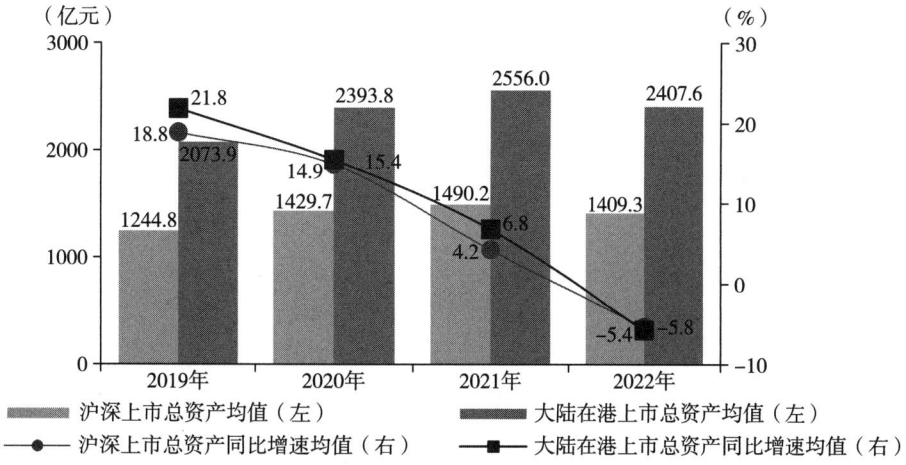

图3-1　2022年房地产上市公司总资产均值及增长率

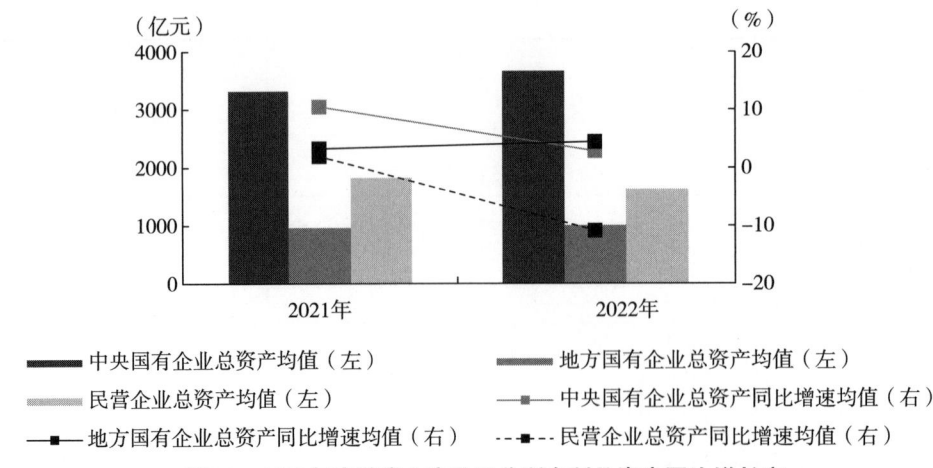

图3-2　2022年房地产上市公司分所有制总资产同比增长率

2022年，房地产上市公司总资产规模出现负增长。其中，沪深上市房地产公司总资产均值为1409.3亿元，较上年下降5.4%，增速较上年回落9.6个百分点。大陆在港上市房地产公司总资产均值为2407.6亿元，较上年下降5.8%，增速较上年回落12.6个百分点。沪深及大陆在港上市房地产公司总资产负增长，行业进入缩表阶段。

（二）盈利能力：结转减少毛利降低，行业首度亏损

1. 行业营收下降，出现首度亏损

2022年，沪深及大陆在港上市房地产公司营收增速由正转负，净利润大幅下降，部分房企出现亏损。其中，沪深、大陆在港上市房地产公司营业收入均值分别为305.2亿元、464.8亿元，同比分别下降8.9%、16.0%，增速较上年下降18.1、30.4个百分点，净利润均值分别为–1.6亿元、–10.9亿元，同比分别下降112.7%、128.7%，降幅较上年扩大51.4、85.4个百分点。沪深上市公司中约有31.5%出现亏损，大陆在港上市公司中约有51.7%出现亏损，其中，14家上市房企亏损超百亿，21家上市房企连续两年亏损。

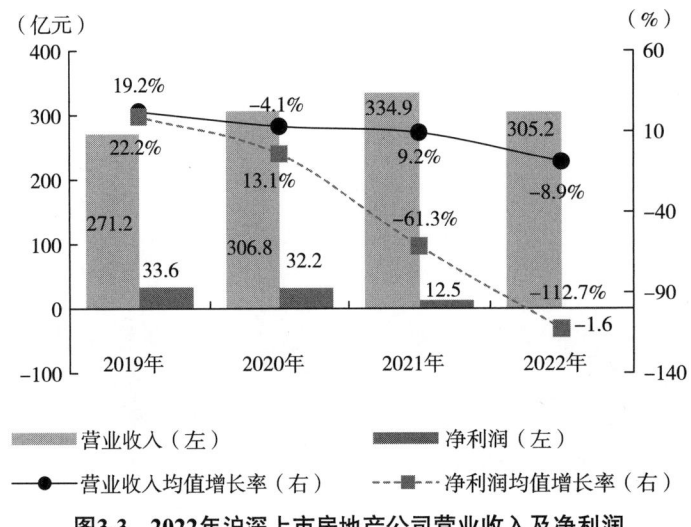

图3-3　2022年沪深上市房地产公司营业收入及净利润

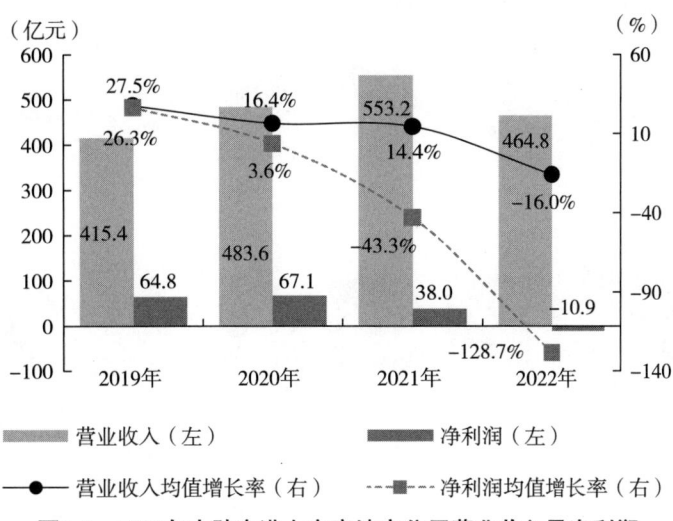

图3-4　2022年大陆在港上市房地产公司营业收入及净利润

2. 结转少毛利降导致盈利走低，资产减值损失削弱利润

结转规模减少导致营收和净利润下降。受新冠疫情、行业融资总量收缩等因素影响，2022年，全国房屋竣工面积86222万平方米，下降15.0%。其中住宅竣工面积62539万平方米，下降14.3%。部分头部房企也经历了结转规模下降的过程，保利发展2022年结算面积为2043.9万平方米，同比下降7.0%；新城控股2022年结算面积同比下降27.3%。

前期高地价和重点城市限价、售价下滑是导致毛利率持续承压的关键。自2016年以来，房地产开发企业个数从9.5万家到突破10万家，在激烈竞争下，住宅用地楼面价持续上升，叠加近两年多个城市新房价格下调、房企加大促销力度并积极处置去化困难项目，地价房价比呈波动性上涨趋势，而2019年以来布局和结转结构回归一、二线加剧了地价房价比上行趋势。2018-2022年，代表房企销售毛利率均呈现下降趋势，从2018年的30.1%下降至14.5%，年均降幅达3.9个百分点。

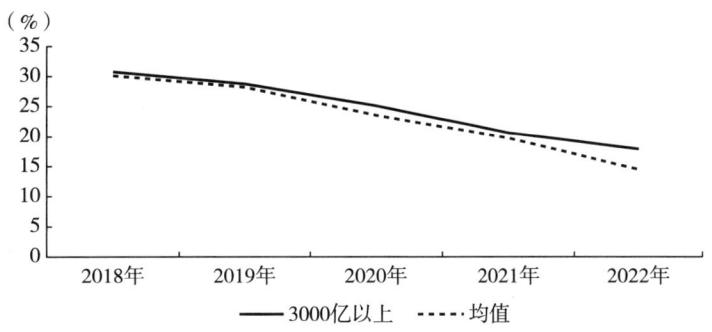

图3-5　2018-2022年代表房企毛利率变化

3. 三项费用有所上升，周转速度略有下降

2022年，在新冠疫情和房地产行业进入深度调整周期的大背景下，房地产上市公司费用率指标走势分化。沪深、大陆在港上市房地产公司三项费用率均值分别为14.2%和13.0%，分别同比上升1.7、1.1个百分点。

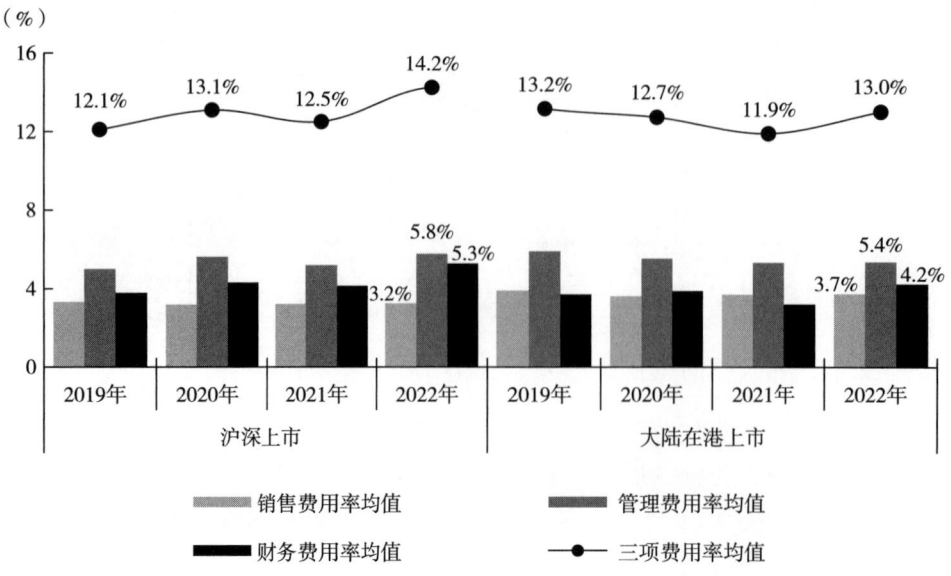

图3-6 2019-2022年沪深及大陆在港上市房地产公司三项费用率均值

2022年受市场下行影响,房地产上市公司拿地规模锐减,但受行业融资规模大幅下降,竣工结转显著减慢,导致周转效率下降。具体来看,沪深上市存货周转率为0.30,总资产周转率为0.19,分别较上年下降0.01、0.02;大陆在港上市房地产公司存货周转率与总资产周转率分别为0.32、0.17,分别较上年下降0.01、0.03。

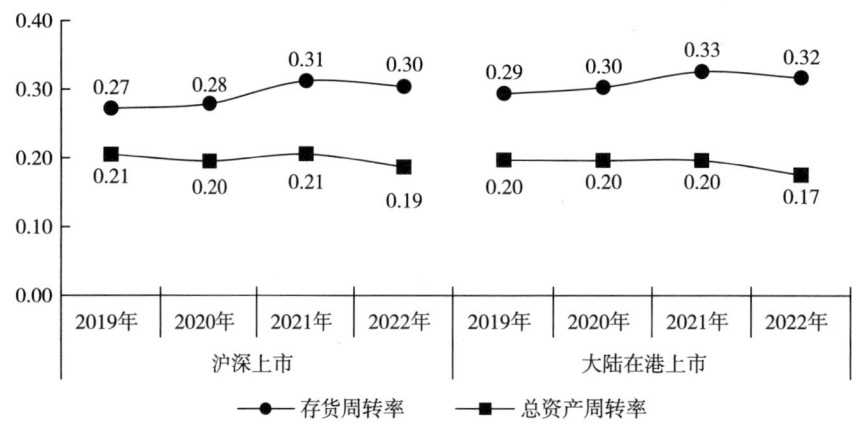

图3-7 2019-2022年沪深及大陆在港上市房地产公司存货周转率与总资产周转率均值

(三)财务稳健性:短期偿债能力下降,现金流呈净流出

1. 三道红线均值基本合规,短期偿债能力有所下降

2022年,受疫情反复、房地产销售市场下行等因素影响,沪深上市公司剔除预收账款后的资产负债率略有下降,而大陆在港上市公司则略有上升。沪深及大陆在港上市房地产公司剔除预收账款后的资产负债率均值分别为63.5%、67.1%,较上年分别下降0.6、上升0.2个百分点。2022年,受市场调整期影响,多数房企财务安全性正经受考验,沪深上市房地产公司净负债率均值为70.8%,同比上升2.9个百分点;大陆在港上市房地产公司净负债率均值分别为81.0%,同比上升13.2个百分点。

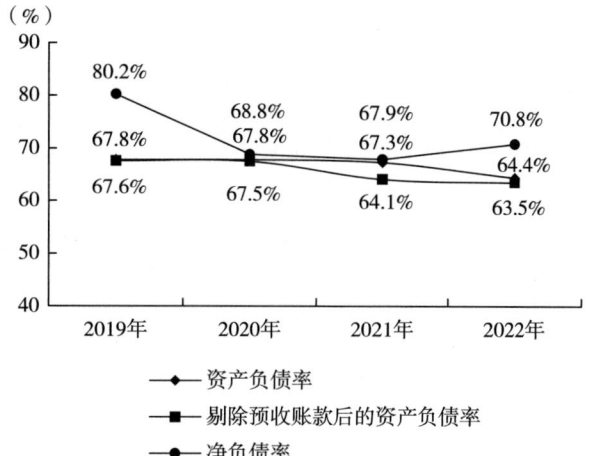

图3-8　2019-2022年沪深上市房地产公司负债率情况

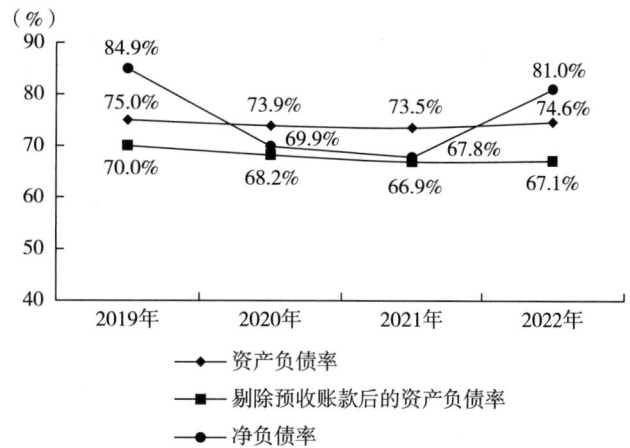

图3-9　2019-2022年大陆在港上市房地产公司负债率情况

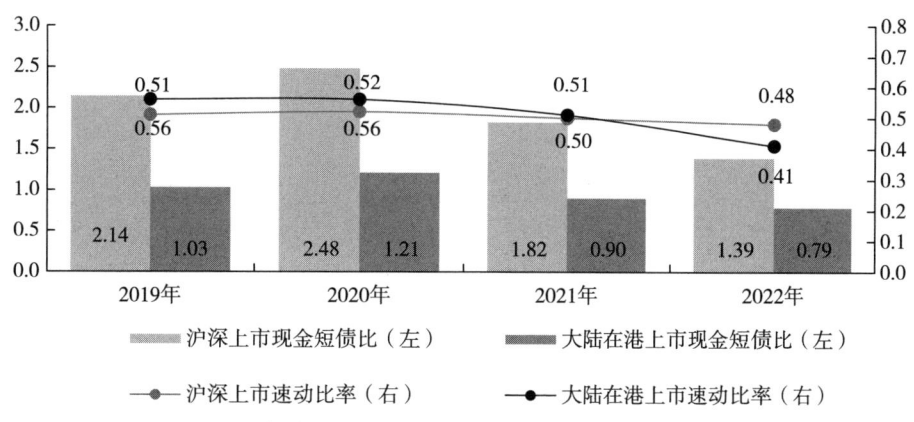

图3-10　2019-2022年沪深及大陆在港上市房地产公司现金短债比与速动比率

2022年部分房企出现流动性风险，现金的重要性再次得以体现，在行业下行周期，手中握有资金量越充足的房企，其经营底气及安全性就越高。沪深上市房地产公司现金短债比均值持续下降，短期偿债能力持续下降，沪深上市房地产公司的现金短债比均值为1.39；大陆在港上市房地产公司现金短债比均值近三年基本呈逐年下降趋势，短期债务的保障能力有所降低，现金短债比均值为0.79。上市房企主动寻求资金，积极回笼资金，沪深上市房地产公司速动比率均值为0.48，出现小幅下滑。大陆在港上市房地产公司短期偿债能力下滑，速动比率下降至0.41。

2. 企业融资低迷叠加销售端压力，现金流呈净流出

房地产上市公司受销售下滑及回款放缓等多重因素影响，两地上市公司在现金流净额方面出现了持续下滑，均值分别为 –11.2 亿元、–57.9 亿元。从现金流结构来看，经营活动产生的现金流成为沪深及在港上市房地产企业主要的现金净流入来源，均值分别为 20.5 亿元、25.0 亿元，较上年分别减少了 17.5 亿元、1.8 亿元。

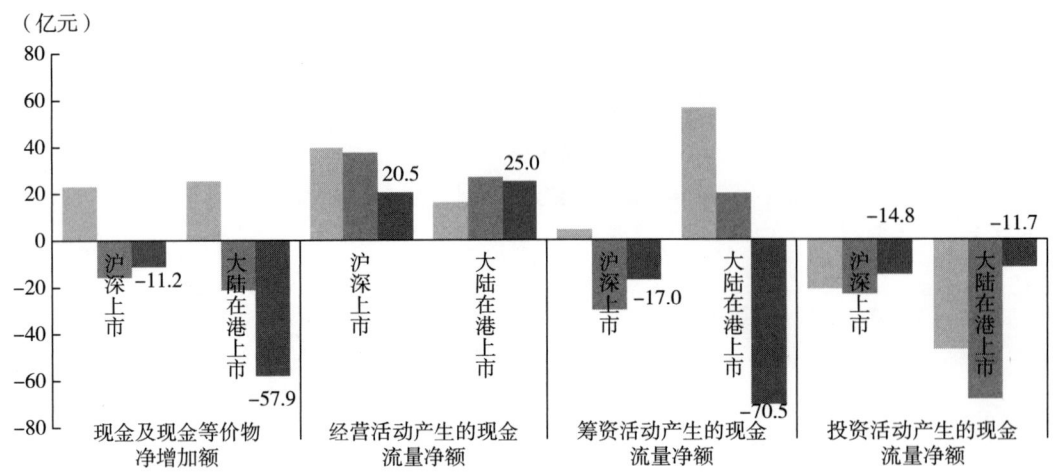

图3-11 2020-2022年沪深及大陆在港上市房地产公司现金流净额均值

（四）股东回报：每股收益水平回落，企业分红均值下降

1. 受市场下行影响，每股收益水平持续回落

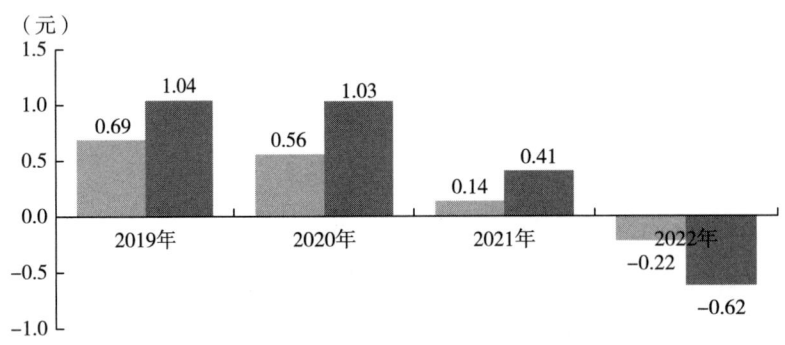

图3-12 2019-2022年沪深及大陆在港上市房地产公司每股收益均值

2022年，房地产上市公司盈利能力显著下降，股东收益水平持续回落，部分房企逆势增长。具体来看，沪深上市房地产公司每股收益均值为 –0.22 元，较上年下降 257.1%；大陆在港上市房地产公司均值则为 –0.62 元，同比下降 251.2%。沪深及大陆在港上市房地产公司分别有 23.9%、24.6% 的企业每股收益出现增长，其他企业均出现不同程度下滑。

2. 受业绩下滑影响，经济增加值（EVA）继续下行

2022年，沪深上市房地产公司 EVA 均值同比下降 220.4% 至 –6.2 亿元，大陆在港上市房地产公司

EVA均值同比下降170.8%至-8.3亿元。沪深和大陆在港房地产上市公司两个阵营的企业财富创造能力出现下降，沪深及大陆在港上市房地产公司NOPAT均值分别为12.0亿元、17.1亿元，分别同比下降47.8%、49.5%；沪深及大陆在港上市房地产公司的资本成本均值分别为18.2亿元、29.3亿元，分别同比上升2.1%和21.6%。

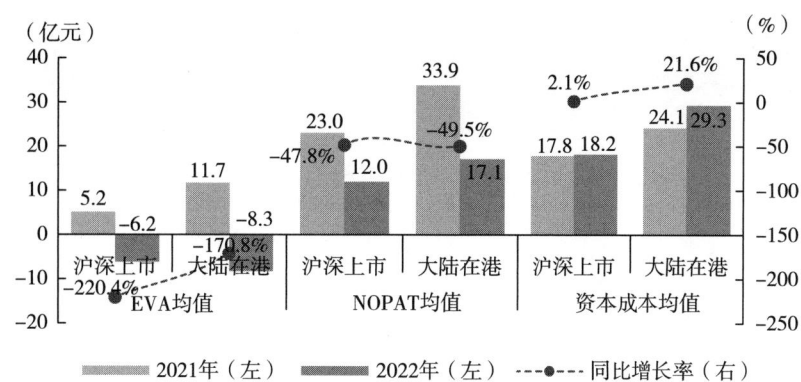

图3-13　2021-2022年沪深及大陆在港上市房地产公司EVA、NOPAT与资本成本均值

3. 业绩显著承压，股息率均值降低

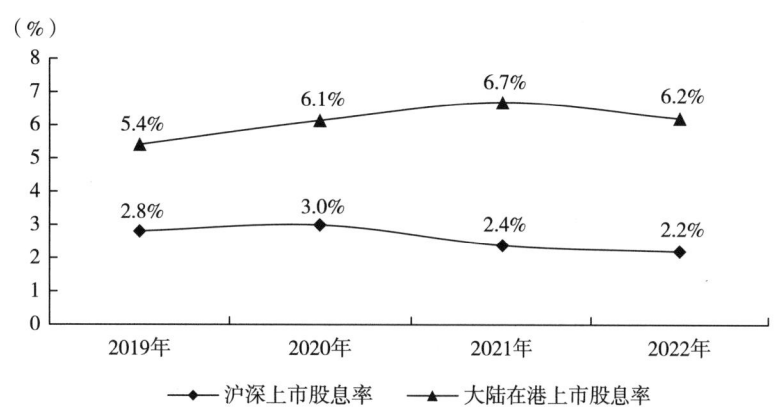

图3-14　2019-2022年沪深及大陆在港上市房地产公司股息率均值

2022年，房地产上市公司业绩承压股息率均值降低。沪深与大陆在港上市房地产公司股息率分别同比降低0.2个百分点和0.5个百分点至2.2%和6.2%。

（五）市值管理：市场持续深度调整，行业整体市值走低

1. 政策调整难阻市场下行，上市房企市值持续走低

2022年，我国经济发展和新冠疫情防控保持统筹兼顾，发展质量稳步提升，保持了经济社会大局稳定。同时，我国经济恢复的基础尚不牢固，需求收缩、供给冲击、预期转弱三重压力仍然较大，外部环境动荡不安。上半年部分企业流动性风险爆发，下半年随着一系列稳定房地产市场政策出台，特别是年底多项房地产重磅政策利好陆续落地，房地产上市公司市值呈现回升态势。沪深上市房地产公司市值均值为153.7亿，同比下降10.4%，其中54家公司市值下跌，占A股房地产上市公司总量的60.7%；大陆在港上市房地产公司市值均值为132.3亿，同比下降18.4%，其中64家公司市值下跌，占港股房地产上市公司总量的81.0%。

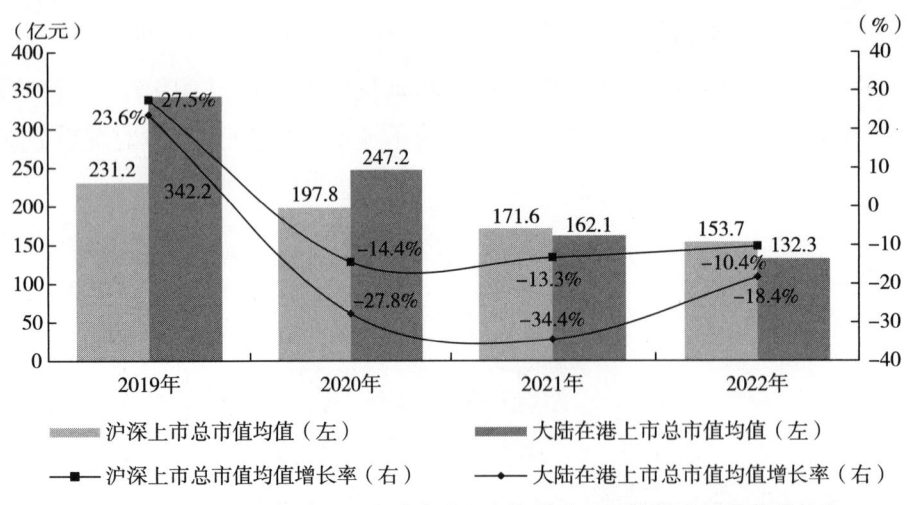

图3-15　2019-2022年沪深及大陆在港上市房地产公司市值均值及其增长率

2. 行业分化提供机遇，上市房企多渠道维持市值稳定

2022年，上市房地产公司市值普遍下降，房地产行业分化加剧，上市房地产公司通过多种价值经营方式保证市值稳定，把握时机实现市值提升。房地产上市公司一方面通过分拆上市、并购重组等方式增强企业规模效应与价值创造能力，努力实现市值增长；另一方面通过股票回购增强资本市场对企业的信心，保障企业市值稳定。此外，部分房地产上市公司推出股权激励计划，优化公司治理结构，提升企业向心力。

（六）投资价值：优秀企业估值仍有提升空间，关注经营稳健、投资积极的企业

1. 房地产板块震荡下行，估值仍有提升空间

2022年，房地产板块持续走低，沪深及大陆在港房地产上市公司表现整体不如大盘。2022年A股整体在下行中呈现"W"形走势，波动幅度明显加大。2022年上半年上海等地新冠疫情对实体经济活动造成影响等各方利空因素叠加影响使得沪深300深度下探；4月底到7月初，伴随一系列稳经济政策出台，国内充裕的流动性环境支撑沪深300持续反弹；7月中旬到10月，国内新冠疫情多点散发扰动实体经济活动，叠加美联储连续且激进的加息节奏，沪深300再度震荡寻底；11月以后，新冠疫情防控政策持续优化，房地产行业融资支持政策出台，沪深300迎来反弹。2022年年末沪深300收盘于3871.63点，同比下跌21.3%。房地产板块走势与大盘接近，波动幅度低于大盘。2022年年末申万地产指数收盘于2964.54点，同比下降10.6%。纵观2018年至2023年第一季度，A股市场中，申万地产指数持续表现均弱于沪深300指数。

港股市场在2022年的整体走势延续了2021年的弱势，恒生指数在震荡中持续走低，最低一度跌至15000点下方，创下了近11年的新低。2022年年末恒生指数收盘于19781.41点，同比下降14.4%，跌幅较上年缩窄0.45个百分点。港股房地产板块整体随大盘波动，恒生地产指数年末收盘于26039.97点，同比下降12.1%。2018年至2020年第三季度，恒生地产指数表现一直优于大盘，2020年四季度开始，恒生地产指数持续弱于大盘，表明自此开始，海外投资者对内地房地产市场信心较早期减弱。

房地产上市公司整体市盈率与市销率呈下降趋势，2022年下半年稍有回升，目前仍处在较低位置。

2022年，沪深与大陆在港上市房地产公司市盈率均值同比分别下降0.3、1.8至11.5、2.6，沪深下跌幅度小于大陆在港；同期，沪深与大陆在港上市房地产公司市销率同比分别下降0.3、0.2至1.8、0.2，沪深下跌幅度大于大陆在港。进入2023年，经济持续恢复，两阵营企业市盈率与市销率均出现不同程度回升，但仍处于较低位置，未来估值空间值得期待。

2. 聚焦企业稳健经营能力，拿地积极、融资能力强的企业更受青睐

2020年以来受新冠疫情、宏观经济调整和外部压力等因素影响，资本市场持续震荡，房地产上市公司估值承压。资本市场对房地产行业投资价值的评估将更为强调估值和业绩匹配度，价值投资正在回归。2023年一季度，伴随着全国新房市场情绪的修复，房企销售业绩有所好转，央国企和优质民企销售表现相对较好，企业融资环境持续改善，但待偿债务余额较高，企业资金压力不减。在此背景下，投资者将更加关注企业可持续经营能力和长期价值，保持稳健经营、展现出拿地与融资能力的企业更易获得投资者的青睐。

专题　中国房地产上市公司发展趋势分析

（一）房企数量：高峰值已过，退出将更加频繁

据中指研究院统计，2003至2022年，累计共有159家中国大陆房企选择在沪深或香港上市，其中沪深上市房地产公司78家，在港上市房地产公司81家。整体上看，沪深及在港房地产上市公司数量均经历了大规模增长，但也呈现出不同的变化趋势。

从增量视角来看，市场及监管因素驱使房企上市出现A股与H股"高潮迭起"特征。沪深上市房企数量迅猛增长主要出现在2007至2009年间，这三年A股每年上市的房地产企业数量依次为15家、13家和13家，创造了历史纪录。2015年以后，A股市场鲜有房地产公司上市。中国大陆在港上市房地产企业数量在2000年后出现过2007-2010年、2013-2014年以及2018-2020年三轮上市热潮。

从存量视角看，A股上市房企数量近几年逐步萎缩，H股上市房企数量已经达到峰值。随着近些年房地产市场形势发生较大变化，上市房企"退出"现象更加频繁出现，在A股上市房企中尤为明显。自2015年起，每年均有沪深上市房企选择不再将房地产开发作为企业经营主业；自2018年起，沪深上市房企因企业经营长期出现问题而被迫退市的现象也时有发生，因此沪深上市房地产公司数量逐年下降。相比之下，H股上市房企经营相对稳定，近年只出现个别退市及私有化案例。随着近两年H股房企上市数量减少及部分房企面临退市风险，预计H股上市房企数量已经达到峰值。

未来，上市房企"退出"现象将更加明显，新势力有机会借助政策利好登陆资本市场。目前，多家沪深上市房企面临退市风险警示，若企业经营状况不能得到有效改善，退市将成为不可避免的选择。同时，在政策利好下，可能有房企通过重组或借壳的方式登陆资本市场。

（二）经营规模：经历"高速增长—降速增长—负增长"三阶段后，有望趋稳

从经营规模发展情况分析，经过2002-2022二十余年的发展，我国房地产上市公司的资产规模和收入

规模都发生了巨大的变化，且具有明显的"三阶段"式发展特征。2022年，房地产市场成交保持低迷态势，上市房企进入缩表阶段。随着利好政策逐步落地，房地产市场呈现缓慢复苏迹象，上市房企经营规模下降幅度有望缩窄，整体趋于稳定。

房地产上市公司总资产与营业收入变化呈现"高速增长—降速增长—负增长"三个不同阶段。

在高速增长阶段，代表性房地产上市公司总资产与营业收入年均增速在35%左右。在房地产市场发展早期阶段，随着住房市场化改革的不断深入和信贷政策的支持，上市房企获得快速发展机遇，在市场中崭露头角的上市房企主要呈现出各区域"占山为王"的格局。随后，上市房企顺应城镇化快速推进的浪潮，开启全国化扩张时代，在全国范围的重点城市迅速布局。2008年金融危机后，宽松的货币政策带来资本红利，刺激了房地产市场高歌猛进，上市房企经营规模加速提升。

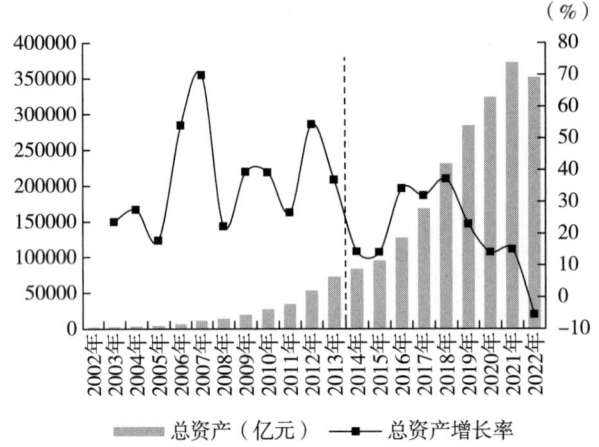

图3-16　2002-2022年代表性房地产上市公司总资产变化情况

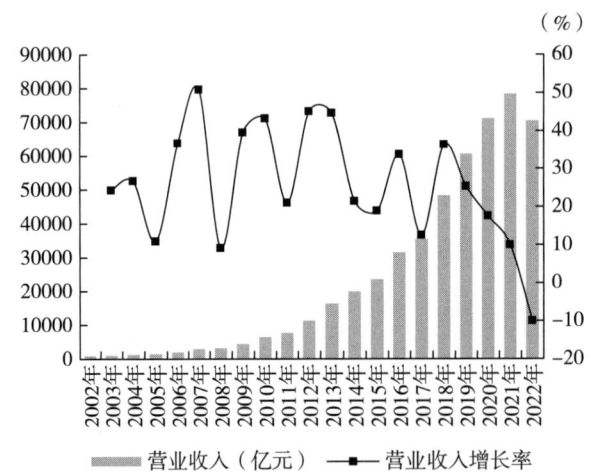

图3-17　2002-2022年代表性房地产上市公司营业收入变化情况

随着全国城镇化进程的推进，居民基本住房需求得到满足，代表性上市房企经营规模进入降速增长阶段，虽然增速低于高速增长阶段，但仍保持了一定水平，代表性房地产上市公司总资产与营业收入年均增速在20%左右。上市房企发展出现分化，面临"逆水行舟不进则退，慢进也是退"的激烈竞争，头部企业份额加速提升、强者恒强的市场格局不断强化，部分上市房企开始谋求转型、开辟第二增长极，甚至退出房地产行业。

受新冠疫情及宏观经济影响，房地产市场进入深度调整阶段，代表性上市房企融资环境逐渐收紧，高杠杆企业风险不断暴露，行业开始进入缩表阶段。代表性房地产上市公司2022年总资产规模与营业收入出现负增长。随着行业风险因素不断出清，叠加宏观经济逐步好转与利好政策不断落地，2023年一季度房地产市场显现弱复苏迹象，未来上市房企经营规模降幅有望缩减。

（三）盈利能力：净利润连续下降后首度为负，未来企业盈利能力将持续分化

在经历21世纪初较大幅度的变化后，代表性上市房企净利润在波动中保持增长态势。自2020年起，受新冠疫情持续、宏观经济下行压力加大等因素影响，代表性上市房企净利润持续下滑，企业盈利能力减弱，并于2022年首度为负。随着营收规模有望企稳，且部分上市房企已在2022年进行了资产计提减值，未来企业盈利状况有望改善。

代表性上市房企净利润由21世纪初期的高速增长转向低速波动增长。代表性上市房企净利润在经历2002—2007年的高速增长后，于2008年受金融危机影响出现下滑，2009年恢复增长后平均增速有所下降。从2020年起，受新冠疫情及宏观经济下行压力等因素影响，代表性房地产上市公司净利润持续下滑。2020年与2021年代表性房企净利润连续两年同比下降，2022年则出现亏损。

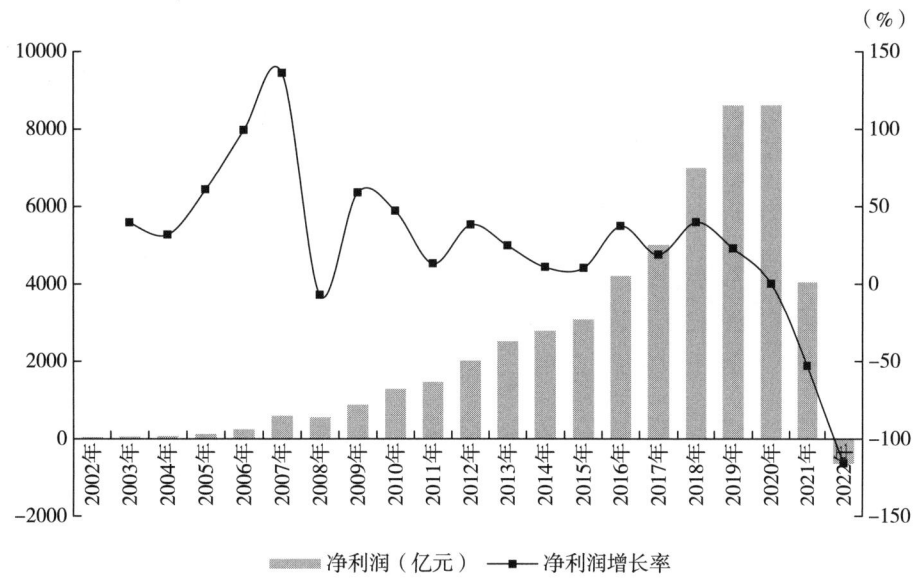

图3-18 2002-2022年代表性房地产上市公司净利润变化情况

展望未来，从整体上看，上市房企盈利状况有望改善。随着新冠疫情影响逐渐散去，支持房企多渠道融资等政策落地实施，上市房企结转规模与营业收入有望企稳，持有物业收入逐步恢复，且多数房企已在2022年对资产进行计提减值，因此上市房企盈利恶化趋势有望减缓。从个体上看，上市房企盈利水平将进一步分化。房地产市场修复及政策效果显现需要时间，多数上市房企盈利仍将承压。少数上市房企凭借项目高能级布局与品牌口碑保持销售规模稳步增长，且持有型业务能够持续贡献利润，盈利有望正增长。

（四）市值表现：持续下降后估值处于低位，未来或小幅回升

代表性上市房企总市值在波动中保持增长态势，2020年起已连续三年下降。随着新冠疫情影响消退，经济持续恢复，沪深与在港上市房企市值有望回升，未来估值空间值得期待。代表性上市房企总市值在波动中增长，近三年连续下降。代表性房地产上市公司市值在2002-2004年持续下降，后于2007年行业出现牛市，总市值均值飙升超过100%，达到万亿量级。2008年股市遭遇金融危机，代表性房地产上市公司

总市值大幅下跌，同比下降达60%。2009年资本市场和经济环境利好，代表性房地产上市公司总市值再次上涨超过100%。此后，代表性房地产公司上市总市值整体在起伏之间保持增长态势，于2017年突破四万亿。2020年起，代表性房地产公司上市总市值连续三年下降。

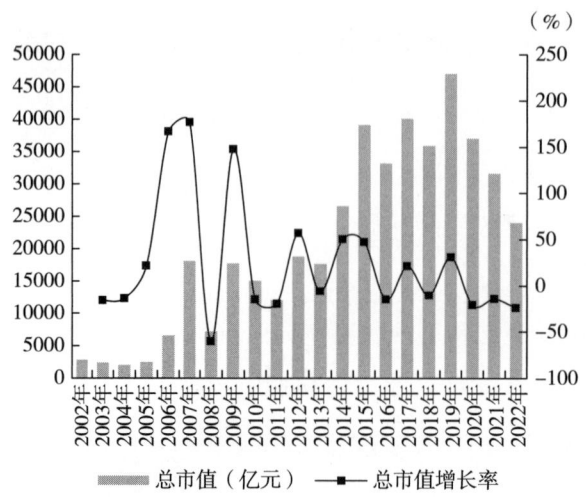

图3-19 2002-2022年代表性房地产上市公司总市值变化情况

（五）竞争格局：大型央国企及优质民企将引领行业发展

2022年房地产市场下行更加明显，行业进入缩表出清、优胜劣汰阶段。伴随着房地产供给端政策的持续发力，上市房地产企业竞争格局发生变化，不同类型房企经营均不同程度承压，企业分化现象逐渐加剧，未来竞争格局正在发生转变，深刻影响上市房地产企业发展路径。

上市房企整体规模业绩出现下滑，企业之间分化明显。从业绩表现看，截至2023年4月底，沪深及在港上市披露业绩的房地产公司中，超七成利润出现下滑，而行业龙头企业凭借综合优势保持业绩稳定，一些处于第二梯队的房企也收获了业绩增长。从企业经营看，上市房企销售与拿地规模变化差异明显，部分房企资金紧张出现债务违约，进而影响企业销售与拿地，企业正常经营受到重大影响，但也有部分企业凭借较强的融资能力与品牌优势，在项目销售、土地储备等企业经营方面保持稳定。

上市房企继续分化，行业集中度还将提高，未来将形成金字塔型竞争格局。部分上市房企出现债务违约的同时，不乏其他企业继续做大做强，行业竞争格局出现较大调整。头部企业凭借资源优势、稳健经营战略、开发运营实力，销售额市场占有率仍将提升；中小企业坚持本地深耕策略，专精开发或优势业务，规模扩张潜力有限。总体来看，行业弯道超车机会稀缺，将形成金字塔型格局。

结　语

2022年，房地产政策不断优化，效果正在显现。在行业整体处于深度调整阶段，上市房企的盈利能力和流动性都遇到了挑战。行业出清和优胜劣汰在市场下行周期更加显著，上市房企需内外兼修，对内顺应周期调整财务结构，保持充足的偿债能力，打造风险缓冲垫；对外充分利用政策资源，发挥自身优势，抓住窗口期及时补充融资资金，借助政策工具优化资产负债表，为适应行业新周期提前做好准备。

报告四 2023中国产业新城运营商评价研究报告

一、研究背景与方法体系

（一）研究背景

2023年"十四五"发展规划逐步落地，各地纷纷推进"主题产业园区"建设，产业新城正从"大而强"转向"特而专"，运营商打造"专精特新"产业项目。在区域协同发展的大趋势下，项目运营的成功与否直接决定了项目未来的发展态势，因此优秀产业新城及运营商的发展经验更值得借鉴。

在此背景下，中指研究院以客观、公正、准确、全面的研究原则，连续第八年开展"中国产业新城运营商评价研究"，我们进一步优化适用于国内产业新城运营商发展特色的研究方法和评价指标体系，从产业发展、城市建设、企业经营能力三方面进行综合评价，结合大数据方法，发掘国内综合运营实力强、创新能力突出、成长潜力大的产业新城运营商。我们希望通过总结其成功运营的核心价值要素，推广优秀产业新城运营商的发展经验，发挥其在中国产业转型升级中的标杆示范作用，为政府、业界提供更多参考依据及经验借鉴，进一步推动行业发展。

（二）研究方法体系

当前，我国新城新区的数量众多，发展程度良莠不齐，而产业新城发展成败的背后，运营商在其中发挥着不可忽视的作用。以往国内外园区开发主体的评价仅是围绕产业园区开发商进行的，产业新城运营商的评价研究尚属空白。基于此，2016年，中指研究院首次提出并建立产业新城运营商综合实力评价体系，2023年，我们进一步优化适用于国内产业新城运营商发展特色的研究方法和评价指标体系，以期成为检验现有运营商实力的标尺，亦能够为行业各类参与主体提供参考依据，进一步推动产业新城建设的长足发展。

1. 研究对象

（1）产业新城样本项目筛选

针对研究对象，我们认为产业新城运营商的核心价值仍体现在其所运营的产业新城项目上，特别是相对于企业来说，项目的筛选、观测更加直观和清晰，因此我们选择从产业新城项目入手去寻找符合研究标准的运营商样本。

基于大量的理论研究和实践观察，我们认为产业新城是在市场化运营机制主导下，受中心城市或中心城区辐射并对其产生反磁力作用的、集良好产业基础及完整城市服务功能于一体的宜居宜业新城。因此，对于产业新城项目的筛选我们设立以下3个标准：①以市场化运营机制为导向；②受到中心城市或城市中心的辐射带动，并能够对中心城市或城区中心产生反磁力作用；③产业新城除了具有良好的产业基础外，还要具备完整的城市服务功能，并以实现产城融合为目标。

基于以上3个标准，我们对全国范围内主要的新城新区进行筛选，并以行业专家及中指研究院各地方分院推荐的优秀项目作为补充，同时，在后续研究中不断查漏补缺。在2023年的研究中，我们继续优化样本项目，最终筛选出112个项目作为产业新城研究对象。

（2）新城运营商研究对象的确定

一方面，通过筛选出的产业新城项目，我们深入发掘其背后的开发运营主体；另一方面，根据我们对产业新城运营商的定义来确定研究对象，即产业新城运营商是以开发运营产业新城为发展方向，提供专业化、市场化的服务平台，为产业新城的规划、投资、运营、管理等提供一体化解决方案的实体企业。

综合以上两方面的考量，我们在上一年度研究样本的基础上，继续丰富了研究样本，最终确定了东湖高新、湖北高投、华南城、上海临港、市北高新、苏州高新、泰达控股、天安数码城、张江高科、招商蛇口、中新集团、中国五矿、中国金茂等七十余家企业作为产业新城运营商评价的研究对象。在产业新城运营商评价研究中，我们希望竭尽所能列出全部符合产业新城标准的项目，但可能仍无法避免遗漏部分研究标的。此外，部分尚处于开发初期的项目也未纳入本期研究样本。另外，虽然市场化机制主导的企业更加高效灵活，而且在未来将占据产业新城发展的核心地位，但这并不意味着只有民营资本主导的运营商才能进入研究样本，一些以园区开发起步的国有背景运营商不仅在开发经验以及资源利用方面更具优势，也较为注重城市配套的规划建设，并逐步引入市场化运作模式，因此也进入了本次研究的样本范围。此外，虽然部分企业并没有明确提出建设产业新城的概念，但根据我们对产业新城运营商的理解并结合实际情况，也将这部分企业列为研究对象。

2. 评价模型及指标体系

（1）在评价模型的构建过程中，中指研究院始终围绕"产业新城运营商评价"的核心目标，依据国内外行业理论研究经验及我国产业园区、产业新城发展实践，搭建形成评价体系的雏形，在此基础上，通过大量的产业新城运营商及代表项目调研，对反映核心要素的评价体系进行了反复验证和修正。

（2）2016年3月1日，我们召开了"中国产业新城运营商评价研究成果"鉴定会，邀请16位行业专家对评价体系进行鉴定，并在综合各位专家意见的基础上完善修改，最终形成产业新城运营商评价体系。

（3）我们独创性地建立"一核两翼"评价模型，以此评价各产业新城运营商的综合实力。其中，"一核"指我们评价的核心主体，即产业新城运营商；"两翼"指运营商最重要的两个核心能力，即产业发展能力和城市建设能力，其中产业发展是产业新城的核心驱动力，是新城活力之源，而城市配套建设是产业新城各项生产、生活要素赖以发生发展的载体；同时，运营商经营能力是其实际运营水平与成效最直观的体现，与前面两个方面相辅相成，共同反映产业新城运营商综合实力。

报告四 2023中国产业新城运营商评价研究报告 659

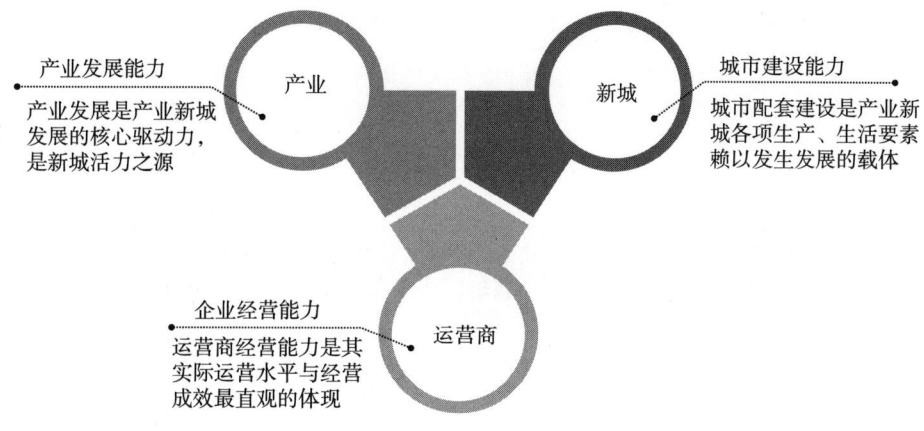

图4-1 "一核两翼"评价模型

（4）依据国内外行业研究理论经验及我国产业园区、产业新城发展实践，我们梳理提炼出现阶段行业关注及实际应用的关键指标，围绕产业发展能力、城市建设能力及企业经营能力三个方面进行构建产业新城运营商评价体系，包括13项二级指标以及30余项三级指标。我们对反映核心要素的评价体系和具体指标进行了反复验证和修正，并吸纳专家鉴定会上各位权威专家的中肯建议，在全面性、客观性、科学性、可行性原则的指导下，搭建形成"中国产业新城运营商综合实力评价体系"。近年来，随着行业的不断发展，越来越多的产业新城运营商注重资产运营效率的提升。2023年，我们在继承上一年研究方法、评价指标体系、研究成果以及经验的基础之上，并结合更加丰富的产业新城运营商及代表项目的交流，进一步优化了产业新城运营商研究方法和评价指标体系，如2023中国产业新城运营商研究的评价指标体系进一步强化了对经济贡献能力的分析，为此增设"产业投资规模"指标，评价企业产业发展能力。

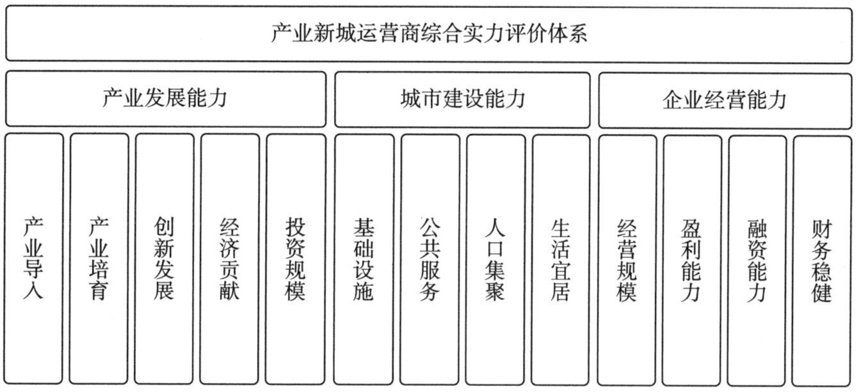

图4-2 产业新城运营商综合实力评价体系

产业发展能力：产业的健康发展是产业新城的灵魂，优秀的产业新城自有其一套完整的产业生态系统。在评价运营商产业发展能力时，我们以产业开发与运营流程为切入点，从产业导入、产业培育、创新发展三个方面出发，最终以产业发展对所在区域或城市的经济贡献为落脚点，全面评价运营商产业发展能力。

城市建设能力：产业新城的"城"是其开展一切生产、生活活动的载体，评价运营商的城市建设能力时，我们首先对产业新城内基础设施以及公共配套的完善程度进行评价；同时基于园区对人口的吸纳程度以及生活宜居性，衡量产业新城运营商满足人们生活需求、提升居民生活水平的能力。

企业经营能力：从评价企业运营的"量"和"质"两个基本要素来看，需在兼顾经营规模的同时保证运营绩效，另一方面在争取成长速度的同时保证财务稳健，同时考虑到产业新城项目的开发周期长、资金需求量大，极为考验运营企业的融资能力，因此将企业经营能力分解为"经营规模""盈利能力""融资能力""财务稳健性""运营效率"五个部分。

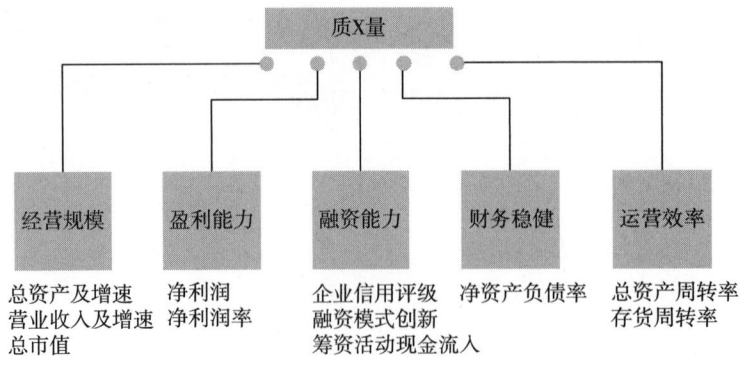

图4-3 企业经营能力要素

考虑到运营商的产业发展能力和城市建设能力更多的是从其具体运营的产业新城项目中体现出来，因此，在评价这两方面能力时，从运营商的产业新城项目入手，每家运营商挑选1~3个典型产业新城项目，并赋予项目不同权重，从项目的运营数据来评价运营商的产业发展和城市建设能力。至于企业经营能力，则直接分析运营商财务数据，同时考量其信用水平、合作模式创新等方面，综合评价其经营能力。

3. 数据来源

本次研究的资料及数据一方面通过公开渠道获取，同时为了夯实数据研究根基，中指研究院组织总部及各地机构数十位分析师，对全国范围内43座城市、126个产业新城项目及75家运营企业进行调研，收集了大量的园区产值、产业导入、招商运营、新城建设等方面数据及调研资料，另有园内入驻企业、就业员工调查问卷。在调研过程中，行业从业者丰富的专业知识以及对行业发展的思考使我们受益匪浅，他们对产业新城项目的一线运营经验反馈也为我们数次修正评价体系提供了重要参考。此外，我们还征询了部分行业专家的意见，他们从更加宏观和广阔的视角为我们的研究提出宝贵建议。

4. 评价步骤

（1）指标赋权

在运用指标体系进行评价时，需要使用科学合理的赋权方法对各个指标赋予不同的权重，为了克服不同赋权方法固有的缺陷，本次研究结合客观导向的因子分析法及主观导向的德尔菲法对评价体系各指标进行赋权，以使评价结构更具合理性和准确性。本次研究通过结合因子分析法和德尔菲法最终获得各指标权重。

（2）指标的标准化处理

各项三级指标中，对于定量指标，由于各个指标单位不同，不能直接比较，需要对数据进行无量纲化处理，消除数据之间存在的差异，我们将数值标准化为0至100，从而得到该指标的得分。对于定性描述型的指标，我们主要采用德尔菲法进行评价，各指标打分采用百分制。

（3）计算综合得分

对三级指标进行加权平均计算得到各二级指标的得分，然后根据二级指标权重加权平均计算，最后获得各运营商综合实力评价结果。

二、主要研究成果

（一）综合实力评价结果

表4-1　　2023中国产业新城运营商综合实力TOP10

企业名称
上海张江高科技园区开发股份有限公司
中新苏州工业园区开发集团股份有限公司
招商局蛇口工业区控股股份有限公司
深圳市星河产业投资发展集团有限公司
珠海华发城市运营投资控股有限公司
天安数码城（集团）有限公司
苏州新建元控股集团有限公司
上海临港经济发展（集团）有限公司
万科南方产城
深圳市中集产城发展集团有限公司

从综合得分来看，张江高科、中新集团、招商蛇口综合实力位居前三。从2023中国产业新城运营商综合实力评价研究结果来看，张江高科以科技投行作为战略发展方向，以创业服务业集成商为角色定位，秉持"构筑产业生态，共生科创所能"的品牌创新理念，通过构建四大矩阵，建设四大品牌，紧密对接全球创新资源，加速集聚全球创新要素，构建开放式创新生态圈。中新集团始终坚持"以产为核""以绿为核"理念，形成了项目拓展、规划建设、招商亲商、软件转移、产业投资、绿色低碳等园区开发运营全产业链核心竞争力。招商蛇口以"时空合伙人"的角色定位为园区企业提供全过程空间载体和全生命周期服务，在全国范围内布局网谷、意库、智慧城三大产品线以及各类科技园，让企业在每一个生长阶段所需的服务环环相扣，助力企业成长。

（二）分项评价结果

1. 特色运营商评价结果

表4-2　　2023中国特色产业新城运营优秀企业

企业名称	产业新城特色
华南城控股有限公司	现代化综合商贸物流
重庆市华雄产业园运营管理有限公司	生态运营
富康集团	城市运营
天健置业	数字创意产业园区运营
上海市北高新股份有限公司	大数据云计算

表4-3　　2023中国特色产业园区运营优秀企业

企业名称	产业园区特色
万科物流发展有限公司	仓储物流
绿城科技产业服务集团有限公司	数字化运营
企生活集团	轻资产运营
金地集团	智能制造
中新天津生态城投资开发有限公司	新能源

2. 园区运营商评价结果

表4-4　　　　　　　　　　2023中国产业园区运营商综合实力TOP10

企业名称
北京联东投资（集团）有限公司
中节能实业发展有限公司
苏州苏高新科技产业发展有限公司
中南高科产业集团
润城新产业（深圳）有限公司
中电光谷联合控股有限公司
绿城科技产业服务集团有限公司
北京天瑞金置业集团有限公司
武汉东湖高新集团股份有限公司
卓尔控股有限公司

产业园区作为产业发展的重要载体，既是地区经济发展的推动者，同时也是区域经济提升后的受益者。随着越来越多的企业进驻产业园区的开发中，一些在产业招商、产业培育以及发展理念上突出的企业开始涌现。通过研究，我们筛选出具有代表意义的园区优秀运营商，这些企业在聚焦特色产业、深耕主导产业、绿色发展、智慧园区等一个或多个领域表现突出，不断提升核心竞争力，未来发展潜力较大。

3. 产业项目运营评价结果

表4-5　　　　　　　　　　　　2023中国产业运营优秀项目

企业名称
中节能（富阳）环保产业园
北科建青岛蓝色生物医药产业园
北京西国贸园区
张江在线新经济生态园
企生活1970科技小镇
苏州国家环保产业园
新建元数谷
EKA·天物
鹤望智谷
中集前海国际中心

三、产业新城运营商发展特点分析

（一）产业发展能力

1. 产业定位：聚焦城市群优势资源，打造"专精特新"特色产业形成差异化优势

产业新城运营商在进行产业定位时，聚焦区域优势资源，针对区域协调发展要求打造特色产业园区，实现产业能级的提升。在产业定位过程中，一方面，"十四五"规划逐步落地，各城市群推动城市群一体化发展，全面形成"两横三纵"城镇化战略格局，以协同发展、错位竞争为特征的产业集群发展日益凸显。运营商在区域协同发展的大趋势下，产业定位聚焦城市群内的优势资源，加快主题园区要素融通。另一方面，加大培育专精特新新产业生态，高效配置产业用地，整合资源通过专业化、特色化的项目打造差异化优势。

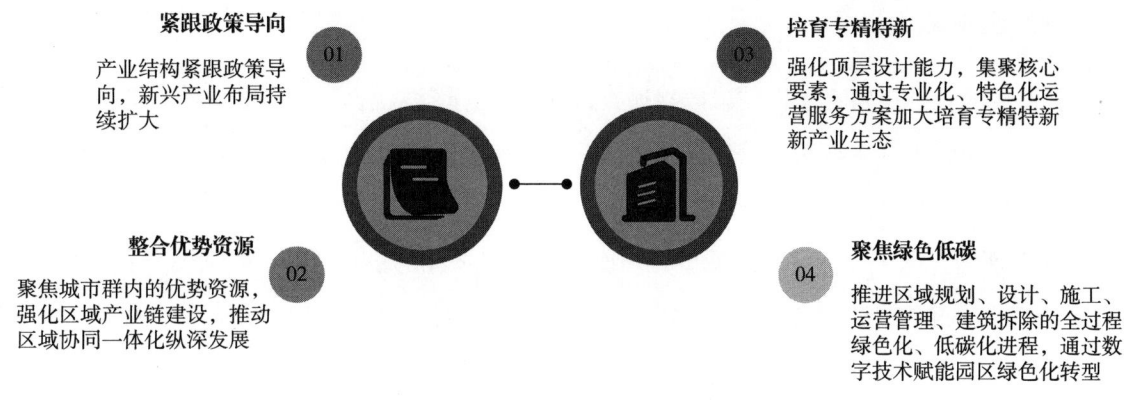

图4-4 产业定位的主要方式

2. 产业招商：智慧大数据平台精准招商，强化多链驱动深耕产业链招商

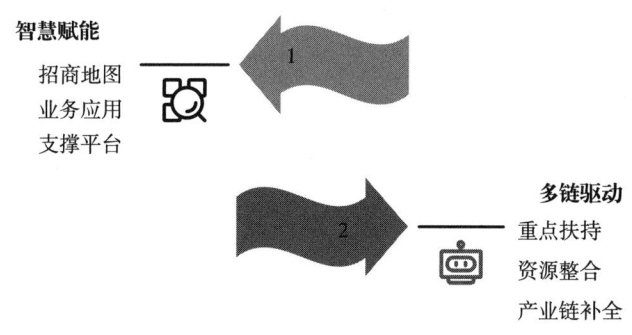

图4-5 产业招商模式图

产业新城运营商在产业招商上，一方面，借助产业大数据中心、智能管理平台等手段，打造产业图谱、产业地图从而勾勒目标企业画像，打通招商线上线下全流程操作，实现招商地图、产业配套、营商环境、品牌形象等招商资源的可视化，精准招引从而提高园区招商能力和成功率；另一方面，深耕产业链招商，强化多链驱动，重点扶持链主企业从而延链补链，提高产业园区综合竞争力。

3. 产业培育："服务平台＋产业基金"赋能产业培育聚智增效

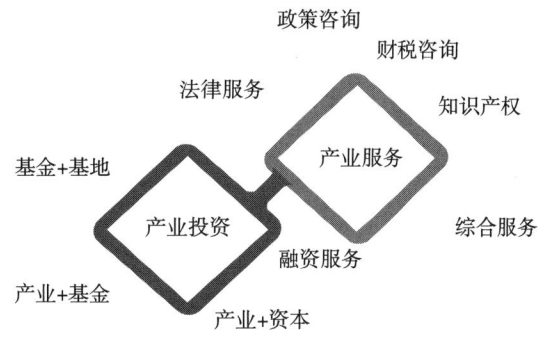

图4-6 产业培育模式图

产业新城运营商继续强化内部平台的增值服务，一方面，运营商打造产业服务体系，以"中心＋平台"的模式，围绕园区企业的全生命周期需求，全方位对接多层次多维度服务方案；另一方面，运营商持续深耕全产业链的投资基金，以"直投＋基金＋资本"的方式，不断强化产业集聚效应和规模效应，带领园区企业"加速跑"。

(二)城市建设能力

产城融合发展的核心逻辑在于以"以产兴城,以城促产,产城融合"。因此,从长期发展来看,以产业为主要动力,驱动城市更新与完善配套设施建设,努力实现城市空间布局与产业布局相协调,城市功能结构与产业功能结构相匹配,生产与生活相适应,产、城、人三者之间彼此促进的良性循环发展状态。

2022年两会期间,数字经济、智慧城市再一次成为各界关注的焦点。《政府工作报告》明确指出,要建设数字信息基础设施,推进5G规模化应用,促进产业数字化转型,发展智慧城市、数字乡村。在政策红利不断释放,同时以物联网、人工智能为代表的高科技被不断定位为全球经济转型引擎和方向的今天,智慧城市及其中的领头羊企业或将迎来爆发式成长。在智慧城市建设的推动下,产业新城向着智慧化、创新化、科技化的方向转变,不仅限于对产业新城的有效管理,更重要的在于实现与智慧城市规划的高度融合,驱动城市智慧化发展。

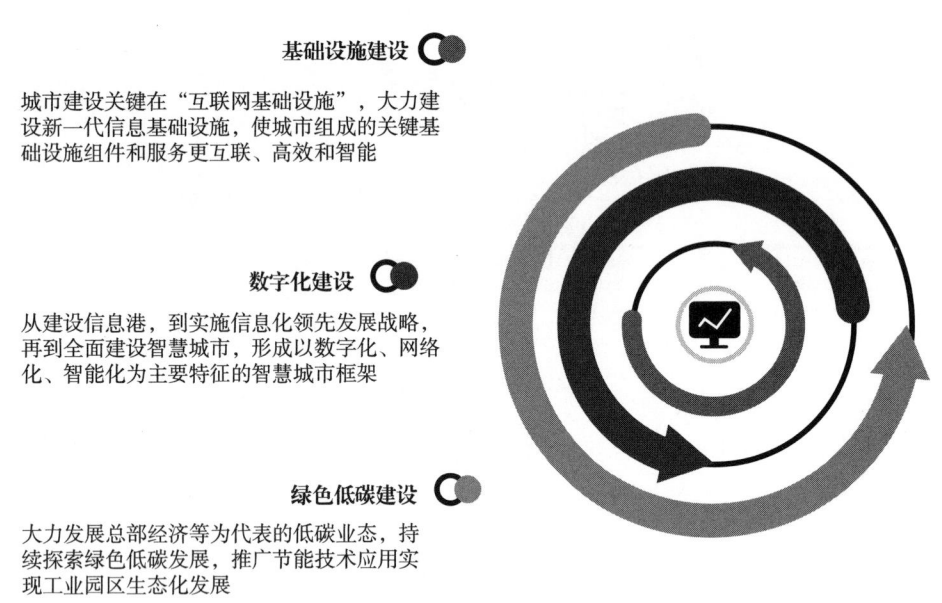

图4-7 城市建设的主要方向

(三)企业经营能力

1. 经营规模:整体规模持续提升,收入结构逐步多元化

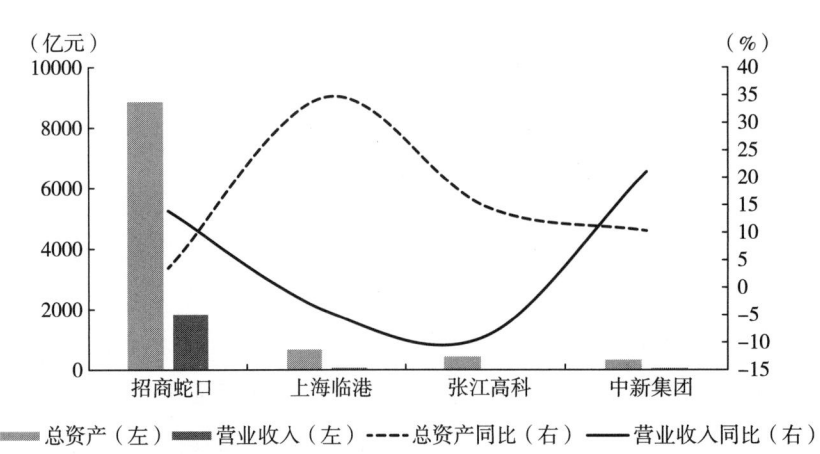

图4-8 2022年部分上市企业经营数据情况

从总资产增速来看，2022年，随着产业新城步入"运营为王"的时代，运营商资产增速整体呈上升趋势，运营商升级发展战略，以产业投资带动产业发展。如上海临港全力推进"产业转型、园区转型、公司转型"的改革，坚决走在新一轮对外开放最前沿，抓住新一轮扩大开放机遇，积极适应科技创新范式变革，总资产规模实现了持续增长。2022年，上海临港总资产同比增长34.6%。

2. 盈利能力：净利润波动较大，产业投资为主要影响因素

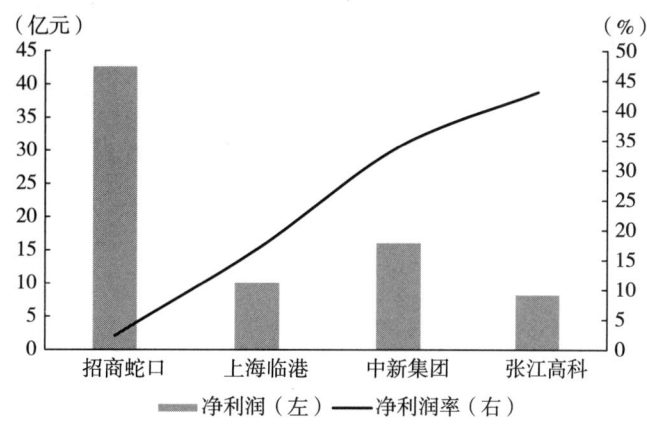

图4-9　2022年部分上市企业净利润

产业投资收益为运营商净利润增长主要动力。从盈利规模看，运营商净利润规模在5亿~20亿元之间，只有招商蛇口净利润超过40亿元。随着运营商业务从房地产销售收入向产业运营的成功转型，产业新城投资收益和租赁收益成为净利润的重要来源，但产业投资存在明显的周期性和不确定性。因此，运营商在净利润增长方面也表现出明显的不稳定性。一方面，产业投资收益拉动净利润增长。另一方面，受新冠疫情影响，实体经济活跃度下降，产业园区项目的销售周期会被拉长，回款也较慢，未来不排除房屋销售业务持续下滑。

3. 融资能力：基础设施公募REITs打通"投融管退"全链条

公募REITs破百亿，优质园区企业轻资产发展模式进一步优化。近年来，国家政策不断加大对园区开发性金融支持力度，公募REITs的广泛落地有望打通园区"投融管退"全链条，为产业园区运营服务商提供了盘活资产的新路径。在此基础上，2022年3月，证监会发布的《深入推进公募REITs试点进一步促进投融资良性循环》中首次提出研究制定基础设施REITs扩募规则，5月沪深交易所发布扩募规则。截至2022年底，首批上市的9单公募REITs中，5单发布了扩募公告，其中包括两单产业园REITs——蛇口产园及张江光大。2022年全年，产业园REITs从2021年末的4只增至8只，在管建筑面积增加到184万㎡，同比增长119%，资产管理规模从不足百亿增至150余亿元。多地方大力推进产业园REITs发展并将产业园区作为试点突破首选，在盘活园区资产的同时助力新园区建设。除已发行的北京、上海、深圳、苏州、合肥及杭州外，广州、南京、武汉、西安等城市的园区也在积极推进产业园REITs的发行工作，园区REITs落地数量有望进一步增加，产业新城开发可持续发展模式进一步优化。

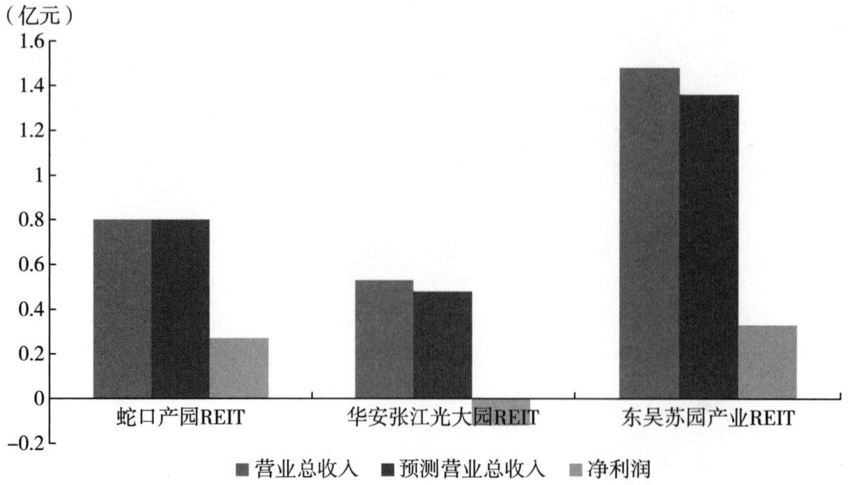

图4-10

4. 财务稳健性：强化产业运营能力，资产负债率保持低位

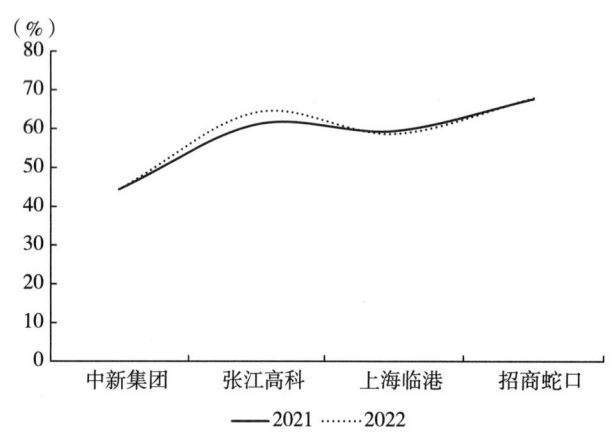

图4-11　2022年部分上市企业资产负债率

资产负债率持续维持在较低水平。不同于房地产开发企业，产业新城运营商以产业运营为核心，以长期投资回报为主线。2022年，产业新城运营商持续增强产业投资孵化能力，增值业务占比逐年提升，负债水平仍旧维持在较低水平。如中新集团、上海临港等企业，通过业务转型加大产业服务比重，强化轻资产运营，资产负债率分别为44%、59%。

专题报告　产业新城的城市机遇及发展趋势

（一）城市机遇：高质量承接产业转移促进产业新城发展

1. 依托"产业转移""产业立市"打造产业集群化特色化发展

坚持协同联动，促进各类要素合理流动和高效聚集。2022年1月，工业和信息化部印发《关于促进制造业有序转移的指导意见》，明确到2025年，产业转移政策环境更加完善，中西部、东北地区承接产业转移能力显著提升，各地区比较优势充分发挥，立足国内大循环吸引全球资源要素优势显著提升，制造业布局进一步优化、区域协同显著增强。围绕推进产业国内梯度转移，《意见》明确引导劳动密集型产业重点向中西部劳动力丰富、区位交通便利地区转移。促进技术密集型产业向中西部和东北地区中心城市、省域副中心城市等创新要素丰富、产业基础雄厚地区转移。3月，科技部等九部门印发《"十四五"东西部科技合作实施方案》的通知，到2025年，西部地区科技创新能力显著提升，东部地区科技创新外溢效应更加明显，创新链产业链跨区域双向融合更加紧密，科技创新对经济社会高质量发展的引领作用显著增强，有力支撑构建以国内大循环为主体、国内国际双循环相互促进的新发展格局。

依托"产业立市"等政策扶持，产业园运营商针对特殊类型地区高质量承接产业转移，打造特色产业。2022年产业用地相关政策持续更新、不断深化，中西部、东北地区承接产业转移能力显著提升，长江中游城市群提升综合承载能力，长江三角洲区域推动公共资源交易一体化，通过东西部技术合作，各地区比较优势充分发挥，从而支撑构建以国内大循环为主体、国内国际双循环相互促进的新发展格局。通过产业转移与承接促进区域协调发展，切实发挥了各自的资源禀赋优势，实现生产资源的优势互补，推动产业协同发展步入快车道。

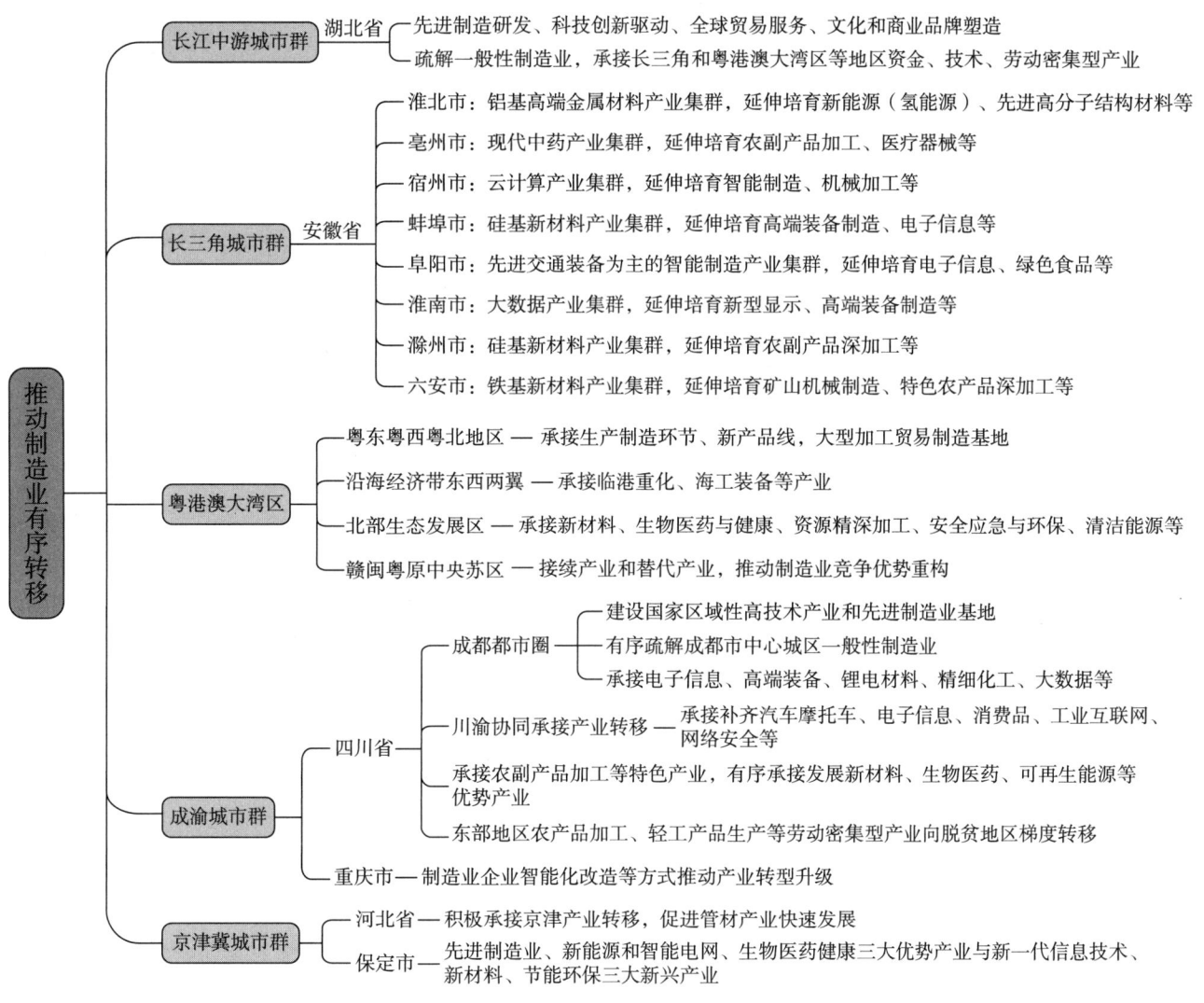

图4-12　2022年部分城市高质量承接产业转移发展规划

2.运营商应重点关注区域产业结构、人口和交通等因素，为构建产业转移工业园区打下坚实基础

推动区域产业有序转移旨在构建区域产业协调发展，这一过程既要保持区域经济整体高效增长，又要

保障将区域间的经济发展差距控制在合理适度的范围内，从而促进区域之间的贸易关系协调、生产要素的自由流动，建立和发展地区经济的合理分工体系。随着各省市积极调整产业发展策略、对产业转移、区域协调发展的关注持续提升，我国学者对区域产业协调发展进行了系统的研究，运营商应重点关注区域产业结构、人口和交通等因素。首先，在城市投资和发展中，产业结构和经济发展质量尤为重要，因此经济结构作为衡量区域产业发展的标准之一占据重要地位。其次，交通是城市之间沟通的纽带，能够促进各种生产要素流动，是地区经济发展的重要因素，对企业生产经营来说至关重要。此外，一个城市的产业发展环境好坏离不开人口的导入，人作为城市的建设者，更是城市的主体，人口也成为衡量区域化协调发展的重要指标。

（二）发展趋势：共建园区、专精特新、轻重并举

1. 合作主体持续多元，多种形式的跨区域产业合作促进共建园区

为抢占产业发展红利以及提升项目发展质量，运营商与多元主体合作，不断拓展合作深度广度，进而提升项目发展水平。其一，运营商牵手产业龙头企业，量身定制产业发展空间；其二，运营商与研究所合作，深挖产业发展潜力；其三，产业新城运营商与政府合作，推动区域经济高质量发展。合作共建产业园区是城市群产业协同发展的突破口和抓手，通过集中选取一些有特色、有条件的承载地，让它们率先产生成果，发挥示范和集聚作用。

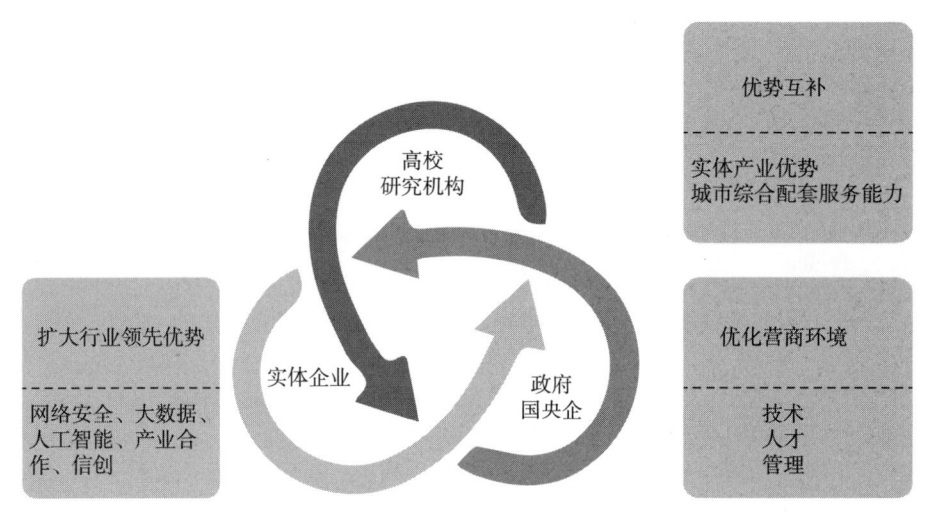

图4-13　产业新城运营商参与主体

2. 特色产业园区打造"专精特新"，促进产业集聚发展，赋能产业转型升级

"专精特新"企业是指具有"专业化、精细化、特色化、创新型"发展特征，长期专注细分市场、创新实力较强、配套能力突出的企业。2022年以来，政策不断加持下，建设认定一批"专精特新"产业园，加快"专精特新"企业集聚发展；支持"专精特新"产业园提升服务功能，鼓励产业园区引进重点项目和企业，培育和壮大重点产业集群已经成为国内部分城市推动"专精特新"企业集群集聚的一种选择。如重庆两江新区认定金泰产业园、大地企业公园等四个园区为"专精特新"产业园等。

在此基础上，一方面，产城运营商聚焦专精特新发展的关键领域和环节，在园区运营服务层面构建

专门面向专精特新企业的服务框架。如星河产业集团提出了"1+2+3"专精特新的服务模式。"1"是区域政府，包括国家有关部门，在政策方向上进行方向指导；"2"是培育单位，星河产业集团联合领军企业研究院共同成立了专精特新的服务中心，通过研究院和星河产业集团做培育单位进行企业培育和招商运营；"3"是小巨人企业，通过龙头企业、小巨人企业的参与，构建产业协同、创新带动的共建模式。与此同时，星河还搭建了"1+6"重点工程，基于企业协同创新重加速专精特新企业集聚、成长、创新转型。

另一方面，在政策指引下，不仅是企业在走向专精特新，园区运营商也在打造"专精特新"运营模式。其一，赛道专业化，园区运营商通过打造主题园区，推动产业链上下游的中小企业规模化集聚，让企业在产业生态中持续发展，建立稳定可观的供应链需求运营商配合集中投放资源，协同政府制定政策，让企业获得成本可控的长期供应链保障。其二，运营精细化，不断加强园区服务的数字化、智能化管理，完善园区配套建设和服务体系，在延伸产业链条、形成产业集群、构建产业生态的同时提升运营商资产效率。其三，资源特色化，园区运营商基于园区产业基础、自身资源禀赋、区域市场扩张能力聚焦细分领域打造自身核心业务优势。其四，服务创新化，运营商搭载数字化等新兴技术赋能园区运营管理，通过打造智慧园区平台带动管理模式创新、通过 REITs 等投融管退模式打通轻重资产循环，创新商业模式等。

3. 轻重并举加快走向"存量运营"时代，公募 REITs 补强融资渠道

2022 年新冠疫情对产业地产，特别是产业园区的物业供应、投资回报、产业监管与运营等方面造成多维度的影响。尤其在供给层面，一是重点核心城市产业用地的供应方面越来越稀缺，二是对产业地产投资运营企业来说，项目对政府规划、城市更新，包括对产值税收多元化的要求也有所增加。同时，2022 年 11 月国务院办公厅发布《关于进一步盘活存量资产扩大有效投资的意见》，提出要有效盘活存量资产，形成存量资产和新增投资的良性循环，从而提升基础设施运营管理水平、拓宽社会投资渠道、合理扩大有效投资以及降低政府债务风险、降低企业负债水平。

在此基础上，一方面以全周期资产运营为代表的轻重并举商业运营模式逐步成为市场的新贵，这类模式的特点是通过构建各种产业生态及延伸的服务打造共同协力的工作机制从而实现产业园区运营商、产业方和政府三者的共赢。另一方面，产业新城底层资产种类丰富，自带公募 REITs 基因，产业园区已成为公募 REITs 重点发行对象，补强融资渠道的同时实现产业园资本化、轻资产运作。

产业增值服务、投资孵化、资产证券化打造全周期轻重并举战略模式。随着全球经济同步放缓，产业园区运营商迫于回收周期的压力开始探索轻资产运营，园区盈利已经逐步从物业租售为主转向"物业租售＋产业投资＋增值服务"。

其一，投资孵化模式，产业园区运营商通过产业孵化与投资，将园区和园区企业进行利益捆绑，实现共同成长。这一模式风险利益共存，对运营商的专业性、资源整合能力的要求较高。

其二，产业增值服务输出模式，园区运营商通过搭建各类产业增持服务平台为企业提供全产业链的服务从而实现盈利。

其三，资产证券化助力产业园区高质量发展，产业园区已成为基础设施 REITs 试点的重要组成部分。2022 年 3 月，中国证监会官网发布《深入推进公募 REITs 试点 进一步促进投融资良性循环》，指出研究制定基础设施 REITs 扩募规则。4 月，为进一步深入推进公募基础设施证券投资基金（REITs）

试点，在中国证监会的指导下，上交所和深交所就《公开募集基础设施证券投资基金（REITs）业务指引第3号——新购入基础设施项目（试行）（征求意见稿）》，向全市场公开征求意见，基础设施公募REITs试点范围持续扩大。一方面，产业园区资产主要包含以工业用地或科研用地为载体的研发楼、标准厂房、孵化器等，通常具有产权清晰、收益稳定、具备增值潜力等优势，与我国试点基础设施REITs产品的特征十分契合。另一方面，产业园区底层资产具有规模体量大、定价逻辑清晰的特点，具备REITs产品持续做大做强的市场条件。2022年以来，先后有4只产业园类公募REITs上市，分别为临港创新产业园REIT、上海东久REIT、合肥高新REIT和达高科REIT。

表4-6　　　　　　　　　　　　　　2023中国产业园区运营服务商TOP10

企业名称
园动力产业发展集团
上海房德科创集团
中城新产业控股集团有限公司
中关村信息谷
深圳赢城产业运营有限公司
深圳正中企业服务有限公司
领秀集团
中创集团
清控科创控股股份有限公司
华鑫置业（集团）有限公司

结　语

2022年，行业发展出现新动向，如特色主题园区、轻资产运营、绿色发展等，产业新城运营企业需要思考与谋变以适应新形势。2023年"十四五"发展规划逐步落地，各地纷纷推进"主题产业园区"建设，产业新城正从"大而强"转向"特而专"。产业发展的重点是注重质的突破，企业聚焦于区域优势资源，针对区域协调发展要求打造特色产业园区，构建完善的产业生态，实现服务区域高质量发展。合作成为企业深化布局产业新城的主流，但在合作内涵上有进一步的深化，房企更加注重联合专业领域的龙头企业，从而进一步延链补链，提高产业园区综合竞争力。同时，在智慧城市建设的推动下，产业运营商注重城市生活圈的打造，并以大数据应用为核心方向，重点聚焦数据采集、数据可视化等开发应用，持续推进新型城市建设，提升城市智慧化水平，真正做到智慧园区、绿色园区。

未来，推动基础设施领域不动产投资信托基金（REITs）、政府和社会资本合作（PPP），探索促进盘活存量和改扩建有机结合，以及挖掘闲置低效资产价值将是政府和企业在2023年的主要聚焦方向。一方面，随着公募REITs的扩容，围绕区域战略产业打造优质产业载体，通过盘活存量资产为区域产业带来新发展动能将会有更多企业参与其中。另一方面，预计更多企业将逐步转型轻资产运营服务商，为政府提供招商引资、综合运营与营销推广等服务，为企业提供选址、代建、物业、投融资咨询等服务。

报告五　2023上半年全国300城土地市场研究报告

2023年上半年，全国土地市场整体表现仍较为低迷，各地土拍情绪的变化依赖于新房市场能否持续修复。2023年以来，全国新房销售冲高回落，二季度市场明显降温，企业信用债发行放缓，多家民企逼近退市，市场信心降至低位。除核心城市、核心板块土拍保持一定热度外，多数城市土拍未有转暖迹象。

根据中指数据，2023年上半年，全国300城住宅用地供求规模均降至近十年以来同期最低位，同比分别下降34.0%、32.1%。核心区优质地块推出力度不断加大，带动住宅用地成交楼面价延续上涨态势，上半年同比上涨17.3%；房企投资仍仅限于热点城市优质地块，带动热点城市土拍升温，整体溢价率有所改善。

1. 住宅用地供求规模均降至近十年同期最低位，成交楼面价延续结构性上涨态势

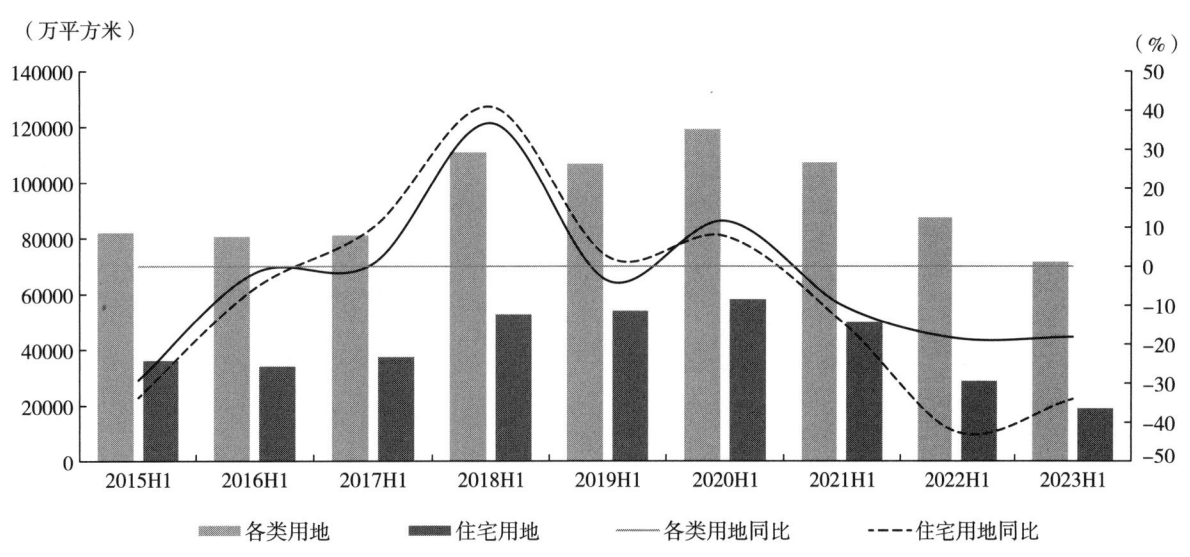

图5-1　2015年以来上半年全国300城各类用地和住宅用地推出面积

注：如无特殊说明，统计口径为规划建面；数据来自公开招拍挂市场，推出时间按公告时间统计。

数据来源：中指数据CREIS。

新房市场销售恢复不及预期影响下，地方政府推地仍偏谨慎，全国300城住宅用地推地面积同比降幅在三成以上。根据中指数据，2023年上半年，全国300城各类用地共推出7.2亿平方米，同比下降18.2%；其中，住宅用地推出1.9亿平方米，同比下降34.0%，绝对规模为近十年同期最低位。

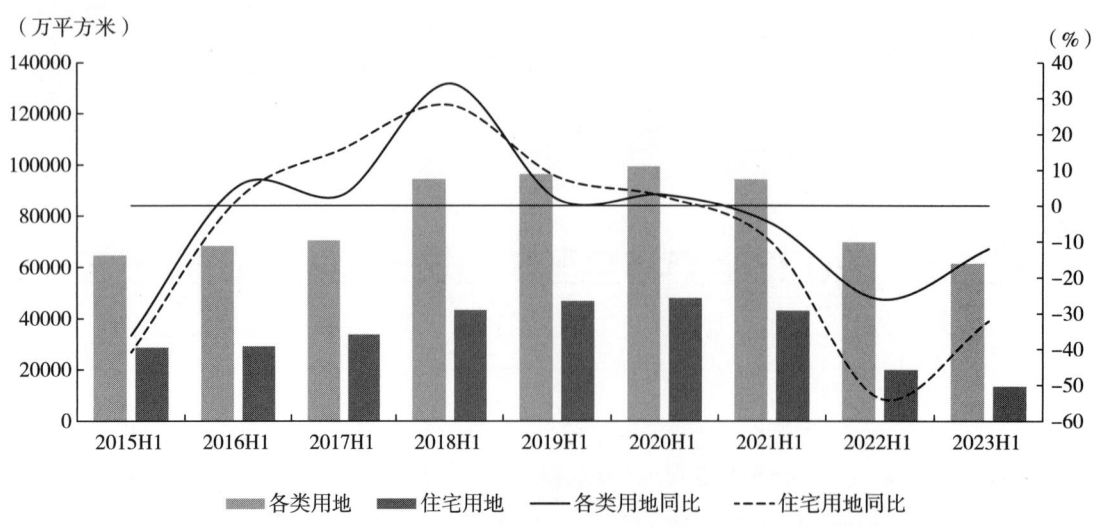

图5-2　2015年以来上半年全国300城各类用地和住宅用地成交面积

数据来源：中指数据CREIS。

在政府推地缩量、企业投资布局偏谨慎下，全国300城成交规模继续探底。根据中指数据，2023年上半年，全国300城各类用地共成交6.1亿平方米，同比下降12.0%；其中，住宅用地成交1.4亿平方米，同比下降32.1%，绝对规模降至2007年以来同期最低位。出让金方面，2023年上半年，全国300城各类用地出让金12102亿元，同比下降18.0%，其中，住宅用地出让金9519亿元，同比下降20.4%。

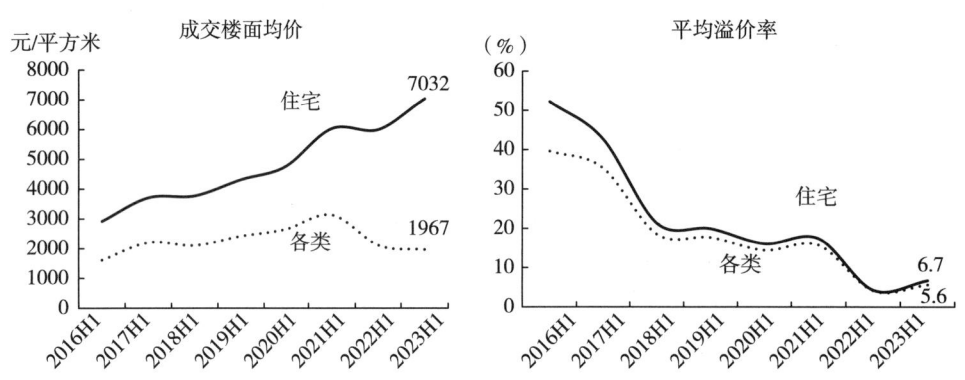

图5-3　2016年以来上半年全国300城各类用地和住宅用地成交楼面均价及平均溢价率

数据来源：中指数据CREIS。

核心区地块推出力度不断加大下，住宅用地成交楼面价延续上涨趋势，溢价率有所改善。根据中指数据，2023年上半年，全国300城各类用地成交楼面均价1967元/平方米，同比下跌6.8%；其中，住宅用地成交楼面均价7032元/平方米，同比上涨17.3%。2023年以来，为提高房企参拍积极性及稳定土拍市场情绪，政府推地倾向以核心区或优质地块为主。

溢价率方面，上半年部分房企补库存意愿有所加强，核心城市土拍热度提升，带动整体土拍情绪略有上升，而多数城市土地市场仍面临较大调整压力。根据中指数据，2023年上半年，全国300城各类用地平均溢价率为5.6%，较上年同期提升1.5个百分点，其中，住宅用地平均溢价率6.7%，较上年同期提升2.4个百分点。

2. 各线推地力度仍较弱，一线城市成交楼面价上涨超两成

表5-1　　　2023年上半年全国300城各线城市住宅用地推出和成交相关指标同比变化（%）

指标	300城	一线	二线	三四线
推出面积同比	-34.0	-23.9	-34.8	-34.4
成交面积同比	-32.1	-31.2	-26.5	-36.2
土地出让金同比	-20.4	-15.6	-17.5	-29.4
楼面均价同比	17.3	22.7	12.1	10.8

数据来源：中指数据CREIS。

上半年各线城市住宅用地供求规模同比均下降，其中三四线城市推出、成交面积降幅均在三成以上。一线城市成交面积降幅较大，其中上海缩量明显，同比降幅超五成；二线、三四线城市政府整体推地信心较弱，住宅用地推出面积同比降幅均超三成，其中二线城市成交面积同比降幅较小，三四线城市土地市场进一步承压。

价格方面，各线住宅用地成交楼面价呈不同程度上涨。一线城市土地市场热度较高，多宗地块竞拍至地价上限，住宅用地成交楼面均价同比涨幅达22.7%，其中上海、广州成交楼面价同比涨幅均超三成；二线、三四线住宅用地成交楼面均价同比涨幅在一成以上，其中杭州、成都、苏州、青岛等二线城市呈不同程度上涨，佛山、徐州等三四线城市成交楼面价也有较大幅度提升。

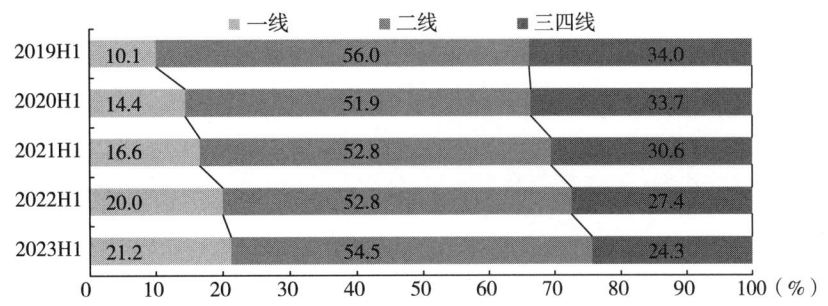

图5-4　2019-2023年上半年全国300城各线城市住宅用地出让金占比变化情况

数据来源：中指数据CREIS。

出让金方面，房企投资布局愈加聚焦下，一二线城市住宅用地出让金占比继续提升，而三四线占比降至近五年同期最低。根据中指数据，2023年上半年，一二线城市住宅用地出让金占比达75.7%，较上年同期提升3.1个百分点，其中一线城市住宅用地出让金同比下降15.6%，占全国300城出让金比例为21.2%，较上年同期增长1.2个百分点；二线城市住宅用地出让金同比下降17.5%，占全国300城出让金比例为54.5%，较上年同期提升1.9个百分点。三四线城市住宅用地出让金占比近些年持续下降，2023年上半年，住宅用地出让金同比下降29.4%，占全国300城出让金比例为24.3%，较上年同期下降3.1个百分点。

表5-2　　　2023年上半年全国住宅用地土地出让金TOP20（市本级）

序号	城市	土地出让金（亿元） 2023年上半年	2022年	2021年	同比（%） 2023年上半年	2022年	2021年	所属城市群
1	杭州	953	1914	2701	-31	-29	20	长三角
2	北京	858	1615	2120	-12	-24	22	京津冀
3	上海	519	2840	2825	-41	1	22	长三角
4	广州	431	1221	1981	26	-38	-3	珠三角

续表

序号	城市	土地出让金（亿元） 2023年上半年	2022年	2021年	同比（%） 2023年上半年	2022年	2021年	所属城市群
5	西安	426	1001	925	39	8	10	关中
6	成都	404	1268	1426	-3	-11	26	成渝
7	苏州	356	944	1344	-30	-30	21	长三角
8	南京	339	1308	2016	77	-35	7	长三角
9	天津	277	316	1033	635	-69	12	京津冀
10	合肥	259	715	633	-41	13	70	长三角
11	宁波	214	776	742	-68	5	-43	长三角
12	深圳	212	736	982	10	-25	23	珠三角
13	佛山	173	312	864	49	-64	-32	珠三角
14	无锡	170	813	911	63	-11	24	长三角
15	武汉	169	841	1795	-7	-53	0	长江中游
16	厦门	165	612	794	-53	-23	34	粤闽浙沿海
17	温州	148	342	574	-1	-41	-4	长三角
18	长沙	143	491	709	-15	-31	26	长江中游
19	石家庄	141	147	231	190	-36	-33	京津冀
20	台州	126	235	183	0	28	-20	长三角

数据来源：中指数据 CREIS。

企业投资布局进一步向一二线城市聚集，长三角城市群热度仍较高。根据中指数据，2023年上半年，全国住宅用地出让金TOP20中，一二线城市数量达18个，杭州、北京、上海居住宅用地出让金TOP3，其中北京、杭州超800亿元；西安、广州、南京住宅用地出让金均在300亿元以上，同比均有所增长。区域覆盖来看，长三角土拍表现优于其他城市群，2023年上半年，住宅用地出让金TOP20中长三角城市有9个，土地出让金总额占TOP20比重近五成。

3. 2023年上半年全国住宅用地流拍撤牌数量显著下降，流拍撤牌率降至2019水平

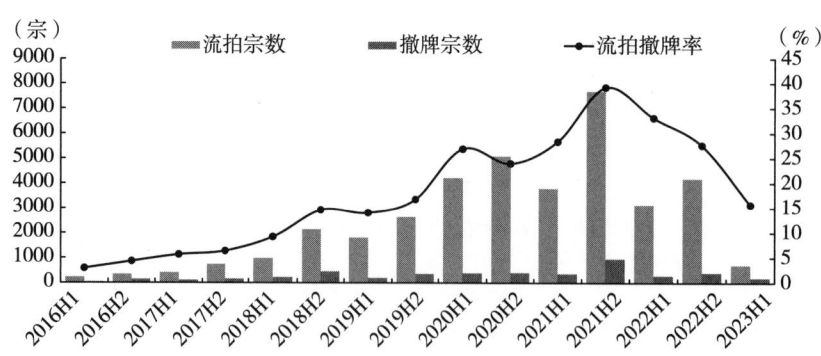

图5-5　2016-2023年上半年全国住宅用地流拍和撤牌情况

注：流拍撤牌率=（流拍宗数+撤牌宗数）/（流拍宗数+撤牌宗数+成交宗数）。

数据来源：中指数据 CREIS。

流拍撤牌方面，在政府推地谨慎、提前摸排企业参拍意愿、土拍规则趋松及优质地块推出力度加大等因素带动下，全国住宅用地流拍、撤牌数量均下降明显，流拍撤牌率回落至2019年水平。根据中指数据，2023年上半年，全国住宅用地流拍撤牌903宗，是2018年以来半年度最低水平，流拍撤牌率15.7%，较

上年同期下降17.4个百分点，绝对值降至2019年水平。

4. 22城住宅用地供求均缩量三成以上，局部城市土拍升温，地方国资托底乏力

2023年上半年，在市场销售转暖不明显、企业融资承压下，22城住宅用地推出、成交缩量态势未改，同比降幅均在三成以上；全国销售承压背景下，房企在核心城市补货意愿增强，局部城市土拍升温。土拍规则以优化调整为主，上半年地方国资托底乏力，拿地金额占比下降明显，央国企仍是拿地主力。

表5-3　　　　　　　　　　2023年上半年22城土拍规则调整情况

类型	城市
延缓土地出让金缴纳	天津、广州
放宽最高销售限价	长沙、深圳、杭州、成都、合肥
降地价	南京
马甲升级，拿地后股权合作限制松绑	北京
竞拍达上限后改为摇号	上海

数据来源：中指数据CREIS。

根据中指监测，2023年上半年，22城多地持续优化土拍政策，主要涉及降地价、提高限价、延缓土地出让金缴纳时间等方面。如南京NO.2023G26地块与周边已成交地块成交价对比最高限价下调6%；深圳、杭州、成都、长沙等城市部分地块销售限价提高，其中深圳T207-0060地块突破以往毛坯价限制至133000元/平方米，合肥2023年推出地块均取消毛坯限价；天津凡在2023年12月31日前新出让的经营性房地产用地，余款可按合同约定分期缴纳，缴纳期限最长不超过一年。

另外，4月，北京规自委发布丰台区2宗地补充公告，其中明确同一集团成员企业不得参拍同一地块，这一变化使得一些实力雄厚的央国企参拍资格被限制，同时，挂牌文件中《参加现场摇号申请书》中删除了之前关于摇号后合作开发的限制。竞拍方式也变得更加多样化，在海淀双新地块首次推出"竞地价+竞超低能耗建筑面积"。同时，上海二批次的土拍采用"封顶价后摇号"的形式，优化之前"封顶后一次性报价"竞拍模式。

表5-4　　　　　2023年上半年22城住宅用地推出、成交情况（市本级，万平方米）

城市	推出 规划建面	同比(%)	成交 规划建面	同比(%)	成交溢价率↓(%)	地价达上限成交占比(%)	底价成交占比(%)	流拍撤牌率(%)
合肥	320	-57	250	-54	13	67	21	2
深圳	83	-23	76	-29	12	57	29	30
厦门	48	-70	42	-70	12	60	40	0
成都	392	-58	324	-19	11	50	36	0
福州	17	-92	17	-86	10	67	33	13
杭州	527	-43	534	-41	9	62	26	0
广州	379	-10	248	-5	9	50	44	14
北京	254	-26	248	-19	9	48	39	0
南京	302	-50	206	109	8	29	50	5
宁波	285	-38	225	-72	8	37	57	0
上海	468	-31	199	-55	7	79	21	21
苏州	222	-42	185	-49	6	25	50	0
长沙	269	-59	185	-40	5	42	50	8

续表

城市	推出 规划建面	推出 同比（%）	成交 规划建面	成交 同比（%）	成交溢价率↓（%）	地价达上限成交占比（%）	底价成交占比（%）	流拍撤牌率（%）
青岛	111	-63	101	-63	4	14	71	0
济南	379	-7	133	-2	4	26	74	0
天津	267	-43	257	375	3	8	88	18
武汉	387	110	180	12	2	6	83	0
重庆	110	-70	96	-35	1	11	78	22
无锡	129	-55	129	25	1	0	95	25
郑州	172	-17	130	-37	1	0	91	0
沈阳	28	-22	7	-76	0	0	100	0
长春	238	624	125	878	0	0	100	0
合计	5388	-39	3898	-34	8	40	49	9

数据来源：中指数据 CREIS。

推出方面，22 城住宅用地推地缩量趋势未改。根据中指数据，2023 年上半年，除长春、武汉在低基数下同比保持增长外，其余城市推出面积同比均下降，22 城整体推出面积同比下降 39%。究其原因，新房销售恢复的不确定性直接影响政府推地、企业拿地积极性，2023 年二季度，新房市场热度持续下降，地方政府推地仍偏谨慎。

成交方面，土地推出缩量、企业投资审慎情况下，22 城住宅用地成交面积下降超三成。根据中指数据，上半年，22 城住宅用地成交面积 3898 万平方米，同比下降 34%。土拍热度表现来看，2023 年以来，房企在核心城市补仓积极，土拍分化现象加剧，上海、杭州、合肥地价达上限成交占比均在六成以上，北京、杭州部分地块创下近几年土地参拍企业数量记录；广州、青岛、济南、天津、福州核心区地块企业参与度高，而非核心区地块多底价成交，板块间分化明显；无锡、郑州、长春普遍底价成交，土拍情绪持续低迷。

表5-5　22城2022年及2023年上半年涉宅用地不同企业拿地金额占比情况（市本级）（%）

城市	2022年 央国企	2022年 混合所有制	2022年 地方国资	2022年 民企	2023年上半年 央国企	2023年上半年 混合所有制	2023年上半年 地方国资	2023年上半年 民企
北京	69	8	19	4	84	0	9	7
深圳	64	5	30	1	89	0	0	11
厦门	64	3	31	3	85	0	0	15
广州	55	0	42	3	49	0	15	36
上海	49	4	35	12	65	21	5	8
重庆	48	5	30	17	79	0	0	21
长沙	41	2	45	12	69	0	11	20
宁波	38	3	40	19	22	3	27	47
南京	35	2	54	10	62	11	9	18
天津	34	0	44	22	62	2	14	22
福州	32	0	65	3	98	0	0	2
成都	31	0	55	14	57	4	7	31
合肥	28	3	29	39	52	0	4	45
济南	27	0	65	8	45	3	3	49
武汉	25	0	60	15	82	0	7	12

续表

城市	2022年 央国企	混合所有制	地方国资	民企	2023年上半年 央国企	混合所有制	地方国资	民企
苏州	21	2	64	13	69	4	18	9
青岛	18	1	57	24	82	0	10	8
郑州	16	5	73	6	11	0	62	27
杭州	12	19	20	49	19	10	1	70
无锡	3	5	72	20	53	0	11	36
沈阳	0	0	89	11	0	0	100	0
长春	0	0	0	100	69	0	14	17
合计	37	5	42	16	58	5	9	28

数据来源：中指数据CREIS。

拿地企业方面，根据中指监测，2023年上半年，22城拿地企业仍以央国企为主，地方国资托底乏力，部分城市民企拿地金额占比有所提高。上半年，22城成交的住宅用地中，地方国资拿地金额仅占9%，较上年大幅下降33.3个百分点，地方国资基本已无力托底；央国企拿地金额占比58%，较2022年明显提升，其中北京、上海、厦门、南京、苏州仍以央国企为拿地主力；而杭州、成都、宁波等城市民企拿地金额占比有所提升，如杭州民企拿地金额占比约七成，5月23日出让9宗地全部为民企摘取，6月9日出让5宗地中4宗为民企；成都更多为当地民企，如诚一投资、四川邦泰置业、嘉禾兴等。

整体来看，2023年以来全国土地市场低迷态势并未改变，仅核心城市土拍热度较高，未来土拍市场能否回温仍有赖于房地产销售端恢复程度。短期来看，全国土地供求缩量趋势或延续，但土拍分化态势或更加明显，预计房企在核心城市补货意愿继续保持较高水平，而销售市场调整压力较大的城市土地市场表现或仍低迷。另外，随着越来越多的企业聚焦在核心城市拿地，这些城市的土拍竞争也将日益激烈，部分企业拿地或向核心城市近郊及优势三线城市适度下沉。

报告六　2023上半年中国房地产市场总结与下半年趋势展望

2023年上半年房地产市场整体表现先扬后抑，一季度在积压需求集中释放以及前期政策效果显现等因素带动下，市场活跃度提升，特别是2~3月，热点城市出现"小阳春"行情，但随着前期积压需求基本释放完毕，二季度，购房者置业情绪快速下滑，房地产政策力度不及预期，市场未能延续回暖态势。6月，5年期以上LPR下调了10BP，对市场情绪产生了一定积极效果，但对新房销售的实质性带动较为有限，全国房地产市场调整压力依然较大。下半年市场能否企稳恢复，"十四五"后半程房地产趋势将如何演化，围绕这些问题，报告形成以下主要结论：

（1）市场供求：上半年重点100城新建商品住宅销售面积同比增长11%，其中一季度同比增长接近20%，二季度与上年同期基本持平，6月单月同比降幅超20%，市场下行压力加大。从需求特征来看，与上年类似，改善性住房需求仍是上半年市场关键支撑。此外，在房地产销售疲软背景下，房企推盘能力及意愿均偏弱，上半年供给端整体表现弱于销售端，新房库存小幅回落，但仍维持高位，三四线城市去化压力突出。

（2）房价：上半年百城新房价格保持横盘态势，二手房价格持续下跌。

（3）土地市场：上半年全国土地市场延续低迷态势，300城住宅用地供求规模同比下降均超三成，降至近十年来同期最低；核心城市优质地块放量，带动楼面价结构性上涨。全国销售承压背景下，房企在核心城市补货意愿增强，局部城市土拍升温，北京、杭州等城市多宗地块竞拍至最高上限，参拍企业数量创新高。上半年地方国资托底乏力，22城中拿地金额占比由上年的42%降至9%，央国企仍是拿地主力，上半年拿地金额占比升至58%。

（4）下半年政策展望：当前多数城市限制性政策已取消，下半年需要更大力度的托底政策才能遏制住市场下行趋势。与此同时，5月主要宏观经济指标有所转弱，经济恢复基础尚不稳固，稳地产的重要性更加突出，随着二季度市场持续转弱，下半年政策加力预期增强。因城施策方面，核心一二线城市存在一区一策优化可能；企业端有望继续落实资金支持政策；"保交楼"资金和配套政策亦存在进一步发力空间。

（5）下半年市场展望：当前购房者置业情绪仍受多个因素影响，其中居民收入预期偏弱、房价下跌预期较强、购房者对期房烂尾的担心等依然是关键，这些因素能否好转以及政策托底力度的大小直接影响着下半年房地产市场走势。下半年市场恢复仍有波折，全年销售面积在13亿平方米左右。

（6）"十四五"展望：回顾"十四五"前半程，2021-2023年5月，全国商品住宅销售面积合计约31亿平方米，占到中指此前对"十四五"预测总量的50%，进度基本拉平。市场在经历了"大起大落"后，预计未来两年将逐渐回归常态，年均商品住宅销售规模在12亿平方米以下。

第一部分：2023年上半年中国房地产市场形势总结

（一）成交规模：上半年市场先升后降，重点100城新房累计销售同比增长11%，二季度市场持续转弱，6月销售面积同比降幅超20%

全国：根据国家统计局数据，2023年1~5月，全国商品房销售面积为4.6亿平方米，同比下降0.9%，商品房销售额为5.0万亿元，同比增长8.4%，其中商品住宅销售修复相对较快，1~5月销售面积同比小幅增长2.3%，销售额同比增长11.9%。东部地区市场恢复明显好于中部、西部地区，1~5月，东部地区商品房销售面积同比增长5.2%，而中部地区和西部地区销售面积累计同比继续下降。

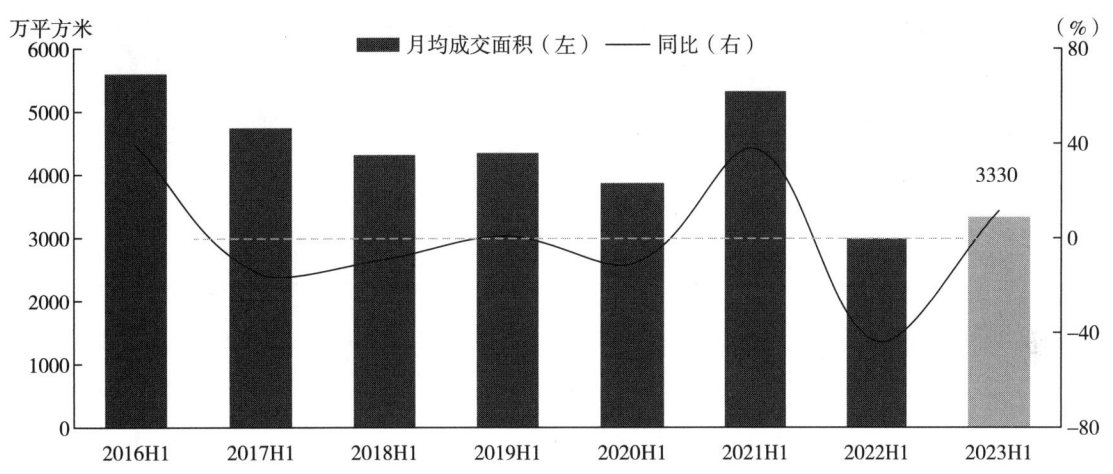

图6-1 2016—2023年100个代表城市新建商品住宅上半年月均成交面积及同比走势

注：代表城市共100个，一线包括北京、上海、广州、深圳4个城市；二线包括三亚、郑州、杭州、南京、苏州、无锡、合肥、温州、宁波、武汉、长沙、南昌、太原、青岛、济南、贵阳、银川、大连、沈阳、兰州、西宁、天津、石家庄、呼和浩特、厦门、福州、长春、哈尔滨、西安、昆明、重庆、成都、海口、南宁、北海35个城市；三四线包括东莞、佛山、惠州、中山、肇庆、江门、宿州、洛阳、新乡、南通、徐州、镇江、扬州、淮安、芜湖、绍兴、常州、嘉兴、昆山、连云港、烟台、珠海、安庆、九江、襄阳、岳阳、南充、舟山、泰安、东营、菏泽、湖州、宿迁、江阴、马鞍山、泰州、张家港、常熟、漳州、淮北、金华、盐城、黄石、孝感、黄冈、宜昌、湘潭、淄博、唐山、廊坊、衡水、保定、汕头、泉州、莆田、三明、衢州、赣州、泸州、绵阳、柳州61个城市。

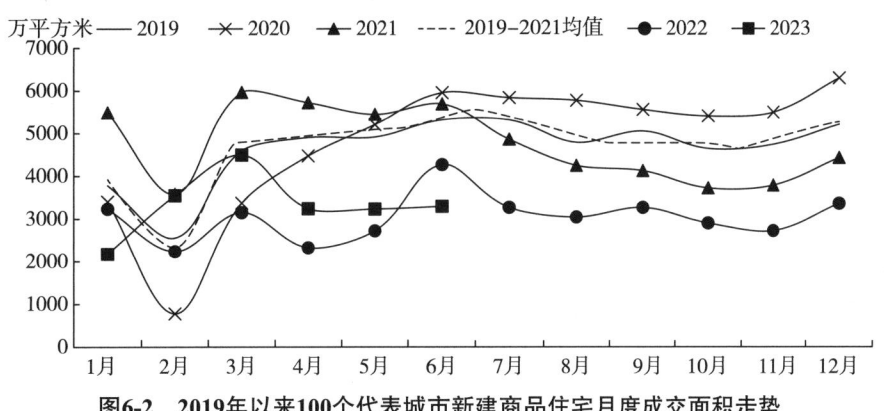

图6-2 2019年以来100个代表城市新建商品住宅月度成交面积走势

数据来源：中指数据CREIS。

重点100城：根据中指数据，重点100城新建商品住宅成交活跃度一季度回升、二季度回落，上半年累计成交规模同比增长11%，成交规模为近年来同期较低水平。据初步统计，2023年上半年，重点100城新建商品住宅月均成交面积约3330万平方米，同比增长11%，近八年中仅高于2022年同期。一季度在积压需求释放以及政策显效等因素带动下，市场活跃度回升，特别是热点城市市场出现"小阳春"行情；二季度，前期积压购房需求基本释放完毕，市场明显降温，4月重点城市商品住宅成交面积环比下降

27.9%，5~6月，市场情绪延续回落态势，6月，受上年同期高基数影响，重点城市商品住宅成交面积同比在连续增长4个月后转降，降幅超20%，环比略有增长，绝对规模为2016年以来同期最低水平。

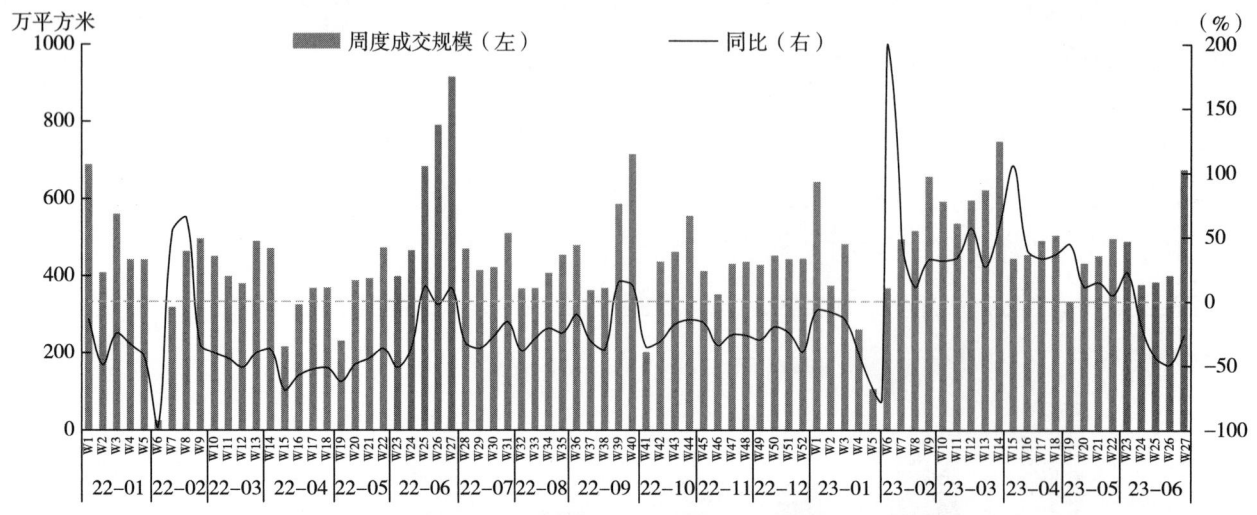

图6-3　2022年以来50个代表城市新建商品住宅周度成交面积走势

数据来源：中指数据CREIS。

从周度成交来看，进入二季度后，重点城市新房市场活跃度持续低迷，6月周均成交规模降至2月以来低位。4月以来，重点城市商品住宅周度成交面积明显下滑，但在上年同期低基数下，4月各周成交面积同比增幅仍较高，5月各周成交面积同比增速整体收窄，6月市场情绪较为低迷，6月前四周新房成交面积均处在2月以来低位，6月最后一周（6.26~7.2）部分城市集中网签，环比增幅超50%，但在高基数下同比下降仍超两成。

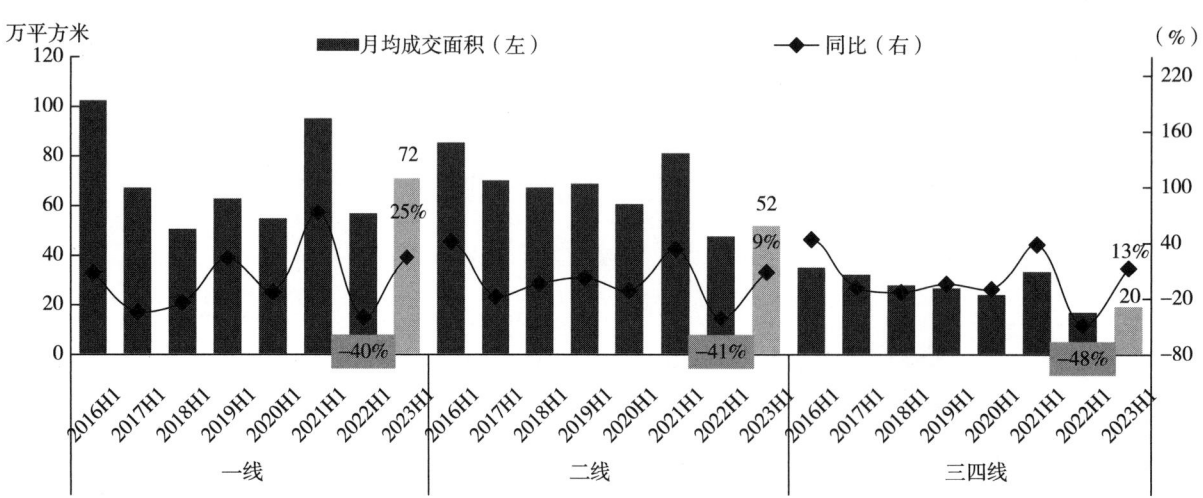

图6-4　2016—2023年各梯队代表城市商品住宅上半年月均成交面积及同比走势

数据来源：中指数据CREIS。

不同梯队城市来看，上半年各线代表城市新建商品住宅成交面积同比均增长，其中一线城市同比增幅最大，二线、三四线增幅在10%左右，但二季度多数城市市场下行压力加大。

据初步统计，2023上半年，一线城市商品住宅成交面积同比增长约25%，其中上海新房成交面积同比增长超100%，一线城市整体增幅较大，主要原因包括：一是上年同期受疫情影响较大，特别是上海，低基数效应显现；二是2023年以来北京、上海在强基本面带动下，土拍升温、购房者置业情绪改善，市场活跃度修复相对较好。上半年，二线、三四线代表城市市场情绪修复缓慢，成交面积同比增幅较小。其中二线代表城市同比增长约9%左右，济南、南昌等城市在政策优化及核心区供应放量带动下，同比增长超50%，其中济南在年初放开限购政策，市场活跃度明显回升，上半年成交面积回升至近年同期高位；三四线代表城市同比增长约13%，扬州、惠州等城市，在上年同期低基数的影响下，成交面积同比增长超50%。

但值得关注的是，上半年各梯队城市成交面积同比增长更多为一季度市场带动，4月以来各城市市场情绪普遍下滑，核心一二线市场调整压力也在增加。二季度一线城市成交面积在低基数下同比增长超30%；二线、三四线代表城市成交面积环比均下降，其中三四线代表城市下降超10%。

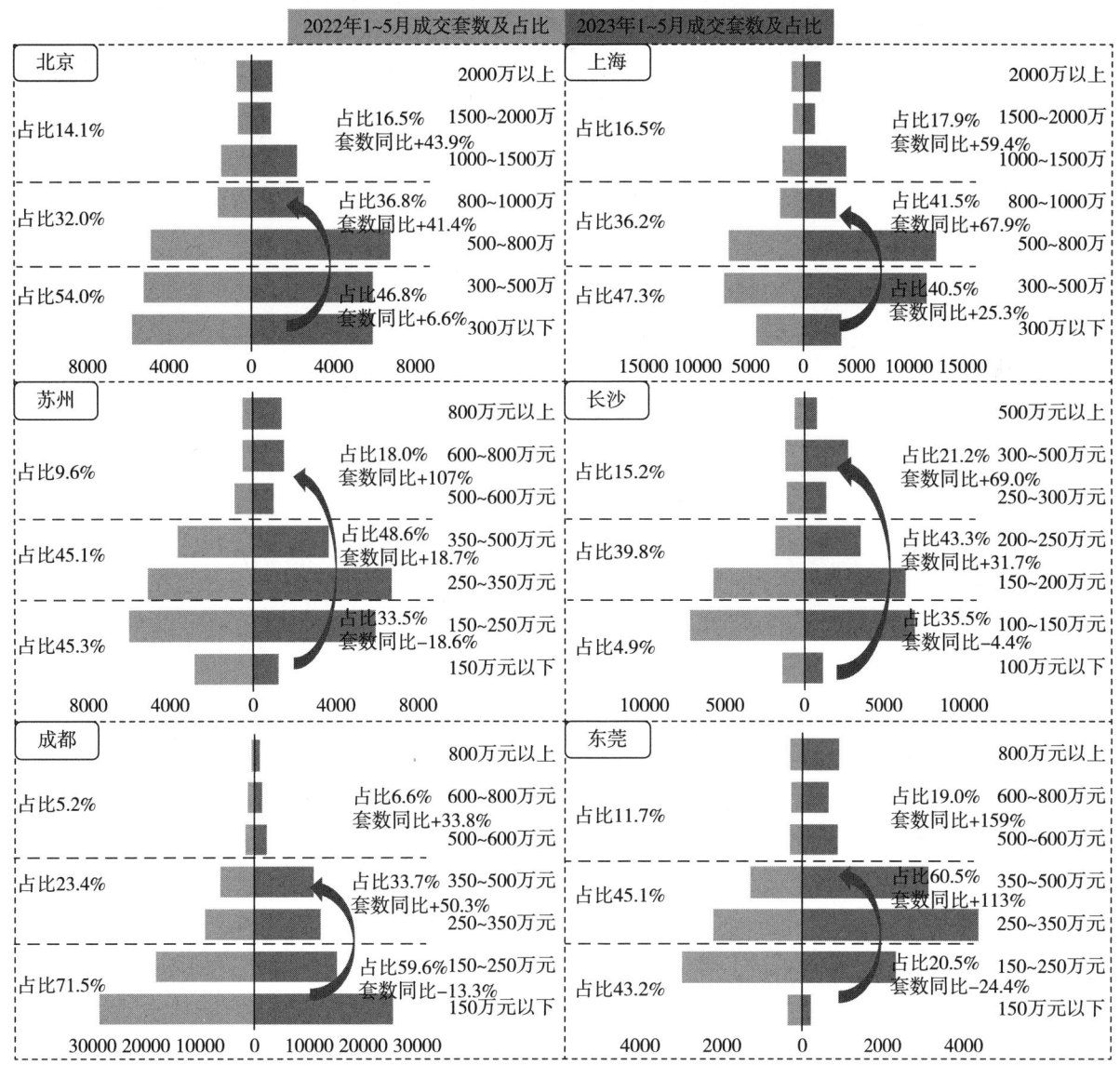

图6-5 代表城市商品住宅不同总价段成交套数占比及同比变化

注：北京、上海不含保障房，北京含共有产权房。
数据来源：中指数据CREIS。

从需求结构来看，2023年上半年改善性住房需求仍为市场重要支撑，多个城市中高总价段成交套数占比提升。北京、上海、成都、苏州等城市中高端住宅产品成交套数增长较快，市场保持一定活跃度，其中北京1~5月500万~1000万总价段成交套数同比增长41.4%，占比提升近5个百分点，1000万以上住宅成交同比增长亦超40%，而500万以下产品成交套数同比增长6.6%，占比下降7.2个百分点。受低基数影响，东莞250万~500万、500万以上总价段的项目成交套数同比增长均超一倍，占比分别提升15.3个、7.3个百分点。

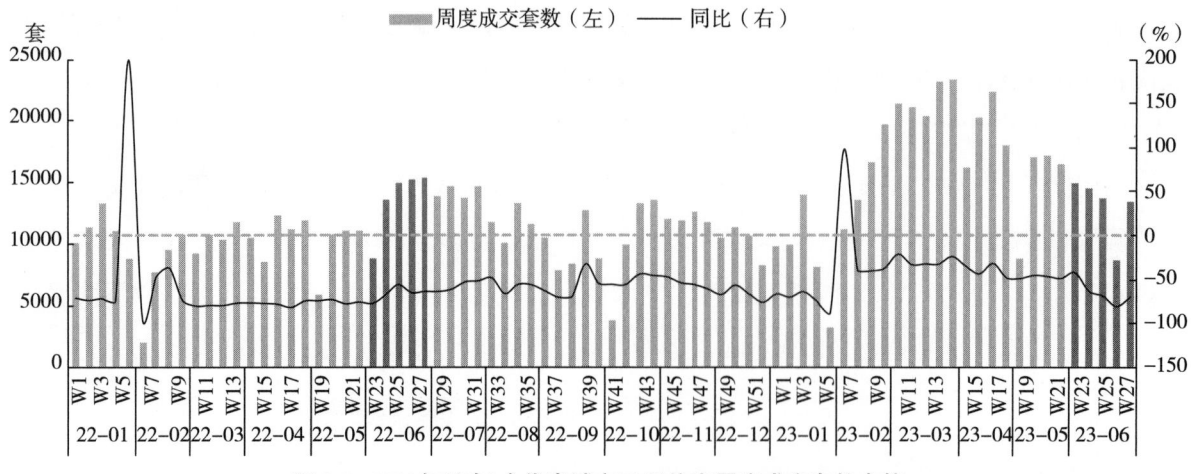

图6-6　2022年以来9个代表城市二手住宅周度成交套数走势

数据来源：中指数据CREIS。

二手房方面，上半年重点城市成交规模大幅提升，其中一季度市场明显升温，进入4月，市场活跃度持续走低，6月中下旬成交面积同比转负。根据中指数据，2023年1~5月，15个代表城市二手住宅累计成交面积同比增长近70%，绝对规模回升至2019年以来同期高位，仅次于2021年同期。从周度成交来看，进入4月，购房需求释放动能不足，二手房市场逐渐降温，多地二手房挂牌量处于高位，进一步影响了市场情绪，5月起重点城市周度成交套数连续多周环比回落，6月中下旬成交同比转负，最后一周（6.26~7.2）成交量环比明显增长，但同比仍延续下降趋势。

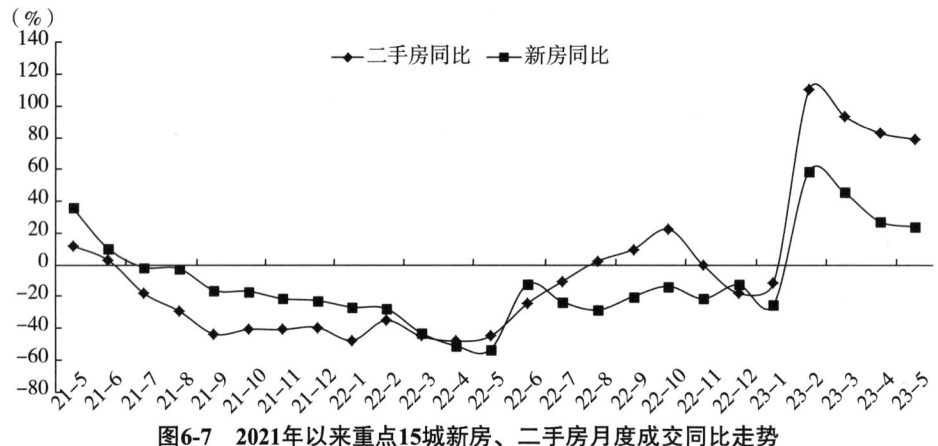

图6-7　2021年以来重点15城新房、二手房月度成交同比走势

数据来源：中指数据CREIS。

新房、二手房对比来看，上半年二手房市场活跃度好于新房，二季度市场情绪同步下滑。一季度，二手房受入学需求集中释放、"带押过户"、一年内换房退个税等多个有利因素带动，市场成交规模恢复明显好于新房。二季度，前期积压需求基本释放完毕，市场持续修复动能不足，新房、二手房市场活跃度均回落，但二手房市场回落相对缓慢，一是上半年由于部分地区新房供应多为改善性产品，刚需购房者分流至二手房市场，形成一定支撑；二是二手房挂牌量较高，部分业主为加快出售房源主动降价，吸引购房者；除此之外，购房者对于期房烂尾的担心仍在，购买二手房成为部分购房者首选。

（二）供求关系：上半年供给修复偏弱，重点50城批准上市面积与上年同期基本持平，可售库存小幅回落，但仍处高位，三四线出清周期近20个月

全国：房屋新开工面积、施工面积同比降幅扩大。2023年1~5月，全国房屋新开工面积为4.0亿平方米，同比下降22.6%，降幅较1~4月扩大1.4个百分点。全国房屋施工面积为78.0亿平方米，同比下降6.2%。全国房屋竣工面积为2.8亿平方米，同比增幅小幅扩大，同比增长19.6%，较1~4月提高0.8个百分点。

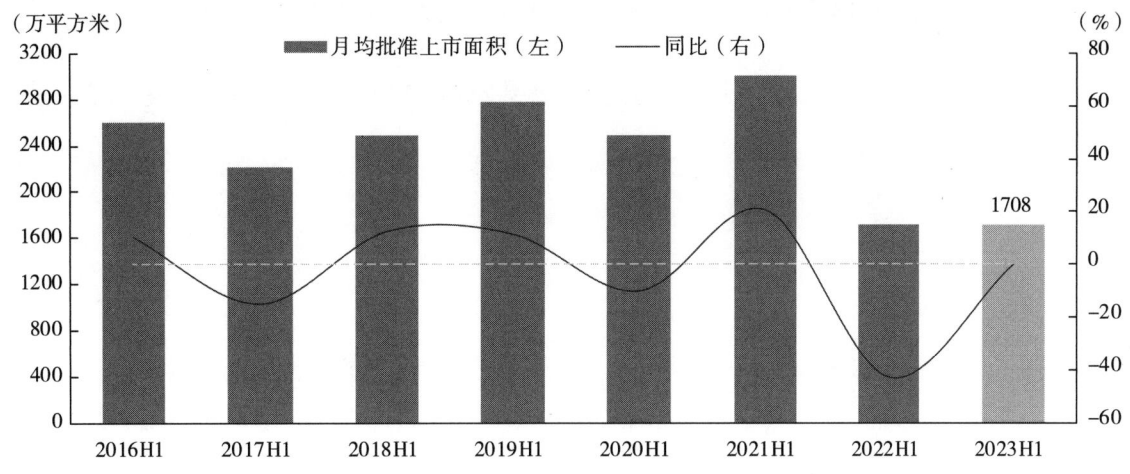

图6-8　2016年至2023年50个代表城市商品住宅上半年月均批准上市面积走势

注：50个代表城市包括北京、上海、广州、深圳、杭州、武汉、南京、苏州、青岛、合肥、重庆、天津、成都、沈阳、郑州、长沙、福州、西安、长春、温州、宁波、莆田、芜湖、昆山、江阴、张家港、常熟、太仓、泉州、烟台、珠海、无锡、济南、湘潭、丽水、池州、镇江、惠州、三明、泰安、厦门、扬州、佛山、中山、常州、宜昌、兰州、南宁、黄石、大连，下同。

数据来源：中指数据CREIS。

重点城市：销售尚未企稳叠加近两年企业资金承压、拿地缩量，房企推盘能力及意愿持续偏弱，新房供应规模处在低位。据初步统计，2023年上半年，重点50城商品住宅月均批准上市面积1708万平方米，与2022年同期基本持平（同口径销售面积同比增长约10%），供给端表现明显不及销售端。其中，一季度重点50城批准上市面积同比增长约12%，二季度伴随着新房销售活跃度回落，房企推售意愿明显不足，重点50城批准上市面积同比下降约8%，6月同比下降约两成。

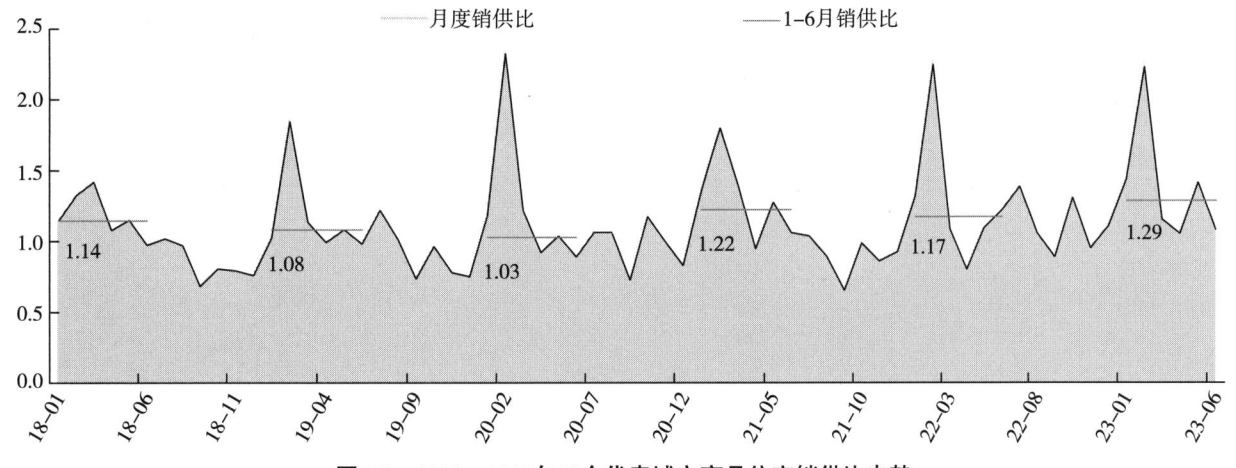

图6-9　2018—2023年50个代表城市商品住宅销供比走势

数据来源：中指数据CREIS。

从供求对比来看，上半年重点50城整体表现为供小于求。据初步统计，2023年上半年，50个代表城市商品住宅月均新增供应约1708万平方米，同期月均成交面积约2198万平方米，销供比为1.29，其中，北京、武汉等城市销供比在1.3以上。

受供给偏弱影响，重点城市短期库存小幅下行，但仍处高位。截至5月末，50个代表城市商品住宅可售面积环比持续下降，但仍处在近年高位。出清周期方面，截至2023年5月末，按近6个月月均销售面积计算，短期库存出清周期为15.9个月，较2022年末缩短2.2个月，其中三四线代表城市短期库存出清周期为19.5个月，仍高于18个月临界点，短期库存去化仍较大。

（三）价格水平：上半年，百城新建住宅价格基本横盘，5~6月价格下跌；二手房价格连续14个月下跌

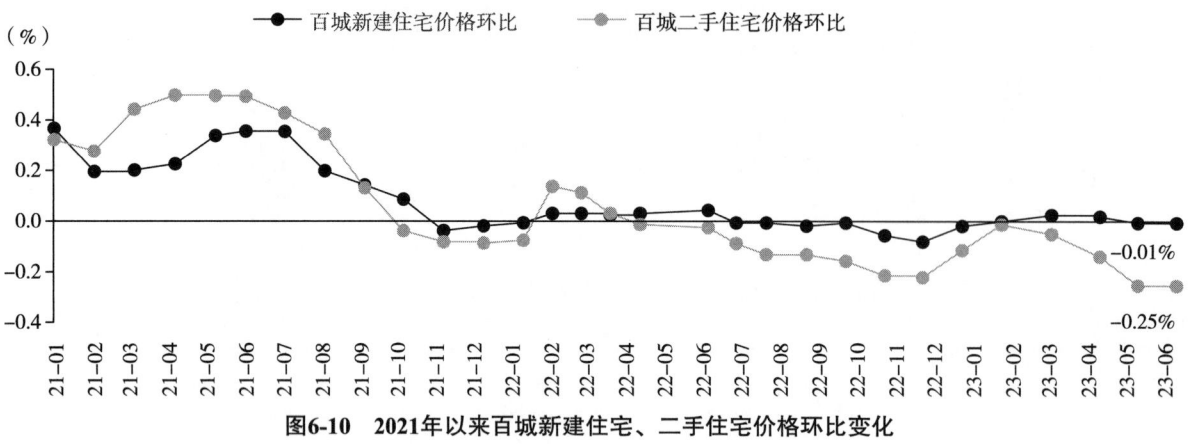

图6-10　2021年以来百城新建住宅、二手住宅价格环比变化

数据来源：中指数据CREIS。

新建住宅方面，2023年上半年，百城新建住宅价格基本保持横盘态势。根据中国房地产指数系统百城价格指数，2023年上半年百城新建住宅价格累计上涨0.01%，较上年同期收窄0.14个百分点。2023年年初，在前期积压需求集中释放带动下，市场信心有所修复，一季度百城新房价格止跌企稳；进入二季度，市场恢复节奏有所放缓，房价上涨动力不足，5月百城新建住宅均价环比由涨转跌，6月跌势延续，跌幅为0.01%。

二手住宅方面，2023年上半年，百城二手住宅价格持续下跌，跌幅在一季度短暂收窄后再度走扩。根据中国房地产指数系统百城价格指数，2023年上半年百城二手住宅价格累计下跌0.82%，较上年同期由涨转跌。具体来看，一季度二手房市场活跃度明显提升，百城二手房价格环比跌幅快速收窄；二季度后，随着二手房挂牌量持续走高，市场去化明显承压，业主预期逐步下调，房价环比跌幅逐步扩大。6月，百城二手住宅均价15746元/平方米，环比下跌0.25%，单月环比已连续14个月下跌。

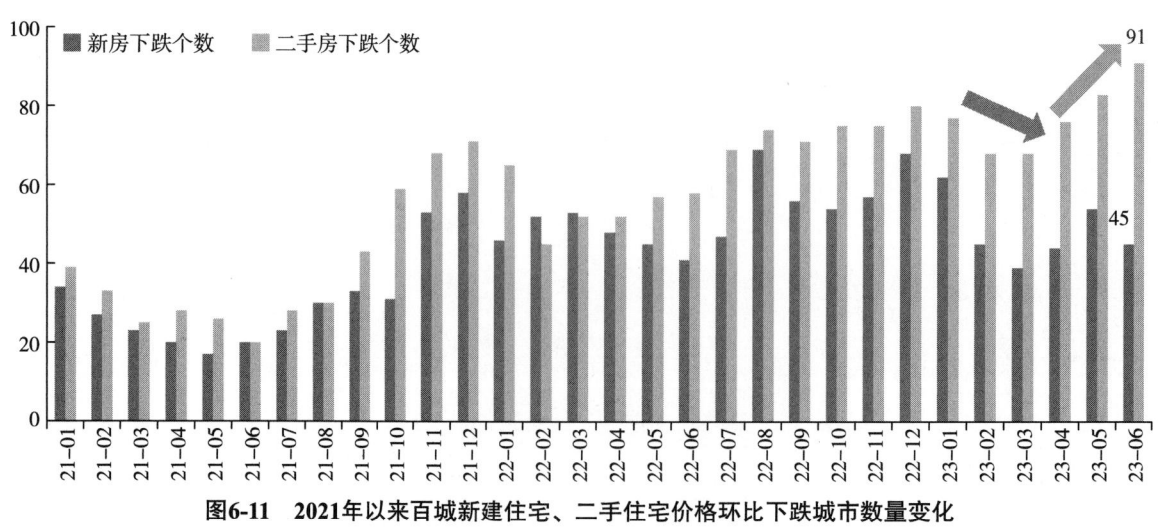

图6-11　2021年以来百城新建住宅、二手住宅价格环比下跌城市数量变化

数据来源：中指数据CREIS。

从涨跌城市个数看，2023年以来，百城新建和二手住宅价格月度环比下跌城市数量整体呈先降后升态势。一季度，随着市场活跃度提高，房价下跌城市数量减少，3月，百城新建和二手住宅价格环比下跌城市数量分别下降至39个和68个。二季度，房价下跌城市数量呈现上升趋势，6月，百城新建和二手住宅价格下跌城市数量分别为45个和91个。

（四）开发投资：1~5月房地产开发投资额同比下降7.2%，降幅连续扩大

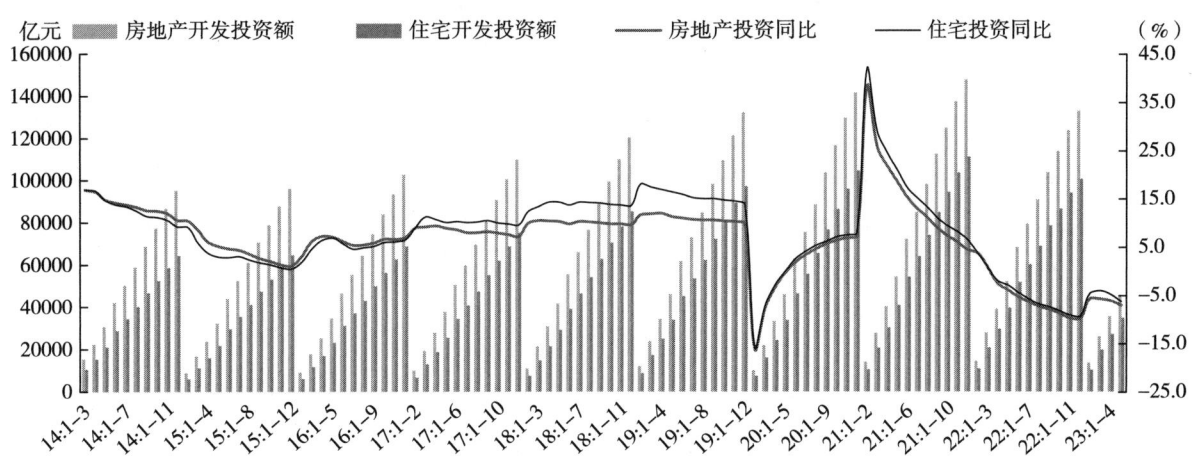

图6-12　2014年至2023年5月房地产和住宅累计开发投资及其同比增速

数据来源：国家统计局，中指数据CREIS

房地产开发投资额同比降幅连续3个月扩大，其中建筑工程投资降幅超10%，是投资主要拖累项。2023年1~5月，全国房地产开发投资额为4.6万亿元，同比下降7.2%，降幅较1~4月扩大1.0个百分点，连续3个月降幅扩大。其中，住宅开发投资额为3.5万亿元，同比下降6.4%。房地产开发投资各分项中，1~5月建筑工程投资同比下降10.9%，降幅较1~4月扩大0.9个百分点；土地购置费同比下降0.5%，对投资恢复形成拖累。今年以来，竣工端表现持续向好，但短期来看，对投资的支撑作用不明显。

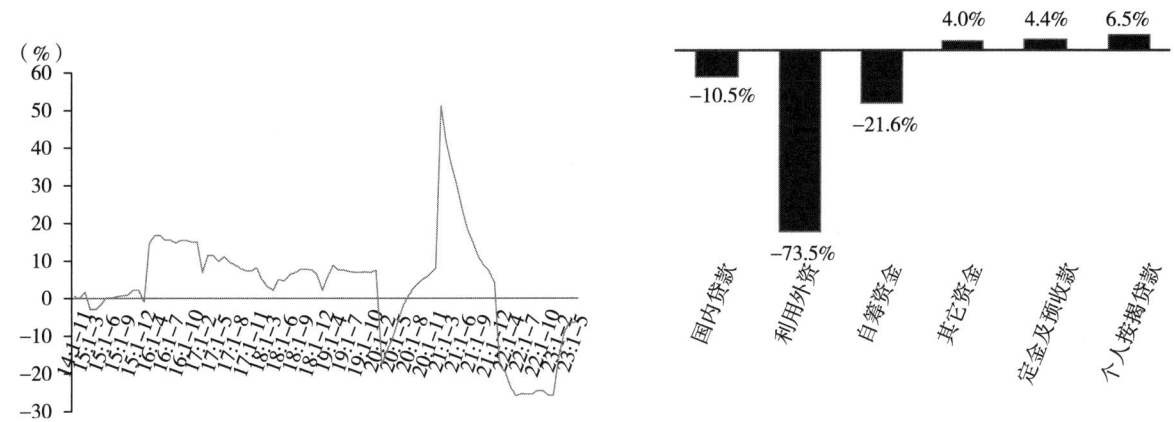

图6-13　2015年以来全国房企到位资金同比增速及2023年1~5月各项资金来源同比增速对比

数据来源：国家统计局，中指数据CREIS。

2023年1~5月房企到位资金同比持续下降，企业资金压力仍较大，其中定金及预收款、个人按揭贷款实现同比增长。2023年1~5月，房地产开发企业到位资金为5.6万亿元，同比下降6.6%，同比降幅较1~4月小幅扩大0.2个百分点。其中，国内贷款为0.7万亿元，同比下降10.5%，占到位资金的比重为12.8%。自筹资金为1.6万亿元，同比下降21.6%，占比为29.1%。定金及预收款为2.0万亿元，同比

增长4.4%，占到位资金的比重为35.5%。个人按揭贷款为1.0万亿元，同比增长6.5%，占到位资金的比重为18.5%。

第二部分：2023年中国房地产市场趋势展望

（一）经济及政策环境：经济下行压力仍较大，下半年稳经济政策有待落实，热点城市楼市存在政策优化空间

宏观经济方面，2023年5月，我国宏观经济主要指标均转弱，出口超预期下滑，投资、消费恢复动力不足，经济恢复向好基础不牢。短期来看，海外主要经济体仍处在加息通道，全球经济增长乏力，外需偏弱下，我国出口短期下行压力依然较大，叠加国内居民、企业端资产负债表修复需要时间，内需有待进一步被激活，当前我国经济稳步恢复仍面临诸多挑战。6月初央行提出"加强逆周期调节"，16日国务院常务会议指出，必须采取更加有力的措施，增强发展动能，优化经济结构，推动经济持续回升向好。会议围绕加大宏观政策调控力度、着力扩大有效需求、做强做优实体经济、防范化解重点领域风险等四个方面，研究提出了一批政策措施。20日，1年期和5年期以上LPR均下调10个基点，逆周期调节举措加快跟进，下半年稳经济政策有望逐渐落地，进而推动经济稳步增长。

房地产政策方面，2023年年初，中央明确房地产行业支柱地位，防风险、促需求成为行业政策主题。3月两会政府工作报告强调"有效防范化解优质头部房企风险""加强住房保障体系建设""支持刚性和改善性住房需求"；4月28日中央政治局会议召开，房地产方面的关键词依然延续了之前提法，如"房住不炒""因城施策""支持刚性和改善性住房需求""保交楼""房地产业发展新模式"等。

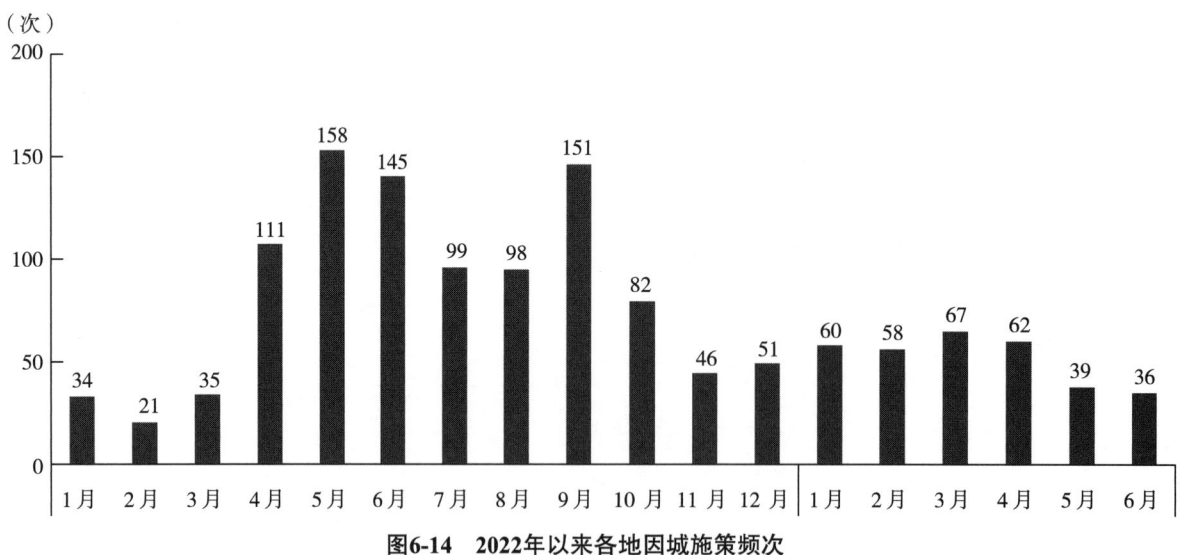

图6-14 2022年以来各地因城施策频次

从具体举措上来看，一方面，2023年年初央行明确四项行动支持优质房企，证监会启动不动产私募投资基金试点，进一步加大房企资金支持力度；另一方面，需求端更加强调"精准施策"，侧重降低购房成本。央行、银保监会建立首套住房贷款利率政策动态调整机制，结合房价变化及时动态调整首套房贷利率；自然资源部、银保监会要求常态化开展"带押过户"服务；住建部、市场监管总局要求房地产经纪机构合理降低住房买卖和租赁经纪服务费用。但从效果上来看，"带押过户"、降低中介费政策落地效果不及预期，对市场带动作用不明显，短期仍需要进一步细化落实。

表6-1 2023年上半年主要政策类型出台频次对比

月份	合计	优化限购	优化限贷	优化限售	调整公积金	优化限价	购房补贴	优化预售资金监管	引才及落户
1月	60	4	8	0	21	0	10	3	5
2月	58	2	6	2	20	1	19	5	18
3月	67	4	1	5	38	2	14	7	3
4月	62	4	0	2	33	2	5	2	4
5月	39	3	2	0	24	1	4	1	3
6月	36	1	1	3	20	2	8	4	3

资料来源：中指研究院综合整理。

地方层面，2023年上半年各地政策仍保持宽松趋势，从政策调控节奏来看，一季度政策出台节奏相对稳定，但5月以来各地政策出台频次减少，部分二线城市政策优化力度增强。根据中指监测，2023年上半年全国有超百省市（县）出台政策超300条，公积金支持政策、购房补贴是各地因城施策的主要手段，部分城市涉及优化限购政策、降低首付比例及房贷利率、优化预售资金监管等方面。上半年，已有超40城首套房贷利率下限降至4%以下。

表6-2 2023年二季度部分一二线城市"因城施策"主要举措

关键政策	具体内容
放松限购	郑州（4.3）：据市场消息，二环外取消限购，二环区域内正常限购。 合肥（4.4）：庐阳区部分区域取消限购。 杭州（4~5月）：余杭、临平、钱塘部分街道加入差异化限购范围。 南京（5.16）：市场消息，本地户籍及外地户籍均可在产业聚集区增购一套。
放松限贷	青岛（6.1）：非限购区域首付比例首套最低调整为20%、二套最低调整为30%。
放松限售	郑州（4.3）：据市场消息，住宅网签、契税缴纳和不动产权登记三者任一满一年即可出售。
二手房指导价	深圳（4.20）：据市场消息，银行核定二手房价以网签备案价和评估价就低为准，参考价仅做参考。 上海（4.21）：据市场消息，二手房核验价和"三价就低"放松，部分核验价可提高至接近合同价。
放松公积金贷款	郑州（4.7）：双缴公积金最高贷款额度由80万元提至100万元，单缴由60万元提至80万元。 合肥（4.13）：支持提取住房公积金支付购房首付款。 杭州（4.18）：多孩家庭首次首套房公积金可贷额度上浮20%。 贵州省（5.6）：双缴公积金最高贷款额度提高至70万元，多孩家庭可再上浮10万元。 郑州（5.8）：部分区域支持提取住房公积金支付购房首付款。 南京（5.25）：无房家庭公积金租房提取额度提高至单人1800元，夫妻3600元。家庭已有一套住房人均建筑面积不超过40平方米，公积金购第二套房可认定为首套。多孩家庭公积金租房提取额度及公积金贷款额度上浮20%。 苏州（6.1）：据市场消息，支持提取住房公积金支付购房首付款。 北京（6.5）：租住北京市商品住房，未提供租房发票每人每月提取额度由1500元调整为2000元；提供租房发票并备案的，按实际租金提取，最高不超过月缴存额。 大连（6.15）：支持提取公积金支付首付。
引才/落户	杭州（4.13）：落户门槛降至35周岁以下普通高校大专学历毕业生。 北京（4.21）：房山区为战略人才提供最高100万元购房资金补贴，或最高100%租金补贴。 石家庄（5.24）：高校毕业生毕业2年内在石工作或创业，可领取最高5万元的一次性安家补贴。企业引进高端人才，每引进一名可给予最高100万元奖励。
房票安置	南昌（4.12）：自出具房票之日起12个月内使用房票，给予最高10%的购房补助。 南京（4.18）：持房票购特定区域安置房，给予不超过房票面额10%的购房奖励。 青岛（6.1）：鼓励各区（市）棚户区和城中村改造征收补偿货币化安置，试点房票制度。
其他	北京-尚未落地（4.10）：多子女家庭和职住平衡家庭购房支持政策按照"一区一策"的方式由房山区试点，相关内容报请市委市政府同意试点推进，下一步需争取人行营管部和住建部同意。

资料来源：中指研究院综合整理。

整体来看，2023年上半年房地产政策环境仍处于宽松期，一季度中央、监管部门频繁表态并落地具体举措"防风险""促需求",各地政策出台频次亦保持稳定。二季度以来,各地政策频次明显减少。

当前多数城市房地产调控政策已基本取消,下半年需要更大力度的托底政策才能遏制住市场下行趋势,随着二季度市场持续转弱,下半年政策加力预期增强。短期来看,预计需求端政策仍将降低购房门槛和购房成本放在首位,核心一二线城市政策有望适度纠偏,"一区一策"、结合生育政策等或是重要方向,如信贷方面优化"认房又认贷"、降低首付比例、降低房贷利率等,针对改善性住房需求的信贷政策有望加力。此外,优化限购范围、降低交易税费等也存在较大空间,"房票"安置或成为更多城市支持房地产市场发展的举措之一。企业端政策仍将侧重缓解房地产企业的资金压力、防控风险上,对房企的金融支持措施有望继续落地。另外,"保交楼"资金和配套举措也有望进一步跟进,稳定市场预期。

(二)市场趋势:全年销售面积13亿平方米左右,开工、投资持续下行

2023年初,全国房地产市场以"小阳春"开局,一季度商品房销售面积同比降幅明显收窄,销售额同比实现正增长,特别是热点城市,在前期积压需求释放、政策效果显现以及自身周期性修复的带动下,市场活跃度明显提升。但4月以来,房地产市场恢复行情未能持续,购房者置业情绪快速下滑。国家统计局数据显示,1~5月,全国商品房销售面积同比下降0.9%,销售额同比增速收窄,开发投资额和新开工面积同比降幅均扩大,房地产供求两端均走弱。6月,高基数效应显现,全国房地产各指标同比大概率下降,房地产市场调整压力加大。

表6-3　　　　2023年全国房地产市场主要指标预测结果(按2022年全年已公布数据测算)

不同情形	商品房销售面积		房地产开发投资额		房屋新开工面积	
	绝对量(亿平方米)	同比(%)	绝对量(万亿元)	同比(%)	绝对量(亿平方米)	同比(%)
乐观	14.2	4.5	13.0	-2.4	10.9	-9.8
中性	13.8	1.2	12.8	-3.9	10.5	-13.2
悲观	13.1	-3.6	12.5	-6.2	9.9	-17.9

数据来源:国家统计局,中指研究院测算。

随着前期积压需求的快速释放完成,二季度以来,全国房地产市场明显降温,购房者观望情绪加重。6月,5年期以上LPR下调10个基点,释放积极信号,但当前购房者置业情绪仍受多个因素影响,其中居民收入预期偏弱、房价下跌预期较强、购房者对期房烂尾的担心仍较明显等依然是关键影响因素,这些因素能否好转以及政策优化力度的大小直接影响着下半年房地产市场走势。

乐观情形下,货币政策逆周期调节力度持续加强,稳经济举措加快落地,宏观经济向好带动下,居民收入预期好转。同时,房地产托底政策加力,提振房地产市场信心,在此带动下,下半年房价下跌预期有所修复,购房者置业情绪逐渐好转,带动商品房销售面积企稳复苏,全年销售面积同比小幅增长。

中性情形下,下半年稳经济一批政策继续落实推进,房地产政策维持当前节奏,购房者置业情绪缓慢修复,在此情况下,下半年房地产市场恢复仍有波折。

悲观情形下,经济下行压力较大,房地产调控政策优化不及预期,房价下跌预期增强,房企资金压力不减影响下,房企风险、城投风险等继续上升,或进一步扰动市场预期,购房者置业情绪延续下滑态势,导致下半年商品房销售面积同比下降,全年商品房销售面积不及2022年。

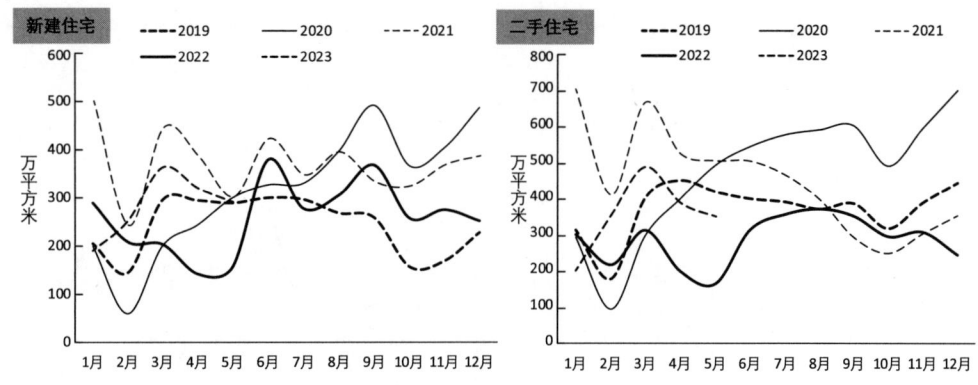

图6-15 2019年以来一线城市新房和二手房成交面积走势

数据来源：各地房管局，中指数据CREIS。

分梯队来看，一线城市全年新房成交规模或保持在高位，京沪下半年市场有望保持一定活跃度，广深市场短期恢复节奏或较慢。2022年4月以来，房地产市场降温，购房者置业观望情绪加重。2023年下半年在上年同期高基数效应逐渐显现下，一线城市新房成交规模同比或波动调整，二手房挂牌量处于高位预计也将继续影响二手房市场情绪，进而影响新房置业预期。随着市场调整压力的增加，一线城市微调政策的可能性也在提升，若政策优化调整，一线城市市场活跃度有望好转，特别是北京、上海新房市场成交规模或保持在高位。

预计核心二线继续放松调控政策，市场活跃度有望保持，普通二线以及三四线城市市场恢复需要更长时间。6月初，青岛放松调控政策，内容涉及降低首付比例、缩短限售年限、鼓励货币化安置等方面，政策出台后，购房者置业情绪好转，房地产市场活跃度提升。短期来看，在全国房地产市场情绪低迷的情况下，核心二线城市政策优化预期持续强化，成都、杭州、西安、长沙等城市政策优化空间仍较大，调控政策继续放松也将为这部分城市新房成交规模的提升带来阶段性成效，从而对二线城市整体市场形成一定支撑。

多数普通二线和三四线城市房地产调控政策已基本放开，政策端给予市场的支撑力度偏弱，叠加多数城市库存量较大，房价下跌预期仍较强，各城市房地产市场的修复依赖于宏观基本面的修复节奏，在居民收入预期未见明显好转的情况下，多数城市房地产市场短期调整态势难改，市场恢复需要更长时间。其中人口支撑度较强、产业具备活力的城市，如部分中西部省会以及东部核心城市群内部优势三四线城市，2023下半年市场有望逐渐企稳。

供给端来看，上年同期低基数效应下，2023下半年新开工面积同比降幅或逐渐缩小，但新房销售修复缓慢或导致新开工难有明显改善。2022年下半年月均新开工面积在9000万平方米左右，低基数下，2023年下半年新开工面积同比降幅或逐渐收窄，但当前购房者置业情绪较弱，房地产市场销售表现较为低迷，预计下半年市场修复节奏缓慢，企业开工积极性或难有明显改善。

近两个月全国商品房待售面积环比小幅下滑，但整体仍处在2017年下半年以来的较高水平，或一定程度影响企业开工节奏。除此之外，过去两年土地大规模缩量、地方平台拿地开工入市率低、当前企业资金压力较大等也进一步影响着企业的开工意愿和能力。整体来看，2023年下半年新开工面积同比增速或阶段性好转，但在多个不利因素影响下，企业开工积极性整体仍较弱，预计全年房屋新开工面积下降趋势将延续，同比降幅或超10%。

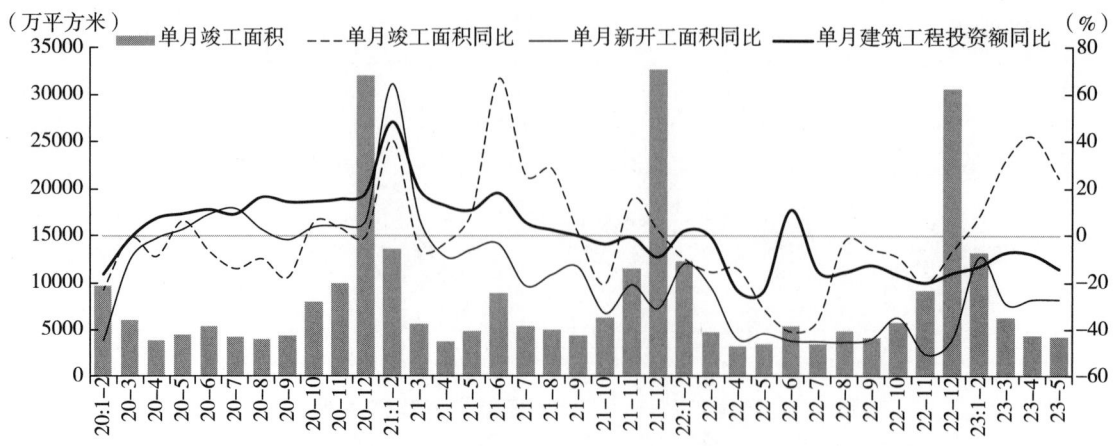

图6-16　2020年以来全国房屋竣工面积与新开工、建筑工程投资单月同比变化

数据来源：国家统计局，中指数据CREIS。

预计2023年下半年竣工进一步改善对投资形成一定支撑，叠加上年同期低基数效应，投资额同比降幅将收窄，全年下降态势或延续。下半年，"保交楼"资金有望进一步落地，预计竣工表现继续好转，或对整体开发投资形成一定支撑；但新开工节奏较慢、土地市场低迷态势不改、企业资金压力不减等因素，或继续影响开发投资表现，在上年同期低基数效应下（2022年下半年月均开发投资额略超1万亿元），下半年开发投资额同比降幅或逐渐收窄，甚至与上年同期持平，但全年同比下降态势较难改变。

（三）"十四五"中期复盘：市场"大起大落"后，后半程有望逐渐回归常态

回顾"十四五"前半程，我国经济经受了国内外多重超预期因素冲击，持续面临需求收缩、供给冲击、预期转弱三重压力，经济发展正从中高速增长进入高质量发展阶段。就房地产行业而言，近两年，在长期转型和周期波动交织下，市场经历了"大起大落"，与过去几个周期相比，市场震荡幅度明显增加，市场下行时间也更长。

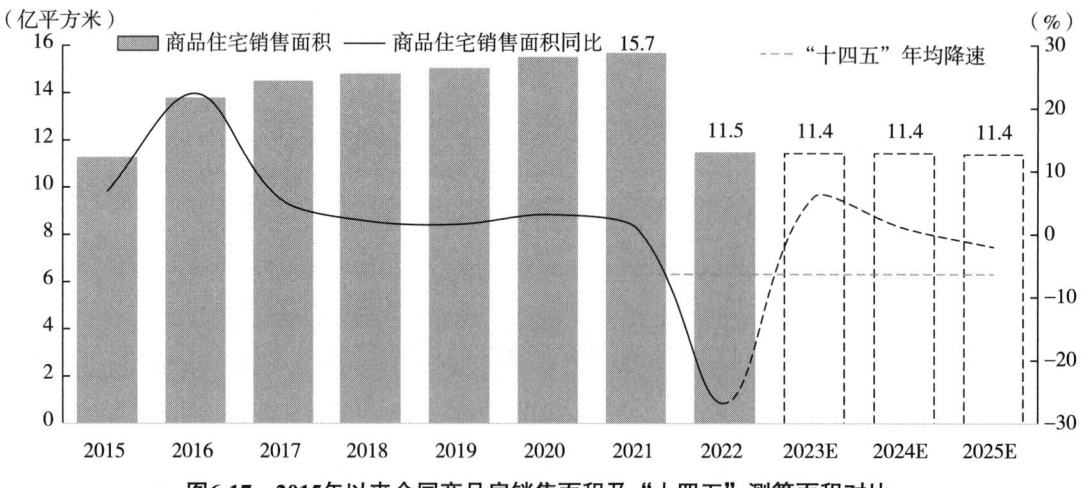

图6-17　2015年以来全国商品房销售面积及"十四五"测算面积对比

数据来源：国家统计局，中指数据CREIS。

此前在2020年末，中指研究院从自住需求角度考量，根据三类住房需求，即新增城镇人口带来的城镇化住房需求、生活条件提升推动的住房改善需求和因拆迁改造带来的住房需求，测算"十四五"时期全国城镇住房需求总量将达87.6亿~91.5亿平方米，以70%的商品化比例测算，"十四五"全国商品住宅销售面积约61.4亿~64.1亿平方米，预计接近此前预测下限。

从市场实际发展情况来看，根据国家统计局数据，2021-2023年5月，全国商品住宅销售面积合计约31亿平方米，占"十四五"预测总量50%，进度基本拉平。市场在经历了"大起大落"后，预计"十四五"后半程，市场将逐渐回归常态。若剔除2021年商品住宅销售的15.7亿平方米和2022年的11.5亿平方米，未来两年商品住宅销售规模年均在12亿平方米以下。

第三部分：2023年房企经营策略建议

销售方面，2023年上半年，TOP100房企销售总额为35682.3亿元，同比微增0.1%。其中，头部企业销售增速较高，TOP10房企、TOP11~30房企销售额平均同比分别增长6.0%、1.0%，TOP31~50房企、TOP51~100房企销售额平均同比分别下降6.4%、9.6%。企业集中度上升，市场分化加剧。TOP100企业中，央国企市场份额占比达51.7%，较上年全年提升8.3个百分点，而民企、混合所有制市场份额继续回落，较上年全年分别下降7.7、0.6个百分点。

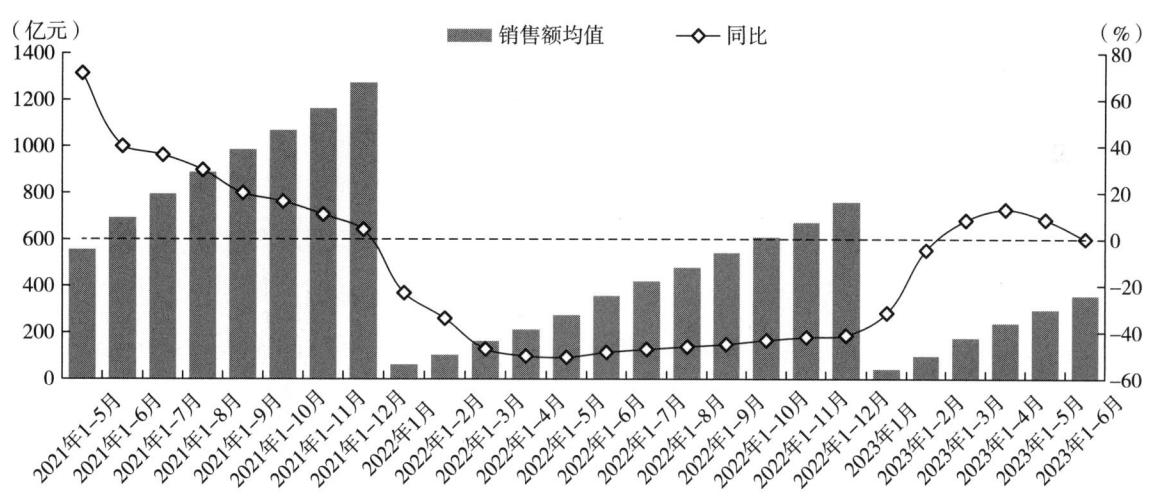

图6-18 2021年至2023年上半年TOP100房企销售额均值及增速情况

数据来源：中指数据CREIS。

拿地方面，TOP100房企拿地金额同比降幅有所增加，央国企仍为主力。2023年上半年，TOP100企业拿地总额5920亿元，拿地规模同比下降10.2%，降幅较上月增加1.84个百分点。TOP100门槛值为17亿元，较上年同期下降3亿元。其中，前50家企业中一半以上企业为央企或国企，前100家企业中超六成为央企或国企。

拿地销售比方面，2023年上半年，50家代表企业拿地销售比为18.2%，较上年同期下降4.3个百分点。2023年以来虽然核心城市土拍热度较高，但房企整体投资更趋审慎，拿地销售比继续下降。从民营房企拿地情况来看，上市民营房企中，仅个别企业还在拿地，绝大部分停止拿地。

表6-4	2021-2023年5月A+H股上市民营房企拿地企业数量		
	2021年	2022年	2023年1~5月
A+H股上市民企数量	99	99	98
其中：拿地企业数量	58	21	8
占比	58.6%	21.2%	8.2%

数据来源：中指数据CREIS。

2023年以来，民营房企拿地也出现新变化。目前仍在拿地的民营企业大体分为以下几类，第一类是千亿以上的大型房地产企业，如滨江集团仍保持一定拿地规模；第二类是多元化实业企业着力发展已有的房地产业务，如伟星、亚伦房地产等；第三类是地方性中小房地产企业，如坤和集团、杭州椿实置业、国泰世纪、建杭置业等；第四类是部分主业非房地产的企业拿地为主业服务，如主题公园建设运营企业长隆集团与华润在广州长隆度假区附近拿地，以更好地联动业务发展。另外，从区域来看，浙江、江苏和广东等区域房地产需求支撑度相对较强，这些民营经济发达地区的中小民营房企仍有拿地动作。

融资方面，融资规模同比持续下降，其中信用债降幅明显。2023年1~5月房地产企业非银融资总额为3146.2亿元，同比下降16.7%，5月，融资总额同环比均下降，降幅较上月进一步扩大。从融资结构来看，2023年1~5月，房地产行业信用债融资1947.2亿元，同比下降4.5%；海外债发行110.7亿元，同比下降22.5%；信托融资182.8亿元，同比下降65.4%；ABS融资905.5亿元，同比下降15.2%。

值得关注的是，根据中指监测，截至6月末，A+H股中35家上市民营房企逼近退市。房企退市主要源于盈利能力较差，而房地产市场的周期性波动对企业的盈利能力有较大影响。民营上市房企批量退市，将对房地产发展信心造成一定冲击，房企经营面临更大的挑战。

整体来看，2023年上半年，房企销售业绩略有好转，但近两个月购房者置业情绪快速下滑，房地产市场调整压力加大，企业资金回笼压力亦在提升，叠加企业非银融资改善并不明显，年内债务余额较高，企业资金压力不减。在此背景下，第一，房企需要加大营销力度，积极回笼资金，特别是在基本面相对较好且政策存在优化预期的城市，应把握政策窗口期积极营销。第二，当前购房者置业愈发理性，也更加看重房企品牌、产品力、交付力等，因此企业只有提升自身综合实力，才能赢得购房者口碑。第三，核心城市优质地块土拍竞争加大，企业投资也可在审慎研判前提下适度关注二线近郊或热点三四线城市地块。除此之外，伴随着行业进入新的发展阶段，房企积极探索新的发展模式，拓展代建业务、提升服务能力等将有利于提升市场占有率，掌握市场主导权。

报告七　2023上半年中国房地产政策盘点与趋势展望报告

一、中央明确房地产行业支柱地位，政策基调不变

2023年上半年，中央明确房地产行业支柱地位，防风险、促需求是行业政策主题。2月，《求是》杂志发表了习近平总书记的文章，强调了房地产行业在国民经济中的重要地位，两会政府工作报告亦强调"有效防范化解优质头部房企风险""加强住房保障体系建设""支持刚性和改善性住房需求"。同时，各部委积极响应中央要求，年初监管部门明确金融支持房地产的四大政策方向：需求端差别化信贷支持，完善保交楼政策工具，改善优质房企资产负债表，完善住房租赁金融支持政策；3月，倪虹部长明确2023年住房和城乡建设工作"稳中求进"，将在"稳支柱""防风险""惠民生"三个方面落实。4月，中央政治局会议召开，政策基调延续一季度提法，房地产政策环境整体保持宽松。

表7-1　　　　　　　　　　　　　2023年上半年中央对房地产定调

时间	部门/会议	主要内容
2023年2月	《求是》发表习近平总书记的文章	①要合理增加消费信贷，支持住房改善、新能源汽车、养老服务、教育医疗文化体育服务等消费。 ②防范房地产业引发系统性风险。房地产对经济增长、就业、财税收入、居民财富、金融稳定都具有重大影响。要正确处理防范系统性风险和道德风险的关系，做好风险应对各项工作，确保房地产市场平稳发展。各地区和有关部门要扛起责任。要因城施策，着力改善预期，扩大有效需求，支持刚性和改善性住房需求，支持落实生育政策和人才政策，解决好新市民、青年人等住房问题，鼓励地方政府和金融机构加大保障性租赁住房供给，探索长租房市场建设。要坚持房子是用来住的、不是用来炒的定位，深入研判房地产市场供求关系和城镇化格局等重大趋势性、结构性变化，抓紧研究中长期治本之策，消除多年来"高负债、高杠杆、高周转"发展模式弊端，推动房地产业向新发展模式平稳过渡。
2023年3月	两会政府工作报告	①房地产市场风险隐患较多。 ②有效防范化解优质头部房企风险，改善资产负债状况，防止无序扩张，促进房地产业平稳发展。 ③加强住房保障体系建设，支持刚性和改善性住房需求，解决好新市民、青年人等住房问题。
2023年4月	中央政治局会议	要有效防范化解重点领域风险，统筹做好中小银行、保险和信托机构改革化险工作。要坚持房子是用来住的、不是用来炒的定位，因城施策，支持刚性和改善性住房需求，做好保交楼、保民生、保稳定工作，促进房地产市场平稳健康发展，推动建立房地产业发展新模式。在超大特大城市积极稳步推进城中村改造和"平急两用"公共基础设施建设。规划建设保障性住房。要加强地方政府债务管理，严控新增隐性债务。

资料来源：中指研究院综合整理。

1. 一季度需求端降成本多举措落地，四项行动支持优质房企

居民端强调"精准施策"，侧重降低购房成本。1月初，央行、银保监会建立首套住房贷款利率政策动态调整机制，"因城施策"降低购房成本。同月，全国住房和城乡建设工作会议亦强调"因城施策、精准施策""增强政策的精准性协调性，以更大力度精准支持刚性和改善性住房需求"，"精准施策"成为需求端政策发力方向。3月，倪虹部长在"部长通道"接受采访时再次明确"要坚持因城施策、精准施策、一城一策，大力支持刚性和改善性住房需求，提振信心，促进房地产市场企稳回升、平稳健康发展"。同月，自然资源部、银保监会联合印发《关于协同做好不动产"带押过户"便民利企服务的通知》，要求"实现地域范围、金融机构和不动产类型全覆盖，常态化开展'带押过户'服务"，"带押过户"有利于降低二手房交易成本、减轻交易风险，也有利于打通二手房交易链条，促进行业循环。

企业端，防范化解房企风险成为政策优化主线。1月，央行、银保监会联合召开主要银行信贷工作座谈会，明确落实金融16条及"第二支箭"政策，同时强调"要有效防范化解优质头部房企风险，实施改善优质房企资产负债表计划"，"开展'资产激活''负债接续''权益补充''预期提升'四项行动"。住建部也强调要"抓两头、带中间"，支持优质国企、民企改善资产负债状况，对于出险房企，一方面帮助企业自救，另一方面依法依规进行处置，防范化解风险。同时，2023年REITs试点加快推进，2月证监会启动不动产私募投资基金试点工作，3月，证监会发布《关于进一步推进基础设施领域不动产投资信托基金（REITs）常态化发行相关工作的通知》，REITs申报项目首次覆盖至商业不动产领域，住房租赁企业的融资获得更多支持。

"保交楼"相关资金继续投放，前期政策进一步跟进落实。1月，监管部门多次强调做好保交楼、保民生、保稳定工作，同月，全国住房和城乡建设工作会议指出"有条件的可以进行现房销售，继续实行预售的，必须把资金监管责任落到位，防止资金抽逃，不能出现新的交楼风险"。3月，在国新办举行的"权威部门话开局"新闻发布会上，央行相关负责人指出已经推出了3500亿保交楼专项借款，设立了2000亿保交楼贷款支持计划，保交楼相关资金仍在继续落实。

租赁方面，保租房金融支持力度加强，建设筹集持续提速。2023年两会政府工作报告中指出要"加强住房保障体系建设……解决好新市民、青年人等住房问题"。2月，央行、银保监会发布《关于金融支持住房租赁市场发展的意见（征求意见稿）》，涉及加强住房租赁信贷产品和服务模式创新、拓宽住房租赁市场多元化投融资渠道、加强和完善住房租赁金融管理等方面，共计17项具体举措，进一步加强了对住房租赁市场的金融支持力度。同时保租房供给仍是2023年重点工作，1月全国住房和城乡建设工作会议提出："大力增加保障性租赁住房供给，扎实推进棚户区改造，新开工建设筹集保障性租赁住房、公租房、共有产权房等各类保障性住房和棚改安置住房360万套（间）。"整体来看，保租房各类政策持续跟进，筹集规模也在进一步提升。

除此之外，"地方政府债务风险""城市更新"也在高层表态中多次被提及。2月，财政部部长刘昆在全国财政工作会议上明确"要继续抓实化解地方政府隐性债务风险""要加强地方政府融资平台公司治理"。《求是》发表习近平总书记文章及政府工作报告均再次重申"防范化解地方政府债务风险"。政府工作报告中亦明确2023年继续"实施城市更新行动"，全国住房和城乡建设工作会议强调"以实施城市更新行动为抓手，着力打造宜居、韧性、智慧城市"。住建部部长倪虹指出城市更新重点将从推进老旧小区改造、推进城市生命线安全工程建设、历史建筑保护传承、城市数字化基础设施建设4个方面做工作。

2.二季度房地产相关表态和具体举措减少，增量政策有待研究落实

2023年一季度新冠疫情影响消退，积压的购房需求得以释放，随着市场情绪逐渐修复，二季度监管部门政策有所减少。4月，央行2023年一季度金融统计数据有关情况新闻发布会提出"'既管冷、又管热'，既支持房地产市场面临较大困难的城市用足用好政策工具箱，又要求房价出现趋势性上涨苗头的城市及时退出支持政策，恢复执行全国统一的首套房贷利率下限"。同时，自然资源部宣布我国全面实现不动产统一登记。

二季度房地产政策方面的关键词依然延续了之前提法。4月28日中央政治局会议召开，分析研究当前经济形势和经济工作，针对房地产的关键词"房住不炒""因城施策""支持刚性和改善性住房需求""保交楼""房地产业发展新模式"均延续了此前提法，依然在"要有效防范化解重点领域风险"之后，由此可见，防范房地产风险仍是重点，在当前的市场环境下，房地产政策环境整体仍处于宽松状态。同时会议强调"在超大特大城市积极稳步推进城中村改造和'平急两用'公共基础设施建设"。由于城市建设较早，超大特大城市存在较多城中村亟需更新改造，随着政策加力，城中村改造将在稳投资方面发挥作用；同时，超大特大城市因人口规模巨大，面对突发重大公共事件时应急管理压力突出，因此发展"平急两用"公共设施建设必要性更加突出。

具体举措上，二季度政策主要集中于降低购房成本、保障购房者权益上。4月最高人民法院做出《关于商品房消费者权利保护问题的批复》，明确商品房无法交付时购房者退款享有优先请求权，购房者的权益受保护程度得到显著提升。5月住建部、市场监管总局发布《关于规范房地产经纪服务的意见》，对房地产经纪机构提出"合理确定经纪服务收费""严格实行明码标价""严禁操纵经纪服务收费"等规范要求，有利于加强市场透明度，维护买卖双方合法权益，降低中介费用成本。6月央行宣布5年期以上LPR降息10BP，提振房地产市场信心，居民置业成本进一步降低。

6月16日，李强总理主持召开国务院常务会议，会议围绕加大宏观政策调控力度、着力扩大有效需求、做强做优实体经济、防范化解重点领域风险等四个方面，研究提出了一批政策措施。同时强调具备条件的政策措施要及时出台、抓紧实施，同时加强政策措施的储备，最大限度发挥政策综合效应。随着5月以来新房及二手房市场活跃度整体下降，房地产风险作为防范化解重点领域风险中的重要一环，下半年政策调控仍有增量空间。

表7-2 2023年上半年各部委发布的部分楼市相关政策

部门	日期	重要事件	关键内容
央行、银保监会	1月5日	建立首套住房贷款利率政策动态调整机制	①自2022年第四季度起，各城市政府可于每季度末月，以上季度末月至本季度第二个月为评估期，对当地新建商品住宅销售价格变化情况进行动态评估。 ②对于评估期内新建商品住宅销售价格环比和同比连续3个月均下降的城市，阶段性放宽首套住房商业性个人住房贷款利率下限。 ③下调或取消贷款利率下限的城市，如果后续新建商品住宅销售价格环比和同比连续3个月均上涨，应自下一个季度起，恢复利率下限。 ④其他情形和二套住房商业性个人住房贷款利率政策下限按现行规定执行。

续表

部门	日期	重要事件	关键内容
证监会	2月20日	启动不动产私募投资基金试点工作	①参与试点工作的私募股权投资基金管理人须股权结构稳定，公司治理健全，实缴资本符合要求，主要出资人及实际控制人不得为房地产开发企业及其关联方，具有不动产投资管理经验和不动产投资专业人员，最近三年未发生重大违法违规行为等。不动产私募投资基金的投资范围包括特定居住用房（包括存量商品住宅、保障性住房、市场化租赁住房）、商业经营用房、基础设施项目等。 ②试点基金产品的投资者首轮实缴出资不低于1000万元人民币，且以机构投资者为主。不动产私募投资基金首轮实缴募集资金规模不得低于3000万元人民币，在符合一定要求前提下可以扩募。鼓励境外投资者以QFLP方式投资不动产私募投资基金。
央行、银保监会	2月24日	《关于金融支持住房租赁市场发展的意见（征求意见稿）》	①基本原则和要求：支持住房租赁供给侧结构性改革。重点支持自持物业的专业化、规模化住房租赁企业发展。建立健全住房租赁金融支持体系。 ②加强住房租赁信贷产品和服务模式创新：加大对租赁住房开发建设的信贷支持力度。创新团体批量购买租赁住房信贷产品。支持发放住房租赁经营性贷款。创新对住房租赁相关企业的综合金融服务。 ③拓宽住房租赁市场多元化投融资渠道：增强金融机构住房租赁贷款投放能力。拓宽住房租赁企业债券融资渠道。创新住房租赁担保债券（Covered Bond）。稳步发展房地产投资信托基金（REITs）。引导各类社会资金有序投资住房租赁领域。 ④加强和完善住房租赁金融管理：严格住房租赁金融业务边界。加强住房租赁信贷资金管理。规范住房租赁直接融资产品创新。防范住房租赁金融风险。建立住房租赁金融监测评估体系。
证监会	3月24日	《关于进一步推进基础设施领域不动产投资信托基金（REITs）常态化发行相关工作的通知》	①拓宽试点资产类型。研究支持增强消费能力、改善消费条件、创新消费场景的消费基础设施发行基础设施REITs。优先支持百货商场、购物中心、农贸市场等城乡商业网点项目，保障基本民生的社区商业项目发行基础设施REITs。项目用地性质应符合土地管理相关规定。项目发起人（原始权益人）应为持有消费基础设施、开展相关业务的独立法人主体，不得从事商品住宅开发业务。严禁规避房地产调控要求，不得为商品住宅开发项目变相融资。 ②分类调整项目收益率和资产规模要求。申报发行基础设施REITs的特许经营权、经营收益权类项目，基金存续期内部收益率（IRR）原则上不低于5%；非特许经营权、经营收益权类项目，预计未来3年每年净现金流分派率原则上不低于3.8%。首次申报发行REITs的保障性租赁住房项目，当期目标不动产评估净值原则上不低于8亿元，可扩募资产规模不低于首发规模的2倍。 ③推动扩募发行常态化。按照市场化法治化原则，鼓励运营业绩良好、投资运作稳健、会计基础工作规范的上市REITs通过增发份额收购资产，开展并购重组活动，鼓励更多符合条件的扩募项目发行上市。
自然资源部、银保监会	3月30日	《关于协同做好不动产"带押过户"便民利企服务的通知》	①以点带面，积极做好"带押过户"。要推动省会城市、计划单列市率先实现，并逐步向其他市县拓展；要推动同一银行业金融机构率先实现，并逐步向跨银行业金融机构拓展；要推动住宅类不动产率先实现，并逐步向工业、商业等类型不动产拓展。实现地域范围、金融机构和不动产类型全覆盖，常态化开展"带押过户"服务。 ②因地制宜，确定"带押过户"模式。地方在实践探索中，主要形成了三种"带押过户"模式。模式一：新旧抵押权组合模式；模式二：新旧抵押权分段模式；模式三：抵押权变更模式。
央行	4月20日	一季度金融统计数据有关情况新闻发布会	①"既管冷、又管热"，既支持房地产市场面临较大困难的城市用足用好政策工具箱，又要求房价出现趋势性上涨苗头的城市及时退出支持政策，恢复执行全国统一的首套房贷利率下限。 ②下一步，人民银行将继续密切关注房地产金融形势变化，坚持房子是用来住的、不是用来炒的定位，会同金融部门持续抓好已出台政策落实，支持刚性和改善性住房需求，保持房地产融资平稳有序，加大保交楼金融支持，加快完善住房租赁金融政策体系，推动房地产业向新发展模式平稳过渡。

续表

部门	日期	重要事件	关键内容
自然资源部	4月25日	全国自然资源和不动产确权登记工作会议	我国全面实现不动产统一登记。
住建部、市场监管总局	5月8日	《关于规范房地产经纪服务的意见》	①合理确定经纪服务收费。房地产经纪服务收费由交易各方根据服务内容、服务质量，结合市场供求关系等因素协商确定。房地产经纪机构要合理降低住房买卖和租赁经纪服务费用。鼓励按照成交价格越高、服务费率越低的原则实行分档定价。引导由交易双方共同承担经纪服务费用。 ②严格实行明码标价。房地产经纪机构应当在经营门店、网站、客户端等场所或渠道，公示服务项目、服务内容和收费标准，不得混合标价和捆绑收费。房地产经纪机构提供的基本服务和延伸服务，应当分别明确服务项目和收费标准。 ③严禁操纵经纪服务收费。具有市场支配地位的房地产经纪机构，不得滥用市场支配地位以不公平高价收取经纪服务费用。房地产互联网平台不得强制要求加入平台的房地产经纪机构实行统一的经纪服务收费标准，不得干预房地产经纪机构自主决定收费标准。

资料来源：中指研究院综合整理。

二、二季度各地"因城施策"频次放缓，短期热点城市政策优化预期加强

2023年上半年各地政策仍保持宽松趋势，根据中指监测，上半年全国有超百省市（县）出台政策超300条，公积金支持政策仍是重要举措之一、购房补贴政策亦是各地因城施策的主要手段。部分城市涉及优化限购政策、降低首付比例及房贷利率、优化预售资金监管等方面。

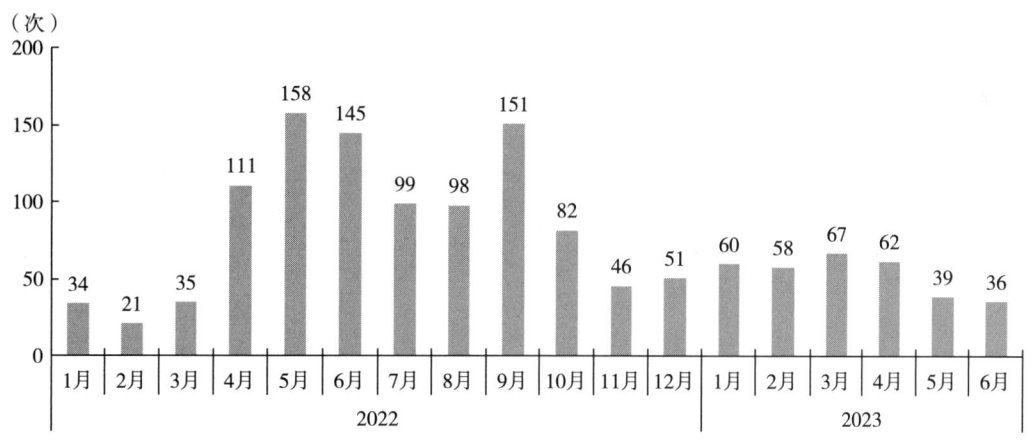

图7-1　2022年以来各地因城施策频次

表7-3　2023上半年主要政策类型出台频次对比

月份	合计	优化限购	优化限贷	优化限售	调整公积金	优化限价	购房补贴	优化预售资金监管	引才及落户
1月	60	4	8	0	21	0	10	3	5
2月	58	2	6	2	20	1	19	5	18
3月	67	4	1	5	38	2	14	7	3
4月	62	4	0	2	33	2	5	2	4
5月	39	3	2	0	24	1	4	2	3
6月	36	1	1	3	20	2	8	4	3

资料来源：中指研究院综合整理。

从政策调控节奏来看，一季度政策出台节奏相对稳定，政策效果显现叠加积压需求释放，市场活跃度整体提升。三四线城市前期政策出台较多，政策空间已受限，5月以来政策的出台频次也逐步放缓。部分核心城市如杭州、南京等继续微调政策，进一步稳定市场预期。

表7-4　　　　　　　　　　　2023年上半年地方房地产宽松政策汇总（不完全统计）

政策分类	一线城市	二线城市（涉及24个城市）	三四线城市（涉及101个市县）
放松限购	深圳深汕合作区	优化购房套数及门槛：济南、长沙、武汉、无锡、厦门、南京产业聚集区 优化限购范围：杭州（街道）、无锡（街道）、合肥（街道）、沈阳、郑州	荥阳、赣州、宁德、扬州
放松限售	深圳深汕合作区	长沙、厦门、郑州、青岛	惠州惠阳区、扬州、常州、徐州、福清
放松限贷		降低首付：青岛	荥阳、上栗、东莞、佛山、济源产城融合示范区、监利、金华、洛阳、咸宁、贵安、漯河、驻马店、襄阳、海安
公积金政策	优化提取条件：北京 提高贷款额度：深圳、上海、广州	优化提取或贷款条件：南京、哈尔滨、杭州、无锡、合肥、郑州、天津、兰州、大连 降低首付或提高贷款额度：乌鲁木齐、大连、济南、长沙、太原、杭州、合肥、郑州、宁波、苏州、南昌 优化商转公政策：兰州	常州、荥阳、上栗县、连云港、六安、丹东、亳州、绍兴、台州、乌兰浩特、资阳、淮北、监利、盐城、洛阳、东营、威海、临沂、乌兰察布、淄博、德州、吉林、扬州、日照、宿迁、漯河、驻马店、义乌、揭阳、襄阳、南阳、玉溪、梅州、吉安、攀枝花、马鞍山、丽水、南通、赣州、蚌埠、株洲、遂宁、宣城、宿州、中山、莆田、贵安、宜宾、大庆、新乡、黄山、大同、焦作、安阳、周口、漳州、韶关、济源、鹤壁、泉州、潮州、惠州惠阳区、荆门、汉中、营口、滁州、开封、信阳、衡阳、芜湖、海安、阳江、毕节、镇江
限价政策		无锡	日照、丽水、江门、滁州、阳江
落户或引才	落户规范：深圳 引才：北京平谷区、房山区	放宽落户：郑州、杭州 加大引才：长沙、哈尔滨、南昌高新区、长春、杭州、宁波、石家庄	荥阳、上栗县、乌兰浩特、洛阳、淄博临淄区、鹰潭、连江县、周口、扬州、佛山、漯河、武冈、驻马店、义乌、吉安、黄山、滁州、海安
发放购房补贴		乌鲁木齐、哈尔滨、南昌高新区等、重庆、大连、郑州高新区、杭州临安区、沈阳	荥阳、上栗县、桂平、盐城、安义县、济源产城融合示范区、资阳、监利、德宏、洛阳、襄阳、安阳、淄博临淄区、赣州章贡区等、鹰潭、铜陵义安区、连江县、威海、周口、鞍山、扬州、日照、阜阳、宿迁、武冈、登封、酒泉、亳州、连云港、丽水、泉州台商区、安康高新区、祁门县、滁州、鹤壁、南通通州区、三门峡、徐州
房票或货币安置		南京、无锡、重庆、南昌、青岛	淮北、铜陵、宿迁、武冈、新昌县、宁德
交易税费			资阳、酒泉、襄阳、阳江

资料来源：中指研究院综合整理。

超40城下调首套房贷利率下限至4%以下。根据中指数据，2023年以来全国已有超40城调整首套房贷利率下限至4%以下，随着符合条件的城市逐渐下调利率下限，二季度以来调整首套房贷利率的城市数量有所减少。5月以来，前期积压需求释放完成后，购房需求释放动能减弱，基本面较弱的城市市场调整压力增加，房价仍有下跌预期。6月底启动新一轮评估期，各地根据2023年3~5月的新房价格变化决定是否调整房贷利率下限，部分城市下调房贷利率的预期仍在。

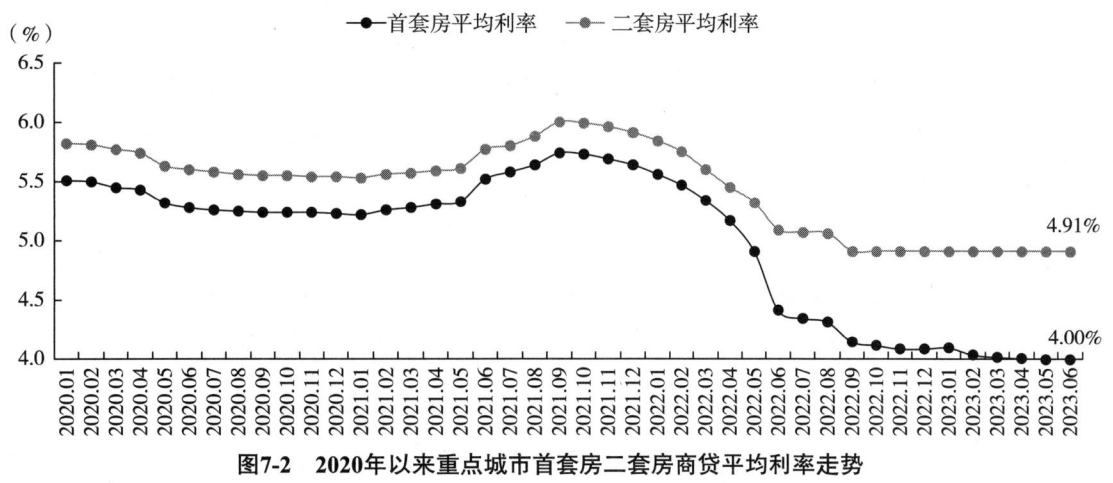

图7-2 2020年以来重点城市首套房二套房商贷平均利率走势

数据来源：网络公开资料，中指研究院综合整理。

从重点城市来看，6月，重点城市首套房商贷平均利率降至4.0%、二套利率降至4.91%，首套、二套房贷利率均处于低点。未来或将进一步下降，进而降低购房利息成本，有助于购房需求释放。

限购方面，各地继续放松限购区域，降低居民购房门槛，特别是热点二线城市，如杭州临平、余杭、钱塘区部分街道纳入差异化限购范围，非户籍居民满足1个月社保即可在当地购房；合肥庐阳区部分乡镇购买住房不限购；郑州荥阳、深汕特别合作区等地区放开限购。同时，住房政策针对特定人群持续优化调整，如长沙对人才放松购房限制条件，合肥对老年成员家庭及多孩家庭增加限购套数。

限贷方面，各地贷款支持力度加大，减轻购房者前期资金周转压力，如青岛优化非限购区域首付比例，首套最低调整为20%，二套最低调整为30%。优化"认贷认房"标准成为其中重要一环，驻马店、襄阳多地执行"认贷不认房"政策，即对拥有1套住房并已结清购房贷款的家庭，再次申请贷款购房执行首套房贷款政策。

公积金方面，优化公积金政策成为近两年各地支持房地产市场发展、促进需求释放的主要手段之一，多个城市出台提高公积金贷款额度、降低公积金首付比例、"一人购房全家帮"、提取公积金用于支付首付款、支持"商转公"贷款、提高租房提取公积金额度等政策，有利于降低购房者置业门槛，较低的贷款利率也有利于减少家庭贷款利息支出，减轻还贷压力，同时也提高了公积金资金池的使用效率。如连云港出台多条举措，降低首套公积金首付至20%，优化公积金贷款额度计算方式，支持商转公贷款及提取公积金支付首付等。

购房补贴方面，发放购房补贴是各城市支持住房消费的重要手段之一，政策频次及占比保持高位。2023年已有超50城执行购房补贴政策，补贴方式主要包括按套或面积一次性补贴、一次性或分期拨付契税补贴、发放消费券补贴、人才购房补贴、购房价款的一定比例补贴等。

带押过户方面，3月30日自然资源部、银保监会发布《关于协同做好不动产"带押过户"便民利企服务的通知》政策后，多地"带押过户"业务逐步落地，覆盖范围逐步扩展。如北京地区工、农、中、建等银行均已启动"带押过户"业务办理，5月下旬线上跨行"带押过户"在门头沟区不动产交易中心成功办理完成，"带押过户"政策各类配套措施已经基本到位。杭州5月末成功办理首单涉省直公积金"带押过户"二手房云办证业务，进一步拓展了二手房"带押过户"的业务类型。深圳亦将"带押过户"覆盖至公积金业务，首笔"带押过户"模式下的住房公积金贷款成功发放，二手房"带押过户"政策推进扩围。

房票安置方面，房票安置丰富了政府安置补偿方式，也有利于加速本地库存去化。2023年以来南京、无锡、重庆、南昌、青岛等地均启动房票安置，福建省3月发布通知，亦明确实施房票安置。

除了以上政策举措外，部分城市亦从放松二手房限售、放松限价政策、加强经纪机构管理、加大引才力度等方面满足居民合理购房需求。

整体来看，2023年上半年房地产政策环境仍处于宽松期，一季度中央、监管部门频繁表态并落地具体举措"防风险""促需求"，各地政策出台频次亦保持稳定。二季度以来，各地政策频次明显减少。

当前多数城市房地产调控政策已基本取消，下半年需要更大力度的托底政策才能遏制住市场下行趋势，随着二季度市场持续转弱，下半年政策加力预期增强，但房地产政策力度和节奏取决于宏观基本面的变化，若下半年经济出现超预期转弱情况，则房地产作为经济"稳定器"，托底政策或将加快落地。短期来看，预计需求端政策仍将聚力降低购房门槛和购房成本，核心一二线城市政策有望适度纠偏，"一区一策"、结合生育政策等或是重要方向，如信贷端优化"认房又认贷"、降低首付比例、降低房贷利率等，针对改善性住房需求的信贷政策有望加力。此外，优化限购范围、降低交易税费等也存在较大空间，"房票"安置或成为更多城市支持房地产市场发展的举措之一。企业端政策仍将侧重缓解房地产企业的资金压力、防控风险上，对房企的金融支持措施有望继续落地。另外，"保交楼"资金和配套举措也有望进一步跟进，稳定市场预期。

报告八　2023中国地级以上城市房地产开发投资吸引力研究报告

2023年是全面贯彻党的二十大精神的开局之年，也是"十四五"规划承上启下之年。回顾"十四五"前半程，我国经济经受了国内外多重超预期因素的冲击，持续面临需求收缩、供给冲击、预期转弱三重压力，经济发展正从中高速增长进入高质量发展阶段。就房地产行业而言，近两年，在长期转型和周期波动交织作用下，市场持续震荡调整，市场格局、需求特征以及企业发展模式也正在经历重塑。

从中长期来看，2022年，全国人口总量为14.12亿，比上年末减少85万人，自1962年以来首次出现下降，常住人口城镇化率达到65.2%。全年出生人口956万人，出生率为6.77‰，创1949年有记录以来新低。伴随着中长期人口规模的回落，新房总量也必然迎来下降。

随着房地产行业进入新的发展阶段，不同城市房地产市场分化行情更趋明显，房企优选城市投资拿地的难度也进一步上升。2023年，中指研究院已连续21年开展房地产开发投资吸引力研究，在新的行业环境下，我们继续完善指标体系，以期更全面地研判297个地级以上城市的价值及发展潜力，为房企投资提供决策参考。

表8-1　2023房地产开发投资吸引力TOP50城市

排名	城市	省（区、市）	排名	城市	省（区、市）
1	北京	北京	26	南昌	江西
2	上海	上海	27	沈阳	辽宁
3	深圳	广东	28	石家庄	河北
4	广州	广东	29	泉州	福建
5	杭州	浙江	30	常州	江苏
6	成都	四川	31	昆明	云南
7	南京	江苏	32	嘉兴	浙江
8	苏州	江苏	33	绍兴	浙江
9	武汉	湖北	34	南宁	广西
10	西安	陕西	35	惠州	广东
11	长沙	湖南	36	海口	海南
12	重庆	重庆	37	南通	江苏
13	合肥	安徽	38	大连	辽宁
14	宁波	浙江	39	贵阳	贵州
15	青岛	山东	40	金华	浙江
16	济南	山东	41	三亚	海南
17	天津	天津	42	太原	山西
18	郑州	河南	43	台州	浙江
19	佛山	广东	44	中山	广东
20	东莞	广东	45	徐州	江苏
21	无锡	江苏	46	哈尔滨	黑龙江
22	福州	福建	47	烟台	山东
23	厦门	福建	48	兰州	甘肃
24	珠海	广东	49	长春	吉林
25	温州	浙江	50	乌鲁木齐	新疆

数据来源：中指研究院测算。

研究结果显示，2023年北京、上海、深圳和广州四个一线城市房地产投资吸引力排名仍位列前四，杭州、成都、南京等1.5线城市各项指标表现较好，排名仍位居前十，武汉、重庆、郑州的排名下降。

具体城市来看，北上广深投资吸引力排名保持不变，一线城市投资吸引力优势明显；杭州凭借产业创新释放发展新动能，人才引进成效显著，投资吸引力连续6年保持全国第五位；成都、南京、苏州、武汉、西安经济及人口规模大，产业优势明显，市场需求旺盛，位列6~10位。其中，武汉近两年房地产市场调整压力较大，城市吸引力排名下降两位至第9位。南京、苏州房地产市场韧性凸显，地方政府债务压力相对较小，城市吸引力排名均提升1位。西安人口连续多年快速流入，经济保持较快增长，吸引力跻身前10位。

长沙、重庆、合肥、宁波、青岛、济南、天津、郑州、佛山和东莞位居第11~20位。其中佛山、东莞受疫情影响较为严重，人口流出规模较大，房地产市场恢复节奏较慢，导致排名分别跌至19、20位。青岛、济南房地产市场活跃度相对较好，叠加人口、产业支撑，市场保持一定活跃度，排名较上年分别跃升2位、4位。郑州近两年受疫情、洪灾等因素影响较大，经济、居民收入恢复需要更长时间，投资吸引力排名下滑至第18位。惠州、嘉兴等城市市场活跃度相对较高，投资吸引力高于同级别其他城市。

在本期报告中，为更加全面地反映城市实力，我们加入了"地方政府负债率"、"外贸依存度"以及"500强企业数量"等指标，通过对海量数据的深入分析与总结，构建形成了包括2大维度、12个方面，近50项具体指标的"城市房地产开发投资吸引力评价模型"。基于此模型，对全国31个省（自治区、直辖市，不含港澳台地区）的297个地级以上城市进行投资吸引力评价。

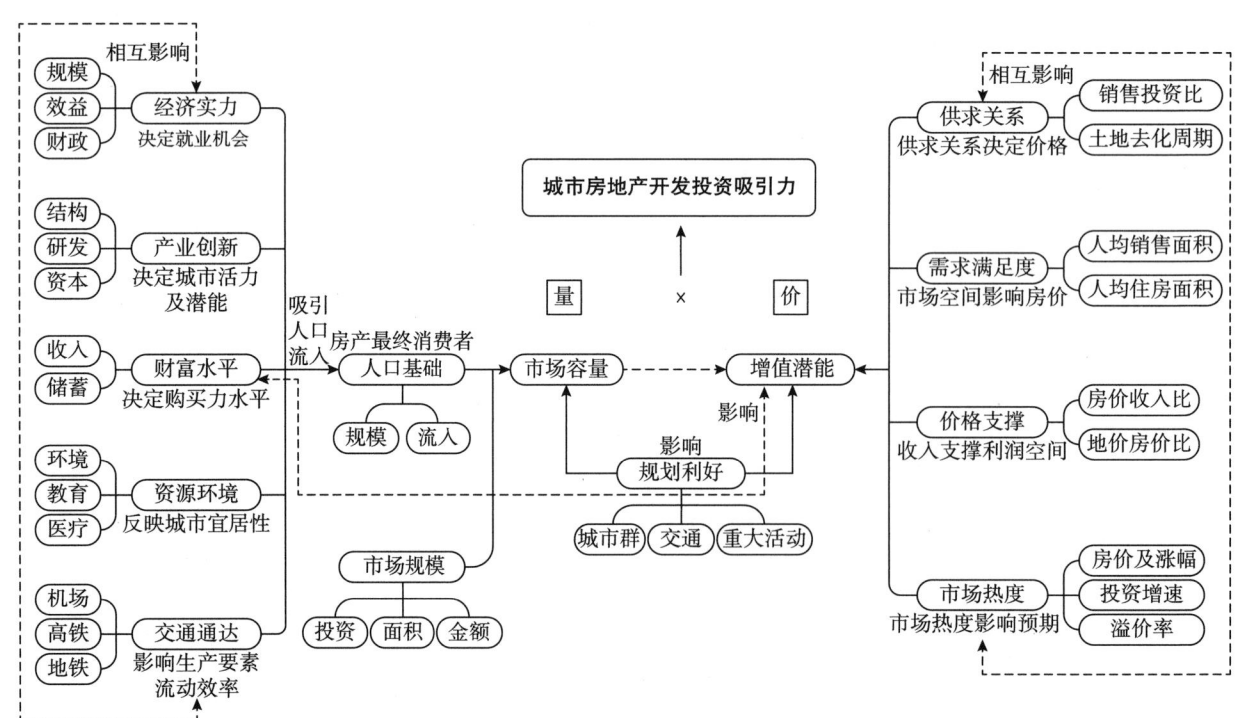

图8-1　市场容量与增值潜能两大维度评价城市房地产开发投资吸引力

一、住房需求影响因素：人口、产业、交通

当前，我国城镇化进程进入新阶段，房地产行业呈现出存量和增量并行的态势。人口、产业和交通仍然是房地产市场的核心驱动力，尤其是人口和产业，对市场的支撑作用更加明显。

人口是房地产市场的需求基础，总量和增量均直接影响住房需求空间，在房地产市场分化加剧的背景下，把握不同地区人口总量和结构的变化，也就更有利于把握市场新的发展机会。

产业是吸纳和吸引人口的根本要素，近些年，新一轮的技术革命开启，战略新兴产业持续发展，各地聚力产业结构转型升级，核心城市新兴产业发展迅速，先发优势或带动产业链聚集效应进一步提升。

交通作为国内大循环的载体，连接了人口、产业等各类生产要素，在推动经济发展以及区域协调发展中发挥着至关重要的作用。随着经济逐渐复苏，生产要素的流动回归常态，交通对优势地区的赋能或将更加突出。

1. 人口

人口规模和人口质量直接决定了城市经济发展潜力以及住房需求的空间，直接影响着城市房地产开发投资的价值。2022年末，全国总人口出现60多年来首次下降，人口总量红利减弱，人口流动成为不同城市人口变化的主导因素，受宏观经济及疫情反复影响，2022年不同地区之间的人口流动趋势发生新的变化，但高能级城市虹吸效应仍较为明显，与此同时，生育政策、落户政策、人才引进政策等进一步影响着人口的流向。

表8-2　　　　　　　　　2022年一二线和三四线城市常住人口增量TOP20

一二线城市	2022年常住人口（万人）	2022年人口增量（万人）	一二线城市	2022年常住人口（万人）	2022年人口增量（万人）	三四线城市	2022年常住人口（万人）	2022年人口增量（万人）
深圳	1766	-2.0	呼和浩特	355	5.6	滁州	405	6.0
北京	2184	-4.3	太原	544	4.4	芜湖	373	5.9
广州	1873	-7.6	温州	968	3.4	嘉兴	555	3.5
上海	2476	-13.5	海口	294	3.2	鄂尔多斯	220	3.2
长沙	1042	18.4	兰州	442	3.1	马鞍山	219	2.9
杭州	1238	17.2	沈阳	915	2.9	泉州	888	2.9
合肥	963	16.9	福州	845	2.8	包头	274	2.3
西安	1300	12.3	厦门	531	2.8	茂名	624	1.9
贵阳	622	11.8	石家庄	1122	1.9	台州	668	1.7
南昌	654	10.1	银川	290	1.5	常州	537	1.7
昆明	860	9.8	乌鲁木齐	408	1.2	绍兴	535	1.6
武汉	1374	9.0	无锡	749	1.1	柳州	419	1.6
郑州	1283	8.6	三亚	107	1.0	绵阳	490	1.5
青岛	1034	8.5	重庆	3213	0.9	东营	221	1.4
成都	2127	7.6	西宁	248	0.4	宜宾	462	1.3
济南	942	7.5	天津	1363	-10.0	汕头	554	1.2

续表

一二线城市	2022年常住人口（万人）	2022年人口增量（万人）	一二线城市	2022年常住人口（万人）	2022年人口增量（万人）	三四线城市	2022年常住人口（万人）	2022年人口增量（万人）
宁波	962	7.4				南通	774	1.1
南京	949	6.8				沧州	731	1.1
苏州	1291	6.4				珠海	248	1.1
南宁	889	5.9				桂林	496	1.0

注：大连、长春、哈尔滨、北海统计公报未公布或未公布常住人口数据。

数据来源：各城市统计局、统计年鉴。

新冠疫情导致广深2022年常住人口阶段性回落，长三角、长江中游多个核心城市人口明显增加。

2022年，长三角、长江中游部分核心城市人口集聚能力进一步显现。其中，长沙、杭州、合肥人口增量位居全国前三。珠三角、京津冀、中原地区、东北地区人口普遍下降，其中天津、东莞人口缩量明显，另外受疫情等因素影响，广州、深圳人口均由增转降。

长三角城市群的核心优势在于其发达的经济基础、强大的创新能力、完善的基础设施以及城市间较强的产业协同性。上海近些年人口增速整体呈放缓态势，2022年受疫情影响，产业链和供应链受到冲击，部分产业外迁，人口流出明显，全年常住人口减少13.5万人。杭州数字经济产业发达，人口增量连续四年位居全国前列。2022年常住人口增加17.2万人，增量居全国第二。合肥在沿海产业向中西部转移，先进制造业快速发展的加持下，就近就业人员增多，人口吸附能力居全国第三位，2022年常住人口增加16.9万人。

长江中游城市群承接沿海地区的产业转移，同时核心城市在中西部地区产业升级中承担创新带头角色，制造业、信息技术和高端装备制造业等领域具有较高的竞争力和发展潜力。长沙工程机械、汽车、生物等支柱产业的高速发展，吸引更多人口聚集，2022年常住人口增加18.4万，居全国首位。南昌产业聚集效果明显，全年常住人口增长超10万人，位列长江中游城市群第二。

珠三角、京津冀城市群人口整体呈现流出态势。去年珠三角制造业、外贸等行业整体受疫情影响较大，短期内就业人数减少。珠三角9市除珠海外，常住人口均下降，其中东莞、广州分别减少10万人、7.6万人，深圳特区自设立以来首次人口负增长，常住人口减少2万人。京津冀城市群人口持续缩减，2022年仅石家庄、唐山、沧州等少数城市常住人口增加，北京、天津分别减少4.3万人、10万人。

中西部地区核心城市人口虹吸效应持续显现，西安和贵阳常住人口增量超过10万，成都人口增加7.6万人，核心城市凭借经济较快发展、更多的就业机会，持续强化对周边人口的吸引力。

2. 产业经济

当前，世界经济增长乏力，单边主义、保护主义抬头，加剧全球经贸的不确定性。我国经济外部环境复杂严峻，国内产业转型升级仍处在攻坚期，党的二十大报告指出"加快构建以国内大循环为主体、国内国际双循环相互促进的新发展格局"，同时将高质量发展的重要性提升到了前所未有的高度，明确提出"高质量发展是全面建设社会主义现代化国家的首要任务"。建设现代化产业体系，是推动高质量发展的重要着力点，其中，新一代信息技术、人工智能、生物技术、新能源等新兴产业将作为我国产业发展中新的增长引擎。在新的发展格局下，加快构建现代化产业体系，加快传统产业和中小企业数字化转型或将助力优势地区迎来新的发展机遇。

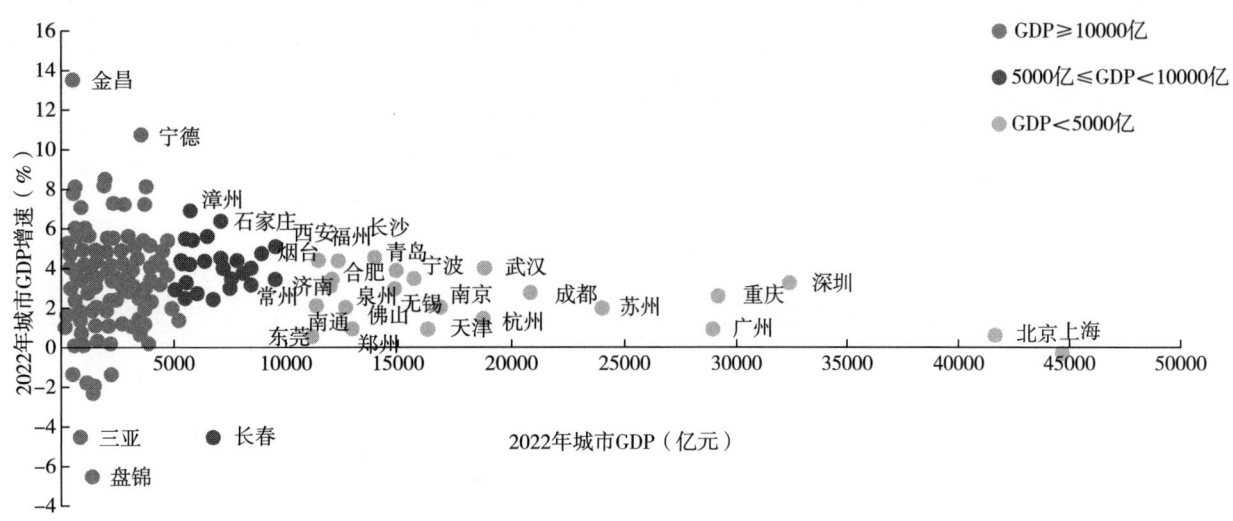

图8-2　2022年各城市GDP及增长率

数据来源：各城市统计局，CREIS 中指数据。

2022 年 GDP 万亿城市数量仍为 24 个，广州、杭州等城市受新冠疫情冲击较大，位次较上年下降。

2022 年，我国 GDP 万亿城市数量与上年一致，仍为 24 个。2022 年，我国共有 110 个城市经济总量在 3000 亿元以上，较 2021 年增加 5 个；其中，24 个城市 GDP 超万亿，数量与 2021 年持平，经济总量占全国的比重为 38.0%，较 2021 年小幅下降。具体来看，上海、北京、深圳经济总量保持前三位；广州受新冠疫情等多重因素影响，2022 年 GDP 仅增长 1%，GDP 总量位列全国第 5，被重庆超越，这两个城市 GDP 均在 2.9 万亿左右；武汉新冠疫情后经济逐渐恢复，GDP 再度超过杭州，位列全国第 8，武汉、杭州 GDP 均近 1.9 万亿；东莞受新冠疫情及外部订单减少等超预期因素影响，名次较 2021 年下降 2 位，但仍保持在万亿 GDP 之上。另外，2022 年常州、烟台 GDP 均达 9500 亿元以上，即将迈上万亿台阶。

从增速来看，2022 年全国多数城市受新冠疫情冲击，经济增速出现明显回落，仅个别城市增速超 10%。2022 年，我国经济面临的需求收缩、供给冲击、预期转弱三重压力持续演化，全年 GDP 增速为 3%。城市层面，受新冠疫情影响，多数城市 GDP 增速较 2021 年出现回落，其中，全国仅金昌、宁德 2 个城市 GDP 实现两位数增长。在万亿以上的城市中，部分城市受新冠疫情影响经济增速出现明显放缓，如上海 2022 年 GDP 下降 0.2%，北京、广州、天津、郑州等城市 GDP 增幅均在 1% 左右。

新经济 500 强中民营企业占比超八成，北上深企业数量稳居第一梯队。

在 2022 年新冠疫情冲击后，民营企业信心受到较大冲击，投资意愿转弱，民间固定资产投资增速由 2022 年初的 11.4% 持续下降至 12 月的 0.9%。进入 2023 年，民间固定投资增速仍未见好转，1~5 月，民间固定资产投资增速转负 0.1%，反映出当前民营企业投资再生产意愿尚未出现明显改善。从工业企业利润来看，当前工业企业盈利能力仍有待修复，盈利能力的不足，拖累民企投资意愿修复。2023 年针对民营企业的扶持政策有望持续跟进，若政策端持续发力，民营企业信心或逐渐好转，民营经济活跃的地区，经济发展动能也将进一步强化。

根据中国企业评价协会联合北京大学国家发展研究院和中指研究院发布的"中国新经济企业 500 强"研究成果，2022 年中国新经济 500 强企业中，民营企业数量为 407 家，占比超八成，为新经济的创新高地。北上深三城企业数量稳居第一梯队，聚集新经济 500 强企业最多，合计数量达到 216 家，比例高达 43.2%。与中国企业 500 强相比，新经济 500 强在重点城市分布集中度更加突出，尤其在一线城市，新经济 500 强数量更多；而中国企业 500 强的城市分布相对更加均衡。无论是新经济 500 强，还是中国企业 500 强，北京企业数量都是遥遥领先，远超其他城市。

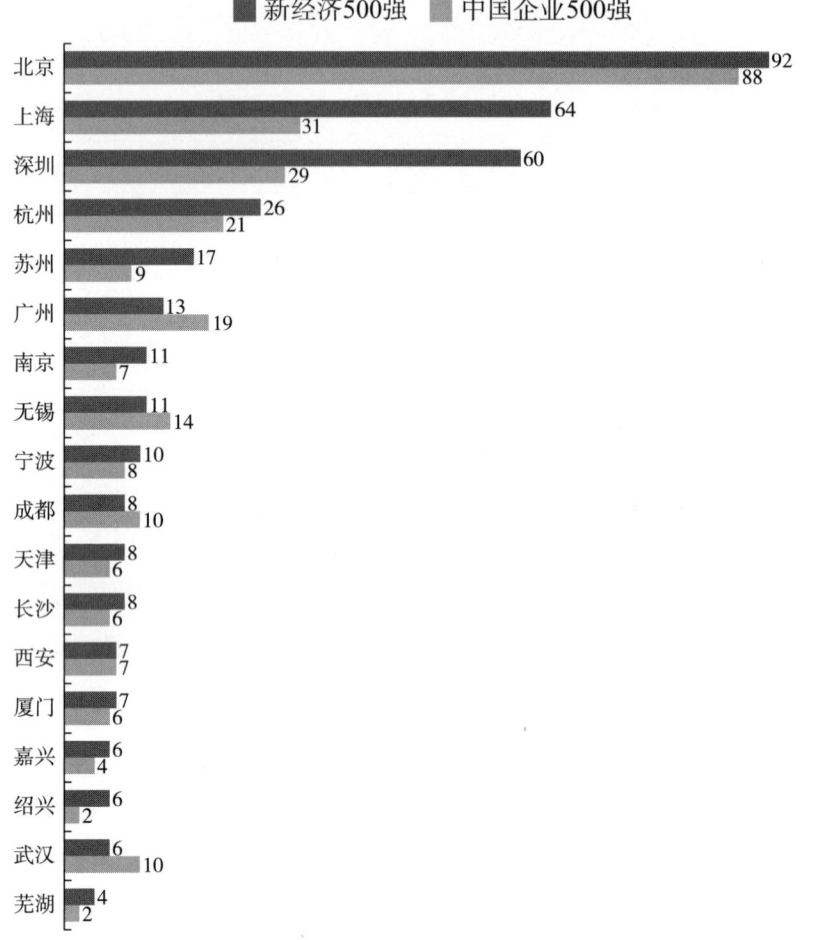

图 8-3　新经济 500 强与中国企业 500 强企业城市分布对比

数据来源：中国企业评价协会，中国企业联合会，中指研究院，中指数据 CREIS。

从区域上看，东部地区数量优势明显，东部地区企业整体经济实力强、科技水平高，新经济 500 强企业数量也占据明显优势。东部地区企业数量为 422 家，占到总数的 84.4%；中部地区企业和西部地区企业分别为 37 家和 34 家，占比分别为 7.4% 和 6.8%；东北企业数量最少；仅有 7 家，占 1.4%。

3. 交通

> 新冠疫情三年对我国各项生产要素流动均带来了深刻影响。新冠 2022 年末以来，新冠疫情影响逐渐消退，我国交通网逐渐恢复正常运行，高铁、民航客流量较上年均有明显增长，但仍不及 2019 年同期水平，随着经济稳定复苏，预计交通运力也将保持恢复态势。
>
> 交通网络在"加快构建以国内大循环为主体、国内国际双循环相互促进的新发展格局""加快建设全国统一大市场"中的地位不言而喻。党的二十大报告强调要加快建设交通强国，加快推动交通运输结构调整优化，优化基础设施布局、结构、功能和系统集成，构建现代化基础设施体系。2023 年 3 月，《加快建设交通强国五年行动计划（2023—2027 年）》印发，意味着交通网络的建设和完善进入快速发展阶段，其在畅通国内外双循环、扩大内需中的作用将得到进一步释放。受益于交通网络的高质量发展，城市群、都市圈的资源集聚能力也有望得到进一步强化。

表8-3 《加快建设交通强国五年行动计划（2023—2027年）》中关于各区域协调发展的相关表述

城市群	规划内容
京津冀	加快建设"轨道上的京津冀"，加强北京城市副中心与中心城区、廊坊北三县交通基础设施互联互通；高标准、高质量建设雄安新区综合交通运输体系，持续完善对外骨干交通路网
长三角	推动长三角地区交通运输更高质量一体化发展，共建"轨道上的长三角"和辐射全球的航运枢纽
粤港澳	推进粤港澳大湾区交通建设，建成深中通道、莲花山等跨江跨海重大工程，加快广湛高铁、高速公路繁忙路段扩容改造等工程实施
成渝	构建成渝地区一体化交通运输体系，着力打造1小时交通网

资料来源：《加快建设交通强国五年行动计划（2023—2027年）》，中指研究院综合整理。

交通强国顶层设计进一步落位，城市群、都市圈交通网络有望加快完善。

《扩大内需战略规划纲要（2022—2035年）》提出要"加快交通基础设施建设"，完善以铁路为主干、以公路为基础、水运民航比较优势充分发挥的国家综合立体交通网，推进"6轴7廊8通道"主骨架建设，增强区域间、城市群间、省际交通运输联系。加快国家铁路网建设，贯通"八纵八横"高速铁路主通道，有序推进区域连接线建设，加快普速铁路建设和既有铁路改造升级。支持重点城市群率先建成城际铁路网，推进重点都市圈市域（郊）铁路和城市轨道交通发展，并与干线铁路融合发展。加快建设国际和区域枢纽机场，积极推进支线机场和通用机场建设，推动打造京津冀、长三角、粤港澳大湾区、成渝世界级机场群。提升水运综合优势，在津冀沿海、长三角、粤港澳大湾区推动构建世界级港口群，支持建设国际航运中心，加快长江等内河高等级航道网建设。

高铁、民航建设投资力度持续加大，引导人口、资源要素良性流动。

根据中指监测，2022年我国新开通运营13条高线铁路，主要涉及京津冀、长三角、山东半岛、长江中游、中原等城市群。2023年，成自宜高铁、贵南高铁、南沿江城际等即将实现开通运营，均为我国"八纵八横"重要组成部分。民航方面，2022年，疫情反复、国际形势严峻等因素对民航运输业造成较大影响。2023年以来，随着疫情、油价和汇率环境逐渐改善，民航运输生产整体向好，航空客运需求快速恢复，国内客运规模恢复至疫情前八成。民航局表示，2023年民航将继续加大基础设施建设力度。在当前构建以国内大循环为主体、国内国际双循环相互促进的新发展格局下，中国航空产业发展长期而稳定的政策环境较为明确，民航业在经济发展中的作用将愈加突出。

二、城市群发展趋势：聚焦核心城市群主流城市，稳健穿越周期

随着我国区域协调发展战略的稳步推进，核心城市群与都市圈发展机会进一步提升。近几年，房地产市场的区域分化日益明显，优势区域因市场需求支撑较强，在下行周期中成为企业业绩"压舱石"。

从发展阶段来看，当前，长三角、珠三角和京津冀城市群发展相对领先，在经济、人口、产业等方面均表现出极高的活力和发展潜力。成渝、长江中游城市群作为发展第二梯队，正以区域核心都市圈为重要抓手，加速推进同城化进程，以此构建核心城市带动周边城市的协调发展格局。此外，山东半岛、粤闽浙沿海和中原等城市群也表现出强劲的发展势头，在经济实力、产业布局、区域发展战略等方面都具备一定优势和特色，为周边地区的发展提供了引领支撑。

表8-4 主要城市群经济、人口及房地产市场规模

城市群	城市数量（个）	面积（万km²）	2022GDP（万亿元）	2022GDP平均增速	2022常住人口（亿人）	人均GDP（万元）	地均GDP（万/km²）	2022房地产开发投资额（亿元）	2022房地产开发投资额同比增速	2022商品房销售面积（万m²）	2022商品房销售金额（亿元）
全国	—	963.4	121.0	3.0%	14.1	8.6	/	132895	-10.0%	135837	133308
长三角	27	22.6	25.1	3.5%	1.77	14.2	11080	31821	-4.6%	21138	35868
珠三角	9	5.5	10.5	2.0%	0.78	13.4	19049	12793	-17.5%	7179	13165
京津冀	13	21.9	10.0	3.4%	1.07	9.3	4567	11113	-3.7%	6648	9097
长江中游	28	34.3	11.1	4.6%	1.24	8.9	3237	10995	-9.0%	15662	12253
成渝	16	24.0	8.0	3.1%	1.03	7.7	3329	10431	-13.6%	14116	11108
五大城市群占比	—	11%	53%	/	42%	/	/	58%	/	48%	61%
山东半岛	16	15.8	8.7	4.0%	1.02	8.6	5519	9227	-0.5%	11703	10050
粤闽浙沿海	16	21.6	6.9	3.9%	0.73	9.5	3222	7285	-14.8%	8663	8552
中原	25	23.9	7.9	4.0%	1.32	6.0	3294	9466	-10.2%	14618	8515
八大城市群占比	—	18%	73%	/	63%	/	/	78%	/	73%	81%

注：粤闽浙沿海城市群因具体包含城市未公布，本次报告沿用海峡西岸城市群覆盖范围统计；为避免重复计算，中原城市群未统计与京津冀、山东半岛城市群重叠的城市；长江中游城市群和成渝城市群均出现规划中只含某城市部分县、区的情况，为方便计算，本次研究中城市群面积、GDP和人口等指标均按地级市全市计算。

数据来源：各城市统计局，中指数据CREIS。

2022年，主要城市群经济、人口规模及发展水平优势明显，五大城市群（长三角、珠三角、京津冀、长江中游、成渝）在土地面积仅占11%的情况下，经济规模在全国中占比达53%，常住人口数量占比42%。经济与人口的高度集中也为住房市场发展带来巨大优势。2022年五大城市群商品房销售面积占比为48%，销售金额占比达61%，房地产开发投资额由2021年的56%提升至58%。

1. 长三角城市群

2023年长三角城市群内有14个城市位居全国投资吸引力前50。

长三角城市群以其强大的产业基础为依托，在疫情的影响下经济仍保持活力，区域协调程度不断深化，人口持续增长。京沪高铁二线规划补全，进一步提升长三角地区在全国经济中的影响力。2022年房地产市场受疫情影响调整幅度较大，但热点城市基本面良好，市场韧性较强，2023年以来市场情绪逐步修复，土拍热度也带动房地产市场进一步企稳。

2. 珠三角城市群

房地产市场存在恢复预期，但区域复苏节奏有赖于广深市场恢复速度，9城中7城位居投资吸引力前50。

珠三角城市群受到疫情严重冲击，经济增速放缓、人口大规模外流，但城市群经济发展韧性凸显，产业升级进程加速，有望迎来新的高质量发展阶段。《广东省人民政府关于高质量建设制造强省的意见》印发，珠三角地区产业高端化定位提升，"制造业当家"，对标世界一流城市群，谋划中长期发展。广深双核投资吸引力保持城市群前列，东莞、佛山制造体系持续升级，发展潜力进一步释放。短期来看，随

着政策持续优化、人口加速回流，核心城市市场情绪有望改善，销售量或有所修复，带动区域市场有序复苏。

3. 京津冀城市群

房地产市场表现整体偏弱，北京市场保持稳定，天津实现弱复苏，河北三四线城市市场仍承压。

京津冀城市群产业结构转型升级，各城市内生动能逐渐修复，但人口持续外流，导致房地产市场需求释放空间受限。北京市场仍是驱动京津冀房地产市场的核心动能，销售市场整体平稳，政策有空间，市场预期有望逐渐修复。天津人口持续外流对房地产市场形成一定制约，但产业和人口规模对市场形成支撑，其余城市市场企稳或需更长时间。

4. 成渝城市群

成都人口虹吸效应明显，房地产市场表现较好；重庆受产业结构调整及商品房库存偏高影响，房地产市场企稳仍需时间。

成渝双城经济圈建设三年来，建设行动方案持续落位，区域定位进一步提升，城市群内生动力逐步加强。但区域内房地产市场分化明显，成都楼市保持较强韧性，政策仍存优化预期，市场成交有望保持在高位，城市投资吸引力强；重庆市场信心不足，土拍情绪仍不乐观，短期市场承压，但中长期市场空间仍在。

5. 长江中游城市群

核心城市资源集聚能力强，但短期房地产市场恢复动力弱，市场企稳仍有赖于经济恢复及政策带动。

《长江中游城市群发展"十四五"实施方案》获批，长江中游城市群战略地位进一步提升，城市发展动能有望持续增强。武汉、长沙、南昌三座核心城市发挥人口、产业、交通等优势，加强区域间合作联动。2022年多个超预期因素导致房地产市场修复不及预期，供需两端政策持续优化后，2023年购房需求有望温和释放，核心城市房地产市场发展动能相对强劲。

总体而言，在新的发展阶段，企业更需要优选城市优选板块，在不确定的市场环境中把握相对确定的市场机会，并不断提升产品力与服务力，契合不同地区的住房需求。核心一二线城市、长三角和珠三角优势三四线城市集聚资源能力突出，优势产业也为城市房地产市场提供了更强支撑，房地产开发投资潜力较大。

数据说明：本报告研究范围指所有"地级及以上城市"，不包括自治州、盟等地级行政区。

报告九　2023年上半年中国房地产代建发展报告

一、中国房地产代建运行分析

近几年，房地产代建日益受到房企关注，从中外房地产行业发展规律来看，未来房地产代建将是大势所趋。从海外房地产行业发展来看，海外成熟房地产市场，房企业务重心从前端开发向后端服务和资产管理转移，这对我国房企发展转型有重要借鉴意义；从国内房地产行业发展来看，房地产企业从开发商向服务商转型也是行业趋势，其中，代建在房企多元化发展模式中尤为瞩目。

（一）政策分析

2022年，代建行业规范政策陆续出台，为代建行业更加规范、良性健康发展提供有力支持。从时间来看，代建相关政策主要于下半年密集发布。从发布城市来看，目前主要分布于存量市场和城市更新需求较多的城市，如深圳市和东莞市全年均发布代建相关政策2个。

当前，代建政策依旧与政府代建相关，尚未有商业代建相关政策出台，相关内容主要体现在以下几个层面。其一，完善代建企业名单库。如昆山市为代建企业名录库扩容，新增代建企业。其二，颁布代建制度，使代建政策更适应后期市场发展需求，利于投资项目的高质效达成。如济南市新增投资项目代建制管理办法，更加规范代建相关制度；东莞市颁布政府投资建设项目代建制管理办法，提升政府投资项目效益。其三，明确代建工作流程及相关细则，进一步提高区域代建管理标准化水平。如厦门市颁布《代建工作规程》，该规程填补了国内综合性代建管理地方标准的空白；东莞市颁布项目代建管理费总额控制数费率计提办法，明确代建费率计算办法。

表9-1　　　　　　　　　　　2022年部分代建政策梳理

序号	时间	区域	政策	重点内容
1	2022.1.25	昆山市	《关于公布昆山市政府投资项目代建单位名录库新增代建单位名单的通知》	将昆山高新置业发展有限公司新增纳入昆山市政府投资项目代建单位名录库
2	2022.2.24	湖南省	《关于公布2021年度湖南省政府投资项目代建单位监管评价结果的通知》	湖南省将依据评价结果更新代建单位名录库信息，并将有关评价结果作为2022年度代建单位招标评分依据
3	2022.5.26	济南市	《济南市政府投资项目代建制管理办法》	为进一步深化投资体制改革，提高政府投资项目管理水平和投资效益，济南市就代建单位管理、职责分工、资金管理等多项制定详细管理细则

续表

序号	时间	区域	政策	重点内容
4	2022.6.7	东莞市	《东莞市政府投资建设项目代建制管理办法》	规则的颁布，有利于东莞市健全政府投资管理体制，充分利用社会化专业技术和管理力量，完善政府投资建设项目代建制管理模式，创新体制机制，提升市政府投资建设项目的建设管理水平和投资效益
5	2022.7	厦门市	《代建工作规程》	规程分为通用篇和房建、路桥、市政公用、港工、水利、海洋、园林绿化7个专业篇，详细规范了企业管理以及项目的前期、实施、验收、交付、协调、风险、信息、采购、合同等管理体系。作为代建企业的工作标准和建设单位及有关部门的管理依据，从质量、进度、投资、安全生产、文明施工、维修保养等方面提升项目代建管理水平、强化质量保证，该规程填补了国内综合性代建管理地方标准的空白
6	2022.9.17	宿迁市	《关于印发宿迁市2022年度市本级政府投资代建项目计划（第二批）的通知》	项目涉及路桥、会展服务中心、医院等
7	2022.9.23	韶关市	《韶关市曲江区人民政府投资非经营性项目代建管理办法》	管理办法对建设主体、建设管理模式、实施主体职责等事项进行了规范
8	2022.10.23	深圳市	《深圳市罗湖区政府投资项目代建制管理办法》	管理办法对代建范围、代建单位确定、组织实施方式、考核及奖惩等作出了规定
9	2022.10.31	深圳市	《关于支持深圳探索创新财政政策体系与管理体制的实施意见》	意见指出，考虑深圳人口持续净流入对住房的需求，加大中央预算内投资对深圳保障性住房筹集建设的补助，加大中央财政城镇保障性安居工程补助资金对深圳公租房、保障性租赁住房和老旧小区改造的支持力度，推动解决大城市住房突出问题
10	2022.11.4	东莞市	《东莞市政府投资社会代建项目代建管理费总额控制数费率计提办法》政策解读	新增"项目建议书批复后代建、可行性研究报告批复后代建以及概算批复后代建的代建管理费分别按全过程代建管理费的90%、80%、70%进行计取"等多项条款
11	2022.11.13	龙泉市	《龙泉市政府投资项目代建制管理办法》	管理办法对代建职责分工、代建程序、资金管理、代建费等作出了规定

资料来源：中指研究院整理。

（二）规模分析

1.新签约规模

首次突破一亿平方米，保持快速增长。2022年，预计代建企业代建项目新签约建筑面积为11073万平方米，首次突破一亿平方米，较2021年同比增长11.3%，依旧保持较快增长速度。

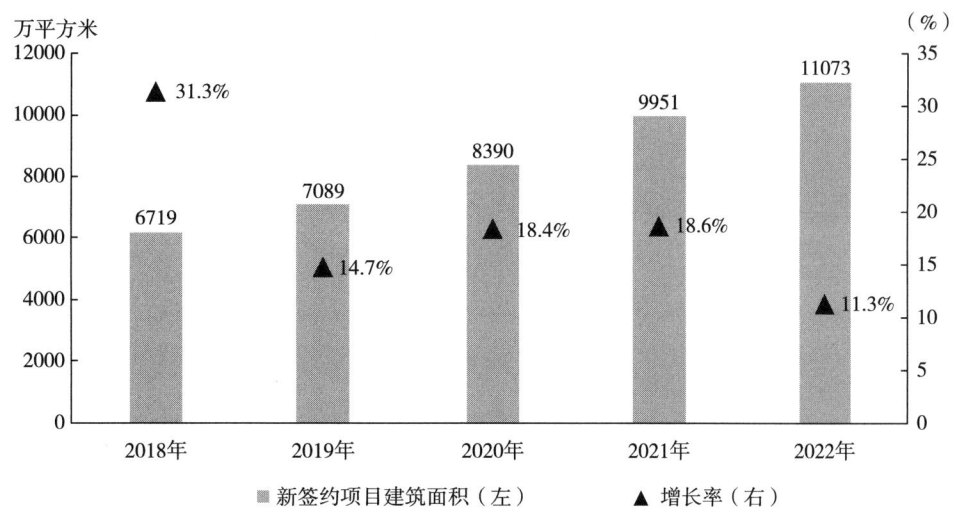

图9-1　2018-2022年房地产代建新签约项目面积与增长率情况

2. 市场集中度

2022年，从代建新签约项目建筑面积来看，预计前5企业所占市场份额为61.1%，较2021年上升7.9个百分点。2022年，入局代建领域的企业持续增多，导致行业竞争加剧，头部企业为获得领先优势加速发展，通过探索"项目纾困"、资本代建等新的业务发展模式和寻求在产业园、写字楼等新赛道突破获取了大量项目，表现突出。

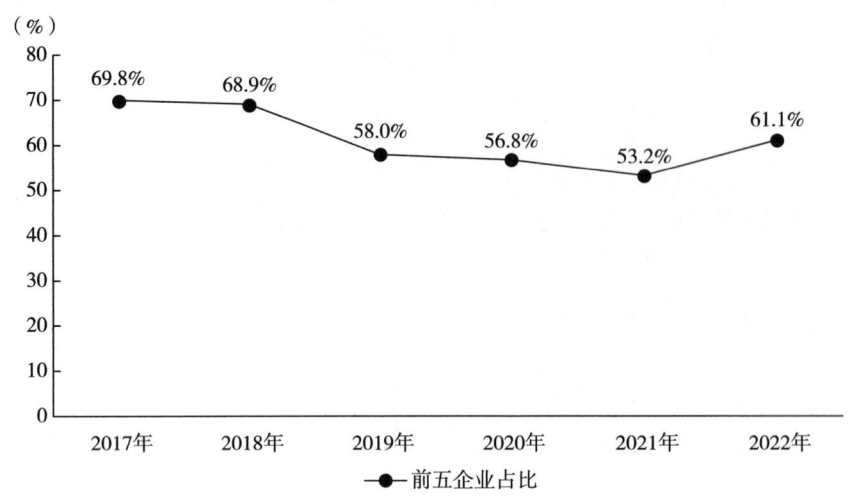

图9-2　2017-2022年房地产代建新签约项目前五企业市场集中度

3. 抗周期能力

近五年代建新签建筑面积增速均高于行业水平，抗周期能力保持良好。传统的重资产开发模式在房地产行业快速上升期间将获利颇丰，但这种模式在应对行业周期风险存在较大的弊端，而房地产代建模式通过品牌和管理的输出，更加有效地减少房地产市场周期波动带来的系统风险。2022年，代建新签约规划建筑面积增速为11.3%，远高于全国商品房销售面积和百强企业销售面积增速。2022年，房地产行业持续承压，全国商品房销售面积大幅下降24.3%。根据《2022年中国房地产销售额百亿企业排行榜》，销售额TOP100企业市场份额约39.3%，较上年下降12.3个百分点。在此背景下，代建依旧保持高于10%的增速，充分表明其发展轨迹呈现出更好的抗周期性。

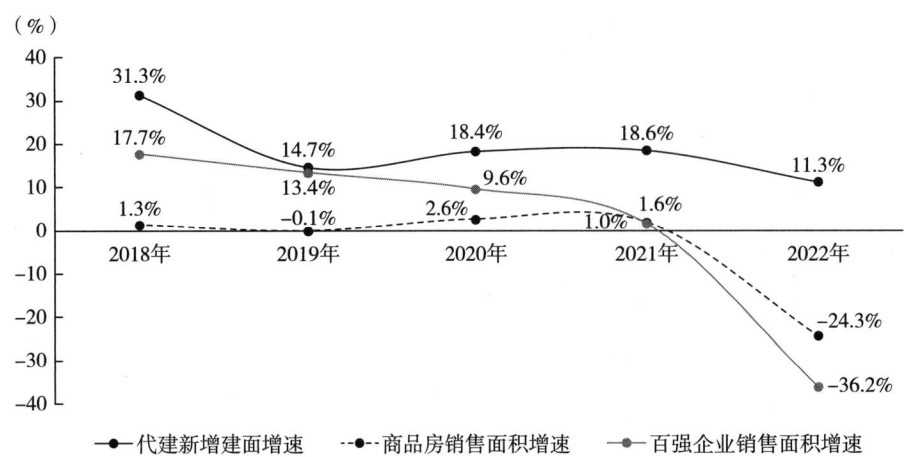

图9-3　2018-2022年代建新签约面积、全国商品房和百强企业销售面积增速情况

（三）未来趋势分析

房地产代建是当前倡导的新发展模式的重要方向。房地产行业旧有的高负债、杠杆周转发展模式已难以为继。2021年12月中央经济工作会议首次提出要加强预期引导，探索新的发展模式。2022年3月《政府工作报告》指出要探索新的发展模式。2022年12月中央经济工作会议指出要推动房地产业向新发展模式平稳过渡。房地产代建具有轻资产、低负债、抗周期等特点，是新发展模式的重要形式之一，日益受到房地产企业青睐。

政府代建前景广阔。保障性住房、老旧小区改造等均为政府代建提供了广阔的空间。具体来看，"十四五"时期，全国初步计划投资建设筹集保障性租赁住房近900万套（间）；改造老旧小区1.6亿平方米。

地方国企、城投公司积极拿地，为代建提供更多机会。根据《2022年中国房地产企业拿地排行榜》显示，地方城投公司托底拿地明显，按面积TOP100拿地企业中，有地方城投公司71个，是2021年同期的3倍多；拿地金额TOP100企业中，地方城投占比16.4%，较上年同期增加13.7个百分点。城投公司拿地后入市率较低，2022年地方城投拿地入市率不足1%，2021年不足10%，尚未入市土地均为代建企业提供更多机遇。

"项目纾困"为资本代建提供更多机遇。2021年下半年以来，房地产行业进入调整期，房企债务违约、项目延迟交付等问题频发，"保交楼"成为2022年政府工作的重中之重。一方面，"项目纾困"为房地产代建提供了更多空间；另一方面，当前"项目纾困"手段多样，其中，以政府、金融机构和房企三方合力的模式较多。该模式下，金融机构入局，又为资本代建提供了更多的发展空间和借鉴经验。

新赛道获得突围机会。面对竞争加剧的房地产代建行业，部分代建企业在新赛道寻求突围，一方面，持续加大在保障房等政府代建领域签约力度；另一方面，利用自身优势，在写字楼、商业综合体、产业园等领域获取新机遇。

二、典型房地产代建企业分析

头部企业通过探索"项目纾困"、资本代建等新业务发展模式，拓展代建领域。随着代建竞争加剧，头部代建企业积极探索新业务模式，如绿城管理携手金融机构落地资本代建、介入"项目纾困"等探索新的发展模式，2022年落地奥园广州云和公馆等项目，为其业绩提供有力支持。中原建业与多个城市城投平台及国企达成战略合作，积极拓展政府代建领域。

多家房企入局代建领域，且发展迅猛。2022年，龙湖、中梁和华夏幸福均成立代建公司，进军代建业务，其中，龙湖龙智造成功签约重庆江北、中铁城投天府新区等项目；幸福安基中标沈阳市代建保交付项目、廊坊片区综合开发代建项目共计252万平方米，发展势头迅猛。

表9-2　　　　　　　　　　　　2020年以来成立代建平台的房企及业务表现情况

企业名称	代建平台	成立年份及业务表现
中交地产	中交管理	2020年成立，联手信达地产合作房地产纾困类代建业务
世茂集团	世茂管理	2021年成立，签约江苏连云港灌南、宝鸡中华如意城等代建项目

续表

企业名称	代建平台	成立年份及业务表现
旭辉集团	旭辉建管	2021年成立，2022年新增管理项目47个，新增管理总建面超900万平方米
龙湖集团	龙湖龙智造	2022年成立，签约重庆江北、中铁城投天府新区等项目
中梁控股	中梁建管	2022年成立
华夏幸福	幸福安基	2022年成立，中标沈阳市代建保交付项目、廊坊片区综合开发代建项目共计252万平方米；分别在无锡梁溪、河南平顶山和祥符拓展产业园轻资产运营项目3个

数据来源：中指院综合整理。

三、优秀代建项目分析

（一）杭州明德明理府安置房项目

代建企业：绿城管理

项目类型：政府代建，安置房

绿城管理代建的杭州明德明理府项目位于杭州市滨江区，总建筑面积18.78万平方米，总套数1096套，是政府安置房代建项目。2016年，滨江区杨家墩社区开始拆迁，2021年11月30日项目全面竣工，进入安置交付阶段。项目采用高级灰色系组合的现代化建筑风格，并应用了多种材料组合，玻璃幕墙+铝板线条+仿石涂料+石材相结合，被誉为"滨江第一个高级灰立面的安置房"。项目荣获杭州市"西湖杯"（优质结构奖），颠覆了"安置房不如商品房"的固有思维。

外立面设计：明德明理府采用石材+金属+玻璃幕墙相结合和高级灰色系组合的现代化建筑风格，西南角的配套用房采用大尺度玻璃幕墙+莫兰迪灰铝塑板的两层建筑，未来将作为社区公共活动中心，每一处设计都做到精细化。

景观打造：从南门主入口进入明德明理府，可以看到超2000平方米的中央庭院。南北主入口处则是"白色水磨石+南京雨花石"的枯山水造景，与中央庭院处采用"视觉透视法"的造园排列，将细节与理念结合得相辅相成。

人性化功能：小区每幢楼均做了架空处理，采用实用美观、亲近自然的木格栅吊顶设计。架空层将会安装信报箱、智能快递柜等。中央庭院外围设计成环形运动跑道，并打造四季景观园林、儿童游乐场、运动健身区等多个组团，幼、青、老三代人都能在这里享受各自的活动场地，更加兼具功能性。小区引入全人车分流体系，既提升了园区通行效率，又能让家长放心孩子下楼玩耍。项目下挖两层地下空间，均为小区机动车库；主楼设置夹层空间作非机动车库，用于小区自行车、电瓶车的集中管理，并配有专业充电装置，既满足业主对"电瓶车安全充电"的需求，又能杜绝私拉接线板"飞线充电"的消防隐患。

（二）遂昌县原教师进修学校区块安置房项目

代建企业：中天美好光影管理

项目类型：政府代建，学校

原教师进修学校区块安置房项目位于遂昌老城区核心区，用地北侧为气象站，南侧为现状公园路，西侧为规划公园路，东侧为规划气象路。项目总建筑面积约8.74万平方米，是中天美好光影管理以"精工匠心"为遂昌人民兑现美好生活的高品质之作。

1. 委托背景

遂昌县原教师进修学校项目是丽水市"开展全面质量提升推动丽水经济社会高质量发展"专题方案中的重点民生工程，承载了遂昌老百姓对"家"的期盼。光影管理融汇中天多年代建开发经验与先进项目管控标准，以现代人居生活理念，共同创建花园式的诗意生活居所。

2. 代建难点

原教师进修学校项目地处遂昌县市中心，寸土寸金。在核心区内打造安置房项目，项目的容量需求、品质保障以及与周边高密度居民住房、交通、商业等协调处理，是让许多代建运营商望而却步的难点。光影管理在代建过程中，秉承中天"每建必优，品质为先"的宗旨，以十足的工者匠心投入代建运营，严控投资，高标准狠抓生产管理，树立代建项目品质标签。

3. 代建环节

原教师进修学校项目建设过程中，光影管理项目团队以品质提升为核心目标，精心组织施工，加强过程管控，荣获遂昌县重大项目提速增效劳动竞赛第一名，项目品质和管理水平获得一致认可。

2022年，项目承办丽水市"推动质量变革创新、促进质量强市建设"主题的现场观摩会。光影管理通过原教师进修学校项目向各级与会领导展示了安全交底、质量讲评、样板引路、实测实量以及细节管控标准等多方面的管控品质和能力，获得一致好评。

在进度管控方面，代建项目管理团队克服春节假期、新冠疫情反复等诸多客观不利因素影响，严格把关，合理安排工期、精心组织施工、保证项目各重要节点提前完成，开工到竣工只用了22个月。

四、代建企业大事件梳理

2022年，房地产代建企业在积极开展业务的同时，不断提升业务水平，为房地产代建的更好、更快发展不断集聚能量。其一，多家房企新增代建平台。2022年龙湖成立龙湖龙智造，中梁成立中梁建管，华夏幸福成立幸福安基，纷纷进军代建业务。其二，助力不良项目纾困，携手多方共赢。在房地产行业进入调整期，代建企业也在项目纾困和房企自救方面发挥着重要作用。绿城管理已携手各类金融机构、资产管理公司等介入众多不良纾困项目，6月同奥园签署战略协议，代建奥园广州项目，迈出纾困重要一步。其三，多方合作，不断拓展代建业务。旭辉建管与常瀛置业在北京、石家庄、邯郸三地同步举行了战略签约仪式，将在代建等领域展开合作；中交地产与信达地产签署战略合作协议，未来将在房地产纾困类代建项目等多领域展开合作。

表9-3　　2022年代建企业大事件梳理

序号	时间	企业	重点内容
1	2022.1	金地管理	金地管理成功中标深圳光明科学城重大科研项目过渡场地建设工程代建服务项目，为其提供全过程代建管理服务
2	2022.1	宋都股份	宋都股份全资子公司受托方与丽水勇安房地产开发有限公司签订了《丽水"碧云雅苑"项目商业代建合同书》，获取碧云雅苑的代建项目，总代建费暂定为1050万元
3	2022.2	金地管理	金地集团成功中标景德镇黑猫集团九玺庭院项目全过程开发管理服务，为委托方提供项目开发建设及销售全过程的品牌代建服务本次中标的项目总建面约17.8万方，是集合院、叠墅与洋房为一体的高品质住宅类项目
4	2022.2	金地管理	金地管理成功签约山西省太原市敦化南路项目
5	2022.3	金地管理	金地管理成功签约西安市国际港务区代建项目，为委托方提供全过程开发管理服务本次签约项目总建筑面积约12.4万平方米，将建设成西安国际港务区北中心·品质舒居社区，焕新西安人居精品
6	2022.4	宋都股份	宋都股份全资子公司作为承包人签订了《瑞安南滨江景观带一期拆迁安置地工程（A）地块建设施工合同》，获取了瑞安南滨江景观带一期拆迁安置工程（A）地块项目的代建工作
7	2022.5.6	金地管理	金地集团与深圳市建安（集团）股份有限公司在深圳金地管理总部签署战略合作协议，双方将在工程项目总包、股权项目合作、联合参与招投标、代建业务拓展与实施等领域开展全方位、多元化、深层次的合作
8	2022.5.20	绿城管理	绿城管理集团与中原集团完成战略合作签约仪式，双方将加快合作步伐，快速推进工作落地开展同时，双方在营销代理合作之外，拓宽业务合作边界，实现战略双赢
9	2022.5.20	绿城管理	绿城管理与世联行完成战略合作签约仪式，双方将在各自擅长的业务领域、空间区域上通力合作，优势互补，携手并进
10	2022.5	金地管理	金地管理中标青岛市市北区三大项目代建服务，为委托方提供全过程开发管理服务
11	2022.5	金地管理	金地管理中标启东市紫薇三村西侧居住地块代建项目，项目总建面约19.2万平方米
12	2022.6.4	当代绿建	当代置业间接全资附属公司与独立第三方腾云筑科置业有限责任公司及目标公司北京当代绿建工程项目管理集团有限公司订立股权转让协议，同意出售当代绿建工程全部股权，交易对价为4947.4万元
13	2022.6.8	绿城管理	绿城管理与江苏边城发展集团正式签署合作协议，将代建代管南京中和桥G124、句容畔岛两个项目
14	2022.6.6	旭辉建管	邯山区梨园公园旁常盟俪璟（地块）住宅项目开发商与旭辉合作，旭辉将以轻资产的方式负责该楼盘的代建及操盘，并将引入旭辉的品牌及物管服务
15	2022.6.6	旭辉建管	旭辉建管与常瀛置业在北京、石家庄、邯郸三地同步举行了战略签约仪式本次战略合作约定，双方将从华北区域的邯郸项目起步，在战略投资、商业代建、物业服务等多方领域，强强联合，开展全方位、深层次的合作
16	2022.6.21	华润置地	华润置地东北大区沈阳公司中标辽宁省肿瘤医院沈抚示范区院区Ⅰ期全过程工程咨询服务项目
17	2022.7	金地管理	金地集团与乐清城投集团签署乐清胜利社区代管代销协议，该项目是乐清市首个新建类未来社区
18	2022.7	华润置地	华润置地中标沈阳中德开置业服务有限公司旗下5个安置项目
19	2022.7.14	绿城管理	绿城管理与中国奥园签署战略合作协议，双方拟就广州奥园云和公馆项目代建等多层面展开深度友好合作
20	2022.8.27	金地管理	金地管理"因专注而专业"2022年品牌云发布会正式发布
21	2022.9	华润置地	华润置地沈阳公司成功中标中德开国际社区北地块，代管代建代销服务此次为华润置地沈阳公司继中标中德开5个回迁安置项目，并进行全过程开发建设管理服务之后，在经开区代管代建代销的首个商品住宅项目
22	2022.9	金地管理	金地管理成功签约太原市万柏林区东社开发代建项目，为委托方提供全过程开发管理服务本项目建设用地面积约3.8万平方米，规划总建筑面积约18.9万平方米，建成后将贡献1400余套品质住宅，同时规划幼儿园、商业等配套，为片区居民提供便利服务
23	2022.9	绿城发展	绿城置业发展集团与中国奥园集团在广州签署战略合作协议，双方将在西安奥园誉峯、重庆南川奥园公园壹号等项目开展代建等深度友好合作

续表

序号	时间	企业	重点内容
24	2022.9	金科集团	金科在大连落地的首个轻资产代建项目C立方·公园自然美学实体样板间即将开启，公司上半年新增代建储备约82万平方米
25	2022.9	中梁控股	中梁控股宣布成立中梁建设管理集团有限公司，进军代建行业其核心业务模式为"3+4+5"，其中，"3"为持有/不可售型、可售型、咨询型三类项目；"4"为政府平台、开发商、资本方、产业方四类客户；"5"为五大服务模式，即纯代建、代建代销、小股操盘、融资代建、咨询服务代建
26	2022.9.14	幸福安基	幸福安基通过公开招标方式中标沈阳市苏家屯区HD项目该项目为代建保交付项目，原为恒大集团持有，建筑面积72万平方米
27	2022.9.16	万科	万科集团与美的集团签署了战略合作框架协议根据战略合作协议，双方将发挥各自专业优势，在智能家居、楼宇科技、物流仓储、长租公寓、物业管理、EPC代建等多个领域开展全面深入的合作
28	2022.9.16	建发建管	建发建管成功中标无锡江阴市人民东路南澄地2021-C-25商品房代建项目，为委托方提供全过程开发管理和代建咨询服务这是建发建管进入无锡地区首个全过程委托代建商品房项目，项目计容总建筑面积约15万平方米
29	2022.9.23	幸福安基	幸福安基签约河北廊坊1.3平方公里，总建面180万平方米片区综合开发代建项目，为委托方提供全流程代建管理服务
30	2022.9.29	招商蛇口	招商蛇口沈阳公司代建的珠江五校实验小学竣工暨移交仪式隆重举行，该项目是招商蛇口沈阳公司与皇姑区委区政府、区教育局携手并进的成果
31	2022.9.30	龙湖龙智造	龙湖龙智造签约中铁城投集团成都天府新区22万平方米代建项目
32	2022.10.21	中天美好集团	金地管理成功签约南宁、天津、温州三个代建项目，分别为委托方提供全过程开发管理、品牌代建与代管代销服务其中天津与南宁项目作为两大城市签约的首个代建项目，为金地管理代建业务在天津、南宁市场的进一步拓展提供了样本
33	2022.10.25	旭辉建管	旭辉集团宣布旗下代建板块旭辉建管接连中标阜阳市城南新区3项目、昆山市巴城区祖冲之路项目，政府代建再次突破
34	2022.10	金地管理	中天美好中标丽水市遂昌县李家山小区项目（一期）全过程代建开发项目
35	2022.11	蓝城集团	蓝城集团中标宁波市鄞州区姜山未来社区核心18号项目全过程代建开发项目该地块由宁波市鄞州区新城房地产有限公司以总价2.29亿元于2022年4月19日竞得，作为省级第二批未来社区新建类创建项目，姜山未来社区规划面积1.24平方公里
36	2022.11	金地管理	金地管理成功获取东莞市常平、塘厦、石排三镇三个代建项目其中，东莞市常平镇桥梓村总建筑面积约22.7万平方米，是村集体"工改工"转型升级的首个代建项目；塘厦镇高铁南站拆迁安置房项目总建筑面积约23.3万平方米；石排镇"两区"建设首期代建工程服务是金地管理首个涵盖道路公园水利的代建项目
37	2022.11.18	中交管理	中交地产与信达地产签署战略合作协议，未来将在房地产纾困类代建项目、不动产资源整合、城市更新以及房地产开发运营等领域全面展开战略合作
38	2022.12.8	龙湖龙智造	龙湖龙智造与重庆新渝江盛置业发展有限公司，就位于江北区12万平方米的代建代销项目举行签约仪式

数据来源：中指院综合整理。

报告十 2023中国城市居民居住满意度调查报告

第一部分 中国城市居民居住满意度调查概述

（一）调查背景与目的

2023年经济全球化和市场竞争的加剧使得房地产市场环境日益复杂，在当前的房地产市场环境中，房地产企业要想在激烈的市场竞争中脱颖而出，就必须从客户满意度这个重要指标入手，提高服务质量，提升客户满意度。高客户满意度可以帮助企业在市场竞争中占据优势，有利于留住老客户，吸引新客户并降低营销成本。此外，高客户满意度还可以提升企业的品牌形象和社会声誉。因此，开展房地产行业客户满意度普查具有重要意义。通过满意度行业普查，可以了解客户对于房地产企业服务质量的真实评价，为企业提供改进服务质量的依据。同时，普查结果可以作为行业的参考标准，帮助行业树立起客户满意度的行业标尺，为企业高质量发展提供参考。无论是对于单个企业还是对于整个行业，提高房地产客户满意度都是一项重要的任务，只有把握住这个关键，才能在激烈的市场竞争中立于不败之地。

自2007年以来，中指研究院已连续十六年组织开展全国房地产居民居住满意度普查工作，相关成果受到了全国范围的广泛关注和普遍认可。2023年4月，中国城市居民居住满意度普查在北京、上海、广州、深圳、天津、重庆、杭州、南京、苏州等多个城市再次同步启动。

中国城市居民居住满意度调查目的：

（1）基于多年全国性满意度调查实践，动态追踪行业整体、不同调查对象、城市各层面满意度真实水平，分析房地产行业发展周期不同阶段满意度水平的波动趋势。

（2）通过建立行业标尺，帮助企业定位自身在行业内所处位置，发现优势方面，寻找竞争差距；同时通过城市层面的对标，帮助企业了解自己在已进入的城市里所处城市位置，为企业决策提供科学参考。

（3）挖掘各城市满意度优秀企业，尤其是在行业下行的大背景下，进一步发挥领先企业行业示范效应，全面提升行业整体满意度水平。

（二）调查时间

2023年4月底~6月中旬。

（三）调查指标

在借鉴ACSI理论模型框架基础上，对已购买新房的居民从顾客忠诚、质量感知、价格感知三个方面进行有效定量调查，客观反映居民对于产品及服务体验的满意度评价。

表10-1　　　　　　　　　　2023年中国城市居民居住满意度调查指标体系

调查指标	准业主1	准业主2	准业主3	磨合期1	磨合期2	稳定期	老业主
总体满意度	★	★	★	★	★	★	★
再购意向	★	★	★	★	★	★	★
推荐意向	★	★	★	★	★	★	★
销售服务	★						
签约后需求	★	★					
签约后服务	★	★	★				
工地开放日			★	★			
交付服务				★			
现场快修				★			
房屋质量				★	★	★	
精装质量				★-精装	★-精装	★-精装	
公区质量				★	★	★	
整改维修				★	★	★	
房屋设计			★	★	★	★	
户内装修设计				★-精装	★-精装	★-精装	
规划设计			★	★	★	★	
物业服务—装修管理				★	★		
物业服务—基础服务					★	★	★
物业服务—社区文化活动						★	★
物业服务—入户维修						★	★
投诉处理	★	★	★	★	★	★	★
物有所值	★	★	★	★	★	★	★

（四）评分体系

对于定量问卷实际测评题目，采用5级李克特量表评价体系。李克特量表是评分加总式量表最常用的一种，该量表由一组陈述组成，每一组陈述有"非常满意""比较满意""一般""不太满意""非常不满意"五种回答，分别记为5分、4分、3分、2分、1分，在最终的满意度评分百分制转化中，分别对应100分、75分、50分、25分、0分。

5分	4分	3分	2分	1分
非常满意	比较满意	一般	不太满意	非常不满意
100分	75分	50分	25分	0分

（五）调查方式

为保证调查实施的高质量与样本的有效性，本次调查严格遵守随机抽样原则，综合运用多种采样方式以获取目标样本，具体使用的调查方式包括：①借助房天下平台开展线上调研；②以微信扫码为主的"互联网+"调研；③重点城市安排访问员在固定地点筛选符合条件的受访者进行拦截访问，以获得被访者真实评价。

考虑到居民生活习惯的改变，本次调研以"互联网+"方式为主，降低了现场拦截访问的比例。同时对调查流程、问卷形式也进行了相应的优化，进一步提升答题效率与样本质量。

（六）社区选择标准

为建立科学统一的中国城市居民居住满意度研究体系，形成行业调查规范，满足连续测评与不同城市及企业间对比测评的要求，研究组对调查社区进行了全面、严格的筛选，入选社区需满足以下条件：①由全国房地产百强企业开发以及全国物业服务百强企业服务的社区；②由当地主流房地产企业开发以及主流物业服务企业服务的社区；③以商品住宅类社区为主。

（七）受访者选择标准

为获得有效定量数据，客观反映居民对于产品及服务体验的满意度评价，研究组严格筛选受访对象，目标群体需满足以下条件：①自有住房，且购买的是新房；②对目前居住的社区物业状况比较了解。

（八）样本分布

2023年中国城市居民居住满意度调查在全国30个省份，210个城市同步推进，累计收集260余家房企40多万有效样本，其中地产百强企业回收样本量占总样本量比例七成以上。

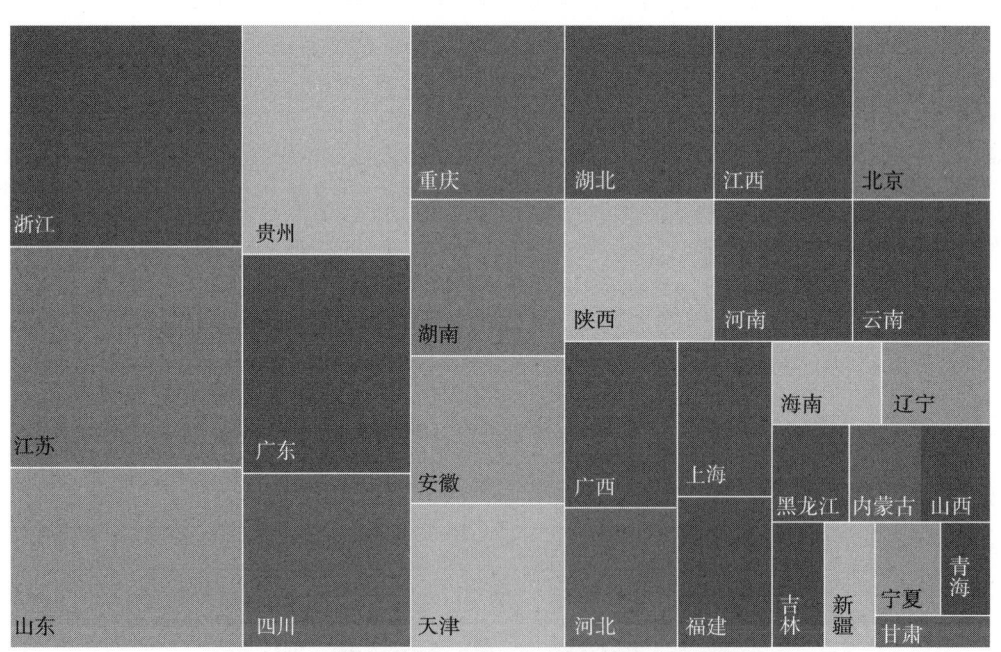

图10-1　2023年中国城市居民居住满意度调查样本分布

数据来源：中指研究院·中指调查。

（九）受访者背景

本次调研中，男性受访者占比较多，达53.8%，女性受访者占比46.2%；从受访者年龄分布来看，80后占比最多，达37.2%，90后次之，占比30.4%；从居住居室情况来看，三居仍是主力户型，占比达到

59.3%，接近六成；从居住面积来看，101~120 ㎡户型受访者占比最高，占比为29.4%。这些情况也客观反映出当前主力购房人群的画像以及住房消费需求的特征。

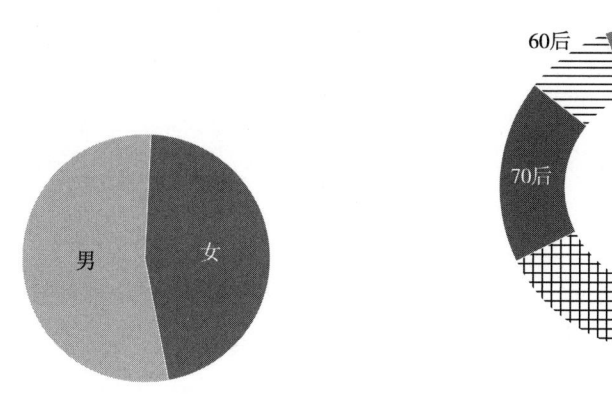

图10-2　受访者性别分布 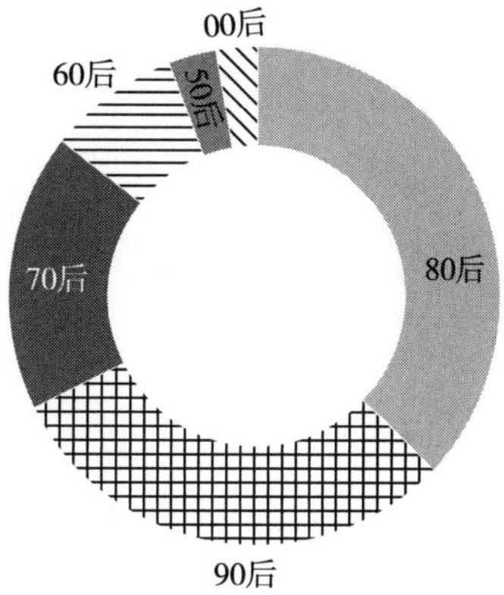　　　　　　图10-3　受访者年龄分布

数据来源：中指研究院·中指调查。

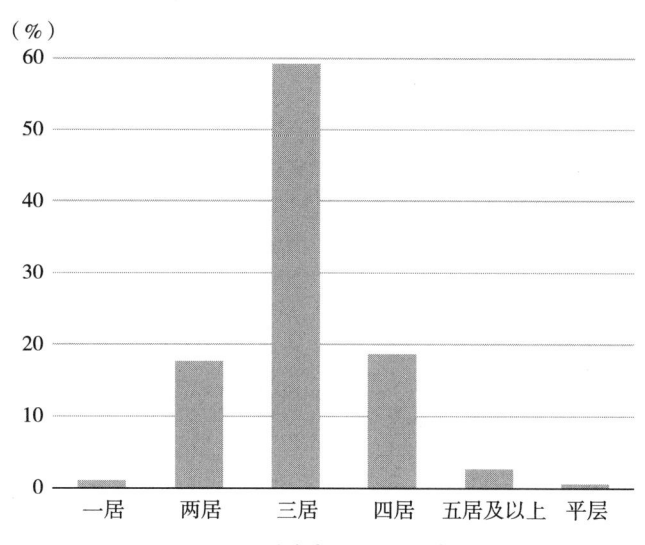

图10-4　受访者居住居室情况

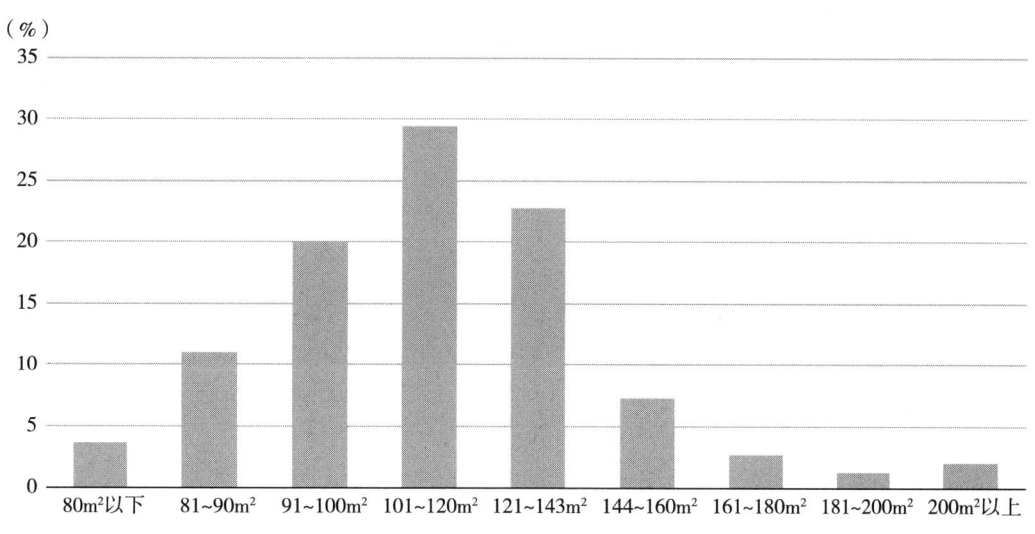

图10-5　受访者居住面积情况

数据来源：中指研究院·中指调查。

第二部分 中国城市居民居住满意度调查结果

（一）全国总体评价结果

1. 中国城市居民总体满意度出现连续下滑，得分降至72.3分

近年来，中国城市居民居住总体满意度呈现了一个令人担忧的趋势，连续两年出现了下滑的情况。根据最新调查数据显示，2023年中国城市居民居住满意度得分降至72.3分，两年来连续下滑。究其原因，可以归结为多个因素的综合影响。首先，随着房地产市场的快速发展和房屋供应的增加，客户面临的选择也变得更加多样化，然而，随之而来的是一些问题的暴露。例如房屋质量问题、售后服务不到位等，这些问题给购房者的满意度带来了负面影响，导致整体满意度降低。其次，金融政策的调控也是客户满意度下滑的原因之一。为了遏制房地产市场的过热发展，政府采取了一系列的调控措施，例如限购政策、限贷政策等。这些政策的实施导致了购房难度的增加，使得一些购房者感到不满和不便，进而降低了他们对房地产市场的满意度。此外，房地产行业的不规范经营也是客户满意度下降的深层次原因。一些开发商在房屋销售过程中存在欺诈、虚假宣传等不良行为，给购房者带来了困扰和损失，进而影响了他们对整个行业的信任和满意度。

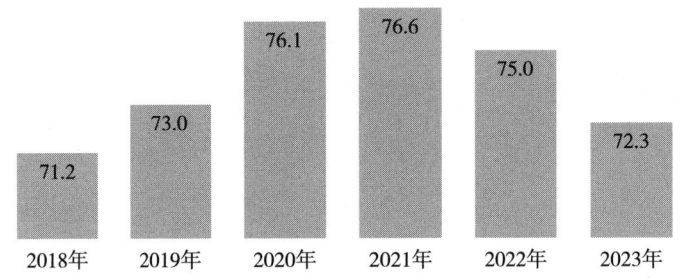

图10-6 近年来中国城市居民居住总体满意度变化情况

数据来源：中指研究院·中指调查。

2. 满意客户占比持续下滑，一般、不满意客户占比同步提升

根据最新数据显示，房地产行业的客户满意度出现了下降的趋势。整体满意度为71.5%，较上年同期减少了3.0%。其中，非常满意的客户占比41.8%，比较满意的客户占比29.7%。与上年相比，满意的客户数量有所减少。另一方面，一般评价的客户占比为15.8%，同比增加了1.4%。不满意的客户占比为12.7%，同比增加了1.6%。具体而言，不太满意的客户占比为6.0%，同比增加了0.5%；非常不满意的客户占比为6.7%，同比增加了1.1%。与上年相比，这些变化非常明显。

这种变化与房地产行业处于变革期密切相关。近年来房地产市场迅速降温，进入下行周期，焦虑和内卷成为行业的关键词。为了应对这种情况，房企纷纷采取控制规模、调整发展步伐的措施。然而，在这个过程中，一些房企发生了爆雷和债务违约等事件，导致客户投诉增加。降价和无法按时交付等问题也引发了更多的客户不满，这些事件的发生使得部分客户给出了极端负面的评价，同时，受到舆论环境或身边亲友遭遇"踩雷"的影响，其他客户对房企的评价也有所下降。在这样的背景下，房企需要加强与客户的沟通和服务，以提升客户满意度，稳定市场信心。

报告十 2023中国城市居民居住满意度调查报告 723

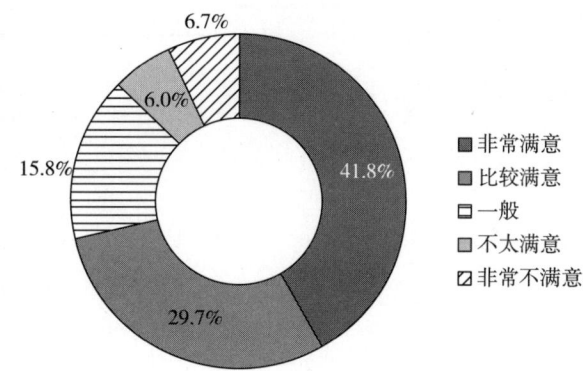

图10-7 2023年中国城市居民居住总体满意度评价分布

数据来源：中指研究院·中指调查。

3. 百强企业满意度分化加剧，头部房企品牌效应进一步放大，TOP50后房企得分出现下滑

2023年地产百强企业中的满意度分化加剧，具体来说，各层级房企的满意度均值都高于行业整体，但随着层级的提升，满意度得分也相应增加。TOP51~100房企的满意度为72.7分，TOP31~50房企的满意度为78.5分，而TOP30以内各层级房企的满意度均值均高于80分。TOP10房企的满意度达到历史高值的89.2分，相对于行业整体的平均值，他们的优势达到了16.9分。

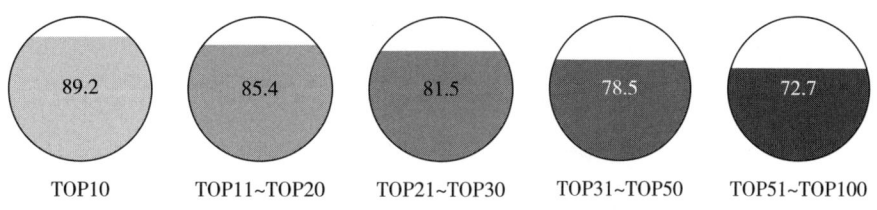

图10-8 不同梯队房企总体满意度调查结果

数据来源：中指研究院·中指调查。

由此可见，在市场下行的大背景下，不同梯队房企之间的客户评价出现了明显的分化。头部房企由于多年累积的口碑效应，客户评价不降反升，领先优势进一步扩大。然而，50~100强房企的满意度得分出现下滑，则是由于竞争加剧和市场环境变化所导致的。这一趋势表明，品牌效应对于房企的重要性日益凸显，头部房企在竞争中占据着更有利的地位。

4. 央国企优势进一步凸显，总体满意度相对稳定，民营企业客户满意度得分下滑明显

新的行业周期中，央国企优势进一步凸显。央国企凭借相对稳定的经营模式使其能够更好地应对市场波动和行业变化，在财务管理方面能够更好地控制负债率，确保企业的稳健发展，同时更加注重长远布局和战略规划，能够更好地满足客户需求，提供稳定的产品和服务。根据2023年的调查数据显示，所覆盖的企业中，央国企的总体满意度达到75.3分，比行业均值高出3.0分，整体满意度比民企高出4.2分。这表明央国企在客户评价方面获得了更多的认可。而其中央企的整体满意度更为突出，达到了80.2分，在当前的大环境下发挥了表率作用。与央企相比，地方国企由于面临的竞争压力较大，在财务管理和战略布局方面存在一定的欠缺，因此满意度方面表现相对一般，得分落后央企9.9分。地方国企需更应加强对负债率的管理，并注重客户需求，提高产品质量和服务水平，以满足千变万化的市场需求。

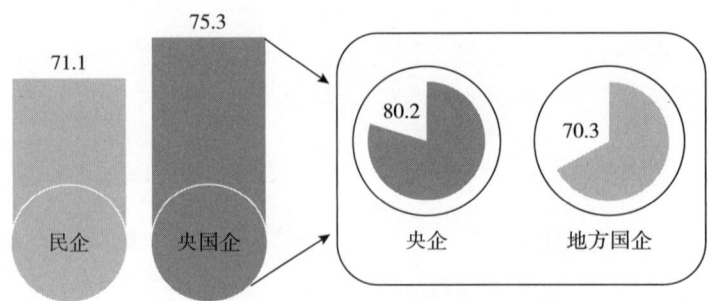

图10-9 不同属性房企总体满意度调查结果

数据来源：中指研究院·中指调查。

5. 四类业主满意度得分同步下滑，磨合期降幅依然最大

根据对中国城市居民的居住生命周期特征研究，研究组将受访者分为四个业主类型：准业主、磨合期业主、稳定期业主和老业主，这些类型是基于购房、交付和入住等关键节点进行的划分。调查结果显示，2023年准业主的整体满意度仍然最高，达到了79.8分，这是因为准业主对购房过程中可能出现的问题有一定的预期，并且他们还没有入住，所以对房屋的问题和不足持有相对宽容的态度。然而，一旦房屋交付后，可能出现与开发商承诺不符的情况，这将导致磨合期业主的满意度显著降低，仅为62.6分，磨合期业主刚刚入住，对房屋和小区的问题更加敏感，他们会遇到质量问题、设施设备故障等，对物业管理和社区配套设施的质量要求也更高，如果这些问题得不到及时的解决，磨合期业主的满意度将进一步下降。随着交付时间的延长，业主对房产的评价也逐渐变好。调查显示，2023年稳定期业主（交付时间在1年至2年之间）的满意度回升至71.3分。这则是因为随着时间的推移，业主逐渐适应了房屋和小区的情况，对一些问题和不便有所容忍。随着入住时间的进一步增加，老业主（交付时间超过2年）的满意度回升至74.3分。根据这些研究结果显示，开发企业和物业管理者应该高度重视不同居住周期下业主的需求和满意度变化，及时提供服务和解决方案，以提高客户满意度并维护良好的业主关系。

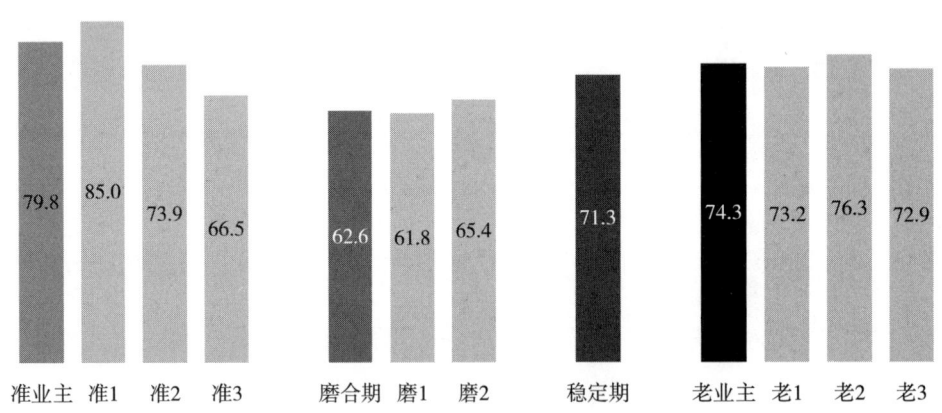

图10-10 各业主类型总体满意度调查结果对比

数据来源：中指研究院·中指调查。

6. 毛坯、精装满意度得分同步下滑，其中精装房下滑更为明显

根据最新的调查数据显示，2023年中国城市居民居住满意度中精装房和毛坯房客户满意度得分均出现了下滑。其中精装房的满意度得分为68.6分，同比下降了2.9分。而毛坯房的满意度得分为75.3分，同比下降了1.6分。这些下降的得分反映了消费者对于房屋装修工作的期望与实际结果之间的不符。尽管在过去几年中，精装房和毛坯房在市场上都受到了广泛的青睐，但客户们对于质量和细节的要求依然很高。

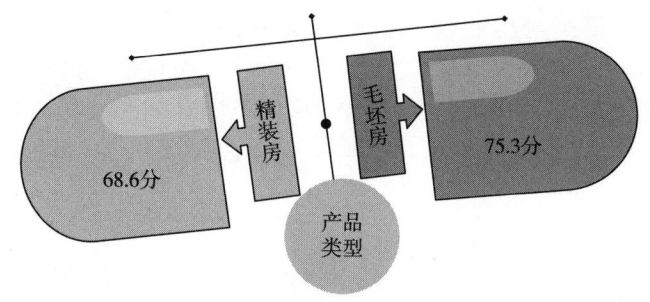

图10-11　不同产品类型总体满意度调查结果

数据来源：中指研究院·中指调查。

精装房得分下降与施工过程中出现的问题有关。细节不完善、材料质量不合格、施工工期延迟等问题均可以导致客户的不满，这些问题的存在需要开发企业和装修公司予以关注，以确保在施工过程中提供更高质量的服务，满足客户的需求和期望。毛坯房的满意度下降则与客户对于房屋内部空间的布局和功能设计有关，客户们对于房屋内部的布局、结构和功能性的要求越来越高，如果毛坯房在这些方面没有满足他们的期望，就会导致满意度得分下降。

为了提高客户满意度，开发企业和装修公司应该在施工前更加关注细节，与客户进行充分的沟通和交流，以确保他们的需求和期望被充分考虑。同时，开发企业也可以考虑提供更多个性化的选择，以满足不同客户的需求，从而提高客户的满意度得分。

（二）忠诚度评价

1. 2023中国城市居民忠诚度加速下探，忠诚度已不足55%

面对市场大环境的持续紧张和客户信心的低迷，加之政策调控和后疫情时代的持续压力导致了客户收入预期的下降，进一步削弱了消费者对购房和推荐的意愿，这样的市场环境的变化直接反映在再购意向和推荐意向这两个重要指标上。根据最新数据显示，2023年，居民再购意向为65.9%，推荐意向为68.9%，与上年相比均出现了下滑，客户对于再次购房的意愿和对他人推荐购房的意愿都明显减弱。为了更全面地评估客户的忠诚度，我们综合考虑了总体满意度、再购意向和推荐意向这三个关键要素。结果显示，居民的忠诚度为54.3%，同比下降了3.5%，这意味着客户对房地产行业的忠诚度正在持续下降。在这样的背景之下，房地产企业更需要认真思考并采取相应措施来提升客户的购房意愿和推荐意愿，以维持和增强客户的忠诚度，如改善行业形象，提供更具吸引力的产品和服务以及积极回应客户的需求和关切。只有通过积极的努力和创新，房地产企业才能够在竞争激烈的市场中脱颖而出，并赢得客户的长期支持和信任。

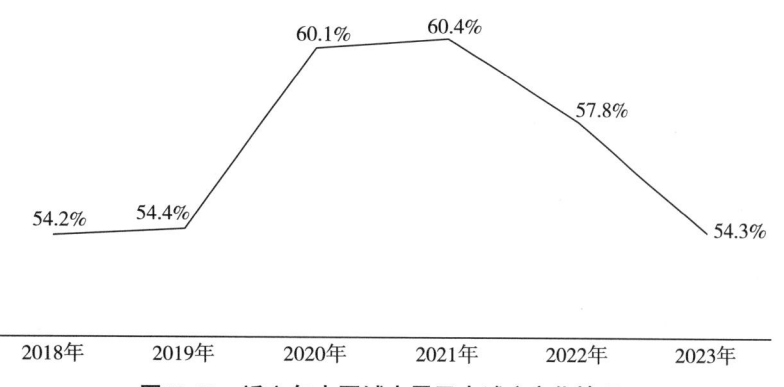

图10-12　近六年中国城市居民忠诚度变化情况

数据来源：中指研究院·中指调查。

2.央国企的责任担当，得到居民的信任，忠诚度更高

房地产行业作为国家经济的重要支柱，央国企在其中承担着巨大的责任和使命。央国企在履行这一使命的过程中，以诚信经营为原则，遵守法律法规，保障消费者的权益，提供优质的产品和服务；注重社会效益，注重居民的需求和利益，为消费者提供满足他们居住需求的高品质房产，这些积极的表现展现出了央国企极高的责任担当，从而赢得了消费者更多的信任和忠诚度。最新调查数据显示，2023年央国企居民忠诚度达到58.0%，高于行业整体水平3.8个百分点，其中央企忠诚度达到62.5%，地方国企忠诚度为55.5%。

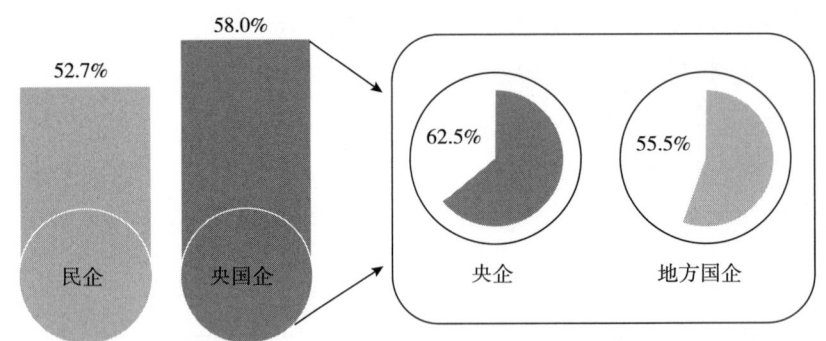

图10-13 不同属性房企居民忠诚度调查结果

数据来源：中指研究院·中指调查。

（三）关键指标评价

1.关键指标概览：十大关键指标得分同步下滑，交付服务、物业服务降幅明显

2023年中国城市居民的居住满意度调查包含了10个关键指标。这些指标主要分为6个服务类指标和4个产品类指标。服务类指标包括销售服务、签约后服务、交付服务、整改维修、物业服务和投诉处理。产品类指标则包括规划设计、房屋设计、房屋质量和公区质量。调查结果显示，相较于上年，10个关键指标的满意度出现全面下滑。

在服务类指标中，销售服务的满意度仍然最高，得分达到81.6分，较2022年下降了1.0分，这表明销售人员在向居民推销房屋时仍然能够提供较好的服务，然而交付服务的满意度明显下降，降至66.2分，同比下降了3.6分，可以看出房屋交付过程中存在的延迟交付、施工质量不达标等问题，给居民带来了不便和不满。另外物业服务的满意度下降至72.6分，同比下降了3.0分，这也说明居民居住社区的物业管理方面存在一些不足，如维修响应速度慢、服务质量不稳定等，导致居民对物业服务的满意度降低。

在产品类指标中，房屋质量的得分最低，仅为67.7分，房屋质量问题仍然是当前居民关注的焦点，房屋存在的任何质量隐患和建筑问题，都给居民的居住体验带来困扰。另外规划设计的满意度同比下降幅度最大，为70.1分，这意味着当前的居住产品在规划和设计方面仍存在一些不足，如缺乏人性化的设计，不合理的空间布局等，对居民的居住满意度也产生了一定影响。

报告十　2023中国城市居民居住满意度调查报告

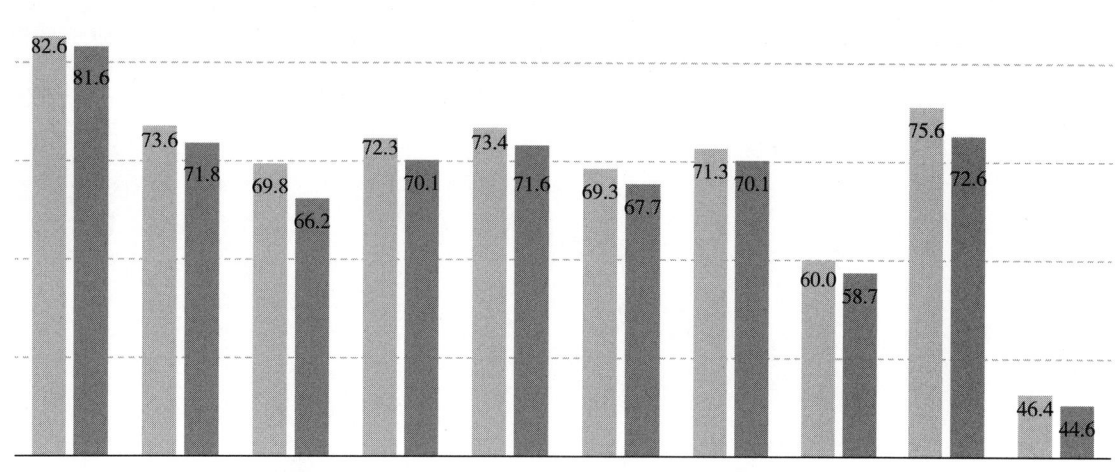

图10-14　2023年关键指标满意度评价结果及年度对比

数据来源：中指研究院·中指调查。

2. 销售服务：满意度水平在各关键指标中仍处于高位，但是得分首次出现下降

（1）成本支出收缩的大环境下，销售服务满意度结束连续上升势头，六年来得分首次出现下降

2023年，销售服务满意度达81.6分，各二级指标中得分仍然最高，但较2022年下降1.0分，这是自2018年以来销售服务满意度首次出现下降。

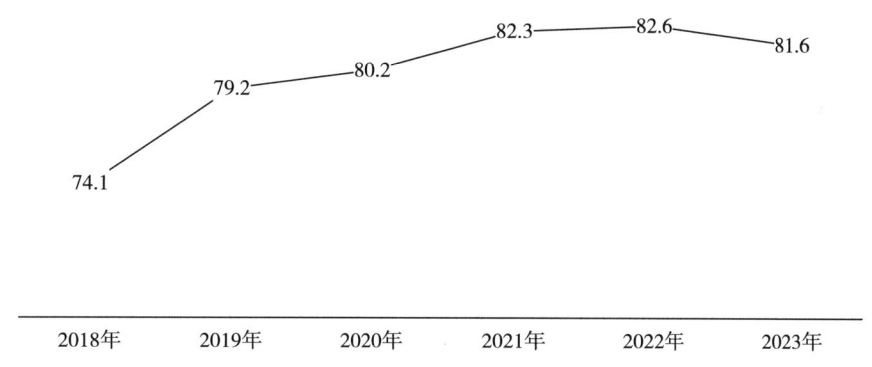

图10-15　近六年销售服务满意度变化情况

数据来源：中指研究院·中指调查。

结合行业背景来看，这一变化与行业变革期房企成本支出收缩息息相关。2023年以来，受政策调控及经济发展影响，在客户购房需求减少的同时，房地产企业面临较大的经营压力，资金紧张。为持续保持较强的盈利能力，在市场规模大幅下降的背景下，越来越多的房企把"强回款、促去化"作为现阶段的重要管理决策，销售服务周期缩短，销售费用有所收缩，对销售案场的投入减少，无法提供充分的人员和资源来提供高质量的服务，购房过程中及购房后客户的疑问无法得到及时的回应，导致客户的购房体验变差。

（2）销售服务三级指标表现：三级指标得分均出现下降，并且除置业顾问外降幅均不低于1分

在销售服务的5个关键指标中，案场物业满意度评分最高，达到83.8分，其次是置业顾问、案场环境及设施，而签约服务、销售诚信两个指标低于80分。各指标同比2022年均出现不同程度的下滑，特别是5项指标中连续多年排名靠后的销售诚信，在原本就与其他关键指标有一定差距的情况下，2023年继续下滑

1.1 分。在房地产市场竞争激烈的情况下，为了吸引购房者，部分房地产企业采取降价或者减少配套设施措施，使得购房者对房企的诚信产生怀疑，同时房企为降低成本在施工过程中使用低质量材料或采用不合规的施工方式产生质量问题，加剧购房者对房企的不信任感；再者，部分房企使用夸大宣传、虚假承诺等不当营销手段来吸引购房者，导致购房者对房企的宣传和承诺持怀疑态度，对房企的口碑和信誉产生负面影响。

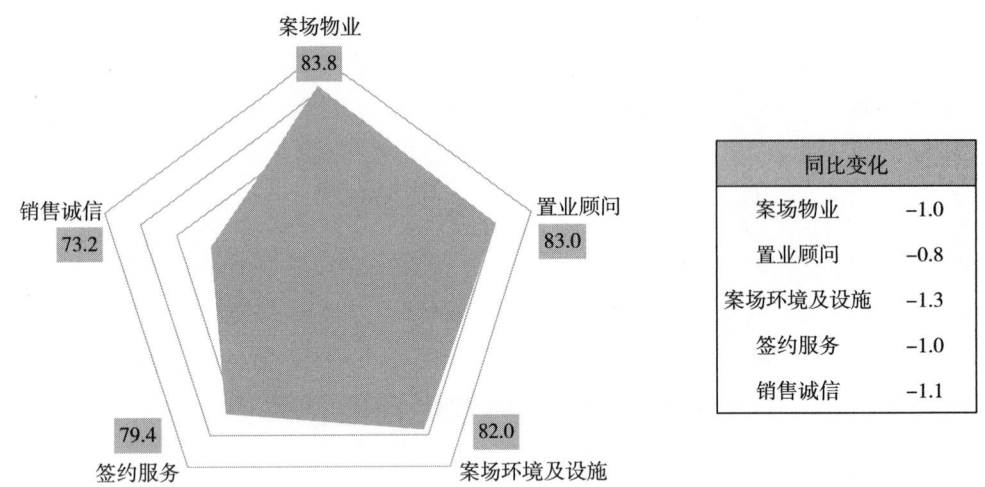

图10-16　销售服务各关键指标满意度表现

数据来源：中指研究院·中指调查。

3. 签约后服务：得分进一步下滑，与前期销售服务差距达到近年来最大

（1）得分出现连续下滑，与销售服务差距拉大到近10分

2023年签约后服务满意度为71.8分，较2022年下降了1.8分，连续两年下滑。与销售服务相比，签约后服务与其有9.8分差距。销售人员缺乏责任心，对客户的需求和问题关注不足，销售人员与相关部门之间的信息传递不畅，无法及时将客户的需求传达给相关部门以解决问题，是导致签约后服务得分下降的主要原因。签约后的服务对于客户的满意度和忠诚度至关重要，因此，房地产企业应该将签约后的服务作为一个重要的环节，致力于提供全面、高质量的服务，以满足客户的需求和期望，这样做不仅可以树立良好的企业形象和口碑，吸引更多的潜在客户，还能够保持与现有客户的长期合作关系。

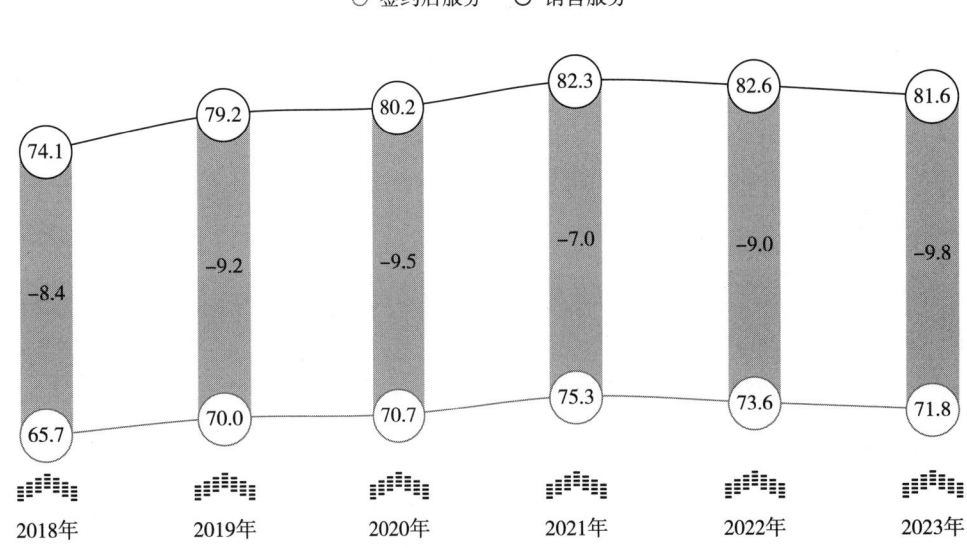

图10-17　近六年签约后服务满意度表现及签约前后落差情况

数据来源：中指研究院·中指调查。

（2）业主类型：三类业主得分同步下滑，签约时间越长，降幅越大

准业主1签约后服务满意度为78.0分，准业主2下降至73.9分，准业主3得分仅为64.0分。随着签约时间的延长，准业主对房企签约后服务满意度逐渐下降，特别是在签约六个月以上的时间段，房企在签约后没有持续关注和积极沟通，导致业主感到被忽视以致服务体验感下降，容易产生不满。

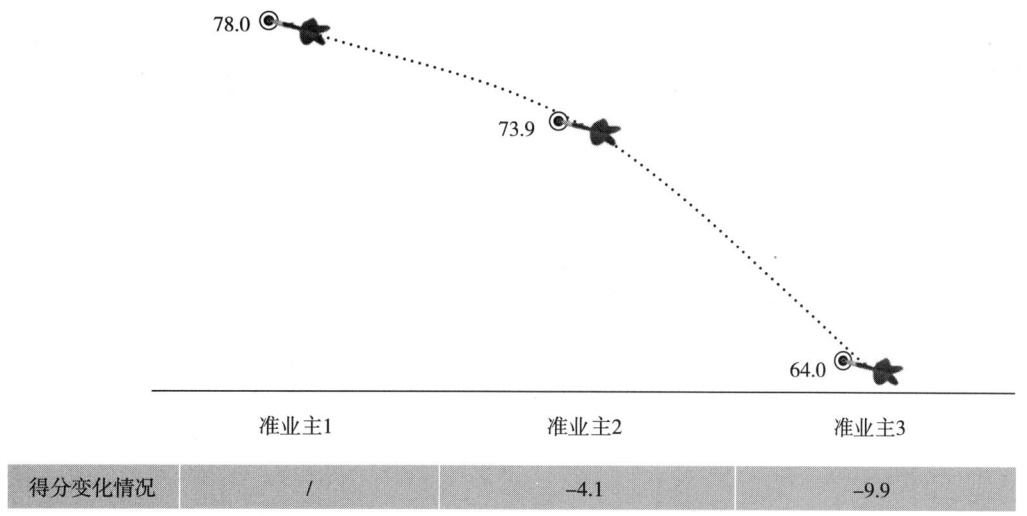

图10-18　准业主细分类型签约后服务满意度表现

数据来源：中指研究院·中指调查。

随着行业的发展和竞争的加剧，房企需要重视在签约后的客户关系维护工作，关注客户需求和反馈与业主保持良好的沟通，并建立完善的售后服务体系，确保业主在遇到问题时能够得到及时的响应和解决方案。同时借助客户关系管理系统，对业主进行分类管理，根据不同的需求和偏好，提供个性化的服务，系统化的客户关怀和跟进，提高客户满意度和忠诚度，助力房企在竞争激烈的房地产市场中获得竞争优势，并赢得更多的市场份额。

（3）签约后关怀举措落实率进一步下滑，尤其是活动邀请降幅明显

调查结果显示，2023年房企在签约后关怀方面的三项关键措施落实率均出现了下滑，客户接到告知楼盘建设进度的比率为59.8%，同比下滑0.7%；客户收到节日/生日祝福的比率为60.1%，同比下滑0.8%；客户收到活动邀请的比率为64.7%，同比下滑4.4%。未来还需要多渠道通知客户楼盘进度，加强节日祝福的提醒系统，举办各类活动，提高邀请比率；同时密切关注客户反馈和需求，不断改进和优化签约后的关怀措施，从而提升客户对签约后服务的总体评价，树立良好口碑和形象。

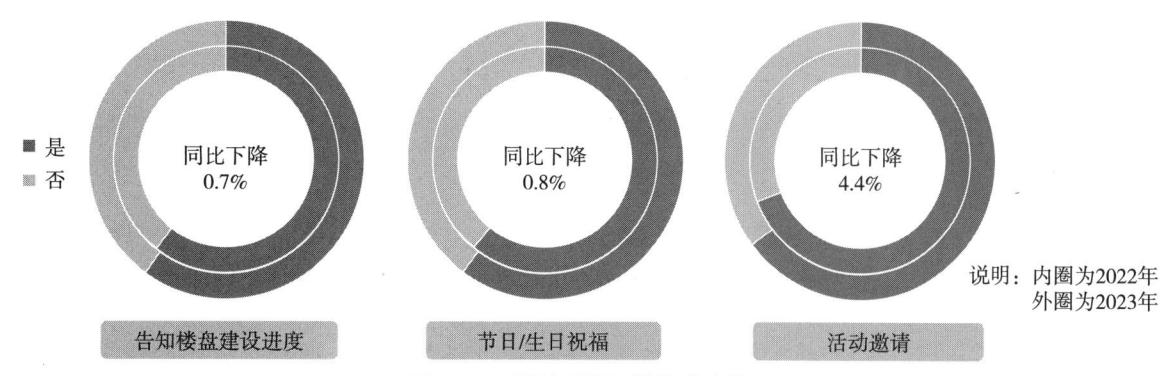

图10-19　签约后关怀措施落实情况

数据来源：中指研究院·中指调查。

4. 交付服务：得分三连降，交付前后的感知落差导致业主的不满意

（1）交付服务满意度得分连续三年下降，且本年度在各关键指标中降幅最大

由于过高的期望、资金压力、竞争压力以及服务质量等多种因素的综合作用，2023年的交付服务满意度出现了明显的下滑，仅达到了66.2分。这一分数相较于2022年，下降了3.6分，连续三年呈现下降趋势，甚至跌至了近年来的最低水平。这种下降趋势给房地产企业敲响了警钟，需要采取措施来改善交付服务，并提升客户满意度。

首先，房企需要加强对保交付承诺的兑现。这意味着企业必须严格按照合同规定的时间和质量要求，保证按时交付房屋，并确保房屋的质量达到客户的期望。其次，改进交付流程也是提升客户满意度的关键。房企应该从客户的角度出发，优化整个交付过程，包括规划、设计、施工和验收等环节。例如，建立有效的沟通机制，及时与客户沟通交付进展，解答客户疑问，减少不必要的纠纷和误解。另外，提高施工质量是提升交付服务满意度的重要举措之一。房企应该加强与施工队伍的沟通与协调，确保房屋的建造符合行业标准和客户的要求，并采用先进的建筑技术和设备，标准化施工流程，以及严格的质量控制措施，有助于提高房屋的质量，减少质量问题的发生。与此同时，提供更优质的售后服务也是增强房企市场竞争力和客户满意度的重要手段，房企应该建立健全的售后服务体系，及时响应客户的需求，解决客户在交付后的问题，避免让客户感到被忽视或被抛弃；通过提供贴心、周到的售后服务，房企可以增加客户的忠诚度，树立良好的口碑，进一步提升市场竞争力。

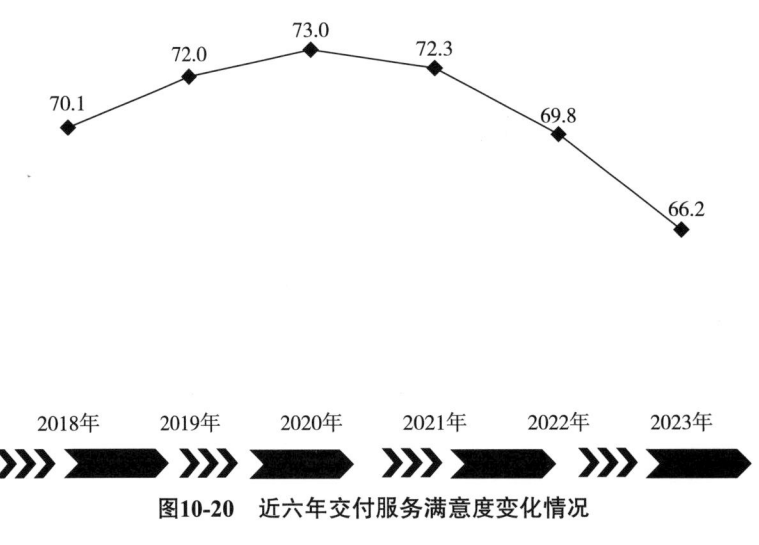

图10-20　近六年交付服务满意度变化情况

数据来源：中指研究院·中指调查。

（2）精装、毛坯交付评价同步下降，精装降幅更明显

对比精装房与毛坯房受访者交付服务评价，精装房交付问题更为突出，满意度为63.0分，较2022年下降3.8分；毛坯房交付满意度为69.8分，较2022年下降2.3分，相比精装房交付服务有6.8分的优势。精装房的交付服务产生了负面影响，拉低了整体表现。房企要重视精装交付的风险管控，加强精装施工过程的监督和管理，确保施工质量符合标准；此外，要注重精装材料的选择，避免使用低质量材料或进行缩水操作，确保精装配套的质量和宣传一致，减少交付时的落差感。

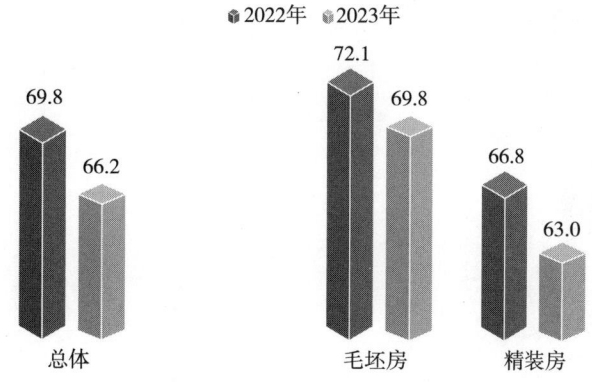

图10-21 精装房、毛坯房受访者交付服务满意度对比

数据来源：中指研究院·中指调查。

5. 产品设计：规划设计、房屋设计满意度得分进一步下滑，规划设计降幅更明显

（1）规划设计：连续三年下滑，得分降至近六年来最低

2023年，规划设计满意度得分为70.1分，较2022年下降2.2分，连续三年下滑后，降至近六年来最低水平。通过受访客户反馈，规划设计与前期宣传存在差距仍是不满客户较多提及的原因，房企要充分了解客户需求，设计出更符合客户期望的规划方案；同时，加强设计团队的创新能力，提供独特且具有竞争力的设计方案；在宣传方面，要准确传达规划设计的特点和优势，选择合适的宣传渠道和方式，优化宣传效果，避免公司形象受损。

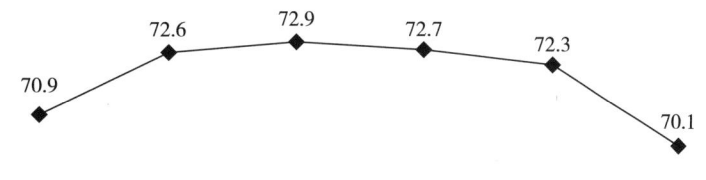

图10-22 近六年规划设计满意度变化情况

数据来源：中指研究院·中指调查。

园林景观、社区配套得分同步下降，且降幅均进一步增大。

从规划设计两项关键指标来看，园林景观2023年满意度为72.3分，同比下降1.5分；社区配套2023年满意度为66.2分，同比下降2.6分。规划设计的减配以及工期紧张导致的不完善交付情况是造成居民不满的主要原因。基于当前的现状，房企需要重新评估和调整规划设计，不仅要考虑居民的基本居住需求，要注重保护自然环境，提供丰富的绿化景观；还要结合现代化的城市发展理念，将智能科技应用于房企规划设计中，注重社区的活力和社交功能；再者布局要考虑到方便居民购物和就餐，满足居民的医疗和教育需求，提供便捷的交通方式等。此外，房企要提前安排充足的工期，确保园林景观的绿化率和植物品质，前期宣传的配套设施承诺得到兑现，创造一个宜居、便捷、安全的居住环境。

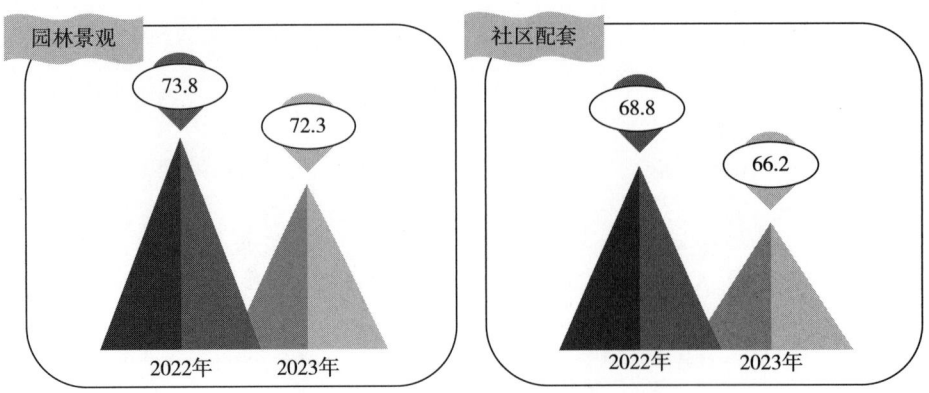

图10-23 规划设计关键指标满意度表现

数据来源：中指研究院·中指调查。

（2）房屋设计得分连续下滑，得分降至71.6分

2023年，房屋设计满意度为71.6分，较去年下降1.8分，达到近六年来相对较低的水平。居民在日常生活中直接与房屋设计相互作用，当房屋设计存在问题时，居民更容易敏感，更能感知到并表达不满。因此，房企设计部门要更加注重用户体验和实际可行性，关注新的需求和趋势，同时也要避免出现交付实际与前期宣传生活场景不相符的问题，推动房屋设计的进步，提高居民的居住体验。

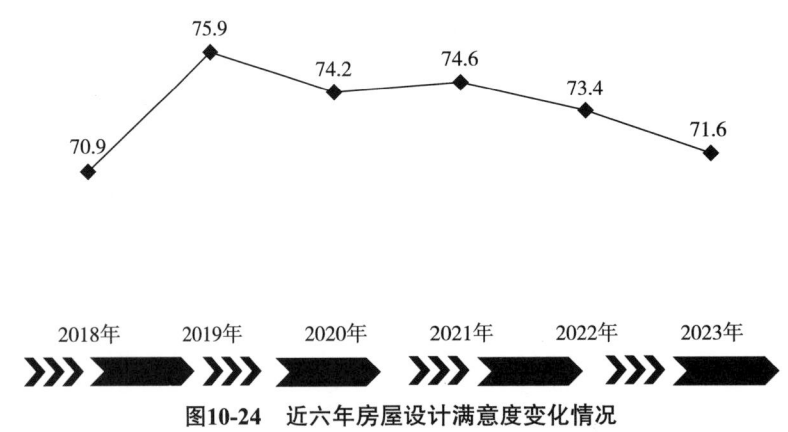

图10-24 近六年房屋设计满意度变化情况

数据来源：中指研究院·中指调查。

房屋设计关键指标得分同步下滑，户内装修设计、楼内公区设计降幅更明显。

从关键指标来看，各指标均在70分及以上，建筑外观满意度最高，达75.6分；客户对户型设计合理适用的满意度为71.6分，对楼内公区设计合理性的满意度为71.1分，精装修产品的户内装修设计满意度最低，为70.0分。精装房业主对于自己购买的房屋户型有着更高的期望，希望能够在房屋中充分利用每一寸空间，并且设计能够满足他们的生活需求；同时精装房业主希望装修设计能够体现个人品位和生活方式，能够提供一个舒适、温馨的居住环境。然而，目前精装产品的实际交付情况往往与前期宣传存在较大差别，常常导致业主产生不满。一方面，部分房企在宣传中夸大了房屋的功能性和装修的质量，让业主产生了不切实际的期望；另一方面，部分房企会在实际交付时减少装修材料的质量和数量，以降低成本，导致了业主对于最终效果的不满。在当前市场竞争情况下，房企应该更加注重与业主的沟通和交流，了解他们的需求和期望，提供真实可靠的宣传信息，最重要的是，房企应该保证精装产品的质量和设计的一致性，确保业主能够得到满意的房屋和装修效果。只有这样，才能够提高业主的满意度，增强品牌的口碑和竞争力。

报告十 2023中国城市居民居住满意度调查报告 733

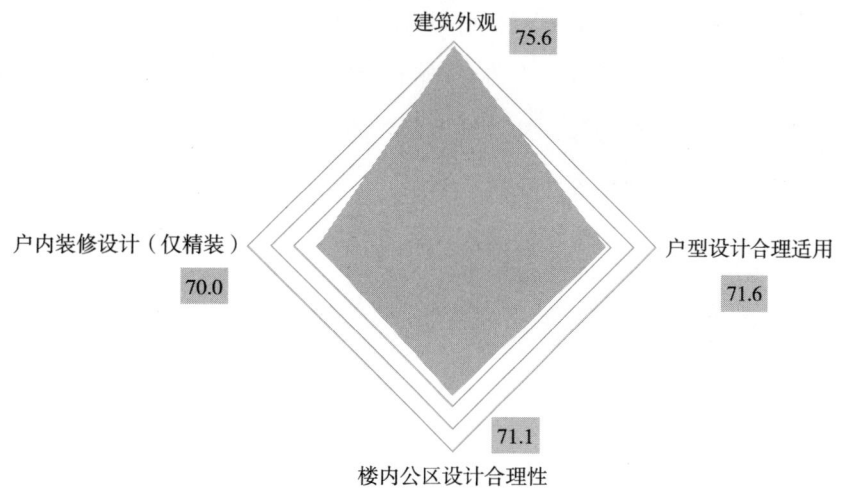

图10-25 房屋设计关键指标满意度表现

数据来源：中指研究院·中指调查。

6. 工程质量：得分进一步下探，精装质量问题依然突出

（1）房屋质量：得分出现连续下降，已降至67.7分

调查结果显示，2023年房屋质量满意度为67.7分，同比下降1.6分。深究背后原因，一方面购房者对住宅产品的认知逐渐变得更加专业和深入，房屋质量的要求变得更高，维权的意识逐渐增强，任何房屋质量上的小问题都有可能在购房者之间迅速传播，甚至演变为群体事件，影响整个行业的声誉与形象。另一方面，企业内部存在的问题如供应商管控不力造成低质量的原材料和设备进入生产流程与建筑公司在项目完成后对房屋进行的跟踪检查和维护不到位进而导致一些潜在问题没有及时解决，资金使用不规范导致建筑公司在施工过程中缺乏足够的投入等，最终影响房屋质量。因此，要加强行业监管及企业内部管理，完善房屋质量管控体系，推动购房者参与和监督建设过程，以确保房屋质量的提升和购房者的满意度。

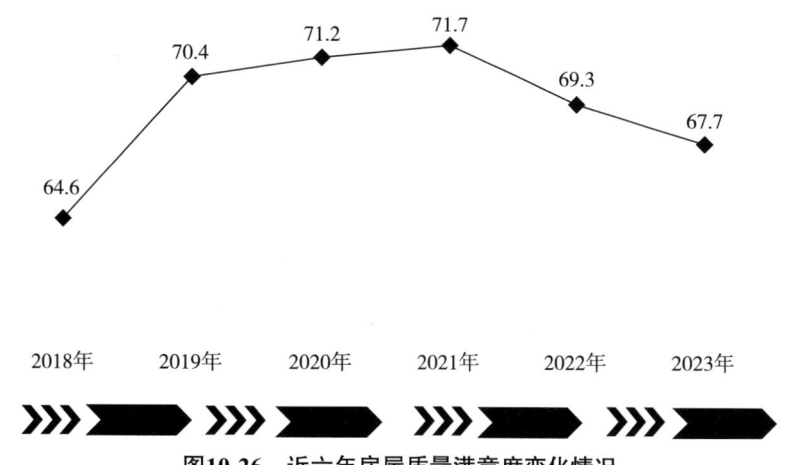

图10-26 近六年房屋质量满意度变化情况

数据来源：中指研究院·中指调查。

毛坯、精装质量得分同步下滑，精装质量问题进一步凸显，得分下降接近2分。

调查显示，2023年无论是毛坯房还是精装房，房屋质量满意度均出现了下降。毛坯房的房屋质量满意度为70.3分，较上一年下降1.4分，精装房的房屋质量满意度为62.1分，较上一年下降1.9分，精装房在收房后出现了更为明显的质量问题。在控成本的大环境下，施工质量把控难度增大，在节约成本的同时却忽视了一些质量标准；其次，为了降低成本，材料选择和使用不当，也是精装房的房屋质量问题的原因之一；此外，施工工期压力也对房屋质量产生负面影响；最后，缺乏严格的设计标准和监管机制，施工过程中可能存在监管不力或者存在违规操作，从而导致房屋质量问题更加突出，与毛坯房的房屋质量差距进一步拉大。这些问题将对企业口碑及形象产生负面影响。未来，减少房屋质量问题的发生，从而提高购房者的满意度和信任度，将对整个房地产市场的健康发展起到积极的推动作用。

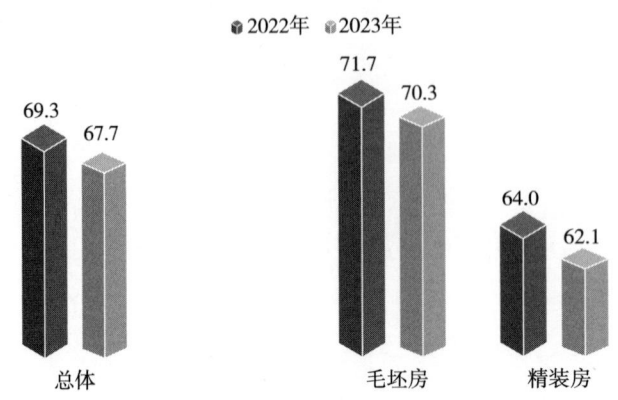

图10-27　精装房、毛坯房受访者房屋质量满意度情况

数据来源：中指研究院·中指调查。

（2）公区质量：降幅增加，得分降至近六年来最低

2023年，公区质量满意度为70.1分，同比下降1.2分，2023年的得分已是六年来的最低水平。根据对不满意的受访者反馈观察，电梯、楼内墙地面以及路面质量等与居民日常生活中接触最频繁、最深刻的环节，负面评价仍然居多。因此，前期房企要加强监管，确保履行质量承诺，交付后要提高电梯的安全性和可靠性，加强楼内墙与地面的保养和维修工作，提升公共区域道路的质量，修复路面上的坑洼和损坏，确保道路平整、安全等。同时鼓励居民积极参与公共区域的维护和管理工作，让他们能够直接参与决策和监督，依照提供的反馈和建议，来改善居民的生活环境，打造更宜居、舒适的社区。

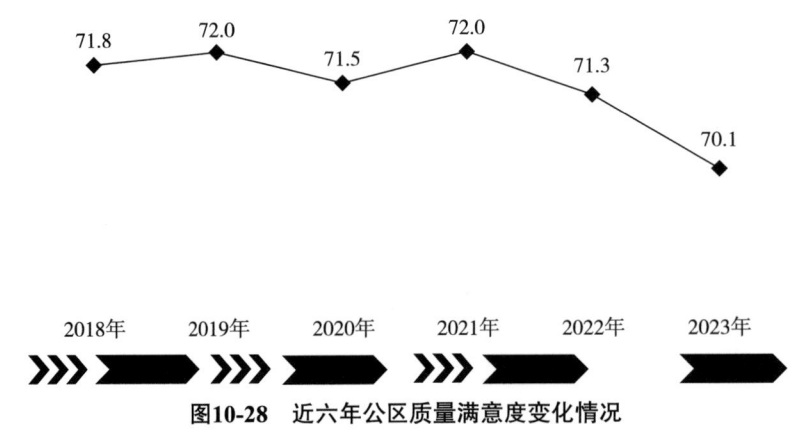

图10-28　近六年公区质量满意度变化情况

数据来源：中指研究院·中指调查。

7. 整改维修：报修率进一步提升，得分已不足60分。

（1）整改维修满意度得分进一步下滑，得分降至58.7分

2023年整改维修满意度得分58.7分，同比下滑1.3分，首次跌破60分。同时，2023年房屋质量问题报修率持续提升已达到42.6%，较去年提升了1.9个百分点，新交付的房屋出现了更多的质量问题，报修

的频率和数量进一步增加，给房修部门带来了巨大的压力。而当前企业在"降本增效"的原则下，资金流动性受到限制，房地产企业不得不减少维修端的人力和物力投入，然而，这些举措也进一步影响了整改维修的及时性和有效性，导致客户对整改维修的不满意程度不断加深，行业在这方面的问题暴露更加突出。

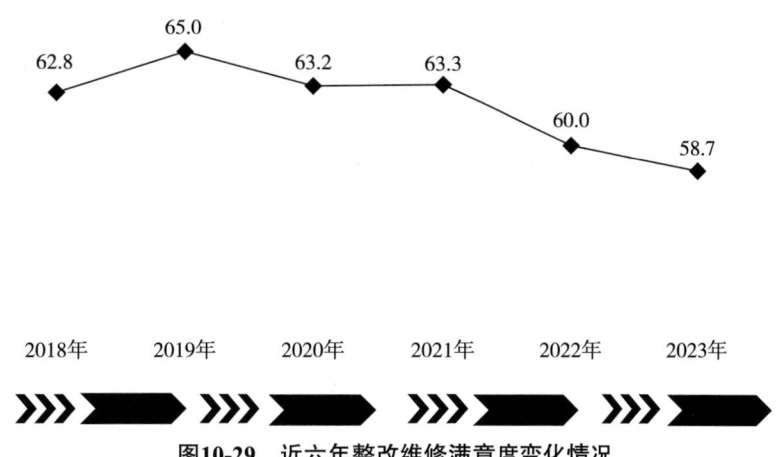

图10-29　近六年整改维修满意度变化情况

数据来源：中指研究院·中指调查。

（2）业主类型：磨合期、稳定期得分均下滑，其中磨合期2降幅最明显

根据2023年的调研结果显示，磨合期业主对整改维修的满意度为55.9分，较上年同期下降了1.8分，呈现连续下滑趋势。具体来看，刚完成交付不久的磨合期1的受访者满意度评价最低，仅得到了54.8分，而磨合期2的受访者满意度为56.9分。随着整改维修进度的逐渐推进，稳定期阶段满意度得分相较磨合期有所提升，整改维修满意度为60.8分，三类业主的评价均呈下降趋势。客户原本期望在特定的时间内获得维修工作的进度缓慢，维修后的房屋质量和外观没有得到满意的改善而感到失望，问题并没有得到解决，甚至引发新的问题，这让客户对房企的信任进一步下降，房企要认真对待客户的不满情绪，重新审视整改维修的流程和质量控制措施，并加强与客户的沟通和反馈机制。只有这样，他们才能提高维修满意度得分，并恢复客户对他们的信任。

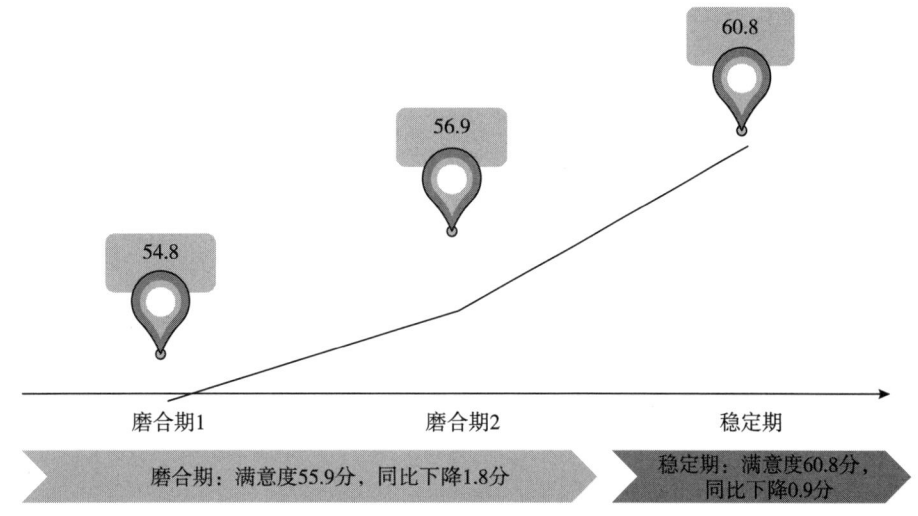

图10-30　各业主类型整改维修满意度表现

数据来源：中指研究院·中指调查。

（3）产品类型：精装房受访者评价持续走低，与毛坯房差距进一步拉大

2023年，毛坯房整改维修满意度为60.2分，精装房整改维修满意度仅56.7分，与毛坯房有3.5分的差距，较上一年差距有所增大。精装产品的整改维修相对复杂，整改维修相对麻烦，比如精装产品通常具有复杂的设计和构造，在整改维修时需要考虑到各个部件之间的相互影响和协调，增加了整改维修的难度；精装产品通常使用特殊的配件和材料，在整改维修时，需要花费较多时间和精力来寻找适合的维修部件，同样也需要高水平的维修技术和专业知识，协调多个供应商和承包商等；再者，精装施工过程中存在施工不规范和施工质量差的问题，施工方在选择材料时存在质量不过关、低价劣质材料使用等，这些问题均导致了后期整改维修难度增加，效果不尽如人意。再加之房企资金紧张，整改维修工作效率下降，使客户满意度评价更低。

图10-31 精装房、毛坯房受访者整改维修满意度情况

数据来源：中指研究院·中指调查。

8. 物业服务：降幅加剧，得分已不足75分，基础服务问题进一步凸显

（1）物业服务满意度连续下滑，且降幅进一步增加，得分已降至72.6分

2023年，物业服务满意度为72.6分，较2022年下降3.0分。从物业服务满意度得分走势来看，经历2018年至2020年连续不少于3分的提升后，2021年开始出现下降，2023年降幅扩大，下探至基本与2018年相同的水准。

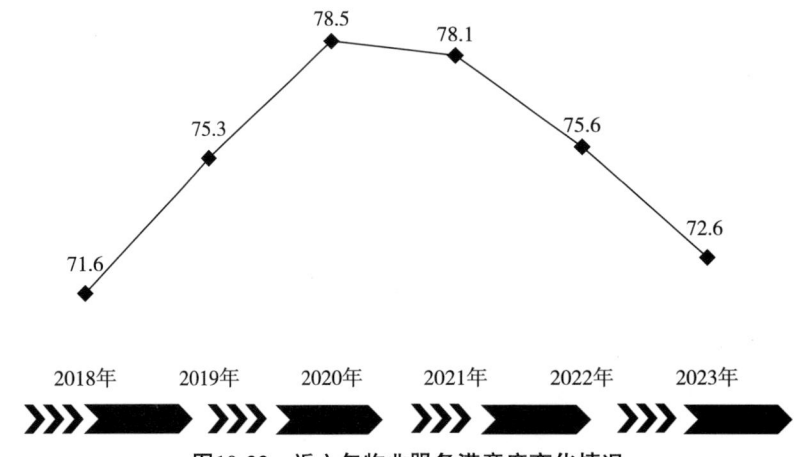

图10-32 近六年物业服务满意度变化情况

数据来源：中指研究院·中指调查。

物业管理行业已经告别高速增长时代，物业企业要回归高质量稳步发展的行业轨道，针对各细项短板进行逐一改善，解决痛点赢得业主信任，让客户在服务中获得高度的满足感和最好的体验感。

（2）业主类型：磨稳老得分同步下滑，磨合期、老业主降幅更明显

物业服务调研涉及磨合期、稳定期、老业主三类业主，其中磨合期满意度最低，为66.6分，进入到稳定期，业主评价有所提升，满意度提升至72.0分，老业主阶段满意度最高，为75.0分。对比2022年，三

类业主的评价均下滑，磨合期、老业主评价降幅较多，分别下降3.6分、3.1分，是需要重点关注的群体。

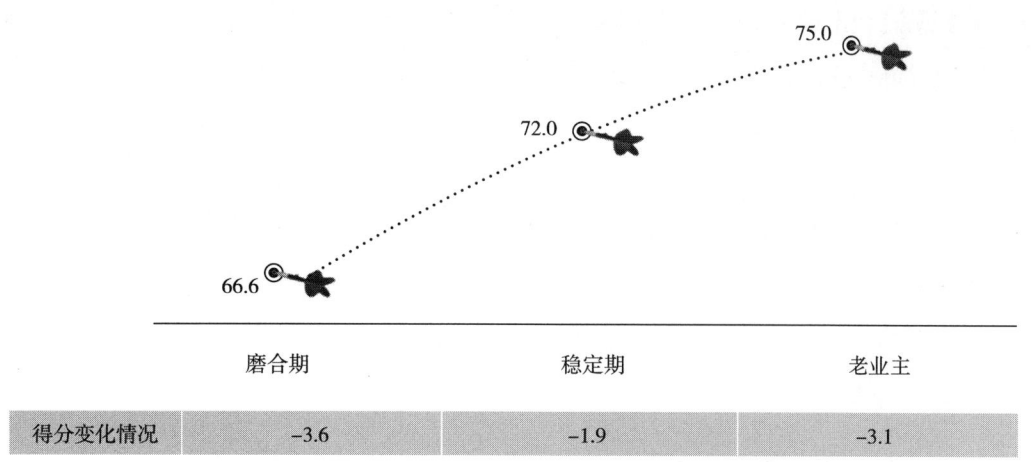

图10-33　不同业主类型物业服务满意度年度变化情况

数据来源：中指研究院·中指调查。

（3）关键指标：客服中心、物业服务人员得分最高，车辆管理得分仍然最低，所有指标得分均出现下降

物业服务共调研10项关键指标，其中客服中心满意度最高，得分为77.5分；公共设施维护、装修管理、车辆管理排名后三位，车辆管理仍是客户评价最低、负面问题反馈最多的环节。相较2022年，10个关键指标全部下滑，尤其居民最为关注的安全管理、清洁卫生降幅相对更明显，分别下降2.9分、3.1分。

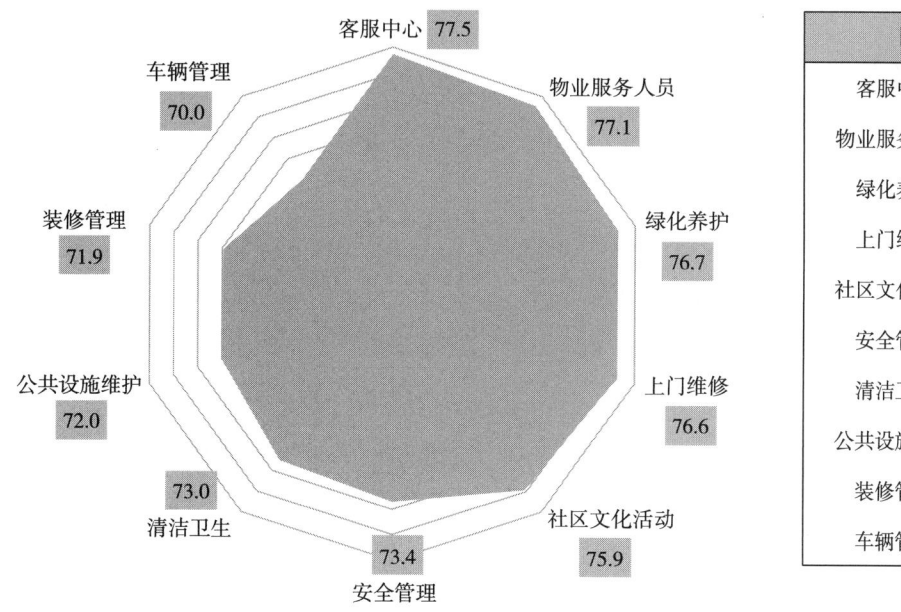

图10-34　物业服务关键指标满意度情况

数据来源：中指研究院·中指调查。

9.投诉处理：投诉率提升、投诉处理得分进一步下探，得分已降至45分以下

（1）投诉率提升至13.5%，物业服务投诉增加

2023年投诉率为13.5%，相较2022年上涨1个百分点。由此可见，随着消费者对产品和服务的期望

越来越高，对于不符合预期的情况更容易表示不满，尤其是随着社交媒体的普及，投诉信息传播的速度更快，导致人们更愿意提出投诉，不满因素有所增加。在投诉问题分布方面，交付货不对板、物业服务问题、房屋质量问题投诉率较高，其中物业服务问题投诉较上一年增加，投诉率位于前三。

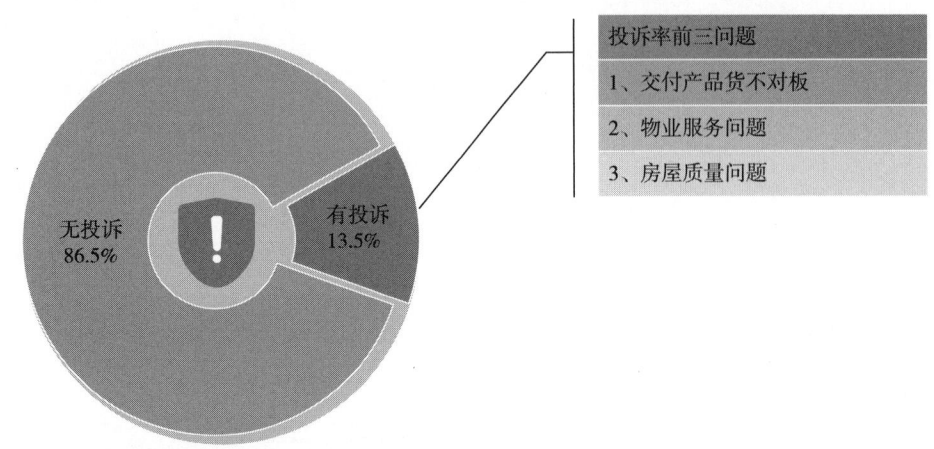

图10-35　2023年客户投诉率及投诉主要问题分布

数据来源：中指研究院·中指调查。

（2）投诉处理得分进一步下探，得分已降至44.6分，为近六年来最低

2023年的投诉处理满意度得分为44.6分，相较于2022年下降了1.8分，该指标在所有二级指标中得分最低。分析近六年来的趋势可以发现，投诉处理满意度在2023年继续下降，甚至低于2018年的水平，许多不满意的客户反馈投诉处理结果不佳，无法达到他们期望的解决效果。因此，房企需要继续优化投诉处理流程，以提高客户满意度。

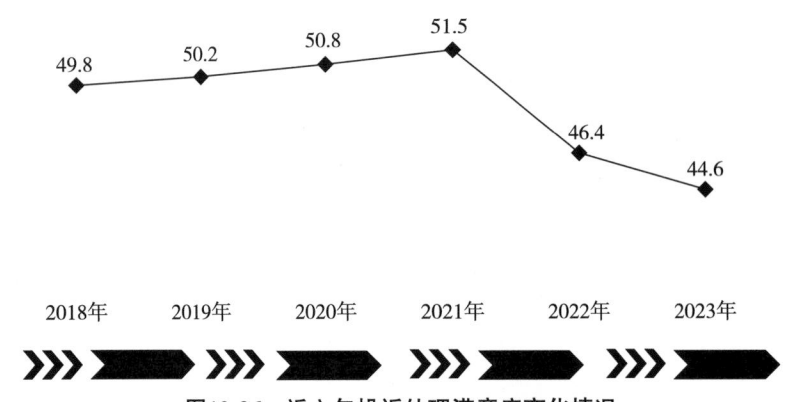

图10-36　近六年投诉处理满意度变化情况

数据来源：中指研究院·中指调查。

（3）业主类型：四类业主得分同步下滑，磨合期得分已降至40分以下

在准业主投诉处理方面，满意度为45.3分。然而，在磨合期阶段，客户产生较多的投诉和差评，导致满意度降至38.0分，随后，随着进入稳定期，满意度再次回升至44.4分的水平，老业主的满意度最高，达到了47.1分。与2022年相比，四大业主类型的满意度均出现了1分以上的下滑，磨合期的降幅相对较大，较2022年下降3.1分。一旦项目引发客户投诉，不仅品牌受损，而且客户关系很难修复，直接传导到营销，导致房子不好卖。因此房企要重视客户前介风控管理，从拿地到交付，都要消除"客户不满意因素"。

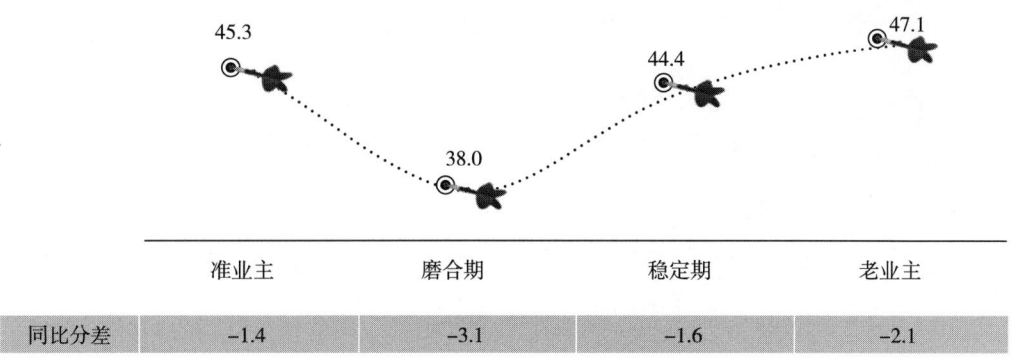

图10-37　各业主类型投诉处理满意度情况

数据来源：中指研究院·中指调查。

（四）各省份满意度调查结果

1. 浙江、福建总体满意度最高，九成省份得分同比走低

根据调研结果来看，华东地区居民居住满意度相对较高，各省份平均满意度水平接近75分，该区域的浙江、福建连续多年位列前两名；西北地区居民居住满意度相对较低，各省份平均满意度水平不足72分；涉及调研的省份中，11个总体满意度低于行业均值，其中东北地区的黑龙江，西北地区的宁夏、青海满意度最低。

相较2022年，仅3个省份总体满意度维持稳定，得分略有提升；其余省份总体满意度均有所下滑，占比达90%。其中15个省份降幅超过2分，贵州、河南、云南、四川、内蒙古下滑超过3分。

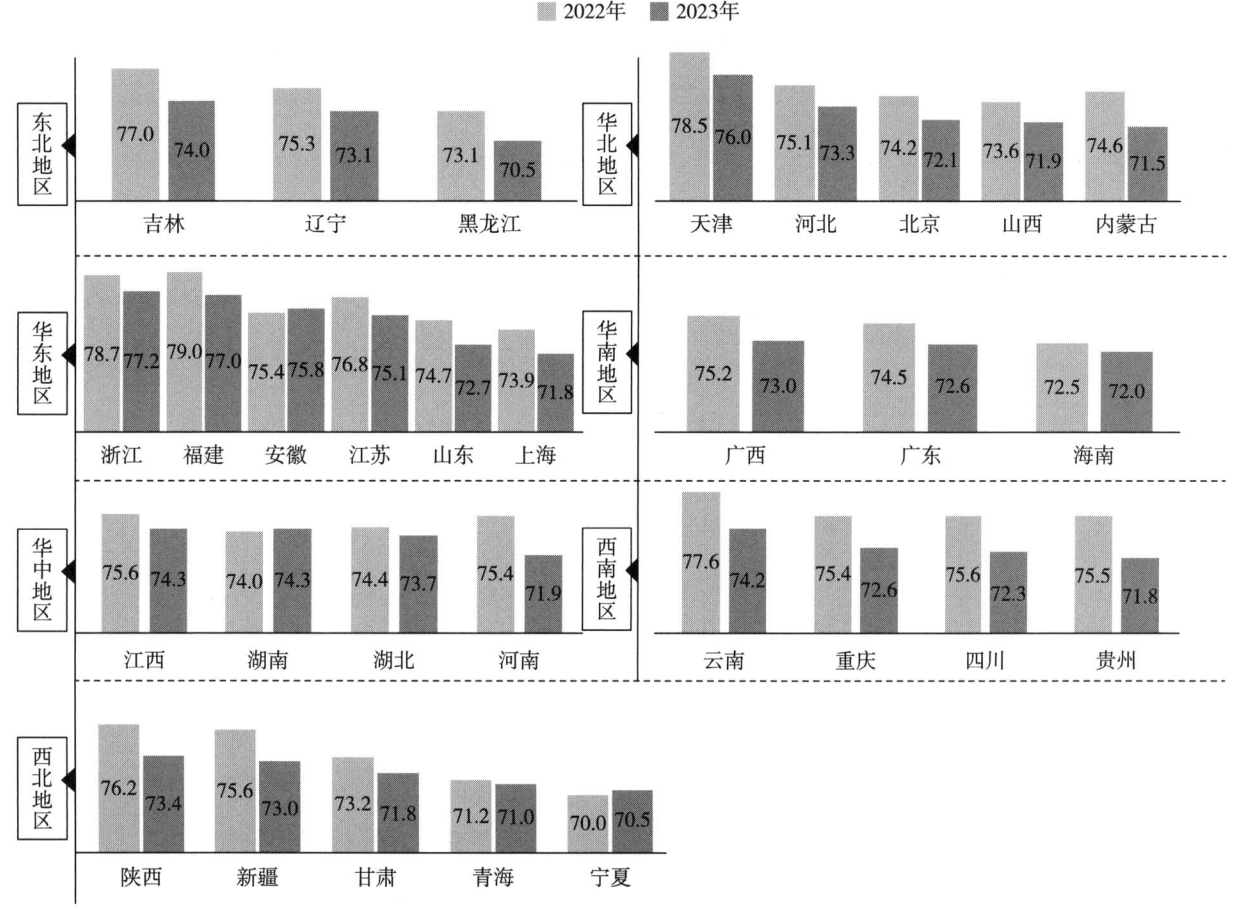

图10-38　2023年各省份居民居住总体满意度表现及同比情况

数据来源：中指研究院·中指调查。

2. 华东地区居民忠诚度相对较高，30个省份居民忠诚度同比均出现下降

居民忠诚度方面，华东地区平均水平相对较高，各省份平均忠诚度超过58%；华南地区、西南地区平均水平相对较低；调研涉及的30个省份中，福建、浙江、天津排名前三，海南、黑龙江、宁夏排名后三。

相较2022年，30省份忠诚度全面下滑，22个省份下滑超过2%，13个省份下滑超过3%。其中，宁夏、安徽、海南降幅相对较小，低于0.5%；贵州、河南、重庆下滑超过4%，降幅最明显。

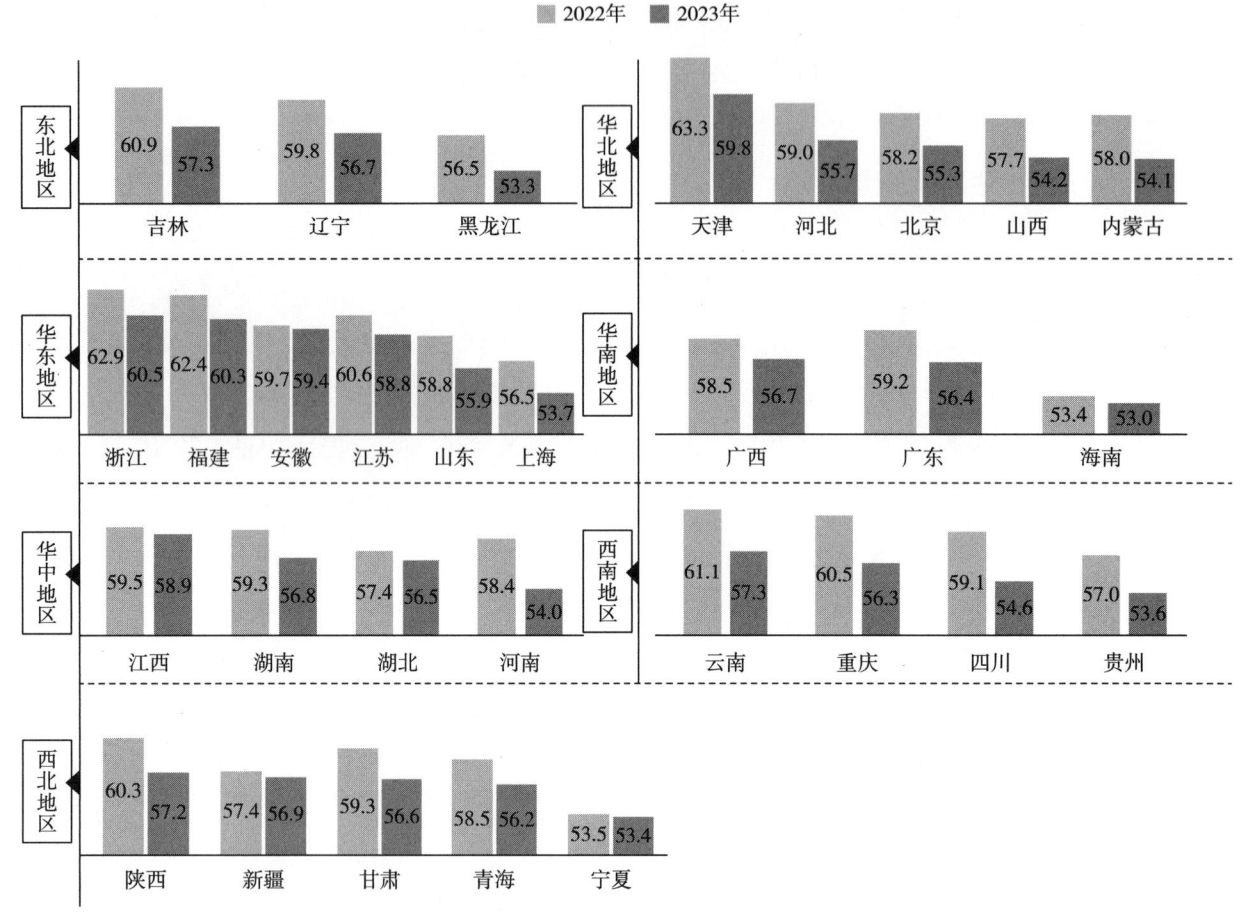

图10-39　2023年各省份居民忠诚度表现及同比情况（%）

数据来源：中指研究院·中指调查。

（五）重点城市满意度调查结果

1. 北京

2022以来，房地产行业出清过程还在继续，行业规模仍在筑底阶段，延期交付及交付后的群诉事件也冲击着房地产市场和购房者的信心。在此背景下，2023年北京居住满意度及居民忠诚度延续2022年的下降趋势。2023年北京城市满意度普查总体满意度得分为72.1分，相比2022年下降2.1分，标杆企业得分为86.2分，相比2022年小幅下降0.3分；2023年北京居民忠诚度城市均值为55.7%，相比2022年下降3.3个百分点，标杆企业忠诚度为77.1%，相比2022年下降2.2个百分点。从另一角度看，标杆企业两项指标下降幅度均低于城市均值，标杆企业在行业调整时期仍坚持以客户为中心的初心，用行业领先的产品品质及服务理念回馈客户，实现可持续的健康发展。

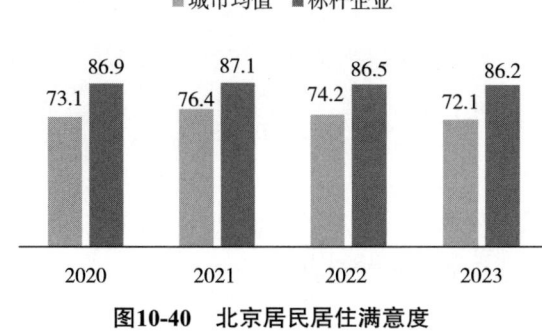

图10-40 北京居民居住满意度

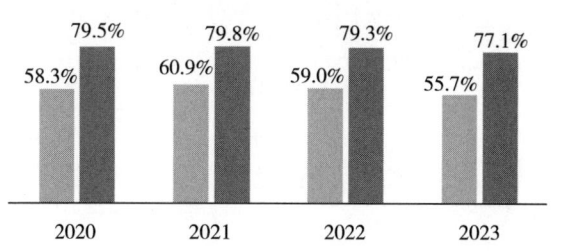

图10-41 北京居民忠诚度

数据来源：中指研究院·中指调查。

作为招商局旗下城市综合开发旗舰企业，招商蛇口以"城市和园区运营服务商"为品牌定位，聚焦开发业务、资产运营和城市服务三类业务，形成招商蛇口特有的发展路径和竞争优势，致力于成为"美好生活承载者"。北京公司作为招商蛇口全国化战略布局的重中之重，盘点产品履历，不难发现，招商蛇口北京公司总能以博大视野、国匠远见，洞察城市发展脉络与前景大势，洞悉人居的前瞻性需求，发展热点区域，打造引领时代的作品，带来美好生活的更高阶选择。未来，随着多宗地块的入手，招商蛇口北京公司将继续秉持"敢为天下先"的精神，持续深耕，砥砺前行，以初心致匠心，以品质建未来，为城市书写美好人居新篇章。

中海地产始终将客户视为企业实现可持续发展的根基、产品创新的动力之源，从客户利益及需求出发，持续改进产品，提升服务，中海品牌始终值得客户信赖。中海地产以"安心服务"为目标，建立完美交付评价体系，在全集团推广VOC客户之声，把客户原声、评价反馈、行为数据等反推到设计、建造、服务标准上，建设以客户为中心的大客户体系。从产品研发的标准化、销售服务的透明化、物业服务的智能化、工程质量标准化等方面实现全周期全新客户服务标准，持续将客户满意度指标考核列入绩效考核范畴。中海地产对标全球优秀服务企业，持续完善大客服体系，结合大数据有效挖掘客户价值，以技术引领实现服务迭代升级，实行全过程客户服务理念，推动高满意度服务向高价值转变，打造一流企业提供一流服务。

品质是绿城的"一号工程"，客户满意度是绿城的"一号标准"，让客户满意是绿城永恒的主题。为了打造精品，绿城构建"绿式工程管理体系"，从原材到成品，从图纸到呈现，从建设开发到交付，层层把关、精益求精，致力于在建设开发中面面俱到。通过与工程评估机构合作，实行全年不间断的"飞检"制度，确保品质管控常态化；通过与国家标准院合作，提升产品标准；通过在项目开发的全过程中融合BIM技术，产品营造得以可视化。北京绿城同样在细节处严苛品质标准，尽力做到极致，让品质感渗透到房子的每一个细节。未来北京绿城将持续进行文化筑居、品质人居的创新，推出更多项目，继续发扬和延续其品质DNA。

2. 上海

2023年上海居民居住满意度得分为71.8分，较2022年下降2.1分；标杆企业得分为86.0分，较2022年下降1.3分。2023年开年，在楼市利好政策持续显效作用下，前期积压购房需求集中释放，上海房地产市场出现修复态势。然二季度积压需求释放结束，当前居民收入及就业预期无明显改善，市场调整压力加大。与此同时，部分房企投资信心不足、偿债压力仍突出，对市场预期形成扰动。在此外部环境影响下，业主资产增值预期压力增大，再购、推荐意愿均不明显，业主忠诚度下降至近三年最低水平，城市均值降至55%以下，标杆企业业主忠诚度降至77.5%。对市场的悲观预期在一定程度上影响了业主的满意度评价。

当前，房地产行业已经进入鉴证交付的时代，交付力成为检验房企实力的试金石，业主对交付的产品质量和承诺兑现最为关注。交付力的核心基础是产品力，高品质的产品质量是客户的核心诉求；品质交付的背后，更是对营销宣传承诺兑现的考验。因此，行业需要保交付、保品质、保信用的房企当表率，重新给居民购房吃下一颗定心丸。此外，交付后提供同样优质的物业服务也越来越重要。随着社会发展和消费主体的变化，业主对于物业服务水平的要求也变得更加挑剔。悉心且周到的服务是满足业主多样化、深层次需求的保证，坚守初心、坚守品质，方可赢得业主满意度、提振品牌口碑。

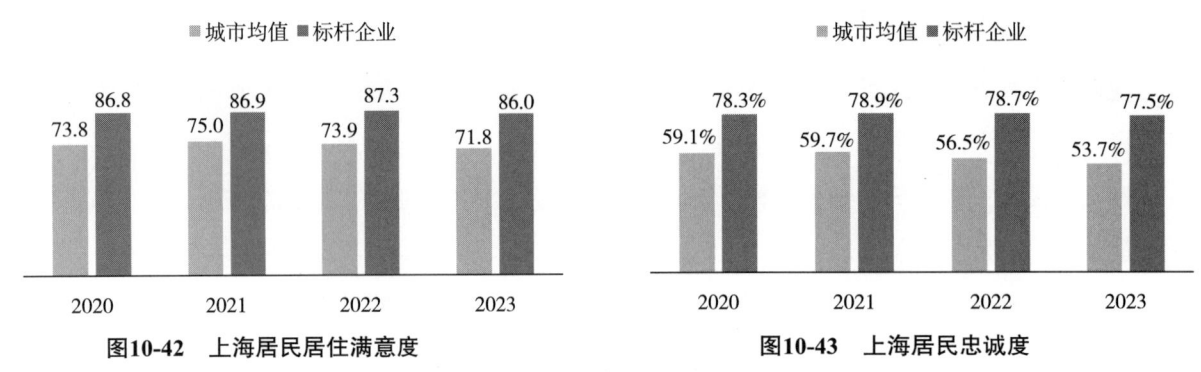

图10-42　上海居民居住满意度　　　　图10-43　上海居民忠诚度

数据来源：中指研究院·中指调查。

中海始终与时代发展同向而行，在实现自身持续、稳健、高质量发展的同时，也致力于为行业、客户、股东、城市、社会贡献力量并创造价值，将各界深重的信赖当作前行的动力。中海从不定义什么是"好产品"，而是秉持倾听客户需求、与客户一同去探索好产品。"客户导向"体现在中海产品精进的每一个重要环节中，中海坚持以客户研究为顺向推导，从累积多年的客户反馈中，提取客户最关注的痛点和敏感点，形成设计品控缺陷库，并以客户满意度为考核机制，构建起以客户为核心的价值创造体系。既有传统"空间大师""户型专家"骨子里的舒适和严谨，又有心系健康的细致关怀、联通未来的全新体验。服务，既是承诺，更是行动。

中国金茂秉承"城—人—产"理念，在"双轮两翼"战略基础上，聚焦"两驱动、两升级"的城市运营模式，依托扎实的资源整合能力和深耕运营能力，以"高兑现力"助力城市活力释放，打造美好生活新样本。金茂服务则背靠中国金茂，依托领先的品牌声誉、深广的资源优势、丰厚的服务经验以及全面的技术能力，保持优于行业的高客户满意度、高续约率及收缴率，形成了高位良性循环，也为中国金茂城市的高占位、高质量运营提供了坚实的服务支撑和模式支撑。

3. 重庆

2023年重庆居民居住满意度得分为72.6分，较2022年下降2.8分；标杆企业得分为85.6分，较2022年提升0.3分。重庆居民忠诚度为56.3%，相较2022年下降3.2个百分点，标杆企业忠诚度为78.0%，相较2022年下降0.6个百分点。受经济增速放缓、楼市供需下降的影响，重庆部分房企面临资金困难，部分项目也出现品质下降、延期交付等情况，导致居民满意度下降。但标杆企业凭借强大的综合实力和市场竞争力，以及全周期风险管控体系，全力保障产品力、交付力和服务力，在困境中标杆企业满意度略有上升。

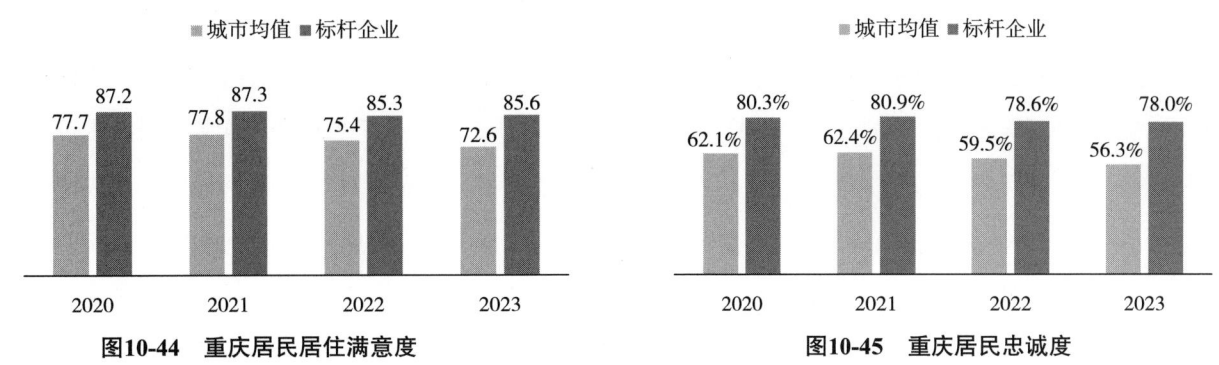

图10-44　重庆居民居住满意度　　　　　　　图10-45　重庆居民忠诚度

数据来源：中指研究院·中指调查。

绿城中国在重庆居住满意度和忠诚度双榜单中均获得了优异成绩。重庆是绿城深耕西南的重要一站，作为产品主义的践行者和引领者，绿城始终坚持研发创新和品控升级。"一年创新，两年落地，三年复制"，为居住者不断提供具备价值和生命力的作品。绿城还秉持"客户满意度为第一标准"的原则，使客户满意度变成公司自上而下，每个部门条线、每个人共同责任和目标，在每个工作环节中都秉承客户意识，去实现真正的客户满意。

中海地产稳居重庆居住满意度第二，忠诚度升至第一。中海地产入渝17年来，始终坚守央企品质及严苛精工标准，开发多元产品满足市民的各类居住需求。在物业服务方面，中海物业通过聚焦业主需求和服务体验，以专业、温暖、精细的品质服务，收获业主高满意与高信赖。另外，中海地产与中海物业联手打造焕新计划，持续提升园区品质，让业主居住更舒适，资产更保值。

万科位居重庆居住满意度和忠诚度第三。万科于2008年进入重庆，基于"美好生活场景师"的角色定位，积极参与城市共建，与城市共生长。万科根据市场和用户实际需求，不断提升突破，从产品到服务，从社区环境到周边配套，为业主提供更好的生活方式。在重庆楼市深度调整的2022年，重庆万科逆势上行，全年完成14大项目、41个交付批次、约1.6万套兑现交付，得到客户高度认可与称赞。

4. 杭州

2023年，中指研究院在全国开展了城市居民居住满意度调查，其中杭州共吸引了绿城、滨江、万科、大家、德信等50余家本土企业和外来优秀房企的参与。杭州以"生活品质之城"为城市品牌，指引城市发展。在此熏陶下，地产行业也非常注重产品力和服务力的升级迭代。尤其在行业追求高周转、高杠杆之际，杭派房企总体保持"低调"，追求"精工品质"的风格，以稳定发展为主；同时布局在杭州的房企也非常重视客户满意度以及客户价值研究，把客户满意度作为提升公司产品力和服务力的重要抓手，作为衡量企业市场竞争力与品牌价值的重要量化指标。

数据显示，杭州居民居住满意度出现了连续两年下滑。2023年杭州居民居住满意度得分为76.3分，同比2022年下滑1.4分，且此次降幅明显大于2022年降幅（2022年同比下降0.3分），侧面也反映出全国行业下行以致杭州也受到了一定的影响，但从另一方面看，2023年杭州回调幅度明显小于全国降幅

（2023年行业整体下滑2.7分），表明杭州居民居住满意度比较坚韧，产品和服务表现相对稳定。尤其在杭标杆企业2023年得分88.2分，相比2022年提升0.7分，领先优势再次扩大，不同梯队房企间客户评价分化愈发明显，标杆企业优势持续扩大，品牌价值、口碑效应凸显。

从居民居住忠诚度调查结果来看，2023年杭州居民忠诚度61.5%，相比2022年下滑1.3%；而标杆企业忠诚度83.2%，相比上年提升1.2%；这在一定程度上再次印证了开发商品牌在购房影响因素中的权重越来越大，品牌优、口碑好的开发商越来越受购房者欢迎。在未来，品质不过关的企业在杭州的发展空间将越来越小。

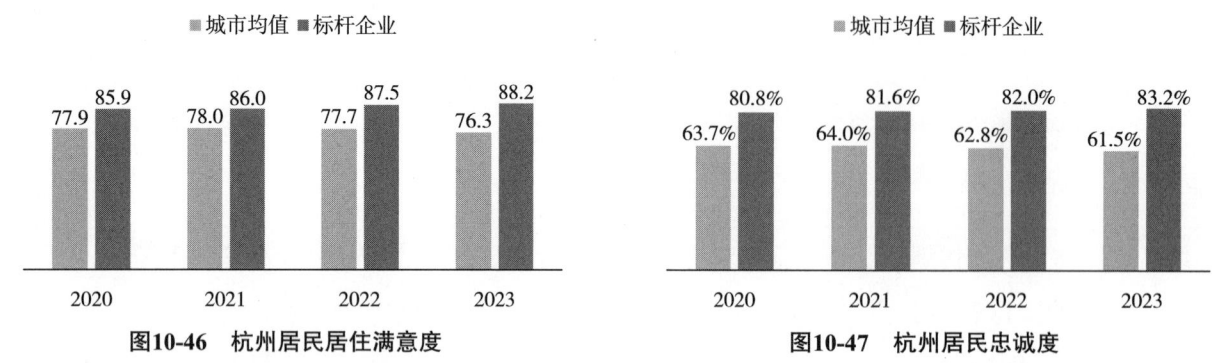

图10-46　杭州居民居住满意度　　　　　　　图10-47　杭州居民忠诚度

数据来源：中指研究院·中指调查。

2023年绿城中国客研委员会成立一周年，绿城坚持以"最懂客户、最懂产品"为战略支点，聚焦"客户"和"产品"，践行"以客户为中心的产品主义"的理念。其研发的绿城归家动线"139"体系深受好评。春知学堂、餐厨一体化、收纳＆插座模块升级、实景示范区等客研成果已经在全国各地多个项目落地，新青年社区、"园区十景"配套空间、高端改善室内精装创新、景观价值体系构建等成果也在接踵而来。除了产品端发力以外，绿城把2023年定位为"提质"之年，坚持守住基本面、巩固优势项，同时加强"内部三道红线"管理，轻重并举、提质增效、全面发力，走出了一条绿城独有的"全品质、高质量"的可持续发展道路，为实现"理想生活综合服务商"的美好愿景努力。

滨江集团秉承"创造生活、建筑家"的理念，铸就了"产品能力、管理能力、服务能力"三张名片。滨江作为行业品牌领跑者，一直坚持长期主义，已经成为业绩向好与经营稳健双优的民营企业典型代表。优异的成绩主要归结于其持续提升核心优势，即管理能力的标准化建设。各个部门，包括财务、投资、前期、工程、成本、营销、品牌、人力、法务、证券、置业等，对管理标准化继续深化、细化、强化，同时更加完善，增加公司未来发展的落地性、有效性、务实性，效果更强。此外，自华家池项目开始，滨江推行"一总结三对比"制度。新项目交付，团队要对设计、总平、环境、工程质量、人性化细节等全面复盘，并对比业内竞品，作出总结。通过这样的方式，把优秀经验带到下一个项目，为客户创造更多价值。作为行业品牌领跑者，高端品质标准制定者，未来将继续潜心做好的产品，坚守品质和匠心，并持续为客户提供优质服务。

服务，是大家房产"大美为家"品牌主张的重要内容。在其"美家｜好家｜爱家"三大体系中，"爱家"承载着大家房产的美好服务理想，"爱"是提升客户满意度的关键密码。大家房产以客户需求为导向，基于生活本源的细致洞察，从客户的初次接待、买房置业到入住安家，形成"十笔成家"大美生活营造体系，构建大家房产全程化、规范化的服务标准，在每一个客户关注的触点环节上予以富有成效的解决之道，给客户提供更具品质的生活体验。

5. 天津

2023年天津城市满意度普查总体满意度得分为76.0分，相比2022年下降2.5分；居民忠诚度为59.8%，较上年同期下降3.5个百分点。2023年2、3月天津房地产市场超预期回暖，受新冠疫情制约的外地购房者的需求集中释放，带动本地需求也积极入市，一季度多个成交指标创历史纪录。之后，新增需求逐步减少，市场回归常态。虽然天津楼市政策不断优化，但市场调整压力依然较大，开发商"暴雷"造成的项目延期交付、工程问题、减配、服务质量下降等现象，严重影响了客户居住满意度。此外，目前房地产市场已逐步步入"买方市场"，居民对于生活品质的要求不断提高，然而开发商服务水平无法满足居民日益增长的居住品质需求。

从标杆企业来看，满意度得分为86.2分，低于去年同期0.7分；忠诚度为76.3%，较去年同期下降1个百分点，降幅小于全市水平。在行业变革期，标杆企业坚持"以客户为中心"的价值导向，注重个性化服务、强化售后服务，同时不断提升品质和创新，以满足客户的需求，在市场中取得竞争优势。

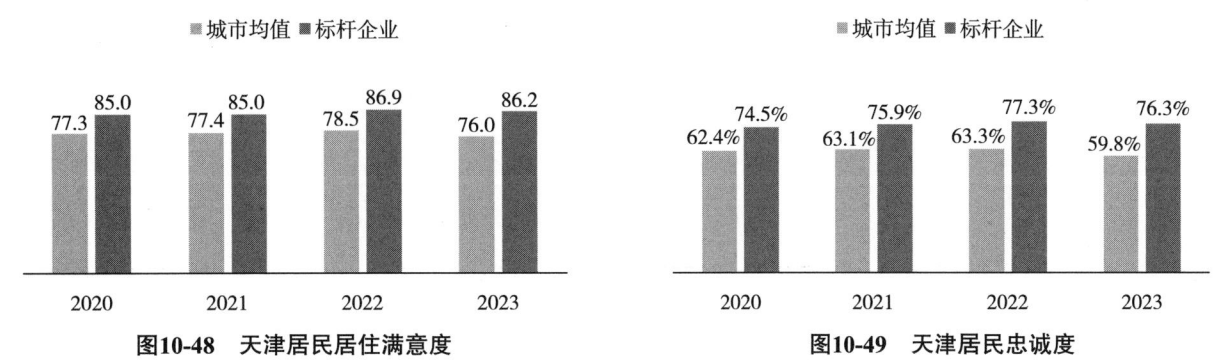

图10-48　天津居民居住满意度　　　　　　　图10-49　天津居民忠诚度

数据来源：中指研究院·中指调查。

绿城中国26年来始终坚持对产品品质的不懈追求，用心营造美好生活。这两年，绿城在产品研发上持续发力，并没有因行业下行而懈怠。绿城中国在多个项目上落地了城市客厅、社区·芯空间、绿色叠代、长物空间、空中院墅、无界公寓、创新立面、花园式办公等八大产品前置创新课题，获得了客户和市场的好评。2022年，绿城打造天津绿城豪宅——绿城·水西雲庐，该项目一经面世就受到改善客户的欢迎，提升了水西板块市场热度；2023年，项目打破常规，推出超越别墅的新作——E地块。新品为建面约275~310m²的挑空大宅，一层一户的规制下，通过横向错动做到了户户挑空，并实现270度观景视野，甚至部分楼层有270度露台赠送，让居者感受露台生活的雅趣自然与美好。入津以来，绿城佳绩不断，在河西、南开、西青等多个热点板块都创下非凡的红盘热绩。无论市场如何变化，前置洞察人居需求，用心打磨产品本身，不断深耕品质，提高服务水平，绿城收获了行业赞誉和客户口碑。

秉持"创造品质生活，服务城市发展"的企业使命，联发集团聚焦房地产开发、物业服务、代建业务及城市更新、产业运营等领域，业务遍及厦门、上海、深圳、广州、杭州、南京、南昌、武汉、合肥、天津、重庆、福州、西安等城市，为超48万业主提供品质人居和服务。联发将现代人文精神，持续灌注到产品和服务里。联发凝炼悦系、臻系、嘉和系三大现代人文产品系，落地深圳悦尚居、厦门悦鹭湾、厦门嘉和府等一系列标杆项目。联发的温情九度全生命周期服务，为居住者提供持续且有温度的陪伴。这家起源于厦门的房企，正在以城市生活理想的最新叙事语言，为业主呈现"有新意·更在意"的美好生活与未来。

6. 武汉

2023年武汉居民居住满意度得分为73.4分，较2022年下降2.2分；标杆企业得分为86.8分，较2022年提升0.2分。武汉市居民居住满意度已经连续两年下滑，但武汉市2023年标杆企业居住满意度同比提升。在当前房地产行业下行期和客户需求不断升级的背景下，客户对于房屋质量、售后服务等方面的要求更加严苛。武汉市标杆企业通过以客户为中心的经营理念，针对性地提供符合客户需求的产品和服务。持续提升产品质量和服务水平，仍能赢得客户的高度满意。

此外，受外部环境等多方面的影响，业主忠诚度下降至近四年最低水平，但标杆企业业主忠诚度小幅升至72.4%。企业需要通过不断改进产品设计、提升施工质量、引入先进的技术和设备等方式，提供具有竞争力的产品。同时，加强售后服务、提供个性化的解决方案等举措，能够满足客户多样化的需求，积极有效地提升产品力和服务力，方可赢得业主满意度，提振品牌口碑。

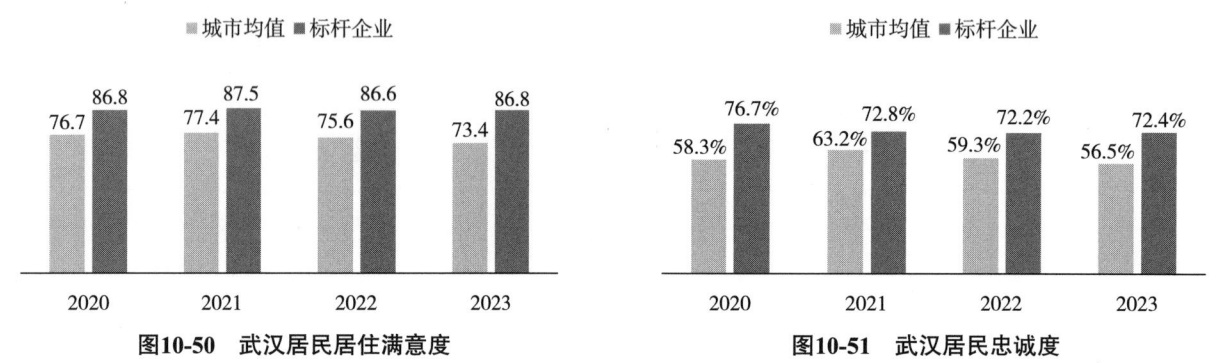

图10-50　武汉居民居住满意度　　　　　图10-51　武汉居民忠诚度

数据来源：中指研究院·中指调查。

万科集团作为最早进入武汉的外地开发商，在武汉深耕20余年，凭借其在产品力、品牌力、交付力以及物业服务方面的卓越表现，赢得了居民的广泛认可。万科客户服务中心一直以来都将业主需求放在首位，建立了一整套完整细致的服务标准，从认购签约到交房前以及交付后，确保为业主提供周到的服务。万科着重注重建筑质量、社区配套设施的升级，不断提升产品质量，为业主提供更好的居住环境。同时，万科投入大量资源提升客户服务体验，确保在售前、交房后能够满足业主各方面需求。物业服务方面，万科物业以优质的服务赢得了广泛的口碑。从最初的"三大法宝"到如今的"五好"，万科物业持续提升物业管理水平，设施设备运行良好，社区秩序井然，有事帮忙管家，邻里关系和谐，财务透明，权益得到保障。万科物业还不断优化老旧社区的生态环境，为业主创造长住常新的居住空间。此外，万科通过丰富多样的社群活动，不断与业主进行互动，共同打造美好幸福的生活。这一系列措施表明万科集团以客户为中心，不仅关注产品质量和服务体验，也积极参与社区建设，与业主共同营造美好的生活空间。这些努力和举措使得万科在武汉市场上享有良好的声誉和口碑。

作为一个城市综合投资开发运营商，华润置地始终以长期发展为目标，在武汉落地了20多个项目，建筑质量和产品力一直是华润置地的核心竞争力，并赢得了广大武汉市民的认可。华润万象生活物业武汉公司致力于打造具有温度的美好社区氛围。他们通过各种主题社区活动，增进了业主之间的交流和邻里关系，不仅为业主提供了快乐和和谐的社区体验，还提升了社区的整体环境。华润万象生活物业武汉公司还推出了"焕颜行动"项目，围绕社区的环境美化、运动康体、便利设施、儿童关怀和园区空间等五个维度进行服务，以提升业主的居住幸福感。他们在服务过程中十分注重细节，力求提供高品质的服务。

7. 南昌

2023年南昌居住满意度得分为74.1分，相比2022年小幅下滑2.4分；标杆企业得分为85.6分，相比2022年下滑1.0分。在房企纷纷"暴雷"背景下，项目交付质量不如人所愿，物业企业服务难度持续加大，业主的预期不断拔高，导致南昌整体居民居住满意度得分有所下滑，整体分数停滞不前。而居民忠诚度调查结果显示，2022年南昌居民忠诚度为51.5%，相比2022年下滑2.1个百分点。标杆企业方面的品牌黏性优势增长有所放缓，标杆企业忠诚度73.8%，同比下滑0.4个百分点。

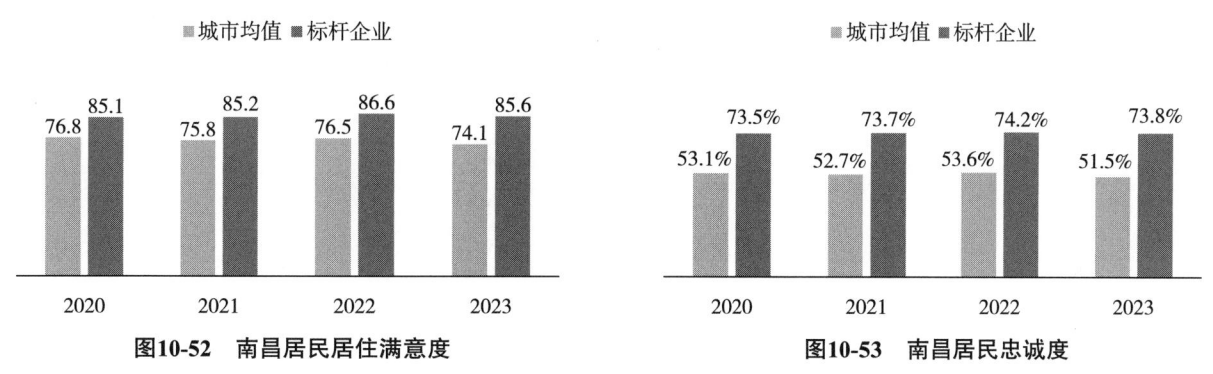

图10-52　南昌居民居住满意度　　　　图10-53　南昌居民忠诚度

数据来源：中指研究院·中指调查。

绿地控股集团江西事业部成立于2001年，是世界500强企业绿地控股集团"走出上海、走向全国"的第一站，也是江西房地产行业的领军企业。成立22年来，绿地集团江西事业部立足江西城市建设和社会发展需要，作为城市运营商服务、推动城市发展，先后打造了30余个城市标杆项目，在赣累计投资金额2500多亿元，总开发面积超过2500万平方米，累计上缴利税超百亿元，开发规模、产品类型、品质品牌均处于江西行业领先地位，特别是在超高层地标、大型城市综合体、特色小镇等领域遥遥领先。绿地集团江西房地产事业部始终坚持"绿地，让生活更美好"的企业宗旨，坚守客户至上，坚守服务初心，主动作为，满意度连续获集团第一名。

联发集团于2004年进驻南昌，深耕近19年之久，现已成为当地最有影响力的开发商之一。联发集团以高度的责任感为洪城人民创造品质生活，成功开发200米超高层城市综合体"联发广场"以及"联发·江岸汇景""联发·君悦朝阳""联发·君悦湖"和"联发·君领朝阳"等项目。联发秉持"创造品质生活，服务城市发展"的企业使命，将现代人文精神持续融入产品与服务中，从销售阶段融入物业服务，设置案场前置管家，服务从销售至交付；老社区从软性服务到硬件提升，从购房到入住，全方位有效提升客户满意度。

2023中国重点城市居民居住满意度优秀企业

我们开展满意度调查立足行业标准，致力于帮助企业发现优势方面，寻找竞争差距，客观评价全国各城市企业满意度水平所处行业位置，同时挖掘各城市满意度优秀企业，发挥领先企业行业示范效应。尤其是在行业整体满意度水平出现下滑的大背景下，优秀企业的示范效应价值越明显。因此基于本次调查结果，研究组评价产生了"2023年中国城市居民居住满意度优秀企业"。

表10-2　　2023年中国城市居民居住满意度优秀企业

北京	上海	广州	深圳	杭州	武汉
招商蛇口	万科集团	中海地产	中海地产	绿城中国	万科集团
万科集团	中海地产	保利发展	招商蛇口	滨江集团	华润置地
中海地产	中国金茂	越秀地产	华润置地	大家房产	绿城中国
绿城中国	绿城中国	珠江投资	金地集团	万科集团	中铁置业
中建信和	保利发展	绿城中国	万科集团	德信地产	武汉城建集团
南京	重庆	成都	天津	西安	苏州
保利发展	绿城中国	万科集团	绿城中国	绿城中国	绿城中国
招商蛇口	中海地产	保利发展	万科集团	龙湖集团	龙湖集团
绿城中国	万科集团	绿城中国	中海地产	中海地产	中海地产
仁恒置地	招商蛇口	新希望地产	保利发展	华润置地	万科集团
旭辉集团	龙湖集团	中国铁建	联发集团	天地源	旭辉集团
长沙	青岛	大连	郑州	佛山	无锡
万科集团	绿城中国	绿城中国	万科集团	中海地产	绿城中国
绿城中国	保利发展	华润置地	保利发展	保利发展	万科集团
保利发展	万科集团	中海地产	绿城中国	碧桂园	仁恒置地
中建信和	华润置地	保利发展	正商集团	万科集团	建发房产
华润置地	中国金茂	万科集团	中海地产	美的置业	华侨城
宁波	合肥	济南	南宁	南昌	温州
绿城中国	绿城中国	绿城中国	北投产城集团	万科集团	保利发展
荣安地产	保利发展	万科集团	保利置业	绿地控股	万科集团
奥克斯地产	中海地产	中海地产	建发房产	恒茂地产	时代集团
保利置业	安徽置地	龙湖集团	彰泰集团	联发集团	华润置地
龙湖集团	中国铁建	华润置地	万科集团	中海地产	绿城中国
金华	绍兴	台州	舟山	海口	乌鲁木齐
中天美好集团	绿城中国	绿城中国	绿城中国	绿城中国	绿城中国
滨江集团	金昌集团	伟星房产	保利发展	中海地产	中海地产
绿城中国	万科集团	杨帆地产	金地集团	雅居乐	中天美好集团
众安集团	宝业集团	荣安地产	华润置地	保利发展	万科集团
保利发展	众安集团	众安集团	融创中国	华润置地	广汇置业

2023中国重点城市居民忠诚度优秀企业

在当前大背景下，我们可以看到行业整体的忠诚度出现了一定程度的下滑，而标杆企业通过多年累积的口碑可以确保忠诚度逆势而升。从整个房地产行业的发展趋势来看，赢得客户的满意和口碑，才能赢得未来。研究组在2023年中国城市居民居住满意度调查结果的基础上，根据总体满意度、再购意向、推荐意向三个指标评价产生了"2023年中国城市居民忠诚度优秀企业"。

表10-3　　2023年中国城市居民忠诚度优秀企业

北京	上海	广州	深圳	杭州	武汉
招商蛇口	中海地产	越秀地产	中海地产	绿城中国	万科集团
中海地产	万科集团	中海地产	招商蛇口	滨江集团	中建壹品投资
万科集团	中国金茂	保利发展	华润置地	万科集团	福星惠誉
绿城中国	绿城中国	珠江投资	金地集团	大家房产	武汉城建集团
保利发展	仁恒置地	万科集团	深业集团	德信地产	绿城中国
南京	重庆	成都	天津	西安	苏州
仁恒置地	中海地产	保利发展	万科集团	中海地产	龙湖集团
保利发展	绿城中国	招商蛇口	绿城中国	龙湖集团	绿城中国
绿城中国	万科集团	万科集团	中海地产	绿城中国	中海地产
金基地产	香港置地	中国铁建	保利发展	万科集团	万科集团
招商蛇口	华宇集团	绿城中国	联发集团	天地源	招商蛇口
长沙	青岛	大连	郑州	佛山	无锡
保利发展	万科集团	华润置地	万科集团	中海地产	绿城中国
万科集团	绿城中国	绿城中国	龙湖集团	保利发展	万科集团
绿城中国	保利发展	中海地产	绿城中国	碧桂园	建发房产
中建信和	中海地产	万科集团	保利发展	万科集团	仁恒置地
华润置地	华润置地	保利发展	正商集团	美的置业	华侨城
宁波	合肥	济南	南宁	南昌	温州
绿城中国	绿城中国	万科集团	北投产城集团	万科集团	保利发展
荣安地产	保利发展	中海地产	建发房产	中海地产	时代集团
中海地产	中海地产	绿城中国	保利置业	绿地控股	万科集团
江山万里	华润置地	龙湖集团	彰泰集团	联发集团	华润置地
保利置业	安徽置地	中国金茂	万科集团	中国金茂	龙湖集团
金华	绍兴	台州	舟山	海口	乌鲁木齐
中天美好集团	金昌集团	绿城中国	绿城中国	中海地产	绿城中国
滨江集团	绿城中国	伟星房产	金地集团	雅居乐	中天美好集团
万科集团	宝业集团	杨帆地产	保利发展	绿城中国	中海地产
绿城中国	万科集团	荣安地产	华润置地	仁恒置地	广汇置业
众安集团	元垄地产	众安集团	融创中国	招商蛇口	万科集团

（六）结语

2021年下半年以来，房地产市场快速降温，进入深度调整周期；虽然2022年利好政策陆续出台且力度逐渐加大，但市场信心恢复较慢，行业仍未脱离困境。降价、减配、延期交付、服务"降级"等问题依然存在，导致客户评价依然未能出现反弹，得分进一步下探，出现得分的连续下滑。2023年中国城市居民居住总体满意度同比下降2.7分，比2022年降幅增加1.1分，降幅进一步扩大。随着居民满意度评价的持续走低，置业、推荐意愿也进一步低迷，居民忠诚度持续下跌，2023年已不足55%。并且2023年涉及的10项关键指标得分全部下跌，这在近年来是没有出现过的。这些数据的变化是居民对当前大环境下房地产市场深度调整的反应，房企也需要进一步警惕客户口碑、美誉度、信任感的持续流失。

变局之中，房企业绩普遍缩水，营销压力持续攀升，各自寻找着破局之路。从过去一年的一系列变化来看，随着问题房企的有序出清，市场交易逻辑迎来质变，央国企及优质民企愈发成为市场焦点。本年度的调研结果印证了居民对这些企业的信任。2023年，央国企在行业降幅进一步增加的大背景下，依靠相对稳定的经营模式，总体满意度可以维持相对稳定，尤其是央企得分持续稳定在80分以上，领先行业整体和民企的优势进一步放大。TOP10企业同样进一步凸显出自身的优势，在行业整体连续下跌的情况下，总体满意度实现稳定提升，2023年总体满意度已达到89.2分的历史最高分，相较行业均值的优势扩大到近17分，马太效应愈发凸显。这些结果进一步凸显出客户资源在房企经营中的价值：不论是房企在日益关注的产品力、服务力还是成为评价房企关键的交付力，所最终的导向都是满足客户的需求，让客户满意，进而能反哺企业的发展。

面对当前的变局，这些优秀房企都将客户放在关键位置，进一步推进"以客户为中心"的策略，为了更加及时、有效地掌握客户对企业产品和服务感知的变化，标杆房企在常规的节点调查的基础上增加了触点调研，即在客户与房企接触的每一个触点（如来访、签约、工地开放日、交付、报修、日常报事、社区文化活动等）之后的当日或48小时之内通过互联网的方式邀请客户进行评价，随时从客户视角掌握自身产品与服务的水平，发现问题解决问题，进一步提升自身的产品力与服务力。不过需要关注的是，触点调研依托标杆房企的智能化平台系统，这对于普通房企来说在当前大环境下可能无法拿出专项资金进行系统的研发，在这种情况下，第三方的智能化平台是可以满足房企的触点调研需求的。中指研究院·中指调查借助大数据及云计算功能研发的中指·云调研平台，可贯穿客户满意度调研的全流程，可支持尚无智能系统平台的房企进行触点调研，帮助企业随时掌握自己的客户满意度水平，持续精进产品力与服务力。同时中指研究院·中指调查为了协助房企更高效及时地掌握各项目服务标准的落地情况，在满意度调查系统的基础上又自主研发了"中指神秘客调研系统"，实现从问卷设计—项目报备—数据采集—实时质检—项目申诉—统计分析的一站式神秘客数据采集与服务提升解决方案。

在房地产行业深度调整期，客户资源的价值进一步凸显，加之过去几年新冠疫情的影响及主流客群的后移，客户需求也随之改变。中指研究院·中指调查愿进一步协助房企关注客户建议，挖掘客户需求，帮助企业提升产品力与服务力，为房地产行业的健康可持续发展、城市居民的"住有优居"贡献自身力量。

报告十一　2023中国物业服务百强企业研究报告

第一部分 研究背景与目的

由中指研究院与中国房地产TOP10研究组开展的"中国物业服务百强企业研究",自2008年以来已连续进行十六年。这十六年中,研究组紧扣行业发展脉搏,深入研究物业服务企业经营规律,为促进行业良性运行、企业快速成长发挥了重要作用,相关研究成果已成为评判物业服务企业综合实力及行业地位的重要标准,对促进市场资源向物业服务百强企业聚集、推动物业服务百强企业高质量发展起到了重要作用。

2023年是全面贯彻落实党的二十大精神的开局之年,高质量发展成为全面建设社会主义现代化国家的首要任务。物业管理行业作为与民众息息相关的行业,在守护社区安全、协助基层治理、解决就业、稳定民生等方面发挥了重要的基础性作用。同时,在经历高速发展阶段后,物业企业更加认识到回归服务本质的重要性,兼顾质量和速度的平衡,寻求行业高质量发展。物业管理行业具有准公共服务属性和民生属性,承载着社会责任和人民幸福,在标准化、智能化的驱动下,物业服务企业不断优化服务品质,提升管理水平,促进社区和谐,提高业主满意度水平。同时,行业多元细分赛道逐步打开,城市服务、IFM等领域成为重要的新蓝海市场。

中指研究院以"独立前行,高质发展"为主题,全面启动"2023中国物业服务百强企业研究",发掘一批规模大、实力强、服务品质高的物业服务企业,发挥示范带头作用,引领行业快速、健康发展。在总结十六年研究经验的基础上,中指研究院进一步完善了"2023中国物业服务百强企业研究"方法体系,更加全面、客观地评价企业的综合实力。

2023中国物业服务百强企业研究的目的:

①科学评价企业的真实实力,发掘一批综合实力强、服务水平优、业主满意度高的优秀物业服务企业。

②系统总结优秀企业的服务理念和经营模式,供广大物业服务企业学习借鉴,促进物业服务企业提升运作水平和服务质量。

③以客观的数据和研究结果,反映行业最新状况和主流企业的发展态势,为有关部门制定研究政策和加强管理提供参考,为金融机构选择投资标的提供决策依据。

第二部分 百强企业研究方法体系

（一）评价指标体系

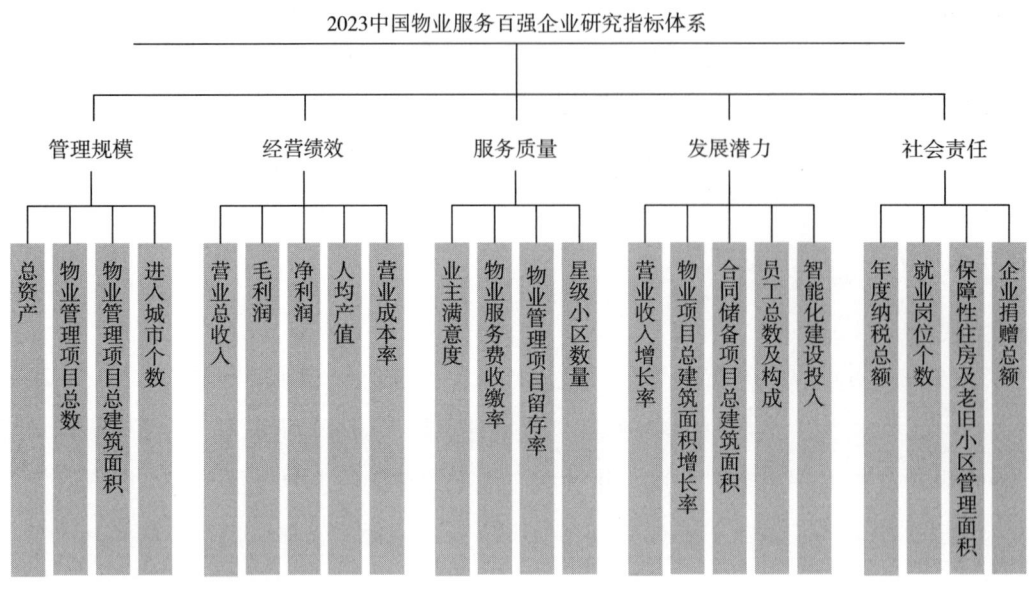

（二）评价指标体系设计原则

指标体系的设计遵循以下三个准则。

①管理规模与服务质量相结合。管理规模的持续扩大是物业服务企业提升市场占有率、获得稳定业绩的主要方式，而良好的服务质量是企业绩效提升的有力支撑，只有实现管理规模与服务质量的结合，才能实现企业的持续健康发展。中指研究院继续采用总资产、物业管理项目总数、总建筑面积、进入城市个数来评价企业的管理规模，在服务质量的评定方面，采用星级小区数量、业主满意度、物业服务费收缴率及物业管理项目留存率等指标结合，来综合评价企业的服务质量。

②经营绩效与发展潜力相结合。经营绩效不仅是关注企业盈利能力和运营能力的重要指标，也是企业市场拓展和发展速度的重要保障，丰富的储备项目及智能化建设投入展现出企业未来的发展潜力，营业成本率的控制则体现了企业的成本管控水平，对经营绩效有较大影响。

③经营业绩与社会责任相结合。作为与业主日常生活密切相关的行业，物业服务企业在构建和谐社会方面发挥了重要的作用。企业对社会的积极贡献有利于提高群众对于物业服务企业的认知度，树立企业品牌形象，促进企业快速发展。中指研究院采用年度纳税总额、就业岗位个数、保障性住房及老旧小区管理面积、企业捐赠总额四个指标评价企业的社会责任贡献，引导行业重视社会责任。

（三）计量评价方法

采用因子分析（Factor Analysis）的方法。因子分析是一种从变量方差——协方差结构入手，在尽可能多地保留原始信息的基础上，用少数新变量解释原始变量方差的多元统计分析方法。它将原始变量分解为公共因子和特殊因子之和，并通过因子旋转，得到符合现实意义的公共因子，然后用这些公共因子去解释原始变量的方差。计算中国物业服务百强综合实力时，主要是计算各构成要素的相关矩阵，通过相关矩阵得到特征值、累计特征值及因子载荷。根据最初几个特征值在全部特征值的累计百分率大于或等于某百分比的原则，确定公共因子的具体个数。然后再根据因子载荷矩阵确定各个因子的现实意义并进行重新命名，最后根据不同企业各个因子得分及载荷矩阵，通过加权累加构成2023中国物业服务百强企业综合实力指数。

（四）门槛值

①依法设立、具有独立法人资格。

②按照国际惯例和国内目前行业整体发展现状，中指研究院确定现阶段入选门槛值为：近三年平均在管项目数量不低于10个或平均在管项目总建筑面积不低于50万平方米。

③为了引导物业服务企业做大做强，中指研究院鼓励企业以集团的名义参与。

（五）复核审查

①企业财务数据通过会计师事务所出具的审计报告进行复核。

②对收集的数据坚持交叉复核：通过公开信息对企业填报数据交叉复核；对有疑问的数据中指研究院将进入社区进行业主一对一访谈现场复核。

③根据企业历史数据交叉复核。

企业填报数据经过复核存在疑义或未提供数据的企业未纳入本次研究范畴。

（六）实施原则

①自愿、诚信原则。此次活动由企业自愿参加，参加企业必须填报真实数据，并签署承诺书，对承诺内容负责。一经发现弄虚作假，取消评选资格。

②客观、公平、公正原则。中指研究院本着公平、公正的原则对企业申报的数据进行审查，对企业发展情况做出客观分析和全面评价。

③保密原则。活动过程中涉及的所有上报数据、审查结果均不得外传，如有泄漏，由责任人承担相应法律后果。

第三部分 2023中国物业服务百强企业研究

表11-1　　　　　　　　　　2023中国物业服务百强企业名单

排名	企业名称	排名	企业名称
1	碧桂园生活服务集团股份有限公司	7	融创物业服务集团有限公司
2	雅生活智慧城市服务股份有限公司	8	金科智慧服务集团股份有限公司
3	保利物业服务股份有限公司	9	长城物业集团股份有限公司
4	绿城物业服务集团有限公司	10	深圳市金地物业管理有限公司
5	中海物业管理有限公司	11	新城悦服务集团有限公司
6	华润万象生活有限公司	11	河南建业新生活服务有限公司

续表

排名	企业名称	排名	企业名称
11	时代邻里控股有限公司	20	成都嘉诚新悦物业管理集团有限公司
12	佳兆业美好集团（佳兆业物业管理（深圳）有限公司）	20	东吴服务产业集团（江苏）有限公司
12	幸福基业物业服务有限公司	21	华宇优家智慧生活服务集团有限公司
12	南都物业服务集团股份有限公司	21	青岛海尚海生活服务集团有限公司
12	卓越商企服务集团有限公司	21	世邦泰和（上海）物业管理有限公司
13	远洋服务控股有限公司	21	成都蜀信物业服务有限公司
13	山东明德物业管理集团有限公司	21	宁波银亿物业管理有限公司
14	越秀服务集团有限公司	22	中天城投集团物业管理有限公司
14	杭州滨江物业管理有限公司	22	厦门合嘉源生活服务集团有限责任公司
14	高地城市服务产业集团	22	德信服务集团有限公司
15	鲁能物业服务有限公司	23	南京朗诗物业管理有限公司
15	金茂物业服务发展股份有限公司	23	深圳市莲花物业管理有限公司
15	彩生活服务集团有限公司	23	宝石花物业管理有限公司
15	鑫苑科技服务集团有限公司	24	中土物业管理集团有限公司
15	荣万家生活服务股份有限公司	25	建发物业服务集团有限公司
15	广州珠江城市管理服务集团股份有限公司	25	新希望物业服务集团有限公司
16	金融街物业股份有限公司	26	重庆新鸥鹏物业管理（集团）有限公司
16	南京银城物业服务有限公司	26	北京中铁慧生活科技服务有限公司
16	东原仁知城市运营服务集团股份有限公司	27	康桥悦生活服务集团有限公司
16	华发物业服务有限公司	27	阳光恒昌物业服务股份有限公司
16	广州敏捷新生活物业管理有限公司	28	山东绿地泉物业服务有限公司
17	天骄智慧服务集团股份有限公司	28	厦门联发（集团）物业服务有限公司
17	深业物业运营集团有限公司	29	和泓服务集团有限公司
17	江苏银河物业管理有限公司	29	海南物管集团股份有限公司
17	北京宾至嘉宁国际物业管理集团有限公司	30	中交物业服务集团有限公司
18	弘阳服务集团（南京弘阳物业管理有限公司）	30	正商服务
18	中铁建物业管理有限公司	30	四川邦泰物业服务有限公司
18	奥园健康生活集团	31	浙江信诚智慧城市运营服务有限公司
19	北京京城佳业物业股份有限公司	31	新日月生活服务集团股份有限公司
19	第一服务控股有限公司	32	大悦城控股集团物业服务有限公司
20	新力物业集团有限公司	33	宁波奥克斯物业服务有限公司
20	广州海伦堡物业管理有限公司	34	上海复医天健医疗服务产业股份有限公司
20	路劲物业服务集团有限公司	35	力高健康生活有限公司

续表

排名	企业名称	排名	企业名称
35	鲁商生活服务股份有限公司	48	中铁诺德城市运营有限公司
36	深圳星河智善生活股份有限公司	49	北京万通鼎安国际物业服务有限公司
36	上海光明生活服务集团有限公司	49	上海中企物业管理有限公司
36	永旺永乐（江苏）物业服务有限公司	49	湖南泓盈城市运营服务集团股份有限公司
37	重庆加州物业服务有限公司	49	武汉天源物业管理有限责任公司
37	华侨城物业（集团）有限公司	50	中冶置业集团物业服务有限公司
37	潍坊恒信物业管理有限公司	50	绘生活物业服务集团有限公司
38	深圳第一亚太物业管理有限公司	50	浙江大家物业服务集团有限公司
38	大华集团上海物业管理有限公司	50	贵州绿地物业管理有限责任公司
38	湖北联投城市运营有限公司	51	北京北大资源物业经营管理集团有限公司
39	江苏中住物业服务开发有限公司	51	昆明银海物业服务有限公司
39	上海中建东孚物业管理有限公司	52	中湘美好城市运营服务股份有限公司
39	中电建物业管理有限公司	52	成都嘉善商务服务管理有限公司
40	众安智慧生活服务有限公司	52	泛海物业管理有限公司
40	厦门国贸城市服务集团股份有限公司	53	中信泰富（上海）物业管理有限公司
40	北京鸿坤瑞邦物业管理有限公司	53	绿城绿发生活服务集团有限公司
41	深圳历思联行物业管理有限公司	54	河南亚新物业服务有限公司
41	苏新美好生活服务股份有限公司	54	武汉城市服务集团有限公司
41	广州市万盈物业服务有限公司	55	青岛天泰爱家物业服务有限公司
42	重庆海源怡生活服务集团有限公司	55	长春赢时物业服务股份有限公司
42	北京网信物业管理有限公司	55	湖南中建物业服务有限公司
43	云南鸿园电力物业服务有限公司	55	重庆新速达物业服务集团有限公司
44	重庆两江新区物业管理有限公司	56	深圳市华创生活股份有限公司
44	北京瑞赢酒店物业管理有限公司	56	武汉小竹物业管理有限公司
45	惠之美生活服务集团有限公司	57	上海复瑞物业管理有限公司
46	金服物业服务集团有限公司	57	伟星物业
46	融汇悦生活集团有限公司	58	金鹏祥和物业管理有限公司
46	广州城投物业	58	浙江彩虹物业服务集团有限公司
47	西安经发物业股份有限公司	59	重庆积理物业管理有限责任公司
47	北京金泰物业管理有限公司	59	宁波荣安物业服务有限公司
48	宋都服务集团有限公司	60	深圳德诚物业服务有限公司
48	广西华保盛物业服务集团有限公司	60	苏州市会议中心物业管理股份有限公司

续表

排名	企业名称	排名	企业名称
60	杭州新天地园区运营服务有限公司	75	北京长峰新联工程管理有限责任公司
61	厦门地铁恒顺物泰有限公司	75	宁夏民生物业服务有限公司
61	上海唐人嘉生活服务有限公司	76	苏州工业园区建屋物业发展有限公司
62	海南珠江格瑞物业管理有限公司	76	广州长建物业管理有限公司
62	勤好（北京）物业管理有限公司	76	广西印象物业服务有限责任公司
63	武汉百步亭花园物业管理有限公司	77	沈阳万维物业服务集团有限公司
63	苏州市天翔物业管理有限公司	77	贵州富康佳悦物业服务有限公司
63	北京北控物业管理有限责任公司	78	重庆康田智慧生活服务有限公司
64	无锡地铁科技服务有限公司	78	中建四局城市运营服务有限公司
64	山东大正物业服务有限公司	78	山西锦地物业管理有限公司
65	中建壹品物业运营有限公司	79	重庆渝地物业服务有限公司
65	和信行物业服务集团有限公司	79	抱朴物业集团有限公司（深圳市抱朴物业服务有限公司）
65	云南宇辰物业服务有限公司	80	深圳市恒基物业管理有限公司
66	浙江金昌物业服务有限公司	80	四川双林嘉悦物业管理有限公司
66	山西建投城市运营集团有限公司	81	深圳市万厦世纪物业管理有限公司
67	葛洲坝物业管理有限公司	81	广西金瑞物业服务有限公司
67	厦门住总物业管理有限公司	81	湖南水清木华物业管理有限公司
67	中能未来智慧城市服务集团（浙江）有限公司	82	重庆高远物业管理有限公司
68	上海中建智地物业服务有限公司	83	安徽新地锐意物业服务有限公司
68	江苏雨润物业服务有限公司	83	湖南竹胜园物业服务有限公司
68	浙江鸿城物业股份有限公司	83	北京东亚时代物业管理有限公司
69	云南城投物业服务有限公司	83	深圳市赤湾物业管理有限公司
69	泽信乐家（北京）物业集团有限公司	84	浙江浙商物业服务有限公司
69	四川滨江鼎信物业服务有限公司	85	深圳企生活物业服务有限公司
69	广西安信物业服务有限公司	86	贵阳产控物业有限公司
70	广西兴进物业服务集团有限责任公司	87	重庆国强物业服务有限公司
71	绿益物业服务集团有限公司	88	中新苏州和乔物业服务有限公司
71	一爱城市建设服务有限公司	89	北京爱情物业服务有限公司
72	上海新金桥物业经营管理有限公司	89	深圳力合物业管理有限公司
72	河北安信联行物业股份有限公司	89	重庆通邑物业管理有限公司
73	武汉福赛德智慧社区服务有限责任公司	90	重庆秦渝物业管理有限公司
74	上海科箭物业服务有限公司	91	苏州工业园区综保物业管理有限公司
75	山东威高物业服务有限公司	92	苏州中锐华田物业管理有限责任公司

续表

排名	企业名称	排名	企业名称
93	贵州深盛佳物业管理有限公司	96	无锡风水隆物业管理有限公司
94	南京汇仁恒安物业管理有限公司	97	江苏洁霸物业管理有限公司
94	贵阳欣和逸居物业管理有限公司	98	上海城建物业管理有限公司
95	武汉万嘉弘泰物业服务有限公司	99	海口市智诚物业集团有限公司
95	南京亿文物业管理有限责任公司	99	九颂山河物业服务有限公司
95	福建晶洁物业服务有限公司	100	厦门象屿物业服务有限公司
95	杭州尚城智享生活服务有限公司	100	德州联强物业管理有限公司
96	信豪物业服务（佛山）有限公司	100	武汉天立物业管理有限公司

第四部分 2023中国物业服务百强企业发展特点分析

一、管理规模：管理面积均值6401万平方米，高速增长转为高质发展

（一）管理面积增速12.43%，显著放缓，市场集中度进一步提升

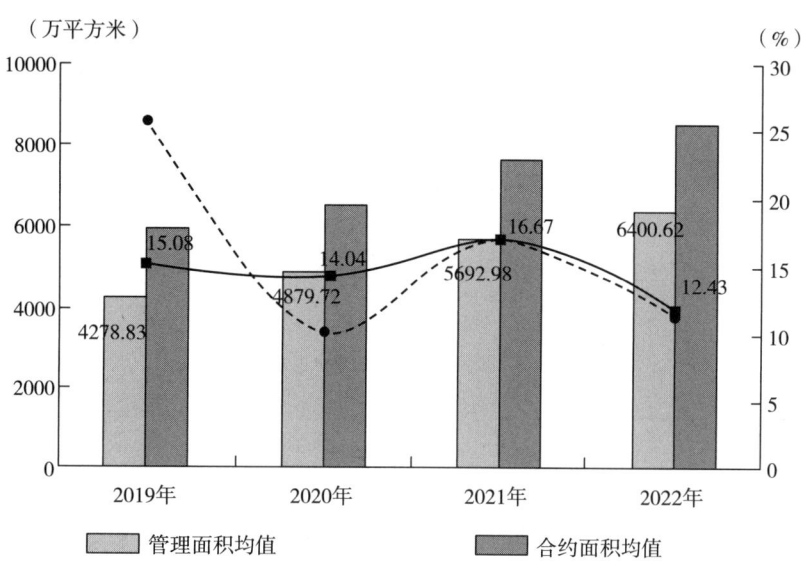

图11-1 2019-2022年百强企业管理面积、合约面积及增速变化情况

行业管理规模增速放缓，开启稳步拓展、高质增长新时代。2022年，百强企业管理面积均值实现稳步增长，达到6400.62万平方米，同比增速为12.43%，增速明显下降，较上一年下降4.24个百分点；合约面积均值增至8574.16万平方米，同比增长11.59%，亦呈现出明显的放缓迹象。

市场集中度进一步提升，激烈竞争态势延续。2022年，从管理面积看，排在前10的企业管理面积总和占比为14.91%，排在前100的企业管理面积总和占比46.13%，排在前200的企业管理面积总和占比50.24%，市场份额占比均保持增长。

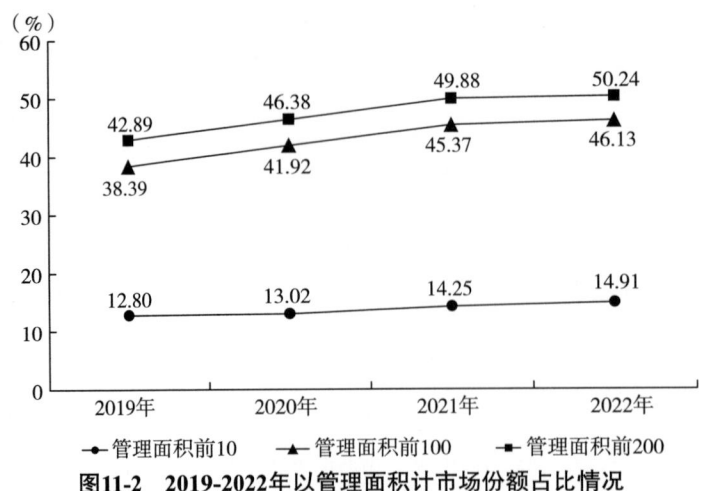

图11-2　2019-2022年以管理面积计市场份额占比情况

（二）第三方在管面积占比近55%，审慎并购，逐步摆脱关联方依赖

1. 第三方项目拓展更具增长潜力，市场竞标及合资合作成为重要拓展方式

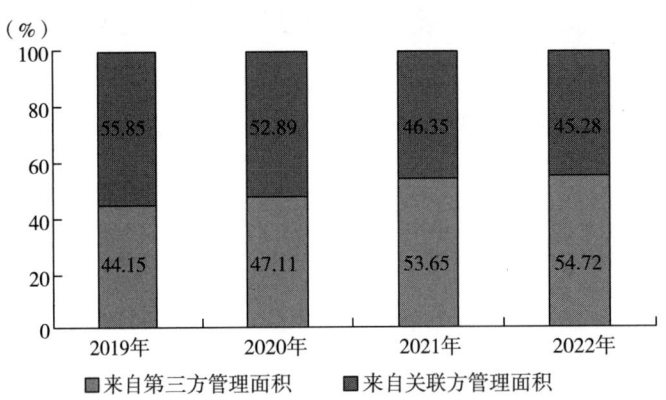

图11-3　2019-2022年百强企业第三方在管面积占比情况

从管理面积来源看，百强企业对关联方项目的依赖程度逐步降低，第三方在管面积占比持续提升。2022年，百强企业第三方在管面积均值占比提升至54.72%，较上年提升1.07个百分点。从管理面积增量看，第三方项目拓展更具增长潜力，重要性突出。

市场竞标是独立市场化能力的象征，也是积极、长远的发展模式和拓展手段。首先，百强企业在白热化的竞争中培育专业、高效的市场投拓团队，充分发挥企业区域资源及品牌优势等提升拓展能力；其次，百强企业加大非住宅领域的拓展力度，尤其对学校、医院、公众物业等热度较高的细分领域，一旦成功突破某种业态，便可以通过打造样本标杆的模式复制推广，赢得招标方青睐；最后，通过借助科技手段获取各大城市土地市场、项目招标市场、合约到期项目等信息，快速了解市场动态，研判市场布局，精准高效地进行项目拓展。

市场竞标竞争激烈、难度较大，百强企业也在寻求与第三方企业合作，在住宅、非住宅、城市服务等领域充分发挥合作企业的资源优势，进一步提升第三方项目拓展能力。长城物业已与中核、中交、中煤、中铁、宁投、株投、上投、济投、武投等多家企业合资合作，共成立合资公司30余家，在住宅、园区、城市服务等领域取得了新的突破。

2. 并购注重质量和战略协同，国企并购成为重要力量

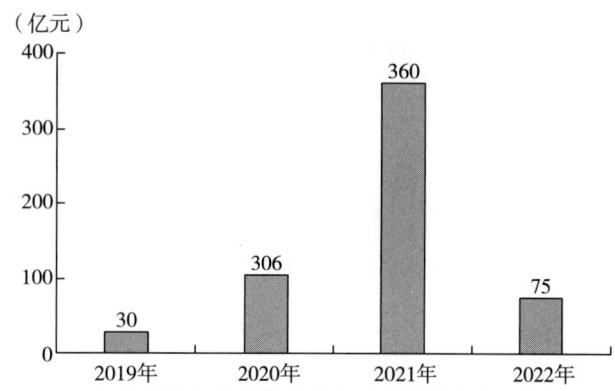

图11-4　2019-2022年物业管理行业收并购交易金额（中指数据库·物业版监测）

注：并购统计口径以年度内发布收并购公告或相关信息为基础整理，视并购后续进展年度盘点数据可能会有调整。

2022年全年，物业管理行业并购市场热度明显下降，披露相关信息的典型并购交易超40宗，涉及交易金额约75亿元，相比2021年交易金额大幅下降约80%，且低于2020年并购市场的交易总金额。并购市场风格突变并呈现出新的特征。第一，并购市场环境错综复杂，并购方更谨慎、全面地平衡标的质量、价格、盈利能力，并综合考虑战略协同和投后管理的难易程度。第二，由于地产困局的影响，年内大型并购案例较为少见。第三，国企并购活跃度提升，华润万象生活、中海物业、金茂服务、远洋服务、京城佳业等国企赫然在列，扛起了并购大旗。第四，并购类型由"规模型"并购向"业务型"并购转变，且"规模型"并购更集中于特色细分赛道。

表11-2　2022年部分百强企业收并购情况

并购方	标的	标的公司主营业务	披露交易总金额（亿元）	股权份额	涉及在管面积（万 m²）
华润万象生活	中南服务	物业管理	24.9	100%	5147
	禹洲物业	物业管理	10.58	100%	1760
长城物业	共享之家	养老服务	-	100%	-
远洋服务	红星物业	物业管理	5	100%	1390
合景悠活	特丽洁	市政公共设施管理	1.65	50%	-
第一服务控股	绿色星火电商	销售、零售、装修装饰	-	100%	-
新力物业	车享家	汽车服务	-	100%	-

3. 关联公司项目供给是补充，不再是依靠

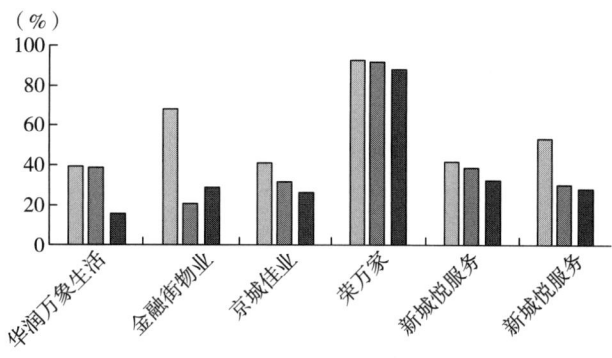

图11-5　2020-2022年部分百强企业新增管理面积关联方占比情况

从新增面积情况看，百强企业承接关联方项目的占比普遍减少，对其依赖度逐步降低。部分上市百强企业每年新增管理面积中，关联方的贡献程度趋于减弱，华润万象生活、建业新生活、京城佳业、新城悦服务、远洋服务等多家百强企业新增管理面积中关联方供给占比出现持续下滑，且下降趋势明显。

从房地产市场数据看，房地产百强企业近几年销售面积增长动力日渐不足，增速由2019年的9.4%逐年下降至2022年的−36.2%，销售面积体量也由逐年增长转为进入下行通道。因此百强企业应摆脱关联企业的项目依赖，聚焦市场化拓展，更多地依靠第三方力量实现长远发展，同时，应把握存量市场中蕴含的机遇，强化存量市场拓展能力。

（三）IFM、城市服务拓宽规模边界，提供新的增长动因

伴随行业的不断发展，百强企业转换服务对象，升级服务理念，调整商业逻辑，将业务进一步聚焦于对空间和人的服务，拓宽了规模边界，打开了TOB端的不同场景和业务需求，即IFM（综合设施管理）服务，其目的是提高客户核心业务的生产效率，本质上可以理解为企业或机构非核心业务的外包服务。

IFM（Integrated Facility Management）是在非住宅项目的基础上对存量的深度挖掘，契合当前行业的发展趋势，是高标准定制化的服务需求和高品质综合性的服务能力的联合碰撞。目前，金科服务、卓越商企服务、长城物业等争相布局IFM领域，引领行业新的发展方向，打开市场更大的想象空间。IFM的沃土主要是非住宅领域，加强非住宅项目的拓展是当前行业的重要趋势。

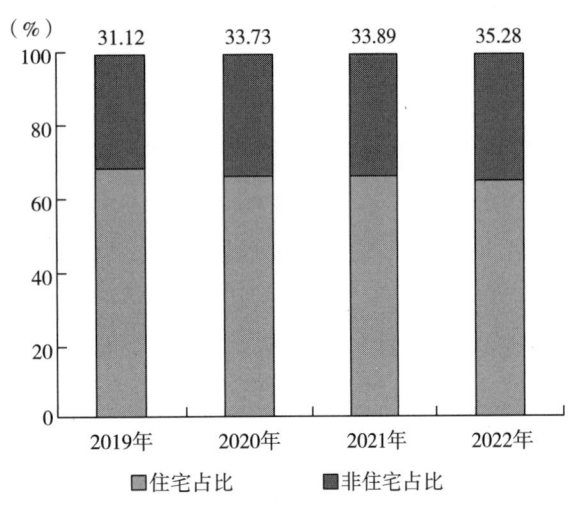

图11-6　2019-2022年百强企业管理面积业态分布

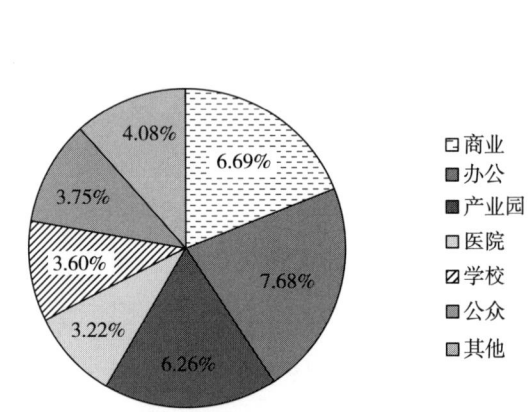

图11-7　2022年百强企业非住宅管理面积分布

2022年，百强企业非住宅业态管理面积占比达35.28%，较上一年增长1.39个百分点，且近几年呈现逐年递增的趋势，表明越来越多的企业在拓宽管理业态，挖掘非住宅领域的蓝海市场。此外，管理规模也不再受限于传统的有形建筑，而是可以基于城市空间衍生出更多综合服务项目。百强企业勇于跳出传统的单个物业项目管理形态，将服务空间由社区延伸至城市甚至村镇，进一步扩大管理版图。截至2022年底，碧桂园服务的城市服务项目已覆盖超过150个城市，虽然没有增加实际管理面积，但是扩大了服务项目数量，实现了服务规模的全新突破。

（四）聚焦核心城市群，深耕重点城市，提升密度成为重点策略

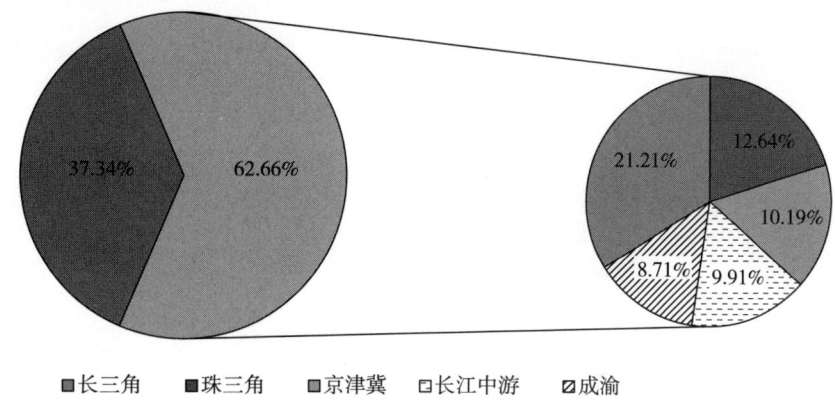

■长三角　■珠三角　□京津冀　□长江中游　■成渝

图11-8　2022年百强企业不同城市群管理面积分布情况

面对日益激烈的市场竞争，百强企业有战略、有选择地布局重点城市群，深耕核心城市，奠定规模增长的坚实基础。2022年，百强企业约62.66%的管理面积位于五大城市群，较2021年上升1.32个百分点，分布较为集中。

从微观层面看，越来越多的百强企业结合自身资源禀赋及战略方向精准聚焦重点城市进行深耕，提升重点城市服务密度。一方面，提升城市服务密度有利于资源整合和匹配，形成一定的规模效应，优化管理并在一定程度上实现降本增效；另一方面，结合企业自身情况聚焦重点城市，可以使资源得到更好的配置，过度追求多个城市深耕，会导致资源配置不充足、各城市拓展不能兼顾、资源整合效果差等问题。

表11-3　部分百强企业城市深耕策略

企业名称	城市深耕策略
雅生活集团	将资源集中投入31个战略城市和22个深耕城市，其他已进入的170个城市作为机会型城市
保利物业	深耕区域，聚焦一二线核心城市，通过发挥多业态协同拓展优势加大核心城市拓展力度，实现核心区域密度提升
融创服务	持续深耕上海、杭州、北京、西安、重庆、天津等一二线战略重点城市
新希望服务	深耕成都，聚焦大成都市场，做深城市浓度，做透核心资源

二、经营绩效：营收增长10.6%，净利下降22.4%，"增收不增利"特征显著

（一）营业收入均值14.82亿元，基础服务收入韧性强，增速达14.76%

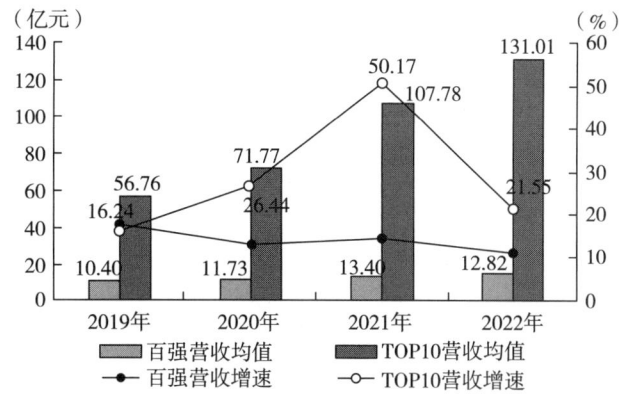

图11-9　2019-2022年百强企业、TOP10企业营业收入均值与增速情况

2022年，百强企业营业收入均值达14.82亿元，同比增长10.62%，较上年下降3.59个百分点，近几年首次低于11%。头部企业凭借自身规模效应和优质资源禀赋发展多元业务、布局细分赛道，营业收入保持稳定增长。TOP10企业2022年营业收入均值达131.01亿元，同比增速为22.24%，显著下降，但仍是百强企业的近2倍，头部效应显著。

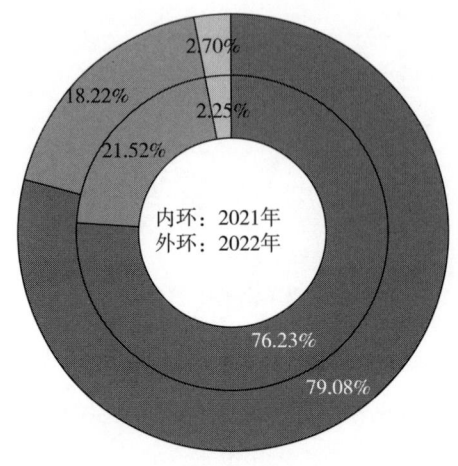

图11-10　2021-2022年百强企业营业收入结构及占比情况

注：根据目前行业发展趋势，将百强企业的营业收入划分为三个板块：基础物业服务收入、增值服务收入及创新型服务收入。其中增值服务包括社区增值服务和非业主增值服务；创新型服务是指近几年行业新拓板块，如城市服务、IFM、商业运营、智能科技服务或企业特色的创新服务等。

从具体构成来看，2022年，基础物业管理收入占比最大，达79.08%，较上一年有所提升；增值服务收入均值约为2.70亿元，占营业收入的18.22%，较上一年下降3.3个百分点，这与前几年的发展趋势相反；创新型服务收入占比约为2.7%，较上一年有所提升。

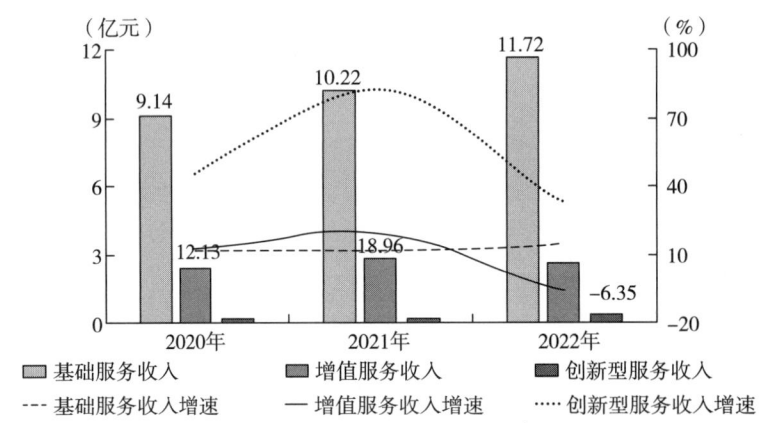

图11-11　2020-2022年百强企业营业收入结构及各部分增长情况

基础物业服务稳定性和抗风险能力表现更好。2022年，百强企业基础物业服务收入均值为11.72亿元，同比增长14.76%，高于营业收入均值增速，成为营收重要的压舱石。

而增值服务遭受宏观经济、地产行业、疫情管控影响，业务量显著下降。2022年，增值服务收入均值为2.70亿元，同比下降6.35%，增速首年转负。但增值服务的市场潜力不可小觑，尤其社区增值服务仍是物业管理行业持续增长的重要力量。

伴随百强企业的业务范畴不断扩大，城市服务、商业运营、智能科技服务、IFM等创新型服务逐渐发展起来。2022年，百强企业创新型服务收入均值约0.4亿元，同比增长32.86%，增速较快。

（二）社区增值服务有的放矢更聚焦，非业主增值服务显著下降

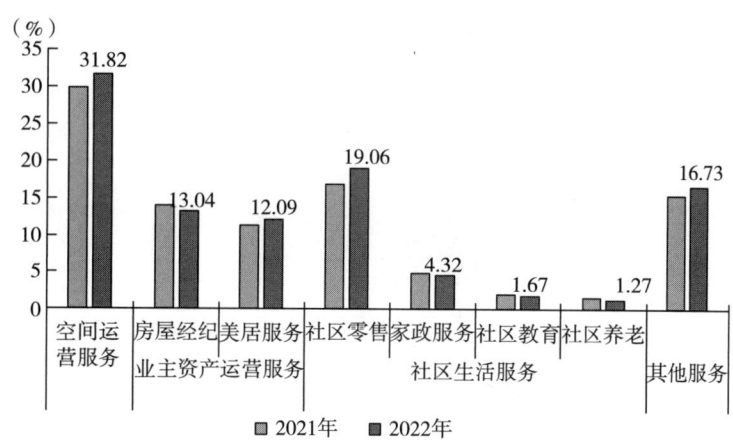

图11-12　2021-2022年百强企业社区增值服务分类及占比情况

2022年，百强企业社区增值服务均值约1.65亿元，同比增长6.57%，受疫情及宏观经济影响增速放缓，其中空间运营、资产运营、生活服务三大主要板块合计收入占比约83.27%。

空间运营服务收入主要包括停车场运营管理服务、社区传媒及其他社区空间运营服务，在三大业务板块中占比最高，首破三成，达31.82%，较上一年提升1.86个百分点。

社区生活服务主要包括社区零售、家政服务、社区教育、社区养老等，2022年该板块收入占比约为26.32%，是三大板块中的第二大板块。其中，社区零售服务收入占比达19.06%，较上一年提高2.04个百分点，是社区增值服务主要品类中增长最快的业务。

业主资产运营服务主要包括房屋经纪和美居服务，合计收入占比为25.13%，是百强企业社区增值服务的第三大业务板块。其中，房屋经纪收入占比13.04%，是百强企业较为成熟的业务，但占比较上年下降了0.91个百分点。美居服务在社区增值服务收入中的占比为12.09%，较上一年提升0.88个百分点。

虽然整体看百强企业开展的社区增值服务种类齐全，服务多样，但对于每一家企业而言，社区增值服务呈现出业务更聚焦、优势资源整合更突出的特点。百强企业在布局社区增值服务过程中不是盲目地追求服务种类多样，而是重点发力1~3项细分业务，并在该领域取得一定竞争优势，将服务做专做精，其他服务则是量力而行。

非业主增值服务板块受到较大影响，2022年，百强企业非业主增值服务收入均值约为1.05亿元，同比降低21.40%，下降明显。不少企业该业务板块甚至出现腰斩，如时代邻里、融创服务、第一服务控股、荣万家等企业的非业主增值服务收入下降比例均超过50%。虽然短期内，这对企业的经营绩效产生一定不良影响，但伴随关联交易出清，百强企业将逐步发力更具发展潜力的社区增值服务以及其他创新型服务，实现未来的可持续增长。

（三）创新型服务强势崛起，形成新的收入板块

除巩固社区增值服务和非业主增值服务外，百强企业不断拓宽服务领域，布局更多新赛道，扩大营收来源，保障业绩持续增长。城市服务、IFM、商业运营、智能科技服务等创新型服务为行业打开了更大的市场空间，拓宽了服务边界。整体而言，2022年百强企业创新型服务收入均值0.40亿元，在营业收入中占比2.70%，且占比呈逐年提高趋势。

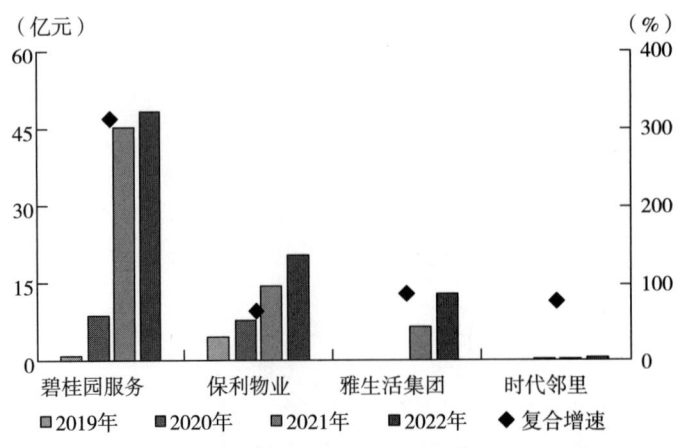

图11-13 2019-2022年部分百强企业城市服务收入及增长情况

百强企业对城市服务的探索已有5年的时间，近几年发展非常迅速。碧桂园服务、保利物业、时代邻里、雅生活集团纷纷加入这一行列。2022年碧桂园服务城市服务板块收入接近50亿元，2019-2022年均复合增速高达313.53%；保利物业、雅生活集团、时代邻里城市服务自首年至2022年均复合增长率也均超60%，表明该业务板块突出的发展潜力。

IFM是突破传统服务对象和服务理念的全新探索。百强企业也陆续重视IFM赛道，并通过为企业、学校、医院等单位提供服务来提升服务密度，主要业务聚焦于餐饮服务、综合服务及设备管理等。2022年，金科服务、新城悦服务、新希望服务提供餐饮服务的收入分别为3.39亿元、3.55亿元、1.06亿元，已成为重要的业务板块，同比增速分别高达334.29%、305.88%、110.27%，发展潜力突出。IFM具有综合性、系统性、专业性的特点，目前物业服务企业在该领域尚处于探索阶段，参与度不高，业务渗透率较低，未来仍有较大的挖掘空间。

商业运营管理是聚焦商办物业管理的百强企业特有的业务板块，呈现出专业性强、利润率高等特征。从2022年数据看，碧桂园服务、华润万象生活、融创服务、新希望服务、越秀服务等多家百强企业的商业运营及管理服务的毛利率均在35%以上，表现出较强的盈利能力。

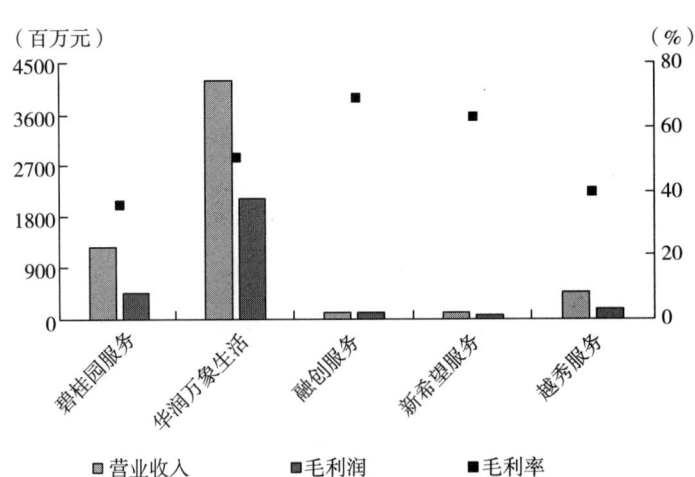

图11-14 2022年部分百强企业商业运营及管理服务经营情况

此外，还有少量百强企业借助科技力量，加强智能化建设，提供智能解决方案服务，比如为开发商提供智能案场解决方案，或者为物业公司及其管理的项目（住宅、写字楼、园区等）提供智能科技服务。

（四）利润率水平显著下降，关联交易等风险出清是主因

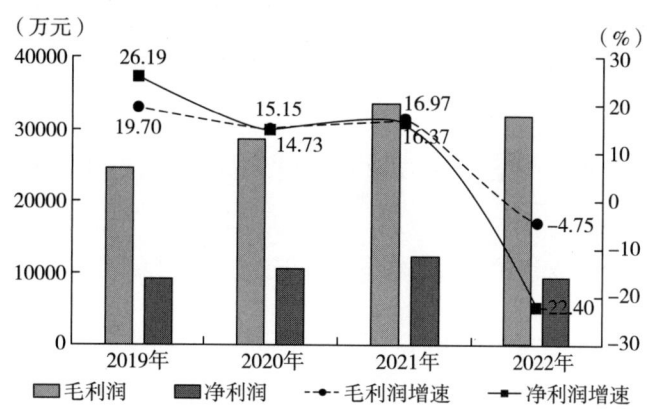

图11-15　2019-2022年百强企业毛利润、净利润及增速情况

百强企业盈利能力面临挑战，毛利润和净利润明显下降。2022年，百强企业毛利润和净利润均值分别为3.21亿元及0.94亿元，较2021年分别减少4.75%和22.40%。在营业收入平均增速约10.62%的情况下，毛利润和净利润明显下降，出现"增收不增利"的现象。

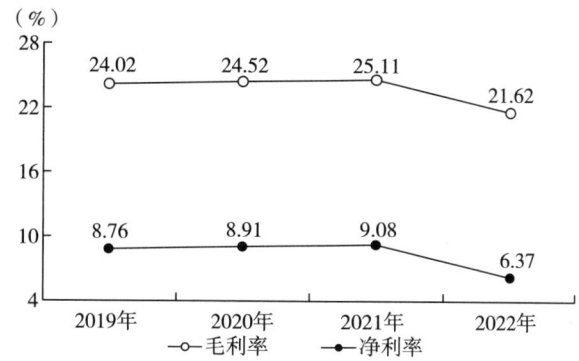

图11-16　2019-2022年百强企业毛利率和净利率均值

与此同时，百强企业2022年毛利率均值和净利率均值分别为21.62%、6.37%，较2021年分别下降3.49和2.71个百分点，成为近几年来利润水平新低。我们通过盘点港股各行业净利率情况发现，尽管上市物业服务企业平均净利率显著下降，2022年净利率均值降至7.92%，仍在港交所行业分类中排名第五位，仍属于净利率水平较高的行业。

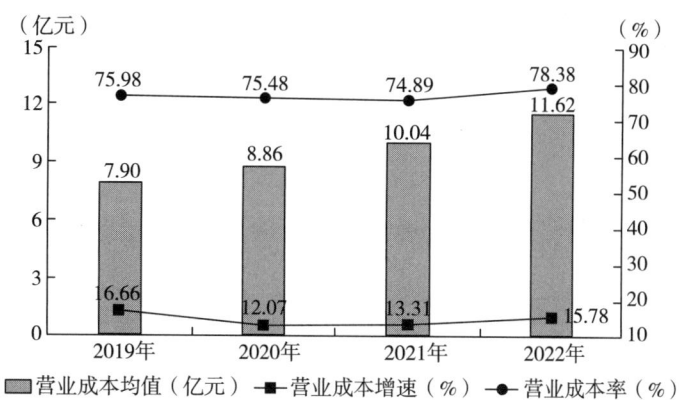

图11-17　2019-2022年百强企业营业成本均值及营业成本率情况

2022年，百强企业营业成本均值为11.62亿，同比增长15.76%，较上一年提升2.45个百分点。尽管

百强企业不断探索成本管控的方式，但仍然很难短时间内实现降本提效，成本管控似乎成为百强企业面临的一大难题。百强企业2022年的平均营业成本率为78.38%，较2021年上涨3.49个百分点，一改以往年度逐年小幅下降的趋势。

三、服务质量：回归本源，提供更具性价比的优质服务，推动高质量发展

（一）收缴率与留存率保持高位，品质服务赢市场、促增值、强品牌

经过一段时间的快速扩张后，行业已开始进入理性回归、高质量发展阶段。回归服务本质，便是服务至上，以品质赢得市场。百强企业发挥示范带头作用，让客户在服务中获得高度的满足感和最好的体验感，增强用户黏性，把回归服务本质融入企业发展战略之中，并对其内涵做出新的诠释。

物业管理行业迎来发展关键时期，百强企业以品质服务为支撑，促进管理规模有序、有质、稳步扩张，扩大品牌影响力，延伸增值服务，进而实现全面高质量发展。

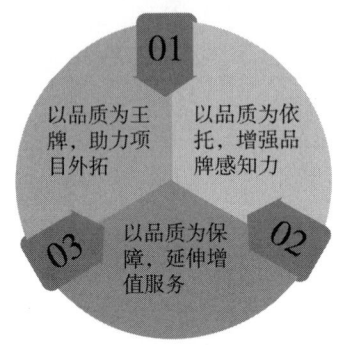

图11-18　品质服务促进企业高质量发展

最近五年，百强企业物业服务费收缴率均值、项目留存率均值一直维持较高水平。服务费收缴率和项目留存率是体现服务水平的重要指标，是客户对服务质量评判的直观表现。2022年，百强企业物业服务费收缴率均值为93.51%，项目留存率均值为98.33%，继续保持高位运行，说明百强企业服务品质得到了业主的信任与认可。

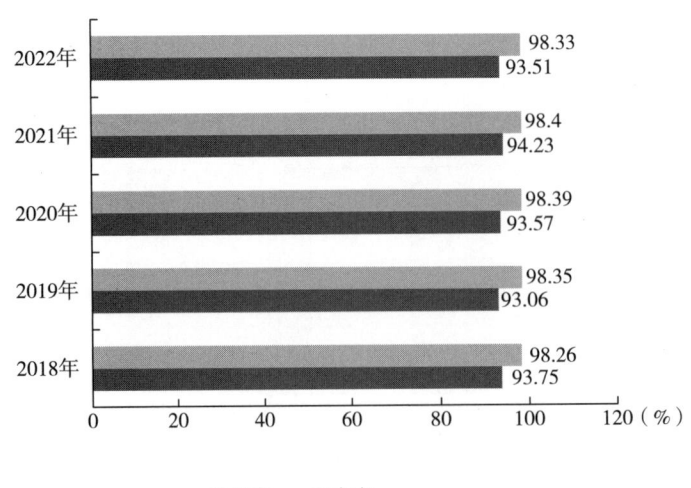

图11-19　2018-2022年百强企业物业服务费收缴率与项目留存率

（二）加强"四化建设"提品质，增厚服务密度是关键

为保障服务品质，百强企业以标准化为基点，逐步推进"四化建设"，即服务标准化、标准产品化、产品品牌化、品牌价值化。

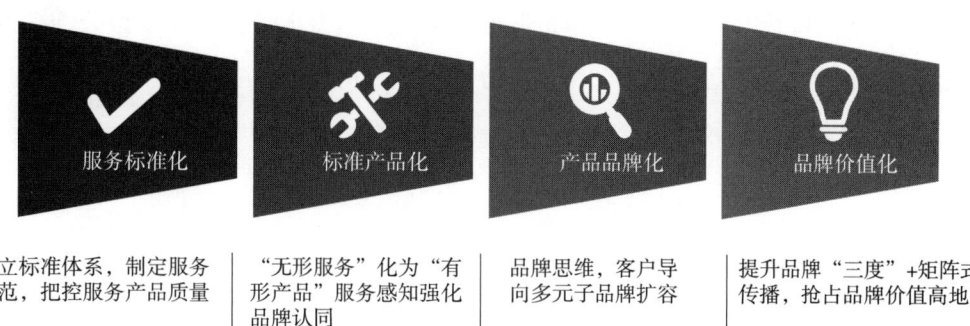

图11-20 百强企业加强"四化"建设

目前百强企业重点依然是放在标准化建设的层面，但同时又表现出新的特点。企业将标准化建设内化于公司管理，在标准化建设的同时提升公司治理水平；标准化建设涵盖基础服务、增值服务等多层次内容，以客户需求为中心，提升客户生活服务体验；标准化建设是具体的、清晰的、有目标的，流程的制定适配服务场景，有利于员工执行。

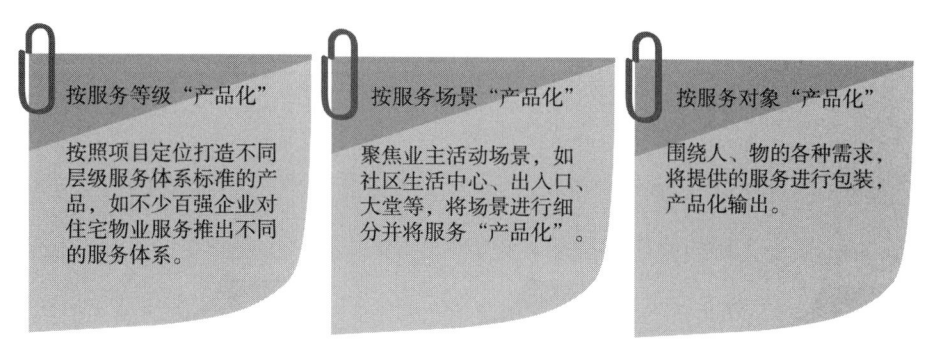

图11-21 标准产品化三种模式

在保障高服务品质的前提下，如何做到价更优？总体来讲，百强企业通过增加区域范围内服务项目的数量，提升密度，进行规模化管理；同时积极开展多元增值服务，提升浓度，借助智能化的管理手段，在提高运营效率的基础之上，实施"优"价策略。

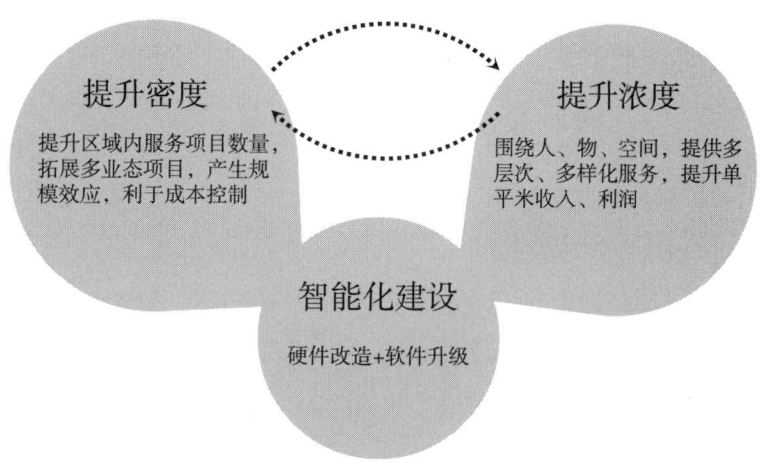

图11-22 百强企业提升密度与浓度路径措施

（三）"客户满意"是检验服务质量的核心标准，解决痛点赢得业主信任

2022年全国物业服务满意度评价结果并未延续前两年的增长趋势，行业整体的满意度得分为78.1分，较上年下滑2.6分，印证了行业在高速成长后需要回归服务本质的深刻诉求。

从各细项来看，入户维修、增值服务和客户服务人员三项满意度评价最高，得分均超过81分，疫情防控、绿化养护和安全管理的满意度评价较高，得分超过了80分；业主对物业服务企业的投诉处理、装修管理、文化活动、智慧化建设和车辆管理的满意度评价较低，得分均不足77分，与物业服务整体评价存在一定差距，其中投诉处理满意度评价得分最低，存在较大提升空间。

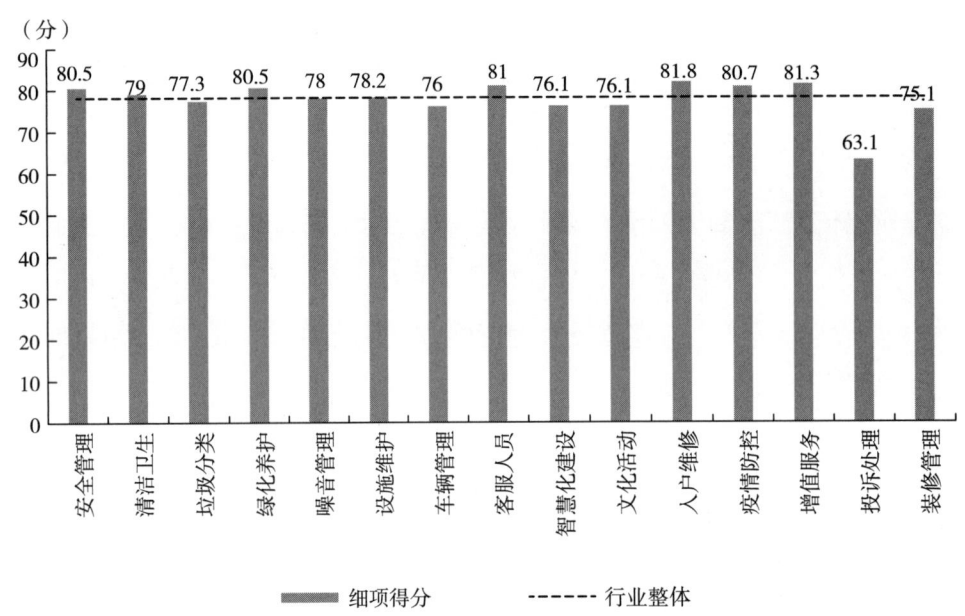

图11-23　2022年中国物业服务满意度细项指标表现

百强企业以满意度建设为抓手，着力提升客户服务品质。头部企业在实践中走在了行业前列，针对各细项短板进行逐一改善。多年来持续进行智慧化建设为业主提供更多便利，进一步优化投诉流程及时解决业主遇到的问题，开展丰富的社区文化活动满足人们的情感需要。

四、发展潜力：空间可期，资本蓄势，独立发展，人才为基

（一）基础服务市场容量超万亿，储备面积均值超2000万平方米

根据"中国房地产业中长期发展动态模型"，截至目前，商品房竣工面积，学校、医院、交通枢纽站、园区等建成面积及老旧小区等存量面积近300亿平方米，按照各业态平均物业费加权平均计算可得，市场规模超万亿元，未来该市场仍将保持稳定增长。

储备项目作为企业后续发展的强力后盾，2022年百强企业合同储备项目均值达117个，合同储备项目面积均值为2094.36万平方米，较上年分别增长4.46%和5.21%，为未来企业高质量发展提供了有力支撑。

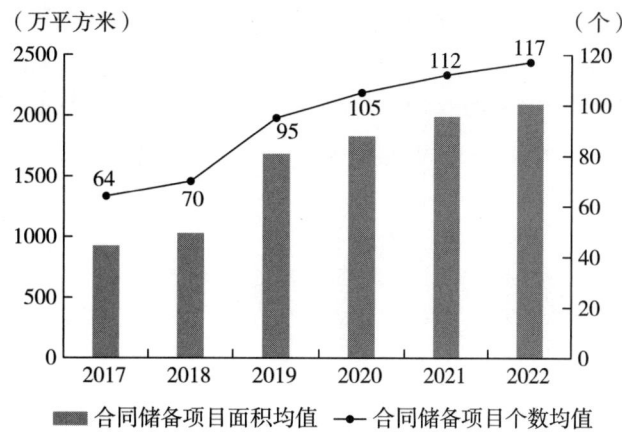

图11-24　2017-2022年百强企业合同储备项目面积均值及储备项目数量均值

（二）增值服务"从有到优"更理性，城市服务、IFM开启万亿新空间

理性发展社区增值服务、拓展业务边界有利于物业服务企业改善收入结构及增厚利润。从早期彩生活的"社区租赁、购物协助"，到中海物业的"公共资源使用、房屋经纪、团购"，再到碧桂园服务的"家政服务、社区传媒服务、拎包入住服务、增值创新服务、房地产经纪服务、园区空间服务"，社区增值服务从有到全，经过多年探索与尝试，在广度和深度上都得到了较快发展。

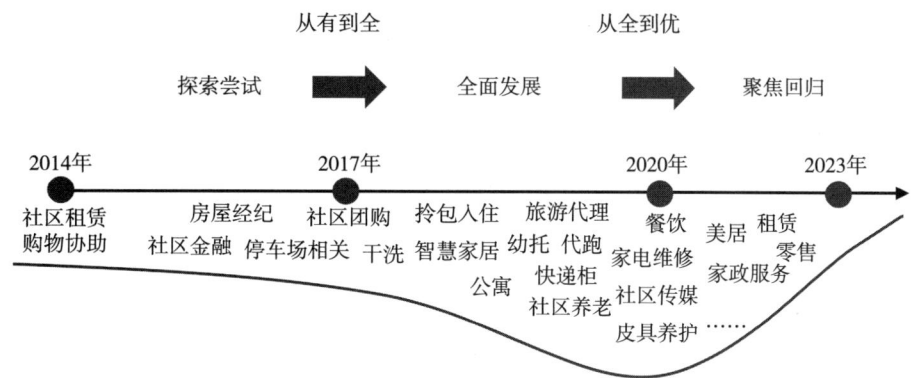

图11-25　近十年社区增值服务业务主要发展变化情况

最近几年，随着行业理性回归，社区增值服务又呈现新的特点，即逐步专注于重点航道，像居家生活类的家政服务、美居服务、社区零售，空间运营类的社区传媒等业务，资产类的租赁业务等，实现了从全到优的转变。

城市服务成为越来越多的百强企业布局的重点领域，其市场空间逐渐被打开。从市场空间看，城市服务已形成万亿规模的蓝海市场，正成为百强企业竞相追逐的业务布局方向。2022年全国城乡社区事务支出[①]达到19415亿元，假设该数值此后几年保持稳定，且假设到2025年物业管理的渗透度达到50%左右，物业服务企业参与城市社区服务的潜在市场容量为9707.5亿元。

IFM通过整合资源，满足客户日常所需，对工作场所进行空间利用，对设施设备维护降耗，对环境进行管理，总之可将客户非核心业务统一筹划与管理，是近两年物业服务企业开拓的新赛道。目前我国IFM服务市场需求规模约6260亿元，预计到2026年将增长到约10699亿元，年均复合增长率达14.07%。

---

① 城乡社区事务支出是指政府城乡社区事务支出，包括城乡社区管理事务支出、城乡社区规划与管理支出、城乡社区公共设施支出、城乡社区住宅支出、城乡社区环境卫生支出、建设市场管理与监督支出等。

（三）板块基本面良好，企业独立性增强，资本价值有望回归

总市值、市盈率较底部已反弹约40%，但距历史高点仍有较大提升空间。截至2023年3月31日，行业总市值约为3651亿元，距两年来的最低点2613亿元已反弹约40%，但距2021年6月末的万亿市值还有较大差距。板块平均市盈率约为9倍，在2023年第一季度保持稳定，但对比近两年板块PE均值18倍，仍有较大提升空间。

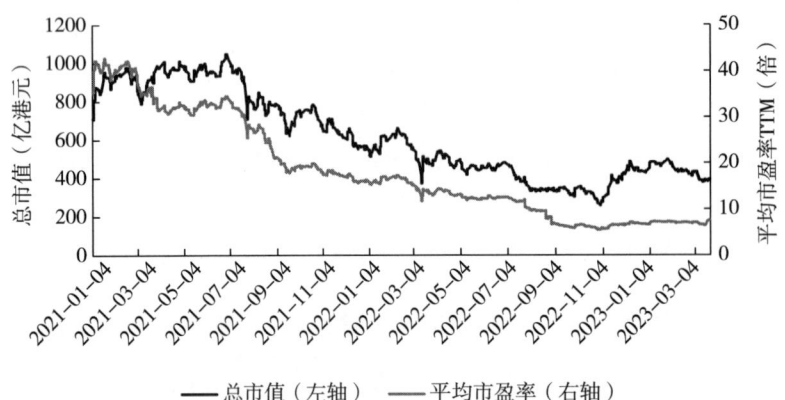

图11-26 港股物业服务板块总市值及市盈率走势

但长期来看，行业基本面并未改变。从盈利能力看，根据上市公司年报数据，收入均值44.65亿元[①]，毛利润均值9.96亿元，毛利率和净利率均值分别为22.31%和7.92%。从成长性看，2022年上市物企在管面积均值1.31亿平方米，同比增长18.54%；合约面积均值1.81亿平方米，同比增长18.30%。从行业属性上看，物业板块具备弱周期性、现金流好、抗风险能力强、成长性好的特点。从未来发展看，诸多特色赛道如高端服务、商业运营、城市服务、TOD物业管理、绿色物业、工地物业、IFM等领域有望逐步打开，为行业开辟更多细分蓝海。

物企独立性持续增强、更加冷静和理智的战略布局以及关联方的"出清"，有助于行业开启新的发展周期。独立性主要表现在三个方面：股权独立、业务独立和品牌独立。股权独立是物企走独立化发展道路必然面对的问题，部分物企引入战略投资者，原大股东变成二股东，优化股权结构，长期来看有利于公司治理和独立性发展；业务独立核心在于拥有独立扩张和运营的能力；品牌独立是物企独立的根本。

（四）荟聚各行英才，完善用人机制，助推行业发展

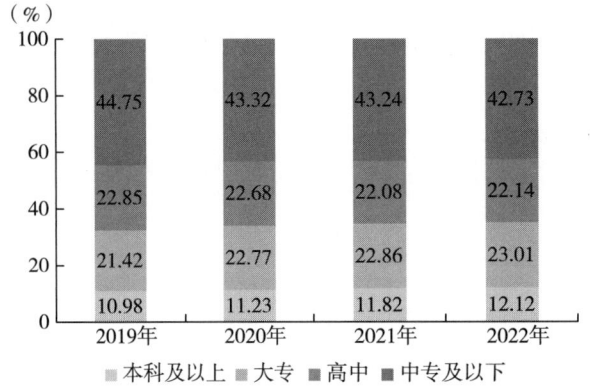

图11-27 2019-2022年百强企业人才结构对比

---
① 截至2023年3月31日已披露数据。

物业管理行业的发展对物业服务企业提出了更高的要求，而物业服务企业的发展也对企业的人才素质提出了更高的要求。2022年，百强企业的从业人员中，本科及以上人员占比12.12%；大专学历人员占比23.01%；高中学历人员、中专及以下人员占比分别为22.14%和42.73%。百强企业从业人员的学历水平延续了过去几年的变化趋势，对高学历、专业型、复合型人才的需求较以往更加明显。

随着物业管理场景的增多，增值服务、创新型业务的开展，物企提供的服务种类更加多元和丰富，内容更为复杂和专业，科技化和数字化程度越来越高，因而，科技型人才、复合型人才逐渐被吸纳进来，在进一步提升专业化及智能化水平的同时，促进行业良性发展。

百强企业积极完善招人、选人、用人机制，广纳优秀人才，为企业增添活力。在人才招聘方面，为了将优秀的人才吸聚到企业合适的岗位上，百强企业进一步细分了自身的招聘需求，结合社会招聘、校园招聘和企业内部招聘等方式，通过官方网站、公众号、猎头、校园双选会、培训机构等渠道，招聘大批精英，为企业的发展注入新鲜血液。百强企业积极吸纳应届毕业生，并构建完备培训计划，帮助校招生完成从学生到职场人士的转变，迅速提升员工的素质水平，畅通员工晋升通道，实现员工与企业的共同发展。

五、社会责任：缓解就业压力，赋能基层治理，推动绿色发展

（一）稳就业提供近200万岗位，促经济贡献252亿纳税

物业服务百强企业基本保持了自身员工体系的稳定，创造了大量的就业岗位，为促就业、稳就业做出了积极贡献。2022年，百强企业员工数量均值为6212人，同比增长5.15%。

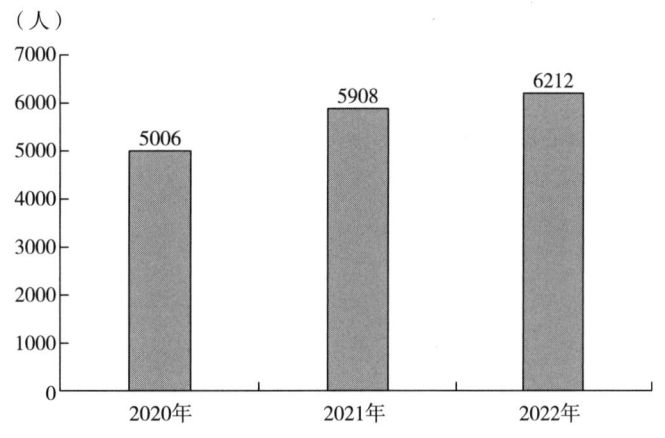

图11-28　2020-2022年百强企业员工数量均值

岗位设置更加多元，广揽不同就业群体，为各层级劳动者提供就业平台。百强企业除提供包括管家、保安、保洁、绿化、维修在内的基础服务岗位外，还提供包括数据分析、系统架构师、置业顾问等专业技术岗位，以及专门为应届生设置管培生岗位，在解决基层劳动者和应届生就业问题、促进社会和谐稳定方面发挥了重要作用。

2022年，百强企业坚持诚信经营，依法纳税，为国家贡献了大量税收收入。2022年，百强企业纳税总额达252.16亿元，承担起了纳税责任与义务，充盈了国家财政收入。

（二）积极融入基层治理，共建共享美好家园

物业服务企业作为基层治理的重要参与者，对于维护社会稳定，促进和谐社会建设，具有至关重要的作用。在基层治理的过程中，百强企业参与了包括老旧小区改造、养老服务、保障房管理、乡村振兴和公共突发事件防控等重要环节，逐步创新基层治理模式，有效解决部分基层治理难题，充分发挥积极作用。

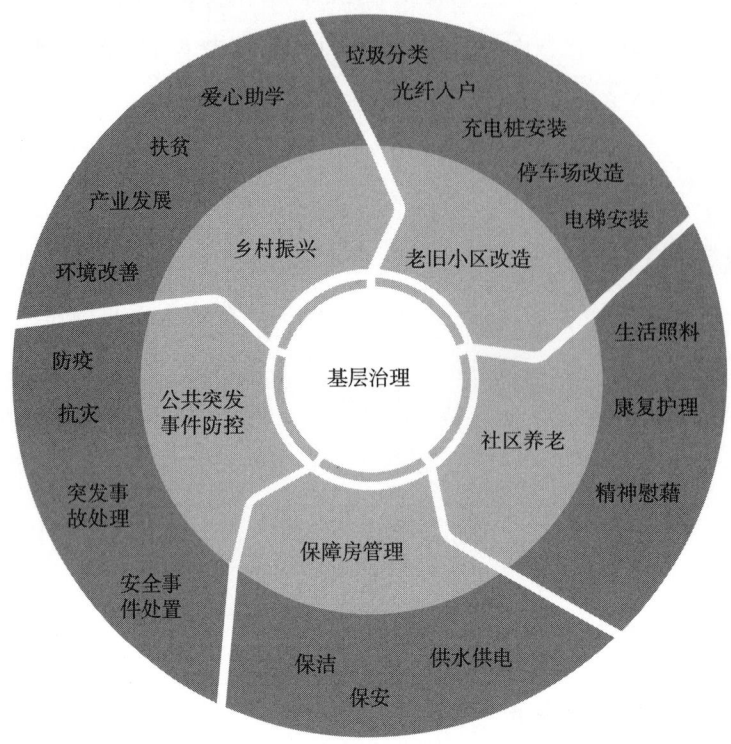

图11-29　百强企业参与的基层治理环节

（三）制定科学减排目标，提升 ESG 发展水平

百强企业响应政策号召、推进 ESG 实践，探寻绿色物业管理新模式，助力国家双碳目标实现，有利于企业实现可持续发展。百强企业非常重视运营管理中节能、环保、减排等多个方面，逐步推进绿色物业管理，探索相应的管理模式。部分百强企业在 ESG 报告实质性议题中将绿色节能放在重要位置，如绿城服务将"气候变化""排放物""环境及天然资源"作为重要议题，凸显公司对可持续发展的重视；越秀服务将"绿色物业管理""倡导低碳生活""绿色办公"作为重要议题，表明对绿色发展相关问题的重视度很高。

此外，越来越多的百强企业意识到设定减排目标的重要性，通过建立"碳账本"，制定科学合理碳目标来指导企业的行为，使企业在高质发展、绿色发展的过程中保持竞争优势。

专题报告　物业服务新赛道——聚焦 IFM

我们确信在行业快速变革的关键时期，IFM 将为物业企业发展打开新的经营思路，带来新的增长机会，成为新的赛道。

一、从 PM、FM 到 IFM，内涵重塑

（一）IFM 定义及与 PM、FM 的关系

IFM（Integrated Facility Management 的简称）直译为综合设施管理，是将工作空间所需的物业资产、家具设备、工作流程和人员等要素整合在一起进行管理的综合性空间服务体系。

IFM 概念起源于美国并在美国发展成熟，后传入欧洲，并不断发展丰富。亚太地区由于工业标准化程度相对较低，以及部分终端用户对 IFM 等外包业务的接受度不足，因此 IFM 整体发展水平目前落后于欧美国家。但未来随着亚太地区发展中国家经济实力的崛起和对外包业务认可度的提升，IFM 服务市场也将日趋成熟。

IFM 和 FM（设施管理）二者不存在根本差别，IFM 只是在 FM 的基础上强调了"Integrated"，即综合、整合，这里的"综合"一方面指供给端内部的资源整合，另一方面指需求端需求的综合；IFM 与 PM（物业管理）在概念定义、客户群体、服务内容、服务目标、企业定位等方面边界清晰，虽然目前越来越多的物业企业加速布局 IFM 领域，推动行业出现 PM 与 IFM 融合发展的趋势，但 IFM 服务的综合性、战略性特点依然突出。

（二）IFM 服务内容及其特点和价值

根据不同产品类型，可将 IFM 服务内容细分为七大类：设施维修及维护、环境与能源管理、安保服务、保洁服务、企业和资产管理、餐饮服务和综合服务（空间规划、员工福利管理、饮水服务、会务服务、制服服务、礼宾服务等），作为一项综合性空间服务体系，IFM 服务不但要求相关企业持续打磨细项服务的专业度，更要求为客户提供综合性的需求解决方案。

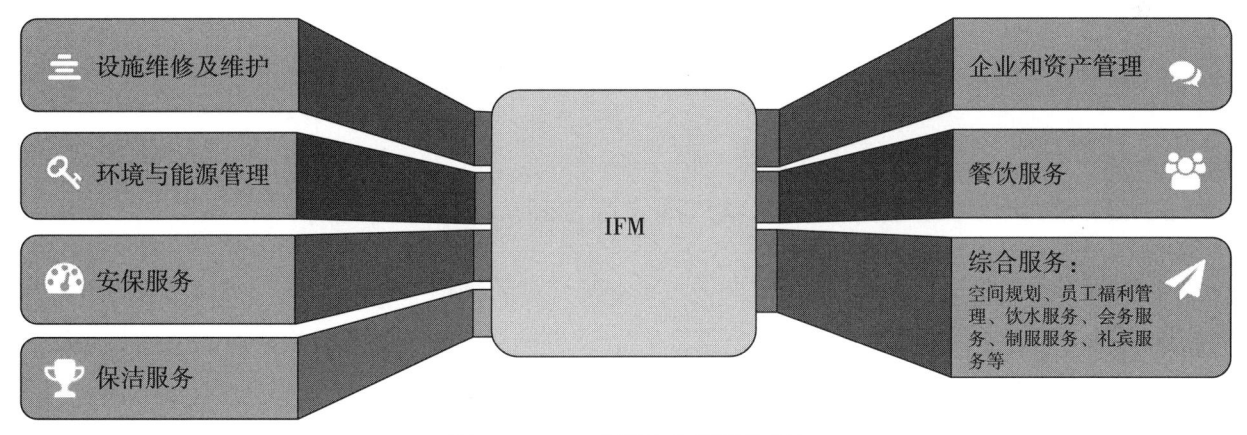

图11-30　IFM主要七大类服务内容

数据来源：中指研究院。

IFM 作为满足企业多元服务需求的有力抓手，综合考虑人、财、物、空间、技术等要素在整合过程中的重要性，其特点可总结成"六化"，分别是定制化、多元化、场景化、碎片化、精细化、差异化。

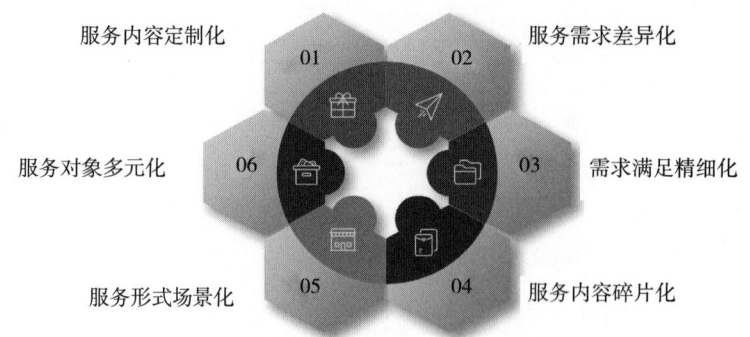

图11-31　IFM服务"六化"特点

数据来源：中指研究院。

于企业而言，IFM 服务具备多元价值，从需求端看，IFM 的综合性服务能够帮助企业提高生产效率，节省客户筛选和采购的精力，降低运营成本，同时能够改善企业的生产、工作环境，提升总体工作体验，提高员工满意度；从供给端看，布局 IFM 业务的物业企业能够扩展其增值服务的空间，提升客户黏性、增强客户忠诚度，而这种深度"捆绑"的模式能够提高企业的竞争力，推动企业和客户的长期合作。

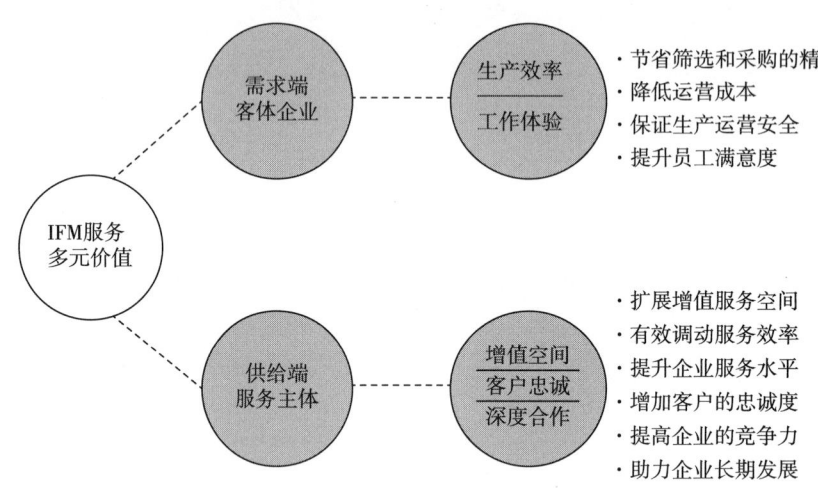

图11-32　IFM服务于企业的多元价值

数据来源：中指研究院。

（三）庞大的非住宅规模为 IFM 提供广阔发展空间，成为新赛道

国内市场方面，庞大的非住宅物业规模奠定了 IFM 业务拓展的基础。2022 年中国物业服务企业的在管总建筑面积约为 290 亿平方米，其中以商业、办公和产业园区为主的非住宅业态的面积占比约为 34.15%，预计到 2026 年全国物业服务企业的在管总建筑面积将达到 355 亿平方米，非住宅面积占比将上升至 38.21%，达 136 亿平方米，庞大的非住宅物业规模将是 IFM 服务实现快速发展的沃土。

我们以中国非住宅物业规模作为基础，结合各业态平均物业服务收费水平，综合考虑到 IFM 服务的溢价水平和市场接受度，在相对保守的情况下以 3 倍于物业管理费用作为平均收费标准，通过加权平均法估算出我国物业管理行业 IFM 服务市场需求规模将由 2022 年的约 6260 亿元，增长至 2026 年的约 10699 亿元，年均复合增长率达 14.07%。

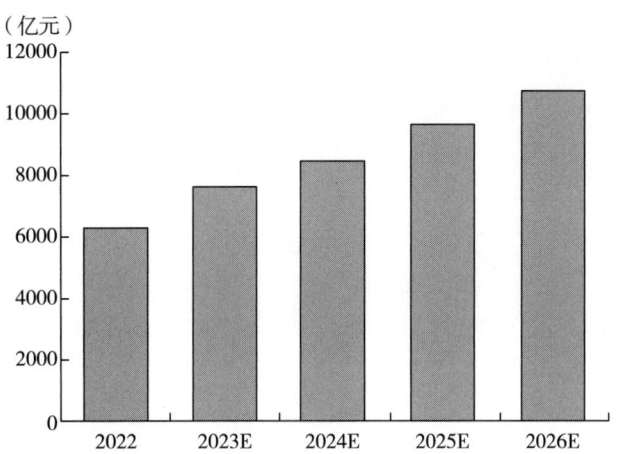

图11-33　2022-2026年中国IFM服务市场规模及预测

资料来源：中指研究院。

二、国外IFM标杆：基于专业服务，持续深挖护城河

（一）服务内容：聚焦团餐和综合服务领域，服务深度决定价值高度

IFM国际巨头企业经过近百年的市场磨砺，商业模式已经较为成熟，业务结构也趋于稳定，以团餐服务为代表的专业细分领域和以承接客户企业非核心业务外包的综合服务领域是海外标杆企业战略布局的重点方向。

从团餐服务内容看，IFM国际巨头企业能够提供高度专业化、定制化的餐饮体验，能够满足不同行业、不同领域客户的多元化后勤餐饮服务需求。标杆企业的团餐服务内容主要包括：后勤餐厅、活动餐饮、酒店餐饮、精致餐饮、咖啡服务、外卖和微型厨房等。通过高效的供应链管理和高度标准化的餐饮制作流程，标杆企业一方面能够保障团餐服务的高品质，形成品牌效应；另一方面，能够最大限度地压缩经营成本，形成企业竞争优势。

图11-34　IFM国际巨头企业团餐服务内容

资料来源：中指研究院。

从团餐收入占比看，团餐服务已经成为很多IFM国际巨头重要的收入来源。例如，索迪斯2022财年营业收入约1462亿元，其中团餐业务收入约608亿元，收入占比约为41.6%；爱玛客2022财年营业收入约1159亿元，其中以团餐业务为主的食物和支援服务（国际）收入约259亿元，收入占比合计约为22.4%；欧艾斯2022财年营业收入约为756亿元，其中餐饮服务收入约为98亿元，收入占比约为13.1%。

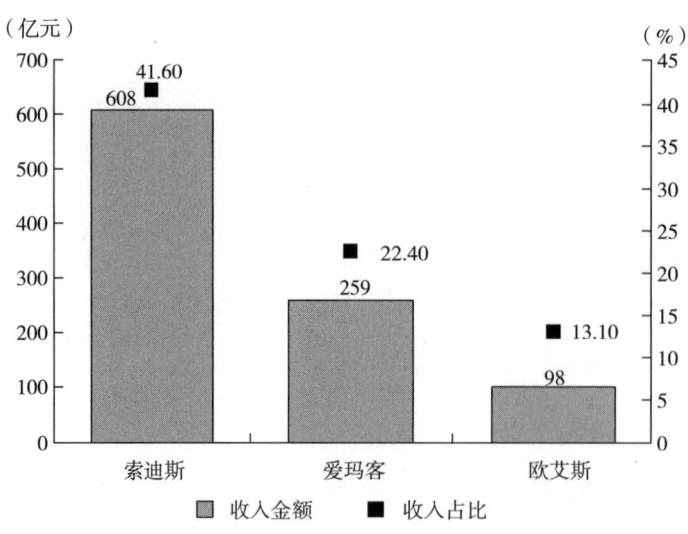

图11-35 部分IFM国际巨头企业团餐业务收入及其占比情况

资料来源：wind及企业年报，中指研究院综合整理。

从团餐客户类型看，国际标杆企业的团餐业务客户趋于多元化：除向企业、政府机关、学校、医院、住宅小区、养老院等单位提供优质一体化团餐服务外，也向大型工地、特色餐饮中心、文化设施等提供餐饮管理与服务，客户甚至包括军队、海上石油钻井平台等。

（二）发展路径："掐尖式"收并购+"藤蔓式"业务拓展，成就标杆雏形

在IFM国际巨头的成长实践中，战略导向的收并购和持续的业务拓展是关键。一方面，企业通过战略收并购能够快速建立起专业服务能力，抢先切入具有市场潜力的新细分赛道；另一方面，企业从传统优势业务方向出发，围绕产业价值链和多元服务场景，开展战略收并购，持续强化优势业务的行业地位，并最终实现全球化布局，构筑起对竞争者的进入壁垒。

在并购标的的选择上，IFM国际巨头企业倾向于细分领域或特定区域的专业细分龙头企业，通过"掐尖式"收并购，实现企业业务的跨越式发展。例如，索迪斯1995年并购英国餐饮巨头Gardner Merchant和瑞典领先服务公司Partena，成为在全球占据领先地位的餐饮服务供应商；1998年并购美国的Marriott Management Services，成为北美市场团体餐饮服务和设施管理服务的领先集团。以上标的在被并购前均处于所属行业或区域的领先地位，索迪斯通过定向收购，强强联合赋予企业更多的发展机会。

表11-4 索迪斯在团餐领域部分"掐尖式"并购及其战略意义

并购时间	标的名称	业务所在地	标的市场地位	并购战略意义
1995	Gardner Merchant	英国	英国市场领先的餐饮服务供应商	助力索迪斯成为在英国占据领先地位的餐饮服务供应商
1995	Partena	瑞典	北欧市场领先的餐饮服务供应商	助力索迪斯成为在欧洲占据领先地位的餐饮服务供应商
1998	Marriott Management Services	美国	北美市场团体餐饮服务和设施管理服务的领先集团	助力索迪斯成为北美市场团体餐饮和设施管理服务领先集团

资料来源：公开资料，中指研究院综合整理。

企业"掐尖式"并购来的优质标的好似一粒粒种子，蕴藏能量且极具价值，其代表的是机会和希望，

但如何使其生根发芽并长出藤蔓才是企业关注的重点。通过产业链上的强势业务形成的客户黏性和竞争优势，快速切入细分赛道，是企业实现"藤蔓式"业务拓展的关键。

根据企业及市场实际情况制定合理的并购策略，进而借助资本力量进行横向和纵向的并购，是企业实现"藤蔓式"业务拓展保障。爱玛客的并购策略遵循四大原则：对现有业务规模扩张（业务扩张）、拓展业务和提升企业竞争地位（产业链扩张）、扩大品牌或产品影响（品牌扩张）、进入新的区域市场（地理扩张）。爱玛客根据自身在全球市场的业务开展实际情况，采取不同的并购策略，从而保证企业的"藤蔓式"业务拓展取得成功。

三、国内IFM实践：认可赛道价值潜力，百花齐放加速布局

（一）现状：IFM国内发展仍处于初期阶段，企业脚踏实地方能破局

1. IFM与FM、PM边界认知模糊，正加速厘清

整体来看，现阶段市场主体出现对IFM与FM、PM边界认知模糊的问题是阶段性的，任何新兴行业在发展初期都可能面临这样的问题。现在越来越多的国内物业服务企业和客户正在加快接受IFM服务理念，并且能够对IFM服务的价值和特点做出理性的判断，随着市场的发展和成熟，这个万亿规模的新赛道将吸引更多优质企业入场布局。

2. 缺乏行业标准与准则，人才及服务观念错配

IFM在国内发展尚处于起步阶段，但囿于部分企业管理半径较大，服务标准难以统一，且行业相关政策法规还在进一步完善中，对IFM服务的标准化、专业化形成一定挑战。

目前国内从事IFM行业的人大多是由传统的物业企业或设施管理企业转型而来，专业人才的储备、服务人员的意识和观念以及服务专业性等方面不能满足国内IFM快速发展的现实需要，未来仍需一段时间进行磨合调整。

IFM服务供应商对一线工作人员的能力评价模型更加复杂，测评维度更多元，从标杆企业的实践情况看，目前主要聚焦于专业技能水平、服务客户意识、企业价值认同、个人知识结构和学习能力五个方面。优秀的IFM一线工作人员，不但具备上述评价模型的各项能力，而且会有2~3项特别突出的能力表现，明显比传统物业企业对一线工作人员的能力要求更高且综合性更强。

3. 单一专业先行，缺乏整合型IFM企业

从企业实践情况看，无论是以万物梁行、新城悦服务等为代表的物业系IFM供应商，还是以嘉信立恒为代表的资本系IFM供应商，都更倾向于聚焦某一专业领域的能力建设，通常是团餐服务或设备管理，行业缺乏真正的整合型IFM企业。在行业发展缺乏标准的背景下，企业通过单一专业服务先行的策略能够满足IFM在国内的发展现实需要，但随着国内IFM市场的发展成熟，行业会更呼唤具备多种专业服务能力，能够整合不同行业、不同类型客户的整合型本土IFM企业。

4. 市场潜力加速释放，入局企业成长空间巨大

IFM 在国内是一个极具发展前景且规模空前的大行业，但囿于这个行业在国内的发展时间较短，国内入局企业在营收规模、业务完整度等方面与国际巨头相比仍存在巨大差距，可谓正处于小企业匹配大行业的非常态阶段，市场机会较多。

此外，在发达经济体中，一般业内领先的 IFM 企业会占据约三分之一的市场份额。而在中国，虽然 2022 年国内 IFM 的市场规模就已经突破 6200 亿元，但行业前十的企业所占份额不到 10%，这预示着国内 IFM 领域的入局者未来成长空间巨大。

（二）发展探索：IFM 两种布局模式，聚焦三大类服务内容

国内企业在布局 IFM 领域的实践过程中，基本形成了自上而下的战略导向和自下而上的需求导向两种布局模式。前者企业通过整合优势业务和资源，实现战略聚焦，迅速切入 IFM 领域的潜力细分赛道；后者企业通常是拥有强大的业务基础或特殊的客户群体，基于需求端的服务延伸机会，顺应市场发展和客户需求，整合企业供应链和资源，形成新的业务板块。基于两种 IFM 布局启动模式，企业聚焦三大类服务内容：团餐、综合服务和能源管理。

1. 团餐服务——物企布局热度最高的专业赛道

从物业企业的实践情况看，团餐服务是企业自上而下战略聚焦的重点赛道，同属于 IFM 领域的大后勤服务内容，物业服务和团餐具有天然的契合度。一方面，B 端客户有所重合：工商业企业、产业园区、政府机关、学校、医院、银行等往往物业服务和团餐服务需求是共存的；另一方面，受 IFM 国际巨头企业的成长路径启发，团餐服务是撬动企业在 IFM 领域布局的重要支点，通过团餐+物业服务的一体化管理，既能够给 B 端客户带来更高效的服务，便于其聚焦核心业务，也能够成为物业企业布局 IFM 领域的重要抓手。

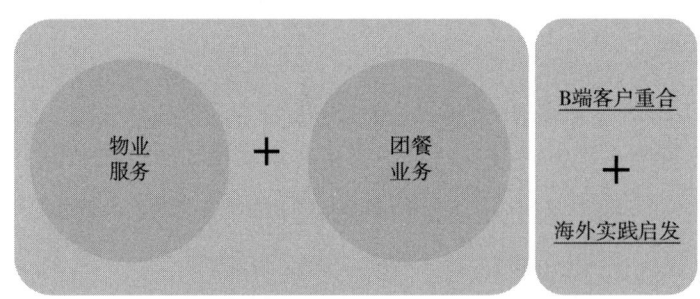

图11-36　物业服务+团餐一体化经营可行性示意

资料来源：中指研究院。

物业企业入局团餐领域主要有三种路径：第一是收购专业团餐公司或具有团餐业务的标的企业，迅速形成专业服务能力；第二是投资设立包含餐饮业务的附属公司；第三是联合餐饮公司进行战略合作。

但整体来看，团餐业务的营业收入占比较低，从已公布数据的企业情况看，均不足 10%，可见其仍处于产业布局的初期阶段。

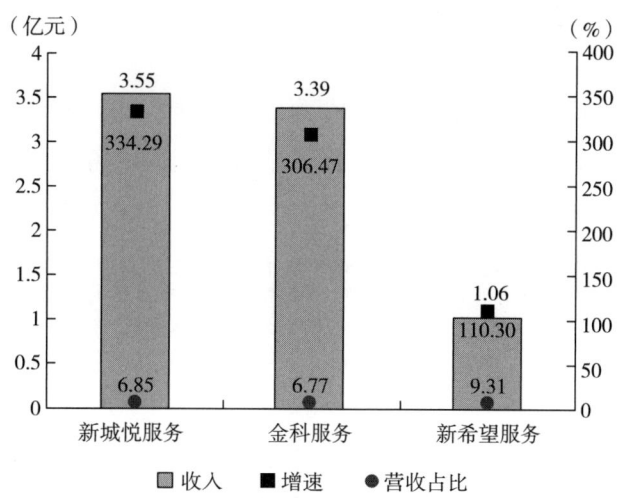

图11-37　2022年部分物业企业团餐业务收入及营收占比情况

注：新希望服务数据统计口径为"在线及线下零售服务及餐饮服务"。
资料来源：企业年报。

2. 综合服务——围绕B端客户需求提供增值服务

基于IFM服务的综合性要求，物业企业围绕不动产空间和人的直接需求及其衍生需求对服务内容进行延伸和整合，形成了对客户企业的一体化综合服务。通过将这些独立且分散的服务细项整合起来，不但能够有效降低客户企业的沟通成本，而且能实现高度定制化的服务效果，因此一体化综合服务是IFM的灵魂。

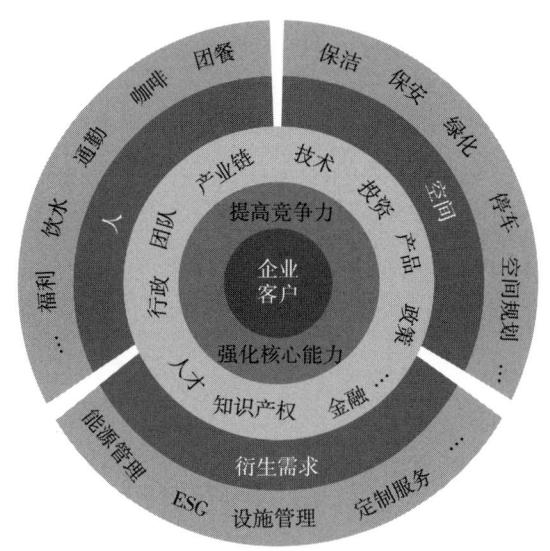

图11-38　围绕企业客户需求可拓展综合服务内容示意

资料来源：中指研究院。

综合服务是一个循序渐进、逐渐完善的过程，并不是追求服务的"一步到位"。国内物业企业从实际出发，先着手于能够为客户提供的专业服务，如保洁、保安、停车管理、空间规划、礼宾服务、餐饮等；再以点扩面，横向拓展服务内容，最终以降本增效为目标将各种服务串联起来，形成一体化综合服务。

3. 设施管理——绿色能源方向企业大有可为

在我国"双碳"战略目标指导下，设施管理的重点方向是绿色能源管理，帮助客户企业实现节能减排和绿色转型的发展目标。设施管理作为一个专业领域，目前在国内市场中，虽然传统设施管理企业在该专业领域中占据优势地位，但是随着物业管理行业的快速发展，以万物梁行、招商积余、特发服务、卓越商企服务等为代表的物业企业在设施管理领域也取得了突出的成绩。这些企业的共同特点是围绕非住宅业态进行战略布局，并基于客户的需求自上而下形成各具特色的设施管理业务板块，现阶段设施管理业务已成为支撑企业拓展IFM领域的业务基础和抓手。

四、长坡厚雪，物业企业IFM业务发展策略

（一）聚焦核心优势业务，由点及面构建IFM服务体系

IFM作为一项综合性、系统性的管理工程，其服务内涵大、外延广，对服务方的综合能力要求较高，新入局企业多采用集中型策略锁定目标市场和客户，通过聚焦客户资源、业务特色、服务能力等多方面的核心优势，由点及面、循序渐进地构建企业IFM服务体系。

从国际巨头的实践情况看，聚焦IFM某个细分领域，并将其做到极致，再由点及面扩展服务内容，即能形成行业的龙头。例如，索迪斯核心优势业务是团餐服务为代表的驻场服务，爱玛客的特色业务是制服服务，欧艾斯的核心业务是清洁服务等，它们首先专注于自己的核心优势业务，并将其打造成企业核心产品，借此广泛积累用户，然后在此基础上围绕客户多元服务需求拓展业务，最终形成丰富的IFM服务体系。

表11-5　　部分企业在IFM领域的核心业务单元/特色优势业务

序号	企业名称	IFM领域核心业务单元/特色优势业务
1	索迪斯	团餐服务
2	欧艾斯	清洁服务
3	爱玛客	制服服务、团餐服务
4	万物梁行	分布式职场服务及设施管理服务
5	招商积余	设施管理服务
6	新城悦服务	团餐服务
7	特发服务	园区及政务一体化服务

资料来源：中指研究院整理。

从企业的经营实践情况看，餐饮服务和清洁服务可能是物业企业在IFM领域布局门槛较低的优势业务。根据IFM服务的具体内容与物业企业现有业务的匹配程度及各专业服务领域的进入壁垒高低情况，我们将IFM服务内容进行分层，现阶段看，餐饮服务和清洁服务可能是物业企业在IFM领域布局门槛较低的优势业务。

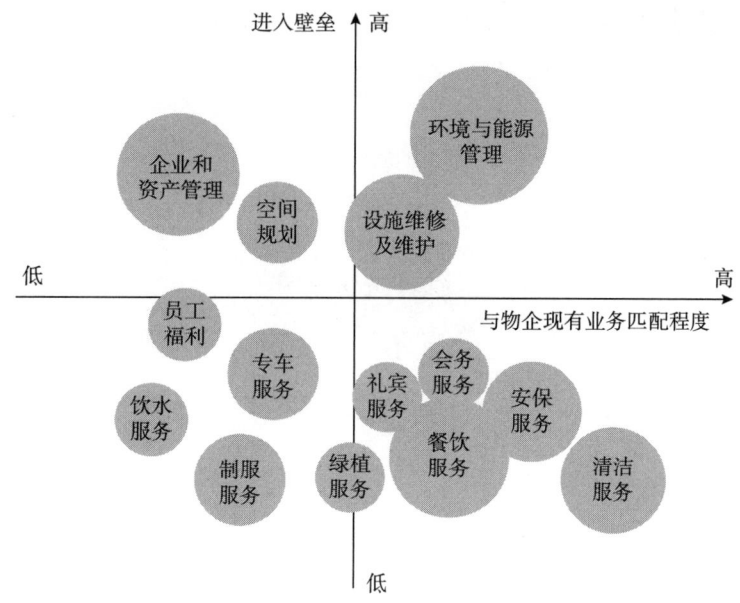

图11-39　IFM部分服务内容进入壁垒及与物企业务匹配程度

注：气泡大小表示潜在市场空间大小。
资料来源：中指研究院整理。

（二）以战略收并购为支点，撬动专一赛道优势布局

从IFM国际巨头的实践经验看，收并购是国际IFM供应商巨头实现全球化布局的策略关键。例如，索迪斯从专注法国南部地区的团餐服务商发展成为业务遍及全球的IFM服务商，其发展离不开公司采取的积极的收并购和外拓策略，索迪斯倾向于并购在属地处于领先地位的企业，进而实现业务升级。

从国内市场看，部分物业企业正在尝试通过收并购强化自身在以团餐服务为代表的IFM细分领域的服务能力建设，并以此为支点撬动企业在IFM领域的优势布局。例如，金科服务通过收购"金科酒管"与"金悦佳品"及重庆本土龙头型团餐企业——重庆韵涵餐饮文化有限公司，快速提升了企业团餐服务能力，并在此基础上孵化了团餐子品牌"金晓心悦"，构建起全方位团餐体系。

表11-6　金科服务布局团餐领域的部分外拓动作

序号	时间	类别	标的简称	所属领域
1	2021年8月	战略合作	九龙高新集团	物业服务、团餐
2	2021年12月	并购	金科酒管	酒店管理、综合餐饮服务
3	2022年1月	并购	金悦佳品	餐饮服务
4	2022年3月	合资合作	金颐餐饮	餐饮服务
5	2022年3月	并购	韵涵餐饮	餐饮服务

资料来源：公开资料，中指研究院整理。

（三）客户视角提供高定制化服务，深挖业务护城河

IFM服务与传统物业服务最显著的区别在于其极具个性化的综合服务方案。传统物业服务提供的是以"四保一服"为标配的标准化服务，而IFM服务追求的是从客户视角切入，为企业量身定制菜单式服务清单，高定制化的服务在通过足够的经验积累后，或将形成企业的护城河。

IFM的起点是客户的多元服务需求，对于服务方而言，准确判断和识别客户需求是提供个性化、差异化服务方案的前提。物业企业可以根据客户企业所处的发展阶段、所属的行业领域，结合以往客户服务经

验，初步判断客户的服务需求方向，再通过对客户企业的深入调研，形成对客户需求的准确判断，进而以客户需求为基础，组织专项团队进场服务。

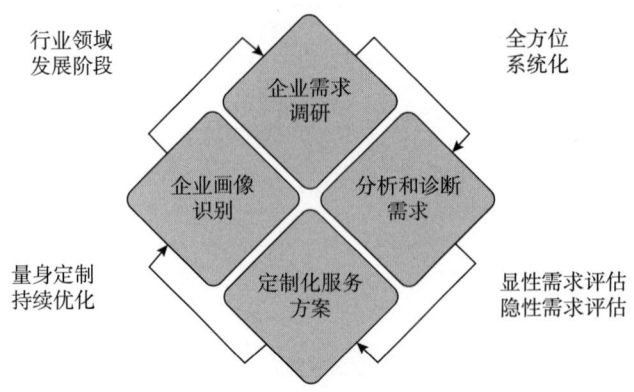

图11-40 IFM服务客户需求识别及服务方案设计步骤与重点

资料来源：中指研究院。

（四）构筑专业化人才体系，重塑组织能力与价值观念

人才是企业发展的关键要素，也是制约行业未来发展方向和速度的瓶颈。IFM服务的专业化、定制化特点及其业务深度和广度已经远远超出目前大部分从业人员的传统思维和做法，企业迫切需要吸引和培养掌握专业技术、具备先进观念、适应市场变化的新生服务力量加入，从而构筑起专业化人才体系，重塑组织能力，为企业发展奠定基础。

IFM服务作为一种集物业管理、设施管理、行政管理、财务管理、人力资源管理等多专业于一身的现代服务门类，对核心管理人才的专业要求很高。根据我们对部分上市企业IFM职业经理人的专业背景调查情况看，曾经从事"物业管理"与"机电设施维护"的人员占比合计在65%以上；其次是负责行政管理和人力资源的人员，合计占比在21%左右；负责采购及供应链管理和财务人员的占比约为10%。

从目前国内IFM从业人员的来源情况看，一线服务人员主要来自国内物业企业和设施管理供应商；核心管理人员主要来源于国际IFM服务企业和国内传统头部设施管理供应商的人才输出。

（五）深化品牌经营理念，探索与客户品牌的互助共赢

IFM聚焦于客户企业的非核心业务外包，是构成客户生态体系的重要组成部分。具有非核心业务外包需求的客户目前以各行业头部企业或创新型企业为主，它们在选择供应商时更加关注对方的品牌实力及服务经验，这对IFM供应商的品牌建设和业务积累提出一定要求。

物业企业的IFM服务通常是整合在商写业务板块下，其在商写领域的布局情况很大程度上决定了企业IFM业务的服务内容和品牌实力。面对市场前景广阔的商写领域，部分物业企业已经推出了专属服务品牌，例如，万物云的万物梁行、中海物业的海纳万商、保利物业的星云企服等，这些头部物业企业的品牌经营的理念和意识较强，它们在进军IFM领域时比其他企业更具有品牌优势。

（六）聚焦绿色低碳领域，以数字化驱动高质量发展

IFM和绿色低碳的结合会是未来行业的发展的必然趋势，数字化在其中扮演着主要角色。要实现绿色

低碳和IFM融合发展，首先要做到的是对客户企业整个能源管理体系的数字化建模；其次，通过数字化的日常运营管理，帮助客户进行碳的计算、核查、追踪；最后，通过数字技术评价IFM服务整体的落地情况，实现对服务空间和设备的全生命周期的碳管理。可见，数字化手段贯穿IFM服务的全流程，是帮助客户企业实现绿色低碳发展的关键。

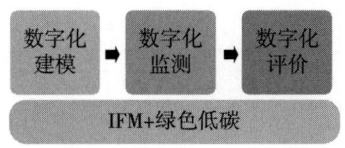

图11-41　数字化在IFM与绿色低碳融合发展过程中作用示意

资料来源：中指研究院。

数字化能够有效降低IFM供应商运营成本，同时帮助客户企业实现节能减排。客户企业私属空间管理中的各个系统如果仅仅是独立运行，可能导致数据孤岛和低下的效率，信息不一致也可能导致重复劳动和管理盲区，这不仅会拖累运营效率，也会埋下安全隐患和增加成本。而数字化的IFM平台可以实现对能源设备的24小时不间断监测，同时利用人工智能技术使平台不断学习，随时做出调整并且进行优化。比如办公室的供暖与通风就可以通过数字化技术根据当日天气、办公室人数、流通频率等调整至最适宜的状态。

在国家"双碳"战略目标引领下，IFM服务商还可以通过数字化手段为客户创造更多"绿色"品牌价值，取得LEED、WELL认证。从行业标杆企业的实践情况看，它们积极把握国内产业转型升级窗口期和企业ESG发展机遇，以客户企业绿色低碳发展诉求为切入点，通过数字化手段提升服务效率和服务能力，帮助客户企业成功获得国际认证。例如，万物梁行助力腾讯滨海大厦、北京凤凰国际传媒中心、深圳滨海云中心等多个服务项目取得了LEED和WELL认证。

报告十二 2023中国物业服务上市公司TOP10研究报告

一、研究背景与方法体系

（一）研究背景与目的

截至目前，共有64家物业服务上市公司登陆资本市场。2022年以来，资本市场物业板块整体表现欠佳，在地产下行、疫情管控等外部影响及自身高速扩张引发的一系列风险的综合作用下，上市公司整体规模增速放缓，盈利水平下降，市场拓展竞争加剧。在此背景下，优秀上市公司持续挖掘行业发展机遇，保持规模稳步有效增长，延伸服务边界，引领行业驶入高质发展新阶段。在2023中国物业服务上市公司研究中，中指研究院针对公司规模、盈利能力、服务品质、成长潜力、财富创造能力等方面制定了研究方法和指标体系，本着"客观、公正、准确、全面"的原则，发掘综合实力强、经营业绩佳、投资价值大的优秀物业服务上市公司，探索不同市场环境下物业服务上市公司的价值增长方式，为投资者提供科学全面的投资参考依据。

中国物业服务上市公司TOP10研究的目的：

①客观反映中国物业服务上市公司的整体发展水平和最新动态，促进物业服务上市公司做大、做强、做优。

②发掘综合实力强、投资价值高的物业服务上市公司；扩大企业在机构投资者中的影响力，拓宽企业融资渠道，帮助企业更快更好地发展。

③通过系统研究和客观评价，打造"中国物业服务上市公司TOP10"品牌，引领物业管理行业投资良性循环和健康发展。

（二）研究方法体系

1. 研究对象

（1）依法设立且公司股份于2023年4月30日前在上海证券交易所、深圳证券交易所及香港联交所等境内外证券交易所公开上市的物业服务企业（业务收入主要来自中国大陆，且收入构成需满足下款条件）。

（2）主营业务收入构成满足以下条件之一：①物业管理相关业务收入（必须包括基础物业服务收入）所占比重不低于50%或所占比重虽低于50%但比其他业务收入比重均高出30%（源自《上市公司分类与代码》，中国证监会2005年3月颁布）。②如果公司收入来自两个行业，物业管理相关业务收入占其总收入60%以上或其收入和利润均占整体比重超过50%，或按历史和未来趋势来看，物业管理业务为企业提供最主要的收入和利润。如果公司业务收入来自三个或以上行业，物业管理相关业务收入或者利润占整体比重超过50%（源自全球行业分类标准，Global Industry Classification Standard，摩根士丹利公司和标准普尔公司联合发布，简称GICS）。

2. 评价指标体系

在2023中国物业服务上市公司TOP10研究中，中指研究院从公司规模、盈利能力、服务品质、成长潜力和财富创造能力五个方面对企业进行评价，对同一家企业在五个指标体系中的得分按一定的权重值（权重来自五项得分的"方差—协方差分析"）进行加总，最终得到企业的综合实力得分，评价得出"2023中国物业服务上市公司综合实力TOP10"。

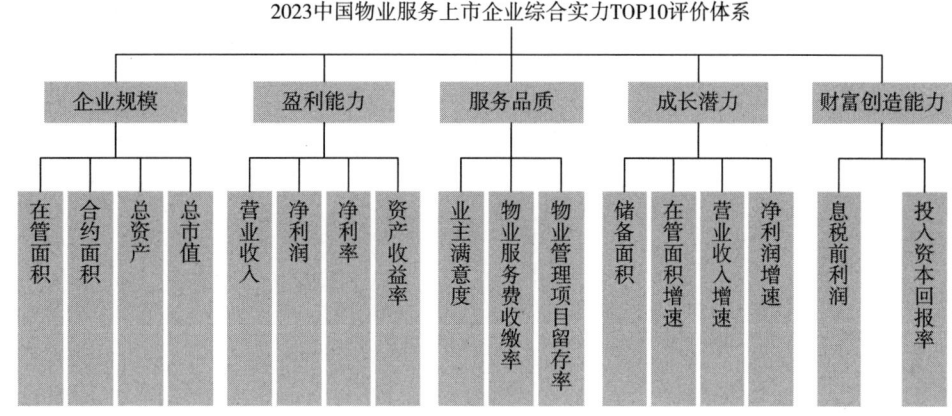

2023中国物业服务上市企业综合实力TOP10评价体系

3. 数据来源

①中国房地产指数系统（CREIS）数据库，包括物业版数据库及其他相关的数据库板块。

②物业服务上市公司对外公布的信息（包括公司年报、公告、公司网站公布的信息和对外派发的资料）。

③有关政府部门（包括建委、房管局和统计局等）的公开数据。

④2020、2021、2022中国物业服务上市公司研究收集的企业数据资料。

⑤2021、2022、2023中国物业服务百强企业研究收集的企业数据资料。

4. 计量评价方法

研究方法上，为增加研究的严谨性，采用因子分析（Factor Analysis）方法进行。因子分析是一种从变量方差—协方差结构入手，在尽可能多地保留原始信息的基础上，用少数新变量解释原始变量方差的多元统计分析方法。它将原始变量分解为公共因子和特殊因子之和，并通过因子旋转，得到符合现实意义的公共因子，然后用这些公共因子去解释原始变量的方差。

设x_1，x_2，…，x_p是初始变量，F_1，…，F_m表示因子变量。使用统计软件SPSS可以计算出每个研究对象的各个因子的得分，然后计算出因子综合得分：

$$A = (\alpha_1 F_1 + \cdots + \alpha_m F_m)/\sum \alpha_i, \ i=1,\cdots,m$$

其中，α表示各个因子变量的方差贡献率。

二、2023中国物业服务上市公司TOP10研究成果

（一）2023中国物业服务上市公司综合实力TOP10

表12-1　　　　　　　　　　2023中国物业服务上市公司综合实力TOP10

2023排名	股票代码	股票简称
1	6098.HK	碧桂园服务
2	3319.HK	雅生活服务
3	2669.HK	中海物业
4	6049.HK	保利物业
5	9666.HK	金科服务
6	001914.SZ	招商积余
7	2869.HK	绿城服务
8	1209.HK	华润万象生活
9	9983.HK	建业新生活
10	6626.HK	越秀服务

综合实力TOP10公司稳中提质，在管理规模、盈利能力、成长速度、财富创造、内部管理和运营等方面不断突破，在理性回归的行业背景下谋求发展，脱颖而出，综合实力强劲。

2022年，在物业行业受到外部冲击的状况下中海物业仍旧交出稳中有进的业绩报告，营收及净利等指标保持稳健增长，第三方外拓能力不断增强，收入结构不断优化，秉承"1155"战略目标，以擦亮"第一管家"的金字招牌为目标，持续打造领先的产品创新理念，凭借"星启物联网中台"技术，打造建筑全生命周期的数字产业链，完成产品规模化、标准化以及定制化。2022年，雅生活服务坚持长期主义思想与可持续发展理念，重视多元化发展，在"树品牌、稳发展、强能力、促融合"的战略指引下实现业绩稳健增长。

（二）2023中国物业服务上市公司规模TOP10

表12-2　　　　　　　　　　2023中国物业服务上市公司规模TOP10

2023排名	股票代码	股票简称
1	6098.HK	碧桂园服务
2	3319.HK	雅生活服务
3	6049.HK	保利物业
4	2869.HK	绿城服务
5	2669.HK	中海物业
6	001914.SZ	招商积余
7	9666.HK	金科服务
8	1209.HK	华润万象生活
9	0873.HK	世茂服务
10	3913.HK	合景悠活

规模扩张是物业服务上市公司巩固当前竞争优势，进行多元业务布局的重要根基，当前规模增长放缓，行业回归理性，但规模仍然是行业关注的关键指标。

雅生活服务凭借其灵活的市场拓展策略，期内在管及合约面积实现高质量增长。截至2022年底，雅

生活服务在管面积达 5.46 亿平方米，较 2021 年增长 5690 万平方米；合约面积达 7.31 亿平方米，较 2021 年增长 6840 万平方米，集团规模优势进一步凸显。

（三）2023 中国物业服务上市公司市场拓展能力 TOP10

表12-3　　　　　　　　　2023中国物业服务上市公司市场拓展能力TOP10

2023 排名	股票代码	股票简称
1	3319.HK	雅生活服务
2	6098.HK	碧桂园服务
3	9666.HK	金科服务
4	1516.HK	融创服务
5	2669.HK	中海物业
6	6049.HK	保利物业
7	9928.HK	时代邻里
8	1755.HK	新城悦服务
9	6677.HK	远洋服务
10	0873.HK	世茂服务

2022 年以来，行业并购热度下降，关联方项目供给日渐乏力，独立市场外拓成为物业服务上市公司增强市场竞争力、实现高质量增长的重要战略方向。面对宏观环境与地产行业调整，金科服务展现出了优秀民营企业的稳定和韧性，树立了跨越行业周期的信心。随着博裕投资入驻金科服务并成为大股东，金科服务真正意义上成为独立的第三方物业公司，不受地产行业制约。金科服务以大魄力在 2022 年进行改革，坚持"服务+科技""服务+生态"战略，沉淀内涵后向高质量第三方综合服务商转型。

中海物业凭借品牌及规模优势，通过多渠道开拓市场，2022 年，新增项目 55.7% 来自独立第三方。自 2020 年起，中海物业独立化发展趋势越发明显，独立第三方在管面积大幅提升，充分表明中海物业市场开拓能力持续增强。

（四）2023 中国物业服务上市公司成长潜力 TOP10

表12-4　　　　　　　　　2023中国物业服务上市公司成长潜力TOP10

2023 排名	股票代码	股票简称
1	0816.HK	金茂服务
2	6098.HK	碧桂园服务
3	6049.HK	保利物业
4	3319.HK	雅生活服务
5	9666.HK	金科服务
6	9928.HK	时代邻里
7	6677.HK	远洋服务
8	9983.HK	建业新生活
9	1755.HK	新城悦服务
10	2210.HK	京城佳业

上市公司的关键指标增速是成长潜力的重要体现。金茂服务在 2022 年行业整体回归理性、各项关键指标增速下降的背景下，在管面积、营业收入、净利润仍然分别实现 56.32%、60.74% 和 90.73% 的同比增

速，在所有上市公司中脱颖而出。储备面积也是反映上市公司成长潜力的关键指标，是企业未来规模增长的重要基础。2022年，碧桂园服务的储备面积高达7.37亿平方米，能支持目前规模近一倍的增长，表明后续仍有较大的增长潜力。

（五）2023中国物业服务上市公司社区增值服务能力TOP10

表12-5　　　　　　　　2023中国物业服务上市公司社区增值服务能力TOP10

2023排名	股票代码	股票简称
1	6098.HK	碧桂园服务
2	6049.HK	保利物业
3	3319.HK	雅生活服务
4	2669.HK	中海物业
5	1755.HK	新城悦服务
6	1995.HK	旭辉永升服务
7	1778.HK	彩生活
8	9928.HK	时代邻里
9	6677.HK	远洋服务
10	0873.HK	世茂服务

社区增值服务延展性好，需求大，是优质的业务拓展板块。物业上市公司凭借近场优势开展社区增值服务已取得良好成效。雅生活服务及时发掘业主服务需求，进行多元化发展，围绕社区、公建等场景孵化衍生出多种增值服务。随着团餐、家政及家装业务的不断升级，雅生活服务将引入更多专业化团队协同发展，组建创新业务孵化平台，深入探索创新业务孵化路径，为新业务的垂直化落地夯实基础，赢得客户的赞誉。2022年，雅生活服务社区增值服务收入实现23.20亿元，同比增长24.3%，占总收入的15.1%。

（六）2023中国物业服务上市公司非住宅物业服务TOP10

表12-6　　　　　　　　2023中国物业服务上市公司非住宅物业服务TOP10

2023排名	股票代码	股票简称
1	6049.HK	保利物业
2	001914.SZ	招商积余
3	0873.HK	世茂服务
4	3913.HK	合景悠活
5	2669.HK	中海物业
6	2869.HK	绿城服务
7	1755.HK	新城悦服务
8	6626.HK	越秀服务
9	1516.HK	融创服务
10	2168.HK	佳兆业美好

拓展非住宅业态成为行业近年来的重要趋势。一方面，非住宅业态存量市场空间广阔且竞争激烈程度相对较低，进军非住宅业态是上市公司扩充规模的有效手段。另一方面，与住宅项目相比，非住宅项目的物业费较高，收缴率也较高，是上市公司提升营业收入的重要抓手。此外，基于非住宅可以延伸出更多元的业务空间，诸如城市服务、IFM服务等。中海物业服务业态已涉及城市服务、高速公路、医院、

写字楼、大型商业机构、商业服务中心、旅游景点、文化场馆等多元业态，并打造诸多优秀项目，提供贯穿全生命周期的物业服务。各业态间的相互融合与协同发展是中海物业一直以来的业务发展逻辑，在发展中坚持"中海式物业管理现代化"，将分散的各个业态形成一体化的服务能力，向城市服务赛道聚拢，通过将内外部资源进行整合，形成全产业链发展，与供应商共建项目履约生态，成为共建共治共用的建设者。

（七）2023中国物业服务ESG发展优秀企业

表12-7　　　　　　　　　　2023中国物业服务ESG发展优秀企业

2023排名	股票代码	股票简称
1	6098.HK	碧桂园服务
2	3319.HK	雅生活服务
3	2669.HK	中海物业
4	6049.HK	保利物业
5	1209.HK	华润万象生活
6	9983.HK	建业新生活
7	6626.HK	越秀服务
8	1502.HK	金融街物业
9	2210.HK	京城佳业
10	2205.HK	康桥悦生活

ESG从三个非财务指标出发来衡量和评价企业可持续投资价值的理念和评价体系，使企业在关注经营绩效的同时，充分考虑企业所处环境、社会及公司治理情况，降低企业综合运营风险，实现高质量长远发展。目前国际相关准则对ESG的披露要求越来越严格，上市公司也在不断加强ESG建设。

物业服务上市公司积极践行社会责任，参与环境保护，努力实现和谐发展。雅生活服务积极参与绿色物业管理标准化工作，探索绿色物业管理的具体实践标准，以主导编写身份申报《绿色物业管理导则》，该立项已通过中国物业管理协会审批。

（八）2023中国上市物业服务投资价值优秀企业

表12-8　　　　　　　　　　2023中国上市物业服务投资价值优秀企业

股票代码	股票简称	股票代码	股票简称
2669.HK	中海物业	0816.HK	金茂服务
6049.HK	保利物业	9983.HK	建业新生活
9928.HK	时代邻里	1755.HK	新城悦服务
3316.HK	滨江服务	1502.HK	金融街物业
6677.HK	远洋服务	6093.HK	和泓服务

资本市场物业板块目前仍处于震荡盘整阶段。优秀上市公司在管理规模、服务品质、盈利能力等方面表现突出，赢得投资者和市场认可。2022年，中海物业稳健发展，厚积薄发，毛利润、净利润稳步增长，管理规模有序扩张，独立市场外拓能力不断增强，各项核心指标稳健增长，是行业的优质股。建业新生活已全面布局河南省、市、县、镇、村五级市场，并辐射至中部八省及新疆、海南等地，服务类型涵盖住宅、商业、写字楼、体育场、特色小镇、田园综合体、学校、医院、公园、"三供一业"项目、城市服务、

产业园区等，由社区服务迈向城市服务，不断夯实竞争优势。

（九）2023值得资本市场关注的物业服务企业

表12-9　　　　　　　　　　　2023值得资本市场关注的物业服务企业

企业名称	企业名称
深业物业运营集团股份有限公司	中电建物业管理有限公司
苏新美好生活服务股份有限公司	中铁建物业管理有限公司
北京中铁慧生活科技服务有限公司	北京兴业源科技服务集团股份有限公司
弘阳服务集团（南京弘阳物业管理有限公司）	南京朗诗物业管理有限公司
厦门国贸城市服务集团股份有限公司	上海古北物业管理有限公司

深业运营坚持标准先行+智慧运营策略，建立服务标准体系，搭建深享汇智慧平台，聚焦不同物业空间内客户需求的差异性，精心打造"深享"服务产品，以专业服务客户，用智慧创造价值。苏新服务不断扩大业务版图，提升行业影响力，蹚出了一条综合性城市服务及物业服务的新路，用行动诠释"美好生活场景"的N种想象，赢得了业界认可和良好口碑。

三、中国物业服务上市公司整体发展状况分析

目前，物业服务上市公司共64家，其中港股59家，A股5家。截至2023年5月5日，仍有7家未披露2022年年报。剔除未披露年报的上市公司和奥克斯国际（会计期间与其他公司不同），共56家上市公司成为本次研究样本。

（一）资本表现：物业板块触底反弹，企业间分化加剧，优质标的价值彰显

1.总市值探底回升约四成，TOP10企业占比约75%，长尾效应凸显

政策驱动，民营房企信用风险释放是物业板块整体市值回升关键。2022年11月地产政策"三箭齐发"，有利于民营房企信用风险的释放和物业上市公司估值重塑。自2021年6月底以来，物业板块整体估值一直处于波动下行阶段，2022年10月31日，达历史最低点约2613.74亿元，后在政策刺激下开启反弹模式，截至2023年5月5日收盘，64家上市物业服务公司总市值为3546.49亿元，较底部回升36.35%，目前处于震荡盘整期。

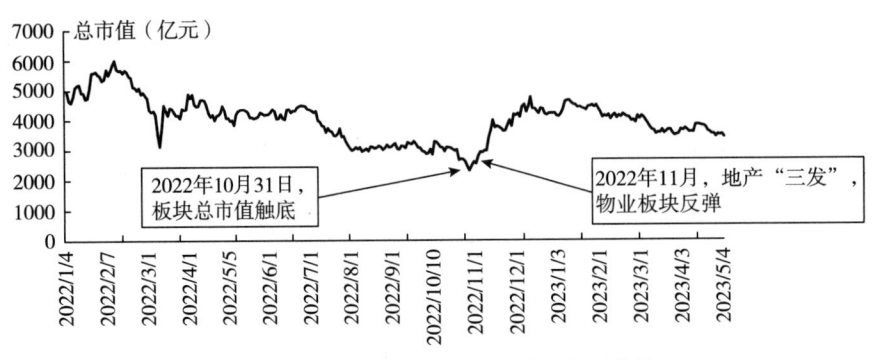

图12-1　12022年以来物业板块总市值走势

华润万象生活以总市值804.23亿元位列第一,万物云以374.28亿元排名第二；板块平均市值为55.41

亿元，超过均值的共计12家；超过100亿元的共8家，市值合计达2521.19亿元，占总市值的71.09%；TOP10企业市值合计2667.90亿元，占总市值的比例为75.24%，是尾部10名企业市值总和的145倍，市值分化显著。

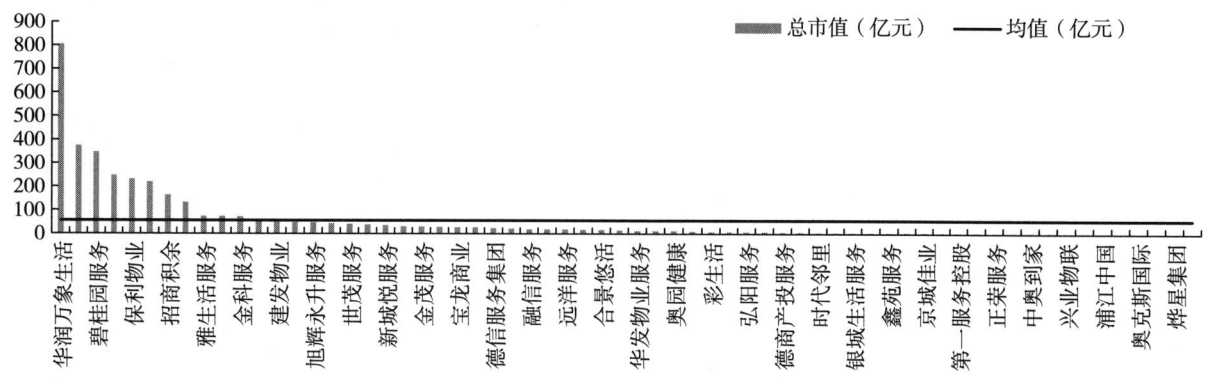

图12-2　物业服务上市公司市值及均值情况

尽管物业板块整体震荡盘整，但也应看到，优质物业服务上市公司在这个过程中经受住了资本市场考验，表现可圈可点。尤其是国企，凭借"国资背景"金字招牌及"为民服务"良好形象等诸多优势，股价韧性更强。2022年1月3日至2023年5月5日，物业上市公司股价实现正增长的共有8家，其中有5家是国资背景企业。

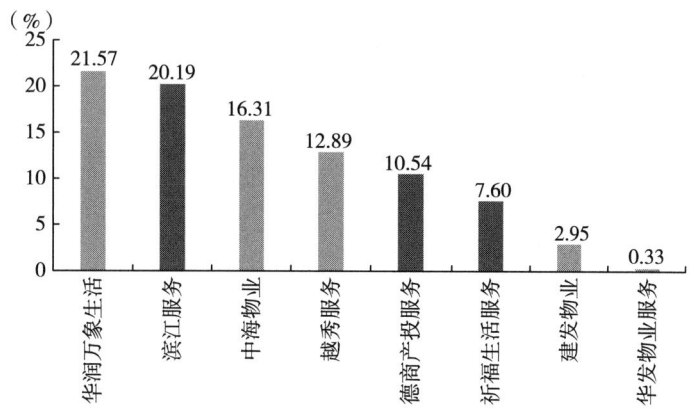

图12-3　股价2023年5月5日较2022年1月3日正增长的企业

高水平的企业经营和高质量的业绩增长是获得资本市场关注的基石。2022年，华润万象生活营收过百亿，再上新台阶，净利润22.25亿元，同比大增30.7%，各项核心指标实现稳健增长，成为2022年以来股价增长最快、市值最高的上市公司。

2. 板块整体市盈率反弹至14.54倍，优质企业及特色企业估值更高

业绩是支撑估值的底层逻辑，高估值匹配高增长。物业服务上市公司平均PE（TTM）最高时接近45倍，然而当高增长等条件被打破，高估值就难以为继，PE在业绩预期走弱的情况下震荡下行，至今小幅反弹并企稳。截至2023年5月5日，PE为14.54倍，较2022年初17.10倍降低17.01%。

截至2023年5月5日，中天服务、华润万象生活、特发服务的市盈率分列前三，分别为51.26、37.01和33.00倍，排名前十的公司市盈率均值为29.74倍，其中A股上市公司4家，表明A股给予物业股更高的估值。

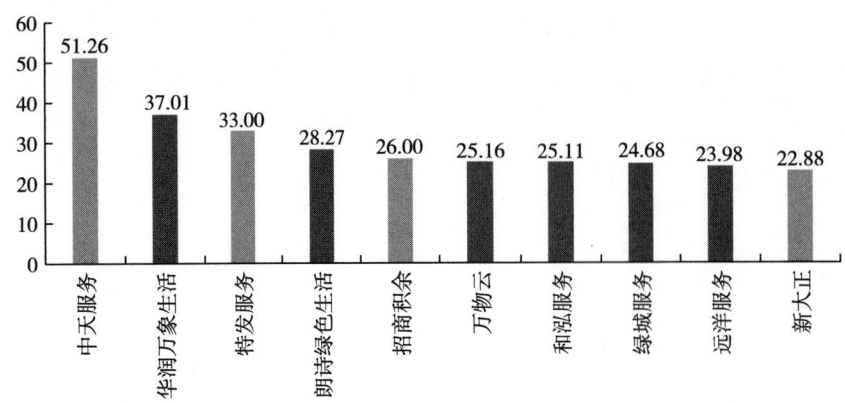

图12-4　物业服务上市公司市盈率TOP10

在2022年初至2023年5月5日收盘的数据统计中，国资企业股价波动率更为平缓，2023年5月5日收盘价相较于2022年年初股价保持正增长的仅有8家，其中国企占5家，占比达到62.5%，总市值TOP10及市盈率TOP10，国资背景企业都为4家，占比为40%。

表12-10　物业上市公司市值及市盈率TOP10（数据为截至2023年5月5日收盘）

证券代码	证券名称	市盈率（PE,TTM）	证券代码	证券名称	总市值（亿元）
002188.SZ	中天服务	51.26	01209.HK	华润万象生活	804.23
01209.HK	华润万象生活	37.01	02602.HK	万物云	374.28
300917.SZ	特发服务	33.00	06098.HK	碧桂园服务	347.80
01965.HK	朗诗绿色生活	28.27	02669.HK	中海物业	247.24
001914.SZ	招商积余	25.99	06049.HK	保利物业	231.23
02602.HK	万物云	25.15	06666.HK	恒大物业	218.75
06093.HK	和泓服务	25.11	001914.SZ	招商积余	164.57
02869.HK	绿城服务	24.68	02869.HK	绿城服务	133.09
06677.HK	远洋服务	23.98	03319.HK	雅生活服务	73.83
002968.SZ	新大正	22.87	01516.HK	融创服务	72.88

3. IPO热度有所下降，国资背景企业、特色赛道企业及规模较大企业仍有机会

IPO方面，2022年，物业管理行业新股发行数量为6家，均在香港主板，较2021年的14家显著下降，IPO节奏明显放缓；募集资金总额为74.4亿港元，融资总量收缩至2018年水平。2023年前5个月，仅一家企业成功登陆港股资本市场，募集资金及上市企业数量进一步下降，IPO热度减退。

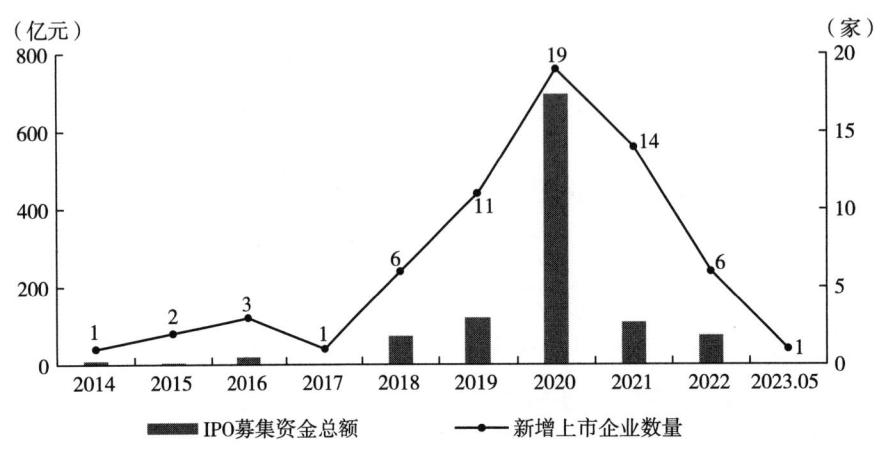

图12-5　物业板块历年上市公司数量及募集金额

另一方面，从公司第一次递表到叩开资本市场大门平均用时来看，最近几年，平均等待时间持续增长，2023年新晋企业润华服务更是用时568天，部分撤表的企业在招股书过期后也并未继续推进上市进程，当下港股市场估值较低，部分有上市意向的物企仍在观望，等待更好时机。

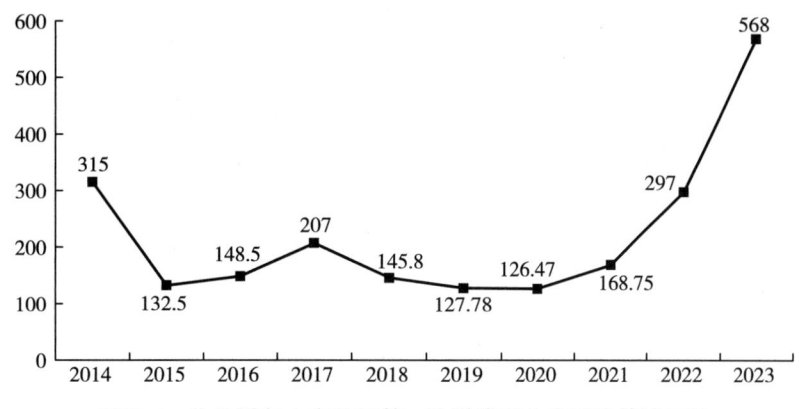

图12-6　物业服务上市公司第一次递表至上市平均等待天数

国资背景物业企业信用好，稳健性强，相对民营企业更具抗风险和抗周期的特性。同时，较高且稳定的估值有助于国企获得融资，资金链稳健，进而有助于开展收并购工作，形成正向循环扩张。另外，当前的资本市场已不再"唯规模论"、盲目追求全国化的规模扩张，而是逐渐回归行业本身的商业逻辑，关注物业服务企业的高质发展和运营效率，这对广大区域型地方国资背景企业上市将更为有利。目前，有7家物业服务企业处于上市进程中，6家在冲刺港股，珠江股份正在进行重组并于A股上市，目前尚未完成更名；7家企业中有3家为国资背景企业，还有一些国企已公布上市公告正在准备过程中。未来，国资背景企业或将成为上市主力。

表12-11　　　　　　　　　　　　　　　　IPO排队企业

资本市场	企业名称	首次交表时间	企业性质
港股	众安智慧生活	2021/06/24	民企
	融汇悦生活	2021/06/30	民企
	万达商管	2021/10/21	民企
	龙湖智创生活	2022/01/07	民企
	中湘美好服务	2022/06/10	湖南国资
	深业运营	2023/02/24	深圳国资
A股	珠江股份	A股重组企业	广州国资

（二）经营业绩：管理面积增速下降，基础服务占比提升，风险出清导致净利润骤降

1. 管理规模：增速放缓，市场竞标成为主流拓展方式，非住宅业态占比持续增长

（1）管理面积同比增长18.18%，TOP10占比首超六成

截至2022年底，物业服务上市公司管理面积均值为1.3亿平方米，同比增长18.18%，合约面积1.8亿平方米，同比增长12.50%，增速均较上年显著下降。原因在于：第一，房地产行业下行，各类用地规划建筑面积及全国商品房销售面积下滑，导致项目供给减少；第二，收并购减少，拓规模降速；第三，部分物业服务上市公司去化非盈利项目，退盘数量上升；第四，疫情导致外拓变得更加困难，影响了企业的市场化拓展进程。

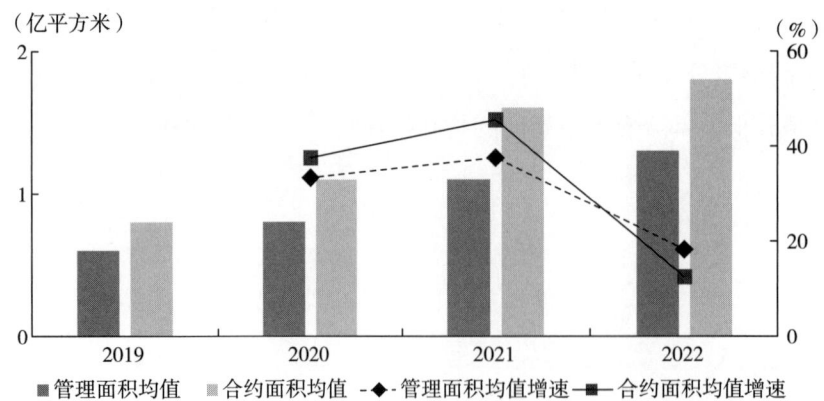

图12-7　2019-2022年物业服务上市公司管理面积与合约面积及增速情况

注：2022年未发布年报以及未披露相关信息的上市公司未被纳入。

在所有已披露数据的上市公司中，管理面积超过3亿平方米的有6家，较上年增加2家，管理面积介于1亿~3亿平方米的有10家，较上年减少1家，管理面积介于5000万至1亿平方米为11家，较上年增加4家，管理面积介于3000万~5000万平方米的为7家，小于3000万平方米的为14家。增速方面，管理面积介于3000万~5000万平方米的企业增速最快，2022年均值增速达到了36.24%，远超其他规模层级的企业。

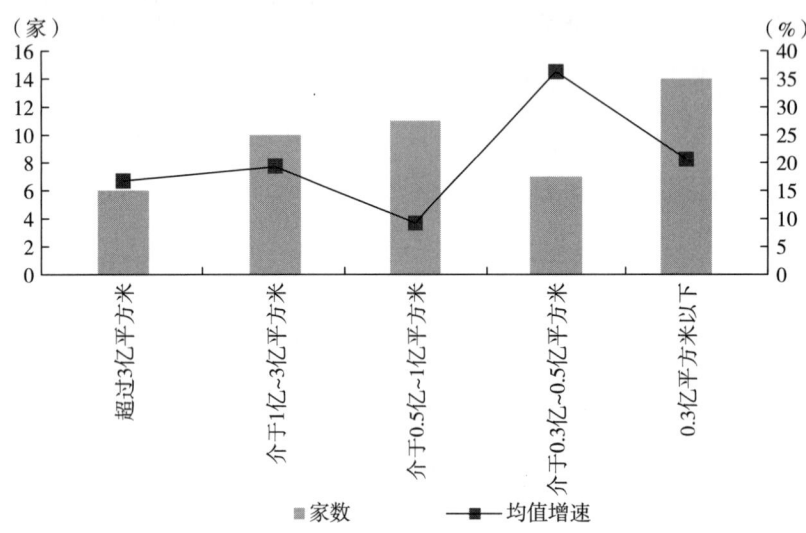

图12-8　不同规模层级物企上市家数及管理面积均值增速情况

规模TOP10企业合计管理面积41.53亿平方米，占比为61.34%，头部效应明显。其中，碧桂园服务管理面积9.57亿平方米，位列第一，保利物业管理面积5.76亿平方米，排名第二。

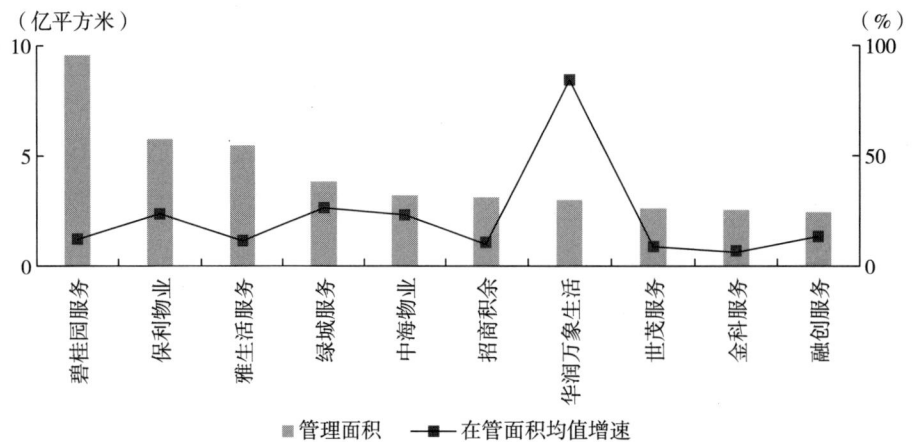

图12-9　物业服务上市公司管理面积TOP10及增速情况

（2）市场竞标成主流拓展方式，并购更加理性

2022年，市场竞标成为物业服务上市公司规模扩张的主流方式，招投标市场竞争异常激烈，既有关联方支持减弱"被动独立"影响，也有物业企业走独立化发展道路长远打算的考量。物业服务上市公司管理面积中来自第三方的占比逐年提升，2022年达到53.89%，较上年提升2.37个百分点，继续创新高。

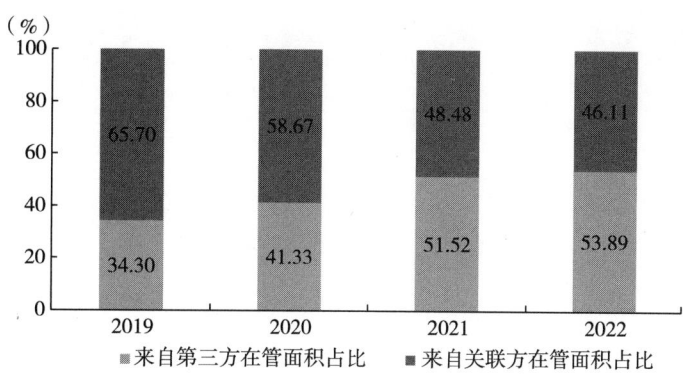

图12-10 物业服务上市公司管理面积来源情况

大中型企业（管理规模大于5000万平方米）第三方管理面积占比均值为61.88%，远高于中小型企业（管理规模小于5000万平方米）的41.59%；国资企业管理面积来自第三方占比均值为42.74%，小于民营企业的58.07%；合景悠活、和泓服务、雅生活服务等企业来自第三方占比均超过80%。

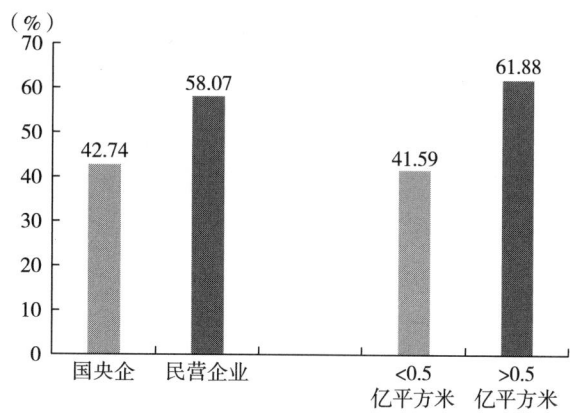

图12-11 不同类型上市公司第三方管理面积占比均值

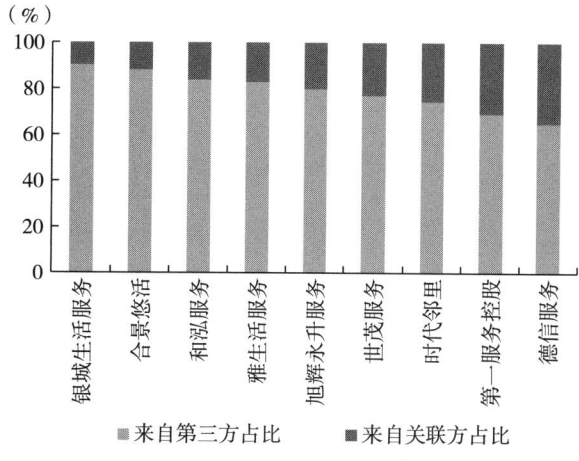

图12-12 上市公司第三方管理面积占比TOP10

并购更加理性，国资背景企业成并购主力军，民营企业与国资企业合作更加广泛。根据中指数据

库·物业版监测数据显示，2022年，行业并购交易发生43宗，相比2021年的145宗大幅下降，收并购热度大减，收并购双方更加谨慎，意愿降低；并购标的PE均值约11.5倍，较2021年略降，侧面反映出标的质量更优；国资企业涉及总交易金额超40亿元，占比过半；将并购案例以单笔并购金额由大到小排序，国资背景企业占据前6席。

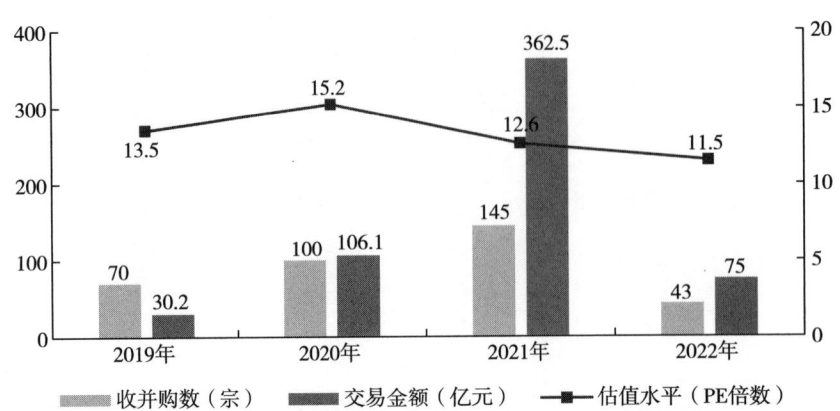

图12-13 2019-2022年物业管理行业收并购交易情况（中指数据库·物业版监测）

表12-12　　2022年部分收并购案例（中指数据库·物业版监测）

公告日期	并购方	并购标的	标的公司业务类型	对价（亿元）	涉及规模（万平方米）	股权比例（%）	PE倍数
2022/1/20	华润万象生活	中南服务	物业管理服务	22.6	5147	100	12.5
2022/1/5	华润万象生活	禹洲物业	物业管理服务	10.6	近1000	100	13.94
2022/6/16	招商积余	新中物业	办公物业	5.36	559	67	–
2022/8/12	远洋服务	红星物业	物业管理	5	1390	100	–
2022/6/17	金茂服务	首置物业	物业管理服务	4.5	280	100	9.71
2022/11/25	华发股份	铧金投资	–	4.37	–	100	–
2022/11/9	碧桂园服务	合富辉煌集团	物业代理服务	2.11	–	21	–
2022/4/11	新希望服务	明宇环球	商业管理	1.8	343	51	10.4
2022/1/10	合景悠活	广东特丽洁	清洁服务	1.65	3600	50	–
2022/11/21	第一服务	世纪金源服务	物业管理服务	1.63	–	8	13.2
2022/1/5	南都物业	中大物业	物业管理服务	1.32	–	100	–

2022年，绿城服务、雅生活服务、新城悦服务在强调市场外拓的同时明确指出要加强与地方国企的合作。一方面，国企拥有更多的资源，能够更好地满足合作的需要。民营企业借助国企力量，能够有效进行项目拓展，有助于民营企业提高社会信誉，塑造良好形象，提升品牌价值。另一方面，对国企而言，引入民营资本，能够激发国企活力，提高市场竞争力，最终实现双方共赢。

表12-13　　2022年部分民营企业与国资背景企业合作情况

企业名称	新增管理面积（万平方米）	与国企合作相关描述
绿城服务	约8000	与信达、西安高新等重磅央企、国企达成股权合作及战略合作，深度捆绑，强强联合，夯实规模优势
雅生活服务	5692	积极参与国企合资合作，与中城工业集团有限公司、江苏中农集团旗下中匠地产集团等实现战略合作，在大型企业、金融机构、园区综合服务领域获取了多个超大型标杆项目，包括中车交通汾湖星舰超级工厂、国家开发银行稻香湖数据中心、武汉国家开发银行、中广核上海科技园等
新城悦服务	4474	和天津、常州及荆门等地的城投开发企业达成合作关系

(3) 积极布局多业态，非住宅业态占比持续增长

2022年，上市公司管理面积中非住宅业态占比30.15%，虽然较上年增长不明显，但长期增长趋势未变。在新房交付下行、房地产行业走势不明的大背景下，物业服务上市公司积极布局多业态，优化业务结构，增强抗周期风险能力。

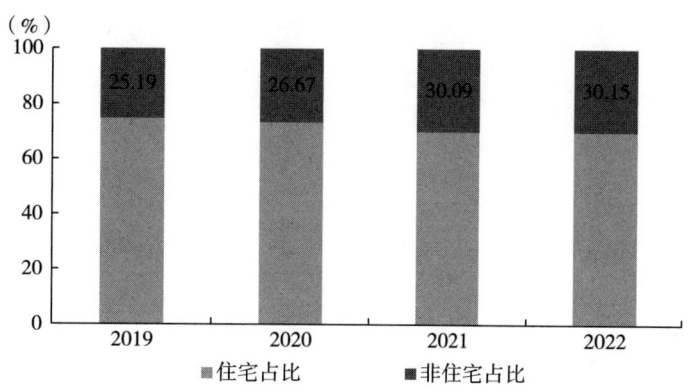

图12-14 物业服务上市公司管理面积中非住宅业态占比

注：未披露管理面积业态划分数据的上市公司不包括在内。

截至2022年底，卓越商企服务、金融街物业、雅生活服务的非住宅业态占比分别以64.51%、58.97%、56.40%排名前三，排名前十的企业占比均值为51.39%，首次超过五成。目前来看，物业服务上市公司几乎都有开展非住宅业务。商业物业、办公物业等为较早布局的重点业态，随着后勤社会化的持续推进，医院、学校、公众物业等也逐步成为物业服务上市公司重点发力的细分业态。

表12-14 非住宅管理面积占比TOP10及涉及业态（红色为目前重点开展业态）

企业名称	非住宅业态占比	商业物业	办公物业	产业园区物业	公众物业	学校物业	医院物业	城市街道
卓越商企服务	64.51%	√	√	√			√	√
金融街物业	58.97%	√	√	√	√	√	√	
雅生活服务	56.40%	√	√	√				√
保利物业	56.09%	√	√		√	√	√	
苏新服务	54.62%	√						
合景悠活	49.63%	√	√	√				
世茂服务	45.87%	√	√			√		
鲁商服务	44.47%	√	√	√				
时代邻里	41.97%				√			
佳兆业美好	41.40%	√	√	√	√	√	√	√

2. 收入结构：基础服务收入占比由降转增，中流砥柱作用凸显，创新型服务存在不确定性

2022年，物业服务上市公司营业收入均值达46.44亿元，较上年增长19.38%，管理规模扩张是营业收入增长的根基，规模增速放缓，营收增长降速明显。碧桂园服务营业收入达413.68亿元，排名第一，增速约43.42%。营业收入破百亿的物业服务上市公司达8家，较上年增加2家。TOP10营收均值为167.53亿元，均值增速为25.36%，高于全部上市企业营收均值增速，表现出较强的成长能力及抗风险能力。

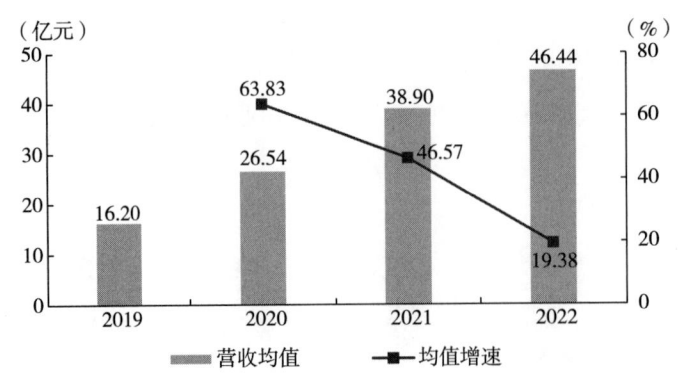

图12-15　2019-2022年物业服务上市公司营收均值及增速情况

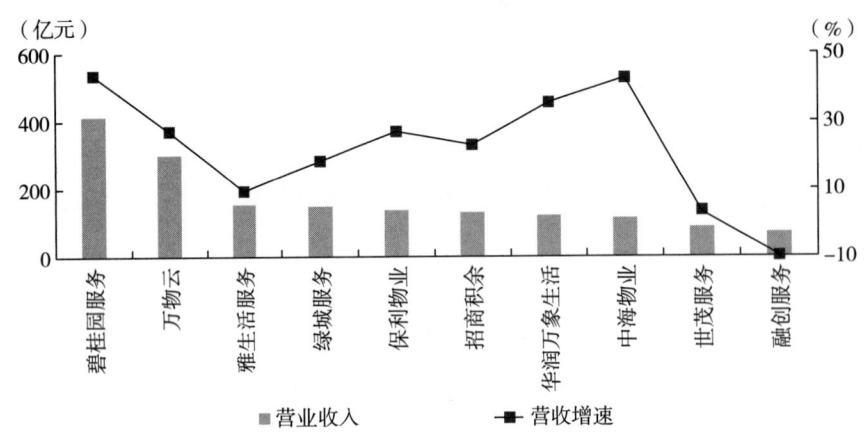

图12-16　2022年物业服务上市公司营业收入TOP10及增速

从收入构成看，基础物业服务收入中流砥柱的作用更加凸显。2022年，基础物业服务收入占比为66.71%，较上年增加7.77个百分点，占比近四年来首次正增长，物业服务上市公司在存量项目持续优化经营及储备项目有效转化的支撑下，呈现出弱周期性和较强的韧性。增值服务及创新型服务收入①占比为33.29%，未能延续过去几年增长趋势，为近几年首次转降，主要原因是非业主增值服务收缩及疫情导致社区增值服务开展受阻。

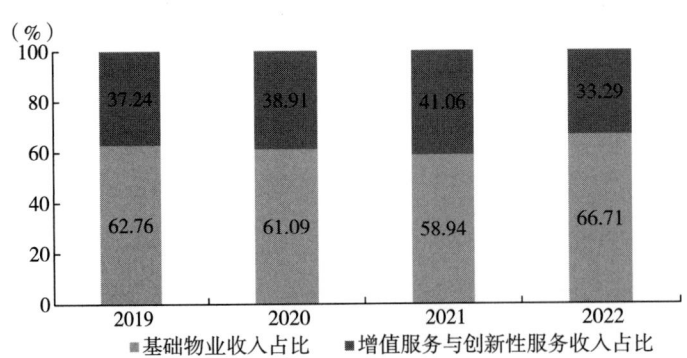

图12-17　2019-2022年物业服务上市公司基础物业服务收入、增值服务与创新型服务收入占比

表12-15　部分上市公司各板块营收占比情况（%）

企业名称	基础物业服务收入占比	增值服务收入占比	创新型服务收入占比
碧桂园服务	55.30	16.10	城市服务：11.70；商业运营：3.10；其他：13.80
雅生活服务	65.22	26.24	城市服务：8.54
保利物业	61.58	35.44	其他：2.98

① 物业服务上市公司的营业收入划分为三个板块：基础物业服务收入、增值服务收入及创新型服务收入。其中增值服务包括社区增值服务和非业主增值服务；创新型服务是指城市服务、IFM、商业运营、智能科技服务或企业特色的创新服务等。

续表

企业名称	基础物业服务收入占比	增值服务收入占比	创新型服务收入占比
绿城物业	63.60	19.20	科技/智慧服务：3.30；咨询服务：13.90
中海物业	74.46	23.58	资产管理：1.96
华润万象生活	46.40	18.50	商业运营：35.10
融创服务	75.29	22.63	商业运营：2.08
金科服务	73.44	15.15	科技/智慧服务：1.66；餐饮服务：6.77
万物云	49.20	15.64	科技/智慧服务：7.90；城市服务：2.21；物业和设施管理服务：25.06
新城悦服务	58.40	27.98	科技/智慧服务：6.77；餐饮服务：6.85
建业新生活	54.55	36.97	商业运营：2.70；其他：5.78
时代邻里	71.39	20.55	其他：8.06
佳兆业美好	69.97	22.17	科技/智慧服务：7.86
越秀服务	32.65	45.43	商业运营：17.03；资产管理：4.89
金融街物业	74.96	20.21	餐饮服务：4.40；资产管理：0.43
均值	61.76	24.39	13.85

创新型服务种类多，各业务开展存在不确定性，结合自身优势，需要聚焦与深耕。在创新型服务中，城市服务、商业运营、智慧科技服务等是收入相对较大的业务。将上市公司中所有已披露的相关数据汇总，发现商业运营、智慧科技服务、城市服务总量保持增长态势，但是商业运营、智慧科技服务分化严重。在智慧科技服务中，绿城服务2022年营收4.89亿元，同比增长121.64%，拉动了整体上市企业智慧服务收入增长率；碧桂园服务商业运营收入12.85亿元，同比增长96.48%，对整个商业运营板块增长贡献明显。而其他开展商业运营的上市企业增长大都为负，分化严重。

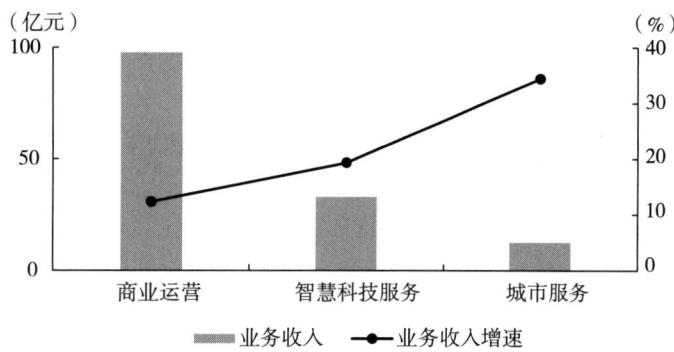

图12-18 2022年部分创新型业务收入及增速情况

注：城市服务、商业运营、智慧科技服务研究样本为有明确收入数据披露的上市公司。

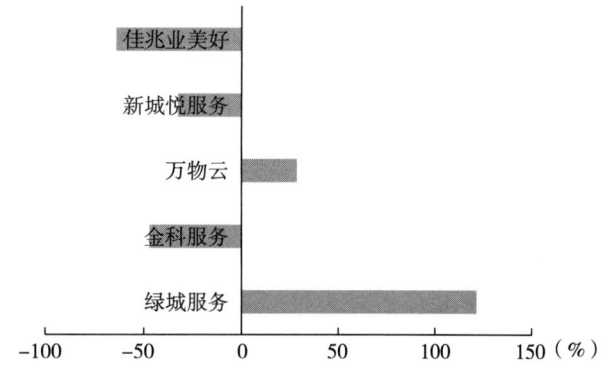

图12-19 2022年部分上市公司智慧科技服务收入增长率

800　中国房地产行业统计年鉴2023

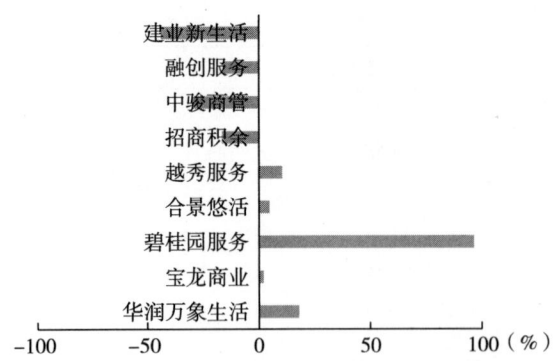

图12-20　2022年部分上市公司商业运营收入增长率

3. 盈利能力：净利润均值同比下降28.66%，关联交易等风险出清是主因

（1）毛利润均值略增，净利润均值较上年大幅下降28.66%

2022年，上市企业毛利润均值11.57亿元，较上年略增0.25亿元，净利润均值3.66亿元，回落至2020年水平，同比大幅下降28.66%。毛利率均值和净利率均值分别为24.91%和7.88%，较上年分别回落4.19和5.32个百分点。

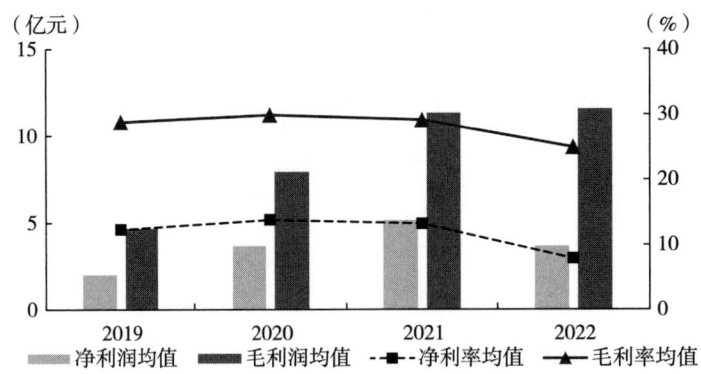

图12-21　2019-2022年物业服务上市公司毛利润（率）和净利润（率）情况

碧桂园服务、华润万象生活及雅生活服务净利润分别为22.61亿元、22.13亿元和19.34亿元，排名前三。净利润TOP10企业的净利润均值为12.62亿元，净利率均值为9.60%，较上年下降2.67个百分点。

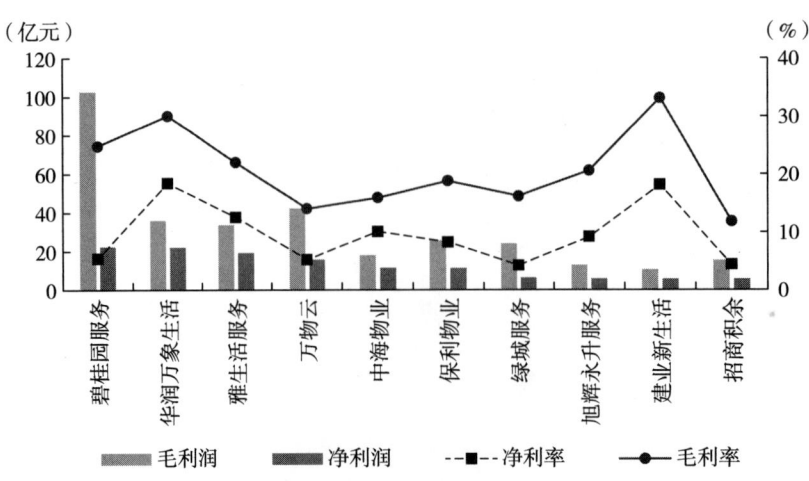

图12-22　2022年净利润TOP10公司毛利润（率）及净利润（率）情况

2022年物业服务上市公司基础服务板块的盈利能力保持稳定，基础服务毛利率均值为22.41%，较

2021年略降，增值服务及创新型服务毛利率均值为28.53%，较2021年回落约6个百分点。

（2）关联交易等风险出清是主因，疫情管控导致的成本增加等为次因

地产流动性危机造成物业公司大量应收账款坏账，极大影响了盈利水平。2022年物业服务上市公司应收账款及票据均值为15.31亿元，同比增长36.45%；部分企业披露了应收关联公司款，均值为1.73亿元，同比大幅增长63.21%。

随着应收账款规模的扩大，应收账款周转天数显著放缓，2022年物管公司计提的应收账款坏账准备普遍增长，部分公司针对关联房企应收账款计提了较大金额的减值，对业绩形成较大冲击。2022年物业服务上市公司资产减值损失均值为2.69亿元，较上年激增2.25亿元，同比增加511%。

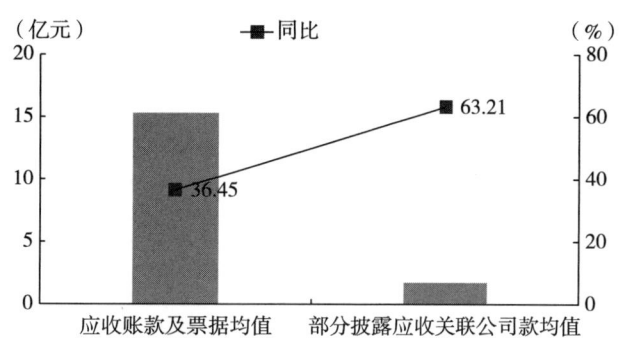

图12-23　2022年物业服务上市公司应收账款及票据等情况

疫情管控等因素增加了物业服务上市公司运营管理成本，利润被压缩。2022年行政费用均值为3.99亿元，较上年增长25.08%，销售及分销成本均值为0.62亿元，较上年大增40.91%，侧面反映出成本增长率大于收入增长率，利润被侵蚀。

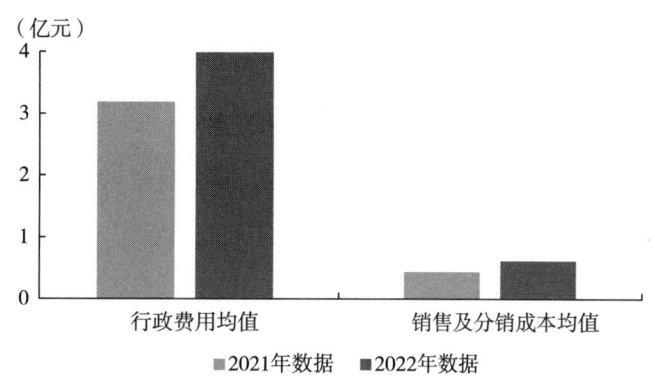

图12-24　2021-2022年物业服务上市公司行政费用及销售费用

此外，前两年行业内规模扩张出现内卷，存在激进并购现象，导致分摊成本高，但整合效益不佳，出现商誉减值问题，以上种种原因综合作用，压缩了利润空间，导致营业收入实现增长而利润不增甚至反降的结果。

（三）发展研判：行业前景广阔，价值有望回归，ESG助力长期发展

1. 基础服务市场空间超万亿，储备充足，社区增值服务和创新型服务开启更大空间

（1）基础物业市场空间大，储备面积充足，非住宅成为重要拓展领域

基础物业管理收入伴随公司规模的扩张而持续增长，有潜力，有韧性。尤其在2022年，基础物业服

务成为中流砥柱,在外部环境遭受重大影响情况下仍能保持韧性增长,毛利率相对最稳定,是物业公司的核心业务及其他多元服务延伸的沃土,市场空间广阔。根据"中国房地产中长期发展动态模型",截至目前,全国商品房竣工面积,学校、医院、产业园区、交通枢纽站、文体场馆等建成面积及老旧小区等存量面积近300亿平方米,按照各业态物业费加权平均计算可得,基础物业服务市场规模已超万亿,预期未来将仍处于稳定增长阶段。

在并购市场回归理性,关联公司项目供给乏力的当前阶段,上市公司间的规模拓展竞争愈演愈烈,通过市场化手段抢项目,积累储备面积成为重要的战略方向,也是企业核心竞争力的表现。

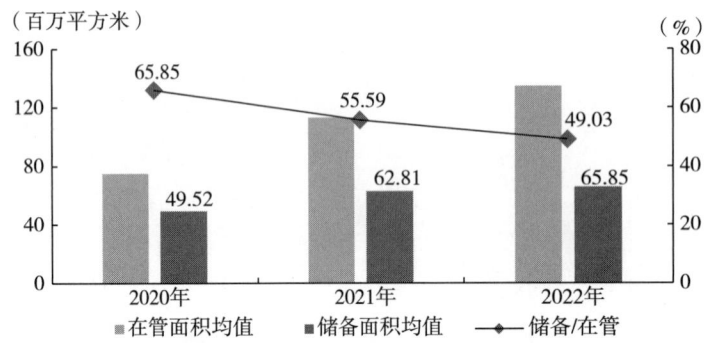

图12-25　2020-2022年港股物业服务上市公司储备面积情况

注:样本为42家披露储备面积的物业服务上市公司。

盘点披露储备面积的42家上市公司数据发现,目前上市公司储备面积较为充足。2022年,42家上市公司的储备面积均值约为6585万平方米,同比增长4.83%,增速较上一年(26.84%)下降22.01个百分点;"储备/在管"约为49.03%,意味着储备面积能支持当前管理面积增长一半,储备充足。华发物业服务、绿城服务、建发物业、中骏商管等"储备/在管"均超80%,远超均值(49.03%),表明未来增长动力足,潜力大。

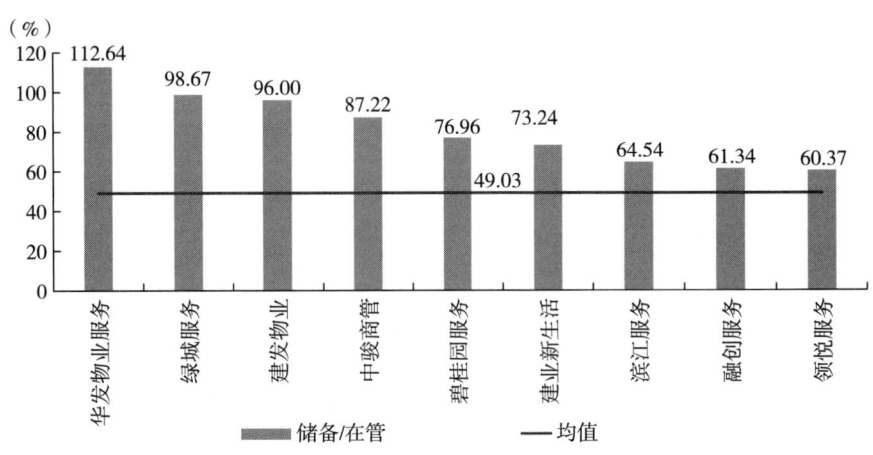

图12-26　2022年部分物业服务上市公司"储备/在管"情况

但近三年"储备/在管"呈现下降趋势,表明规模拓展难度增加。2022年,上市公司"储备/在管"均值约为49.03%,且近三年呈现逐步下降趋势,较2020年的65.85%下降16.82个百分点,表明项目拓展承压,主要原因是关联方面积供给能力显著下降以及并购市场趋于理性所致。在此背景下,市场化拓展成为上市公司重要的规模扩张手段,但市场竞争逐步加剧,拓展难度加大,每个公司均面临一定挑战。

在市场化拓展中，非住宅领域成为各上市公司发力的重要方向。从招标市场看，据中指数据·物业版招标数据显示，2022年物业管理行业第三方市场招标信息共发布16万余条，以非住宅业态招标信息为主，占比约87.6%，其中办公物业占比最高约42.10%，其次是学校业态，占比18.50%，表明在市场化拓展中，非住宅项目标的更丰富，成为当前市场主流，办公项目和学校项目的物业需求量较大。部分上市公司已积极布局细分赛道，并以新项目为基石，切入新赛道，不断提升非住宅管理项目密度。

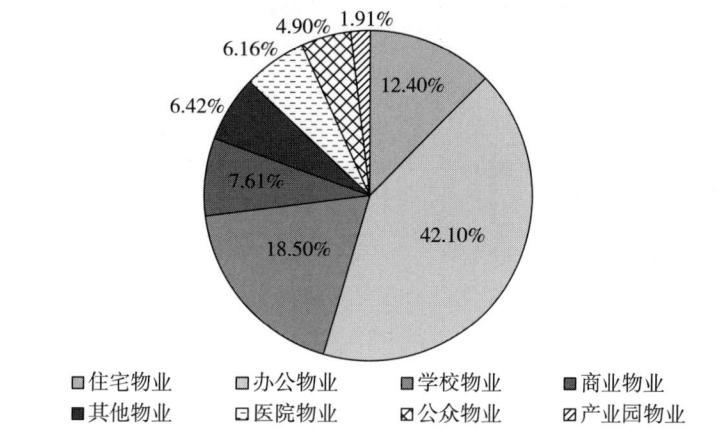

图12-27　物业管理行业第三方市场拓展招投标信息统计（2022年1~12月）

（2）社区增值服务阶段性承压，未来仍是重要业务板块

社区增值服务是物业上市公司的重要板块，几乎每家企业都在大力发展相关业务。相比于非业主增值服务，社区增值服务具备潜力大、需求大、业务延展性好等特点，且受地产影响相对较小，风险较低。近十几年，社区增值服务经历了"从无到有，从有到全，从全到优"的探索，取得了良好成效。

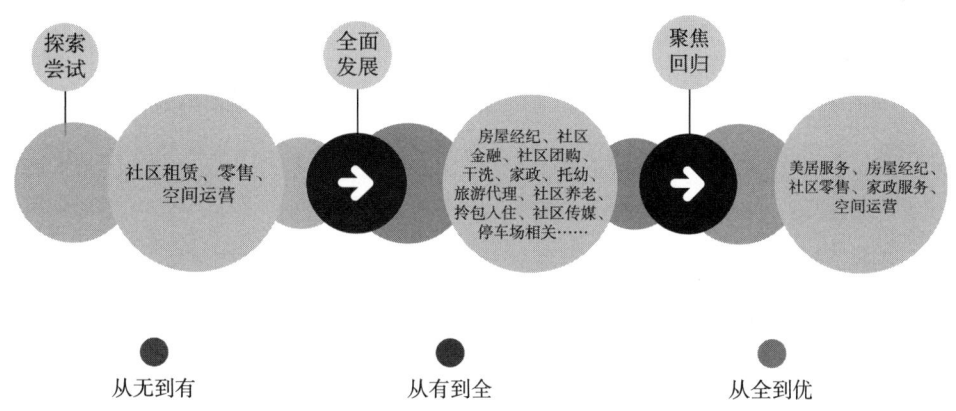

图12-28　社区增值服务发展趋势图

虽然在2022年受疫情管控、经济波动、地产下行等因素影响，社区增值服务增速放缓，部分上市公司甚至出现下降，但长期看，社区增值服务仍然具备增长潜力，市场空间广阔。首先，政策对社区增值服务开展的支持力度并未减弱，物业公司近场优势仍在，业主及客户的多元生活需求日益丰富。其次，拖累社区增值服务阶段性承压的原因主要都是外部原因，伴随疫情管控放开、经济逐步恢复，地产相关交易出清后，社区增值服务定能重回快速增长的轨道，为上市公司贡献更多的营收和利润。

从当前的营业收入贡献来看，社区增值服务收入占比普遍较低，尤其头部企业占比更低，可挖掘空间较大。我们选取部分有代表性的物业上市公司，发现社区增值服务占比普遍位于5%~27%的区间内，均值约为15.37%，社区增值服务的营收贡献仍然较低。值得关注的是，社区增值服务占比超过20%的主要为中小型上市公司，而像华润万象生活、碧桂园服务、融创服务、中海物业、万物云等多家头部企业社区增值服务占比均低于15%，甚至低于10%。但头部企业管理面积大，服务业主数量众多，社区增值服务需求更多样，需求量更大，意味着该板块仍有较大可挖掘空间。

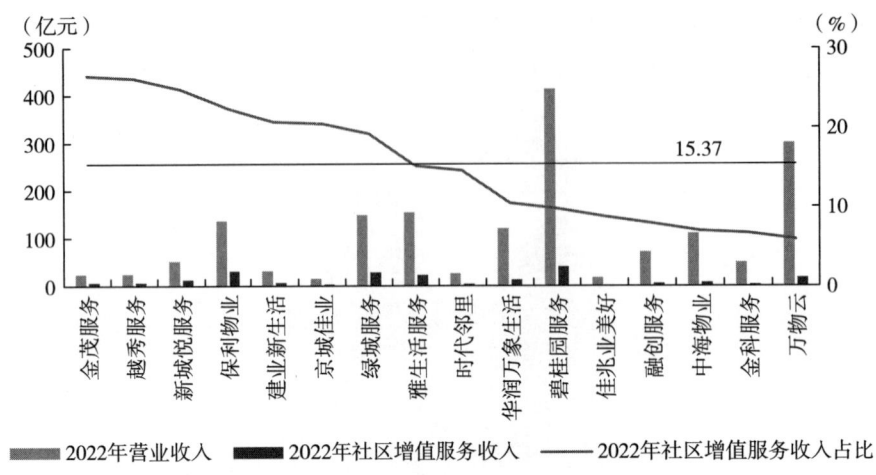

图12-29　2022年部分上市公司社区增值服务及占比情况

（3）创新型服务市场空间大，发展潜力与不确定性并存

伴随行业的不断发展，上市公司的业务发展更为多元，近几年来，以城市服务、IFM、商业运营等为代表的创新型服务强势崛起，为物业管理行业带来了更大的想象空间。

从市场空间看，城市服务已形成万亿规模的蓝海市场，正成为上市企业竞相布局的业务方向。2022年全国城乡社区事务支出达到19415亿元，假设该数值此后几年保持稳定，且假设到2025年物业管理的渗透度达到50%左右，物业服务企业参与城市社区服务的潜在市场容量为9707.5亿元。

IFM通过整合资源，满足客户日常所需，对工作场所进行空间利用，对设施设备维护降耗，对环境进行管理，将客户非核心业务统一筹划与管理，是近两年物业服务企业开拓的新赛道。从内容方面来看，IFM服务包括七大类：设施维修及维护、环境与能源管理、安保服务、保洁服务、企业和资产管理、餐饮服务和综合服务（空间规划、员工福利管理、饮水服务、会务服务、制服服务、礼宾服务等）。根据国际调研机构PMR的预测，到2031年全球IFM市场规模将超万亿美元。目前我国IFM服务市场需求规模约6260亿元，预计到2026年将增长到约10699亿元，年均复合增长率达14.07%。

商业运营管理是聚焦商办物业管理的上市公司特有的业务板块，呈现出专业性强、利润率高等特征，近几年碧桂园服务、融创服务等以住宅为主的物业服务企业也在布局此赛道，逐步建立专门的业务板块。商业运营及管理一般包括市场研究及定位服务、商业物业租户招揽服务、开业前筹备服务、租户管理及租金收取以及其他运营及管理服务，对于项目的整体把控、运营及管理的要求较高，因此专业性比较突出。从2022年数据看，碧桂园服务、华润万象生活、融创服务、新希望服务、越秀服务等多家上市公司的商业运营及管理服务的毛利率均在35%以上，表现出较强的盈利能力。

目前创新型服务处于发展初期阶段，占营收比重不高，有较大发展空间。但由于创新型服务种类多，缺乏成熟的业务模式，因此存在一定不确定性，上市公司需审慎制定发展策略，结合自身优势选择部分业务进行发力。我们盘点了具有创新型服务的20多家上市公司发现，创新型服务占收入的比重平均不足10%，仅碧桂园服务和第一服务控股两家企业占比超过20%。

报告十二　2023中国物业服务上市公司TOP10研究报告　805

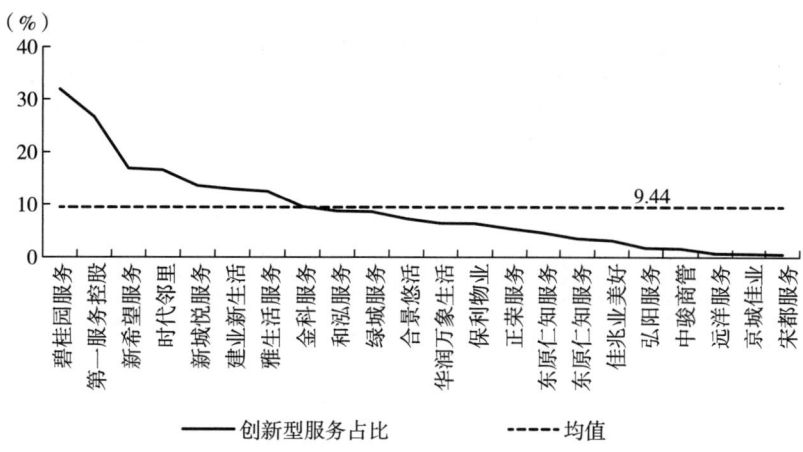

图12-30　2022年部分上市公司创新型服务及占比情况

2. 上市公司独立性增强，稳健发展正当时，行业基本面未变，板块价值预期回归

自2021年7月物业板块市值达到顶峰后，进入长期波动下行的调整阶段，至2022年11月开始有所反弹并保持稳定，至今距两年来最低点2613亿已反弹约40%，但与历史表现比仍处于较低点位。物业板块之所以出现这种长周期的调整，主要原因来自关联方的拖累以及外部宏观环境的变化，部分原因来自高速扩张带来的风险，导致投资者对该物业板块预期发生变化，对物业上市公司成长性出现隐忧。但伴随关联方逐步"出清"，企业独立性增强等逐步改善，行业回归理性，行业或将开启新的发展周期。

直接动因　　　　　预期动因　　　　　根本动因

关联风险出清　　　上市公司回归理性　　行业基本面好

关联风险出清，物业公司独立性增强，业务独立、品牌独立、股权独立渐成趋势

谨慎并购、稳健发展、理性回归，"重规模增长"转为"重持续经营"

盈利能力尚可、弱周期性、轻资产、现金流好、抗风险能力强、成长性好、赛道多元、空间广

图12-31　物业板块价值回归动因

（1）关联方风险逐步出清，独立性显著增强

上市公司关联方风险逐步出清，独立性增强，行业聚焦核心业务、回归本质，此为物业股价值回归的直接动因。2022年，物业服务上市公司非业主增值服务收入及毛利率出现普遍下降，部分企业降幅较大，表明非业主增值服务回归理性，关联风险逐步出清。

表12-16　　　　　　　　2021-2022年部分上市公司非业主增值服务收入及降幅情况

企业名称	2021年非业主增值服务收入（百万元）	2022年非业主增值服务收入（百万元）	同比降幅（%）
第一服务控股	153.2	27.9	81.76%
佳兆业美好	1072.1	239.9	77.62%
荣万家	1077.5	388.9	63.91%
融创服务	2681.7	1052.6	60.77%
时代邻里	396.9	156.8	60.51%

续表

企业名称	2021年非业主增值服务收入（百万元）	2022年非业主增值服务收入（百万元）	同比降幅（%）
金科服务	1033.6	425.5	58.84%
宋都服务	90.4	39.5	56.33%
领悦服务集团	140.6	70.0	50.20%
正荣服务	371.2	186.5	49.76%
融信服务	435.7	221.7	49.12%
雅生活服务	2857.0	1714.7	39.98%
建业新生活	850.1	511.8	39.80%
世茂服务	870.5	525.1	39.68%
新城悦服务	815.3	519.5	36.28%

2022年，除国企及少数民营企业外，绝大多数上市公司非业主增值服务收入出现显著下滑，不少公司近乎腰斩。第一服务控股、佳兆业美好、荣万家、融创服务、时代邻里、金科服务、宋都服务、领悦服务集团等上市公司的非业主增值服务降幅均超过50%。

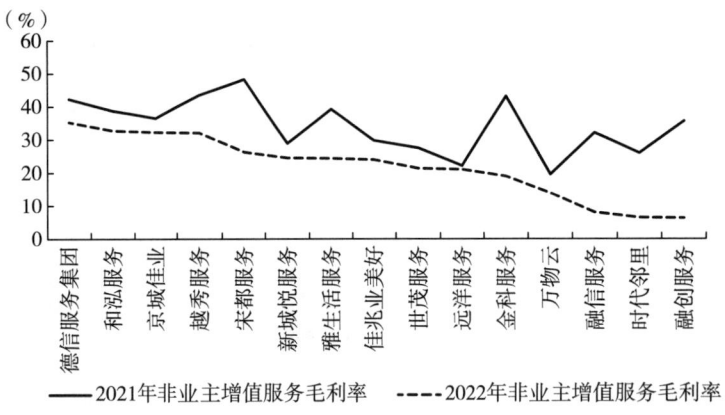

图12-32　2021-2022年部分上市公司非业主增值服务毛利率情况

从非业主增值服务毛利率角度看，大多数受到关联方负面影响的上市公司非业主增值服务毛利率水平亦出现显著下降。2022年，融创服务非业主增值服务毛利率降幅高达29.4个百分点，宋都服务、金科服务、融信服务的降幅也均超20个百分点。

这传递了两个信号，第一，物业公司与其地产关联公司之间的密切关系和关联交易在地产稳健的时候是优势、是背书，但当市场下行，这种依赖关系反而成了拖累，甚至造成巨大的经营风险和财务风险；第二，非业主增值服务收入及其毛利率的大幅下降虽然短期会对物业上市公司造成一定负面影响，但这是物业公司必须经历的风险出清过程，降幅越高表明对地产关联方的依赖度减弱越明显，长期看是利好的。

因此，独立发展在业内达成共识。物业公司的独立性主要表现在三个方面，即股权独立、业务独立和品牌独立。股权独立是物企走独立化发展道路必然面对的问题，部分物企引入战略投资者，原大股东变成非控股股东，优化股权结构，长期看有利于公司治理和独立性发展。业务独立核心在于拥有独立扩张和运营的能力，不再过度依赖地产关联方的项目供给，加强外拓团队建设，提升市场化拓展能力，充分利用与第三方的合资合作、战略合作，促进项目拓展以及多元业务发展，构建独立发展的核心竞争优势。品牌独立是物企独立的根本，之所以在地产关联方出现问题时物业公司受到较大的影响，本质上是地产和物业在公众及投资者眼中具有绑定关系，唇亡齿寒。物业公司想要实现自身的独立发展，本质上是要树立特有的物业品牌，摆脱地产品牌的影响，强化自身优势，赢得投资者认可。

（2）理性回归，稳健发展，"重规模增长"转变为"重持续经营"

2022年，物业管理行业发展的脚步放缓，上市公司逐步改变经营战略，由"重规模增长"转变为"重持续经营"，由"高速增长"转为"高质发展"，节奏更稳健而可持续，此为物业股价值回归的预期动因，有助于改变投资者对物业板块的预期，提振投资信心。

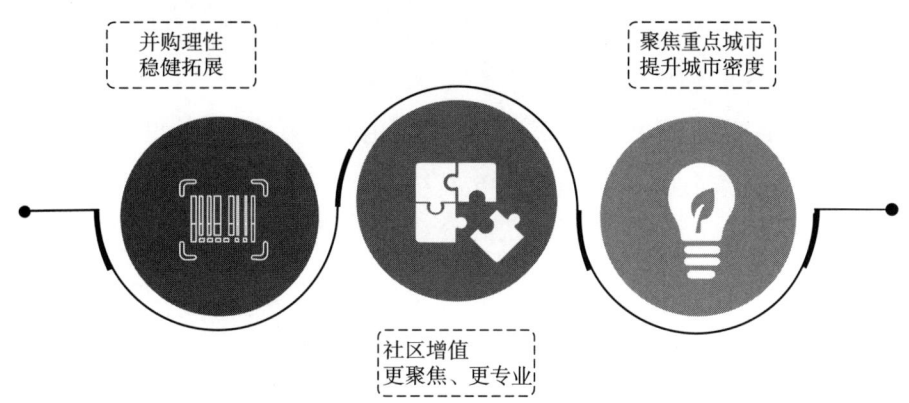

图12-33　上市公司理性回归、稳健运营

上市公司的理性回归体现在多个方面。第一，并购市场更审慎，不再盲目追求高速扩规模，而是综合评估标的质量、风险，以及与自身的业务协同、投后管理等多方面。第二，社区增值服务趋于理性，不过度追求服务种类的多元，而是更注重服务品类的聚焦、优势业务的挖掘等。普遍来看，房屋经纪、美居服务、社区零售、家政服务、空间运营成为行业主要社区增值服务类型，而针对每一家企业而言，则需要结合自身资源禀赋和优势发展1~3项服务，并做专做精，方能获得更好的效益。第三，城市拓展回归理性，聚焦重点城市和区域，提升城市密度，有利于资源整合并形成重点区域的规模效应。

（3）行业基本面好，商业模式未改变

从长期来看，物业管理行业基本面并未改变，此为物业股价值回归的根本动因。从盈利能力看，根据上市公司年报数据，收入均值46.44亿元，毛利润均值11.57亿元，毛利率和净利率均值分别为24.91%和7.88%。盘点港股各行业净利率情况发现，物业服务上市公司2022年净利率均值约7.88%，在港交所行业分类中排名第五位，仍然处于中上水平。

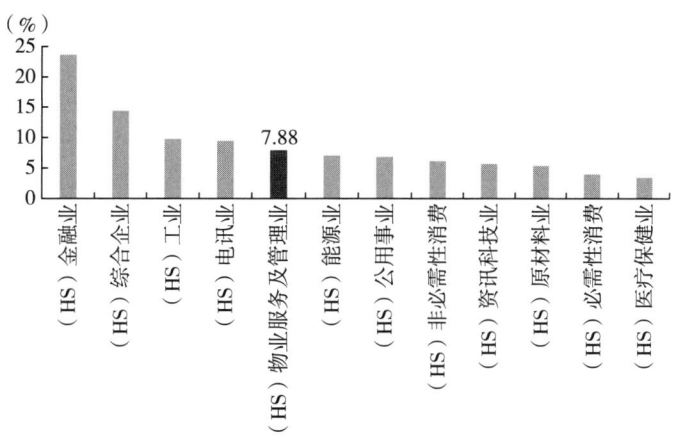

图12-34　2022年港股各行业净利率均值情况

从行业属性上看，物业板块具备弱周期性、轻资产、现金流好、抗风险能力强、成长性好的特点，商

业模式未改变。目前主要受到影响的业务是非业主增值服务，而此项业务并非物业公司的核心业务，不会动摇物业管理行业的基本属性，非业主增值服务收缩反而是行业去伪存真、风险出清必须经历的。经历过这一轮洗礼，行业将更接近物业管理本质，企业发展也将变得更为稳健。从未来发展潜力看，物业管理行业基础服务空间大，业务延展性好，横向纵向可以开拓的赛道多元，市场极具想象空间。诸多特色赛道如城市服务、商业运营、IFM、TOD物业管理、高端服务、绿色物业、工地物业等领域有望逐步打开，为行业开辟更多细分蓝海，奠定行业高成长性基础。

（4）IPO仍有机会，资本市场有望持续扩容

目前，仍处于上市进程中的有融汇悦生活、龙湖智创生活、万达商管、中湘美好服务、众安智慧生活、深业运营、珠江服务等多家企业。资本市场有望持续扩容，国资企业、专业赛道佼佼者、规模型企业或将成为IPO入场券的优先获得者。

第一，国资背景物企信用好、资源足、稳健性强，处于IPO战略机遇期，如中湘美好服务、深业运营等均在IPO冲刺阶段。国资企业合规性强，公司运营都遵循较为严格的审批制度，因此抗风险能力强，易于获得业主信任。此外，国资背景物企在获取诸如政府公建、城市服务等项目有着先天优势。

截至2023年5月，共有15家国企登陆资本市场，上市历程可分为三个阶段：2018年及以前为关注期，IPO市场国资企业身影并不多见，仅2015年中海物业在港股上市；2019-2021年是国企上市的热潮期，3年内共计10家国企上市；2022年以来，行业整体IPO市场热度下降，但是对国企仍是机会，迎来了战略机遇期，2022年内共6家物企登陆港股，其中有3家是国企，2023年仅有一家企业登陆港股，也是国企。未来，国企IPO热度或将继续提升。

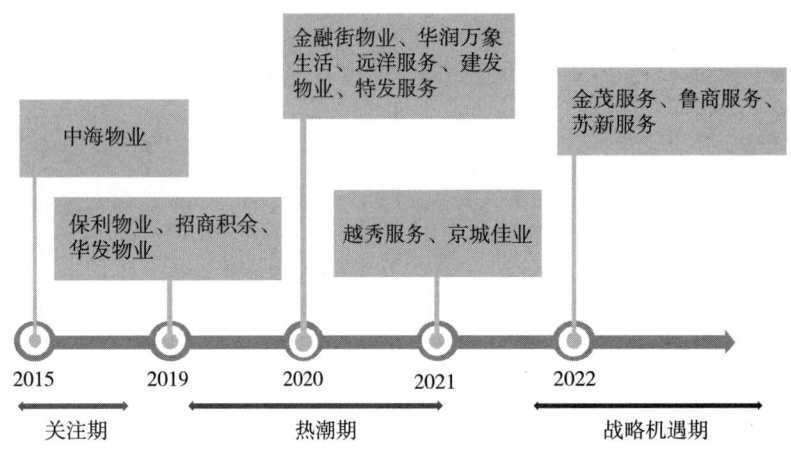

图12-35　2015年以来国资背景物业公司IPO情况

第二，物业管理行业可延伸的专业赛道众多，商业运营、城市服务、IFM等专业赛道中的佼佼者仍是资本市场潜在的敲钟人。

第三，有一定规模的企业，仍受投资者的关注，具备冲击资本市场的实力，如龙湖智创生活。具备一定规模的企业，其在市场上有一定的公信力和影响力，治理结构也更加完善，在资本市场仍有机会。

3. 加强ESG建设，提升长期投资价值

（1）ESG成为影响投资者决策的关键因素，ESG评级重要性提升

ESG衡量了企业长期的可持续发展能力，成为影响投资者决策的关键因素。ESG投资是指在传统投资

逻辑的基础上增加环境、社会、公司治理等多因素，呼吁企业在谋求商业利益的同时兼顾社会责任。

ESG基金投资热情较高，规模不断扩大。我国ESG主题基金起步相对较晚，但发展迅速，ESG主题公募基金的规模已经接近3000亿元。不少基金公司在进行投资决策时，将ESG因素融入投资流程的方法，并建立专门的ESG研究团队开展相关工作。2022年部分新发的ESG主题基金运用了ESG筛选策略，来确定符合投资条件的公司。

表12-17　　　　　　　　　　　　2022年以来部分新发ESG主题基金投资策略

基金代码	基金名称	ESG投资策略
014922.OF	华夏ESG可持续投资一年持有混合A	ESG优选策略：排除具有重大ESG风险的行业和公司，根据内部评级框架对备选个股进行ESG评分及排序，选择ESG评分靠前的个股。
014634.OF	景顺长城ESG量化A	正面筛选：选择在环境、社会、公司治理等方面表现较好的上市公司进入备选股票池； 负面剔除：考察公司在环境、社会及公司治理方面是否出现过显著负面影响事件，并经考虑确定是否从备选股票池中剔除。
014123.OF	华润元大ESG主题A	ESG筛选指标：正向筛选、负面筛选和基于标准的筛选； ESG整合策略：将ESG因素纳入投资分析和投资决策。
014482.OF	华夏融盛可持续一年持有A	ESG评价：通过负面筛查和ESG评级等方法，对企业的ESG指标进行综合评估，剔除ESG风险较高的公司，筛选出ESG表现优的公司。

可以发现，ESG投资策略常使用的策略有负面剔除和正面筛选，并需要结合ESG整体表现或ESG评级作为参考依据。因此不少物业上市公司越来越关注自己的ESG表现及ESG评价，以期得到投资者的关注和认可。目前，针对物业管理行业的ESG测评研究相对较少，对于物业服务上市公司的ESG测评体系还没有系统地搭建起来，尚处于起步阶段。在此背景下，中指研究院、中信证券研究部、北京秩鼎公司联合对物业管理行业ESG体系开展研究与测评，并于2022年12月发布《2022中国物业服务上市公司ESG测评研究报告》，旨在客观评价物业服务上市公司在环境、社会和公司治理方面的综合表现，为社会各方提供参考和决策依据，同时激励企业更加重视并积极履行ESG相关职责，推动中国物业管理行业的可持续发展。

（2）ESG关乎企业长期价值，相关披露日趋严格

ESG从三个非财务指标出发来衡量和评价企业可持续投资价值的理念和评价体系，使企业在关注经营绩效的同时，充分考虑企业所处环境、社会及公司治理情况，降低企业综合运营风险，实现高质量长远发展。

国际上对ESG的重视程度不断提升，相关披露准则和要求也越来越严格。2023年2月，国际可持续发展准则理事会（ISSB）在蒙特利尔举行会议，对其拟首批发布的国际可持续披露准则——《国际财务报告可持续披露准则第1号——可持续相关财务信息披露一般要求》（ISDS S1）和《国际财务报告可持续披露准则第2号——气候相关披露》（ISDS S2）的所有技术内容做出了最终决议，预计于2023年6月正式发布，于2024年1月1日起正式生效。主要涉及的关键问题及变化包括以下五个方面。第一，企业碳排放总量除了范围1和范围2以外，还要包括范围3，不披露要解释。第二，将企业范围1和范围2的碳排放统计和披露边界拓展至联营企业、合营企业及未纳入合并范围的子公司或关联公司。第三，将《温室气体核算体系》作为企业碳排放量的核算标准。第四，关于企业披露战略与气候变化之间弹性分析的要求，可以采用与情景分析等效的方法进行替代。第五，对细分行业气候信息披露指标体系

进行了修改和完善。

表12-18　　《国际财务报告可持续披露准则》关键变化事项

序号	关键变化事项	具体内容
1	企业碳排放总量的披露	ISDS样稿中仅要求企业披露范围1和范围2的碳排放总量，范围3为鼓励披露但发布的征求意见稿将范围3纳入半强制披露范畴，即不披露则解释
2	企业碳排放总量的统计及披露范围	征求意见稿将企业范围1和范围2的碳排放统计和披露边界拓展至联营企业、合营企业及未纳入合并范围的子公司或关联公司，超出了企业财务信息披露的范畴
3	企业碳排放量的核算标准	为增强所披露碳排放信息的一致性和可比性，企业进行碳排放核算时需统一遵循《温室气体核算体系》（GHG Protocol）中的相关规定
4	企业战略部署与气候变化之间的弹性分析	考虑到样稿中提出情景分析方法较为复杂，对数据的要求更高，使用难度更大，征求意见稿提出可以采用与情景分析等效的方法进行替代，如定性分析、单点预测、敏感性分析和压力测试等
5	细分行业气候信息披露指标体系	征求意见稿对细分行业气候信息披露指标体系进行了修改和完善

联交所对ESG信息披露的要求也有新的变化，2023年4月14日，联交所发布了有关优化ESG框架下的气候披露咨询问卷，反映了联交所紧跟ISSB气候准则动向，及时提醒上市公司做好披露准备。第一，新规名称由《ESG报告指引》变为《ESG报告守则》，进一步强化对ESG报告披露的重视；第二，规定所有上市公司在其ESG报告中披露气候相关信息，以及推出符合"国际可持续发展准则理事会（ISSB）"气候准则的新气候相关信息披露要求。第三，新增独立的气候信息披露要求部分，D部分（现行只有ABC三部分），并且由目前"不遵守就解释"要求提升至"强制披露"。第四，考虑到上市公司的准备情况及相关疑虑，计划就部分披露实施过渡性规定。第五，计划修订后的《ESG报告守则》于2024年1月1日生效。

面对国际与联交所对于ESG信息披露要求日趋严格，物业上市公司应提高ESG重视程度，了解新规具体要求，组建专门团队收集必要信息以识别自身弱项，强化企业能力建设，制定切实可行的目标和计划，及早做好应对准备，采取相应行动。

（3）加强ESG建设，履行社会责任，提升长期投资价值

目前，物业管理行业整体的ESG披露现状为披露率高、及时性强、整体得分水平较高，但缺乏外部鉴证，部分指标表现差异化明显。基于当前上市公司在ESG实践方面的表现，结合相关披露准则要求的变化，上市公司如何加强ESG建设，做好ESG信息披露，获得投资者关注并提升长期投资价值？

第一，提升ESG重视程度，完善ESG治理架构。尽管目前绝大多数物业上市公司已经建立了较为完善的ESG管治架构，但仍有少部分公司缺乏完善的架构和ESG建设机制，管理层对ESG的重视程度仍有待提升。即使那些建立了ESG组织架构的上市公司，也需要在实践中认真考虑是否按照该架构有效执行了ESG实践相关工作，真正建立起"自上而下"监管与"自下而上"反馈相结合的机制，确保各项工作贯彻落地。

第二，及时捕捉ESG相关动态，了解国际市场、港股市场及内陆有关政策和披露准则的动向，随时做好应对。当前，ESG的热度持续提升，国内外相关部门和机构都在紧锣密鼓地制定或更新相关法规、准则，推动ESG快速发展。物业服务上市公司应当及时了解相关变化和要求，做好提前准备。因为很多新的要求涉及数据统计口径、相关计算规则的变化，这些需要提前制定计划，确定切实可行的实践方案，以符合相关披露规定。

第三，注重环境相关议题，践行绿色物业管理。从国际和联交所的披露准则的变化趋势看，对于环境披露指标的要求变化较大，披露难度大，是上市公司面临的一项挑战。比如对于碳排放的范围，要求不仅

披露范围1、范围2，还需要披露范围3，从数据统计及专业性的角度看，难度较大。对于气候风险可能对业务模式、策略、现金流量等产生的影响需要作出评估，披露应对气候变化的抵御能力等。物业管理虽然是服务业，几乎没有生产排放，但应注重在日常管理中如何通过具体措施降低能耗和排放物，实现真正的绿色物业管理。

第四，健全供应链管理，确保服务质量。物业公司肩负人民安全、健康、幸福的责任与使命，建立完善的供应商管理、筛选、供应商评价、采购机制，对确保服务质量、保障业主安全至关重要。尤其近几年来，物业公司的增值服务及创新型服务不断丰富发展，供应商种类越来越多，对供应链风险管理提出了新的要求。

第五，积极承担社会责任，与社会共生共赢。物业管理行业是准公共服务行业，也是重要的民生行业，在社区治理、城市建设、社会和谐发展方面起到重要的基础性作用。物业上市公司积极发挥自身优势，投身到基层治理、稳定就业、抗灾防疫、公益慈善、乡村振兴等重要的社会责任践行领域，以实际行动诠释"服务、关爱与责任"的真谛。

结　语

在当前的市场背景下，"高质发展""独立前行"是物业服务上市公司最重要的两大发展主旋律。在经历高速发展及关联方风险波及之后，物业企业更加认识到回归服务本质、依靠自身力量稳定发展的重要性。

过去的一年中，物业管理行业理性回归。受关联方影响，物业服务企业负重前行，在波折中成长，关联方风险逐步出清，独立性显著提升，由"重规模增长"转变为"重持续经营"。整体看，物业服务上市公司在关联方、疫情及经济承压的外部环境影响下依然取得了不错的业绩表现，资本市场表现亦有所反弹并保持稳定，但仍处于相对低位。

物业管理行业发展的速度放缓，理性回归主要体现在：第一，并购市场更审慎，不再盲目追求高速扩规模，而是综合评估标的质量、风险，以及与自身的业务协同、投后管理等多方面；第二，社区增值服务趋于理性，不过度追求服务种类的多元，而更注重服务品类的聚焦，优势业务的挖掘等；第三，城市拓展回归理性，聚焦重点城市和区域，提升城市密度，有利于资源整合并形成重点区域的规模效应；第四，关联交易回归理性，非业主增值服务收入下降，毛利率降低，行业更加接近自身本质，追求长远发展而不是短期高毛利。

物业管理行业充满想象空间，蕴藏着巨大的发展机遇，但前行之路并非一帆风顺。物业服务上市公司应不断提升服务品质，增强企业核心竞争力，有选择地发展多元业务，借助资本市场优化企业管理，稳健经营发展，关注商业责任的同时也要积极承担社会责任，真正实现可持续发展，提高长期投资价值。

报告十三 2023年上半年中国物业服务价格指数研究报告

一、概要

2023年，物业服务企业继续坚守服务初心，夯实服务品质，通过优质的业务赢得市场口碑。同时，物业服务企业注重自身业务的独立性建设，以创新精神推动企业发展再上更高台阶。站在新的发展起点，物业服务企业紧抓战略机遇，坚定战略定力，开启了"服务升级、奋斗不止"的新征程。

在此背景下，中指研究院秉持"客观、准确、科学、合理"的理念，在分析总结历年研究经验及物业管理行业发展现状的基础上，开展"中国物业服务价格指数系统"和"中国物业服务星级评价标准体系"研究，并对五星级物业服务标杆案例进行剖析。

本次研究有以下主要结论。

整体来看，2023年6月二十城物业服务价格综合指数为1075.58，环比基本持平，同比上涨0.03%，涨幅收窄0.11个百分点。物业服务收费方面，二十城物业服务均价为2.52元/平方米/月；三星级物业服务收费为2.01元/平方米/月，同比上涨0.01%；四星级物业服务收费为2.75元/平方米/月，同比上涨0.01%；五星级物业服务收费为3.93元/平方米/月，同比下跌0.03%。

样本方面，整体来看，二十城物业服务水平以四星为主，占比45.97%，四、五星级项目占比55.11%。从城市分级看，一线城市的四、五星级项目占比为62.38%；从区域看，珠三角地区和西南地区四星级与五星级样本之和占比均超60%，分别为62.43%和63.86%，占比领先于环渤海地区、长三角地区和中部地区；从城市角度看，上海、深圳、南京、武汉、天津、重庆、成都、宁波、昆明九个城市的四、五星级样本占比均超过60%，领先于其他城市；二十个城市的软件和硬件平均得分分别为82.59分和81.78分，软件平均得分略微高于硬件平均得分，2023年上半年软件、硬件服务水平均有提高。

二、主要研究成果

本次研究基于"中国物业服务星级评价标准体系"，对北京、上海等二十个代表城市2023年上半年的项目物业服务水平进行打分、评级，并计算其物业服务价格指数，得到研究结论如下。

1. 指数：二十城综合指数环比基本持平，同比略有上涨，涨幅较去年同期收窄0.11个百分点

表13-1　　2023年6月二十城物业服务价格指数（按环比降序排列）

序号	城市	2022年6月	2022年12月	2023年6月	同比（%）	环比（%）
	二十城	1075.27	1075.45	1075.58	0.03	0.01
1	宁波	1069.06	1069.22	1071.26	0.21	0.19
2	杭州	1074.09	1075.64	1077.00	0.27	0.13
3	无锡	1106.25	1107.02	1107.72	0.13	0.06
4	苏州	1093.29	1093.74	1094.41	0.10	0.06
5	青岛	1077.95	1077.95	1078.34	0.04	0.04
6	广州	1022.41	1022.69	1023.04	0.06	0.03
7	重庆	1108.98	1109.41	1109.41	0.04	0.00
8	北京	1132.33	1132.33	1132.33	0.00	0.00
9	南昌	1058.76	1058.76	1058.76	0.00	0.00
10	长沙	1103.55	1103.55	1103.55	0.00	0.00
11	合肥	1040.60	1040.60	1040.60	0.00	0.00
12	昆明	1115.90	1115.90	1115.90	0.00	0.00
13	深圳	1042.30	1042.30	1042.30	0.00	0.00
14	成都	1047.50	1047.50	1047.50	0.00	0.00
15	上海	1054.83	1054.87	1054.87	0.00	0.00
16	济南	1028.34	1028.28	1028.28	-0.01	0.00
17	南京	1097.47	1097.60	1097.55	0.01	-0.01
18	常州	1121.12	1121.12	1120.63	-0.04	-0.04
19	武汉	1100.47	1100.91	1100.26	-0.02	-0.06
20	天津	1028.33	1028.07	1027.29	-0.10	-0.08

注：各城市以各自2012年12月为基期，基点为1000点。
数据来源：中指数据CREIS，www.cih-index.com。

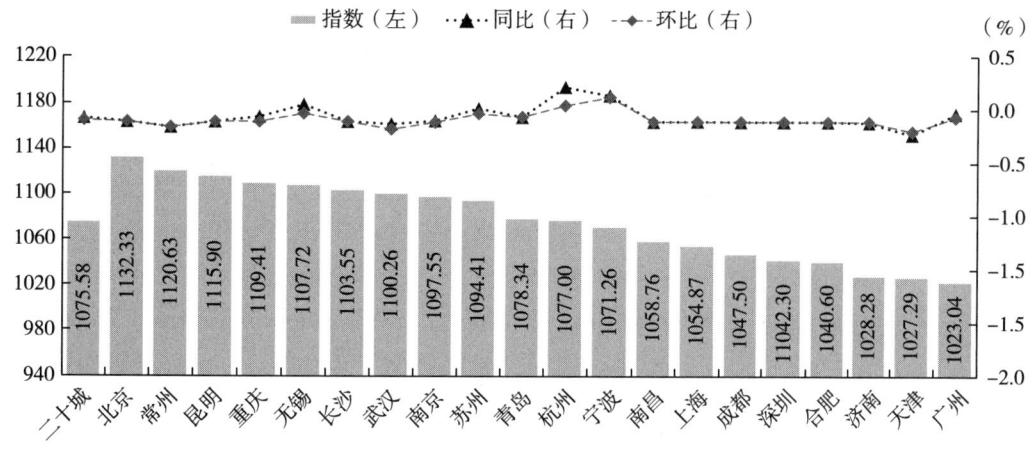

图13-1　2023年6月二十城物业服务价格指数

数据来源：中指数据CREIS，www.cih-index.com。

2023年6月，二十城物业服务价格综合指数为1075.58，同比上涨0.03%，涨幅较上年同期收窄0.11个百分点；环比上涨0.01%，涨幅较上期收窄0.01个百分点。同比来看，二十城中，杭州、宁波、无锡等8个城市物业服务价格指数上涨，上涨城市数量较上年同期减少5个；上海、北京、南昌等8个城市物业服务价格指数与上年同期持平；天津、常州等4个城市物业服务价格指数同比下跌。其中杭州、宁波同比

分别上涨0.27%和0.21%；无锡、苏州同比分别上涨0.13%和0.10%；广州、重庆、青岛和南京同比涨幅均在0.10%以内。物业服务价格指数同比下跌城市中，天津跌幅较大，为0.10%；常州、武汉和济南同比跌幅分别为0.04%、0.02%和0.01%。

与2022年12月相比，二十城中，宁波、杭州、无锡等6个城市物业服务价格指数上涨，上涨城市数量较上期减少2个；重庆、北京、南昌等10个城市环比持平；天津、武汉等4个城市环比下跌。其中，宁波环比上涨0.19%，涨幅较上期扩大0.18个百分点；杭州环比上涨0.13%；无锡、苏州涨幅均为0.06%；青岛、广州涨幅均在0.05%以内。物业服务价格指数环比下跌城市中，天津、武汉环比分别下跌0.08%、0.06%；常州和南京环比跌幅均在0.05%以内。

分区域[①]来看，近半年来，长三角地区物业服务价格指数环比上涨0.05%，涨幅较上期扩大0.01个百分点，环比涨幅居各区域前列，区域内宁波和杭州涨幅相对较大，环比分别上涨0.19%、0.13%；珠三角地区物业服务价格指数环比上涨0.02%，区域内广州环比上涨0.03%；西南地区环比由上涨转为持平；中部地区环比由上涨0.01%转为下跌0.02%，区域内武汉环比下跌0.06%；环渤海地区环比下跌0.01%，区域内天津环比下跌0.08%。

表13-2　　　　　2023年6月不同星级物业服务价格指数（按三星环比指数值降序排列）

序号	城市	环比指数（上期=1000）			同比指数（上年同期=1000）		
		三星级	四星级	五星级[1]	三星级	四星级	五星级
	二十城	1000.16	1000.14	999.44	1000.43	1000.15	999.85
1	宁波	1001.41	1002.26	——	1001.41	1002.50	——
2	无锡	1000.89	1000.00	1000.00	1001.78	1000.28	1000.00
3	广州	1000.81	1000.00	1000.00	1001.47	1000.00	1000.00
4	苏州	1000.59	1000.83	1000.00	1000.68	1000.83	1005.97
5	青岛	1000.56	999.71	——	1000.56	999.71	——
6	杭州	1000.17	1003.01	1000.00	1003.14	1003.57	995.41
7	重庆	1000.00	1000.00	1000.00	1000.00	1000.58	1000.00
8	北京	1000.00	1000.00	1000.00	1000.00	1000.00	1000.00
9	南昌	1000.00	1000.00	——	1000.00	1000.00	——
10	长沙	1000.00	1000.00	1000.00	1000.00	1000.00	1000.00
11	合肥	1000.00	1000.00	1000.00	1000.00	1000.00	1000.00
12	昆明	1000.00	1000.00	1000.00	1000.00	1000.00	1000.00
13	深圳	1000.00	1000.00	1000.00	1000.00	1000.00	1000.00
14	成都	1000.00	1000.00	1000.00	1000.00	1000.00	1000.00
15	上海	1000.00	1000.00	1000.00	1001.20	999.01	1002.24
16	济南	1000.00	1000.00	1000.00	999.99	999.77	1000.00
17	武汉	1000.00	999.98	989.63	1000.00	1000.66	989.63
18	南京	999.98	999.91	1000.00	999.98	1000.16	1000.00
19	天津	999.62	998.68	1000.00	998.72	998.68	1000.00
20	常州	999.45	999.44	1000.00	999.45	999.44	1000.00

注：宁波、南昌、青岛共3个城市因五星样本较少，不具代表性，暂未纳入指数计算；20城五星级物业服务价格指数根据其余17城计算，下同。

[①] 本报告城市区域划分标准如下：环渤海地区包括北京、天津、青岛和济南；长三角地区包括上海、杭州、南京、常州、宁波、苏州和无锡；西南地区包括重庆、成都和昆明；中部地区包括武汉、长沙、合肥和南昌；珠三角地区包括广州和深圳。

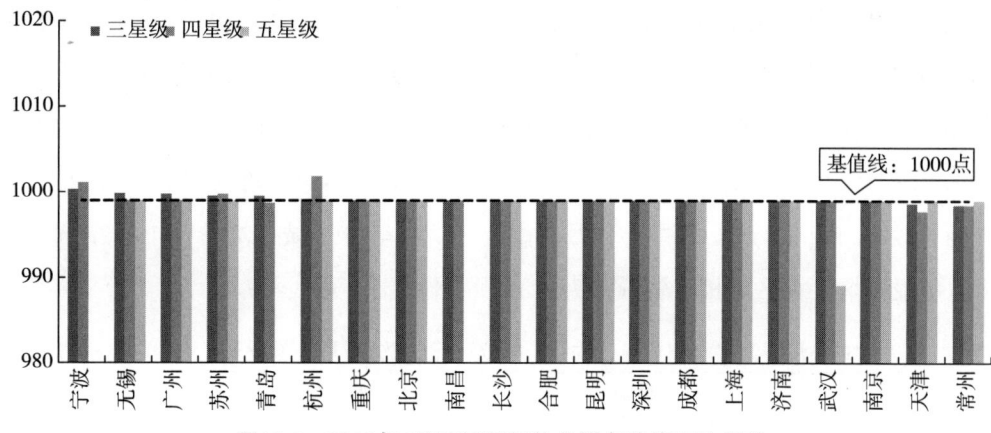

图13-2　2023年6月不同星级物业服务价格环比指数

数据来源：中指数据 CREIS，www.cih-index.com。

从不同星级物业服务价格指数来看，二十城三、四星级物业服务价格指数同比均上涨，五星级指数同比出现下跌。2023年6月，二十城三星级物业服务价格指数环比上涨0.02%，同比上涨0.04%；四星级物业服务价格指数环比上涨0.01%，同比上涨0.02%；五星级物业服务价格指数环比下跌0.06%，同比下跌0.02%。同比来看，三星级物业服务价格指数中，杭州、无锡、广州等7个城市较上年同期上涨，其中杭州涨幅相对较大，超过0.3%；重庆、南昌、长沙等11个城市同比持平；天津、常州同比均下跌，跌幅分别为0.13%和0.06%。四星级物业服务价格指数中，杭州、宁波、苏州等7个城市较上年同期上涨，其中杭州涨幅超过0.3%；北京、广州、南昌等8个城市同比持平；天津、上海、常州等5个城市较上年同期下跌，其中天津跌幅较大，为0.13%。五星级物业服务价格指数中，苏州、上海2个城市较上年同期上涨，涨幅分别为0.60%和0.22%；常州、重庆、无锡等13个城市同比持平；武汉、杭州五星物业服务价格指数较上年同期均下跌，其中武汉受部分小区物业服务收费下调影响，五星级指数同比跌幅超1%。

2. 价格：二十城均价为2.52元/平方米/月，物业服务收费平稳

表13-3　2023年6月城市物业服务均价（单位：元/平方米/月）

城市	深圳	北京	杭州	上海	广州	天津	宁波	武汉	青岛	成都	——
样本均价	3.89	3.39	2.84	2.78	2.74	2.73	2.60	2.54	2.34	2.33	——
城市	苏州	重庆	无锡	长沙	南京	济南	昆明	南昌	合肥	常州	二十城综合
样本均价	2.29	2.26	2.24	2.13	1.93	1.80	1.69	1.65	1.62	1.26	2.52

注：本报告南京物业服务价格不含公摊费，下同。

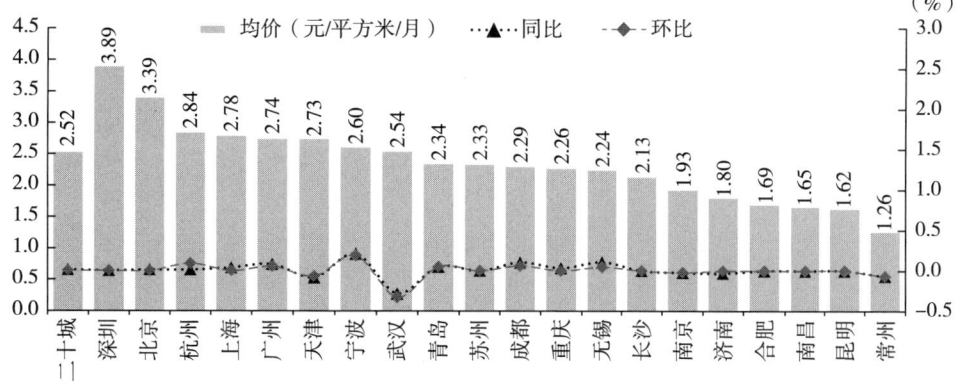

图13-3　2023年6月二十城物业服务均价

数据来源：中指数据 CREIS，www.cih-index.com。

2023年6月，二十城物业服务均价为2.52元/平方米/月。一线城市物业服务价格水平居前列，其中深圳均价最高，为3.89元/平方米/月；北京次之，为3.39元/平方米/月；杭州、上海、广州、天津、宁波、武汉均价分别为2.84元/平方米/月、2.78元/平方米/月、2.74元/平方米/月、2.73元/平方米/月、2.60元/平方米/月和2.54元/平方米/月；青岛、成都等6个城市均价在2.0~2.5元/平方米/月之间，其中青岛均价相对较高，为2.34元/平方米/月；南京、济南等6个城市均价在1.0~2.0元/平方米/月之间，其中常州物业服务均价水平仍相对较低，为1.26元/平方米/月。

表13-4　　2023年6月不同星级物业服务收费（单位：元/平方米/月）（按三星收费降序排列）

序号	城市	三星级	四星级	五星级
	二十城	2.01	2.75	3.93
1	深圳	3.43	3.95	5.14
2	北京	2.64	3.64	4.80
3	广州	2.31	2.86	4.56
4	杭州	2.18	3.36	4.71
5	武汉	2.14	2.66	3.83
6	上海	2.09	2.83	4.82
7	青岛	2.08	3.18	——
8	天津	2.07	2.63	3.77
9	苏州	2.06	2.74	3.21
10	长沙	1.96	2.25	3.58
11	无锡	1.93	2.91	3.44
12	宁波	1.86	3.11	——
13	重庆	1.75	2.40	3.21
14	成都	1.69	2.51	3.70
15	济南	1.63	2.25	2.89
16	南昌	1.39	1.91	——
17	南京	1.37	1.98	2.61
18	合肥	1.37	2.12	2.61
19	昆明	0.98	1.85	3.63
20	常州	0.78	1.22	2.22

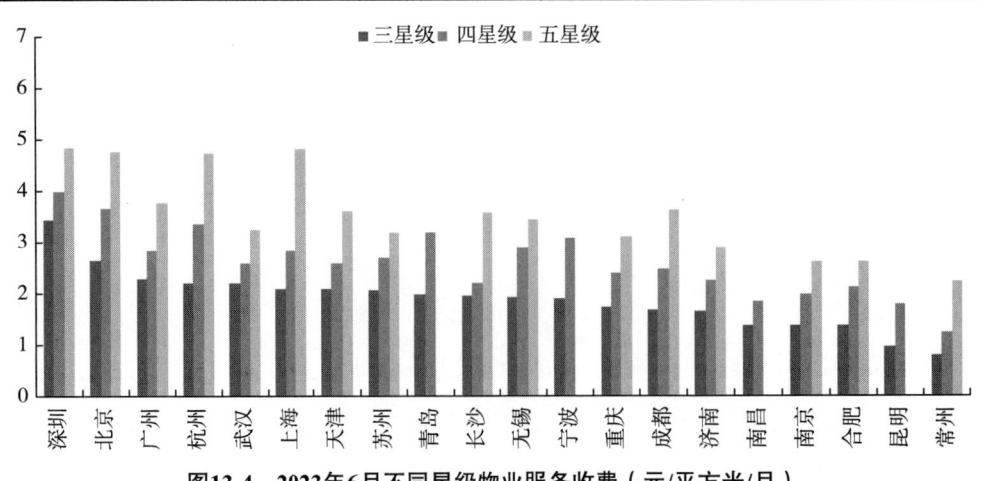

图13-4　2023年6月不同星级物业服务收费（元/平方米/月）

数据来源：中指数据CREIS，www.cih-index.com。

从不同星级物业服务收费来看，2023年上半年，二十城三、四星级物业服务收费同比继续保持上涨态势，五星级同比下跌。2023年6月，二十城整体三星级物业服务收费为2.01元/平方米/月，同比上涨0.01%，其中深圳收费最高，为3.43元/平方米/月；北京、广州等8个城市收费介于2.0~3.0元/平方米/月之间；长沙、无锡等9个城市介于1.0~2.0元/平方米/月之间；昆明和常州收费分别为0.98元/平方米/月和0.78元/平方米/月。四星级物业服务收费为2.75元/平方米/月，同比上涨0.01%，其中深圳、北京、杭州、青岛、宁波收费相对较高，均在3.0元/平方米/月以上；无锡、广州等11个城市介于2.0~3.0元/平方米/月之间；南京、南昌、昆明、常州均在2.0元/平方米/月以下，其中常州最低，为1.22元/平方米/月。五星级物业服务收费为3.93元/平方米/月，同比下跌0.03%，其中深圳收费最高，为5.14元/平方米/月；上海、北京、杭州、广州收费亦超过4.0元/平方米/月；武汉、天津、成都、昆明、长沙、无锡、重庆以及苏州收费在3.0~4.0元/平方米/月之间；济南、南京、合肥、常州收费均低于3.0元/平方米/月，其中常州收费最低，为2.22元/平方米/月。

3. 样本：四星级项目占比持续上升，一线城市四、五星项目占比超六成

中指研究院严格按照样本选择规范要求，于2023年4月至6月对二十个城市进行了物业服务星级评价研究工作，样本数量为7001个，其中达到物业服务价格指数编制要求的合格样本数量为3502个，占比为50.02%，伴随物业服务越来越受到社会各界的关注，物业服务企业管理愈加规范，服务质量不断提升，合格样本占比环比略有上升，本期物业服务价格指数评价体系覆盖范围广泛，样本选择标准严格谨慎，研究成果持续引领行业发展方向。

表13-5 2023年上半年中国物业服务星级评价样本统计

调查项目数：7001个，合格样本数量：3502个

城市	调查项目数	合格样本数	城市	调查项目数	合格样本数
北京	360	180	上海	450	234
广州	544	271	深圳	570	288
杭州	460	226	南京	400	200
武汉	320	164	天津	540	267
重庆	550	275	成都	475	237
昆明	265	130	苏州	225	112
无锡	235	115	长沙	230	115
宁波	307	150	青岛	260	132
南昌	190	92	济南	210	109
合肥	210	102	常州	200	103

数据来源：中指数据CREIS，www.cih-index.com。

（1）二十城样本各星级项目占比，四星级超越三星级，五星级项目占比保持稳定

整体来看，二十城物业服务水平以四星为主，占比45.97%，四星级和五星级项目占比分别为45.97%、9.14%，五星级项目占比保持稳定；从城市分级来看，一线城市的四、五星级项目占比为62.39%，环比上涨0.48%；一线城市中四星级项目占比为51.39%，环比波动不明显。二线城市四星级项目占比为43.89%，环比变化不大；五星级项目占比为8.42%，三星级项目占比47.69%，四、五星级项目占比之和仍超过三星级项目。

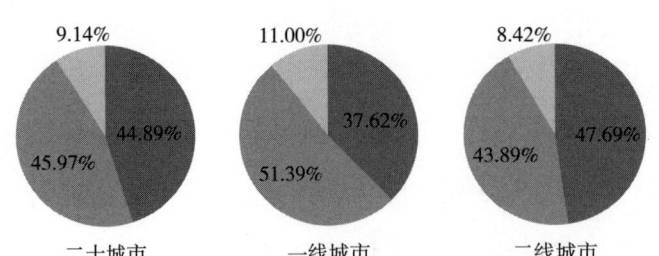

图13-5 二十个城市物业服务星级评价情况

数据来源：中指数据 CREIS，www.cih-index.com。

一线城市的四星级项目稳中有升，随着疫情紧张局势有所缓解，物业服务企业有更多精力提升服务质量，磨练自身软硬件服务能力，提升整体项目实力，规范各项服务流程，加强卫生保洁以及美化社区环境，提高项目软件服务水平，四星项目整体实现稳中有升。

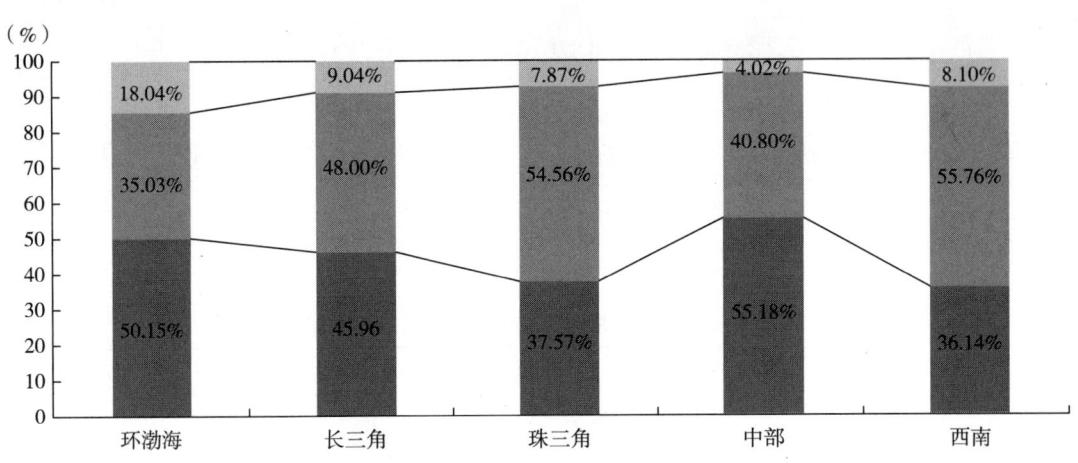

图13-6 区域物业服务星级评价情况

数据来源：中指数据 CREIS，www.cih-index.com。

从区域分布来看，珠三角地区和西南地区四星级与五星级样本之和占比均超60%，分别为62.43%和63.86%，占比领先于环渤海地区、长三角地区和中部地区。环渤海地区、中部地区和长三角地区四星级样本占比分别达35.03%、40.80%、45.00%，除中部地区环比下降0.34%外，环渤海与长三角地区较上年环比上升，长三角地区和环渤海地区经济更为发达，具备较好的物业服务发展基础，服务水平居全国前列，环渤海地区的五星级样本占比最高达14.83%；中部地区四星级与五星级样本之和占比相对略低，仅达44.82%，但环比实现小幅上涨。

从城市方面看，上海、深圳、南京、武汉、天津、重庆、成都、宁波、昆明九个城市的四、五星级样本占比均超过60%，领先于其他城市。其中上海、深圳、南京、天津、昆明四座城市四、五星级样本占比超过65%。北京的五星级样本占比为23.89%，仍居于所有城市首位，天津、南京、常州和成都的五星级项目占比也均超过10%，分别为21.35%、20.00%、16.50%、13.92%。此外，北京、广州、常州的四、五星级样本占比均超过50%。

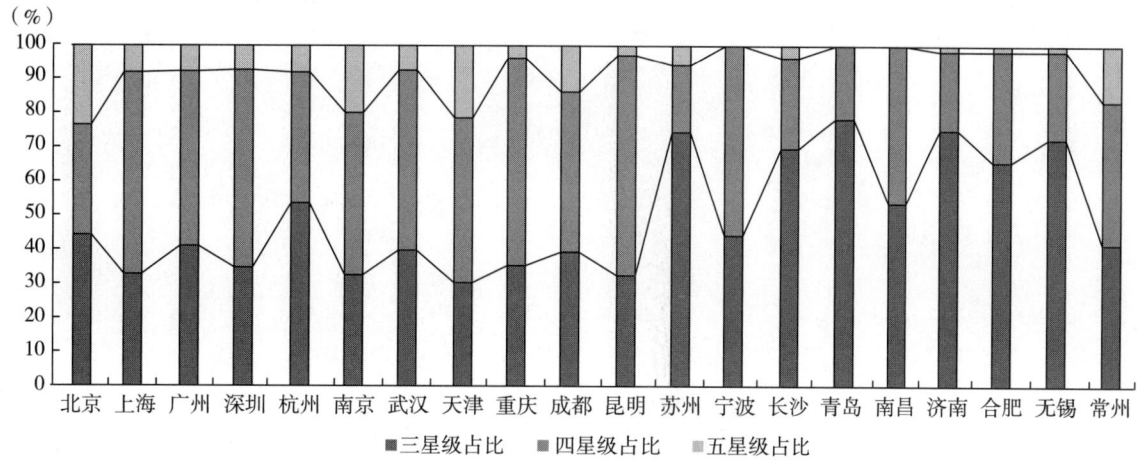

图13-7 二十个城市综合物业星级评价

数据来源：中指数据 CREIS，www.cih-index.com。

（2）物业服务软硬件整体发展均衡，软件、硬件服务两翼齐飞

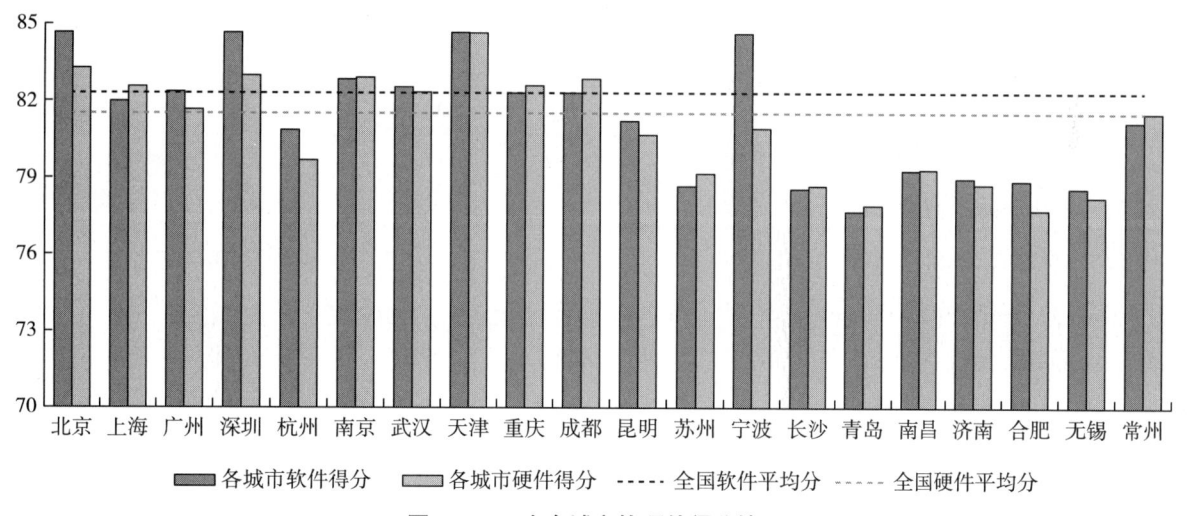

图13-8 二十个城市软硬件得分情况

数据来源：中指数据 CREIS，www.cih-index.com。

物业服务软件、硬件服务双提升，均衡发展。根据调研结果来看，二十个城市的软件和硬件平均得分分别为82.59分和81.78分，软件平均得分略高于硬件平均得分。2023年是全面贯彻落实党的二十大精神的开局之年，物业管理行业秉承高质量发展原则，兼顾质量与速度的平衡发展，在标准化与智能化的驱动下，不断优化服务品质，软硬件实力得以提升。截至2023年6月末，仅一家物业服务企业在港交所上市。年初至今物企收并购步伐有所放缓，在外部环境影响下，物业企业认识到，单纯的收购和并购并不是提高市场竞争力的最佳方式。相反，通过优化经营和提高服务质量，提高客户满意度和忠诚度，才能帮助企业在激烈的市场竞争中脱颖而出，并实现持续的业务增长。一方面，不断升级硬件系统；另一方面，物业服务企业持续加大软件方面投入，不断提升公共秩序、保洁、绿化等软件服务质量，除此之外企业还通过聚焦增值服务不断满足业主个性化、多元化需求，提高软件服务水平。2023年上半年软件、硬件服务水平均有提高。

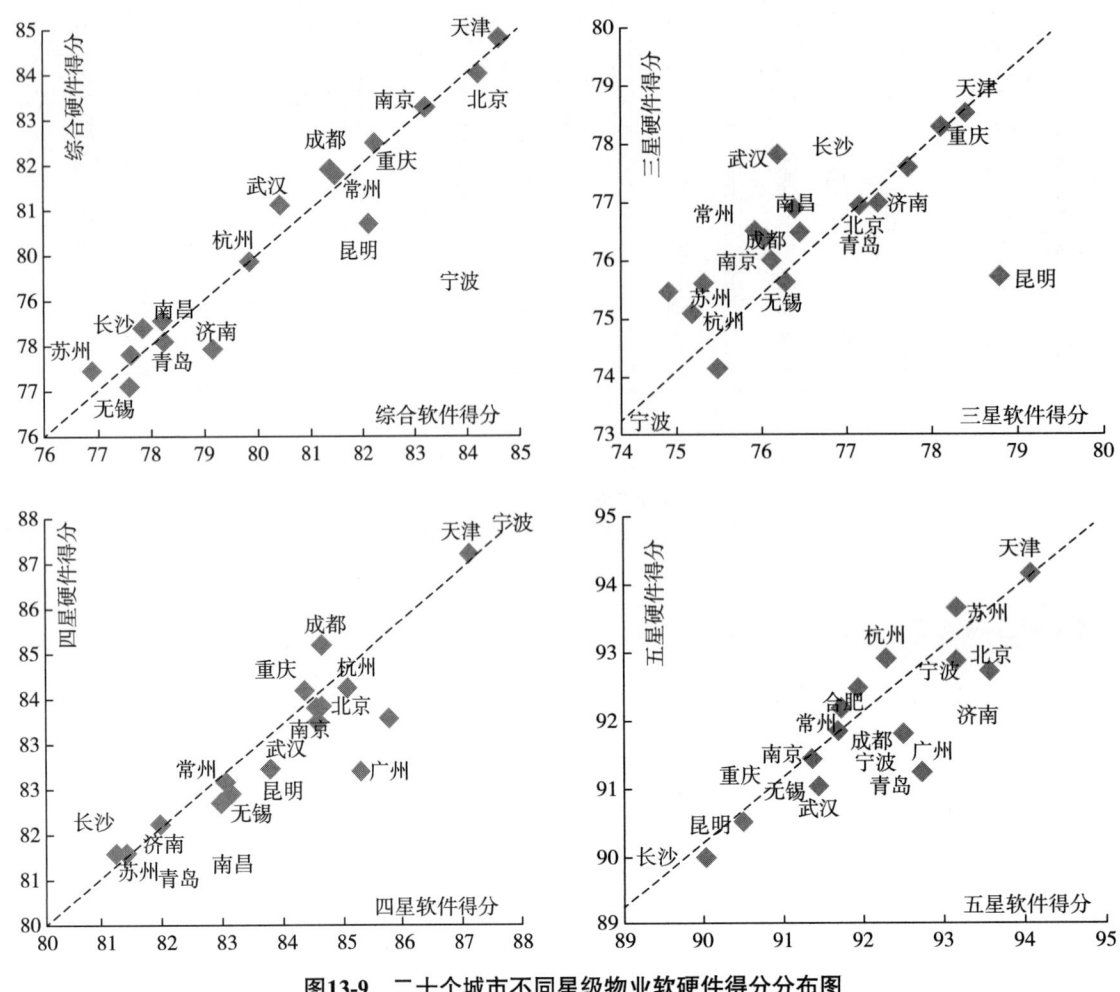

图13-9 二十个城市不同星级物业软硬件得分分布图

数据来源：中指数据 CREIS，www.cih-index.com。

多数城市软硬件服务水平差距不大，深圳软硬件得分差绝对值较大。深圳软件得分比硬件得分高5.87分，为二十个城市中软硬件得分差绝对值最大的城市。主要原因为深圳硬件得分在二十城均值附近，软件得分明显领先，居二十城首位；其余城市软硬件得分差绝对值较小，除宁波、北京、杭州与合肥硬件得分与软件得分的差值为4.22、1.67、1.19和1.18外，其余十五个城市软硬件得分差绝对值均小于1分，匹配程度较高。

不同星级项目软件、硬件得分均值差距较小。2023年上半年分星级来说，三星级、四星级和五星级项目的软件得分均值均仍高于硬件得分均值，分别高出0.96分、0.46分、0.27分，但天津各星级项目的硬件得分均高于软件得分。深圳不同星级项目的软件、硬件得分均值差值均超过1分。

物业企业认识到回归服务本质的重要性，兼顾质量和速度的平衡，寻求行业高质量发展。软硬件得分的上升反映出物业服务质量在不断提高。此次研究为进一步明晰高质量物业服务的共性和特征，继续选取物业服务项目中有代表性的标杆项目进行深入挖掘。

表13-6　　　　　　　　　　　部分城市物业服务标杆项目服务收费

项目名称	项目规模（万平方米）	物业服务收费
东原·湖山樾	约15	4.50元/平方米/月
富力城二期第一区	约34	1.80元/平方米/月
北京海赋国际写字楼	约2.79	36.49元/平方米/月

数据来源：中指数据 CREIS，www.cih-index.com。

标准化、多元化、智能化已成为高品质物业服务的显著特征。通过观察标杆项目，高品质物业服务已具有以下几点特征：一是建立系统的标准化服务体系，从源头抓好服务品质建设；二是智能化管理水平不断提升，智慧软硬件设施设备管理不断优化，以科技赋能管理与服务；三是发展多元化、日益满足业主个性化需求的特色增值服务；四是文化理念与社区生活深度融合，结合节日、纪念日等时点开展多类型的社区活动，丰富精神生活。

三、物业服务样本标杆

1. 东原·湖山樾——诠释向往已久的生活姿态

东原·湖山樾，位于重庆市渝北区新牌坊照母山北麓，星光大道北沿线。项目依托照母山150亩原生湖泊和5050亩照母山森林公园资源，打造城市中心湖山纯别墅产品。

东原·湖山樾以湖之名诠释一种向往已久的生活姿态，以新牌坊最大的天然湿地来颐养人生的理想境界。在建筑设计及风格选择上，为了满足临湖而栖的终极居住梦想，依托缓坡台阶打造赖特风格，既最大程度上保证了观湖效果，又强调建筑与自然环境的和谐统一，让建筑与湖山完美结合。在景观的打造上，以"湖、山、谷"为核心设计理念，依托天然的湖山优势，营造了一山一湖五景。在项目内部规划上，有四季花海、樱花大道、北美公园、阳光草地、亲水公园、康体会所以及6大儿童主题乐园等景观休闲配套，为业主提供缤纷的生活空间，做到足不出户即可享受全方位的墅级配套资源。

（1）项目基本情况

项目位置	项目规模	物业服务收费价格
重庆市北部新区星光大道116号	约15万平方米	4.50元/平方米/月

（2）项目服务亮点

✓ 服务亮点一：客服服务，及时响应

匹配东原仁知服务"原臻"管家标准，原臻管家不仅每天10小时接待业主和物业使用人，处理物业服务合同范围内的公共性事务，更是无时差受理业主和物业使用人的咨询和投诉，答复率100%，处理率100%。

实行24小时报修值班处理制度，公示24小时服务电话。确保急修服务20分钟内到达现场，其他报修按双方约定时间到达现场，回访率100%，有完整的报修、维修和回访记录。

每季度进行业主满意度测评，对业主的意见和反馈适时整改。

✓ 服务亮点二：安全管理，智能监控

统一着装，佩戴统一标志，仪容仪表整洁规范，语言文明规范，配备对讲装置，并定期开展职业技能培训。

园区各出入口24小时值守，主出入口06：30~19：00立岗，并有详细的交接班记录，对外来机动车实行100%询问登记。

规划固定的管理路线和时间，每2小时巡查一次，做好巡查记录。重点部位设电子巡更点，重点区域、重点部位每1小时巡逻，并实施24小时监控。

小区智能监控设备全覆盖，设备具备 5 项技防设施，人脸识别、录像监控、楼宇对讲、周界报警、门禁系统等，24 小时开通，有专人驻守，注视各设备所传达的信息。

智能车辆管理系统，对进出小区的车辆实施证、卡管理，地面墙面按车辆道路行驶要求设立完善的指示牌和地标，车辆行驶有规定路线，引导车辆有序通行和停放。

建立完善的火灾、治安、公共卫生等突发事件应急预案，接到火警、警情和住户紧急求助等异常情况时，充分做到在 5 分钟内赶到现场，并采取相应的应对措施。每年开展 2 次消防安全演练，开展电梯困人应急演练，并邀请业主参与，保障园区安全。

✓ 服务亮点三：环境绿化，精细管理

实施精细化管理，引进先进智能技术（如洗地车、扫地车等），提高相应服务标准。

室外果皮箱、垃圾桶按照每日清理 2 次、擦拭 1 次标准实施，箱（桶）无满溢、无污迹、无异味。

小区道路、广场、停车场、绿地等每日清扫 2 次，电梯厅、楼道、一层共用大厅每日拖拭 2 次；消防通道每日拖拭 1 次；共用部位玻璃每月清洁 2 次；楼道灯每月清洁 1 次；庭院路灯每月清洁 1 次等。

楼梯扶手、室外标识、宣传栏、信报箱、电梯轿厢等部位每日擦拭 2 次，目视无灰尘，明亮清洁；电梯操作板每日消毒 1 次。

消毒灭害，每月对窖井、明沟、垃圾房喷洒药水 1 次，每季度灭鼠 2 次。有噪音的消杀作业避开客户休息时段，消杀计划提前 1 周公示。

小区内主干道、广场、一层共用大厅等公共区域日常设专人循环保洁，保持干净整洁无杂物。

✓ 服务亮点四：公共设施，定期巡检

建立共用空间、共用设施设备档案，对房屋共用空间、共用设施设备进行日常管理和维修养护，运行、检修和保养等记录齐全。

定期检查、巡查房屋共用空间、共用设备设施的使用状况，发现损坏，立即按规定进行维修。

每日巡查 1 次小区房屋楼栋单元门、楼梯通道以及其他共用空间的门窗等，发现问题及时维修养护；每周巡查 2 次房屋外檐、门窗，保持楼内共用空间玻璃、配件完好；每周巡查 2 次围墙、楼内墙面、顶面，遇有损坏，及时修补；每月检查雨水井、化粪池，保持畅通，并每年 2 次清淘化粪池；每周巡查 1 次场地、道路，发现损坏马上按规定修复。

按照住宅装饰装修管理有关规定和业主管理规约（业主临时管理规约）要求，执行住宅装饰装修管理制度。发现影响房屋外观、危及房屋结构安全及拆改公共管线等损害公共利益现象，应及时劝阻，劝阻无效应及时反馈业主委员会和有关主管部门。

对有安全标识、管理标识的区域，则应保持标识完好。小区主出入口设有小区平面示意图，主要路口设有路标。各组团、栋及单元（门）和公共配套设施、场地设有明显标志。对可能危及人身安全的设施设备，设有明显警示标志和防范措施标志。考虑到可能发生的各种突发设备故障，提前备好应急处理方案。

2. 富力城二期第一区——智能化温馨社区

富力城二期第一区位于重庆市沙坪坝区大学城南路 22 号，建筑面积约 34 万平方米。小区容积率适中，绿化率高，车位充沛，已全面实现智能化管理，整体居住舒适度较好。

（1）项目基本情况

项目位置	项目规模	物业服务收费价格
重庆市大学城南路 22 号	约 34 万平方米	1.8 平方米/月

（2）项目服务亮点

✓ 服务亮点一：多彩社区生活打造

细节彰显品质，品质凝聚真情。天力物业根据中国传统文化结合时令、节气及项目实际，开展多种多样的社区文化活动，与业主共享节日美好，促进邻里之间和谐关系，营造多姿多彩的社区文化氛围，建设温情美好的美丽家园。

✓ 服务亮点二：快速响应全应答，让生活便捷无忧

为了让业主报事报修更加方便快捷，天力物业打造自在社区 APP，业主需求需要快速响应，及时处理，解决业主的后顾之忧。同时定期与业主互动，能够多渠道、全方面了解业主需求，及时为业主提供更贴心的服务。在基础的物业服务之上，天力物业不断扩充服务边界，通过多元化的增值服务，满足业主不同的需求，打造更加便捷、更加美好的社区生活。

✓ 服务亮点三：贴心周到全照料，让家舒适美好、历久弥新

天力物业打造的美好社区，通过专业细致的物业服务，无惧岁月的洗礼。天力物业通过对建筑设施设备维护、园区环境养护，让家历久弥新，助力业主资产保值增值。同时 24 小时不间断的贴心服务，解决了业主诸多的生活小烦恼，让业主感受到便捷、舒适。

3. 北京海赋国际写字楼——高级商务美学

北京海赋国际写字楼地处西三环核心腹地，位居海淀西三环车公庄西路，总办公楼面积达到 31246.61 平方米，是中国电力建设集团有限公司（以下简称中国电建）的总部办公基地。

（1）项目基本情况

项目位置	项目规模	物业服务收费价格
北京市海淀区车公庄西路 22 号海赋国际 A 座	约 2.79 万平方米	36.49 元/平方米/月

北京海赋国际写字楼，秉行工作与生活完美融合的高级商务美学，与之相配的是一流的配套及硬件保障，卓越的物业服务团队提供服务保障，采用特色礼宾服务运行模式，助力客户实现多地域业务发展及办公支持，并为客户提供灵活多选的办公空间及一站式商务服务，构建绿色、人文、现代、高效的城市楼宇新生态。

（2）项目服务亮点

✓ 服务亮点一：提供专业化物业服务

客群具有一定专业知识和工作经验，综合素质较高，与之相配套的是需要一支服务理念、服务形象、

服务质量、服务标准均达到一流的专业物业服务团队，为业主及所有物业使用人和相关客户提供一个安全、舒适、整洁的工作环境。要求物业公司将安全管理作为首要工作。要求物业公司围绕"电建集团的中心工作"开展服务。要求确保环境的整洁度，相关主管单位、行业协会、国际合作企业等单位经常来项目参观或指导工作，召开高规格的会议，卫生间、公共区域、会议室等环境卫生要求高，部分区域人员相对密集。保洁按区域设固定岗位，卫生间设专人保洁；流动岗位保洁，加强巡视检查工作，及时清除垃圾。另外，对各类标识牌等及时进行清洁维护，保持项目的环境卫生，树立企业的良好形象。

✓ 服务亮点二："零打扰"的物业服务

加强楼内公共区域的巡视，杜绝无关人员逗留楼内。加强供应商管理，合理安排工作及相关施工时间。楼内运送货人员按规定使用货运电梯，禁止在办公区随意穿行。会议服务员采取走动式服务，并穿着不带声音的工作鞋，确保使用中会议室门处于关闭状态。入室维修人员必须携带台布，使用工具轻拿轻放，避免不必要的施工噪音。全体工作人员上班期间将手机调整为震动模式，禁止在公共区域大声交谈。

✓ 服务亮点三：确保设备设施安全可靠性的运行

设备设施的正常运行是本项目正常工作的重要保障，配电系统、给排水系统、电梯系统、消防系统、供暖系统、空调系统等设备、设施的可靠运行是必要保障。

✓ 服务亮点四：确保能源供给与有效控制能耗

在保证水、电、空调等设备设施的正常运行情况下，通过完善各项节能措施，有效控制能耗，节约运行成本。

表13-7　　　　　　　　　　　　　　2023年上半年部分星级物业服务项目

物业项目	所在区域	物业服务企业	物业服务星级
绿城·深蓝中心	安徽	绿城绿发生活服务集团有限公司	★★★★★
金鹏·山河赋	安徽	金鹏祥和物业管理有限公司	★★★★★
金鹏·麓山院	安徽	金鹏祥和物业管理有限公司	★★★★★
重庆·江山国际	重庆	和泓服务集团有限公司	★★★★★
西城首府	重庆	厦门联发（集团）物业服务有限公司重庆分公司	★★★★★
拓新红城	重庆	重庆速达物业服务有限公司	★★★★★
厦门中铁诺德逸都	福建	北京中铁慧生活科技服务有限公司	★★★★★
君御海城	广东	信豪物业服务（佛山）有限公司	★★★★★
广州天鹅湾项目	广东	世茂天成物业服务集团有限公司	★★★★★
广州诺德阅泷花园	广东	北京中铁慧生活科技服务有限公司	★★★★★
振业清溪雅苑	广东	深圳市振业城市服务有限公司	★★★★★
发展大厦	广东	深圳第一亚太物业管理有限公司	★★★★★
广州大华东郡府	广东	大华集团上海物业管理有限公司	★★★★★
圣泉流云花园万象城小区	贵州	贵州绿地物业管理有限责任公司	★★★★★
东亚·紫云府	河北	北京东亚时代物业管理有限公司	★★★★★
安联天颂府	河北	河北安信联行物业股份有限公司	★★★★★
焦作·建业世和府	河南	河南建业新生活服务有限公司	★★★★★
新乡·建业壹号城邦	河南	河南建业新生活服务有限公司	★★★★★

续表

物业项目	所在区域	物业服务企业	物业服务星级
郑州世茂振兴璀璨熙湖	河南	世茂天成物业服务集团有限公司郑州分公司	★★★★★
华夏幸福·松江序项目	黑龙江	和信行物业服务集团有限公司	★★★★★
楚天都市·沁园	湖北	湖北楚天中大物业管理有限公司	★★★★★
楚天都市·鑫园	湖北	湖北楚天都市物业有限公司	★★★★★
武汉世茂云锦	湖北	世茂天成物业服务集团有限公司武汉分公司	★★★★★
南京边城大厦	江苏	深圳万物商企物业服务有限公司南京分公司	★★★★★
淀山湖壹号	江苏	深圳市万厦世纪物业管理有限公司	★★★★★
金鹏·东方印	江苏	金鹏祥和物业管理有限公司	★★★★★
德信·望澜庭	江苏	德信盛全物业服务有限公司	★★★★★
无锡溪岸观邸	江苏	上海中建智地物业服务有限公司	★★★★★
狮山文化广场	江苏	苏新美好生活服务股份有限公司	★★★★★
无锡市晓团悦园	江苏	江苏绿坤物业服务有限公司	★★★★★
青岛世界博览城阅里	山东	北京中铁慧生活科技服务有限公司	★★★★★
鲁信随珠花园	山东	青岛诚辉物业管理有限公司	★★★★★
鲁信天逸海湾	山东	青岛诚辉物业管理有限公司	★★★★★
航空城·蘭园	陕西	绿城绿发生活服务集团有限公司	★★★★★
临港魔坊三期	上海	世茂天成物业服务集团有限公司	★★★★★
上海中铁逸都	上海	北京中铁慧生活科技服务有限公司	★★★★★
上海大华公园城市	上海	大华集团上海物业管理有限公司	★★★★★
璟安悦庭	上海	招商积余上海公司	★★★★★
成都·隆鑫十里画卷	四川	和泓服务集团有限公司	★★★★★
保利·心语三期	四川	保利物业服务股份有限公司成都分公司	★★★★★
保利·天悦	四川	保利物业服务股份有限公司成都分公司	★★★★★
成都海亮樾金沙	四川	世茂天成物业服务集团有限公司	★★★★★
天津中建·壹方九里	天津	上海中建智地物业服务有限公司	★★★★★
昆明世茂璀璨倾城	云南	世茂天成物业服务集团有限公司	★★★★★
云南映象	云南	云南城建物业集团有限公司	★★★★★
南江公寓	浙江	浙江宜居物业管理有限公司	★★★★★
春风里一期	浙江	浙江宜居物业管理有限公司	★★★★★
江南景苑	浙江	中能未来智慧城市服务集团（浙江）有限公司	★★★★★
钱江彩虹豪庭	浙江	浙江彩虹物业服务集团有限公司	★★★★★
嘉文大厦	浙江	浙江彩虹物业服务集团有限公司	★★★★★
德信·钱塘云庄	浙江	德信盛全物业服务有限公司	★★★★★
众安·嘉润铭座	浙江	众安智慧生活服务有限公司	★★★★★
众安·白马御府	浙江	众安智慧生活服务有限公司	★★★★★
青年路小区	浙江	杭州尚城智享生活服务有限公司	★★★★★
金昌·上樾府	浙江	浙江金昌物业服务有限公司	★★★★★
宁波蓝海公寓	浙江	浙江蓝城乐居物业服务集团有限公司	★★★★★
杭州孔家埭和府	浙江	浙江蓝城乐居物业服务集团有限公司	★★★★★
玖望	浙江	浙江鸿城物业股份有限公司	★★★★★
东亚·溪雅香舍	浙江	北京东亚时代物业管理有限公司	★★★★★

资料来源：中指数据 CREIS，www.cih-index.com。

表13-8　　　　　　　　　　　　2023年上半年部分物业服务行业示范基地

物业项目	所在区域	物业服务企业
北京信达金融中心	北京	北京中铁慧生活科技服务有限公司
北京中铁大厦	北京	北京中铁慧生活科技服务有限公司
自在莲花湖	重庆	重庆国强物业服务有限公司
福州ICC升龙环球中心	福建	广州市万盈物业服务有限公司
深圳市龙岗区横岗街道城市管家服务项目	广东	雅生活·龙城城市运营服务集团有限公司
广州时代地产中心	广东	时代邻里控股有限公司
佛山TIC时代全球创客小镇	广东	时代邻里控股有限公司
广州中新时代倾城	广东	时代邻里控股有限公司
三亚中铁置业广场	海南	北京中铁慧生活科技服务有限公司
濮阳·建业世和府	河南	河南建业新生活服务有限公司
郑州升龙城	河南	广州市万盈物业服务有限公司
武汉市武昌区人民法院	湖北	世茂天成物业服务集团有限公司武汉分公司
三一科学城	湖南	湖南竹胜园物业服务有限公司
龙井市城乡环卫一体化服务PPP项目	吉林	雅生活明日环境发展有限公司
青岛中铁青岛广场	山东	北京中铁慧生活科技服务有限公司
上海磁浮列车示范运营线龙阳路站项目	上海	雅生活·上海明华智慧城市运营管理有限公司
上海星瀚广场	上海	上海星卓物业管理有限公司
高科智慧园	陕西	西安高科物业管理有限责任公司云享生活分公司
皋亭山景区	浙江	杭州尚城智享生活服务有限公司

资料来源：中指数据CREIS，www.cih-index.com。

中指研究院对本次物业星级评价中表现突出的星级物业服务项目及示范基地进行深入分析，可以看出，星级物业服务项目软硬件服务发展均衡，示范基地特色鲜明。

国信控股集团成立于1995年，总部位于香港。信豪服务集团是国信控股集团全资企业，是广东省物业管理行业协会会员单位，国家一级资质物业管理企业，中国物业服务百强企业。信豪服务集团遵循坚持"生活，如此简单"的服务理念，贯彻"持之以恒、匠心专注、持续创新、务实笃行"的企业精神，致力于为商/住/产/教/旅全息一体化服务提供全链条的解决方案，其服务的君御海城获评"2023中国五星级物业服务项目"。

作为江苏省首家港股上市的国有物业企业，苏新美好生活服务股份有限公司明确"综合性城市服务及物业服务提供商"战略定位，深耕城市服务与物业服务两大主营业务，拓展多元增值业务，擦亮多元服务品牌，更好满足人民对美好生活的向往、助力区域经济高质量发展，其管理的狮山文化广场项目获评"2023中国五星级物业服务项目"。

结　语

2023年上半年物业服务价格指数变化反映出全国重点二十城物业服务价格稳定态势，从调研样本星级分布情况来看，四星级物业服务项目占比超越三星级物业服务项目，为占比最高的星级项目类型，印证了行业高品质发展的现实情况。伴随着物业服务企业软硬件服务质量的持续改善，市场上中高端物业服务项目明显增多，物业服务企业凭借质价相符的服务赢得发展的底层逻辑正在形成社会共识。

政策方面，2023年"两会"政府工作报告明确强调了加强社区和养老服务、践行绿色低碳责任以及进行数字化建设等关键点。这些政策直接关系到物业管理行业的发展。物业管理行业作为具有公共服务属性和民生属性的行业，承担着社会责任和人民幸福的重要任务。在政策和市场的双重推动下，物业服务企业不断提升服务品质和效能，有望在未来开拓更多蓝海市场。这一趋势将为物业企业带来更多的发展机遇和挑战。因此，物业企业需要不断提升自身能力，适应市场需求，以实现可持续发展。

资本市场方面，截至2023年6月30日，共有64家物业服务上市企业，其中香港主板59家，A股5家。尽管2023年年初至今物业企业上市节奏有所放缓，但随着近期3家物企递交招股书，上市热情明显回暖，行业长期向好的基本面未变。

展望未来，物业管理行业仍将保持快速发展并加速实现价值兑现。未来3~5年，行业集中度仍将持续提升，企业规模分化大概率会进一步加剧。行业的高质量发展和独立化程度将成为决定分化程度的重要因素。未来，那些具备优质服务、高效运营和高度独立化程度的物业企业将成为新一波标杆物业服务企业，引领行业向更高层次发展。

附录：中国物业服务价格指数编制说明

基于物业管理行业需要，中指研究院在中国房地产指数系统的基础上，并结合多年积累的研究经验，参考国内外相关研究成果，形成了"中国物业服务星级评价标准体系"和"中国物业服务价格指数系统"等理论体系，并在2013年上半年进行了调研和试算。2013年6月28日，住房和城乡建设部政策研究中心主持的"中国物业服务价格指数专家鉴定会"在北京召开。由国家统计局、国务院发展研究中心、北京大学、清华大学、北京物业协会等中国房地产业界及物业服务行业的权威专家组成的评审委员会对"中国物业服务价格指数理论与实践"研究成果进行了评审。评审委员会听取了成果汇报，形成评审意见，并一致通过研究成果的评审。会后，研究组根据专家意见对理论体系进行了完善，最终形成了中国物业服务价格指数研究方法体系。2013年12月20日，中国物业服务价格指数研究报告首次对外发布。

1. 样本选择

"质价相符"的定价原则要求物业服务价格与服务水平要相适应，在编制指数时必须区分不同标准物业服务对服务价格的影响，选择具有一定服务水平的物业项目作为指数研究的样本。基于此，研究组制定"中国物业服务星级评价标准体系"，根据该评价标准选择数量充分、符合要求的在管物业项目作为物业服务价格指数编制的样本。

"中国物业服务星级评价标准体系"分为软件和硬件两个方面的标准体系。软件标准体系由基本要求、房屋管理、公共设施管理与维修、协助维护公共秩序、保洁服务、绿化养护管理和其他管理组成；硬件标准体系包括基本要求、综合配套、绿化及景观、车位、文体娱乐设施、共用设施设备、安保系统、物业管理硬件及人员配备、物业标识等内容。

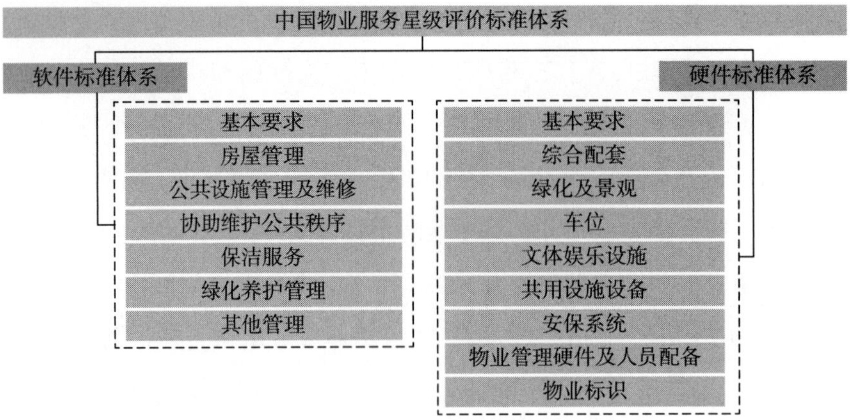

图13-10 中国物业服务星级评价标准体系

资料来源：中指研究院综合整理。

根据星级评价标准体系，软硬件满分均为100分，满足70分≤考核评分＜80分，则符合三星级标准；满足80分≤考核评分＜90分，符合四星级标准；如果考核评分≥90分，其符合五星级标准。最终样本项目的物业服务评级取软件评价和硬件评价中较低者。如果项目物业服务的软件或硬件评价低于三星级水平，则将其录入数据库中，但不作为样本用于物业服务价格指数的计算。

在"中国物业服务星级评价标准体系"基础上，本次研究的样本选择标准如下：①位于各市城区（不包含下辖县和县级市）；②2000年后竣工验收，入住时间1年（含）以上的商品住宅项目，其中一线城市（北京、上海、广州、深圳）的项目建筑面积需在10万平方米以上，其他城市在5万平方米以上；③有合法注册的物业服务企业在管；④根据"中国物业服务星级评价标准体系"，物业服务水平和硬件设施的评价结果均在三星级以上（含三星）。

考虑到数据的可获得性和在全国的代表性，遵循典型性原则，选择二十个代表城市作为研究对象：北京、上海、广州、深圳、天津、武汉、重庆、南京、杭州、成都、长沙、常州、昆明、宁波、青岛、苏州、无锡、济南、合肥、南昌。

2. 指数模型

（1）指数系统的结构

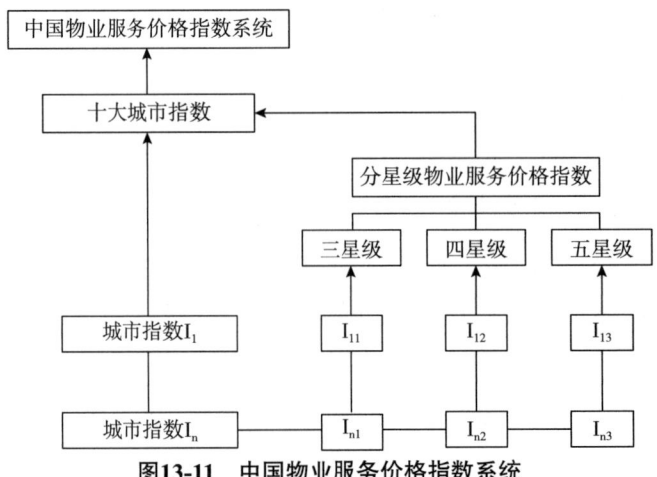

图13-11 中国物业服务价格指数系统

资料来源：中指研究院综合整理。

中国物业服务价格指数系统以城市各星级服务价格指数为最低层级，逐级生成城市物业服务价格指数、二十城物业服务价格综合指数。根据研究分析需要，还可以扩展构建城市分城区物业服务价格指数等。

（2）指数编制方法

表13-9　　　　　　　　　　　　中国物业服务价格指数计算模型

类别	基本分类及以下类别环比价格指数	基本分类以上各类别环比价格指数
公式	$K_{t,t-1} = \dfrac{\sum_{i=1}^{n}(\dfrac{p_t^i}{p_{t-1}^i})w_{t-1}^i}{\sum_{i=1}^{n}w_{t-1}^i}$	$K_{t,t-1} = \sum_{i=1}^{n} K_{t,t-1}^i \dfrac{w_i}{\sum_{i=1}^{n}w_i}$

资料来源：中指研究院综合整理。

计算物业服务价格指数时，以每个物业项目的建筑面积占样本库中所有合格物业项目建筑面积总和的比重为该物业项目权重。①环比价格指数，以三星级物业、四星级物业、五星级物业价格为基本项计算；②城市物业服务价格指数，根据城市各星级的物业服务价格指数按各星级样本项目建筑面积加权平均计算；③二十城物业服务价格综合指数，根据二十个重点城市的城市物业服务价格指数按各城市样本项目建筑面积加权平均计算。

3. 数据采集

物业服务价格指数的数据采集工作以企业填报、电话调研、实地调查为主。

①调查内容。一是物业服务水平，包括物业项目的软件及硬件两大方面，具体细分项参见《中国物业服务星级评价标准体系》。二是物业服务价格及建筑规模等基本信息，物业服务价格是项目的月均每平米物业服务费用；建筑规模是项目总建筑面积，是计算样本物业项目权重的指标，其他基本信息包括项目名称、竣工时间、入住时间、所在区域等。

②数据来源：一是通过中国房地产指数系统（CREIS）数据库，获取该城市住宅项目名单及基本信息；二是通过对物业项目实施电话访问和调查，收集物业服务价格等相关信息，对有地址但无联系方式的项目实施实地调查；三是通过物业服务企业填报其在管项目的相关信息。

③数据补充。对于无法取得价格数据等基础资料的样本，将采取两个方式补充，一是将没有价格数据的样本项目用同区域、同星级样本项目的价格推算；二是对无法获得当前建筑面积的样本项目通过批准上市面积等资料来估计。

④数据整理。调查所得的原始数据需进行必要处理。第一，对原始数据只有单户物业服务价格数据的项目，根据项目的户型面积等估计项目的月均每平米物业服务价格，以便于指数计算；对原始数据中的项目进行统一的区域划分，并根据分析需要对数据范围进行适当的调整等。第二，对异常数据进行检验。按照所在区域和物业服务星级进行划分，计算每档样本均值 X 和标准差 S，正常样本数据应在两个标准差（X-2S，X+2S）即 95% 的置信范围内，超出此范围的数据应剔除，剔除后再计算样本新均值和标准差；再检验，再剔除，直到无异常数据为止。

报告十四 2023中国物业服务满意度研究报告

第一部分：2023中国物业服务满意度研究概述

（一）调查背景与目的

随着中国房地产市场的发展变化，物业服务在人们生活和工作中的重要性变得愈发突出。物业服务作为房地产管理的重要组成部分，对于提升居民生活质量、维护社区安全以及保障房产价值起着至关重要的作用。良好的物业管理和服务可以提供全面、专业的管理和维护，保障业主和居民的日常生活便利和安全；可以确保社区的公共设施、绿化区域、停车场及道路等基础设施正常运转和维持良好状态；同时还可以处理维修问题、处理居民的投诉和维权事宜，提供紧急援助等。通过提供高质量的物业服务赢得业主满意，为居民提供更好的生活体验。与此同时，高业主满意度也可以帮助企业提升品牌美誉度和品牌形象力。

为了持续推动物业管理行业服务水平的提升，自2007年以来，中指研究院连续多年组织开展了中国居民居住物业服务满意度普查，对于推动物业管理行业服务水平的提升，助力企业更好聚焦客户，打造"大服务战略"起到了重要的作用。这项工作的成果不仅在全国范围内受到了广泛关注和认可，也为物业管理企业提供了宝贵的数据和反馈，推动了整个行业的发展和进步。

2023年4月，中国城市居民物业服务满意度普查在北京、上海、广州、深圳、天津、重庆、杭州、南京、苏州等多个城市再次同步启动。凭借对物业服务百强企业40余年的专注研究和数据积累，中指研究院依托强大的中指云调研平台，致力于开展针对中国物业服务满意度的系统研究，以期为我国物业管理行业的健康发展提供指导，同时为全国物业服务企业提供权威而高效的参考意见，从而实现全行业的精益发展。

中国物业服务满意度研究目的如下。

①基于多年全国性满意度研究实践，建立独家数据资源库，获得全国整体、各级城市、物业服务具体细项内容等各层面满意度真实水平。

②立足行业调查标准，帮助企业发现优势方面，寻找竞争差距，客观调查全国各城市企业满意度水平所处行业位置，为企业决策提供科学参考。

③挖掘各城市满意度优秀企业，发挥优秀企业行业示范效应，全面提升行业整体满意度水平。

（二）调查时间

2023年4月底至6月中旬。

（三）调查社区选择标准

为建立科学统一的中国物业服务满意度研究体系，形成行业规范，满足可连续测评与不同城市及企业间对比测评的要求，研究组对调查的社区进行了全面、严格的筛选，入选的社区需满足以下条件。

①城市主流物业服务企业服务的社区；

②以交付满两年以上的商品住宅类社区为主。

（四）受访者选择标准

为获得有效定量数据，客观反映居民对于产品及服务体验的满意度评价，我们严格筛选受访对象，目标群体需满足以下条件。

①自有住房，且购买的是新房，非二手房屋；

②已交付或收房的业主；

③对目前居住的社区物业状况比较了解。

（五）满意度研究模型及测量指标

借鉴 ACSI 理论模型框架，分析总结历年经验及业主对物业服务各细项内容的感知情况，从客户期望、质量感知、价值感知三个方面进一步优化完善了指标体系，力求全面、客观评价业主对物业服务满意度水平。

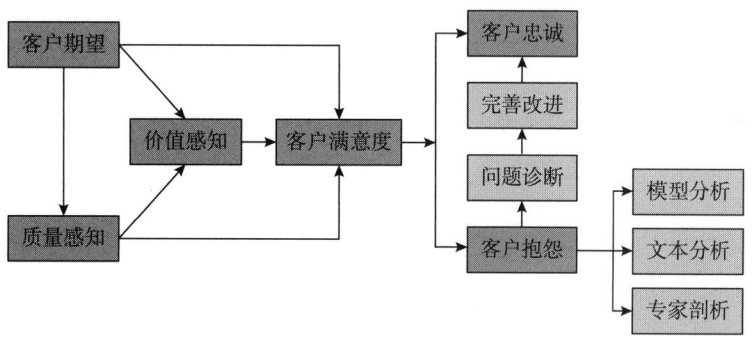

图14-1　2023年中国物业服务满意度研究模型

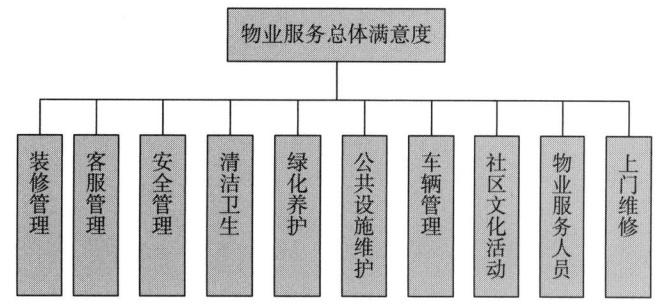

图14-2　2023年中国物业服务满意度测量指标

指标说明：

满意度（RECSI）= 单项指标得分均值

有效样本量（N）= 对该指标给出有效回答的被访者人数，即在总人数中剔除回答"不清楚""不知

道""拒答"或其他无效答案的被访者人数

(六)评分体系

对于定量问卷实际测评题目,采用 5 级李克特量表评价体系。李克特量表是评分加总式量表最常用的一种,该量表由一组陈述组成,每一组陈述有"非常满意""比较满意""一般""不太满意""非常不满意"五种回答,分别记为 5、4、3、2、1。

5分	4分	3分	2分	1分
非常满意	比较满意	一般	不太满意	非常不满意
100分	75分	50分	25分	0分

(七)调查方式

为保证调查实施的高质量与有效性,本次调查严格遵守随机抽样原则,综合运用多种采样方法,获取目标样本,具体操作中使用的采样方法如下。

①借助中指云调研开展线上调研。

②运用微信、QQ、邮件等通信手段开展线上调研。

③重点城市安排访问员在固定地点筛选符合条件的受访者进行拦截访问,以获得被访者真实评价。

(八)样本分布

为最大程度反映全国及各城市的居民物业服务满意度水平,2023 年重点参考了中指研究院物业百强企业城市进入现状,在全国 30 个省份、210 个城市同步推进,累计收集 40 多万有效样本。

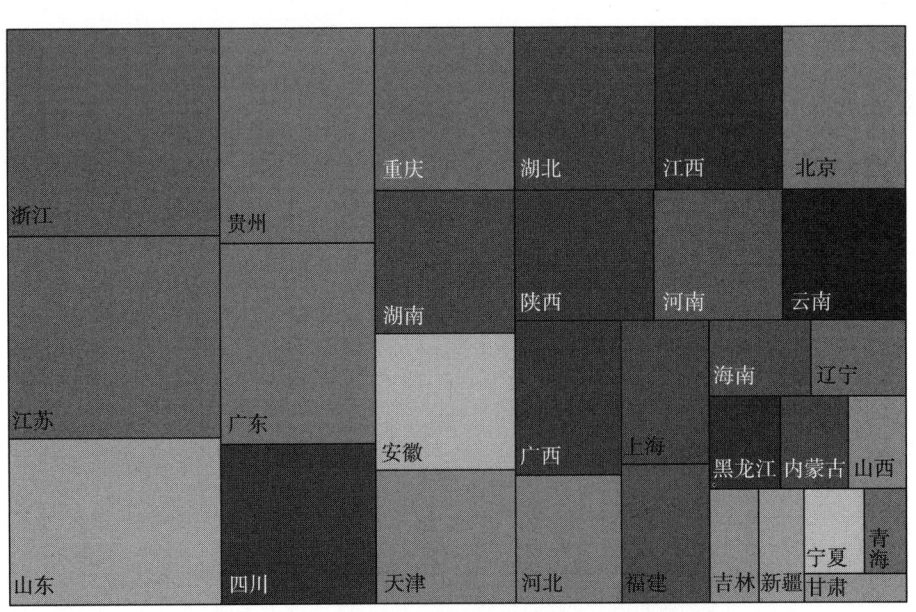

图14-3　2023年中国物业服务满意度普查样本分布

(九)受访者背景信息

男性受访者占比较多,达 53.8%,女性受访者占比 46.2%;从受访者年龄分布来看,80 后占比最多,达 37.2%,90 后次之,占比 30.4%,符合当前中国购房群体特征。

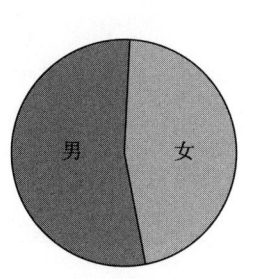
图14-4 受访者性别分布

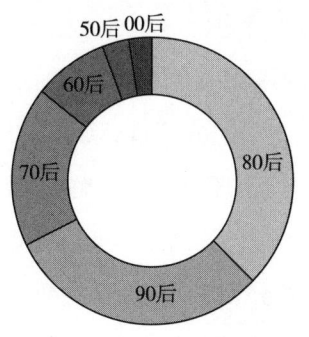
图14-5 受访者年龄分布

数据来源：中指研究院·中指调查。

第二部分：中国物业服务满意度研究结果

（一）全国总体评价结果

1. 物业服务满意度连续下滑，且降幅进一步增加，得分已降至72.6分

近年来，物业服务满意度得分出现了一系列的波动。从2018年到2020年期间，物业服务满意度连续提升了不少于3分，在这段时间，物业管理行业取得了较大的进步，为业主提供了更高质量的服务和体验。然而，从2021年开始，物业服务满意度得分开始下降，物业企业没能够保持之前的努力和创新，客户服务的期望未能得到满足，再者，受地产关联方房屋交付的影响，以及新冠疫情后物业投入减少，物业企业对社区内部的环境、设施和公共区域的维护等方面削弱，2023年的降幅更为明显，物业服务满意度下降到与2018年相近的水平。物业管理行业需要认识到发展速度已经趋缓，行业已经告别高速增长时代，物业企业要着眼于提供高质量稳定的服务，通过逐一改善细项短板，解决痛点赢得业主信任，让客户在服务中获得高度的满足感和最好的体验感。

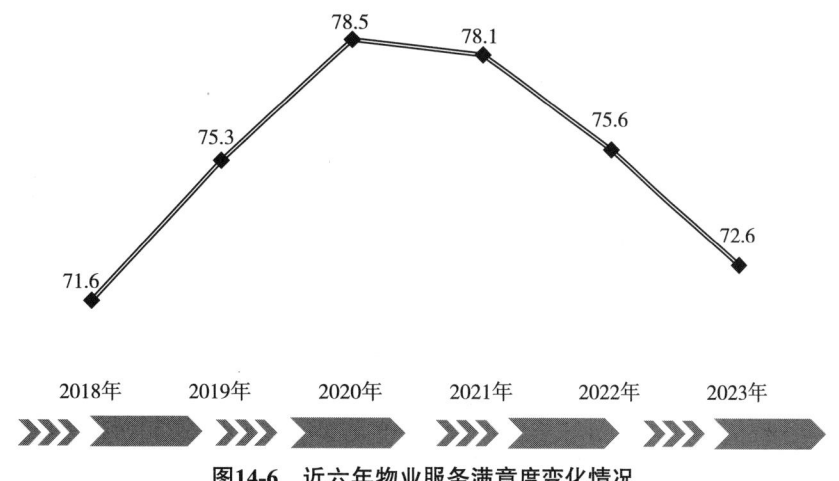
图14-6 近六年物业服务满意度变化情况

说明：中国物业服务满意度普查有效数据取值范围受访者为收房后所有对物业服务有了解的业主。
数据来源：中指研究院·中指调查。

2. 业主类型："磨稳老"得分同步下滑，磨合期、老业主降幅更明显

物业服务调研涉及磨合期、稳定期、老业主三类业主，三类业主中，磨合期的满意度最低，仅为66.6

分，磨合期阶段，物业管理公司和新入住业主之间存在一些沟通和适应上的问题，同时房屋交付现实与前期预期的差距，导致不满情绪对满意度评价产生负面作用。然而，随着时间的推移，进入稳定期后业主对物业服务的评价有所提升，满意度达到了72.0分。而老业主阶段，业主对于物业服务有了更多的了解和经验，更加熟悉物业的管理流程，了解如何与管理公司进行沟通，因此对于物业服务的满意度更高，达到75.0分。与2022年相比，这三类业主的评价均呈现下滑的趋势，其中磨合期和老业主的评价降幅较为显著，分别下降了3.6分和3.1分。这些数据表明磨合期和老业主群体是需要重点关注的，对磨合期阶段的业主，物业公司需要在前期积极沟通、适应业主需求，并提供更好的服务，对老业主要保持满意度较高的态势，继续提供优质的物业服务和维护良好的社区环境，同时，物业管理公司还应该关注整体的服务质量，积极应对可能影响业主满意度的内外部因素，这样才能够确保业主在不同阶段都能得到满意的物业服务。

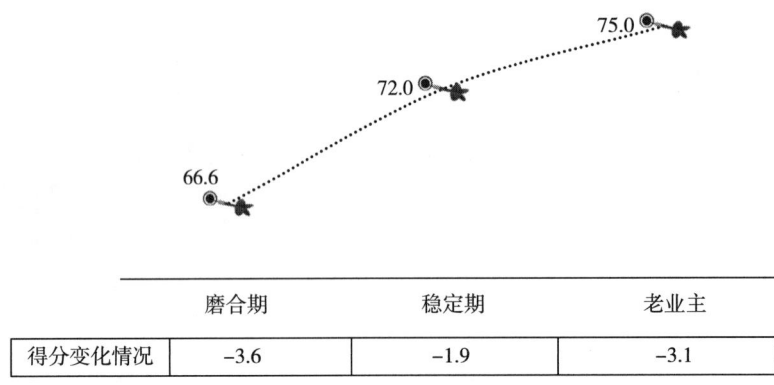

图14-7　不同业主类型物业服务满意度年度变化情况

数据来源：中指研究院·中指调查。

3. 行业发展关键期，百强企业，回归本源，以品质服务为支撑，实现高质量发展

最近几年，物业企业无论是在管理规模还是在服务内容等方面都实现了快速发展。然而，经过一段时间的快速扩张后，行业已开始进入理性回归、高质发展阶段。在此背景下，物业服务企业需要回归服务本质，提供优质优价的服务才能实现可持续发展。

回归服务本质，便是服务至上，以品质赢得市场。百强企业发挥示范带头作用，让客户在服务中获得高度的满足感和最好的体验感，增强用户黏性，把回归服务本质融入企业发展战略，并对其内涵做出新的诠释。

表14-1　　　　　　　　　　部分百强企业对"回归服务本质"的认知

企业名称	对"回归服务本质"的认知
绿城服务 中海物业等	多家百强企业共同签署《住宅物业服务倡议书》，呼吁住宅物业回归服务、民生本源。物业服务企业应谨记责任与初心，不断提升服务水平，降低交易成本，维护资产长期价值。
保利物业	坚持品质为本，年内进一步完善全业态服务标准及品质管控体系，以强化物业服务产品力建设，通过建立全业态、全生命周期的管控标准体系和成本标准体系，通过信息化工具赋能，助推项目最小单元实现品质、效率和效益的提升。
雅生活集团	融合业主需求，以高品质服务背书，打造增值服务产品+服务的一站式闭环体验，提升服务标准化、智能化、个性化水平，通过品质巡查、线上稽查等形式，力求彻底解决品质遗留问题，并推出形象焕新的"5分行动"。打造服务模式标杆，推广服务标杆及经验，助力服务标准提升。
越秀服务	对基础物业管理的各环节进行全方位提升整改，构建物业管理的全面管理体系，升级关键服务环节，推动物业管理服务从标准化向精细化发展。

受房地产市场下行影响，越来越多的百强企业走上了独立发展道路，对外扩张成为企业发展壮大的必经之路。然而，在竞争激烈的市场环境下，项目投标中标难度加大。高品质对于提升中标率、巩固市场竞争地位具有重要作用。百强企业充分意识到服务品质对于项目外拓的重要性，通过培养品质服务意识、规范服务流程与标准、完善制度建设、加大软硬件投入力度等举措赢得招标方青睐，市场化拓展能力进一步提升。

以品质为依托，增强品牌感知力。品牌依托于品质，品质是品牌的支撑。客户选择产品首要考虑的因素是品质，提升服务品质有助于得到客户的认可，有助于树立品牌形象。目前，对用户来讲，他们希望在得到高品质服务的同时，满足情感的表达、追求与升华。百强企业以匠心精神持续优化服务品质，增强用户体验，深化品牌内涵，传递并提供情感价值，满足情绪诉求，赢得了业主的广泛认可，形成良好的企业口碑，品牌价值得到进一步提升。

（二）物业服务细项评价结果

物业服务共调研10项关键指标，2023年调查结果显示，客服中心的满意度得分最高，达到了77.5分，这表明物业企业在回应住户问题和需求方面做得较好；然而，公共设施维护、装修管理、车辆管理这三个指标在整体排名中位于后三位，其中车辆管理评价得分最低且负面问题反馈最多，业主普遍反映停车位不足、停车区域管理混乱以及违章停车等问题，这说明物业企业在车辆管理方面需要加大改进力度，以提升业主对该环节的满意度。相较2022年，10个关键指标全部下滑，尤其是居民最为关注的安全管理、清洁卫生降幅相对更明显，分别下降2.9分、3.1分。通过调查数据可以看出，随着小区规模的扩大和住户数量的增加，物业企业仍面临一些挑战和问题，需加大人员配备、加强管理机制和优化工作流程，加强与业主沟通互动，从而有效提升服务质量，满足业主的需求。

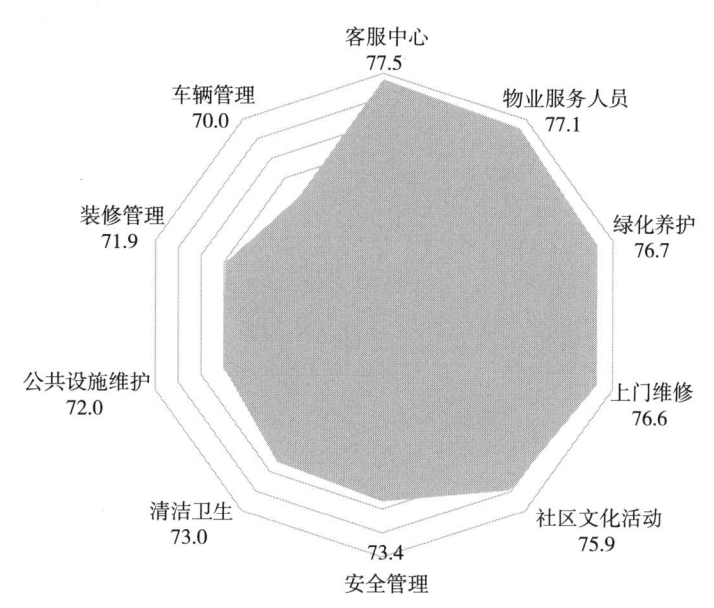

图14-8　物业服务关键指标满意度情况

数据来源：中指研究院·中指调查。

1. 客服中心：2023年得分最高的服务细项之一，但2023年面临下行压力

客服中心是业主与物业服务企业沟通的重要渠道，所以客服人员的素质和服务水平对业主的满意度

和忠诚度有着至关重要的影响。一方面，高素质的客服人员能够及时、准确地回答和解决业主的问题和投诉，提高业主的满意度和信任度，从而促进业主与物业服务企业的长期合作关系。另一方面，客服人员的不专业或不友好的态度可能会引起业主的不满和抵触情绪，影响业主对物业服务企业的评价和信任，甚至导致业主流失。因此，物业服务企业应该高度重视客服中心的建设和管理，加强客服人员的培训和管理，提高服务水平和业主满意度，从而提升整体服务质量和竞争力。

根据2023年最新的调查数据显示，物业客服中心的满意度评分为77.5分，相较上年下降了1.6分。这个下降可能与一些潜在问题有关。通过对低满意度业主进行抽样回访调查，研究组发现了一些问题。首先，一些物业服务企业为了成本控制而减少了客服中心的人员数量，这导致在高峰时段或突发情况下，客服中心的应对能力不足，业主可能遇到长时间等待、无法联系客服人员或得不到及时帮助的问题，这种应对不足会严重影响业主的满意度。另外，调查发现客服人员未能及时、准确地回答业主提出的问题或解决投诉。可能是由于缺乏培训和知识更新机会，导致客服人员无法胜任自己的工作。例如，他们可能无法提供业主需要的具体信息，或者无法解决业主的问题。这种情况会引发业主的不满和困扰，从而影响他们对物业服务的满意度。因此物业服务企业需要关注并改进这些问题，以提高客服中心的综合服务水平和满意度。首先，企业应该考虑调整人员规模，确保在高峰时段或突发情况下依然能够提供足够的人员支持。其次，客服人员需要接受定期的培训，以更新他们的知识和技能，能够更好地回答业主的问题并解决投诉。最后，物业服务企业可以采取一些措施，如建立更好的沟通渠道、提供更方便的在线解决方案等，以提高客户满意度。通过这些改进，物业服务企业可以增强客服中心的能力，提供更好的服务体验，从而提高业主满意度评分。

2. 物业服务人员：2023年得分最高的服务细项之二，工作素质和专业能力是核心服务力

2023年物业服务人员的满意度评分为77.1分，相比上年下降了1.5分。优秀的物业服务人员是物业管理的重要一环，他们应具备一系列的素质和能力，以确保小区居民的需求得到满足，维护良好的社区环境和居住体验。

为了确保物业服务人员的工作素质和专业能力，物业管理方可以采取一些措施，例如加强对物业服务人员的培训和考核，定期组织相关知识和技能的培训，确保他们需要了解物业管理的相关法规和规章制度，掌握维修、保养、安全管理等方面的知识，以便能够有效地解决各种问题和提供专业的建议及服务。另外，注重培养物业服务人员的服务意识和敬业精神，以居民的需求为导向，积极主动地解决问题，提供及时、高效、友好的服务。

良好的沟通和协调能力也是优秀物业服务人员的重要素质。他们应具备良好的人际关系能力，善于倾听居民的意见和建议，并能够以理性和成熟的态度处理纠纷和矛盾。特别是小区清洁人员和保安人员，他们的工作对小区的居住环境、居民的生活质量和安全有直接的影响。因此，物业管理方应重视对相关人员的聘用、培训和管理。清洁人员应具备良好的卫生意识和工作责任感，熟悉清洁设备和清洁剂的使用，并能够按时完成工作任务。保安人员应具备专业的安全知识和技能，能够有效地处理突发事件和保障小区的安全。与此同时，物业公司应该建立健全激励机制，提供合理的薪酬和福利，提高员工的归属感和工作动力。这些都将有助于提升物业公司的形象和信誉，增强居民对物业管理的满意度。

3. 绿化养护：对居住氛围影响相对显著，物业管理需分工明确、养护计划周详

2023年物业绿化养护评价得分76.7分，同比2022年下降2.0分，满意度水平出现了连续下滑。小区绿化是小区整体环境美观的重要组成部分，良好的绿化景观可以提升居住环境的美感，为业主创造宜人的居住氛围。因此，物业的绿化养护工作必须得到重视。

绿化养护工作的不到位会导致植物枯萎、叶片脱落、花草凋谢等现象，影响小区的美观度。此外，未及时修剪树枝、清理落叶等可能造成安全隐患，甚至对居民的人身安全构成威胁。因此，绿化养护需建立健全的绿化管理制度，明确责任和任务分工，并制定详细的养护计划，包括植物修剪、浇水、施肥、病虫害防治等内容。在制定养护计划时，需要根据植物的生长特点和需求，合理安排养护周期和养护方式，确保养护工作的及时性和有效性。同时，需要对养护人员进行培训，提高他们的专业水平和责任意识，确保绿化养护工作的质量。总之，绿化养护工作对小区的美观度和居住环境的舒适度有着重要的影响，物业公司应该加强对绿化养护工作的管理和监督，确保小区的绿化养护工作得到有效的开展。

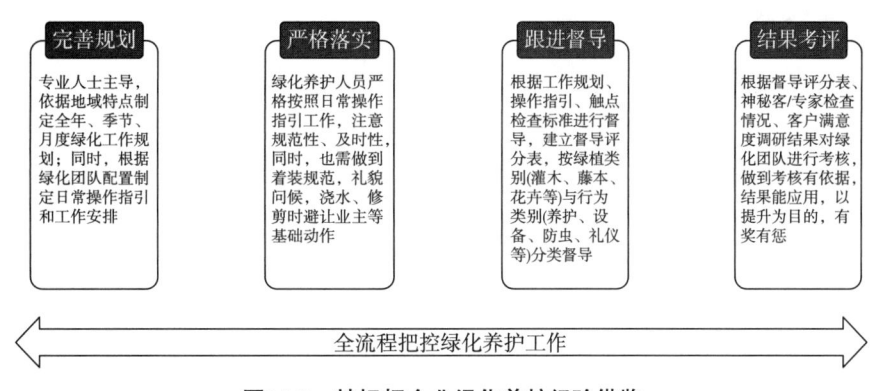

图14-9 某标杆企业绿化养护经验借鉴

4. 上门维修：改善响应时间与提升技能水平，提供专业和满意的服务

物业上门维修满意度评价得分76.6分，同比2022年下降2.5分，显示出上门维修服务在满足居民需求方面还存在改进的空间。虽然上门维修服务在提供便利和专业的解决方案方面取得了一定成效，减轻了居民的维修负担，节省了时间和精力，但仍有一些业主反映了一些问题。首先，业主普遍反映上门维修服务的响应时间过长。当业主面临维修需求时，他们希望能够尽快得到解决，但现实情况却往往不尽如人意。因此，物业管理方需要设立紧急维修热线，确保在紧急情况下能及时响应业主的需求，提高服务效率。其次，一些业主抱怨维修人员的技能不足。在维修过程中，业主希望维修人员能够提供专业的技术支持和解决方案，但有时维修人员的技能水平并不令人满意。因此，物业管理方应该加强对维修人员的培训，提高他们的专业技能和服务质量，确保他们能够胜任各种维修任务。

此外，一些业主还反映缺乏跟踪反馈机制。在维修完成后，物业管理方应该主动与业主进行沟通，了解他们对维修服务的满意度和意见建议，并及时采取措施改进服务质量。建立有效的反馈机制，可以帮助物业管理方及时发现问题并加以解决。

为了提高物业上门维修服务的质量，物业管理方还应该提供明确的费用说明和收费标准，避免因费用问题引发纠纷。同时，还需要加强维修人员的服务意识和态度培养，使他们能够更加关注业主的需求，提供更加周到的服务。

5. 社区文化活动：新冠疫情后正常开展，可强化宣传推广的广泛性和活动内容的创意性

2023年，业主们对物业的社区文化活动的满意度评价得分为75.9分，与上年相比表现相对平稳，仅下降了0.5分，降幅最小。这意味着社区文化活动在一定程度上能够满足居民的期望，并且得到他们的认可。参与社区文化活动对于居民来说具有重要的意义，因为它有助于丰富居民的精神文化生活，并提升他们的身心健康水平。

社区文化活动为居民提供了娱乐、休闲和学习的机会，这有助于缓解他们的工作压力，增加生活的乐趣，促进身心健康的平衡发展，特别是在新冠疫情结束后，社区文化活动正常开展将成为可能，居民可以再次积极参与各种文化活动，享受丰富多彩的社区生活。然而，目前社区文化活动在宣传和推广方面存在一些不足，这导致居民对活动的了解和参与意愿相对较低，进而影响了活动的参与度和满意度。为了改善这一状况，物业管理方需要加强对文化活动的宣传工作，充分向居民介绍每个活动的内容和意义，向他们展示参与活动的益处。另外，社区文化活动的内容和形式相对单一、重复，缺乏新意和吸引力，这也是居民对活动兴趣和参与度下降的原因之一。

为了提高满意度，物业管理方需要创新活动的形式和内容，引入新的元素和主题，以吸引更多居民的参与。同时可以考虑与当地的文化机构、艺术家和志愿者合作，共同举办更多丰富多样的文化活动，为居民提供更多选择和体验，以提升他们的满意度。

6. 安全管理：保障人身与财产安全的护城河，但满意度下降较为明显

根据2023年物业服务满意度普查的结果显示，安全管理的满意度评价得分降至73.4分，较上年下降了2.9分，这一下降幅度相当明显。事实上，安全管理是物业服务的基础细项之一，具有重要的职责和作用。在物业管理过程中，安全管理常常是最容易出现问题的方面之一。此外，它也对城市居民的生活体验产生着极大的影响。如果缺乏有序、严格的安全管理制度，就可能为业主的人身安全和财产安全带来极大的隐患。因此，这次得分下降的情况值得各方关注，并需要在今后的物业管理中加大安全管理的力度，建立健全的制度，加强安全工作的监管和落实，这样才能更好地保障业主的安全，提高他们的满意度，同时也能促进城市的和谐发展。

目前行业中一些标杆企业在安全管理方面做得较好，比如绿城物业、融创物业等，这些企业在安全管理方面采取了一系列的措施。

表14-2　　　　　　　　　　某标杆企业安全管理的工作重点及内容

工作方向	具体措施
制定完善的安全管理制度和标准化操作规程	确保管理流程规范有序，加强安全工作的监管和执行力度
安全隐患排查和评估	对物业服务区域和小区环境进行全面的安全隐患排查和评估，并根据评估结果采取相应的措施，消除安全隐患
建立全天候的安保巡查制度	加强保安力量的配备和培训，提高现场应急处置能力和效率
推广安全文化和安全教育	提高居民的安全意识和应对能力，定期组织安全演练和应急演练，以应对突发事件
安全门禁管理	开展对业主的安全门禁管理，实行进出管理，加强业主及其财产安全的保护和监护

针对当前安全管理满意度下降的问题，物业服务企业需要及时反思和总结经验，加强安全管理工作合理性和全面性。同时，加大对人力和物力的投入，提高安全管理工作者的技能和素质，为业主提供更加完善、优

质的安全服务。

7. 清洁卫生：满意度下降幅度最大，清洁标准可进一步落实以保障住宅品质

2023年的物业清洁卫生评价得分为73.0分，相比上年同期下降了3.1分。这是物业服务细项指标中下降幅度最大的指标，引起了广泛的关注和担忧。

清洁卫生状况直接关系到小区的形象和品质，也会影响业主们的满意度和归属感。一个干净整洁的小区不仅会给业主们带来舒适和愉悦的生活环境，还能提升整个小区的美感和价值。相反，脏乱差的环境会让业主们感到不满和不安，甚至引发业主的抱怨和不满意，物业管理方必须高度重视和加强清洁标准的落实。

首先，要重点解决业主原声反馈中清洁频率减少和清洁质量下降的问题。如果业主们普遍反映清洁频率减少，意味着清洁人员的工作安排存在问题，可能是由于人力不足或排班不合理等原因导致的。物业管理方应当及时调整清洁人员的工作安排，确保清洁任务得到充分的落实。此外，清洁质量下降的问题可能涉及清洁人员的培训和管理等方面，物业公司应加强对清洁人员的培训和监督，确保他们具备良好的工作技能和责任心。

其次，物业公司需要改善与业主之间的沟通渠道，确保业主对清洁问题的反馈能够得到及时处理。如果业主的投诉和反馈得不到及时回应和解决，他们可能会感到被忽视和不重视。这将进一步削弱业主对物业公司的信任和满意度。因此，物业管理方应建立联系业主的沟通平台，例如设置专门的投诉热线或提供在线投诉系统，以便业主们能够及时表达意见和反馈。同时，物业公司也应指定专人负责跟进处理业主的反馈，确保问题能够及时解决，满足业主的要求。

最后，物业管理方应加大对清洁标准的监督和检查力度。定期进行内部的清洁检查和评估，确保清洁工作的质量和效果达到标准。如果发现问题和不足，应及时采取纠正措施，确保清洁工作始终保持在一个良好的状态。同时，物业公司可以考虑与专业清洁服务公司合作，提高清洁质量和效率。

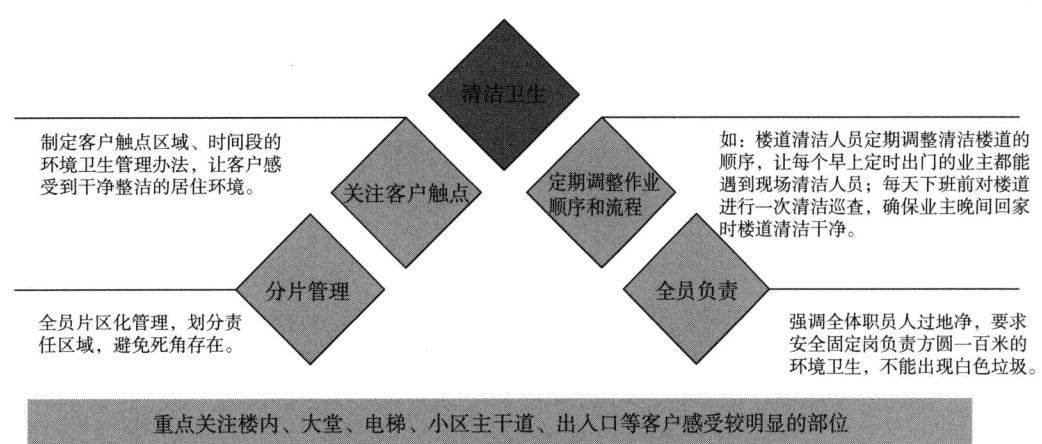

图14-10 某标杆企业清洁卫生经验借鉴

8. 公共设施维护：满意度同比下降2.6分

公共设施维护作为物业管理的核心职责之一，对小区的运行和发展至关重要。最新的物业公共设施维护评价结果显示，2023年物业公共设施维护评价得分为72.0分，同比下降了2.6分。

调查显示，一些小区缺乏制定和执行定期维护计划的机制，导致公共设施长时间没有得到及时的检修

和维护，出现问题后才进行修复。同时，物业管理缺乏专业的设施维护人员和技术支持，无法及时识别和解决问题，导致维护工作的效果不理想，这些问题直接影响了小区公共设施的运行和维护，给居民带来很多不便和困扰。

① 源头管控
- 参与设备采购过程
- 参与设备安装/施工过程监管

③ 加强管理
- 提高养护频次
- 维护维修责任到人
  （例：成立设备管理小组）
- 向业主宣传注意事项
  （例：张贴使用温馨提示）
- 加强监督，谁损坏谁赔偿
- 设定维修时限

② 全员参与
- 专业维修人员定期巡查
- 其他物业人员工作中顺带检查（例：保洁、保安工作中使用过的设备等，如门禁、电梯）
- 业主发现异常及时报修

④ 智能升级
- 尽快升级门禁、电梯等业主日常接触较多设备
- 引入智能监控系统，实时掌握设备运行情况

图14-11　某标杆企业公共设施维护经验借鉴

随着城市化进程的加速和人们生活水平的提高，居民对公共设施的要求也越来越高。小区公共设施不仅关系到居民的生活质量和安全保障，也影响着小区的整体形象、社区的活力和房产的价值。因此，物业管理担负着确保小区公共设施正常运行、整洁有序的重要职责。物业管理应该重视公共设施的维护工作，采用科学化和规范化的管理方式，确保设施的正常运行和维护。如制定定期维护计划，管好维修美化等各项工作的进度，把好材料质量，并加大设施维护人员的培训力度，既提高人员的技术能力，又提升服务质量和居民的满意度。在物业管理的协调下，各个业主和居民也可以积极参与到公共设施维护工作中来，共同维护自己的小区，创造一个和谐、宜居的生活环境。

9. 装修管理：2023年满意度得分小幅下降，规范制度和强化宣传活动可作为有效抓手

2023年物业装修管理的满意度评分为71.9分，比上年下降了1.7分。作为物业管理的重要组成部分，装修管理的目标是确保装修活动符合规范，保障居民的权益和安全。

然而，在实践中，一些小区可能缺乏有效的装修管理规范和制度，导致装修过程的混乱和无序，甚至出现安全隐患。此外，装修工程可能会产生噪音、粉尘和废弃物等污染物，对其他业主的正常生活造成干扰和影响。这些问题不仅影响了居民的生活质量，也会影响物业公司的形象和信誉。

因此，物业公司有必要加强对装修管理的规范化和制度化建设。首先，应建立完善的装修管理制度和流程，确保装修工程的质量和安全。这包括规范装修申请流程，明确装修时间限制和施工标准，以及加强对装修公司的管理和监督。同时，物业公司还应加强对业主和装修工人的宣传和教育，提高对装修管理重要性的认识和理解。通过增加培训活动和宣传资料，可以提高他们的意识和素质，使其遵守相关规定，共同维护小区的和谐与安宁。在装修管理方面，还应考虑引入科技创新，提高管理效率和减少问题发生的可能性。例如，可以使用智能监控系统来监测施工现场的情况，及时发现和解决问题。此外，物业公司还可借助互联网平台，提供装修指南和相关政策法规，方便业主了解和遵守相关要求，这些都将有助于提高物业装修管理的满意度评分，增强物业公司的形象和信誉。

表14-3　　　　　　　　　　　　某标杆企业装修房巡检标准

检查细项	检查标准
装修有效期	装修活动在有效期内
装修人员	持证进入，无违规行为、随地吐痰、随地扔烟头（袒胸露背等）
装修余泥	装袋存放，及时清运，不占用公共通道
装修噪音	无在禁止噪音作业时间段装修的行为
装修行为	无与装修申报图纸不符的违建行为
装修证照	装修许可证、装修巡查表统一张贴在装修房户外
装修范围	不超出装修许可范围
材料堆放	分类堆放整齐，无消防、操作等安全隐患
用电安全	无私拉乱接、电线裸露等违规用电行为

10.车辆管理：得分最低的关键指标，仍需合理规划与有效监督

2023年物业车辆管理满意度评价得分仅为70.0分，在所有物业服务端口中得分最低，且较上年满意度下降了1.0分。由此可以看出当前物业的车辆管理方面仍存在问题。

首先，停车位供给不足是一个主要问题，导致小区居民和访客难以找到合适的停车位，进而造成停车难的情况。这不仅给居民和访客带来不便，也影响了车辆管理的质量和效果。为了解决停车位供给不足的问题，物业可以考虑进行合理的停车位规划。通过对小区内停车位的数量和位置进行科学规划，可以提高停车位的利用率，满足居民和访客的停车需求。此外，制定合理的停车政策也是解决问题的关键。物业可以制定停车位使用规则，明确停车位的使用权限和时间限制，避免车辆乱停乱放、占用他人停车位等问题的发生。

除了停车位供给不足的问题，物业还应加强对车辆管理的监督和执法措施。业主反馈中提到缺乏对违规停车和交通违法行为的有效监督和处理措施，这会进一步降低车辆管理的水平。因此，物业可以加强对小区内车辆行驶和停放的管理，设立交通标识和限速措施，提醒车辆驾驶员遵守交通规则，减少交通事故的发生，确保居民和行人的安全。

此外，物业还可以考虑制定停车许可证制度。通过对停车许可证的发放和管理，可以有效控制小区内车辆的数量和停放位置，避免车辆过多导致的拥堵和混乱情况。同时，物业可以加强对违规行为的执法措施，及时处理违规停车和交通违法行为，提高车辆管理的水平和效果。

通过规划合理的停车位、制定停车政策、管理停车许可证等措施，可以解决停车位供给不足、违规停车和交通违法行为等问题，提高物业车辆管理的满意度和质量。这不仅可以满足小区居民和访客的停车需求，还可以确保交通安全，提升小区整体的居住环境和居民生活质量。

（三）典型城市评价结果

1.厦门、昆明、苏州位居物业服务满意度城市得分前三

2023年调研的35个典型城市物业服务城市水平得分均在70~77分之间，其中厦门、昆明、苏州3个城市得分均高于76分，得分最高；太原、哈尔滨、嘉兴、佛山、海口5个城市得分不足71分，本次35个城市中得分偏低。从与行业水平的对比来看，35个典型城市中有24个城市得分高于行业均值水平，并且有9个城市得分不低于75分,表现相对较好。青岛、沈阳、成都、贵阳等11个城市得分在行业均值水平之下。

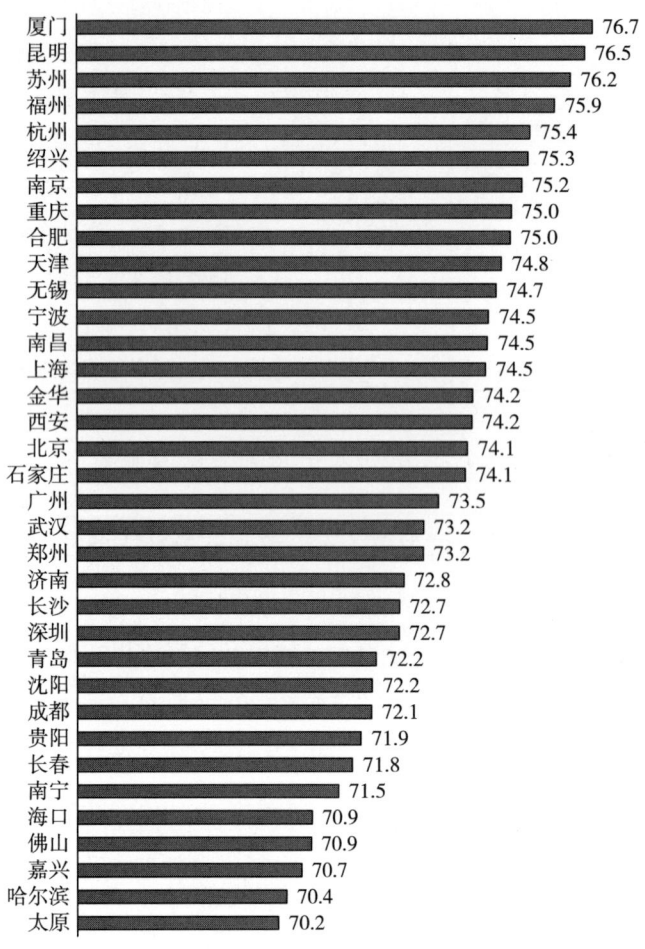

图14-12　2023年中国物业服务满意度普查典型城市得分情况

数据来源:中指研究院·中指调查。

2. 2023中国城市物业服务满意度优秀企业

目前,物业管理行业正处于加速整合和快速发展的关键阶段。市场中涌现出一批为满足业主对社区美好生活向往而不断奋斗的杰出企业。中指研究院秉持公正、客观、全面的原则,运用科学的方法体系,对全国典型城市业主对物业服务企业的满意度进行了综合研究。通过综合评估客户期望、质量感知、价值感知等关键指标,筛选出城市业主满意度优秀的企业。我们希望能够发挥这些优秀企业的示范效应,促进良好的行业竞争氛围的形成,全面提升行业整体业主满意度水平,为行业的健康、高效、高质发展提供有力支持。

表14-4　　　　　　　　　　　　　2023中国城市物业服务满意度优秀企业

北京	上海	广州	深圳
万科物业	绿城服务	中海物业	中海物业
金茂服务	万科物业	保利物业	金地智慧服务
保利物业	招商积余	越秀服务	华润万象生活
中海物业	路劲物业	万科物业	长城物业
绿城服务	高地	时代邻里	彩生活

续表

重庆	杭州	天津	南京
金科服务	绿城服务	融创服务	银城生活
融创服务	滨江物业	绿城服务	朗诗绿色生活
天骄智慧服务集团	龙湖智创生活	保利物业	苏宁银河物业
华宇优家集团	万科物业	中海物业	阳光绿城
渝地物业	融创服务	天房物业	招商积余
武汉	成都	苏州	宁波
武汉城市服务集团	保利物业	中海物业	绿城服务
联投城市运营	龙湖智创生活	招商积余	新日月生活服务集团
小竹物业	华润万象生活	永旺永乐	荣安物业
百步亭物业	中海物业	苏新服务	奥克斯物业
天源物业	招商积余	华润万象生活	亚太酒店物业
嘉兴	南昌	郑州	济南
绿城服务	新力服务	建业新生活	龙湖智创生活
佳源服务	乐奥服务	亚新服务	碧桂园服务
万科物业	保利物业	绿城服务	万科物业
鸿城服务	五合华居物业	华润万象生活	中海物业
金都物业	九颂物业	鸿宝物业	绿城服务
青岛	西安	南宁	海口
华润万象生活	万科物业	彰泰物业	鲁能物业
海尚海服务	龙湖智创生活	华润万象生活	雅生活集团
中海物业	经发物业	安信物业	绿城服务
绿城服务	华润万象生活	南宁轨道地产物业	保利物业
保利物业	天地源物业	中铁建物业	中海物业
昆明	合肥	长沙	沈阳
万科物业	绿城服务	万科物业	龙湖智创生活
龙湖智创生活	保利物业	绿城服务	保利物业
俊发七彩服务	华润万象生活	金茂服务	万科物业
招商积余	中海物业	华润万象生活	华润万象生活
中海物业	新地锐意	中建物业	金地智慧服务

（四）结语

物业管理行业的服务属性特征决定了企业所创造的商业价值基础是服务。因此，服务品质和由此产生的业主满意度对于企业在行业长期竞争中的地位至关重要。

物业服务满意度评价与其他多维度的科学评测模型有所不同。业主对物业服务企业的评价往往受到周期内单项因素的影响较大。整体满意度评价存在着"木桶效应"，即任何一个细项出现问题都有可能导致业主对企业整体服务水平的不满。因此，企业应该及时弥补服务短板，避免因个别服务细项表现不佳而影响业主对企业整体满意度的评价结果。

物业服务企业不仅需要努力提升服务品质，将真诚服务客户作为基本准则，还应重视提升业主满意度的方法和策略。在服务边界范围内及其适当延伸方向，及时补足影响业主满意度评价的服务短板，为业主提供更全面和均衡的优质服务。在行业市场化程度不断提高的背景下，那些真诚服务业主并能够持续赢得客户满意的企业，其商业价值必将在未来市场上获得超额的兑现。

附录：指标说明

附录一　土地数据指标解释

1. 土地篇 300 城数据统计口径

共包含地级市 203 个，县及县级市 76 个，其中地级市的统计口径为市本级范围。

2. 单宗地块指标项

建设用地面积：即净用地面积，指开发商可以用于建设的土地面积，不包括代征地的面积。

规划建筑面积：规划设计方案在某一区域内规划的各类建筑的建筑面积之和，即规划方案的"总建筑面积"。

成交楼面价 = 成交价 / 规划建筑面积

溢价率 =（成交价 – 起始价）/ 起始价

3. 统计数据指标项

推出土地统计："起始时间"在统计时间内的土地数据；

成交土地统计："成交时间"在统计时间内的成交土地数据；

推出土地均价："起始时间"在统计时间内的地块（起始总价 / 建设用地总面积），无起始价数据的地块不参与计算；

推出楼面均价："起始时间"在统计时间内的地块（起始总价 / 规划建筑总面积），无起始价或规划建筑面积数据的地块不参与计算；

成交土地均价："成交时间"在统计时间内的地块（成交总价 / 建设用地总面积）；

成交楼面均价："成交时间"在统计时间内的地块（成交总价 / 规划建筑总面积），无规划建筑面积数据的地块不参与计算；

平均溢价率："成交时间"在统计时间内的地块 [（成交总价 – 起始总价）/ 起始总价]，无起始价数据的地块不参与计算；

土地出让金："成交时间"在统计时间内的地块成交价汇总数。

附录二　开发经营数据指标解释

（1）本年完成投资：是指从当年1月1日起至当年最后一天止完成的全部用于房屋建设工程、土地开发工程的投资额以及公益性建筑和土地购置费等的投资。其中土地购置费在实际统计工作中如难以区分，可放在"商品房建设投资额"中。

（2）商品住宅：是指房地产开发企业（单位）建设并出售、出租给使用者，仅供居住用的房屋。

（3）土地开发投资额：是指房地产开发企业完成的前期工程投资，即路通、水通、电通、场地平整等（也称"七通一平"）所完成的投资。一般指生地开发成熟地的投资。在旧城区（老区拆迁）的开发中，如果有统一的规划，如政府有关部门批准的小区建设的前期工程中，有场地平整，原有建筑物、构筑物拆除，供水供电工程等工作量也可计算。未进行开发工程，只进行单纯的土地交易活动不作为土地开发投资统计。土地开发投资额在房屋用途分组中能分摊的部分就分摊，不能分摊的全部计入其他。

（4）土地购置费：是指房地产开发企业为取得土地使用权而支付的费用。土地购置费按当期发生数计入投资，如土地购置费为分期付款的，可分期计入投资；不计入新增固定资产。土地购置费包括：①通过划拨方式取得的土地使用权所支付的土地补偿费、附着物和青苗补偿费、安置补偿费及土地征收管理费等；②通过出让方式取得土地使用权所支付的出让金。

（5）住宅：是指专供居住的房屋，包括别墅、公寓、职工家属宿舍和集体宿舍（包括职工单身宿舍和学生宿舍）等。但不包括住宅楼中作为人防用、不住人的地下室等。

经济适用房：是指根据国家经济适用房计划安排建设的住宅。由国家统一下达计划，用地一般实行行政划拨的方式，免收土地出让金，对各种经批准的收费实行减半征收；出售价格实行政府指导价，按保本微利的原则确定。

（6）办公楼：指企业、事业、机关、团体、学校、医院等单位使用的各类办公用房（又称写字楼）。

（7）商业营业用房：是指商业、粮食、供销、饮食服务业等部门对外营业的用房，如度假村、饭店、商店、门市部、粮店、书店、供销店、饮食店、菜店、加油站、日杂等房屋。

（8）本年资金来源小计：是指房地产开发企业（单位）实际拨入的，用于房地产开发的各种货币资金。包括国家预算内资金、国内贷款、债券、利用外资、自筹资金和其他资金。

（9）国内贷款：指报告期房地产开发企业（单位）向银行及非银行金融机构借入的用于房地产开发与经营的各种国内借款，包括银行利用自有资金及吸收的存款发放的贷款、上级主管部门拨入的国内贷款、国家专项贷款（包括煤代油贷款、劳改煤矿专项贷款等），地方财政专项资金安排的贷款、国内储备贷款、周转贷款等。

（10）利用外资：是指报告期收到的用于房地产开发与经营的境外资金（包括外国及港澳台地区），包括外商直接投资、对外借款（外国政府贷款、国际金融组织贷款、出口信贷、外国银行商业贷款、对外发行债券和股票）及外商其他投资（包括补偿贸易和加工装配由外商提供的设备价款、国际租赁）。不包括我国自有外汇资金（包括国家外汇、地方外汇、留成外汇、调剂外汇和中国银行自有资金发行的外汇贷款等）。

（11）自筹资金：是指各地区、各部门及企事业单位筹集用于房地产开发与经营的预算外资金。

（12）其他资金来源：是指在报告期收到的除以上各种资金之外其他用于房地产开发与经营的资金。包括社会集资、个人资金、无偿捐赠的资金及用征地迁移补偿费、移民费等进行房地产开发的资金。

（13）定金及预收款：指房地产开发企业（单位）预收的购买者用于买房的定金及预收款。定金是为了使签订合同的甲乙双方履行经济合同，根据有关规定由购房单位在报告期交纳的押金。预收款是甲乙双方签订购销房屋合同后，由于经营活动的需要，在报告期由购房单位提前交付的购房款（包括预收购房款中的外汇）。

（14）本年完成开发土地面积：是指报告期内对土地进行开发并已完成"七通一平"等前期开发工程，具备进行房屋建筑物施工或出让条件的土地面积。

（15）本年购置土地面积：是指在本年内通过各种方式获得土地使用权的土地面积。

（16）房屋施工面积：是指报告期内施工的全部房屋建筑面积。包括本期新开工的面积和上年开工跨入本期继续施工的房屋面积，以及上期已停建在本期恢复施工的房屋面积。本期竣工和本期施工后又停建缓建的房屋面积仍包括在施工面积中，多层建筑应填各层建筑面积之和。

（17）房屋新开工面积：是指在报告期内新开工建设的房屋面积。不包括上期跨入报告期继续施工的房屋面积和上期停缓建而在本期恢复施工的房屋面积。房屋的开工应以房屋正式开始破土刨槽（地基处理或打永久桩）的日期为准。

（18）竣工房屋面积：是指报告期内房屋建筑按照设计要求已全部完工，达到住人和使用条件、经验收鉴定合格（或达到竣工验收标准）、可正式移交使用的各栋房屋建筑面积的总和。

（19）实际销售面积：是指报告期已竣工的房屋面积中已正式交付给购房者或已签订（正式）销售合同的商品房屋面积。不包括已签订预售合同正在建设的商品房屋面积，但包括报告期或报告期以前签订了预售合同，在报告期又竣工的商品房屋面积。

（20）空置面积：是指报告期末已竣工的可供销售或出租的商品房屋建筑面积中，尚未销售或出租的商品房屋建筑面积，包括以前年度竣工和本期竣工的房屋面积，但不包括报告期已竣工的拆迁还建、统建代建、公共配套建筑、房地产公司自用及周转房等不可销售或出租的房屋面积。

（21）实际销售额：指报告期内出售房屋的总收入（即双方签署的正式买卖合同中所确定的合同总价）。该指标与实际销售面积同口径，包括正式交付的商品房屋在建设前期预收的定金、预收的款项及结算尾款和拖欠款。不包括未交付的商品房所预收的款项。收取的外汇按当时外汇调节市场价折算在其中。如果商品房是跨年完成的，应包括以前年度所收的定金及预收款。

附录三 企业运营指标解释

（1）销售面积：购房者所购买的套内建筑面积与应分摊的公用建筑面积之和，房企销售面积即上述购房者的合约销售面积，也就是合同中约定的销售面积。

（2）销售金额：即销售面积所得额，所谓的合约销售金额，就是合同中约定的单位销售面积的销价。但因会计确认时点的不同，常常造成合约销售金额和实际销售金额的差别。

（3）总资产利润率：总资产利润率代表的是一种企业利用资金进行盈利活动的基本能力，这一比率多应用于讨论企业资产负债的情况，由资产负债表中可以提取并计算出来。总资产利润率＝利润总额/资产平均总额。

（4）总资产净利润率：又称总资产收益率，是企业净利润总额与企业资产平均总额的比率，即过去所说的资金利润率。它是反映企业资产综合利用效果的指标，也是衡量企业利用债权人和所有者权益总额所取得盈利的重要指标。总资产净利润率＝净利润/平均总资产。

（5）总资产增长率：总资产增长率是企业年末总资产的增长额同年初资产总额之比。本年总资产增长额为本年总资产的年末数减去本年初数的差额，它是分析企业当年资本积累能力和发展能力的主要指标。

（6）净利润增长率：净利润增长率是指企业当期净利润比上期净利润的增长幅度，指标值越大代表企业盈利能力越强。

（7）固定资产周转率：也称固定资产利用率，是企业销售收入与固定资产净值的比率。固定资产周转率表示在一个会计年度内，固定资产周转的次数，或表示每1元固定资产支持的销售收入。

（8）存货周转率：又名库存周转率，是企业一定时期营业成本（销货成本）与平均存货余额的比率。用于反映存货的周转速度，即存货的流动性及存货资金占用量是否合理，促使企业在保证生产经营连续性的同时，提高资金的使用效率，增强企业的短期偿债能力。存货周转率是对流动资产周转率的补充说明，是衡量企业投入生产、存货管理水平、销售收回能力的综合性指标。

（9）资产负债率：又称举债经营比率，它是用以衡量企业利用债权人提供资金进行经营活动的能力，以及反映债权人发放贷款的安全程度的指标，通过将企业的负债总额与资产总额相比较得出，反映在企业全部资产中属于负债比率。

（10）流动比率：是流动资产对流动负债的比率，用来衡量企业流动资产在短期债务到期以前，可以变为现金用于偿还负债的能力。一般来说，比率越高，说明企业资产的变现能力越强，短期偿债能力亦越强；反之则弱。一般认为流动比率应在2∶1以上，流动比率2∶1，表示流动资产是流动负债的两倍，即使流动资产有一半在短期内不能变现，也能保证全部的流动负债得到偿还。